重庆文物考古报告系列

嘉陵江下游考古报告集

重庆市文化遗产研究院
重庆文化遗产保护中心 编著

科学出版社
北京

内 容 简 介

本书是近年来嘉陵江下游地区考古发掘成果的汇编，地域涵盖嘉陵江及其支流涪江、渠江流经重庆境内所覆盖区域，内容包括新石器、商周、秦汉至六朝、唐、宋、元、明、清各时代的考古遗存，可以大致构建起这一地区古代物质文化的发展序列，对嘉陵江流域古代历史文化研究具有重要的参考价值。

本书适合从事西南考古、巴蜀历史、嘉陵江流域文化研究的专家、学者、大专院校师生及相关爱好者参考、阅读。

图书在版编目（CIP）数据

嘉陵江下游考古报告集 / 重庆市文化遗产研究院，重庆文化遗产保护中心编著. —北京：科学出版社，2015. 6

（重庆文物考古报告系列）

ISBN 978-7-03-044859-0

Ⅰ. ①嘉…　Ⅱ. ①重…②重…　Ⅲ. ①嘉陵江–下游–墓葬（考古）–发掘报告　Ⅳ. ①K878. 85

中国版本图书馆CIP数据核字（2015）第126893号

责任编辑：张亚娜　曹　伟 / 责任校对：张凤琴

责任印制：肖　兴 / 封面设计：陈　敬

科 学 出 版 社 出版

北京东黄城根北街16号

邮政编码：100717

http://www.sciencep.com

北京佳信达欣艺术印刷有限公司 印刷

科学出版社发行　各地新华书店经销

*

2015年 6 月第　一　版　　开本：787 × 1092　1/16

2015年 6 月第一次印刷　　印张：36 3/4　插页：33

字数：863 000

定价：380.00元

（如有印装质量问题，我社负责调换）

《嘉陵江下游考古报告集》编委会

目　　录

合川区河嘴屋基遗址发掘简报

重庆市文化遗产研究院
合川区文物管理所

河嘴屋基遗址位于重庆市合川区铜溪镇弯桥村十组（原河心四社），涪江右岸的一级阶地之上，涪江呈“几”字形环绕阶地。遗址北隔涪江与渭沱镇相邻，东与白坪村二社隔江相望，南以小溪沟与赵桂山嘴分界，西靠水平田和渭沱电站。阶地南北长约500、东西宽约190米，面积约90 000平方米，中心区域海拔205～210米，地理坐标北纬30°02′1.26″，东经106°08′48″。20世纪70～80年代在阶地南部，当地村民建了几座砖窑就地取土烧砖瓦，使阶地原貌遭受了极大破坏，现阶地地表遍布窑渣，中心区域成为近万平方米的凹坑。遗址现存面积仅有数百平方米，集中在废弃的砖窑周围（图一；图版一，1）。

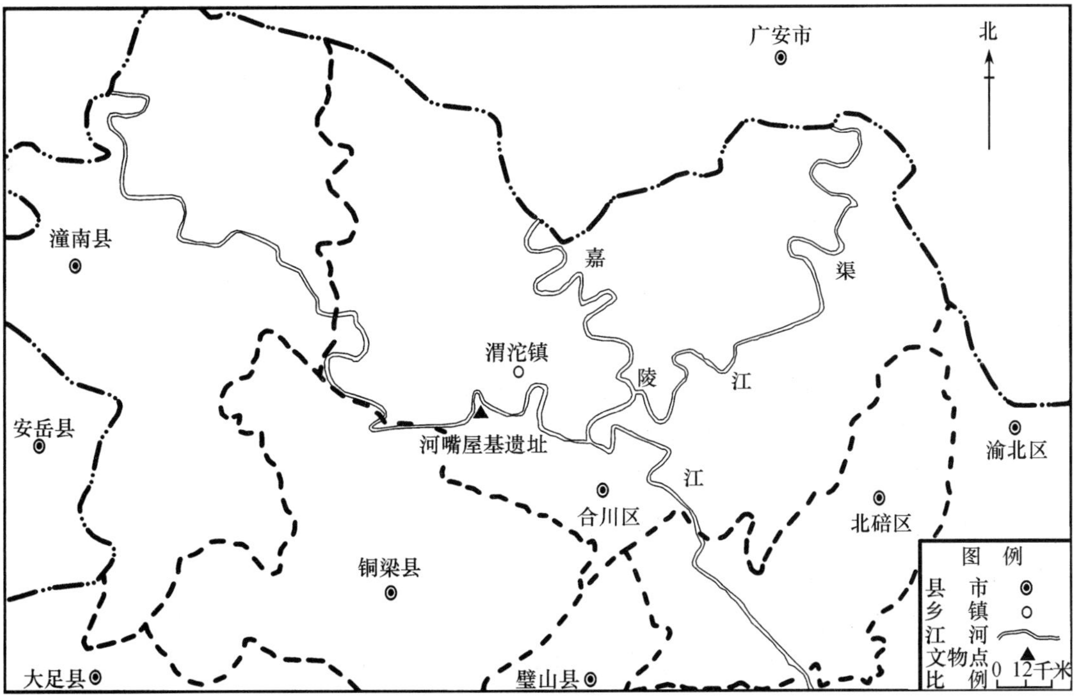

图一　河嘴屋基遗址位置示意图

2008年3～4月，为配合嘉陵江草街航电枢纽工程建设，重庆市文物考古所（2012年更名为重庆市文化遗产研究院）对河嘴屋基遗址进行了勘探和发掘。在文化层堆积被破坏相对较小的区域按正南北方向布5米×5米规格的探方6个，即T1～T6，后根据遗存分布情况增布3个探方，其中T7为5.5米×7米、T8为4米×8米、T9为10米×10米，总发掘面积达320.5平方米（图二；图版一，2）。

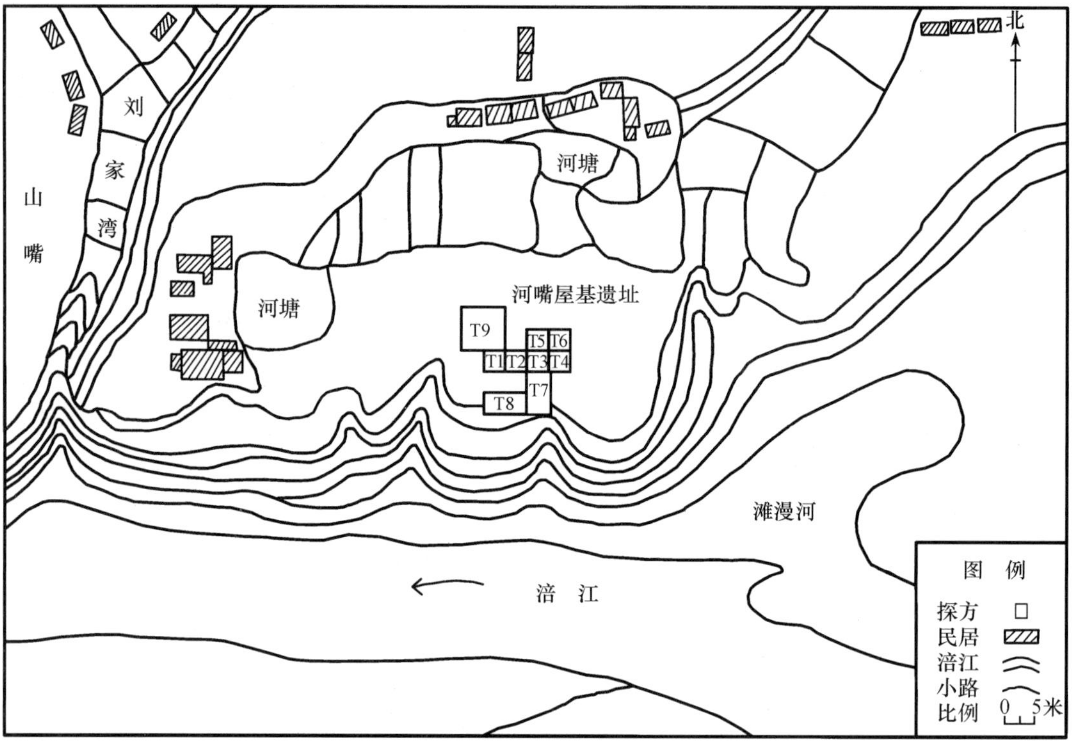

图二　河嘴屋基遗址地形示意图

一、地层堆积

河嘴屋基遗址整体被破坏严重，仅T1、T9地层堆积相对较厚，出土遗物较多，但扰动严重。T2～T8被现代砖窑破坏严重，出土物较少。所以对遗址剩余信息的提取主要依靠T1、T9这两个探方。T1、T9东壁相连。但因T1东壁绝大部分被现代坑打破，仅残留一角，故无法对T1、T9进行统一地层。简报挑取T1、T9两个探方地层堆积相对较厚的两壁来分开介绍。

T1　以西壁为例（图三）。

第1层：厚0.15～0.2米。土质疏松，灰褐色，含大量植物根茎、石块、瓦片等。

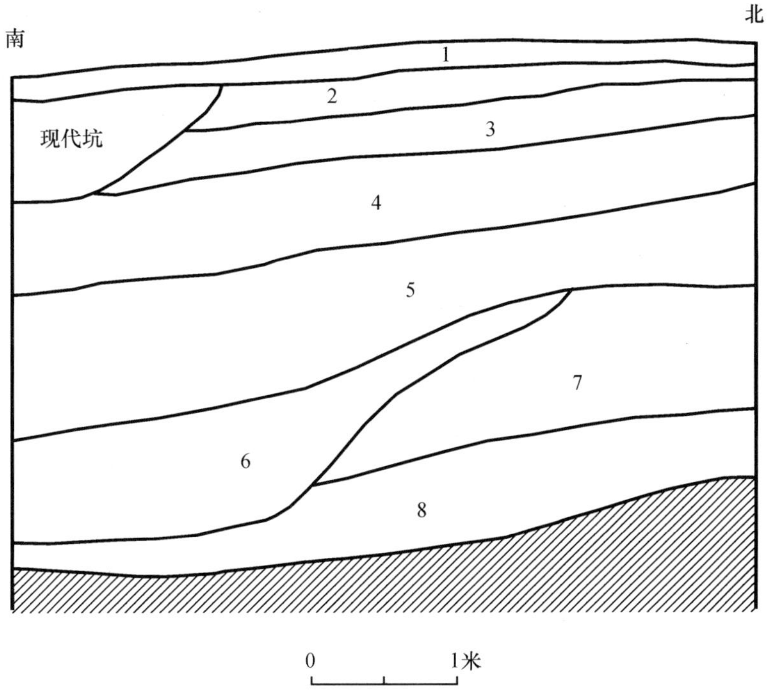

图三 T1西壁剖面图

第2层：深0.15～0.2米，厚0.1～0.3米。土质疏松，浅黄褐色，含大量红烧土、炉渣等。分布于探方西北部。

第3层：深0.35～0.5米，厚0.2～0.3米。土质紧密，青褐色，含沙量大，分布于探方西北部。出土极少量陶片，为夹细砂陶，陶色有红褐、灰褐等，可辨器形为罐。

第4层：深0.7～0.9米，厚0.4～0.55米。土质疏松，浅青灰色，含沙量大，分布于探方西部。出土少量陶片，其中以泥质陶为主，夹砂陶次之。陶色有青灰、红褐、黑褐。纹饰主要有绳纹，另见零星模印“太阳”纹，可辨器形为鼓腹罐、深腹罐、圜底钵、尖底杯等。

第5层：深1.1～1.4米，厚0.55～1.2米。土质疏松，深青灰色，含沙量大，分布于探方西部。出土少量陶片，分泥质、夹砂两种，泥质陶居多。陶色有红褐、青灰、灰褐、黑褐等，可辨器形有深腹罐、平底罐、折沿罐等。

第6层：深1.7～2.5米，厚0～0.8米。土质较硬，浅红褐色，含少量炭粒，分布于探方西南部。出土陶片较多，泥质陶居多（表一）。可辨器形为鼓腹罐、深腹罐、圜底钵、尖底杯、器盖等（表二）。

第7层：深1.7～3.1米，厚0～0.7米。土质较硬，浅黄褐色，分布于探方西北部。出土少量陶片，有泥质青灰陶、泥质红陶及夹砂灰褐陶。纹饰有绳纹、素面两种，可辨器

表一　T1第6层出土陶片陶系统计表

陶质	纹饰	绳纹		菱格		附加堆纹		戳印		折线	波浪	瓦纹	弦纹	太阳纹	其他	素面	合计	百分比/%	
		粗	细	粗	细	纹面＋箍带	素面＋箍带	纹面＋戳印	素面＋戳印										
夹砂	红	5														19	24	1.05	17
	红褐	37														47	84	3.68	
	黄褐	26							3							69	98	4.30	
	灰褐	32	4	4		3					1					65	109	4.78	
	黑灰	16														22	38	1.67	
	黑褐	15		2												21	38	1.67	
泥质	红	45														95	140	6.14	83
	红褐	35		3									4			53	95	4.17	
	黄褐	314														164	478	20.96	
	青灰	137				11			7							957	1112	48.77	
	黑灰	13														21	34	1.49	
	黑皮												4			26	30	1.32	
合计		675	4	9		14			10		1		8			1559	2280	100	
		679		9		14		10											
百分比/%		99	1	100		100			100										

表二　T1第6层出土陶器器形统计表

陶质	泥质					夹砂						合计	百分比/%
纹饰 / 器形	绳纹	素面	弦纹	菱格纹	附加堆纹	绳纹	素面	菱格纹	波浪纹	戳印纹	附加堆纹		
罐	12	6	1	1	3	5	6	1	1	1	1	38	69.1
盆	1											1	1.8
圜底钵		7					2					9	16.4
尖底杯		6										6	10.9
尖底盏		1										1	1.8
合计	13	20	1	1	3	5	8	1	1	1	1	55	
百分比/%	23.6	36.4	1.8	1.8	5.5	9.1	14.5	1.8	1.8	1.8	1.8	100	100

形为罐、尖底杯。

第8层：深3.1～3.2米，厚0.3～0.65米。土质较硬，黄褐色，全方分布。出土极少量陶片，主要为泥质青灰陶，可辨器形为罐。

第8层下为浅黄褐色生土。

T9　以东壁为例（图四）。

第1层：厚0.1～0.2米。土质疏松，灰褐色，含大量植物根茎及少量石块、瓦片等。

第2层：深0.1～0.2米，厚0.15～0.3米。土质疏松，青灰褐色，含少量红烧土颗粒。

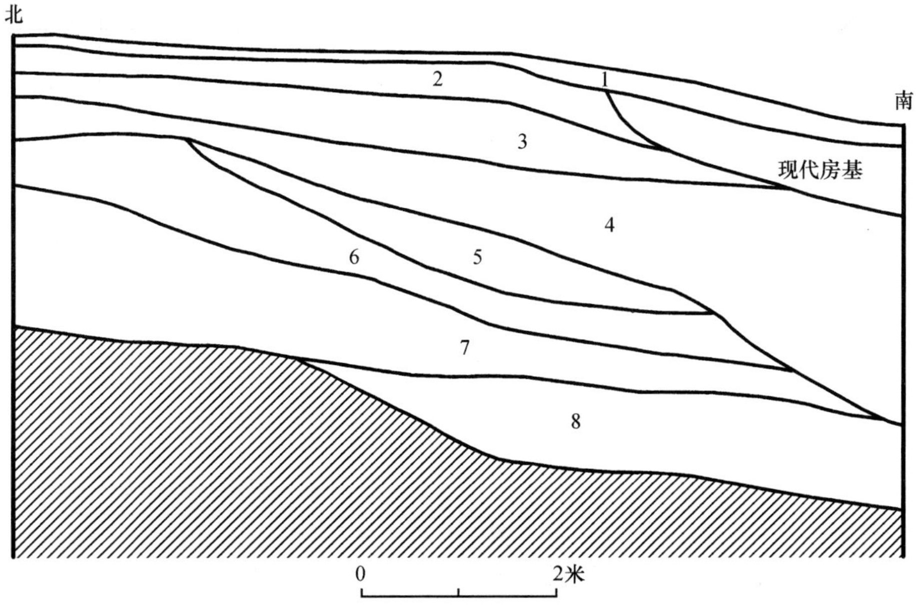

图四　T9东壁剖面图

全方分布，南部被现代坑打破。

第3层：深0.3～0.6米，厚0.15～0.35米。土质疏松，灰褐色，全方分布，南部被现代坑打破。出土少量陶片，以夹砂青灰陶为主，夹砂黑褐陶、红褐陶次之，泥质陶相对较少。纹饰主要为绳纹、素面。可辨器形为鼓腹罐。

第4层：深0.6～0.95米，厚0.15～1.6米。土质紧密，青灰色，全方分布。出土陶片以泥质陶居多，夹砂陶相对较少，陶色主要有青灰、红褐、黄褐，纹饰有粗绳纹、交错绳纹、素面、附加堆纹、菱格纹等。可辨器形为鼓腹罐、深腹罐、钵、尖底盏、杯。

第5层：深0.8～2.2米，厚0～0.5米。土质紧密，灰褐色，分布于探方中部。出土少量陶片，夹砂陶比泥质陶稍多，陶色主要以青灰、红褐、红、黄褐、黑褐为主，少量黑皮陶。纹饰主要有绳纹、素面两种，另见凹弦纹、菱格纹、镂孔纹、方格纹等（表三）。可辨器形有圜底罐、鼓腹罐、圜底钵、尖底杯、尖底盏、壶、盆、器座、器盖、圈足盘等（表四）。

表三　T9第5层出土陶片陶系统计表

陶质	纹饰	绳纹 粗	绳纹 细	素面	弦纹	菱格纹	镂孔纹	圈点状戳印纹+弦纹	合计	百分比/%
夹砂	青灰	78	29	165	2	5			279	27
	红褐	24	3	74					101	9.8
	黄褐	21		38	6			4	69	6.7
	黑褐	19		7		4	3		33	3.2
泥质	红	26		37					63	6.1
	青灰	89	8	246	18				361	35
	红褐	33	2	21					56	5.4
	黄褐	16		26					42	4.1
	黑褐	9		8					17	1.6
	黑皮			11					11	1.1
合计		315	42	633	26	9	3	4	1032	100
百分比/%		30.5	4.1	61.3	2.5	0.9	0.3	0.4	100	

第6层：深0.8～2.45米，厚0～0.9米。土质紧密，浅青灰色，夹杂有少量炭粒。分布于除东南角之外的大部分区域。出土陶片较多。泥质陶比例略高于夹砂陶，陶色主要有青灰、红、红褐、黑褐色。纹饰以素面、粗绳纹居多，极少网格纹，可辨器形有深腹罐、大口罐、小平底罐、圜底钵、尖底盏、尖底杯、器座、豆等。

表四　T9第5层出土陶器器形统计表

陶质	泥质					夹砂				合计	百分比/%
纹饰 / 器形	绳纹	素面	弦纹	圈点状戳印纹＋弦纹	镂孔纹	绳纹	弦纹	素面	菱格纹		
罐	11	5	1			15	1	6		39	31.5
盆			1							1	0.8
圜底钵							6	13		19	15.3
尖底杯		31								31	25
尖底盏		12								12	9.6
壶			4	1					1	6	4.9
器座		2			1			1		4	3.2
器盖		9								9	7.3
圈足盘			2							2	1.6
圈足豆		1								1	0.8
合计	11	60	8	1	1	15	7	20	1	124	100
百分比/%	8.9	48.4	6.5	0.8	0.8	12.1	5.6	16.1	0.8	100	

第7层：深1.4～2.8米，厚0～1.2米。土质较硬，青褐色，夹少量红烧土颗粒，分布于除东南角之外的大部分区域。出土部分陶片，泥质陶多于夹砂陶，陶色主要为青灰色，另见红褐、黑褐色，可辨器形为深腹罐、盆、圜底钵、小口壶。

第8层：深2.8～3.2米，厚0～0.9米。土质紧密，较硬，黄褐色。分布于探方南部。出土少量陶片，以泥质陶居多，陶色为青灰、红褐、黄褐，可辨器形有深腹罐、小口壶、盆、器座、尖底杯。

第8层下为浅黄色生土。

二、出土遗迹

本次发掘发现的遗迹有灰坑、灰沟两类。

（一）灰坑

共有两座，即H1和H2。它们均位于T1内。

1. H1

位于T1西北角，叠压于第6层下，打破第7层。部分延伸至探方北壁下，暴露部分平面呈半椭圆形，坑壁略直，坑底较平。坑口长1.26、宽0.65米，坑底到坑口深0.67～0.73米。坑内填土为黄褐色带青灰色斑点土，土质疏松，含有少量炭屑，出土少量陶片，主要为夹细砂黄褐陶，均为残片，可辨器形为罐（图五）。

2. H2

位于T1西南部，叠压于第6层下，打破第7层。平面近圆形，最大径1.2米，斜直壁，坑底较平，坑底到坑口深0.16米。坑内填土为青褐色土，土质疏松，夹少量炭屑、红烧土。出土部分陶片，夹砂陶居多，泥质陶相对较少。夹砂陶分为夹粗砂和夹细砂两种，陶色主要有灰褐、红褐、黄褐；泥质陶陶色主要为青灰和黄褐。出土陶片纹饰主要有绳纹和素面两种，可辨器形有平底罐、尖底盏、器盖等（图六）。

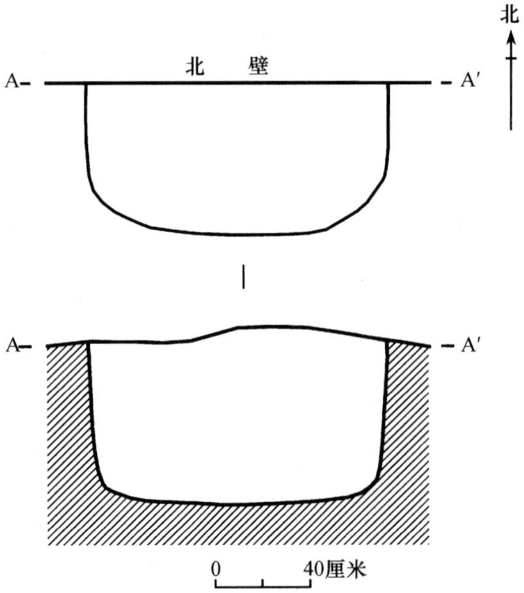

图五　H1平、剖面图

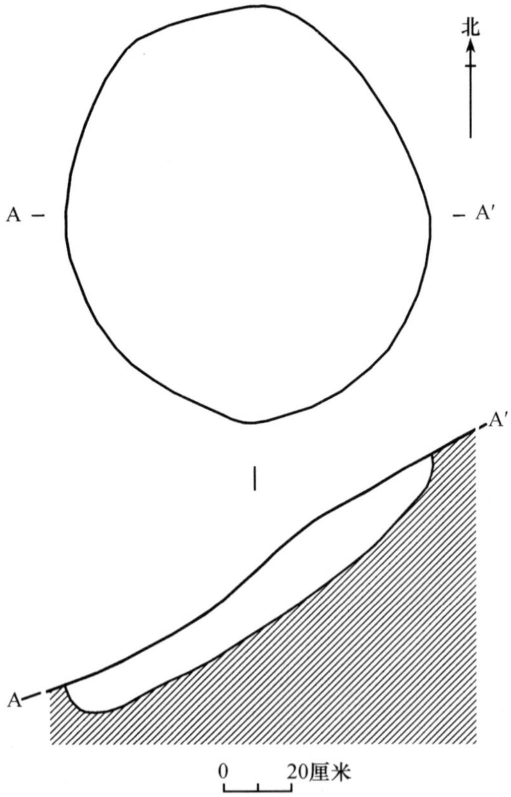

图六　H2平、剖面图

（二）灰沟

共有两座，即G1和G2。

1. G1

位于T1北部，叠压于第2层下，打破第3层。平面呈条形，沟壁较直，沟底较平。沟内填土为黄褐色土，土质疏松，夹有青黑色斑点。平面长1.5、宽0.36～0.6米，沟底到沟口深0.57～0.62米。出土少量陶片，主要有泥质青灰和红陶，另有夹砂灰褐陶。纹饰有绳纹和素面两种，可辨器形为罐（图七）。

2. G2

位于T2西北部，叠压于第4层下，打破第5层。G2平面呈不规则条形，其部分延伸至探方北壁下，沟壁较直，沟底为斜底，平面长2.95、宽0.68～1.31米，沟底到沟口深0.5～1米。沟内填土为黄褐色夹青灰色斑点土，土质疏松，含少量炭屑。出土少量陶片，主要为夹砂灰褐陶、红褐陶，另有少量泥质青灰陶。可辨器形为罐、船形杯（图八）。

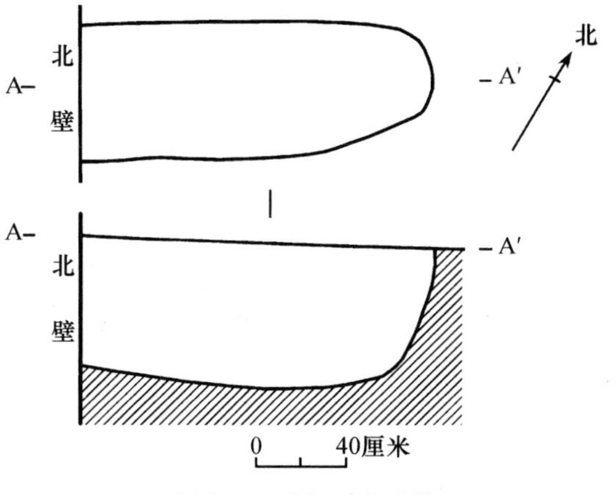

图七　G1平、剖面图

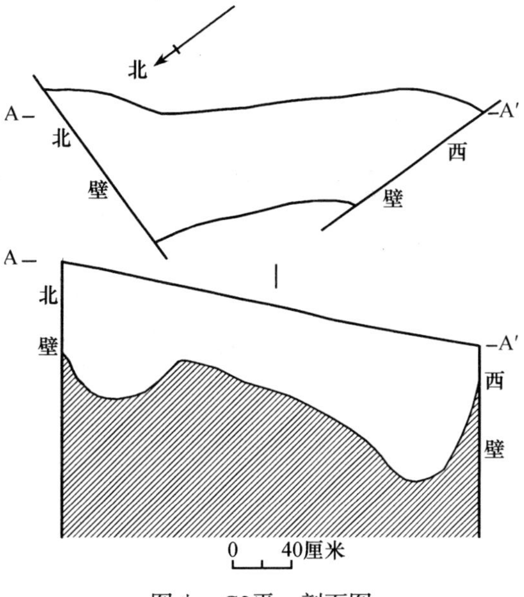

图八　G2平、剖面图

三、出土遗物

河嘴屋基遗址出土文化遗物比较丰富，以陶器为主，但完整器及可修复的器物较少，另出土少量石器。由于人为破坏，地层中不同时期遗物混杂现象较为严重。出土遗物较多的区域位于T1、T9，其余各探方出土遗物较少（图版二）。

（一）石器

河嘴屋基遗址出土石器较少，共4件。石器原料为砾石，制作方式有打制、磨制两种，器形有石锛、石斧、打制石片。

1. 石锛

1件。T9⑤：3，青色砾石磨制而成。顶部已残，残余部分正面略呈长方形，弧刃，侧锋。残高11.6、宽6.8、最大厚度2.8厘米（图九，1）。

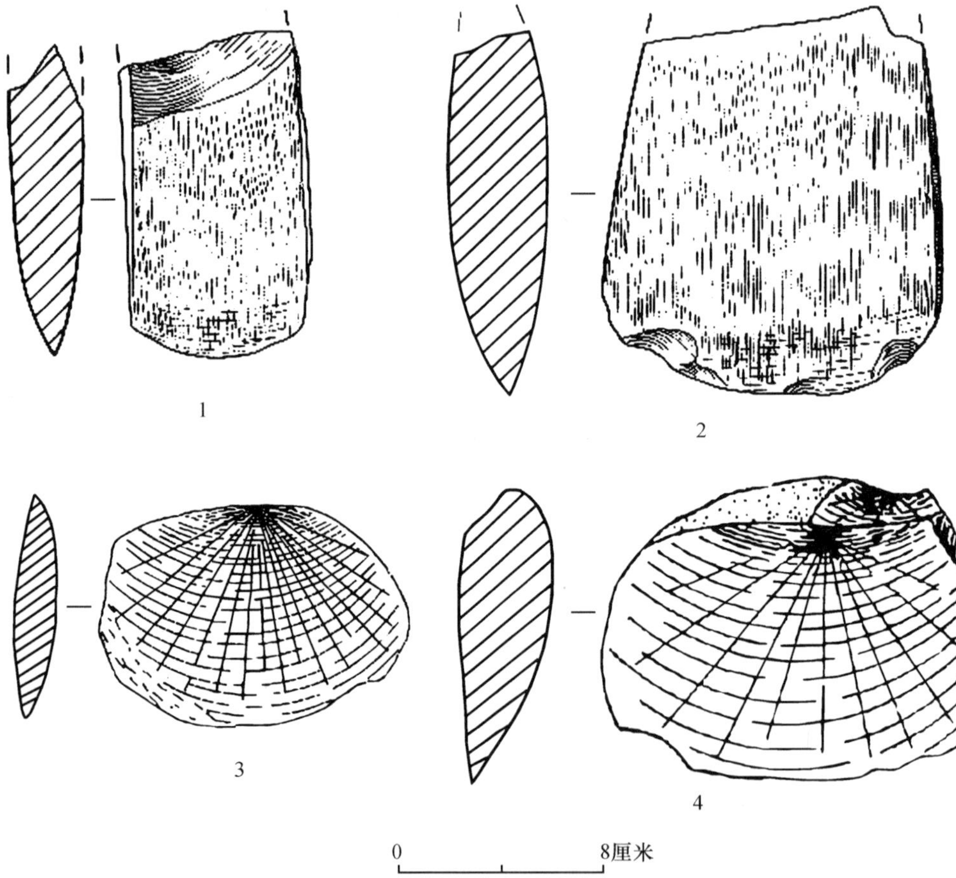

图九　河嘴屋基遗址出土石器

1. 石锛（T9⑤：3）　2. 石斧（T6②：1）　3、4. 打制石片（T5③：3、T5③：4）

2. 石斧

1件。T6②：1，青灰色砾石磨制而成。顶部已残，残余部分正面上小下大，略呈梯形，弧刃，中锋。残高14、宽10.4～12.6、最大厚度3.7厘米（图九，2；图版七，5）。

3. 打制石片

共2件。T5③：3，深灰色砾石打制而成。石器剥裂面呈椭圆形，一次性击打成器，刃部有明显使用痕迹。器长11.5、宽8.2、厚0.4～4.9厘米（图九，3）。T5③：4，青灰色砾石打制而成。石器剥裂面呈椭圆形，切面呈斧状，一次性击打成器，刃部有明显使用痕迹。器长14.5、宽11.4、厚0.2～3.8厘米（图九，4）。

（二）陶器

此次发掘出土的陶片共计有1万余片，但多碎小，可复原器物较少。陶器分为泥质、夹砂两类，泥质陶比例高于夹砂陶。泥质陶陶色分为青灰、红、黑、红褐、灰褐、黑皮等几种，以青灰、灰褐、红、红褐色居多，其余相对较少；夹砂陶主要为夹细砂，少部分夹粗砂。夹砂陶陶色有红、黑、灰褐、红褐、黑褐几种，其中灰褐、红褐、黑褐占多数，其余相对较少。陶器纹饰主要有粗细绳纹、素面，另见交错绳纹、方格纹、凹弦纹、菱形纹、戳点纹、镂孔纹、附加堆纹、“太阳”纹等。陶器制法基本为轮制，部分陶器内壁有按压指纹，圈足器上下分别轮制后再拼接。加工方法为器物轮制成形后再在器表施以模印、刻划、戳印、附加堆纹等各种纹饰。附加堆纹一般与其他纹饰呈组合形式出现且做法不一：一种是用泥条直接贴上去，一种是将泥条扭成索状后贴上去，还有一种是在泥条贴上去后再施加戳印（图一〇）。

T1、T9出土的陶片占总量的85%以上，其余探方除T2、T3出土有少量陶片外，均只有极少量陶片出土。本简报拟以T1、T9两个探方为主，对出土陶器进行详细介绍。由于遗址已受到极大破坏，出土的文化遗物“混层”现象特别严重，已无法准确利用类型学对其进行分型分式，仅能对每层出土器物进行粗略分型，在此基础上再依靠对典型遗迹、典型器物的对比来完成对陶器的分期与年代判断。通过观察，河嘴屋基遗址出土器物器形主要有深腹罐、鼓腹罐、大口折沿罐、小平底罐、圜底钵、尖底盏、尖底杯、壶、盆、器座、器盖、圈足盘、豆等。根据器物口沿、肩、腹、底等不同的特征将其分为不同的类型。对出土器物分型方法是以遗址出土陶器整体为单位来划分。现将T1、T9出土器物先按照地层分述介绍如下。

图一〇　河嘴屋基遗址出土陶片纹饰拓片

1. 交错粗绳纹＋附加堆纹（T1⑧：1）　2、6. 附加堆纹＋小菱格纹（T1⑦：2、T1⑦：4）　3、4. 小菱格纹（T2⑧：3、T3⑦：4）　5、7. 太阳纹（T6④：5、T1④：9）　8. 细绳纹（T9⑤：5）　9、10. 细网格纹（T9⑤：4、T9⑦：3）　11. 波浪纹＋粗绳纹（T1⑥：43）　12. 粗绳纹（T9⑥：53）　13. 方格纹（T9⑤：3）　14. 附加堆纹＋粗绳纹（T3⑥：11）　15. 凹弦纹（T9⑤：2）　16. 菱格纹（T9⑤：8）　17. 圈点状戳印纹＋弦纹（T9⑤：7）

1. T1

130余件，器类有平底器、圜底器、尖底器、圈足器，不见三足器。

第1～第3层偶见零星陶片出土。

第4层：出土少量陶片，分为泥质、夹砂两种，陶色以青灰为主，少量红褐、黑褐色。纹饰主要有绳纹、素面，另见零星“太阳”纹。可辨器形为鼓腹罐、深腹罐、圜底钵、尖底杯。

鼓腹罐　7件。无完整器形，均为泥质陶。可分为三型。

Aa型　5件。T1④：2，青灰陶。圆唇，卷沿，鼓腹，腹部饰粗绳纹。口径13厘米（图一一，1）。

Ba型　1件。T1④：4，黑褐陶。方唇，卷沿，鼓腹，素面。口径16厘米（图一一，2）。

C型　1件。T1④：1，黑褐陶。仅存腹部残片，饰“太阳”纹。残片宽10.3厘米（图一一，3）。

深腹罐　1件。

Bb型　T1④：13，泥质青灰陶。仅存口沿，宽方唇，唇部压印有凹弦纹，卷沿，弧腹。素面。口径17.5厘米（图一一，5）。

圜底钵　1件。

A型　T1④：3，泥质青灰陶。敛口，尖圆唇，弧腹内收，素面。口径16厘米（图一一，4）。

尖底杯　1件。

A型　T1④：5，泥质黑灰陶。底部呈角状。残高3厘米（图一一，6）。

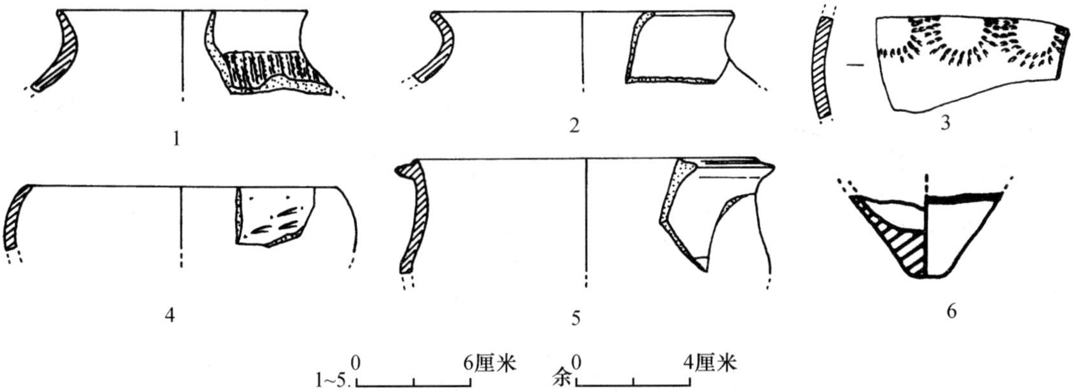

图一一　河嘴屋基遗址T1第4层出土器物

1. Aa型鼓腹罐（T1④：2）　2. Ba型鼓腹罐（T1④：4）　3. C型鼓腹罐（T1④：1）　4. A型圜底钵（T1④：3）　5. Bb型深腹罐（T1④：13）　6. A型尖底杯（T1④：5）

第5层：出土少量陶片，分为泥质、夹砂两种，陶色以灰褐、红褐为主，少量黑褐色；纹饰主要有绳纹、素面两种。可辨器形为鼓腹罐、深腹罐、折沿罐、平底罐、圜底钵。

鼓腹罐　2件。均为泥质陶。

Aa型　1件。T1⑤：1，青灰陶。口沿残片。敞口，圆唇，卷沿，高领，鼓腹。上腹部有三圈粗凹弦纹，素面。口径7.5厘米（图一二，1）。

Ab型　1件。T1⑤：6，青灰陶。口沿残片。敞口，圆唇，卷沿，沿面微凹，上有快轮制作留下的痕迹，短颈，鼓腹。素面。口径16厘米（图一二，4；图版七，4）。

深腹罐　1件。

Ba型　T1⑤：4，夹砂灰褐陶。口沿残片。敞口，方唇，卷沿，口腹大小相若。素面。口径21厘米（图一二，6）。

折沿罐　1件。T1⑤：8，泥质红褐陶。口沿残片。侈口，圆唇，卷沿。器表有点

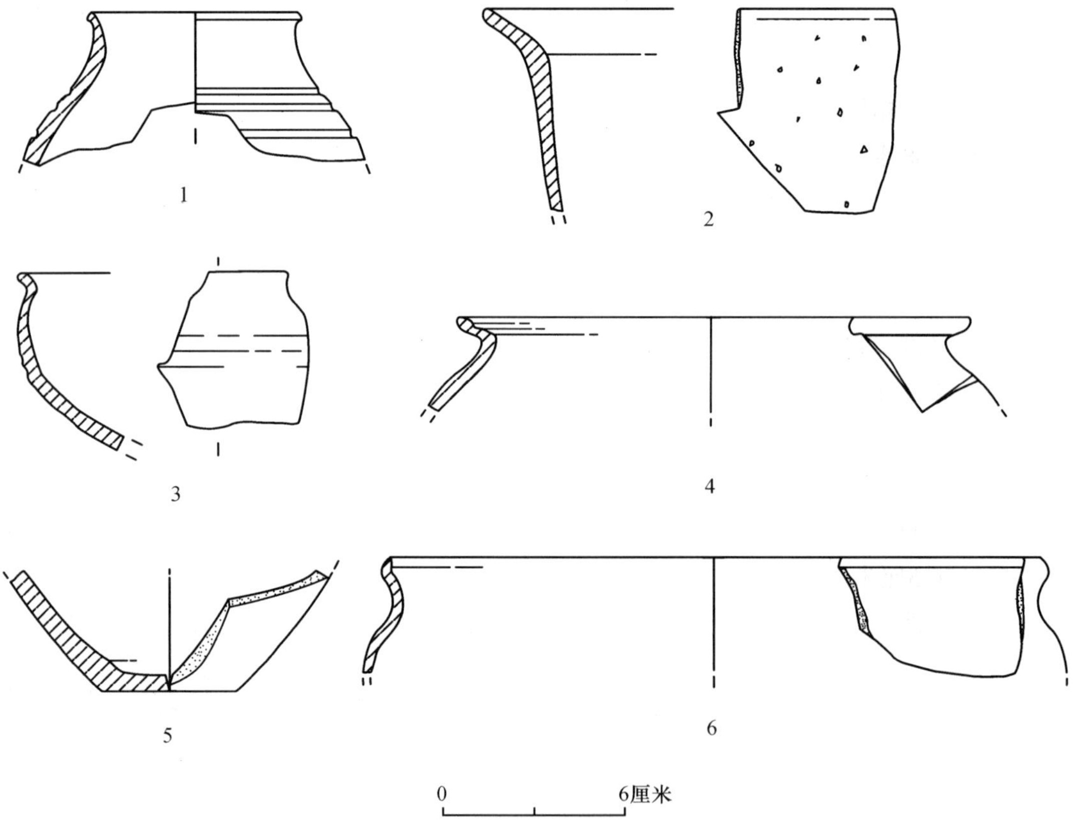

图一二　河嘴屋基遗址T1第5层出土陶器

1. Aa型鼓腹罐（T1⑤：1）　2. 折沿罐（T1⑤：8）　3. B型圜底钵（T1⑤：9）　4. Ab型鼓腹罐（T1⑤：6）　5. 平底罐（T1⑤：11）　6. Ba型深腹罐（T1⑤：4）

状戳印纹。残宽5.9厘米（图一二，2）。

平底罐　1件。T1⑤：11，泥质青灰陶。底部残片。素面。底径4.5厘米（图一二，5）。

圜底钵　1件。

B型　T1⑤：9，夹砂黑褐陶。口沿残片。侈口，圆唇，弧腹内收。外腹部有三道凹弦纹。残宽4.9厘米（图一二，3）。

第6层：出土大量陶片，陶质分为夹砂、泥质两种，陶色以灰褐、红褐、青灰、红、黄褐、黑褐为主，少量黑皮陶。纹饰主要有绳纹、素面两种。另见弦纹、附加堆纹等。可辨器形有深腹罐、鼓腹罐、圜底钵、尖底杯、器盖等。

深腹罐　9件。夹砂陶。均为口沿。

A型　5件。T1⑥：2，灰褐陶。侈口，圆唇，卷沿。素面。口径14厘米（图一三，1）。

Ba型　3件。T1⑥：12，红褐陶。敞口，方唇，卷沿。素面。口径19.4厘米（图一三，4）。

C型　1件。T1⑥：7，黑褐陶。敞口，圆唇，折沿，器表饰绳纹。口径21.3厘米（图一三，7）。

鼓腹罐　56件。分为夹砂、泥质两种。多为口沿。器表饰绳纹或素面。

Aa型　38件。T1⑥：6，黑褐陶。敞口，圆唇，卷沿。口径14.9厘米（图一三，2）。

Bb型　4件。T1⑥：5，青灰陶。敞口，方唇，卷沿。唇面有凹纹。口径19厘米（图一三，5）。

D型　3件。T1⑥：4，灰褐陶。敞口，尖唇，折沿。口径17.9厘米（图一三，8）。

E型　6件。T1⑥：9，青灰陶。近直口，圆唇，长颈。口径21.3厘米（图一三，11）。

圜底钵　8件。均为夹砂陶。素面。

B型　3件。T1⑥：10，黑褐陶。侈口，圆唇，弧腹内收。器表上腹部有数道凹弦纹。残高11.4厘米（图一三，6）。

C型　1件。T1⑥：14，灰褐陶。侈口，微尖唇，腹微鼓。器表上腹部有数道凹弦纹。口径30.5厘米（图一三，9）。

D型　4件。T1⑥：27，灰褐陶。微敛口，圆唇，鼓腹。口径27厘米（图一三，12）。

尖底杯　11件。

B型　泥质陶。主要有青灰、红陶。体型较大，杯身较肥，形似炮弹。T1⑥：52，口部残片。敛口，弧腹内收。器表腹部有数道凹弦纹。残宽7.8厘米（图一三，13）。T1⑥：30，底部残片，下腹部斜收，略为尖底。残高3.1厘米（图一三，10）。

尖底盏　2件。

A型　泥质青灰陶。浅腹，尖底。T1⑥：19，残高7.7厘米（图一三，14）。

器盖　1件。

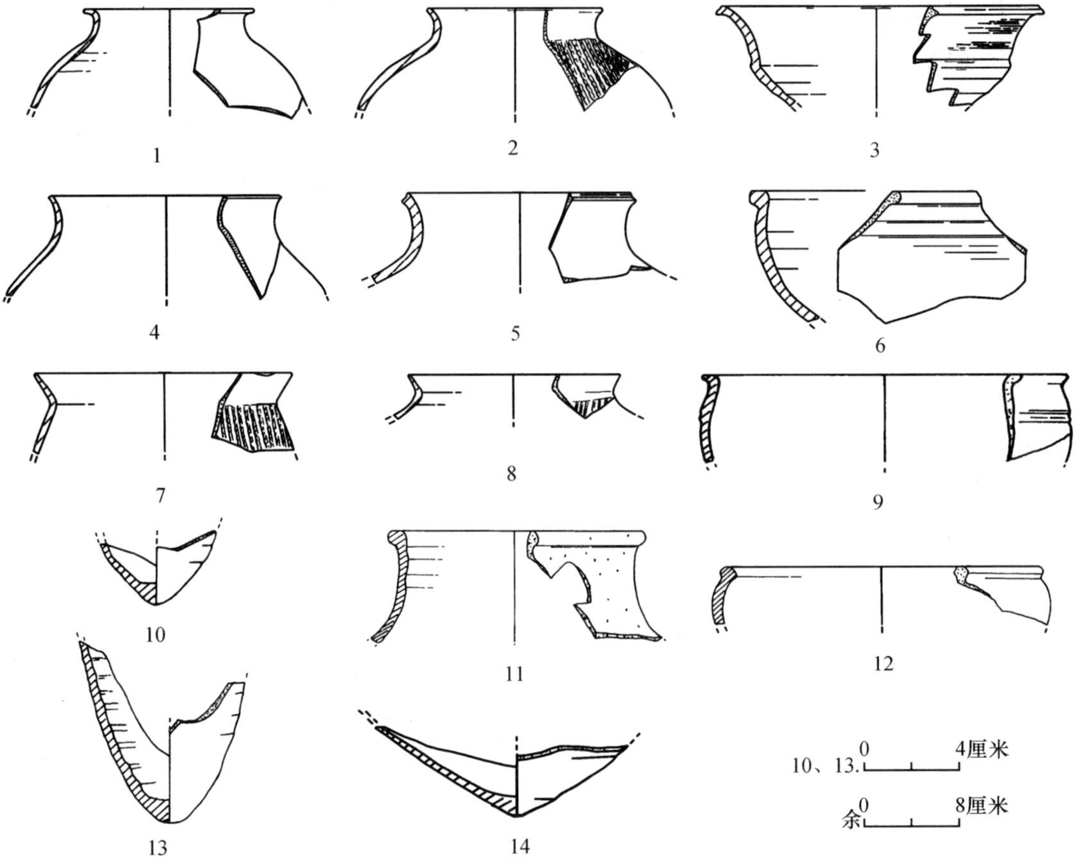

图一三　河嘴屋基遗址T1第6层出土器物

1. A型深腹罐（T1⑥：2）　2. Aa型鼓腹罐（T1⑥：6）　3. A型器盖（T1⑥：55）　4. Ba型深腹罐（T1⑥：12）　5. Bb型鼓腹罐（T1⑥：5）　6. B型圜底钵（T1⑥：10）　7. C型深腹罐（T1⑥：7）　8. D型鼓腹罐（T1⑥：4）　9. C型圜底钵（T1⑥：14）　10、13. B型尖底杯（T1⑥：30、T1⑥：52）　11. E型鼓腹罐（T1⑥：9）　12. D型圜底钵（T1⑥：27）　14. A型尖底盏（T1⑥：19）

A型　T1⑥：55，泥质黄褐陶。底部残片。盖腹较深，转折处有凸起折棱。口径27厘米（图一三，3）。

第7、第8层出土器物标本较少，主要有罐、尖底杯两种，器形与前层相似，故不再介绍。

2. T9

240余件，器类有圜底器、尖底器、平底器、圈足器，不见三足器。

第1、第2层偶见零星陶片出土。

第3层：出土少量陶片，分为泥质、夹砂两种，陶色以青灰色为主，少量红褐、黑褐色。纹饰主要有绳纹、素面，可辨器形为鼓腹罐。

鼓腹罐　3件。泥质陶。无完整器，均为口沿。纹饰为素面。

Aa型　1件。T9③：1，青灰陶。敞口，圆唇，卷沿，素面。口径20厘米（图一四，1）。

Bb型　1件。T9③：2，青灰陶。敞口，方唇，卷沿。唇面有凹纹。口径19.2厘米（图一四，2）。

F型　1件。T9③：3，黄褐陶。敞口，方唇，卷沿，颈短。口径16厘米（图一四，3）。

第4层：出土部分陶片，分为泥质、夹砂两种，陶色有青灰、黄褐、红褐色，另有极少量黑皮陶。纹饰有粗绳纹、交错绳纹、素面、附加堆纹、菱格纹等。可辨器形为鼓腹罐、深腹罐、钵、尖底盏、杯。

鼓腹罐　7件。泥质陶。无完整器形，均为口沿。

Aa型　3件。T9④：14，青灰陶。敞口，圆唇，卷沿。器表饰绳纹。口径11.8厘米（图一四，4）。

Bb型　2件。T9④：9，青灰陶。敞口，方唇，卷沿。唇面有凹弦纹。口径16厘米（图一四，5）。

Ga型　2件。T9④：3，青灰陶。敞口，圆唇，卷沿，无颈。口径17.2厘米（图一四，6）。

花边口沿罐　5件。夹砂陶。无完整器，均为口沿。

A型　3件。T9④：15，青灰陶。侈口，卷沿，方唇。唇部经细辊压印，内面有按压花边，器表装饰交错绳纹。口径24厘米（图一四，7）。

B型　2件。T9④：10，黄褐陶。侈口，卷沿，圆唇。唇部按压花边，器表饰绳纹。口径24厘米（图一四，8）。

钵　2件。泥质陶。无完整器，均为口沿。

A型　1件。T9④：8，黄褐陶。直口，平折沿，弧腹。沿面下有二道弦纹。残高7厘米（图一四，9）。

B型　1件。T9④：16，青灰陶。微侈口，卷沿，弧腹。素面。口径16.7厘米（图一四，10）。

尖底盏　3件。

A型　泥质青灰陶。无完整器，均为底部残片。T9④：7，底部残片。残高6厘米（图一四，11）。

尖底杯　4件。

B型　泥质青灰陶。无完整器，均为底部残片。T9④：17，底部残片。底部乳突不明显，杯身微肥。残高3厘米（图一四，12）。

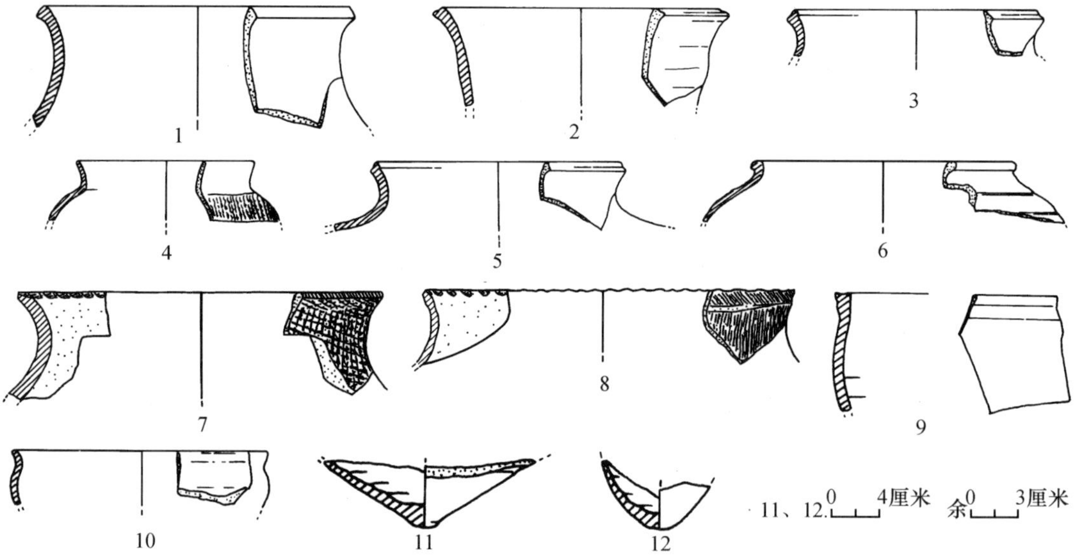

图一四　河嘴屋基遗址T9第3、第4层出土陶器

1、4. Aa型鼓腹罐（T9③：1、T9④：14）　2、5. Bb型鼓腹罐（T9③：2、T9④：9）　3. F型鼓腹罐（T9③：3）　6. Ga型鼓腹罐（T9④：3）　7. A型花边口沿罐（T9④：15）　8. B型花边口沿罐（T9④：10）　9. A型钵（T9④：8）　10. B型钵（T9④：16）　11. A型尖底盏（T9④：7）　12. B型尖底杯（T9④：17）

第5层：出土大量陶片，可辨器形有圜底罐、鼓腹罐、圜底钵、尖底杯、尖底盏、壶、盆、器座、器盖、圈足盘等。陶质分为泥质、夹砂两种，陶色以青灰、红褐、红、黄褐、黑褐为主，少量黑皮陶。纹饰主要有绳纹、素面两种。另见凹弦纹、菱格纹、镂孔纹等。

圜底罐　13件。分夹砂和泥质两种，夹砂略多。无完整器，基本为口沿。

A型　9件。T9⑤：65，夹砂灰褐陶。侈口，圆唇，卷沿。内壁有按压指纹，颈部以下饰绳纹。口径14厘米（图一五，1）。T9⑤：71，侈口，圆唇，卷沿。内壁有按压指纹，颈部以下饰绳纹。口径12厘米（图一五，2）。

B型　3件。T9⑤：70，泥质青灰陶。敞口，圆唇，微折沿。内壁有按压指纹，颈部以下饰绳纹。口径14厘米（图一五，3）。

C型　1件。T9⑤：67，泥质青灰陶。侈口，圆唇，卷沿，直腹，胎体较厚。内壁有按压指纹，颈部以下饰绳纹。口径12厘米（图一五，4）。

鼓腹罐　26件。分夹砂、泥质陶。无完整器，均为口沿。

Aa型　14件。T9⑤：62，泥质青灰陶。敞口，圆唇，卷沿。颈部以下饰绳纹。口径20厘米（图一五，5）。

Bb型　10件。T9⑤：39，泥质青灰陶。敞口，方唇，唇面有凹槽，卷沿。口径18

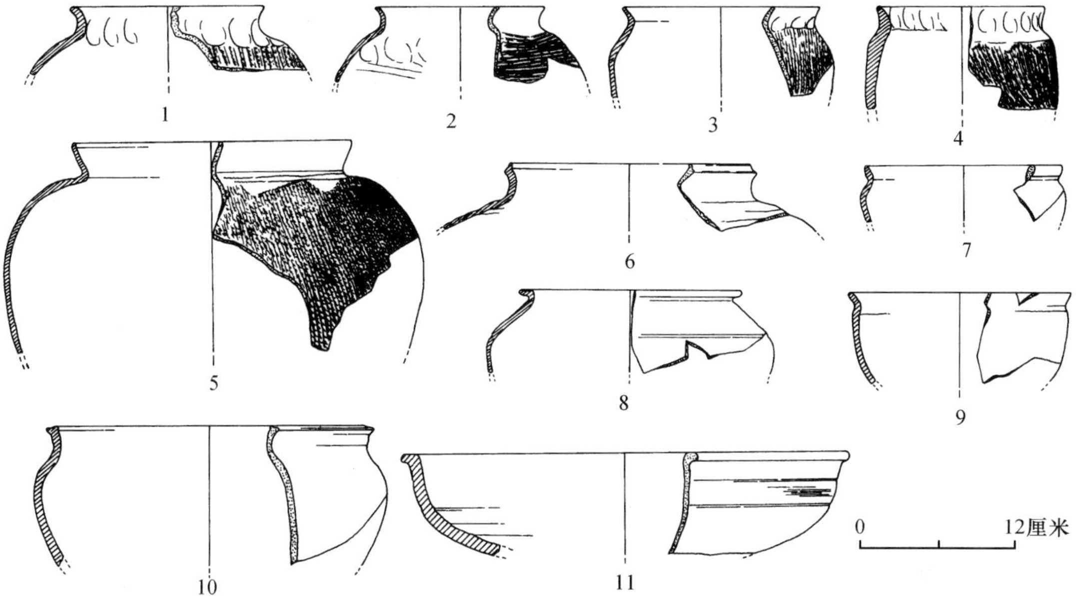

图一五　河嘴屋基遗址T9第5层出土陶器

1、2. A型圜底罐（T9⑤：65、T9⑤：71）　3. B型圜底罐（T9⑤：70）　4. C型圜底罐（T9⑤：67）　5. Aa型鼓腹罐（T9⑤：62）　6. Bb型鼓腹罐（T9⑤：39）　7、9. B型圜底钵（T9⑤：3、T9⑤：57）　8. Gb型鼓腹罐（T9⑤：12）　10. E型圜底钵（T9⑤：28）　11. 盆（T9⑤：64）

厘米（图一五，6）。

Gb型　2件。T9⑤：12，泥质青灰陶。侈口，圆唇，平折沿，沿面稍宽，无颈。上腹部有凹弦纹。口径16厘米（图一五，8）。

圜底钵　19件。均为夹砂陶。素面。

B型　15件。灰褐陶。侈口，圆唇，弧腹内收。T9⑤：3，口径14.5厘米（图一五，7）；T9⑤：57，口径16.5厘米（图一五，9；图版七，3）。

E型　4件。T9⑤：28，青灰陶。侈口，方唇，弧腹内收。唇面有凹弦纹。口径24厘米（图一五，10）。

盆　1件。T9⑤：64，泥质灰褐陶。敞口，圆唇，平折沿。腹部有数道弦纹。口径33.2厘米（图一五，11）。

壶　6件。小口，球腹较大。

A型　1件。高领壶，T9⑤：36，泥质灰褐陶。残存上半部。方唇，颈部较细，广肩，杯直口尖唇，底部不与壶身相通。肩部有两对称的杯形装饰，颈部及肩部装饰有凹弦纹、圆圈纹、圆形戳印纹。口径9.9、残高25.3厘米（图一六，3；图版七，6）。

B型　5件。矮领壶，T9⑤：30，泥质黄褐陶。残存口沿。侈口，方唇，圆肩。肩

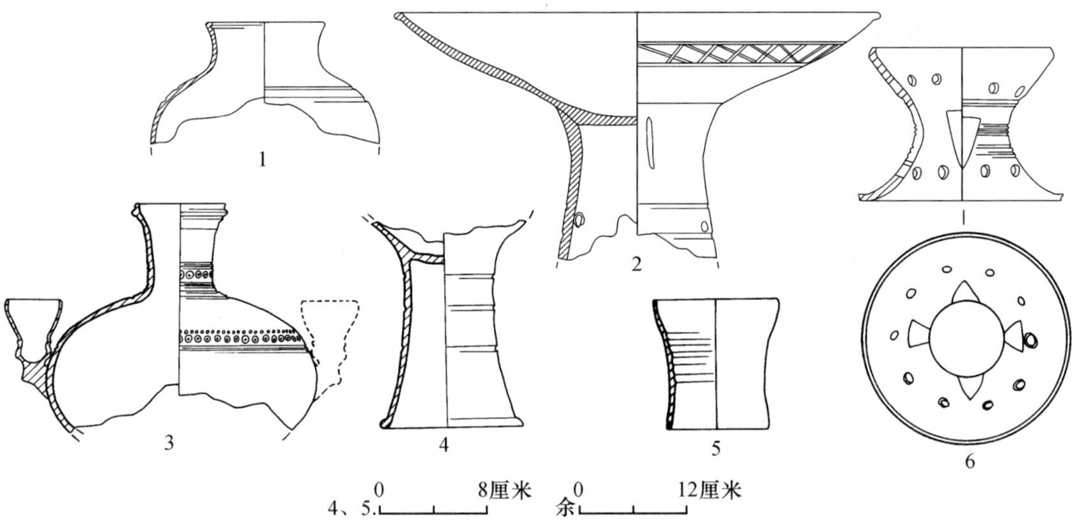

图一六　河嘴屋基遗址T9第5层出土陶器

1. B型壶（T9⑤：30）　2. 圈足盘（T9⑤：82）　3. A型壶（T9⑤：36）　4. 圈足豆（T9⑤：28）
5. B型器座（T9⑤：26）　6. A型器座（T9⑤：36）

部装饰两道凹弦纹。口径13.3、残高13.6厘米（图一六，1）。

圈足盘　1件。器形较大，高圈足。T9⑤：82，泥质灰陶。卷沿，圆唇，浅腹，底较平，圈足粗大。圈足上下分别有四个对称的竖向长条形和圆形镂孔。口径54.9、残高27.4厘米（图一六，2；图版九，1）。

器座　3件。亚腰形。

A型　1件。体型较大。T9⑤：36，泥质红褐胎黑皮陶。敛口，圆唇，喇叭形足沿外撇。腰部有两组圆形镂孔及一组三角形镂孔。口径20、足径23、高17.6厘米（图一六，6；图版一〇，1）。

B型　2件。体型较小。T9⑤：26，泥质灰褐陶。直口，尖唇，足外撇。口径9.4、足径7.7、高10厘米（图一六，5；图版一〇，2）。

圈足豆　1件。器形较小。豆腹较深，高圈足。T9⑤：28，泥质黄褐陶。足沿外撇。柄部装饰有两组凹弦纹。足径10.9、残高15.3厘米（图一六，4；图版八，4）。

器盖　9件。圈足钮，细柄。

A型　4件。体型较大。柄细长，盖腹较深，转折处有凸起折棱。T9⑤：1，泥质灰陶。敞口，方唇。钮径6、盖径16.4、高12.4厘米（图一七，4；图版一〇，4）。

B型　体型较小。盖为浅盘状。T9⑤：25，泥质褐胎黑皮陶。钮径3.8、残高5.4厘米（图一七，1；图版一〇，3）。

尖底杯　31件。泥质陶。多为底部残片。青灰、红褐陶。

A型　角状尖底杯，8件。T9⑤：41，底部残片，杯身尖瘦。残高7.1厘米（图一七，5；图版九，4）。

B型　炮弹形尖底杯，23件。T9⑤：30，腹部以下斜收为尖底。残高12.2厘米（图一七，6；图版九，6）。T9⑤：95，腹部以下斜收为尖底。残高11厘米（图一七，7）。

尖底盏　12件。浅腹，尖底。

A型　7件。T9⑤：78，泥质黄褐陶。敛口，圆唇，弧腹，尖底乳突明显。素面。口径16.7、高7.3厘米（图一七，2；图版八，5）。

B型　5件。T9⑤：83，泥质灰褐陶。底部残片。腹部斜收成尖底，乳突不明显。腹部有凹弦纹。残高5厘米（图一七，3；图版八，6）。

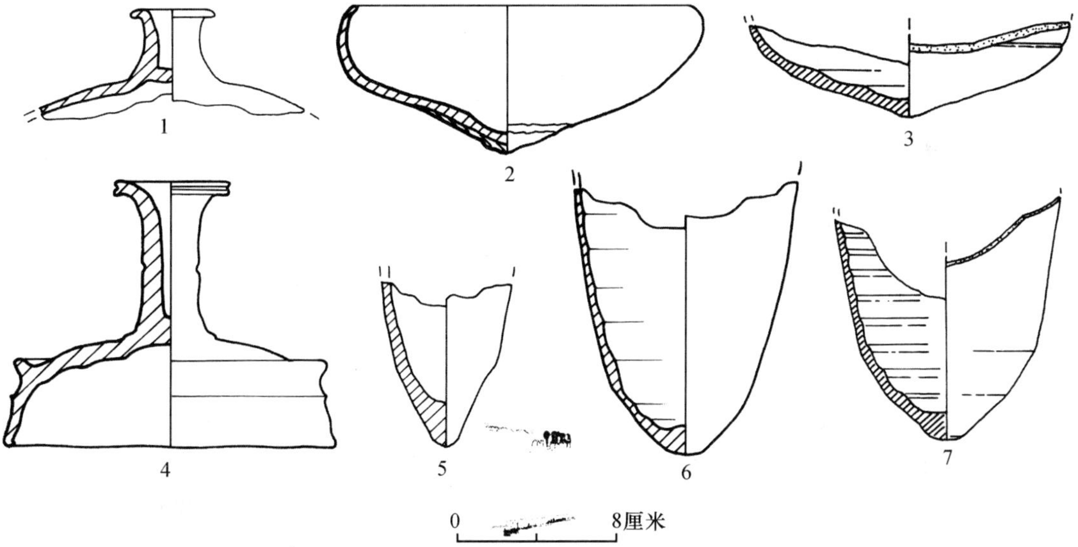

图一七　河嘴屋基遗址T9第5层出土陶器

1. B型器盖（T9⑤：25）　2. A型尖底盏（T9⑤：78）　3. B型尖底盏（T9⑤：83）　4. A型器盖（T9⑤：1）　5. A型尖底杯（T9⑤：41）　6. B型尖底杯（T9⑤：30）　7. A型尖底杯（T9⑤：95）

第6层：出土陶片较多，可辨器形有深腹罐、大口罐、小平底罐、圜底钵、尖底盏、尖底杯、器座、豆等。陶质分为夹砂、泥质两种，泥质陶居多。陶色以青灰、红、红褐、黄褐、黑褐为主，少量黑皮陶。纹饰主要有绳纹、素面两种，另见有网格纹。

深腹罐　29件。陶质分为夹砂、泥质两种。无完整器，均为口沿。

A型　21件。T9⑥：11，泥质青灰陶。侈口，卷沿，圆唇。器表装饰交错绳纹。口径10厘米（图一八，2）。T9⑥：9，泥质黄褐陶。侈口，卷沿，圆唇。颈部内侧有按压指纹，器表装饰交错绳纹。口径14厘米（图一八，4）。

C型　8件。T9⑥：18，夹砂黄褐陶。侈口，折沿，圆唇。器表饰绳纹。口径12厘米（图一八，3）。

大口罐　1件。T9⑥：24，泥质黄褐陶。侈口，方唇，斜腹。器表饰网格纹及绳纹。口径20厘米（图一八，1）。

小平底罐　4件。泥质灰陶。均为底部残片。胎体较厚。T9⑥：23，底径4.3、残高7.2厘米（图一八，11；图版七，1）。

圜底钵　1件。

B型　T9⑥：2，夹砂灰褐陶。侈口，圆唇，弧腹内收。器表有数道凹弦纹。口径18厘米（图一八，5）。

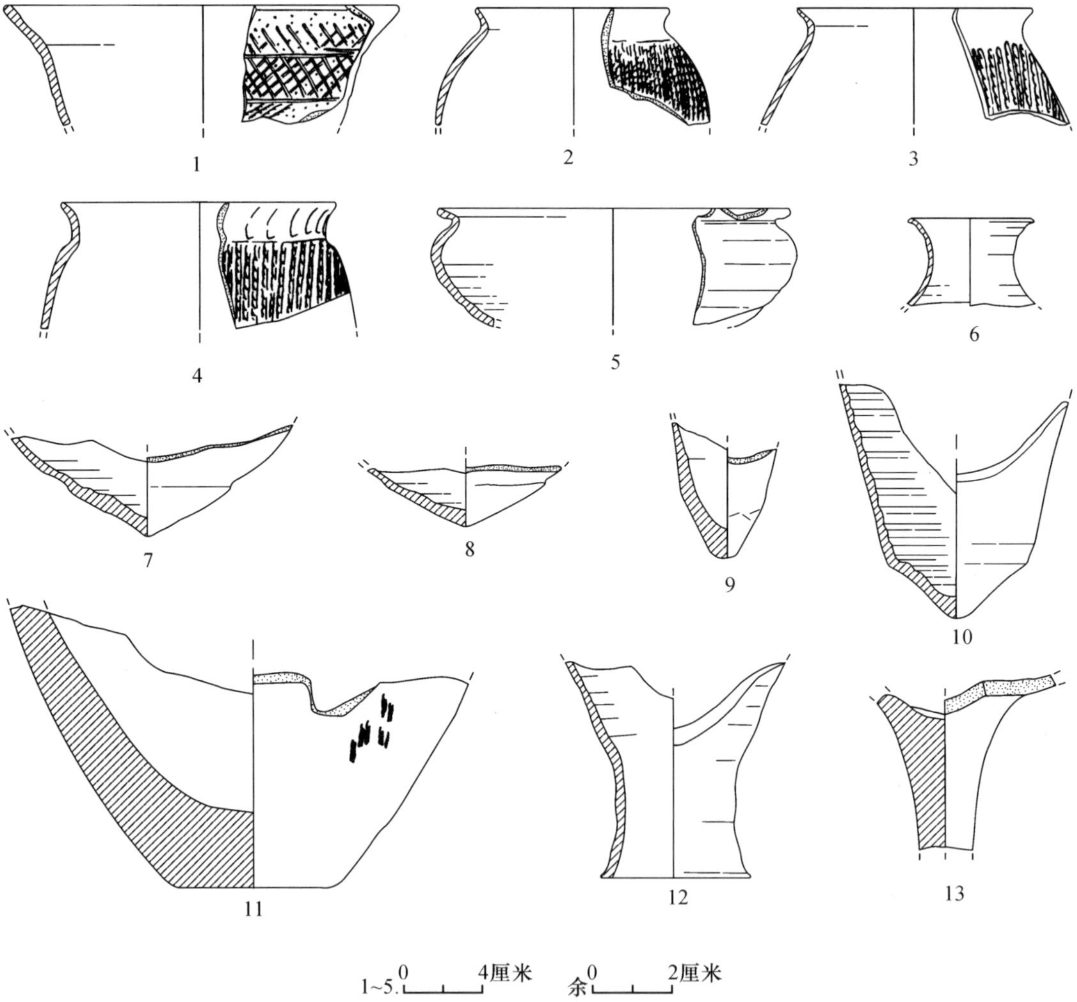

图一八　河嘴屋基遗址T9第6层出土陶器

1. 大口罐（T9⑥：24）　2、4. A型深腹罐（T9⑥：11、T9⑥：9）　3. C型深腹罐（T9⑥：18）　5. B型圜底钵（T9⑥：2）　6. B型壶（T9⑥：37）　7、8. B型尖底盏（T9⑥：6、T9⑥：3）　9. A型尖底杯（T9⑥：25）　10. B型尖底杯（T9⑥：45）　11. 小平底罐（T9⑥：23）　12. B型器座（T9⑥：14）　13. 豆（T9⑥：34）

尖底盏　11件。

B型　T9⑥：3，泥质灰褐陶。底部残片。浅腹，腹部斜收成尖底，乳突不明显。腹部与底部之间有拼接痕迹。残高2厘米（图一八，8）。T9⑥：6，泥质灰褐陶。底部残片。浅腹，腹部斜收成尖底，乳突不明显，腹部与底部之间有拼接痕迹。残高2.8厘米（图一八，7）。

尖底杯　13件。均为泥质陶。底部残片。

A型　5件。角状尖底杯。T9⑥：25，泥质青灰陶。杯身尖瘦。残高3.4厘米（图一八，9）。

B型　8件，杯身较肥，形似炮弹。T9⑥：45，泥质青灰陶。器身下部斜收为尖底，腹部与底部之间有折痕。残高6厘米（图一八，10）。

壶　B型　3件。均为泥质陶。口沿残片。T9⑥：37，泥质黄褐陶。侈口，方唇，圆肩。素面。口径3.3、残高2.3厘米（图一八，6）。

器座　1件。

B型　T9⑥：14，亚腰形，体型较小。底部残片。素面。底径3.9、残高5.5厘米（图一八，12）。

豆　3件。泥质青灰陶。均为柄部残片。细柄。T9⑥：34，残高4.5厘米（图一八，13）。

第7层：出土少量陶片，可辨器形有深腹罐、小口壶、盆等。陶质分为夹砂、泥质两种，泥质陶居多。陶色以青灰为主，少量红褐、黑褐陶。纹饰基本为绳纹、素面两种。

深腹罐　6件。

A型　T9⑦：3，泥质青灰陶。口沿残片。侈口，圆唇、卷沿。器身饰绳纹。口径24厘米（图一九，1）。

圜底钵　1件。

B型　T9⑦：8，泥质黄褐陶。侈口，圆唇，卷沿，弧腹内收。素面。口径16厘米（图一九，2）。

壶　1件。

C型　T9⑦：5，泥质青灰陶。口部残片。侈口，方唇，唇面有凹槽，卷沿，颈部有折棱。口径15厘米（图一九，3）。

盆　1件。T9⑦：1，泥质青灰陶。近直口，平折沿，腹微鼓。素面。口径27.2厘米（图一九，4）。

第8层：出土少量陶片，可辨器形有深腹罐、小口壶、盆、器座、尖底杯等。陶质分为夹砂、泥质两种，泥质陶居多。陶色以青灰、红褐、黄褐为主，少量黑褐陶。纹饰见绳纹、素面两种。

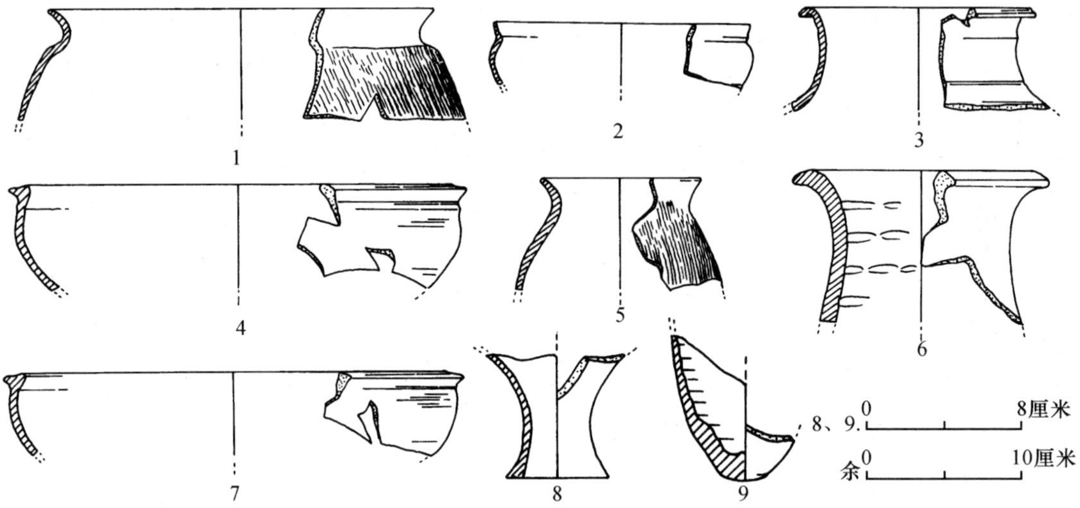

图一九　河嘴屋基遗址T9第7、第8层出土陶器

1、5. A型深腹罐（T9⑦：3、T9⑧：10）　2. B型圜底钵（T9⑦：8）　3. C型壶（T9⑦：5）
4、7. 盆（T9⑦：1、T9⑧：5）　6. B型壶（T9⑧：2）　8. B型器座（T9⑧：3）　9. B型尖底杯（T9⑧：4）

深腹罐　3件。

A型　T9⑧：10，泥质青灰陶。口沿残片。侈口，圆唇、卷沿。器身饰绳纹。口径10厘米（图一九，5）。

壶　1件。

B型　T9⑧：2，泥质黄褐陶。口部残片。侈口，方唇，卷沿。素面。口径14厘米（图一九，6）。

盆　1件。T9⑧：5，泥质青灰陶。微敛口，平折沿，尖唇，弧腹。素面。口径27.4厘米（图一九，7）。

器座　1件。

B型　T9⑧：3，亚腰形，底部残片。体型较小。素面。底径5、残高6厘米（图一九，8）。

尖底杯　2件。

B型　T9⑧：4，杯身较肥，形似炮弹。底部残片。乳突不明显。素面。残高9.4厘米（图一九，9）。

除T1、T9外，其余探方出土器物较少，且器形大多与T1、T9相似。可见器形有鼓腹罐、深腹罐、高领壶、折腹豆、船形杯、折壁器盖、尖底盏、陶拍、陶环等器物。

鼓腹罐　9件。

Aa型　分夹砂、泥质陶。无完整器，均为口沿。T2④：1，泥质灰褐陶。侈口，圆唇、卷沿。器身饰绳纹。口径16.3厘米（图二〇，1）；T3⑤：6，夹砂黄褐陶。侈口，圆唇、卷沿。器身饰绳纹。口径16.2厘米（图二〇，4）。T2⑤：1，泥质黄褐陶。侈口，圆唇、卷沿。颈部饰弦纹，器身素面。口径13.1厘米（图二〇，5）。

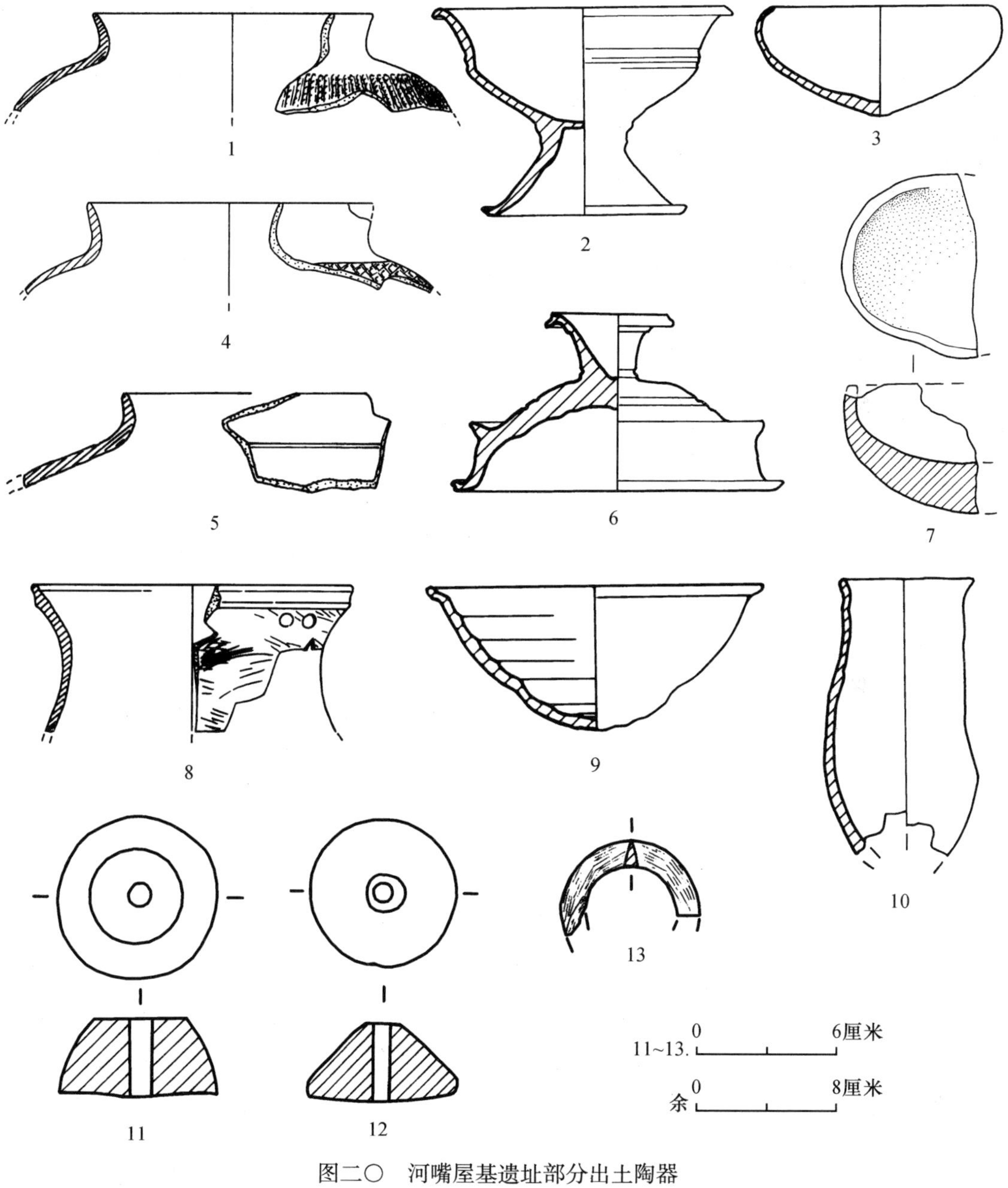

图二〇 河嘴屋基遗址部分出土陶器

1、4、5. Aa型鼓腹罐（T2④：1、T3⑤：6、T2⑤：1） 2. 折腹豆（H2：1） 3. A型尖底盏（H2：3） 6. C型器盖（H2：2） 7. 船形杯（G2：1） 8. C型壶（T3⑤：5） 9. C型尖底盏（T3⑤：1） 10. D型深腹罐（T3②：1） 11、12. 陶拍（T2④：2、T2⑤：4） 13. 陶环（T3⑤：10）

深腹罐　1件。

D型　T3②：1，体态瘦长，形似杯。泥质灰褐陶。侈口，圆唇，高领，深腹。底部有灼烧痕。口径7.2、残高14.2厘米（图二〇，10；图版七，2）。

壶　1件。

C型　T3⑤：5，泥质黄褐陶。口沿残片。侈口，方唇，唇面微凹，左右两侧唇部下沿各有对称圆形镂孔两个，卷沿。素面。口径17.4厘米（图二〇，8）。

折腹豆　1件。H2：1，泥质灰陶。侈口，圆唇，沿外撇，腹部较深，有明显折痕，底部呈喇叭状，中空较大。腹部外饰数圈弦纹。口径16.8、足径11.5、高11.5厘米（图二〇，2；图版九，2）。

船形杯　1件。G2：1，夹细砂红陶。椭圆形，直口，圜底。残长7.6、高7.4厘米（图二〇，7；图版八，1）。

器盖　3件。

C型　H2：2，泥质黄褐陶。卷沿，圆唇，矮柄。钮径6、盖径18、高10厘米（图二〇，6；图版一〇，5）。

尖底盏　5件。可分为二型。

A型　4件。敛口。H2：3，泥质黄褐陶。尖唇，弧腹，尖底乳突明显。口径12.6、高6厘米（图二〇，3）。

C型　1件。敞口。T3⑤：1，泥质黄褐陶。圆唇，弧腹，尖底，乳突近无。素面。口径18.9、高8.3厘米（图二〇，9；图版九，3）。

陶拍　2件。泥质黄褐陶。呈梯形圆台状，中心中空。T2④：2，上径3.9、下径6.6、高3.2、中空直径1厘米（图二〇，11）。T2⑤：4，上径1.8、下径6、高3.2、中空直径0.8厘米（图二〇，12）。

陶环　1件。T3⑤：10，泥质黄褐陶。已残。陶径6.2厘米（图二〇，13）。

四、分期与年代

河嘴屋基遗址因现代砖窑取土及其他人为翻动，致使原生文化堆积被扰动，出土器物“混层”现象很严重，无法以地层关系进行分期分段。因此只能从典型遗物的类型学比较为主，通过与其他遗址的典型器物群做对比来进行文化遗存性质及年代分析（表五）。

表五　T1、T9器形对照表

器物名称	地层 分型	T1			T9					
		第4层	第5层	第6层	第3层	第4层	第5层	第6层	第7层	第8层
鼓腹罐	Aa型	√			√	√	√			
	Ab型		√							
	Ba型	√								
	Bb型			√	√	√	√			
	C 型	√								
	D 型			√						
	E 型			√						
	F 型				√					
	Ga型					√				
	Gb型						√			
深腹罐	A 型			√				√	√	√
	Ba型		√	√						
	Bb型	√								
	C 型			√				√		
圜底钵	A 型	√								
	B 型		√	√			√	√	√	
	C 型			√						
	D 型			√						
	E 型						√			
尖底杯	A 型	√					√	√		
	B 型			√			√	√		√
尖底盏	A 型			√			√			
	B 型						√	√		
器盖	A 型			√			√			
	B 型						√			
器座	A 型						√			
	B 型						√	√		√
壶	A 型						√			
	B 型						√	√		√
	C 型								√	

河嘴屋基遗址出土的陶器大致可分为A、B两组。A组陶器属于新石器时代，B组陶器属于商周时期[①]。A组遗物数量不多，夹杂在B组遗物中，可能在商周时期已被破

① 白九江、邹后曦：《渝西地区先秦考古发现与考古学文化》，《“早期中国的文化交流与互动——以长江三峡库区为中心”学术研讨会论文集》，科学出版社，2012年。

坏。A组遗物以泥质青灰陶、灰褐陶为主，夹砂灰褐陶次之，另有少部分泥质磨光黑皮陶。纹饰主要有细绳纹、交错绳纹、箍带纹、“太阳”形戳印纹等。泥质陶素面一般均经磨光。可辨器形有平底器、圈足器、尖圜底器，极个别器物底部不平整。器形有Aa型鼓腹罐、B型壶、花边口沿罐、C型深腹罐、盘口罐、镂孔圈足豆、尖圜底器等（图二一）。

B组陶器以泥质陶和沙泥淘为主，夹砂陶次之，陶色以灰陶最多，褐陶次之，红褐陶和黑皮陶相对较少。器物纹饰以素面为多，另有粗细绳纹、弦纹、戳印圆圈纹、菱形纹、镂孔纹等。陶器有圜底器、尖底器、圈足器、平底器四种，可辨器形有耸肩小平底罐、圜底罐、壶、尖圜底钵、尖底杯、尖底盏、折腹豆、浅盘豆、器盖、镂孔器座、船形杯、纺轮、网坠等。部分器物造型颇具地方特色（图二二）。

通过分析对比，初步将河嘴屋基遗址出土器物划分为两期。其中第一期可分为早、晚两段，第二期可分为早、中、晚三段。

第一期：主要为A组器物。以泥质灰陶为主，夹砂灰褐陶次之。纹饰主要有细绳纹、素面、菱格纹、交错绳纹、附加堆纹、太阳纹等，陶器制作工艺基本为轮制，部分纹饰陶器内壁有按压指纹。可辨器形较少。

早段：文化遗物全部是陶片，而且数量不多，大部分是器物口沿，还有一些平底器底。可辨器形有A型壶、A型深腹罐、C型鼓腹罐、镂孔圈足豆等。陶片纹饰较丰富，流行细绳纹、菱格纹、交错绳纹、素面、戳印太阳纹、细菱格纹与附加堆纹组成的复合纹饰。

晚段：可辨器形也较少，典型器物为C型深腹罐，腹部装饰交错绳纹。

年代：戳印太阳纹、细菱格纹与附加堆纹组成的复合纹饰陶片，以及小口高领壶（A型壶）、泥质卷沿鼓腹罐（C型鼓腹罐）、镂孔圈足豆等器物均见于渝东峡江地区的丰都玉溪坪遗址遗存①、忠县哨棚嘴遗址第一期晚段遗存②，在川北地区的茂县营盘山遗址③、渝西地区的江津王爷庙④、江津鼎锅浩⑤等遗址也有发现。此外，夹砂折沿

① 白九江、邹后曦：《重庆峡江地区新石器时代晚期文化》，《中国考古学会第十次论文集1999》，文物出版社，2008年。

② 北京大学考古学研究中心等：《忠县哨棚嘴遗址发掘报告》，《重庆库区考古报告集·1999卷》，科学出版社，2006年。

③ 成都文物考古研究所：《四川茂县营盘山遗址试掘报告》，《成都考古发现（2000）》，科学出版社，2000年。

④ 重庆市博物馆：《重庆市长江河段新石器时代遗址调查与试掘》，《三峡考古之发现》，1998年。

⑤ 重庆市文物考古所发掘，资料尚未发表。

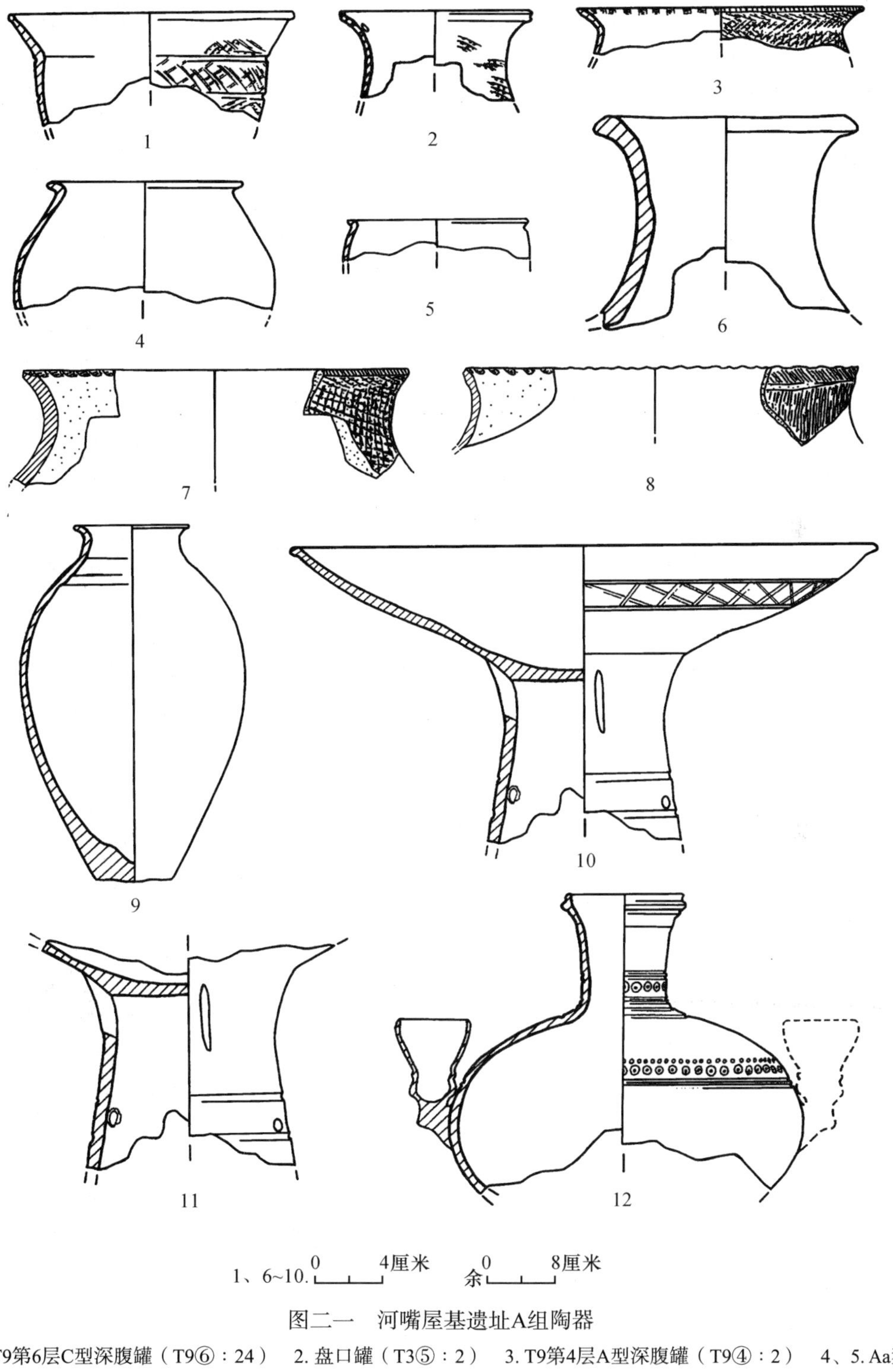

图二一　河嘴屋基遗址A组陶器

1. T9第6层C型深腹罐（T9⑥：24）　2. 盘口罐（T3⑤：2）　3. T9第4层A型深腹罐（T9④：2）　4、5. Aa型鼓腹罐（T9⑧：1、T2③：6）　6. B型壶（T5③：1）　7. A型花边口沿罐（T9④：15）　8. B型花边口沿罐（T9④：10）　9. 小平底罐（T9⑤：33）　10、11. 圈足盘（T9⑥：15、T1⑥：1）　12. A型壶（T9⑤：36）

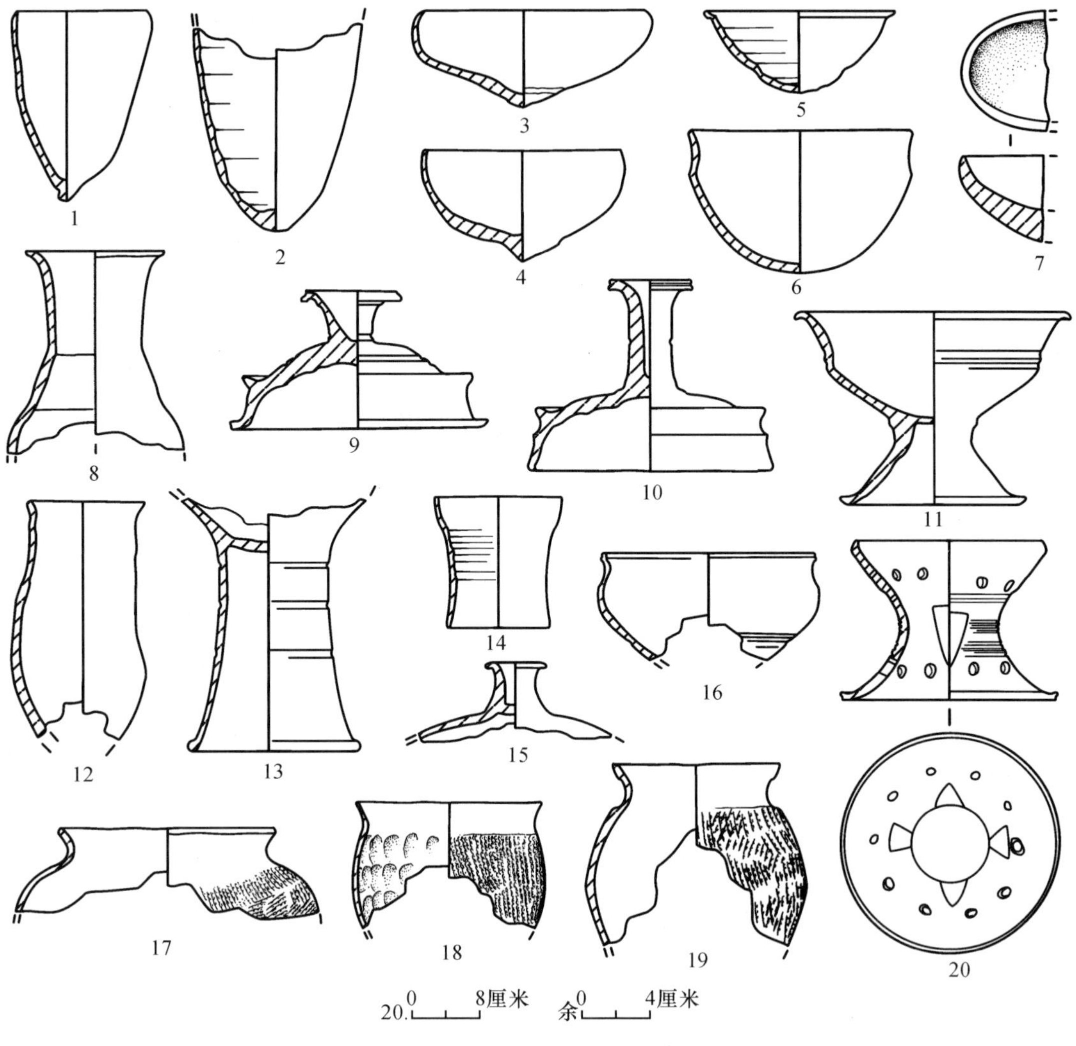

图二二　河嘴屋基遗址B组陶器

1. A型尖底杯（T1⑦：1）　2. B型尖底杯（T9⑤：30）　3、4. B型尖底盏（T9⑤：9、T9⑥：7）　5. C型尖底盏（T3⑤：1）　6. 圜底钵（T9⑥：3）　7. 船形杯（G2：1）　8. 长颈壶（T9⑥：14）　9. C型器盖（H2：2）　10. B型器盖（T9⑤：1）　11. 折腹豆（H2：1）　12. 深腹罐（T3②：1）　13. 圈足豆（T9⑤：28）　14. 筒形器座（T9⑤：26）　15. A型器盖（T9⑤：25）　16. 耸肩小平底罐（T9⑥：10）　17. A型鼓腹罐（T9⑥：19）　18、19. 绳纹圜底罐（T9⑥：17、T3③：1）　20. A型器座（T9⑤：26）

深腹罐（C型深腹罐）、泥质卷沿鼓腹罐等器物亦发现于万州涪溪口[①]、哨棚嘴遗址第二、三期遗存，属于器物总体特征与玉溪坪文化一脉相承的哨棚嘴文化。

---

① 福建省考古队、重庆万州区文物保管所：《万州涪溪口遗址发掘报告》，《重庆库区考古报告集·1998卷》，科学出版社，2003年。

综上所述，河嘴屋基遗址第一期大多数新石器遗物可归入玉溪上层文化，年代约相当于玉溪上层文化晚期（三期），推测绝对年代距今5600～5300年[①]。

第二期：主要为B组器物。这一期文化遗物十分丰富，器物特征年代跨度较大，初步可分为早、中、晚三个阶段。出土遗物绝大多数是陶片，有极少量的石器。陶片陶质分泥质、夹砂两种，泥质陶以青灰陶为主，黄褐陶次之，有少量红褐、黑皮陶；夹砂陶以灰褐、黄褐为主，红褐、黑褐陶次之。纹饰主要有粗绳纹、交错绳纹、素面、网格纹、凹弦纹、菱形纹、戳点纹、镂孔纹等。器类以圜底器、尖底器、圈足器为主，平底器次之，不见三足器。平底器、尖底器基本为轮制，圈足器上下分别轮制后拼接，圜底器内壁多有按压指纹。

早段：典型器物为C型尖底盏。标本T3⑤：1，泥质黄褐陶。敞口，圆唇，弧腹，尖底，素面。其与成都指挥街遗址A组⑥：124完全一致，孙华先生认为其属于十二桥第一期第2段，年代在殷商三期[②]。

中段：典型器物为A型尖底盏。标本T9⑤：9，泥质灰陶。深腹，尖底近似乳突状。其与石地坝二期A型Ⅳ式尖底盏相同[③]，均为敛口，深腹，尖底近似乳突状，年代相当于殷墟晚期。

晚段：典型器物为豆。标本T9⑥：34，泥质灰陶。豆盘部残缺，豆柄细长，残高5厘米。该细柄豆的特征与哨棚嘴遗址五期所出豆相似，年代与十二桥文化晚期年代相当，距今约3000年，属西周时期。

白九江、李大地等在分析了渝东峡江地区的丰都石地坝[④]、丰都玉溪坪、忠县邓家沱[⑤]、忠县哨棚嘴、涪陵石沱[⑥]、涪陵镇安[⑦]等遗址的资料后，提出以石地坝遗址第一、

① 白九江、邹后曦：《渝西地区先秦考古发现与考古学文化》，《“早期中国的文化交流与互动——以长江三峡库区为中心”学术研讨会论文集》，科学出版社，2012年。

② 孙华：《成都十二桥遗址群分期初论》，《四川考古论文集》，文物出版社，1996年。

③ 重庆市文物考古所、丰都县文物管理所：《丰都石地坝遗址商周时期遗存发掘报告》，《重庆库区考古报告集·1999卷》，科学出版社，2006年。

④ 重庆市文物考古所、丰都县文物管理所：《丰都石地坝遗址商周时期遗存发掘报告》，《重庆库区考古报告集·1999卷》，科学出版社，2006年。

⑤ 郑州大学发掘，报告未发表，部分资料见李峰：《忠县邓家沱遗址西周时期文化遗存的初步认识》，《重庆·2001三峡文物保护学术研讨会论文集》，科学出版社，2003年。

⑥ 北京市文物研究所三峡考古队、涪陵区博物馆：《涪陵石沱遗址发掘报告》，《重庆库区考古报告集·1997卷》，科学出版社，2001年。

⑦ 北京市文物考古研究所三峡考古队、重庆市涪陵区博物馆：《涪陵镇安遗址发掘报告》，《重庆库区考古报告集·1998卷》，科学出版社，2003年。

二期遗存为代表的商周时期文化遗存宜命名为石地坝文化，进而提出商代晚期至西周早期，以成都平原、重庆峡江地区、鄂西三峡东段和清江流域、陕南汉中盆地和安康盆地为中心的四大地理单位，同属于十二桥文化圈，其下存在以四大地域为中心的四个亚文化，即川西十二桥文化、渝东石地坝文化、鄂西路家河文化、陕南宝山文化（或称白马石类型）[①]。河嘴屋基遗址二期遗物十分丰富，器类也很多，而且与上述四大亚文化相比存在很大共性，具体表现在出现大量A、B型尖底杯，尖底罐，尖底盏等属于典型的十二桥文化圈共有的器类，早晚变化也比较一致。

另外，河嘴屋基遗址二期遗物也与上述四个亚文化存在一定差异。其中与川西十二桥文化相比差异较大。川西十二桥文化数量较大的高柄豆、觚形器、盉、捏瓣钮器盖、鸟头形勺等器类都没有出现在河嘴屋基遗址[②]。较之于鄂西路家河文化，河嘴屋基遗址二期缺少路家河文化常见的灯座形器、折腹尖底罐（报告称为陶杯）、三足器等典型器物[③]。与陕南宝山文化相比，河嘴屋基遗址出土的高圈足盘、高圈足豆与城固宝山遗址出土的同类器具有较高的相似性[④]。河嘴屋基遗址二期遗物与渝东石地坝文化之间相似性最高，河嘴屋基遗址出土了石地坝文化特有的船形杯。从其形态特征来看，应早于石地坝西周早期的船形杯[⑤]；T9第5层出土的A型镂孔器座，在万州苏和坪遗址2000年的发掘中有残片出土[⑥]，同出的还有尖底杯、母口形尖底盏等石地坝类型陶器，简报认为属于十二桥文化早期阶段。2001年发掘的万州巴豆林遗址[⑦]，亦出土与之相近的镂孔器座1件（T10④：9）；T9第5层出土的长颈壶，三星堆遗址中有类似器物出土，孙华先生将其划为三星堆文化二期3、4段[⑧]，而河嘴屋基的高领壶口部比三星堆侈，应较其略

---

① 白九江、李大地：《试论石地坝文化》，《三峡考古与多学科研究》，重庆出版社，2007年。

② 孙华：《四川盆地青铜文化初论》，《四川盆地的青铜时代》，科学出版社，2000年。

③ 长江水利委员会：《宜昌路家河》，科学出版社，2002年。

④ 西北大学文博学院：《城固宝山》，文物出版社，2002年。

⑤ 陈显丹：《广汉三星堆遗址发掘概况、初步分期》，《南方民族考古》第2辑，四川科学技术出版社，1989年。

⑥ 重庆市文物考古所、万州区博物馆：《万州苏和坪遗址第二次发掘报告》，《重庆库区考古报告集·2000卷》，科学出版社，2007年。

⑦ 重庆市文物考古所、万州区博物馆：《万州巴豆林遗址发掘报告》，《重庆库区考古报告集·2001卷》，科学出版社，2007年。

⑧ 孙华：《试论广汉三星堆遗址的分期》，《南方民族考古》第5辑，四川科学技术出版社，1993年。

晚[①]。A型器盖、B型器座等也在云阳李家坝[②]等遗址有发现。

从总体上看，河嘴屋基的二期遗存最接近石地坝文化类型，但同时也深受三星堆文化的影响。河嘴屋基出土的折壁器盖、A型壶既不见于成都平原，也不见于三峡地区。说明河嘴屋基遗址部分器物造型还具有地方特色。另外，由于其地处嘉陵江流域这一南北交流的要道上，也存在着高圈足器这一宝山文化的因素。

2007年，郑州大学历史学院委托北京大学加速器质谱实验室暨第四纪年代测定实验室对忠县邓家沱遗址[③]采集的四个木炭样本进行^{14}C年代测年并进行树轮校正，其结果表明，四组样本数据除一个进入夏代纪年外，其余三组数据都在商至西周纪年范围内。根据出土器物的特征，并参考以上遗址的年代，由此基本可以判断，河嘴屋基二期遗存大体处于十二桥文化偏早阶段，约相当于殷墟文化的二、三期。

五、结　　语

嘉陵江是长江上游最大的一级支流，上通甘肃、陕南，下接长江，其支流渠江和涪江分别横穿川东北和川西北，使嘉陵江流域覆盖了整个四川盆地北部，对于四川盆地区域文化的研究具有典型意义。在中国文明发展历史上，嘉陵江流域是古代四川盆地沟通中原、连接西北地区的重要通道，也是川西盆地与川东谷地文化交流的交通要道。以合川为中心的三江地区（嘉陵江、渠江、涪江），是古代文化汇流的“洼地”，具有十分重要的地位。历年来，重庆市文化遗产研究院在此区域做了大量的考古工作，陆续发掘了如猴清庙遗址、草树土遗址、牛黄坝遗址、老菜园遗址、炉堆子窑址等一系列古代遗存，取得了重要的收获。

河嘴屋基遗址文化堆积平均厚3.6米左右，出土遗物十分丰富，虽然遗址遭受了很大的破坏，但仍有一定的典型性和代表性。随着考古发现的增加，我们对渝东峡江地区的先秦时期考古学文化的认识也在不断地提高。相信随着更多先秦遗址的考古发现，必定会推动嘉陵江流域先秦时期考古学文化发展序列研究的进一步发展。

---

① 白九江、邹后曦：《渝西地区先秦考古发现与考古学文化》，《早期中国的文化交流与互动——以长江三峡库区为中心学术研讨论文集》，科学出版社，2012年。

② 四川大学历史文化学院考古系、云阳县文物管理所：《云阳李家坝遗址发掘报告》，《重庆库区考古报告集·1998卷》，科学出版社，2003年。

③ 李峰：《忠县邓家沱遗址西周时期文化遗存的初步认识》，《重庆·2001三峡文物保护学术研讨会论文集》，科学出版社，2003年。

附记： 参加此次发掘的工作人员有重庆市文物考古所方刚、许高明、冯硕、李松、白新林，在整个发掘过程中，得到了合川区文物管理所的大力支持，在此谨表谢意。

领　　队：方　刚
绘　　图：许高明　文华平
器物修复：蔡远富　上官林全
执　　笔：黄　伟　方　刚

北碚区大土遗址发掘报告

重庆市文化遗产研究院
北碚区文物管理所

一、概　　况

大土遗址是重庆市文物考古所于2005年在配合嘉陵江草街航电枢纽工程建设时发现的。2008年4月，重庆市文物考古所对大土遗址进行了复查。同年5～6月，重庆市文物考古所组织考古队对大土遗址进行了考古发掘。

大土遗址位于重庆市北碚区澄江镇吴粟溪村二社至炭坝村二社，地处嘉陵江右岸坡地之上。遗址前濒嘉陵江，后依肖家山，隔江与合川区麻柳乡相望，国道212线从半山腰经过。遗址北距合川区盐井镇约6千米，南距北碚区澄江镇约9千米，嘉陵江略呈南北向从遗址边缘流过。遗址中心地理坐标为东经106°22′50.44″，北纬29°55′29.20″，海拔198米（图一）。

大土遗址占地面积约15 000平方米，遗址所处的江边坡地上栽植较多果树，坡地后部和公路边分布有民居。遗址被江边冲沟分割为两大部分，依地形地势我们将其划分为A、B、C三个发掘区。A区位于遗址的北部，地处嘉陵江和南部溪沟交汇形成的坡状台地上，该区前部为坡地，后部为一块面积不足1000平方米的小平坝，平坝后部和北部被民居占据。B区地处遗址的中部，北部为断崖，东邻嘉陵江，后部坡地被民居占据。C区位于遗址的南部，坡地较为平缓，两侧为山坡，后部坡地上有民居。在调查阶段，A区被命名为大土遗址，B、C区被称为肖家梁遗址。本次发掘时，我们将两遗址合并统称为大土遗址。

本次发掘共布探方12个，所有探方均按正南北向布置，发掘代号为2008BD，发掘总面积1050平方米。其中，在A区平坝的中前部和前部坡地上，布5米×5米探方2个、10米×10米探方5个，发掘面积550平方米。在B区的坡地上，布10米×10米探方3个，发掘面积300平方米。在C区前部的坡地上和后部平缓的小平坝上，布10米×10米探方2个，发掘面积200平方米（图二、图三）。

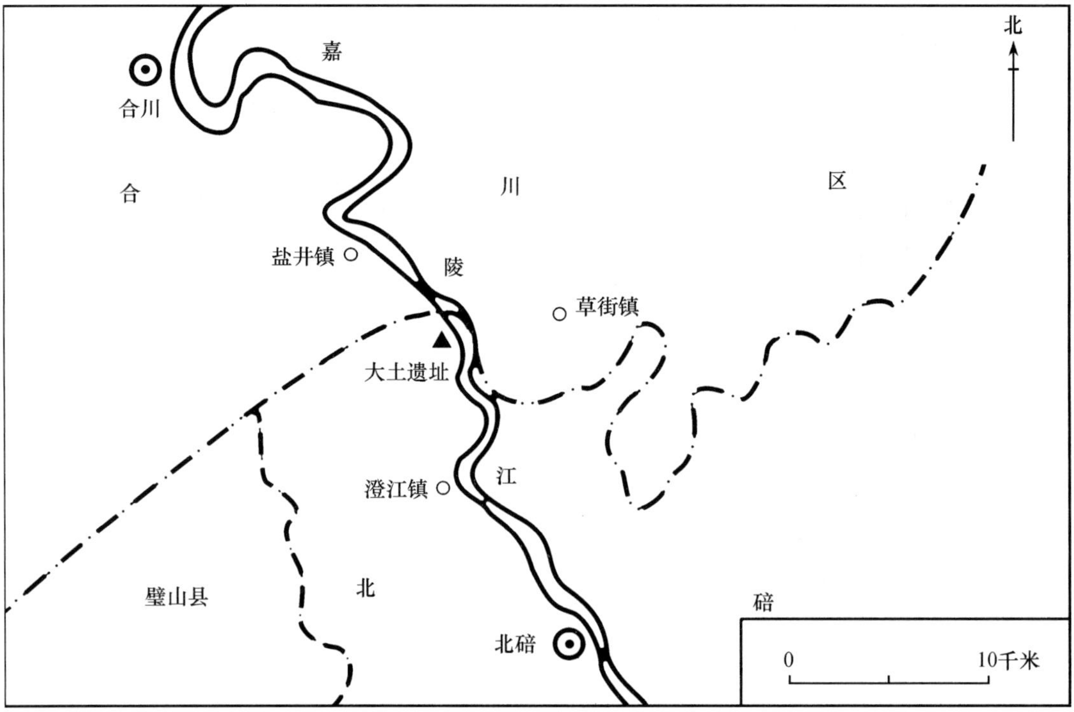

图一　大土遗址位置图

二、地层堆积

大土遗址虽地处江边的坡地上，但三个发掘区地形地势相差较大，堆积情况各不相同，A区和C区堆积相对较深厚，B区堆积较简单，现分别介绍如下。

（一）A区地层堆积

根据调查和勘探情况，我们在A区平坝与两侧的坡地上分别进行了布方。发掘显示，平坝上的文化堆积厚约2米，基本呈倾斜的层状堆积，下部地层堆积坡度略大，上部地层堆积略平缓，时代为唐宋和明清时期堆积，出土遗物稀少，且多为碎片。邻江坡地堆积也向江边倾斜，堆积均为粉砂土，为嘉陵江历年洪水淤积而成，仅在邻溪沟的坡地探方第2层内出土了一定的新石器时代陶片，其余探方出土遗物十分稀少，均为陶片碎渣。由于A区平坝和坡地上的早晚堆积间无直接叠压关系，故地层未进行统一。现将位于平坝上的T1和邻溪坡地上的T4堆积情况分别介绍。

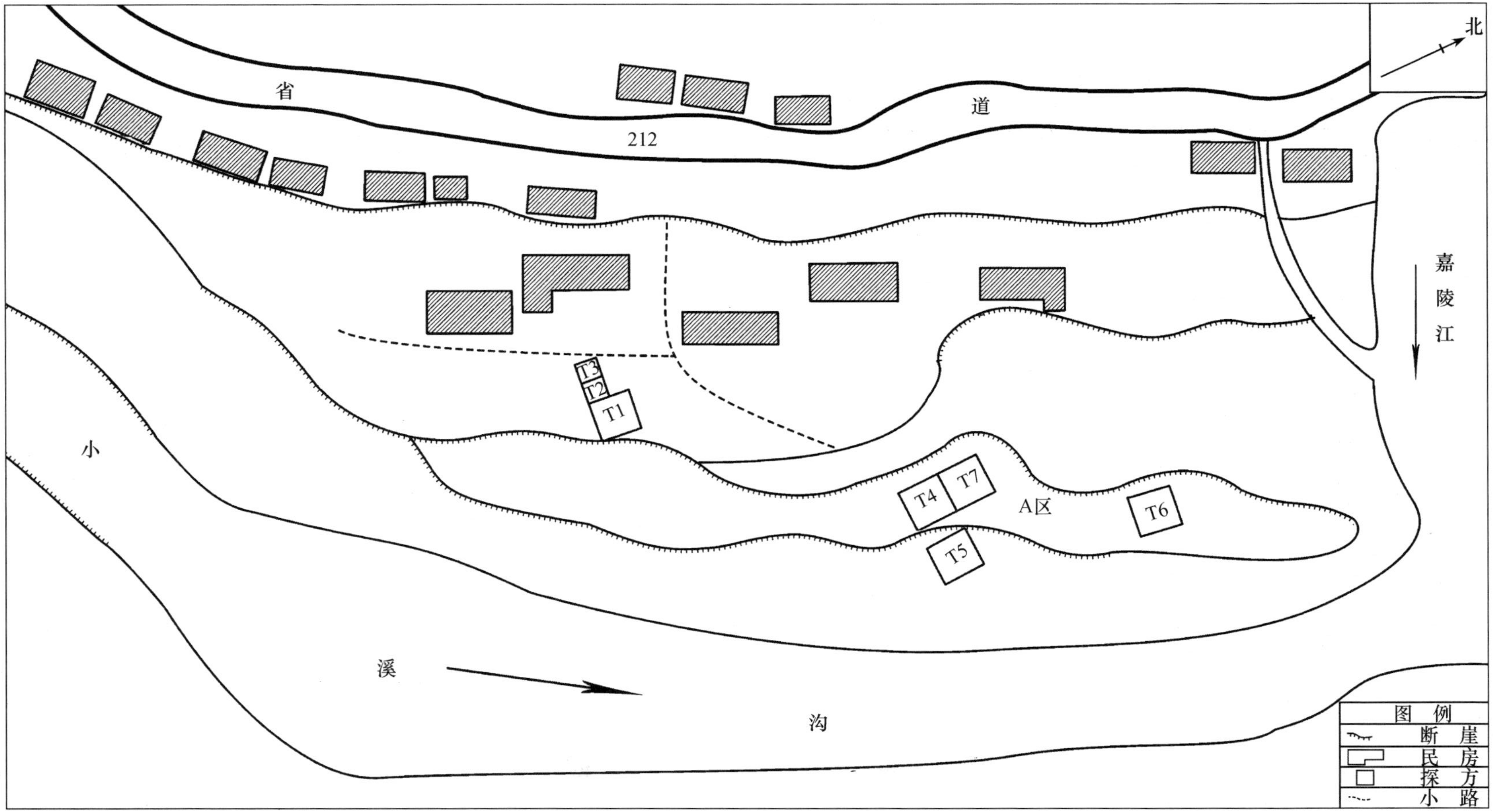

图二　大土遗址A区地形及探方分布示意图

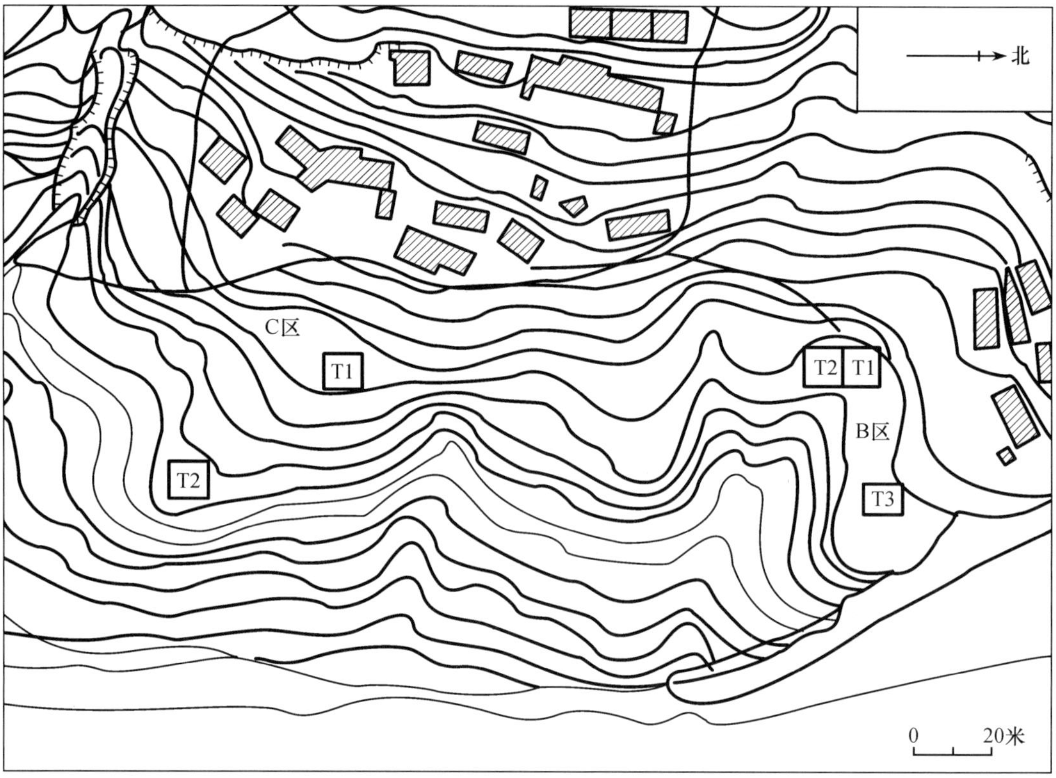

图三　大土遗址B、C区地形及探方分布图

1. 2008BDAT1地层堆积

该方地层共分8层。

第1层：厚10～25厘米。土色呈灰褐色，土质松软。夹杂有大量的植物根茎，近现代生活垃圾、石块及少量的青花瓷片。堆积由北向南呈缓坡状。

第2层：厚0～30厘米。灰褐色砂性土，土质松软。包含有少量的青花瓷片、石块及灰瓦片。堆积略平缓，该层在探方东部堆积缺失。

第3层：厚40～45厘米。浅黄色砂土，土质松软。层内夹杂零星草木灰粒，出土少量的青花瓷片、灰瓦片及石块。该层满方分布，且堆积略厚。

第4层：厚10～25厘米。红褐色砂土，土质松软。层内含有木炭颗粒，出土少量的青花瓷片、石块等。满方分布，堆积较薄而平缓。

第5层：厚20～45厘米。浅黄褐色砂土，土质稍硬。层内夹杂木炭粒，出土白釉、黄釉瓷片和少量的石块，另有“开元通宝”1枚。该层在探方内满方分布，堆积由北向南呈倾斜的缓坡状。

第6层：厚15～25厘米。红灰色砂性土，土质稍硬。层内夹杂有少量的木炭屑，出土少量的青白釉瓷片和灰瓦片。分布全方，呈由北向南的缓坡状堆积。

第7层：厚8～20厘米。灰褐色砂性土，土质稍硬。层内夹杂有较多的红烧土颗粒及木炭屑，出土少量的青白釉瓷片，石块等。分布全方，堆积由北向南呈缓坡状。

第8层：厚0～30厘米。黄褐色砂性土，土质硬，有水浸迹象。层内夹杂有木炭粒，但层内未见包含物出土。该层仅分布于探方的北部，南部缺失，堆积由北向南呈缓坡状。

第8层以下为结构紧密、土质纯净的褐色生土（图四）。

依据各层的出土物判断，第1层为现代耕土，第2～4层为明清时期，第5～8层为唐宋时期。

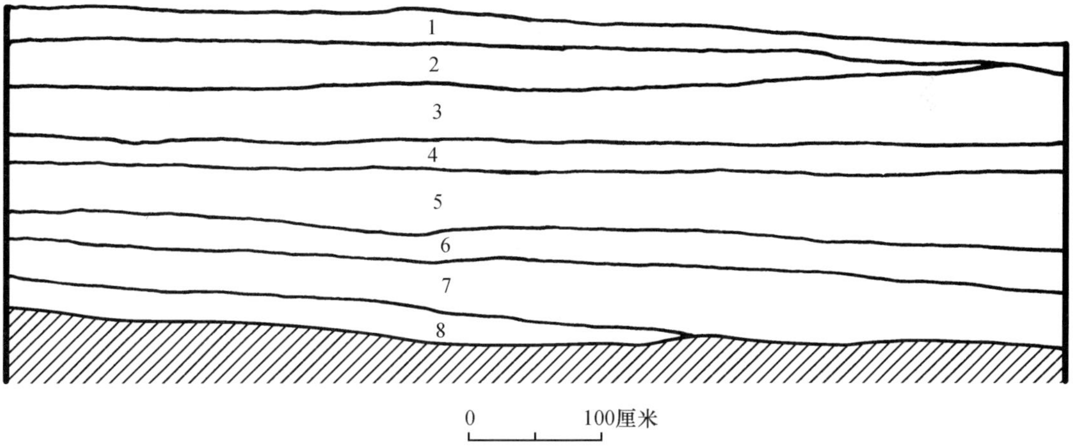

图四　2008BDAT1北壁剖面图

2. 2008BDAT4地层堆积

该方地层可分3层。

第1层：厚15～30厘米。黄褐色砂土，土质疏松。土中夹杂有大量的植物根茎，出土石块及少量的青花瓷片。

第2层：厚40～60厘米。灰褐色粉砂土，土质较紧密。出土较多夹砂陶片，陶片多为褐陶，纹饰有绳纹、菱格纹、弦纹、箍带纹、戳印纹等，可辨器形有折沿鼓腹罐、折沿筒腹罐、折沿斜腹罐和平底器底；另有少量泥质陶片，可辨磨光黑皮陶、红陶片等，器形有内折沿钵、壶等，多素面，也见细绳纹、弦纹。本层全方分布，堆积呈西高东低的坡状。

第3层：厚35～55厘米。青灰褐色砂土，土质疏松。土中包含少量石块及陶片。该层满方分布，呈西高东低的坡状。出土磨制石斧1件。

第3层以下为结构紧密、土质纯净的褐色生土（图五）。

从出土陶石器看，第2、第3层为为新石器时期。

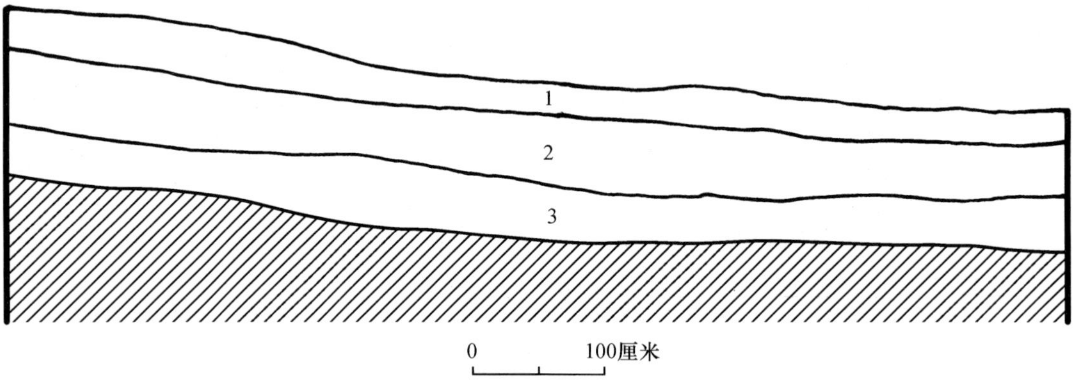

图五　2008BDAT4北壁剖面示意图

（二）B区地层堆积

B区地表坡度较大，坡地后部相对较平缓，通过在前部和后部分别布方发掘，均发现其堆积较浅，遗物稀少，为明清时期形成的堆积，以2008BDBT1为例。

第1层：厚20～25厘米。灰褐色砂土，土质松软。层内夹杂有大量的植物根茎，出土近现代生活垃圾、石块及少量的青花瓷片。堆积由北向南呈斜坡状。

第2层：厚0～30厘米。浅灰色砂性土，土质松软。出土少量的青花瓷片、黄釉瓷片、石块及灰瓦片，堆积在东部缺失，呈斜坡状。

第3层：厚0～30厘米。红褐色黏土，土质稍硬。出土少量的青花瓷片、灰瓦片及河卵石块。该层在探方内南壁、东壁缺失，斜坡状堆积。

第3层以下为结构紧密、土质纯净的褐色生土（图六）。

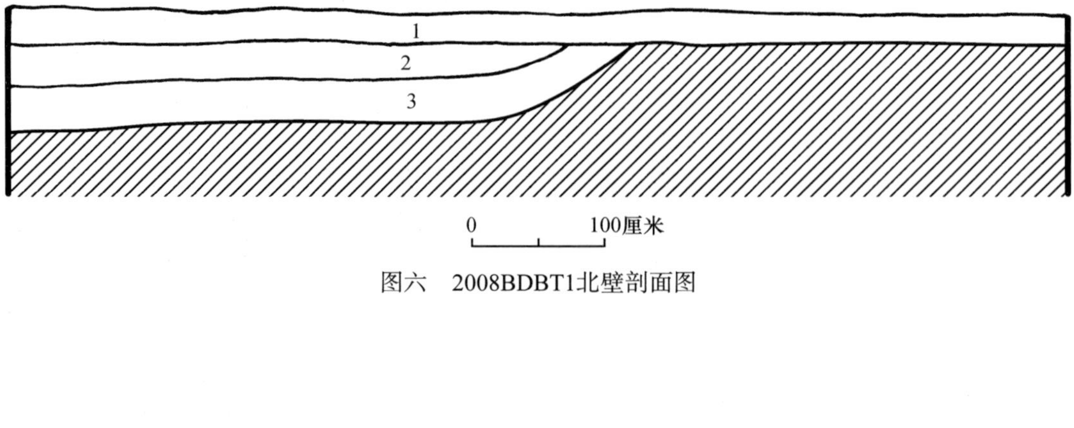

图六　2008BDBT1北壁剖面图

（三）C区地层堆积

C区位于遗址的南部，后部为平坝，前部为坡地。考古工作者在台地前部的断坎旁与坡地上分别进行了布方发掘。坡地上的堆积均为粉砂土，淤积形成，内未见陶片。平坝上的堆积相对较好，为新石器、唐宋、明清时期的堆积，但遗物稀少。出土的新石器时代遗物也均为碎片，陶质、陶色虽清楚，但器形完全不明。C区堆积情况以平坝上的2008BDCT1为例。

第1层：厚15～30厘米。灰褐色砂土，土质松软。夹杂有大量的植物根茎，出土近现代生活垃圾、石块及少量的青花瓷片。现代耕土层。

第2层：厚20～30厘米。浅黄褐色砂土，土质稍硬。出土少量的青花瓷片、灰瓦片及河卵石块。该层满方分布。

第3层：厚10～30厘米。浅灰褐色黏土，土质紧密。出土少量的瓷片、石块及瓦片，瓷片有黑釉、姜黄釉、酱釉、青白釉等，器形有盏、碟、碗、罐。满方分布，西部略高。

第4层：厚45～100厘米。黄褐色黏土，土质紧密。出土少量的石块、夹砂陶片。陶片多碎小，主要为褐陶，器形不清，纹饰主要为绳纹。满方分布，北薄南厚。

第4层以下为黄褐色基岩（图七）。

从出土遗物看，第2层为明清层，第3层为唐宋层，第4层为新石器时代堆积。

以下按时代分别介绍本次发掘的遗存。

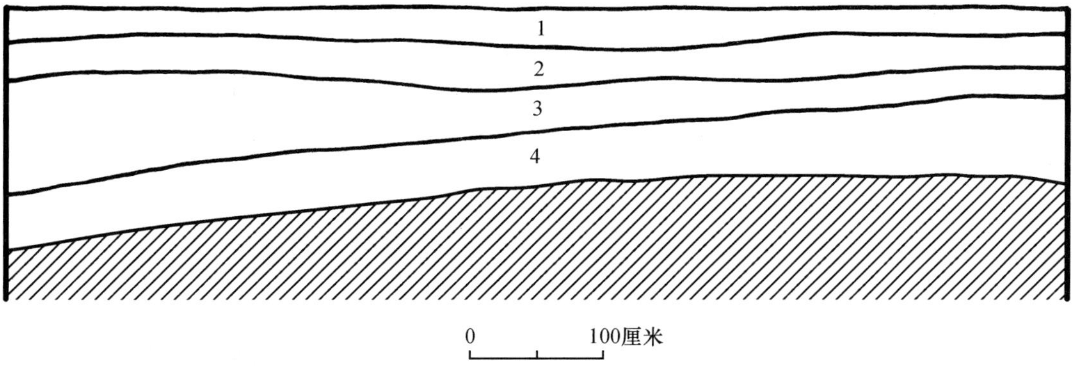

图七　2008BDCT1北壁剖面图

三、新石器时代遗存

新石器时代文化遗存主要发现于A区T4的第2、第3层和C区T1的第4层，以AT4第2

层的遗物为主，AT4第3层和CT1第4层仅见少许的夹砂碎陶片和石器。各区均未发现灰坑、墓葬、房子等遗迹现象。

（一）石器

石器可分为打制石器和磨制石器，数量极少，其中打制石器 1件，磨制石器2件。

刮削器　1件。AT4②：1，青灰色，沉积岩。扁椭圆形，用砾石打制而成，打击点略显，一面保留原砾石面，另一面为破裂面，一端有二次加工痕迹，刃部使用疤痕明显。宽15、长8.1、厚2.2厘米（图八，2）。

石铲　1件。BT1②：1，青灰色沉积岩。长条形，用砾石打制，刃部磨制，斜刃，刃部一角及顶部残。残长21.4、宽11.3、厚2.3厘米（图八，1）。

石斧　1件。AT4③：1，青灰色沉积岩。平面略呈梯形，横断面呈扁长方形，通体磨光，弧顶，直刃，锋略偏。长9、宽5.9、厚1.5厘米（图八，3）。

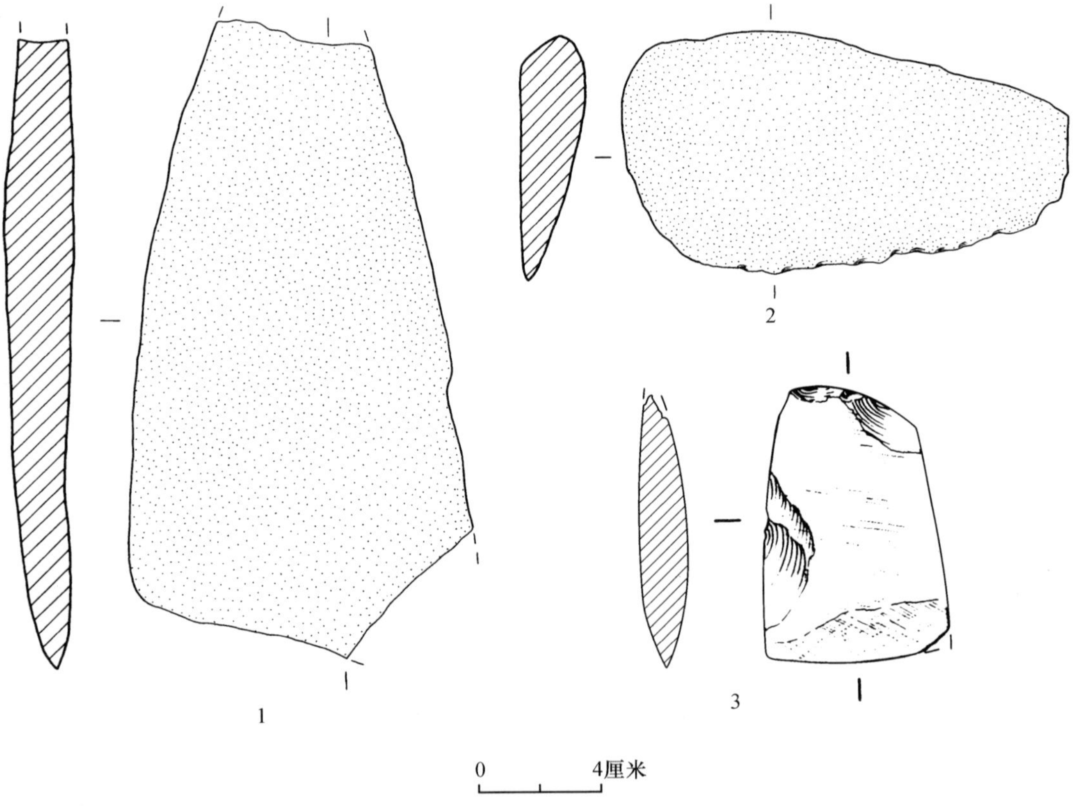

图八　新石器时代石器

1. 石铲（BT1②：1）　2. 刮削器（AT4②：1）　3. 石斧（AT4③：1）

（二）陶器

出土陶片不多，总数近400片。以AT4第2层为例，共出土347枚陶片，以夹砂陶为大宗（91.6%），泥质陶稀少（8.4%）。夹砂陶多夹细砂，另有少量较大的白色石英砂颗粒，平底器底部石英砂含量较大。夹砂陶以褐色为主色，器表颜色多不纯正，同时部分陶器的胎壁与胎内颜色不同，胎壁主要有红褐色和灰褐色，胎内主要为灰色与黑色。夹砂陶主要为灰褐（45.5%）、次为红褐（20.2%）、黄褐（13.5%），也有少量青灰陶（12.4%）。泥质陶中有红褐（3.2%）、黄褐（0.9%）和青灰（4.3%）三种，数量均不多。

陶器纹饰仍以AT4第2层为例，主要为斜向交错滚印绳纹（45.5%），其中绝大多数又主要是细绳纹。另外由绳纹交错构成的菱格纹也较多（17.6%），而又以小菱格纹占绝大多数。盛行复合纹饰，以菱格＋绳纹＋弦纹较多（14.1%），次为绳纹＋弦纹（10.9%），其他还有少量箍带（4.9%）、戳印（0.6%）、波浪（0.3%）、方格（0.3%）等纹饰。素面陶器极少，仅占陶片总数的4.6%（图九）。

陶器以手制为主，泥条盘制成型。从复原的一件罐看，是按口部、腹部和底部分别成型，然后再进行套接，口部与腹部、腹部与底部均为内套接，为了接合牢固，在口与腹的外接合面上再施加箍带纹或戳印纹（口部接痕不太明显）；在腹与底的接合处，施加斜向绳纹，使接合更加紧密牢固。

可辨器形有折沿鼓腹罐、折沿筒腹罐、折沿斜腹罐、内折沿钵、壶和平底器底几种，均应为平底器。其中壶为泥质青灰陶，仅见领部及腹部的残片，无复原器。折沿筒腹罐沿面多抹光，口沿多饰锯齿状或绳索状花边，肩部可见戳印纹和箍带纹，腹部多饰斜向交错滚印细绳纹构成的小菱格纹或斜绳纹与凹弦纹搭配而成的复合纹饰。内折沿钵沿面多饰凹弦纹。

折沿鼓腹罐　1件。AT4②：5，夹砂红褐陶。口沿及上腹。夹杂白色石英砂颗粒。折沿，圆唇，沿面上折微凹，腹略鼓。沿面抹光，口沿下部即颈部饰水波纹。口径18.2、残高4、胎厚0.4～0.6厘米（图一〇，4）。

折沿筒腹罐　4件，均为折沿花边口。AT4②：1，夹砂褐陶。夹杂白色石英砂颗粒。器壁薄，火候低，陶色不均。折沿，圆唇，下腹斜收，平底。口唇部内沿饰一周斜向滚印细绳纹，形成花边口，系用缠绕细绳的圆棍侧面左斜滚印而成，绳纹宽0.05～0.1、间距0.1～0.45厘米。沿面抹光。下沿面饰斜划纹，粗细方向不一，似随手划成。器表口沿下方即颈部饰两圈成组的戳印纹，每组两个方形戳窝，上下呈“1”字形，戳窝宽0.2～0.4、每组间距0.3～0.4厘米，上下两圈戳印纹相距0.35～0.45厘米。戳窝系用细方棍横截面纵向戳成。上腹部饰以细绳纹横向与纵向交错滚印而成的小菱格纹，绳纹宽0.05～0.1、间距0.2～0.3厘米。中腹部饰横向、斜向的细绳纹，在细绳纹上

图九　新石器陶器纹饰拓本

1. 粗绳纹（AT4②：13）　2、5. 菱格纹+弦纹（AT4②：4、AT4②：15）　3. 菱格纹（AT4②：12）　4、6. 绳纹+弦纹（AT4②：19、AT4②：16）　7、9. 方格划纹+绳纹（AT4②：20、AT4②：18）　8. 方格划纹+弦纹+绳纹（AT4②：21）　10. 箍带纹+菱格纹+绳纹（AT4②：2）　11. 箍带纹+绳纹（AT4②：17）

再饰数道凹弦纹，似系慢轮旋转时划成，有时弦纹相交，弦纹宽0.1～0.15、间距0～1.3厘米。下腹部饰横向、纵向细绳纹，近底处素面，部分横向与纵向绳纹相交，绳纹宽0.1厘米左右，间距0.～0.5厘米。口径32.8、高37、底径13、胎厚0.4～0.6厘米（图一〇，1）。AT4②：2，夹砂灰褐陶。口腹部。夹杂白色石英砂颗粒。折沿，圆唇，瘦腹。胎内呈灰色，内壁浅黑色。口唇内缘饰一周用缠细绳圆棍侧面纵向压印之印窝，形

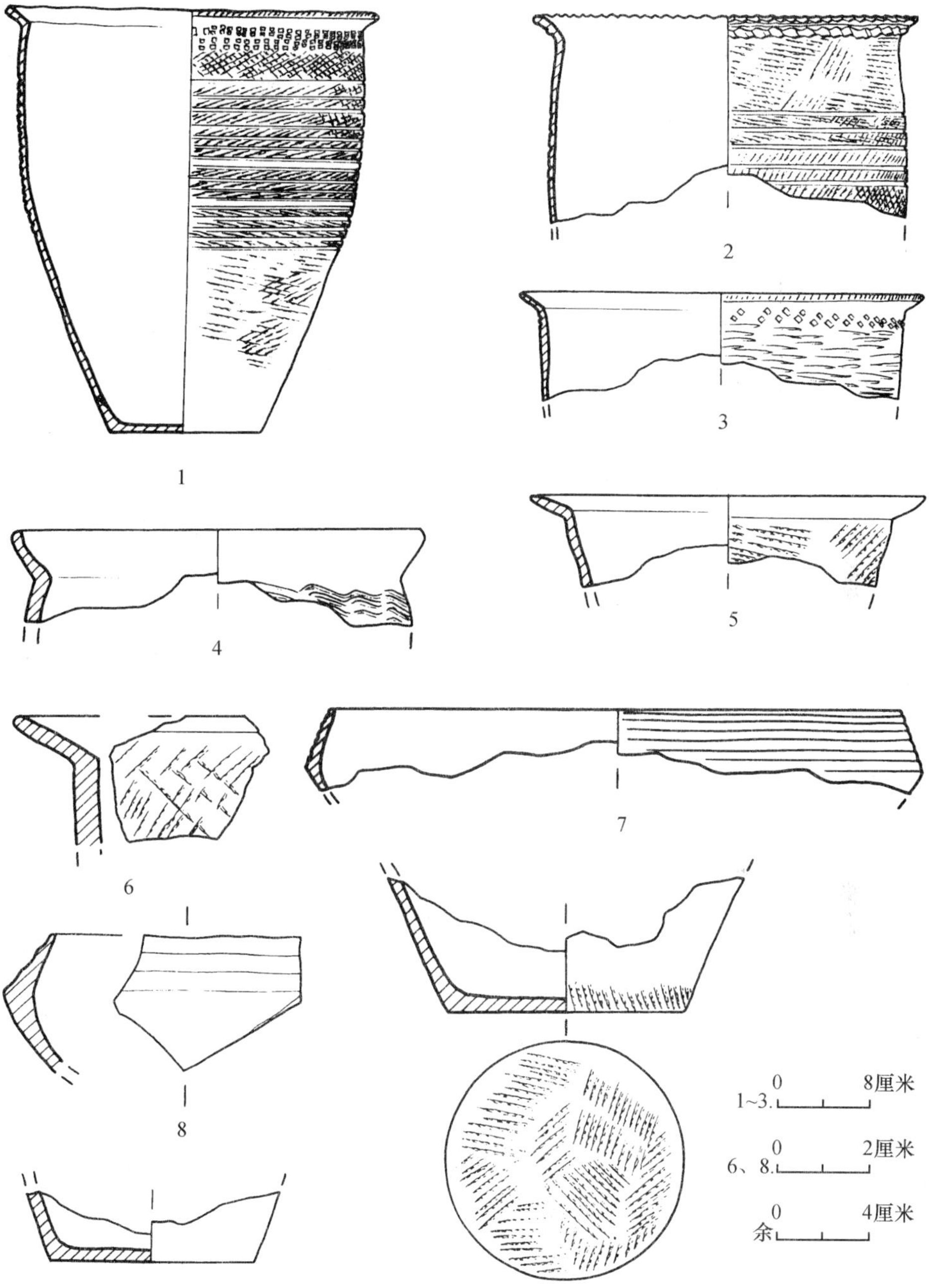

图一〇　出土新石器时代陶器

1～3、6. 折沿筒腹罐（AT4②：1、AT4②：2、AT4②：3、AT4②：6）　4. 折沿鼓腹罐（AT4②：5）　5. 折沿斜腹罐（AT4②：4）　7、8. 内折沿钵（AT4②：7、AT4②：8）　9、10. 平底器底（AT4②：10、AT4②：9）

成花边口。印窝宽0.4～0.7、间距0.3～0.6厘米。沿面抹光，下沿面饰横向与左斜向划纹交错形成的小菱格纹，划纹宽0.1～0.15、间距0.2～0.4厘米。口沿下方即颈部在划纹上附加一圈箍带纹，箍带宽0.9～1.2厘米，箍带上有纵向压印的印窝，可能为加固时用手指纵向压印而成，印窝宽0.6～1.1厘米。器表通饰横向和纵斜向滚印的细绳纹，大部分交错形成小菱格纹，绳纹粗细不一，细绳纹宽0.04～0.1、间距0.1～0.5厘米。中腹部在细菱格纹上再饰多道弦纹，弦纹间距不一，有时相交，弦纹宽0.2～0.3、间距0～2.4厘米。口径34、残高19.2、胎厚0.5～0.7厘米（图一〇，2）。AT4②：3，夹砂陶。口腹部。沿部呈黄褐色，腹部呈红褐色，胎内夹杂白色石英砂颗粒。折沿，尖圆唇，瘦腹。沿面抹光，口唇部内沿饰一周纵向滚印之细绳纹，形成花边口，系用缠绕细绳的圆棍侧面纵向滚印而成，间距0.1～0.4厘米。颈部饰加一圈戳印纹，略呈方形，两个上下排列为一组，戳窝宽0.2～0.4、戳窝间距约0.2、每组戳窝间距0.6～0.9厘米。戳窝系用细方棍横截面斜向戳成。器表饰横向绳纹，绳纹宽0.1～0.3、间距0.2～0.3厘米。口径35.8、残高9.6、胎厚0.5～0.6厘米（图一〇，3）。AT4②：6，夹砂红褐陶。口沿。直口，折沿，方圆唇，上腹略直。下沿面及颈部饰左斜向的细绳纹，绳纹宽约0.1、间距0.1～0.4厘米。颈部也施加与细绳纹斜交的划纹，划纹宽约0.2、间距0.6～0.8厘米，也见呈“品”字形排列的戳印纹。残高2.8、胎厚0.4～0.6厘米（图一〇，6）。

折沿斜腹罐　1件。AT4②：4，口部。夹砂灰褐陶。敞口，折沿，尖圆唇。上腹部饰横向与纵斜向的滚印细绳纹。口径17.5、残高4.2、胎厚0.3～0.6厘米（图一〇，5）。

内折沿钵　2件。AT4②：8，口沿。泥质青灰陶，内折沿，尖圆唇。器表抹光，外沿面下饰凹弦纹三道。残宽4.1、残高3、胎厚0.2～0.7厘米（图一〇，8）。AT4②：7，口沿。泥质褐陶。内折沿，方唇。器表抹光，外沿面下饰凹弦纹六道。口径25.4、残高3.6、胎厚0.4～0.7厘米（图一〇，7）。

器底　2件。AT4②：9，底部。夹砂灰褐陶。夹杂白色的石英砂颗粒，内壁黑色，下腹斜直收，平底。下腹近底部和底面饰斜向细绳纹。器底和腹部系外套接而成，在外壁滚印斜向绳纹，可能用以增加接合度。底径10.4、残高5.9、胎厚0.6～1.1厘米（图一〇，10）。AT4②：10，底部。夹砂灰褐陶，夹杂石英砂颗粒。下腹斜收，平底。底径9、残高3、胎厚0.4～0.7厘米（图一〇，9）。

四、唐宋时期遗存

唐宋时期遗存主要发现于A区T1第5～8层和C区T1第3层，有黑釉、姜黄釉、酱釉、清白釉等瓷器残片。器形可见碗、盏、罐、碟等，同时出土有“开元通宝”钱1枚。未发现该时期的遗迹。

1. 铜器

铜钱　1枚。AT1⑤：1，锈蚀。面纹“开元通宝”。钱径2.4、穿径0.6、厚0.1厘米（图一一，6）。

2. 瓷器

碗　5件。CT1③：2，姜黄釉。斜腹，圈足，内涩圈，灰白胎，内满釉，外釉不及底。底径6、残高3.2厘米（图一一，1）。CT1③：3，黑釉。斜弧腹，圈足，内涩

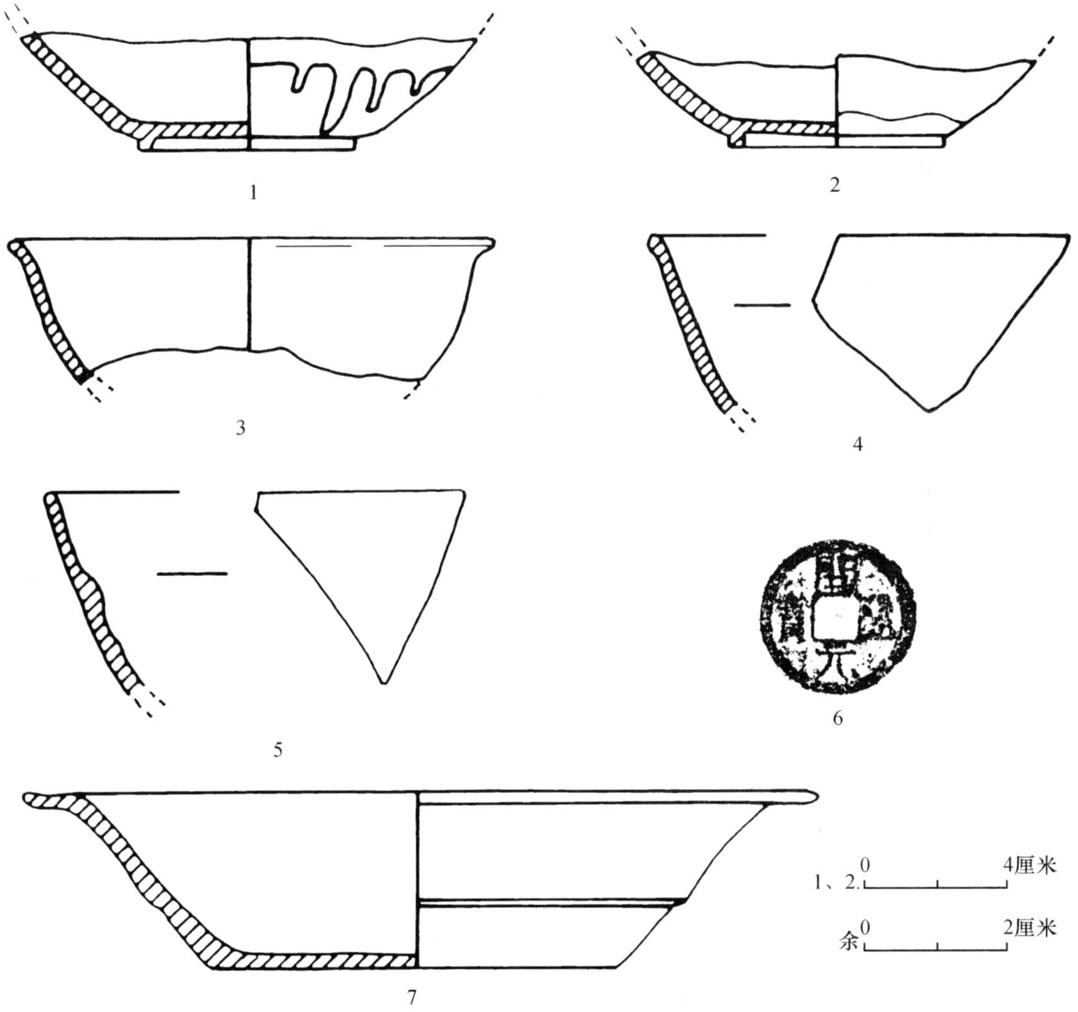

图一一　出土唐宋时期遗物

1～4. 瓷碗（CT1③：2、CT1③：3、AT1⑥：1、AT1⑥：2）　5. 瓷碟（CT1③：4）
6. “开元通宝”铜钱（AT1⑤：1）　7. 瓷盏（CT1③：1）

圈，灰白胎，内满釉，外釉不及底。底径6、残高2.5厘米（图一〇，2）。AT1⑥：1，青白釉。敞口，圆唇略卷，弧腹，内外满釉。口径6.7、残高2厘米（图一一，3）。AT1⑥：2，青白釉。敞口，圆唇，弧腹，灰白胎。残高2.6厘米（图一一，4）。

碟　1件。CT1③：1，青白釉。敞口，平折沿，沿面微凹，腹斜收，下腹有一折棱，平底。内满釉，外釉不及底（图一一，7）。口径10.9、底径5.6、高2.5厘米。

盏　1件。CT1③：4，黑釉。敞口，圆唇，弧腹，内腹中部有一圈凸棱，灰白胎。残高2.8厘米（图一一，5）。

五、明清时期文化遗存

明清时期文化遗存三个发掘区均有发现，但数量较少，为青花瓷碗、缸胎盆的残片，未发现遗迹现象。

青花瓷碗　4件。CT1②：1，青花。弧腹，圈足，内外满釉，内底和外壁饰花草纹。底径6、残高3.1厘米（图一二，1）。AT2③：7，青花。敞口，圆唇，斜弧腹，沿部和腹部有青色花纹。残高2.1厘米（图一二，2）。AT2③：6，青花。敞口，圆唇，斜弧腹，外沿下有一圈青色。残高2.5厘米（图一二，3）。AT2③：5，青花。敞口，圆唇，斜弧腹，外沿下饰“山”字形青花图案。残高2.2厘米（图一二，4）。

缸胎盆　1件。CT1②：4，敛口，平沿略凹，弧腹，红褐色胎。外沿饰姜黄色釉。残高3厘米（图一二，5）。

缸胎器底　1件。AT2③：1，下腹斜收，假圈足，平底，红褐胎。底径16、残高4.5厘米（图一二，6）。

六、结　　语

重庆地区嘉陵江流域新石器时代遗址过去鲜有发现。随着嘉陵江流域诸航电枢纽工程考古工作的全面展开，通过对以大土遗址为代表的新石器时代遗址的发掘，使我们对嘉陵江下游地区乃至重庆地区新石器时代的文化面貌有了更进一步的认识。

大土遗址出土的修复完整的折沿筒腹罐（AT4②：1），在忠县哨棚嘴遗址1999年度发掘的第二期早段[①]有1件（99ZGST312⑪：2，报告图一五，1）与此基本相同，哨棚嘴的这件“折沿瘦腹罐”口沿下方饰戳印而成的窝纹数组，腹饰交错绳纹构成的小菱

① 北京大学考古学研究中心、北京大学考古文博学院三峡考古队、重庆市忠县文物管理所：《忠县哨棚嘴遗址发掘报告》，《重庆库区考古报告集·1999卷》，科学出版社，2006年，第530～643页。

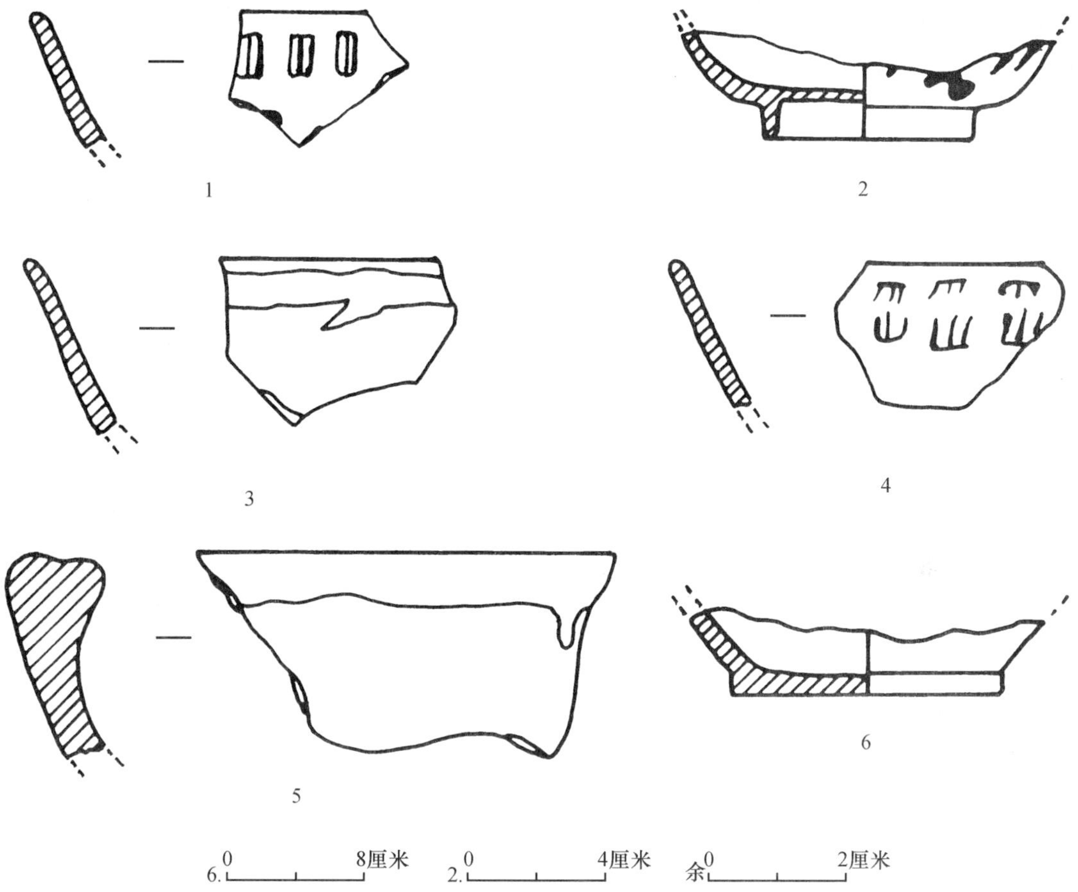

图一二　明清时期遗物

1～4. 青花瓷碗（CT1②：1、AT2③：7、AT2③：6、AT2③：5）　5. 缸胎盆（CT1②：4）　6. 缸胎器底（AT2③：1）

格纹，其间还有凹弦纹数道。另外，哨棚嘴遗址二期早段的1件完整的“花边口折沿瘦腹罐”（99ZGST312⑪：1，报告图一五，2）与大土遗址的该件器物除弦纹、箍带纹有异外，器形、花边特征、底纹、分段装饰特征都十分接近。此外，饰瓦棱纹的内折沿钵在哨棚嘴遗址二期早段中也有较多出土。由此可见，北碚大土遗址新石器遗存总体上与哨棚嘴遗址1999年度第二期早段的年代应较接近。

但大土遗址与哨棚嘴遗址1999年度发掘的第二期早段遗存间也存在一定的区别。大土遗址新石器陶器的弦纹较发达，哨棚嘴遗址二期的箍带纹却较盛行，反倒是其第一期晚段的弦纹较多，且与大土遗址一样在器身上起着分断绳纹的客观效果。但哨棚嘴遗址第一期的陶器器形与大土遗址差异明显，特别是不见带瓦棱纹的内折沿钵。就以上情况判断，大土遗址新石器遗存的年代应稍早于哨棚嘴遗址1999年第二期早段。

哨棚嘴遗址发掘报告推定该遗址第二期年代范围在公元前3000～前2600年。白九江将玉溪坪文化划分为两大阶段共八期，哨棚嘴遗址1999年度发掘的第二期处于玉溪坪文化第二阶段的中段（四至八期中的第六期），而玉溪坪文化第二阶段在距今5000～4600年①，那么大土遗址的新石器遗存应处于玉溪坪文化晚期中段偏早或早段偏晚时期是合理的定位，绝对年代约当距今4800年。

从陶器器物组合、器物形态、制作工艺等看，大土遗址新石器文化遗存性质应属于典型的玉溪坪文化②。就目前的考古发现看，包括大土遗址在内的玉溪坪文化遗存特征明显，如器物多手制，慢轮修整；器物分段成型，然后驳接为一体；口唇部流行花边，器表盛行滚印绳纹形成的菱格纹或斜绳纹，这两种纹饰常和弦纹、箍带纹、戳印纹结合构成复合纹，反映出一种密不可分的内在文化关系。玉溪坪文化遗存可能从三峡地区向西北分布到了嘉陵江中游地区，如通江擂鼓寨遗址③、广元张家坡遗址④、宣汉罗家坝遗址⑤等，其新石器器物上均普遍存在上述特征，反映出这一区域与三峡地区的文化交往及密切联系，大土遗址位于二者之间，其重要意义不言而喻。

唐宋和明清时期的遗物出土较少，从出土的碗、盏、碟等器物的特征看，与距此约8千米的嘉陵江上游的炉堆子窑场的瓷器极为相似，黑釉瓷器应属于涂山窑系的瓷器。由于遗物较少且多为碎片，无法对其做进一步分期。

附记：本次考古发掘领队白九江，工作人员有许高民、上官林全、冯硕、李松，北碚区文物管理所、澄江镇镇政府和吴粟溪村委会对工作给予了大力支持。

绘　　图：师孝明

执　　笔：白九江　许高民

---

① 白九江：《重庆地区新石器文化——以三峡地区为中心》，四川出版集团巴蜀书社，2010年，第138～144页。

② 过去习惯将重庆峡江地区的新石器晚、末期考古遗存统称为哨棚嘴文化。有的学者提出了玉溪坪文化（距今5300～4600年）、中坝文化（距今4600～3700年）的两阶段认识，本文对于重庆峡江地区考古学文化的称呼即以此为标准，但不代表对其他考古学文化命名的否定。白九江：《重庆地区第新石器文化——以三峡地区为中心》，四川出版集团巴蜀书社，2010年。

③ 四川省文物考古研究所、通江县文物管理所：《通江县擂鼓寨遗址试掘报告》，《四川考古报告集》，文物出版社，1998年。

④ 中国社会科学院考古研究所四川工作队：《四川广元张家坡新石器时代遗址的调查与试掘》，《考古》1991年第9期。

⑤ 四川省文物考古研究所、达州地区文物管理所、宣汉县文物管理所：《四川宣汉罗家坝遗址2003年发掘简报》，《文物》2004年第9期。

合川区猴清庙遗址发掘简报

重庆市文化遗产研究院
合川区文物管理所

一、绪　言

猴清庙遗址隶属重庆市合川区铜溪镇纱帽村二社，地处涪江与临渡河交汇处的二级阶地（涪江右岸）上，北隔涪江与合川区合阳城相望，东隔临渡河与石鼓坝遗址相邻，南部为猴清庙庙址及晒坝山，西隔石梯沟与唐家坝遗址相连。该遗址于2004年在重庆市文物考古所开展三江考古调查时发现，当时称为“后溪庙遗址”，本次发掘时经重新调查后更名为“猴清庙遗址”（图版一一）。

猴清庙遗址地表绝大部分较平坦，部分为小山包，呈长方形，东西向，东西长约200、南北宽约130米，总面积约26 000平方米。遗址中心地理坐标为北纬29°59′28.1″，东经106° 14′ 18.2″，海拔205米，高出涪江现常年枯水面27～29米，属于草街航电枢纽工程库区二十年一遇洪水淹没范围区（图一）。

为配合嘉陵江草街航电枢纽工程文物保护工作，按照《嘉陵江草街航电枢纽工程文物保护规划报告》[①]的要求，重庆市文物考古所于2008年5～11月对猴清庙遗址进行了发掘，发掘工作得到合川区文物管理所的大力协作，期间重庆市文物考古所邹后曦、白九江、李大地、四川大学历史文化学院李映福教授等多次亲临现场，南京大学城市与资源学系、中山大学地球科学系、广州地理研究所等赴遗址采集了环境考古标本。在发掘前，我们对合川涪江三桥至临渡河上渝南高速公路桥之间涪江右岸、临渡河左岸约3千米长的唐家坝、猴清庙遗址及猴清庙庙址所处的小山包进行了全面调查勘探，勘探面积45 000平方米。

① 内部资料，现存重庆市文化遗产研究院。

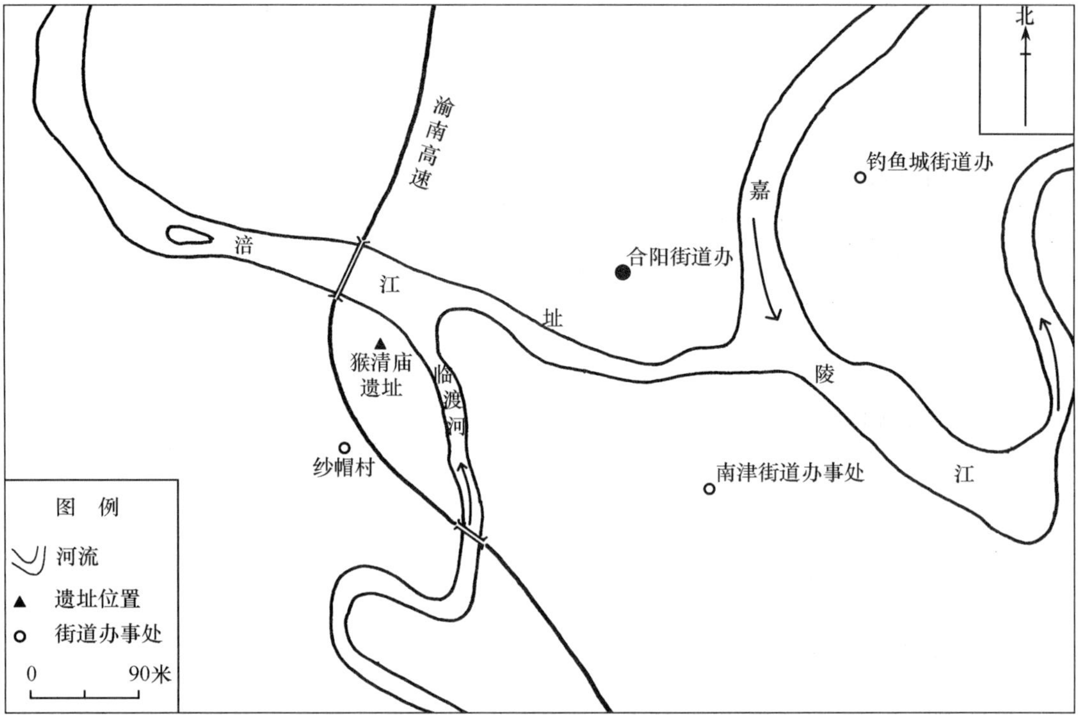

图一　遗址位置图

猴清庙遗址本次发掘编号为2008HTH，2008代表年号，H代表合川，T代表铜溪镇，H代表猴清庙（以下省略编号）。发掘基点定在村民李祖德房屋东北角，位置为北纬29° 59′ 28.4″，东经106° 14′ 15.0″，海拔207米。考古发掘布方的原点与基点相距9.5米，处于基点的东偏南30 ° 方向上。由于遗址表面种植玉米，夹杂蔬菜、花椒、枇杷树及责任田的地界等，布方方向未取正南北向，而是采用的北偏东30° 布设。布方采用象限法，本次发掘的所有探方均处第一象限，在遗址的中部、东南、西北部各布一片探方，由于相距较近，地层统一编号。其中，5米 × 5米探方93个，10米 × 10米探方1个，2米 × 5米探沟2个（图二），发掘面积共计2445平方米。发现新石器、商周、两晋南北朝、唐宋、明清等多个时期的遗存，堆积最厚达2.76米。

T1 ~ T3位于遗址的东南部，面积135平方米，主要为探明遗址的分布范围。大规模发掘区集中于遗址的中北部，可分为四个独立的小片区。其中靠近江边的断坎下侧布探方8个，发掘面积200平方米。坎上探方可分为三片区：东南地区布探方20个，发掘面积500平方米；中部地区布探方28个，发掘面积700平方米；西北地区布探方36个，发掘面积900平方米。其中，东南探方距中部探方40米，中部探方距西北探方10米。

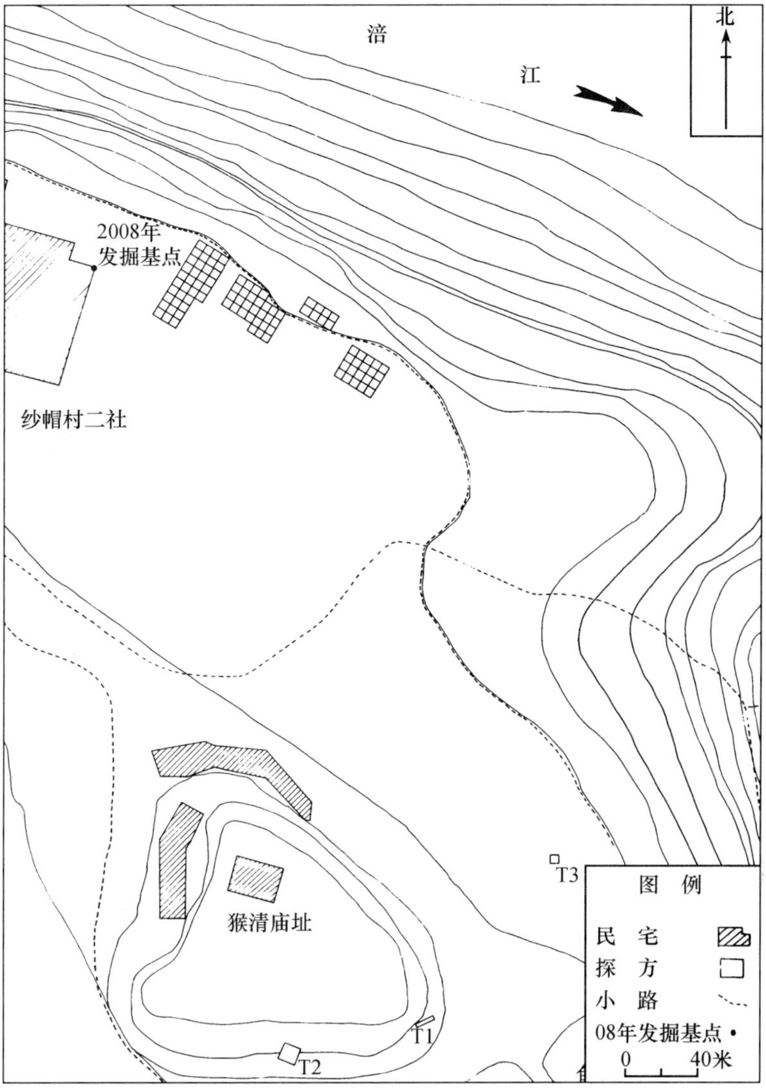

图二 遗址地形及探方分布图

二、文化堆积

猴清庙遗址所处位置为典型的河流相冲击形成的二级阶地，堆积较厚。遗址地势较平，探方地层堆积情况基本相同，呈缓斜坡状堆积，东北高、西南低，向台地后缘倾斜变矮。这一状况可能和台地临江地带早期属冈身，而中央部分为洼地有关。中部、西北部的探方地层堆积较完整，多数探方的堆积可以从商周时代延续到明清。东南部探方的地层堆积薄而少，仅3大层。

总体看，发掘区探方可分为7大层。其中第1大层：耕土层。第2大层：明清层，该层又可分为2A、2B、2C三个小层。2A层分布绝大多数探方，2B、2C层分布在遗址中部、西北部部分探方。第3大层为唐宋层，该层又可分为3A、3B、3C三个小层，3A层在所有探方均有分布，而3B、3C层在中部、西北部多数探方有分布。第4大层为两晋南北朝时期文化层，分布于中部、西北部探方。第5、第6大层为商周文化层，中部、西北部探方均有分布。第7大层为新石器时代文化层，只在极个别探方有分布。

下面按片区分别举例介绍地层堆积情况。

（一）中部探方

现以T1409为例描述如下（统一后的地层）（图三），该探方堆积共分7大层。

第1层：厚10～15厘米。耕土层。浅灰色，土质疏松。内含瓦片、青花瓷片、石块、植物根系等。

2A层：距地表深10～15厘米，厚12～20厘米。红褐色土，土质较硬。内含有石块，青花瓷片等物。据当地百姓介绍，该层可能是清同治年特大洪水形成的淤积层。

3A层：距地表深20～30厘米，厚15～22厘米。浅灰褐色，土质较硬。内含有泥质红陶片、绳纹瓦片、酱釉、黑釉、豆绿釉瓷片，红褐色粗瓷残片，铁钉、石块、炭粒、烧土粒等物。瓷片中可辨器形有碗、壶、钵、盏等。该层为唐宋时期文化层。

此层下叠压有H1、D1、D2、D3（坑洞或柱洞）等遗迹。

第4层：距地表深45～50厘米，厚16～26厘米。黄灰色，土质较硬。内含有绳纹板瓦、筒瓦片、石块、泥质红陶、灰陶片、炭粒、烧土粒等物。陶片中可辨器形有钵、罐、盆等。该层为两晋南北朝文化层。

第5层：距地表深90～100厘米，厚25～30厘米。黄褐色，土质较硬。内含有泥质红陶、灰陶片、夹细砂灰陶、砾石块（片）、炭粒、烧土粒、陶纺轮等物。可辨器形有罐或釜、盆、盏、杯、尖底器、器盖钮、豆盘等。素面较多，纹饰有绳纹、刻划、压印纹等。该层为商周时期文化层（图版一二，2）。

此层下叠压有H6、G2。

第6层：距地表深120厘米，厚38～45厘米。浅灰褐色，土质较硬。内含有泥质红陶，夹砂灰陶片、石块、炭粒、烧土粒等。陶片可辨器形有罐（或釜），花边口沿及一些器底等。该层为商周时期文化层。

第7层：距地表深约150厘米，厚25～28厘米。深灰褐色，土质较硬。内含有炭粒、砾石片，出土物有夹细砂红陶、褐陶片等，器形有罐、盆、壶、及器底等，纹饰有方格纹、附加堆纹、刻划纹及细绳纹等。该层为新石器时代文化层。

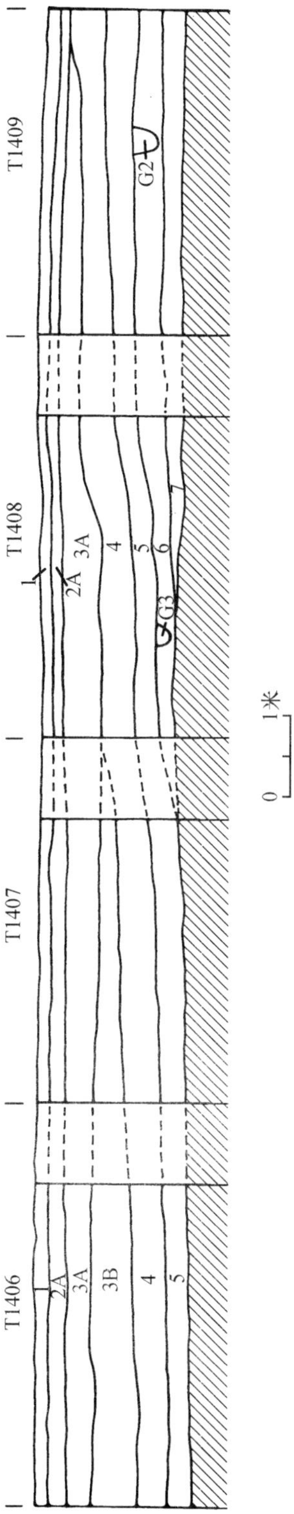

图三 T1406～T1409西壁剖面图

（二）西北部探方

现以T0808为例简介如下（图四）。

第1层：厚15～20厘米。耕土层，浅灰色，土质松软，包含物有近现代瓦片、青花瓷片、植物根茎等。

2A层：距地表深15～20厘米，厚0～8厘米。红褐色黏土，土质较硬，密度大。包含有少量小石块（粒）等。该层为清代洪水淤积层。

2B层：距地表深15～22厘米，厚20～25厘米。灰褐色，土质较硬。内含有素面瓦片、青花瓷片、石块、炭屑等物。此层为明清时期文化层。

2C层：距地表深35～40厘米，厚8～30厘米。黑灰色，土质较硬。包含物有瓦片、青花瓷片、粗釉瓷片、炭屑、石块等。此层为明清时期文化层。

3A层：距地表深60～95厘米，厚15～45厘米。浅灰褐色，土质较硬。包含物有淡黄釉瓷片、酱釉瓷片、泥质红陶片、灰陶片等物。可辨器形有盆口沿、碗口沿及底、壶流等。该层为唐宋时期文化层。

第4层：距地表深70～100厘米，厚10～40厘米。黄灰色，土质较硬。包含物极少，仅见花纹砖残块、零星炭粒、红烧土粒等。该层为两晋南北朝时期文化层。

第5层：距地表深110～123厘米，厚25～35厘米。黄褐色，土质较硬。该层中部及东部夹杂有较多而密集的红烧土块。包含物有夹细砂黄灰、黄褐陶片，红陶片，夹粗砂褐陶片，黑皮陶、石块、炭粒等。陶片纹饰有粗、细绳纹，凹弦纹等，以素面较多，可辨器形有罐口沿、高柄豆柄、尖底盏口沿等。该层下叠压石块堆积。此层为商周时期文化层。

第6层：距地表深140～150厘米，厚25～30厘米。浅灰褐色，土质较硬。包含物较少，有零星红烧土块、夹细砂红褐陶、石块（片）等，陶片以素面较多，少量绳纹，可辨器形有罐口沿等。此层为商周时期文化层。

除地层外，本次发掘共发现遗迹计37处，另外在中部、西北部还发现有若干零星柱洞（图五、图六，附表）。其中，商周时期房址1座，灰坑3个，灰沟3条，灶坑1处，红烧土堆积1处，石堆遗迹1处；两晋南北朝时期房址1座，灰坑10个，灰沟2条；唐宋时期灰坑4个，灰沟6条，窖藏1处，井1处，宋代石室墓1座；明清时期灰沟1条。

按照地层关系和出土文化遗物的特征，本次发掘遗存可以分为新石器、商周、两晋南北朝、唐宋、明清五个大的阶段，以下分别进行介绍。

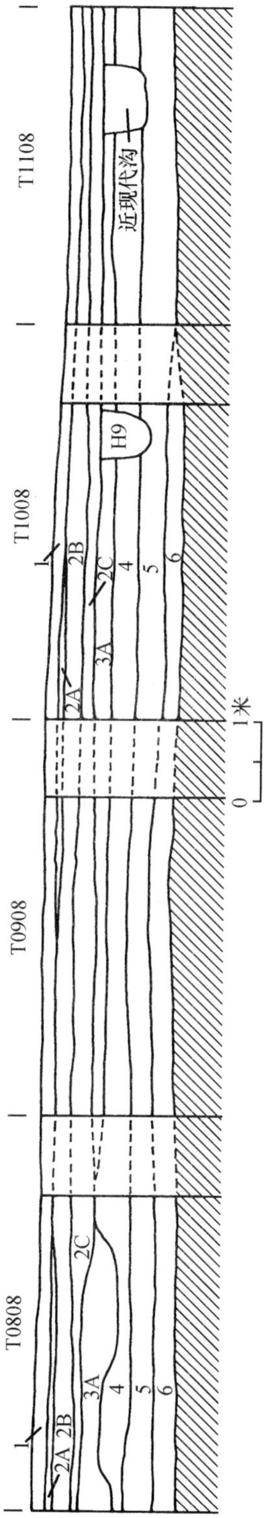

图四　T0808～T1108北壁剖面图

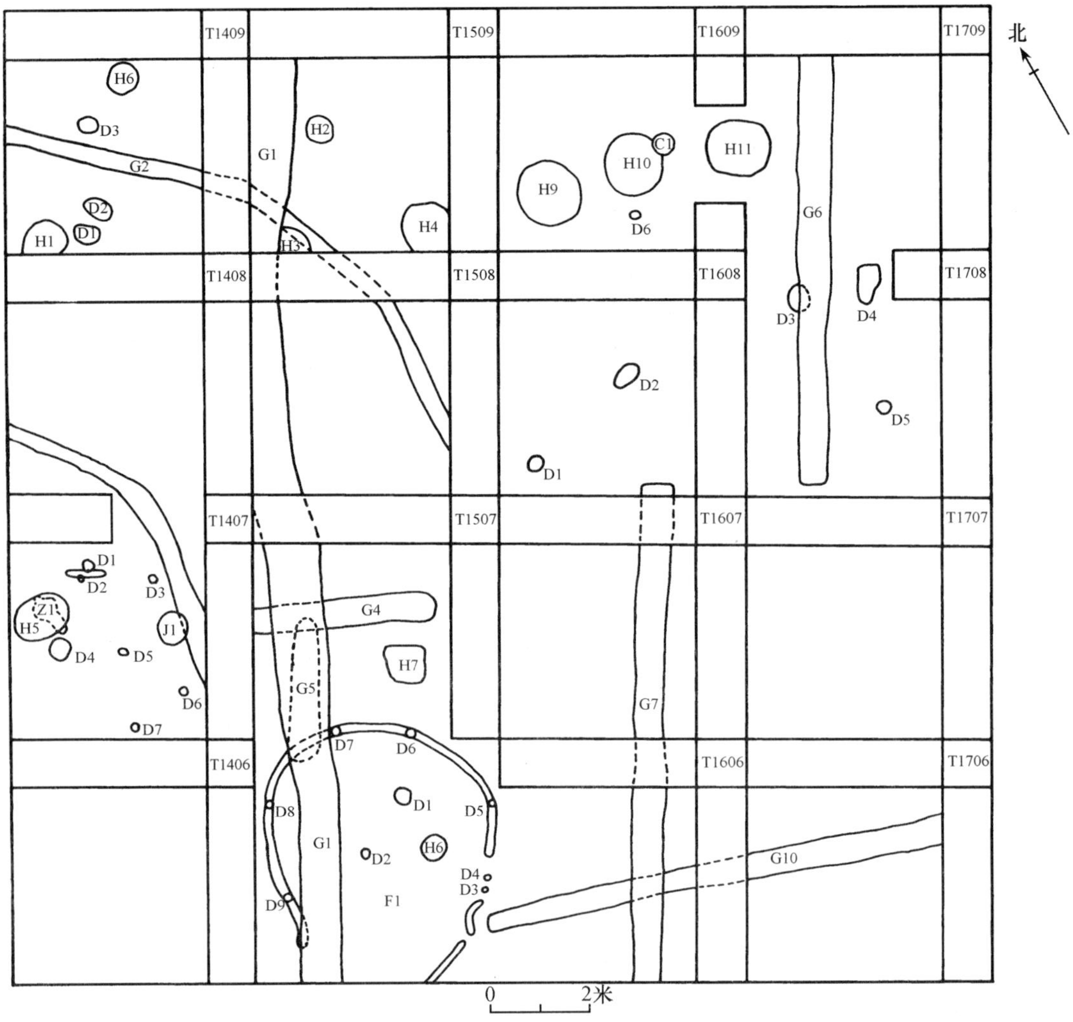

图五　中部探方遗迹平面图

三、新石器文化遗存

（一）概况

新石器时代文化堆积分布范围很小，仅在遗址中部T1409第7层、T1509的第7层发现少量遗物，均为陶器（表一）。

遗址中部T1409、T1509第7层出土的陶器均为残片，无完整器和可拼对复原者，主要以夹砂陶为主（53.1%），泥质陶次之（46.9%），夹砂陶中又以夹粗砂占绝大多数。陶片颜色方面，夹砂陶以夹砂黑褐陶所占比例最高（18.1%），其余依次为灰褐

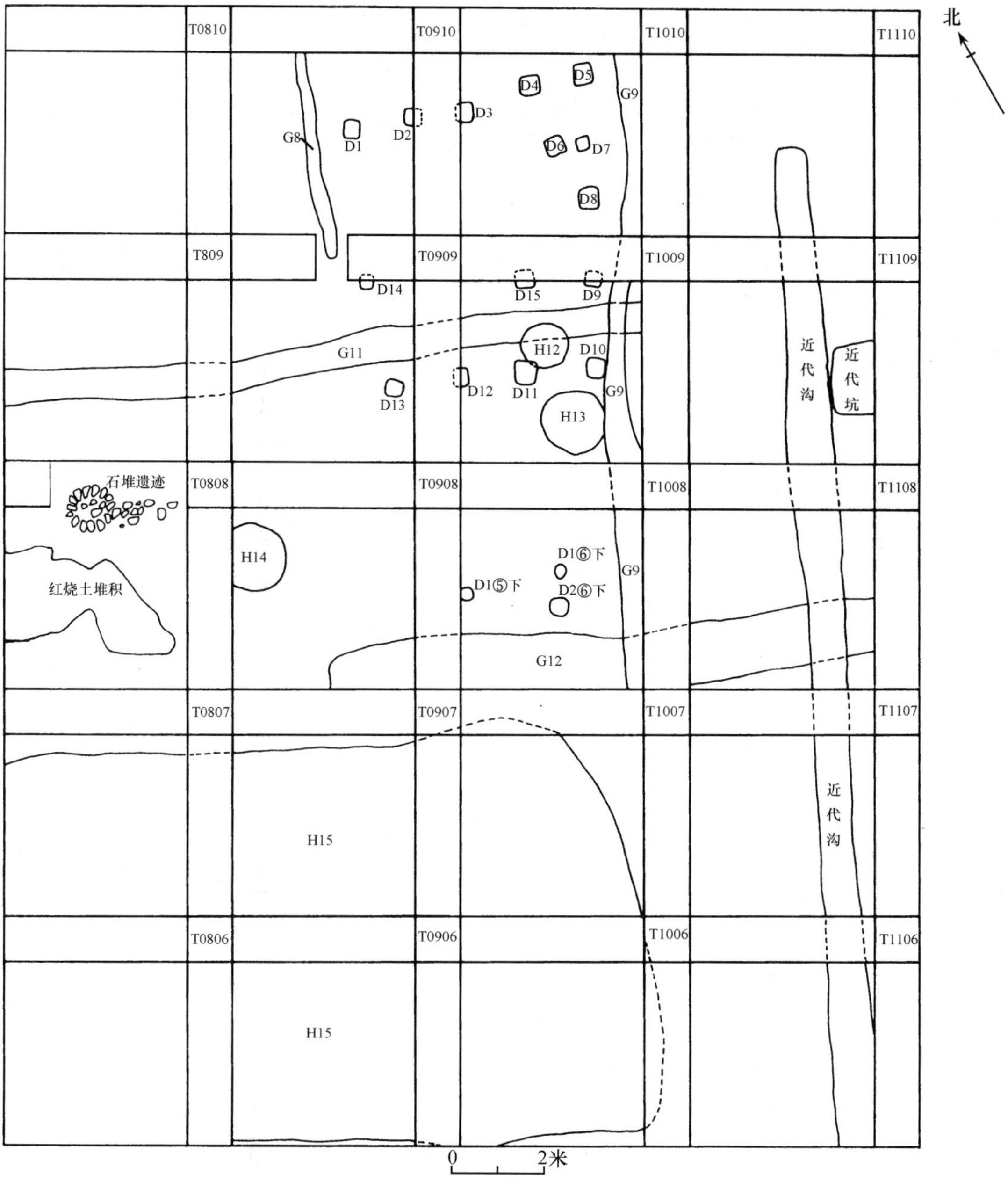

图六　西北部探方遗迹平面图

（13.1%）、红褐（10%）、黄褐（9.4%）、灰陶（2.5%）。泥质陶数量最多的为灰褐陶，占15.6%，黑皮、红陶所占比例相同，为11.3%，其余依次为黄褐、灰、红褐，分别为5%、2.5%、0.6%。

陶器饰纹者比例较大（59.4%），素面所占比例较低（40.6%）。纹饰种类较多，

表一　T1409第7层、T1509第7层陶质、陶色、纹饰统计表

陶质/陶色/纹饰	夹砂陶					泥质陶							合计	百分比/%
	红褐	黄褐	灰褐	黑褐	灰	红	灰	黑	黑皮	黄褐	灰褐	红褐		
素　面		6	5			15	1		13	8	17		65	40.6
粗绳纹			3								2		5	3.1
细绳纹	3	4	4										11	6.9
瓦纹									1				1	0.6
刻划纹	1		2										3	1.9
附加堆纹	3	2	3		2	3			2				15	9.4
戳印纹	1		4	2					2		3		12	7.5
菱格纹	3	2		6	1		2						14	8.8
弦断绳纹	4			21				1			3	1	30	18.8
网格纹	1	1			1		1						4	2.5
小　计	16	15	21	29	4	18	4	1	18	8	25	1	160	100
百分比/%	10	9.4	13.1	18.1	2.5	11.3	2.5	0.6	11.3	5	15.6	0.6		
合　计	85					75								160
百分比/%	53.1					46.9								100

有绳纹、菱格纹、附加堆纹（箍带纹）、刻划纹、戳印纹、网格纹、瓦纹、弦断绳纹等。其中绳纹又可分为粗、细两种。纹饰中以弦断绳纹所占比例最高（18.8%），其次为绳纹（10%），其中细绳纹占6.9%，粗绳纹占3.1%。另外附加堆纹（9.4%）、菱格纹（8.8%）也有一定比例，此外还有少量网格纹（2.5%）、刻划纹（1.9%）、瓦纹（0.6%）等（以主要纹饰统计）。绳纹中，细绳纹占比例略高，且多交错形成细小菱格，刻划纹中，一般也交错形成大菱格纹。纹饰多组合出现（图七）。

绳纹大都饰于罐类器上，大多从沿外开始饰纹，均为斜向，有的器物底部也饰细绳纹。菱格纹有交错绳纹形成的，也有交叉划纹形成的。附加堆纹见于罐类器身部位，绳索状，呈平行分布，饰数道。瓦纹仅见于泥质陶器表，戳印纹在泥质陶、夹砂陶器表均有发现。

陶器的制法手制、轮制皆有，以手制为主，一般为泥条盘筑，部分器物内表不甚平整，留有手指或垫具痕。部分器物内表有慢轮修整时留下的数道螺旋状印痕。部分器物口部做成花边形状，采用压印等方式。

器形均为平底器，器类有夹砂折沿罐、泥质高领罐、花边折沿罐、泥质高领壶、深腹盆等。

图七 第7层陶器纹饰拓本

1. 绳纹+刻划菱格纹（T1409⑦：12） 2. 绳纹+戳刺纹（T1509⑦：8） 3. 弦断绳纹+附加堆纹（T1409⑦：19） 4. 绳纹+刻划菱格纹（T1509⑦：12） 5. 附加堆纹+绳纹（T1509⑦：9） 6. 弦断细绳纹（T1409⑦：17） 7. 细绳纹（T1409⑦：7） 8. 弦断绳纹+戳刺纹（T1509⑦：5） 9. 弦断绳纹+附加堆纹（T1409⑦：14） 10. 绳纹+篦划菱格纹（T1409⑦：21） 11. 细绳纹+戳印纹（T1409⑦：18） 12. 瓦棱纹（T1409⑦：23） 13. 刻划波折纹（T1409⑦：11） 14. 弦纹+戳刺纹（T1409⑦：20） 15. 刻划菱格纹+篦点纹（T1409⑦：13） 16. 弦断绳纹（T1409⑦：16） 17. 菱格绳纹（T1409⑦：22） 18. 刻划菱格纹（T1409⑦：15）

（二）遗物描述

遗物较少，均为陶器，未出土石器、骨器等。

夹砂折沿罐 5件。T1409⑦：2，夹砂灰褐陶。敞口，折沿，唇部饰齿状小花边，其齿窝内三道横向压印短线纹，外沿下有较模糊的竖向细绳纹。腰部斜向细绳纹上刻划网状大菱格纹。口径28、残高4.4厘米（图八，9）。T1409⑦：6，夹砂灰褐陶。敞口，折沿，圆唇，沿下及腹饰斜向细绳纹，兼有戳刺纹。残高2.8厘米（图八，1）。T1409⑦：4，夹砂灰褐陶。侈口，折沿，沿面微弧，唇部按压凹窝纹。残高2.8厘米（图八，4）。T1409⑦：3，夹砂黄褐陶。侈口，折沿，唇部按压凹窝纹，沿下饰斜向细绳纹。残高3.4厘米（图八，3）。T1509⑦：4，夹砂灰褐陶，口沿为齿状小花边，齿窝内有三道横向压印纹。残高1.7厘米（图八，2）。

泥质折沿罐　1件。T1509⑦：1，泥质灰褐陶。敞口，折沿，沿面微弧，方唇，高领较直。口径15、残高4厘米（图八，6）。

泥质卷沿罐　2件。T1509⑦：2，泥质灰胎黑衣陶。敞口，卷沿，尖圆唇，高领。口径17、残高4.6厘米（图八，5）。T1409⑦：7，泥质褐胎黑皮陶。表面磨光，侈口，卷沿，圆唇，束颈。口径20、残高4.2厘米（图八，10）。

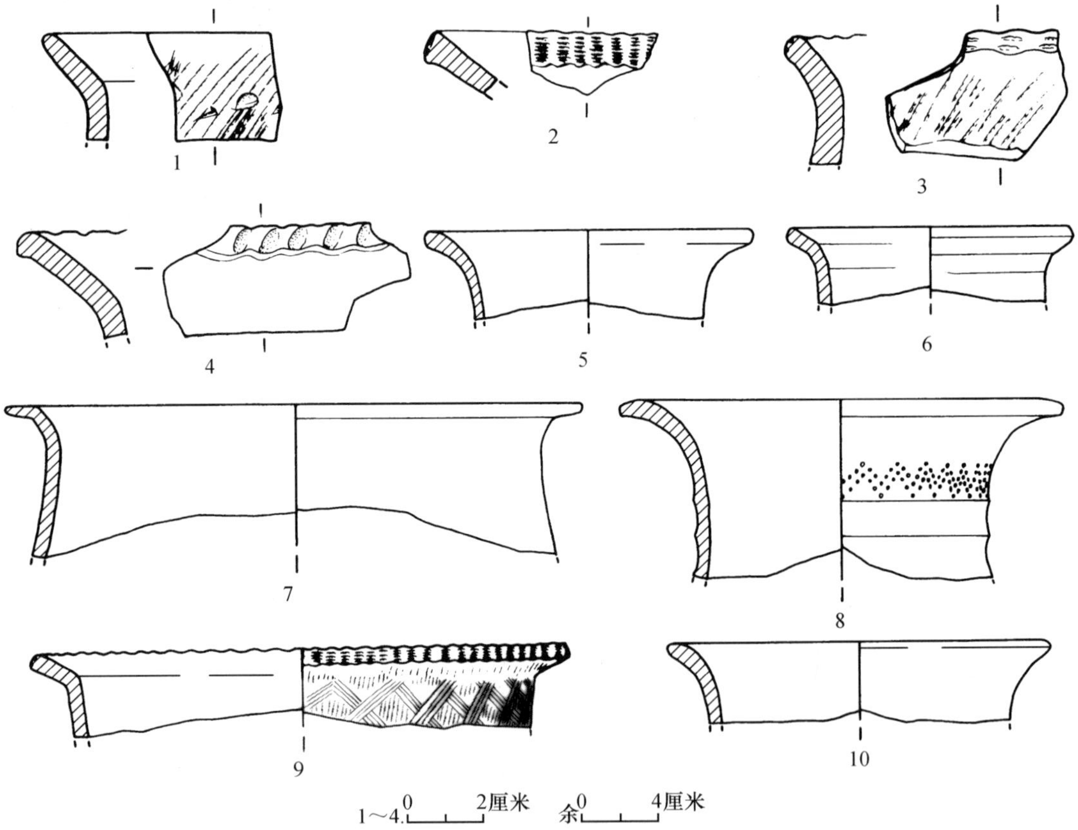

图八　第7层出土陶器

1～4、9. 夹砂折沿罐（T1409⑦：6、T1509⑦：4、T1409⑦：3、T1409⑦：4、T1409⑦：2）　5、10. 泥质卷沿罐（T1509⑦：2、T1409⑦：7）　6. 泥质折沿罐（T1509⑦：1）　7. 深腹盆（T1409⑦：5）　8. 高领壶（T1409⑦：1）

深腹盆 1件。T1409⑦：5，泥质黄褐陶。侈口，折平沿，沿面较宽，圆唇，束领。口径30、残高8厘米（图八，7）。

高领壶 1件。T1409⑦：1，泥质灰褐陶。敞口，卷沿，方圆唇，高领，其颈上部戳刺波折纹，下部饰两道瓦沟纹。口径23、残高9.2厘米（图八，8）。

平底器底 4件。T1409⑦：10，夹砂红褐陶。腹斜收，平底，外饰纵向细绳纹。底径10、残高2.3厘米（图九，1）。T1409⑦：8，夹砂灰褐陶。弧腹斜收，平底。外饰斜向细绳纹。底径5.3、残高4.2厘米（图九，2）。T1409⑦：9，夹砂红褐陶。腹斜收，平底，外壁及底均饰细绳纹。底径8、残高3.2厘米（图九，3）。T1509⑦：3，夹砂黄褐陶。腹斜收，平底。底周围及底部饰细绳纹。底径15、残高3.2厘米（图九，4）。

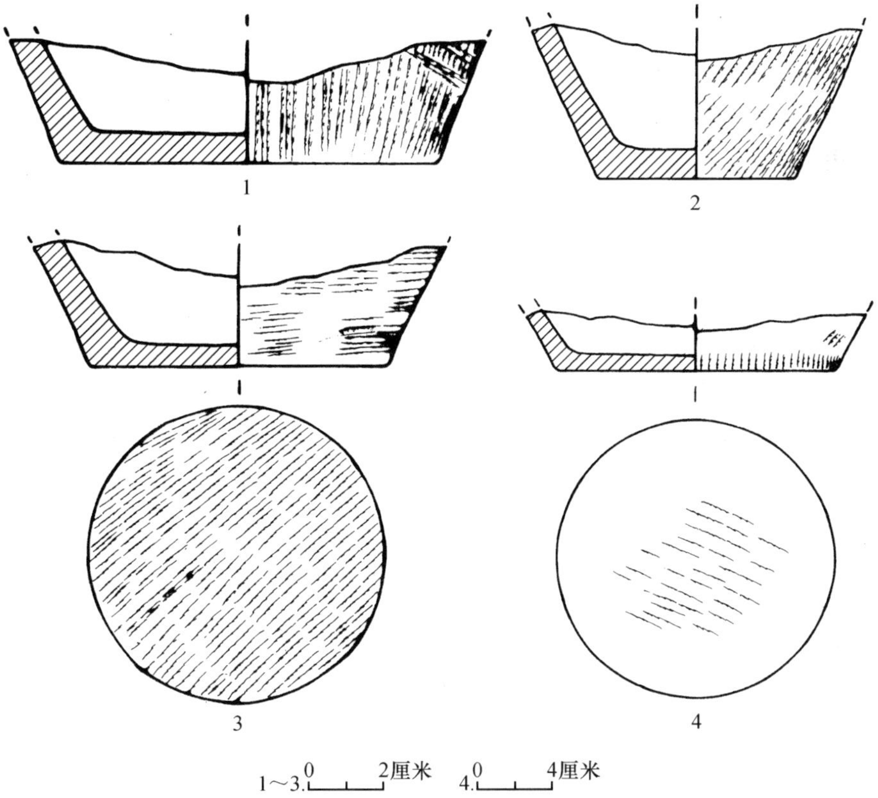

图九 第7层出土陶平底器底

1. T1409⑦：10 2. T1409⑦：8 3. T1409⑦：9 4. T1509⑦：3

四、商周时期遗存

商周时期遗存分布于遗址中部、西北部探方，地层单位为第5、第6层，遗迹单位有7种10个。

（一）遗迹及其遗物

遗迹的类型较丰富，有灰坑、灰沟、房址、柱洞、灶坑、石堆、红烧土面共7种。

1. 灰坑

共3座，位于遗址中部、西北部探方。平面形状均为圆形，有平底和圜底两种。体积不大，出土物较少。其中H8位于F1内，可能和F1有关系。

（1）H6。

H6位于遗址中部T1409的北部。叠压于第5层下，打破第6层，距地表深106厘米。平面呈圆形，壁面较直，圜底。坑口直径66、深50厘米。坑内堆积为灰褐色土，土质紧密，夹杂少量炭屑、鹅卵石，出土泥质红陶片，饰细绳纹交错而成的菱格纹，器形不可辨（图一〇）。

（2）H14。

H14位于遗址西部T0908的西南部，部分压于西壁下。叠压于第4、第5层下，打破第5层，坑口距地表深140～150厘米。平面呈圆形，斜弧壁，圜底。坑口直径156、深36厘米。坑内填土为黑灰色，土质较硬，包含物有夹砂红陶、黄褐陶、灰陶、黑皮陶等陶片，另有红烧土块、炭粒、石块等。陶片纹饰以素面较多，绳纹较少。器形有卷沿罐、折沿罐、尖底罐、高领壶、尖底杯、尖底盏、豆座、纺轮等（图一一）。

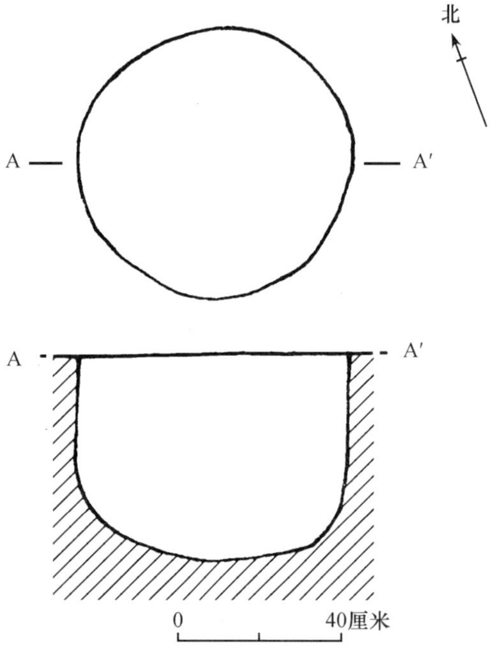

图一〇　H16平、剖面图

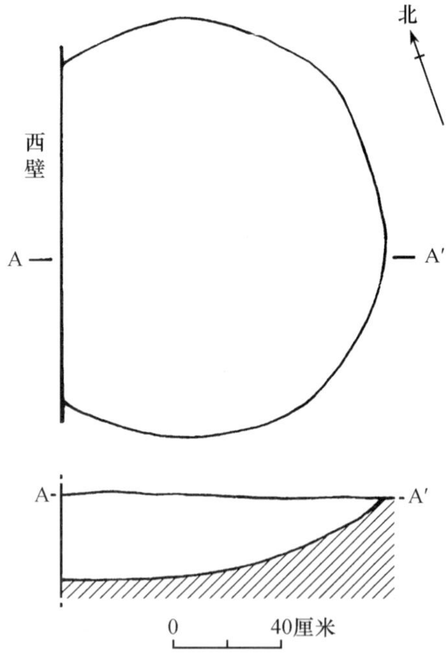

图一一　H14平、剖面图

卷沿罐　2件。H14：5，泥质灰陶。侈口，卷沿，尖圆唇。轮制。口径23.6、残高3.8厘米（图一二，3）。H14：8，泥质灰陶。侈口，圆方唇，轮制。口径18、残高3.8厘米（图一二，4）。

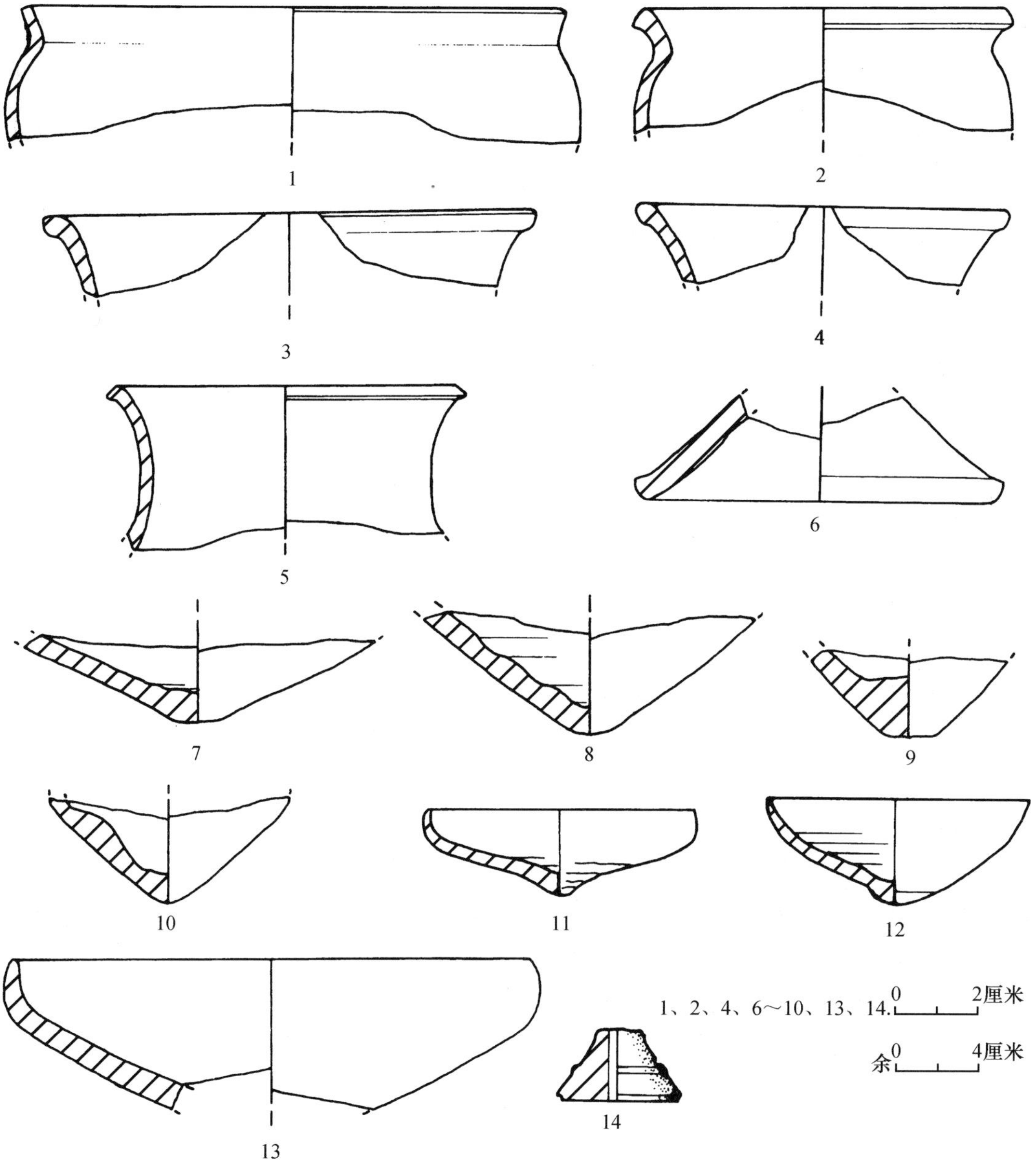

图一二　H14出土陶器

1、2. 折沿罐（H14：7、H14：9）　3、4. 卷沿罐（H14：5、H14：8）　5. 高领壶（H14：4）　6. 豆座（H14：14）　7、8、11～13. 尖底盏（H14：10、H14：11、H14：1、H14：2、H14：6）　9. 尖底杯（H14：12）　10. 尖底罐（H14：13）　14. 纺轮（H14：3）

折沿罐　2件。H14：7，泥质灰陶。敞口，折沿，方唇，弧肩，鼓腹，素面薄胎。口径13、残高3.2厘米（图一二，1）。H14：9，泥质黄褐陶。敞口，斜方唇，矮领，弧肩，鼓腹。口径9.2、残高3厘米（图一二，2）。

尖底罐　1件。H14：13，口腹残。泥质黄褐陶，外施灰衣。下斜收成尖底，内壁有泥条盘筑痕。残高2.5厘米（图一二，10）。

高领壶　1件。H14：4，泥质黄褐陶。侈口，窄沿，沿面微凹，斜方唇，高领。口径16.3、残高7.1厘米（图一二，5）。

尖底杯　1件。H14：12，上残。为炮弹形。泥质灰陶。仅留底部，斜弧收，底略平，内有泥条盘筑痕。底径1.2、残高2厘米（图一二，9）。

尖底盏　5件。H14：10，口部残。泥质黄褐陶。斜腹，尖底微平。残高2厘米（图一二，7）。H14：11，口残。泥质褐胎，灰色。腹斜收，底略尖，内壁有泥条盘筑痕。残高2.9厘米（图一二，8）。H14：1，泥质灰陶。直口，尖圆唇，曲腹，尖底，较圆钝。口径12.8、高4厘米（图一二，11）。H14：2，泥质灰陶。敞口、尖唇，曲腹，底圆钝，器壁较薄。口径12.6、高5厘米（图一二，12；图版一七，3）。H14：6，泥质黄褐陶。口近直，尖圆唇，斜弧壁，底残。口径12.4、残高4.6厘米（图一二，13）。

豆座　1件。H14：14，豆盘已残。泥质红褐陶。高圈足，呈喇叭状，近底处外撇。底径8.8、残高2.5厘米（图一二，6）。

纺轮　1件。H14：3，泥质黑褐陶。顶小底大，覆盆式，边斜直，中穿孔，平底。腰部饰一道凸弦纹，下缘一周凹弦纹。顶径1、底径3、高1.7厘米（图一二，14）。

2. 沟

共3条，位于遗址中部。其中长条形1条，半圆（圆弧形）2条。

G2　位于遗址中部，跨T1409、T1509、T1508三个探方，从T1309北隔梁开始，经T1509向西南延伸至T1508北隔梁内消失。G2叠压于第5层下，打破第6层，距地表深110～145厘米。G2平面呈圆弧形，剖面呈“U”形，沟壁较为光滑，西北高，东南低。沟露出部分长1286、宽35、深25厘米。沟内堆积黄灰色淤土，较硬。土中包含有石块、炭粒等，出土有泥质红、灰陶片，燧石核等（图一三）。

3. 房址

1座，F1。

F1分布于T1506、T1507两个探方内，柱洞口及基槽叠压于T1506第5层下，打破生土，距地表深190厘米。F1平面呈近椭圆形，现存房屋基槽柱洞。基槽一部分伸入T1506南壁，未闭合，部分地方残缺。基槽内填土中含较多灰烬及零星陶片碎渣。基

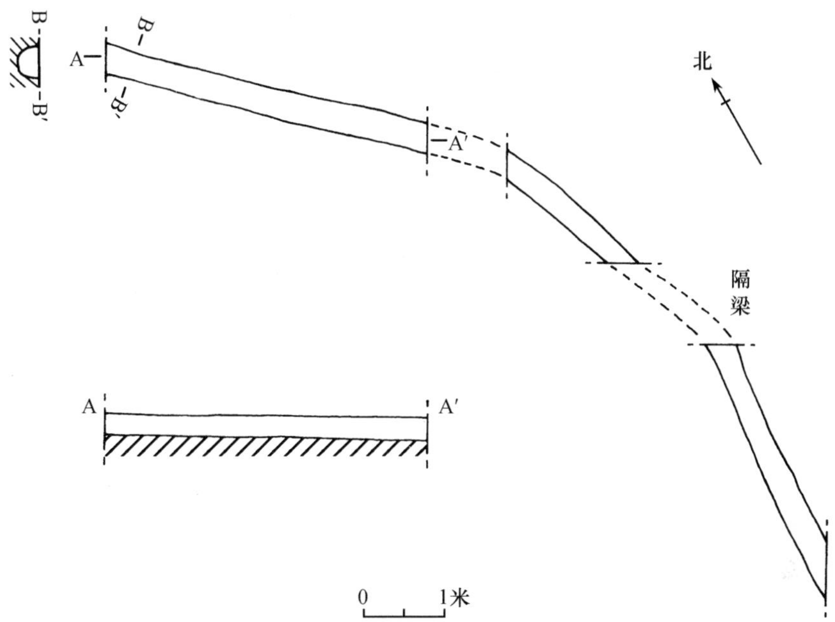

图一三　G2平、剖面图

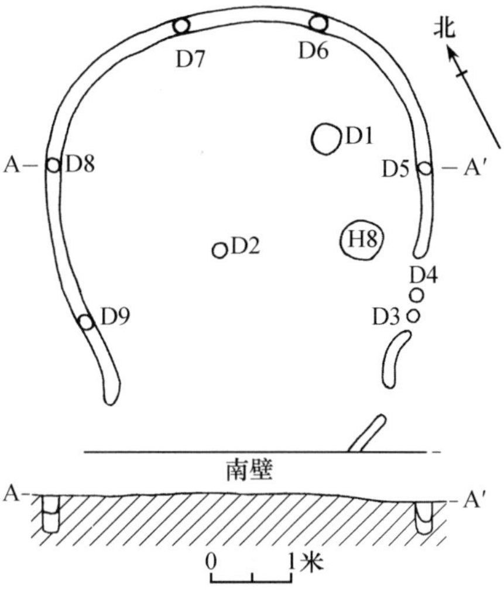

图一四　F1平、剖面图

槽长径550、短径450厘米，基槽宽15～20、深20厘米。基槽内及房址中部共发现柱洞9个，编号D1～D9，小者直径10、深15厘米，大者直径35、深30厘米。另在F1东南部发现有灰坑一座，坑内有少许炭屑，但不能肯定是F1的火膛或灶坑（图一四）。

4. 灶坑

1座，Z1。

Z1位于T1407中西部。叠压于第5层下，打破生土，口距地表深180厘米。Z1总体平面呈琵琶形，由火道、火膛、烟道组成，面积较小。火道为条形斜坡状，火膛为椭圆形袋状，底呈锅底状。烟道呈三角形，位于灶坑后部。Z1内堆积大量灰烬、炭粒，夹杂少许黑色绳纹陶片。Z1总长90、灶坑直径45、深32厘米（图一五；图版一六，1）。

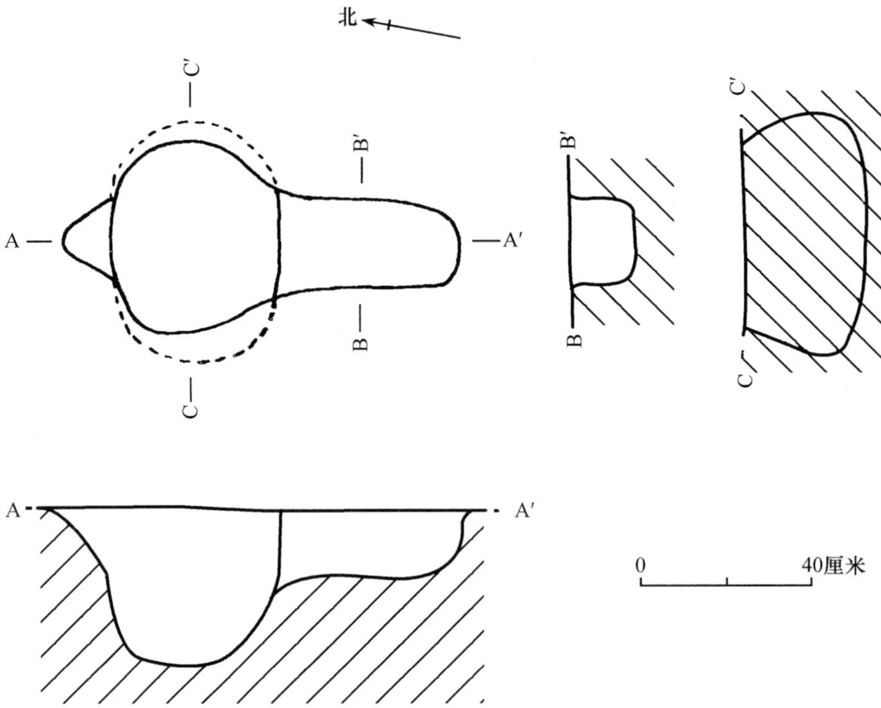

图一五　Z1平、剖面图

5. 石堆遗迹

在T0808北部第5层下发现有一个河卵石堆积，用15个大小不等的河卵石单层围砌成近圆形，东部亦见数块零星散落的河卵石块，主体部分直径约110厘米，石块直径在10～20厘米。清理中未发现圆形石堆，周围及下部有土坑，说明石块堆积是处于当时的地表的，其用途不明。

6. 柱洞

在遗址中部探方中均有柱洞（坑洞）发现，特别是在T1707东部第5层下发现11个柱洞，较零乱，无规律分布，无法确定其性质。洞内填土均为灰褐色，土质较软，内含炭粒、石块等。柱洞直径在12～40、深8～28厘米。

7. 红烧土堆积

在部分探方的商周文化层中，程度不一地发现有红烧土堆积。但烧土堆积大多零散无序，且烧土块大小不一。其中T0808第5层有一片相对集中的烧土块成片分布，且范围较大，从采集的烧土标本特征观察，这些红烧土堆积主要是属于坍塌的房子墙体碎块堆积，而非原来房子地面（图一六）。

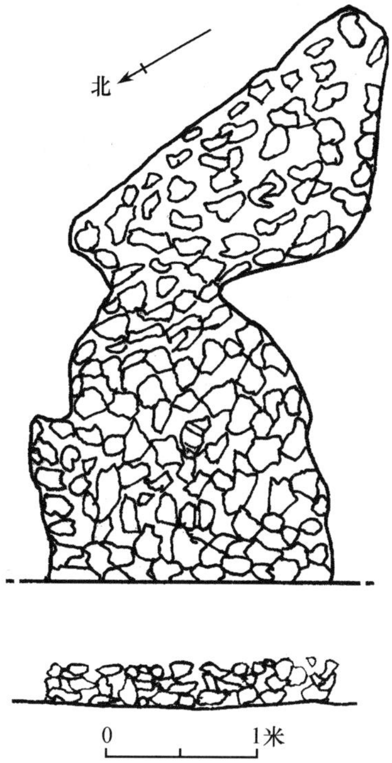

图一六　T0808第5层红烧土堆积平、剖面图

（二）文化层出土遗物

遗物均出土于遗址中部、西北部探方第5、第6层内，东南部探方未见商周文化层。

1. 第6层出土遗物

第6层堆积范围较小，出土遗物相对较少，均为陶器。陶器以泥质陶为主，夹砂陶较少。大部分尖底器含细砂粒，但统计时均算作泥质陶。第6层出土陶片中，泥质陶为大宗，占90.8%，夹砂陶占9.2%。陶色方面，夹砂陶中夹砂灰褐陶比例最高，占5.6%，其次为黄褐陶，占2.7%，夹砂红褐陶和灰陶较少，分别为0.7%和0.2%。泥质陶中，灰褐陶占最大比例，为53.6%，其次为黄褐、灰、红褐、黑衣陶，分别占14%、11%、9%、1.9%，红陶和黑陶最少，分别占1%和0.4%。纹饰方面，素面所占比例最大，达66.5%；其次为绳纹，占30.4%，其中粗绳纹占20%，细绳纹占10.4%。有少许绳纹交错，绝大多数为拍印竖绳纹。刻划纹、弦断绳纹、菱格纹所占比例相对较少，在0.5%～0.8%。圆圈纹、压印纹极少，均占0.1%（表二，图一七）。陶器制作轮制、手制兼有，常见泥条盘筑，再慢轮修整，尤其绳纹罐类表面不平，常见掂指和垫具痕，器物口部未见有花边，颈部有加厚现象。残片中可辨器形有平底器、圜底器和尖底器，以平底器、圜底器为主。器类有卷沿釜、卷沿罐、折沿罐、矮领罐、尖底罐、直口罐、盘口壶、矮领壶、高领壶、瓮、尖底杯、折沿钵、豆、器盖等。

表二　猴清庙遗址第6层出土陶器陶质、陶色、纹饰统计表

纹饰＼陶色＼陶质	夹砂陶				泥质陶							合计	百分比/%
	红褐	黄褐	灰褐	灰	红	灰	黑	黑衣	黄褐	灰褐	红褐		
素面	4	32	30		11	165	4	30	213	477	131	1097	66.5
粗绳纹	4		1			2			1	314	7	329	20
细绳纹	2	6	26	3	5	14		1	16	88	11	172	10.4
弦纹		1	6							3		10	0.6
刻划纹		3	11									14	0.8
附加堆纹	1		1		1							3	0.2
戳印纹			1									1	0.1
弦断绳纹		3	9									12	0.7
圆圈纹							1			1		2	0.1
压印纹										1		1	0.1
菱格纹	1		7									8	0.5
小计	12	45	92	3	17	181	5	31	230	884	149	1649	
百分比/%	0.7	2.7	5.6	0.2	1	11	0.4	1.9	14	53.6	9		
合计	152				1497								
百分比/%	9.2				90.8								

卷沿釜　4件。T0906⑥：4，泥质灰褐陶。侈口，卷沿，圆唇，束颈，溜肩。颈以下饰纵向粗绳纹。口径25.6、残高11.4厘米（图一八，1）。T0806⑥：2，泥质灰褐陶。侈口，卷沿，圆唇，束颈，溜肩。肩部以下饰纵向粗绳纹。残高6.4厘米（图一八，2）。T0906⑥：5，泥质灰褐陶。侈口，卷沿，圆唇，束颈，溜肩。颈以下饰纵向粗绳纹，沿下绳纹经修抹不明显。口径20.4、残高7.2厘米（图一八，3）。T0906⑥：3，泥质灰褐陶。侈口，卷沿，圆唇，束颈，耸肩。颈下饰纵向粗绳纹，内壁表面不平，有垫具痕。口径16、残高4厘米（图一八，4）。

卷沿罐　2件。T0805⑥：2，泥质褐胎黑衣。侈口，卷沿，圆唇，束颈，溜肩。口径13、残高3厘米（图一八，5）。T0806⑥：1，泥质灰陶。侈口，卷沿，斜方唇，束颈，弧肩。口径14.6、残高10.2厘米（图一八，7）。

折沿罐　6件。T0809⑥：1，泥质黑陶。侈口，折沿，尖圆唇，高领。口径26.3、残高6.6厘米（图一八，11）。T1006⑥：3，加砂黄褐陶。敞口，宽折沿，圆唇，颈部饰箍带纹。残高2.9厘米（图一八，13）。

矮领罐　1件。T0805⑥：1，泥质灰陶。敞口，折沿，圆唇，高领，圆肩。颈下部饰一周戳印圆圈纹。口径22、残高13厘米（图一八，14）。

图一七　第6层陶器纹饰拓片

1、9. 粗绳纹（T1006⑥：5、T1406⑥：8）　2、5、7. 交错绳纹（T1409⑥：6、T0808⑥：8、T1409⑥：9）　3. 戳刺纹（T0805⑥：4）　4. 弦断绳纹（T0808⑥：5）　6. 细绳纹（T1409⑥：7　8. 戳印圆圈纹＋划纹（T1006⑥：4）　10. 瓦棱纹（T0808⑥：7）　11. 弦纹（T1409⑥：10）　12. 凹弦纹（T1006⑥：2）

尖底罐　1件。T1409⑥：2，泥质灰陶。弧腹，乳状尖底。内底有泥条盘筑痕，薄胎。残高5.3厘米（图一九，7）。

直口罐　1件。T0809⑥：2，夹砂灰陶。口近直，微敛，窄沿，沿面下凹，似浅子母口，高领较直。口径15.6、残高4.4厘米（图一八，12）。

盘口壶　2件。T1006⑥：1，泥质灰陶。侈口，折沿，尖圆唇，高领。口径15.6、残高5.3厘米（图一八，9）。T1409⑥：1，泥质红褐陶。侈口，卷沿，圆唇，沿上部略折形成盘口，高领。口径12.4、残高6.3厘米（图一八，15）。

矮领壶　2件。T0906⑥：2，泥质红褐陶。侈口，折沿，尖圆唇，束颈。颈部饰一道凹弦纹。口径20.4、残高5厘米（图一八，6）。T0906⑥：1，泥质黄褐陶。侈口，卷沿，斜方唇，束颈。颈部饰一道凹弦纹。口径15.6、残高7.8厘米（图一八，8）。

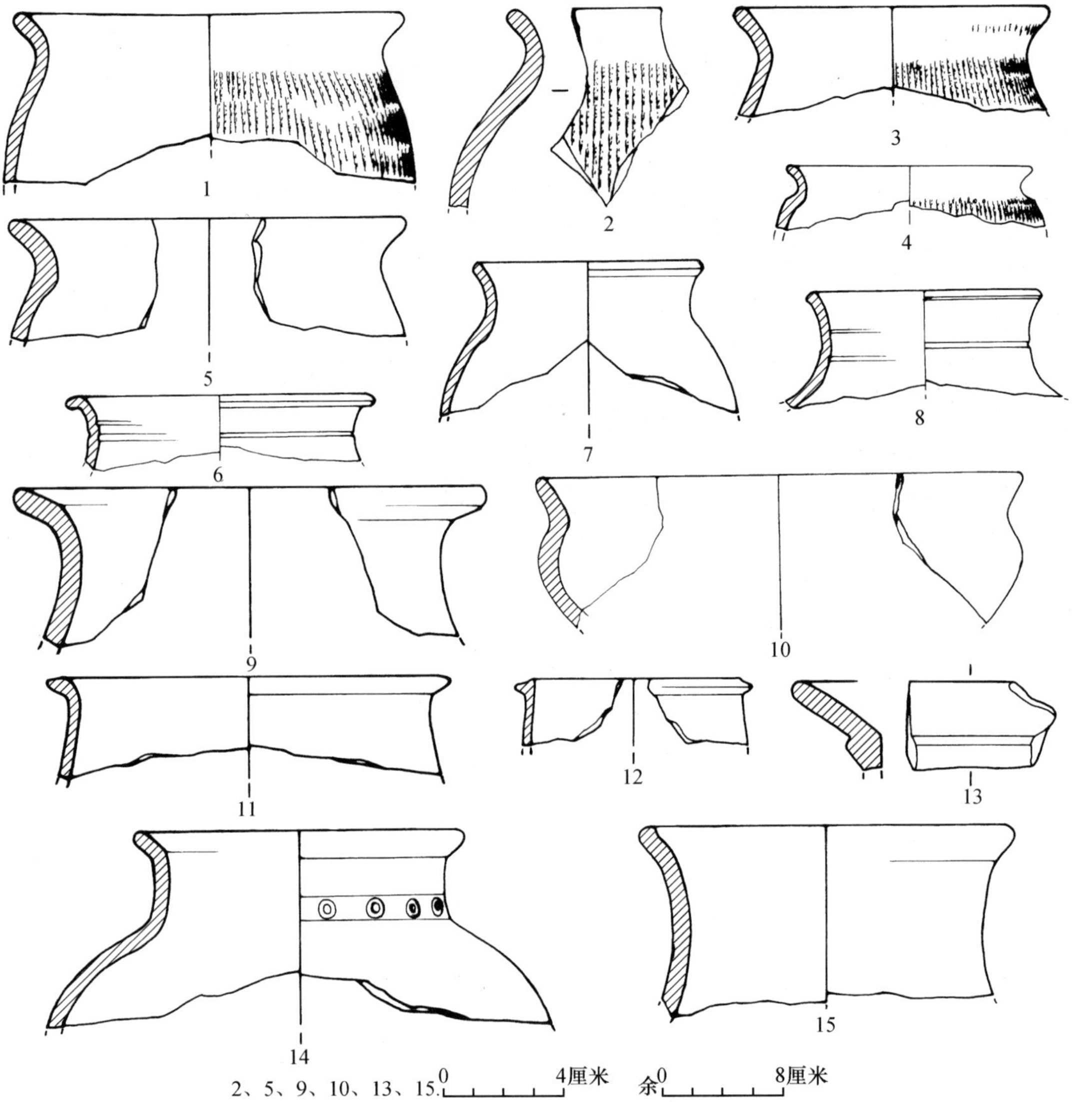

图一八　第6层出土陶器（一）

1～4. 卷沿釜（T0906⑥：4、T0806⑥：2、T0906⑥：5、T0906⑥：3）　5、7. 卷沿罐（T0805⑥：2、T0806⑥：1）　6、8. 矮领壶（T0906⑥：2、T0906⑥：1）　9、15. 盘口壶（T1006⑥：1、T1409⑥：1）　10. 折沿钵（T1008⑥：1）　11、13. 折沿罐（T0809⑥：1、T1006⑥：3）　12. 直口罐（T0809⑥：2）　14. 矮领罐（T0805⑥：1）

高领壶　4件。高领，喇叭口。T0808⑥：2，泥质灰褐陶。侈口，卷沿，尖圆唇，高领。口径20.4、残高5.6厘米（图一九，1）。T0808⑥：1，泥质灰褐陶，侈口，折沿，沿面窄平，尖圆唇，高领。口径14.4、残高7厘米（图一九，2）。T0808⑥：4，泥质黄褐胎，黑衣磨光。敞口，卷沿，圆唇，高领。残高3.8厘米（图一九，3）。T0808⑥：3，泥质红陶。敞口，沿外撇，尖圆唇。残高3.8厘米（图一九，4）。

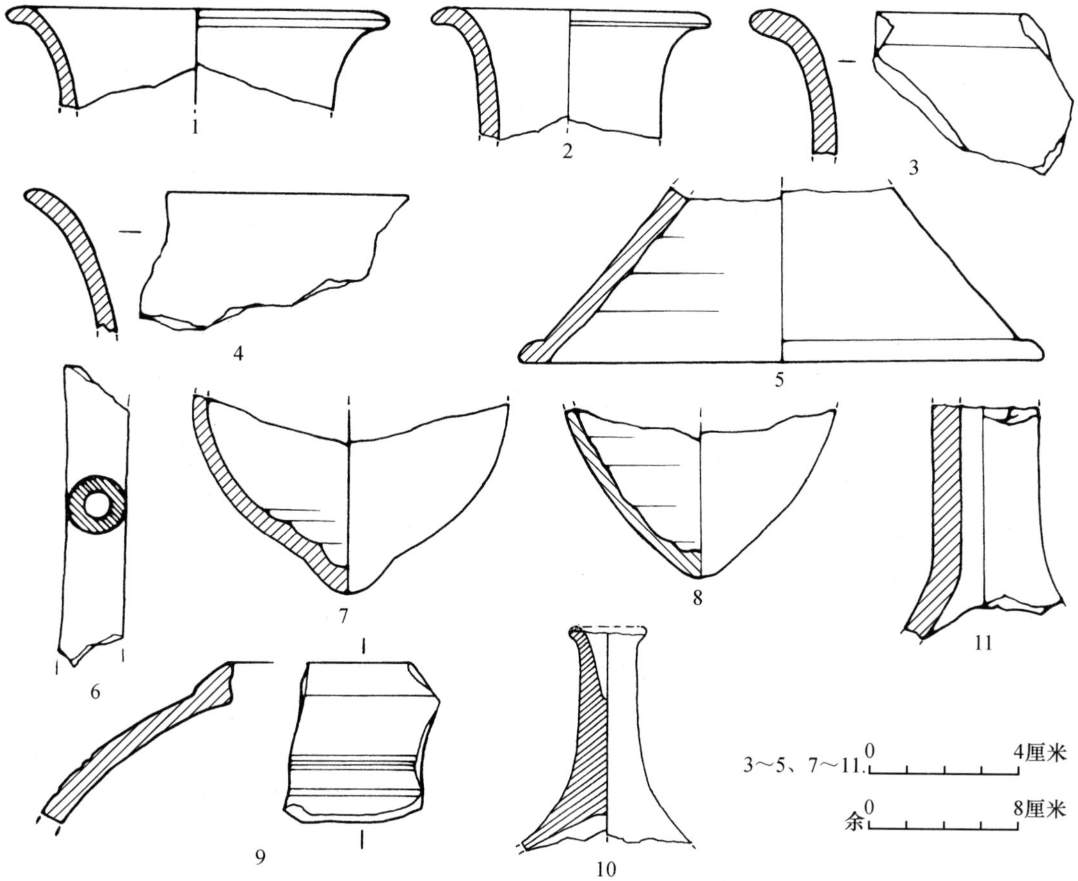

图一九 第6层出土陶器（二）

1～4. 高领壶（T0808⑥：2、T0808⑥：1、T0808⑥：4、T0808⑥：3） 5. 豆座（T1007⑥：1） 6、11. 豆柄（T0906⑥：7、T1007⑥：2） 7. 尖底罐（T1409⑥：2） 8. 尖底杯（T0906⑥：6） 9. 瓮（T1006⑥：2） 10. 器盖（T1008⑥：2）

瓮 1件。T1006⑥：2，夹砂灰褐陶。敛口，窄斜沿，方唇，唇面内凹，广肩，肩部饰三道凹弦纹。残高4.3厘米（图一九，9）。

尖底杯 1件。T0906⑥：6，上残。炮弹形。泥质灰陶。下弧收尖底，薄胎，内壁有泥条盘筑痕。残高4.4厘米（图一九，8）。

折沿钵 1件（T1008⑥：1）。泥质灰褐陶。侈口，折沿，尖圆唇，束颈，溜肩，腹斜弧收。口径16、残高5厘米（图一八，10）。

豆柄 2件。残存柄部。T1007⑥：2，上残。泥质黄褐陶。管状，下部呈喇叭口形。柄径2.8、残高6.3厘米（图一九，11）。T0906⑥：7，泥质黄褐陶。管状，表面不圆滑。柄径3.4、残高16.7厘米（图一九，6）。

豆座　1件。T1007⑥：1，泥质黄褐陶。喇叭口，下沿外折，尖圆唇，内壁有泥条盘筑痕。底径13.9、残高4.7厘米（图一九，5）。

器盖　1件。T1008⑥：2，大部已残。泥质黄褐陶。柱状，颈部为小喇叭口，下部亦为喇叭口状。残高6厘米（图一九，10）。

平底器底　8件，残存底部。T1409⑥：4，泥质黄褐陶。腹斜收，平底。底径13.6、残高3.2厘米（图二〇，1）。T0807⑥：1，泥质红褐陶。腹斜收，小平底。内底有螺旋状痕。此器可能是小平底罐底。底径2.8、残高1.3厘米（图二〇，2）。T0805⑥：3，泥质灰陶。腹斜收，平底。底径10、残高3.2厘米（图二〇，3）。T0809⑥：3，泥质红褐陶。腹斜收，平底。底径14.8、残高2.6厘米（图二〇，4）。T1409⑥：5，泥质褐胎灰衣。腹斜收，平底。底径12、残高2.6厘米（图二〇，5）。T0806⑥：3，泥质黄褐陶。腹斜收，平底，胎较厚，内壁凹凸不平。底径6.8、残高3.4厘米（图二〇，6）。T1409⑥：3，泥质灰陶。腹斜收，平底，腹下部饰斜向线纹。底径14.8、残高4.6厘米（图二〇，7）。T1007⑥：3，泥质红褐陶。腹斜收，平地，内底略呈圜底，胎较厚。底径8、残高3.8厘米（图二〇，8）。

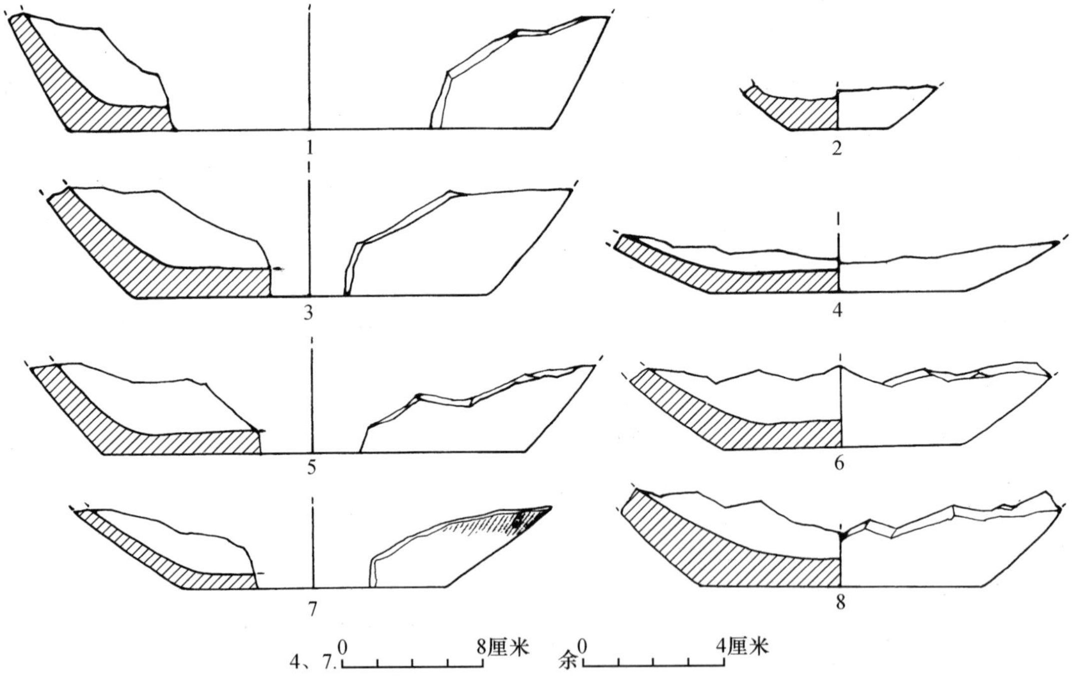

图二〇　第6层出土陶平底器底

1. T1409⑥：4　2. T0807⑥：1　3. T0805⑥：3　4. T0809⑥：3　5. T1409⑥：5　6. T0806⑥：3　7. T1409⑥：3　8. T1007⑥：3

2. 第5层出土遗物

第5层堆积范围较大，在遗址中部、西北部绝大多数探方中均有堆积，文化层出土遗物较多，种类有陶、石、铜三大类，以陶器为主。

（1）陶器。

第5层出土陶片较多，从T1409、T1008、T0908、T0805四个探方第5层统计看，泥质陶占绝大多数，比例达97.3%。夹砂陶极少，仅占2.7%，还有部分尖底杯，为细砂陶（砂粒陶）。陶器颜色方面，泥质陶中，主要以灰褐、黄褐、灰陶为主，分别为53.2%、23.9%、11.7%。红褐陶占6.5%。红陶和黑陶较少，占1.1%和1.7%。黑衣陶极少见到，仅占0.2%。夹砂陶中主要为黄褐陶和灰褐陶，占1%和0.8%。其次为红褐陶占0.5%。夹砂灰陶和黑褐陶极少见到均占0.2%。陶器盛行素面，占82.8%，纹饰陶比例很小，主要为绳纹，其中细绳纹和粗绳纹各占12.8%和3.9%。弦纹、弦断绳纹、菱格纹、瓦棱纹均极少见，均占0.1%左右（表三，图二一）。器物造型方面，口沿以卷沿为主，折沿为辅。器底绝大多数为中小型平底，少量圈足。制作方法以轮制成型为主，口沿内外及器腹上部多施轮修。个别罐类为手制陶，泥片捏制成形。泥质陶器的杯、盘、豆等

表三　猴清庙遗址T1409、T1008、T0908、T0805第5层出土陶片陶质、陶色、纹饰统计表

陶质/陶色/纹饰	夹砂陶					泥质陶							合计	百分比/%
	红褐	黄褐	灰褐	黑褐	灰	红	灰	黑	黑衣	黄褐	灰褐	红褐		
素面	17	38	32	7	8	46	464	27	5	844	1605	186	3279	82.8
粗绳纹										64	67	26	157	3.9
细绳纹	2		2	1						37	427	39	508	12.8
弦纹											1	3	4	0.1
刻划纹											2		2	0.1
附加堆纹												1	1	0.05
戳印纹											2		2	0.05
弦断绳纹												3	3	0.1
菱格纹											2		2	0.05
瓦棱纹									1				1	0.05
小计	19	38	34	8	8	46	464	27	6	945	2106	258	3959	
百分比/%	0.5	1	0.8	0.2	0.2	1.1	11.7	0.7	0.2	23.9	53.2	6.5		
合计	107					3852								
百分比/%	2.7					97.3								

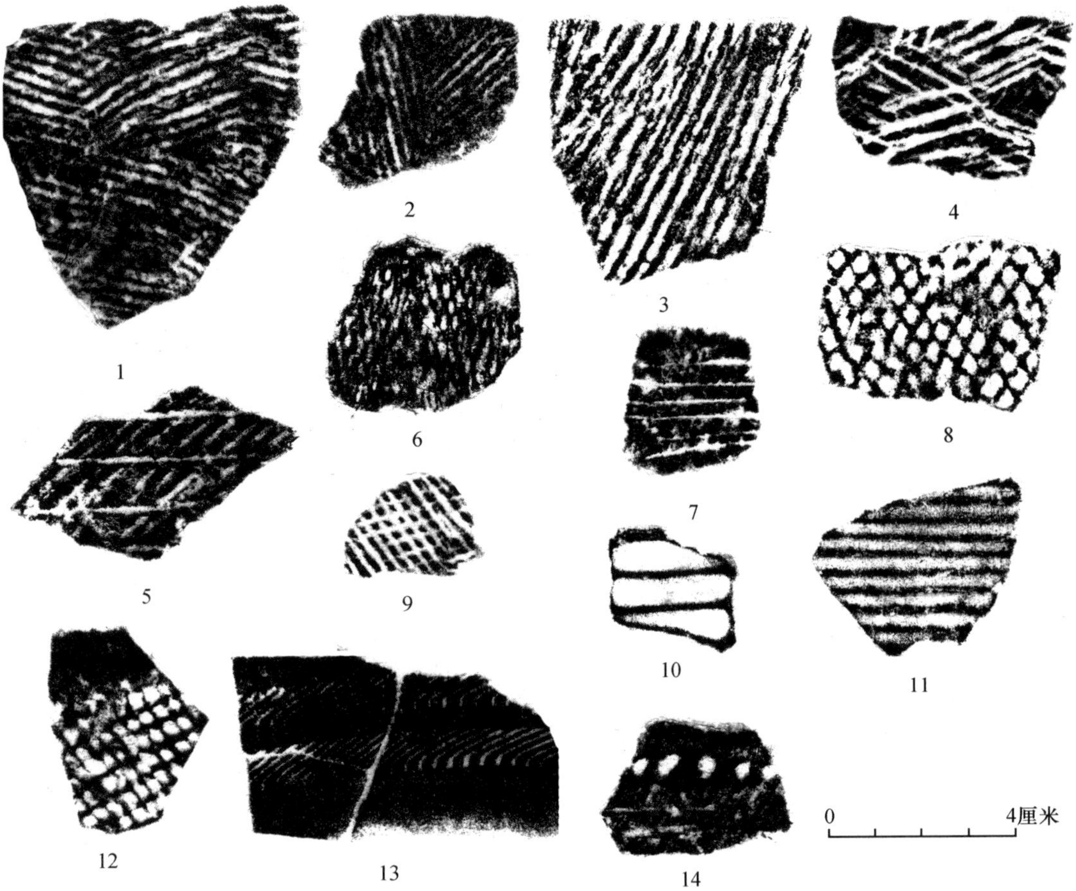

图二一　第5层陶器纹饰拓片

1、2、4. 交错绳纹（T1008⑤：52、T1008⑤：56、T0908⑤：14）　3、6. 粗绳纹（T1006⑤：9、T1009⑤：5）　5. 弦断绳纹（T1109⑤：6）　7. 细绳纹（T1009⑤：4）　8、12. 方格纹（T0805⑤：9、T1009⑤：6）　9. 菱格纹（T1010⑤：6）　10、11. 瓦棱纹（T0809⑤：16、0809⑤：13）　13. 篦划纹（T0908⑤：17）　14. 戳刺纹（T0809⑤：12）

器胎壁多制作轻薄，而泥质陶罐类胎壁则多趋于厚重，颈部有加厚现象。绳纹大多纵向饰，较细且零乱，一般从沿外饰向底部。圜底大多不规整，内壁常见凹窝状手指掂印。器类有圜底、平底、尖底、圈足四类，器形有折沿釜、卷沿釜、卷沿罐、折沿罐、矮领罐、翻沿罐、盘口罐、双系罐、尖底罐、小罐、高领壶、矮领壶、盘口壶、尖底杯、尖底盏、钵、敛口盆、侈口盆、敞口盆、盘、瓮、器座、圈足、器盖、豆柄、纺轮等。

第5层另出土有铜器、骨器各1件，以及少量石器。

折沿釜　3件。据肩部不同，可分二型。

A型　圆肩。2件。T1006⑤：2，夹细砂灰褐陶。折沿，敞口，矮领，圆肩。肩下饰交错绳纹。口径18、残高9厘米（图二二，1）。T1008⑤：9，泥质灰褐陶。折沿，敞口，圆唇，矮领，圆肩。肩下饰交错粗绳纹。口径15.2、残高5.2厘米（图二二，2）。

B型　溜肩。1件。T0908⑤：7，泥质灰褐陶。折沿，敞口，尖圆唇，束颈，溜肩。颈下饰交错粗绳纹。口径10.8、残高3.7厘米（图二二，3）。

卷沿釜　23件。据肩部不同，可分三型。

A型　溜肩。10件。T0809⑤：6，夹细砂灰褐陶。卷沿，侈口，圆唇，束颈，溜肩。颈下饰中绳纹。口径15.6、残高5厘米（图二二，4）。T1008⑤：3，泥质灰褐陶。卷沿，侈口，尖圆唇，束颈，溜肩。颈下饰斜向粗绳纹。口径26、残高8厘米（图二二，5）。T0908⑤：8，夹细砂灰褐陶。卷沿，侈口，尖圆唇，束颈，溜肩。颈下饰粗绳纹。口径10、残高3.5厘米（图二二，6）。T1409⑤：6，夹细砂灰褐陶。卷沿，侈口，尖圆唇，束颈，溜肩。颈下饰纵向粗绳纹。口径28、残高5.1厘米（图二二，7）。T1409⑤：8，泥质灰褐陶。卷沿，侈口，尖圆唇，束颈，溜肩。颈下饰粗绳纹。口径10.6、残高5.9厘米（图二二，8）。T1007⑤：3，泥质灰褐陶。卷沿，侈口，圆唇，束

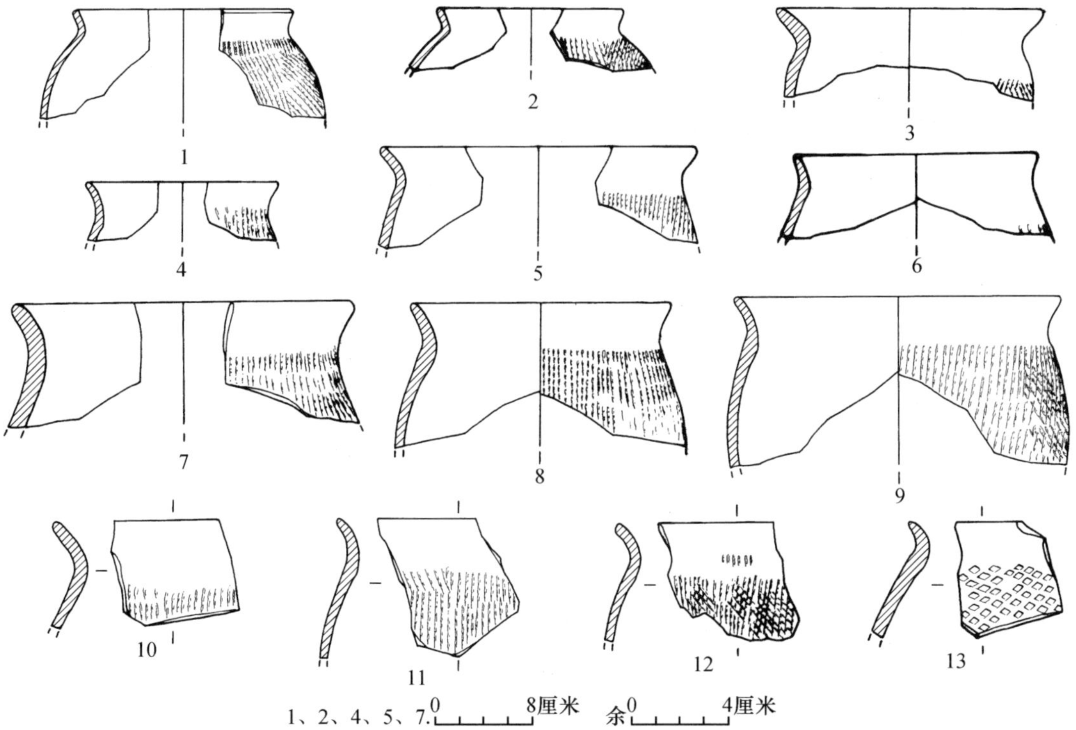

图二二　第5层出土陶釜（一）

1、2. A型折沿釜（T1006⑤：2、T1008⑤：9）　3. B型折沿釜（T0908⑤：7）　4～13. A型卷沿釜（T0809⑤：6、T1008⑤：3、T0908⑤：8、T1409⑤：6、T1409⑤：8、T1007⑤：3、T1008⑤：15、T1008⑤：16、T1009⑤：1、T0810⑤：4）

颈，溜肩。颈下饰斜向粗绳纹。口径13.4、残高7厘米（图二二，9）。T1008⑤：15，泥质灰褐陶。卷沿，侈口，圆唇，束颈，溜肩。颈下饰纵向粗绳纹。残高4.4厘米（图二二，10）。T1008⑤：16，泥质灰褐陶。卷沿，侈口，尖圆唇，束颈，溜肩。颈下饰粗绳纹。残高5.7厘米（图二二，11）。T1009⑤：1，泥质灰褐陶。卷沿，侈口，尖圆唇，束颈，溜肩。颈下饰交错粗绳纹。残高4.9厘米（图二二，12）。T0810⑤：4，泥质黄褐陶。卷沿，侈口，尖圆唇，矮束颈，溜肩。颈下饰菱格纹。残高4.8厘米（图二二，13）。

B型　圆肩。8件。T1108⑤：1，泥质灰褐陶。卷沿，侈口，圆唇，束颈，鼓腹。颈下饰纵向粗绳纹。口径12.6、残高7厘米（图二三，1）。T1008⑤：1，泥质灰褐陶，卷沿，侈口，尖圆唇，束颈，鼓腹。颈下饰纵向粗绳纹。口径11.6、残高3.4厘米（图

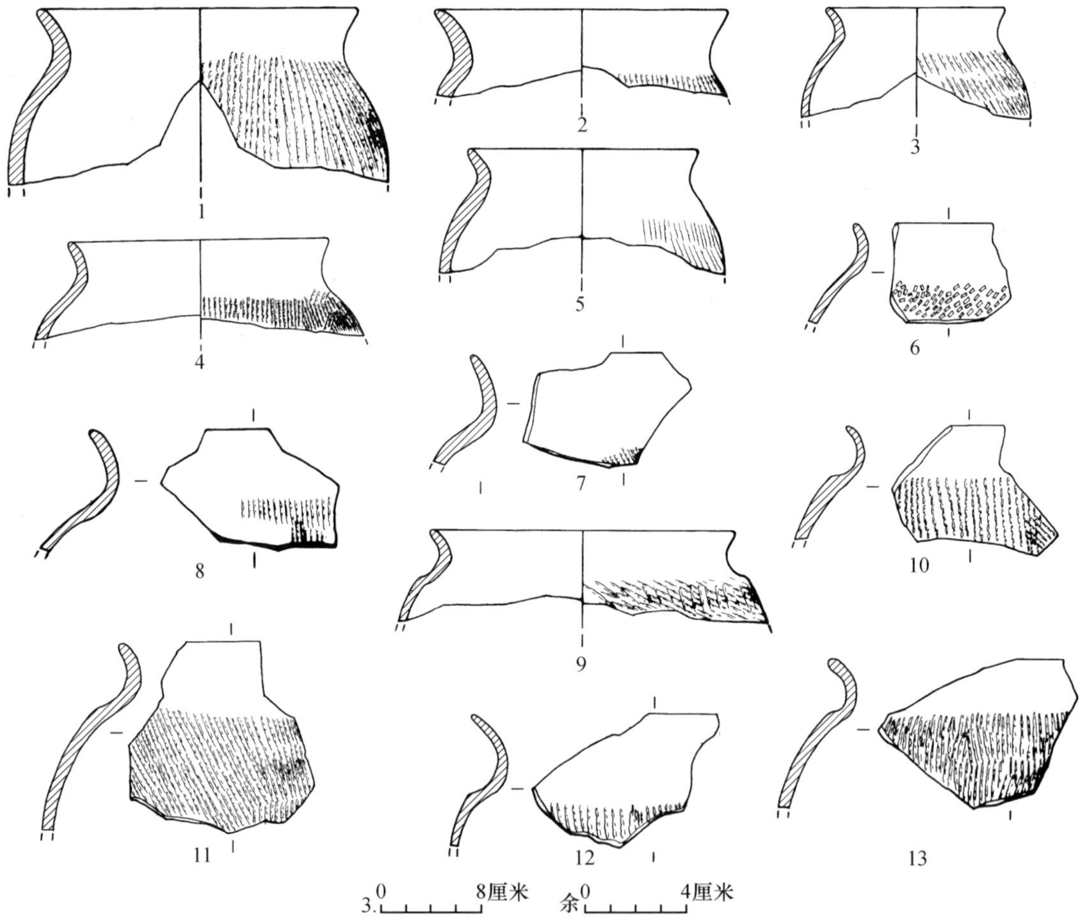

图二三　第5层出土陶釜（二）

1～8. B型卷沿釜（T1108⑤：1、T1008⑤：1、T0807⑤：1、T0909⑤：1、T0809⑤：7、T0908⑤：5、T0809⑤：5、T1107⑤：2）　9～13. C型卷沿釜（T1007⑤：4、T1409⑤：7、T0908⑤：4、T1008⑤：14、T0908⑤：6）

二三，2）。T0807⑤：1，夹细砂黄褐陶。卷沿，侈口，圆唇，束颈，鼓腹。颈下饰斜向粗绳纹。口径14、残高9厘米（图二三，3）。T0909⑤：1，泥质灰褐陶。卷沿，侈口，尖圆唇，束颈。颈下饰交错粗绳纹，内壁表面有圆窝状手指掂印。口径10.2、残高3.9厘米（图二三，4）。T0809⑤：7，泥质黄褐陶。卷沿，侈口，尖圆唇，束颈。颈下饰纵向细绳纹。口径9、残高5厘米（图二三，5）。T0908⑤：5，泥质灰褐陶。卷沿，侈口，圆唇，束颈。颈下饰压印小菱格纹。残高4厘米（图二三，6）。T0809⑤：5，泥质灰褐陶。卷沿，侈口，尖圆唇，束颈。颈下饰斜向细绳纹。残高4.5厘米（图二三，7）。T1107⑤：2，泥质红褐陶。卷沿，侈口，尖圆唇，束颈。颈下饰纵向细绳纹。残高4.8厘米（图二三，8）。T1409⑤：22，泥质黄褐陶。侈口，卷沿，圆唇，束颈，鼓腹。圜底中间微凸，颈下至底满饰交错粗绳纹。口径13.4，腹径24.4，高24.6厘米（图二四，1）。

C型　耸肩。6件。T1007⑤：4，夹细砂灰褐陶。卷沿，侈口，圆唇，束颈。颈下饰交错粗绳纹。口径12、残高3.7厘米（图二三，9）。T1409⑤：7，泥质灰褐陶。卷沿，侈口，尖圆唇，束颈。颈下饰纵向粗绳纹，残高5.3厘米（图二三，10）。T0908⑤：4，泥质灰褐陶。卷沿，侈口，圆唇，束颈。颈下饰斜向粗绳纹，内壁表面不平，有手指和掂具痕。残高7.6厘米（图二三，11）。T1008⑤：14，泥质灰褐陶。卷沿，侈口，尖圆唇，束颈。颈下饰纵向粗绳纹。残高5.3厘米（图二三，12）。T0908⑤：6，泥质灰褐陶。卷沿，侈口，尖圆唇，束颈。颈下饰纵向粗绳纹。残高6厘米（图二三，13）。

釜底　2件。T0909⑤：3，泥质黄褐陶。圜底，下腹至底壁渐厚。外饰细交错绳纹，内壁凹凸不平，似手指按压痕。残高6厘米（图二四，3）。T0908⑤：9，细砂红褐陶。小圜底，内底平坦，外饰交错绳纹。残高2.9厘米（图二四，2）。

卷沿罐　9件。T0808⑤：1，细砂黄褐陶。侈口，卷沿，斜方唇，束颈。残高4.8厘米（图二五，7）。T0805⑤：5，泥质灰褐陶。侈口，卷沿，方唇，束颈。内壁有黑陶衣。残高7.4厘米（图二五，8）。T0805⑤：3，泥质黄褐陶。侈口，卷沿，斜方唇，束颈，溜肩。残高10.4厘米（图二五，9）。T0805⑤：4，泥质黑褐陶。侈口，卷沿，尖唇，束颈，溜肩。残高6厘米（图二五，10）。T1107⑤：3，泥质黑陶。侈口，卷沿，尖唇，束颈。外饰二道瓦棱纹。口径11、残高4.2厘米（图二五，11）。T1008⑤：21，泥质红褐陶。侈口，卷沿，尖唇，束颈，圆肩。口径14、残高5厘米（图二五，12）。T0810⑤：3，泥质黄褐陶。侈口，卷沿，圆唇，束颈，溜肩。残高5.4厘米（图二六，1）。T0806⑤：3，泥质黑陶。侈口，卷沿，圆唇，束颈，溜肩。残高4.5厘米（图二六，2）。T1008⑤：20，泥质灰陶。侈口，卷沿，圆唇，束颈，圆肩。口径12、残高4.6厘米（图二六，3）。

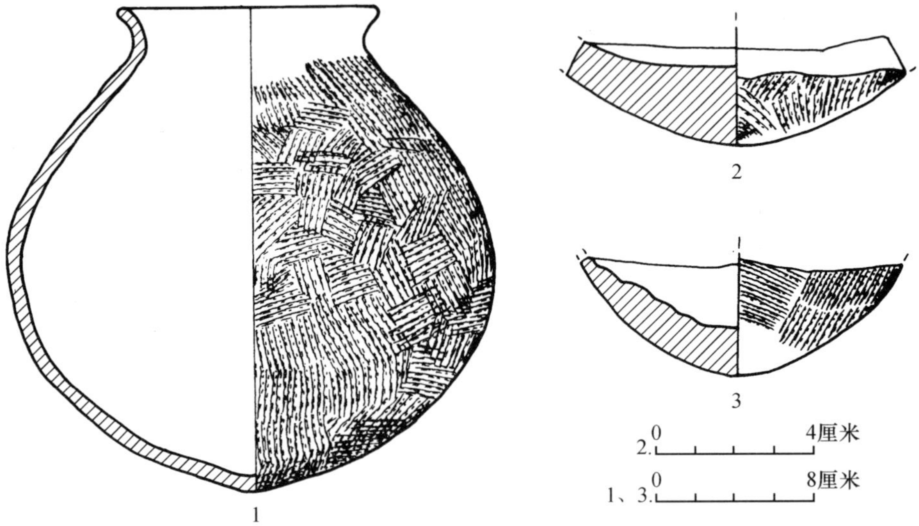

图二四　第5层出土陶釜（三）

1. B型卷沿釜（T1409⑤：22）　2、3. 釜底（T0908⑤：9、T0909⑤：3）

折沿罐　7件。T0908⑤：3，泥质灰褐陶。侈口，折沿，沿面内凹，斜方唇，鼓肩。口径18.4、残高4厘米（图二五，3）。T1008⑤：17，泥质灰陶。侈口，斜折沿，圆唇，圆肩，鼓腹。口径24.8、残高6.6厘米（图二五，4）。T1008⑤：8，泥质灰陶。敞口，折沿，尖圆唇，沿面内凹，略呈盘口，矮领，弧肩。口径12、残高4.5厘米（图二五，5）。T0808⑤：3，细砂灰褐陶。敞口，折沿，沿面略内凹，尖圆唇，束颈，溜肩。残高5.8厘米（图二五，6）。T1008⑤：32，泥质黑陶。直口微敞，尖圆唇，圆肩，弧腹内收。残高5厘米（图二六，5）。T1008⑤：22，泥质黄褐陶。敞口，卷沿，沿内凹，尖唇，束颈，弧腹。残高5厘米（图二六，6）。T1409⑤：12，泥质灰褐陶。敞口，折沿，沿面内凹，尖唇，束颈，弧腹。口径14、残高6厘米（图二六，7）。

矮领罐　2件。T1709⑤：1，泥质灰褐陶。侈口，卷沿，尖圆唇，束颈，斜肩。口径14、残高8.6厘米（图二五，1）。T0810⑤：2，泥质黄褐陶。侈口，卷沿，圆唇，束颈，斜弧肩。口径10、残高7厘米（图二五，2）。

翻沿罐　1件。T1409⑤：10，泥质灰陶。直口，卷沿外翻，圆唇，弧肩，鼓腹，下腹斜直内收，平底。口径18、腹径36.6、底径18、高36厘米（图二五，13）。

盘口罐　1件。T0805⑤：6，泥质黄褐陶。侈口，卷沿，双圆唇，束颈。残高3.2厘米（图二六，4）。

双系罐　1件。T1007⑤：13，口残。泥质灰褐陶，高领，圆肩，肩对称有两扁圆耳系（图二六，12）。

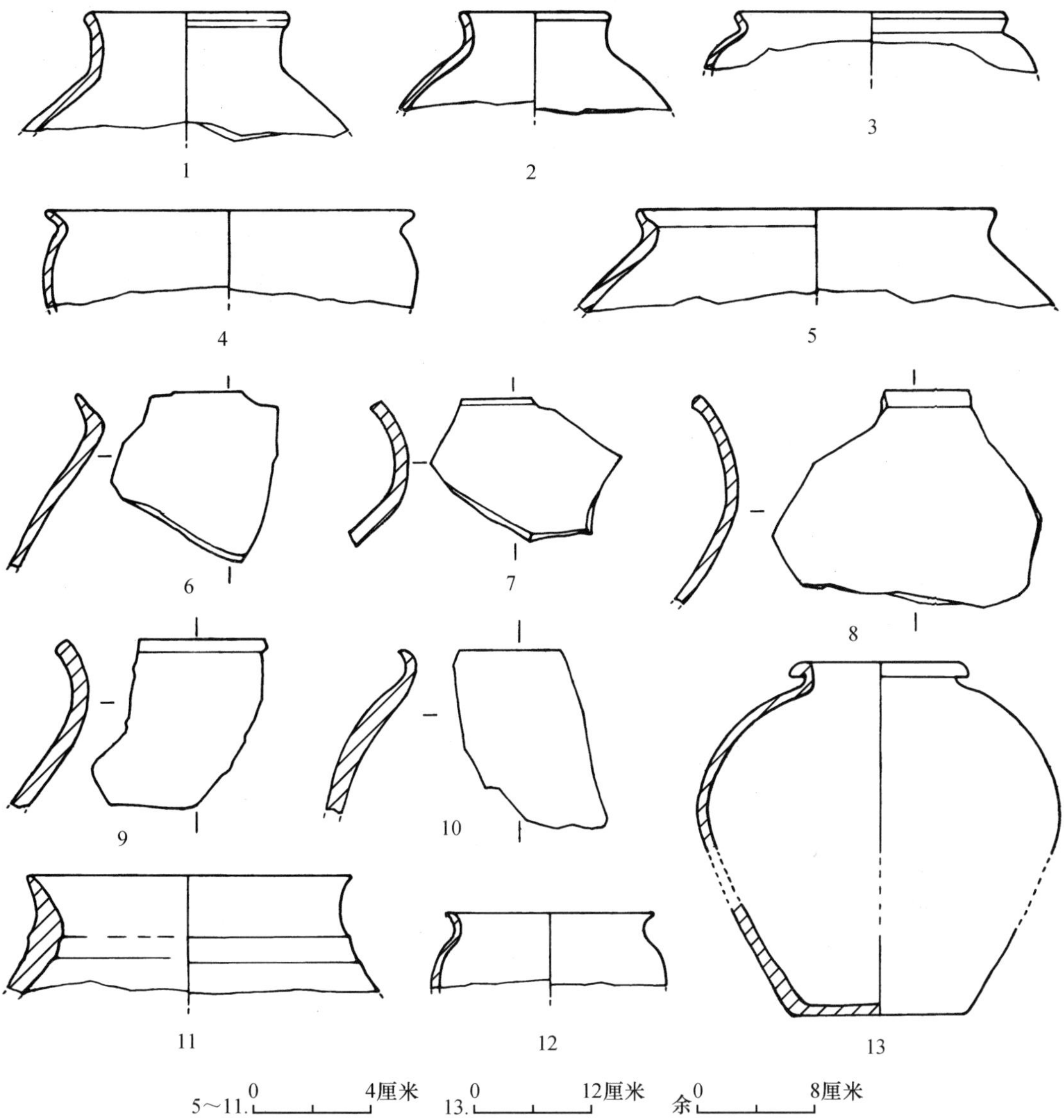

图二五　第5层出土陶罐（一）

1、2. 矮领罐（T1709⑤：1、T0810⑤：2）　3～6. 折沿罐（T0908⑤：3、T1008⑤：17、T1008⑤：8、T0808⑤：3）　7～12. 卷沿罐（T0808⑤：1、T0805⑤：5、T0805⑤：3、T0805⑤：4、T1107⑤：3、T1008⑤：21）　13. 翻沿罐（T1409⑤：10）

尖底罐　1件。T1008⑤：50，夹砂黑陶。曲弧壁，尖底略圜，壁内有数道泥条盘筑痕迹，手制。残高9.2厘米（图二六，13）。

小罐　1件。T0906⑤：8，泥质黄褐陶。侈口，卷沿，圆唇，溜肩，鼓腹，平底。口径4.3、底径3.2、高7.4厘米（图二六，14；图版一三，2）。

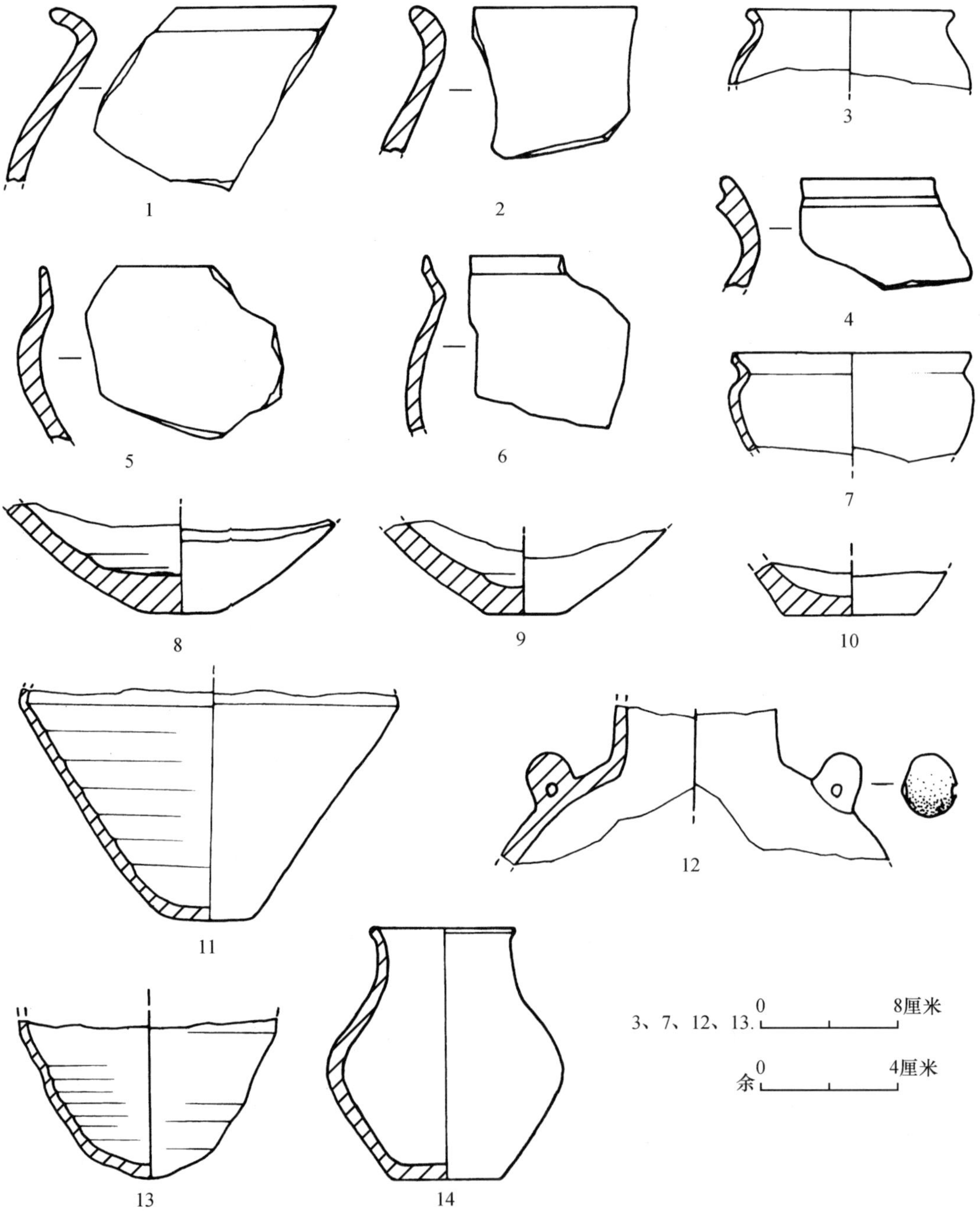

图二六　第5层出土陶罐（二）

1～3. 卷沿罐（T0810⑤：3、T0806⑤：3、T1008⑤：20）　4. 盘口罐（T0805⑤：6）　5～7. 折沿罐（T1008⑤：32、T1008⑤：22、T1409⑤：12）　8～11. 平底罐底（T0805⑤：7、T1006⑤：5、T1008⑤：51、T1608⑤：2）　12. 双系罐（T1007⑤：13）　13. 尖底罐（T1008⑤：50）　14. 小罐（T0906⑤：8）

平底罐底　7件。均为小平底。T0805⑤：7，泥质灰陶。斜弧腹，内底较坦，外底小平。底径2.3、残高2.7厘米（图二六，8）。T1006⑤：5，夹砂黄褐陶。下腹斜收，小平底，残高2、底径2.4厘米（图二六，9）。T1008⑤：51，泥质黑褐陶。腹壁斜直，小平底。底径3.8、残高1.5厘米（图二六，10）。T1608⑤：2，泥质黑陶。折腹，下腹部斜直，小平底，器内壁有泥条盘筑痕。腹径11.1、底径2.6、残高6.7厘米（图二六，11）。

高领壶　41件。数量较多，均为口部残片。绝大多数为泥质陶，轮制。T1108⑤：2，泥质灰褐陶。侈口，卷沿，斜方唇，唇面内凹，略呈子母口，高领，斜肩。径17、残高6.6厘米（图二七，1）。T1008⑤：7，泥质灰陶。敞口，唇缘面内凹，高领。颈部饰一道凹弦纹。口径15.2、残高4.8厘米（图二七，2）。T1108⑤：3，泥质灰陶。侈口，卷沿，斜方唇，高领，斜肩。口径15、残高6.4厘米（图二七，3）。T0906⑤：3，泥质灰陶。侈口，斜方唇，高领。口径16.4、残高7.4厘米（图二七，

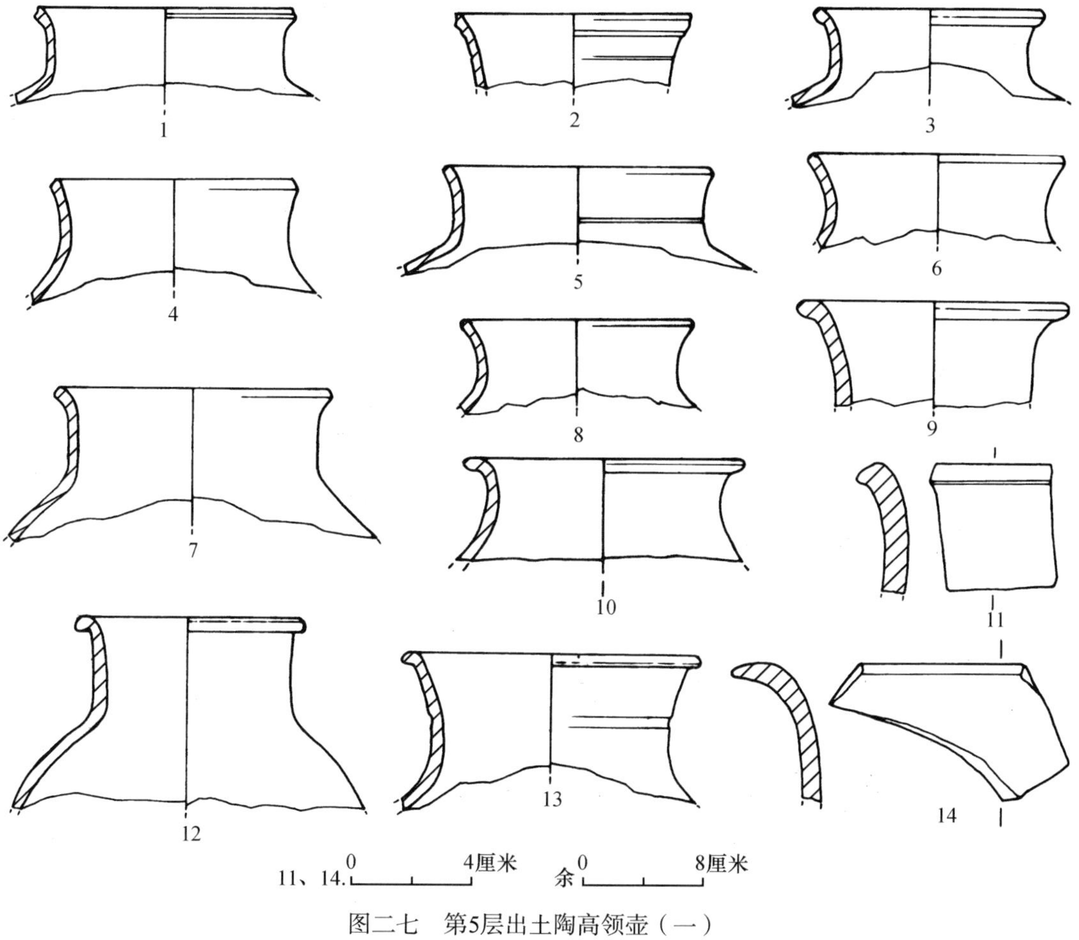

图二七　第5层出土陶高领壶（一）

1. T1108⑤：2　2. T1008⑤：7　3. T1108⑤：3　4. T0906⑤：3　5. T0906⑤：2　6. T1008⑤：4　7. T1006⑤：1　8. T1008⑤：5　9. T1709⑤：2　10. T0807⑤：2　11. T1109⑤：3　12. T1509⑤：1　13. T1007⑤：1　14. T0809⑤：3

4）。T0906⑤：2，泥质灰陶。侈口，斜方唇，高领，弧肩。颈饰一道凹弦纹。口径17.6、残高7.2厘米（图二七，5）。T1008⑤：4，泥质灰褐陶。侈口，卷沿，方圆唇，高领。口径17.5、残高6.2厘米（图二七，6）。T1006⑤：1，泥质灰褐陶。侈口，卷沿，方唇，高领，溜肩。口径19、残高9.2厘米（图二七，7）。T1008⑤：5，泥质灰褐陶。侈口，卷沿，斜方唇，高领。口径15.2、残高6.2厘米（图二七，8）。T1709⑤：2，泥质黄褐陶。侈口，平折沿，圆唇，高领。口径18、残高7厘米（图二七，9）。T0807⑤：2，泥质灰陶。侈口，卷沿，尖圆唇，斜肩。口径18.4、残高6.8厘米（图二七，10）。T1109⑤：3，泥质灰陶。侈口，尖圆唇，高领。残高4.3厘米（图二七，11）。T1509⑤：1，泥质黄褐陶。侈口，卷沿，圆唇外翻，高领较直，圆肩。口径15.2、残高12.8厘米（图二七，12）。T1007⑤：1，泥质灰褐陶。侈口，卷沿，尖圆唇，高领，领部饰一道凹弦纹。口径19.6、残高10.6厘米（图二七，13）。T0809⑤：3，泥质灰褐陶。侈口，卷沿，见圆唇，高领。残高4.6厘米（图二七，14）。T1007⑤：9，泥质灰陶。敞口，尖圆唇，高领。口径16、残高6.7厘米（图二八，1）。T1408⑤：4，泥质灰陶。敞口，尖圆唇，束颈。口径16、残高3.6厘米（图二八，2）。T0808⑤：2，泥质黄褐陶。侈口，卷沿，尖圆唇，高领。口径13、

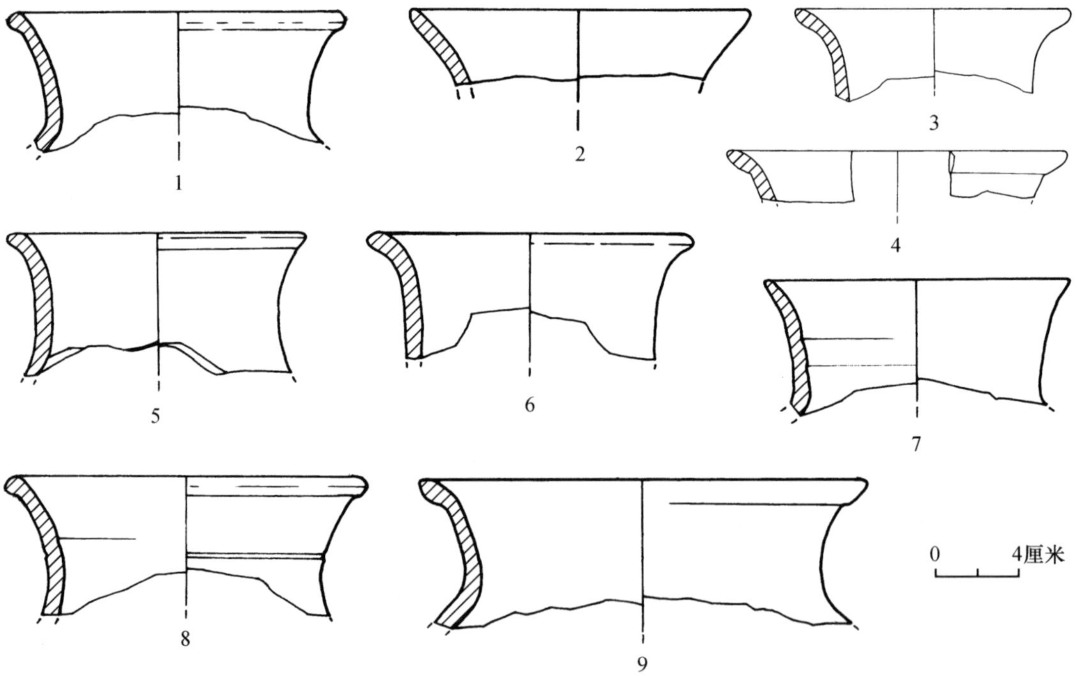

图二八　第5层出土陶高领壶（二）

1. T1007⑤：9　2. T1408⑤：4　3. T0808⑤：2　4. T0809⑤：4　5. T1107⑤：1　6. T1108⑤：4　7. T0908⑤：1　8. T1007⑤：5　9. T1008⑤：1

残高4.5厘米（图二八，3）。T0809⑤：4，泥质灰陶。敞口，尖圆唇，高领。口径16、残高2.4厘米（图二八，4）。T1107⑤：1，泥质灰褐陶。侈口，卷沿，尖圆唇，高领。口径14、残高6.8厘米（图二八，5）。T1108⑤：4，泥质灰陶。侈口，卷沿，尖圆唇，薄胎。口径14，残高6厘米（图二八，6）。T0908⑤：1，泥质褐胎灰衣。侈口，卷沿，尖圆唇，高领。口径14.2、残高6.4厘米（图二八，7）。T1007⑤：5，泥质灰陶。侈口，卷沿，尖圆唇，高领。颈部饰一道凹弦纹。口径17、残高6.6厘米（图二八，8）。T1008⑤：1，泥质灰陶。侈口，卷沿，尖圆唇，高领。口径21、残高7.2厘米（图二八，9）。T1107⑤：5，泥质黑陶。敞口，卷沿，圆唇，高领微束。颈部内壁有一道凹弦纹。口径12、残高5厘米（图二九，1）。T1008⑤：6，夹砂红褐陶。侈口，卷沿，厚圆唇。内壁有泥条盘筑痕。口径14.4、残高5.2厘米（图二九，2）。T0908⑤：2，泥质灰陶。侈口，卷沿，圆唇，高领。口径16.4、残高6.2厘米（图

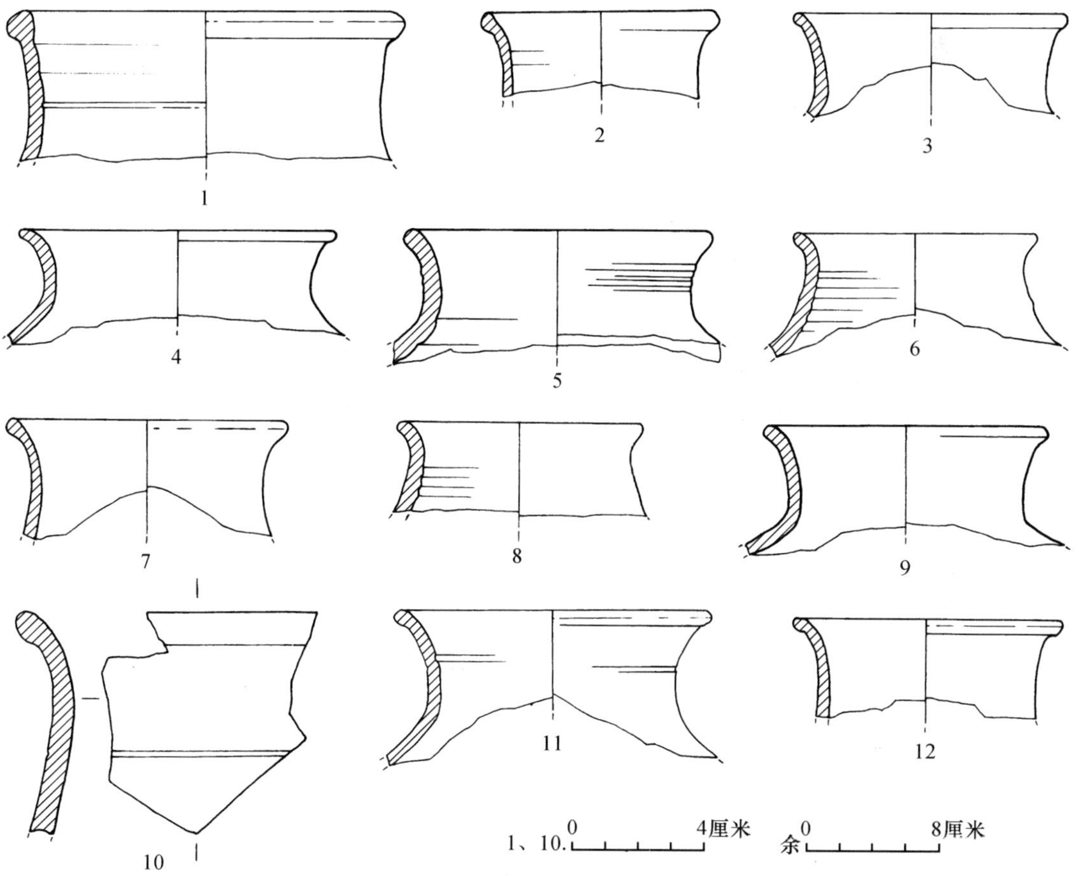

图二九　第5层出土陶高领壶（三）

1. T1107⑤：5　2. T1008⑤：6　3. T0908⑤：2　4. T0906⑤：1　5. T1007⑤：7　6. T1007⑤：6　7. T1006⑤：4　8. T1008⑤：2　9. T1008⑤：3　10. T0906⑤：4　11. T1007⑤：2　12. T1006⑤：3

二九，3）。T0906⑤：1，泥质灰陶。侈口，卷沿，圆唇，高束颈。口径19、残高17厘米（图二九，4）。T1007⑤：7，泥质灰陶。侈口，卷沿，圆唇，高领。内壁有泥条盘筑痕。口径18.6、残高7.2厘米（图二九，5）。T1007⑤：6，泥质灰陶。侈口，卷沿，圆唇，高领。内壁有泥条盘筑痕，外壁亦有不明显的盘筑痕迹。口径14.8、残高7.4厘米（图二九，6）。T1006⑤：4，泥质灰陶。侈口，卷沿，圆唇，高领。口径16.8、残高7.4厘米（图二九，7）。T1008⑤：2，泥质黄褐陶。侈口，卷沿，圆唇，高领。内壁有泥条盘筑痕，颈饰三道凹弦纹。口径15、残高5.6厘米（图二九，8）。T1008⑤：3，泥质黄褐陶。侈口，卷沿，圆唇，高领。口径17、残高8厘米（图二九，9）。T0906⑤：4，泥质灰褐陶。侈口，厚圆唇，高领。颈饰一道凹弦纹。残高6.7厘米（图二九，10）。T1007⑤：2，泥质灰褐陶。侈口，卷沿，圆唇，高领。颈上饰一道凹弦纹。口径19、残高9.4厘米（图二九，11）。T1006⑤：3，泥质黄褐陶。侈口，卷沿，圆唇，高领。口径16.2、残高6厘米（图二九，12）。T0810⑤：5，泥质黄褐陶。侈口，卷沿，圆唇，高领。颈外壁饰瓦棱纹。口径14、残高5厘米（图三〇，1）。T1409⑤：3，泥质黄褐陶。侈口，卷沿，圆唇，高领。口径18、残高5.8厘米（图三〇，2）。T1008⑤：12，泥质灰陶，黑衣。敞口，圆唇，高领，斜肩。肩部有轮旋痕。口径17、残高8.4厘米（图三〇，3）。T1009⑤：2，泥质灰褐陶。侈口，卷沿，圆唇，高领。残高5.6厘米（图三〇，4）。T1409⑤：4，泥质灰陶。敞口，圆唇，高领，溜肩。残高6.4厘米（图三〇，5）。T1409⑤：9，泥质灰陶。侈口，卷沿，圆唇，高领。残高7.1厘米（图三〇，6）。T0805⑤：1，泥质黄褐陶。侈口，折沿，圆唇，高领。颈部饰凹弦纹一周。口径19、残高5厘米（图三〇，9）。

矮领壶　1件。T1608⑤：1，泥质黄褐陶。侈口，卷沿，尖圆唇，沿面较折，矮领较直，溜肩，深鼓腹，小平底。颈部及肩下部均饰二道凹弦纹。口径17、底径8.4、腹径27.4、高36.9厘米（图三〇，7；图版一五，1）。

盘口壶　1件。T0805⑤：2，泥质灰陶。侈口，卷沿，圆唇，束颈，斜肩。沿外中部有一周极浅的凹弦纹。口径18、残高8.8厘米（图三〇，8）。

尖底杯　25件。大多残存底腹部，不能复原。根据器物外部形状分为二型。

A型　器形较小，似羊角状。8件。大部分为含有细砂（粉砂）的泥质陶，陶色为红、红褐或底部呈灰色。T1008⑤：23，细砂红褐陶，薄胎。敞口，尖唇，腹斜弧近直，尖底略向侧偏。口径5.4、高11.3厘米（图三一，1；图版一三，6）。T1107⑤：6，泥质灰陶。深腹，底部尖圆。内壁可见泥条盘筑痕。残高5.5厘米（图三一，2）。T0809⑤：9，泥质褐胎灰衣。尖底略偏向一侧。内壁有泥条盘筑痕，外壁有不明显的接痕。手制。残高5.8厘米（图三一，3）。T1007⑤：15，泥质灰陶。角状尖底。近底有连接凸棱，内壁有泥条盘筑痕。残高4.7厘米（图三一，4）。T1409⑤：16，泥质黄

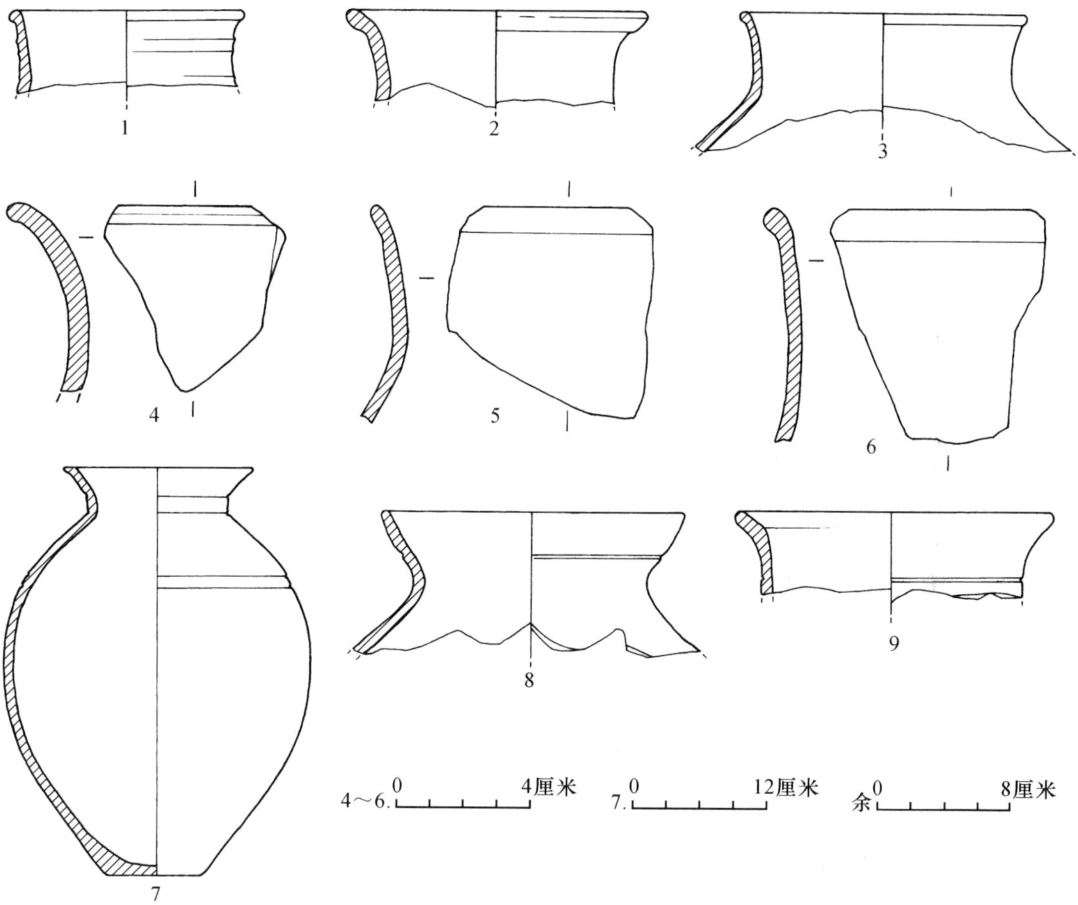

图三〇　第5层出土陶器

1～6、9. 高领壶（T0810⑤：5、T1409⑤：3、T1008⑤：12、T1009⑤：2、T1409⑤：4、T1409⑤：9、T0805⑤：1）　7. 矮领壶（T1608⑤：1）　8. 盘口壶（T0805⑤：2）

褐陶。角状尖底。近底有连接凸棱，内壁有泥条盘筑痕。残高6.7厘米（图三一，5）。T1409⑤：15，泥质陶上部呈红色，下部为灰色。角状尖底偏向一侧。近底有连接凸棱，内壁有泥条盘筑痕。残高8.4厘米（图三一，6）。T1409⑤：18，泥质红陶。角状尖底。近底有连接凸棱，内壁有泥条盘筑痕。残高7.2厘米（图三一，7）。T1409⑤：17，泥质红陶。角状尖底，近底有连接凸棱，内壁有泥条盘筑痕。残高6厘米（图三一，8）。

B型　器形较大，似炮弹状。17件。多为黑陶、黑皮陶。上腹器壁极薄。部分内有明显的拉坯痕迹。T1008⑤：25，口残。泥质灰陶。上腹微弧，下弧收，小平底微内凹，内壁有泥条盘筑痕。残高9.8、底径2厘米（图三二，1）。T1409⑤：14，泥质灰褐陶。底部斜收，小平底。内壁有泥条盘筑痕。残高2.1厘米（图三二，2）。T1008⑤：28，泥质黄褐陶。薄胎，腹斜收，小平底微内凹。残高1.8厘米（图三二，

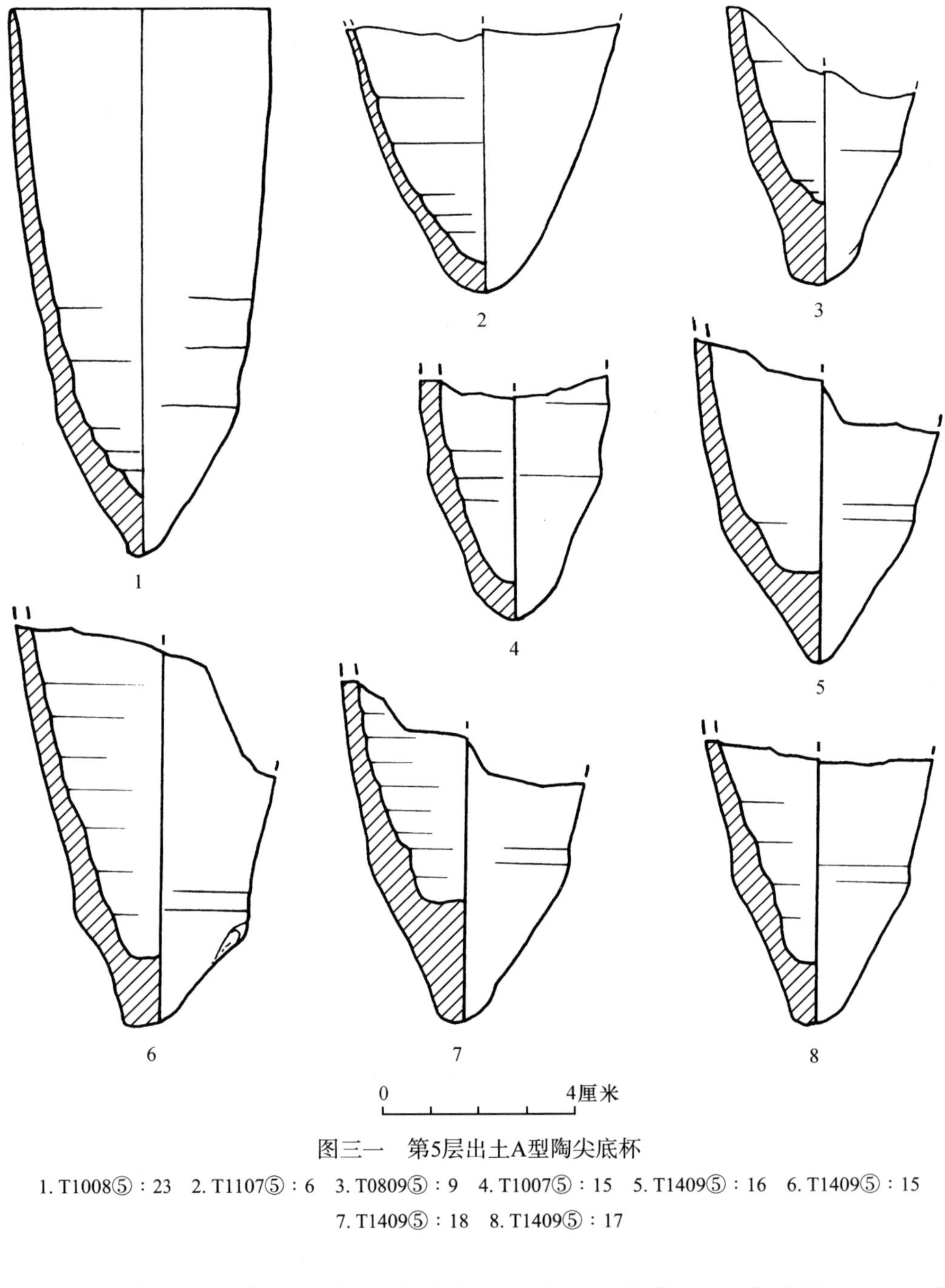

图三一　第5层出土A型陶尖底杯

1. T1008⑤：23　2. T1107⑤：6　3. T0809⑤：9　4. T1007⑤：15　5. T1409⑤：16　6. T1409⑤：15　7. T1409⑤：18　8. T1409⑤：17

3）。T1008⑤：29，泥质灰陶。腹斜收，小平底。残高2.1厘米（图三二，4）。T1008⑤：27，泥质灰陶。腹斜收，小平底。残高3厘米（图三二，5）。T1109⑤：5，泥质灰褐陶。内呈深灰色，下斜收，小平底，有鸡心状。残高3.4、底径1.6厘米（图三二，6）。T1108⑤：7，口、腹残。泥质褐胎灰衣。下斜弧收呈小平底。残高3.4、

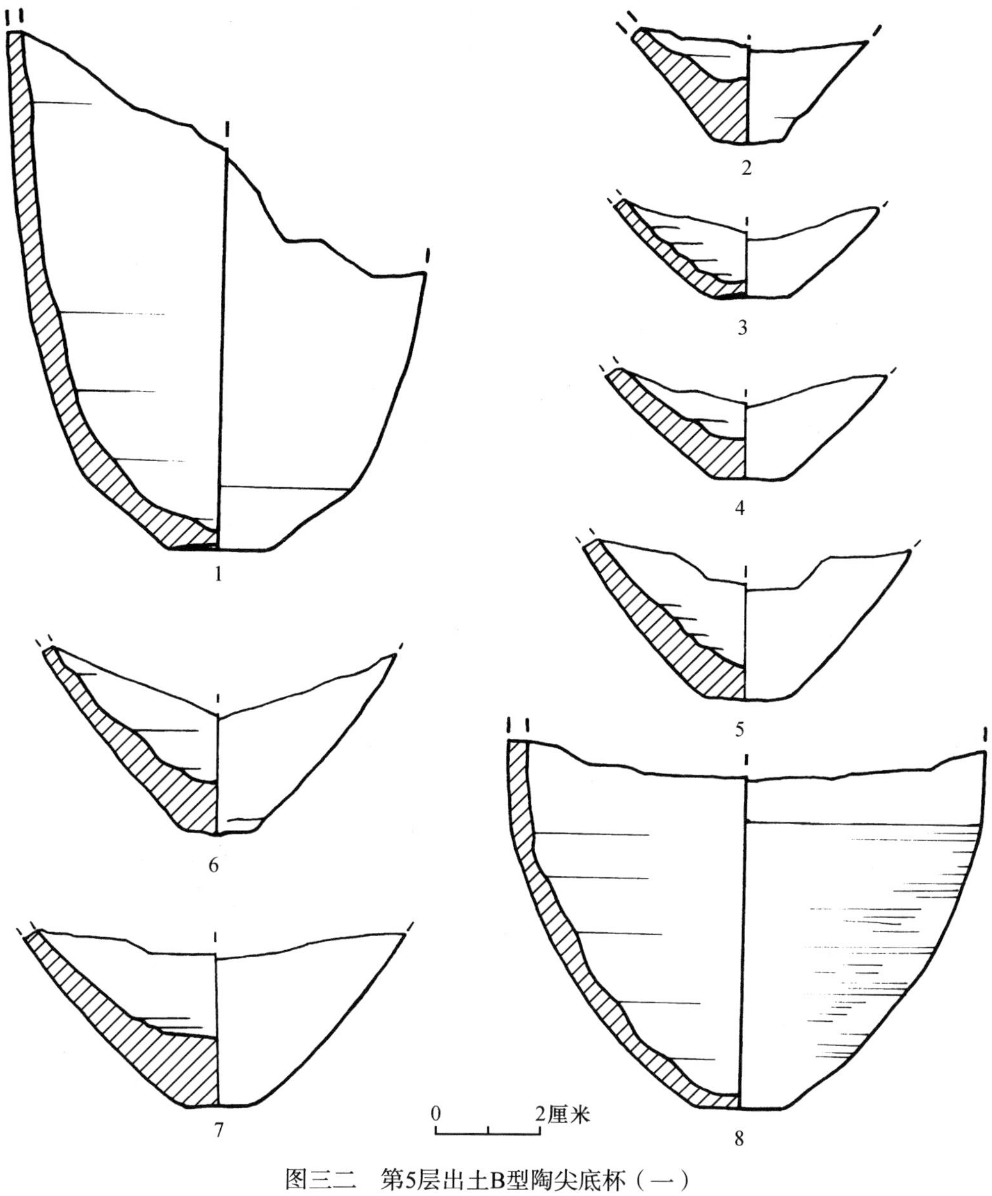

图三二　第5层出土B型陶尖底杯（一）

1. T1008⑤：25　2. T1409⑤：14　3. T1008⑤：28　4. T1008⑤：29　5. T1008⑤：27　6. T1109⑤：5　7. T1108⑤：7　8. T1409⑤：13

底径1.4厘米（图三二，7）。T1409⑤：13，泥质黑陶。下腹弧收，小平底。外壁有轮修痕迹，内壁有泥条盘筑痕。残高7厘米（图三二，8）。T1008⑤：24，口残。泥质黑陶。上腹略直，下弧收呈乳状尖底。内壁有泥条盘筑痕。残高11.5厘米（图三三，1）。T0908⑤：10，口残。泥质灰褐陶。弧腹、底部折收呈尖底。残高7.7厘米（图三三，2）。T0806⑤：8，泥质黑陶。下腹斜直，底略残缺。内壁有泥条盘筑痕。残高

2.9厘米（图三三，3）。T1408⑤：3，泥质黑陶。下腹斜收呈尖底。内壁有泥条盘筑痕。残高4.6厘米（图三三，4）。T1008⑤：26，泥质灰陶。斜弧收呈圜底。残高4.4厘米（图三三，5）。T1008⑤：8，泥质黄褐陶。斜直腹下折内收，尖底。内壁有泥条盘筑痕。残高13.4厘米（图三三，6；图版一四，1）。T0810⑤：6，泥质红褐陶。下腹斜收略呈圜底。残高2.3厘米（图三三，7）。T1009⑤：3，泥质黑陶。下腹斜收呈尖底。内壁有泥条盘筑痕。残高3.9厘米（图三三，8）。T1008⑤：31，泥质灰褐陶。斜收呈尖底。残高3.3厘米（图三三，9）。

另有B型尖底杯口部残片1件。T1008⑤：30，泥质灰陶，薄胎。口近直微收，尖唇，腹较直。内壁有泥条盘筑痕。口径7.6、残高5厘米（图三三，10）。

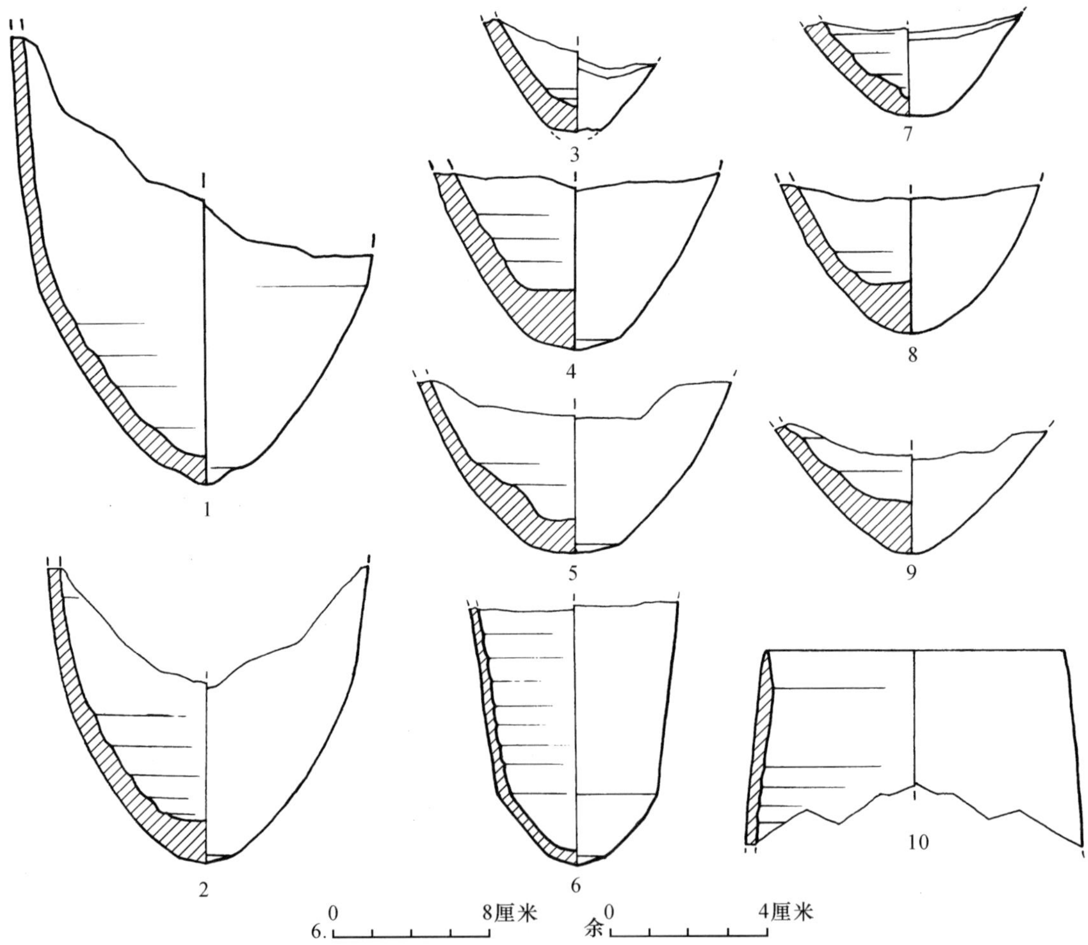

图三三　第5层出土B型陶尖底杯（二）

1. T1008⑤：24　2. T0908⑤：10　3. T0806⑤：8　4. T1408⑤：3　5. T1008⑤：26　6. T1008⑤：8　7. T0810⑤：6　8. T1009⑤：3　9. T1008⑤：31　10. T1008⑤：30

尖底盏 17件。均为泥质陶。内壁大多有轮制痕，有的经过轮修，由口至底渐厚，薄圆唇。出土量较多，仅复原1件，绝大多数为盏底。14件。T1006⑤：7，泥质灰褐陶，薄胎。下腹斜收尖底略平。内有泥条盘筑痕。残高2.5厘米（图三四，1）。T0805⑤：8，泥质黄褐陶。斜弧腹，外底略平。器内壁有数道泥条盘筑痕。残高3.9厘米（图三四，2）。T1008⑤：33，泥质黄褐陶。下腹斜收尖底略平。内有泥条盘筑痕。残高3.5厘米（图三四，3）。T1108⑤：6，泥质灰陶。弧腹斜收，尖底。下腹饰一周瓦棱纹，内壁有泥条盘筑痕。残高3.8厘米（图三四，4）。T0908⑤：16，泥质黑陶。敛口，尖圆唇，弧腹，尖底略偏向一侧。内壁见泥条盘筑痕。口径12.6、残高6厘米（图三四，5）。T1008⑤：34，泥质褐胎灰衣。弧腹斜收呈尖底略圜。内壁见泥条盘筑痕。残高4.5厘米（图三四，6）。T1008⑤：35，泥质黄褐陶。弧腹斜收呈尖底。内壁见泥条盘筑痕。残高3.2厘米（图三四，7）。T1409⑤：20，泥质灰褐陶。下腹斜

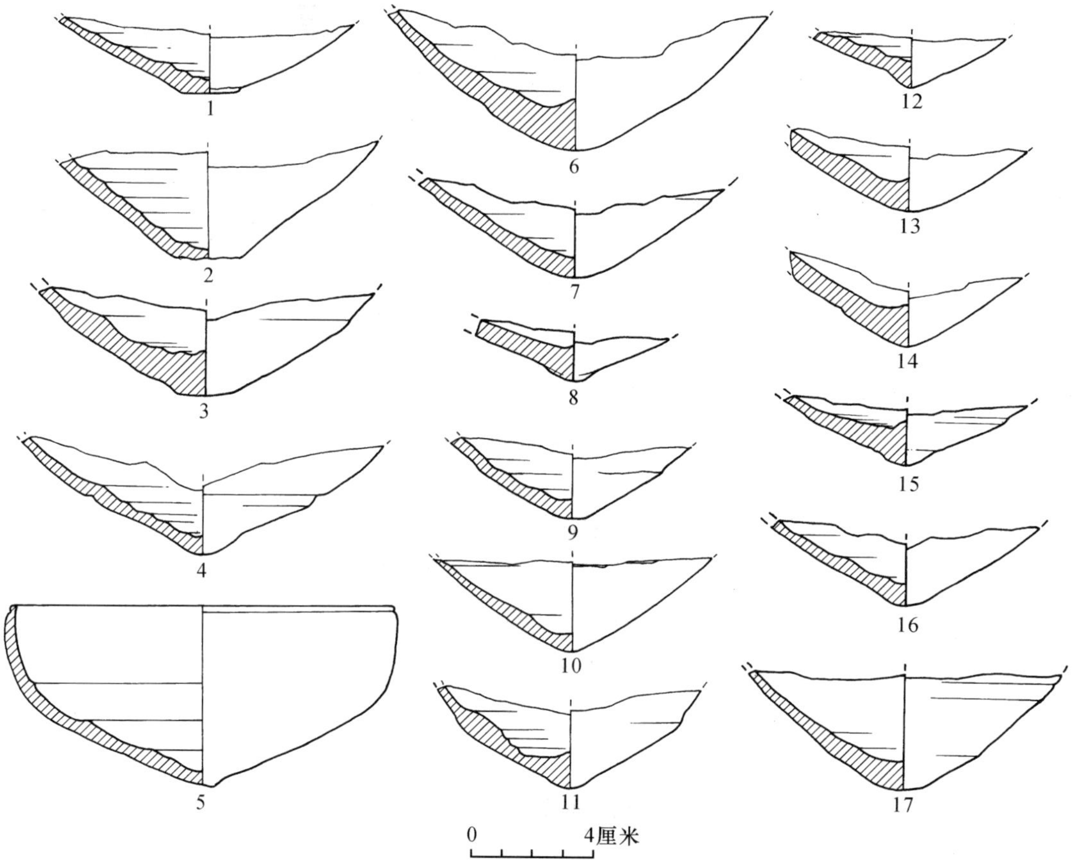

图三四　第5层出土尖底盏

1. T1006⑤：7　2. T0805⑤：8　3. T1008⑤：33　4. T1108⑤：6　5. T0908⑤：16　6. T1008⑤：34　7. T1008⑤：35　8. T1409⑤：20　9. T1008⑤：36　10. T0806⑤：7　11. T1109⑤：4　12. T1006⑤：8　13. T1008⑤：38　14. T0809⑤：11　15. T1409⑤：19　16. T1008⑤：37　17. T1007⑤：14

收呈尖底，尖底下有补贴泥块。残高1.9厘米（图三四，8）。T1008⑤：36，泥质灰褐陶。弧腹斜收呈尖底。内壁见泥条盘筑痕。残高2.6厘米（图三四，9）。T0806⑤：7，泥质灰陶。弧腹斜收呈尖底，内底略平。内壁见泥条盘筑痕。残高3.2厘米（图三四，10）。T1109⑤：4，泥质灰陶。弧腹斜收呈尖底。内外壁均见泥条盘筑痕。残高3.3厘米（图三四，11）。T1006⑤：8，泥质灰褐陶。弧腹斜收呈尖底，内壁见泥条盘筑痕。残高1.8厘米（图三四，12）。T1008⑤：38，泥质褐胎灰衣。弧腹斜收呈尖底。内壁见泥条盘筑痕。残高2.7厘米（图三四，13）。T0908⑤：11，泥质黄褐陶，施黑衣。下腹斜收，尖底。残高3.1厘米（图三四，14）。T1409⑤：19，泥质灰褐陶。下腹斜收呈乳状尖底。内壁见泥条盘筑痕。残高2.2厘米（图三四，15）。T1008⑤：37，泥质黄褐陶。弧腹斜收呈尖底。内壁见泥条盘筑痕。残高2.8厘米（图三四，16）。T1007⑤：14，泥质黄褐陶。弧腹斜收呈尖底。内壁见泥条盘筑痕。残高4厘米（图三四，17）。

钵　2件。均为平底。T1606⑤：3，泥质黑皮陶。敞口微敛，圆唇，腹下部略折，假圈足，足中部微凹。口沿外饰弦纹一周，内外壁见较细密的轮弦纹。口径16、底径7.1、高6.2厘米（图三五，1）。T1010⑤：1，泥质灰陶。口微敛，弧腹，平底。口径18.8、底径8.25、高7.4厘米（图三五，2）。

敛口盆　4件。T1808⑤：1，泥质灰陶。敛口，圆唇，弧腹。口沿外有一道凹弦纹。口径16、残高6厘米（图三五，3）。T0909⑤：2，泥质黑陶。敛口，尖唇，腹微弧。口径22、残高4厘米（图三五，4）。T1908⑤：1，泥质黑陶。敛口，圆唇，弧腹。口沿外有一道凹弦纹。残高5.3厘米（图三五，5）。T1008⑤：19，泥质灰陶。敛口，尖唇。沿外有一周凹弦纹，口径16.1、残高5.5厘米（图三五，6）。

侈口盆　2件。T1008⑤：18，泥质灰陶。敞口，折沿，方唇，斜腹。口径36.2，残高6.4厘米（图三五，7）。T1008⑤：10，泥质灰褐陶。侈口，卷沿，尖唇，矮领，鼓腹。口径15.8、残高5.2厘米（图三五，9）。

敞口盆　1件。T0806⑤：10，底残。夹砂灰陶。敞口，圆唇，斜腹微弧。口径12，残高3.5厘米（图三五，8）。

盘　2件。T1007⑤：10，泥质灰陶，底残。敞口，圆唇，弧腹，下斜收。口径31.2、残高6厘米（图三六，1）。T0809⑤：8，口、腹残。泥质灰褐陶，饰黑衣。圜底，下为圈足残缺，可见圈足脱落后的痕迹。残高2.5厘米（图三六，3）。

瓮　2件。T1409⑤：9，泥质灰褐陶。敛口，卷沿，尖圆唇，肩微弧。残高1.8厘米（图三六，4）。T0806⑤：2，夹砂黄褐陶。侈口，卷沿，尖唇，束颈，弧肩。口径21、残高5.4厘米（图三六，2）。

器座　2件。T1008⑤：40，下残。泥质灰褐陶，薄胎。上为侈口，尖圆唇，束

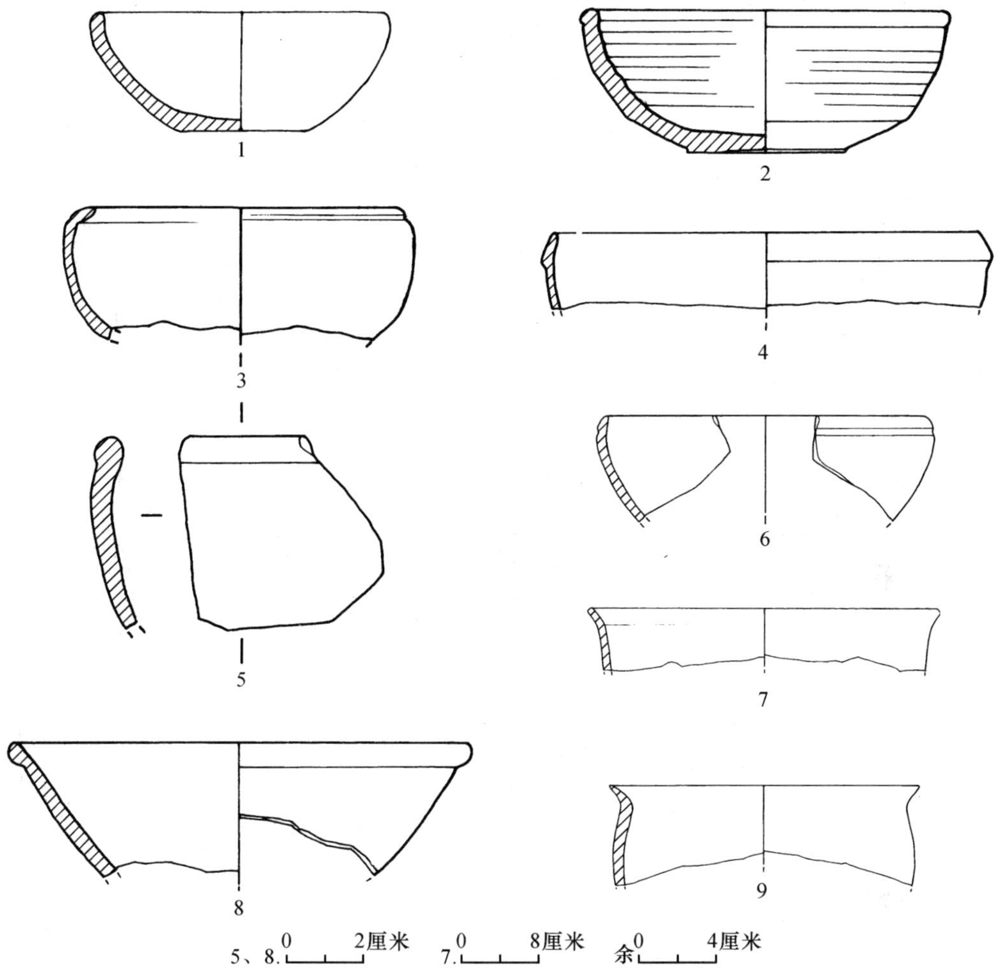

图三五 第5层出土陶钵、陶盆

1、2. 钵（T1606⑤：3、T1010⑤：1） 3～6. 敛口盆（T1808⑤：1、T0909⑤：2、T1908⑤：1、T1008⑤：19） 7、9. 侈口盆（T1008⑤：18、T1008⑤：10） 8. 敞口盆（T0806⑤：10）

颈，下为喇叭口形。口径6.7、残高5.8厘米（图三六，6）。T0906⑤：16，泥质黄褐陶。折沿，尖圆唇，下部呈喇叭口状。口径6.6、残高4.8厘米（图三六，7）。

圈足 2件。可能是盘的圈足。T1006⑤：5，上残。泥质红褐陶。下呈喇叭口状，底部外撇。内壁有泥条盘筑痕。底径15、残高4.4厘米（图三六，5）。T0906⑤：7，上残。泥质黄褐陶。下呈喇叭口状。内壁有泥条盘筑痕，壁薄。底径10.2、残高6.7厘米（图三六，8）。

器盖 7件。根据钮的不同特征分为二型。

A型 圈钮。3件。T0906⑤：5，泥质灰褐陶。圈形钮。钮径7.2、残高3.4厘米

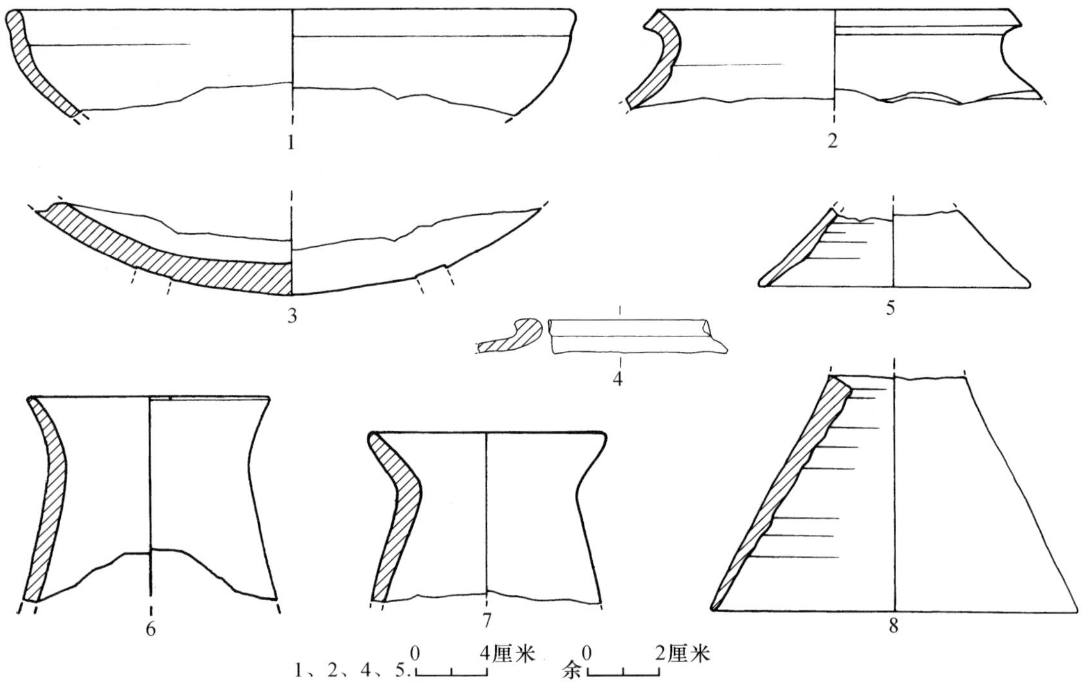

图三六　第5层出土陶器

1、3. 盘（T1007⑤：10、T0809⑤：8）　2、4. 瓮（T0806⑤：2、T1409⑤：9）
5、8. 圈足（T1006⑤：5、T0906⑤：7）　6、7. 器座（T1008⑤：40、T0906⑤：16）

（图三七，1）。T1109⑤：2，泥质灰褐陶。圈形钮。上沿残，束腰。残高2.5厘米（图三七，2）。T1008⑤：39，下残。泥质黄褐陶。圈形钮。喇叭口，尖圆唇，束腰。钮径7.8、残高3厘米（图三七，3）。

B型　柄钮。4件。T1409⑤：21，泥质黄褐陶。柱状钮，顶为喇叭口状。尖圆唇，束腰形。残高4.8厘米（图三七，4）。T1008⑤：42，下残。泥质灰陶。柱状钮，钮顶呈喇叭口形。残高5.8厘米（图三七，5）。T1008⑤：43，下残。泥质灰陶。柱状钮。束腰，上为小喇叭口状。残高4.7、钮径3厘米（图三七，6）。T1008⑤：41，泥质灰陶。柱状钮，顶为喇叭口形。尖唇，平沿，束腰。中部有螺旋形手模棱。钮径3.8、残高6.7厘米（图三七，7）。

豆柄　1件。T0908⑤：13，泥质灰陶。管状，中空，手制。直径3.6、残高29.2厘米（图三七，8）。

纺轮　4件。T1409⑤：2，泥质黄褐陶。圆台形，中穿孔，顶底面平直，腰斜直，底棱斜削。顶径1.6、底径2.7、高1.8厘米（图三七，9）。T0810⑤：1，泥质灰褐陶。圆台形，中穿孔，顶底面平直，腰微弧。顶径1、底径3.5、高1.8厘米（图三七，10；图版一三，3）。T1409⑤：1，泥质黄褐陶。圆台形，顶面较小，中穿孔，顶、底面微

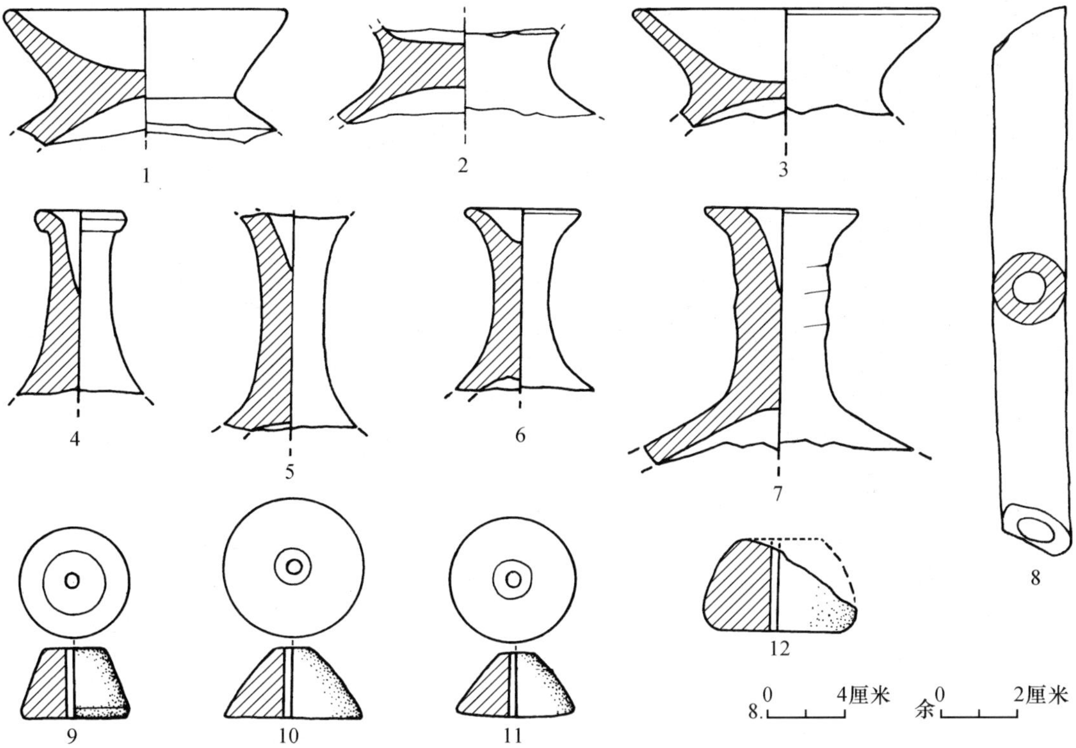

图三七 第5层出土陶器

1～3. A型器盖（T0906⑤：5、T1109⑤：2、T1008⑤：39） 4～7. B型器盖（T1409⑤：21、T1008⑤：42、T1008⑤：43、T1008⑤：41） 8. 豆柄（T0908⑤：13） 9～12. 纺轮（T1409⑤：2、T0810⑤：1、T1409⑤：1、T1008⑤：57）

外弧。顶径1、底径3.1厘米（图三七，11）。T1008⑤：57，泥质红陶。圆台形，中穿孔，腰部微鼓，底平直。底径3.9、残高2.3厘米（图三七，12）。

平底器底 26件。均为泥质陶。T1108⑤：5，泥质灰褐陶。下腹壁斜直内收，平底。底及近底部饰绳纹。底径10、残高5.4厘米（图三八，1）。T1606⑤：2，泥质黑褐陶。斜直壁，平底。底径16、残高7厘米（图三八，2）。T1008⑤：48，泥质黄褐陶。斜直壁，平底。底径10、残高3.4厘米（图三八，3）。T0808⑤：4，泥质灰褐陶。下腹斜收，平底。外壁及底均饰交错粗绳纹。底径7、残高2.9厘米（图三八，4）。T0809⑤：4，泥质黑陶。下腹壁斜直内收，平底。底径12.4、残高2.2厘米（图三八，5）。T0806⑤：4，泥质灰褐陶。腹壁斜直内收，平底。底径10、残高6厘米（图三八，6）。T1010⑤：2，泥质黑陶。斜直壁，平底。底径7、残高4.4厘米（图三八，7）。T1008⑤：44，泥质灰陶。深腹斜直壁内收，平底。底径10、残高13.4（图三八，8）。T1408⑤：2，泥质黄褐陶。斜直壁，平底。底径15、残高3厘米（图三八，9）。T1606⑤：1，泥质黑陶。斜直壁，平底。内壁近底处有轮弦纹。底径16、

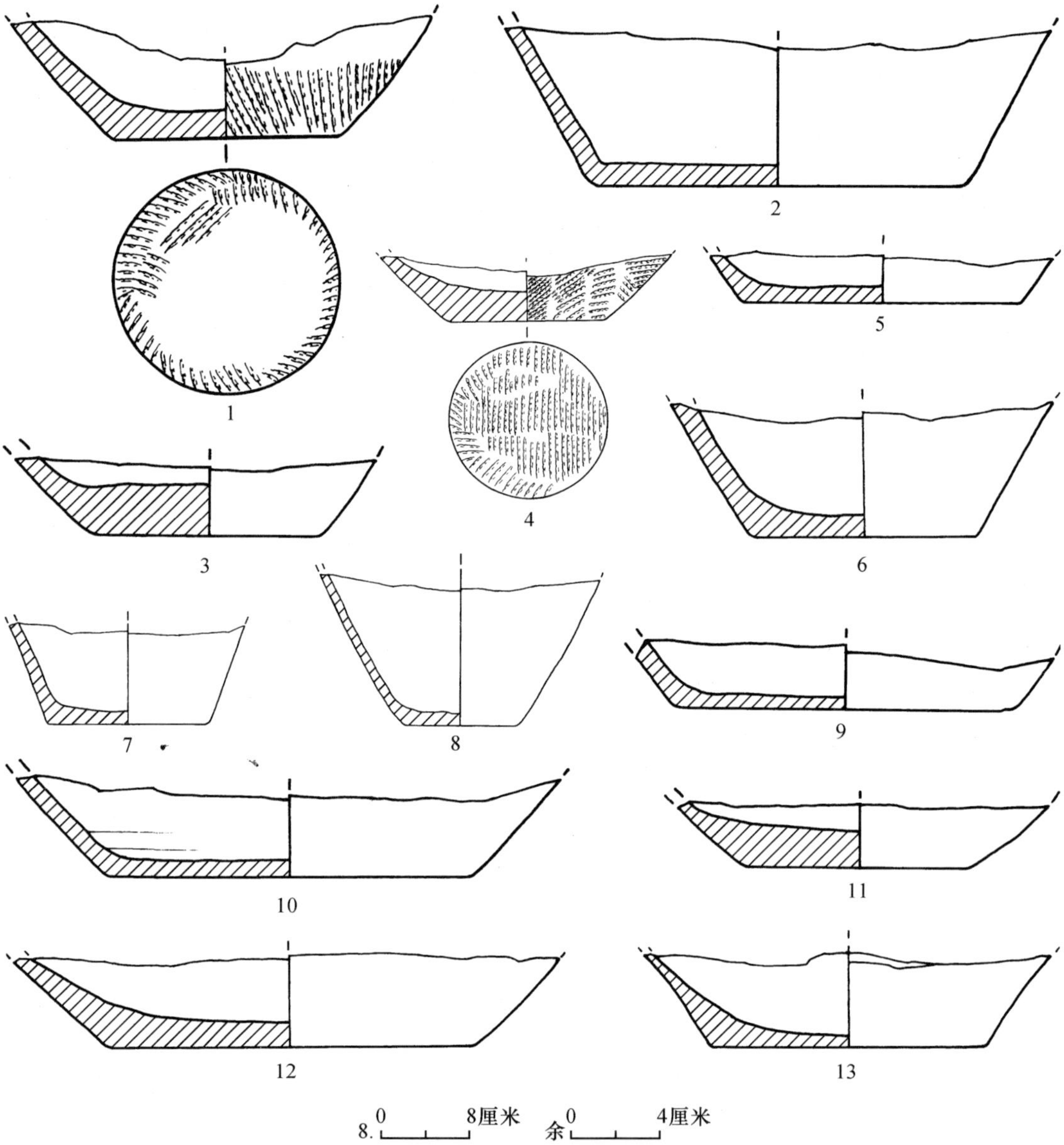

图三八　第5层出陶平底器底（一）

1. T1108⑤：5　2. T1606⑤：2　3. T1008⑤：48　4. T0808⑤：4　5. T0809⑤：4　6. T0806⑤：4　7. T1010⑤：2　8. T1008⑤：44　9. T1408⑤：2　10. T1606⑤：1　11. T1008⑤：47　12. T0805⑤：5　13. T0806⑤：6

残高4.4厘米（图三八，10）。T1008⑤：47，泥质黄褐陶。下腹壁斜直，平底。底径10、残高2.8厘米（图三八，11）。T0805⑤：5，泥质黄褐陶。腹壁斜直内收，平底。底径16、残高4厘米（图三八，12）。T0806⑤：6，泥质灰陶。腹壁斜直内收，平底。底径12、残高4.2厘米（图三八，13）。T1008⑤：49，泥质黄褐陶。下腹斜弧内收，小平底。底径5.8、残高4.8厘米（图三九，1）。T1007⑤：11，泥质黄褐陶。下腹斜弧内收，平底。底径8、残高3.4厘米（图三九，2）。T1008⑤：46，泥质黄褐陶。下腹斜弧内收，平底。底径9、残高4厘米（图三九，3）。T1007⑤：12，泥质黄褐陶。下腹斜弧内收，平底。外壁饰粗绳纹，底部边沿亦见粗绳纹。底径8、残高7厘米（图三九，4）。T0908⑤：12，泥质灰褐陶。下腹斜内收，平底。底径10.8、残高2厘米（图三九，5）。T2007⑤：2，泥质黄褐陶。下腹斜弧内收，平底。底径8、残高1.7厘米（图三九，6）。T0909⑤：4，泥质灰陶。下腹斜直内收，平底微凹。底径10、残高2厘米（图三九，7）。T1908⑤：3，泥质黄褐陶。下腹斜弧内收，平底。底径8、残高2厘米（图三九，8）。T1908⑤：2，泥质黑陶。下腹斜弧内收，平底。底径7、残高3厘米（图三九，9）。T1109⑤：1，细砂红褐陶。下腹斜弧内收，平底。底径9.4、残高5厘米（图三九，10）。T1808⑤：2，泥质灰陶。下腹斜弧内收，平底。底径13、残高2.6厘米（图三九，11）。T2007⑤：21，泥质灰陶黑衣。下腹斜弧折收，平底。底径14、残高3.4厘米（图三九，12）。T1008⑤：45，泥质黄褐陶。下腹斜弧内收，平底。外壁饰粗绳纹，底部边沿亦见粗绳纹。底径10、残高5厘米（图三九，13）。

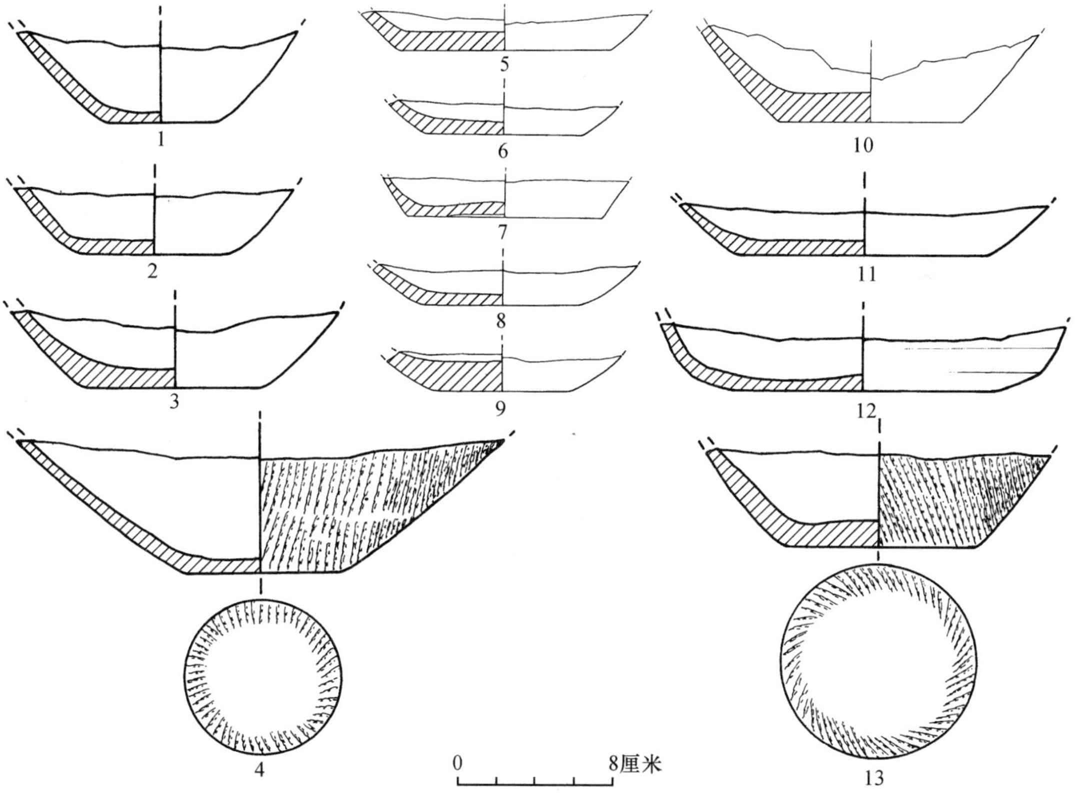

图三九　第5层出土陶平底器底（二）

1. T1008⑤：49　2. T1007⑤：11　3. T1008⑤：46　4. T1007⑤：12　5. T0908⑤：12　6. T2007⑤：2　7、8. T0909⑤：4、T1908⑤：3　9. T1908⑤：2　10. T1109⑤：1　11. T1808⑤：2　12. T2007⑤：21　13. T1008⑤：45

（2）铜器。

铜器仅见1件。

铜镞　1件。T1408⑤：1，双翼式，中部起脊，锋残，铤呈棱形，双翼呈燕尾形，上有血槽。残长5厘米（图四〇，5；图版一七，4）。

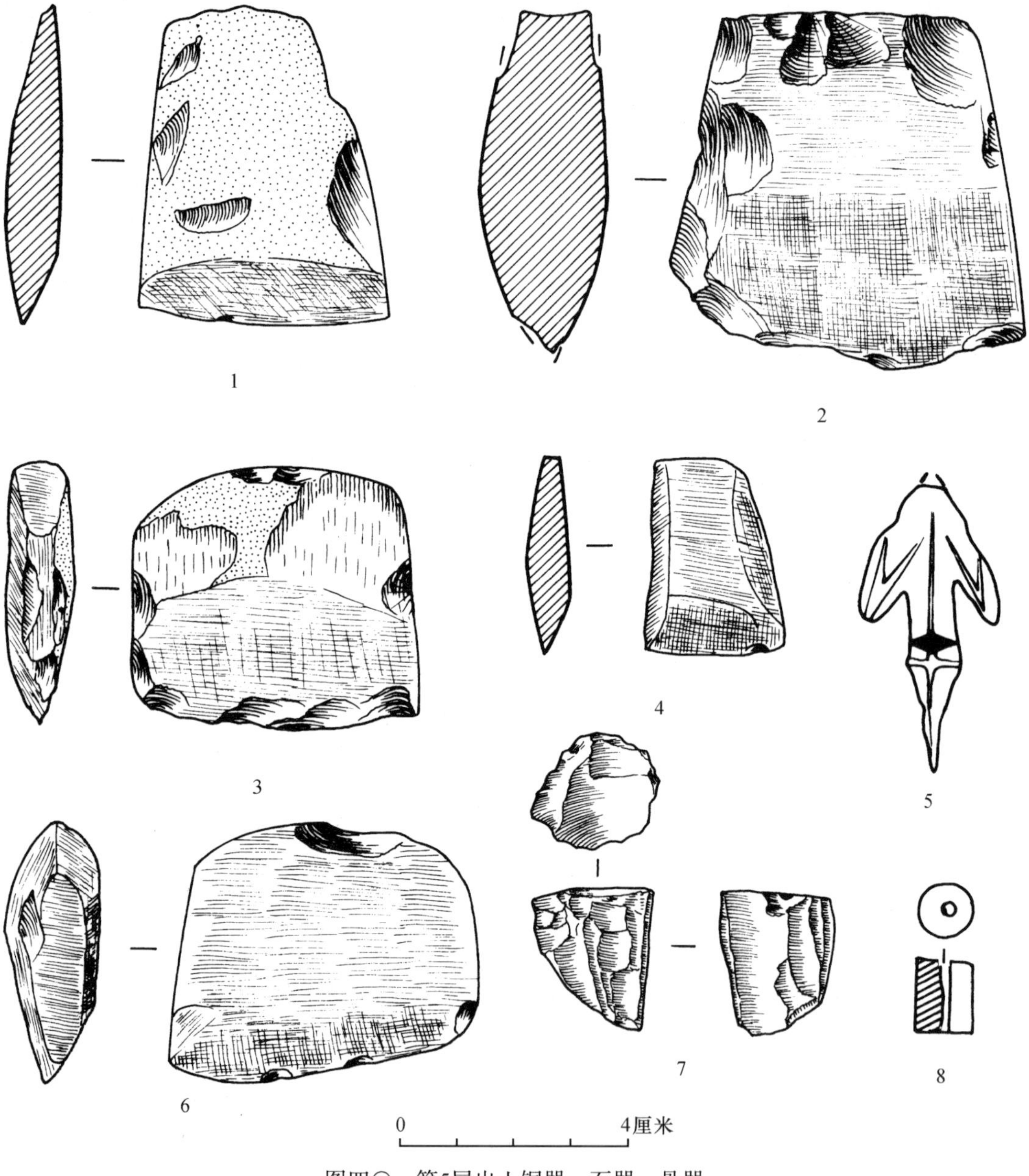

图四〇　第5层出土铜器、石器、骨器

1、4. 石锛（T0809⑤：1、T0809⑤：2）　2、3、6. 石斧（T1805⑤：1、T0909⑤：7、T1506⑤：1）
5. 铜镞（T1408⑤：1）　7. 细小石核（G2：1）　8. 骨管（T0806⑤：1）

（3）骨器。仅1件。

骨管　1件。T0806⑤：1，管状，中穿孔，外表磨光。直径1、长1.3厘米（图四〇，8）。

（4）石器。

石器除1件细小石核外，其余均为磨制石器，用砾石或石灰岩打片后经修理通体或局部磨光后而成。器形较简单，主要有石斧、石锛。

石斧　3件。T1805⑤：1，石片石器。灰白色。平面呈梯形，通体磨制。平顶，侧斜直，体型较宽，刃部有使用留下的缺痕，侧锋。长6.3、宽6.3、厚2.2厘米（图四〇，2）。T0909⑤：7，石片石器。青灰色。平面略呈长方形，通体磨制。圆顶，刃微弧，刃部有使用残痕，侧锋。长4.7、宽5.6、厚1.2厘米（图四〇，3；图版一四，3）。T1506⑤：1，石片石器。黑灰色，平面呈梯形，通体磨制。圆顶，弧刃，侧锋。长4.5、宽5.5、厚1.7厘米（图四〇，6）。

石锛　2件。T0809⑤：1，石片石器。青灰色。平面呈梯形，通体磨光，薄体，顶部略残，刃微弧，侧锋。长5.7、宽4.4、厚0.9厘米（图四〇，1；图版一三，4）。T0809⑤：2，石片石器。青绿色。长条形，通体磨光，顶部略窄于刃部，薄体，平刃，正锋。长3.5、宽2.4、厚0.7厘米（图四〇，4；图版一四，2）。

细小石核　1件。G2：1，黑色。不规则圆锥形，顶为人工台面，其余为剥片后留下的片疤及长条形阴面。高2.4、宽2.1、厚1.7（图四〇，7）。

五、两晋南北朝遗存

（一）遗迹

遗迹主要集中在遗址中、西部，有房址、灰坑、灰沟三种。

1. 房址

1座（F2）。

F2分布于T0909、T1009、T0910、T1010四个探方内，柱洞口叠压于上述探方的第3A层下，打破第4、第5层，柱洞口距地表深50～60厘米。共发现15个方形柱洞，未见其他地面遗迹。现存柱洞皆成方形，大小不等，排列较为规整。小柱洞边长0.2～0.25、深0.4～0.5米，大柱洞边长0.45～0.5、深0.4～0.6米。柱洞内填土为褐色花土，洞壁及底部夹塞汉代陶片及较大的砾石，可能用来支撑柱子。

柱洞围合成近长方形平面，应为房址的平面形状。房址面阔6.15～7米，进深

4.9 ~ 5.6米。房址东侧柱洞较为密集，西侧较少，西侧可能是房址的朝向所在。从柱洞情况分析，可能以D14为中轴线，分为一大一小两间，大间内宽3.2米，小间内宽2米（图四一）。

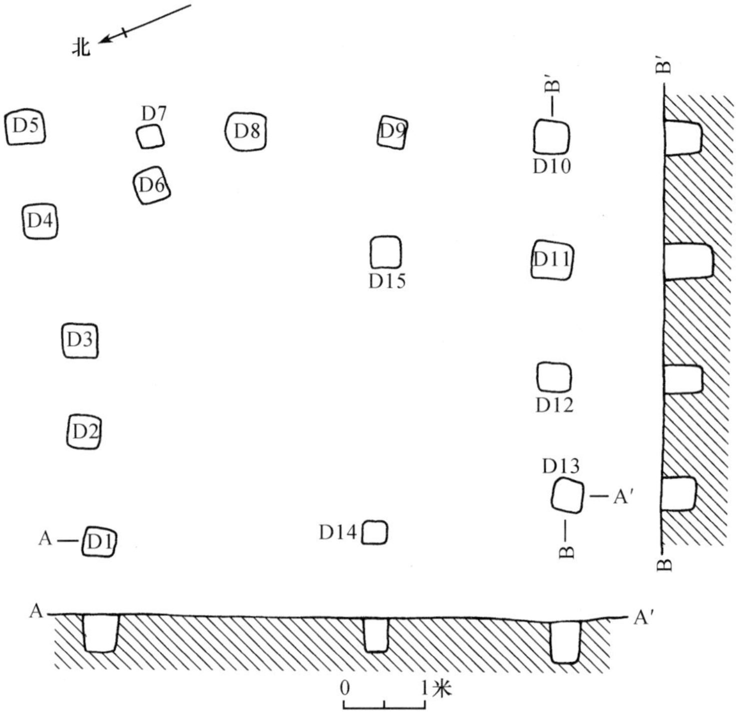

图四一　F2平、剖面图

2. 灰坑

共10座。平面形状大多为圆形，少许椭圆形，有斜直壁、弧壁、平底和圜底等。

（1）H5。

H5位于T1407的西部。坑口叠压于第3B层下，打破第4层，坑口距地表深1米。平面形状呈椭圆形，坑壁较直，底部近平。坑口长径1.1、短径0.8、深0.2 ~ 0.26米。坑内填土为黄灰色花土，夹杂较多炭屑，出土陶双耳罐、直口盆、网坠等（图四二）。

陶双耳罐　1件。H5：2，下腹残。泥质灰陶。敛口，厚圆唇，鼓肩，肩部有对称双耳。口径25.6、残高9.8厘米（图四三，1）。

陶直口盆　1件。H5：3，泥质灰陶。敛口，窄平沿，圆唇，上腹较直，沿下有凸棱。口径32、残高4.4厘米（图四三，2）。

陶网坠　1件。H5：1，泥质灰褐陶。鼓腹，中孔，一端残。残长3.2、最大腹径1.6、孔径0.7厘米（图四三，3）。

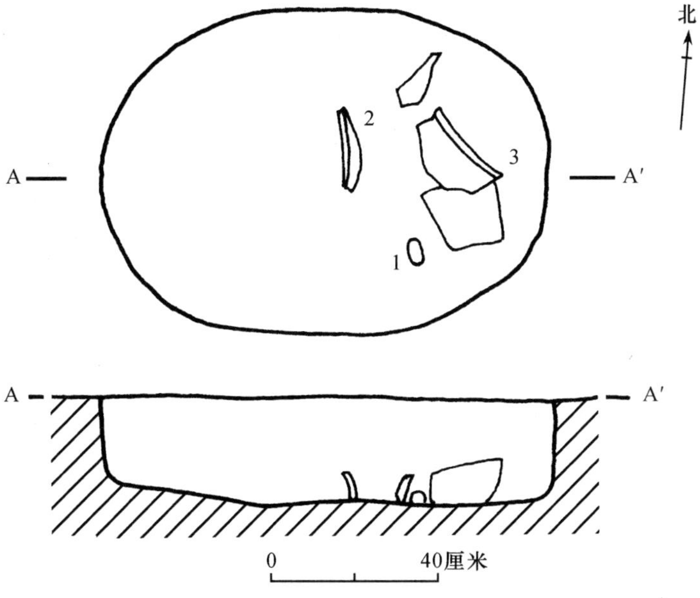

图四二 H5平、剖面图
1. 陶网坠 2. 陶直口盆 3. 陶双耳罐

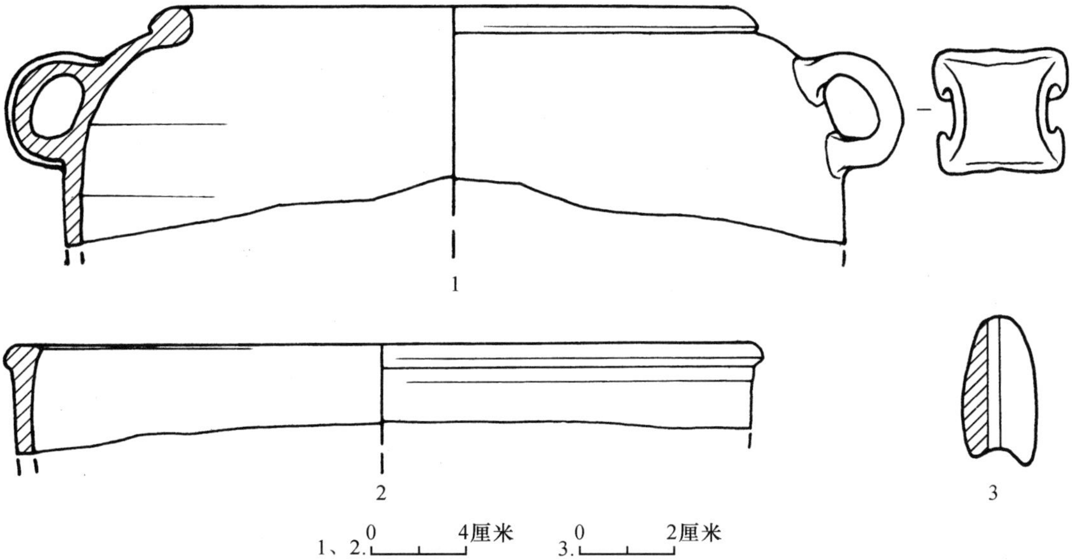

图四三 H5出土陶器
1. 双耳罐（H5：2） 2. 直口盆（H5：3） 3. 网坠（H5：1）

（2）H9、H10、H11。

H9、H10、H11三个灰坑相邻呈一字形分布，位于T1609中南部，均处同一平面，叠压于第4层下打破第5层，坑口距地表深0.85米。平面形状均呈近圆形。其中H9、H10坑底中央有一圆形小坑洞，似柱洞。而H11坑底较平。三个灰坑坑内均堆积黄灰色土，土质较硬，包含炭屑、烧土粒、砾石块等，出土汉代花纹砖、陶网坠等。根据三个灰坑位置、大小形状、坑底坑洞（柱洞）及坑旁分布零散柱洞分析，推测有可能为窖穴或是某种作坊的设施。H9口径1.28、底径0.96、深0.8米。H10口径1.14、底径0.8、深0.88米。H11最大口径1.2、短径1.02、深0.6米（图四四、图四五、图四六）。

网坠　1件。H10∶1，泥质灰陶。橄榄形，短粗，鼓腰。长4、腰径2.3、孔径0.8厘米（图五五，12）。

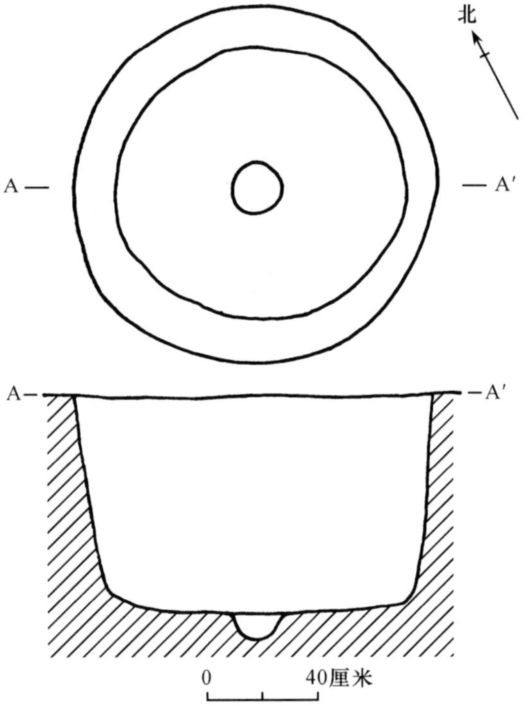

图四四　H9平、剖面图

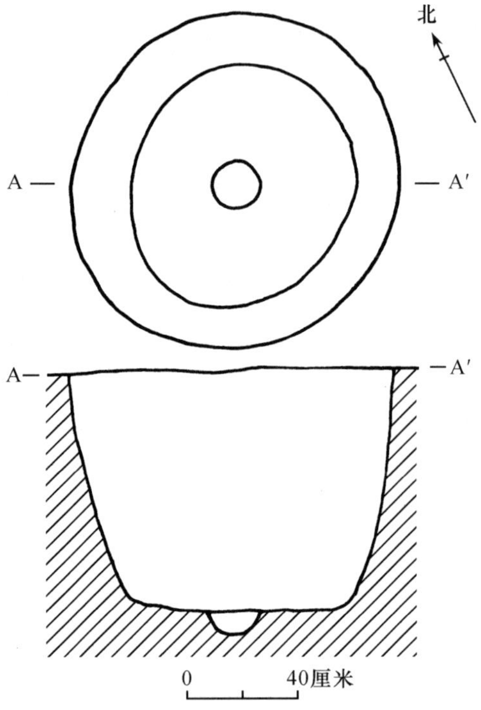

图四五　H10平、剖面图

3. 沟

共2条。以G11为例介绍如下。

G11　位于遗址西部，东西向横跨T0809、T0909、T1009三个探方，从T0809西壁开始经T0909向东延伸至T1009北隔梁内消失。该沟叠压于第4层下，打破第5层，距地表深0.9～1米。沟口平面呈长条形，西高东低，截面呈梯形，两壁斜直、光滑。沟内填土为黄灰花土，土质较硬，内含较多灰烬。出土陶器有罐、直口盆、钵、器底等。G11南北两侧均有房址的柱洞，初步推断为当时房屋外的排水沟。沟长14米、宽0.5～0.6、深0.35～0.5米（图四七；图版一六，2）。

G11出土器物均为陶器。

侈口罐　1件。G11∶7，泥质灰陶。仰折沿，圆唇，沿面微凹。残高2.8厘米（图四八，4）。

直口盆　2件。G11∶5，泥质灰陶。口微敛，折沿，尖圆唇，上腹较直。口径32.2、残高3.6厘米（图四八，1）。G11∶6，泥质灰陶。口微敛，折沿，沿面微凹，尖圆唇，上腹较直微弧。口径27.8、残高4.4厘米（图四八，3）。

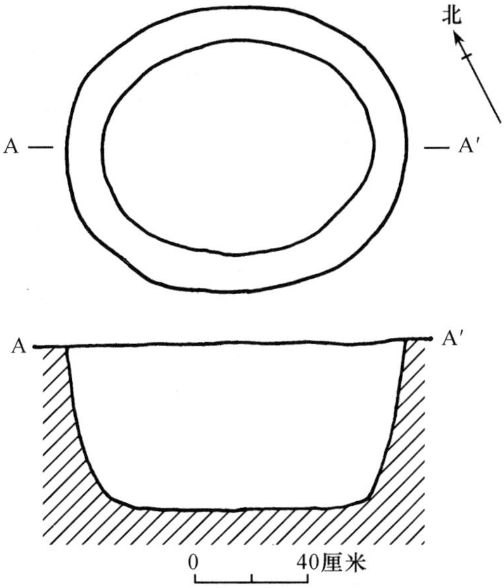

图四六　H11平、剖面图

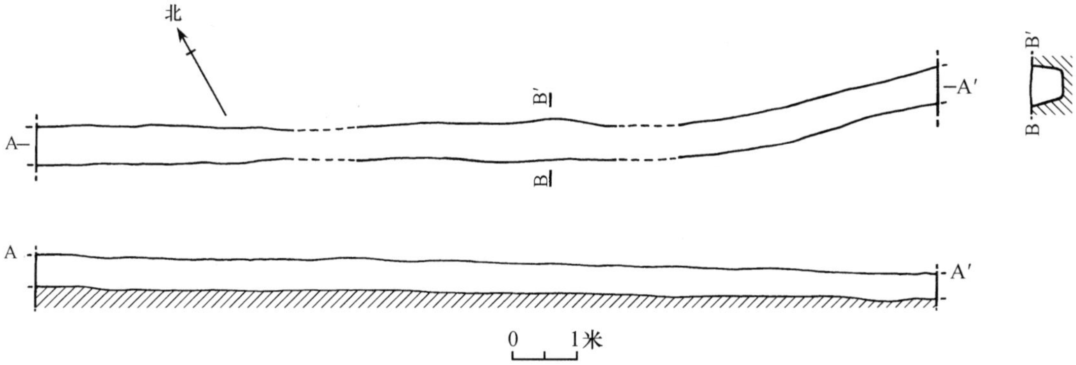

图四七　G11平、剖面图

钵　3件。均泥质陶。G11∶1，泥质灰陶。口微敞，圆唇，弧腹。沿外一周凹弦纹，平底微内凹。口径20.7、底径11.6、高7.4厘米（图四八，5）。G11∶2，泥质黄灰陶。口微敞，圆唇，弧腹，平底。沿外一周凹弦纹。口径19.4、底径9、高6.6厘米（图四八，8）。G11∶3，泥质灰陶。口微敞，圆唇，弧腹，平底内凹。沿外一周凹弦纹。口径19.8、底径10.4、高8厘米。（图四八，7）。

平底器底　2件。G11∶4，泥质灰陶。下腹斜弧收，平底。底径18.6、残高5.6厘米（图四八，6）。G11∶8，泥质灰陶。下腹斜弧收，平底。底径15、残高2厘米（图四八，2）。

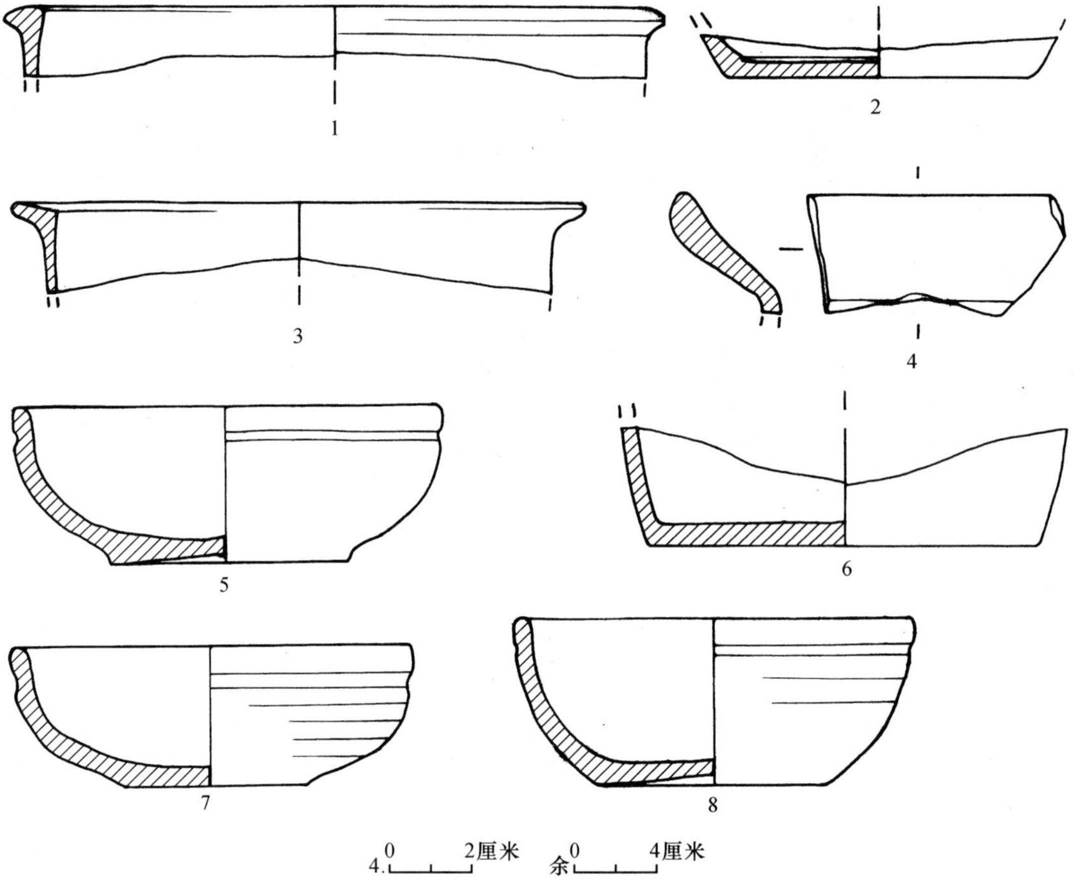

图四八　G11出土陶器

1、3. 直口盆（G11：5、G11：6）　2、6. 平底器底（G11：8、G11：4）　4. 侈口罐（G11：7）　5、7、8. 钵（G11：1、G11：3、G11：2）

（二）文化层出土遗物

第4层堆积范围较大，在遗址中部、西北部大多数探方中均有堆积，文化层出土遗物较少，种类有陶、瓷、铜器三大类，以陶器为主。

1. 陶器

第4层出土陶片不多，其中泥质陶占较大多数，夹砂陶极少。陶色以泥质灰陶占绝大多数，黑皮陶、灰褐陶较少，红陶极少。陶器纹饰方面，素面占大多数，纹饰比例很小，主要为粗绳纹、压印纹、凹弦纹等（图四九）。制法多为轮制，少量为手制。器类主要以平底器为主，有敞口盆、直口盆、敛口盆、高领壶、中领壶、盘口壶、侈口罐、

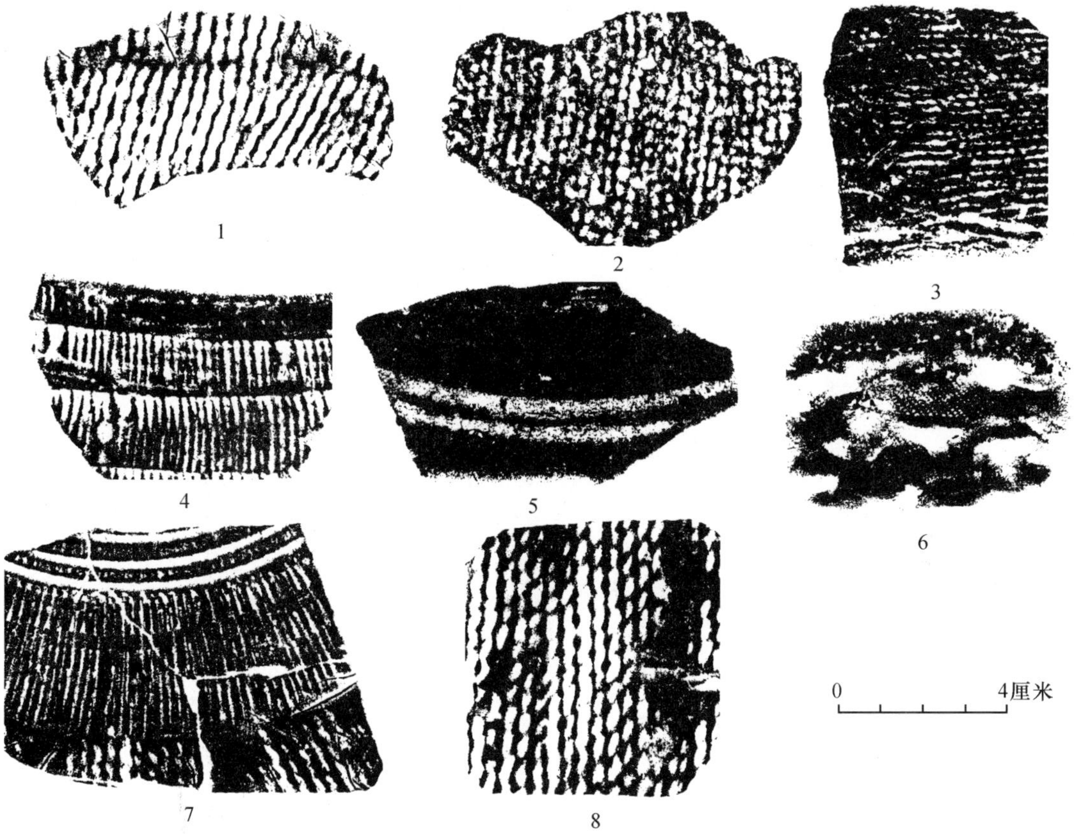

图四九 第4层陶器纹饰拓片

1～3、8. 粗绳纹（T0910④：2、T1407④：5、T1406④：3 、T1606④：8） 4. 压印纹（T1808④：1）
5. 凹弦纹（T1409④：7） 6. 布纹（T1906④：6） 7. 压印纹＋绳纹＋弦纹（T1507④：3）

直领罐、鼓肩罐、敛口瓮、甑、钵、釜、灯、网坠、器底等。瓦的数量及少，仅见两片筒瓦残片，表面饰绳纹。

敞口盆 11件。敞口或口微敞。T1606④：3，泥质灰陶。直口，外卷沿，方圆唇，弧腹斜收。口径52、残高8厘米（图五〇，1）。T1606④：2，泥质灰陶。直口微敛，折沿外翻，圆唇。上腹微弧收，饰一道凹弦纹。口径45、残高7.4厘米（图五〇，2）。T1608④：3，泥质灰陶。口近直，外卷沿，中空，方圆唇，斜弧腹。口径43.6、残高4.8厘米（图五〇，3）。T1508④：7，泥质灰陶。口近直，折沿，沿面圆鼓，尖唇。口径42.8、残高4.4厘米（图五〇，4）。T1406④：2，泥质灰陶。口近直，折沿，沿面微弧，尖圆唇，上腹较直，下斜弧收。残高6厘米（图五〇，5）。T1906④：3，泥质灰陶。直口，折沿外卷内空，斜方唇，腹斜直。残高5.5厘米（图五〇，6）。T1506④：3，泥质灰陶。直口，折沿外卷内空，尖圆唇，斜直腹，腹外有细密的轮弦

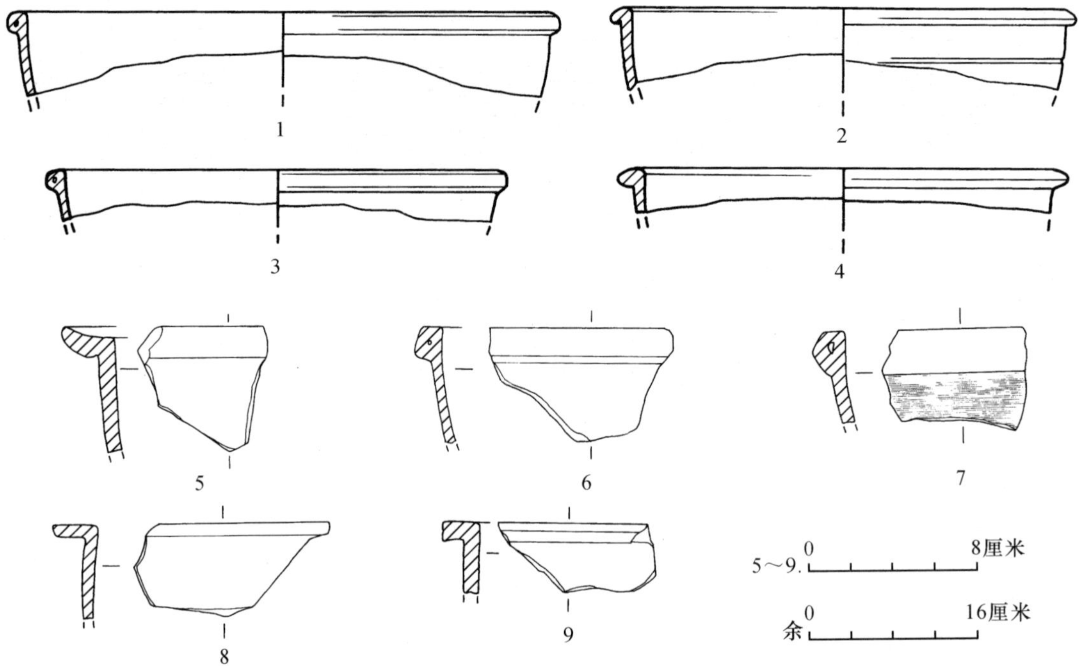

图五〇　第4层出土陶敞口盆、直口盆

1～7. 敞口盆（T1606④：3、T1606④：2、T1608④：3、T1508④：7、T1406④：2、T1906④：3、T1506④：3）
8、9. 直口盆（T1908④：2、T1409④：2）

纹。残高5厘米（图五〇，7）。T0905④：1，泥质灰陶。口微敞，折沿，厚方唇，上腹斜收。口径37.5、残高4厘米（图五一，1）。T1406④：1，泥质灰陶褐胎。口微敞，折沿，尖圆唇。上腹斜弧收，饰一道凹弦纹。口径34、残高5.6厘米（图五一，2）。T1508④：2，泥质灰陶。敞口，外卷沿。口径38、残高3厘米（图五一，3）。T1808④：2，泥质灰陶。口微敞，外卷沿，中空，方唇，上腹斜弧收。口径32、残高5.4厘米（图五一，4）。

直口盆　2件。直口或口近直。T1908④：2，泥质灰陶。直口微敞，折平沿，沿面较宽，方圆唇，腹微弧。残高4.5厘米（图五〇，8）。T1409④：2，泥质黑陶。直口，折沿，平沿较宽。方唇上饰一周凹弦纹。残高3.4厘米（图五〇，9）。

敛口盆　5件。口部微敛。T1906④：2，泥质黑皮陶。敛口，扁圆唇，唇面内凹。内壁有轮旋痕迹，唇下有一周凹弦纹。残高8.8厘米（图五一，5）。T1906④：1，泥质黑皮陶。敛口，厚圆唇，腹较直。残高4.5厘米（图五一，6）。T1908④：3，夹砂黄褐陶。口微敛，方唇，斜直腹。外残存稀疏的粗绳纹。口径24、残高4.8厘米（图五一，7）。T1606④：4，泥质灰陶。敛口，折沿，沿面圆鼓，尖圆唇，鼓腹。饰一道凹弦纹。口径57、残高5厘米（图五一，8）。T2007④：2，泥质灰陶。敛口，折沿，沿面

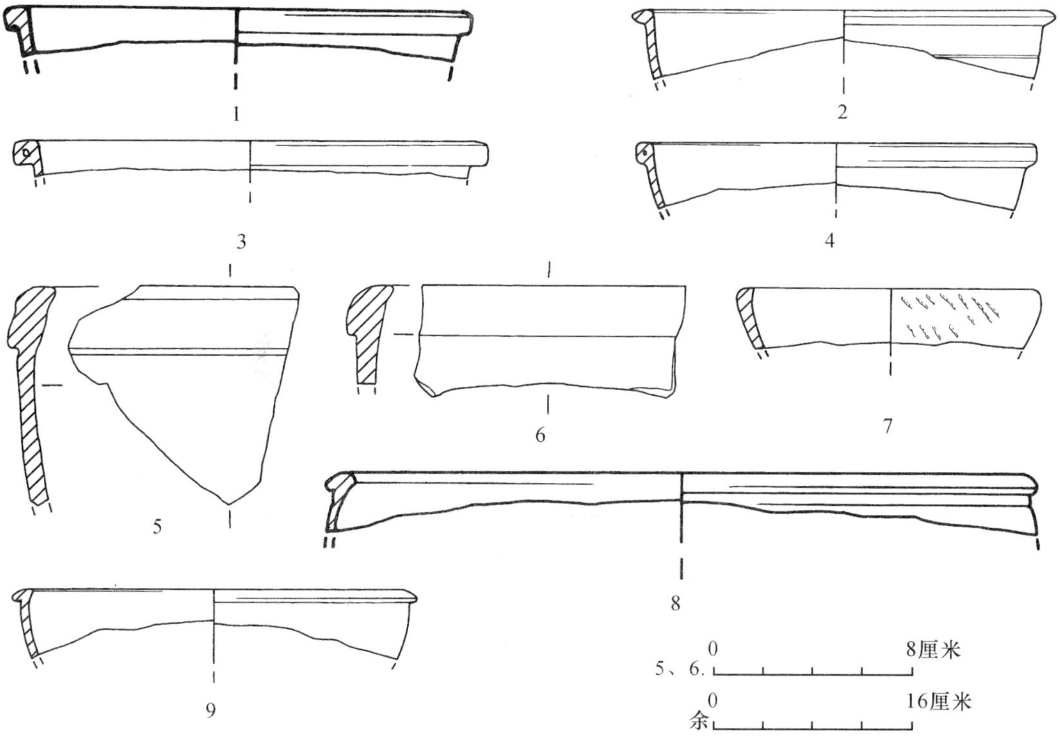

图五一 第4层出土陶敞口盆、敛口盆

1～4. 敞口盆（T0905④：1、T1406④：1、T1508④：2、T1808④：2） 5～9. 敛口盆（T1906④：2、T1906④：1、T1908④：3、T1606④：4、T2007④：2）

圆鼓下翻，上腹斜弧收。口径32.3、残高5.6厘米（图五一，9）。

高领壶 1件。T1507④：1，泥质灰陶。侈口，折沿，沿面下翻，尖圆唇，束颈。口径15.2、残高7厘米（图五二，1）。

中领壶 1件。T1606④：1，泥质灰陶。侈口，折沿，斜方唇，束颈，广肩。口径11、残高5.4厘米（图五二，2）。

侈口罐 2件。T1508④：4，泥质灰褐陶。侈口，卷沿，圆唇，束颈，溜肩。口径14、残高4.8厘米（图五二，3）。T1508④：3，泥质黄灰陶。侈口，卷沿，圆唇，高领。口径32、残高6厘米（图五二，7）。

鼓肩罐 3件。T1409④：1，泥质灰陶。敛口，沿面内凹，斜方唇，溜肩，腹略直。腹外饰纵向细密的压印纹。口径14、残高14厘米（图五二，4）。T2007④：1，泥质灰陶。敛口，厚圆唇，广肩，鼓腹。口径22、残高7.8厘米（图五二，5）。T1608④：4，泥质黄灰陶。敛口，方圆唇，弧肩。口径21.6、残高4.6厘米（图五二，6）。

直领罐 4件。T0809④：1，泥质黑皮陶。敛口，方唇，斜直领，厚胎。外饰斜

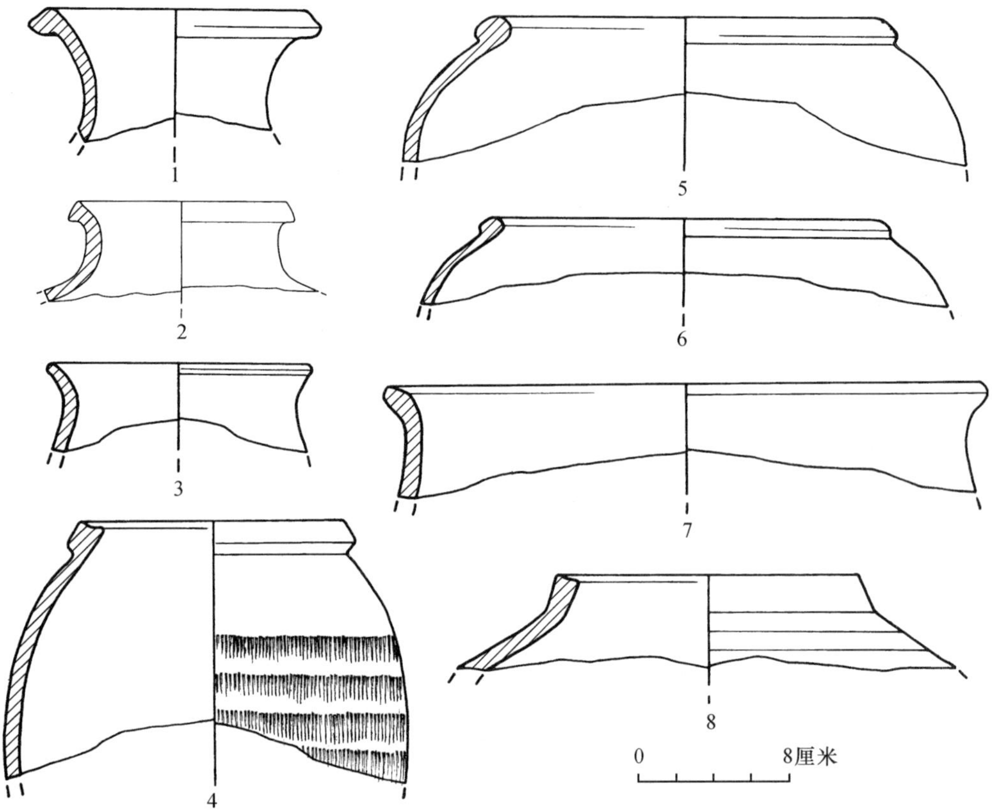

图五二　第4层出土陶器

1. 高领壶（T1507④：1）　2. 中领壶（T1606④：1）　3、7. 侈口罐（T1508④：4、T1508④：3）
4～6. 鼓肩罐（T1409④：1、T2007④：1、T1608④：4）　8. 敛口瓮（T1409④：3）

向粗绳纹。残高7厘米（图五三，5）。T1807④：2，泥质灰陶。敛口，方唇，矮领溜肩。肩部残存纵向细绳纹。残高6.2厘米（图五三，6）。T1508④：1，泥质浅黄胎黑衣陶。直口微敛，方唇，斜直领，弧腹，平底。腹上部饰压印纹，近底部饰粗绳纹。口径35.2、底径22.8、高33.4厘米（图五三，7；图版一八，2）。T1808④：1，泥质灰陶。高直口微敛，方唇，弧肩，肩下残。肩部饰纵向压印纹，口部饰有斜向细绳纹，后经抹光。口径34、残高12.4厘米（图五三，8）。

敛口瓮　5件。T1409④：3，泥质黑皮陶。敛口，斜方唇，唇面内凹，斜直领，斜肩。肩部有极浅的凹弦纹。口径16、残高5厘米（图五二，8）。T1608④：5，泥质灰陶。敛口，方圆唇，广肩。口径22.5、残高2.4厘米（图五三，1）。T2008④：2，泥质灰陶。外施灰衣，敛口，厚圆唇，广肩。肩部饰有绳纹。口径41.6、残高3.2厘米（图五三，2）。T2008④：1，泥质灰陶。敛口，折沿，尖唇，斜肩。口径45、残高4.8厘米（图五三，3）。T1908④：1，泥质灰陶。敛口，厚圆唇，平广肩。残高2.6厘米（图五三，4）。

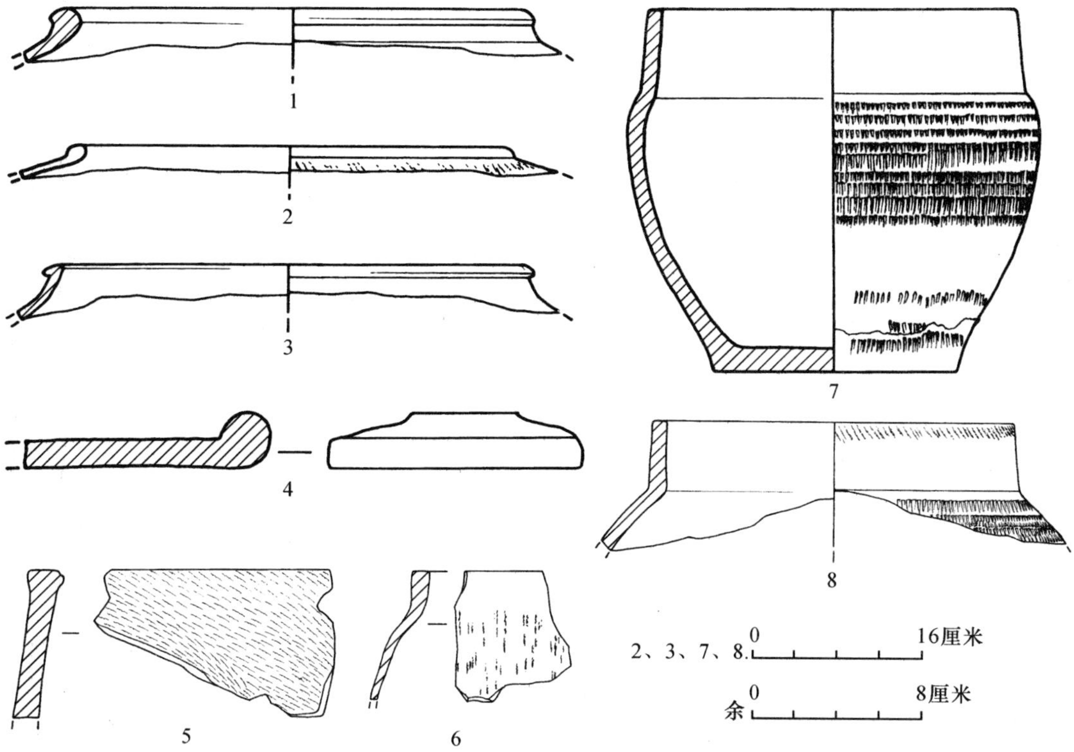

图五三 第4层出土陶敛口瓮、直领罐

1~4. 敛口瓮（T1608④：5、T2008④：2、T2008④：1、T1908④：1） 5~8. 直领罐（T0809④：1、T1807④：2、T1508④：1、T1808④：1）

釜 1件。T1509④：1，残（已复原）。泥质红陶。敛口，折沿，沿上卷呈盘口，方唇，唇面下凹，斜肩，折腰，下腹弧收成圜底。腹及底饰交错绳纹。口径24.4、高12.8厘米（图五四，1；图版一四，4）。

甑 1件。T1808④：2，泥质灰陶。下腹斜收，平底，底部残存两孔。底径20、残高6.2厘米（图五四，4）。

盘口壶 4件。T2008④：3，红胎釉陶。盘口，口略敞，方圆唇，束颈。盘口饰三道凸棱，施黄釉，部分脱落。口径17.6、残高4.7厘米（图五四，6）。T1508④：5，细砂灰褐陶。敞口，圆唇。口径20.5、残高2.4厘米（图五四，7）。T1807④：1，泥质灰褐陶。直口微敛，卷沿，尖圆唇，高领。外有极浅的凹弦纹。残高5.2厘米（图五四，9）。T1506④：4，泥质红褐陶。喇叭口状，底外撇。内外壁有轮旋凹纹。口径22、残高3.4厘米（图五四，8）。

钵 2件。T1409④：4，泥质灰陶。敛口，弧腹，尖唇。口外有一周凹弦纹。口径16、残高5.2厘米（图五四，2）。T1508④：6，泥质褐胎灰衣。敛口，尖圆唇。沿下饰

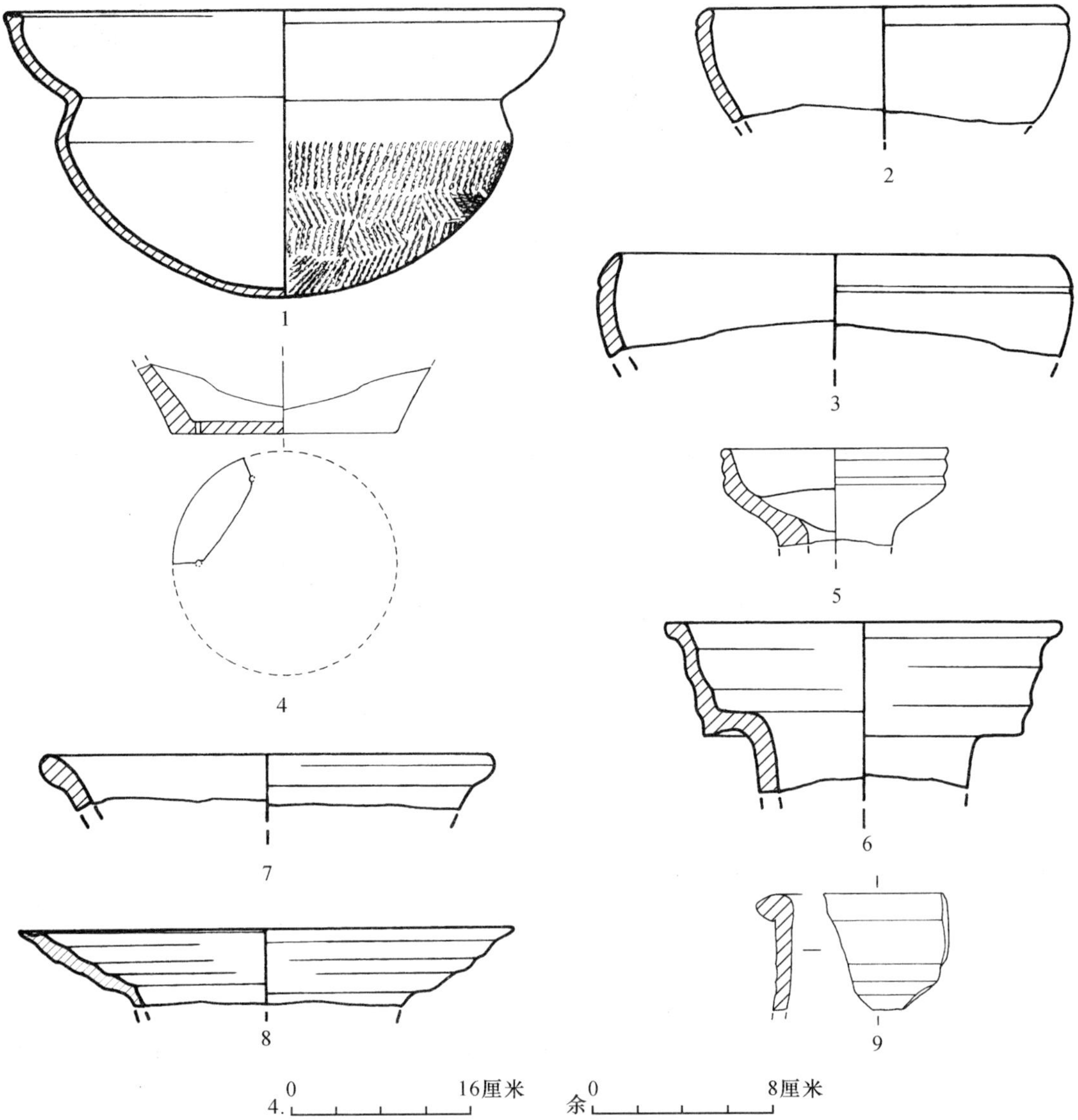

图五四　第4层出土陶器

1. 釜（T1509④：1）　2、3. 钵（T1409④：4、T1508④：6）　4. 甑（T1808④：2）　5. 灯（T1906④：4）　6～9. 盘口壶（T2008④：3、T1508④：5、T1506④：4、T1807④：1）

一周凹弦纹。口径19.6、残高4.6厘米（图五四，3）。

灯　1件。T1906④：4，泥质黑皮陶。敞口，浅腹，内底微凹，柄残。腹外饰二周凹弦纹。口径10、残高4.4厘米（图五四，5）。

网坠　13件。均泥质灰陶。鼓腰，中心穿孔，素面，手制。根据外形可分为二型。

A型　细长形，腰部略瘦。7件。T0810④：3，泥质灰陶。橄榄形，细长，鼓腰。

长4.1、腰径1.5、孔径0.3厘米（图五五，1）。T1506④：2，泥质灰陶。橄榄形，细长，鼓腰，两端残缺。残长3.8、腰径1.9、孔径0.9厘米（图五五，2）。T1407④：4，泥质灰陶。橄榄形，细长，鼓腰。长4.6、腰径1.5、孔径0.35厘米（图五六，3）。T0810④：4，泥质灰陶。橄榄形，细长，鼓腰。长4.5、腰径1.6、孔径0.2厘米（图五五，4）。T0810④：1，泥质灰陶。橄榄形，细长，鼓腰，一端略残。长3.7、腰径1.4、孔径0.35厘米（图五五，5）。T0810④：2，泥质灰陶。橄榄形，细长，鼓腰。长4.5、腰径1.6、孔径0.35厘米（图五五，6）。T1009④：2，泥质灰陶。橄榄形，细长，鼓腰。长4.2、腰径1.7、孔径0.3厘米（图五五，7）。

B型　粗短，腰部较鼓。6件。T1009④：1，泥质灰陶。橄榄形，短粗，鼓腰，一端残。长5.2、腰径3、孔径0.8厘米（图五五，8）。T1409④：1，泥质灰陶。橄榄形，粗短，鼓腰。长4.9、腰径2.6、孔径0.6厘米（图五五，9）。T1107④：1，泥质灰陶。橄榄形，短粗，鼓腰。长4.3、腰径2.5、孔径0.5厘米（图五五，10）。T1506④：1，泥质灰陶。橄榄形，短粗，鼓腰，一端略残。长5、腰径3.2、孔径0.8厘米（图五五，11）。T0910④：1，泥质灰陶。橄榄形，短粗，鼓腰。长4.7、腰径3.5、孔径1.2厘米（图五五，13）。T1407④：2，泥质灰陶。橄榄形，短粗，鼓腰，部分残缺。残长3.7、腰径2.3、孔径0.7厘米（图五五，14）。

平底器底　15件。据底部情况分为三型。

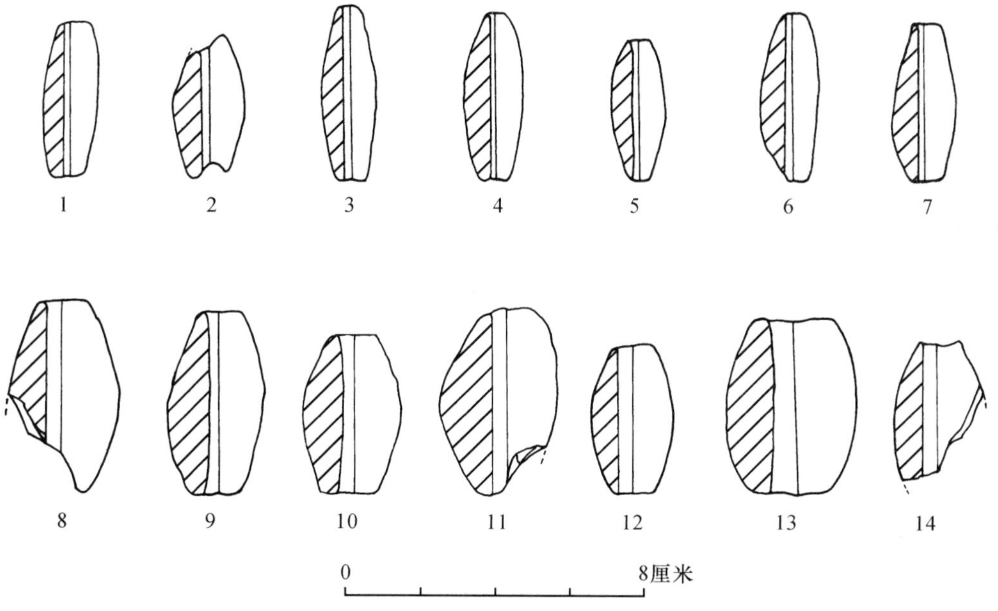

图五五　第4层及H10出土陶网坠

1～7. A型（T0810④：3、T1506④：2、T1407④：4、T0810④：4、T0810④：1、T0810④：2、T1009④：2）

8～14. B型（T1009④：1、T1409④：1、T1107④：1、T1506④：1、H10：1、T0910④：1、T1407④：2）

A型 平底。8件。T1606④：6，泥质灰陶。下腹斜收，平底。底径18、残高3厘米（图五六，1）。T1807④：4，泥质灰陶。斜直腹内收，厚胎，平底。内壁有极浅的轮弦纹。底径26、残高8厘米（图五六，2）。T1509④：3，泥质褐胎灰衣。下腹斜收，平底。底径18.8、残高4.4厘米（图五六，3）。T1509④：2，泥质灰陶。下腹斜收，平底。底径19、残高5.8厘米（图五六，4）。T1606④：7，泥质灰陶。弧腹斜收，平底。底径8、残高1.8厘米（图五六，5）。T1606④：5，泥质灰陶。下腹斜收，平底。底径21、残高5.7厘米（图五六，6）。T1506④：5，泥质黄褐陶。斜直壁，平底。内壁有轮旋痕。底径18、残高4厘米（图五六，7）。T1908④：4，泥质灰陶。斜直腹，平底。底径12、残高2.6厘米（图五六，8）。

B型 底略内凹。6件。T1806④：1，泥质灰陶。下腹斜收，平底内凹。底径22、残高4.4厘米（图五六，9）。T1406④：4，泥质灰陶。下腹斜收，平底微内凹。底径16、残高4.2厘米（图五六，10）。T1608④：7，泥质灰陶。下腹斜收，平底内凹，内底中心微凸。底径5.4、残高5.7厘米（图五六，11）。T1608④：6，泥质灰陶。下腹弧收，平底微内凹。口径30、残高4.4厘米（图五六，12）。T1409④：6，泥质灰陶。腹壁斜直内收，平底内凹。底径16、残高3厘米（图五六，13）。T1806④：2，泥质灰

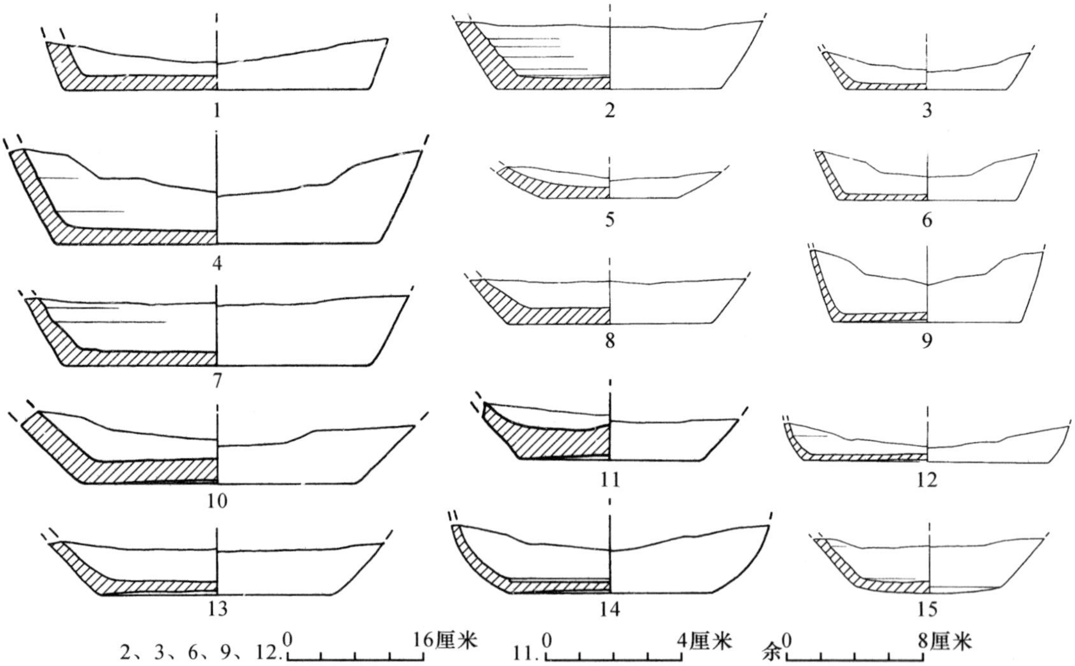

图五六 第4层出土陶平底器底

1～8. A型（T1606④：6、T1807④：4、T1509④：3、T1509④：2、T1606④：7、T1606④：5、T1506④：5、T1908④：4） 9～14. B型（T1806④：1、T1406④：4、T1608④：7、T1608④：6、T1409④：6、T1806④：2） 15. C型（T1006④：1）

陶。下腹斜收，平底内凹，内底下凹有折棱。底径11.8、残高4厘米（图五六，14）。

C型　底略外凸。1件。T1006④：1，泥质灰陶。斜直壁，平底外凸。底径9.6、残高3.2厘米（图五六，15）。

2. 瓷器

瓷器数量极少，可复原者仅见杯，另有少量平底器底。

杯　4件。T1907④：1，敛口，斜方唇，深弧腹，饼足内凹外撇。内施满青绿釉，外施半釉，青灰胎。口径11、底径4.6、高7.5厘米（图五七，1）。T1807④：3，上残。浅灰胎弧腹，饼足外撇，底略内凹，足根有切削痕，内底残存两个支钉痕。内施青

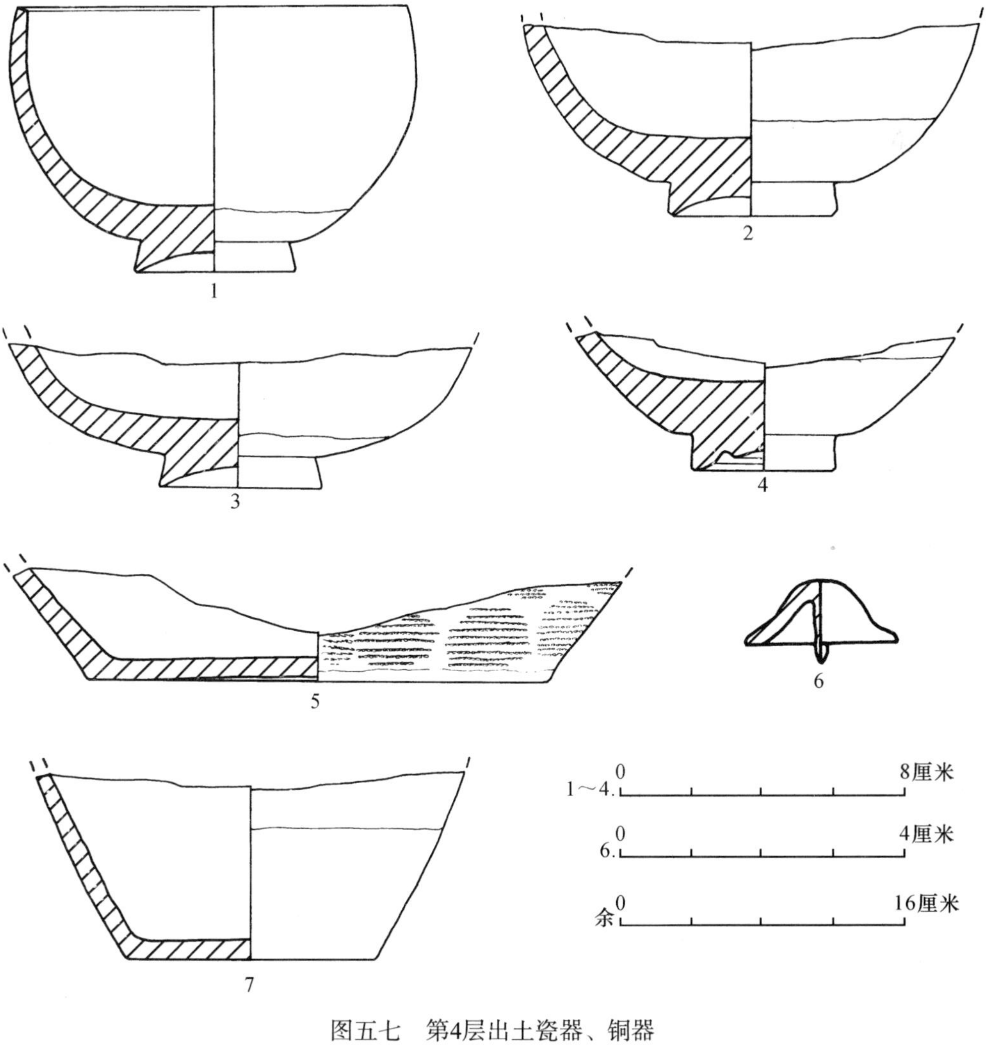

图五七　第4层出土瓷器、铜器

1～4. 瓷杯（T1907④：1、T1807④：3、T1906④：5、T1509④：3）　5、7. 瓷平底器底（T1406④：3、T1906④：6）　6. 铜泡钉（T1407④：3）

釉，外釉不及底。底径4.8、残高5.4厘米（图五七，2）。T1906④：5，上残。灰胎。弧腹，饼足外撇，足底内凹。内施满青黄釉，外釉不及底。底径4.6、残高4厘米（图五七，3）。T1509④：3，口残。灰白胎。下斜弧收，圈足，足内底下坠，内满青釉，外半釉。底径4、残高3.8厘米（图五七，4）。

平底器底　2件。T1406④：3，褐胎粗瓷。下腹斜收，平底微内凹。外拍印有横向绳纹，内壁粗糙。底径26、残高6.2厘米（图五七，5）。T1906④：6，灰白胎。斜直腹，平底。外壁下部有零星布纹，外施酱黄釉不及底。底径14、残高4.4厘米（图五七，7）。

3. 铜器

泡钉　1枚。T1407④：3，部分残。盔形，弧顶，下缘略外侈，内接锥形钉。直径2.2、高0.9厘米（图五七，6）。

铜钱　2枚。T1608④：1，五铢钱，残存碎块。圆形方穿，字迹较模糊，大小不清。G10：1，五铢钱，残成3块。圆形方穿，正面外郭内无郭，背面内外有郭。“五”字交叉两笔较直，“铢”字“金”字头较小，为三角形。外径2.3、穿边长0.75、厚0.1厘米。

六、唐宋时期遗存

唐宋时期遗存分布在遗址中部、西北部，包括这些探方的第3层及相关遗迹，其中第3层又分3A、3B、3C三个亚层。

（一）遗迹

遗迹有灰坑、灰沟、水井、窖藏、墓葬。

1. 灰坑

共4座。位于遗址中、西部。平面形状分为梯形、圆角长方形、不规则三角形，分斜直壁、斜弧壁，底均略平。

（1）H7。

H7位于遗址中部T1507的东南部。坑口叠压于第3A层下，打破第3B层，坑口距地表深

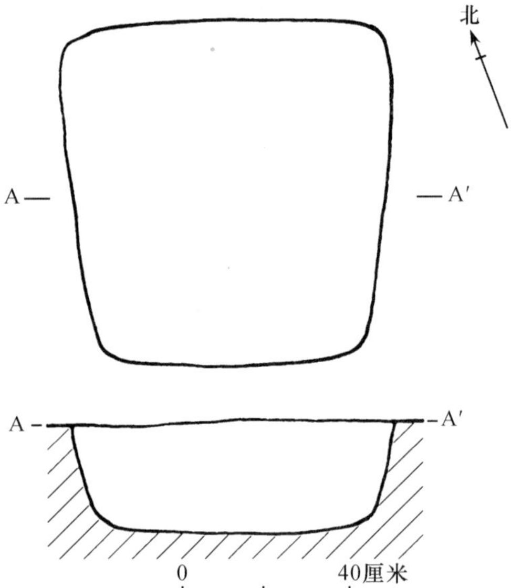

图五八　H7平、剖面图

0.6～0.85米。该坑平面呈梯形，壁斜直，坑底较平。坑内填土为红褐色，较硬，黏性大，含大量砾石、厚瓦片及较多炭屑。坑口长0.8、宽0.62～0.8、深0.24米（图五八）。

（2）H15。

H15位于遗址西北部探方T0807、T0907、T1007、T0806、T0906、T1006六个探方内，该坑范围较大，部分被压于T0807、T0806西壁下，未能发掘。坑口叠压于上述探方的第2C层下，打破第3A、第3B、第4层及H16。坑口距地表深0.65～0.7米。该坑出露平面呈圆角长方形，东壁较斜直，其余壁略弧，坑底略平。坑口东西长14、南北宽8.65、深1.25米。坑内堆积较厚，根据土质土色可分3层（图五九）。

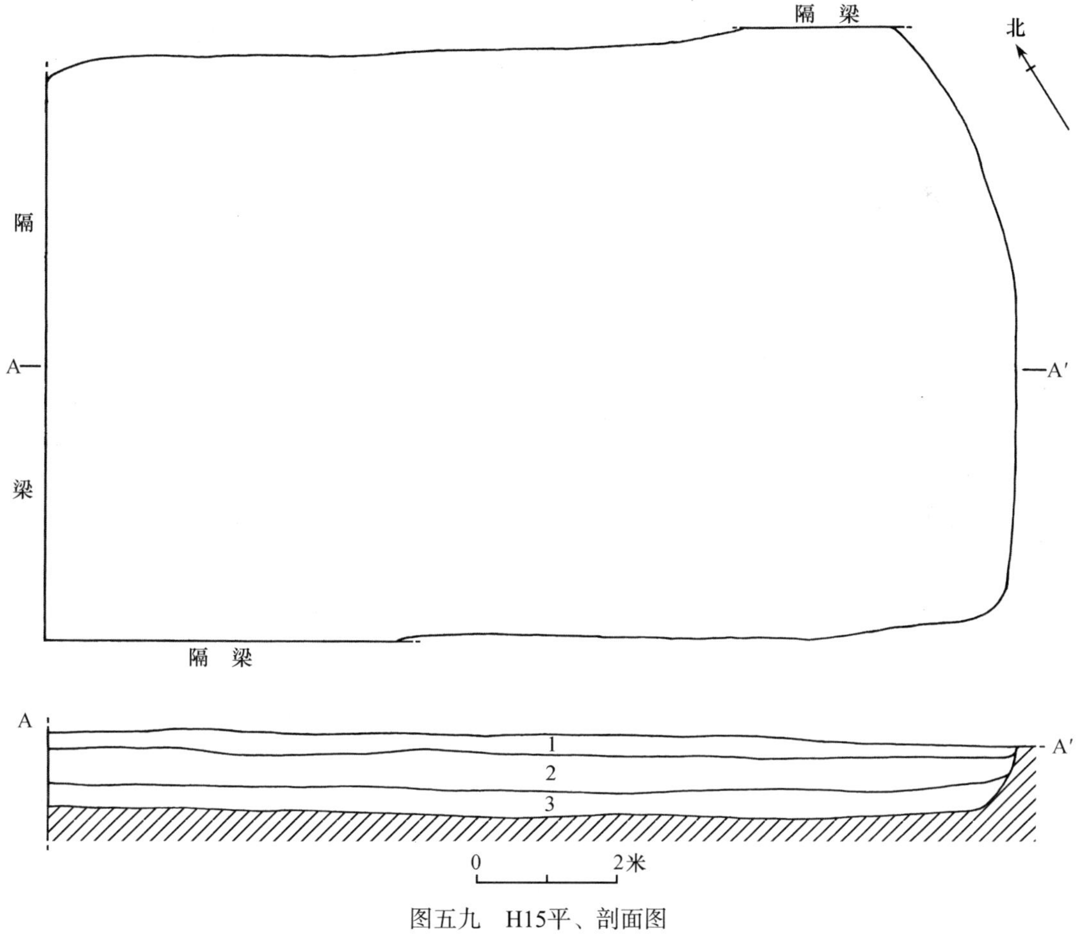

图五九　H15平、剖面图

第1层：灰褐色，土质较硬。夹杂石块、炭屑等，出土少量黑釉、青灰釉、褐胎粗瓷残片，另有石狮（残）1件。

第2层：黄褐色，土质较硬。夹杂大量砂岩石块，出土有筒瓦、滴水瓦、瓦当残片及瓷碗、盘、铜镜等。

第3层：红褐色，土质较硬。夹杂大量灰烬、红烧土、瓦砾等，出土黑瓷碗及瓦当残片等。

H15面积较大，坑内包含物较杂乱，以条石、瓦砾等房屋废弃物居多，但未见房基，推测可能是房屋废弃后形成的堆积。

H15出土有瓷器、陶器、石器、铜器等几类器物，以瓷器、陶器为主。

瓷器数量较多，有碗、盆、盘、敛口瓮、双耳壶、碟、碟形灯等，陶器主要是筒瓦和瓦当，铜器有铜镜，石器仅见石狮。

瓷碗　11件。H15③：6，敞口，尖圆唇，弧腹，圈足，涩圈。灰白胎，内外施黑釉，外釉不及底。口径17.2、底径7.2、高6.4厘米（图六〇，1）。H15③：8，敞口，圆唇，腹弧，圈足，足外棱斜削。黄褐胎，内满施酱褐釉，外半釉。口径17.4、底径6.6、高5.6厘米（图六〇，2）。H15②：4，敞口，斜方唇，弧腹，圈足，足底斜弧，涩圈。黄灰胎，内外施黑釉，外釉不及底。口径17.1、底径7.2、高6厘米（图六〇，3）。H15③：1，敞口，斜方唇，腹微弧，矮圈足，足外棱斜削。浅灰褐胎，内满施酱釉，外半釉。口径16.8、底径7.2、高5.6厘米（图六〇，4）。H15①：1，敞口，斜方唇，腹微弧斜收，圈足，涩圈。黄白胎，内外施酱釉，外釉不及底。口径18、底径6.6、高7厘米（图六〇，5；图版一八，2）。H15③：7，敞口，斜方唇，上腹微弧，下急弧收，圈足，涩圈。浅黄褐胎，内外施黄灰釉，外釉不及底。口径17.4、底径7.4、高7厘米（图六〇，6）。H15③：9，口微敛，方唇，弧腹。灰白胎，青绿釉，有细冰裂纹。口径16、残高4.4厘米（图六〇，7）。H15③：10，口残。下腹弧收，圈足，足壁外撇。灰白胎，内外满施青白釉。底径3.5、残高2.9厘米（图六〇，8）。H15③：5，敞口，圆唇，弧腹，圈足，涩圈。黄褐胎，内外施酱釉，外釉不及底。口径11.6、底径5.6、高4.2厘米（图六〇，9）。H15②：10，口残。下斜弧收，圈足。黄灰胎，内外施酱釉，外釉不及底。底径6.4、残高3.5厘米（图六〇，10）。H15③：14，口残。下腹斜弧收，圈足，足壁较宽。灰褐胎，外施酱釉，内无釉。底径8.4、残高7.8厘米（图六〇，11）。

瓷盘　2件。H15②：1，敞口，尖唇，浅腹，腹斜收，圈足。浅黄褐胎，内外施柿釉，外釉不及底。口径16、底径6.6、高3.7厘米（图六一，2）。H15③：15，敞口，方圆唇，折腹，圈足。灰白胎，内外满施青釉。口径9.4、底径5.2、高2.8厘米（图六一，3）。

瓷盆　4件。H15②：14，下残。敞口，圆唇，沿外撇，斜弧腹。紫红胎，施酱釉。口径13、残高3.8厘米（图六一，4）。H15②：12，下残。侈口，圆唇，上腹弧收。紫褐胎，施青灰色化妆土，并上淡黄釉，部分脱落，内饰褐彩枝叶纹。口径39、残高9.6厘米（图六一，5）。H15②：13，下残。侈口，卷沿，圆唇，弧腹，红褐胎，施青灰色化妆土，黄褐釉，部分脱落，内满釉，外半釉。口径36、残高4厘米（图六一，6）。H15②：6，口微敛，厚圆唇，斜弧腹，平底。灰褐胎，内壁及口沿施淡黄色化妆

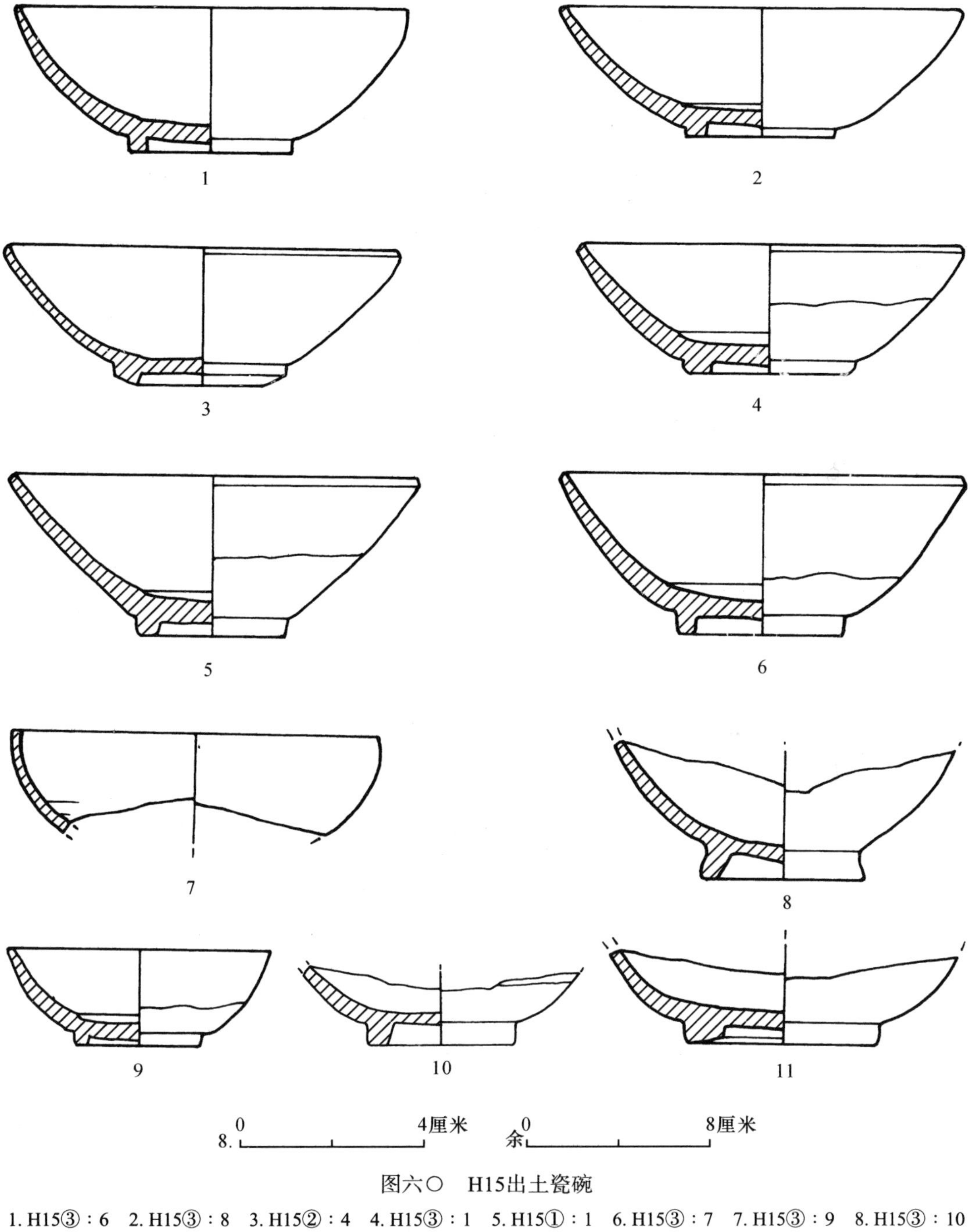

图六〇 H15出土瓷碗

1. H15③：6 2. H15③：8 3. H15②：4 4. H15③：1 5. H15①：1 6. H15③：7 7. H15③：9 8. H15③：10 9. H15③：5 10. H15②：10 11. H15③：14

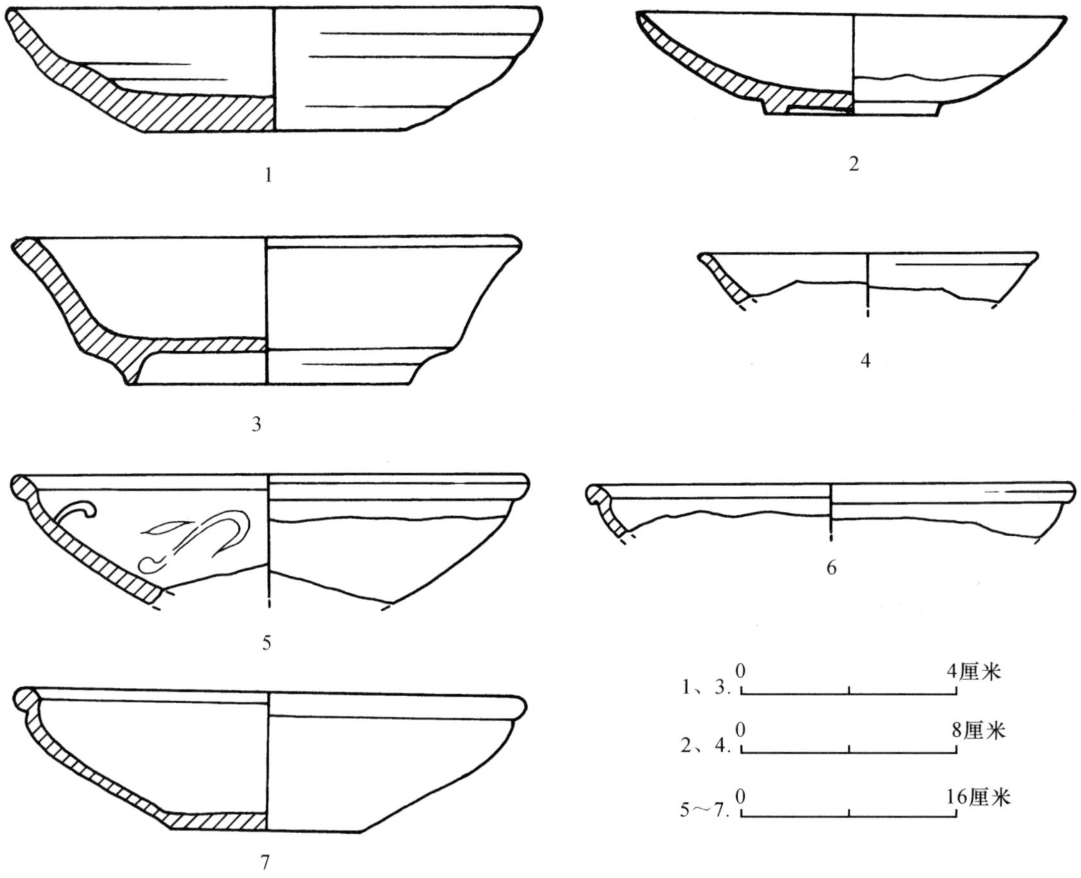

图六一　H15出土瓷器

1. 碟（H15②：9）　2、3. 盘（H15②：1、H15③：15）　4～7. 盆（H15②：14、H15②：12、H15②：13、H15②：6）

土，饰褐彩花草枝叶纹。内底有7个支钉痕，内施酱黄釉，外半釉。口径36、底径14、高10.4厘米（图六一，7）。

瓷碟　1件。H15②：9，敞口，尖圆唇，浅弧腹，外壁饰三道凸棱，平底。黄褐胎，淡黄釉，内满釉，外釉不及底。口径9.7、底径4.8、高2.3厘米（图六一，1）。

双耳壶　1件。H15③：11，侈口，圆唇，束颈，广肩。颈肩处有对称耳系。灰褐胎，施酱釉，外壁釉面部分脱落。口径5、残高6.4厘米（图六二，1）。

敛口瓮　2件。H15③：13，泥质灰陶。敛口，厚圆唇，斜肩。轮制。口径37.6、残高7.2厘米（图六二，4）。H15③：12，泥质灰陶。敛口，厚圆唇，溜肩。轮制。口径72、残高9.2厘米（图六二，5）。

碟形灯　2件。H15②：2，变形器，敞口，方唇，腹斜收。灰褐胎，内施酱黄釉，

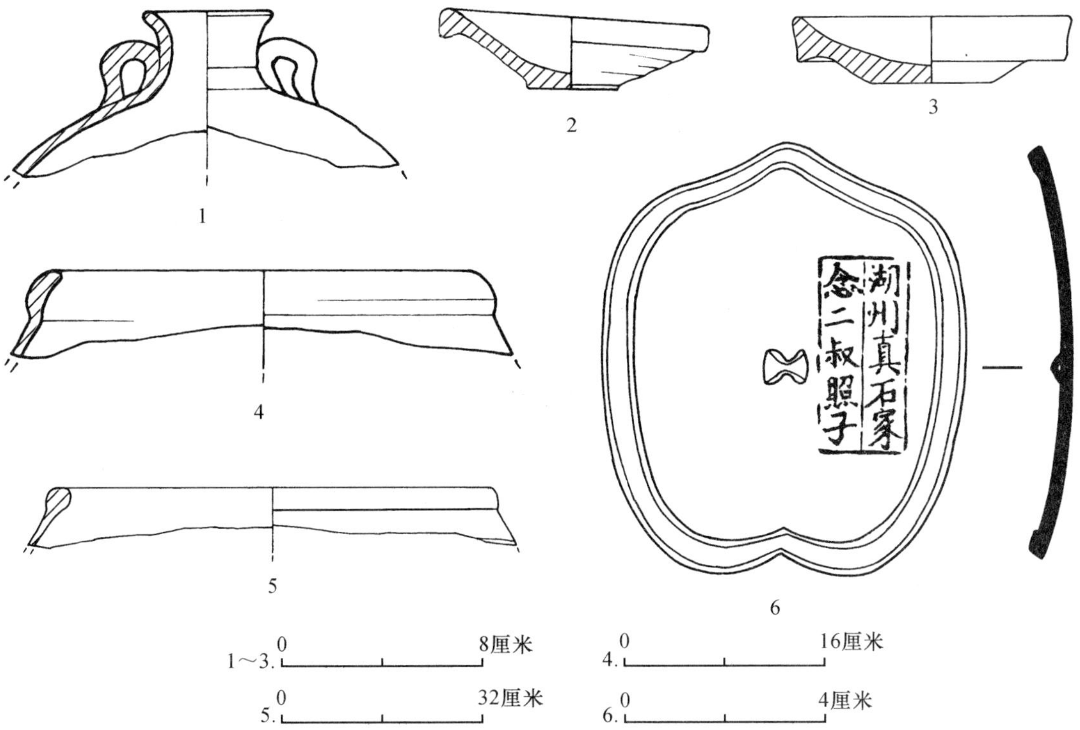

图六二 H15出土瓷器、铜器

1. 瓷双耳壶（H15③：11） 2、3. 瓷碟形灯（H15②：2、H15②：11） 4、5. 瓷敛口瓮（H15③：13、H15③：12） 6. 铜镜（H15②：7）

外半釉。口径10.6、底径3.6、高3.6厘米（图六二，2）。H15②：11，敞口，方唇，浅弧，平底。褐胎，内施酱釉，外半釉。口径11、底径4.8、高2.7厘米（图六二，3）。

陶器极少，主要是陶瓦。

滴水瓦 2件。H15③：3，泥质灰陶。面呈弧形，内有布纹，外素面。前端连半月形滴水头，面模印折枝花卉。通长28、宽21.2、滴头长3.5厘米（图六三，2）。H15②：8，残。泥质灰陶。仅存滴水，半月形，瓦面弧，模印四朵莲花，外缘二道圈栏。宽17.5、残长7.5厘米（图六四，4）。

筒瓦 1件。H15③：4，泥质灰陶。面呈半圆形，前端接瓦舌。内布纹，外素面。通长25.4、宽13.2、瓦舌长3.2厘米（图六三，1）。

瓦当 3件。H15③：2，泥质灰陶，当面边廓部分残，圆形，中部隆起，模印兽面，兽面怒目圆睁，胡须卷曲，龇牙咧嘴。直径11.3厘米（图六四，1）。H15②：5，部分残缺。泥质灰陶。圆形，中部隆起，模印兽面，边缘饰二周凸弦纹，兽面怒目圆睁，胡须卷曲，龇牙咧嘴。直径11厘米（图六四，2；图版一四，5）。H15②：3，泥质灰

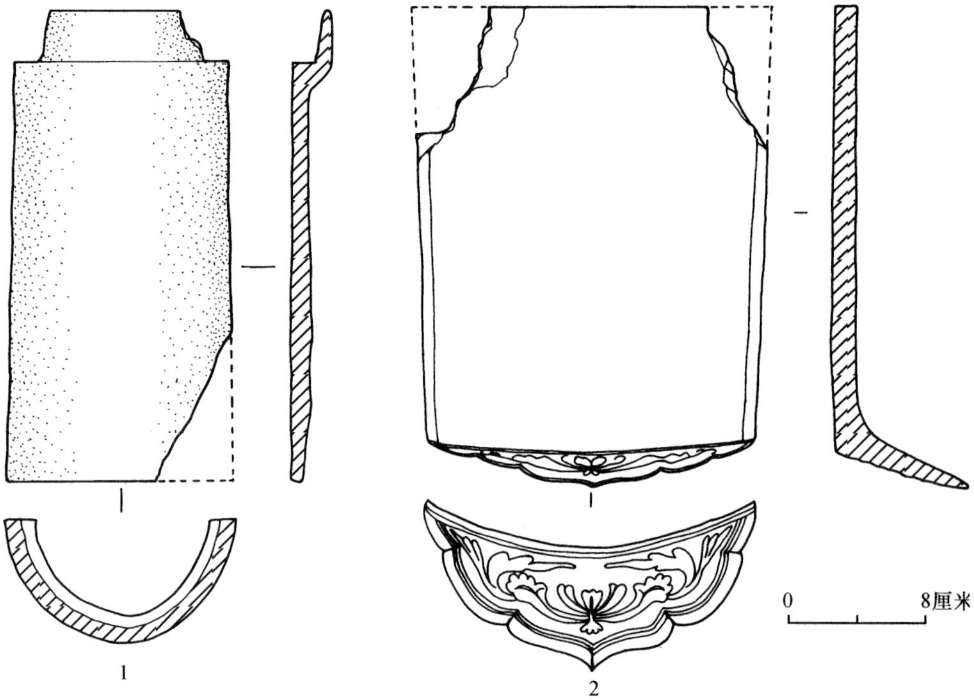

图六三　H15出土筒瓦和滴水瓦

1. 筒瓦（H15③：4）　2. 滴水瓦（H15③：3）

陶。当面部分残缺，圆形，面平。面模印五瓣莲花，外围一周凸弦纹。直径12.8厘米（图六四，3）。

铜器仅见铜镜一种。

铜镜　1件。H15②：7，青铜质。平面呈桃形，镜面微鼓，镜背外缘有一周凸郭，中央饰牛鼻形钮，钮右侧模铸长方形印，分两竖栏，刻“湖州真石家 念二叔照子”两行铭文，楷书。镜高8.6、宽7.2、厚0.2厘米（图六二，6；图版一四，6）。

石制品仅见石狮1件。

石狮　1件。H15①：2，圆雕。砂石质。该狮呈蹲伏状，圆眼，张嘴，露上齿，下颌有须。头顶长毛卷曲，共7缕。体态丰满。狮座为长方体，狮与座表面整体磨光。座长18.6、宽17、高23.2厘米，狮残长20、宽17.4、高25厘米（图六五；图版一五，2）。

2. 沟

共6条，位于遗址中、西部，均呈长条形。

（1）G1。

位于遗址中部，出露部分跨T1509、T1508、T1507、T1506四个探方。沟口叠压于

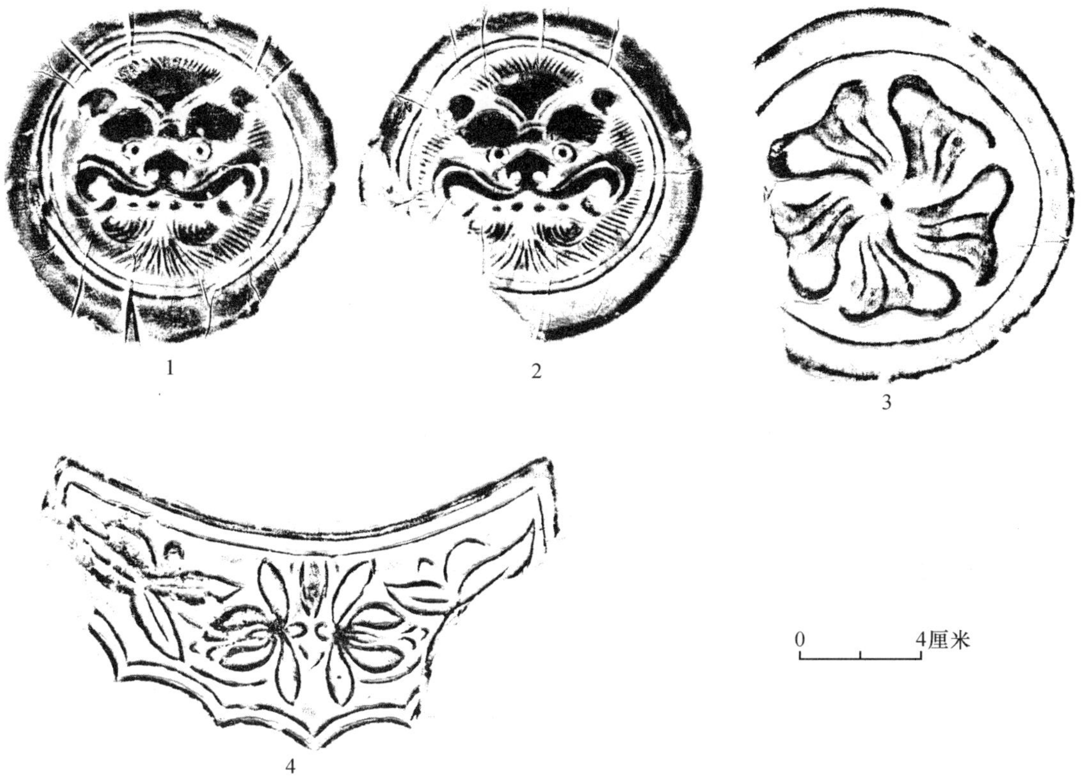

图六四　H15出土陶瓦当、滴水瓦

1～3. 瓦当（H15③：2、H15②：5、H15②：3）　4. 滴水瓦（H15：8）

第3A层下，打破H3及G4，口距地表深0.25～0.4米。该沟平面呈长条形，剖面呈“U”形，沟壁斜直，底呈弧形，北高南低。沟内填土为灰褐色，土质较硬， 内含有石块、炭粒等，夹杂少许素面瓦片及残瓷片等。沟露出部分南北长19、东西宽0.57～0.78、深0.4～0.6米（图六六）。

（2）G7。

位于遗址中部，南北向跨T1608、T1607、T1606三个探方，南部叠压于T1606南壁下，未发掘。沟口叠压于第3A层下，打破第3B、第4层，沟口距地表深0.4～0.5米。G7平面呈长条形，北东—南西向，北高南低，沟壁较直，底较平，剖面呈长方形，口底宽度相若。沟内填土黄褐色，土质较硬，夹杂有青灰色淤泥块。出土物有泥质灰陶片、瓷片、铁钉等。发掘部分长10.3米，宽0.5～0.65、深0.6米（图六七）。

G7内出土遗物可辨器形有瓷器、陶器两类。瓷器有鼓肩罐、碟，陶器有网坠等。

瓷鼓肩罐　1件。G7：6，敛口，折沿，沿面微凹，尖圆唇，斜腹微弧。内无釉外满施酱黄釉，暗红色胎。残高3.8厘米（图六八，1）。

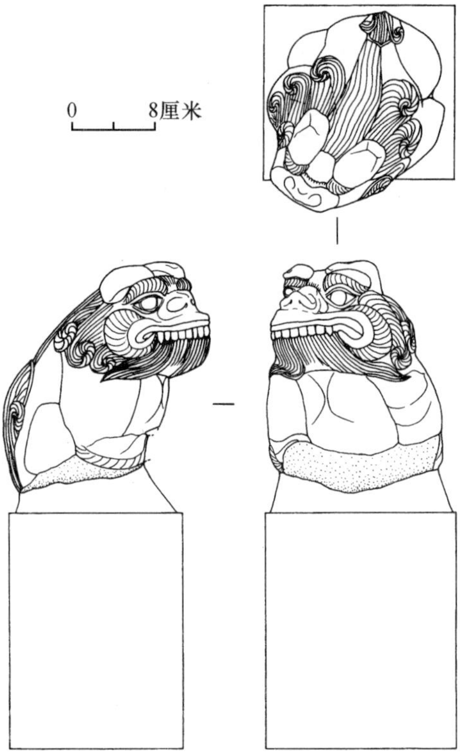

图六五　H15出土石狮

（H15①：2）

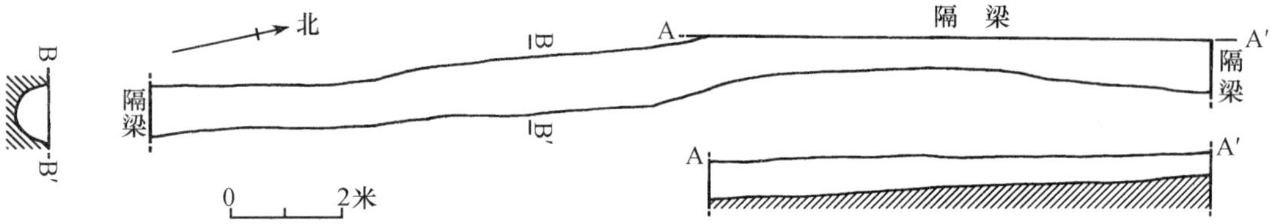

图六六　G1平、剖面图

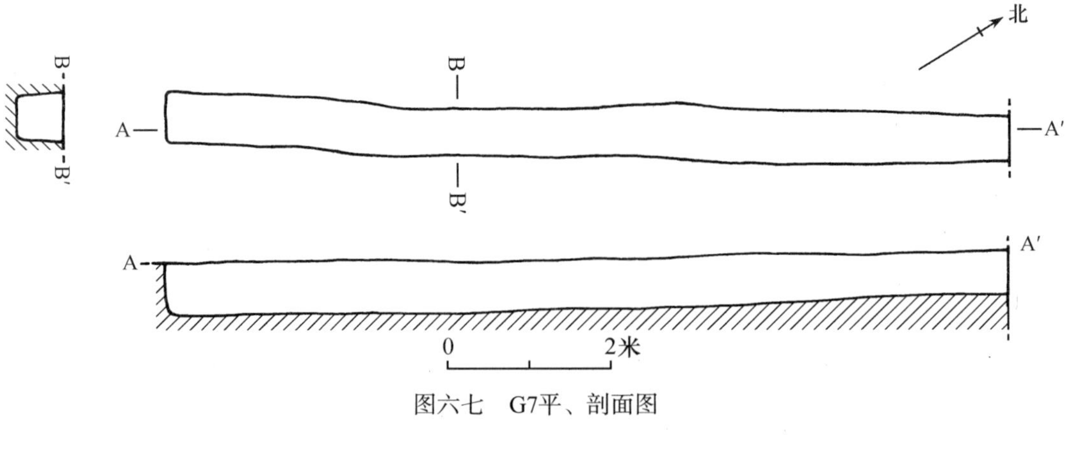

图六七　G7平、剖面图

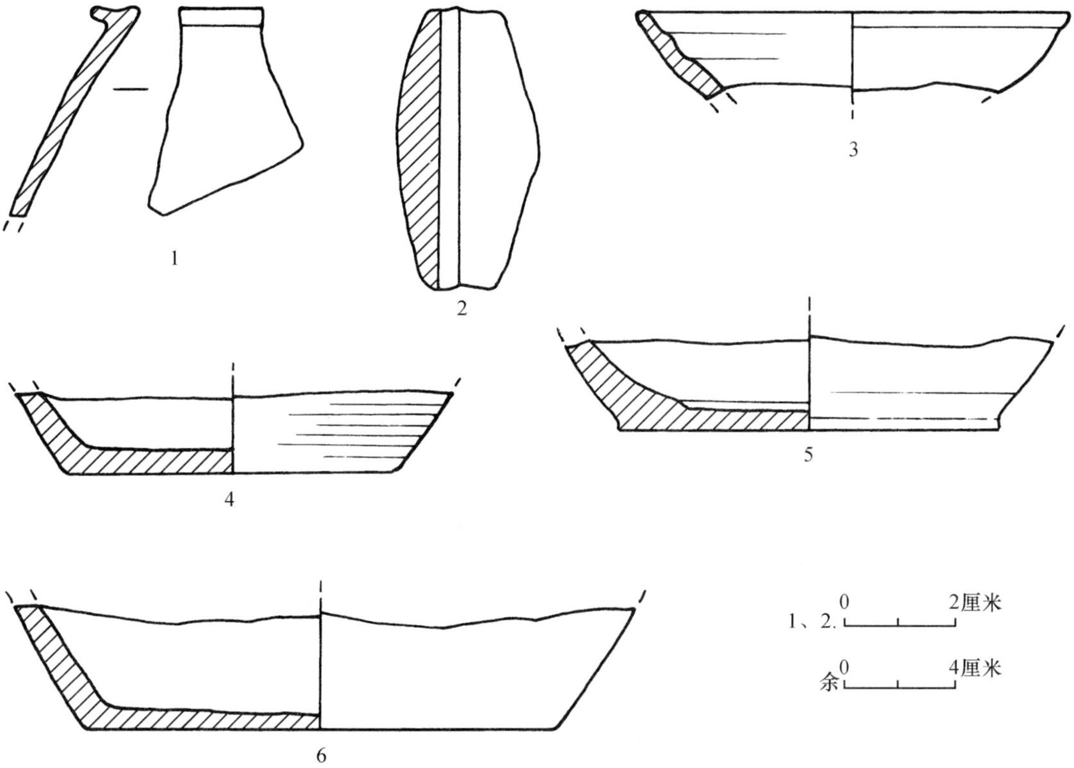

图六八　G7出土器物

1. 瓷鼓肩罐（G7：6）　2. 陶网坠（G7：1）　3. 瓷碟（G7：3）　4、6. 陶平底器（G7：2、G7：4）
5. 瓷平底器底（G7：5）

瓷碟　1件。G7：3，敞口，圆唇，弧腹。内满施青黄釉，外釉仅施唇部，灰白胎。口径16、残高3厘米（图六八，3）。

瓷平底器底　1件。G7：5，粗瓷，红褐胎，无釉。斜弧腹，平底。底径14、残高3.4厘米（图六八，5）。

陶网坠　1件。G7：1，泥质红陶。手制。橄榄形，粗短，中鼓，中穿孔。长5.1、中鼓径2.6、中孔径0.7厘米（图六八，2）。

陶平底器底　2件。G7：2，泥质灰陶。斜直腹，平底。外壁有细密的轮旋痕迹，底径12、残高3.2厘米（图六八，4）。G7：4，夹细砂灰陶。斜直腹内收，平底。底径17、残高4.6厘米（图六八，6）。

（3）G12。

位于遗址西部，跨T0908、T1008、T1108三个探方，东部伸入T1108东壁下，未能发掘。G12叠压于第3A层下，打破第4层，又被G9打破。沟口距地表深0.65～0.95米。

G12平面呈长条形，东西向，东高西低，沟壁斜直，底呈弧形。现发掘部分长10.5、宽0.6～1.2、深0.45～0.6米。沟内填土为灰褐色，土质较硬，内含有石块、炭粒、动物骨骼、青灰厚板瓦片、白釉瓷片、泥质灰陶片等（图六九）。

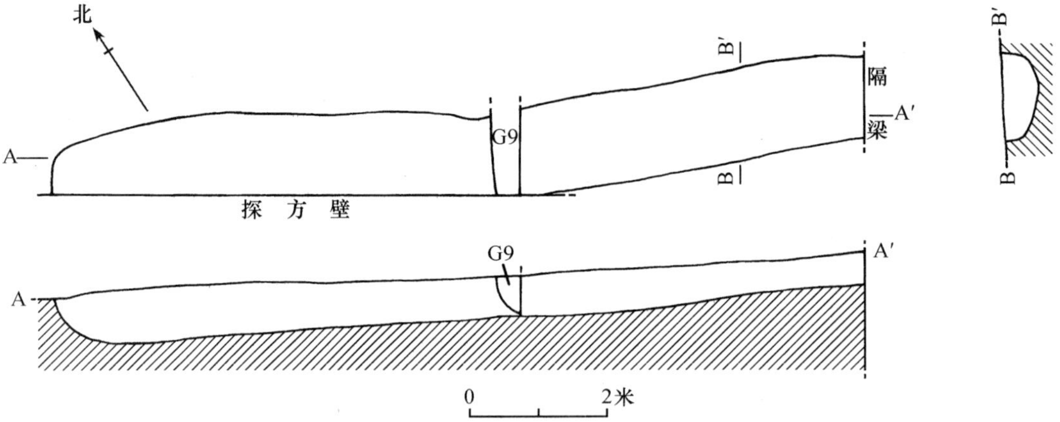

图六九　G12平、剖面图

G12出土陶瓷器可辨器形有瓷碗、陶碗、陶盆等。

瓷碗　1件。G12：4，斜直腹，坦腹，圈足。内外满施黄白釉，釉色明亮。底径4.6、残高1.7厘米（图七〇，1）。

瓷平底器底　1件。G12：5，粗瓷，灰胎。斜直壁，大平底。内壁有数道轮弦纹。底径24、残高4厘米（图七〇，2）。

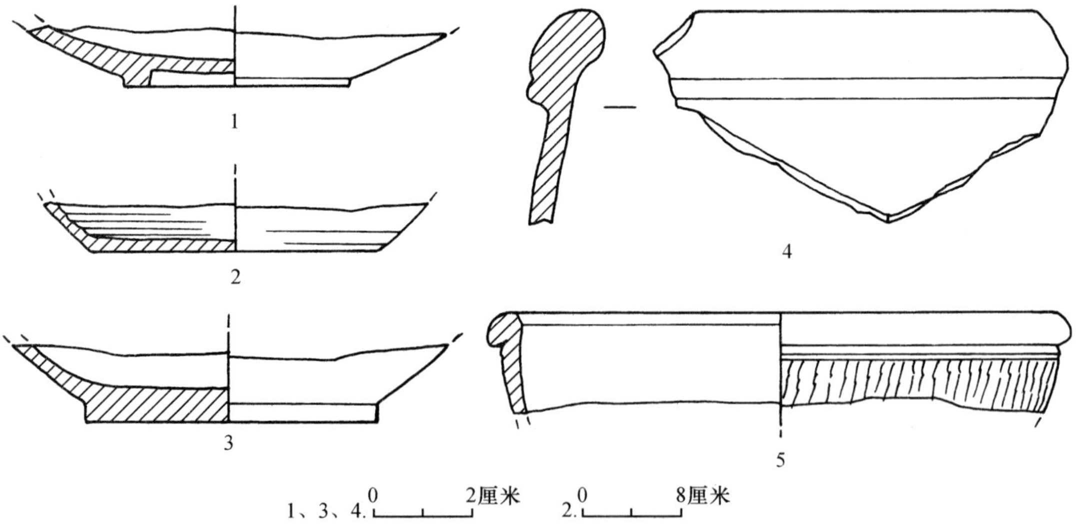

图七〇　G12出土陶、瓷器

1. 瓷碗（G12：4）　2. 瓷平底器底（G12：5）　3. 陶碗（G12：3）　4、5. 陶深腹盆（G12：1、G12：2）

陶碗　1件。G12：3，泥质黄褐陶。斜直腹，假圈足。底径6、残高1.6厘米（图七〇，3）。

陶深腹盆　2件。G12：1，泥质黑皮陶。敛口，厚圆唇，斜直腹外撇。唇外有一周凹弦纹。残高4.4厘米（图七〇，4）。G12：2，泥质灰陶。敛口，圈沿，圆唇，斜直腹。上腹饰二道凹弦纹，下饰斜向划纹。口径52、残高8.4厘米（图七〇，5）。

3. 井

发现1处。

J1位于遗址中部T1407的东部。叠压于第2A层下，打破第3A、第3B及第4层，井口距地表深0.35米。竖穴土坑，平面呈圆形，井壁光滑、较直，底略平。口径0.56～0.62、底径0.52、深1.12米。井内填土为红褐色五花土，土质较松，内含有瓦片、粗瓷碎片、铁钉等。近底部有厚约0.15米的青灰淤泥土，出土泥质灰陶网坠1件（图七一）。

4. 窖藏

发现1处。

C1位于遗址T1609的西北部。C1叠压于第3B层下，打破第4层，口距地表深0.4米。C1口部平面近圆形，剖面近梯形，口大底小，壁面斜直，平底。坑口直径0.45、底径0.37、深0.4米。坑内填土为黄灰色，土质较硬。坑中置一陶罐，上盖瓷钵，罐内装铜钱数串，由于锈蚀，绝大多数粘连在一起，数目不清（图七二）。

陶双耳罐　1件。C1：1，泥质灰陶。素面。圆唇，敛口，鼓肩，下腹斜收，平底。肩部饰一对宽扁形耳。口径16、底径14、高18厘米（图七三，1；图版一五，4）。

瓷钵　1件。C1：2，作为器盖倒置于双耳罐上。紫红色胎。圆唇，口微敛，斜弧腹，平底。素面，内施酱釉。口径21、底径8、高8.2厘米（图七三，1）。

开元通宝　数量较多。圆形方穿，内外有郭。钱文较纤秀，笔画较细。“通”字“甬”部上笔开口较扁。“元”字第一笔较长，第二笔左挑。“宝”字下的“贝”中间两笔较长，与两竖相接。背有指甲形月纹。外径2.55、穿边长0.65、厚0.15厘米（图七三，3）。

乾元重宝　仅少量几枚。圆形方穿，内外有郭，郭较宽，背素。钱文较粗，“元”字第一笔较长，靠近郭侧，第二笔长而左微挑。外径2.4、穿边长0.6、厚0.1厘米（图七三，2）。

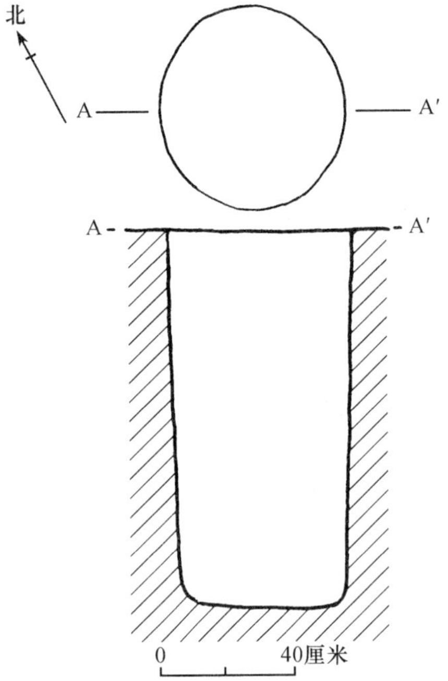

图七一　J1平、剖面图

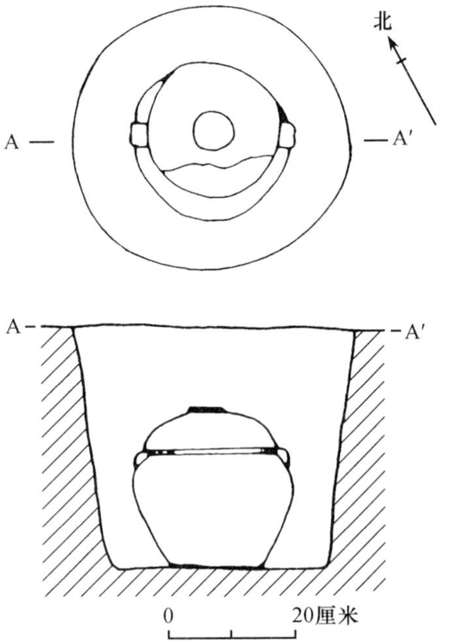

图七二　C1（窖藏）平、剖面图

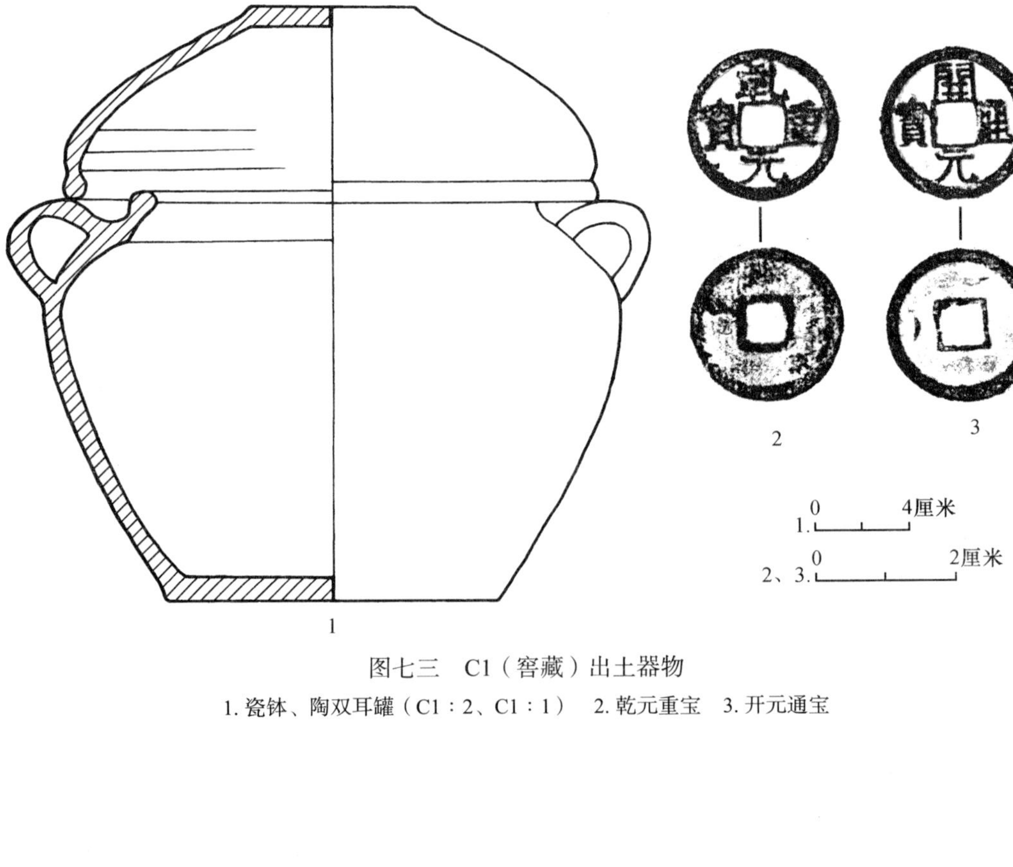

图七三　C1（窖藏）出土器物

1. 瓷钵、陶双耳罐（C1∶2、C1∶1）　2. 乾元重宝　3. 开元通宝

5. 墓葬

1座（M1）。

位于遗址南部山丘上T2的中部。叠压于第3层下，打破生土，墓室上部石板暴露于地表。M1为长方形竖穴土坑墓，土圹长2.84、宽1.44、残深1.42米。

该墓墓道已毁，墓室呈长方形，单室，墓向200° 。墓室长2、宽0.74、高1.26米。墓室用砂岩条石、石板砌筑，室内壁面加工平整。墓室由封门板、左右壁龛及后龛、藻井、棺床组成。封门石板封堵于墓室前部，上半部已残，厚0.1、残高0.54米。墓室左右两侧开对称长方形龛，龛宽1.06、高0.72、进深0.1米。后壁龛呈正方形，宽0.54、高0.54、进深0.22米。墓室底部棺床长1.88、宽0.62、高0.06米，棺床四周与墓壁之间有0.06米宽的沟槽。墓室顶部为覆斗形藻井顶。

墓室内未见葬具，仅见数枚铁钉及零星骨块，推断可能原有木棺，但葬式不明。墓室填土为黄褐色花土，含较多砂岩石碎块（图七四）。

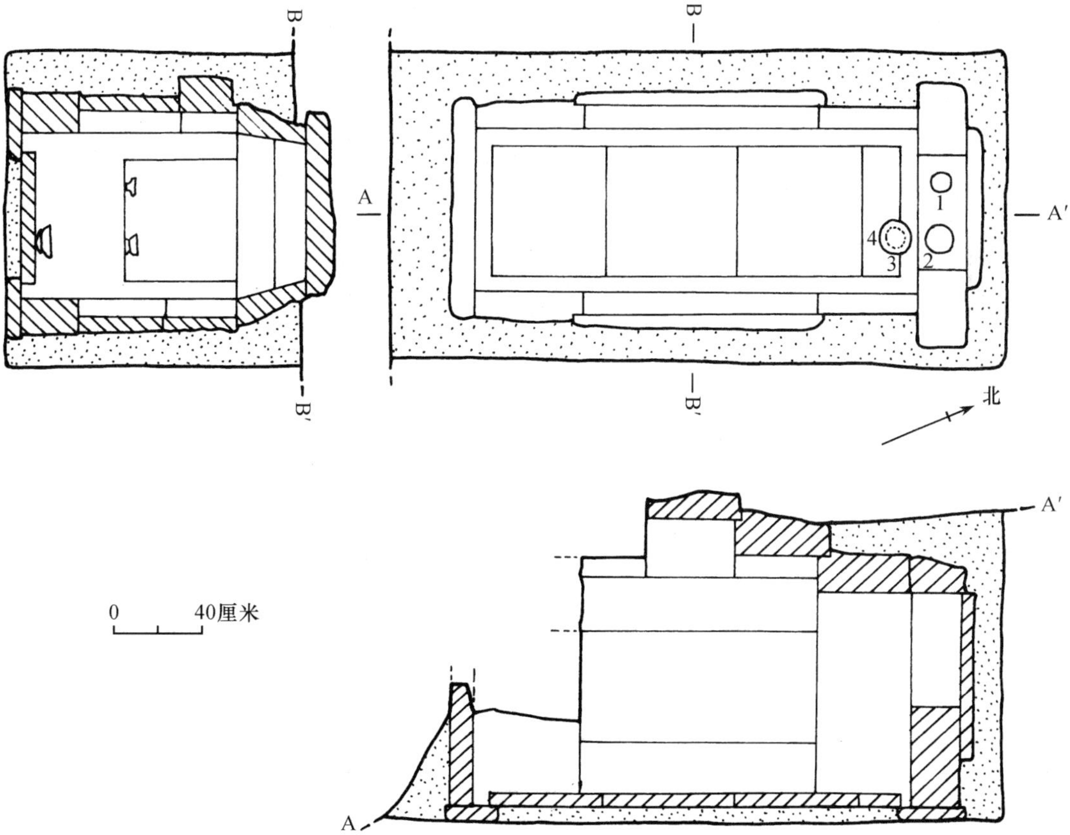

图七四 M1平、剖面图

1. 瓷碟形灯 2～4. 瓷碗

该墓出土随葬品4件，有瓷碗和瓷碟形灯两种，均置于墓室后壁和后龛内。

瓷碗　3件。M1：3，敞口，尖唇，上腹斜直，下弧收，涩圈，矮圈足。黄灰胎，施黄白釉，外釉不及底。口径17.4、底径6.4、高5.6厘米（图七五，2）。M1：4，敞口，尖唇，沿外撇，腹微弧，底略坦，涩圈，矮圈足。黄灰胎，施酱褐釉，外釉不及底。口径15.6、底径7、高4厘米（图七五，3）。M1：2，敞口，尖唇，斜弧腹，涩圈，矮圈足。黄灰胎，施灰褐釉，外釉不及底。口径12、底径5.4、高3.6厘米（图七五，4）。

碟形灯　1件。M1：1，敞口，方唇，坦腹，饼足。灰胎，内施酱釉，外无釉。口径9.2、底径3.6、高3厘米（图七五，1）。

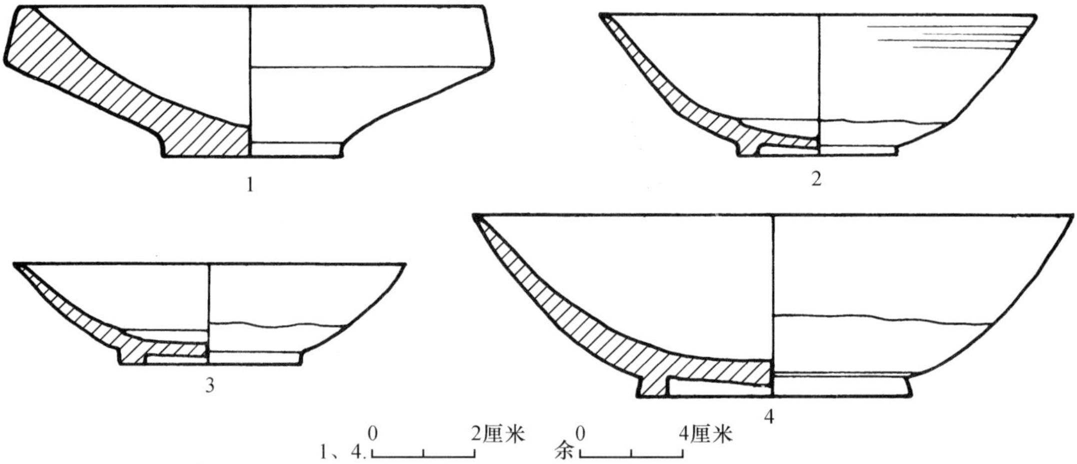

图七五　M1出土瓷器

1. 碟形灯（M1：1）　2～4. 碗（M1：3、M1：4、M1：2）

（二）文化层出土遗物

第3层堆积范围较大，堆积较厚，该层又分3A、3B、3C三个亚层，文化层出土遗物较多，有陶、瓷（含缸胎）、铜器三大类。陶器多为泥质灰陶，有敛口瓮、盆、缸、瓮、三足釜、甑、网坠、筒瓦、瓦当等。瓷器少部分火候不高，有的胎质不纯，多为缸胎器，瓷器多为青瓷，亦有黑釉、酱釉、青白釉瓷器，一般施釉不及底。器类有碗、罐、壶、钵、盆、盏、盘、研磨器、碟形灯、锥、器盖、垫具等。

现以各亚层为单位从下向上逐层介绍遗物。

1. 第3A层出土遗物

（1）陶器。

仅可挑选敛口瓮、瓦当两类器物。

敛口瓮　1件。T0806③C：3，下腹残。泥质灰陶。敛口，平沿，厚圆唇。腹斜直。残高7.4厘米（图七六，2）。

瓦当　1件。T1606③C：1，残，仅存少部分。外廓略高，内饰莲瓣，间饰小乳钉，外围一周联珠纹（图七六，3）。

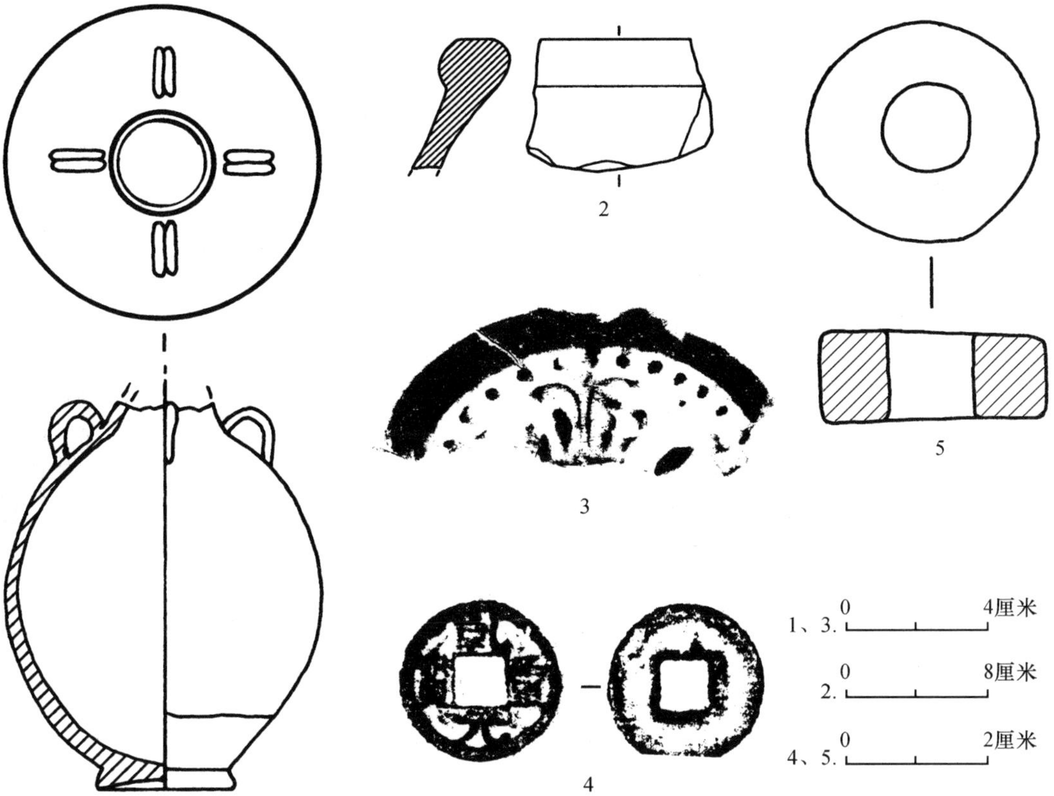

图七六　第3C层出土器物及拓片

1. 瓷四系壶（T2007③C：2）　2. 陶敛口瓮（T0806③C：3）　3. 陶瓦当（T1606③C：1）
4. “乾元重宝”铜钱（T1805③C：1）　5. 瓷纺轮（T1606③C：2）

（2）瓷器。

可辨碗、钵、四系罐、浅腹盆、纺轮等器形。

碗　3件。T2006③C：2，灰黑胎。直口，尖圆唇，弧腹，饼足，足根外撇，内底中心微凹。内满施青釉，外半釉。口径12、底径4、高5.6厘米（图七七，6）。

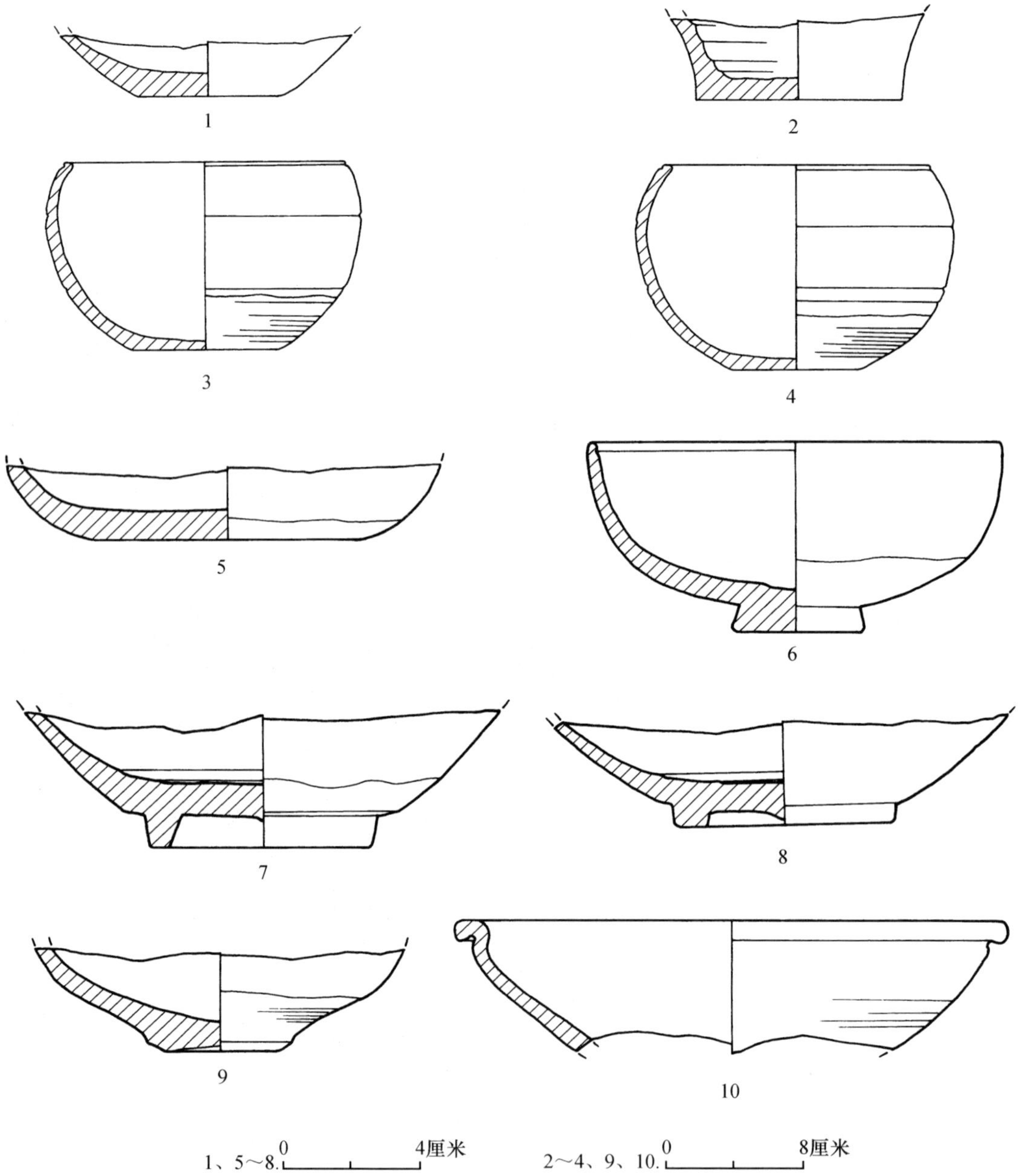

图七七　第3C层出土瓷器

1、2、9. 平底器底（T1606③C：5、T1606③C：3 、T0805③C：1）　3～5. 平底钵（T2007③C：1、T2006③C：1、T1606③C：4）　6～8. 碗（T2006③C：2、T0806③C：1、T0806③C：2）　10. 浅腹盆（T0806③C：4）

T0806③C：1，黄白胎。斜直腹，圈足内壁外撇，外底见鸡心状乳突。内施酱黑釉，底部见涩圈，外施半釉。底径6.4、残高3.1厘米（图七七，7）。T0806③C：2，灰褐胎。斜直腹，下折内收，圈足内壁外撇，外底见鸡心状乳突。内施酱黄釉，底部见涩圈，外施半釉。底径5.5、残高4厘米（图七七，8）。

平底钵 3件。T2007③C：1，黄白胎。敛口，圆唇，圆鼓腹，平底微内凹。内施淡黄釉，外半釉，腹下部饰二周凹弦纹。腹下见轮制痕迹。口径16.2、底径8.2、高11厘米（图七七，3）。T2006③C：1，灰白胎。敛口，圆唇，圆鼓腹，平底。内施淡黄釉，外半釉，腹饰三周凹弦纹。腹下见轮制痕迹。口径15.2、底径7、高12厘米（图七六，4）。T1606③C：4，白胎。下弧腹内收，平底。内施青灰釉，有冰裂纹开片，外半釉。底径7.6、残高2.2厘米（图七七，5）。

四系壶 1件。T2007③C：2，口残。黄白胎。溜肩，深弧腹，饼足外撇，外底微凹，肩部饰四个对称复式系。外施淡黄釉，内无釉。底径3.8、腹径9、残高11厘米（图七六，1）。

浅腹盆 1件。T0806③C：4，侈口，卷沿，圆唇，斜直腹，较浅。内施酱黄釉，饰花草纹，外釉仅饰唇部。腹外壁见轮弦纹。口径32、残高7.6厘米（图七七，10）。

纺轮 1件。T1606③C：2，灰白胎。平面呈圆形，中间有圆形孔。直径3.2、孔径1.3、高1.3厘米（图七六，5）。

平底器底 3件。T1606③C：5，褐胎。斜直腹，平底。内施青黄釉，内壁见冰裂纹，外无釉。底径4、残高1.8厘米（图七七，1）。T1606③C：3，灰白胎。下腹内收，平底。内无釉，外施青黄釉不及底，腹壁及底见轮弦凹纹。底径12、残高5厘米（图七七，2）。T0805③C：1，粗瓷灰胎。弧腹急收，小平底微凹。内满施青绿釉，外半釉，其下饰浅黄色化妆土，下腹及外底见细密轮弦纹。底径7、残高6厘米（图七七，9）。

（3）铜钱。

仅1枚。T1805③C：1，为乾元重宝。圆形方穿，面有郭，郭较宽，背郭不显。钱文粗壮，“元”字第一笔较短而细，第二笔长而左微挑。外径2.2、穿边长0.7、厚0.1厘米（图七六，4）。

2. 第3B层出土遗物

第3B层出土遗物有陶、瓷器、铜器，但以瓷器数量最多。

（1）陶器。

陶器有矮领瓮、深腹盆、双耳盆、网坠等。

矮领瓮 2件。T1606③B：12，泥质黄褐陶。敛口，方唇，矮斜直领，内壁外凹，广肩。口径28、残高5.6厘米（图七八，4）。T1406③B：8，泥质黑皮陶。敛口，方圆唇，短弧领，内壁外凹，斜肩。口径16、残高3.6厘米（图七八，5）。

深腹盆　3件。T1608③B：6，泥质灰陶。敛口，折沿，方唇，弧腹。唇部饰一周凹弦纹，并有轮旋痕。口径38.4、残高6.4厘米（图七八，7）。T1608③B：2，夹砂灰陶。直口，卷沿，厚圆唇，直腹。残高7.2厘米（图七八，8）。T1507③B：2，泥质灰陶。敞口，卷沿，厚圆唇，斜直腹。口径32、残高9厘米（图七八，9）。

双耳盆　1件。T1606③B：13，泥质灰陶。敛口，厚圆唇，斜直腹，沿下饰对称牛鼻形双耳。口径23.8、残高3.4厘米（图七八，6）。

网坠　3件。T1606③B：6，泥质灰陶。橄榄形，细长，中部略鼓，中穿孔。长3.7、最大腹径1.6、孔径0.4厘米（图七八，1）。T1606③B：5，泥质灰陶。橄榄

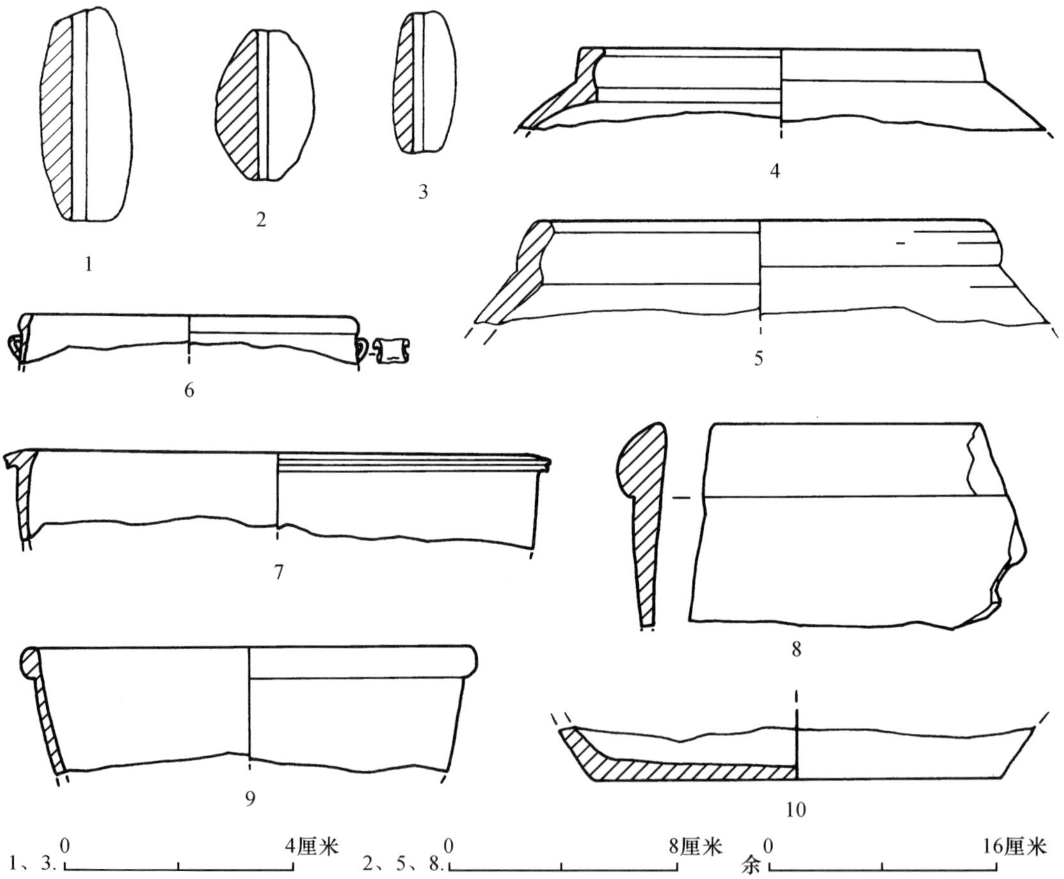

图七八　猴清庙遗址第3B层出土陶器

1～3. 网坠（T1606③B：6、T1606③B：5、T1606③B：3）　4、5. 矮领瓮（T1606③B：12、T1406③B：8）　6. 双耳盆（T1606③B：13）　7～9. 深腹盆（T1608③B：6、T1608③B：2、T1507③B：2）　10. 平底器底（T1406③B：7）

形，短粗，中部圆鼓，中穿孔。长5.3、最大腹径3.4、孔径0.6厘米（图七八，2）。T1606③B：3，泥质灰陶。橄榄形，细长，中部略鼓，中穿孔。长2.5、最大腹径2.5、孔径0.3厘米（图七八，3）。

平底器底　1件。T1406③B：7，泥质灰陶。斜直腹，平底。底径28.8、残高3.6厘米（图七八，10）。

（2）瓷器。

瓷器中有部分缸胎器，除原料差异明显，因其制法等与瓷器接近，在此一并介绍。可辨器形的瓷器（缸胎器）有碗、盏、碟形灯、碟、鼓肩罐、双耳罐、鸟食罐、高领瓮、折沿盆、香炉、器盖、研磨器等，另有测温锥、垫托、垫圈等窑具。

碗　8件。按腹部形态的不同可分二型。

A型　弧腹。6件。T1506③B：1，口微敞，弧腹较浅，矮圈足，足根方正。褐胎，通体施化妆土，内壁饰褐色草叶纹。内满施米黄釉，外釉不及底。口径16.6、底径6.2、高5.8厘米（图七九，1）。T1506③B：2，敞口，尖唇，弧腹，矮圈足，足根方正。口沿内外施一周白釉，其余无釉。暗红褐胎。口径16.4、底径7、高5.6厘米（图七九，2）。T1506③B：3，敞口，尖圆唇，弧腹，矮圈足，足根方正。内施黄釉，口沿处施一周白釉，内壁见轮旋痕迹。暗红褐胎。口径16.8、底径7.4、高5.6厘米（图七九，3）。T2008③B：1，敞口，尖唇，弧腹，饼足略凹。内施酱黄釉，外半釉。红褐胎。口径13.8、底径6.2、高4.6厘米（图七九，4）。T1406③B：4，敞口，尖圆唇，涩圈，斜弧腹，矮圈足。内施黑釉，外半釉。灰白胎。口径14.8、底径6.2、高4.5厘米（图七九，5）。T1606③B：7，敞口，圆唇，斜弧腹，矮圈足。内底一圈凹弦纹。内满施黑釉，外半釉。灰褐胎。口径15.2、底径5.1、高5.5厘米（图七九，6）。

B型　斜直腹。2件。T1406③B：3，敞口，圆唇，斜直腹，圈足。沿下饰一周凹弦纹。内壁施酱釉，底部见涩圈，外壁施半釉。外壁见轮旋痕。黄褐胎。口径19.6、底径5.3、高6.8厘米（图七九，7）。T1406③B：1，敞口，圆唇，斜直腹，矮圈足，足墙外撇。内壁施酱黄釉，底部见涩圈，外壁施半釉。沿下饰一周凹弦纹，内壁压印菊花水波纹，外壁上部见轮旋痕。黄褐胎。口径18.4、底径6.6、高7.0厘米（图七九，8）。

盏　3件。据口部形态不同可分二型。

A型　弇口。2件。均为圈足。T1506③B：10，圆唇，上腹微弧，下腹斜直。内外施黑釉，釉色莹润明亮。灰白胎。残高4.2厘米（图七九，9）。T1606③B：1，圆唇，斜弧腹，矮圈足。通体饰化妆土，内壁饰褐色草叶纹，内施米黄釉，外半釉。褐胎。口径17.4、底径6.2、高5.8厘米（图七九，10）。

B型　敞口。1件。饼足。T1606③B：8，敞口，圆唇，斜弧腹，足底见刮削痕迹。内施酱褐釉，外半釉。灰褐胎。口径10.8、底径4、高4.4厘米（图八一，1）。

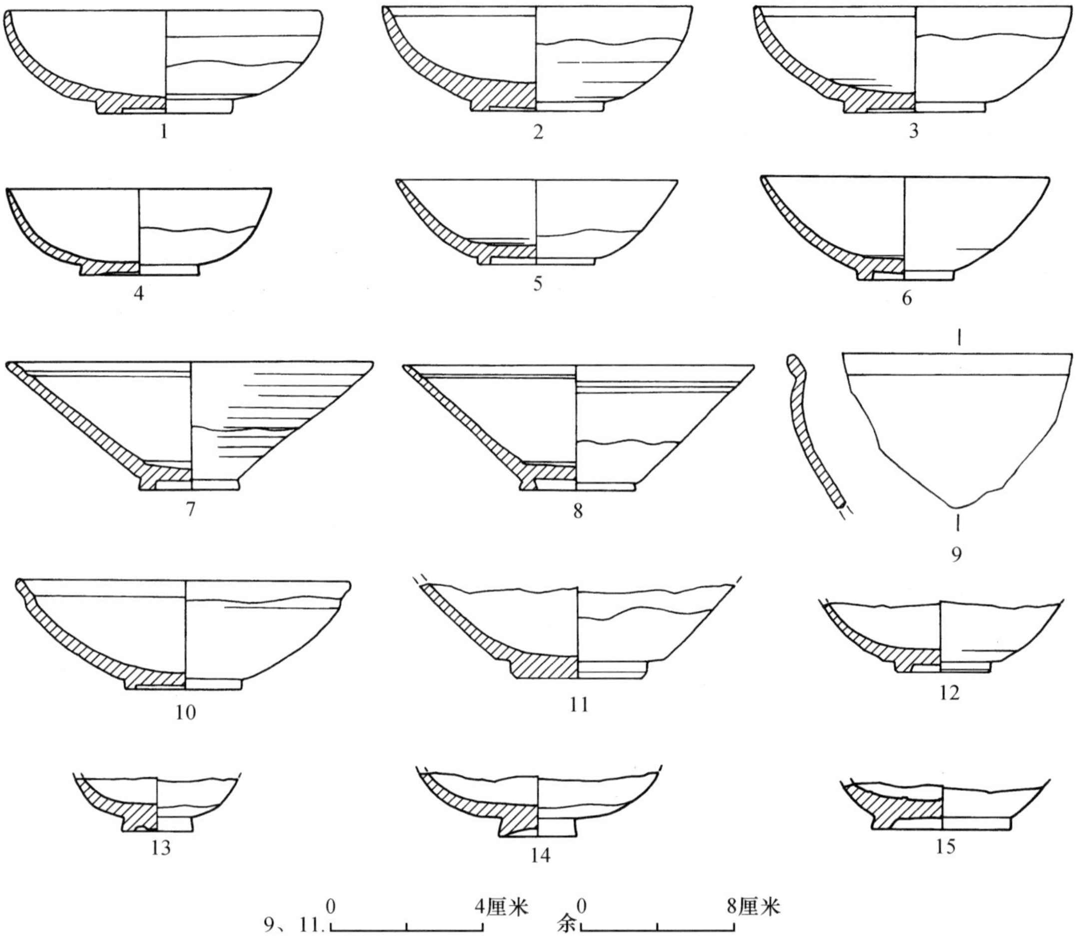

图七九　第3B层出土瓷器

1～6. A型碗（T1506③B：1、T1506③B：2、T1506③B：3、T2008③B：1、T1406③B：4、T1606③B：7）7、8. B型碗（T1406③B：3、T1406③B：1）　9、10. A型盏（T1506③B：10、T1606③B：1）　11～15. 碗或盏器底（T1506③B：9、T1506③B：8、T1407③B：1、T1808③B：1、T1608③B：5）

另有5件碗或盏的下半部分。T1506③B：9，斜直腹，下腹近底见明显折棱，底部见刮削痕迹。内施黑釉，釉色莹润光亮，外壁施釉不及底。灰白胎。底径3.5、残高2.5厘米（图七九，11）。T1506③B：8，圈足内壁外撇，内满施黑釉，外半釉，外壁见流釉，下腹见轮旋痕。灰白胎。底径5、残高3.6厘米（图七九，12）。T1407③B：1，弧腹，饼足外撇，外底内凹，见鸡心状凸起。内壁施青黄釉，外壁施釉不及底。灰白胎。底径3.6、残高2.8厘米（图七九，13）。T1808③B：1，弧腹，饼足外撇内凹。内施灰釉，外壁施釉不及底。灰胎。底径4.2、残高3.4厘米（图七九，14）。T1608③B：5，圈足外撇，内底见7个支钉痕。内壁施青绿釉，外釉不及底。灰黑胎。底径7.4、残高2.4厘米（图七九，15）。

碟形灯　6件。T1507③B：1，敞口，尖唇，宽折沿，弧腹，饼足。无釉。缸胎。口径9.6、底径3.6、高3.0厘米（图八〇，1）。T1507③B：3，敞口，方唇，斜直腹，腹外壁见轮旋痕，饼足。内施酱黄釉，外釉仅施唇部。缸胎。口径11、底径4、高3.5厘米（图八〇，2）。T1606③B：10，敞口，厚圆唇，弧腹，平底。内满施淡黄釉，外无釉。缸胎。口径5.4、底径2.8、高3厘米（图八〇，3）。T1506③B：6，敞口，折沿，圆唇，斜曲弧，饼足平底。内壁施淡黄釉，外无釉。缸胎。口径9.7、底径4.2、高2.6厘米（图八〇，4）。T1506③B：7，敞口，方唇，唇面内凹，斜直腹，平底微内凹。内施黄釉，外无釉。缸胎。口径9.4、底径4.6、高2.3厘米（图八〇，5）。T1506③B：5，敞口，圆唇，沿下内壁见明显折棱，斜弧腹，平底。沿内部施一圈酱黑釉，外无釉。缸胎。口径9.8、底径4.3、高2.6厘米（图八〇，6）。

碟　3件。T1506③B：11，敞口，方唇，折腹。内满施黑釉，外半釉。白胎。口径10、残高1.8厘米（图八〇，7）。T1406③B：5，敞口，尖圆唇，斜直腹，腹部见明显折痕，饼足。内满施黄白釉，外半釉。白胎。口径10、底径5、高2厘米（图八〇，

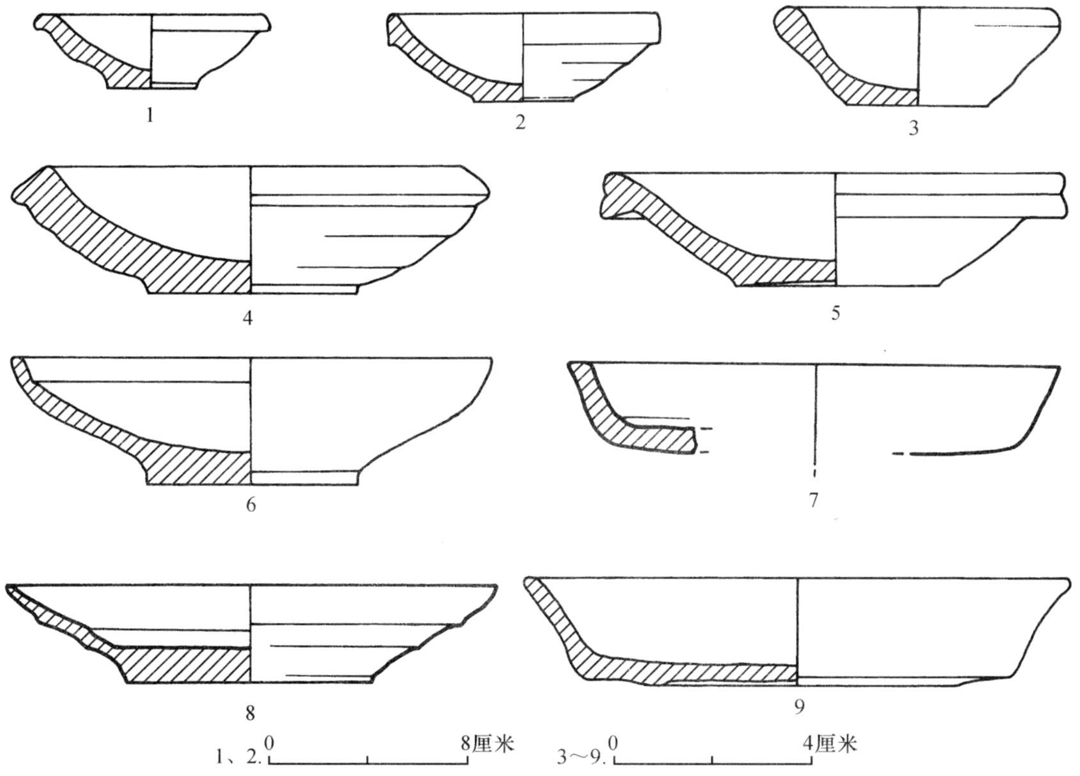

图八〇　第3B层出土瓷器

1～6. 碟形灯（T1507③B：1、T1507③B：3、T1606③B：10、T1506③B：6、T1506③B：7、T1506③B：5）

7～9. 碟（T1506③B：11、T1406③B：5、T1506③B：4）

8）。T1506③B：4，敞口，圆唇，折腹，隐圈足。内施黑釉，外半釉。灰胎。口径11.1、底径6.2、高2.2厘米（图八〇，9）。

鼓肩罐　1件。T1608③B：4，侈口，卷沿，圆唇，束颈，耸肩。沿内及外壁饰黄白色化妆土。缸胎。口径12、残高3.4厘米（图八一，2）。

双耳罐　2件。T1606③B：11，敛口，尖唇，鼓肩，肩部有对称的双耳。内外施黑釉。灰白胎。口径8.6、残高4.6厘米（图八一，5）。T1506③B：12，直口，方唇，圆

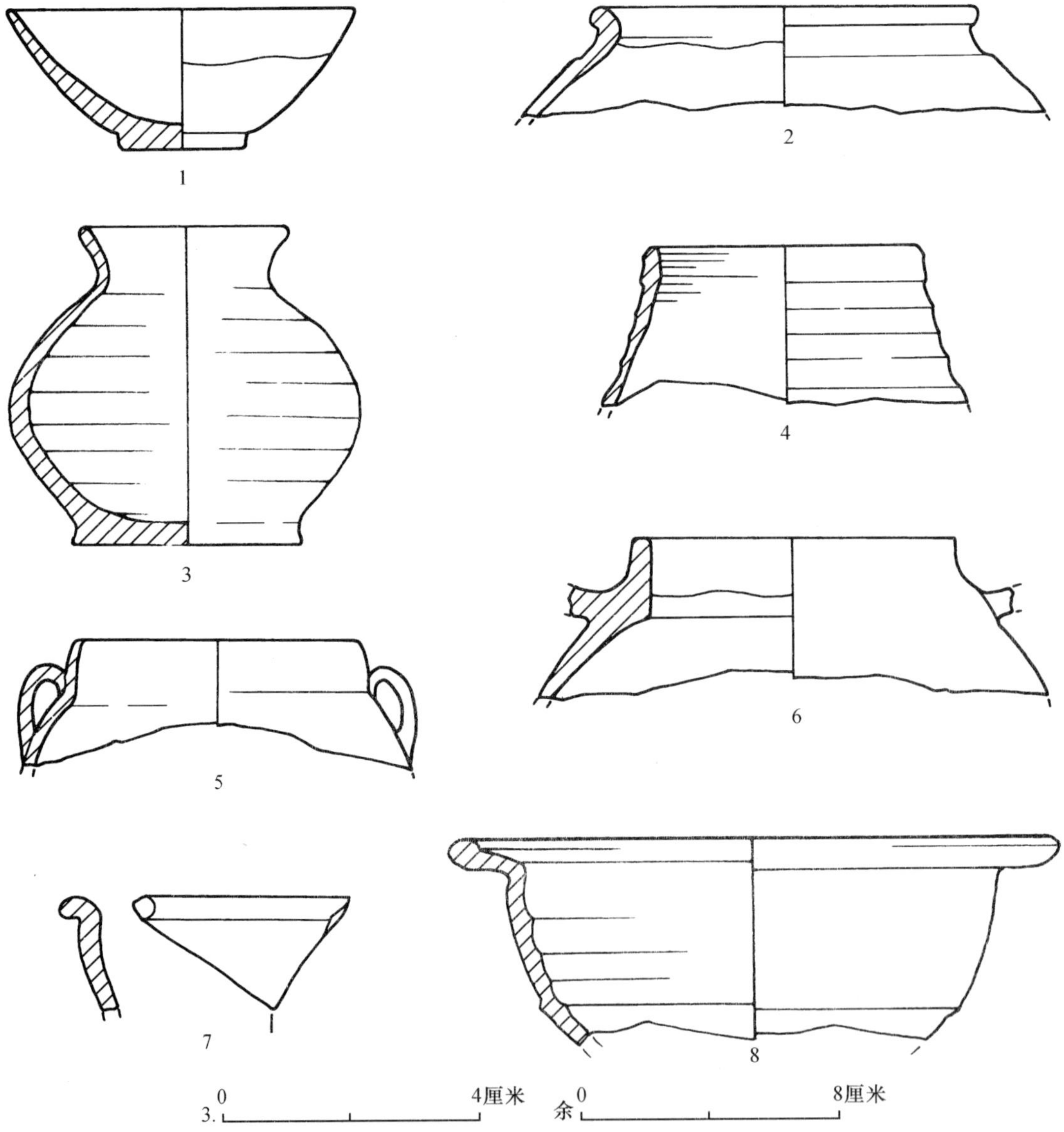

图八一　第3B层出土瓷器与缸胎器

1. B形盏（T1606③B：8）　2. 鼓肩罐（T1608③B：4）　3. 鸟食罐（T1606③B：2）　4. 高领瓮（T1406③B：6）　5、6. 双耳罐（T1606③B：11、T1506③B：12）　7、8. 折沿盆（T1608③B：3、T0902③B：1）

肩，双耳残。口部内壁及器外壁施酱釉。灰胎。口径10、残高5厘米（图八一，6）。

鸟食罐　1件。T1606③B：2，侈口，束颈，圆唇，鼓腹，内外壁均见轮旋痕，平底外撇。肩及口沿处饰米黄色化妆土。无釉。红褐胎。口径3.3、底径3.6、高5厘米（图八一，3）。

高领瓮　1件。T1406③B：6，直口，尖唇，斜直领。外壁饰瓦棱纹，内壁见细密轮旋痕，内外施酱黄釉。缸胎。口径8.3、残高5厘米（图八一，4）。

折沿盆　2件。T1608③B：3，敞口，折沿，圆唇，斜弧腹。内施黄白釉，外釉仅施唇部。红褐胎。残高3.6厘米（图八一，7）。T0902③B：1，敞口，宽折沿，圆唇，弧腹，内腹部见轮旋痕，下腹饰一周凸弦纹。内壁饰黄白色化妆土，无釉。缸胎。口径19、残高6厘米（图八一，8）。

香炉　1件。T1606③B：9，敞口，平折沿，尖圆唇，上腹较直，下腹弧收，平底，底接三斜方足。施青绿釉，内外釉均不及底。灰白胎。口径9、高5.1厘米（图八二，1）。

器盖　1件。T1608③B：1，桥形钮，盖面平，该沿斜弧，子口高直。盖面刻划莲瓣纹。无釉。灰白胎。直径4.3、高2.2厘米（图八二，2）。

研磨器　1件。T1105③B：1，下腹内收，平底。腹内壁饰数道线状凹槽。红褐胎。底径12、残高5.2厘米（图八二，4）。

测温锥　1件。T1606③B：4，泥质黄褐陶，圆锥状，两断均残。残长9.2厘米（图八二，6）。

垫托　1件。T0905③B：1，已变形。敛口，宽平沿，腹较直，平底。内壁见泥条盘制痕，壁较厚。灰褐胎。口径8、底径9.4、高14.4厘米（图八二，5）。

垫圈　1件。T1406③B：2，圆形，中孔，上端削成六齿形支垫，底棱斜削，平底。灰褐胎。外径7.8、内径3、高2.5厘米（图八二，7）。

（3）铜器。

仅见“开元通宝”钱一种。1枚。T1906③B：1，圆形方穿，内外均有郭。钱文笔画稍粗。“元”字第一笔较短，第二笔略左挑。“宝”字下的“贝”中间两笔较短，未与两竖相接。外径2.3、穿边长0.6、厚0.15厘米（图八二，3）。

3. 第3A层出土遗物

（1）陶器。

陶器有深腹盆、双耳罐、大口缸、鼎等。

深腹盆　5件。T1606③A：6，泥质灰陶。敛口，卷沿，厚圆唇，斜直腹。残高4厘米（图八三，1）。T1506③A：8，泥质灰陶。口微敛，卷沿，厚圆唇，弧腹。口径

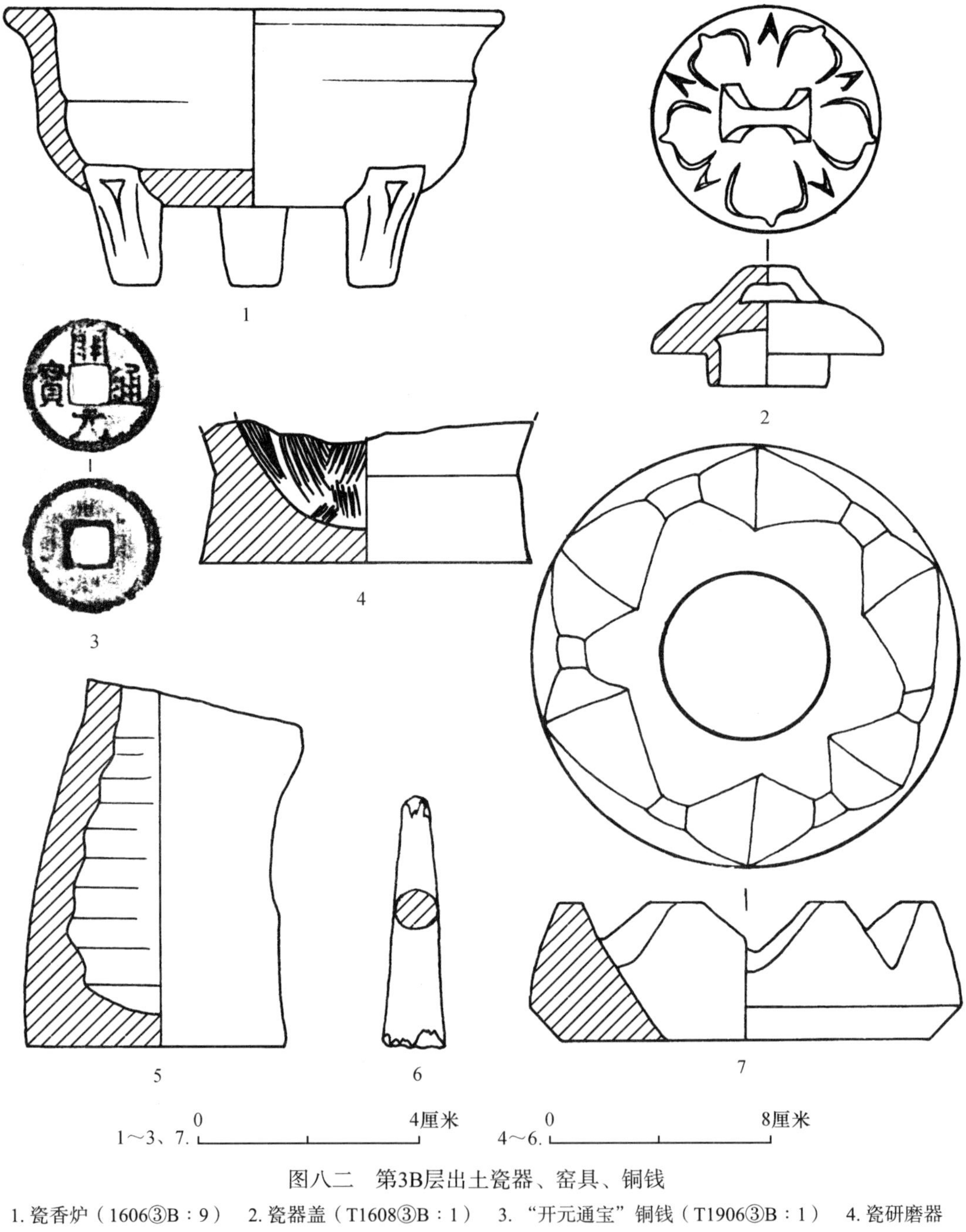

图八二　第3B层出土瓷器、窑具、铜钱

1. 瓷香炉（1606③B：9）　2. 瓷器盖（T1608③B：1）　3. “开元通宝”铜钱（T1906③B：1）　4. 瓷研磨器（T1105③B：1）　5. 垫托（T0905③B：1）　6. 测温锥（1606③B：4）　7. 垫圈（T1406③B：2）

30、残高6.4厘米（图八三，2）。T1506③A：9，泥质黑皮陶。敛口，厚圆唇，斜腹。残高4.6厘米（图八三，3）。T1606③A：7，泥质灰陶。敛口，卷沿，宽圆唇，弧腹。口内壁饰凹弦纹。残高3.1厘米（图八三，4）。T1506③A：11，泥质灰陶。敛口，厚方圆唇，斜直腹内收。残高4.5厘米（图八三，5）。T1506③A：10，泥质灰陶。敛口，

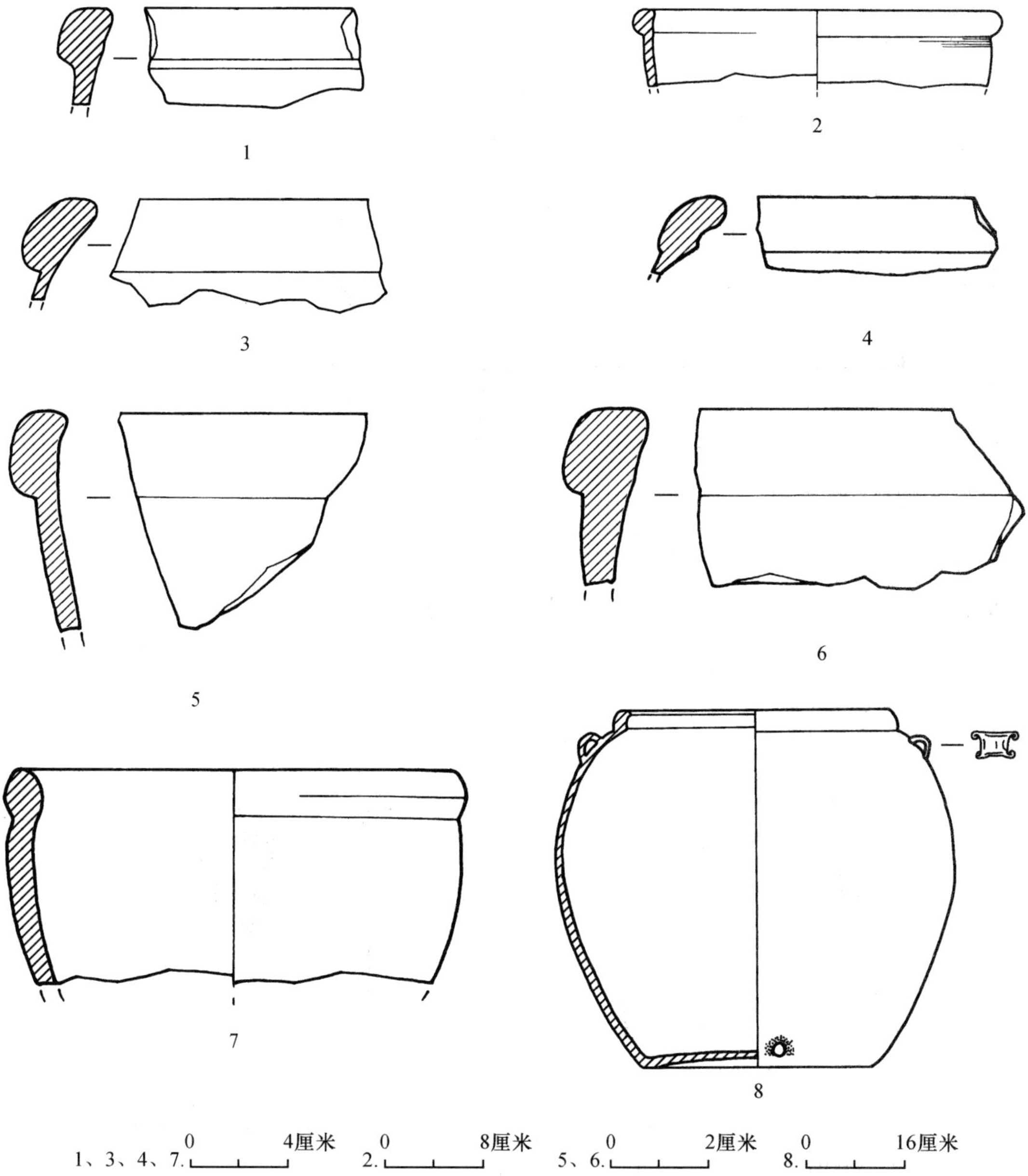

图八三　第3A层出土陶器（一）

1～7. 深腹盆（T1606③A：6、T1506③A：8、T1506③A：9、T1606③A：7、T1506③A：11、T1506③A：10、T1009③A：3）　8. 双耳罐（T1408③A：3）

卷沿，厚方圆唇，弧腹。残高3.7厘米（图八三，6）。T1009③A：3，泥质黑陶。敛口，卷沿，斜方唇，弧腹。口径18、残高8.8厘米（图八三，7）。

双耳罐　1件。T1408③A：3，泥质灰陶。敛口，窄平沿，唇内壁饰凹弦纹一周，弧肩，肩饰一对牛鼻形耳，深弧腹，平底内凹，腹底有圆形孔一个。口径45.6、底径37.2、高58.8厘米（图八三，8）。

大口缸　4件。T0909③A：5，泥质灰陶。敛口，平折沿，尖圆唇，腹略直。口径28、残高4.2厘米（图八四，1）。T1507③A：5，泥质灰陶。直口，圆唇，直腹，上腹处有一小圆孔。残高9厘米（图八四，2）。T1506③A：6，泥质褐胎灰衣，敛口，

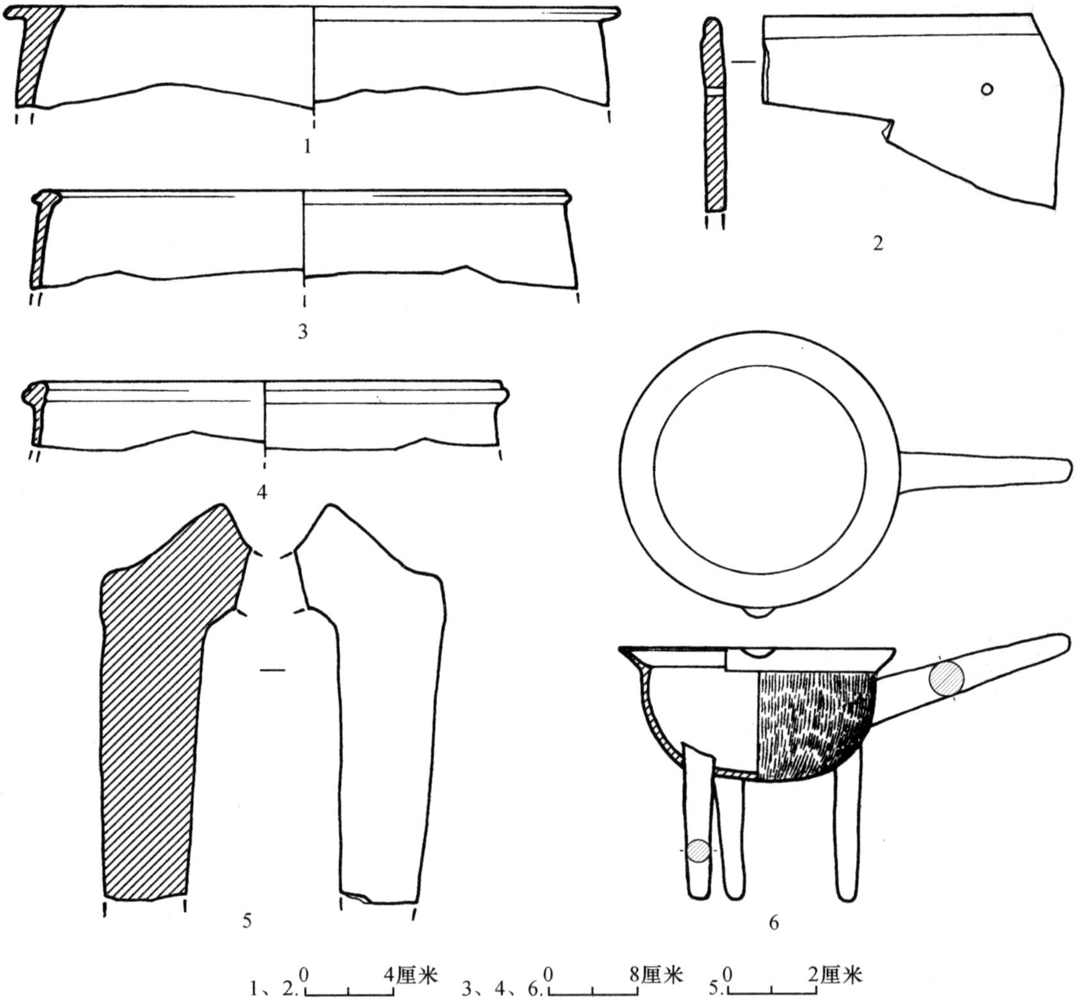

图八四　第3A层出土陶器（二）

1～4. 大口缸（T0909③A：5、T1507③A：5、T1506③A：6、T1606③A：5）　5、6. 鼎（T1506③A：15、T0903③A：7）

折沿，圆唇，腹微鼓。沿面饰一周凹弦纹。口径49.6、残高9厘米（图八四，3）。T1606③A：5，泥质灰陶。敛口，宽圆唇，直腹略外斜。唇部饰一周凹弦纹。口径37.9、残高6厘米（图八四，4）。

鼎　2件。T0903③A：7，泥质黑陶。敞口，口部有圆弧形短流，折沿，尖唇，弧腹，上腹接圆柱状把柄，圜底，底部接圆柱形三足。腹部满饰细绳纹。口径25、高23.1、柄长18.6厘米（图八四，6；图版一七，1）。T1506③A：15，鼎足。泥质黑陶。圆柱状，底部残，足上部接底处呈斜弧状。残高9.2厘米（图八四，5）。

甑　1件。T1606③A：2，泥质灰陶。斜直腹，平底，箅孔已残。底径42、残高9.6厘米（图八五，1）。

平底器底　5件。T1606③A：4，泥质黑皮陶。斜直腹，平底，内壁见细密的轮旋痕。底径20、残高4厘米（图八五，2）。T1409③A：1，泥质灰陶。深弧腹，平底。腹外饰一周凹弦纹。底径13.6、残高11.8厘米（图八五，3）。T1406③A：5，泥质灰陶。斜直腹内收，平底。内底见泥条盘筑痕。底径22、残高8.2厘米（图八五，4）。T1506③A：7，泥质褐胎灰衣。斜弧腹，外腹部饰对称牛鼻形耳，平底。底径44、残高

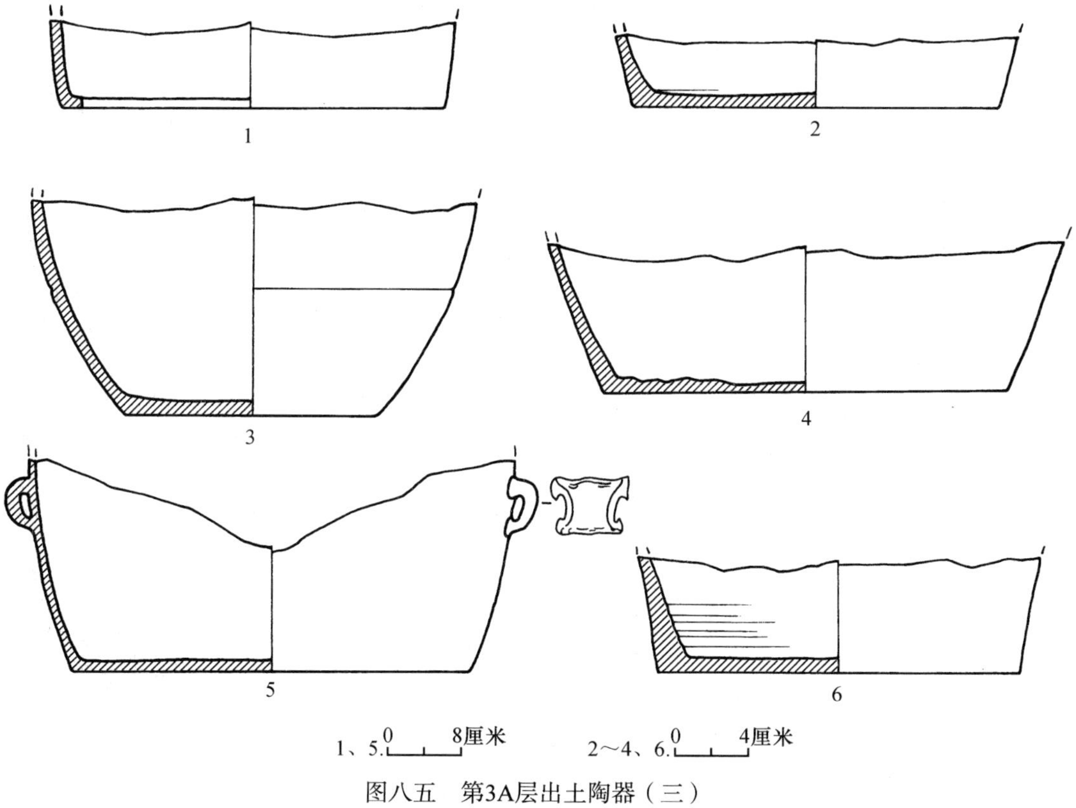

图八五　第3A层出土陶器（三）

1. 甑（T1606③A：2）　2～6. 平底器底（T1606③A：4、T1409③A：1、T1406③A：5、T1506③A：7、T1606③A：3）

23.6厘米（图八五，5）。T1606③A：3，泥质灰褐陶。斜直腹，平底。内壁见细密的轮旋痕迹。底径20、残高6.4厘米（图八五，6）。

网坠　5件。T1009③A：2，泥质灰陶。橄榄形，粗短，中有孔。长4.3、最大腹径2.4、孔径1厘米（图八六，1）。T0909③A：4，泥质灰陶。橄榄形，粗短，中有孔。长4.5、最大腹径2.9、孔径1厘米（图八六，2）。T1009③A：1，泥质灰陶。橄榄形，粗短，中有孔。长4.4、最大腹径3.3、孔径1厘米（图八六，3）。T0909③A：3，泥质灰陶。橄榄形，粗短，中有孔。长4.5、最大腹径3.6、孔径1.2厘米（图八六，4）。T1008③A：1，泥质灰陶。橄榄形，粗短，中有孔。长4.7、最大腹径3.4、孔径1.5厘米（图八六，5）。

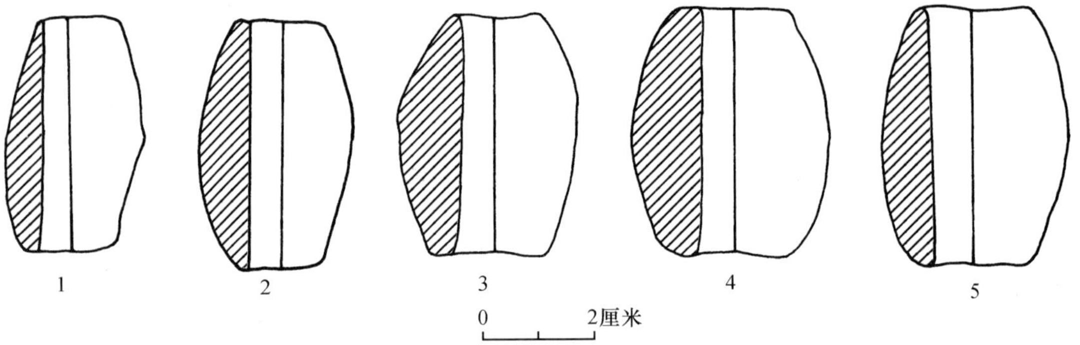

图八六　第3A层出土陶网坠

1. T1009③A：2　2. T0909③A：4　3. T1009③A：1　4. T0909③A：3　5. T1008③A：1

（2）瓷器。

瓷器（缸胎器）的种类较多，分别有碗、折腹盘、奁、盏、碟形灯、耸肩罐、鼓肩罐、鸟食罐、单把壶、双耳壶、匜、碗形钵、平底钵、碟、浅腹盆、研磨器等，另有垫托等窑具。

碗　按腹部形态分三型。

A型　弧腹。10件，按腹部深浅又可分二亚型。

Aa型　浅腹。8件。T1407③A：2，弧腹。口沿外施一周白釉，内壁满施酱釉，外半釉。红褐胎。口径16.8、底径6.8、高5.8厘米（图八七，1）。T0903③A：1，弧腹。酱黄釉，内满釉，外半釉。红褐胎。口径17.5、底径7.4、高5.8厘米（图八七，2）。T0903③A：4，弧腹。仅口沿处施青釉一周，其下为灰白色化妆土。灰白胎。口径16.6、底径6、高5.4厘米（图八七，3）。T1506③A：3，尖唇，斜弧腹。青灰釉，内满釉，外釉不及底。圈足，足内底见鸡心状凸起。灰白胎。口径12.2、底径5、高4.2厘米（图八七，4）。T1506③A：5，酱釉，内满釉外半釉，内底见涩圈，底部有折棱。圈

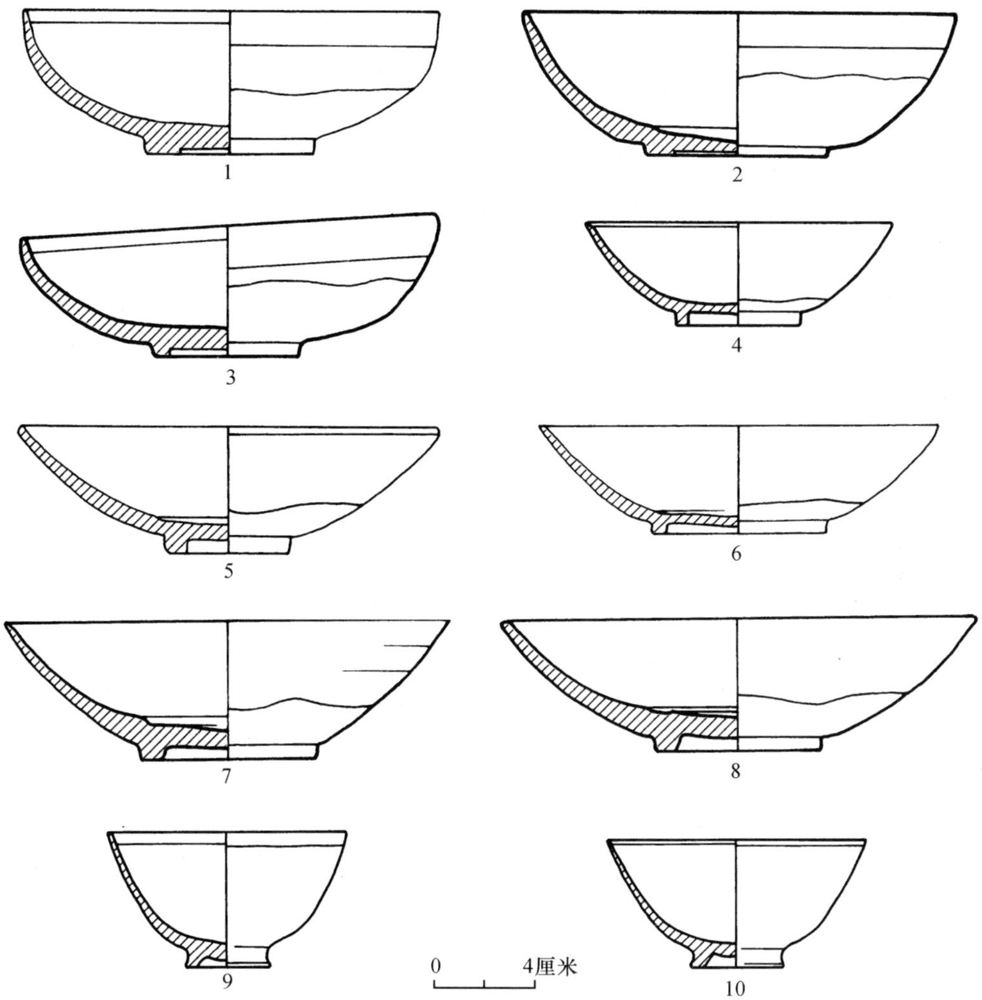

图八七　第3A层出土瓷碗

1～8. Aa型（T1407③A：2、T0903③A：1、T0903③A：4、T1506③A：3、T1506③A：5、T1007③A：3、T1005③A：6、T1005③A：3）　9、10. Ab型碗（T1007③A：1、T1007③A：2）

足，足外沿见刮削痕迹不明显。黄灰胎。口径17、底径5、高5.2厘米（图八七，5）。T1007③A：3，尖唇，斜弧腹，矮圈足。内满施灰釉，外半釉。浅灰胎。口径16、底径6.8、高4.4厘米（图八七，6）。T1005③A：6，尖唇，弧腹，矮圈足，内底见涩圈。施酱釉，内满釉，外半釉，内壁有折棱。黄白胎。口径18、底径7.2、高5.6厘米（图八七，7）。T1005③A：3，圆唇，弧腹，矮圈足，足内壁外撇，涩圈。施酱釉，内满釉，外半釉。黄白胎。口径19.2、底径6.8、高5.4厘米（图八七，8）。

Ab型　深腹。2件，较小。T1007③A：1，芒口。内外施青黑釉，釉面光亮，足底有凸起。青白胎。口径9.5、底径3.4、高5.5厘米（图八七，9）。T1007③A：2，芒口。内外施青黑釉，釉面光亮，足底有凸起。青白胎。口径10.3、底径3.7、高5.2厘米（图八七，10）。

B型　斜直腹。T1506③A：4，酱釉，内满釉，外半釉。内底见折棱。涩圈，圈足，足外沿见刮削痕迹，足内底有鸡心状凸起。黄灰胎。口径18、底径6.4、高7厘米（图八八，1）。T1406③A：3，敞口，尖唇，斜直腹，矮圈足。内满施白釉，外半釉，灰白胎。口径14、底径4.8、高5.8厘米（图八八，3）。T1406③A：2，敞口，圆唇，斜直腹，圈足，足内壁外撇。内壁满施米黄釉，外半釉。红褐胎。口径20、底径8、高8厘米（图八八，2）。

C型　撇口。5件。T1406③A：4，弧腹，圈足。青白釉，内满釉，外半釉，腹部饰凹弦纹。灰白胎。口径21.2、底径7.6、高5.2厘米（图八八，4）。T1406③A：1，弧腹，圈足。青白釉，内满釉，外半釉。灰白胎。口径20、底径6.4、高6厘米（图八八，5）。T1606③A：1，敞口，圆唇，斜直腹，圈足。内壁沿下饰凹槽一周。内底见折棱，内壁模印鸳鸯、水波纹，内满施酱黄釉，外半釉，见涩圈。黄褐胎。口径18、底径5.5、高6.8厘米（图八八，6；图版一五，5）。T0903③A：3，敞口，圆唇，沿内壁见明显折棱，斜直腹，内底有折棱，圈足，足内壁外撇。内满施酱釉，外半釉，外壁上部见轮旋痕迹。浅灰褐胎。口径18.8、底径6.6、高6.3厘米（图八八，7）。T0903③A：6、弧腹，上腹较直，下腹斜内收，圈足，足内壁外撇。酱釉，内满釉，外半釉，下腹饰一周凹弦纹。灰褐胎。口径23.6、底径9.2、高7.8厘米（图八八，8）。

碗底　5件。T1606③A：9，弧腹，矮圈足。内饰灰白釉，外半釉。内底中间略凸。白胎。底径6.4、残高1.6厘米（图八九，1）。T1606③A：10，弧腹，涩圈，高圈足。黑釉，外半釉。灰白胎。底径6.8、残高3.4厘米（图八九，2）。T0907③A：2，弧腹，圈足。内外满施豆绿釉，釉面莹润光亮，外壁有极浅的瓜棱纹。白胎。底径3.7、残高2.5厘米（图八九，3）。T0907③A：1，斜弧腹，涩圈，圈足，足内底有乳钉状凸起。内施黑釉，外釉不及底。白胎。底径5.4、残高4.2厘米（图八九，4）。T1005③A：5，斜直腹，涩圈，圈足。施酱釉，内满釉，外釉不及底。内壁腹部模印花卉纹饰，内底模印菊花纹，浅灰胎。底径6.7、残高3厘米（图八九，5）。

折腹盘　2件。T0804③A：4，圈足，足外沿见刮削痕迹。腹外见轮旋痕迹。内外满施灰白釉。白胎。口径11.8、底径5.2、高3.5厘米（图八八，11）。T0909③A：2，六出葵口，尖唇，折腹，圈足。青白釉，内满釉，外釉不及底。白胎。口径12.2、底径4.4、高3.2厘米（图八八，12）。

奁　2件。T1406③A：6，矮圈足。内壁仅口沿处施青白釉，外壁施釉至折棱处。白胎。口径8、底径5、高3.2厘米（图八八，10）。T0909③A：6，圈足，略外撇，腹部残存7个瓜棱纹，内外施黄白釉。白胎。底径4.8、残高2厘米（图八八，9）。

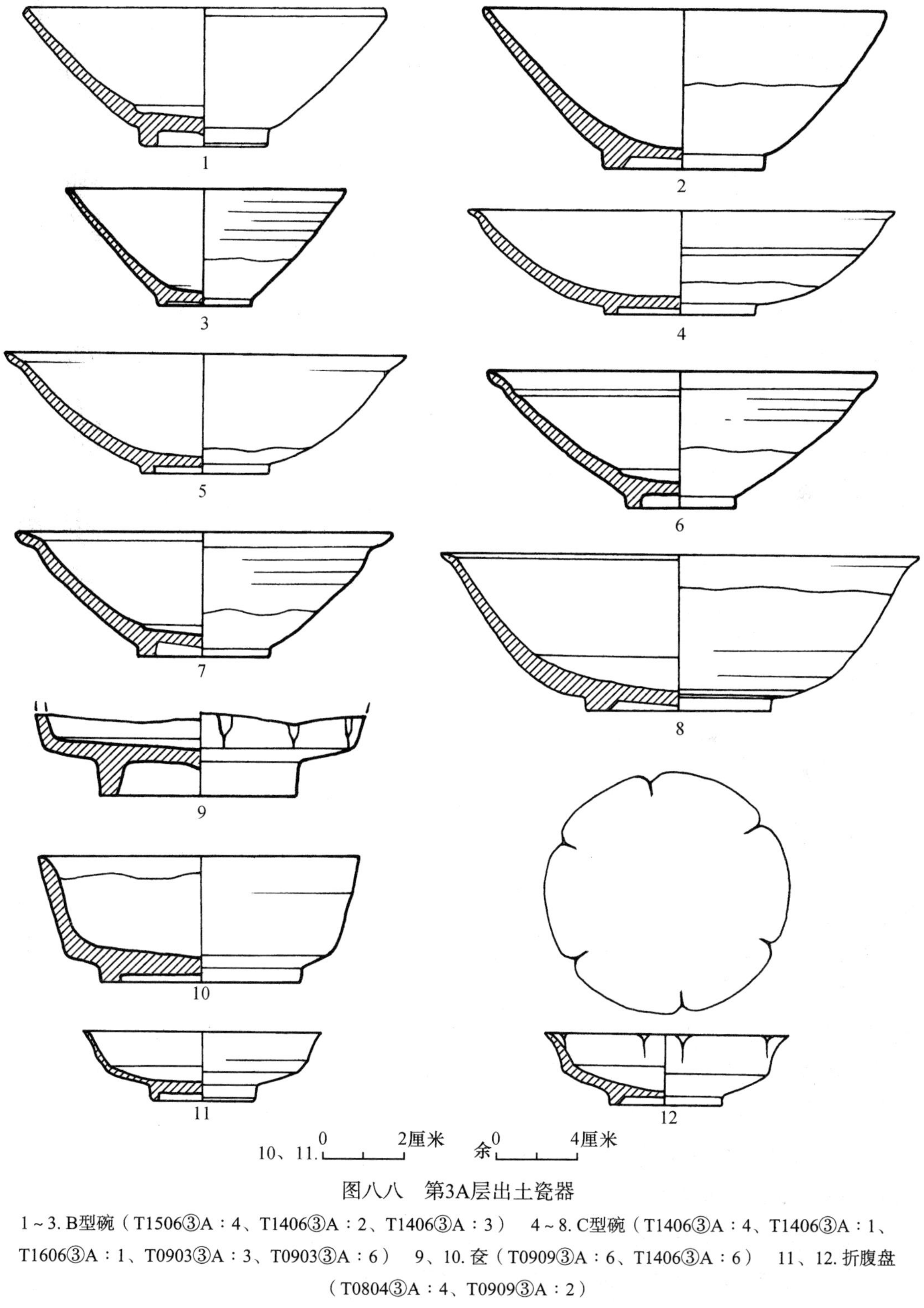

图八八　第3A层出土瓷器

1～3. B型碗（T1506③A：4、T1406③A：2、T1406③A：3）　4～8. C型碗（T1406③A：4、T1406③A：1、T1606③A：1、T0903③A：3、T0903③A：6）　9、10. 奁（T0909③A：6、T1406③A：6）　11、12. 折腹盘（T0804③A：4、T0909③A：2）

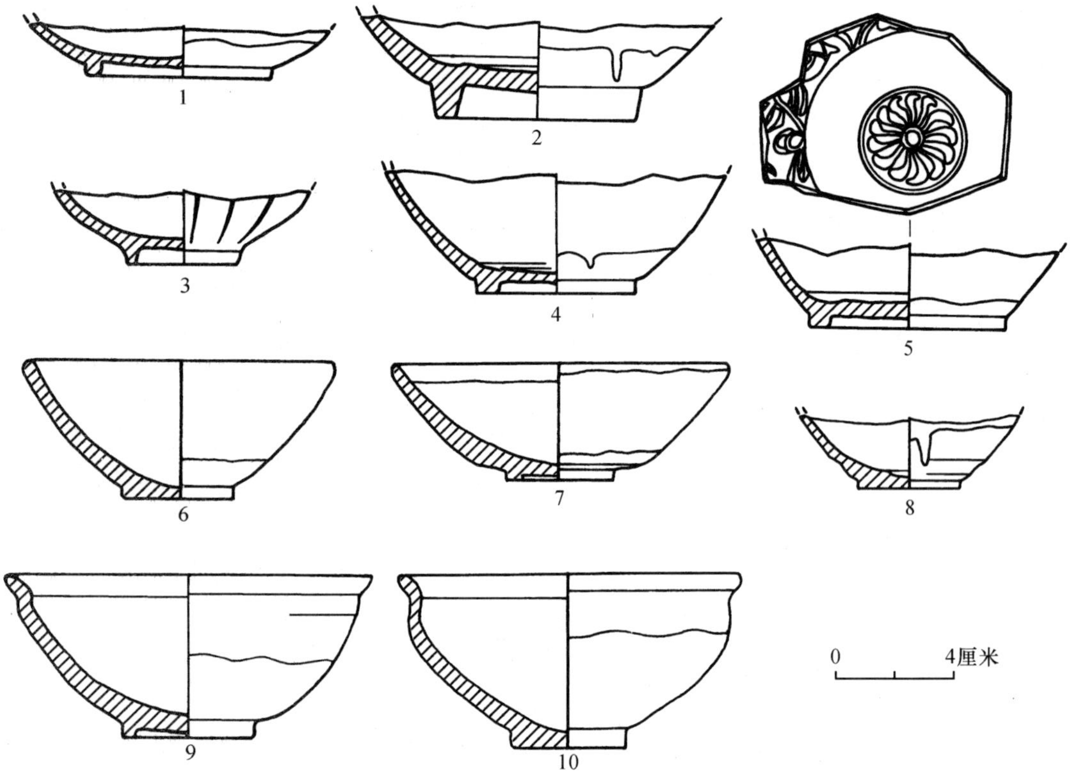

图八九　第3A层出土瓷碗底、盏

1～5. 碗底（T1606③A：9、T1606③A：10、T0907③A：2、T0907③A：1、T1005③A：5）　6、7. B型盏（T1004③A：2、T1408③A：1）　8. 盏底（T1506③A：14）　9、10. A型盏（T0903③A：2、T1005③A：2）

盏　5件。据口部形态不同可分二型。

A型　弇口。2件。T0903③A：2，尖唇，弧腹，圈足。酱釉，内满釉，外半釉。黄褐胎。口径12.4、底径4.6、高5.6厘米（图八九，9）。T1005③A：2，圆唇，弧腹，饼足。黑釉，内满釉，外釉不及底。灰褐胎。口径11.8、底径4、高6厘米（图八九，10）。

B型　敞口。2件。T1004③A：2，敞口，圆唇，弧腹，饼足。黑釉，内满釉，外釉不及底。浅灰胎。口径10.5、底径6、高4.8厘米（图八九，6）。T1408③A：1，敞口，尖圆唇，上腹斜直下弧收，矮圈足。施黄釉，内满釉，外釉不及底。灰白胎。口径11.6、底径3.8、高4厘米（图八九，7）。

盏底　1件。T1506③A：14，口残。斜直腹，外壁见轮旋纹，饼足。施酱黄釉，内满釉，外半釉，有流釉现象。灰褐胎。底径3.4、残高2.5厘米（图八九，8）。

碟形灯　9件。T0804③A：2，弧腹，饼足。内施酱黄釉，外无釉。灰褐胎。口径10.5、底径4、高3厘米（图九〇，1）。T0804③A：5，沿面内凹，弧腹，平底。内施黑釉，外釉仅施唇部。灰胎。口径10.2、底径3.4、高2.9厘米（图九〇，2）。

T1506③A：1，弧腹，矮饼足。内施酱釉，外无釉。灰褐胎。口径6.2、底径3.4、高1.8厘米（图九○，3）。T1408③A：2，斜直腹，平底。内壁施酱釉，外无釉，灰褐胎。口径6、底径2.6、高2厘米（图九○，4）。T0909③A：1，斜直腹，矮饼足。内满施酱釉，外无釉。灰褐胎。口径11.6、底径4、高3厘米（图九○，5）。T0904③A：1，斜弧腹，矮饼足。无釉。灰褐胎。口径6.9、底径3.5、高3.2厘米（图九○，6）。T1004③A：1，斜直腹，矮圈足。内外壁饰米黄色化妆土。红褐胎。口径9.6、底径3.4、高3.2厘米（图九○，7）。T0804③A：1，斜直腹，矮饼足。内施酱釉，外无釉。红褐胎。口径6.6、底径3.2、高2厘米（图九○，8）。T0804③A：3，斜直腹，矮饼足。内壁及外壁部分饰米黄色化妆土。红褐胎。口径9.5、底径4.2、高3.2厘米（图九○，9）。

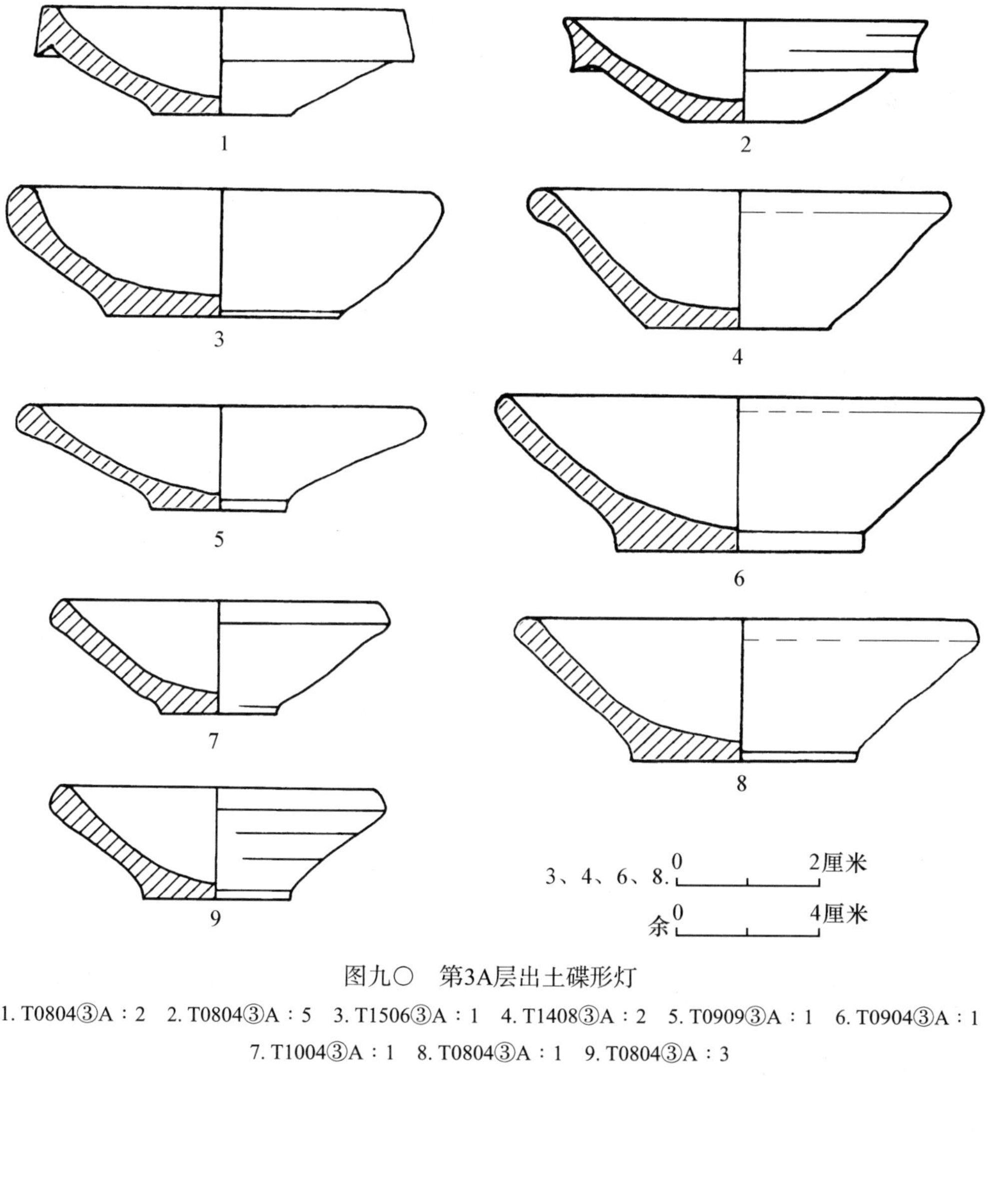

图九○　第3A层出土碟形灯

1. T0804③A：2　2. T0804③A：5　3. T1506③A：1　4. T1408③A：2　5. T0909③A：1　6. T0904③A：1　7. T1004③A：1　8. T0804③A：1　9. T0804③A：3

耸肩罐　2件。T0809③A：3，侈口，卷沿，圆唇，耸肩，弧腹内收。内外满施酱釉，釉色光亮。灰褐胎。口径9.2、残高18.6厘米（图九一，1）。T0910③A：1，口残。耸肩，弧腹，平底外撇，外腹见轮旋痕迹。内外均施淡青釉。青灰胎。底径3.6、残高6.6厘米（图九一，3）。

鼓肩罐　1件。T1606③A：8，侈口，折沿，尖唇，鼓肩，弧腹。内外壁有轮旋凹纹。外施酱黄釉，内釉仅施口部，有流釉现象。红褐胎。口径9.3、残高6.5厘米（图九一，2）。

鸟食罐　1件。T0903③A：5，敞口，圆唇，束颈，折肩，斜直腹，平底。颈以下施酱釉。灰褐胎。口径3.4、底径2.8、高4厘米（图九一，4；图版一七，2）。

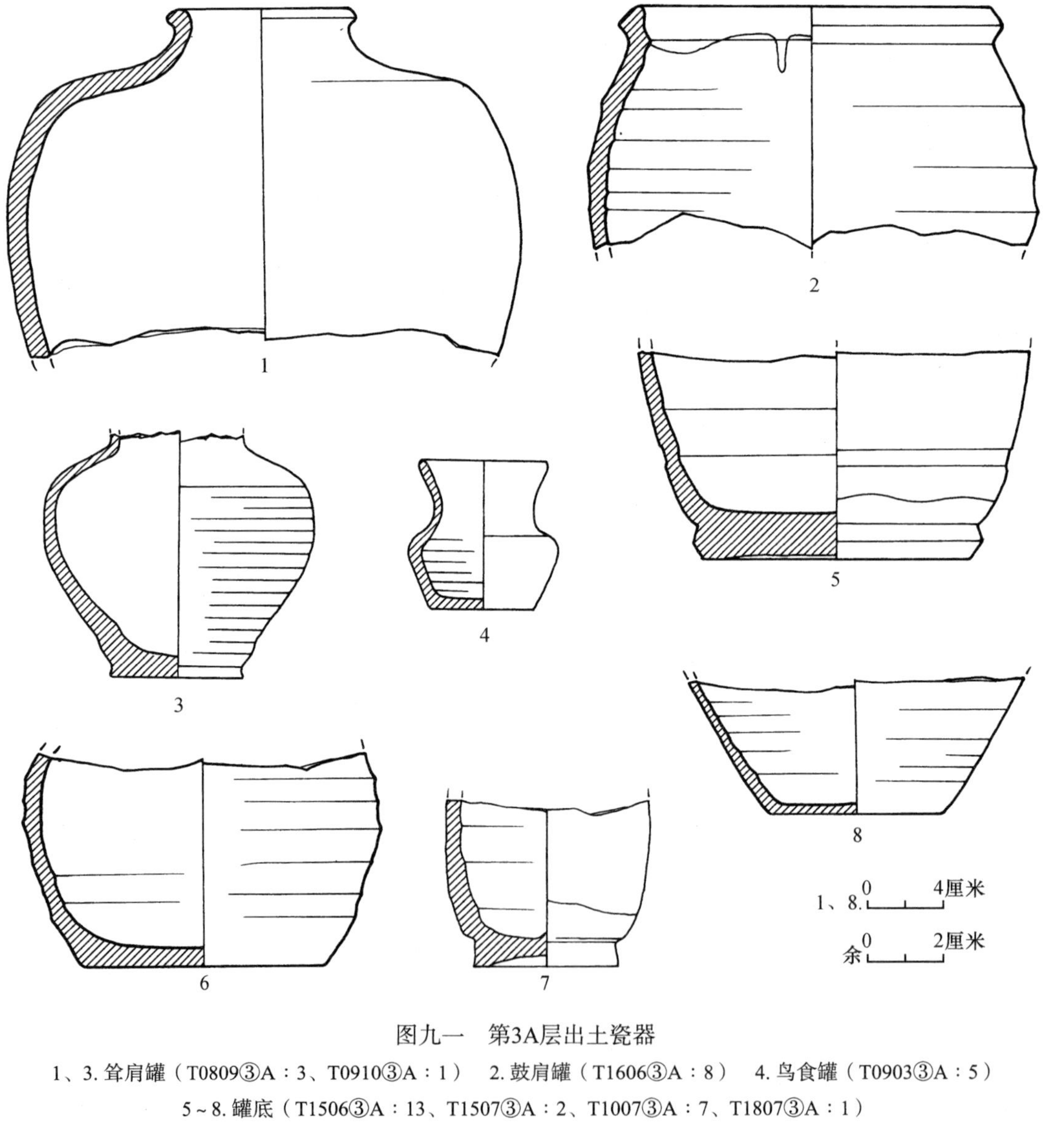

图九一　第3A层出土瓷器

1、3. 耸肩罐（T0809③A：3、T0910③A：1）　2. 鼓肩罐（T1606③A：8）　4. 鸟食罐（T0903③A：5）　5～8. 罐底（T1506③A：13、T1507③A：2、T1007③A：7、T1807③A：1）

罐底　均平底。4件。T1506③A：13，口残。斜弧微弧，腹下部饰凹弦纹一周。饼足内凹，足外沿见刮削痕迹。外壁饰黄色化妆土不及底。红褐胎。底径7、残高4.6厘米（图九一，5）。T1507③A：2，口残。弧腹，平底。内外壁有轮弦凹纹，粗瓷。红褐胎。底径6.4、残高5.7厘米（图九一，6）。T1007③A：7，口残。直腹，下内收，饼足内凹，内底见鸡心状凸起。内壁见轮旋痕迹。外施酱黄釉不及底，内无釉。浅灰胎。底径3.9、残高4.5厘米（图九一，7）。T1807③A：1，口部残。斜弧腹，平底。无釉，内外壁有轮旋痕。灰褐胎。底径9、残高7.6厘米（图九一，8）。

单把壶　1件。T0809③A：1，底部残。盘口，带流，束颈，斜肩，鼓腹，一侧肩部有残存器把。内外壁均见轮旋痕。内壁仅口沿处施黑釉，外半釉。红褐胎。口径6.6、残高18厘米（图九二，5）。

双耳壶　1件。T1007③A：6，侈口，折沿，尖唇，束颈，圆肩，球形腹，圈足。肩部有对称半环形双耳。腹部饰凹弦纹。肩部施黄白釉，其余施黑釉不及底。红褐胎。口径3.7、底径6、高11厘米（图九二，6）。

壶流　3件。T1606③A：11，长曲流，流口残。平面呈鸡颈状，截面呈圆形。粗瓷。红褐胎。残长7.8、孔径1.4厘米（图九二，1）。T1507③A：4，长曲流，平面呈弧形，流孔呈椭圆形，口斜直。施黄釉。灰胎。残长7、孔径0.6～0.9厘米（图九二，2）。T1507③A：3，长曲流，流口残。平面呈鸡颈状，截面呈椭圆形。外施酱黑釉。灰胎。残长6.7、孔径0.7～1.3厘米（图九二，3）。

匜　1件。T1506③A：16，底残。敛口，方圆唇，矮直领，溜肩，弧腹，肩颈处有半圆形短流，内壁有轮旋痕。内壁施釉至颈部，有流釉现象，外满釉。缸胎。口径15.8、残高8.8厘米（图九二，4）。

碗形钵　1件。T1407③A：1，直口，卷沿，厚圆唇，弧腹，圈足。外壁上腹饰三道轮旋痕。内满施柿釉，外壁施釉不及底。浅黄胎。口径20.4、底径8.8、高11.5厘米（图九三，1）。

平底钵　1件。T1007③A：5，该器应为更早的遗物。敞口，方圆唇，唇外有二周凹弦纹，上腹微弧，下腹斜直内收，平底内凹。上腹饰网格纹一周，内底饰凹弦纹一周。内外壁满施青黄釉。黄白胎。口径7.4、底径4.2、高5.4厘米（图九三，2）。

碟　4件。T1805③A：1，敞口，圆唇，唇部按压一周齿状凹窝。曲腹，饼足。内壁满施豆青釉，外釉不及底，釉面有冰裂纹，釉色光亮。黄灰胎。口径12.4、底径6.4、高2.8厘米（图九三，3）。T1506③A：2，敞口，尖唇，浅弧腹，圈足。内壁施青釉，外半釉。灰白胎。口径8.5、底径4.2、高2.7厘米（图九三，4）。T1005③A：4，敞口，尖圆唇，斜直腹，平底，腹部有明显折棱。内壁饰一周凸弦纹。内施黄白釉，外釉不及底。浅黄胎。口径10、底径4.9、高2厘米（图九三，5）。T1007③A：4，敞口，

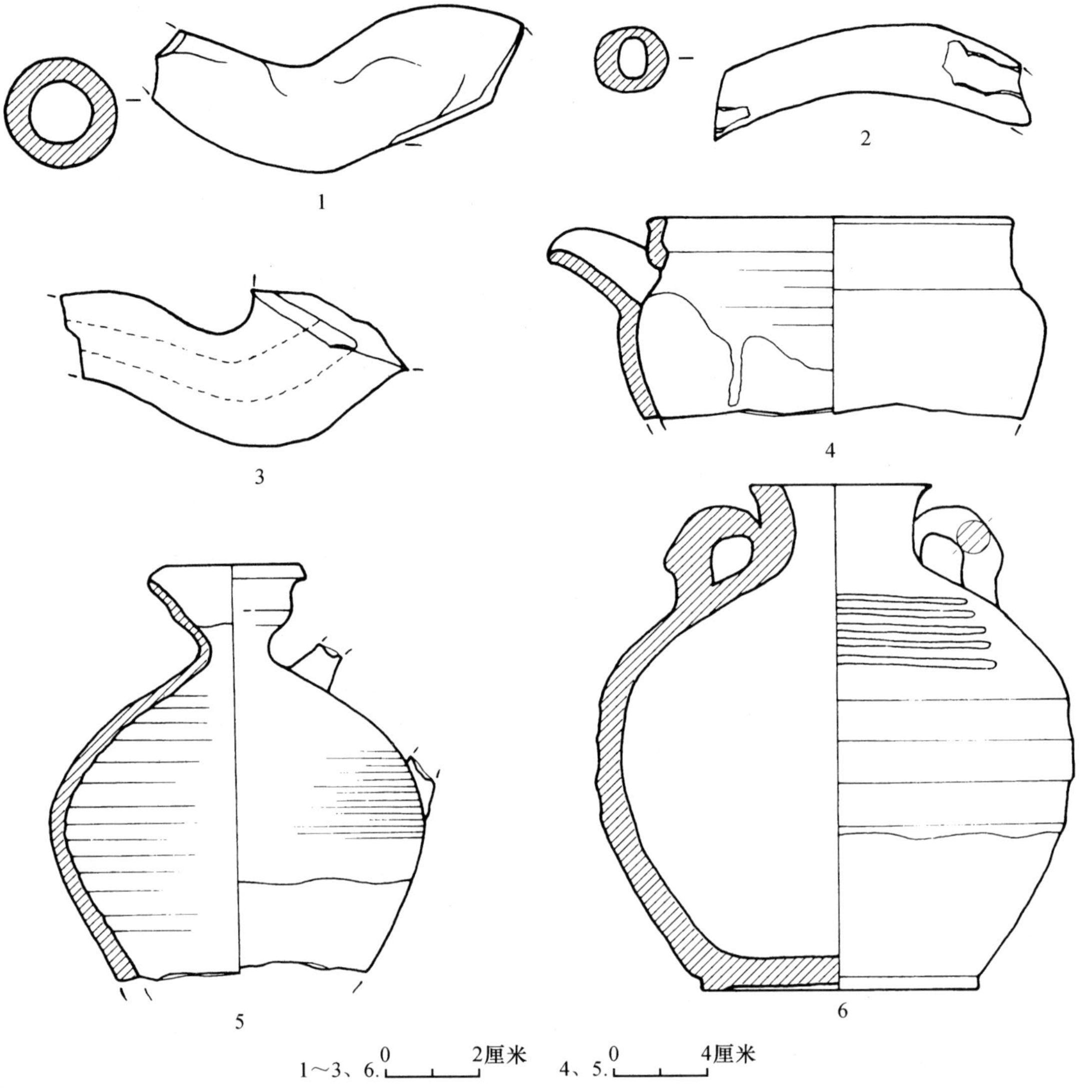

图九二　第3A层出土瓷壶、匜

1～3. 壶流（T1606③A：11、T1507③A：4、T1507③A：3）　4. 匜（T1506③A：16）
5. 单把壶（T0809③A：1）　6. 双耳壶（T1007③A：6）

尖唇，斜腹微弧，内壁有折痕，外壁见轮旋痕，平底内凹。内满施青绿釉，外釉不及底。黄褐胎。口径9、底径4.6、高2.1厘米（图九三，6）。

浅腹盆　2件。T1005③A：1，直口微敛，卷沿，圆唇，斜直腹，平底。内壁施淡黄色化妆土，饰褐色折枝花卉，内底有支钉痕。红褐胎。口径38.4、底径17.2、高9.6厘米（图九三，7）。T1506③A：12，侈口，卷沿，圆唇，弧腹，平底。内无釉，外釉仅施唇及上腹。粗瓷。缸胎。口径36、底径14.8、高7厘米（图九三，8）。

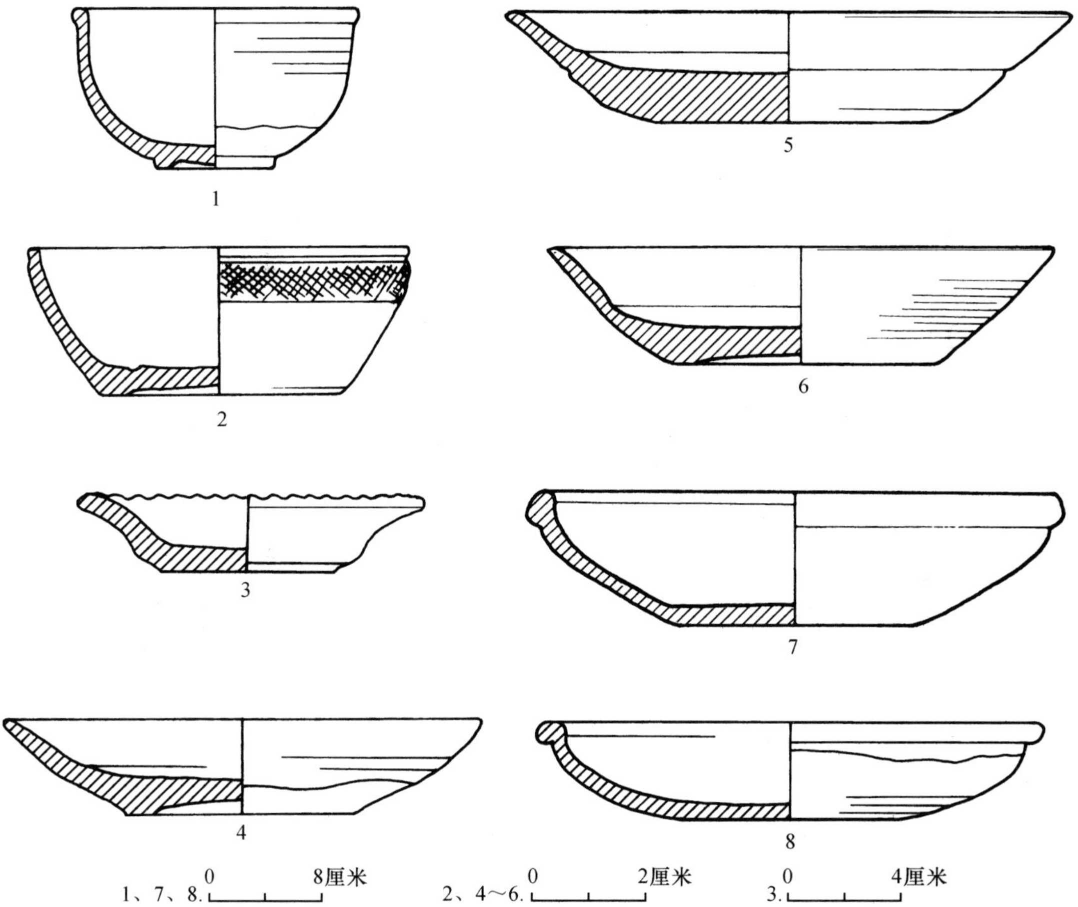

图九三　第3A层出土瓷器

1. 碗形钵（T1407③A：1）　2. 平底钵（T1007③A：5）　3～6. 碟（T1805③A：1、T1506③A：2、T1005③A：4、T1007③A：4）　7、8. 浅腹盆（T1005③A：1、T1506③A：12）

研磨器　1件。T0809③A：2，口残。斜弧微弧，高饼足。内壁有数道篦划纹，外壁见轮旋痕。缸胎。底径6、残高4厘米（图九四，1）。

（3）窑具。

仅见垫托1件。T1507③A：6，敛口，方唇，筒形深腹，平底。内外壁均见轮旋痕。红褐胎。口径8、底径10、高15.6厘米（图九四，3）。

（4）铜器。

铜器有铜环、铜钱两大类。

铜环　1件。T1508③A：3，环状，截面呈椭圆形，接口处缠绕成螺旋状。直径2.4厘米（图九四，2）。

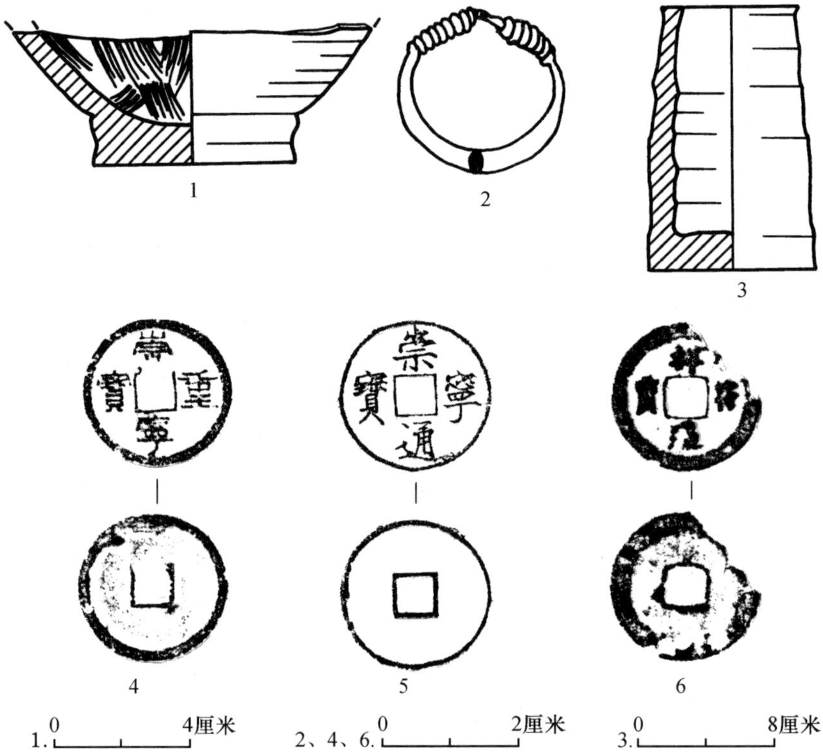

图九四　第3A层出土瓷器、窑具、铜器

1. 瓷研磨器（T0809③A：2）　2. 铜环（T1508③A：3）　3. 垫托（T1507③A：6）　4～6. 铜钱（T1507③A：1、T1508③A：2、T1508③A：1）

“崇宁通宝”铜钱　1枚。T1508③A：2，圆形方穿，内外均有郭。外径3.4、穿边长0.9、厚0.25厘米（图九四，5）。

“崇宁重宝”铜钱　1枚。T1507③A：1，圆形方穿，内外均有郭。穿边长0.9、外径3.5、厚0.2厘米（图九四，4）。

“祥符通宝”铜钱　1枚。T1508③A：1，残。圆形方穿，内外均有郭。外径2.85、穿边长0.6、厚0.1厘米（图九四，6）。

七、明清时期遗存

明清时期遗存分布于中部、西北部探方的第2层，该层又可划分为2A、2B、2C三个亚层。其中第2A层堆积在绝大多数探方均有分布，推测为明清时期特大洪水形成的淤积层，较纯净。第2B、第2C层分布于中部、西北部的部分探方，仅第2C层出土少量遗物。

（一）遗迹

仅发现灰沟1条。

G9　位于遗址西北部，跨T1008、T1009、T1010三个探方，东壁部分压于东隔梁下。G9叠压于第2A层下，打破第3A层及G12，距地表深0.3米。G9平面呈长条形，南北向，北高南低，沟壁斜直，底略平。现发掘部分长14、沟宽0.45～0.6、深0.6～0.8米。沟内填土为深灰色，土质较软，含较多灰烬、炭粒，夹杂有砂石块，灰瓦片，出土有瓷器、缸胎器，另有灰陶网坠等（图九五）。

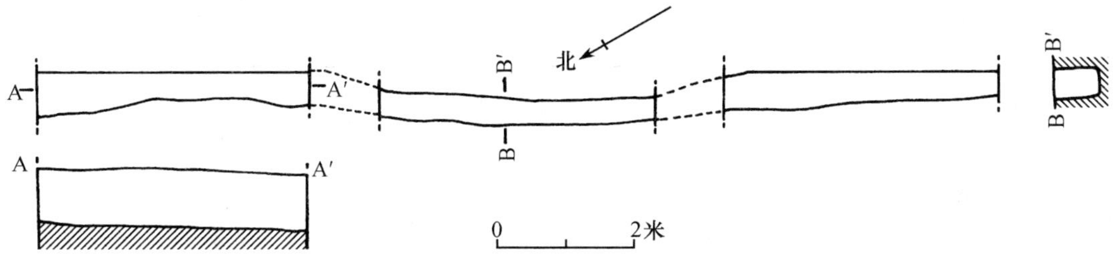

图九五　G9平、剖面图

1. 瓷器

瓷器（缸胎器）数量较多，器类较丰富，主要有青花碗、碟、大口缸、深腹盆、矮领壶、高领罐、鼓肩罐、耸肩罐、折肩罐等。

青花碗　5件。G9：9，口残。弧腹，圈足，外底较凸，内底略坦。外壁饰青白釉，釉下饰蓝色花草纹，内无釉。黄白胎。底径7.8、残高2.8厘米（图九六，5）。G9：20，口残。弧腹，圈足外撇，足底见刮削痕迹。内壁腹部饰二道蓝彩弦纹，碗底饰鸟纹，外壁饰花草纹。灰白胎。底径5.5、残高4.1厘米（图九六，6）。G9：19，敞口，尖圆唇，斜直腹，圈足，足内壁外撇。外壁施青白釉，釉下饰蓝彩枝纹蔓，内无釉。灰白胎。口径11.8、底径4.8、高3.6厘米（图九六，7）。G9：3，敞口，圆唇，上腹斜直，下弧收，圈足，涩圈。外底见鸡心状凸起。青白釉，外釉不及底。腹内饰青花枝蔓。黄褐胎。口径17.6、底径10、高6.5厘米（图九六，8）。G9：1，敞口，圆唇，上腹斜直，下弧收，圈足，涩圈。青白釉，外釉不及底，内满釉，外壁饰团花及枝蔓。青灰胎。口径13.2、底径7.2、高5.6厘米（图九六，9）。

碟　1件。G9：2，敞口，圆唇，浅腹，平底。内壁见折棱，施淡黄釉，仅唇部无釉。黄褐胎。口径10.2、底径5.2、高1.9厘米。（图九六，1）

深腹盆　1件。G9：10，敛口，折沿，尖圆唇，腹斜弧内收。内壁见轮旋痕，外壁施凹弦纹一周，内满施酱釉，外半釉。粗瓷，灰褐胎。口径20、残高9厘米（图九六，3）。

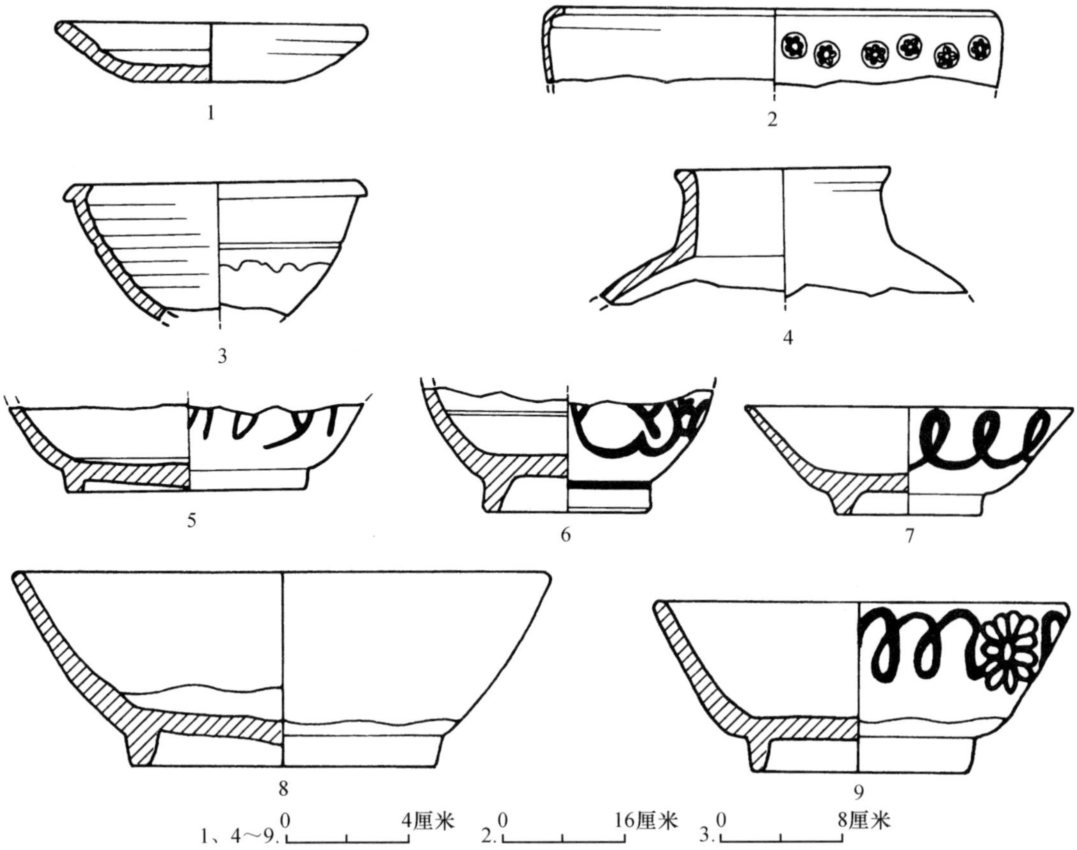

图九六　G9出土瓷器

1. 碟（G9：2）　2. 大口缸（G9：17）　3. 深腹盆（G9：10）　4. 矮领壶（G9：11）　5～9. 青花碗（G9：9、G9：20、G9：19、G9：3、G9：1）

大口缸　1件。G9：17，敛口，内折沿，方唇，腹微弧。唇部未施釉，其余满施酱黄釉，外壁釉下压印梅花纹。黄褐胎。口径60、残高10厘米（图九六，2）。

矮领壶　1件。G9：11，侈口，卷沿，圆唇，斜直领，圆肩。外满施酱釉，内无釉。灰褐胎。口径7、残高4.4厘米（图九六，4）。

高领罐　1件。G9：16，敛口，卷沿，尖唇，高领。内外壁均见轮旋痕，内外施酱釉。灰胎。口径10、残高5.4厘米（图九七，1）。

鼓肩罐　2件。G9：15，敞口，方唇，束颈，鼓肩。内仅口沿处施酱黄釉，外满釉。灰胎。口径20、残高4.6厘米（图九七，2）。G9：13，直口，尖圆唇，矮直领，鼓肩。内壁见轮旋痕迹，施酱釉，内壁仅口沿处施釉，外满釉。粗瓷。灰褐胎。口径9.2、残高3.8厘米（图九七，3）。

耸肩罐　1件。G9：14，敛口，平折沿，圆唇，耸肩，无釉。红褐胎。口径12、残

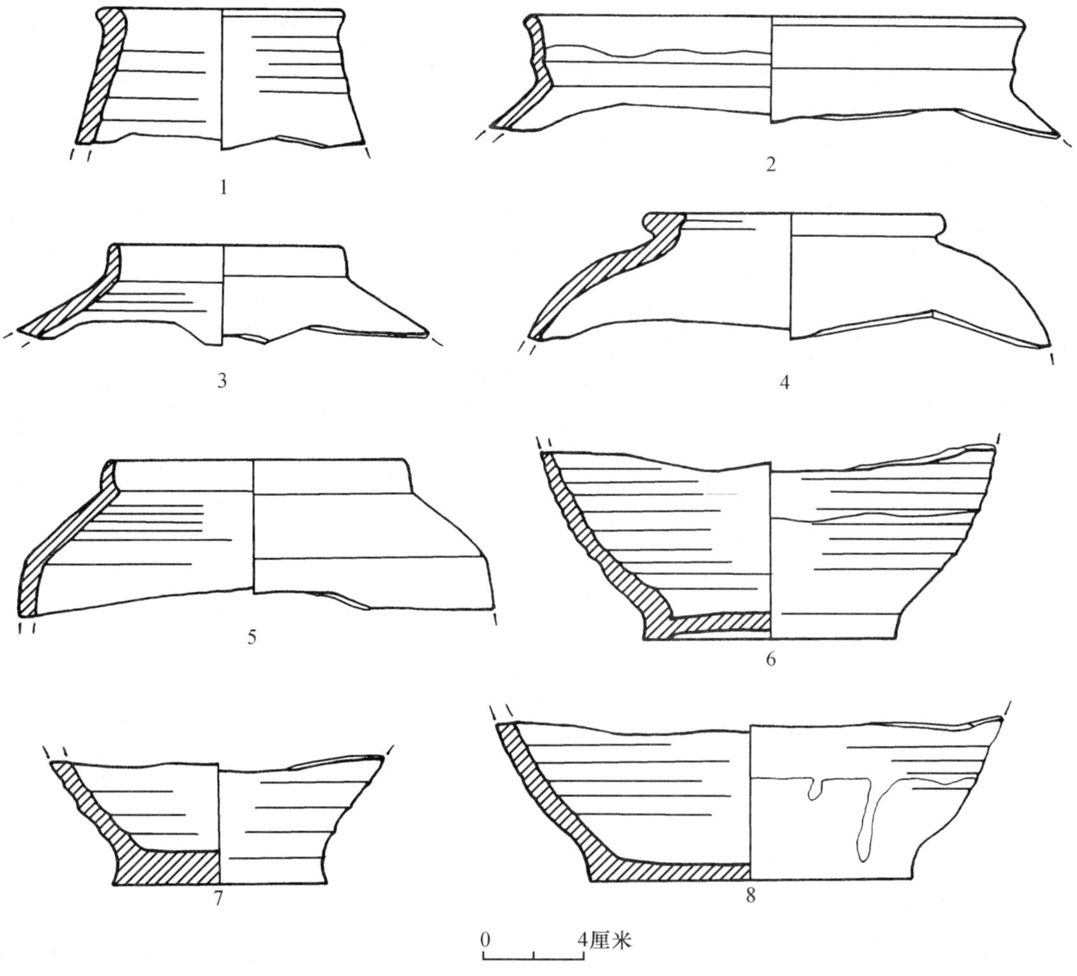

图九七　G9出土瓷器

1. 高领罐（G9：16）　2、3. 鼓肩罐（G9：15、G9：13）　4. 耸肩罐（G9：14）　5. 折肩罐（G9：12）
6～8. 罐底（G9：5、G9：6、G9：7）

高5.2厘米（图九七，4）。

折肩罐　1件。G9：12，直口，尖圆唇，矮弧领，斜折肩，腹微弧。内壁见轮旋痕迹，外满酱釉，内无釉，粗瓷。灰胎。口径12、残高6.2厘米（图九七，5）。

罐底　3件。G9：5，口残。弧腹，圈足微内凹。内外壁均见轮旋痕，施酱黄釉，内无釉，外半釉。红褐胎。底径10、残高7.6厘米（图九七，6）。G9：6，口残。斜直腹，平底外撇。内外壁均见轮旋痕。无釉。黄褐胎。底径8.6、残高5厘米（图九七，7）。G9：7，口残。弧腹内收，平底，内外壁均见轮旋痕。施酱黄釉，内无釉，外釉不及底，见流釉现象。黄褐胎。底径13、残高6.4厘米（图九七，8）。

2. 陶器

陶器仅见网坠一种。

网坠　2件。G9：18，泥质灰陶。橄榄形，略粗短，中部微鼓，中有孔。长3.5、最大腹径1.7、孔径0.7厘米（图九九，1）。G9：4，泥质灰陶。橄榄形，细长，中部微鼓，中有孔。长4.1、最大腹径1.4、孔径0.35厘米（图九九，2）。

（二）地层遗物

地层仅第2C、第2B层出土有部分遗物。

1. 第2C层出土遗物

（1）瓷器。

瓷器（含缸胎、高温有釉陶）的种类有青花碗、黑釉碗、白釉碗、缸胎敛口盆、硬陶碟形灯、缸胎高领壶等。

青花碗　9件。T0807②C：3，口残。弧腹，圈足外撇，内无釉，内底见折棱，外施浅灰釉不及底，腹部残存青花。灰白胎。底径6.5、残高1.8厘米（图九八，1）。T0905②C：3，口残。弧腹，高圈足，内底及腹外饰花草纹。白胎。底径5.2、残高2厘米（图九八，2）。T0805②C：1，口残。弧腹，圈足，足外沿见刮削痕迹，足外壁饰青花一周。内外壁施灰白釉，内底残存花叶纹，腹部饰二道弦纹。灰白胎。底径4.2、残高3厘米（图九八，3）。T0905②C：4，口残。弧腹内收，高圈足外撇。足外沿见刮削痕迹，足外壁饰两周弦纹，内底中心饰草叶纹，腹部饰二周弦纹。外底圆环纹内有款识“明”字。白胎。底径5.4、残高2.5厘米（图九八，5）。T0805②C：3，口残。弧腹内收，高圈足，足底外撇。内底残存花草纹，腹内饰弦纹二周，腹外饰草叶纹。白胎。底径7、残高4.8厘米（图九八，6）。T1006②C：2，侈口，折沿，方圆唇，斜直腹，外壁残存草叶纹，白胎。残高3.8厘米（图九八，7）。T1009②C：1，口残。弧腹，圈足，内底满饰花卉图案。白胎。底径7.5、残高2.3厘米（图九八，8）。T0905②C：5，口残。深弧腹，高圈足。内底及外壁饰花叶纹，下腹饰二道弦纹。足外壁饰一周弦纹。白胎。底径2.8，残高4厘米（图九八，9）。T0805②C：2，口残。弧腹内收，高圈足，足底外撇。内底饰鸟形纹，腹饰二道弦纹，腹外残存花草纹，足外壁饰弦纹二周。白胎。底径6、残高3.7厘米（图九八，10）。

黑釉碗　2件。T0807②C：2，口残。斜直腹，矮圈足，涩圈，施黑釉，内满釉，外半釉。灰白胎。底径6、残高2厘米（图九八，4）。T0807②C：1，口残。斜弧微

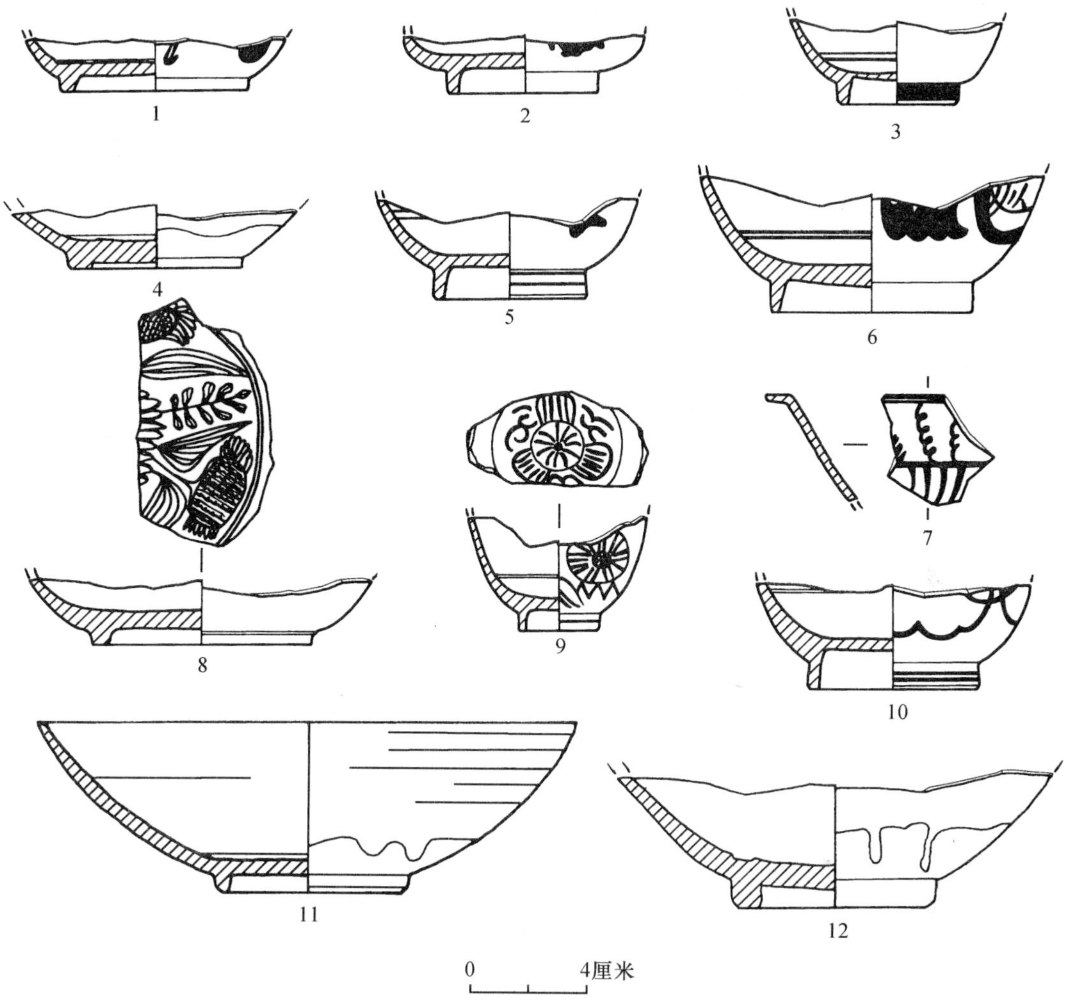

图九八 第2C层出土瓷碗

1～3、5～10. 青花碗（T0807②C：3、T0905②C：3、T0805②C：1、T0905②C：4、T0805②C：3、T1006②C：2、T1009②C：1、T0905②C：5、T0805②C：2） 4、12. 黑釉碗（T0807②C：2、T0807②C：1） 11. 白釉碗（T1005②C：2）

弧，圈足，涩圈。内施黑釉，外半釉，有流釉现象。浅黄胎。底径7、残高4.6厘米（图九八，12）。

白釉碗 1件。T1005②C：2，敞口，尖唇，斜弧腹内收，圈足，内满施白釉，外釉不及底，有流釉现象。外壁见轮旋纹。灰白胎。口径18.8、底径6.6、高6厘米（图九八，11）。

缸胎敛口盆 1件。T1005②C：1，敛口，斜方唇，唇面微凸，斜直腹内收，平底内凹。腹部见轮旋痕。内底见折棱。内施酱黄釉，外无釉。红褐胎。口径23.4、底径12.4、高9厘米（图九九，3）。

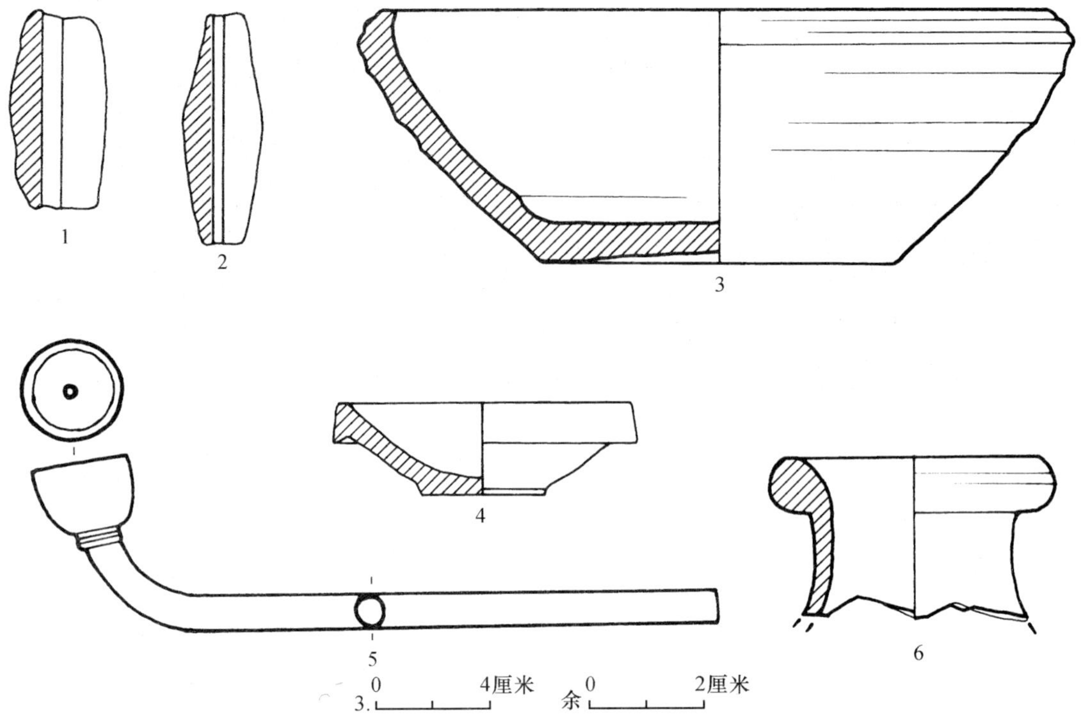

图九九　G9、第2C层出土器物

1、2. 陶网坠（G9：18、G9：4）　3. 缸胎敛口盆（T1005②C：1）　4. 硬陶碟形灯（T0905②C：2）
5. 铜烟斗（T0905②C：1）　6. 缸胎高领壶（T1006②C：1）

缸胎高领壶　1件。T1006②C：1，侈口，卷沿，厚圆唇，高领。红褐胎。口径5、残高2.8厘米（图九九，6）。

硬陶碟形灯　1件。T0905②C：2，敞口，方唇，弧腹，矮饼足。内施酱黄釉，外无釉。灰褐胎。口径5.2、底径2.1、高1.7厘米（图九九，4）。

（2）铜器。

仅见烟斗一类。

烟斗　1件。T0905②C：1，豆为碗形，杆为圆管形，壁较薄。烟斗与杆相接处有三周螺旋纹。烟斗直径1.7、杆径0.6、通长12.1厘米（图九九，5）。

2. 第2B层出土遗物

第2B层出土遗物极少，仅见陶瓦当和铜钱两类。

陶瓦当　1件。T0807②B：1，泥质灰陶。当面部分残。圆形，周围饰一道凸弦纹。中部模印兽面（狮头），兽面怒目圆睁，龇牙咧嘴，胡须下卷，形态逼真。直径11.5厘米（图一〇〇，1）。

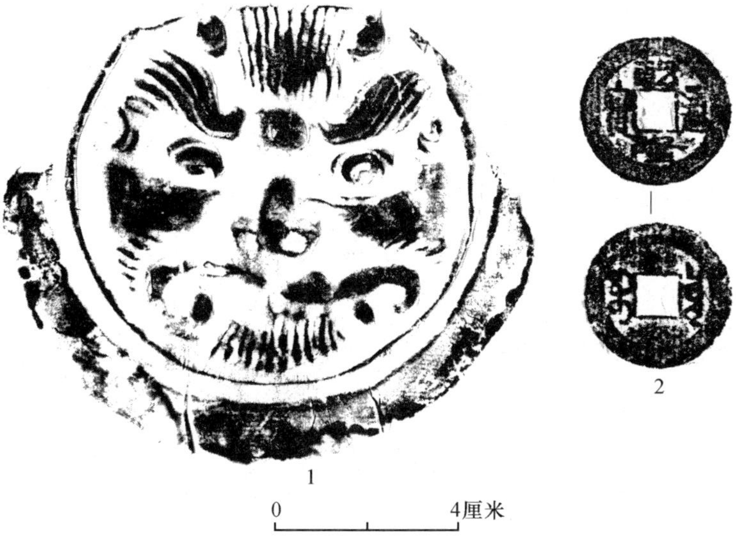

图一〇〇　第2B层出土器物

1. 陶瓦当（T0807②B：1）　2. "乾隆通宝"铜钱（T1110②B：1）

"乾隆通宝"铜钱　1枚。T1110②B：1，圆形，方穿，外有郭，内无郭。外径2.3、穿边长0.6、厚0.1厘米（图一〇〇，2）。

八、认识与总结

（一）分期

根据上文的介绍，我们可以将猴清庙遗址5个大的阶段遗存划分为五期：第一期为新石器时代，第二期为商周时期，第三期为两晋南北朝时期，第四期为唐宋时期，第五期为明清时期。

其中第二期商周时期包括两个地层单位和若干遗迹。其中第6层出土遗物较少，第5层较多，遗迹单位以H14出土较多，三者间的地层关系可表达为：H14→⑤→⑥。从地层关系上看，第6层最早，第5层其次，H14最晚。从器物形态看，第6层未出土尖底盏，第5层尖底盏腹部较深，腹壁斜弧，而H14出土尖底盏为浅腹或斜直壁尖底盏，差异明显。从器物群看，第6层、H14未见角状尖底杯、圈钮器盖、侈口盆等5层出土的典型器。综上所述，第二期商周时期遗存还可进一步划分为3段：第6层为第1段，第5层为第2段，H14为第3段。

第四期包括3A、3B、3C三个地层单位和若干遗迹。归纳起来，其地层关系主要有以下几组较重要：

J1→③A→H7、G7→③B→G6、C1→④；

H15→H16→③A；

③A→G1→G4→③B；

③A→G12、H3→④；

G1→H3。

从器物群看，以第3C层为代表的单位出土瓷碗、瓷钵、瓷四系罐、瓷浅腹盆、莲花纹瓦当、开元通宝铜钱、乾元重宝铜钱等，第3B层出土有瓷碗、瓷盏、瓷碟、瓷碟形灯、瓷双耳罐、瓷鼓肩罐、瓷鸟食罐、瓷高领瓮、瓷折沿盆、瓷香炉、瓷器盖、研磨器等，另有垫托、测温锥、垫圈等窑具，第3A层出土有瓷碗、瓷折腹盘、瓷奁、瓷盏、瓷耸肩罐、瓷鼓肩罐、瓷鸟食罐、瓷匜、瓷单把壶、瓷双耳壶、瓷碗形钵、瓷平底钵、瓷碟、瓷碟形灯、瓷浅腹盆、兽面纹瓦当、长柄鼎、垫托、崇宁通宝、祥符通宝等，可以看出，以第3C层为代表的单位与3A、3B层为代表的单位差异明显，而3A、3B层出土遗物虽有差异，但总体上接近。这样，结合上述的地层关系，可以将3C、C1、H3定为一组，3B、3A、H15、M1等典型单位定为一组，分别作为第四期的第1段、第2段。

（二）年代

第一期的典型单位为第7层。该层出土陶器以夹砂陶为主，泥质陶次之。夹砂陶中又主要是夹砂灰褐、黑褐、红褐、黄褐陶，泥质陶中主要是灰褐、黑皮陶、红陶。陶器器表多饰纹，纹饰种类主要有绳纹、菱格纹、附加堆纹（箍带纹）、刻划纹、戳印纹、网格纹、瓦纹、弦断绳纹，绳纹中又以细绳纹占比例略高，且多交错形成细小菱格，刻划纹中，一般也交错形成大菱格纹。纹饰多组合出现。陶器的器形均为平底器，器类有夹砂折沿罐、泥质高领罐、花边折沿罐、泥质高领壶、深腹盆等。从这些特征看，第一期遗存与三峡地区的玉溪坪文化相似，应为玉溪坪文化遗存[①]。由于该类遗存多折沿器，少见玉溪坪文化早段的卷沿器，也不见中坝文化阶段的大口缸、盘口罐等典型器，应属于玉溪坪文化偏晚阶段的遗存，约相当于距今5000～4600年。

第二期遗存分为3段。首先分析一下该期的典型器物尖底盏。第5层尖底盏腹部较深，其中的一件完整尖底盏（T0908⑤：16）与丰都石地坝遗址1999年发掘的A型Ⅳ式尖底盏（T1231⑦B：6）形态接近，后者的时代属“商代末期至西周早期”[②]；H14

① 白九江：《重庆地区的新石器文化——以三峡地区为中心》，四川出版集团巴蜀书社，2011年，第112～196页。

② 重庆市文物考古所、丰都县文物管理所：《丰都石地坝遗址商周时期遗存发掘报告》，《重庆库区考古报告集·1999卷》，科学出版社，2006年，第702～737页。

出土尖底盏腹部均较浅，其中H14：1号尖底盏与忠县中坝遗址1997年发掘的东周时期DT0503（18）：38等盏接近[①]，但底部要较其略弧一些；H14：6号尖底盏与石地坝遗址1999年的A型Ⅴ式尖底盏（T1131⑦A：8）形态接近，在石地坝遗址中，A型Ⅴ式斜直壁尖底盏与A型Ⅰ式至A型Ⅳ式的斜弧壁明显不同，该盏不排除是第6层发掘时未清理干净遗留而来，而第6层的时代属于西周末期至春秋早期。其次，分析一下器物群。第5层出土的绝大多数陶器在石地坝遗址1999年度第一期第2段都有出土。此外，大量角状尖底杯、底部带折痕的炮弹尖底杯、圈钮器盖、敛口盆、侈口盆等与后者的同类器颇相似。

2009年，北京大学加速器质谱年代试验室、第四纪年代测定试验室测量了我们送检的一例样品。样品试验室编号为BA081891，样品质地为炭，样品出土单位为2008HTHT1008第5层，测得的^{14}C年代为距今2960年±35年（未经树木年轮校正），可以确定大体在商代末期至西周早期范围内。综上所述，第1段的时间大致可以确定在商代晚期，第2段可以推定为商代末期至西周早期，第3段可以大致确定在春秋时期。其中，第1、第2段应属于石地坝文化遗存，第3段因出土陶器较少，暂难确定文化属性。

第三期遗存的典型单位为第4层，另有打破该层的F2、H15等，以及叠压于此层下的H9、H10、H11、G11等。此期出土的钵弧腹、底较大，未见汉代折腹小底钵；所出宽沿大口圜底釜（T1509④：1）与汉代亦有较大差异，多见于六朝时期；T2008④：3釉陶盘口壶盘口较深，颈长而小，具有六朝晚期风格；该层出土的青瓷杯（T1907④：1）深腹、小底，底较高，略内凹，在当时的北朝青瓷碗中多见，与丰都汇南汉墓群出土的Ⅱ式杯（M32：3）相近，但后者为平底，后者时代定为两晋时期[②]。此外，本次发掘的唐宋层出土有一件平底钵（T1007③A：5），外壁饰有网状菱形纹，具有两晋时期青瓷钵的装饰风格，可能为唐宋时从下层翻扰上来的。综上所述，第三期的时代可定为两晋南北朝时期。

第四期遗存分为2段。其中，第1段出土的莲花纹瓦当为典型的唐代瓦当；瓷四系罐的耳为复式系，亦具有唐代特征。最能直接判断年代的是“开元通宝”“乾元重宝”铜钱。开元通宝始铸于唐武德四年（621年），有唐一代通用此钱。遗址出土的开元通宝 “通”字“甬”部上笔开口较扁。“元”字第一笔较长，第二笔左挑。“宝”字下的“贝”中间两笔较长，与两竖相接。背有指甲形月纹，应为中唐时期开元通宝钱币。乾

① 四川省文物考古研究所等：《忠县中坝遗址发掘报告》，《重庆库区考古报告集·1997卷》，科学出版社，2001年，第559～609页。

② 四川省文物考古研究所：《丰都汇南墓群发掘报告》，《重庆库区考古报告集·1998卷》，科学出版社，2003年，第801页。

元重宝始铸于唐乾元元年（758年），至宝应元年（762年）铸钱使刘晏改革币制，迫使其逐渐退出流通领域，其盛行时间较短，这对于判断C1的准确时代有参考价值。综上所述，第四期第1段遗存的时间大致可推定在唐代中晚期。

第四期第2段出土的瓷盏、瓷碟、瓷碟形灯、瓷双耳罐、瓷鸟食罐、瓷香炉、瓷器盖、瓷奁、瓷匜、瓷折腹盘等典型瓷器，均见于重庆涂山窑，具体器形多与涂山窑第一期接近，但又呈现稍早的特征，后者的时代为“北宋末至南宋初”[①]。此外，出土的三足长柄鼎在三峡地区多个遗址亦有发现，其时代均被确定为宋代。湖州镜则在有宋一代始终兴盛，在我国南方地区多有出土。遗址出土的崇宁通宝、崇宁重宝、祥符通宝铜钱为进一步判断时代提供了依据。崇宁通宝、崇宁重宝铸于北宋徽宗赵佶崇宁年间（1102～1106年），祥符通宝铸于宋真宗大中祥符年间（1008～1016年）。综上所述，可将第四期第2段遗存的时间大致推定在北宋中晚期。

第五期遗存出土有清乾隆通宝，以及可能属于同治年间的洪水遗迹，可大致确定为明清，所出遗物主要属于清代。

结合上文分期与年代的分析，可总结为表四所示。

表四　猴清庙遗址文化遗存分期与年代表

期、段		典型单位	文化属性	年代
第一期		第7层	玉溪坪文化	距今5000～4600年
第二期	第1段	第6层	石地坝文化	商代晚期
	第2段	第5层		商代末期至西周早期
	第3段	H14		春秋时期
第三期		第4层、H15、G11		两晋南北朝
第四期	第1段	第3A层、C1、H3		唐中晚期
	第2段	第3B层、第3A层、H15、M1		北宋中晚期
第五期		第2B层、第2C层		明清

（三）几点认识

猴清庙遗址新石器遗存、商周时期第1、2段遗存，与重庆三峡地区同时期文化面貌虽有若干小差别，但总体上接近，分别可归入玉溪坪文化、石地坝文化，表明嘉陵江下游地区此时与三峡地区是同一个文化系统，这为研究这两种文化的分布提供了重要参考，同时对研究以成都平原为中心的近邻文化的分界也有一定价值。商周时期第3段遗存由于出土遗物少，其文化系统尚难遽定。

① 重庆市文物考古所：《重庆涂山窑》，科学出版社，2006年，第396页。

唐宋时期文化遗存是遗址的主体遗存之一，遗迹丰富，出土文物较多。所出宋代瓷器，与涂山窑系文物相近，考虑到遗址出土有部分窑具，不排除附近有宋代窑址的可能。我所在嘉陵江草街航电枢纽工程中发掘过炉堆子窑址，属于涂山窑系，所以很可能这批遗物多数应为本地产品。遗址出土的湖州镜，我所在近年来合川观山宋墓①发掘中、南岸涂山窑小湾窑址宋墓②中均有出土，说明宋代长江上游与下游之间商品交流比较频繁，长江、嘉陵江在商品流通中起着重要的通道作用。

猴清庙遗址文化层堆积呈缓斜坡状，东北高、西南低，向台地后缘倾斜变矮，导致这一状况的原因，可能与临渡河水在此汇入涪江，江水受到顶托沉积为冈身有关，由此反而使遗址越往里越低。从发掘情况看，遗址靠近涪江部分的遗迹明显比内侧丰富，这也说明早期人类活动也多集中在冈身的高地，这对研究遗址形成与人类活动地点的选择提供了重要资料。

猴清庙遗址延续时间长，从新石器时代末期一直到明清，其间虽有若干断裂，但其五期文化遗存上下叠压，绵延不绝的堆积景观，对构建这一地区文化序列具有参考作用。遗址各阶段年代大体清楚，是以后涪江下游、嘉陵江下游地区类似遗存的重要标尺。遗址文化遗存丰富，是近年来在重庆嘉陵江流域第一次大规模发掘的重要遗址，收获较大，对于探索嘉陵江中下游地区考古文化面貌，构建嘉陵江中下游地区文化序列，研究嘉陵江下游地区的历史文化等，具有十分重要的学术意义。

领　　队：林必忠

发掘人员：许文英　金鹏功　黄广民　上官林全　邓兆旭

绘　　图：金鹏功　黄广民

资料整理：许文英　金鹏功　黄广民　白九江

执　　笔：白九江　林必忠　许文英

① 具体见本报告集。

② 重庆市文物考古所：《重庆涂山窑》，科学出版社，2006年，第329页。

附表　猴清庙遗址遗迹单位登记一览表

编号	位置	层位关系	形状	尺寸（长×宽—深）/米	主要包含物	时代	备注
H1	T1409	③A→H1→④	不规则圆形，坑壁直，底略平	0.9×0.78—0.36	泥质红陶、灰陶、炭粒、石块等	两晋南北朝	
H2	T1509	③A→H2→④	圆形、坑壁斜直、圜底	口径0.58、深0.4	黑皮陶片2	两晋南北朝	
H3	T1509	③A→G1→H3→④	残存部分平面呈三角形、坑壁斜直、近平	0.7×0.52—0.4	泥质红、灰陶片、夹砂红陶、淡黄釉瓷片、瓷盘口壶等	唐代	G1打破H3
H4	T1509	④→H4→⑤	圆形、坑壁直、平底	口径1.1、深0.3	绳纹筒瓦片、残石块等	两晋南北朝	
H5	T1407	③B→H5→④	椭圆形、壁较直、底近平	口径1.1、深0.26	灰陶片、网坠等	两晋南北朝	
H6	T1409	⑤→H6→⑥	圆形、壁面直、圜底	口径0.66、深0.5	泥质红陶片、河卵石、炭粒等	商周	
H7	T1507	③A→H7→③B	平面近梯形、斜直壁、底近平	0.8×0.62—0.24	瓦片、砾石等	宋代	
H8	T1504	⑤→H8→生土	圆形、直壁、平底	口径0.5、深0.2	少许炭屑	商周	
H9	T1609	④→H9→⑤	圆形、斜直壁、底较平、底心有小坑洞	口径1.28、底径0.96、深0.8	花纹砖块、夹细砂黄褐、灰褐陶片	两晋南北朝	
H10	T1609	④→H10→⑤	圆形、斜直壁、底较平、底心有小坑洞	口径1.23、底径0.88、深0.88	泥质红陶、灰陶片、盆、网坠1	两晋南北朝	
H11	T1709	④→H11→⑤	椭圆形、壁斜直、底近平	口径1.2、底径0.95、深0.6	花纹砖块、泥质灰陶、夹砂褐陶片	两晋南北朝	
H12	T1009	④→H12→G11→⑤	圆形、直壁、底部有一小坑	口径0.95、深0.6	砾石、花纹砖、黑陶片	两晋南北朝	H12打破G11
H13	T1009	④→H13→⑤	圆形、直壁、底部有一小坑	口径1.4、底径1.2、深0.72	黑皮陶片	两晋南北朝	
H14	T0908	④→H14→⑤	圆形、斜弧壁、圜底	口径1.56、深0.23	夹砂灰陶、泥质红陶、灰陶片、尖底盏、圈足器、罐等	商周	

续表

编号	位置	层位关系	形状	尺寸（长×宽—深）/米	主要包含物	时代	备注
H15	T0807、0907、T0806、1007	②C→H15→H16→③A	长方形、斜弧壁、底略平	14×8.65—1.25	瓦当、碗、铜镜、盘等14件	宋代	
H16	T0805	②C→H15→H16→③A	三角形、弧壁、底较平	4.8×4.25—1.1	黑釉瓷、板、筒瓦	宋代	H15打破H16
H17	T1905、1906、1907、2005、2007	④→H17→⑤	不规则长方形、壁斜弧、底不平	9×6.5—0.45	包含炭粒、石块、红烧土、铁渣、陶瓷片	两晋南北朝	
G1	T0506	③A→G1→G4→③B	长条形、斜直壁、弧底、截面“U”形	20×（0.57～0.85）—0.4	泥质灰陶片、素面瓦片、酱釉瓷片	宋代	G1打破H3、G4
G2	T1409	⑤→G2→⑥	半圆形，截面“U”形	12.86×0.35—0.25	泥质红陶片、灰陶片、石核	商周	
G3	T0109	⑤→G3→生土	弧形，截面“U”形	6.5×0.4—0.22	泥质黑褐陶片	商周	
G4	T1507	③A→G1→G4→③B	长条形，截面“U”形	3.48×0.6—0.48	板瓦	宋代	G1打破G4
G5	T1507	⑤→F1→G5→生土	长条形、截面“U”形	2.3×（0.3～0.5）—0.22	黑褐陶片	商周	F1打破G5
G6	T1709、1708	③B→G6→④	长条形	8.75×（0.6～0.7）—（0.25～0.5）	灰白釉瓷片、无釉粗瓷片等	唐宋	
G7	T1608、1606、1607	③A→G7→③B	长条形、壁直、底近平	10.25×（0.5～0.65）—0.6	白釉、无釉瓷、瓦片，网坠、盆、碗、罐等	宋代	
G8	T0910	②A→G8→④	长条形、截面“U”形	4×（0.16～0.3）—0.12	瓷碗残片	唐宋	
G9	T1010、1009、1008、1007	②A→G9→G12→④	长条形、斜直壁、截面“U”形	19×（0.3～0.56）—（0.66～0.8）	瓷碗、碟、陶网坠	明清	G9打破G12
G10	T1606、1706	④→G10→⑤	长条形、截面“U”形	10.95×0.6—（0.18～0.3）	花纹砖、绳纹板瓦、青绿釉瓷片	两晋南北朝	

续表

编号	位置	层位关系	形状	尺寸（长×宽—深）/米	主要包含物	时代	备注
G11	T0809、0909、1009	④→G11→⑤	长条形、截面“U”形	14×0.5—（0.35～0.5）	陶钵3件	两晋南北朝	
G12	T1008、0908、1108	③A→G12→④	长条形、壁呈弧形、圜底	11.75×（0.6～1.2）—0.6	泥质灰陶片、板瓦、白釉瓷片、动物骨骼、碗、罐等	宋代	G9打破G12
Z1	T1407	⑤→Z1→生土	琵琶形	0.9×0.45—0.32	绳纹黑陶片、炭粒	商周	
F1	T1506	⑤→F1→G5→生土	椭圆形、柱洞7	内径4.5～5.5	柱洞内含较少灰烬及零星残陶片渣	商周	F1打破G5
F2	T1010、1009、0910、0909	③A→F2→④	方形、柱洞15	5.5×4	柱洞内夹绳纹灰陶片、砾石	两晋南北朝	
C1	T1609	③B→C1→④	圆形、坑壁斜直、底略平	口径0.5、底径0.37、深0.4	陶罐、瓷钵、开元通宝等	唐代	
J1	T1407	②A→J1→③A	圆形、竖穴、壁较直	口径0.62、底径0.5、深1.12	网坠1	宋代	
M1	T1	③→M1→生土	长方形、竖穴石室	2.62×1.36—1.48	白釉、酱釉、瓷碗3、灯盏1	宋代	

注：“→”代表打破或叠压关系

合川区牛黄坝遗址发掘报告

重庆市文化遗产研究院
合川区文物管理所

牛黄坝遗址位于合川区钱塘镇湖塘村二、三社，地处嘉陵江左岸一级阶地上，由牛黄坝、刘家院子、沙田溪沟、小鼓浪丘、斗笠口等台地组成，台地间有冲沟相隔。北依无名山冈，南临嘉陵江。遗址东西长约1000、南北宽100米，占地面积100 000平方米，地表种满玉米、红薯等作物。由于嘉陵江水的不断冲刷，文化堆积的中心区域遭到较大破坏。

自2005年以来，重庆市文物考古所（重庆市文化遗产研究院前身）对该遗址进行了多次调查和复查工作，并在牛黄坝、刘家院子、小鼓浪丘等台地各开探沟一条进行了试掘。调查者根据堆积剖面含有大量素面筒瓦、板瓦和黑釉瓷片，将其认定为宋元遗址，并提出不排除有早期遗存的可能。

为配合草街航电枢纽建设工程，2008年5月27日至6月16日，重庆市文物考古所对该遗址进行了抢救性发掘。在调查勘探的基础上，发掘区选择在牛黄坝和小鼓浪丘台地，按正北向布探方4个，编号2008HQNT1～T4（以下均省略2008HQN），发掘面积达250平方米（图版四）。

清理新石器时期窑炉1座，出土一批新石器时期陶片和宋元时期的遗物。现将本次考古工作情况报告如下。

一、地层堆积

牛黄坝遗址文化堆积主要集中在两个区域，早期遗存主要分布在小鼓浪丘，晚期遗存主要分布在牛黄坝。现以T4南壁剖面为例进行介绍。

第1层：厚40～50厘米。灰黑色粉砂土，结构疏松，夹大量泥沙，包含大量植物根茎。耕土层。

第2层：深40～50、厚25～50厘米。黄褐色粉砂土，结构疏松，纯净。淤积层。

第3层：深85～95、厚25～50厘米。红褐色粉砂土，结构细腻。出土瓷片、瓦片，另出有“乾隆通宝”铜钱1枚。明清文化层。

第4层：深115～120、厚10～60厘米。灰褐色粉砂土，结构疏松。出土夹砂、泥质陶片、红烧土粒和少量石片。陶片上饰附加堆纹、菱格纹、戳印纹、瓦棱纹等。可辨器形有缸、罐、钵、纺轮等。推断为新石器文化层（图一）。

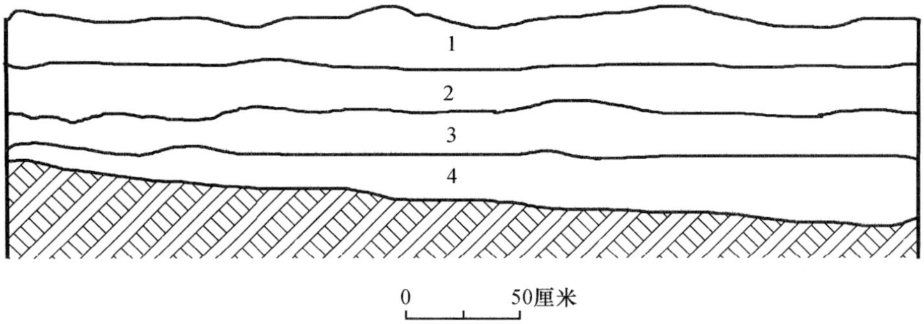

图一　T4南壁剖面图

出土早期遗物的探方有T2、T3、T4，发掘时没有统一地层，其地层对应关系如表一所示。

表一　出土早期遗物与地层对应关系

单位	对应关系			
T2、T3	第1层	第2层	第3层	第4层
T4	第1层	第2层，第3层	第4层	

二、文化遗存

牛黄坝遗址以新石器时代的早期遗存为主，未发现明清时期遗迹，遗物数量少且多破碎，本报告未纳入介绍。

出土早期遗物的单位包括T2、T3的第3层和T4的第4层，以及Y1。

（一）遗迹

仅发现窑炉一种。Y1，位于T2中部偏西处，平面呈“马蹄形”，方向340°。开口于第3层下，打破第4层，距地表深50～105厘米。窑通长160、宽100～143、残深40～50、壁厚0.4～0.5厘米。窑壁外有一层热辐射形成的红褐色土层，厚0.5～1厘米。Y1残存火膛和排烟孔两部分。火膛平面呈圆角长方形，宽85、长90厘米，窑壁因用火受热程度不一形成内外两层，内层为0.1～0.2厘米厚的深灰色硬面，外层为热辐射形成的烧土面，厚0.3～0.4厘米。火膛壁一边直弧，一边斜弧呈袋状，壁面残留有明显的棍状加工痕迹，残高20、径0.5～0.6厘米。火膛底部较平，深灰色硬面上残留有炭屑。排烟孔位于火膛后部，有东西两个，平面近椭圆形，壁面呈带状，平底。西部的排烟孔残留有挡火墙（下部与火膛相通），墙宽10、厚0.5～0.8厘米；东部排烟孔保存不好，挡火墙缺失。窑内为松软的灰褐色粉砂土，包含物丰富，出土较多的夹砂陶和泥质陶片（图二，图版一九）。

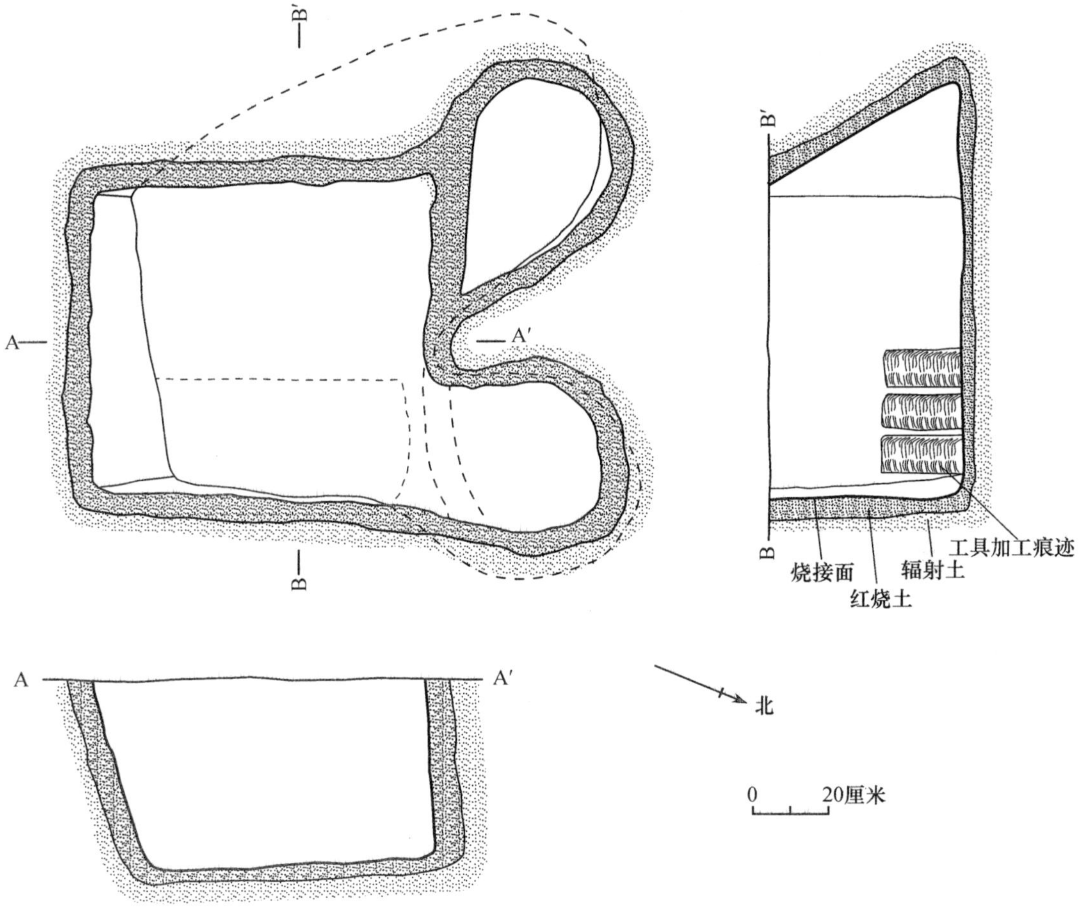

图二　Y1平、剖面图

（二）遗物

遗物主要为陶器残片。陶器制作以泥条盘筑为主，然后经慢轮修整。部分器物底部和器身分段成型后再拼接为一体，宽沿器类沿下以附加堆纹加固，泥质陶普遍使用打磨技术。夹砂陶占绝大多数，有细砂、粗砂之分，以后者为主，其中红褐陶数量最多，灰陶、灰褐陶次之。泥质陶数量较少，主要为灰陶和磨光灰陶、灰褐陶。器物普遍饰以纹饰，素面较少，以斜向交错滚印细绳纹构成的菱格纹多见，一般由附加堆纹和菱格纹搭配形成纹饰组合。另有戳印纹、划纹、弦纹、瓦棱纹等。器类主要是陶容器、流行平底器、少量圈足器，主要器类有罐、缸、壶、盆、钵、纺轮等。

陶罐　是本期最流行的器物。数量多、形制多样。依据口部变化分为素口、花边口两类。

素口罐　均为侈口。依据口沿特征可分为分卷沿和折沿二型。

A型　卷沿罐。分二亚型

Aa型　沿面较窄。Y1：3，泥质红陶。尖圆唇，深弧腹。上腹部饰四道旋断斜向绳纹，绳纹间距0.3～0.4厘米。口径38、残高12.8、胎厚0.7～0.8厘米（图三，6）。Y1：9，泥质黄褐陶。圆唇，沿面较窄，弧腹。口径20.6、残高2.6、胎厚0.3～0.4厘米（图三，11）。T4④：15，泥质灰陶。圆唇，直弧腹。口径32、残高3.9、胎厚0.4～0.6厘米。

Ab型　沿面较宽。Y1：15，夹粗砂红褐陶。圆唇，沿面较宽。沿下饰竖向细绳纹，间距0.2～0.4厘米，颈部饰戳印纹。残宽5.8、残高3.7、胎厚0.4厘米（图四，3）。Y1：16，夹粗砂红陶。方唇，沿下饰斜向细绳纹，间距0.2～0.4厘米。残宽5.4、残高3.7、胎厚0.6厘米（图四，2）。

B型　折沿罐。依据沿部变化可以分成仰折沿、平折沿、凹折沿三亚型。

Ba型　仰折沿。口沿与上腹转折角度较大。Y1：4，夹粗砂红褐陶。尖圆唇，沿下饰有交错细绳纹构成的小菱格纹，细绳纹间距0.2～0.3厘米。口沿与器身接痕明显，由截面可以观察到口沿系内套接，其结合部（颈部）附加一道泥条，其上有三道手指按压形成的窝纹。按窝纹下有交错细绳纹构成的小菱格纹，细绳纹间距0.2～0.3厘米。口径40、残高8、胎厚0.4～0.5厘米（图三，8）。T2③：6，上腹部残片。泥质黄褐陶。弧腹。上腹饰数道凹弦纹，弦纹间距1.2厘米，弦纹间饰短斜线纹，间距0.4～0.6厘米。残宽6.8、残高5、胎厚0.5厘米。T4④：17，夹粗砂灰陶。方唇。残宽4.9、残高3.3、胎厚0.4厘米。

Bb型　平折沿。口沿与上腹转折角度较小。Y1：5，夹粗砂红陶。圆唇。上腹部饰有一条由四道小戳窝组成的戳印纹带和数道凹弦纹，弦纹间距0.2～0.4厘米。口径24、残高7、胎厚0.5厘米（图三，10）。T2③：5，上腹片。夹粗砂灰褐陶。颈部饰戳印纹，上腹部饰交错细绳纹构成的小菱格纹，细绳纹间距0.3厘米。残宽8、残高5.2、胎厚0.4厘米。

Bc型　凹折沿。Y1：2，夹粗砂灰褐陶。尖圆唇，沿面内凹呈盘口，斜弧腹。颈部饰一周戳印纹，每组由11～13个戳窝组成，戳窝为长条形，径0.2～0.3厘米，每组间距

1.1～1.8厘米。口径38.8、残高8.3、胎厚0.7～0.9厘米（图三，4）。

花边口罐　均为侈口。可分为二型。

A型　卷沿。可分为二亚型。

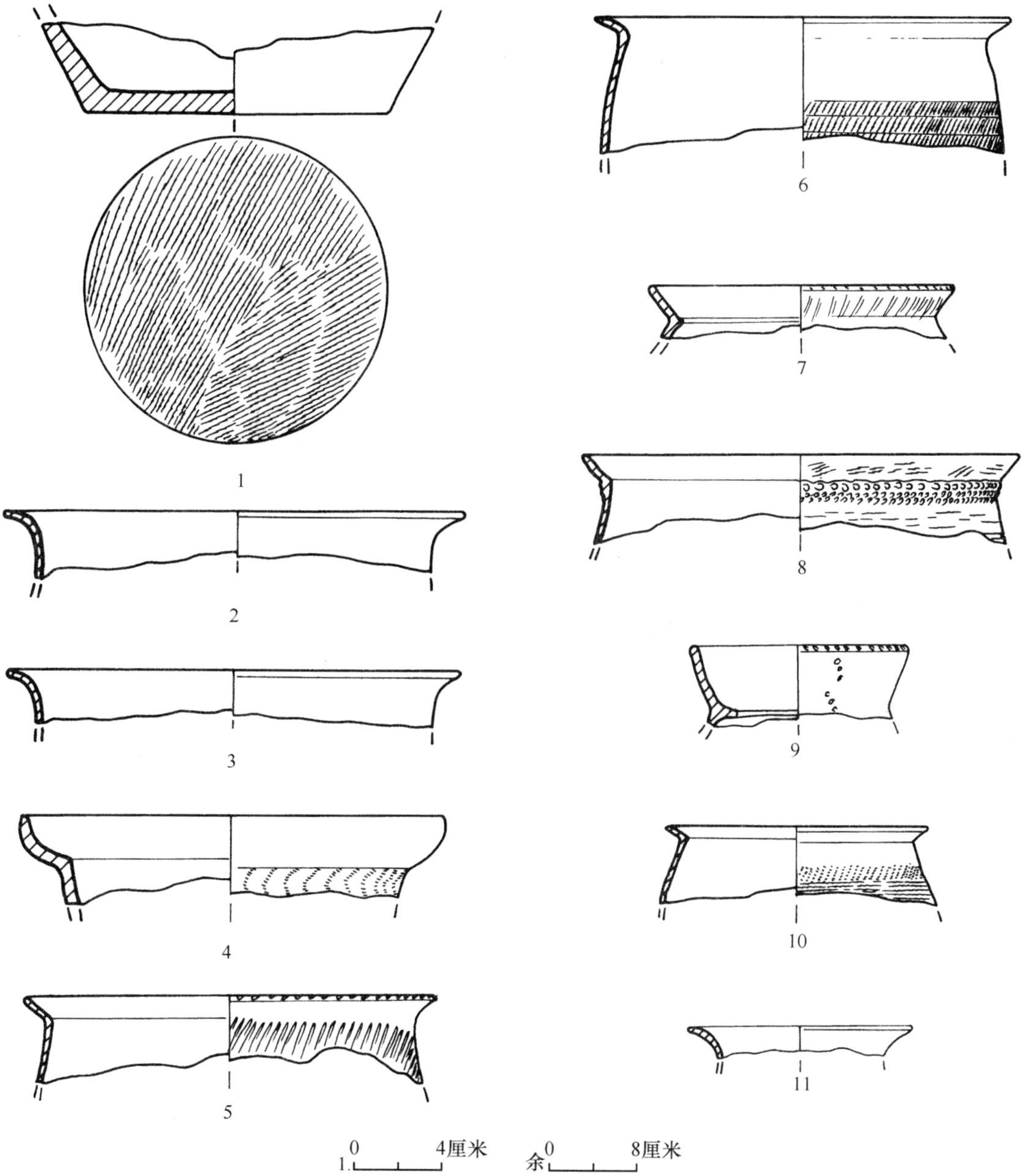

图三　牛黄坝遗址出土陶器（一）

1. 器底（Y1：1）　2、3. A型缸（T2③：1、T2③：2）　4. Bc型素口罐（Y1：2）　5. Aa型花边口罐（Y1：6）　6、11. Aa型素口罐（Y1：3、Y1：9）　7. Bb型花边口罐（Y1：7）　8. Ba型素口罐（Y1：4）　9. Bc型花边口罐（Y：8）　10. Bb型素口罐（Y1：5）

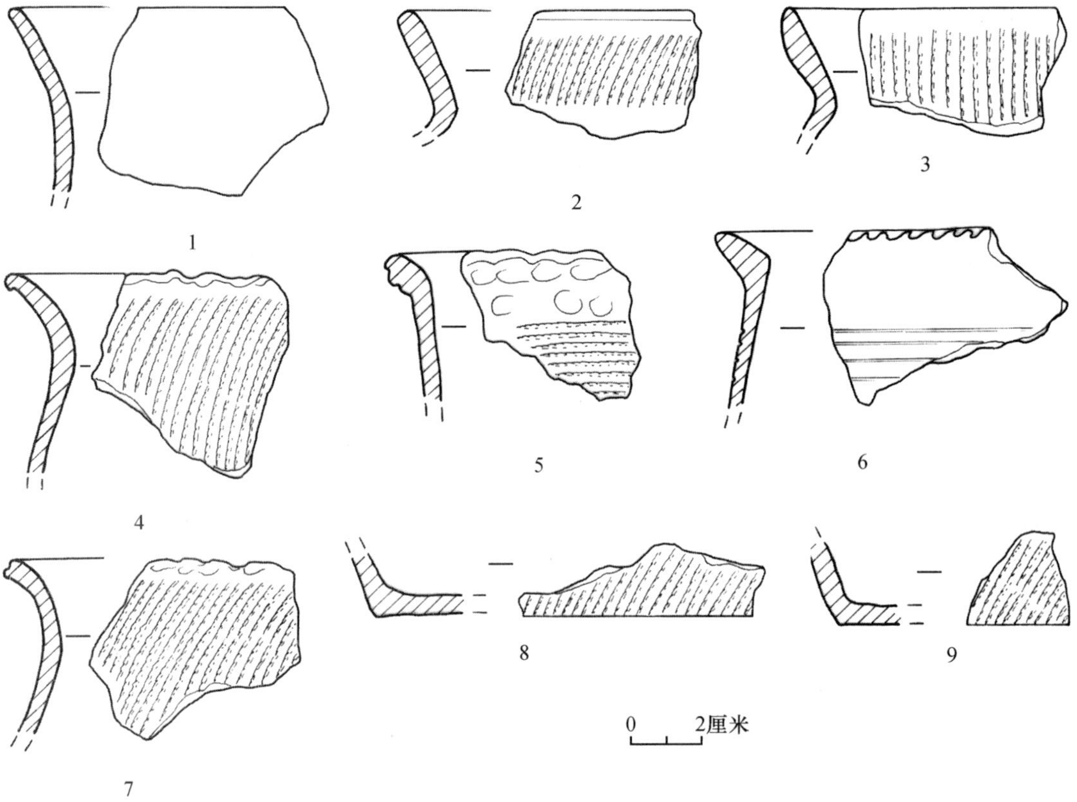

图四　牛黄坝遗址出土陶器（二）

1. A型缸（Y1：10）　2、3. Ab型素口罐（Y1：16、Y1：15）　4、7. Ab型花边口罐（Y1：11、Y1：12）
5. Aa型花边口罐（Y1：13）　6. Ba型花边口罐（Y1：14）　8、9. 器底（Y1：17、Y1：18）

Aa型　沿面较窄。Y1：6，夹粗砂红陶。圆唇， 沿面斜直，胎较薄。颈部以下饰斜向绳纹，绳纹间距宽0.3～0.4厘米。口径38、残高7.5、胎厚0.4～0.5厘米（图三，5）。Y1：13，夹粗砂黄褐陶。沿面较窄。唇部饰戳印纹。残宽4.9、残高4.2、胎厚0.3厘米（图四，5）。

Ab型　沿面较宽。Y1：11，夹粗砂灰陶。圆唇，沿下饰斜向细绳纹，间距0.2～0.4厘米。残宽5.5、残高5.7、胎厚0.4厘米（图四， 4 ）。Y1：12，夹粗砂灰陶。方唇，沿下饰斜向细绳纹，间距0.1～0.4厘米。残宽5.9、残高5.2、胎厚0.3厘米（图四，7）。T2③：3，夹粗砂灰陶。唇部饰压印的花边，沿下饰斜向绳纹，绳纹间距0.3～0.4厘米。残宽7.5、残高4.2、胎厚0.5厘米。

B型　据沿部形态分为三亚型。

Ba型　斜折沿。Y1：14，夹粗砂红陶。圆唇，直弧腹。唇部饰戳印花边，上腹部饰数道凹弦纹，弦纹间距0.3～0.4厘米。残宽6.8、残高5、胎厚0.5厘米（图四，6）。

Bb型 内沿有一凸棱。Y1：7，夹粗砂红陶。方唇，唇部刻划花边，沿面微凹，内沿面有一道凸棱。外沿面饰斜向绳纹，细绳纹间距0.1～0.2厘米。口径28、残高4.7、胎厚0.75厘米（图三，7）。

Bc型 宽沿，内沿面凸棱明显。Y1：8，夹粗砂红陶。折沿，方唇，宽沿面内凹，凸棱明显。唇部及沿下饰戳印纹。口径20、残高6.6、胎厚0.7厘米（图三，9）。

缸 根据口部形态可分为三型。

A型 侈口。T2③：1，泥质黄褐陶。侈口、卷沿，圆唇，直弧腹。口径42、残高6、胎厚0.6厘米（图三，2）。T2③：2，泥质红陶。侈口、卷沿，圆唇，斜弧腹。口径41.6、残高5、胎厚0.5厘米（图三，3）。Y1：10，泥质红陶。圆唇。残宽6.3、残高5.5、胎厚0.4厘米（图四，1）。T2③：4，泥质红陶。卷沿，方唇。残宽7.1、残高0.3、胎厚0.5厘米。

B型 直口。T4④：1，夹细砂红褐陶。直口、方唇，筒形腹。器表满饰有交错滚印细绳纹构成的小菱格纹，细绳纹间距0.1～0.2厘米，上腹部饰附加堆纹一道，堆纹宽1.1厘米。残宽11.9、残高8.6、胎厚0.5～0.8厘米。

C型 敞口微侈。T2③：7，夹粗砂红陶。敞口微侈，方唇，筒形腹。唇部饰戳印花边，间距0.4厘米。残宽6.2、残高4.9、胎厚0.5～0.7厘米。

壶 T4④：8，泥质褐陶。侈口，卷沿，圆唇，束颈。口沿与器身接痕明显，系分别成型后连接而成，由截面可以观察到口沿系内套接。残宽5、残高3.6、胎厚0.8厘米。

盆 T4④：11，泥质灰陶。尖唇，直腹。上腹部饰一道凸棱纹。残宽5.6、残高3.1、胎厚0.4厘米。

钵 根据口部形态可分为敛口和敞口二型。

A型 敛口。根据腹部形态可分为二亚型。

Aa型 弧腹。T4④：13，泥质灰陶。素面。残宽2.9、残高3.6、胎厚0.2～0.4厘米。

Ab型 折腹。T4④：3，泥质红陶。敛口，方唇。器表磨光，上腹部饰六道凹弦纹，弦纹间距0.3厘米。残宽8.3、残高3.5、胎厚0.3～0.7厘米。T4④：4，泥质灰陶。敛口，尖圆唇。通体磨光，上腹部饰五道凹弦纹，弦纹间距0.2厘米。残宽8.1、残高2.7、胎厚0.3～0.7厘米。T4④：5，泥质灰陶。敛口，尖圆唇。通体磨光，上腹部饰三道凹弦纹，弦纹间距0.3厘米。残宽4.5、残高3.2、胎厚0.3～0.6厘米。

B型 敞口。T4④：6，泥质灰陶。敞口、圆唇，弧腹。通体磨光，上腹部饰三道弦纹，弦纹间距0.8～1厘米。残宽7.9、残高3.9、胎厚0.4～0.6厘米。

豆盘 T4④：9，夹细砂红陶。直口、圆唇。残宽4.9、残高1.5、胎厚0.2～0.5厘米。T4④：2，夹细砂灰陶。直口微敞、圆唇。残宽4.2、残高1.5、胎厚0.4～0.5厘米。T4④：7，泥质红陶。直口，尖圆唇。残宽4.6、残高1.5、胎厚0.2～0.4厘米。

纺轮　T4④：16，泥质红陶。呈圆台形，顶面微弧，底平。顶径3.8、底径4.6、高1.3厘米。

器底　均为平底。Y1：1，泥质红陶。底面饰交错细绳纹，细绳纹间距0.2～0.4厘米。底径14、残高4厘米（图三，1）。Y1：17，夹粗砂红陶。下腹饰斜向绳纹，底面饰交错细绳纹，绳纹间距0.2厘米。残宽6.8、残高2、胎厚0.5厘米（图四，8）。Y1：18，夹粗砂红陶。下腹饰斜向绳纹，底面饰交错细绳纹，绳纹间距宽0.2～0.4厘米。残宽3、残高2.7、胎厚0.6厘米（图四，9）。T2③：9，泥质红陶。内、外底均饰交错细绳纹构成的小菱格纹，细绳纹间距0.2～ 0.4厘米。底径13.6，残高0.8厘米。

三、结　语

牛黄坝遗址新石器时期窑炉的发现在渝西地区尚属首次，填补了这一地区该时期考古学文化的空白。对了解本地区新石器时期的窑炉形制、烧制工艺具有重要意义。平面呈“马蹄形”的陶窑形制，与三峡地区发现的同时期陶窑呈现出较大的差异，进一步丰富了重庆地区新石器时期陶窑的种类。

新石器时期遗物主要为陶器。以夹砂红褐陶为主，泥质陶数量较少；器物流行花边口，器表多饰附加堆纹、菱格纹，另有戳印纹、划纹、弦纹、瓦棱纹等；其制法以泥条盘筑为主，经慢轮修整。泥质陶普遍使用打磨技术。流行平底器，圜底器和圈足器较少。通过与周边遗址的对比，其与忠县哨棚嘴遗址三期文化特征相近。因此，推断牛黄坝遗址早期遗存的年代应在距今4500年左右。

牛黄坝遗址发现的早期文化遗物，对了解嘉陵江流域新石器时期的文化面貌、建立嘉陵江流域新石器时期的文化序列具有重要意义，同时为进一步探讨长江三峡地区、四川盆地地域间的文化交流提供了新的材料。

附记：参与本次发掘的工作人员有重庆市文物考古所邹后曦、李大地，湖北省秭归博物馆的周昊，当阳县博物馆的王贵平，合川区文物管理所李小勇、罗世杰。另外，本次发掘工作得到了当地政府及合川区文物管理管所的大力支持，在此一并感谢。

领　　队：邹后曦
修　　复：周　昊
资料整理：李大地　周　昊
摄影、摄像：董小陈
绘　　图：丁伟强
执　　笔：李大地　邹后曦

合川区老菜园遗址发掘报告

重庆市文化遗产研究院
合川区文物管理所

老菜园遗址位于合川区大石镇沙沱村四社，地处嘉陵江右岸一级阶地，东隔唐家溪与马河塘遗址相望，西连楠竹溪，北临嘉陵江，南距邹家院子约500米。由于嘉陵江水的不断冲刷对遗址造成较大破坏，遗址东西长约50、南北宽120米，占地面积6000平方米。地表种植玉米、红薯等农作物（图一）。

2005年以来，重庆市文物考古所（重庆市文化遗产研究院前身）先后多次对该遗址进行了调查和复查工作。从剖面观察，文化层距地表深2、厚0.5米，地层中包含有红陶、黑皮陶等。陶片上有刻划纹、绳纹、弦纹等。调查者认为属新石器时代。

为配合嘉陵江草街航电枢纽工程，2008年5月9～27日，重庆市文物考古所组成由邹后曦担任领队的考古工作队，对该遗址进行了首次发掘。通过调查勘探和发掘工作，证实老菜园台地与马河塘台地实为同一遗址不可分割的两个部分，统称老菜园遗址。

本次发掘将老菜园、马河塘分别作为遗址的Ⅰ、Ⅱ区，按正向布探沟四条，编号为2008HDLⅠT1～T2、2008HDLⅡTI～T2（以下省略2008HDL），发掘面积300平方米（图二）。

现将本次考古工作情况报告如下。

一、地层堆积

老菜园遗址文化堆积集中在两个区域，早期遗存主要分布在Ⅰ区，晚期遗存主要分布在Ⅱ区。现以ⅠT1东壁和ⅡT1东壁为例介绍遗址地层堆积情况。

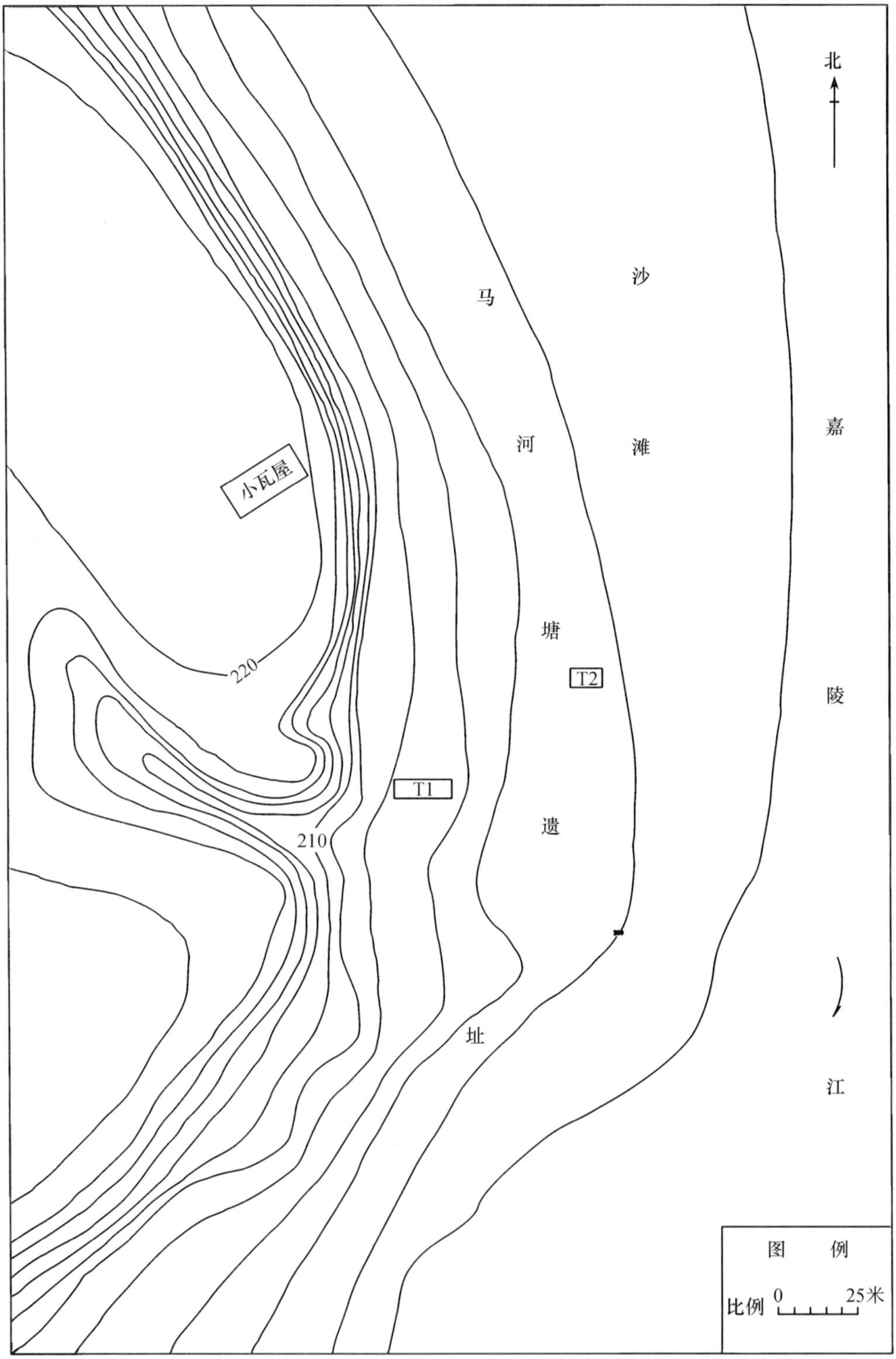

图一　老菜园遗址位置图

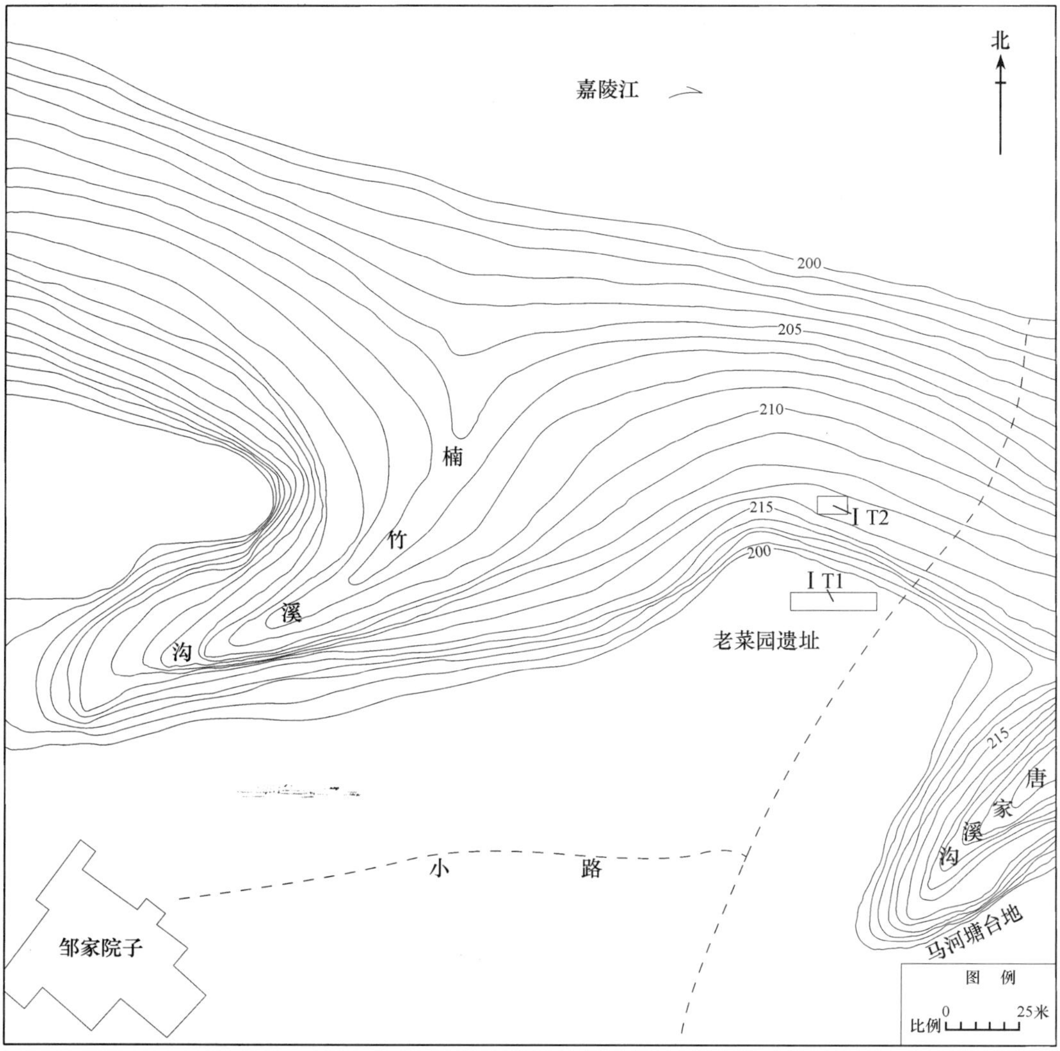

图二　遗址布方图

（一）I T1东壁剖面

第1层：耕土层。厚20～25厘米。灰褐色粉砂土，结构疏松，包含大量植物根茎。

第2层：淤积层。深20～25、厚0～30厘米。黄褐色粉砂土，结构疏松。包含有少量青花瓷片和青灰色瓦片。瓷片上饰灵芝、瑞兔等动植物图案。

第3层：明清文化层。深30～60、厚45～65厘米。红褐色粉砂土，结构疏松，夹有木炭、红烧土粒。包含物相对较多，且较为杂乱，出土有陶器、瓷器残片。陶器主要为泥质灰陶，瓷器主要为青花，另有青白瓷、酱釉瓷等。可辨器形有罐、盆、碗、盘、板瓦等。

第4层：淤积层。深75～125、厚50～100厘米。浅灰色粉砂土，结构疏松，包含有少量炭粒、烧土。

第5层：淤泥层。深170～175、厚65～75厘米。灰褐色粉砂土，结构较疏松，夹少量红烧土粒、炭末。

第6层：新石器文化层。深245～250、厚20～25厘米。黄褐色粉砂土，结构疏松。包含物丰富，出土大量夹砂陶、泥质陶片、红烧土粒和少量石器。陶片上有附加堆纹、菱格纹、戳印纹、瓦棱纹等。可辨器形有罐、纺轮等（图三）。

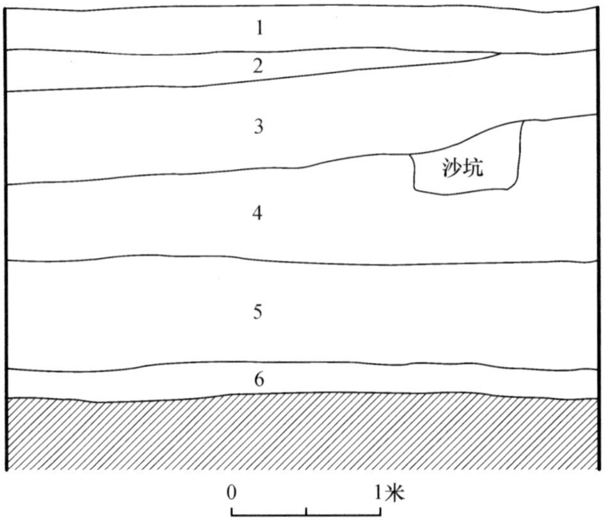

图三　Ⅰ T1东壁剖面图

（二）Ⅱ T1东壁剖面

第1层：耕土层。厚25～35厘米。灰褐色粉砂土，结构疏松，包含大量植物根茎。

第2层：淤积层。深25～35、厚15～40厘米。灰黄色粉砂土，结构疏松。包含有较多的烧土末及零星饰有布纹、绳纹的灰陶片。

第3层：汉代文化层。深50～75、厚0～40厘米。灰黑色粉砂土，结构相对紧密。包含物较多，主要为饰绳纹的灰陶片，可辨器形有罐、盆、板瓦等。

第4层：汉代文化层。深65～110、厚25～60厘米。浅黄色粉砂土，结构疏松，包含有少量炭粒、烧土。出土少量绳纹陶片（图四）。

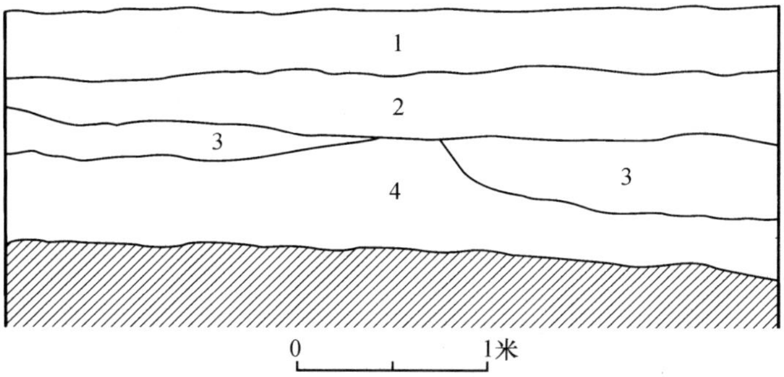

图四 ⅡT1东壁剖面图

二、文化遗存

老菜园遗址本次发掘未见遗迹，出土遗物主要为新石器时期、汉代及其以后时期。

（一）早期遗存

出土早期遗物（新石器时期）的单位包括ⅠT1、ⅠT2的第6层，主要为陶器，另有少量石器和石片等。

1. 陶器

陶器中夹砂陶的比例居多，泥质陶次之。夹砂陶以红褐、灰褐陶为主，砂粒为白色石英、云母颗粒。烧制器物的火候低，胎体结构差，陶片碎小。器物皆手制成型，主要用泥条盘筑，有的器物口部加厚。纹饰方面，器物口部流行花边装饰，主要纹饰有附加堆纹、菱格纹、戳印纹等，另有少量弦纹。纹饰一般从沿下开始饰纹，一直饰至器底，有的器物内、外底均饰纹。泥质陶陶土细腻，烧制温度较高，普遍使用打磨技术，主要纹饰为瓦棱纹。器类较单一，以深腹平底罐为主，另有一定数量的缸、钵、盘、纺轮等。

罐 是本遗址早期遗存的主流器物，多为口沿、器底残片。分花边口、素口两类。

花边罐 均为侈口、深腹、平底。据口部形态可分为二型。

A型 卷沿。ⅠT1⑥：16，夹砂红褐陶。侈口、圆唇，唇部饰线切割花边。沿下至颈部饰细密的小菱格纹，细绳纹间距0.2厘米。残宽4.9、残高2.2、胎厚0.5～0.6厘米（图五，1）。ⅠT1⑥：14，夹细砂灰陶。侈口、圆唇。唇部饰压印花边，上腹饰凹弦纹，间距0.2～0.3厘米。残宽4.2、残高3.6、胎厚0.5厘米（图五，2）。ⅠT1⑥：26，夹细砂红陶。侈口、方唇。唇部饰戳印花边。沿下饰斜细绳纹，间距0.3～0.4厘米。残宽4、残高2.8、胎厚0.4～0.6厘米（图五，3）。

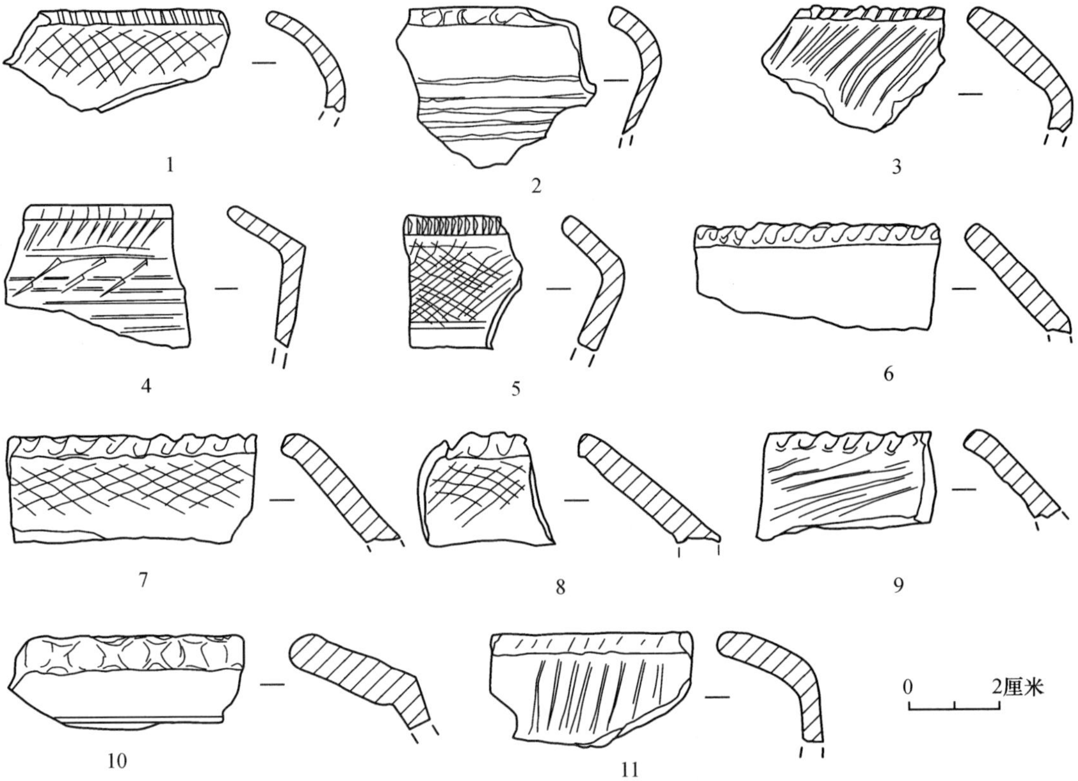

图五　陶花边罐

1～3. A型（ⅠT1⑥：16、ⅠT1⑥：14、ⅠT1⑥：26）　4～11. B型（ⅠT1⑥：12、ⅠT1⑥：13、ⅠT1⑥：15、ⅠT1⑥：17、ⅠT1⑥：19、ⅠT1⑥：24、ⅠT1⑥：7、ⅠT1⑥：21）

B型　折沿。ⅠT1⑥：12，夹细砂灰陶。侈口，圆唇。沿下饰斜向细绳纹，间距0.2厘米，颈部饰戳印纹，间距0.8厘米，上腹饰凹弦纹，间距0.2～0.3厘米。残宽4.1、残高3.2、胎厚0.4厘米（图五，4）。ⅠT1⑥：13，夹细砂灰陶。侈口、方唇。唇部饰戳印花边，沿下至颈部饰交错细绳纹构成的小菱格纹，细绳纹间距0.2厘米。上腹饰凹弦纹，间距0.2厘米。残宽2.6、残高3.1、胎厚0.4厘米（图五，5）。ⅠT1⑥：15，夹砂灰陶。侈口，方唇。唇部饰压印花边。残宽5.5、残高2.4、胎厚0.5厘米（图五，6）。ⅠT1⑥：17，夹砂灰陶。侈口、圆唇。唇部饰按窝纹，沿下饰交错细绳纹构成的小菱格纹，细绳纹间距0.3～0.4厘米。残宽5.5、残高2.3、胎厚0.5厘米（图五，7）。ⅠT1⑥：19，夹砂灰陶。侈口、圆唇。唇部饰按窝纹，沿下饰交错细绳纹构成的小菱格纹，细绳纹间距0.4厘米。残宽3.1、残高2.5、胎厚0.5～0.6厘米（图五，8）。ⅠT1⑥：24，夹细砂灰陶。敞口，方唇。唇部饰戳印花边。沿下饰斜向细绳纹，间距0.3～0.4厘米。残宽3.8、残高2.3、胎厚0.4～0.6厘米（图五，9）。ⅠT1⑥：7，夹粗砂红陶。圆唇。唇部饰按窝纹，上腹近颈处饰凹弦纹。残宽5.2、残高2.1、胎厚0.6～0.9厘米（图五，10）。ⅠT1⑥：21，夹细砂灰陶。圆唇，唇部饰压印纹，沿下饰竖细绳纹。间距0.3～0.4厘米。残宽4.5、残高2.5、胎厚0.4～0.6厘米（图五，11）。

素口罐　据口部形态可分为三型。

A型　喇叭口。ⅠT1⑥：3，泥质灰陶。尖圆唇。口径19.6、残高3.4、胎厚0.6厘米（图六，1）。ⅠT1⑥：6，泥质灰褐陶。尖圆唇。残宽7.7、残高3.2、胎厚0.6厘米（图六，2）。ⅠT2⑥：1，泥质灰陶。圆唇。残宽6.5、残高2.5、胎厚0.6厘米（图六，3）。ⅠT2⑥：2，泥质黑皮陶。圆唇。残宽5.5、残高3.1、胎厚0.3～0.5厘米（图六，4）。

B型　侈口、折沿。ⅠT1⑥：10，泥质灰陶。圆唇、高领。沿下轮制清晰。残宽5.4、残高4.2、胎厚0.6厘米（图六，5）。

C型　侈口、沿面内凹似盘口。ⅠT1⑥：8，夹粗砂灰褐陶。圆唇，沿面内凹。沿

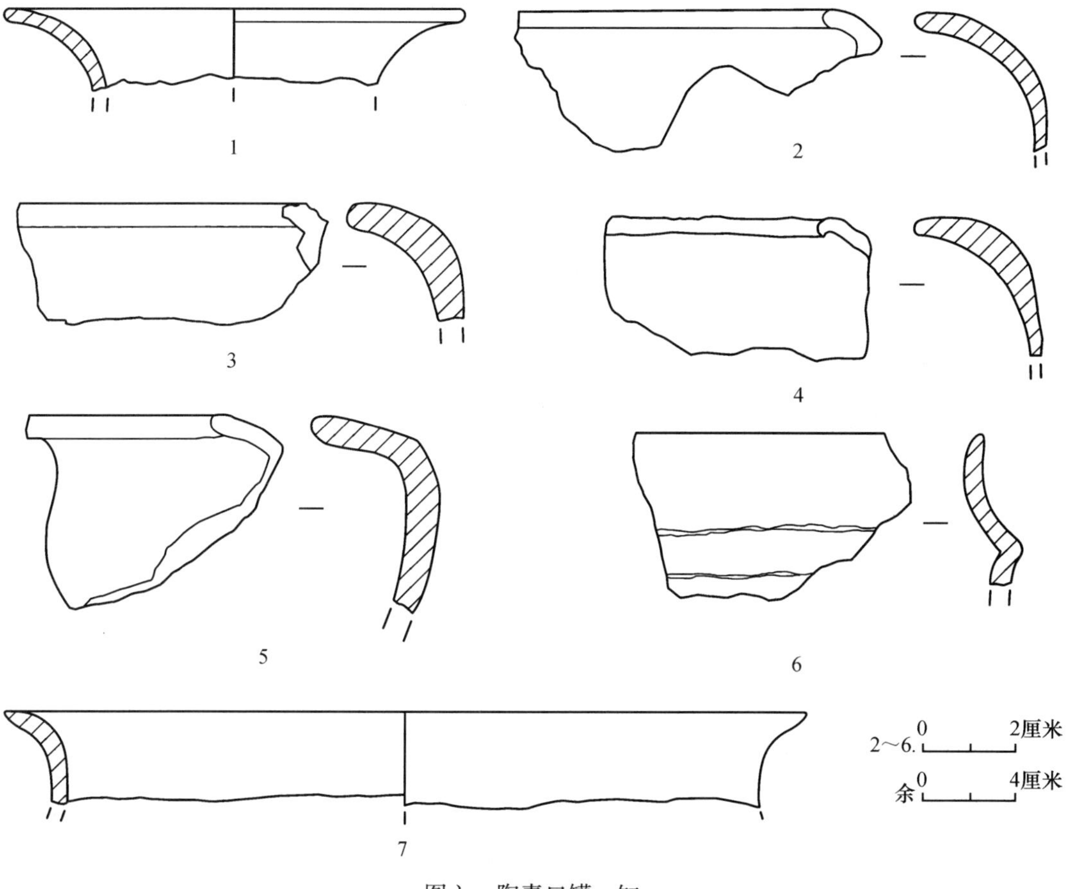

图六　陶素口罐、缸

1～4. A型素口罐（ⅠT1⑥：3、ⅠT1⑥：6、ⅠT2⑥：1、ⅠT2⑥：2）　5. B型素口罐（ⅠT1⑥：10）
6. C型素口罐（ⅠT1⑥：8）　7. 陶缸（ⅠT1⑥：4）

下饰凹弦纹，间距0.8厘米。残宽5.9、残高3.5、胎厚0.4厘米（图六，6）。

陶缸　ⅠT1⑥：4，泥质灰陶。侈口，卷沿，尖圆唇，斜直腹。口径34、残高4、胎厚0.8厘米（图六，7）。

陶钵　ⅠT1⑥：9，泥质灰陶。敞口微侈，弧腹。残宽5.1、残高4.4、胎厚0.5厘米（图七，1）。ⅠT1⑥：25，泥质磨光黑皮陶。敞口，斜直腹。残宽3.9、残高1.5、胎厚0.3厘米（图七，2）。

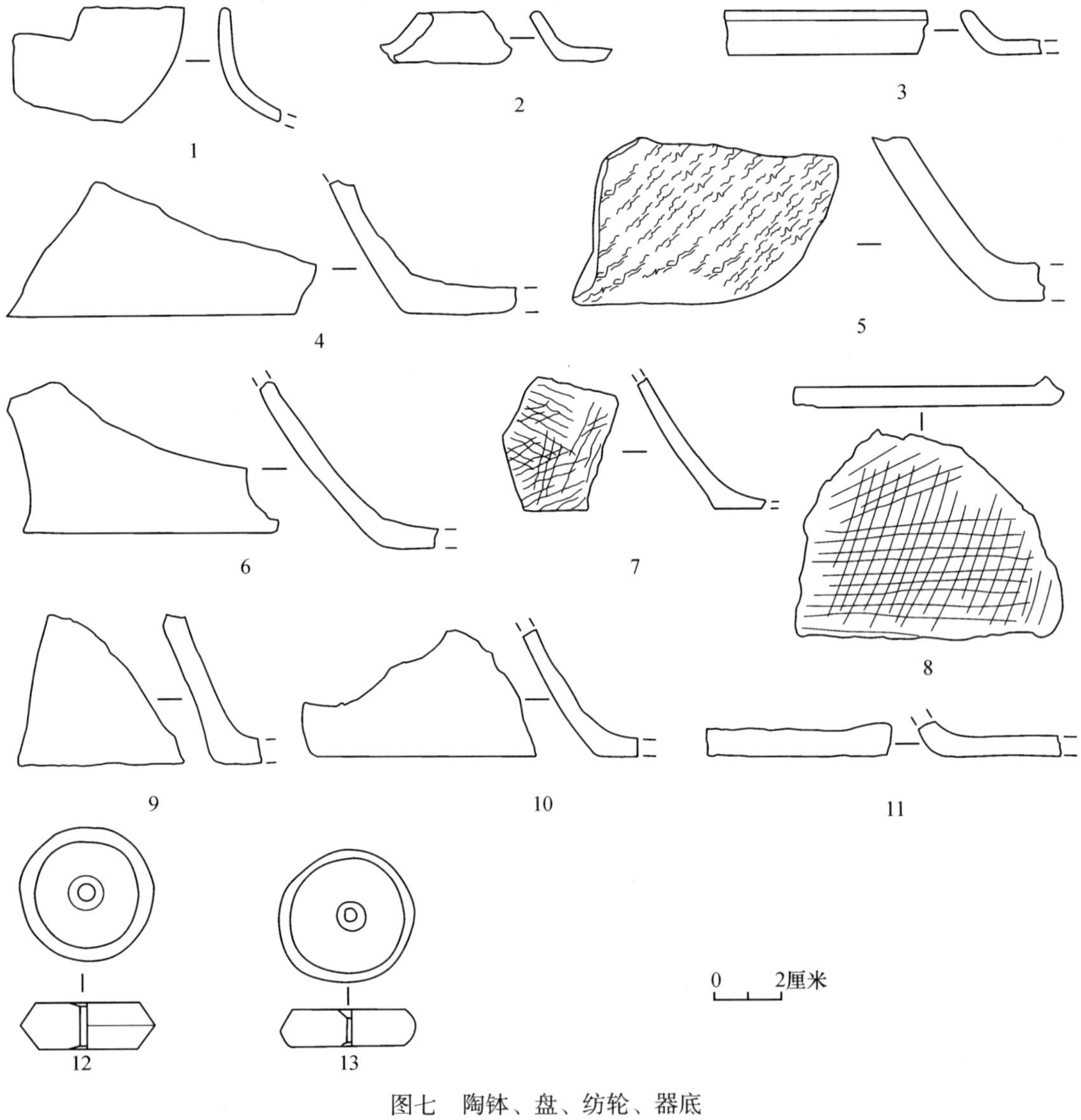

图七　陶钵、盘、纺轮、器底

1、2. 陶钵（ⅠT1⑥：9、ⅠT1⑥：25）　3.陶盘（ⅠT1⑥：11）　4～11. 陶器底（ⅠT1⑥：28、ⅠT1⑥：27、ⅠT1⑥：30、ⅠT1⑥：32、ⅠT1⑥：33、ⅠT1⑥：31、ⅠT2⑥：4、ⅠT2⑥：3）　12、13.陶纺轮（ⅠT1⑥：1-1、ⅠT1⑥：1-2）

陶盘 ⅠT1⑥：11，泥质灰陶。敞口，斜腹。残宽6.1、残高1.3、胎厚0.5厘米（图七，3）。

陶纺轮 平面呈圆形。ⅠT1⑥：1-1，泥质红褐陶。顶底径3.1、腹径4.1、厚1.4厘米（图七，12）。ⅠT1⑥：1-2，夹粗砂灰褐陶。顶底径3.5、腹径3.9、厚1.2厘米（图七，13）。

陶器底 均为平底。ⅠT1⑥：32，夹粗砂红陶。下腹饰交错绳纹构成的菱格纹，绳纹间距宽0.2厘米。残宽3.4、残高4.2、胎厚0.4厘米（图七，7）。ⅠT1⑥：27，夹细砂黄褐陶。下腹饰斜向绳纹，绳纹间距宽0.4厘米。残宽7.9、残高5.1、胎厚1.2厘米（图七，5）。ⅠT1⑥：28，泥质红陶。素面。残宽9.1、残高4.1、胎厚0.8厘米（图七，4）。ⅠT1⑥：30，泥质灰陶。通体磨光。残宽8.1、残高4.5、胎厚0.7厘米（图七，6）。ⅠT1⑥：31，泥质灰陶。残宽4.9、残高4.5、胎厚0.8厘米（图七，9）。ⅠT1⑥：33，夹粗砂红陶。内、外底饰交错细绳纹构成的小菱格纹，细绳纹间距0.2～0.4厘米。残宽8.1、残高0.9、胎厚0.6厘米（图七，8）。ⅠT2⑥：3，夹细砂灰陶。残宽5.4、残高1.1、胎厚0.6厘米（图七，11）。ⅠT2⑥：4，夹粗砂红陶。残宽6.9、残高3.8、胎厚0.6厘米（图七，10）。

2. 石器

石器数量较少，均以砾石为料。加工方法有打制、磨制两种。器形有斧、刮削器。

石斧 ⅠT1⑥：2，泥岩。灰绿色，石质细腻，平面近梯形。顶部保留岩石自然面，其余均通体磨光。斜弧背，两侧壁斜直，弧刃。长5.6、宽4.6、厚1.2厘米（图八，1）。

刮削器 ⅠT1⑥：35，黑色水成岩，平面呈椭圆形。一面保留自然砾石面，一面为打击面。刃较平，有使用痕迹。长7.7、宽5.7、厚0.8厘米（图八，2）。ⅠT1⑥：38，灰色水成岩，平面近椭圆形。一面保留部分自然砾石面，一面为打击面。弧刃，有使用痕迹。长9.1、宽7.4、厚1.1厘米（图八，3）。ⅠT1⑥：37，黄色水成岩，平面呈扇形。一面保留自然砾石面，一面为打击面。弧刃，使用痕迹明显。长11.2、宽6.4、厚1.1厘米（图八，4）。ⅠT1⑥：36，灰绿色水成岩，平面呈三角形。一面保留部分自然砾石面，一面打击面。有使用痕迹。长8.7、宽6.2、厚1.1厘米（图八，5）。

3. 建筑遗物

地层中包含有较多的红烧土块。推测与建筑有关。

红烧土块 ⅠT1⑥：34，红褐色。一面平直光滑，一面保留有棍痕。棍径2.7厘米。残长10.5、残宽6.2、厚3.8厘米。分析当时的房子用棍做骨架，再用泥封实，然后用火烤形成墙壁（图九，7）。

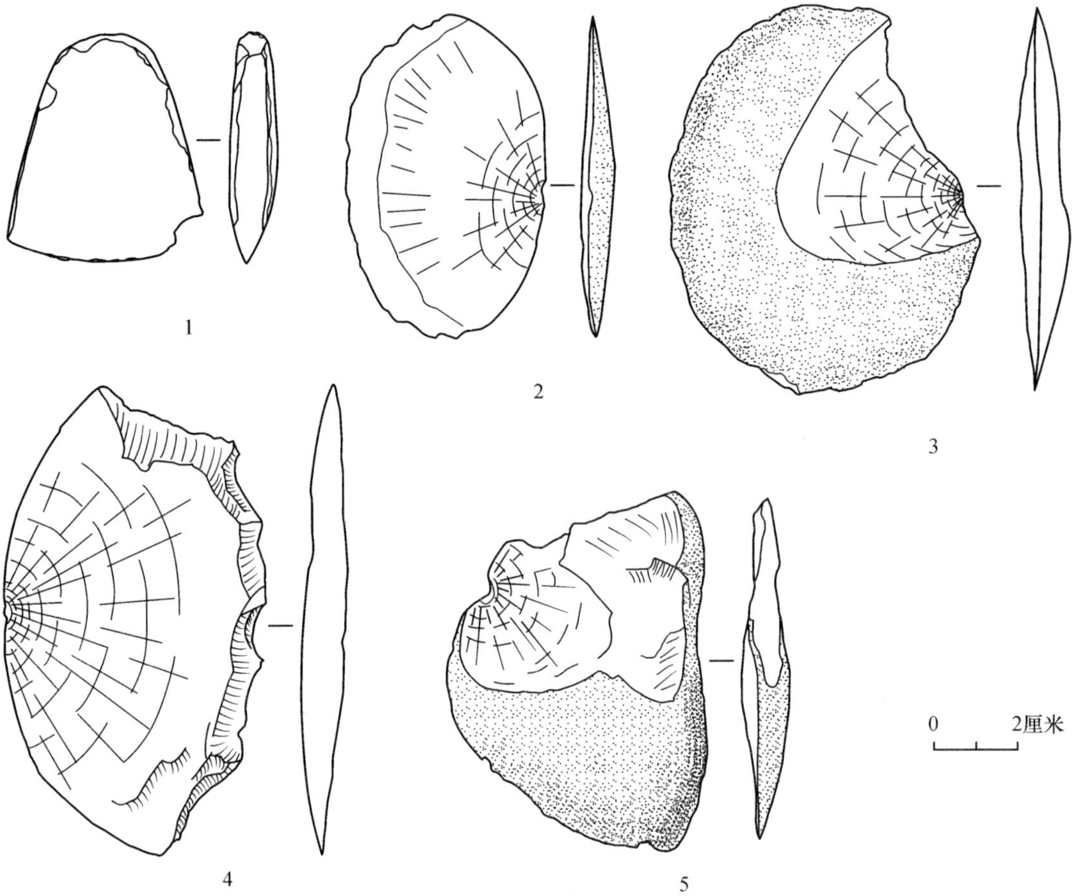

图八　石斧、刮削器

1. 石斧（ⅠT1⑥：2）　2～5. 刮削器（ⅠT1⑥：35、ⅠT1⑥：38、ⅠT1⑥：37、ⅠT1⑥：36）

（二）晚期遗存

本遗址晚期遗存指汉代及以后各时期的遗存。出土该期遗存的单位包括ⅠT1、ⅠT2的第2、第3层和ⅡT1的第3、第4层。其延续时间较长，大体上可以分成三组。

A组　以灰陶为主，器物上多饰绳纹。器类有罐、缸、筒瓦等残片。

陶罐　ⅡT1③：2，泥质灰陶。敛口，折沿，沿面微凸，束颈，鼓腹。颈部和腹部均饰有斜向绳纹。残宽8.1、残高10.8厘米（图九，1）。ⅠT1③：66，泥质灰陶。敞口微侈，方唇，弧腹，肩部有系。残宽8.3、残高4.2厘米（图九，2）。ⅠT1③：67，泥质灰陶。敛口，平沿，三角形唇，弧腹。残宽4.5、残高2.1厘米（图九，3）。ⅠT1③：64，泥质灰陶。敛口，圆唇，弧腹内收。上腹有弦纹。残宽6.4、残高6.3厘米（图九，5）。

陶缸 ⅡT1③：1，泥质灰陶。敞口，圆唇。残宽6.5、残高2.5厘米（图九，4）。

筒瓦 ⅡT1③：3，夹砂灰陶。仅残存瓦身上部。瓦背面饰绳纹。残宽8厘米（图九，6）。

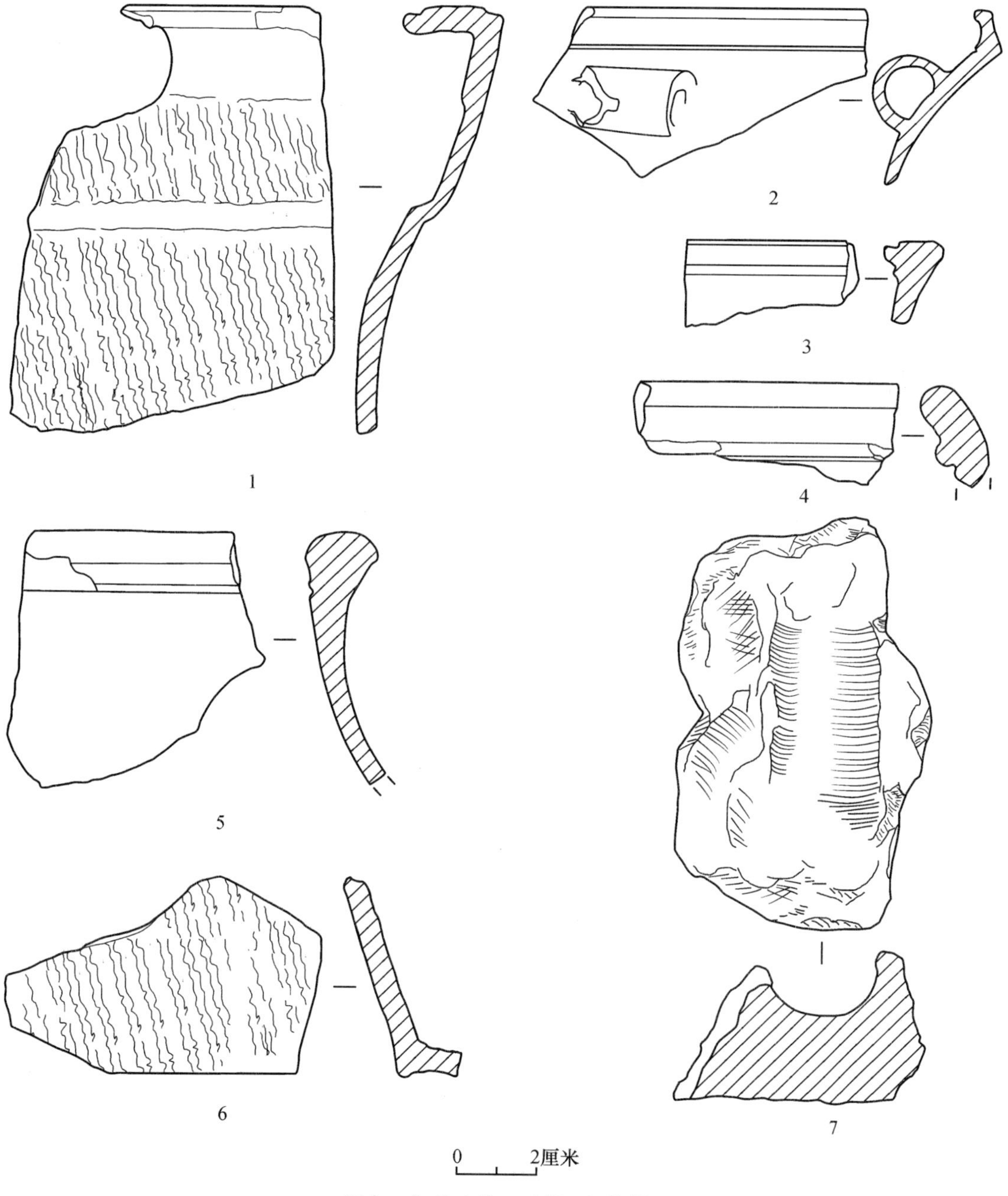

图九 红烧土块、晚期A组陶器

1～3、5. 罐（ⅡT1③：2、ⅠT1③：66、ⅠT1③：67、ⅠT1③：64） 4. 缸（ⅡT1③：1） 6. 筒瓦（IIT1③：3） 7. 红烧土块（ⅠT1⑥：34）

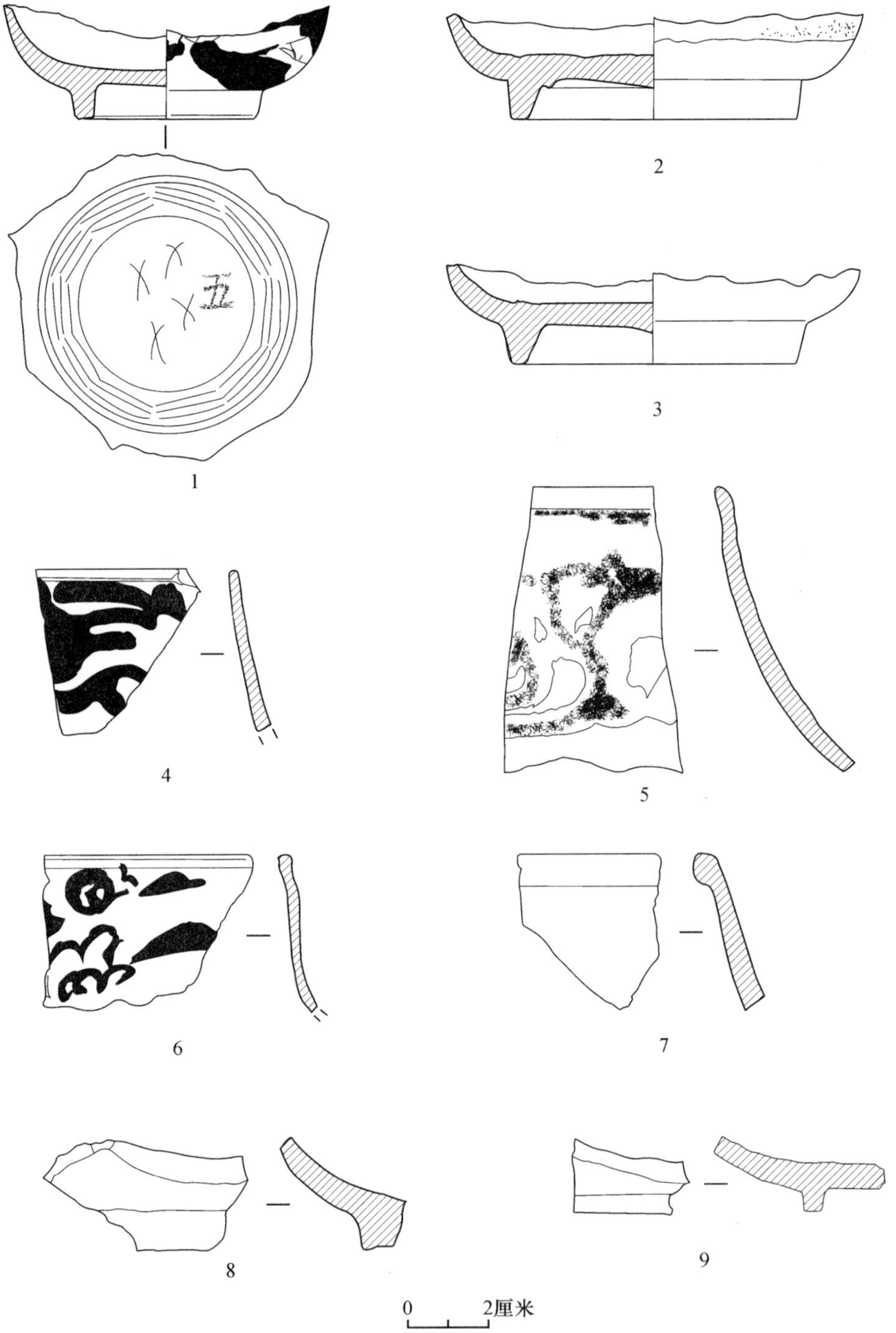

图一〇　B、C组晚期瓷碗

1～4、6. C组（ⅠT1③：55、ⅠT1③：56、ⅠT1③：57、ⅠT1③：58、ⅠT1③：59）

5、7～9. B组（ⅠT1③：60、ⅠT1③：61、ⅠT1③：62、ⅠT1③：63）

B组　均为瓷器，以碗类为主，矮圈足。施釉一般不及下腹，釉色有酱黄、青白、黄褐等。

瓷碗　ⅠT1③：60，红褐胎。外壁施酱黄釉不及下腹，内壁施乳白釉。敞口、尖圆唇，弧腹。残高7.1厘米（图一○，5）。ⅠT1③：61，乳白胎，青白釉。敞口、卷圆唇，斜弧腹。残高3.9厘米（图一○，7）。ⅠT1③：62，乳白胎，青白釉，施釉不及外底。弧腹，矮圈足。残高2.8厘米（图一○，8）。ⅠT1③：63，乳白胎，黄褐釉。外釉不及下腹。弧腹，矮圈足。残高2.8厘米（图一○，9）。

C组　均施青白釉，一般绘有青花纹饰。器类有碗、罐等。

瓷碗　ⅠT1③：55，乳白胎。釉层油润，胎、釉结合牢固，施釉不及外底，饰青花纹样。口残，圈足底，足墙面较宽。内底饰双圈纹，底面保留有使用时刻划的"五"字样。底径4.6、残高2.9厘米（图一○，1）。ⅠT1③：57，灰白胎。施釉不及外底。内底有涩圈。圈足底，足墙面较窄。底径7、残高2.6厘米（图一○，3）。ⅠT1③：56，灰白胎。青白釉，施釉不及下腹。圈足底，足墙面较窄。底径7.1、残高2.4厘米（图一○，2）。ⅠT1③：58，灰白胎。敞口、圆唇，斜直腹。外壁饰青花纹样（图一○，4）。ⅠT1③：59，灰白胎。敞口微侈，圆唇，筒腹（图一○，6）。

瓷罐底　ⅠT1③：53，紫红胎，酱黄釉不及下腹，有釉滴现象。弧腹，平底，下腹残留把手。腹部饰弦纹。底径8、残高8.1厘米（图一一，1）。ⅠT1③：54，灰褐胎。酱黄釉不及下腹，有釉滴现象。弧腹，平底微凹。腹部有轮制痕。底径6.1、残高4.6厘米（图一一，2）。

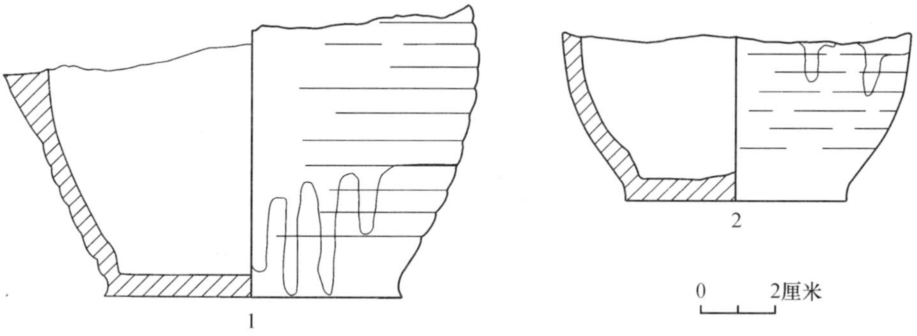

图一一　晚期瓷罐底

1. ⅠT1③：53　2. ⅠT1③：54

三、结　　语

老菜园遗址是嘉陵江流域一处重要的新石器遗址，所出早期遗物以陶器为主，有少量磨制石器。陶器中夹砂陶所占比例较大，平底器流行，多饰有附加堆纹、菱格纹、戳印纹等。器类有罐、缸、钵、盘、纺轮等。关于遗址的年代，通过与哨棚嘴遗址的对比，与其三期文化面貌较为接近，绝对年代为距今5000～4500年。这对于了解嘉陵江流域新石器时期的文化面貌，认识重庆本土文化——哨棚嘴文化的分布范围具有重要意义，同时为探讨嘉陵江流域、长江三峡地区、四川盆地地域间的文化交流提供了新的材料。

晚期主要是汉代、明清两个时期的遗存。汉代遗存单位主要为Ⅱ区（马河塘）的第3、第4层，此外，在Ⅰ区（老菜园）明清时期的地层中出土较多该时期陶片，本期遗物即报告中的A组器物，以泥质灰陶为主，器表多饰绳纹，器类有罐、缸、筒瓦等。明清时期遗存主要集中在Ⅰ区（老菜园）的第3层，该层遗物较为杂乱，除较多明清时期青花C组器物外，同时出土汉代陶器（A组器物），另有少量青白、酱黄、黄褐釉，施釉不及下腹的唐宋时期瓷器残片（即报告中的B组器物），表明老菜园遗址在明清时期人类生产生活频繁，对遗址扰动较大。

附记：参与本次发掘的工作人员有重庆市文物考古所邹后曦、李大地，湖北省秭归博物馆的周昊、当阳县博物馆的王贵平，合川区文物管理所李小勇、罗世杰。另外，本次发掘工作得到了当地政府及合川区文物管理管所的大力支持，在此一并感谢。

领　　队：邹后曦
修　　复：周　昊
资料整理：李大地　周　昊
摄影、摄像：董小陈
绘　　图：丁伟强
执　　笔：李大地　邹后曦　杨大同

合川区菜蔬排遗址发掘简报

重庆市文化遗产研究院
合川区文物管理所

一、概　　况

菜蔬排遗址由重庆市文物考古所（重庆市文化遗产研究院前身）于2004年10月开展嘉陵江草街航电枢纽文物调查时发现。遗址位于合川区钓鱼城办事处鱼城村四社（原十社），距合川城区约8千米。其地处嘉陵江左岸一级阶地上，距现江水面高约25余米，东有冲沟与冬瓜坪遗址隔沟相望，南邻嘉陵江，西距凉水井约70米。中心地理坐标为东经106°19′25.2″、北纬29°59′41.8″，海拔204～205米。遗址南北宽约40、东西长约100米，面积约4000平方米。

为配合嘉陵江草街航电枢纽工程文物保护工作，受重庆市文物局委托，重庆市文物考古所组织相关业务人员，于2008年9月27日至10月25日对该遗址进行了小规模发掘，发掘方法采用探方方式，依据具体的地理环境，在遗址东南一处断坎处布正方向探方4个（编号为2008HCT1～2008HCT4，以下省略2008HC），探方大小为10米×10米，发掘面积400平方米（图一、图二）。

二、地层堆积

4个探方中，2个探方主要位于坎上，2个探方主要位于坎下。发掘中统一了地层，地层堆积较简单，只有3层，遗迹发现2个。整个发掘区地层遗迹联络图如下：

①→Y1→②→H1→③→生土

现以T2地层堆积为例介绍如下。

第1层：厚10～30厘米。灰褐色耕土层，土质极为疏松，内含有大量植物根茎，部分民国及近现代时期的瓷片，少量石块。该层为现代耕种层。

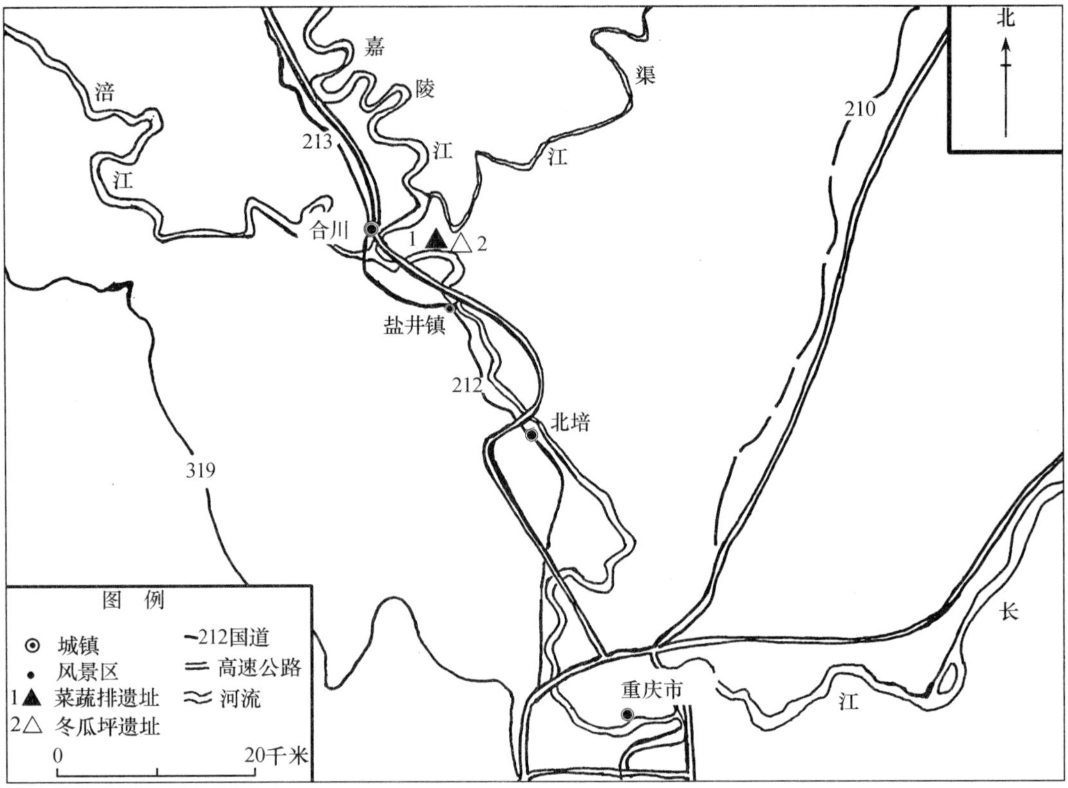

图一　菜蔬排遗址位置图

第2层：厚0～40厘米。浅黄色土层，土质微紧，主要包含物有青花瓷片，少量宋代瓷片，部分砾石等。此层为宋—明清时期文化层。

第3层：厚0～40厘米。黄褐色土层，土质结构微紧，主要包含有较为丰富的夹砂、泥质陶片和石制品等。此层为商周文化层（图三）。

由于宋至明清时期遗存较少，本简报仅介绍商周时期遗存。

三、商周时期遗迹

仅见灰坑一种，共1座。

H1，坑口叠压于第2层下，距地表深25～35厘米，打破第3层及生土。该坑平面近葫芦形，西南侧被田埂破坏近底部，坑口长4.2、宽2.26米。坑壁未见加工痕迹。坑底呈坡状，坑底宽64、深88厘米。出土可辨器形有陶圆肩罐、花边罐、矮领罐、盘口壶、尖底盏、鬶、灯形器、平底钵、器盖、纺轮，石锛、石锄和少量砾石等（图四）。

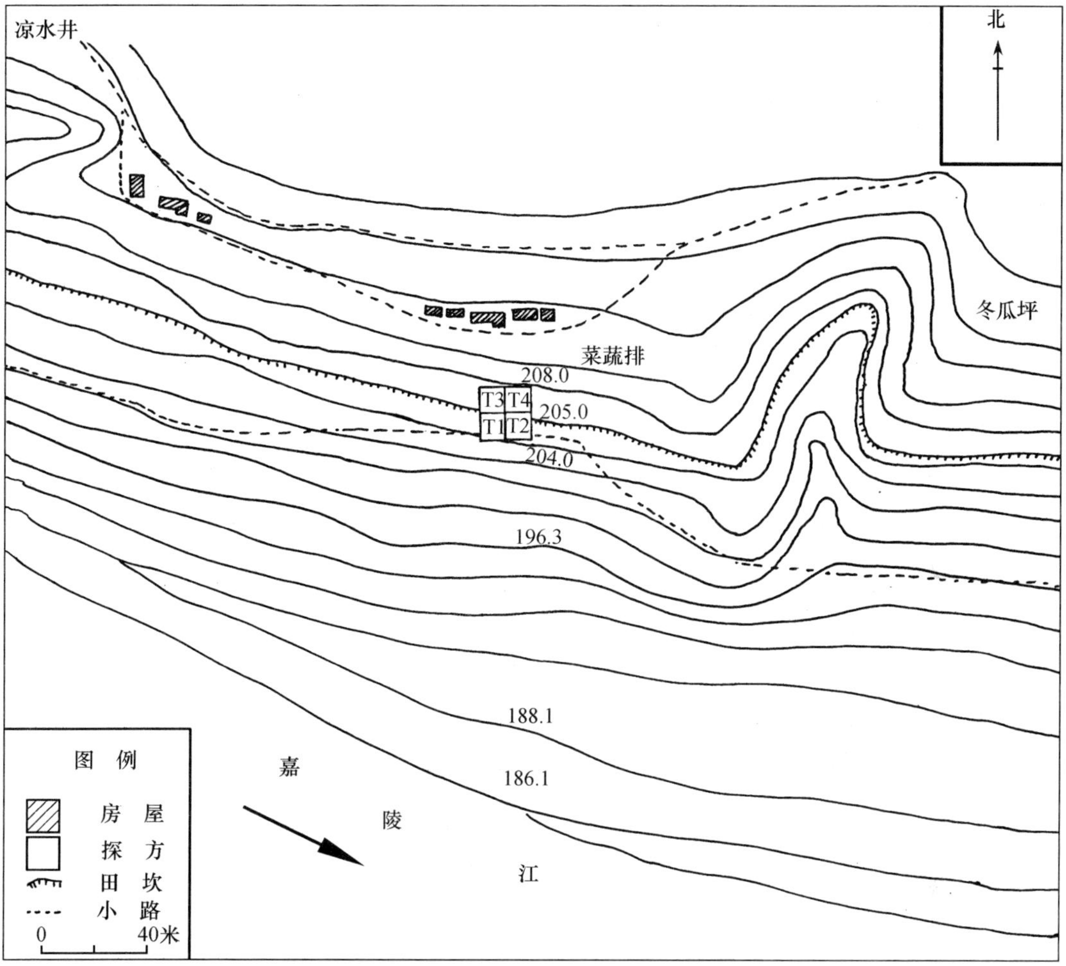

图二 菜蔬排遗址地形及探方分布图

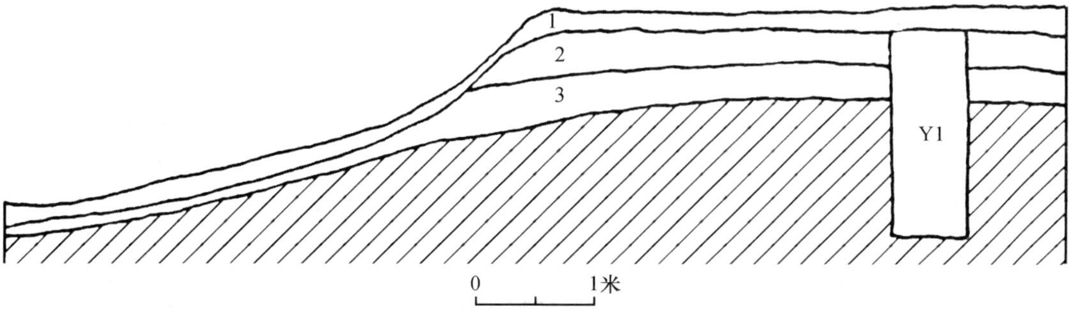

图三 T2西壁剖面图

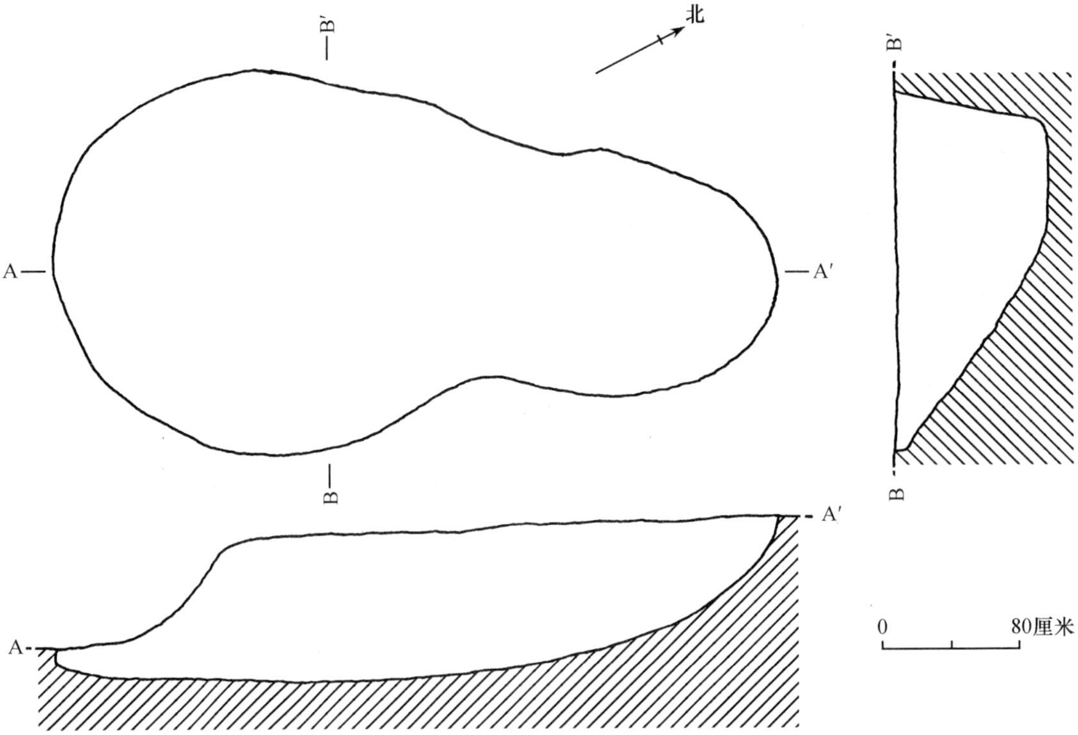

图四　H1平、剖面图

四、商周时期遗物

商周时期遗物共挑选出134件标本，有陶器、石器、铜器3类。

（一）陶器

共有122件标本。以夹砂陶为主，泥质陶较少。夹砂陶以红褐、灰褐、灰、红占比较多，泥质陶以灰陶、黑陶为主。陶器多为素面，见少量绳纹、弦纹。陶器制作方法以轮制为主，仅见极个别为手制。器形主要以平底器为主，也有一定比例圜底器，另见部分尖底器，此外有少量圈足器等，可辨器类有溜肩罐、耸肩罐、圆肩罐、垂腹罐、花边口罐、矮领罐、瓮、盆、盘口壶、双耳壶、高领壶、矮领壶、尖底盏、尖底杯、船形杯、碗、鬶（盉）、灯形器、钵、器盖。

溜肩罐　10件。均为侈口，溜肩，腹小于口或略大于口。据沿面不同分三型。

A型　沿面内曲。4件。T2③：6，泥质黑陶。轮制，器内有制作痕。侈口，尖唇，束颈，溜肩，下腹斜收，小平底。口径12.2、底径2.4、高8.1厘米（图五，1；图版一八，4）。T1③：60，泥质灰陶。侈口，尖唇，束颈，折腹，小平底。领下部饰二道刻划弦纹。口径10.6、底径2、高6.2厘米（图五，2；图版一八，3）。T2③：32，夹砂灰陶。外施黑色陶衣。侈口，尖圆唇，折腹。残高7.3厘米（图五，3）。T2③：42，泥质灰陶。侈口，圆唇，束颈，腹微鼓。残高4.8厘米（图五，4）。

B型　沿面斜直。4件。T2③：41，夹砂红陶，胎较厚。侈口，圆唇，束颈，弧腹。口径15.8、残高3.6厘米（图五，5）。T1③：59，泥质红陶。外施黑色陶衣。侈口，尖唇，束颈，溜肩，弧腹斜收至底。残高9.4厘米（图五，6）。T2③：33，泥质灰陶。外施黑色陶衣。敞口，尖圆唇，上腹直，下斜弧。残高6.2厘米（图五，7）。

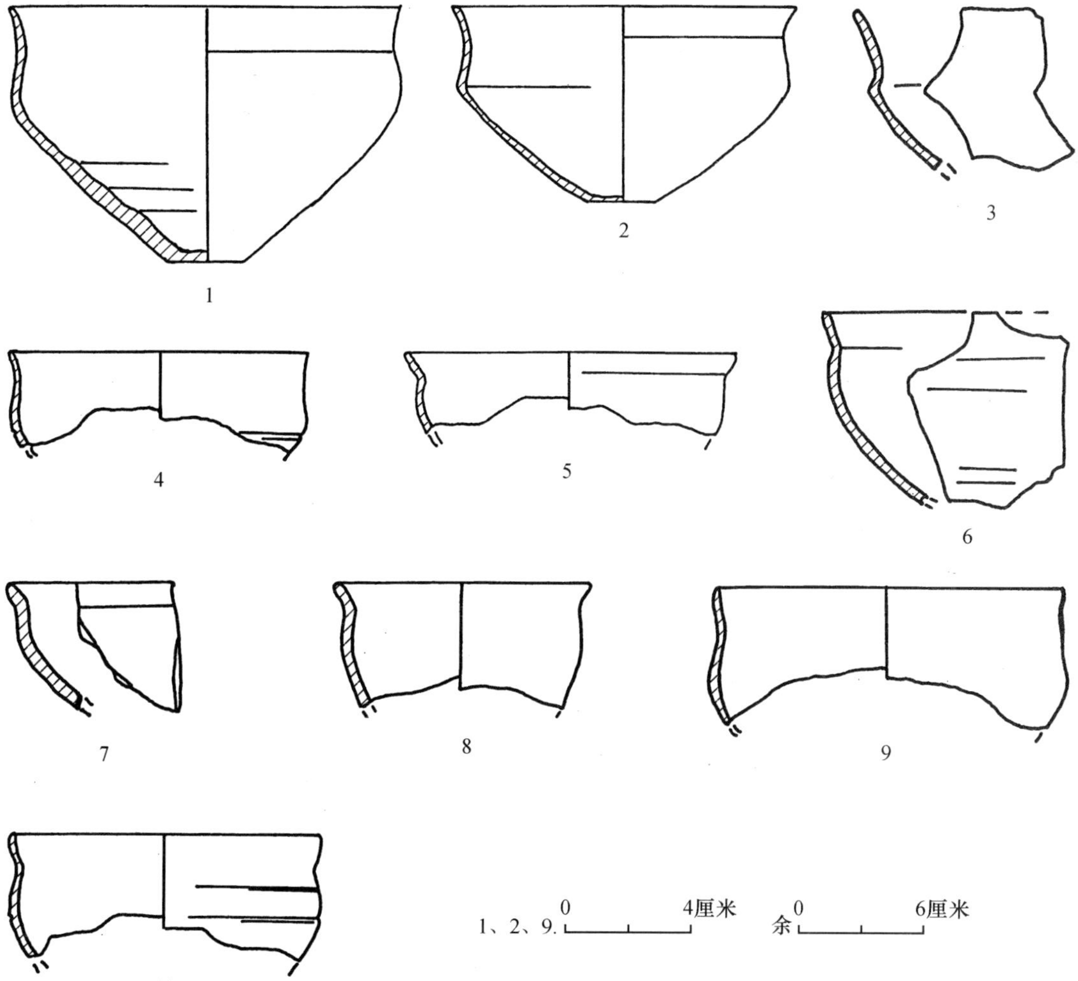

图五　出土陶溜肩罐

1～4. A型（T2③：6、T1③：60、T2③：32、T2③：42）　5～8. B型（T2③：41、T1③：59、T2③：33、T1③：56）　9、10. C型（T2③：43、T1③：58）

T1③：56，泥质红陶。外施黑色陶衣。侈口，尖唇，束颈，溜肩，弧腹斜收。口径12.2、残高6厘米（图五，8）。

C型　沿面外弧。2件。T2③：43，泥质灰陶。圆唇，侈口，束颈，鼓腹。口径11.2、残高4.5厘米（图五，9）。T1③：58，泥质红陶。外施黑色陶衣。侈口，尖唇，束颈，鼓腹。口径15.1厘米、残高6厘米（图五，10）。

耸肩罐　11件。大口，束颈，耸肩，肩部靠上。从复原器看，均为小平底。T2③：5，泥质黑陶。侈口，尖唇，束颈，耸肩，下腹斜直至底，小平底。口径14.6、底径3.2、通高9.4厘米（图六，1）。T1③：40，泥质灰陶。外施黑陶衣。侈口，尖唇，束颈，耸肩，下腹斜直，较浅，小平底。口径11.4、底径2.4、通高8.1厘米（图六，2；图版二〇，1）。T2③：12，泥质黑陶。侈口，尖唇，束颈，耸肩，下腹斜弧，较深，小平底。器表见弦纹。口径10.4、底径2.4、通高9.2厘米（图六，3；图版二〇，2）。T2③：16，泥质灰褐陶。侈口，尖唇，束颈，耸肩，腹壁斜弧，底残。器内有轮制痕。口径12、残高4.8厘米（图六，4）。T2③：17，泥质灰陶。侈口，尖唇，束颈，耸肩，腹壁斜弧。口径10、残高7厘米（图六，5）。T2③：36，泥质黑陶。侈口，外折沿，尖唇，束颈，耸肩，腹壁斜弧内收。残高7.6厘米（图六，6）。T2③：22，夹砂灰褐陶。侈口，外折沿，尖唇，束颈，耸肩，腹壁斜弧内收。残高5厘米（图六，7）。T2③：25，泥质灰陶。外施黑陶衣。侈口，外折沿，尖唇，束颈，耸肩，腹壁斜弧内收。残高3.86厘米（图六，8）。T2③：28，泥质灰褐陶。侈口，外折沿，圆唇，束颈，耸肩，腹壁斜弧内收。残高4.1厘米（图六，9）。T2③：30，泥质灰褐陶。侈口，折沿，尖圆唇，束颈，耸肩，腹壁斜弧内收。残高6.1厘米（图六，10）。T2③：18，泥质灰褐陶。侈口，尖唇，束颈，耸肩，腹壁斜弧内收。残高6厘米（图六，11）。

圆肩罐　21件。侈口，束颈，圆肩。H1：29，泥质灰陶。折沿，尖唇，鼓腹，底残。腹部有二道凹弦纹。口径9、残高4.8厘米（图七，1）。T1③：57，泥质红陶。外施黑色陶衣。侈口，尖唇，鼓腹，底残。肩部有一道凹弦纹，腹部二道凹弦纹。口径11.4、残高6.9厘米（图七，2）。H1：19，夹细砂红陶。尖唇，弧腹。残宽4.2、残高4.4厘米（图七，3）。T1③：45，泥质灰陶。外施黑色陶衣。侈口，卷沿，圆唇，鼓腹。肩部饰二道凹弦纹。口径13.8、残高5.8厘米（图七，4）。T1③：55，泥质红陶。外施黑色陶衣。侈口，卷沿，尖唇，鼓腹。残高7.9厘米（图七，5）。T2③：27，夹细砂灰褐陶。侈口，方唇，弧腹。唇沿饰一道凹弦纹。残宽4.5、残高3.2厘米（图七，6）。T2③：21，夹砂灰褐陶。侈口，折沿，尖圆唇，弧腹。领部较腹部光洁。残宽3.4、残高7厘米（图七，7）。T2③：26，夹砂黑陶。侈口，方尖唇，唇上缘内收，束颈，鼓腹。残高4厘米（图七，8）。T2③：35，泥质红陶。外施黑色陶衣。折沿斜

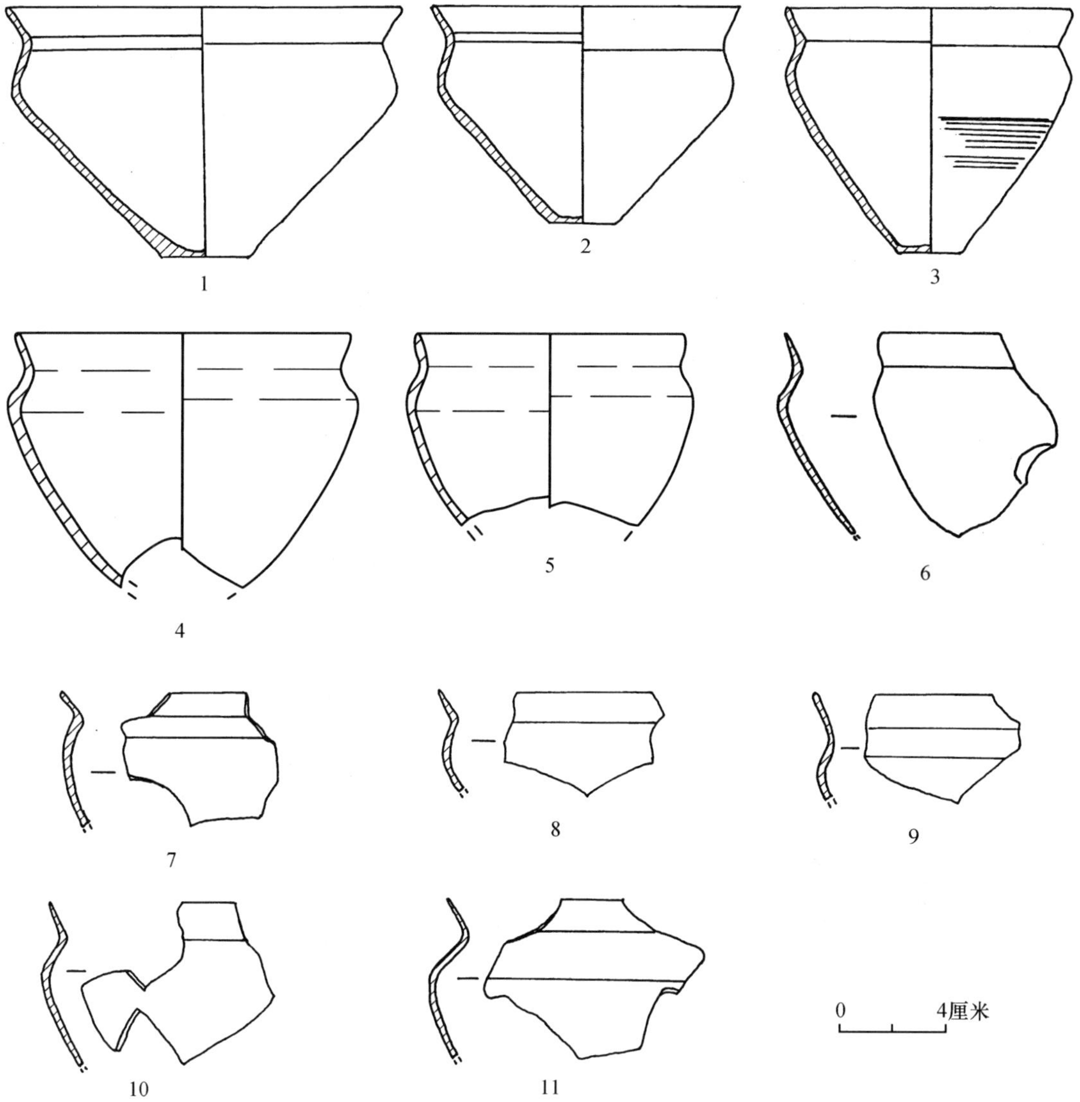

图六　出土陶耸肩罐

1. T2③ : 5　2. T1③ : 40　3. T2③ : 12　4. T2③ : 16　5. T2③ : 17　6. T2③ : 36　7. T2③ : 22　8. T2③ : 25　9. T2③ : 28　10. T2③ : 30　11. T2③ : 18

立，尖唇，鼓腹。残宽7.1、残高5.1厘米（图七，9）。T2③：29，夹细砂灰黑陶。方唇，鼓腹。残高3.1厘米（图七，10）。T2③：34，泥质橙黄陶。侈口，折沿，斜方唇，束颈。残高4厘米（图七，11）。T1③：27，夹砂灰褐陶。外施黑色陶衣。侈口，卷沿，圆唇，唇上缘内卷，鼓腹。残高6.1厘米（图八，1）。T1③：24，夹砂灰褐陶。侈口，卷沿，圆唇，矮领。残高8.2厘米（图八，2）。T2③：20，夹砂红陶。侈口，

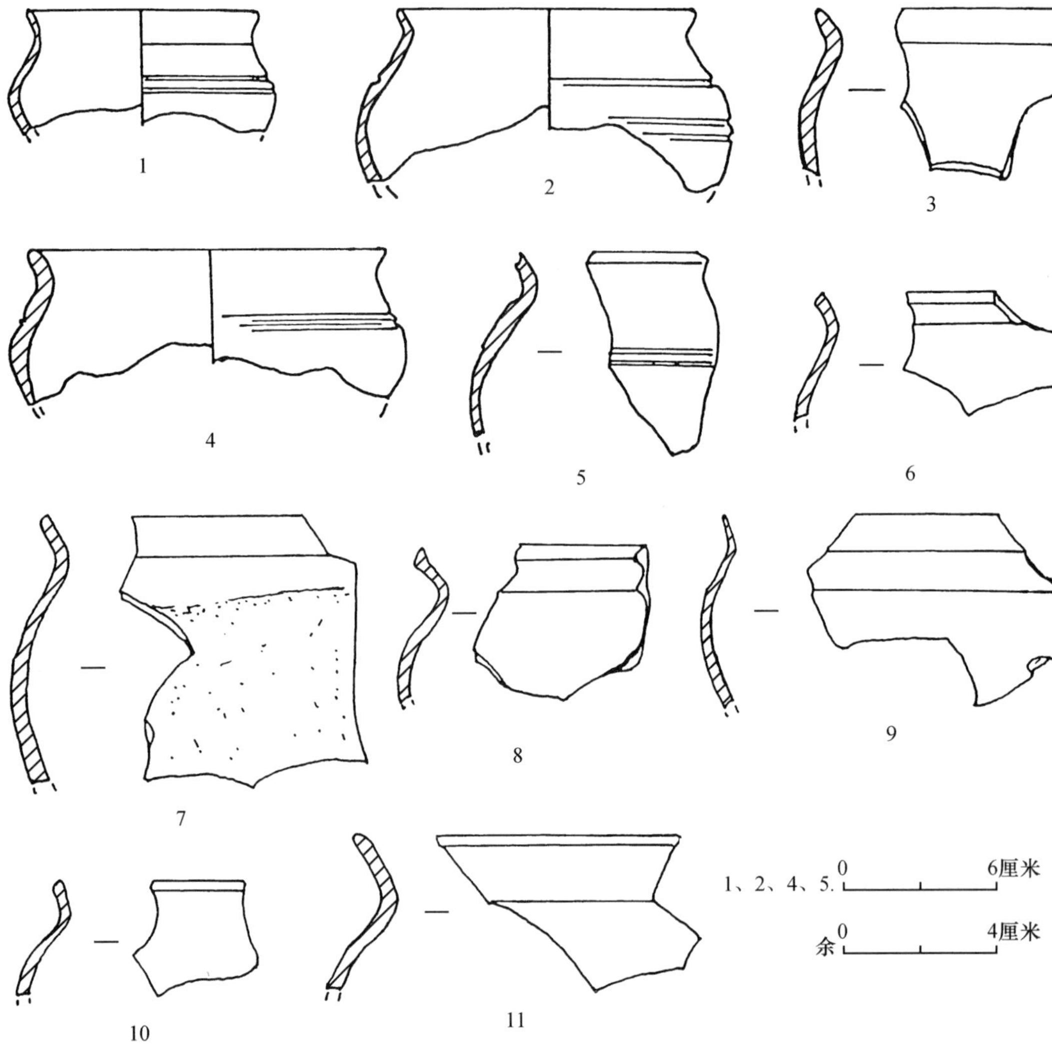

图七　出土陶圆肩罐（一）

1. H1：29　2. T1③：57　3. H1：19　4. T1③：45　5. T1③：55　6. T2③：27　7. T2③：21　8. T2③：26　9. T2③：35　10. T2③：29　11. T2③：34

方尖唇，鼓腹。残高6.7厘米（图八，3）。T2③：19，夹砂黑陶。侈口，外折沿，方唇，鼓腹。腹部饰凹弦纹一道。残高4.6厘米（图八，4）。T1③：50，泥质灰褐陶。卷沿，圆唇。残高3.4厘米（图八，5）。T1③：51，泥质灰褐陶。卷沿，圆唇。残高5.4厘米（图八，6）。T2③：37，夹砂灰褐陶。侈口，斜折沿，圆唇。残高7.2厘米（图八，7）。H1：25，夹砂灰褐陶。侈口，卷沿、圆唇，矮领。残高7.5厘米（图八，8）。H1：26，夹砂灰褐陶。侈口，卷沿、圆唇，矮领。残高6.1厘米（图八，9）。T1③：22，夹砂灰褐陶。侈口，卷沿、圆方唇，矮领。残高4.8厘米（图八，10）。

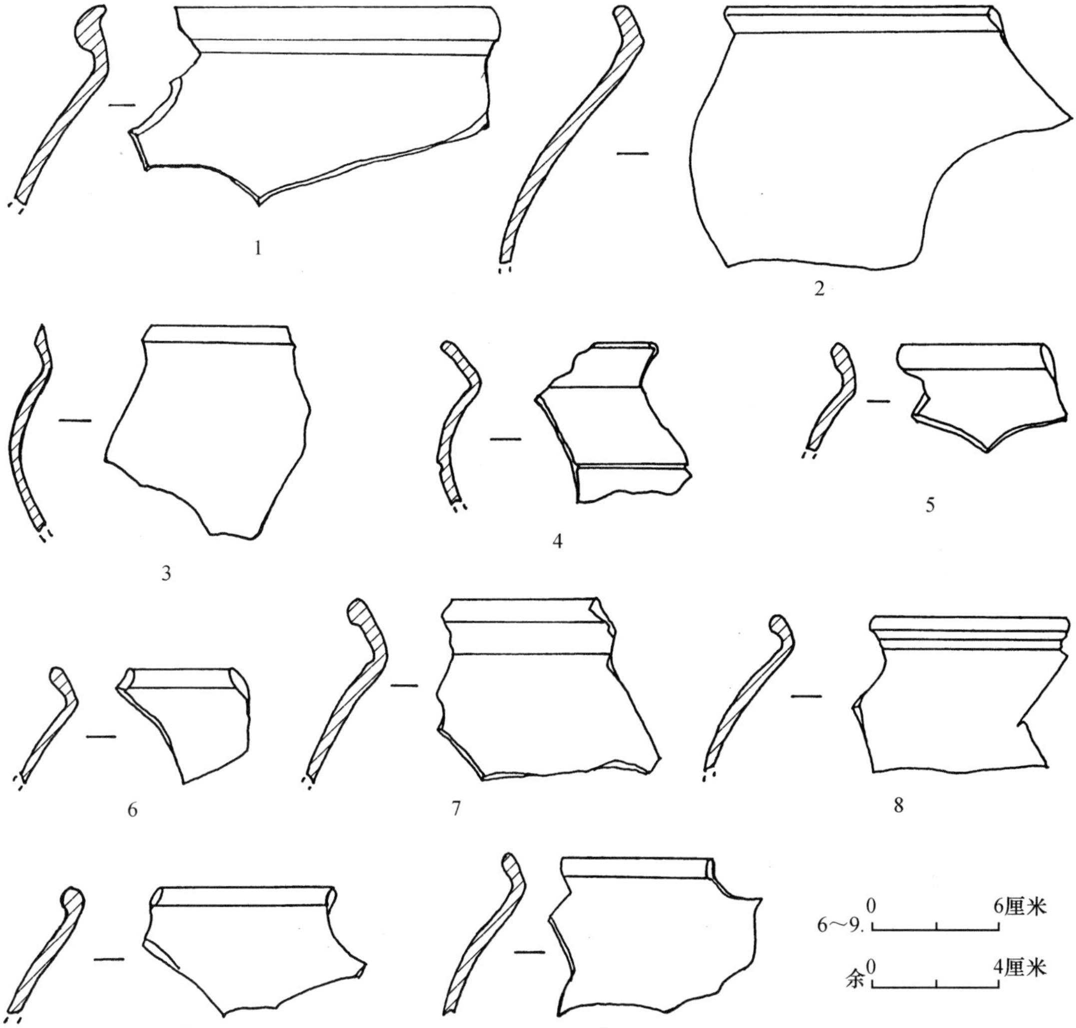

图八　出土陶圆肩罐（二）

1. T1③：27　2. T1③：24　3. T2③：20　4. T2③：19　5. T1③：50　6. T1③：51　7. T2③：37　8. H1：25　9. H1：26　10. T1③：22

垂腹罐　1件。T1③：44，夹砂灰陶。侈口，卷沿外翻，尖圆唇、长颈，垂腹。口径19.2、残高7厘米（图九，1）。

花边口罐　8件。唇部饰各形花边。均夹砂陶。陶色多红、红褐、灰褐色等。H1：27，夹砂灰褐陶。侈口，卷沿，束颈，溜肩。唇沿手捏波形花边。残高4.1厘米（图九，2）。H1：28，夹砂灰褐陶。侈口，卷沿，圆唇，矮领，鼓肩。唇沿压制花边。残高3.7厘米（图九，3）。H1：20，夹细砂灰褐陶。侈口，卷沿，圆方唇，鼓肩。唇外沿压花边。残高4.8厘米（图九，4）。H1：21，夹粗砂灰陶，器表粗砂较明显。圆唇，鼓肩。唇外沿压花边。残高4.9厘米（图九，5）。H1：15，夹砂红陶。侈口，卷沿，束颈，广肩。唇外沿压花边。残高8.6厘米（图九，6）。T1③：41，夹砂灰褐陶。唇沿捏压波浪形花边。残高3.6厘米（图九，7）。T2③：14，夹砂灰褐陶。方唇。唇沿用手指捏压花边，花边凹处有明显指甲印痕。残高3.1厘米（图九，8）。T1③：14，夹砂灰褐陶。侈口，斜折沿，束颈。唇沿用缠绳棍压花边，腹部饰斜向粗绳纹。口径11、残高3厘米（图九，9）。

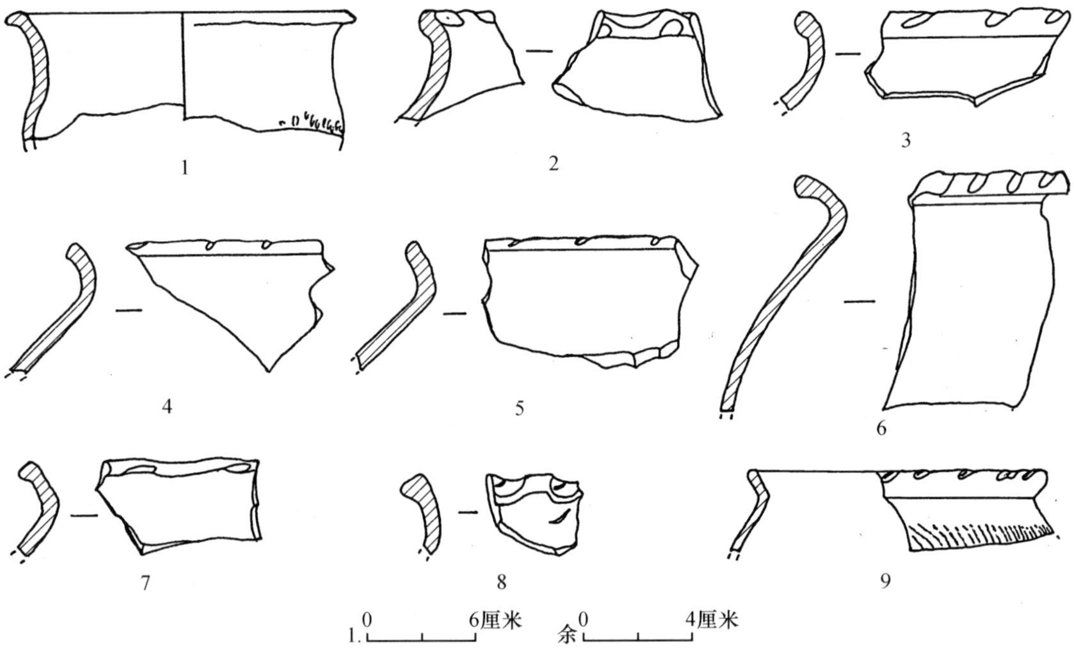

图九　出土陶垂腹罐、花边口罐

1. 垂腹罐（T1③：44）　2～9. 花边口罐（H1：27、H1：28、H1：20、H1：21、H1：15、T1③：41、T2③：14、T1③：14）

矮领罐　4件。均侈口，卷沿，矮直领。H1：16，泥质灰褐陶。侈口，圆唇，矮领、鼓肩。残高5.2厘米（图一〇，1）。T1③：26，夹砂黄褐陶。外施黑色陶衣。卷沿，圆唇。领部饰二道凹弦纹。残高4.4厘米（图一〇，2）。T1③：21，泥质红陶。器表内外施黑陶衣。侈口，卷沿，圆唇，矮领。领部饰凹弦纹，弦纹粗细不规整。残高3.5厘米（图一〇，3）。H1：22，泥质橙黄陶。施黑陶衣。侈口，卷沿，沿面近平，尖圆唇，束颈，矮领。残高3.6厘米（图一〇，4）。

瓮　2件。均直领，小口。T1③：25，泥质灰褐陶。口微侈，尖圆唇。领部饰二道凹弦纹。残高7.1厘米（图一〇，5）。T1③：28，泥质红褐陶。外施黑色陶衣。口微侈，圆唇。领部饰一道凹弦纹。残高4.3厘米（图一〇，6）。

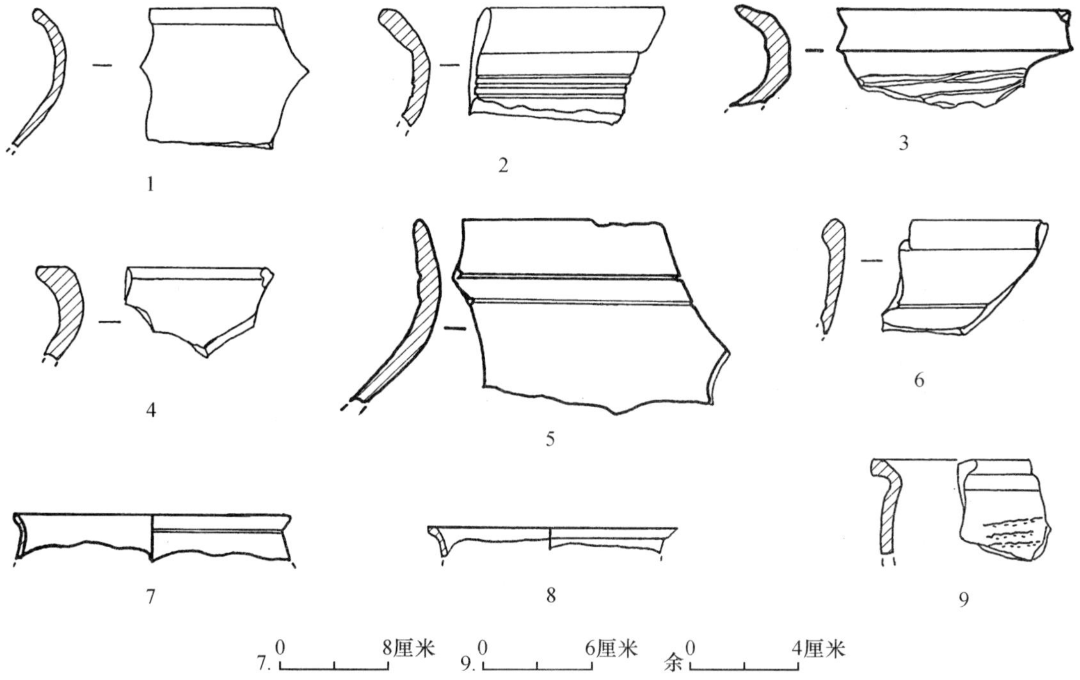

图一〇　出土陶器

1～4. 矮领罐（H1：16、T1③：26、T1③：21、H1：22）　5、6. 瓮（T1③：25、T1③：28）
7～9. 盆（T1③：53、T1③：61、T1③：49）

盆　3件。大口。T1③：53，泥质灰陶。侈口，卷沿，圆方唇。口径20、残高3.5厘米（图一〇，7）。T1③：61，夹砂灰褐陶。敞口，折沿，圆方唇。口径9、残高1.1厘米（图一〇，8）。T1③：49，夹砂红陶。侈口，折沿，方唇，弧腹。腹部饰压印细绳纹。残高5.4厘米（图一〇，9）。

盘口壶　1件。H1：18，夹细砂红陶。折盘口，圆唇，沿外折棱明显，高领。领部饰三道凹弦纹。残高10.2厘米（图一一，1）。

双耳壶　1件。T1③：46，泥质灰陶。口微侈，卷沿，圆唇，矮领，广肩，肩部有二对称耳。肩部压印细绳纹和二道刻划凹弦纹。口径15.5、残高9.4厘米（图一一，2）。

高领壶　1件。T1③：43，夹砂灰陶。口微敛，折沿，沿面略外斜，圆唇，高领。领部饰一道凹弦纹。口径17.5、残高7.3厘米（图一一，3）。

矮领壶　10件。T1③：23，泥质灰褐陶。翻沿，圆唇，矮直领，斜肩，领肩结合部饰弦纹二道。残高9.3厘米（图一一，4）。T1③：48，泥质红陶。侈口，唇部加厚，圆唇，鼓肩。口径18.2、残高11.2厘米（图一一，5）。T1③：63，夹砂灰陶，侈口，卷沿，厚圆唇，矮领。领部饰二道刻划凹弦纹。口径12、残高5厘米（图一一，6）。

T1③：42，泥质红陶。外施黑色陶衣。领部上端饰一道刻划弦纹。口径15.2、残高9厘米（图一一，7）。T1③：65，夹砂灰陶。领下部饰一道刻划凹弦纹。口径16、残高3.1厘米（图一一，8）。T1③：54，泥质灰褐陶。侈口，方唇，矮领。领中部饰二道刻划凹弦纹。口径16、残高11.7厘米（图一一，9）。T1③：11，泥质灰褐陶。颈部饰二道刻划弦纹。口径16.8、残高9.4厘米（图一一，10）。T1③：18，夹砂红褐陶。侈口，

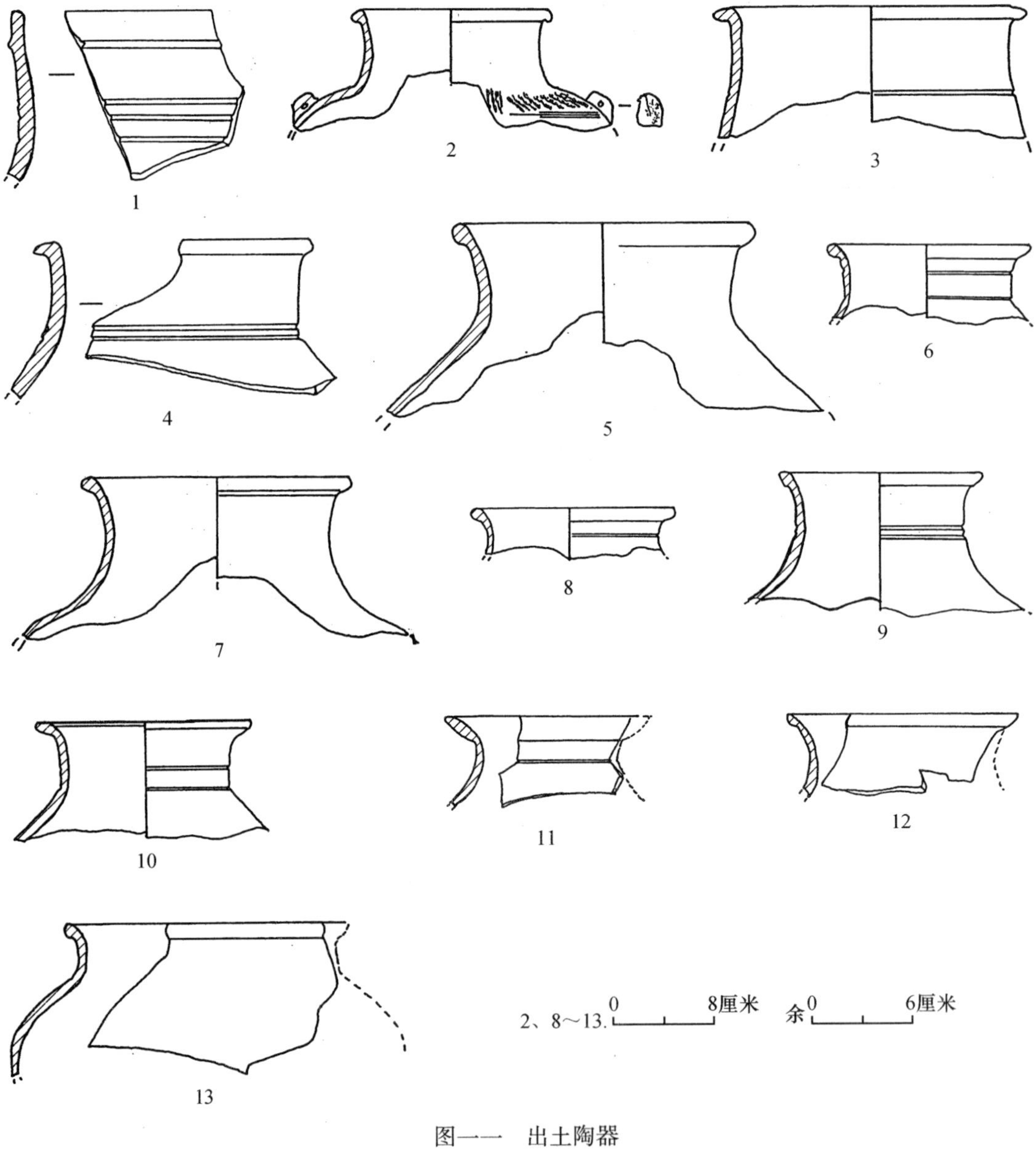

图一一　出土陶器

1. 盘口壶（H1：18）　2. 双耳壶（T1③：46）　3. 高领壶（T1③：43）　4～13. 矮领壶（T1③：23、T1③：48、T1③：63、T1③：42、T1③：65、T1③：54、T1③：11、T1③：18、T1③：17、T1③：19）

圆唇较厚。领部饰弦纹一道。口径16、残高6.9厘米（图一一，11）。T1③：17，泥质灰褐陶。侈口，厚圆唇，矮领。口径18.4、残高8.4厘米（图一一，12）。T1③：19，夹砂灰褐陶。侈口，卷沿，圆唇，矮领。口径22、残高12.2厘米（图一一，13）。

尖底盏　共复原18件。均为母口，深腹式。出土于H1、T1第3层、T2第3层三个单位。

H1共出土5件。H1：10，夹细砂红陶。胎较厚，器内有螺旋状制作痕迹。直口，圆唇，内沿略凹，腹略折，斜收，尖底。口径8、高7.2厘米（图一二，1）。H1：2，夹细砂红陶。胎较厚，器内有螺旋状制作痕迹。口微敛，圆唇，内沿下有一周凹槽，腹略鼓，斜收，尖底。口径7.8厘米、高7.2厘米（图一二，2；图版二一，1）。H1：5，夹细砂红陶。胎较厚，器内有螺旋状制作痕迹。直口微敞，尖圆唇，上腹微鼓，下斜折收，尖底部略呈乳状。口径9.1、高7.2厘米（图一二，3）。H1：9，夹细砂红陶。胎较厚，器内有螺旋状制作痕迹。直口，尖圆唇，下腹斜收，尖底。口径8、高7.2厘米（图一二，4）。H1：6，夹细砂红褐陶。胎较厚，器内有螺旋状制作痕。口微敞，圆唇，下腹斜收，尖底。口径7.8、高6.2厘米（图一二，5；图版二一，2）。

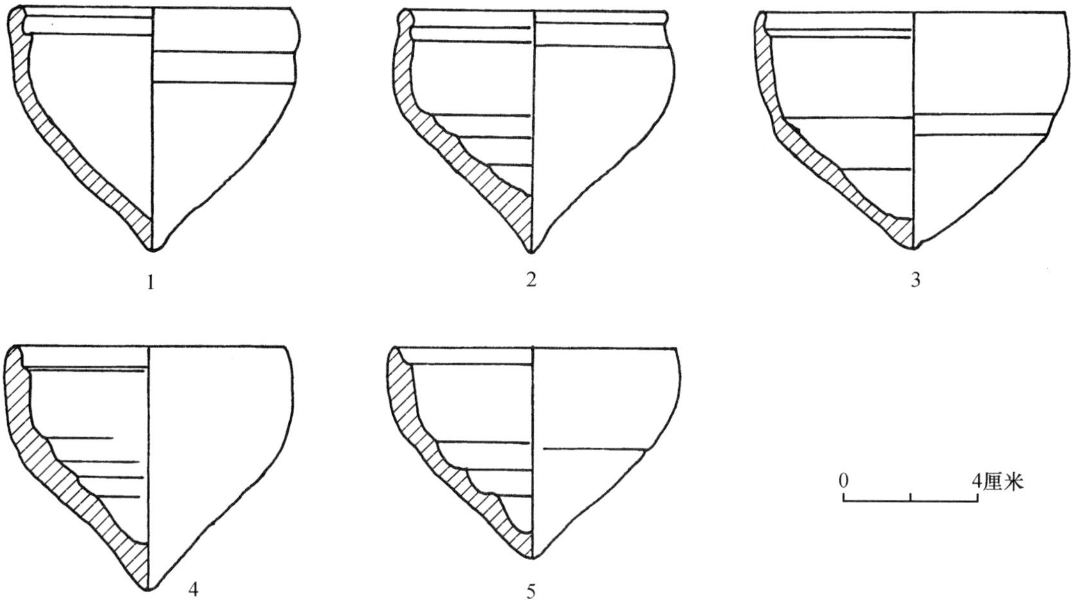

图一二　H1出土陶尖底盏

1. H1：10　2. H1：2　3. H1：5　4. H1：9　5. H1：6

T1第3层共出土7件。T1③：6，夹细砂红陶。胎较厚，器内有螺旋状制作痕迹。敞口，斜折沿，圆唇，斜弧腹，底凸，呈乳状尖底。口径11.6、高8.5厘米（图一三，1；图版二一，3）。T1③：2，夹细砂红陶。胎较厚，器内有螺旋状制作痕迹。直口微敞，圆唇，折腹，下腹斜收，尖底。口径10、高6.4厘米（图一三，2；图版二一，

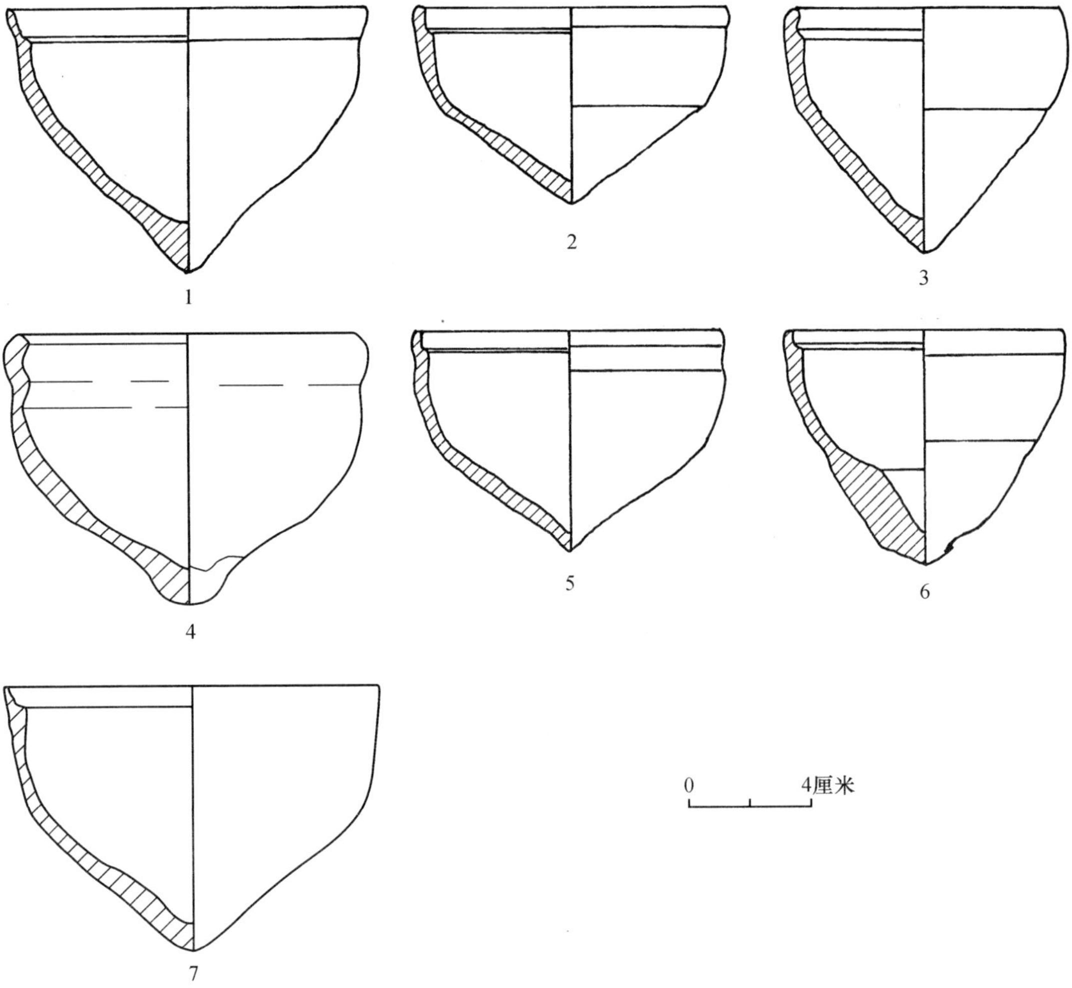

图一三　T1第3层出土陶尖底盏

1. T1③：6　2. T1③：2　3. T1③：1　4. T1③：12　5. T1③：15　6. T1③：16　7. T1③：3

4）。T1③：1，夹细砂红陶。胎较厚，器内有螺旋状制作痕迹。敛口，尖圆唇，折腹，下腹斜收，尖底。口径8.6、高7.9厘米（图一三，3）。T1③：12，夹细砂红陶。胎较厚。敛口，沿内卷，圆唇，弧腹至底，底微凸呈乳状。口径11.2、高7.2厘米（图一三，4）。T1③：15，夹细砂红陶。胎较厚，器内有螺旋状制作痕迹。直口，尖圆唇，上腹略斜，下腹斜较急，尖底。口径9.8、高7.2厘米（图一三，5）。T1③：16，夹细砂灰陶，下腹胎厚。敞口，尖圆唇，内沿下形成台阶式母口，斜腹略曲，钝尖底。口径8.8、高7.6厘米（图一三，6）。T1③：3，夹细砂红陶。直口，尖唇，内沿下形成台阶式母口，下腹斜收略凹，尖底。口径12、高8.8厘米（图一三，7）。

T2第3层共出土6件。T2③：10，夹细砂红陶，胎较厚。器内有螺旋状制作痕迹。

直口微敛，尖圆唇，腹微鼓，下腹斜收，尖底。口径8、高6.2厘米（图一四，1）。T2③：11，夹细砂灰褐陶，胎较厚。器内有螺旋状制作痕迹。口微敛，圆唇，弧腹斜收，尖底。口径8、高6.8厘米（图一四，2）。T2③：7，夹砂灰陶，胎较厚。器内有螺旋状制作痕迹。直口，尖唇，沿外侧凸起，内侧呈浅母口形，弧腹至底，底部加厚，尖底。口径9.8、高6.5厘米（图一四，3）。T2③：8，夹砂红褐陶，胎较厚。敞口，尖圆唇，折腹，下腹斜收，尖底。口径9、高6.3厘米（图一四，4）。T2③：9，夹细砂红褐陶，胎较厚。器内有螺旋纹制作痕迹。敛口，尖唇，折腹，腹微鼓，下腹斜收，尖底。口径9.6、高7.3厘米（图一四，5）。T2③：2，夹细砂红褐陶。直口，圆唇，沿略内卷，鼓腹，下部内收，乳状尖底。口径8.4、高6.6厘米（图一四，6）。

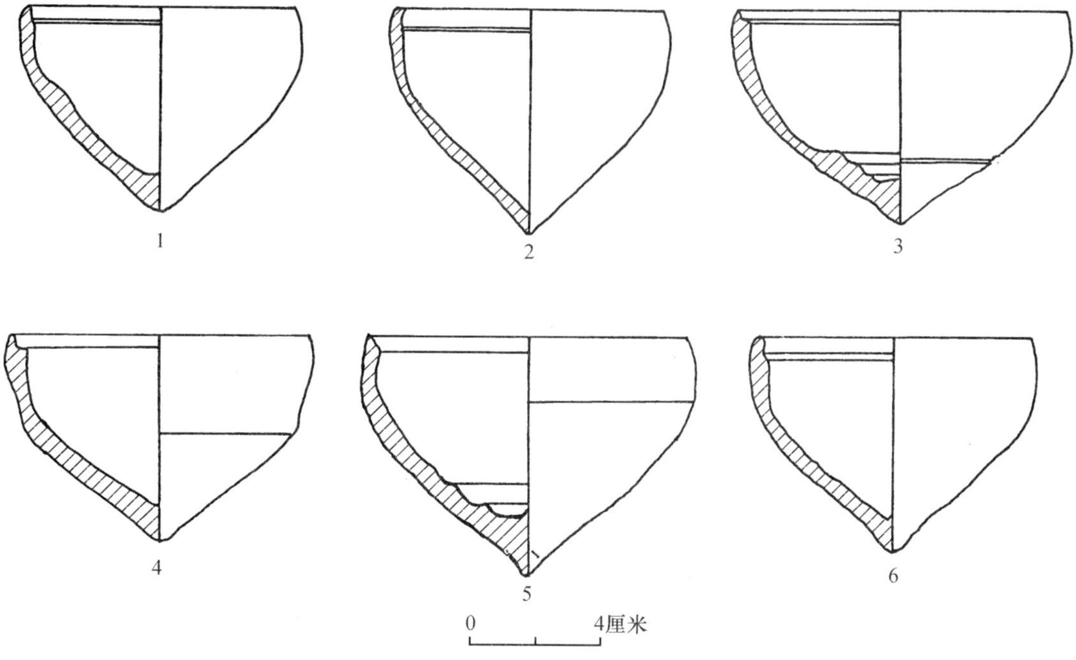

图一四　T2第3层出土陶尖底盏

1. T2③：10　2. T2③：11　3. T2③：7　4. T2③：8　5. T2③：9　6. T2③：2

尖底杯　1件。炮弹形。T2③：31，仅存底部。泥质灰陶，胎较薄。器表有多道轮痕。下腹斜收，底部转折痕明显，下微凸，钝尖底。残高11厘米（图一五，1）。

船形杯　1件。T2③：44。残，船形。夹砂红陶，内胎黑，较厚。平沿，口部一边较直，一边弧，底弧。残高3.5厘米（图一五，2）。

碗　1件。T2③：13，泥质黑陶。器表施黑色陶衣。轮制。敞口，圆唇，斜腹微弧，底平，圈足已残（见残痕）。口径11.6、残高10.6厘米（图一五，3）。

鬶（盉）　1件。仅见袋足部分。H1：7，夹粗砂灰陶。外施黑陶衣。袋形足，底

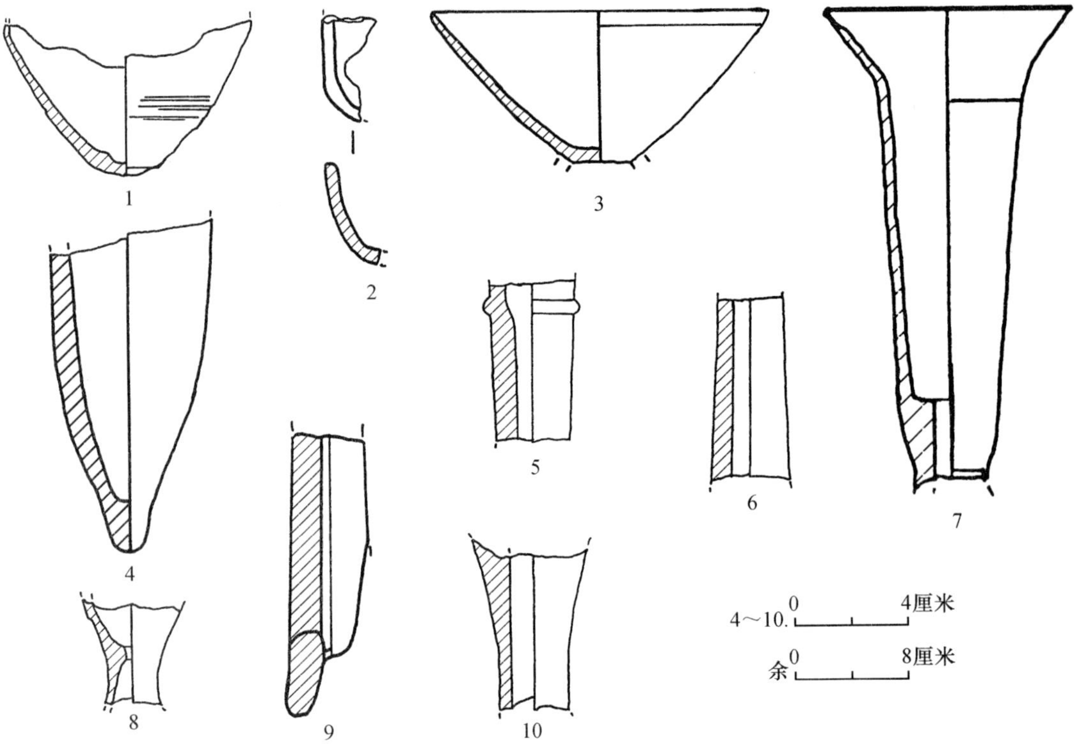

图一五　出土陶器

1. 尖底杯（T2③：31）　2. 船形杯（T2③：44）　3. 碗（T2③：13）　4. 鬶（盉）足（H1：7）
5、6、9、10. 器柄（T1③：31、T1③：29、T2③：38、T1③：30）　7、8. 灯形器（H1：4、T1③：32）

部有实足根。残高10.9厘米（图一五，4）。

灯形器　2件。H1：4，仅存上半部。泥质灰陶。器表施陶衣。喇叭口，折沿，尖唇，斜直腹，高柄。柄中孔，沿下饰弦纹一道。口径8.8、残高16.8厘米（图一五，7）。T1③：32，仅存杯部中段部分。夹细砂灰褐陶。器表施黑陶衣。口部残存部分呈杯状，杯底有孔。残高3.7厘米（图一五，8）。

器柄　4件。应为灯形器或豆柄。T1③：31，夹细砂灰褐陶。器表施黑陶衣。柄中空，上部有箍带纹一道。内径0.6、外径2.6～3厘米（图一五，5）。T1③：29，夹细砂红陶。器表施黑陶衣。柄内空。内径1.2、外径2.2～2.6厘米（图一五，6）。T2③：38，泥质灰陶。器表施黑陶衣。柄中空。直径2、残高10.2厘米（图一五，9）。T1③：30，夹细砂红陶。器表施黑陶衣。上部往外略张，柄中空。内径0.8、外径24～38、残高6厘米（图一五，10）。

钵　6件。按腹部形态差异，可分三型。

A型　浅腹。2件。T1③：5，泥质灰陶。外施黑色陶衣，胎较薄。敞口，尖唇，坦腹，斜弧壁，上腹有折棱，小平底。口径12.3、底径1.8、高2.4厘米（图一六，1；图版二一，5）。H1：13，泥质红陶，胎较薄。敞口，尖唇，坦腹，斜壁。残高2.1厘米（图一六，2）。

B型　腹较深。2件。T2③：1，泥质灰陶。外施黑色陶衣，胎较薄。敞口，尖唇，斜直腹，小平底，器内近底部有二道轮旋拉坯凸弦纹。口径13、底径3、高3厘米（图一六，3；图版二一，6）。T2③：4，泥质黑陶，胎较薄。敞口，尖圆唇，斜直腹，平底。口径12.2、底径3.4、高3.6厘米（图一六，4）。

C型　深腹。2件。T1③：10，泥质灰黑陶，胎较厚。敞口，方唇，斜直腹，平底，器外表有挫痕。口径14.5、底径4、高5.3厘米（图一六，5；图版二〇，3）。T1③：9，夹细砂灰陶，胎较厚。敞口，方唇，腹微弧，斜收为小平底，外底微凸，内底凸起。口径12.8、底径3、高5.9厘米（图一六，6）。

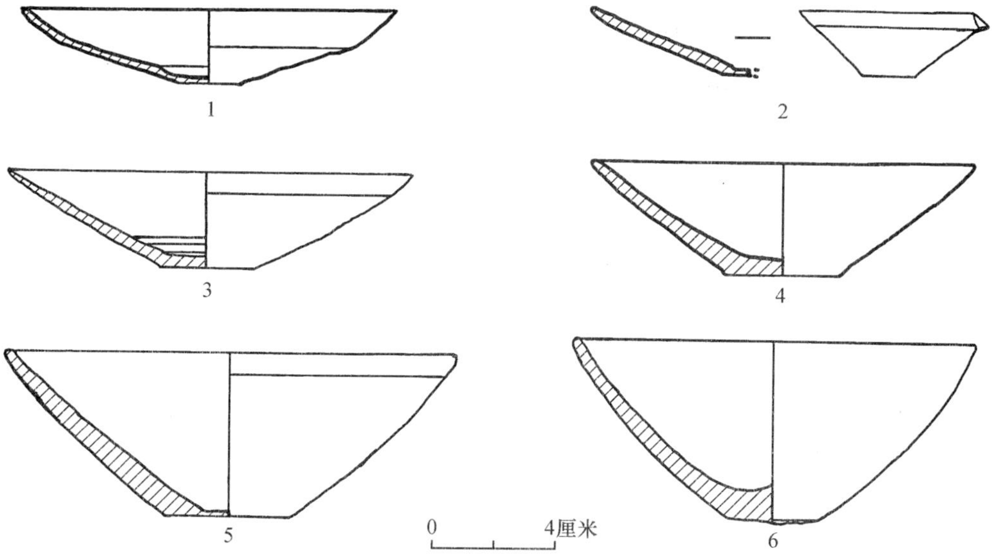

图一六　出土陶钵

1、2. A型（T1③：5、H1：13）　3、4. B型（T2③：1、T2③：4）　5、6. C型（T1③：10、T1③：9）

器盖　4件。T1③：47，泥质灰黑陶。盖面上弧，尖圆唇。钮残。器表饰多道弦纹。盖径12.3、残高3.3厘米（图一七，2）。H1：14，夹砂灰黑陶。盖面上弧，尖圆唇，钮柄已残。盖表饰多道弦纹。盖径12、残高4.1厘米（图一七，3）。T1③：37，泥质灰褐陶。仅剩钮部。钮高4厘米（图一七，4）。T1③：33，泥质红陶。施黑色陶衣。仅剩钮部。钮高3厘米（图一七，5）。

纺轮　2件。均为圆台形，截面呈梯形，顶、底皆平，顶小于底，中孔。H1：1，泥质灰褐陶。顶径2、底径2.8、高1.5、穿径0.6厘米（图一七，6）。T1③：8，泥质灰

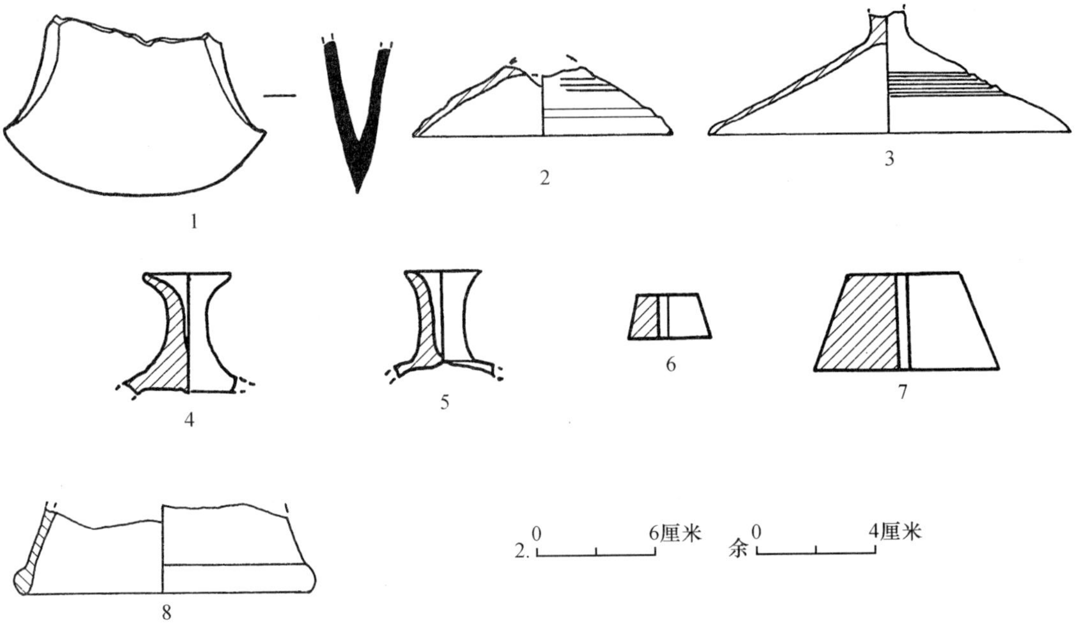

图一七　出土陶器、铜器

1. 铜钺（T1③：4）　2～5. 陶器盖（T1③：47、H1：14、T1③：37、T1③：33）
6、7. 陶纺轮（H1：1、T1③：8）　8. 陶圈足（T1③：64）

褐陶。顶径3.7、底径6.1、高3.2、穿径0.3厘米（图一七，7）。

圈足　1件。T1③：64，泥质灰褐陶。倒敞口，厚圆唇。口径9.6、残高3厘米（图一七，8）。

平底器底　根据器底大小可分二型。

A型　7件。大平底。T1③：66，夹砂灰陶。底径9.6、残高7.8厘米（图一八，1）。T1③：68，夹砂红陶。外施黑陶衣。底径10、残高7.6厘米（图一八，2）。T1③：67，夹砂黑陶。底径11.5厘米、残高2.5厘米（图一八，3）。T1③：70，夹砂黑陶。器内有制作轮旋纹。底径12、残高2.5厘米（图一八，4）。T1③：69，夹粗砂橙黄陶。陶胎较厚，内施黑陶衣。器表饰粗绳纹。底径8、残高1.8厘米（图一八，5）。T1③：71，夹粗砂橙黄陶。底胎较厚。底径6、残高2.5厘米（图一八，6）。H1：24，夹砂灰褐陶。残高5.6厘米（图一八，7）。H1：23，夹细砂橙黄陶。残高1.8厘米（图一八，8）。

B型　1件。小平底。T2③：23，夹砂灰褐陶。鼓腹，下腹斜收为小平底。下腹外饰不规则细绳纹。底径3、残高9.8厘米（图一八，9）。

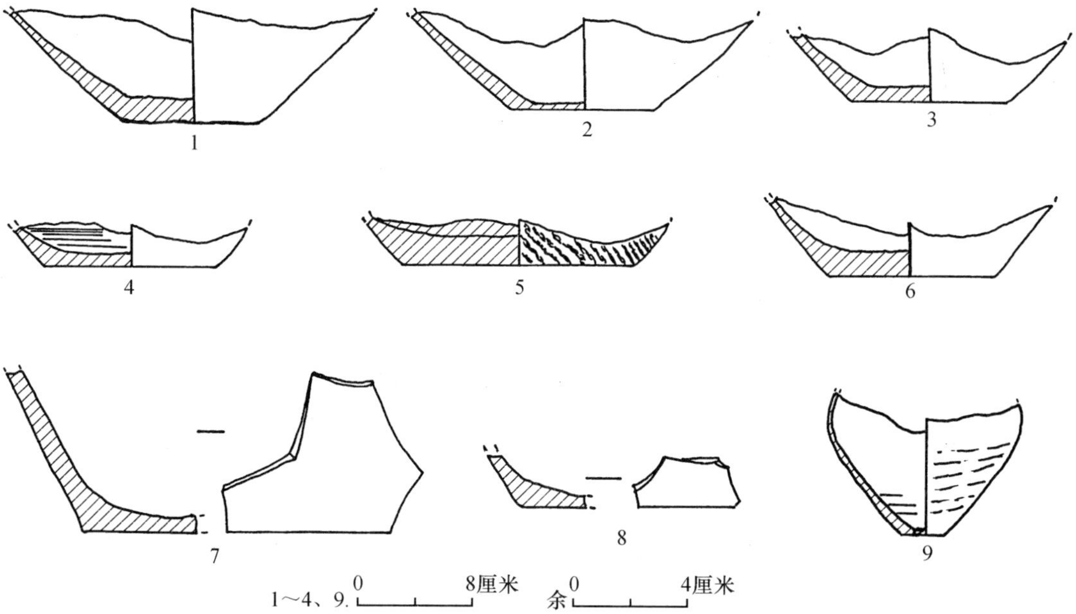

图一八　出土陶平底器底

1～8. A型（T1③：66、T1③：68、T1③：67、T1③：70、T1③：69、T1③：71、H1：24、H1：23）
9. B型（T2③：23）

（二）铜器

仅1件。

铜钺　T1③：4，青铜质。残存下部，通体见薄锈。弧刃，两端上翘，中锋，残存部分銎部，中空，截面呈“V”形。残长5.1、宽8.8、刃长11厘米（图一七，1；图版二〇，4）。

（三）石制品

石制品数量较少，共11件。原料均为砾石。绝大多数为打制品，仅见少量磨制石器。主要器类有锛、锄，另外还有些石片及残次断块。

石锛　1件。H1：3，近梯形，一面保留有锥疤、放射线、打击点等，一面磨光。斜顶，弧刃近平，侧锋。刃部有使用残痕。残长5.7、宽3.45、厚1.1、刃长3.16厘米（图一九，1；图版二〇，6）。

石锄　1件。H1：11，利用石片制作而成，一面保留剥片痕，一面局部保留砾石自然面。单向打击加工顶、双肩和刃部。弧顶略斜，凹腰，双肩略耸，弧刃，侧锋。长7.9、宽8.4、厚1.1厘米（图一九，2；图版二〇，5）。

石片　5件。部分可能具有石斧、刮削器功能。T1③：35，近长方形。采用直接打击法打下石片制作而成，正面有两次剥片痕，背面有一个剥片痕，并保留较多砾石自然面。下端有刃。长6.8、宽4.95、厚0.9厘米（图一九，7）。T1③：34，近椭圆形。采用锐棱砸击技术从侧面打击，见锥疤、放射线、打击点，与打击点相对的背面有崩疤，余为砾石自然面。长9.4、宽5.4、厚1.4厘米（图一九，8）。H1：8，采用锐棱砸击技术从侧面打击，正面为剥片面，与打击点相对的背面有崩疤，余为砾石自然面。长14.8、宽

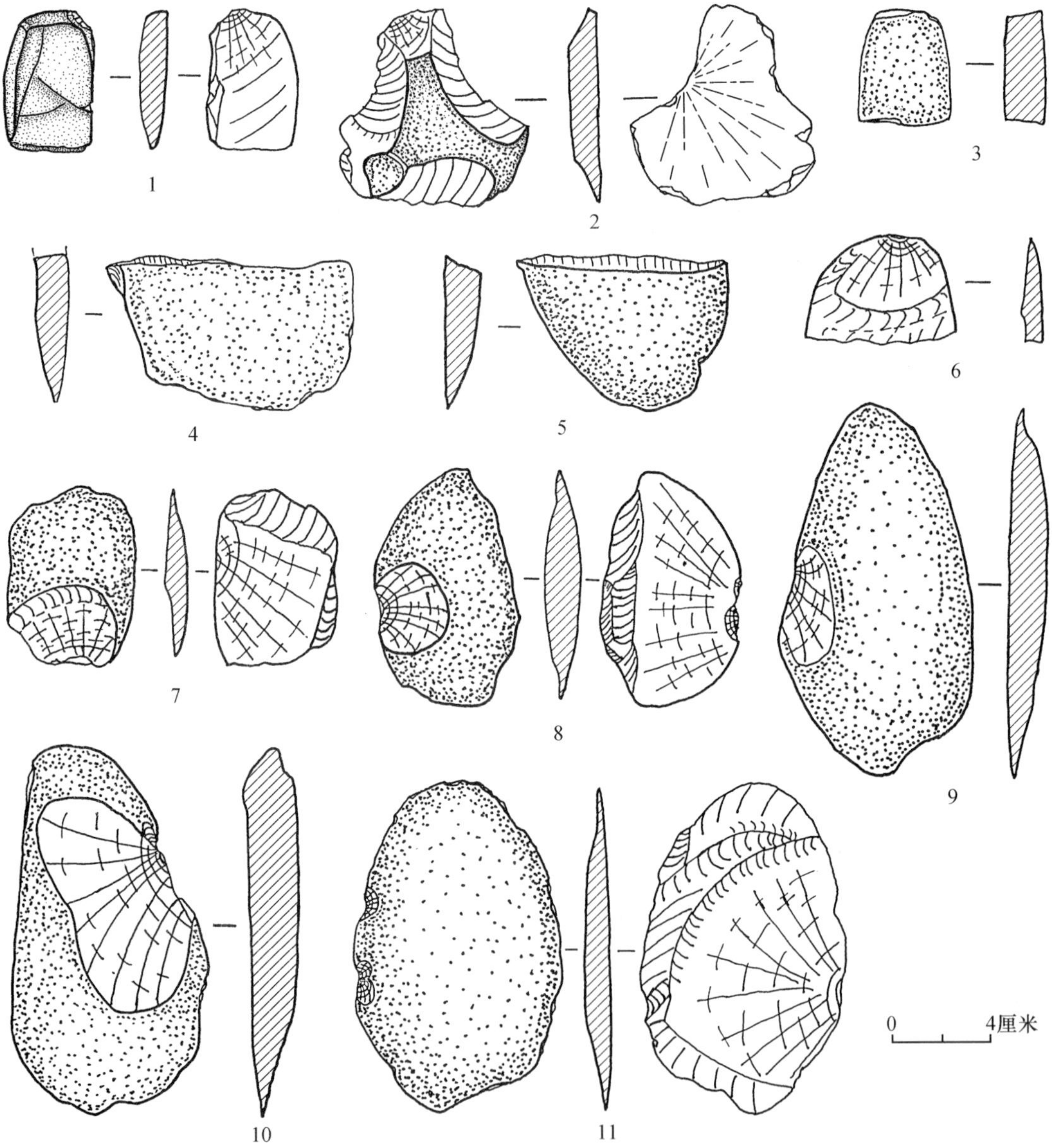

图一九　出土石制品

1. 锛（H1：3）　2. 锄（H1：11）　3～6. 断块（T1③：7、T2③：39、T2③：40、T2③：15）
7～11. 石片（T1③：35、T1③：34、H1：8、H1：12、T1③：36）

7.6、厚1.5厘米（图一九，9）。H1：12，近椭圆形。采用锐棱砸击技术从侧面打击，见锥疤、放射线、打击点，与打击点相对的背面有椭圆形崩疤，余为砾石自然面。长14.8、宽7.7、厚1.9厘米（图一九，10）。T1③：36，近椭圆形。采用锐棱砸击技术从侧面打击，背面为砾石自然面。长13.1、宽8、厚0.95厘米（图一九，11）。

断块　4件。T1③：7，为砾石中间断块。残长4.5、宽3.6、厚1.7厘米（图一九，3）。T2③：39，为石片的远端断片，一面见剥片痕，一面为砾石自然面。残长9.6、宽5.9、厚1.26厘米（图一九，4）。T2③：40，为石片的远端断片，一面见剥片痕，一面为砾石自然面。残长8.4、宽5.8、厚0.36厘米（图一九，5）。T2③：15，为石片的近端断片，一面见剥片痕，一面为砾石自然面。残长4.4、宽5.8、厚0.8厘米（图一九，6）。

五、总结认识

（一）年代

菜蔬排遗址商周遗存主要出土于H1、T1第3层、T2第3层共3个单位，虽然存在H1打破第3层的地层关系，但各单位出土陶器类别总体上一致，器物形态差异不大，所以可以认为总体上属于一个时期的遗存。

菜蔬排遗址商周遗存出土器物大多较破碎，其中几件修复完整的溜肩罐、耸肩罐时代特征较明显，这类器物在涪陵镇安遗址曾有出土[①]，其H8出土的“A型小平底盆”中的H8：1、H8：3分别与菜蔬排遗址“耸肩罐”中的T2③：12、T1③：40较为接近，镇安遗址“B型小平底盆”中的H8：2与菜蔬排遗址T2③：5耸肩罐有可比之处；而镇安遗址“C型小平底盆”与菜蔬排遗址中相对较完整的H1：29、T1③：57等圆肩罐无论从器形，还是肩部凹弦纹装饰都相近。此外，镇安遗址H8出土的各式高领壶、A型器盖在菜蔬排遗址中均有发现。这说明菜蔬排遗址商周遗存应与镇安遗址H8时代接近，H8属于镇安遗址商周遗存第一期的典型单位，原报告推测“年代在公元前1100～前1000年”，似乎略为偏晚。

菜蔬排遗址商周遗存还可与丰都信号台遗址[②]出土的商周器物做比较。菜蔬排遗址的“溜肩罐”在信号台遗址中较为常见，其中前者中T2③：6等A型溜肩罐与后者T0502⑤：1折肩小平底罐形态接近，唯后者形体较高，下腹壁略外弧；菜蔬排遗址

① 北京市文物考古研究所三峡考古队、重庆市涪陵区博物馆：《涪陵镇安遗址发掘报告》，《重庆库区考古报告集·1998卷》，科学出版社，2003年，第850～894页。

② 简报未发表，零星材料见白九江、李大地：《试论石地坝文化》，《三峡考古与多学科研究》，重庆出版集团、重庆出版社，2007年，第67～90页。

T1③：58等C型溜肩罐与信号台遗址Y1：31折肩小平底罐非常接近。另外，信号台遗址亦出土有薄胎船形杯。信号台遗址商周遗存为“石地坝文化第二期晚段”，年代约当“殷墟第三期”。

菜蔬排遗址商周遗存出土的母口式尖底盏在丰都玉溪坪遗址[①]、涪陵石沱遗址[②]、忠县邓家沱遗址[③]等都有出土，据本简报执笔者之一分析，该类陶器是由小口、深腹逐渐向大口、浅腹变化的，菜蔬排遗址的尖底盏无疑属于较早的型式。菜蔬排遗址出土的喇叭口灯形器（H1：4）与成都十二桥遗址[④]第12层出土的ⅠT6⑫：26灯形器非常接近，据研究，该遗址第12层的年代“应在殷墟三期”左右[⑤]。

此外，从总体上看，菜蔬排遗址商周遗存与涪陵镇安遗址、丰都信号台遗址的器物群是较为接近的，三者均不见或极少见坦腹敞口（敛口）尖底盏、尖底杯等；圜底器虽有一定数量，但所占比例极低；陶器纹饰多素面，与稍晚的石地坝遗址等相比较，少见饰绳纹的陶罐；陶灯形器在三星堆文化、十二桥文化早期较多，十二桥文化晚期后消失。综上所述，菜蔬排遗址商周遗存的具体年代应在商代晚期略偏晚，约当殷墟三期阶段。

（二）相关认识

菜蔬排遗址的商周遗存陶器以小平底器、尖底器和少量圜底器为主要特征，陶器以素面为主，与商代晚期至西周时期盛行于四川盆地内的考古遗存是一致的。笔者之一曾经将这一时期的鄂西峡江地区、重庆地区、成都平原、陕南汉中盆地和安康盆地为中心的四大地理单元，划分为一个大的文化圈——“十二桥文化圈”，在“十二桥文化圈”下，又分布着以四大地域为中心的四个亚文化，分别是以成都平原为中心的十二桥文化“十二桥类型”，以重庆为中心的“石地坝文化”，以长江三峡东段和清江流域为主的鄂西“路家河文化”，以汉中盆地和安康盆地为中心的“宝山文化”（或称“白马石类型”）[⑥]。菜蔬排遗址处于嘉陵江下游地区，通过比较，我们倾向于将其划入“石地坝

① 资料现存重庆市文化遗产研究院。

② 北京市文物研究所三峡考古队、涪陵区博物馆：《涪陵石沱遗址发掘报告》，《重庆库区考古报告集·1997卷》，科学出版社，2001年，第713～757页。

③ 李峰：《忠县邓家沱遗址西周时期文化遗存的初步认识》，《重庆·2001三峡文物保护学术研讨会论文集》，科学出版社，2003年，第99～106页。

④ 四川省文物管理委员会等：《成都十二桥商代建筑遗址第一期发掘简报》，《文物》1987年第12期。

⑤ 孙华：《成都十二桥遗址群分期初论》，《四川盆地的青铜时代》，科学出版社，2000年，第68～88页。

⑥ 白九江、李大地：《试论石地坝文化》，《三峡考古与多学科研究》，重庆出版集团、重庆出版社，2007年，第67～90页。

文化”的范畴，具体理由如下。

一是遗址见有船形杯，船形杯目前仅见于重庆三峡地区和邻近地区，地域和时代特征明显，演变序列清楚[①]，属于石地坝文化的典型器。

二是遗址见有数量较多的母口尖底盏，该类陶器不见于成都平原，目前仅见于重庆三峡地区，其中丰都玉溪遗址出土数量最多。

三是遗址见有少量花边口罐陶器，花边风格的器物到了石地坝文化晚期、瓦渣地文化等阶段后，非常盛行，其装饰风格在重庆三峡地区有非常悠久的传统。

菜蔬排遗址石地坝文化遗存的发现，对于研究嘉陵江下游地区与重庆三峡地区的文化交流，界定石地坝文化与十二桥文化的分界有重要意义，对于探究嘉陵江中游地区同时期文化属性也具有重要的参考作用。

附记：此次发掘工作得到了合川区文物管理所的大力支持，杨大用、罗世杰、王励等多次莅临工地进行协调，在此表示衷心的感谢。

领　　队：袁东山
执行领队：龚玉龙
发　　掘：杨大用　王道新　陈俊华　苟万柏
资料整理：白九江　龚玉龙　王道新　陈俊华
　　　　　张守华　王贵平　蔡远富
修　　复：陈俊华　蔡远富
照　　相：董小陈
拓　　片：王海阔
绘　　图：张守华　师孝明
执　　笔：袁东山　白九江　龚玉龙

① 白九江、邹后曦：《船形杯及其制盐功能的初步探讨》，《南方文物》2009年第1期。

北碚区庙嘴墓地考古发掘简报

重庆市文化遗产研究院
北碚区文物管理所

一、概　　况

北碚区位于重庆市主城区北部，嘉陵江横贯境内。庙嘴墓地位于北碚区东阳街道黄桷社区，地处嘉陵江左岸一级台地（图一）。台地北面为缓坡丘陵地形，东面接

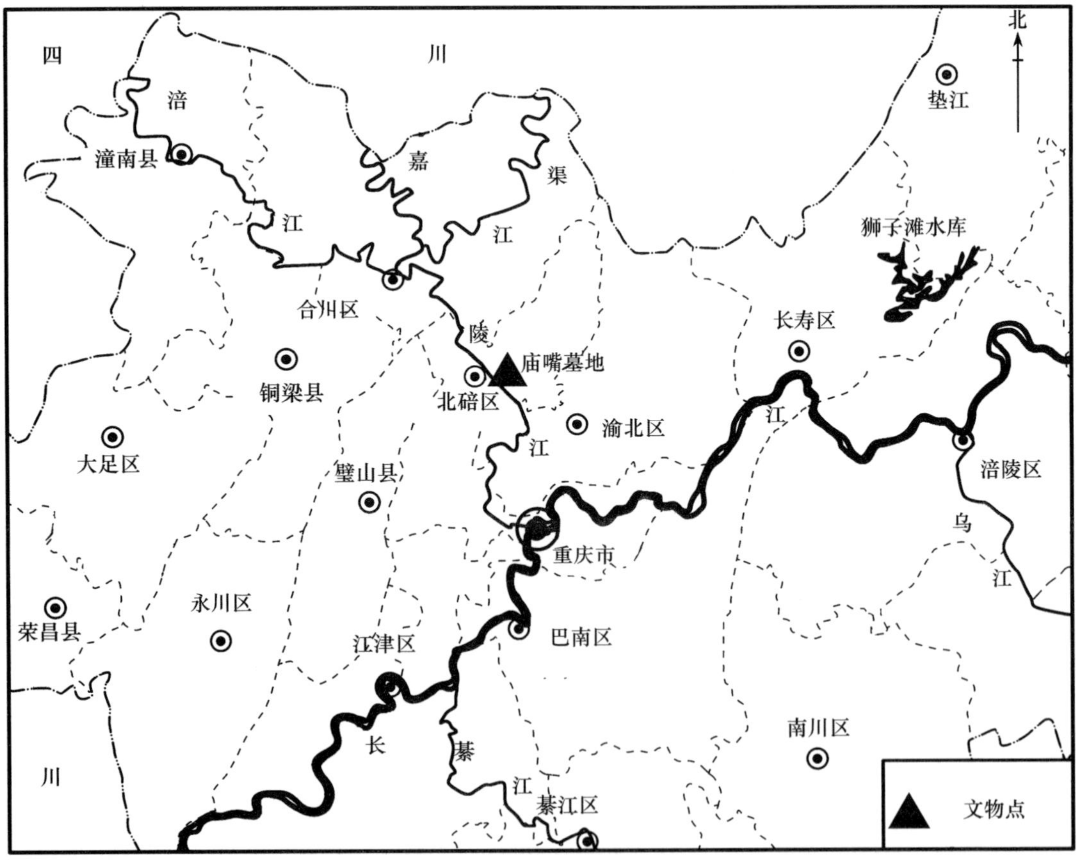

图一　庙嘴墓地位置示意图

绵延山脉，南临嘉陵江，西面为石桥河。庙嘴墓地位于台地西部，中心地理坐标为N29° 48′ 58.21″，E106° 26′ 58.58″，海拔212米，分布面积1000平方米。

2010年10月，庙嘴墓地在黄桷社区还建房建设地基工程施工时被发现，整个墓地位于还建房2000平方米的建设基坑内，基坑深度已开挖4～5米。同年10～11月，重庆市文化遗产研究院（原重庆市文物考古所，下同）对庙嘴墓地进行了抢救性考古发掘，发掘探方均位于基坑内，共布正南北向探方10个，发掘面积1000平方米，清理竖穴土坑墓17座（图二；图版二二；图版二三，1）。这批墓葬分布密集，其中两座墓葬存在打破关系（M10打破M11）。大部分墓葬葬具及墓主人骨腐烂无存，少数墓葬可见棺椁痕迹。墓葬方向分为朝南面的嘉陵江和朝西面的石桥河。

需要说明的是，这批墓葬均较浅，墓口皆为基坑深挖后的坑底，原生地层关系已遭到破坏。同时，不排除原先埋藏较浅的墓葬在施工中已被完全削去的可能。

本次发掘出土器物110余件，可分为铜器、铁器、陶器、漆木器，修复器物70余件。陶器器形有罐、釜、壶、豆、钵等。铜器器形有柳叶剑、矛、印章、钱币、刀、环、削等。铁器器形有削、釜等。

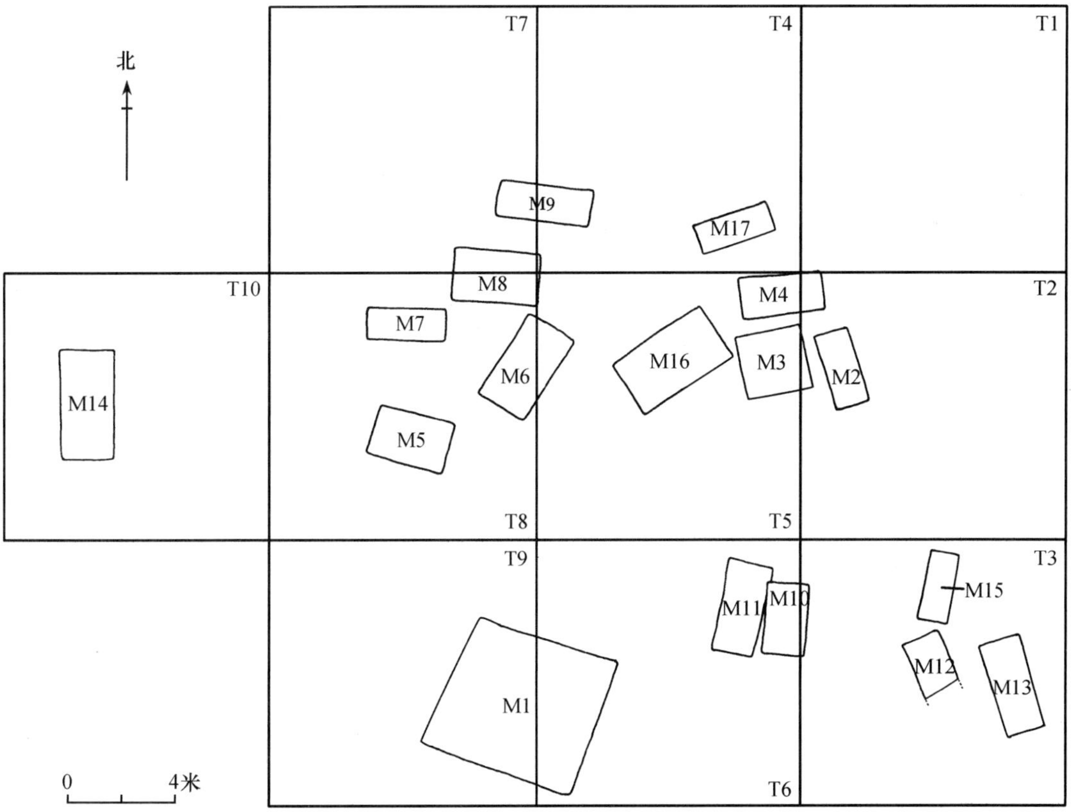

图二　庙嘴墓地墓葬分布图

二、墓葬介绍

（一）M1

1. 墓葬形制

M1位于墓地南部，墓向100°。墓葬为长方形竖穴土圹墓，口底相若，墓壁直，壁面较光滑，墓底平整。墓葬长5.35～5.89、宽5.34、残深0.67米。墓底有熟土二层台，宽1.05～1.18、高0.57米（图三；图版二三，2）。

该墓葬具见有木椁，朽毁严重，墓底现存部分椁底板。木椁位于墓室中部，平面呈“Ⅱ”形。椁长3.56、宽3.09米、残高0.6米，椁板厚0.08米。椁东端北侧出角0.11、南侧出角0.12米。椁西端两侧各出角0.12米。椁底板下东西两端各有枕木沟一条，高

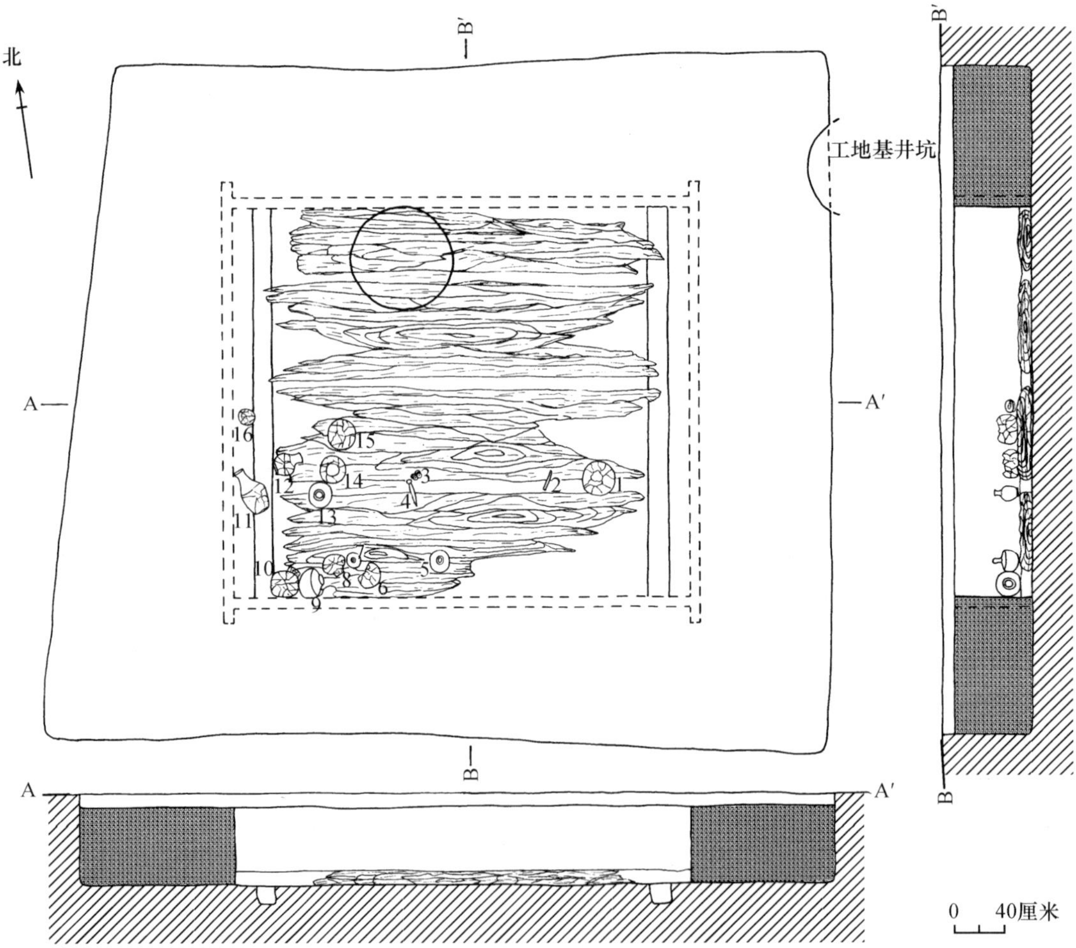

图三　M1平、剖面图

1、8. 陶釜　2. 铜刀　3. 铜半两钱　4. 铜削　5、7、11～13. 陶壶　6、9、10、14、15. 陶罐　16. 陶器盖

0.15、厚0.16米。椁内外涂抹有厚约0.05米的青膏泥。墓内人骨朽失，数量、头向、葬式不详。

2. 随葬品

随葬品位于椁内西南角，共16件。陶器共13件，有釜、罐、壶3种，修复10件。铜器3件，有刀、削、半两钱币。

陶釜　2件。M1：1，夹细砂黑褐陶。侈口，方圆唇，束颈，斜弧肩，鼓腹，腹略下垂，圜底。肩部及以下饰分段竖向绳纹。口径12.8、腹径23.6、高20.6厘米（图四，1）。M1：8，夹细砂黑褐陶。侈口，方圆唇，平沿，束颈，鼓腹，圜底。颈部以下饰斜向分段绳纹。口径13.1、腹径20.6、高15.8厘米（图四，2）。

陶罐　2件。M1：14，泥质灰陶。侈口，圆唇，束颈，斜折肩，腹壁斜直，平底。口径11.2、腹径21.2、底径12.8、高16厘米（图四，3）。M1：9，泥质灰陶。侈口，圆唇，短束颈，斜肩微弧，弧腹内收，平底。口径12、腹径21.3、底径8.6、高17.1厘米（图四，6）。

陶壶　5件。按口部可分盘口壶、子口壶、蒜头壶、侈口壶四种。

盘口壶　M1：13，泥质灰陶。盘口，方圆唇，束颈略长，溜肩，弧腹平底。肩部饰三周凹弦纹，上腹部饰二周凹弦纹，另肩部对称分布双耳，呈圆钮形。口径9.6、腹径19.4、底径11.5、高19.2厘米（图四，4；图版三〇，6）。M1：12，泥质灰陶。盘口，方唇，束颈略长，溜肩，弧腹平底。肩部对称分布两圆钮形耳。口径9.3、腹径20、底径13.8、高17.4厘米（图四，9）。

子口壶　M1：7，泥质灰陶。盘口，略呈子口形，束颈略长，斜弧肩，鼓腹，腹内折收下垂，饼足底。肩部饰三周凹弦纹，肩部下折处饰二周凹弦纹。口径7.6、腹径12、底7.4、高11厘米（图四，7）。

蒜头壶　M1：5，泥质灰陶。壶口近蒜头状，但未分瓣，圆唇，束颈略长，溜肩，弧腹，平底内凹。口径5.3、腹径19、底径11.2、高20厘米（图四，8；图版三〇，5）。

侈口壶　M1：11，泥质浅黄褐陶。侈口，方唇，溜肩弧腹，圈足底。肩部饰三周凹弦纹，上腹部饰二周凹弦纹，肩部对称分布两耳，呈圆钮形。口径9.8、腹径18.7、底径11、高26.7厘米（图四，10）。

陶器盖　1件。M1：16，泥质灰褐陶。盘状口倒置，弧顶，顶部一圆钮。直径10、高4.2厘米（图四，5）。

铜削　1件。M1：4，柄部残失。长条形削身，直背，直刃，至锋处斜收成尖锋。残长11、宽0.9厘米（图五，5）。

铜刀　1件。M1：2，短柄，柄细长，柄头和刀刃侧柄部磨平棱。刀身细长，刀背

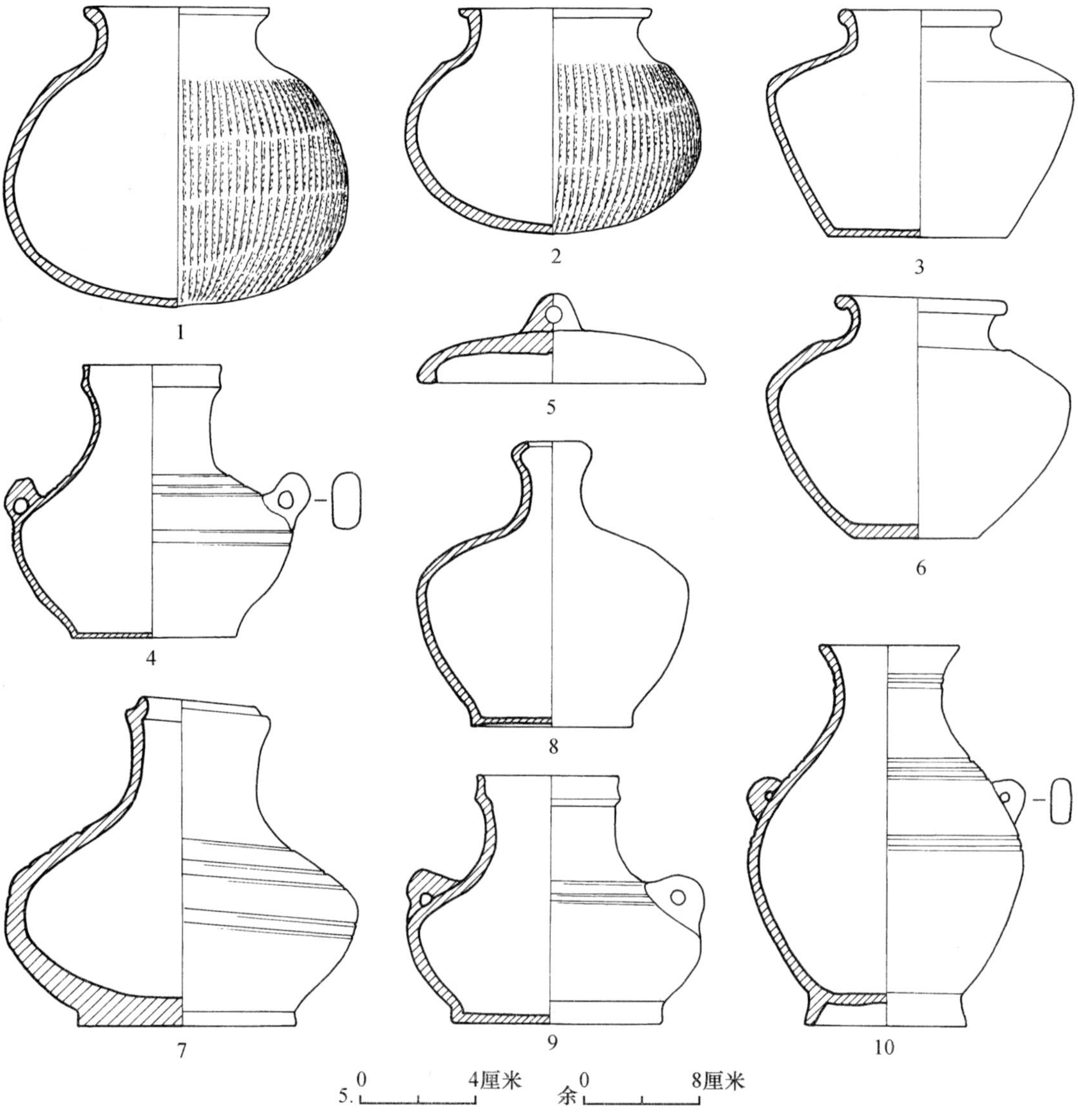

图四　M1出土陶器

1、2. 陶釜（M1：1、M1：8）　3、6. 陶罐（M1：14、M1：9）

4、7～10. 陶壶（M1：13、M1：7、M1：5、M1：12、M1：11）　5. 陶器盖（M1：16）

长直，略宽，与刀锋处微向背部上翘。刀刃与锋部相连处呈弧形，刀锋尖残失。通长18.5、柄残存2.5厘米（图五，6）。

铜半两钱　较完整者6枚（图版二八，1）。字体略长，“两”字上面一横较短，“半”字横不等齐，两点呈“八”字弯折状。M1：3-1，直径3、穿径0.9厘米（图五，1）。M1：3-2，直径3、穿径0.9厘米（图五，2）。M1：3-3，直径2.6、穿径0.9厘米（图五，3）。M1：3-4，直径3.3、穿径1厘米（图五，4）。

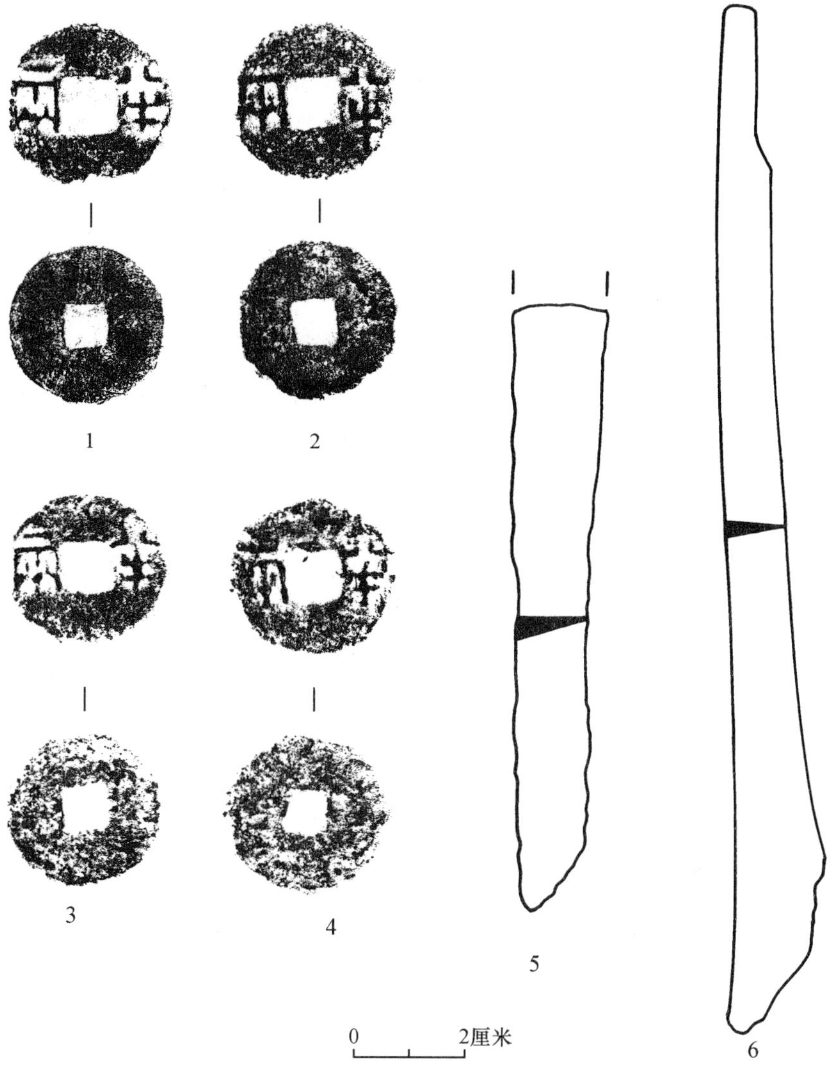

图五 M1出土铜器

1～4. 半两钱（M1：3-1、M1：3-2、M1：3-3、M1：3-4） 5.铜削（M1：4） 6.铜刀（M1：2）

（二）M2

1. 墓葬形制

M2位于墓地东部，墓向170°。墓葬为长方形竖穴土坑墓，口底相若，墓壁直，壁面较光滑，墓底较平整。长2.83、宽1.31、残深0.15米（图六；图版二四，1）。

墓内葬具及人骨腐烂无存，未见棺椁痕迹，葬具、葬式不明。

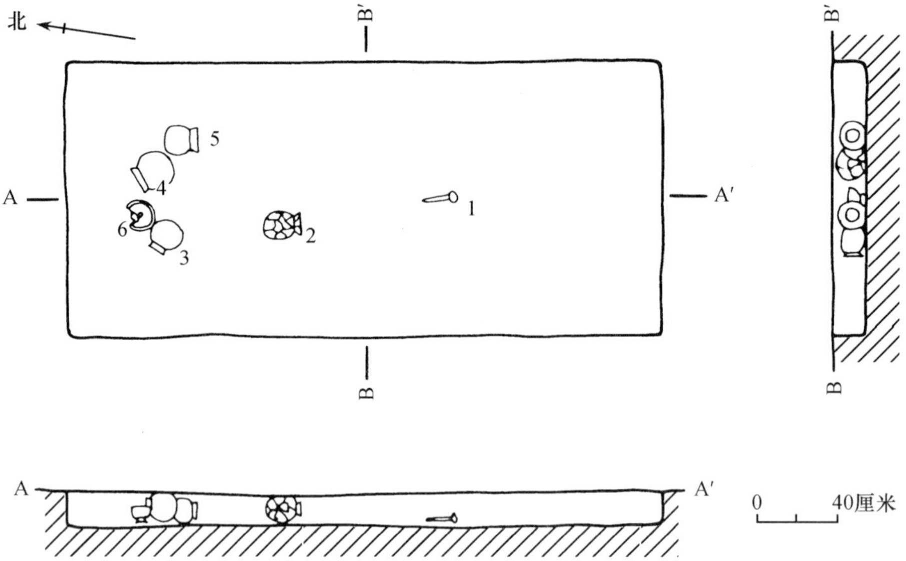

图六　M2平、剖面图

1. 铁削　2、3、5、6. 陶釜　4. 陶钵

2. 随葬品

随葬品位于墓坑中北部，共6件。其中陶器5件，有釜、钵两类。铁器1件，为削。

陶釜　4件。M2：3，夹细砂浅黄褐陶。侈口，圆唇，束颈，溜肩，鼓腹，圜底。肩部及以下饰斜向绳纹。口径13、腹径16.5、高13.5厘米（图七，1）。M2：6，夹细砂红褐陶，侈口，圆唇，束颈，弧腹，圜底。肩部及以下饰竖向分段绳纹。口径12.6、腹径15、高12.3厘米（图七，2）。M2：5，夹细砂浅黄褐陶。侈口，圆唇，束颈，弧腹，圜底。肩部及以下饰斜向绳纹。口径13.6、腹径16、高14.4厘米（图七，3）。M2：2，泥质灰褐陶。侈口，圆唇，束颈，鼓腹，圜底。肩部环饰细绳纹，腹部及以下饰斜向分段绳纹。口径14.6、腹径19、高15厘米（图七，4）。

陶钵　1件。M2：4，夹细砂浅红褐陶。敛口，圆唇，斜弧腹，平底。口径12.4、底径5、高4.8厘米（图七，5）。

铁削　1件。锈蚀严重，未能修复。

（三）M3

1. 墓葬形制

M3位于墓地东部，墓向168°。墓葬为长方形竖穴土坑墓，口底相若，墓壁较直，

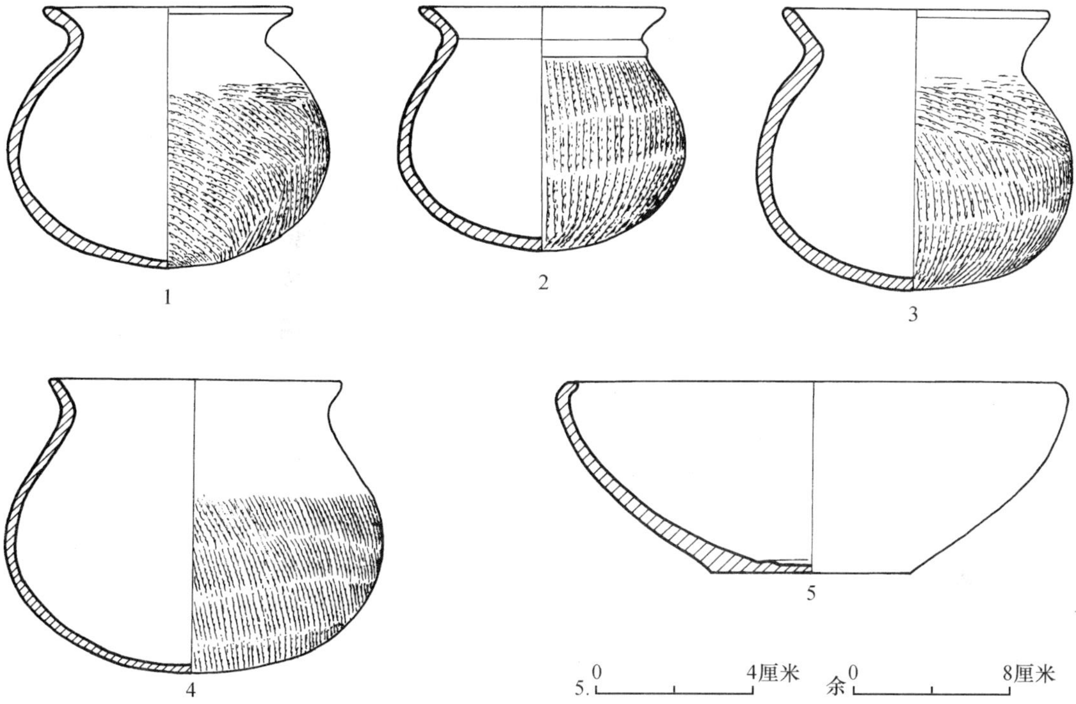

图七 M2出土陶器

1～4. 陶釜（M2∶3、M2∶6、M2∶5、M2∶2） 5. 陶钵（M2∶4）

墓底平整。该墓东南部被圆形基井打破。墓葬长3.4、宽3.14、残深0.54米。墓室南北两端有熟土二层台，高0.2、宽0.4～0.5米（图八；图版二四，2）。

葬具及墓主人骨腐烂无存，未见棺椁痕迹，葬具、葬式不明。

2. 随葬品

随葬品位于椁室中部，共7件。其中陶器6件，分别有釜、罐两种，仅修复釜3件。铁器1件，为削。

陶釜 3件。M3∶2，夹细砂黑褐陶。侈口，卷沿，尖圆唇，束颈略长，溜肩，圆弧腹。肩部及以下饰竖向分段绳纹。口径11、腹径17.2、高14.6厘米（图九，1）。M3∶7，夹细砂黑褐陶。敛口，圆方唇，束颈，折肩，鼓腹，圜底。肩部以下饰竖向分段绳纹。口径11.1、腹径20.8、高16.9厘米（图九，2）。M3∶4，泥质黑褐陶。敛口，平沿，方唇，斜折肩，垂腹，圜底。肩部及以下饰竖向分段绳纹。口径12.5、腹径27.2、高22.7厘米（图九，3）。

铁削 1件。锈蚀严重，未修复。

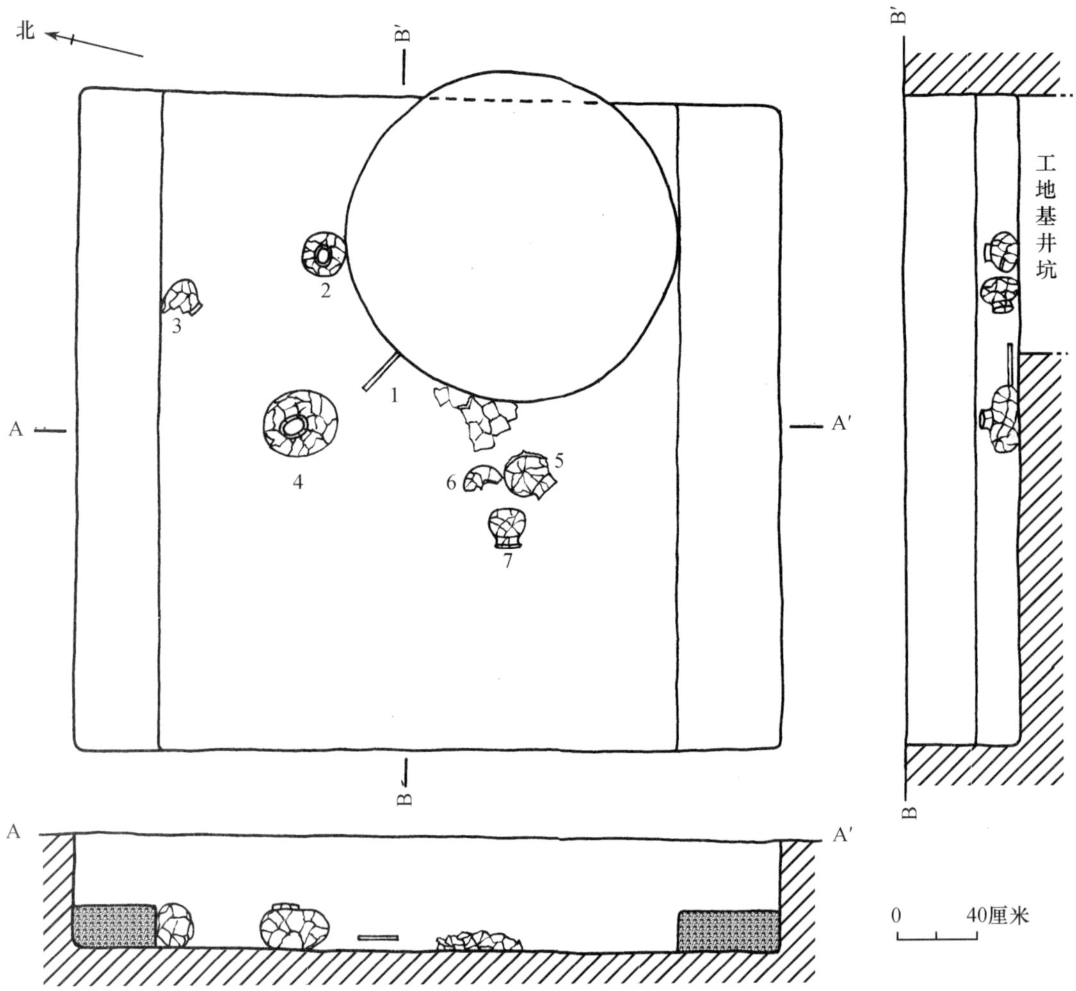

图八　M3平、剖面图

1. 铁削　2～5、7. 陶釜　6. 陶罐

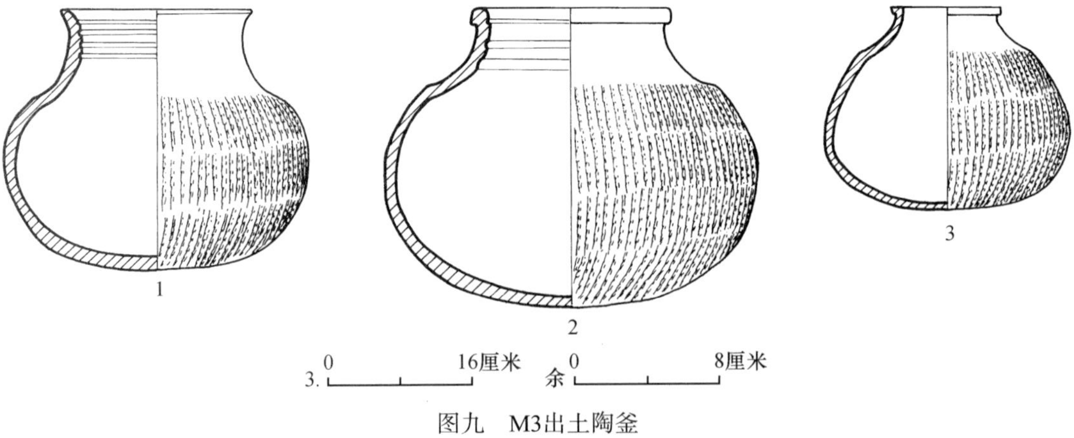

图九　M3出土陶釜

1. M3：2　2. M3：7　3. M3：4

（四）M4

1. 墓葬形制

M4位于墓地北部，墓向266°。墓葬为长方形竖穴土坑墓，墓壁较直，墓底略平。墓葬长3.12、宽1.4～1.53、残深0.67米（图一〇）。

墓内葬具及墓主人骨腐烂无存，未见棺椁痕迹，葬具、葬式不明。

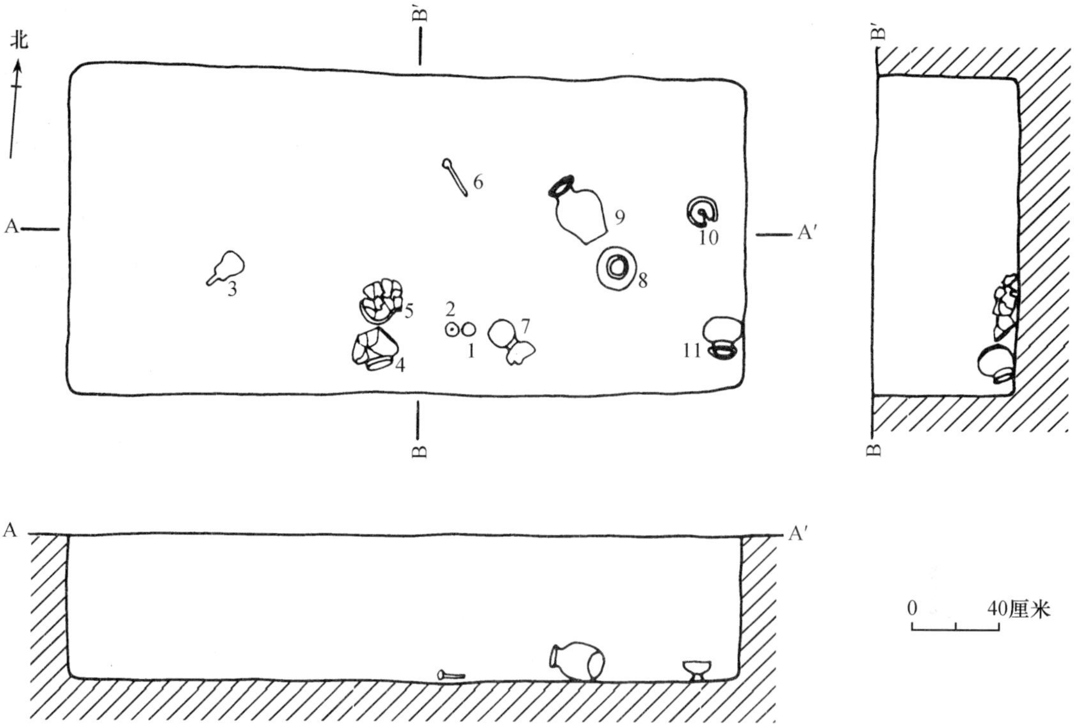

图一〇　M4平、剖面图

1. 铜环　2. 铜钱　3. 铜匕　4、7～9. 陶罐　5、10. 陶豆　6. 铁削　11. 陶釜

2. 随葬品

随葬品位于墓室中东部，共11件。其中陶器7件，分别有罐、釜、豆、钵，2件完整器，修复3件。铜器3件，分别为匕、勺、钱币。铁器1件，为铁削。

陶釜　1件。M4：11，泥质灰褐陶。侈口，圆唇，束颈，斜弧肩，鼓腹，圜底。肩部及以下饰竖向绳纹。口径14.6、腹径19.2、高15.2厘米（图一一，2；图版二九，5）。

陶罐　2件。M4：4，泥质灰褐陶。敛口，厚圆唇，短束颈，斜肩斜直腹，平底。肩部饰凹弦纹三道。口径15.4、腹径23.6、底径13.8、高18.8厘米（图一一，5；图版

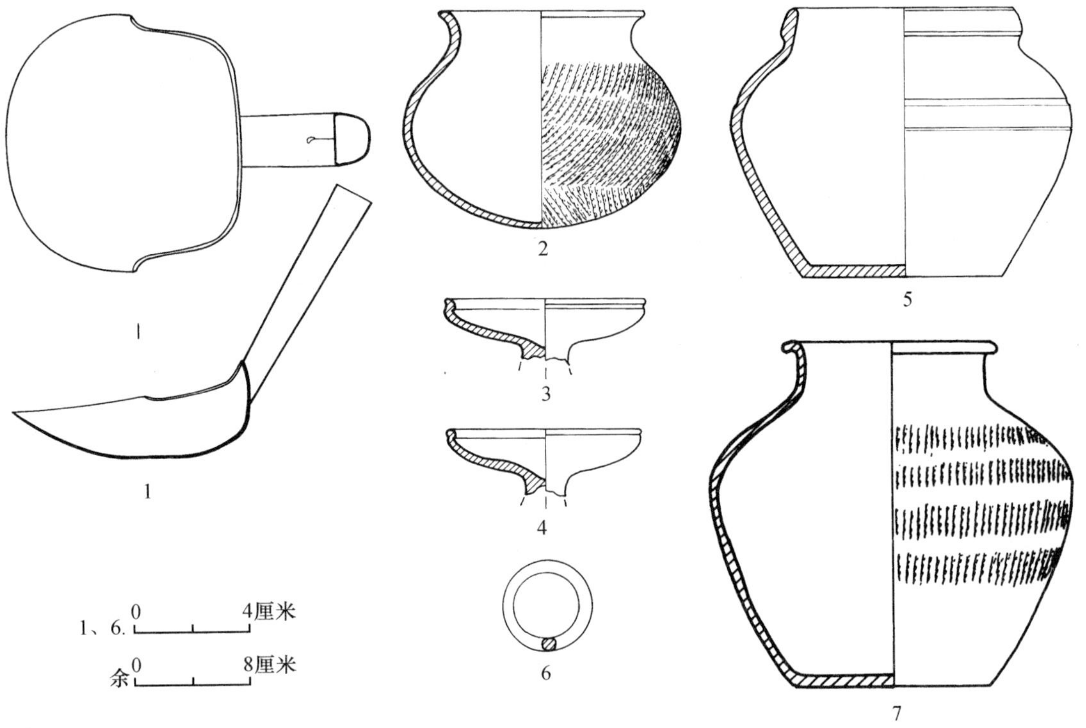

图一一　M4出土陶器、铜器

1. 铜匕（M4：3）　2. 陶釜（M4：11）　3、4. 陶豆（M4：5、M4：10）　5、7. 陶罐（M4：4、M4：9）　6. 铜环（M4：1）

三○，1）。M4：9，泥质灰褐陶。侈口，卷平沿，方唇，束颈，斜肩，斜腹略弧，平底。肩部及以下饰竖向分段绳纹，绳纹中间见抹痕。口径14.2、底径13.4、高24厘米（图一一，7；图版三○，2）。

陶豆　2件。M4：5，泥质灰褐陶。盘形口，圆唇，唇部敛收，弧腹内急收。唇部下饰一周凹弦纹。口径13.9、残高4.7厘米（图一一，3）。M4：10，泥质灰陶。盘状口，圆唇，唇部敛收，弧腹内急收。唇部下饰一周凹弦纹。口径13.4、残高4.8厘米（图一一，4）。

铜匕　1件。M4：3，柄截面近半圆形，残存木棍于柄中。匕头呈铲形，底厚，边缘薄。柄长8、宽1.3厘米，匕头长8、最宽处8.9厘米（图一一，1；图版二八，3）。

铜环　1件。M4：1，环形，截面呈圆形。直径3、环径2.3厘米（图一一，6）。

铜钱　数枚。锈蚀严重，钱文不能辨识。

铁削　1件。锈蚀严重，未修复。

（五）M5

1. 墓葬形制

M5位于墓地西部，墓向284°。该墓为长方形竖穴土坑墓，墓壁较直而光滑，墓底较平。墓葬长2.84、宽1.92～1.96、残深0.1米。

据板灰可辨该墓葬具为木椁，位于墓室中部，平面呈“Ⅱ”形。椁长2.67、宽1.38、厚0.08、残高0.1米。椁东端南北两侧各出角0.1米，西段北侧出角0.09、南侧出角0.11米。棺不明（图一二）。

墓主人骨朽失，葬式不详。

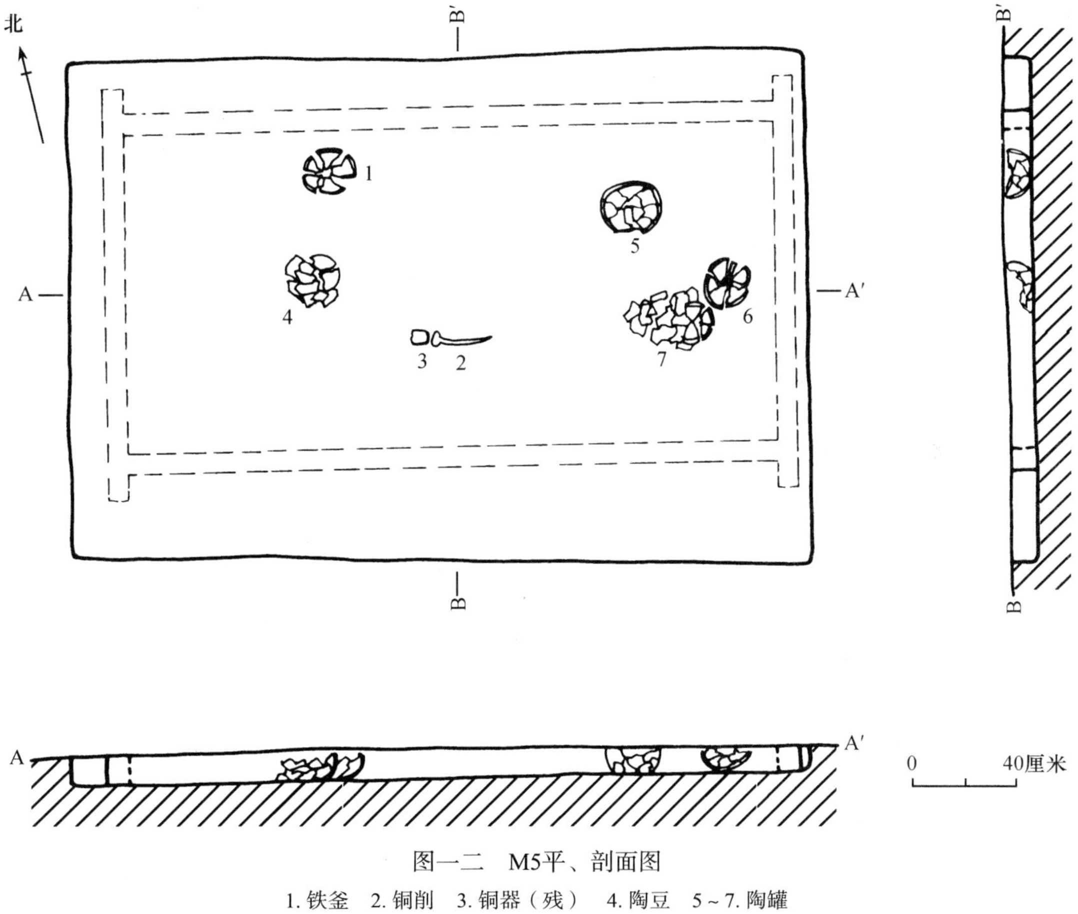

图一二　M5平、剖面图

1. 铁釜　2. 铜削　3. 铜器（残）　4. 陶豆　5～7. 陶罐

2. 随葬品

随葬品位于墓室中部、东部，共7件。其中陶器4件，有罐、豆两种，均未能修复。

铜器2件，其中1件为削，另1件器形不明。铁器1件，为釜，未能修复。

铜削　1件。M5：2，椭圆形环首，柄较细长，两面各有一长条形凹槽，削身略弧，削背较宽，弧刃，锋尖残失。柄和削身饰卷云纹。通长21.2、柄长6.8、环首长径3.2、短径2.1厘米（图一三；图版二八，2）。

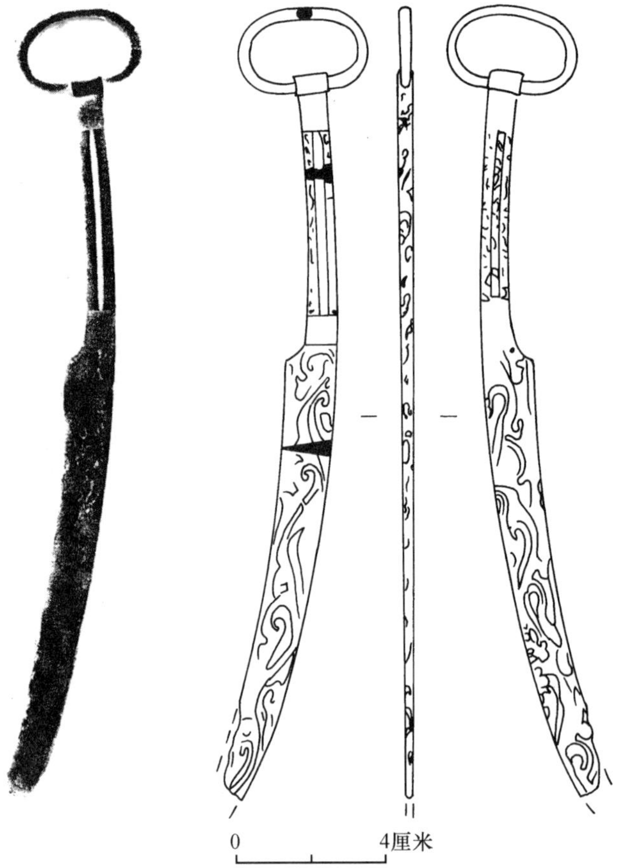

图一三　M5出土铜削
（M5：2）

（六）M6

1. 墓葬形制

M6位于墓地中部，墓向206°。该墓为长方形竖穴土坑墓，墓室东南部被一圆形基井打破。墓壁较直，墓底平。墓室内有熟土二层台，二层台宽0.31～0.44、残高0.28米。墓葬长3.86、宽2.1、残深0.27米（图一四）。

葬具及墓主人骨腐烂无存，未见棺椁痕迹，葬具、葬式不明。

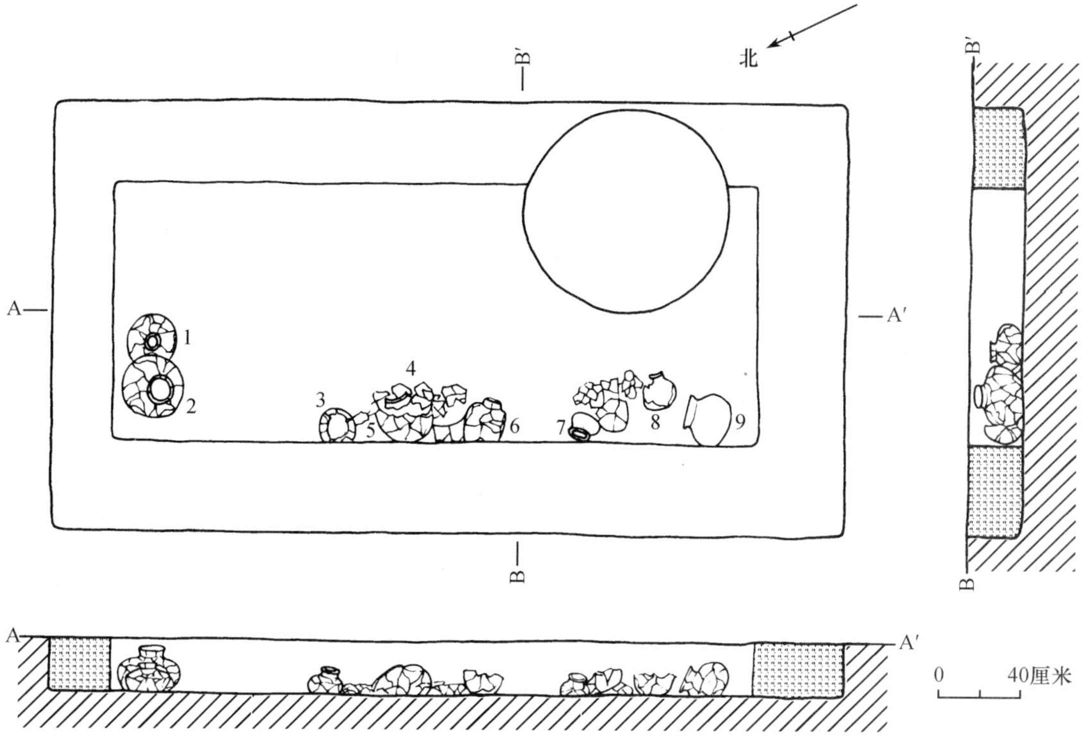

图一四　M6平、剖面图

1～8. 陶釜　9. 陶鍪

2. 随葬品

随葬品位于椁室西侧和北侧，均为陶器，共9件，器形有罐、釜、鍪，修复6件。

陶釜　5件。M6：2，泥质灰褐陶。敛口，平沿，圆方唇，斜肩，略呈扁鼓腹，腹内收成圜底。肩部及以下饰竖向分段绳纹。口径12.4、腹径25.2、高21.3厘米（图一五，1）。M6：3，泥质灰褐陶。敛口，斜沿，方唇，束颈，窄溜肩，圆弧腹，圜底内凹。肩部及以下饰竖向分段绳纹，靠上部饰二道凹弦纹。口径14.4、腹径27、高21.8厘米（图一五，2；图版二九，6）。M6：6，泥质黑褐陶。敛口，折平沿，方唇，束颈，斜肩，扁鼓腹，腹浅，圜底。素面。口径13.8、腹径16.4、高7.8厘米（图一五，4）。M6：4，夹细砂红褐陶。侈口，圆唇，束颈，斜溜肩，弧腹，圜底。肩部及以下饰斜向绳纹。口径12.3、腹径15.6、高12.2厘米（图一五，5）。M6：1，泥质灰褐陶。侈口，尖圆唇，窄溜肩，垂腹，圜底。肩部及以下饰竖向分段绳纹。口径11.6、腹径20.8、高17.4厘米（图一五，6）。

陶鍪　1件。M6：9，夹细砂红褐陶。侈口，斜折沿，圆唇，斜溜肩，弧腹，圜底。肩部对称分布两半圆形耳，另饰一周“x”印纹，底部饰交错斜向绳纹。口径18.6、腹径21.4、高15厘米（图一五，3；图版三〇，3）。

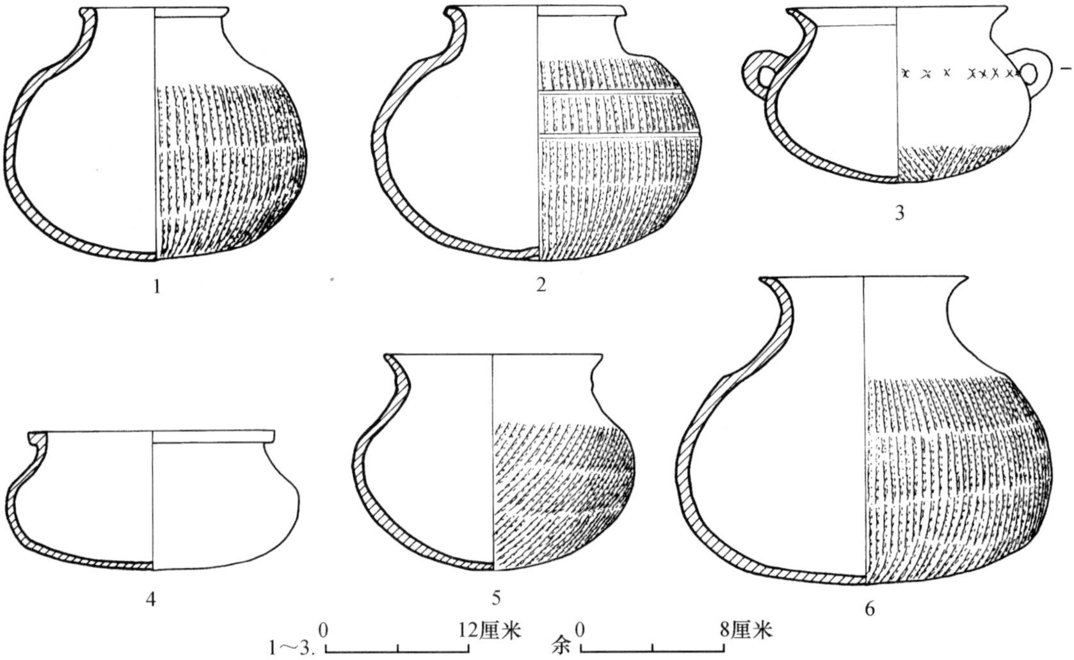

图一五　M6出土陶器

1、2、4～6.陶釜（M6：2、M6：3、M6：6、M6：4、M6：1）3.陶鍪（M6：9）

（七）M7

1. 墓葬形制

M7位于墓地西部，墓向88°。长方形竖穴土坑墓，墓壁较直，壁面较光滑，墓底平。墓葬长2.78、宽1.14、残深0.28米（图一六）。

葬具腐烂无存，未见棺椁痕迹，葬具不明。墓主人骨仅存头骨，头向朝西，具体葬式不详。

2. 随葬品

随葬品位于墓室西部，共9件。其中陶器6件，器形有罐、釜、豆，修复5件。铜器3件，有印章、带钩。

陶釜　4件。M7：9，夹细砂深红褐陶。侈口，圆唇，斜溜肩，鼓腹，圜底。肩部

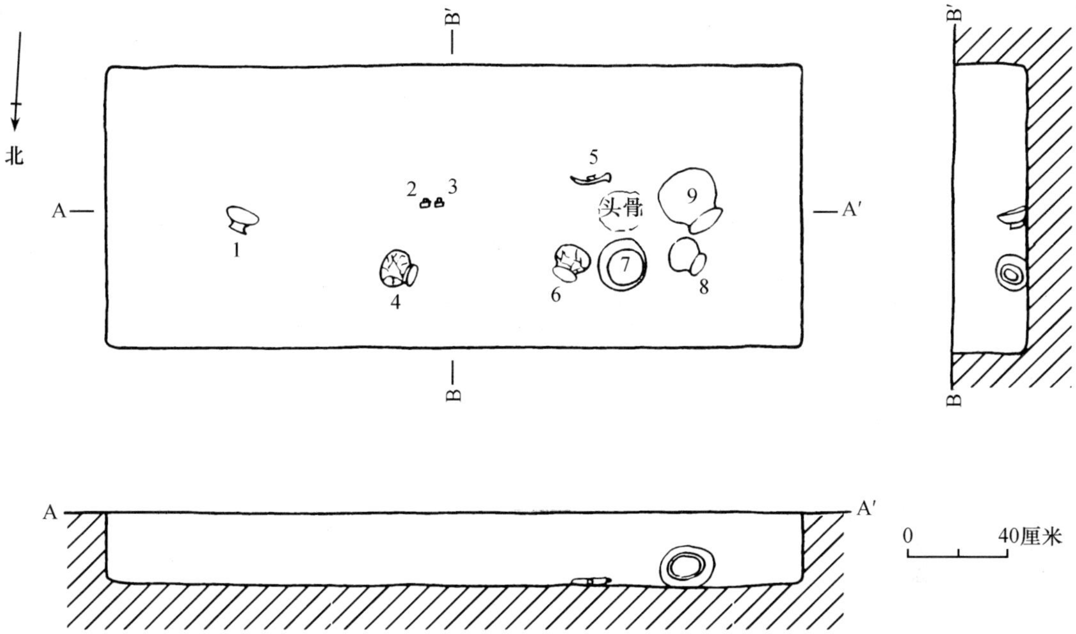

图一六　M7平、剖面图

1. 陶豆　2、3. 铜印　4、6、8、9. 陶釜　5. 铜带钩　7. 陶罐

及以下饰斜向分段绳纹。口径13.2、腹径18.8、高15.8厘米（图一七，1）。M7：4，夹细砂深红褐陶。侈口，圆唇，束颈，鼓腹，圜底。肩部及以下饰斜向分段绳纹。口径11.7、腹径14.8、高11.7厘米（图一七，2）。M7：6，夹细砂红褐陶。侈口，圆唇，束颈，鼓腹，圜底。上腹部饰斜向分段绳纹，下腹部及底部饰斜向交绳纹。口径12.4、腹径15.6、高12.5厘米（图一七，4）。M7：8，夹细砂红褐陶。侈口，折沿，圆唇，束颈，鼓腹，圜底。肩部及以下饰斜向分段绳纹。口径11.8、腹径15.4、高11厘米（图一七，5；图版二九，4）。

陶豆　1件。M7：1，夹细砂浅黑褐陶。盘状，敞口，圆唇，矮柄，喇叭足外撇。口径14.8、足径6、高5.8厘米（图一七，6）。

铜印　2件。M7：2，方形印，拱形钮，印面刻“[illegible]”字。印长1.1、高 1.1厘米（图一七，7）。M7：3，长方形印，拱形钮，印面分2栏，刻“[illegible]”两字。印长1.6、宽0.9、高1.1厘米（图一七，8）。

铜带钩　1件。M7：5，条形，器身细长，勾头回弯，圆形钮。素面。长9.5厘米（图一七，3）。

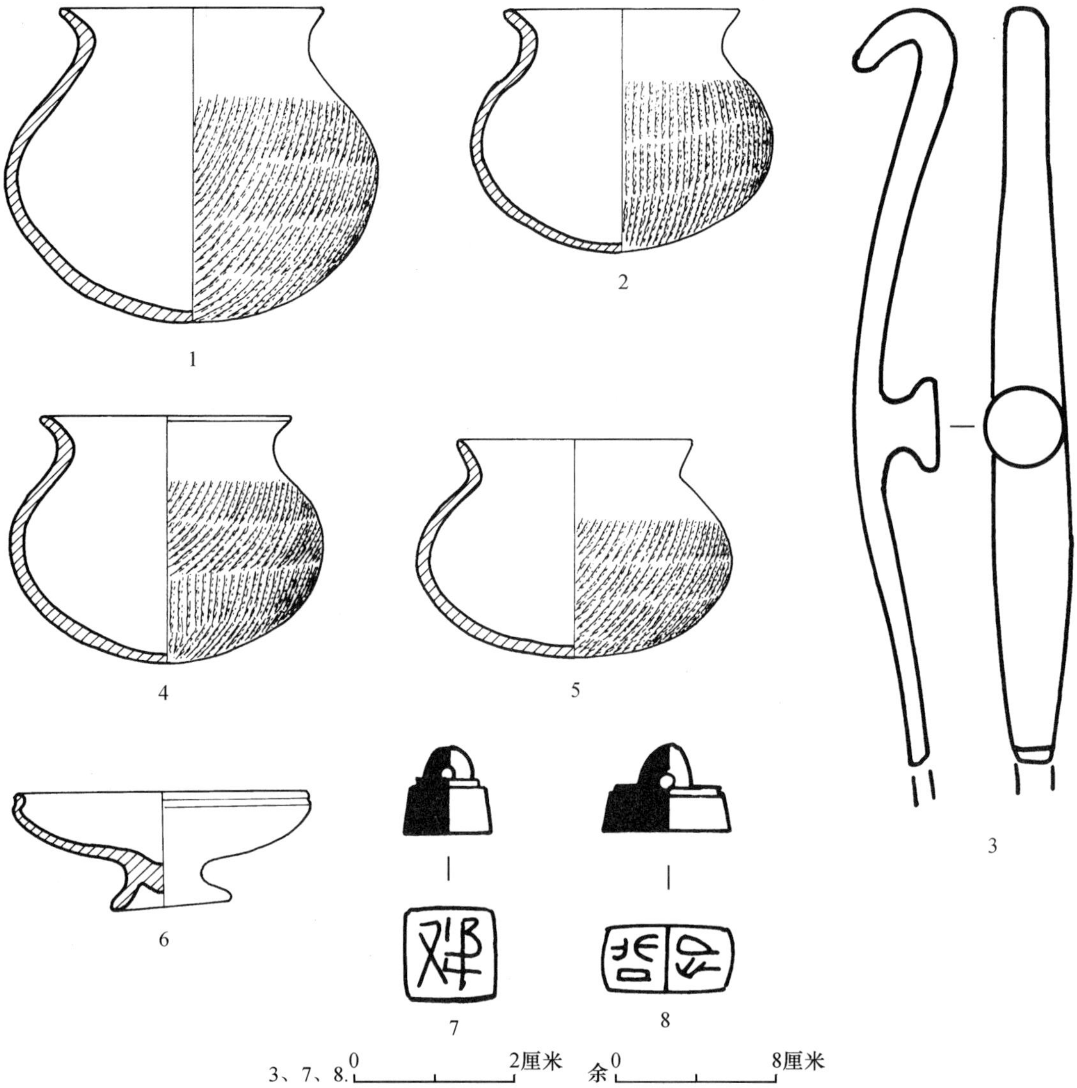

图一七　M7陶器、铜器

1、2、4、5. 陶釜（M7：9、M7：4、M7：6、M7：8）　3. 铜带钩（M7：5）　6. 陶豆（M7：1）
7、8. 铜印（M7：2、M7：3）

（八）M8

1. 墓葬形制

M8位于墓地北部，墓向92°。长方形竖穴土坑墓，墓壁较直，墓底平。墓内有一周熟土二层台，二层台北宽0.27、东宽0.34、南宽0.34、西宽0.2、残高0.2～0.3米。墓葬长3.11、宽1.85、残深0.14～0.29米（图一八）。

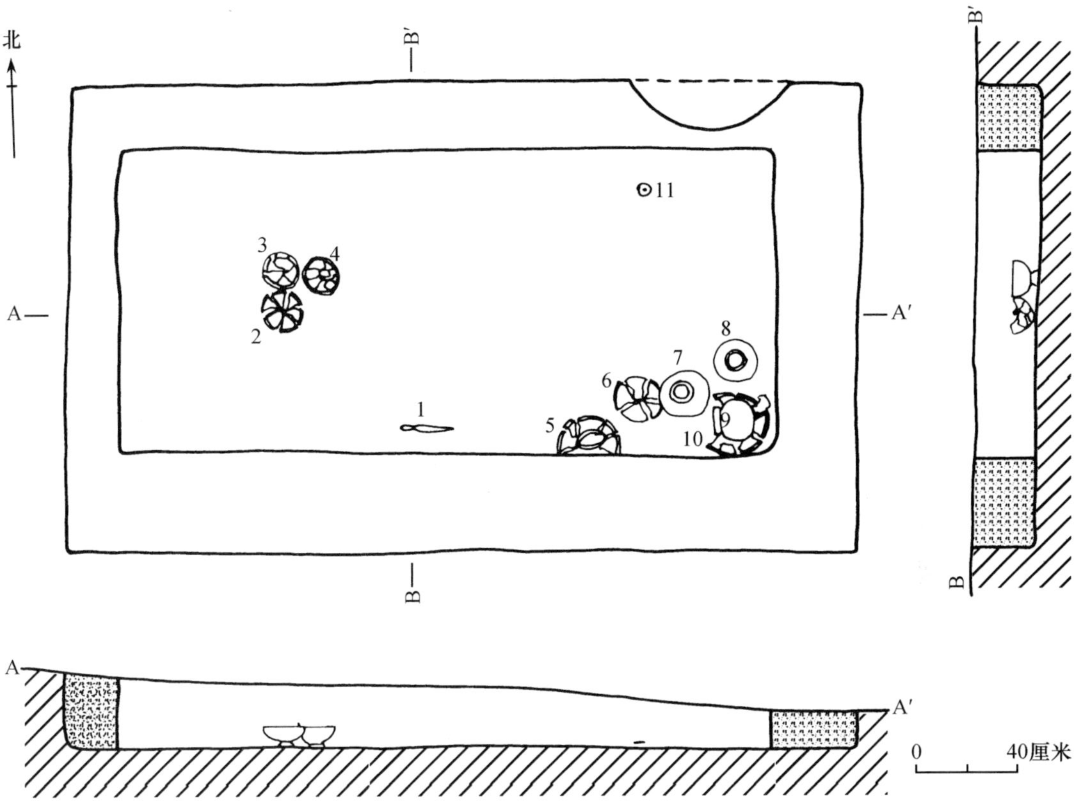

图一八　M8平、剖面图
1. 铁削　2～4. 陶豆　5、7. 陶罐　6. 陶鍪　8～10. 陶釜　11. 铜半两钱

墓内葬具及墓主人骨腐烂无存，未见棺椁痕迹，葬具、葬式不明。

2. 随葬品

随葬品位于椁室东南部及西部，共11件。陶器9件，器形有釜、鍪、罐、豆，修复7件。铜器2件，均为半两钱。铁器1件，为铁削，锈蚀严重，未修复。

陶釜　3件。M8：9，泥质灰褐陶。侈口，圆唇，束颈，长椭圆形腹，圜底。颈部以下饰竖向绳纹。口径11.6、腹径17.2、高17.6厘米（图一九，2）。M8：10，泥质黑褐陶。敛口，折沿，尖圆唇，束颈，折肩，腹壁略直，下折收为圜底。素面。口径16.8、腹径18.7、高11.2厘米（图一九，5）。M8：8，泥质灰陶，敛口平折沿，方圆唇，束颈，弧腹，圜底。颈部以下饰竖向绳纹。口径14.2、腹径15.2、高7.2厘米（图一九，10）。

陶鍪　1件。M8：6，夹细砂灰褐陶。侈口，圆唇，束颈，斜直肩，弧腹，圜底。肩部一侧残留器耳断痕。口径12.4、腹径15.2、高13.2厘米（图一九，7；图版二九，2）。

陶罐　2件。M8：5，夹细砂灰褐陶。侈口，圆唇，束颈，鼓肩，鼓腹，下腹壁略内弧，平底。肩部及以下饰竖向绳纹。口径15.5、腹径23.6、底径11、高17.7厘米（图一九，1）。M8：7，泥质灰褐陶。侈口，窄沿外翻，尖圆唇，束颈略长，溜肩斜腹，平底。肩部及上腹部饰斜向分段绳纹，中间抹饰三周凹弦纹。口径14.6、腹径21.3、底径10.4、高19.2厘米（图一九，4）。

陶豆　2件。M8：2，夹细砂灰褐陶。盘状口，圆唇，腹内急收，矮柄，喇叭足外撇。口径13.6、高5.7、足径5厘米（图一九，3；图版三〇，4）。M8：4，夹细砂灰褐陶，盘状口，圆唇，腹内急收，矮柄，柄内束，喇叭足外撇。口径12.4、高4.3、足径4.7厘米（图一九，6）。

铜半两钱　2枚。字体略长，“两”字上面一横较短，“半”字横等齐，两点呈“八”字弯折状。M8：11-1，“两”字中“人”字短。直径3.09、穿径1.05厘米（图一九，8）。M8：11-2，“两”字中“人”字略长，“半”字竖较长。直径3、穿径1厘米（图一九，9）。

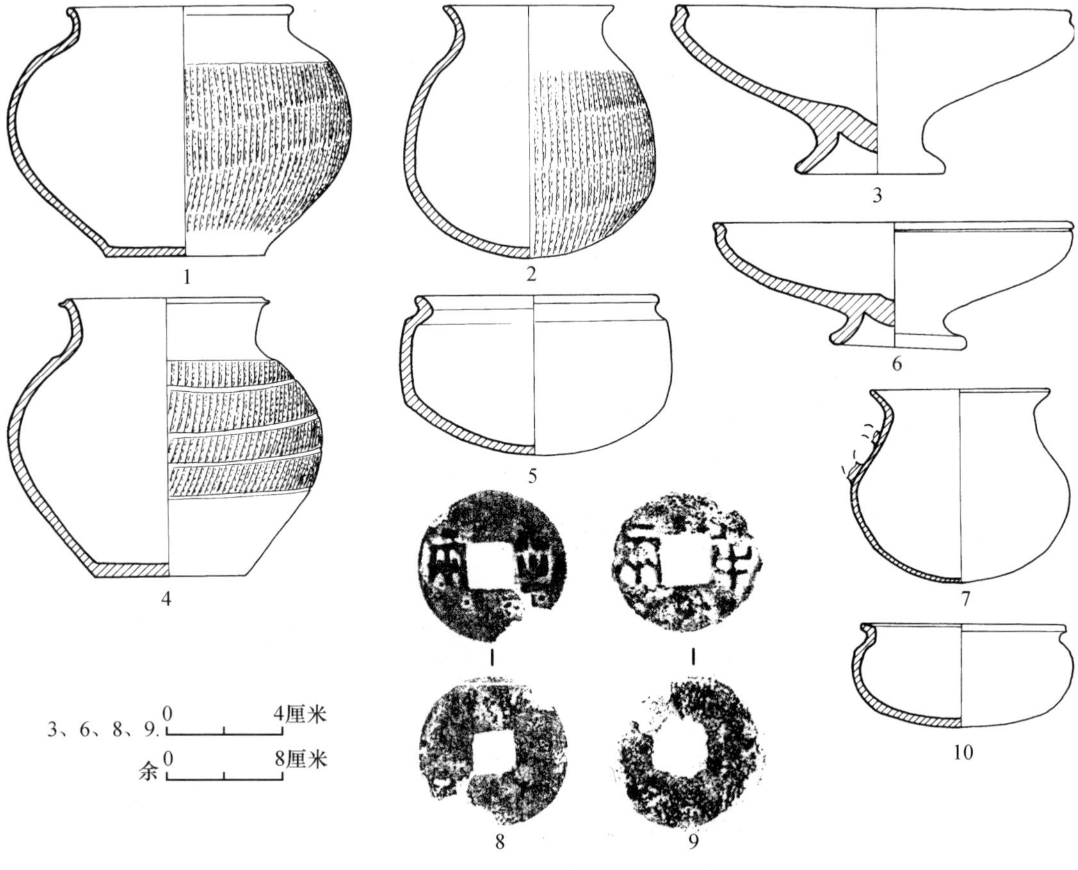

图一九　M8出土陶器、铜半两钱

1、4. 陶罐（M8：5、M8：7）　2、5、10. 陶釜（M8：9、M8：10、M8：8）　3、6. 陶豆（M8：2、M8：4）
7. 陶鍪（M8：6）　8、9. 铜半两钱（M8：11-1、M8：11-2）

（九）M9

1. 墓葬形制

M9位于墓地北部，墓向276°。长方形竖穴土坑墓，西部被一圆形基井坑打破。墓壁较直，壁面较粗糙，墓底平。墓葬长3.4、宽1.36、残深0.2米（图二〇；图版二五，1）。

葬具及墓主人骨腐烂无存，未见棺椁痕迹，葬具、葬式不明。

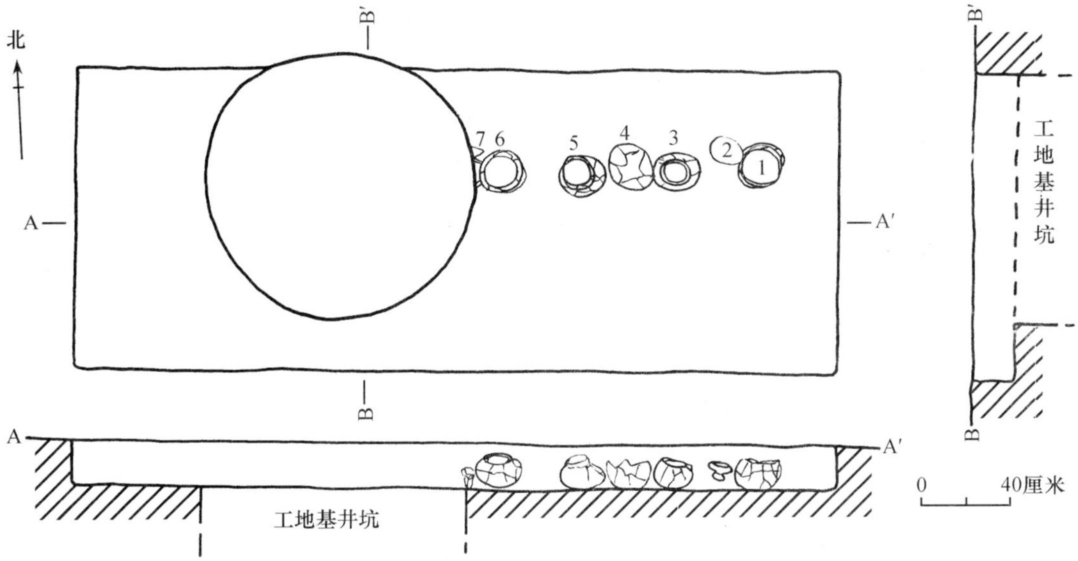

图二〇 M9平、剖面图

1、6. 陶罐 2、7. 陶豆 3～5. 陶釜

2. 随葬品

随葬品位于墓室东部，共7件。均为陶器，器形有釜、罐、豆，修复6件。

陶釜 3件。M9：5，泥质红褐陶。侈口，圆唇，束颈，斜弧肩，鼓腹，圜底。颈部以下饰竖向分段绳纹。口径13.2、腹径16、高10.6厘米（图二一，2）。M9：4，口部残。泥质黄褐陶，偏灰。弧肩，腹微弧内收，圜底。肩部及以下饰斜向分段绳纹。腹径15.8、残高13厘米（图二一，3）。M9：3，泥质红褐陶。侈口，圆唇，束颈，溜肩，弧腹，圜底。颈部以下饰竖向分段绳纹。口径11.5、腹径15.5、高10.9厘米（图二一，5；图版二九，1）。

陶罐 2件。M9：6，泥质灰褐陶。侈口，折沿斜离，方唇，溜肩，斜腹，下稍内凹，平底。口径15.4、腹径17.8、底径7.1、高10.2厘米（图二一，1）。M9：1，泥质深灰褐陶。直口，圆唇，溜肩，斜腹，平底。口径13.8、腹径16、底径7、高10.4厘米（图二一，4；图版二九，3）。

陶豆　2件，修复1件。M9：2，泥质灰褐陶。盘口，圆唇，矮柄，喇叭足外撇。唇下饰一周凹痕。口径13.6、足径4.8、高5.4厘米（图二一，6）。

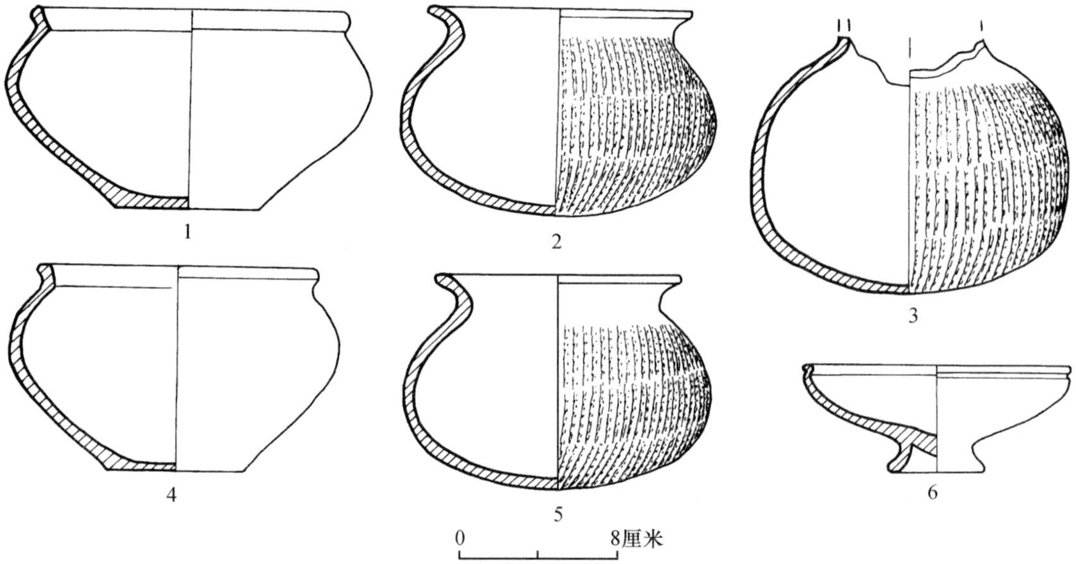

图二一　M9陶器

1、4. 陶罐（M9：6、M9：1）　2、3、5. 陶釜（M9：5、M9：4、M9：3）　6. 陶豆（M9：2）

（十）M10

1. 墓葬形制

M10位于墓地东南部，墓向184°。墓葬被一条施工水渠由西向北斜向打破，东部被一圆形基井打破二层台。该墓葬西北部打破M11。长方形竖穴土坑墓，墓底较平，四周有熟土二层台，宽0.2～0.41、残高0.12米。墓葬长2.75、宽1.63、残深0.11米（图二二；图版二五，2）。

葬具及墓主人骨腐烂无存，未见棺椁痕迹，葬具、葬式不明。

2. 随葬品

随葬品位于墓室西侧，均为陶器，共4件，器形有釜、罐、豆，残碎无法修复2件，修复1件，另有1件相对完整。

陶豆　1件。M10：2，泥质黑褐陶。盘口，圆唇，矮柄，喇叭足外撇。唇下饰一周凹痕。口径14.8、足径4.8、高5.4厘米（图二三，1）。

陶釜　1件。M10：3，口部已残。泥质灰褐陶。溜肩，鼓腹，圜底。肩部及以下饰斜向分段绳纹。腹径19.6、残高15.2厘米（图二三，2）。

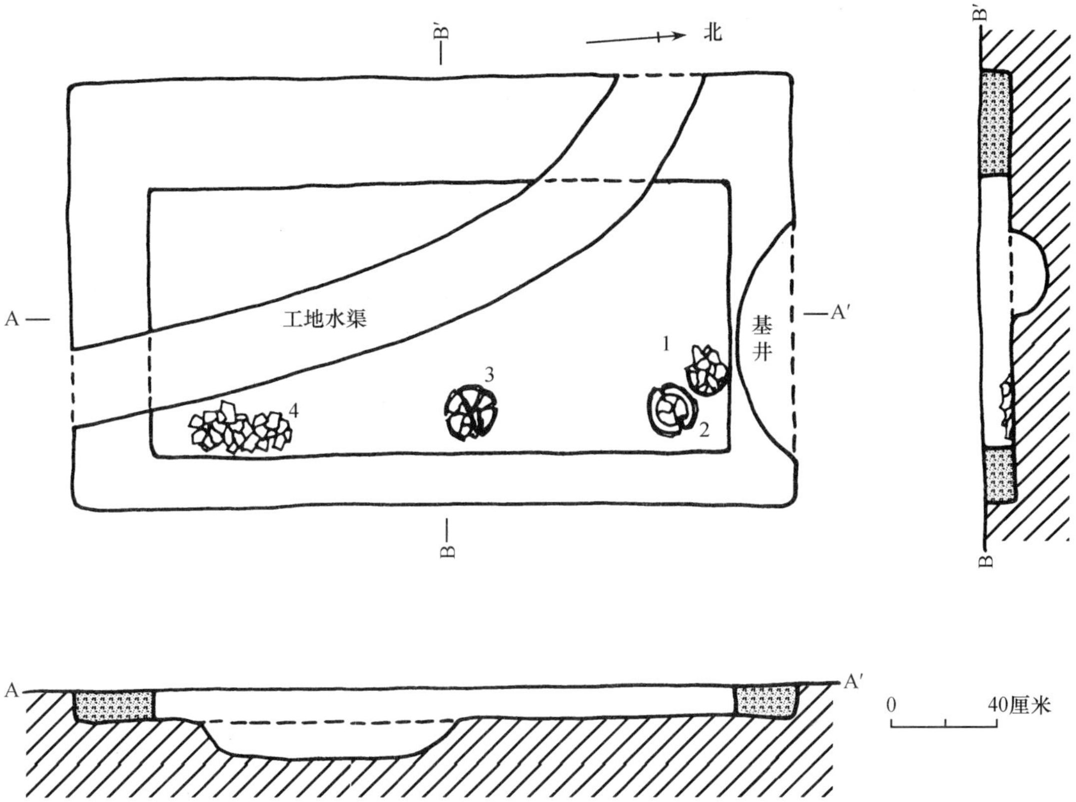

图二二　M10平、剖面图

1、4. 陶罐　2. 陶豆　3. 陶釜

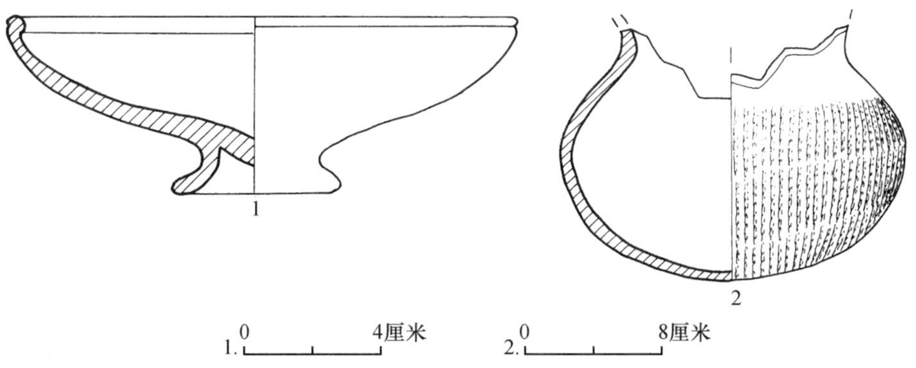

图二三　M10陶器

1. 陶豆（M10：2）　2.陶釜（M10：3）

（十一）M11

1. 墓葬形制

M11位于墓地东南部，墓向192°。墓葬北部被一施工水渠打破，东北部被M10打破。长方形竖穴土坑墓，墓壁较直，壁面较平整，墓底平。墓底有一周熟土二层台，宽0.24～0.63、残高0.36米。墓葬长3.5、宽1.55～1.66、残深0.35米（图二四）。

葬具及墓主人骨腐烂无存，未见棺椁痕迹，葬具、葬式不明。

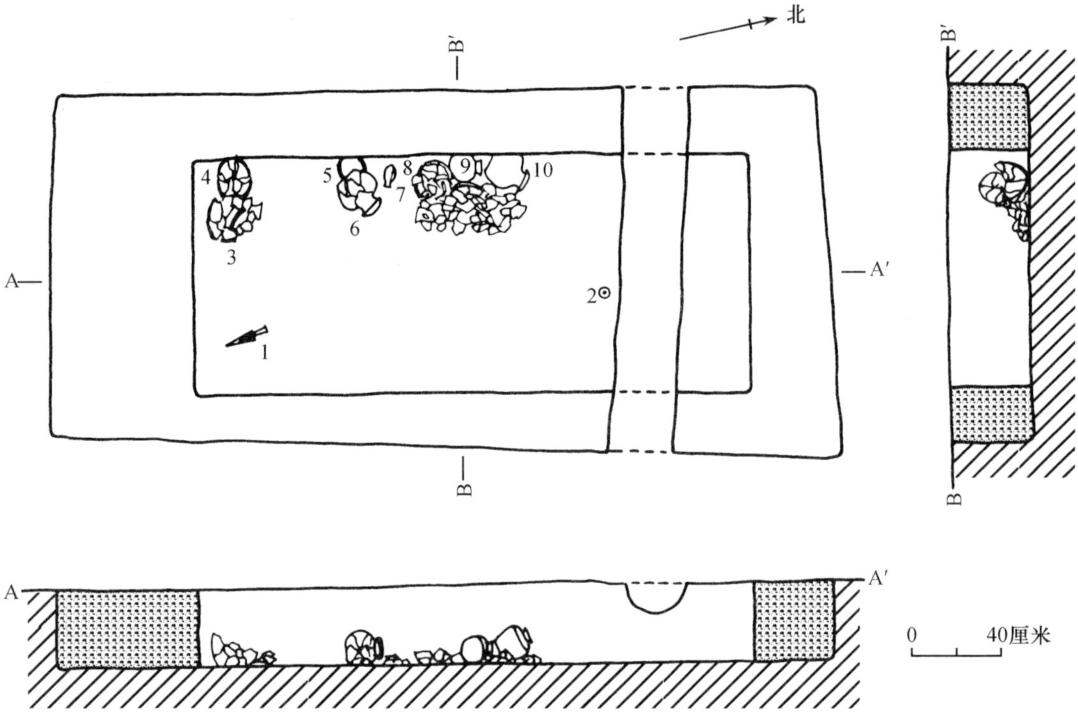

图二四　M11平、剖面图

1. 铜矛　2. 铜半两钱　3、9. 陶釜　4、6、8、10. 陶罐　5. 陶豆　7. 铁器

2. 随葬品

随葬品位于椁室南部，共10件。其中陶器7件，可辨罐、豆，修复2件，完整1件。铜器2件，为矛和半两钱。铁器1件，锈蚀严重，器形不明。

陶罐　2件。M11：6，颈部缺失。泥质灰褐陶。侈口，沿外翻，圆唇，束颈，溜肩，斜弧腹，平底。口径12.2、腹径22.4、底径11.2、残高18.6厘米（图二五，4）。M11：10，泥质灰褐陶。侈口，方唇，束颈，广肩，斜弧腹，平底，略内凹。肩及上腹部饰竖向绳纹。口径11.7、腹径19.8、底径13.4、高14.2厘米（图二五，5）。

陶豆　1件。M11∶5，夹砂浅黑褐陶。盘状，敞口，圆唇，矮柄，喇叭足外撇。唇部下饰一周凹痕纹。口径13.8、足径4.6、高5厘米（图二五，3）。

铜矛　1件。M11∶1，圆銎，骹两侧平，分置3孔半环形耳，六边棱形脊，三角形矛叶，双面直刃，尖锋。通长19.7厘米（图二五，1）。

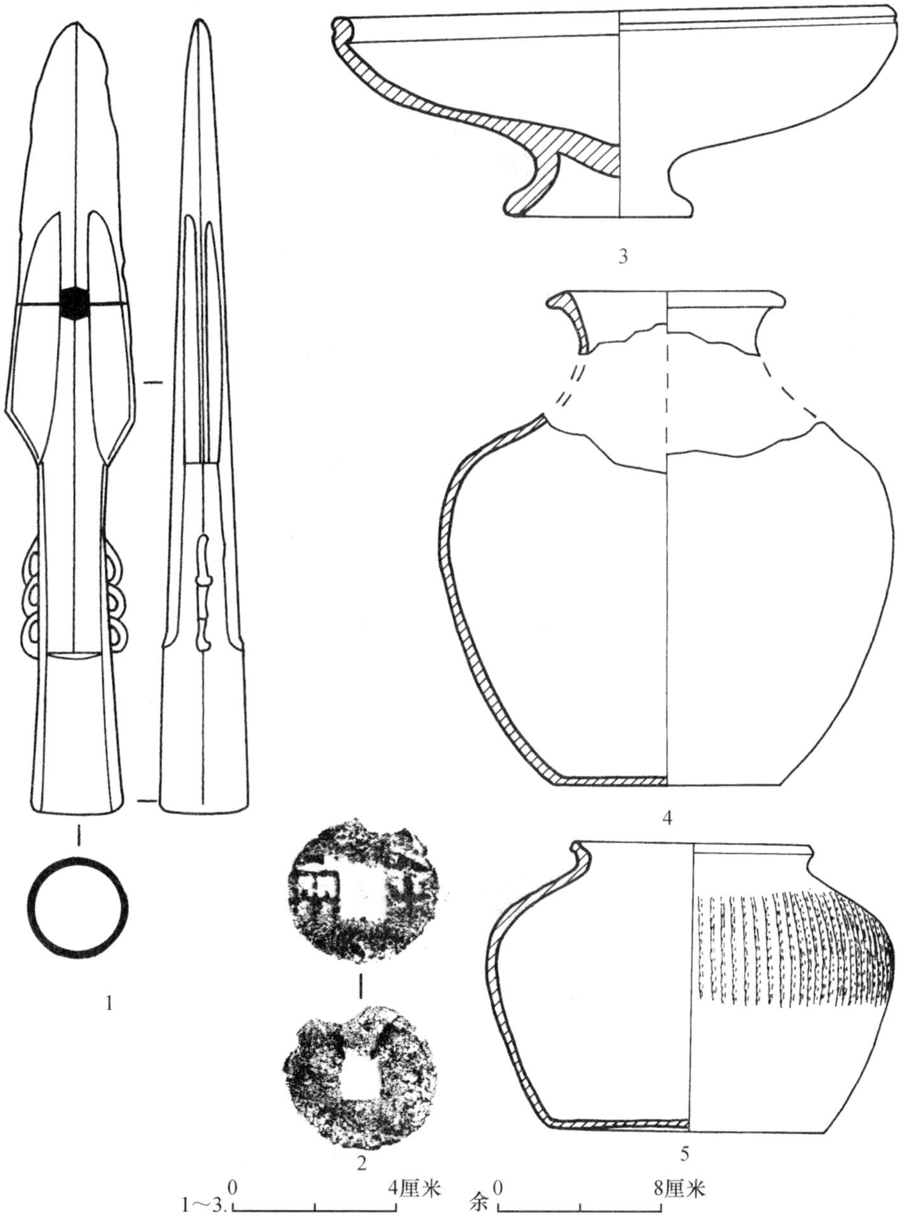

图二五　M11陶器、铜器

1. 铜矛（M11∶1）　2. 铜半两钱（M11∶2）　3. 陶豆（M11∶5）　4、5. 陶罐（M11∶6、M11∶10）

铜半两钱　1枚。M11：2，字体略长，“两”字上面一横较短，“半”字横等齐，两点呈“八”字弯折状，“人”字短。直径2.8、穿径0.8厘米（图二五，2）。

（十二）M12

1. 墓葬形制

M12位于墓地西南部，墓向156°。一端被施工破坏，已残，推测应为长方形，墓壁较直，壁面较粗糙，墓底平。墓葬残长2.33、宽1.5、残深0～0.11米（图二六）。

葬具及墓主人骨腐烂无存，未见棺椁痕迹，葬具、葬式不明。

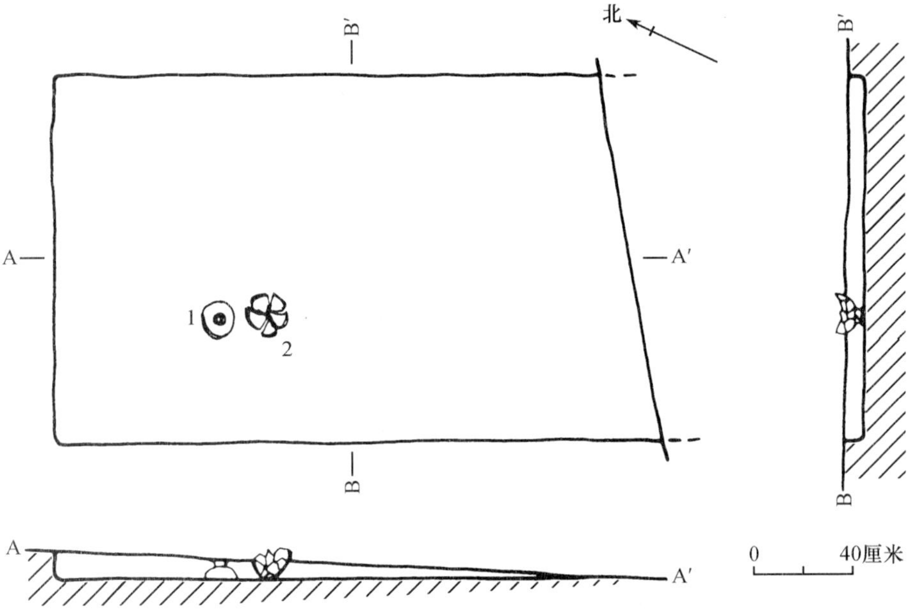

图二六　M12平、剖面图

1. 陶豆　2. 陶罐

2. 随葬品

随葬品位于墓室北部，均为陶器，共2件，器形有罐、豆。

陶罐　1件。M12：2，泥质灰褐陶。仅存腹、底。鼓腹，下腹壁斜直内收，平底，略内凹。底径9、残高9.4厘米（图二七，1）。

陶豆　1件。M12：1，夹细砂灰褐陶。盘状，敞口，圆唇，矮柄，喇叭足外撇。唇部下饰一周凹痕纹。口径13.6、足径5.5、高5.3厘米（图二七，2）。

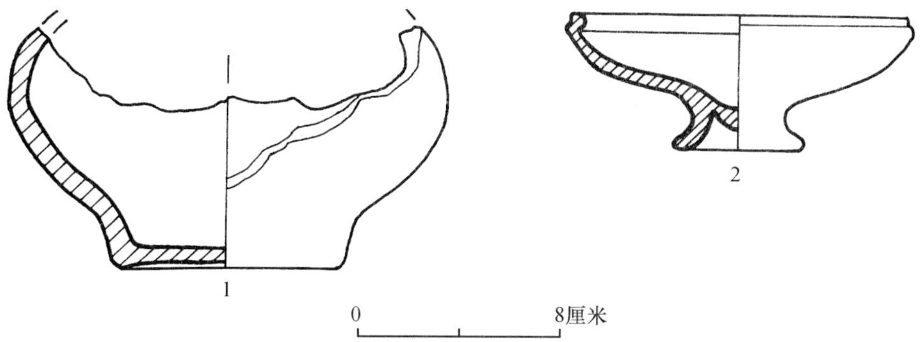

图二七　M12陶器

1. 陶罐（M12：2）　2. 陶豆（M12：1）

（十三）M13

1. 墓葬形制

M13位于墓地西南部，墓向346°。墓葬为长方形竖穴土坑墓，一端窄，一端略宽。墓壁较直、平整，墓底平。墓底有熟土二层台，宽0.2～0.38、残高0.22米。墓葬长3.51、宽1.32～1.54、残深0.33米（图二八；图版二六，1）。

葬具及墓主人骨腐烂无存，未见棺椁痕迹，葬具、葬式不明。

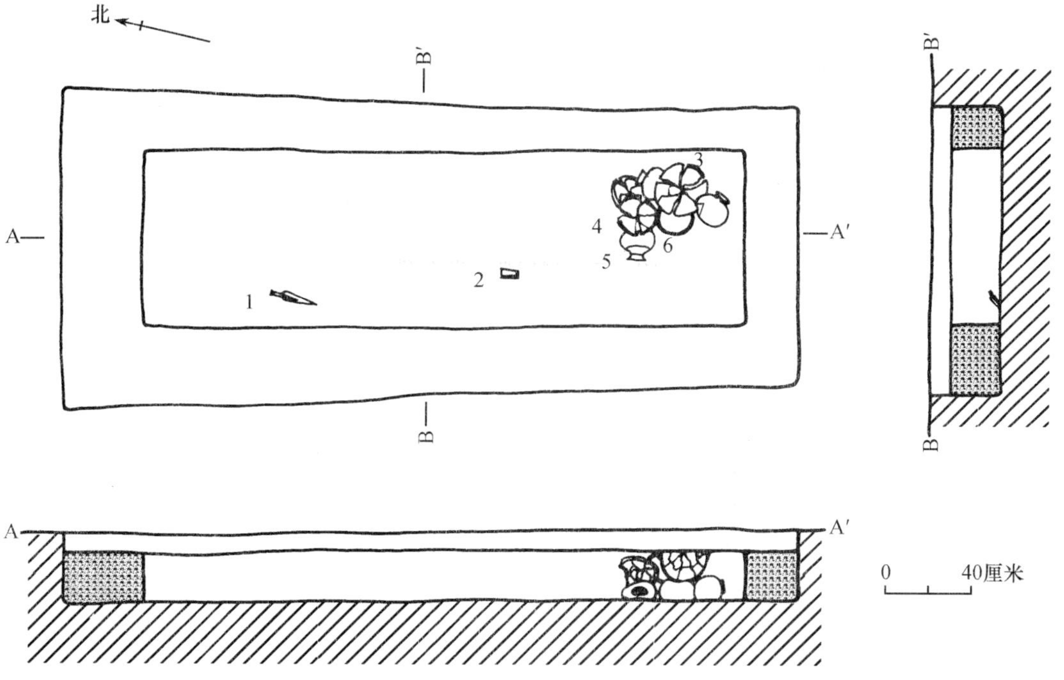

图二八　M13平、剖面图

1. 铜矛　2. 铁器　3～5. 陶罐　6、7. 陶釜

2. 随葬品

随葬品多位于南部，共7件。陶器5件，有釜、罐两类，修复2件。铜器1件，器形为矛。铁器1件，锈蚀严重，器形不明。

陶釜　1件。M13：7，夹细砂灰褐陶。侈口，卷沿，圆唇，束颈，斜溜肩，腹略下垂，圜底。口径11、腹径18、高14.8厘米（图二九，2）。

陶罐　1件。M13：5，泥质浅黑褐陶。直口，沿微外卷，圆唇，矮领，弧腹，平底。口径10.7、腹径17.6、底径9.1、高17厘米（图二九，3）。

铜矛　1件。M13：1，銎残失头部，圆銎，长条形耳，柳叶形矛叶，弧刃，刃部残，椭圆形脊，尖锋。矛残长22.1厘米（图二九，1）。

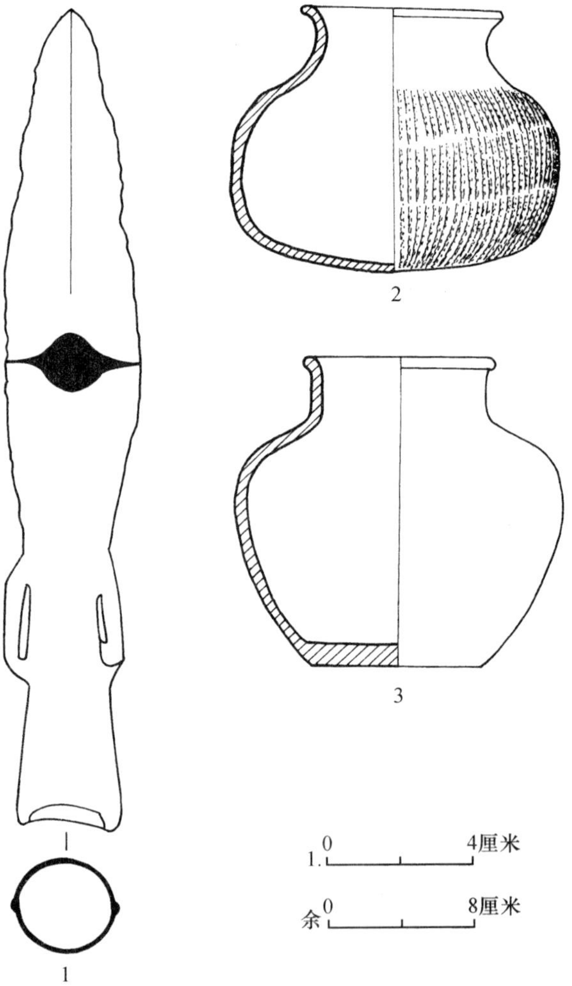

图二九　M13陶器、铜器

1. 铜矛（M13：1）　2. 陶釜（M13：7）　3. 陶罐（M13：5）

（十四）M14

1. 墓葬形制

M14位于墓地西部，墓向180° 。墓口平面总体呈长方形，但一端宽，一端略窄，近梯形。墓壁较直，墓底平。墓底一周有熟土二层台，北宽0.52、东宽0.34、南宽0.33、西宽0.32、残高0.1米。墓葬长4.19、南宽1.86、北宽2.08、残深0.11～0.18米（图三〇）。

葬具及墓主人骨腐烂无存，未见棺椁痕迹，葬具、葬式不明。

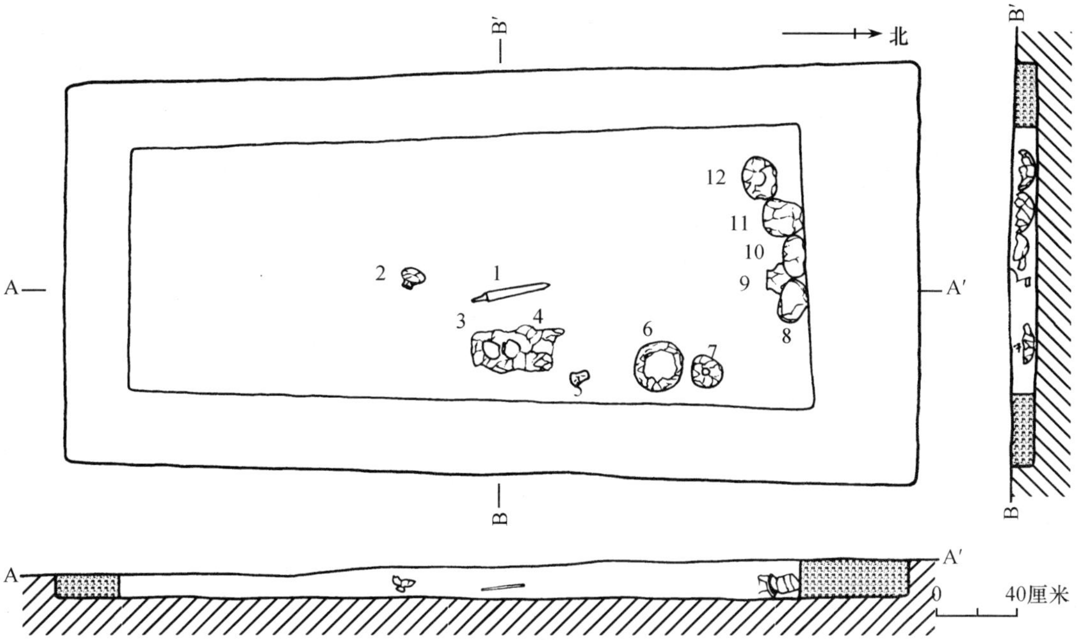

图三〇 M14平、剖面图

1. 铜剑 2. 陶豆 3、4、9～12. 陶罐 5. 铁器 6、8. 陶釜 7. 陶器盖

2. 随葬品

随葬品位于墓室北部，共12件。包括陶器10件，有釜、罐、豆，器盖，修复3件，完整器2件。铜器1件，为剑。铁器1件，锈蚀严重，器形不明。

陶釜　2件。M14∶6，口部已残。泥质灰褐陶。弧腹，圜底。肩部以下饰竖向绳纹。残高15厘米（图三一，3）。M14∶8，夹细砂黑褐陶。敛口，窄沿，方圆唇，束颈，圆弧腹。口径16、腹径17.4、高8厘米（图三一，4）。

陶罐　2件。M14：9，夹细砂灰褐陶。敛口，圆唇，窄肩，斜腹内收，平底。口径9.8、腹径15.6、底径6、高7.9厘米（图三一，5）。M14：4，泥质黑褐陶。侈口，圆唇，束颈，窄肩，斜弧腹，平底。口径12.6、腹径16.5、底径9.2、高11.2厘米（图三一，6）。

陶器盖　1件。M14：7，夹细砂灰褐陶。盘状，喇叭口倒置，顶部钮残缺大部。口径13、残高5.9厘米（图三一，2）。

铜剑　1件。M14：1，细长柳叶形。扁茎，带格，茎无首，前宽后窄，格位于茎与剑身相连处，呈菱形。剑身截面呈扁菱形，尖峰，中脊厚，两侧刃部锋利。剑身通体饰

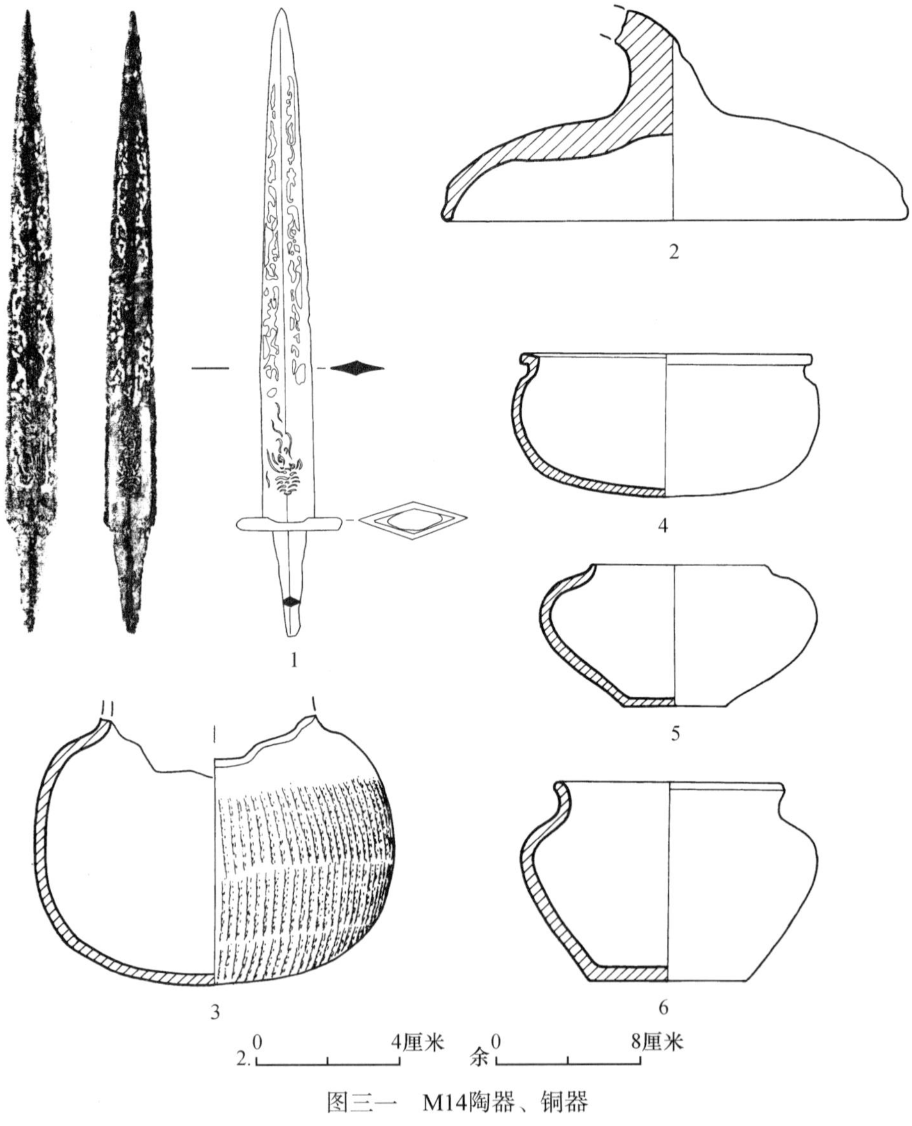

图三一　M14陶器、铜器

1. 铜剑（M14：1）　2. 陶器盖（M14：7）　3、4. 陶釜（M14：6、M14：8）　5、6. 陶罐（M14：9、M14：4）

斑纹，近茎处饰虎等巴蜀符号。剑身最宽处为与茎相连处，宽2.9厘米。通长35. 2、茎长5.8、厚约0.72厘米。格长5.1、厚0.6厘米（图三一，1；图版二八，6）。

（十五）M15

1. 墓葬形制

M15位于墓地东南部，墓向190° 。长方形竖穴土坑墓，北端略高，口底相若，墓壁略平整，墓底略平。墓葬长2.76、宽1.04、残深0.13米（图三二；图版二六，2）。

葬具及墓主人骨腐烂无存，未见棺椁痕迹，葬具、葬式不明。

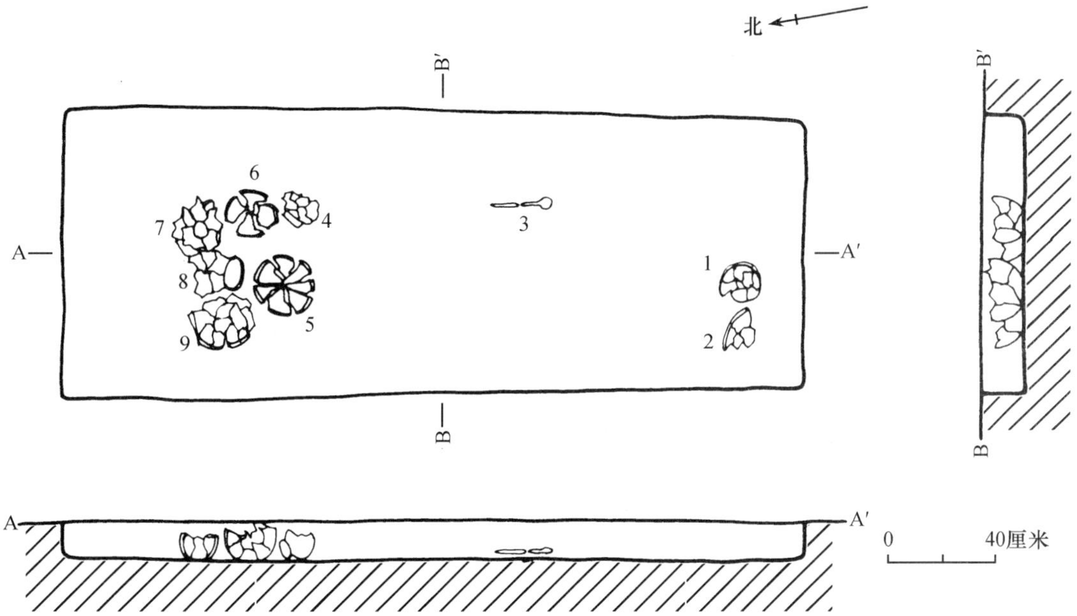

图三二　M15平、剖面图

1、2. 陶豆　3. 铁削　4. 陶釜　5～9. 陶罐

2. 随葬品

随葬品主要位于墓室北部，共9件。陶器8件，器形有罐、釜、豆，修复2件。铁器1件，为铁削，锈蚀严重，未能修复。

陶釜　1件。M15：4，夹细砂灰褐陶。敛口，圆唇，弧腹，圜底。肩部及以下饰斜向绳纹。口径10.6、腹径14.6、高11.8厘米（图三三，1）。

陶豆　1件。M15：1，泥质浅黑褐陶。盘状，敛口圆唇，矮柄，斜直腹，喇叭足外撇，足内底有锥状凸起。唇下饰一周凹痕。口径13.4、足径5.2、高4.8厘米（图三三，2）。

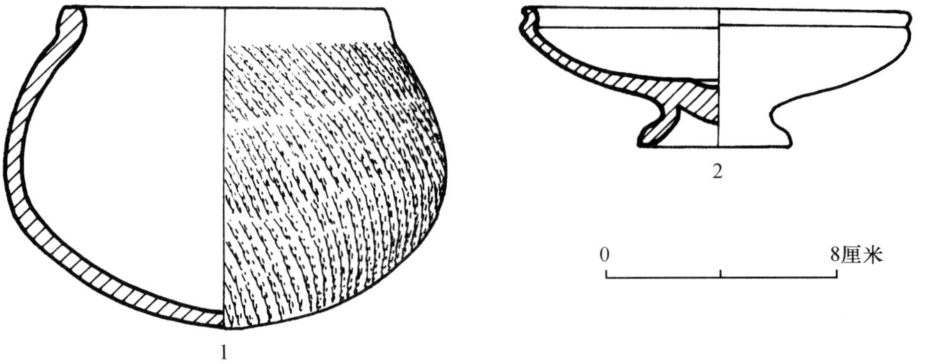

图三三　M15陶器

1. 陶釜（M15：4）　2. 陶豆（M15：1）

（十六）M16

1. 墓葬形制

M16位于墓地东部，墓向236°。长方形竖穴土坑墓，墓壁较直、平整，墓底平。墓底一周有熟土二层台，宽0.4～0.5、高0.69米。墓葬长3.95、宽2.27～2.36、残深0.78米（图三四；图版二七，1）。

葬具及墓主人骨腐烂无存，未见棺椁痕迹，葬具、葬式不明。

2. 随葬品

随葬品位于墓室北部，均为陶器，共13件，器形有罐、釜、豆，修复5件。

陶釜　3件。M16：1，夹细砂灰陶。侈口，尖圆唇，束颈，窄溜肩，鼓腹，圜底。口径11.4、腹径15.7、高13.4厘米（图三五，1）。M16：13，夹细砂浅红褐陶。侈口，圆唇，束颈，窄肩，圆弧腹略下垂，圜底。肩部及以下饰竖向分段绳纹。口径10.8、腹径17.9、高16.3厘米（图三五，2）。M16：6，泥质灰褐陶。敛口，平沿，方唇，束颈，斜折肩，扁鼓腹下垂，圜底。肩部及以下饰竖向分段绳纹。口径12、腹径25.6、高22.8厘米（图三五，3）。

陶豆　2件。M16：8，泥质黑褐陶。盘状，敛口，圆唇，略呈子口状，斜直腹，矮柄，喇叭足外撇，足内底呈锥状凸起。口径13.8、足径5、高5.2厘米（图三五，4）。M16：9，泥质浅黑褐陶。盘状，敛口，圆唇，略呈子口状，斜直腹，矮柄，喇叭足外撇，足内底较平。唇下饰一周凹痕。口径13.8、足径5.1、高5.9厘米（图三五，5）。

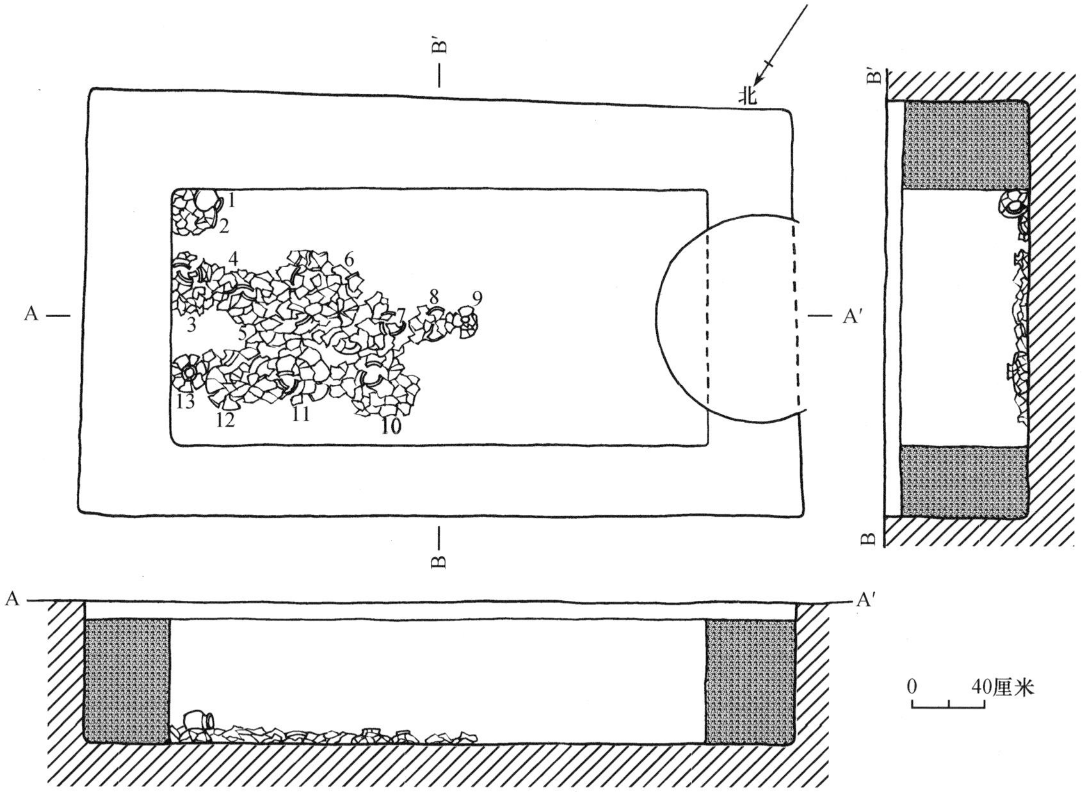

图三四　M16平、剖面图

1～3、6、13. 陶釜　4、5、7、10～12. 陶罐　8、9. 陶豆

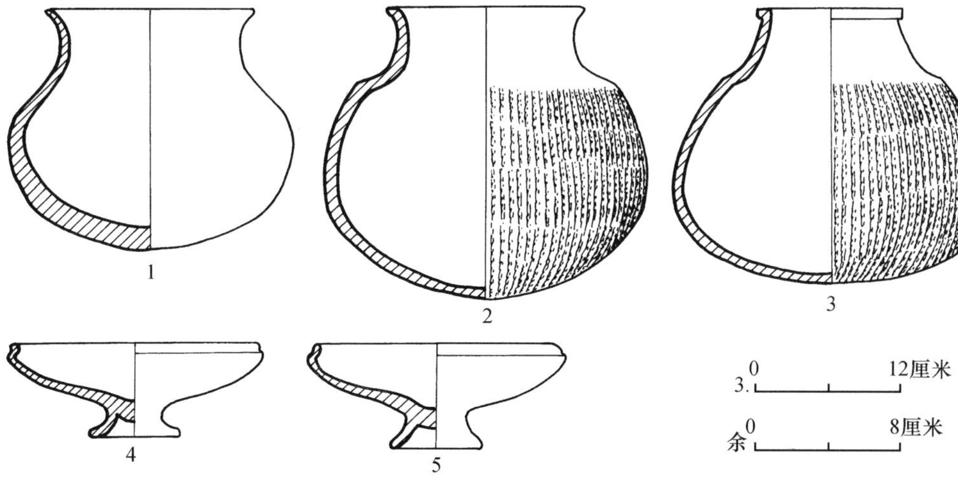

图三五　M16陶器

1～3. 陶釜（M16：1、M16：13、M16：6）　4、5. 陶豆（M16：8、M16：9）

（十七）M17

1. 墓葬形制

M17位于墓地东北部，墓向250°。长方形竖穴土坑墓，墓壁直，墓底平。墓底一周有生土二层台，北宽0.27、东宽0.36、南宽0.17、西宽0.24、残高0.09米。墓葬长2.71、宽1.12、残深0.79米（图三六；图版二七，2）。

葬具及墓主人骨腐烂无存，未见棺椁痕迹，葬具、葬式不明。

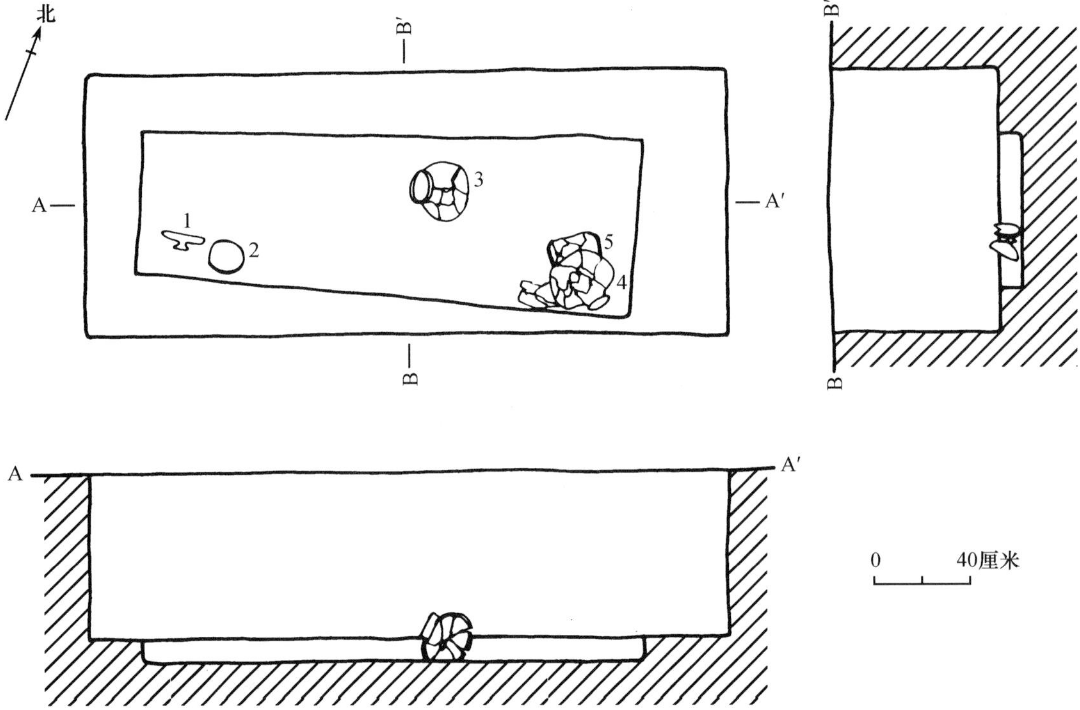

图三六　M17平、剖面图

1、2. 陶豆　3、4. 陶罐　5. 陶釜

2. 随葬品

随葬品均为陶器，共5件，器形有罐、釜、豆，修复3件。

陶罐　1件。M17∶3，泥质灰褐陶。侈口，沿外翻，尖唇，束颈，鼓肩，弧腹，平底。肩部饰斜向细绳纹。口径14、腹径24、底径14、高18厘米（图三七，2）。

陶豆　2件。M17∶1，泥质浅黑褐陶。盘状，敛口，圆唇，矮柄，斜直腹，喇叭足外撇，足内底有锥状凸起。唇下饰一周凹痕。口径13.8、足径5、高5.4厘米（图三七，

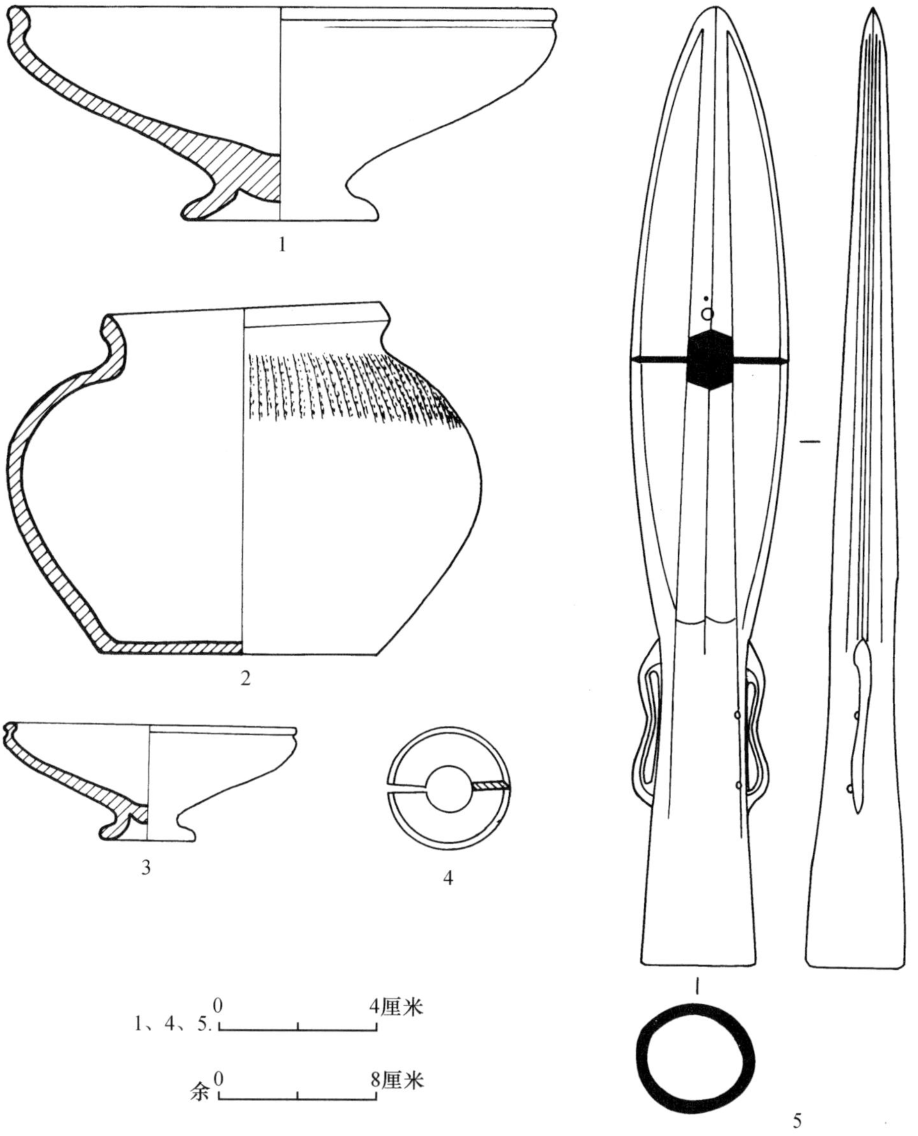

图三七　M17出土陶器、墓地采集器物

1、3. 陶豆（M17：1、M17：2）　2. 陶罐（M17：3）　4. 玉玦（采集：2）　5. 铜矛（采集：1）

1）。M17：2，泥质浅黑褐陶，盘状，敛口圆唇，矮柄，斜直腹，喇叭足外撇，足内底有锥状凸起。唇下饰一周凹痕。口径14.8、足径5、高5.8厘米（图三七，3）。

（十八）采集器物

在墓地发掘过程中，于施工弃土中采集器物2件，分别为铜矛和玉玦。

铜矛　1件。采集：1，椭圆形銎，双弓形耳，一侧弓形耳处有两穿。柳叶形矛叶，六边棱形脊，尖锋。素面。矛通长24.1厘米（图三七，5；图版二八，4）。

玉玦　1件。采集：2，通体黑色。圆形，环状，一侧有缺。一面平，一面边缘磨去棱。直径3.05、内径1.1、缺口宽0.2厘米（图三七，4；图版二八，5）。

三、结　　语

本次发掘的17座墓葬，均处于房地产建设的基坑内，墓口均非原生，故墓葬均较浅，甚至有一部分墓葬已被施工彻底破坏。

（一）分期与年代

从墓葬形制看，这批墓葬均为土坑竖穴墓，差异不大。但从墓口平面看，这批墓葬大致可以分为三类。

第一类：窄长方形墓，墓口长宽比在2：1～2.65：1。共10座，分别是M2、M4、M7、M9、M11、M13、M14、M1、M17。此外，M12由于南端因施工破坏已不存，从其结构大小看，也应归入此类墓葬。

第二类：宽长方形墓，墓口长宽比在1.4：1～1.8：1。共5座，分别是M5、M6、M8、M10、M16。

第三类：方形墓。墓口长宽之比在1：1左右。共2座，分别是M1、M3。

这三类墓葬可能代表了墓地发展的三个阶段。其一，第二类墓葬中的M10打破了第一类墓葬中的M11；其二，类似的情况在巴县冬笋坝墓地[①]存在早晚关系，且有多例方形墓打破狭长形墓的例子；其三，器物形态上有一定差异，第一类墓葬的陶釜，均为卷沿束颈球腹圜底形态，第二类墓葬的陶釜，除见少量第一类墓葬陶釜的形态外，更多的是折肩陶釜，并且腹部多下垂，而第三类墓葬均为折肩陶釜。由此可见，将这三类墓葬划分为墓地发展的三期大体不谬。

年代方面，三期墓葬均出土残铁器，其中第一期墓葬、第二期墓葬还见矮柄豆，参考其他地区的情况，前两期墓葬年代应在战国晚期至西汉初。同时，第二期墓葬M8出土有大半两，可大致将其时代定在秦，下限不出西汉初年。那么，第一期墓葬的年代上限推测不早于秦灭巴蜀，很可能为战国晚期偏晚阶段，下限或可至秦初。第三期墓葬M1出土退化型蒜头壶，半两钱中既有大半两，也有小半两，从形制看，小半两可

① 四川省博物馆：《四川船棺葬发掘报告》，文物出版社，1960年；前西南博物院、四川省文物管理委员会：《四川巴县冬笋坝战国和汉墓清理简报》，《考古通讯》1958年第1期。

能是八铢半两，八铢半两始铸于吕后二年（公元前186年），故似可将第三期定为西汉前期。

（二）相关问题

庙嘴墓地墓葬遗迹及随葬品体现出强烈的巴文化特征，这是近年来嘉陵江流域巴文化考古的重要发现。庙嘴墓地的墓葬均为小型土坑竖穴木椁墓，第一、第二期墓葬绝大多数为单棺墓，个别墓葬可能为一椁一棺（如M5）。第三期墓葬均应有椁，而且应为合葬墓，如M1就可能属于一椁四棺。随葬品方面，第一、第二期墓葬陶器组合有釜、豆，罐、豆，釜、罐，釜、罐、豆几种组合。第三期墓葬主要随葬釜或釜、罐、壶的组合。铜器中矛的随葬略多，亦见有剑随葬，未见一般巴文化墓葬中常见的戈、钺等铜兵器。铁器主要是铁削，在一、二、三期墓葬中均见。

庙嘴墓地与巴县冬笋坝墓地[①]、广元昭化宝轮院墓地[②]相比，未见船棺墓，这是因为时代上有一些错位，至于文化属性上的异同，现在不宜遽下结论。与宣汉罗家坝遗址东周墓[③]相比，后者墓坑更窄长，出土的陶豆腹部更深，其时代可能要略早于庙嘴墓地，但文化性质接近。与三峡地区的巴文化墓葬相比，同类墓葬在李家坝遗址[④]、余家坝墓地[⑤]、小田溪

---

① 四川省博物馆：《四川船棺葬发掘报告》，文物出版社，1960年；前西南博物院、四川省文物管理委员会：《四川巴县冬笋坝战国和汉墓清理简报》，《考古通讯》1958年第1期。

② 四川省博物馆：《四川船棺葬发掘报告》，文物出版社，1960年；四川省文物考古研究所、广元市文物管理所：《广元市昭化宝轮院船棺葬发掘简报》，《四川考古报告集》，文物出版社，1998年。

③ 四川省文物考古研究所、达州地区文物管理所、宣汉县文物管理所：《四川宣汉罗家坝遗址2003年发掘简报》，《文物》2004年第9期。

④ 四川大学历史文化学院考古学系：《云阳李家坝东周墓地1997发掘报告》，《考古学报》2002年第1期。

⑤ 山东大学考古学系、重庆市文化局、开县文物管理所：《重庆开县余家坝墓地2000年发掘简报》，《华夏考古》2003年第4期；山东大学东方考古研究中心、重庆市文化局、开县文物管理所：《重庆市开县余家坝墓地2002年发掘简报》，《江汉考古》2004年第3期。

墓地[①]、中坝子墓地[②]、镇安遗址[③]等均有分布，随葬品总体接近，应同属巴文化。

据文献记载，庙嘴墓地所在的嘉陵江流域为古代板楯蛮活动范围。板楯蛮包括罗、朴、督、鄂、度、夕、龚七姓，《后汉书·南蛮西南夷列传》记载“板楯蛮夷者，秦昭襄王时有一白虎，常从群虎游秦、蜀、巴、汉之境，伤害千余人。昭王乃重募国中有能杀虎者，赏邑万家，金百镒。时有巴郡阆中夷人，能作白竹之弩，乃登楼射杀白虎。昭王嘉之。而以其夷人，不欲加封，乃刻石盟要，复夷人顷田不租，十妻不算，伤人者论，杀人者得以钱赎死。盟约：‘秦犯夷，输黄龙一双，夷犯秦，输清酒一锺。’夷人安之”。《后汉书·南蛮传》：“秦惠王并巴中，以巴氏为蛮夷君长，世尚秦女。”这就说明，秦在巴蜀推行郡县制的同时，仍保留各部族酋长，实行的是“土流并治”的羁縻策略，故在一些巴文化墓地中，一直到秦代，仍表现出浓厚的巴文化特征，庙嘴墓地即为生动一例。

板楯蛮因呼赋为賨，故在汉代又称“賨人”，《华阳国志·巴志》载：“其属有濮、賨、苴、共、奴、獽、夷、蜒之蛮。”可见賨人（板楯蛮）是巴人的一支。賨人在秦末汉初曾积极介入伐秦之战，《华阳国志·巴志》：“阆中有渝水。賨民多居水左右。天性劲勇，初为汉前锋，陷阵，锐气喜舞。”帮助汉高祖刘邦定三秦，因功“不供赋税”。西汉早期，賨人中虽然仍存“邑王”“邑侯”“邑君”等称号，由于介入中原事务过多，加上大一统社会的形成，汉文化对巴文化的影响和渗透日益明显。庙嘴墓地第三期方形土坑合葬墓的葬制形式、陶蒜头壶的出现等，均为受汉文化明显影响的结果，可视作巴文化开始逐渐融入汉文化历史进程的物质表现。

近年来，长江上游地区巴文化遗存发现较丰富，但主要集中在长江三峡地区，嘉陵江流域发现不多，且既往发现主要位于嘉陵江上游、渠江上游地区，本次发现弥补了嘉陵江中下游地区的空白，对于推动嘉陵江流域板楯蛮（賨人）历史文化的研究有重要意义。

---

① 四川省博物馆、重庆市博物馆、涪陵县文化馆：《四川涪陵地区小田溪战国土坑墓清理简报》，《文物》1974年第5期；四川文物管理委员会、涪陵地区文化局：《四川涪陵小田溪四座战国墓》，《考古》1985年第1期；四川省文物考古研究所等：《涪陵市小田溪9号墓发掘简报》，《三峡考古之发现》（二），湖北科学技术出版社，2000年。

② 西北大学考古队、万州区文物管理所：《万州中坝子遗址东周时期墓葬发掘报告》，《重庆库区考古报告集·1998卷》，科学出版社，2003年。

③ 北京市文物研究所三峡考古队、重庆市涪陵区博物馆：《涪陵镇安遗址发掘报告》，《重庆库区考古报告集·1998卷》，科学出版社，2003年；北京市文物研究所三峡考古队、重庆市涪陵区博物馆：《涪陵镇安遗址发掘报告》，《重庆库区考古报告集·1999年卷》，科学出版社，2006年。

附记：本次发掘工作得到了北碚区文物管理所的大力支持，莫骄、刘厚伟等为发掘工作付出了辛勤的劳动，特此感谢！

领　　队：白九江
发　　掘：白九江　陈　东　许高民　许文英　冯红锁
照　　相：陈　东　许高民
修　　复：叶　琳　孙少伟　谢应印　吕国琼　林必诚
绘　　图：陈小鹏　师孝明　朱雪莲
拓　　片：李双厚
执　　笔：陈　东　白九江　莫　骄

附表　北碚区庙嘴墓地墓葬登记表

编号	墓向	形制结构	尺寸	葬具	随葬品（件）	备注
M1	100°	方形竖穴土坑墓，墓底有熟土二层台	长5.75、宽5.15、残深0.67米，二层台宽1.05～1.18、高0.57米	“Ⅱ”形木椁，椁长3.63、宽3.38、残高0.6米，椁板厚0.08米	铜刀1、铜半两钱4、铜削1、陶釜2、陶壶5、陶罐2、陶器盖1	
M2	170°	长方形竖穴土坑墓	长2.83、宽1.31、残深0.15米	未见棺椁痕迹	铁削1、陶釜4、陶钵1	
M3	168°	长方形竖穴土坑墓，墓底南北两端有熟土二层台	长3.4、宽3.14、残深0.54米，二层台高0.2、宽0.4～0.5米	未见棺椁痕迹	铁削1、陶釜5、陶罐1	
M4	266°	长方形竖穴土坑墓	长3.12、宽1.4～1.53、残深0.67米	未见棺椁痕迹	铜环1、铜钱数枚、铜匕1、陶罐4、陶豆2、铁削1、陶釜1	
M5	284°	长方形竖穴土坑墓	长2.84、宽1.92～1.96、残深0.1米	“Ⅱ”形木椁。椁长2.67、宽1.38、厚0.08、残高0.1米	铁釜1、铜削1、铜器（残）1、陶豆1、陶罐3	
M6	206°	长方形竖穴土坑墓，墓底有熟土二层台	长3.86、宽2.1、残深0.27米，二层台宽0.31～0.44、残高0.28米	未见棺椁痕迹	陶釜8、陶鍪1	
M7	88°	长方形竖穴土坑墓	长2.78、宽1.14、残深0.28米	未见棺椁痕迹	铜带钩1、铜印2、陶豆1、陶釜4、陶罐1	
M8	92°	长方形竖穴土坑墓，墓底有熟土二层台	长3.11、宽1.85、残深0.14～0.29米，二层台北宽0.27、东宽0.34、南宽0.34、西宽0.2、残高0.2～0.3米	未见棺椁痕迹	铜半两钱2、陶豆2、陶鍪1、陶釜3、陶罐2、铁削1	
M9	276°	长方形竖穴土坑墓	长3.4、宽1.36、残深0.2米	未见棺椁痕迹	陶罐2、陶豆2、陶釜2	
M10	184°	长方形竖穴土坑墓，四周熟土二层台	长2.75、宽1.63、残深0.11米，二层台宽0.2～0.41、残高0.12米	未见棺椁痕迹	陶罐2、陶豆1、陶釜1	
M11	192°	长方形竖穴土坑墓，墓底熟土二层台	长3.5、宽1.55～1.66、残深0.35米，二层台宽0.24～0.63、残高0.36米	未见棺椁痕迹	铜矛1、铜半两钱1、陶釜2、陶罐4、陶豆1、铁器1	
M12	156°	长方形竖穴土坑	长2.33、宽1.5、残深0～0.11米	未见棺椁痕迹	陶豆1、陶罐1	

续表

编号	墓向	形制结构	尺寸	葬具	随葬品（件）	备注
M13	346°	长方形竖穴土坑墓，墓底有熟土二层台	长3.51、宽1.32～1.54、残深0.33米，二层台宽0.2～0.38、残高0.22米	未见棺椁痕迹	铜矛1、铁器1、陶罐3、陶釜2	
M14	180°	长方形竖穴土坑墓，墓底有熟土二层台	长4.19、宽1.86～2.08、残深0.11～0.18米，二层台北宽0.52、东宽0.34、南宽0.33、西宽0.32、残高0.1米	未见棺椁痕迹	铜剑1、铁器1、陶豆1、陶罐6、陶釜2、陶器盖1	
M15	190°	长方形竖穴土坑墓	长2.76、宽1.04、残深0.13米	未见棺椁痕迹	铁削1、陶豆2、陶釜1、陶罐5	
M16	236°	长方形竖穴土坑墓，墓底有熟土二层台	长3.95、宽2.27～2.36、残深0.78米，二层台宽0.4～0.5、高0.69米	未见棺椁痕迹	陶釜5、陶罐6、陶豆2	
M17	250°	长方形竖穴土坑墓，墓底有生土二层台	长2.71、宽1.12、残深0.79米，二层台北宽0.27、东宽0.36、南宽0.17、西宽0.24、残高0.09米	未见棺椁痕迹	陶豆2、陶罐2、陶釜1	

注：墓葬人骨朽失，数量、葬式不详

合川区草树土遗址发掘简报

重庆市文化遗产研究院
合川区文物管理所

一、绪　　言

合川地处北纬29°51′02″～30°22′24″，东经105°58′37″～106°48′37″。位于重庆市西北部，四川盆地东南，川中丘陵与川东平行岭谷交接地带。位居嘉陵江、渠江、涪江交汇处，陆路有渝合高速公路，襄渝铁路和212国道穿境，水陆交通便利，扼川北交通咽喉。北连四川武胜县，东临北碚、渝北区，南毗璧山、铜梁县，西接潼南县。区境东西长69、南北宽58千米，面积2356平方千米。

草树土遗址隶属重庆市合川区钓鱼城街道办事处鱼城村九社，地处嘉陵江左岸的一级阶地，三江（嘉陵江、涪江、渠江）交汇下游，西北距钓鱼城3～4千米。遗址北邻居民区，南濒嘉陵江，东、西与自然冲沟相接，中心地理坐标北纬29°59′34.6″，东经106°19′53.3″，海拔202米，高出嘉陵江常年枯水面27～28米，属草街航电枢纽工程库区二十年一遇洪水淹没区范围（图一；图版五）。

2004年10月，受重庆市文物局委托，重庆市文物考古所（重庆市文化遗产研究院前身）组建文物工作队，对工程征地区进行全面文物调查、勘探工作，发现了该遗址。当时探明遗址东西长约100、南北宽约60米，面积约6000平方米。文化堆积埋藏于台地前沿自然坡面上，发现建筑基址1座，距地表深1～1.2米，地层剖面可见厚30～50厘米的粗绳纹瓦砾堆积，探明面积约20平方米，出土器物以灰粗绳纹筒瓦、板瓦为主，确认为汉代遗址。

2007年6月，重庆市文物考古所组织考古发掘工作队在合川区文物管理所的大力支持下，于2007年6月下旬至9月中旬，对草树土遗址展开了抢救性考古发掘工作。发掘前，先对整个遗址进行了调查勘探，了解遗址堆积的分布范围及堆积状况，然后根据调查勘探结果，在遗址中南部文化堆积较丰富的区域布方发掘。整个布方以遗址中南部小

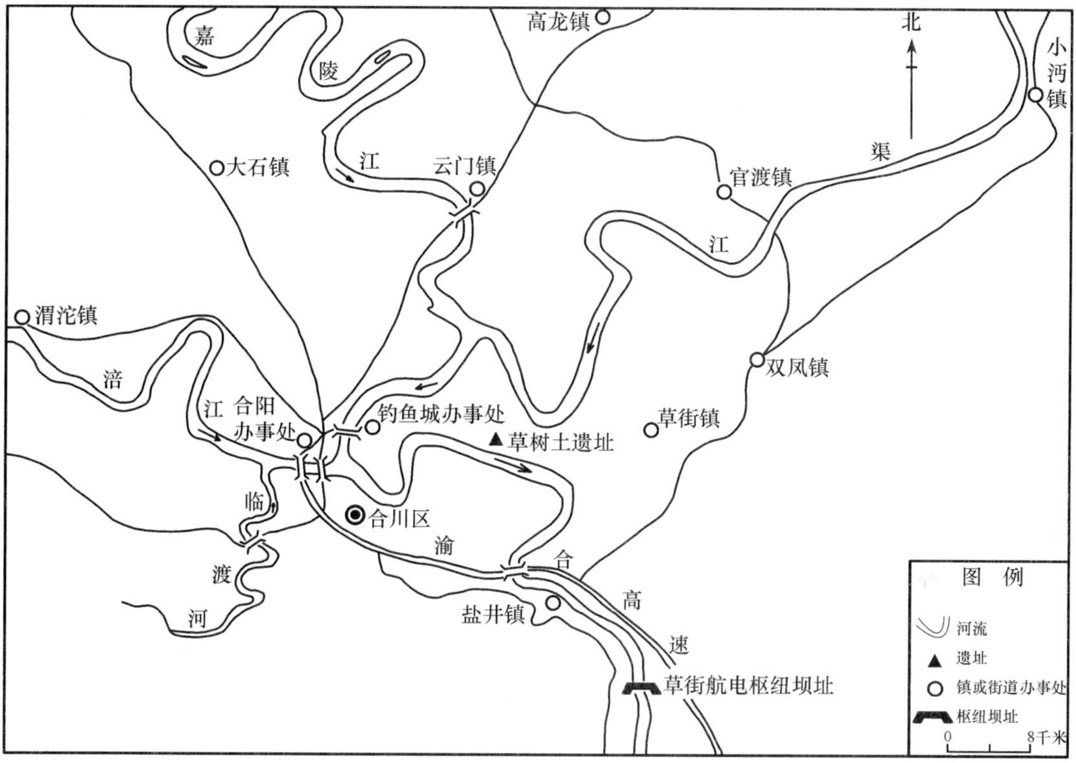

图一 遗址位置图

柏树为中心基点，以象限法，正南北方向布方。按象限分区进行发掘，分Ⅰ、Ⅱ两发掘区，其中一象限为Ⅰ区，二象限为Ⅱ区。探方编号采用四位数码，前两位表示横坐标，后两位表示纵坐标，各探方号前分别冠以发掘编号2007HCⅠ/Ⅱ，2007代表年号，H代表合川，Ⅰ、Ⅱ代表发掘区。为了便于叙述，后面将发掘编号的2007HC部分从略。本次发掘历时两个多月，共计完成发掘面积725平方米，勘探面积4000余平方米。布探方19个（5米×5米15个，10米×5米1个，10米×10米3个），其中Ⅰ区11个，Ⅱ区8个（图二）。发现并清理遗迹8处，其中汉代房址2座，灰沟1条；六朝灰坑1个；唐代房址1座，灰沟1条；明清灰沟2条（图三）。出土大量粗绳纹瓦片、红烧土块、硬陶、泥质灰陶等。主要器形有板瓦、筒瓦、瓦当、罐、盆、钵、网坠、盘、碗、俑、钗、镜、弩机构件、箭镞等。现将发掘成果简报如下。

二、文化堆积

草树土遗址所处位置为典型的河流冲积形成的一级阶地，堆积较厚。遗址地势较

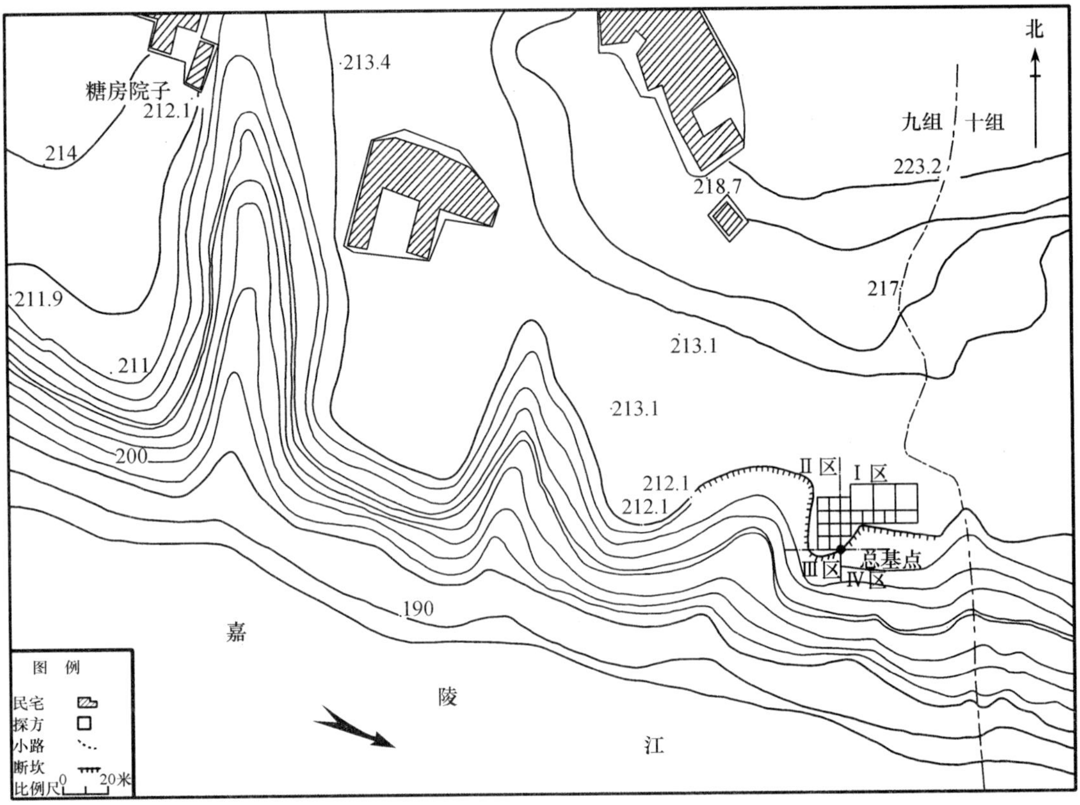

图二　遗址地形及探方分布图

平，地层堆积基本呈东南高，西北低的缓坡状，向台地西北倾斜，堆积逐渐变厚。中部探方堆积较薄，北部、西部较厚，且地层堆积较完整。各探方的堆积基本可以从唐代延续到明清，仅在少部探方发现汉、六朝文化遗存。

总体看，发掘区探方可分为9大层。其中第1大层即耕土层。第2、3大层为明清层，分别可分为2A、2B和3A、3B小层，2A、3A层分布于各个探方，2B、3B层分布于Ⅱ区东部探方。第4～7大层为唐宋层，第4、第5大层分布于各个探方，第6、第7大层分布于Ⅰ区各个探方，Ⅱ区西部探方。第8、第9大层为唐代层，第8大层分布于各个探方，第9大层分布于绝大多数探方。

下面按区分别举例介绍地层堆积情况。

（一）Ⅰ区探方

现以T0203为例简介如下（图四），该探方堆积共分11层。

第1层：厚0～37厘米。耕土层，灰褐色砂土，较疏松。含较多瓦砾、塑料制品及大

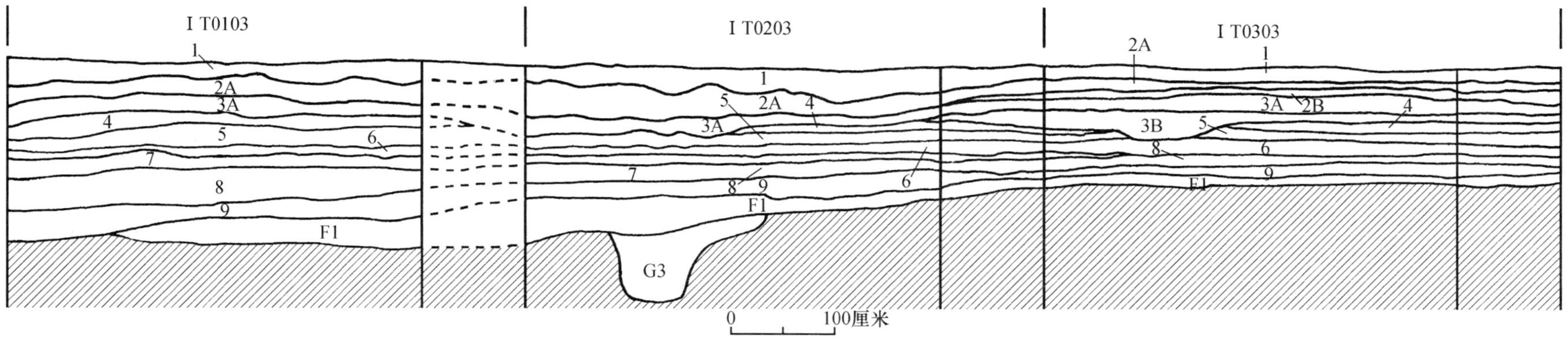

图四　Ⅰ区T0103、T0203、T0303北壁剖面图

量植物根系、腐朽植物残渣等。

第2层：分A、B二亚层。

2A层：距地表深7～37厘米，厚0～36厘米。浅红褐色砂土，疏松。含植物根系、料礓石颗粒、瓦砾、青花瓷片、石块等。属明清时期文化层。

2B层：距地表深27～33厘米，厚0～5厘米。深红色砂土，较疏松。纯净，无包含物。属明清时期文化层。

第3层：分A、B二亚层。

3A层：距地表深15～55厘米，厚0～21厘米。浅灰褐色砂土，疏松。含零星瓦砾、石块、青花瓷片等。属明清时期文化层。

3B层：距地表深26～53厘米，厚0～18厘米。灰黑色砂土，夹大量水锈，较紧密。含瓦砾、青花瓷片、石子、灰烬等。属明清时期文化层。

第4层：距地表深30～63厘米，厚0～11厘米。浅红棕色砂土，较疏松。含瓦砾、釉陶、青瓷、黑釉瓷片等。属唐宋时期文化层。

第5层：距地表深33～72厘米，厚0～18厘米。青灰色砂土，较疏松。纯净，无包含物。属唐宋时期文化层。

第6层：距地表深32～83厘米，厚0～15厘米。浅黄褐色砂土，疏松。含零星瓦砾、灰烬、红烧土颗粒等。属唐宋时期文化层。

第7层：距地表深50～87厘米，厚0～12厘米。浅青色砂土，疏松。纯净，无包含物。属唐宋时期文化层。

第8层：距地表深60～98厘米，厚0～18厘米。黄褐色黏土，致密。含瓦砾、石块、卵石、釉陶、青瓷残片等。可辨器形有粗绳纹板瓦、筒瓦、釉陶碗、罐等。属唐代文化层。

第9层：距地表深58～117厘米，厚0～23厘米。深灰褐色黏土，致密。含粗绳纹瓦砾、石块、灰烬、红烧土块、青瓷残片、硬陶、泥质灰陶等。可辨器形有板瓦、筒瓦、碗、罐、网坠等。属唐代文化层。

此层下叠压F2废弃堆积。

第9层下为深黄褐色生土。

（二）Ⅱ区探方

现以T0103为例简介如下（图五）。该探方堆积共分9层。

第1层：厚10～35厘米。耕土层，灰褐色砂土，较疏松。含较多瓦砾、植物根系、塑料制品等。

2A层：距地表深10～35厘米，厚11～34厘米。浅红褐色砂土，疏松。含植物根

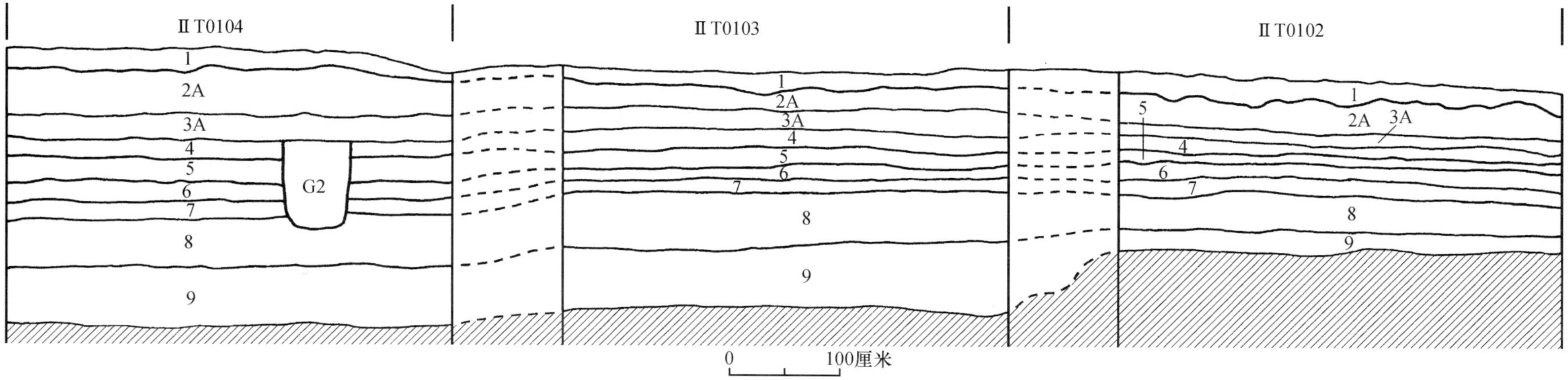

图五　Ⅱ区T0102、T0103、T0104东壁剖面图

系、料礓石颗粒、瓦砾、青花瓷片、灰烬、红烧土颗粒等。属明清时期文化层。

3A层：距地表深37～51厘米，厚12～27厘米。浅灰褐色砂土，疏松。含零星瓦砾、石块、青花瓷片等。属明清时期文化层。

第4层：距地表深50～74厘米，厚10～26厘米。浅红棕色砂土，较疏松。含瓦砾、釉陶、黑釉瓷片等。属唐宋时期文化层。

第5层：距地表深68～99厘米，厚7～19厘米。青灰色砂土，较疏松。纯净，无包含物。属唐宋时期文化层。

第6层：距地表深81～104厘米，厚0～15厘米。浅黄褐色砂土，疏松。含零星瓦砾、石块、灰烬、釉陶、黑釉瓷片等。属唐宋时期文化层。

第7层：距地表深78～110厘米，厚10～27厘米。浅青色砂土，疏松。含零星瓦砾、石块等。属唐宋时期文化层。

第8层：距地表深97～126厘米，厚32～51厘米。黄褐色黏土，致密。含瓦砾、卵石、红烧土颗粒、釉陶、灰烬等。属唐代文化层。

第9层：距地表深140～170厘米，厚55～74厘米。深灰褐色黏土，致密。含粗绳纹瓦砾、石块、灰烬、红烧土块、釉陶、硬陶等。可辨器形有板瓦、筒瓦、网坠等。属唐代文化层。

第9层下为深黄褐色生土。

三、发掘遗存

按照地层关系和出土文化遗物的特征，本次发掘遗存可分为汉六朝、唐宋、明清三个大的阶段。

（一）汉六朝时期遗存

汉六朝时期遗存仅见于遗迹单位，有房址、灰沟、灰坑3种。其中房址2个，灰沟、灰坑各1个。

1. 房址

F2　位于遗址东南部，跨Ⅰ区T0203、T0303、T0403三个探方。叠压于第9层下、F3上，被F1打破，距地表深60～87厘米。坐东北朝西南，南部伸入探方隔梁内，暴露平面呈三角形，由垫土、墙基两部分组成。东西长640、南北宽190厘米（图六；图版三一，1）。垫土厚20～25厘米，黄灰色致密黏土，较纯净，叠压于F3活动面上。墙基

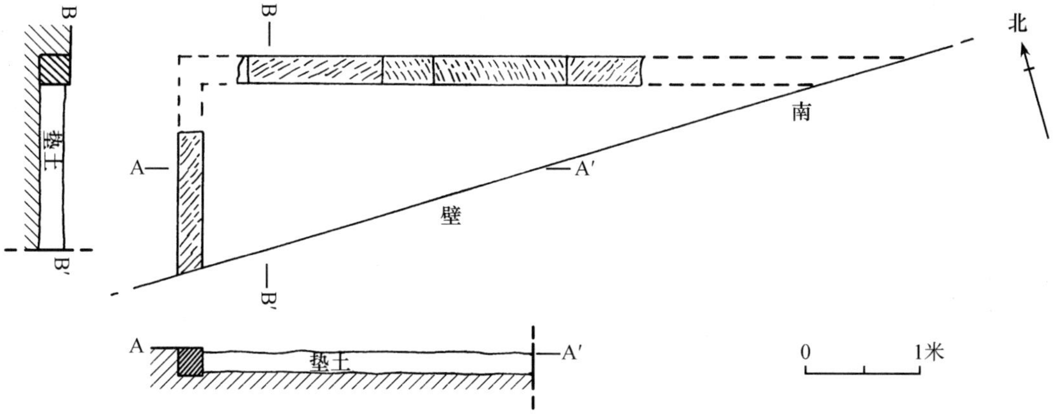

图六　F2平、剖面图

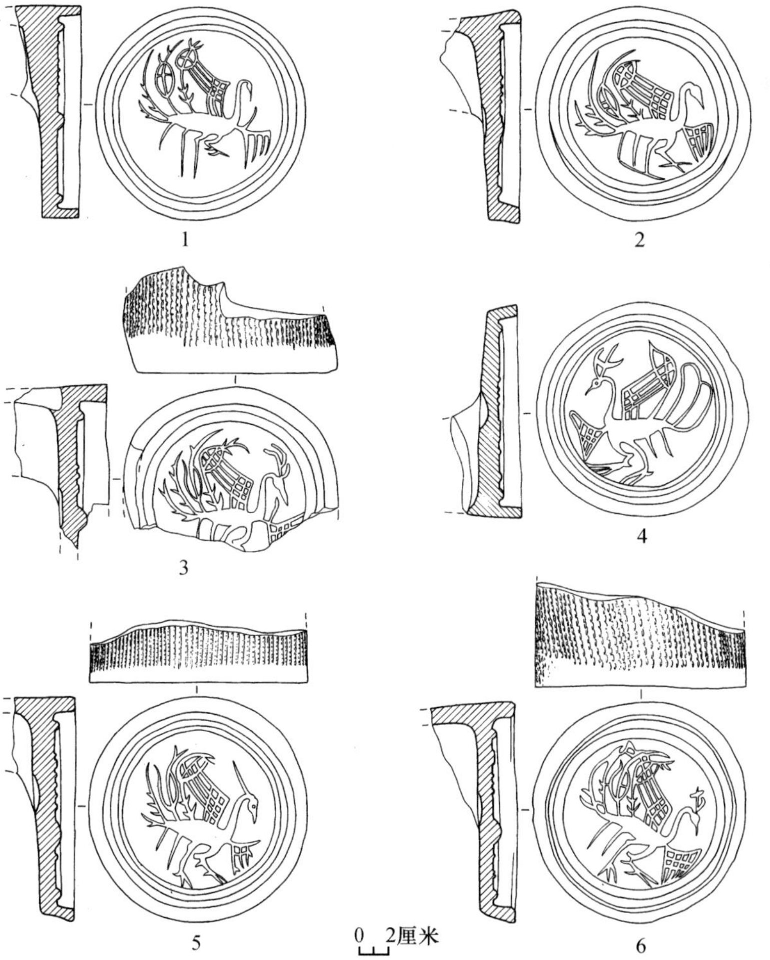

图七　F2出土A型瓦当（一）

1. F2：14　2. F2：16　3.F2：1　4. F2：7　5. F2：20　6. F2：9

以錾凿规整的条石构筑而成，揭露部分呈“7”形，局部被扰毁。长475、宽20～25、厚25～27厘米。清理现状显示，房址表面被废弃堆积叠压，该层堆积厚0～35厘米，为灰褐色黏土，较紧密，含大量瓦砾、红烧土块、灰烬、石块、卵石等，可辨器形有粗绳纹板瓦、筒瓦、瓦当、罐、盆、钵等。

F2出土器物均为陶器，器形有瓦当、筒瓦、板瓦、盆、瓮、罐、钵、器底。以瓦当、筒瓦为主。

瓦当　数量较多，保存较差。依当面主题纹饰的不同可分为二型。

A型　当面饰凤鸟纹。24件。泥质灰陶，模制图案。圆形高郭，内饰凤鸟，作展翅欲飞状，形象生动。F2：1，部分残缺，接粗绳纹筒瓦。直径14.19厘米（图七，3）。F2：4，接粗绳纹筒瓦。直径14.33厘米（图九，4）。F2：7，直径14.11厘米（图七，4）。F2：9，接粗绳纹筒瓦。直径14.79厘米（图七，6；图版三二，2）。F2：11，接粗绳纹筒瓦。直径14.18厘米（图九，3）。F2：12，接粗绳纹筒瓦。直径14.83厘米（图八，4）。F2：13，接粗绳纹筒瓦。直径13.75厘米（图八，1）。F2：14，直径13.93

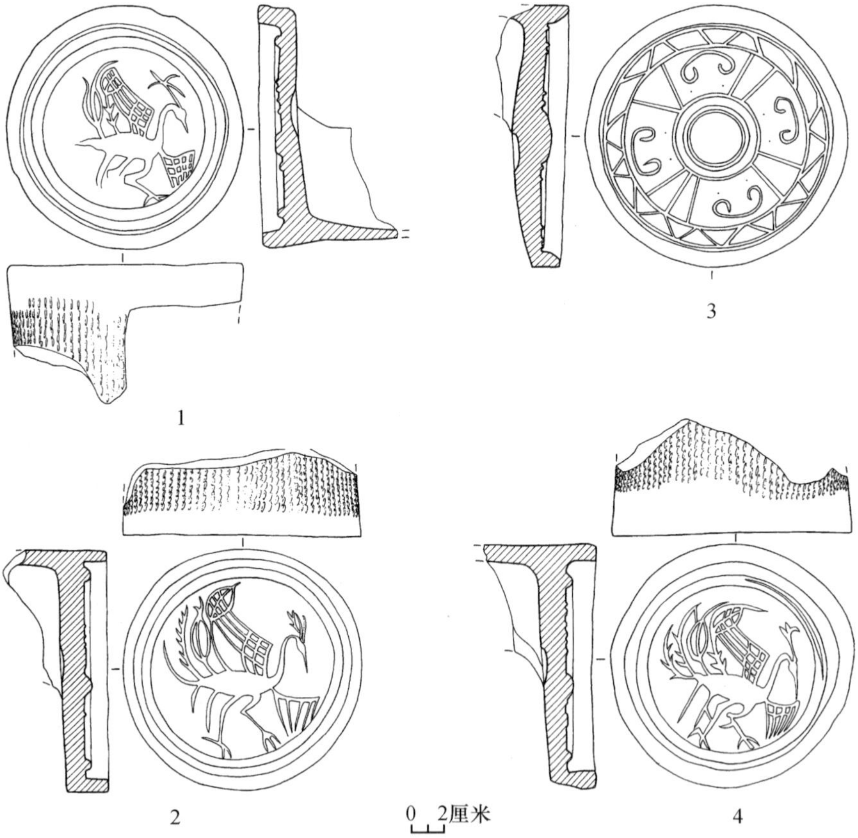

图八　F2出土瓦当（二）

1、2、4. A型（F2：13、F2：17、F2：12）　3. B型（F2：2）

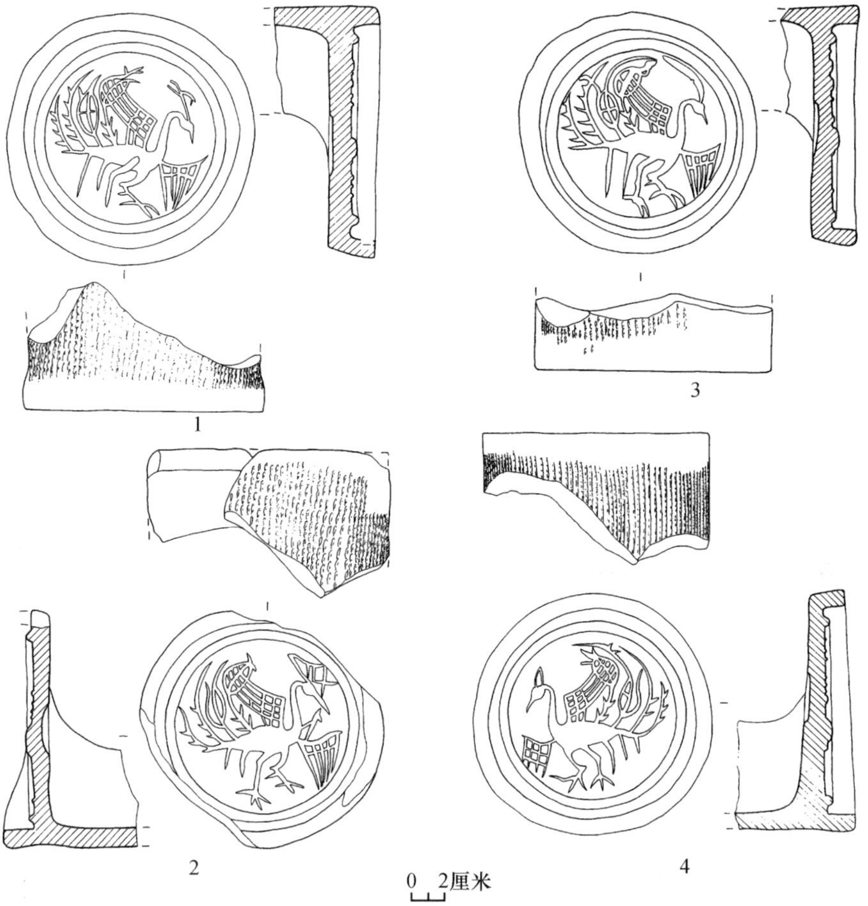

图九　F2出土A型瓦当（三）

1. F2：18　2. F2：24　3. F2：11　4. F2：4

厘米（图七，1）。F2：15，接粗绳纹筒瓦。直径14.12厘米（图一〇，2）。F2：16，直径14.33厘米（图七，2）。F2：17，接粗绳纹筒瓦。直径14.56厘米（图八，2）。F2：18，接粗绳纹筒瓦。直径15.06厘米（图九，1）。F2：19，接粗绳纹筒瓦。直径15.34厘米（图一一，1）。F2：20，接粗绳纹筒瓦，直径14.49厘米（图七，5）。F2：21，部分残缺。直径11.5厘米（图一一，2）。F2：22，部分残缺。直径13.8厘米（图一一，3）。F2：23，直径14.7厘米（图一二，3）。F2：24，部分残缺，接粗绳纹筒瓦。直径14.84厘米（图九，2）。F2：25，残缺部分。直径10.7厘米（图一二，4）。F2：40，部分残缺。直径14.96厘米（图一二，1）。F2：41，直径15.25厘米（图一〇，3）。F2：42，直径15.5厘米（图一〇，1）。F2：49，接粗绳纹筒瓦。直径15.75厘米（图一〇，4）。F2：50，直径14.44厘米（图一二，2；图一三，2）。

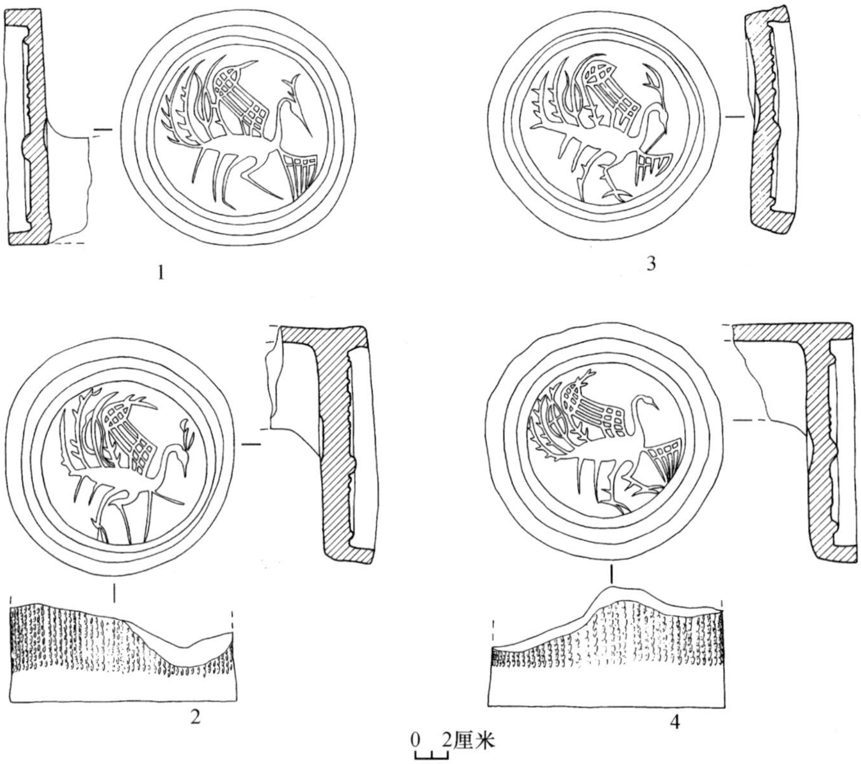

图一〇　F2出土A型瓦当（四）

1. F2：42　2. F2：15　3. F2：41　4. F2：49

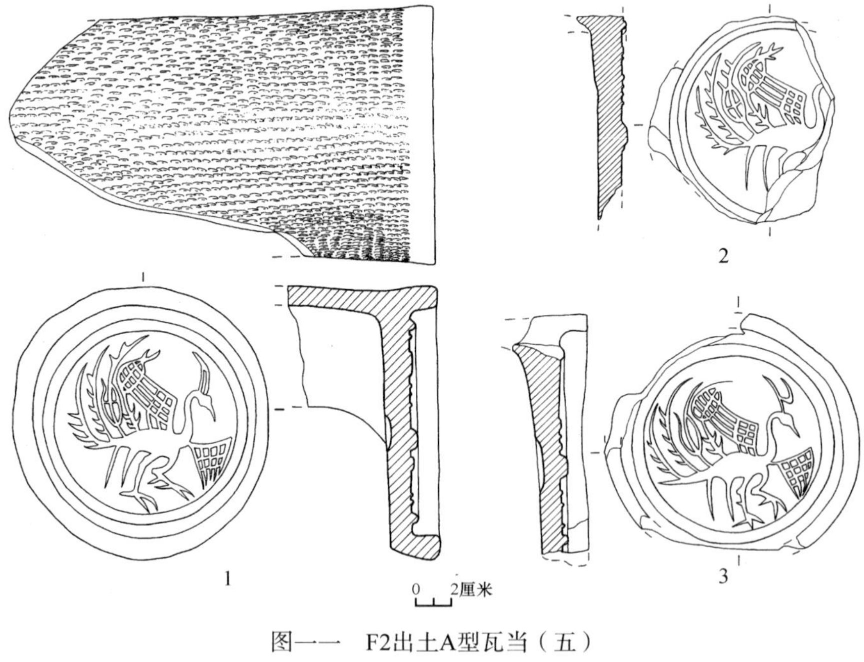

图一一　F2出土A型瓦当（五）

1. F2：19　2. F2：21　3. F2：22

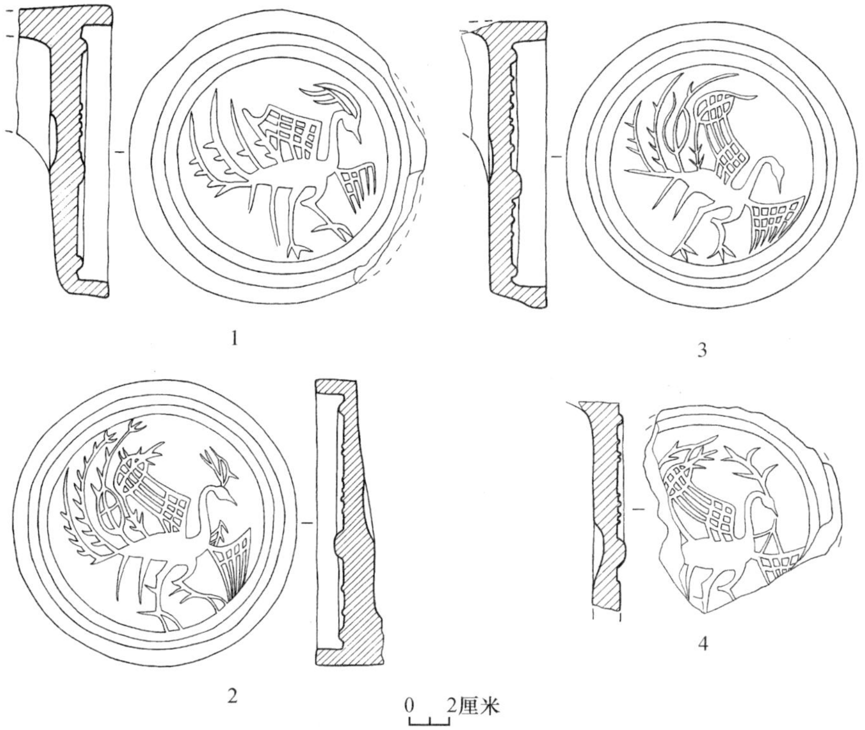

图一二　F2出土A型瓦当（六）

1. F2：40　2. F2：50　3. F2：23　4. F2：25

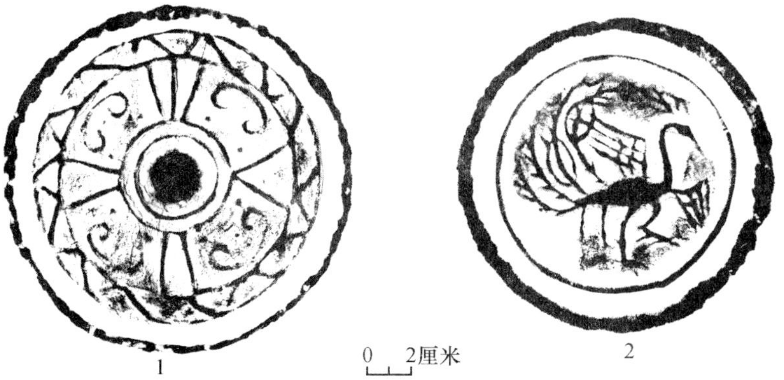

图一三　F2出土瓦当拓片

1. F2：2　2. F2：50

B型　当面饰几何纹。1件。F2：2，泥质灰陶，模制图案。圆形，边轮内三四圈凸弦纹将圆当面括成4个圆圈，内圈饰一凸起素面圆乳钉，外圈饰锯齿状纹饰带，内、外圈间被二或三条直隔线分成四个小扇区，每扇区内饰波浪状卷云纹，云纹外饰两小乳钉。直径16厘米（图八，3；图一三，1；图版三二，1）。

板瓦　2件。F2：5，泥质灰陶。残缺部分，横切面呈圆弧形，外表饰斜向粗绳纹，内饰粗布纹。残长46.4、宽29.2、拱残高5.28厘米（图一四，1）。F2：48，泥质灰陶。残缺部分，横切面呈圆弧形，外表饰纵向粗绳纹，内饰粗布纹，腰部饰三道凹弦纹。残长46.72、残宽33.84、拱残高8.32厘米（图一四，2）。

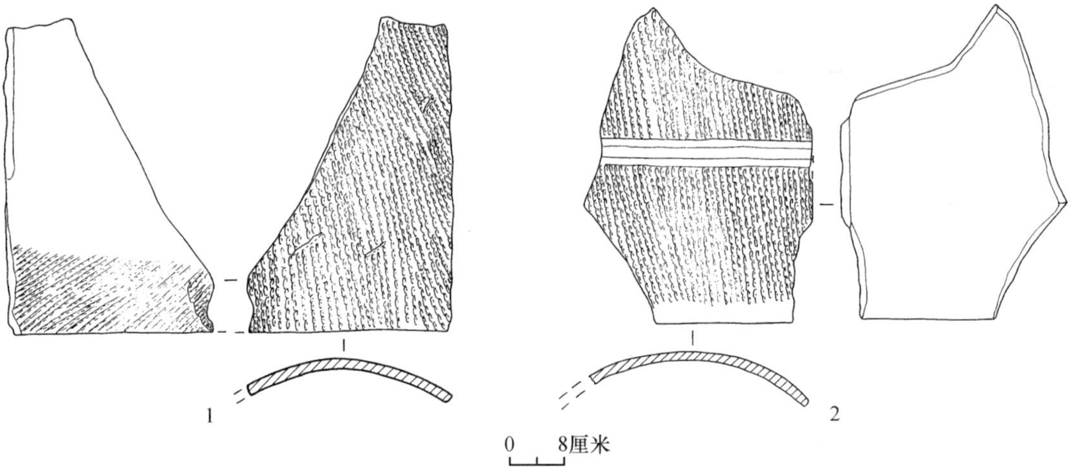

图一四　F2出土板瓦

1. F2：5　2. F2：48

筒瓦　6件。形制相同，皆为泥质灰陶，模制。横切面呈半圆形，瓦体尾端内收成榫状。外表饰粗绳纹，内饰粗布纹。F2：3，外表饰纵向粗绳纹。长37.44、宽12.81、口径8.22、拱高7.32厘米（图一五，2）。F2：6，外表饰纵向粗绳纹。长37.8、宽12.99、口径9.45、拱高7.41厘米（图一五，3）。F2：51，外表饰纵向粗绳纹，长37.89、宽14.52、口径10.35、拱高7.41厘米（图一五，4）。F2：8，残缺部分，外表饰斜向粗绳纹，长36.57、宽13.11、口径8.73、拱高7.02厘米（图一五，1；图版三二，4）。F2：10，残缺部分，外表饰纵向粗绳纹，残长28.08、宽13.54、口径9.74、拱高6.84厘米（图一五，5）。F2：47，外表饰纵向粗绳纹，残长27.48、宽14.28、拱高6.98厘米（图一五，6）。

盆　依口部形态变化可分为三型。

A型　敞口，卷沿，圆唇。2件。F2：26，泥质灰陶。弧腹。残高7.68厘米（图一六，1）。F2：44，泥质灰陶。斜直腹微弧。残高7.04厘米（图一六，7）。

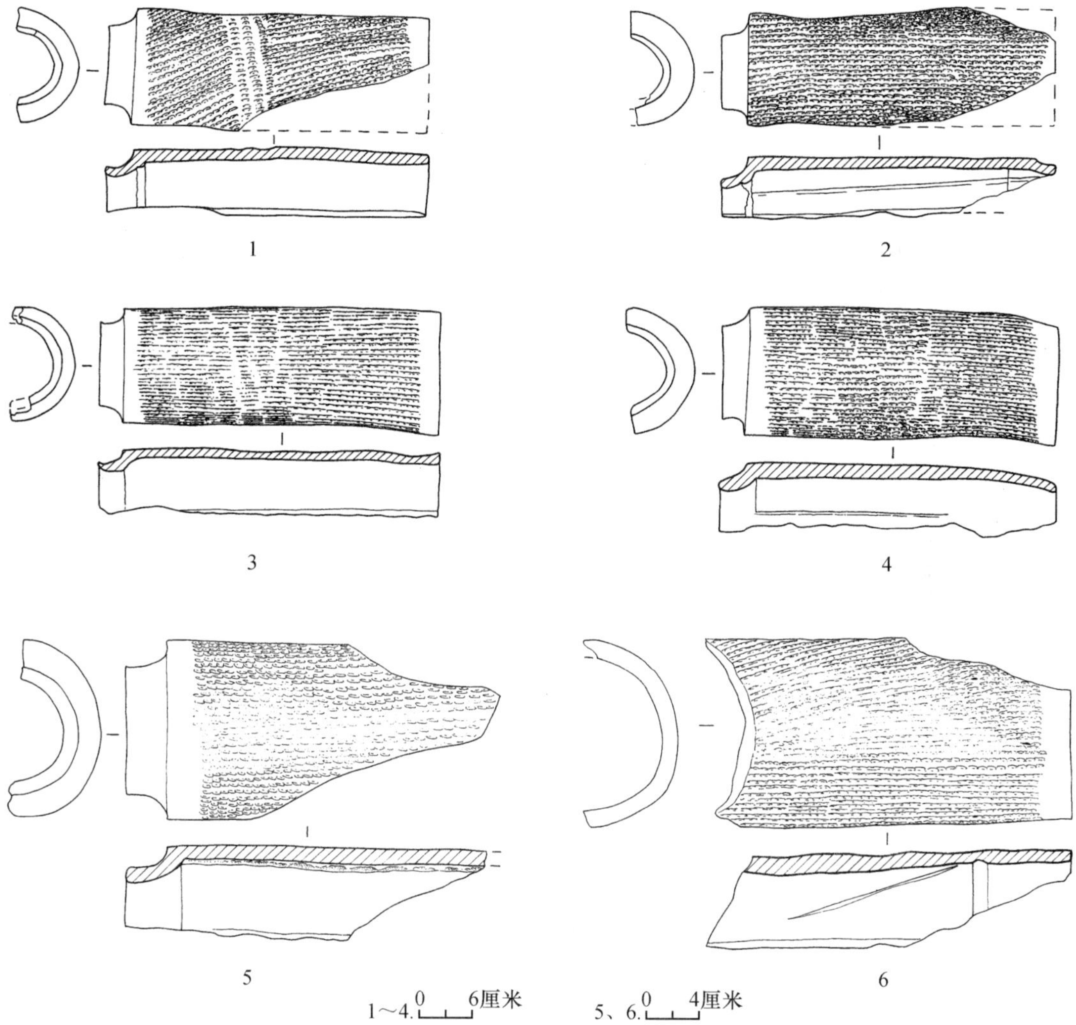

图一五　F2出土筒瓦

1. F2：8　2. F2：3　3. F2：6　4. F2：51　5. F2：10　6. F2：47

B型　直口，平折沿，圆唇。2件。F2：29，泥质灰陶。直口微敛，直腹下残。残高4.06厘米（图一六，2）。F2：38，泥质灰陶，直腹下残。腹部饰凹弦纹二道。残高7.34厘米（图一六，4）。

C型　敛口，平折沿，方唇。3件。F2：30，泥质灰陶，直腹下残。残高3.3厘米（图一六，6）。F2：31，泥质灰陶，斜直腹下残。残高6.82厘米（图一六，5）。F2：35，泥质灰陶。弧腹微鼓，下腹残。残高9厘米（图一六，3）。

瓮　1件。F2：37，泥质灰陶。敛口，卷沿，圆唇，广肩，下残。残高6.06厘米（图一七，1）。

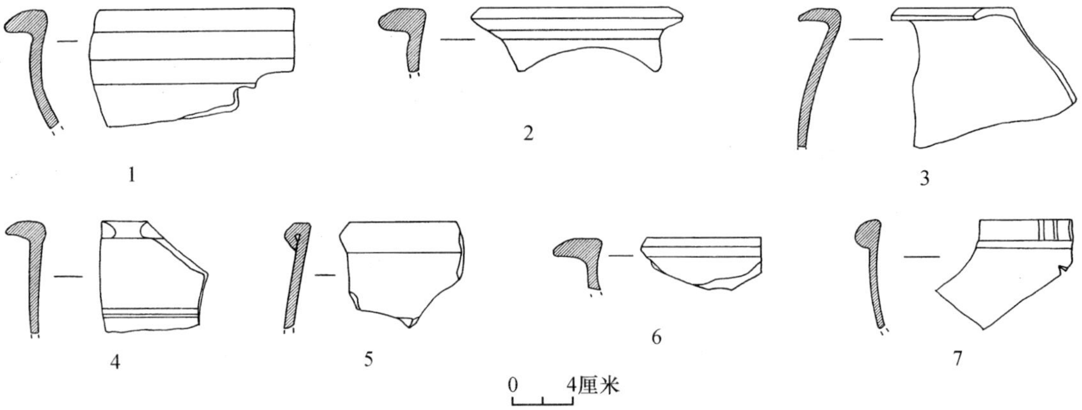

图一六　F2出土陶盆

1、7. A型（F2：26、F2：44）　2、4. B型（F2：29、F2：38）　3、5、6. C型（F2：35、F2：31、F2：30）

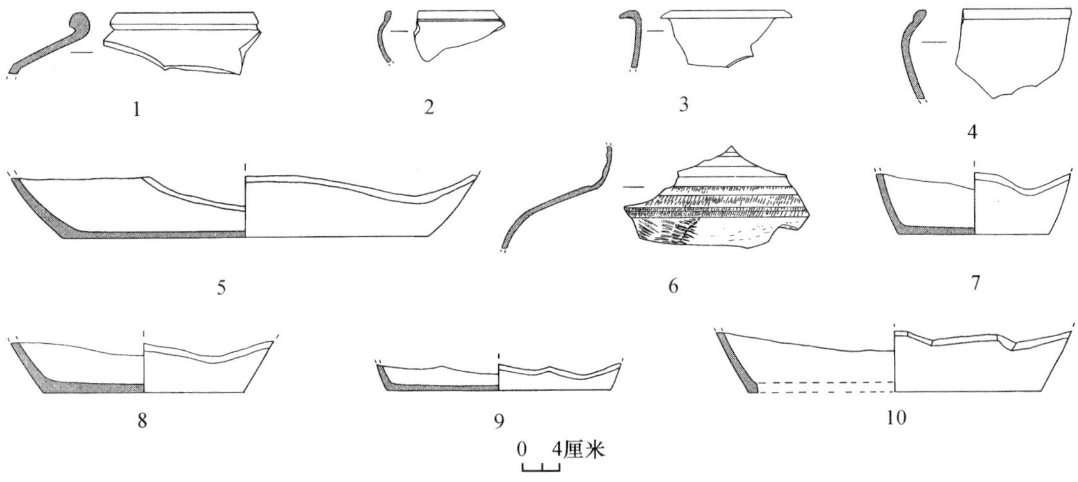

图一七　F2出土陶瓮、钵、罐、器底

1. 瓮（F2：37）　2、4. 钵（F2：28、F2：33）　3、6. 罐（F2：34、F2：39）

5、7～10. 器底（F2：32、F2：43、F2：36、F2：27、F2：45）

钵　2件。F2：28，泥质灰陶。敛口，尖圆唇，鼓腹下残。残高5.12厘米（图一七，2）。F2：33，泥质灰陶。敛口，卷沿，圆唇，圆肩，斜直腹，下残。残高9.6厘米（图一七，4）。

罐　2件。F2：34，泥质灰陶。侈口，平折沿，尖圆唇，高领，下残。残高6厘米（图一七，3）。F2：39，泥质灰陶。腹部残片。束颈，广肩，鼓腹，下残。肩部饰四道划纹带，腹部饰尖刺状划纹。残高10.4厘米（图一七，6）。

器底　5件。皆泥质灰陶。斜直腹收，平底。F2：27，残高6.8、底径23.6厘米（图一七，9）。F2：32，斜直腹微弧。残高6、底径38.4厘米（图一七，5）。F2：36，残高5.2、底径23.2厘米（图一七，8）。F2：43，残高6.4、底径16厘米（图一七，7）。F2：45，残高6.4、底径29.1厘米（图一七，10）。

F3 位于遗址东南部，跨Ⅰ区T0203、T0204、T0303、T0304、T0403、T0503六个探方。叠压于第9层下，打破生土，被F1、F2、G3打破，距地表深90～110厘米。坐东北朝西南。南部伸入探方隔梁内，暴露平面近长条形，由5个柱洞合围而成，屋内残存活动面。东西长11.3、南北宽9米（图一八）。活动面厚0～3厘米，由细小砂石子平铺而成，绝大部分被早期破坏，仅存东部10余平方米保存较好。5个柱洞分别编号D1、D2、D3、D4、D5，平面呈圆形，剖面“U”形，直径27～53、深62～70厘米。

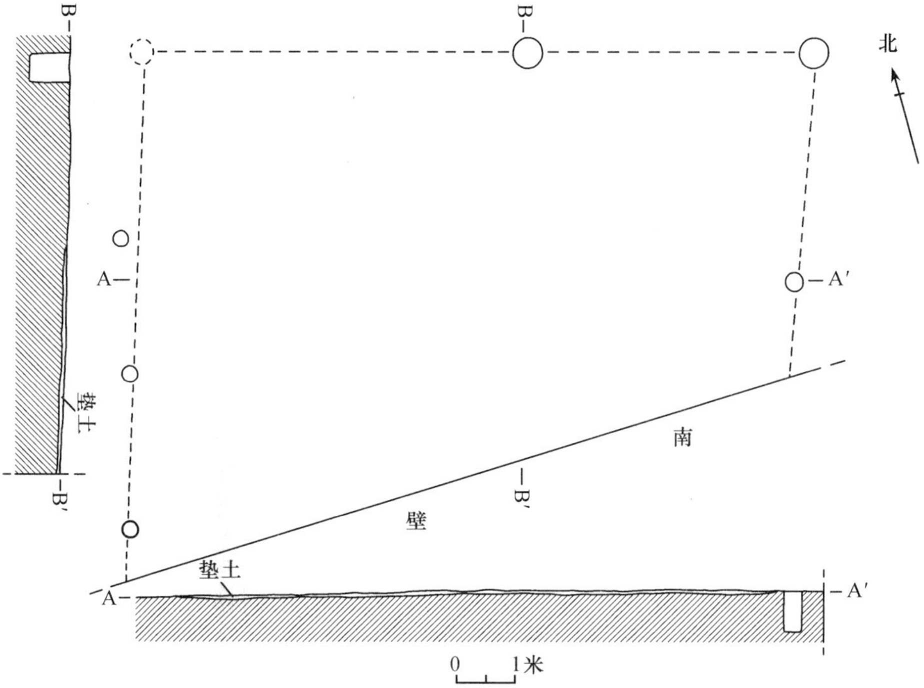

图一八 F3平、剖面图

2. 灰沟

G3 位于遗址东南部，跨Ⅰ区T0203、T0204、T0304、T0403、T0503五个探方，从Ⅰ区T0403、T0503南壁开始，向北延伸至其北隔梁，拐往西北经Ⅰ区T0304延伸至Ⅰ区T0204中部，再折转向西南延伸至Ⅰ区T0203西、南壁。叠压于F2废弃堆积层下，打破F3，距地表深115～150厘米。暴露平面近弓形，口宽底窄，斜直壁，东高西低（图一九）。通长26.1、宽0.4～1.5、深0.1～0.8米。由北、东、西三段组成。

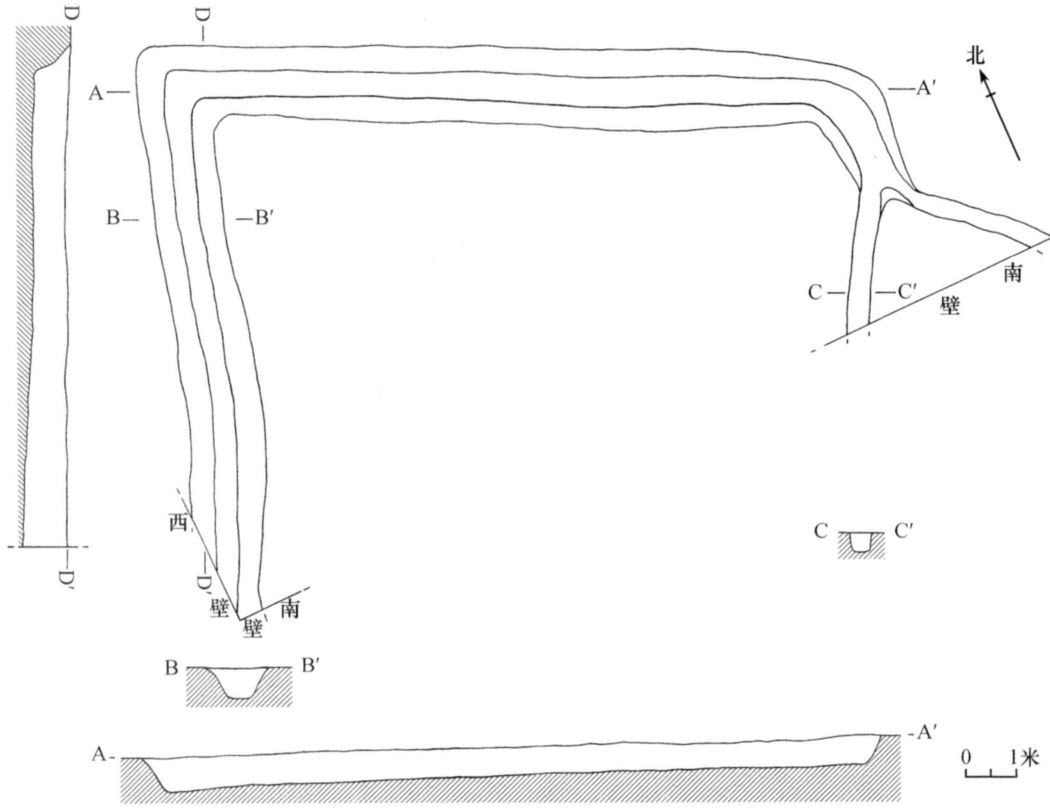

图一九　G3平、剖面图

北段从Ⅰ区T0403关键柱始，经Ⅰ区T0304延伸至T0204中部，平面长条形，东南高，西北低。长1.4、宽1.2～1.5、深0.5～0.7米。

东段从Ⅰ区T0403、T0503南壁开始，向北延伸至其北隔梁，平面呈“人”字形，由主沟及东、西支沟组成。主沟位于北部，平面长条形，宽而深。长2.1、宽0.95～1.4、深0.5米。主沟南端八字形分叉形成东、西支沟，平面长条形，较窄，西支沟较深，东支沟极浅。西支沟长2.7、宽0.4、深0.4米；东支沟长3.05、宽3.04、深0.1米。

西段从Ⅰ区T0204中部向西南经Ⅰ区T0203延伸至其西、南壁，平面长条形，口宽底窄，东北高，西南低。长9.8、宽1.35、深0.62～0.8米。

沟内堆积略有差异。西、北两段沟内堆积仅1层，厚0～80厘米。灰黑色黏土，较紧密，含大量粗绳纹瓦砾、红烧土颗粒、灰烬、白色砂石子、卵石、泥质灰陶、零星铁渣、铜器残片等。东段沟内堆积分3层：上层厚0～15厘米，浅黄灰色黏土，致密，含零星瓦砾、灰烬；中层厚0～30厘米，灰褐色黏土，较紧密，含大量红烧土块、瓦砾、泥质灰陶、炭屑；下层厚0～5厘米，浅灰黄黏土，紧密，含大量灰烬、白色砂石子、零星瓦砾。可辨器形有粗绳纹板瓦、筒瓦、朱雀纹面瓦当、盆、罐、缽、箭镞等。

G3出土有陶器、铜器两类器物，以陶器为主。陶器有筒瓦、瓦当、釜，铜器仅见镞。

筒瓦　2件。G3：1，泥质灰陶。轮制。横切面呈半圆形，瓦体尾端内收成榫状。外表饰斜向粗绳纹，内饰粗布纹。长37.71、宽13.9、口径10.6、拱高7.23厘米（图二〇，3；图版三二，5）。G3：2，泥质灰陶。轮制。横切面呈半圆形，瓦体尾端内收成榫状。外表饰斜向粗绳纹，内饰粗布纹。长37.62、宽13.86、口径9.54、拱高7.53厘米（图二〇，2）。

瓦当　3件。G3：4，泥质灰陶。模制图案。圆形高郭，内饰凤鸟，作展翅欲飞

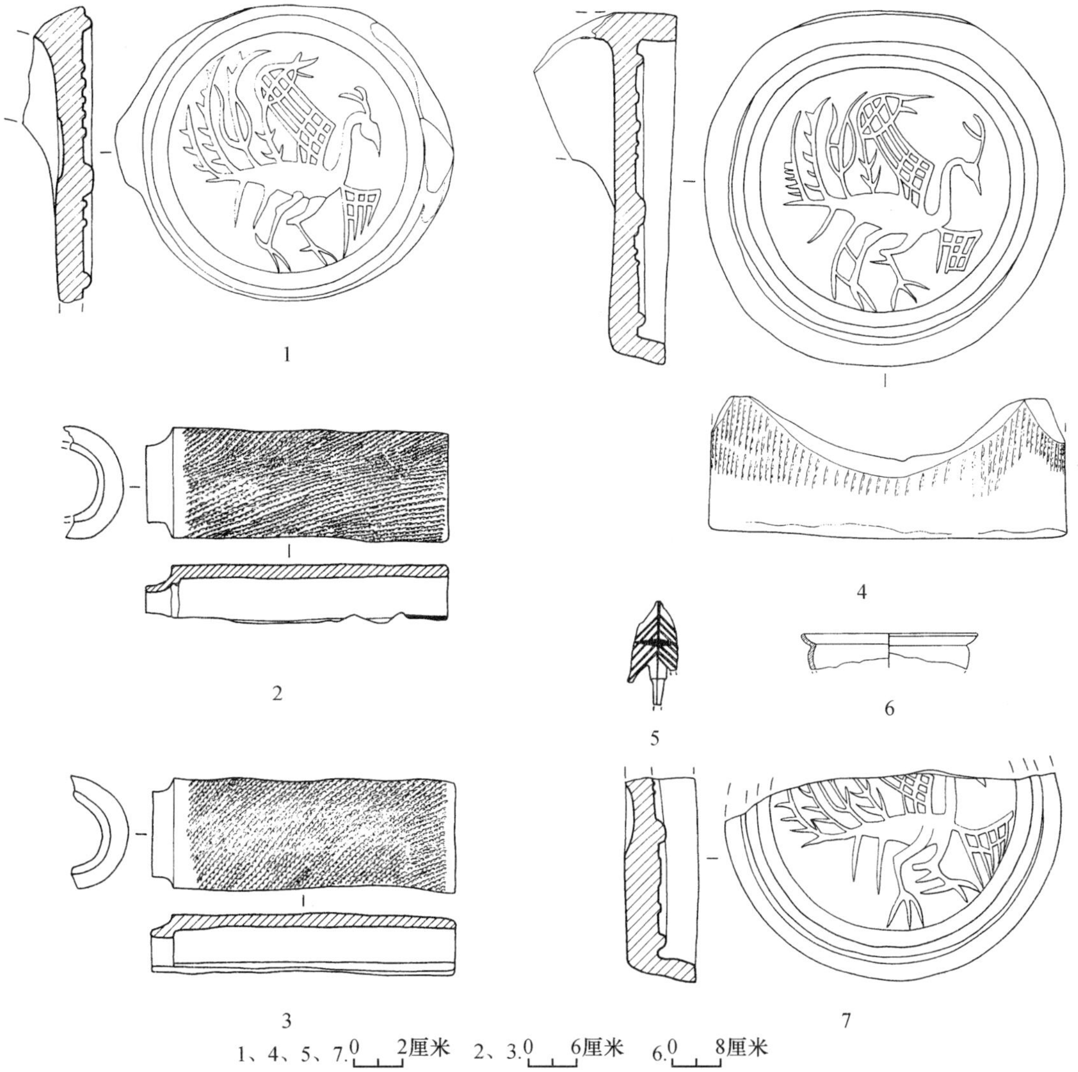

图二〇　G3出土陶器、铜器

1、4、7. 瓦当（G3：4、G3：6、G3：5）　2、3. 筒瓦（G3：2、G3：1）　5. 铜镞（G3：8）　6. 陶釜（G3：3）

状，形象生动。直径12.32厘米（图二〇，1）。G3：5，泥质灰陶。模制图案。部分残缺。圆形高郭，内饰凤鸟，作展翅欲飞状，形象生动。直径14厘米（图二〇，7）。G3：6，泥质灰陶。模制图案，接粗绳纹筒瓦。圆形高郭，内饰凤鸟，作展翅欲飞状，形象生动。直径14.93厘米（图二〇，4）。

釜　1件。G3：3，泥质灰陶。敛口，折沿，沿面内凹，方圆唇，弧腹收，下残。口径29.3、残高6.27厘米（图二〇，6）。

铜镞　1件。G3：8，残。尖前锋，长厚中脊，燕尾状中翼，刃锋锐，锥柱形长铤。双翼中近脊部各饰尖刺纹数道。残长4.3、宽2、厚0.6厘米（图二〇，5；图版三三，6）。

3. 灰坑

H1　位于Ⅰ区T0204东北部，叠压于第9层下，打破生土，坑口距地表深1.3米。平面近圆形，口部边缘明显，剖面筒形平底，直壁，壁面光滑，底部边缘较明显，底面不见加工痕迹，略显粗糙。坑口直径76、深35厘米（图二一；图版三一，2）。坑内堆积为浅灰褐色黏土，紧密，包含物有较完整的瓷器、铜器，另有零星的灰烬、红烧土颗粒、瓦砾等。

H1出土有瓷器、铜器两类器物，以铜器为主。瓷器仅见罐，铜器有弩机扳勾、弩机栓钉、器柄。

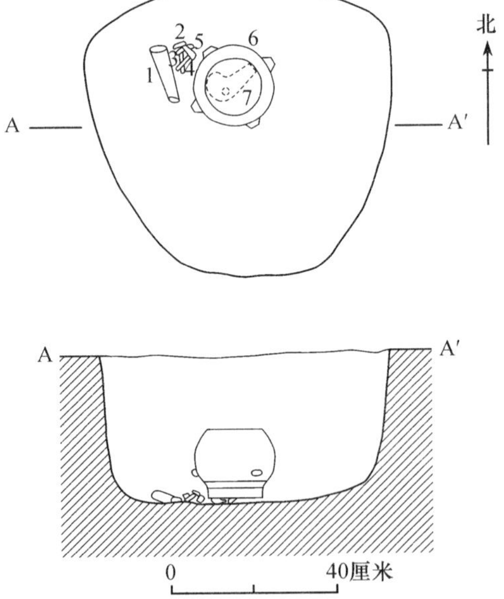

图二一　H1平、剖面图

1. 铜器柄　2～5. 铜弩机拴钉　6. 青瓷四系罐　7. 铜弩机板勾

青瓷四系罐　1件。H1：6，灰白细胎。直口，尖唇，折肩，鼓腹，平底内凹。外施青釉，不及底。上腹附四对称桥形系，肩腹间饰一道凸弦纹、下腹部饰一道凹弦纹，腹部饰细小布纹及匀称纵向划痕若干。口径10、腹径20.2、底径12.4、高19.2厘米（图二二，5；图版三二，3）。

铜弩机扳勾　1件。H1：7，弩机构件。用栓钉穿连三件形状各异的铜块构成。长10、宽7厘米（图二二，7；图版三二，6）。

铜弩机栓钉　4件。弩机构件。圆头，柱状身，蘑菇形帽，头部有一穿孔。H1：2，柱径1.26、帽径1.72、孔径0.36、长6.72厘米（图二二，2）。H1：3，柱径1.24、帽径1.9、孔径0.36、长6.68厘米（图二二，3；图版三三，5）。H1：4，柱径1.24、帽径2.38、孔径0.38、长6.42厘米（图二二，4）。H1：5，柱径1.22、帽径1.9、孔径0.36、长6.66厘米（图二二，1）。

铜器柄　1件。H1：1，六棱柱状，由首至尾渐细，中空。残长12.86、最大径3.64厘米（图二二，6）。

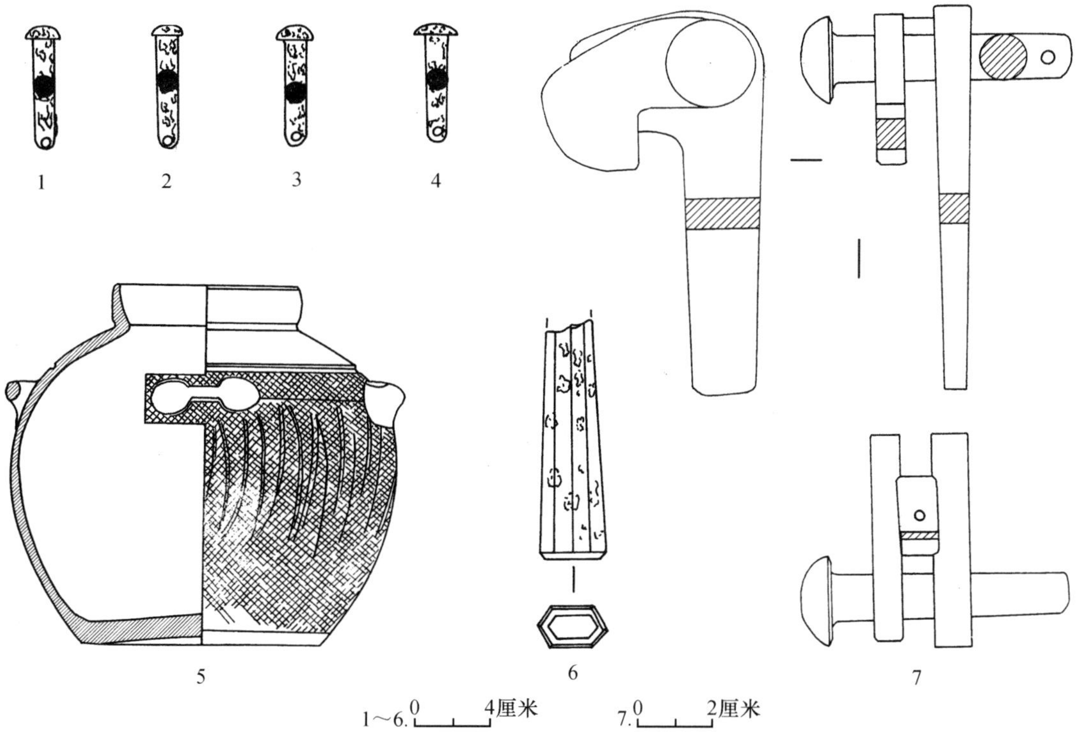

图二二　H1出土瓷器、铜器

1～4. 铜弩机栓钉（H1：5、H1：2、H1：3、H1：4）　5. 青瓷四系罐（H1：6）　6. 铜器柄（H1：1）　7. 铜弩机扳勾（H1：7）

（二）唐宋时期遗存

唐宋时期的遗存在遗址中最为丰富，分布于发掘区的各个探方，地层单位为第4～9层，遗迹单位有2种，每种各1个。

1. 遗迹及其遗物

遗迹类型较为单一，仅房址、灰沟2种。

（1）房址。

F1　位于遗址东南部，跨Ⅰ区T0403、T0503、T0603三个探方。叠压于第9层下，打破F2、F3，距地表深1.2～1.3米。坐北朝南，南部伸入探方隔梁内，暴露平面呈三角形，由4个磉墩围合而成。东西长1.45、南北宽4.5米（图二三）。磉墩平面近长条形，竖穴土坑内以黏土夹卵石层层夯筑而成。长1～1.5、宽0.8～1.2、厚0.48～0.55米。

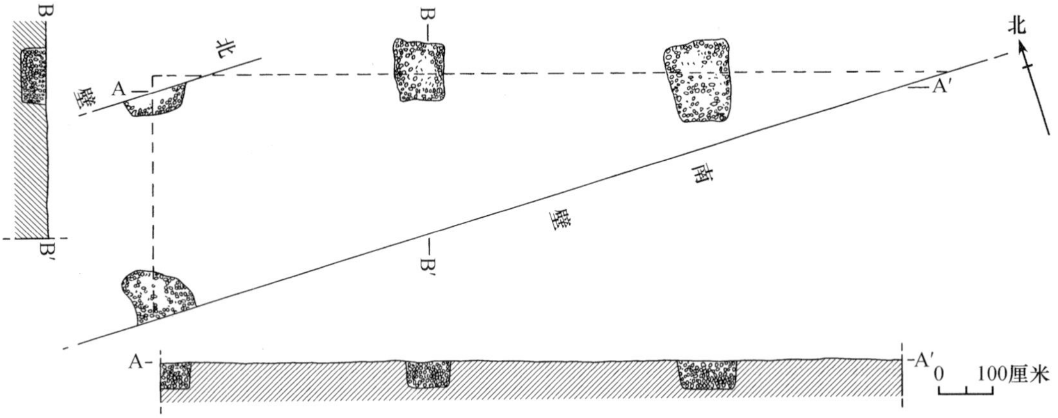

图二三　F1平、剖面图

（2）灰沟。

G4　位于遗址东南部，跨Ⅰ区T0204、T0304两个探方，从Ⅰ区T0204西部开始，向东南延伸至Ⅰ区T0304西南部止。叠压于第8层下，打破第9层，距地表深1.2～1.27米。方向107°，平面呈长条形，口部边缘明显，横截面筒形平底，沟壁斜直光滑，底部边缘较明显，沟底平坦，底面光滑。长9.35、宽0.3、深0.1米（图二四）。沟内堆积为灰黑色黏土，较紧密，含大量红烧土颗粒、灰烬、零星瓦砾、卵石、砂石子等。

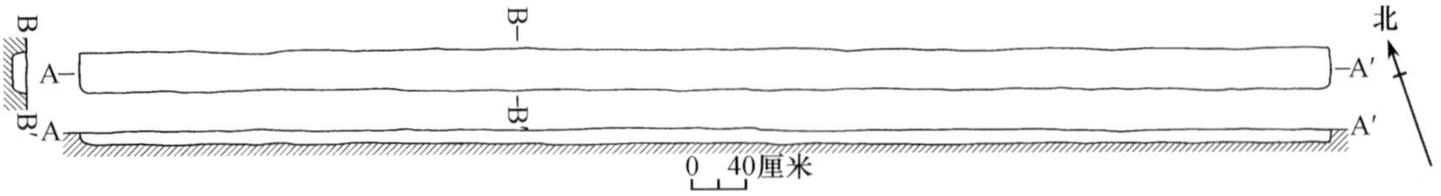

图二四　G4平、剖面图

2. 文化层出土遗物

遗物主要出土于两发掘区的第6～9层内，第8、第9层最为丰富，第4、第5层遗物极少。

（1）第9层出土遗物。

第9层堆积范围较大，分布于绝大多数探方内，出土遗物最为丰富。有陶器、瓷器、缸胎器、铜器、铁器、银器、石器七大类，以陶器为主。陶器多为泥质灰陶，有罐、盆、器盖、网坠、筒瓦、瓦当等。瓷器多为青瓷，亦有黑釉、酱釉、青白釉瓷器，一般施釉不及底。缸胎器分缸胎釉陶和硬陶两种，火候不及瓷器高，胎质不纯。器类有碗、钵、罐、盘等。

1）陶器。

陶器多为泥质陶，少部夹砂陶，以泥质灰陶为主，可辨瓦当、筒瓦、罐、盆、网坠、瓮、器盖等器形。

瓦当　6件。依当面主题纹饰的不同可分为二型。

A型　当面饰凤鸟纹。5件。泥质灰陶。模制图案。圆形高郭，内饰凤鸟，作展翅欲飞状，形象生动。ⅠT0203⑨：1，部分残缺。直径13.98厘米（图二五，4）。ⅠT0203⑨：2，接粗绳纹筒瓦。直径15厘米（图二五，2）。ⅠT0204⑨：11，残缺大部。直径12.75厘米（图二五，3）。ⅠT0304⑨：1，直径15.23厘米（图二五，6）。ⅠT0304⑨：2，接粗绳纹筒瓦。直径14.65厘米（图二五，1）。

B型　当面饰几何纹。1件。ⅠT0204⑨：16，部分残缺。泥质灰陶。模制图案。圆形，边轮内三四圈凸弦纹将圆当面括成4个圆圈，内圈饰一凸起素面圆乳钉，外圈饰锯齿状纹饰带，内、外圈间被二或三条直隔线分成四个小扇区，每扇区内饰波浪状卷云纹，云纹外饰两小乳钉。直径15.35厘米（图二五，5）。

筒瓦　2件。ⅠT0204⑨：6，部分残缺。泥质灰陶。轮制。横切面呈半圆形，瓦体尾端内收成榫状。外表饰纵向粗绳纹，内饰粗布纹。残长23.62、宽14.7、口径10.56、拱高7.58厘米（图二六，1）。ⅠT0204⑨：14，部分残缺。泥质灰陶。轮制。横切面呈半圆形，瓦体尾端内收成榫状。外表饰斜向粗绳纹，内饰粗布纹。残长22.88、宽14.68、口径10.5、拱高7.58厘米（图二六，8）。

陶罐　3件。ⅡT0102⑨：4，泥质灰陶。敛口，卷沿，方圆唇，圆肩。下残。残高4.54厘米（图二六，7）。ⅡT0201⑨：21，泥质灰陶。敛口，卷沿，方圆唇，斜肩。下残。残高5.08厘米（图二六，10）。ⅡT0202⑨：5，泥质灰陶。敛口，卷沿，圆唇，圆肩。下残。残高4.68厘米（图二六，5）。

陶盆　5件。依口部形态变化可分为二型。

A型　4件。敞口，平折沿，方唇。ⅠT0102⑨：4，泥质灰陶。斜直腹收。残

图二五　第9层出土瓦当

1～4、6. A型（ⅠT0304⑨：2、ⅠT0203⑨：2、ⅠT0204⑨：11、ⅠT0203⑨：1、ⅠT0304⑨：1）

5. B型（ⅠT0204⑨：16）

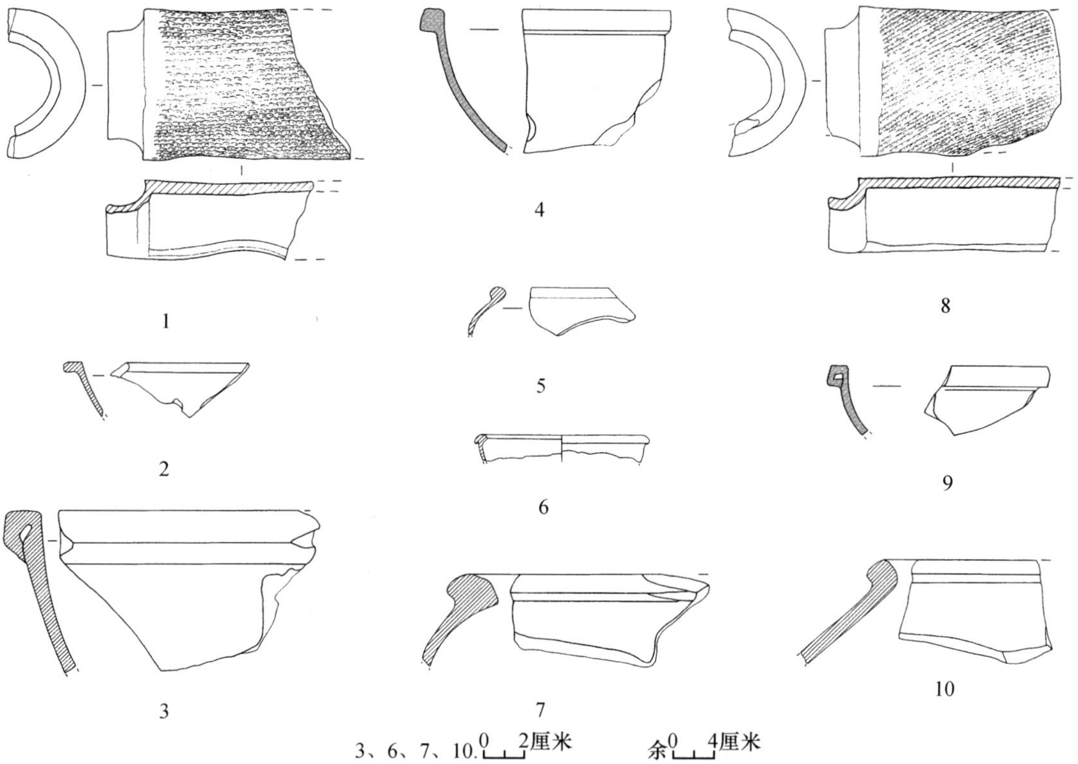

图二六　第9层出土陶器

1、8. 筒瓦（ⅠT0204⑨：6、ⅠT0204⑨：14）　2～4、9. A型盆（ⅠT0204⑨：15、ⅠT0102⑨：4、ⅠT0103⑨：4、ⅡT0103⑨：5）　5、7、10. 罐（ⅡT0202⑨：5、ⅡT0102⑨：4、ⅡT0201⑨：21）　6. B型盆（ⅡT0201⑨：18）

高7.98厘米（图二六，3）。ⅠT0103⑨：4，泥质灰陶。弧腹收。残高14.1厘米（图二六，4）。ⅠT0204⑨：15，泥质灰陶。斜直腹收。残高5.38厘米（图二六，2）。ⅡT0103⑨：5，泥质灰陶。弧腹收。残高6.82厘米（图二六，9）。

B型　敛口，卷沿，圆唇。1件。ⅡT0201⑨：18，泥质灰陶。弧腹收。残高1.3厘米（图二六，6）。

陶网坠　16件。手制。鼓腰，中心穿孔。素面。依外形可分为二型。

A型　细长形，腰部略瘦。6件。ⅡT0202⑨：1-1，夹砂灰陶。橄榄形，细长，鼓腰。长4.78、腰径2.16、孔径1.36厘米（图二七，13；图版三三，1）。ⅡT0202⑨：1-2，两端残缺。夹砂灰陶。橄榄形，细长，鼓腰。残长3.9、腰径1.8、孔径1.08厘米（图二七，6；图版三三，1）。ⅡT0202⑨：2-1，一端残缺。夹砂红陶。橄榄形，细长，鼓腰。残长4.7、腰径2.4、孔径1.64厘米（图二七，3）。ⅡT0202⑨：2-2，夹砂红陶。橄榄形，细长，鼓腰。长4.26、腰径1.9、孔径1.2厘米（图二七，16）。ⅡT0103⑨：1，泥质红陶。橄榄形，细长，鼓腰。长4.95、腰径2.46、孔径1.6厘米（图二七，15）。

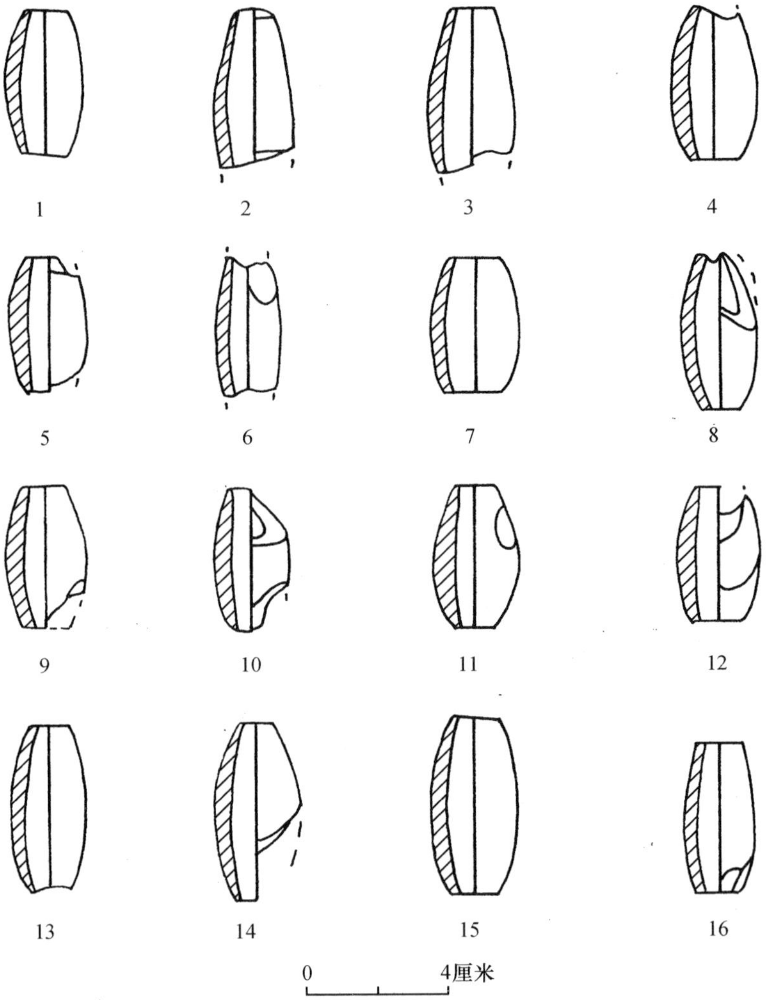

图二七　第9层出土陶网坠

1、4、5、7～12、14. B型（ⅡT0201⑨：2、ⅡT0201⑨：4、ⅡT0201⑨：9-2、ⅡT0203⑨：2、ⅡT0201⑨：3、ⅡT0201⑨：8、ⅡT0201⑨：7、ⅡT0201⑨：6、ⅡT0201⑨：5、ⅡT0201⑨：9-1） 2、3、6、13、15、16. A型（ⅠT0102⑨：2、ⅡT0202⑨：2-1、ⅡT0202⑨：1-2、ⅡT0202⑨：1-1、ⅡT0103⑨：1、ⅡT0202⑨：2-2）

ⅠT0102⑨：2，一端残缺。泥质灰陶。橄榄形，细长，鼓腰。残长4.56、腰径2.28、孔径1.64厘米（图二七，2）。

B型　粗短，腰部较鼓。10件。ⅡT0201⑨：2，泥质灰陶。橄榄形，短粗，鼓腰。长4.2、腰径2.1、孔径1.4厘米（图二七，1）。ⅡT0201⑨：3，一端残缺。泥质灰陶。橄榄形，短粗，鼓腰。残长4.3、腰径2.16、孔径1.44厘米（图二七，8）。ⅡT0201⑨：4，一端残缺。泥质红陶。橄榄形，短粗，鼓腰。残长4.38、腰径2.46、孔径1.36厘米（图二七，4）。ⅡT0201⑨：5，泥质红陶。橄榄形，短粗，鼓腰。长3.86、腰径2.38、孔径

1.28厘米（图二七，12）。ⅡT0201⑨：6，泥质灰陶。橄榄形，短粗，鼓腰。长4.06、腰径2.44、孔径1.08厘米（图二七，11）。ⅡT0201⑨：7，两端残缺。泥质红陶。橄榄形，短粗，鼓腰。长4.08、腰径2.16、孔径1.2厘米（图二七，10）。ⅡT0201⑨：8，一端残缺。泥质红陶。橄榄形，短粗，鼓腰。长4.08、腰径2.36、孔径1.2厘米（图二七，9）。ⅡT0201⑨：9-1，一端残缺。泥质红陶。橄榄形，短粗，鼓腰。长5.06、腰径2.44、孔径1.4厘米（图二七，14）。ⅡT0201⑨：9-2，两端残缺。泥质红陶。橄榄形，短粗，鼓腰。残长3.86、腰径2.2、孔径1.2厘米（图二七，5）。ⅡT0203⑨：2，泥质红陶。橄榄形，短粗，鼓腰。长3.86、腰径2.52、孔径1.76厘米（图二七，7）。

陶瓮　2件。ⅠT0204⑨：8，泥质灰陶。敛口，卷沿，圆唇，斜肩。下残。唇下饰凹弦纹一道。口径42.8、残高5.96厘米（图二八，1）。ⅠT0204⑨：10，泥质灰陶。敛口，卷沿，圆唇，斜肩。下残。唇下饰凹弦纹一道。残高5.1厘米（图二八，3）。

器盖　1件。ⅠT0102⑨：5，泥质灰陶。圆形钮，中部凸起，弧壁。口部残缺不存。钮径5.92、残高5.52厘米（图二八，4；图版三三，4）。

钵　1件。ⅡT0201⑨：16，泥质灰陶。敛口，圆唇，圆肩。下残。唇下饰凹弦纹一道。口径21.2、残高4.92厘米（图二八，2）。

器底　4件。为罐、盆、瓮等器物底部，皆平底。依腹、底变化可分为二型。

A型　下腹斜收至底。3件。ⅠT0102⑨：6，泥质灰陶。腹部外敞，斜直腹，平底。底径30.6、残高6.08厘米（图二八，9）。ⅠT0204⑨：9，泥质灰陶。腹部外敞，斜直腹，平底。底径32.1、残高5.44厘米（图二八，7）。ⅡT0202⑨：6，泥质灰陶。腹部外敞，斜直腹，平底。底径21.08、残高8.28厘米（图二八，8）。

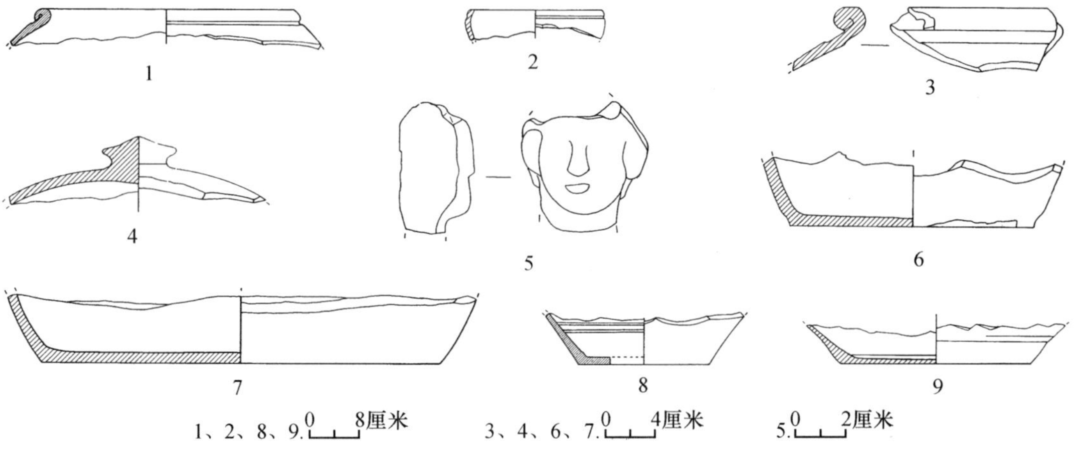

图二八　第9层出土陶器

1、3. 陶瓮（ⅠT0204⑨：8、ⅠT0204⑨：10）　2. 陶钵（ⅡT0201⑨：16）　4. 陶器盖（ⅠT0102⑨：5）　5. 俑头（ⅡT0203⑨：1）　6. B型器底（ⅠT0204⑨：7）　7～9. A型器底（ⅠT0204⑨：9、ⅡT0202⑨：6、ⅠT0102⑨：6）

B型　底腹交接处垂折，似假圈足。1件。ⅠT0204⑨：7，泥质灰陶。腹部外敞，斜直腹收，平底。底径19.66、残高5.48厘米（图二八，6）。

俑头　1件。ⅡT0203⑨：1，泥质红陶。仅存颜面一部，五官模糊。残高5.32厘米（图二八，5）。

2）瓷器。

瓷器主要以青瓷为主，有少部分黑釉瓷，可辨碗、盘、钵等器形。

瓷碗　4件。依口部形态变化可分为三型。

A型　侈口。1件。ⅡT0201⑨：13，灰白胎。尖圆唇，折腹。下残。里外施透明白釉，外釉不及底。残高4.22厘米（图二九，8）。

B型　敛口。2件。ⅡT0201⑨：11，灰白胎。圆唇，弧腹。下残。里外施透明白釉，外釉不及底。残高4.68厘米（图二九，7）。ⅡT0201⑨：14，灰白胎。圆唇，弧腹。下残。里外施青釉，外釉不及底。残高5.18厘米（图二九，11）。

C型　敞口。1件。ⅡT0103⑨：4，紫红粗胎。尖圆唇，斜直腹。下残。里外施黑釉，外壁近口部饰凸弦纹一道。残高4.08厘米（图二九，2）。

瓷盘　1件。ⅡT0202⑨：3，灰白细胎。子口，浅腹，平底中凸，锥足承底。外施青釉，釉面碎开片。外底残存5个支钉痕，大部残缺，仅存1/4许。口径22.14、残高3.7厘米（图二九，12；图版三三，3）。

瓷钵　7件。依口部形态变化可分为三型。

A型　敛口。4件。ⅡT0201⑨：12，灰白胎。圆唇，弧腹。下残。里外施透明白釉，外釉不及底。残高4.36厘米（图二九，3）。ⅡT0201⑨：15，灰白胎。卷沿，尖圆唇，鼓腹。下残。里外施黑釉，外釉不及底，有流釉痕。残高9.04厘米（图二九，13）。ⅡT0201⑨：23，灰白胎。圆唇，斜直腹微弧。里外施青釉，釉面脱落近尽。残高4.02厘米（图二九，1）。ⅡT0102⑨：6，灰白胎。圆唇，弧腹。下残。里外施青釉，釉面脱落近尽。残高3.84厘米（图二九，6）。

B型　直口。2件。ⅡT0201⑨：17，灰白胎。直口微侈，方圆唇，斜直腹。下残。里外施酱青釉，外釉不及底。残高2.98厘米（图二九，9）。ⅡT0202⑨：4，灰白胎。方唇，上腹近直，下腹弧收。里外施透明白釉，外下腹无釉。残高3.46厘米（图二九，10）。

C型　敞口。1件。ⅡT0102⑨：7，灰白胎。圆唇，弧腹。下残。里外施青釉，外釉不及底，釉面脱落近尽。残高4.8厘米（图二九，4）。

瓷碗底　1件。ⅡT0203⑨：4，灰白胎。圈足，平底。内施青釉，釉面碎开片。底径4.5、残高2.28厘米（图二九，5）。

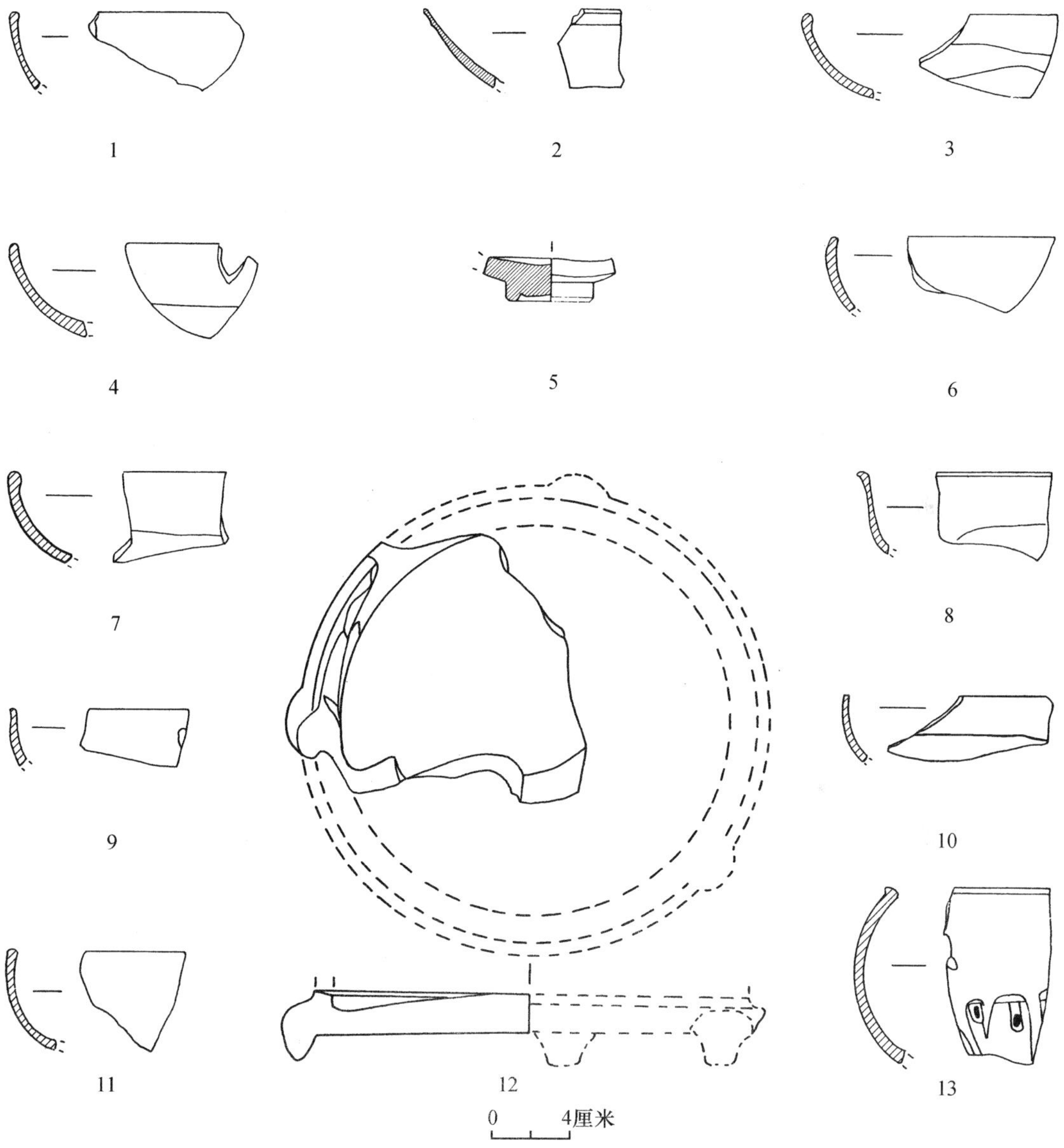

图二九　第9层出土瓷器

1、3、6、13. A型钵（ⅡT0201⑨：23、ⅡT0201⑨：12、ⅡT0102⑨：6、ⅡT0201⑨：15）　2. C型碗（ⅡT0103⑨：4）　4. C型钵（ⅡT0102⑨：7）　5. 碗底（ⅡT0203⑨：4）　7、11. B型碗（ⅡT0201⑨：11、ⅡT0201⑨：14）　8. A型碗（ⅡT0201⑨：13）　9、10. B型钵（ⅡT0201⑨：17、ⅡT0202⑨：4）　12. 盘（ⅡT0202⑨：3）

3）缸胎器。

缸胎器分缸胎釉陶和硬陶两种，以缸胎釉陶为主，缸胎硬陶较少，可辨罐、盆、器底等器形。

罐　7件。依口部形态变化可分为二型。

A型　敛口。5件。ⅠT0204⑨：17，紫红缸胎。卷沿，圆唇，束颈，圆肩。下残。外施酱黄釉，釉面脱落，唇下及颈、肩际有积釉。残高4.02厘米（图三〇，10）。ⅡT0102⑨：5，紫红缸胎。卷沿，圆唇，束颈，圆肩。下残。外施酱黄釉，釉面脱落，颈、肩际有积釉。肩部塑桥形系。残高6.01厘米（图三〇，1）。ⅡT0201⑨：19，紫红缸胎。卷沿，圆唇，束颈，圆肩。下残。外施酱黄釉，釉面脱落，颈、肩际有积釉。残高5.65厘米（图三〇，2）。ⅡT0201⑨：20，紫红缸胎。卷沿，圆唇，斜肩。下残。唇、肩际饰凸弦纹一道。残高4.04厘米（图三〇，8）。ⅡT0203⑨：3，紫红缸胎。卷沿，圆唇，圆肩。下残。残高4.74厘米（图三〇，6）。

B型　直口。2件。ⅠT0103⑨：3，紫红缸胎。平折沿，圆唇，束颈，广肩。下残。外施酱黄釉，釉面脱落，唇下及颈、肩际有积釉。肩部塑桥形系。残高3.08厘米（图三〇，3）。ⅡT0103⑨：2，紫缸胎。卷沿，圆唇，束颈，圆肩。下残。外施酱黄釉，釉面脱落，唇下及颈、肩际有积釉。残高4.8厘米（图三〇，7）。

盆　1件。ⅡT0201⑨：22，紫红缸胎。敞口，折沿，方圆唇，斜直腹。下残。残高3.8厘米（图三〇，4）。

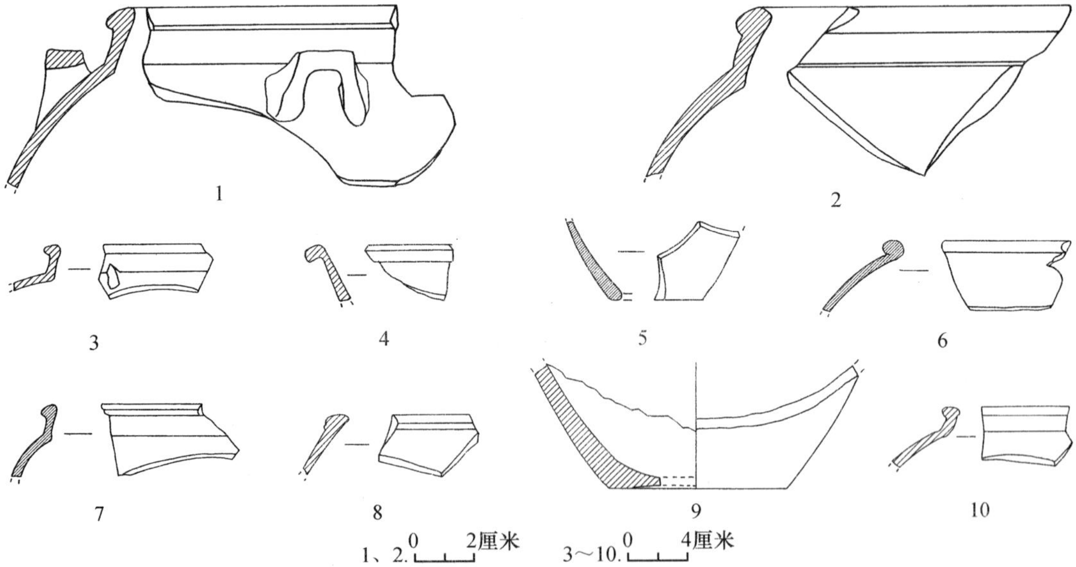

图三〇　第9层出土缸胎器

1、2、6、8、10. A型罐（ⅡT0102⑨：5、ⅡT0201⑨：19、ⅡT0203⑨：3、ⅡT0201⑨：20、ⅠT0204⑨：17）　3、7. B型罐（ⅠT0103⑨：3、ⅡT0103⑨：2）　4. 盆（ⅡT0201⑨：22）　5、9. 器底（ⅡT0103⑨：3、ⅡT0201⑨：10）

器底 2件。ⅡT0103⑨：3，紫红缸胎。斜直腹收，平底。残高5.26厘米（图三〇，5）。ⅡT0201⑨：10，紫红缸胎。斜直腹收，平底内凹。底径11.88、残高8.34厘米（图三〇，9）。

4）铜器。

铜器仅铜镜一类。

铜镜 1件。ⅠT0102⑨：1，圆形，宽郭，缘周饰连弧纹，内区以植物纹装饰。残缺大部，仅存1/4许。直径11.63、厚0.28厘米（图三一，1）。

5）铁器。

铁器仅铁镬一类。

铁镬 1件。ⅡT0201⑨：1，部分残缺。平面呈三角形，上锻方孔，锈蚀。长8.08、宽5.9、厚3厘米。孔长3.3、宽2.08厘米（图三一，3）。

6）银器。

银器仅钗一类。

银钗 1件。ⅠT0204⑨：12，扭曲变形呈"W"形，横截面方形，两端渐细成尖状。长16厘米（图三一，2）。

7）石器。

石器仅斧、锛两类。

石斧 1件。ⅠT0204⑨：13，平面近梯形，褐黄色。石质坚硬，通体磨光，弧刃，中锋，刃部残。长13.48、宽6.3、厚2.29厘米（图三一，5）。

石锛 1件。ⅡT0201⑨：24，平面近长条状，暗褐色，石质坚硬，弧顶，直刃微弧，侧锋，单面打击。长16.15、宽9.96、厚3.96厘米（图三一，4）。

（2）第8层出土遗物。

第8层出土遗物较少，仅见瓷器、缸胎器，可辨平底器底、碗底两类器形。

青瓷平底器底 1件。ⅡT0102⑧：3，灰白粗胎。斜直腹收，平底。内施青釉，釉面脱落近尽。底径12.1、残高2.46厘米（图三二，4）。

缸胎平底器底 1件。ⅡT0102⑧：1，紫红粗胎。斜直腹收，平底微凹。底径8.98、残高5.46厘米（图三二，1）。

缸胎碗底 2件。ⅡT0102⑧：2，紫红粗胎。斜弧腹收，饼足，底心微凹。内施乳白色化妆土。底径4.86、残高3.58厘米（图三二，2）。ⅠT0104⑧：1，砖红粗胎。弧腹收，圈足，足墙外撇，平底。底径6.66、残高2.26厘米（图三二，3）。

（3）第7层出土遗物。

第7层出土遗物极少，仅见缸胎罐、白瓷碗两类。

缸胎罐 1件。ⅠT0103⑦：1，紫红粗胎。敛口，折沿，方唇，斜肩。下残。外施

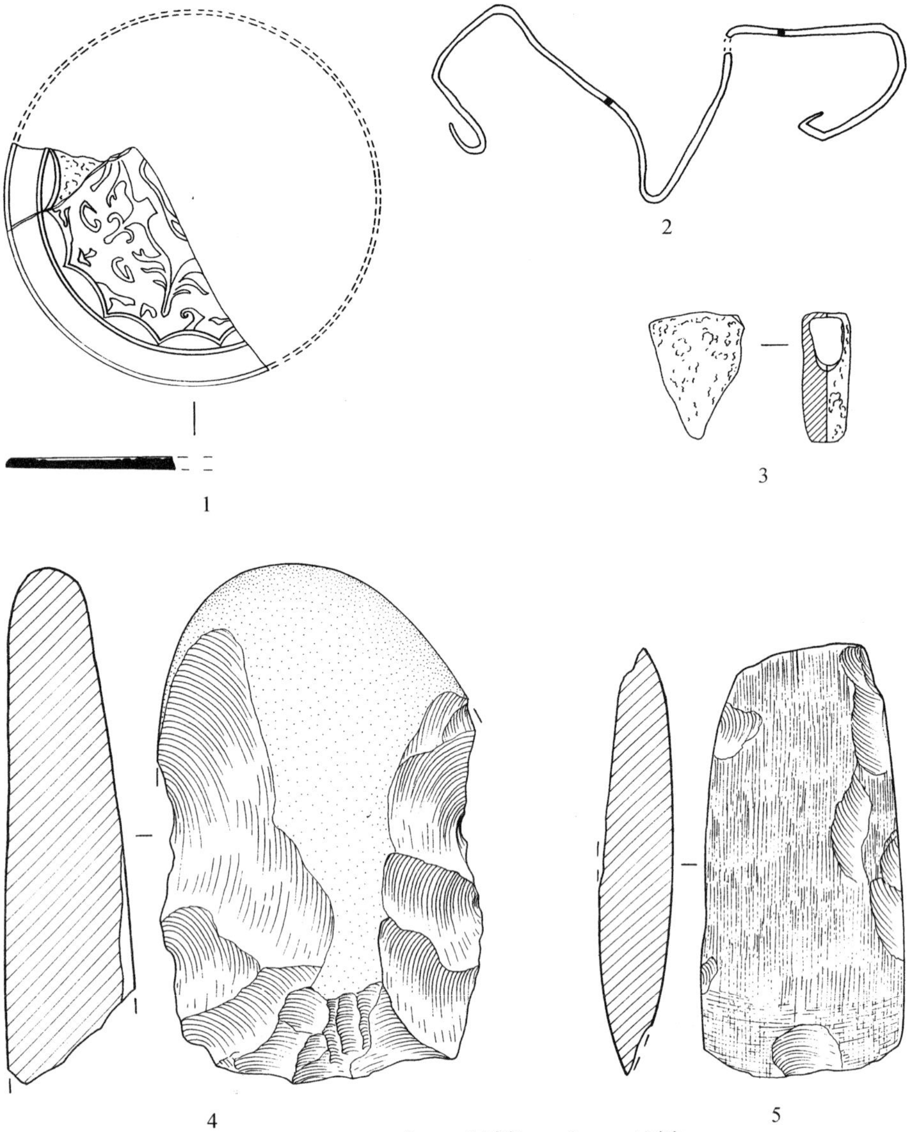

图三一　第9层出土器物

1. 铜镜（ⅠT0102⑨：1）　2. 银钗（ⅠT0204⑨：12）　3. 铁镬（ⅡT0201⑨：1）　4. 石锛（ⅡT0201⑨：24）　5. 石斧（ⅠT0204⑨：13）

酱黑釉，釉面碎开片，局部脱落。残高3.92厘米（图三三，1）。

白瓷碗　1件。ⅠT0103⑦：2，灰白粗胎。敞口微侈，斜直腹。下残。里外施白釉，外釉不及底。残高2.48厘米（图三三，2）。

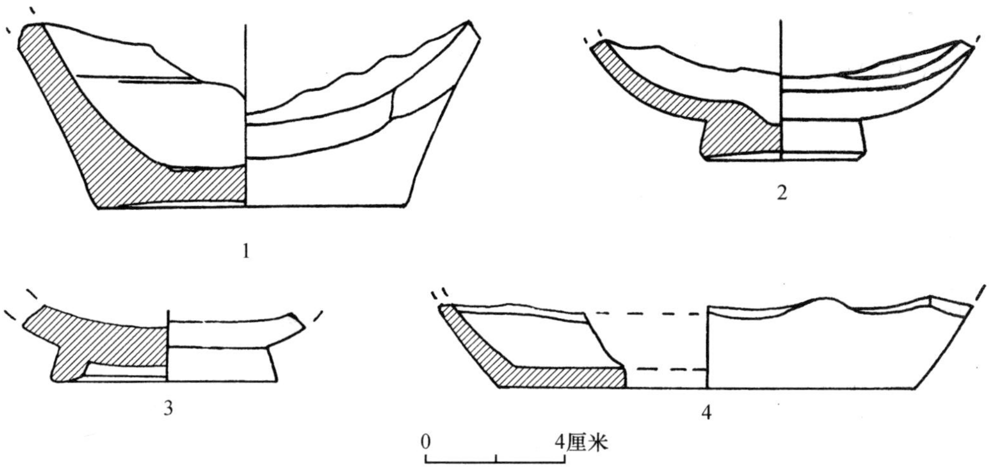

图三二　第8层出土器物

1. 缸胎平底器底（ⅡT0102⑧：1）　2、3. 缸胎碗底（ⅡT0102⑧：2、ⅠT0104⑧：1）
4. 青瓷平底器底（ⅡT0102⑧：3）

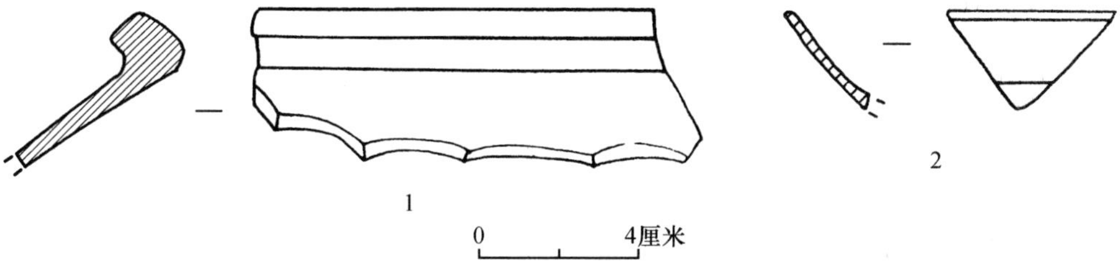

图三三　第7层出土器物

1. 缸胎罐（ⅠT0103⑦：1）　2. 白瓷碗（ⅠT0103⑦：2）

（4）第6层出土遗物。

第6层出土遗物较少，仅见陶器、缸胎器，可辨瓮、碗、钵、碗底等器形。

陶瓮　1件。ⅠT0204⑥：5，泥质灰陶。敛口，仰斜折沿，圆唇，圆肩。下残。残高4.02厘米（图三四，1）。

缸胎钵　1件。ⅠT0204⑥：1，紫红粗胎。敞口，圆唇，斜弧腹。下残。里外施透明釉，外釉不及底。残高4.22厘米（图三四，2）。

缸胎碗　2件。ⅠT0204⑥：3，紫红粗胎。直口微侈，尖唇，斜直腹。下残。里外施透明釉，外釉不及底。残高3.84厘米（图三四，3）。ⅠT0204⑥：4，紫红粗胎。直口微敛，尖圆唇，直腹。下残。里外施透明釉，外釉不及底。残高2.9厘米（图三四，5）。

缸胎碗底　1件。ⅠT0204⑥：2，紫红粗胎。斜弧腹收，圈足，平底。底径7.96、残高2.24厘米（图三四，4）。

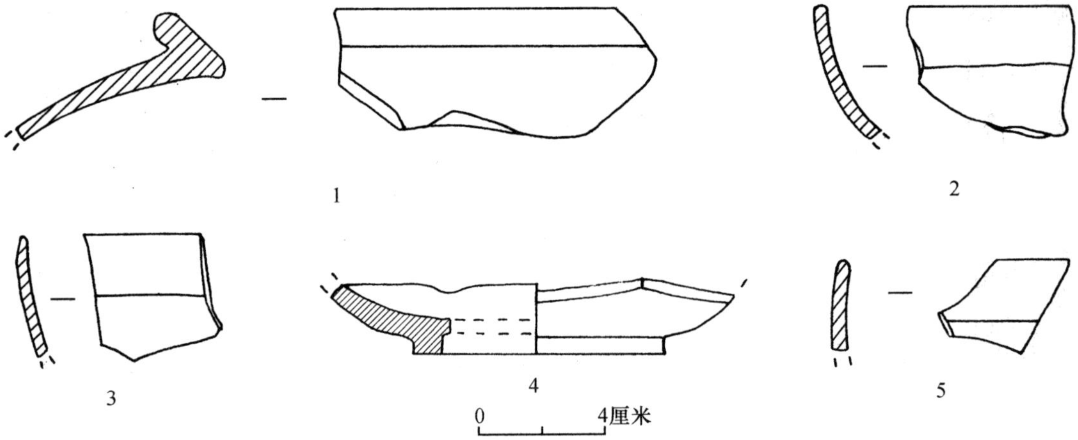

图三四　第6层出土器物

1. 陶瓮（ⅠT0204⑥：5）　2. 缸胎钵（ⅠT0204⑥：1）　3、5. 缸胎碗（ⅠT0204⑥：3、ⅠT0204⑥：4）
4. 缸胎碗底（ⅠT0204⑥：2）

（三）明清时期遗存

明清时期遗存分布于各个探方，地层单位为2A、2B、3A、3B，遗迹单位有1种2个。

1. 遗迹及其遗物

遗迹仅发现灰沟2条。

G1　位于遗址东南部，跨Ⅱ区T0201、T0202、T0203三个探方，从Ⅱ区T0201西南部探方壁开始，向东北经Ⅱ区T0202延伸至Ⅱ区T0203北隔梁内消失。叠压于第3A层下，打破第4层，距地表深34～74厘米。方向195°，平面长条形，口部边缘明显，横截面呈筒形，沟壁较光滑，沟底东北高，西南低。暴露部分长1.45、宽0.62、深0.9米（图三五）。沟内堆积为浅红褐色砂土，疏松，包含物有较多瓦砾、青花瓷片、青白瓷片、硬陶、釉陶、红烧土颗粒、灰烬等。可辨器形有板瓦、碗、罐。

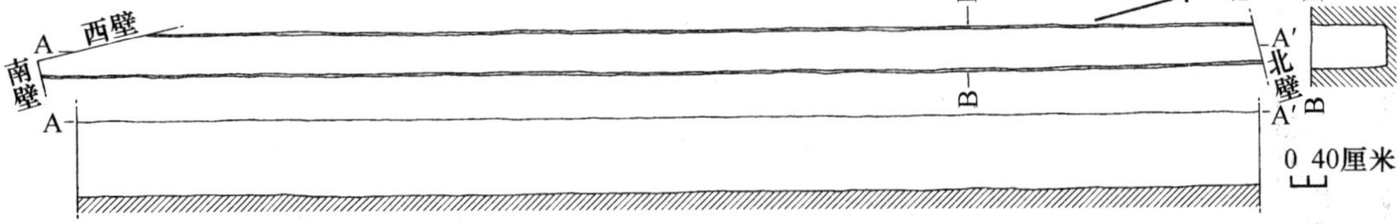

图三五　G1平、剖面图

缸胎碗底　1件。G1：1，紫红粗胎。斜弧腹收，饼足，平底微凹。内施青釉，釉面碎开片。底径5.02、残高2.64厘米（图三六，1）。

青花碗　1件。G1：2，灰白细胎。里外施青白釉，釉面光洁莹润。敞口，圆唇，斜弧腹。下残。外壁上下二道双蓝圈间一笔点画缠枝莲纹，青花发色浑暗，有铁锈疤痕。残高3.48厘米（图三六，2）。

G2　位于遗址东南部，跨Ⅱ区T0204、ⅡT0104、Ⅰ区T0104三个探方。叠压于第3A层下，打破第4层，距地表深70～75厘米。由西北至东南走向，平面长条形，剖面"U"形，口宽底窄，近斜直壁，沟底较平坦。沟长9.95、宽0.4～0.67、深0.8米（图三七）。沟内填土仅一层，厚0～80厘米，浅红褐色砂土，疏松，含少量粗绳纹瓦砾、青花瓷片、黑釉瓷残片、灰烬等。出土遗物器形不可辨。

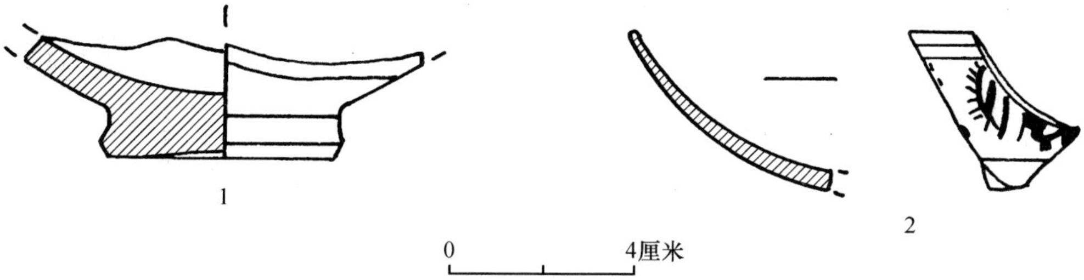

图三六　G1出土器物

1. 缸胎碗底（G1：1）　2. 青花碗（G1：2）

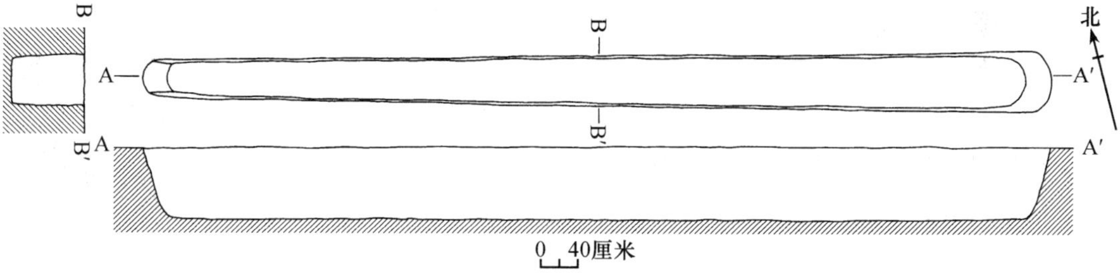

图三七　G2平、剖面图

2. 文化层出土遗物

文化层出土遗物较少，器形不可辨。

四、认识与总结

（一）分期

根据上文的介绍，可将草树土遗址3个大的阶段遗存划分为三期：第一期为汉六朝时期，遗存包括F2、F3、G3、H1。F2、G3、H1出土遗物较多，F3出土遗物极少。从地层关系看，H1与F2、F3、G3无直接叠压打破关系，仅后三者存在明显的叠压打破关系（F2、G3→F3），从F2、F3、G3的相互关系可确定F3早于F2、G3。从出土遗物看，F2、F3、G3出土遗物基本一致，以泥质灰陶为主，不见瓷器和缸胎器，器形主要为瓦当、筒瓦、板瓦、罐、盆、钵、瓮等，H1中不见瓦当、筒瓦、板瓦等泥质灰陶，而出土青瓷四系罐、铜弩机构件等器物，由此可将第一期划分为2段：F2、F3、G3为第1段，H1为第2段。第二期为唐宋时期，遗存包括第4～9层、F1、G4。第三期为明清时期，遗存包括第2A、2B、3A、3B层，G1、G2。

（二）年代

第一期遗存分为2段。第1段出土器物以泥质灰陶为主，尤以凤鸟纹瓦当、粗绳纹板瓦、筒瓦居多，其他遗物较少，多为素面，极少有纹饰。粗绳纹板瓦、筒瓦，以及几何纹、类似四神的凤鸟纹瓦当，是汉代典型的建筑遗物，尤以东汉最为普遍。第2段遗存仅H1，出土遗物较少，所出土的青瓷四系罐是东汉至三国时期典型的器物，在东汉至三国时期墓葬中较为常见。综上所述，推测第1段为东汉时期，第2段时代可能稍晚，下限或可到三国时期。

第二期遗存出土遗物主要集中在第9层，其他遗存出土遗物极少，而且第9层出土遗物绝大多数属第一期，仅少部分为第二期，总的看来，第二期遗存中出土的本期遗物较少，对该期遗存的分期断代作用十分有限。据所出土的铜镜、缸胎饼足器、折腹碗，以及不可辨器形的白瓷、青瓷、黑釉瓷残片等，大致推测第二期遗存的时代为唐宋时期。

第三期遗存相比第二期，出土遗物更少，仅在少数遗存中出土零星陶瓷器残片，绝大多数器形不可辨，据所出土的青花瓷残片，大致推测第三期遗存为明清时期。

（三）几点认识

通过调查、勘探，我们发现遗址的文化堆积主要分布于台地临江部分，因山洪及江水的冲刷，外加20世纪80年代当地瓦厂取土，致遗址的文化遗存遭到严重破坏。发掘结果表明，遗址文化内涵较丰富，涵盖汉六朝、唐宋、明清几个时期的文化遗存，主要文化堆积集中在汉六朝、唐宋时期。各时期的文化遗物基本上都是三峡地区同时期的常见器物。遗址所属台地发育较晚，因嘉陵江洪水频繁上涨淹没台地，形成的淤沙堆积较厚（90～150厘米），淹没次数达10次之多。据地层的叠压关系及出土遗物，推测洪水淹没的相对年代大体是唐宋时期5次，明清4次，现代1次。此结果对研究嘉陵江流域历年自然环境的变化具有重要的参考价值。

总的看来，遗址汉六朝遗存主要以建筑遗迹为主，板瓦、筒瓦、瓦当等建筑遗物占出土遗物的绝大多数，台地前沿临江边是人们主要聚居之地，活动频繁。唐宋遗存主要以地层堆积为主，建筑遗存减少，逐渐消失。出土遗物绝大多数为汉六朝时期，此时人们对早期遗存破坏严重。明清遗存仅见地层堆积。唐宋、明清地层堆积，主要为嘉陵江洪水淹没形成的淤积层，出土遗物极少。以上现象表明，遗址台地前沿临江区域，自汉六朝以后，已不再是人们聚居之地。受嘉陵江常年洪水影响，人们迁徙至台地后沿坡地或高岗，台地由居住地逐渐转变为耕地。

在出土遗物中，汉六朝时期的粗绳纹板瓦、筒瓦及瓦当占绝大多数，造型多样的凤鸟纹瓦当是本次发掘出土遗物的特色。当面凤鸟作展翅欲飞状，多作长冠，冠似鹿角、花草、羽毛，形象生动，形态各异。这些独具特色的瓦当，对渝西地区汉代建筑、人文艺术的研究提供了重要的实物资料。

领　　队：袁东山
发掘人员：王胜利　龚玉龙　廖渝方　丁韦强
　　　　　刘远坚　孙少伟　程　涛　李海喆
　　　　　田素琼　袁　兴
绘　　图：师孝明　李双厚　朱雪莲　陈晓鹏
资料整理：王胜利　袁东山
执　　笔：袁东山　王胜利

附表　草树土遗址遗迹单位登记一览表

编号	位置	层位关系	形状	尺寸（长×宽—深）/米	主要包含物	时代	备注
F1	Ⅰ T0403、T0503、T0603	⑨→F1→F3→生土 ↓ ↗ F2	暴露平面呈三角形	14.5×4.5	卵石	唐宋	
F2	Ⅰ T0203、T0303、T0403	⑨→F1→F2→F3	暴露平面呈三角形	6.3×1.9	粗绳纹瓦砾、红烧土块、炭烬、石块、卵石等	汉代	
F3	Ⅰ T0203、T0204、T0303、T0304、T0403、T0503	F1 ↗ ↓ ↘ ⑨→F2→F3→生土 ↘ ↗ G3	暴露平面近长条形	11.3×9	石子	汉代	
H1	Ⅰ T0204	⑨→H1→生土	近圆形、直壁、平底	口径0.7、深0.65	青瓷罐、铜弩机构件等	两晋南北朝	
G1	Ⅱ T0201、T0202、T0203	③A→G1→④	长条形，底近东北高、西南低	14.5×0.62—0.9	瓦砾、青花瓷片、青白瓷片、硬陶、红烧土颗粒等	明清	
G2	Ⅰ T0104、Ⅱ T0204、T0104	③A→G2→④	长条形、斜直壁、底近平	9.95×（0.4～0.67）—0.8	粗绳纹瓦砾、青花瓷片、黑釉瓷残片、灰烬等	明清	
G3	Ⅰ T0203、T0204、T0304、T0403、T0503	⑨F2→G3→F3→生土	平面近弓形、斜直壁、底东高西低	26.15×1.5—0.8	粗绳纹板瓦、红烧土块、灰烬、瓦砾、陶片等	汉代	
G4	Ⅰ T0204、T0304	⑧→G4→⑨	长条形、直壁、平底	9.15×0.3—0.1	红烧土颗粒、灰烬、瓦砾等	唐宋	

潼南县下庙儿遗址汉墓发掘报告

重庆市文化遗产研究院
潼南县文物管理所

一、遗址概况

下庙儿遗址位于重庆市潼南县上和镇后沟村四组，地处涪江北岸的一、二级台地上。地理坐标为北纬30°08′28.112″，东经105°57′38.141″。海拔242～251米。下庙儿遗址西北距潼南县城约14千米，距上和镇约3.5千米。遗址所在的独柏寺坝为一西北—东南走向的长条形台地，长1.8、宽0.1～0.23千米，地势较平坦，其北、东两面为丘陵，涪江绕台地西缘自西北向东南流去。遗址位于独柏寺坝中部的台地上，其主体部分位于一处名为陈家梁子的二级台地上，该台地形状为长条形，东西长约500、南北宽约50～130米（图一；图版六，1）。

2010年8～9月，重庆市文物考古所对中卫至贵阳天然气输气管道联络线工程（重庆段）建设征地区开展文物调查时发现了这处遗址。2012年3～6月，重庆市文物考古所、潼南县文物管理所联合在该遗址受工程直接影响的区域内进行了考古勘探和发掘，勘探面积约8000平方米，发掘面积共计1400平方米，共布10米×10米的探方14个，编号为2012TSHXT1～2012TSHXT14（以下省略2012TSHX）（图二；图版六，2）。遗址的主体遗存可分为汉、明清时期两个大的阶段，共发掘和清理汉墓11座、明墓3座，以及明清时期灰坑4个、房址1个，出土了一批汉至明清时期的陶、瓷、铜、铁器等遗物。现将汉墓的发掘情况介绍如下。

二、墓葬分述

（一）土坑墓

共发现6座，编号分别为M6、M7、M8、M12、M13、M14，均为长方形竖穴土坑

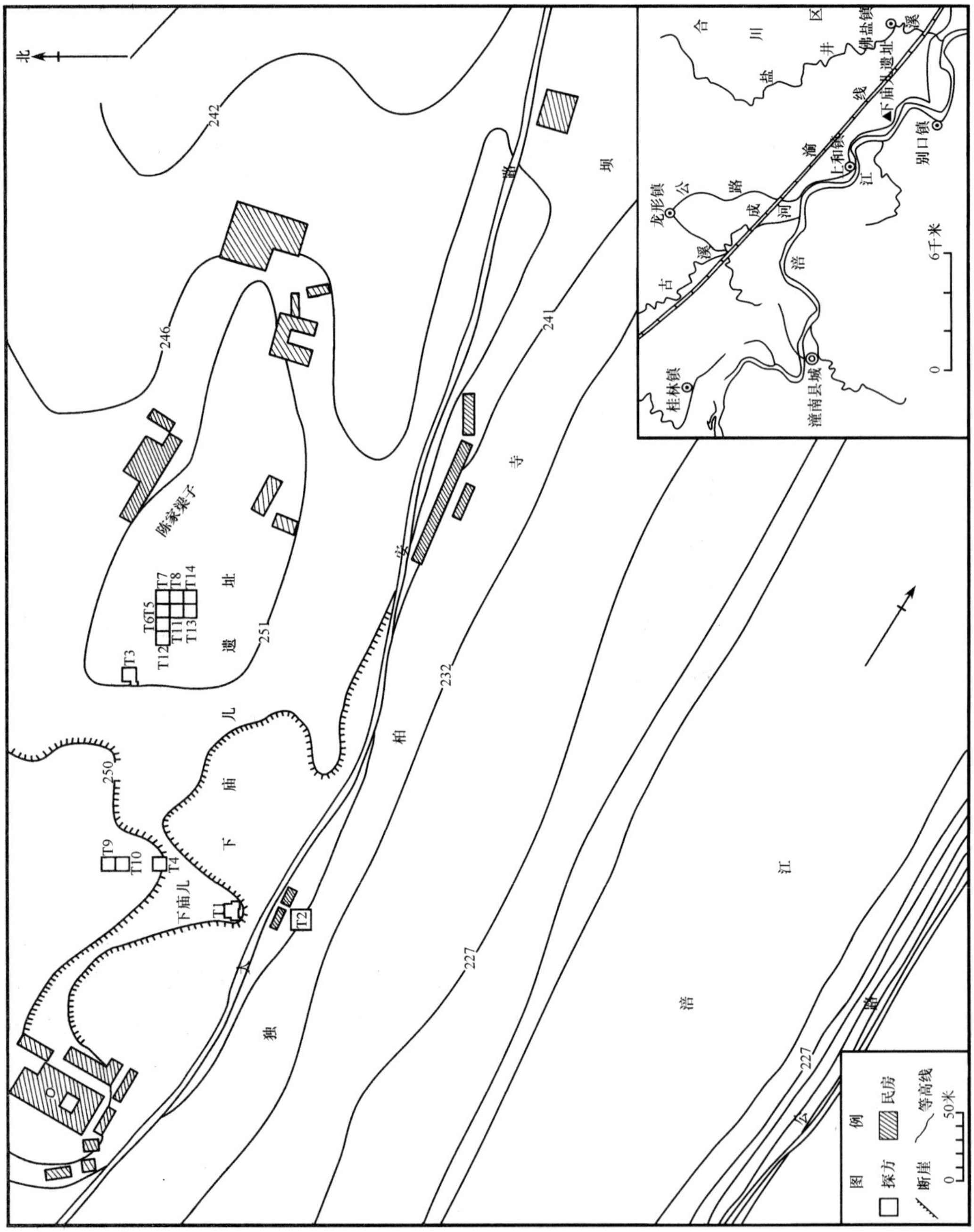

图一　下庙儿遗址位置及地形图

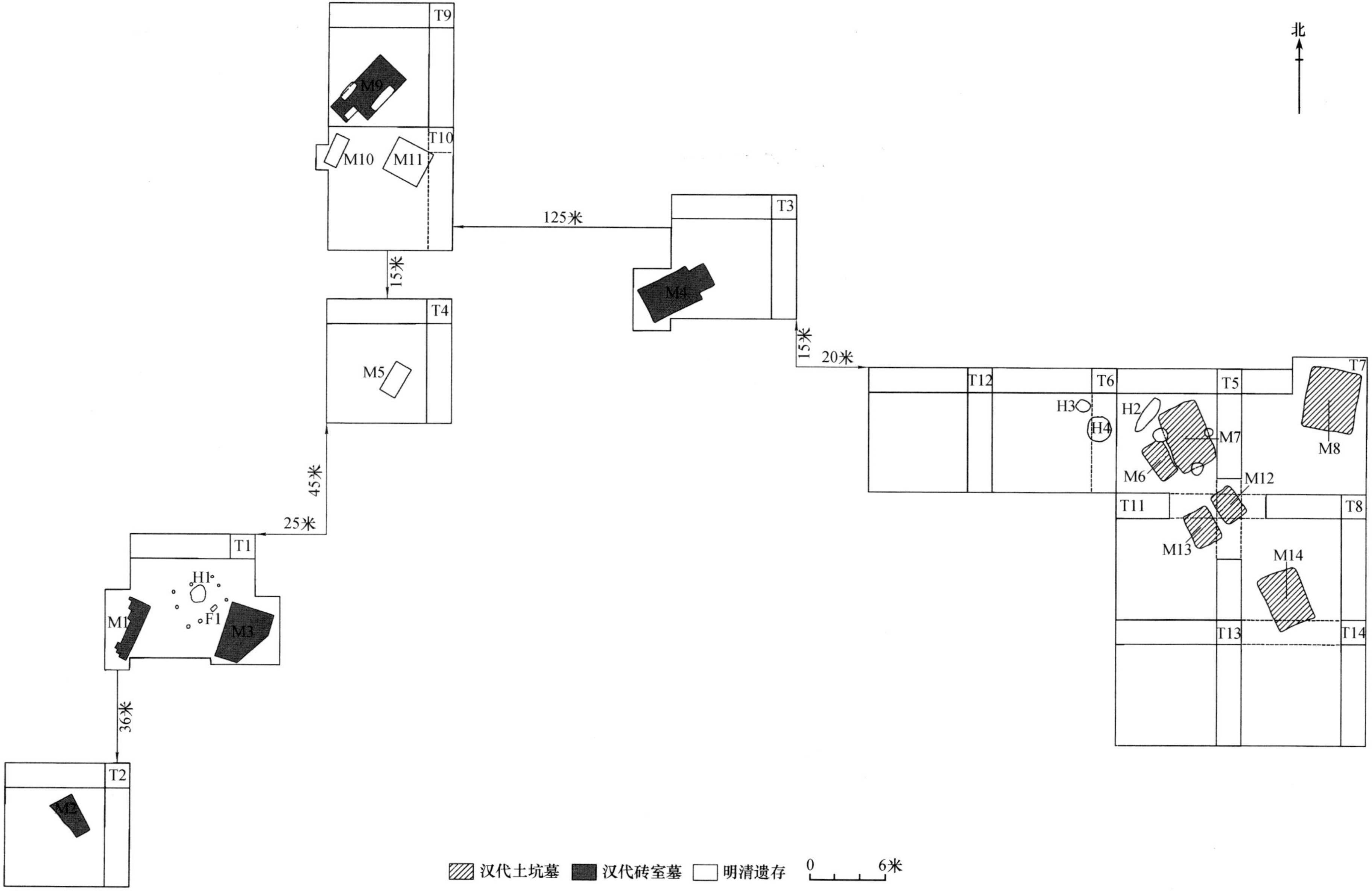

图二 下庙儿遗址遗迹分布示意图

墓，部分墓葬墓底筑有熟土二层台。多数墓葬遭严重盗扰，出土器物大多为陶器残片，另有较多铜钱币及个别铁器。

1. M6

M6位于T5中部，东侧紧邻M7，东北角被明清时期柱洞打破。叠压于第2层（明清层）下，打破生土，距地表深约0.3米。墓向为155°。圆角长方形竖穴土坑墓，北端稍宽于南端，墓口与墓底同大。长3.1、宽1.6～1.9、深0.25～0.35米。未发现葬具和人骨。填土为灰褐色黏土，土质较疏松，包含有少量的陶片（图三）。

图三　M6平、剖面图

1. 陶圜底罐　2、5、6. 陶钵　3、4. 铜钱币

随葬品均分布于墓室的中部偏西处，出土有陶圜底罐、陶钵和铜钱币等。陶器以泥质灰陶为主，另有少量的泥质灰褐陶和夹砂灰褐陶。纹饰以素面为主，另有绳纹和网格纹。铜钱币有五铢钱、大泉五十钱及大布黄千钱。下面分别对它们进行描述。

陶圜底罐　1件。M6∶1，泥质灰陶。直口，圆唇，平沿，矮领，斜折肩，弧腹近直，圜底。肩部饰两周戳印纹，肩腹结合处饰一周圆窝纹，腹部饰绳纹。口径12、最大腹径26.2、高19.8、壁厚0.4～1.2厘米（图四，1；图版三五，6）。

陶钵　4件。M6：2，泥质灰褐陶。敞口，圆唇，折腹，上下腹均较斜直，平底。口径19.6，底径7.2、高6.8、壁厚0.6～0.8厘米（图四，2）。M6：5，夹砂灰褐陶。敞口，圆唇，折腹，上腹较斜直，下腹微内收，平底。口径20、底径7.4、高7.3、壁厚0.6～0.8厘米（图四，3）。

大泉五十钱　67枚。圆形方穿，钱的边缘有郭，穿正反两面均有郭，穿上下篆文“大泉”两字，左右篆文“五十”二字。根据钱文特点分为四型。

A型　3枚。M6：3-1，“大”字横笔顶部平，两头斜下垂，下部撇捺两笔较竖直。外径2.7、穿边长1、厚0.11厘米（图四，4）。

B型　20枚。M6：3-2，“大”字横笔呈圆弧状，下部撇捺两笔斜直。外径2.6、穿边长1、厚0.15厘米（图四，5）。

C型　13枚。M6：3-3，“大”字横笔呈尖弧线，下部撇捺两笔斜直。外径2.6、穿边长0.9、厚0.2厘米（图四，6）。

D型　1枚。M6：4-4，“大”字横笔呈圆弧状，下部撇捺两笔短直。“五十”二字左右相反，“五”字在左，“十”字在右。外径2.9、穿边长0.9、厚0.1厘米（图四，7）。

其余30枚字迹不清。

五铢钱　3枚。M6：3-5，圆形方穿。钱的边缘有郭，穿反面有郭，穿下有一凸起的月牙形记号。穿左右有“五铢”两字，“五”字中间两笔弯曲，两横出头至穿郭。“铢”字的朱字头方折。钱径2.5、穿径1.1、厚0.12厘米（图四，8）。

大布黄千钱　1枚。M6：4，铲形币。平首，首部有圆形穿，束颈，平肩，足枝已残。钱正反两面中间有凸棱，边缘及穿两面均有郭。币身上部左右篆书“大布”两字。残长4、首宽1.6、肩宽2、厚0.1～0.2厘米（图四，9）。

2. M7

M7位于T5东部，西侧紧邻M7，东、南、西三壁分别被明清时期的3个柱洞打破。叠压于第2层（明清层）下，打破生土，距地表深约0.3米。墓向为155°。圆角长方形竖穴土坑墓，墓壁斜直，口大底小，西、南两壁底部各筑有宽0.3、高0.3米的熟土二层台，墓室西北部有一椭圆形盗洞。墓口长4.8、宽3.3米；墓底长3.2、宽2.2米；墓深1.4米。未发现葬具和人骨，墓底残留红色漆皮痕，疑为棺椁漆皮。填土为灰褐色黏土，土质较致密，已遭扰动，包含有较多的陶片（图五；图版三四，2）。

墓室北部已被盗掘一空，盗洞中出土大量陶片和一件铁削。残存的随葬品均分布于墓室南部，均为陶器碎片，陶片陶质以泥质为主，另有较多的夹砂陶。泥质陶多为灰陶，另有较多的褐陶、黄褐陶及灰褐陶。纹饰以素面为主，另有较多的绳纹。可辨器形

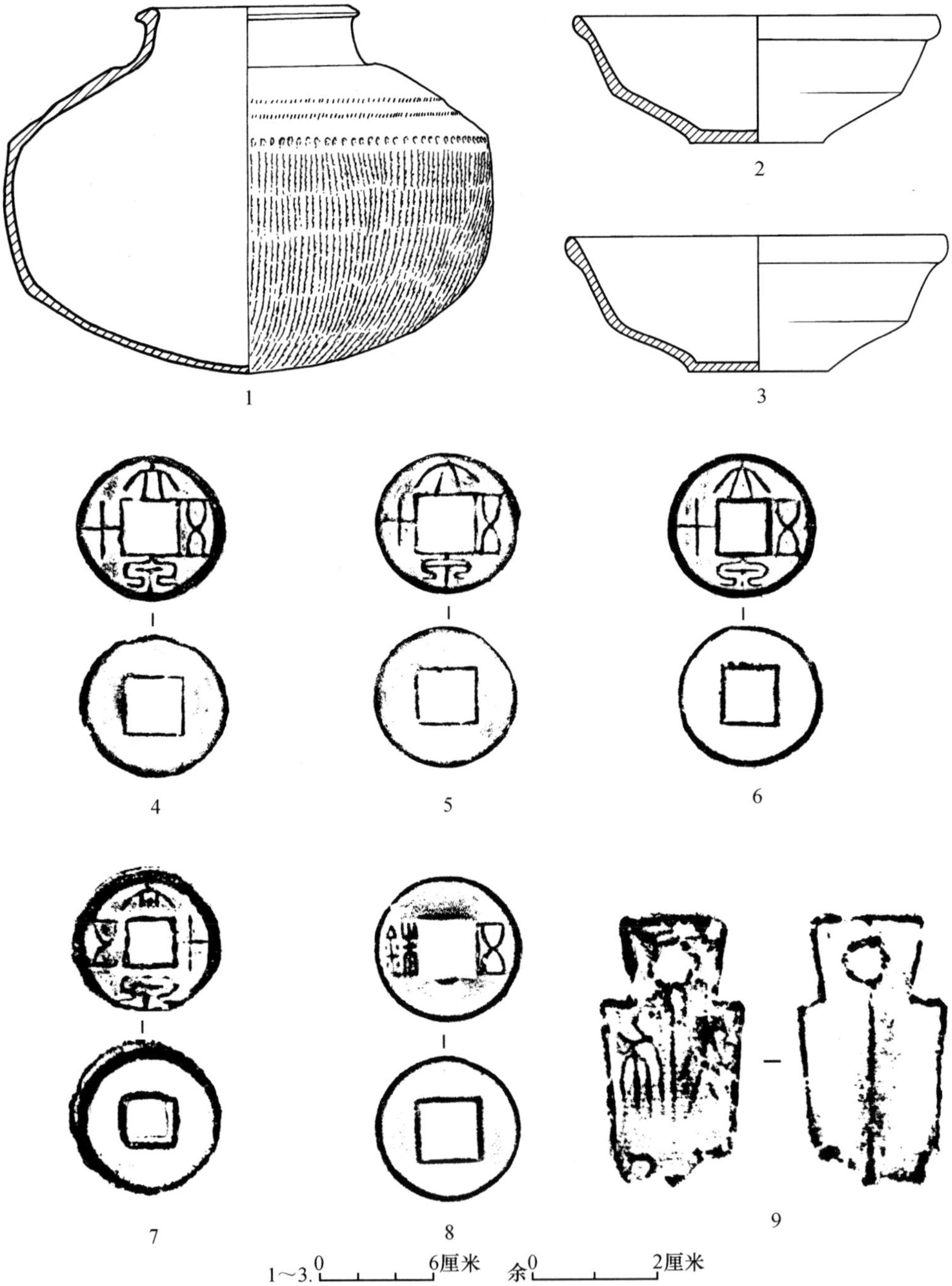

图四　M6出土陶器及铜钱拓片

1. 陶圜底罐（M6：1）　2、3. 陶钵（M6：2、M6：5）　4～7. 大泉五十钱（M6：3-1、M6：3-2、M6：3-3、M6：3-4）　8. 五铢钱（M6：3-5）　9. 大布黄千钱（M6：4）

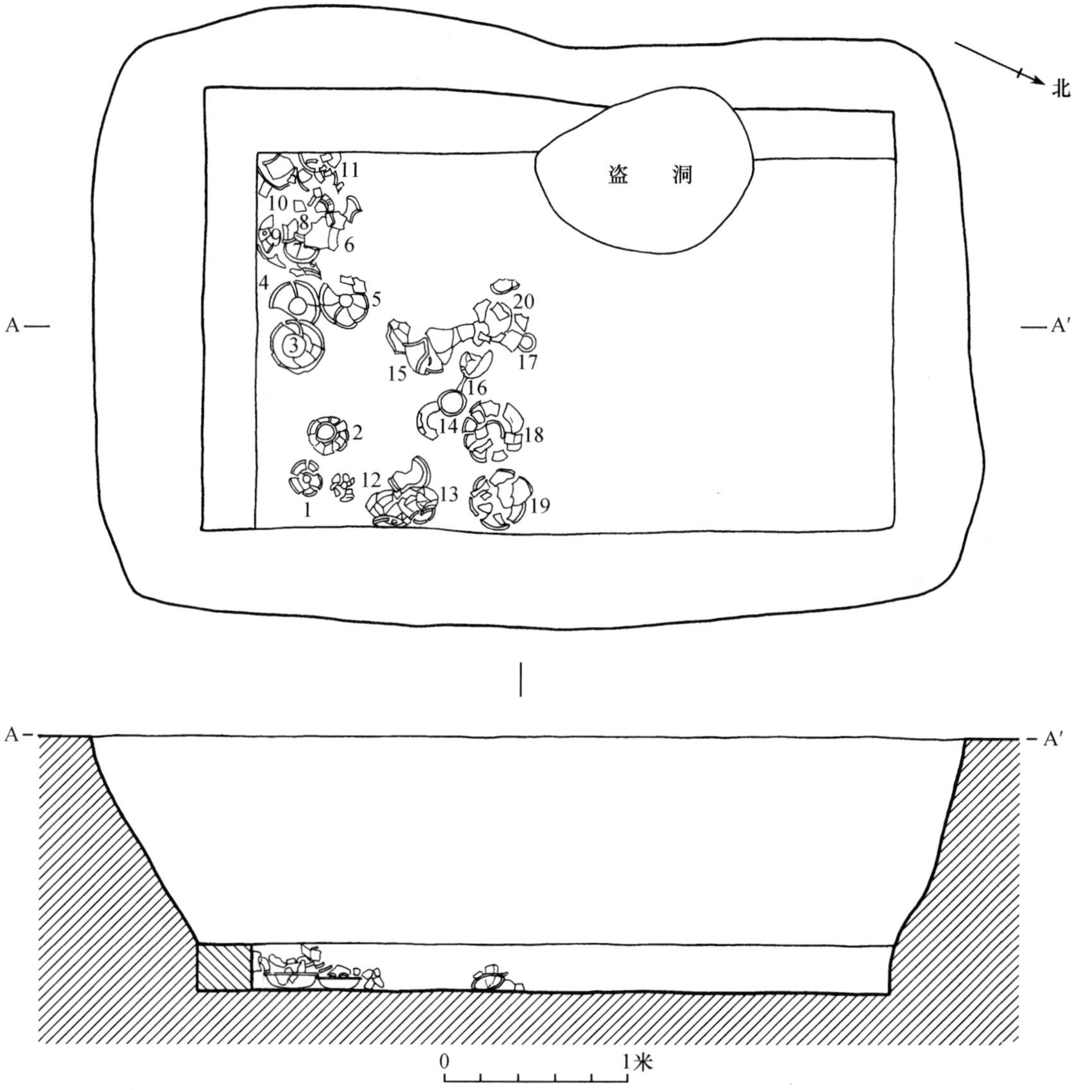

图五 M7平、剖面图

1、11、19. 陶钵 2、7、9、10、13～15、18、20. 陶平底罐 3、12. 陶凹底罐 4、5. 陶盆 6. 陶井 8. 陶釜 16. 陶豆 17. 陶耳杯

有罐、釜、盆、钵、豆、井、案、耳杯等。下面对已修复的器物进行描述。

陶平底罐 2件。M7∶2，泥质灰褐陶。圆唇，短颈，平肩，鼓腹。口径10.4、最大腹径16.9、底径8.8、壁厚0.4～0.8厘米（图六，1）。M7∶7，泥质黄褐陶。敞口，尖圆唇，平沿，束颈，斜折肩，斜腹。肩部饰二道凹弦纹。口径11.2、底径10.7、高11、壁厚0.4～0.8厘米（图六，2；图版三五，3）。

陶凹底罐 2件。M7∶3，泥质灰陶。直口微敛，尖唇，圆肩，斜腹。口径9.6、底径12.4、高10.8、壁厚0.4厘米（图六，3）。M7：12，泥质灰陶。直口，圆唇，广肩，斜腹。口径10、底径13.2、高11.2、壁厚0.4～0.6厘米（图六，4）。

陶釜　1件。M7：8，夹砂灰陶。直口，矮领，鼓腹，腹下部已残。腹中部对称有桥形耳。口径20.8、腹最大径33.6、残高19.8、壁厚0.4厘米（图六，5）。

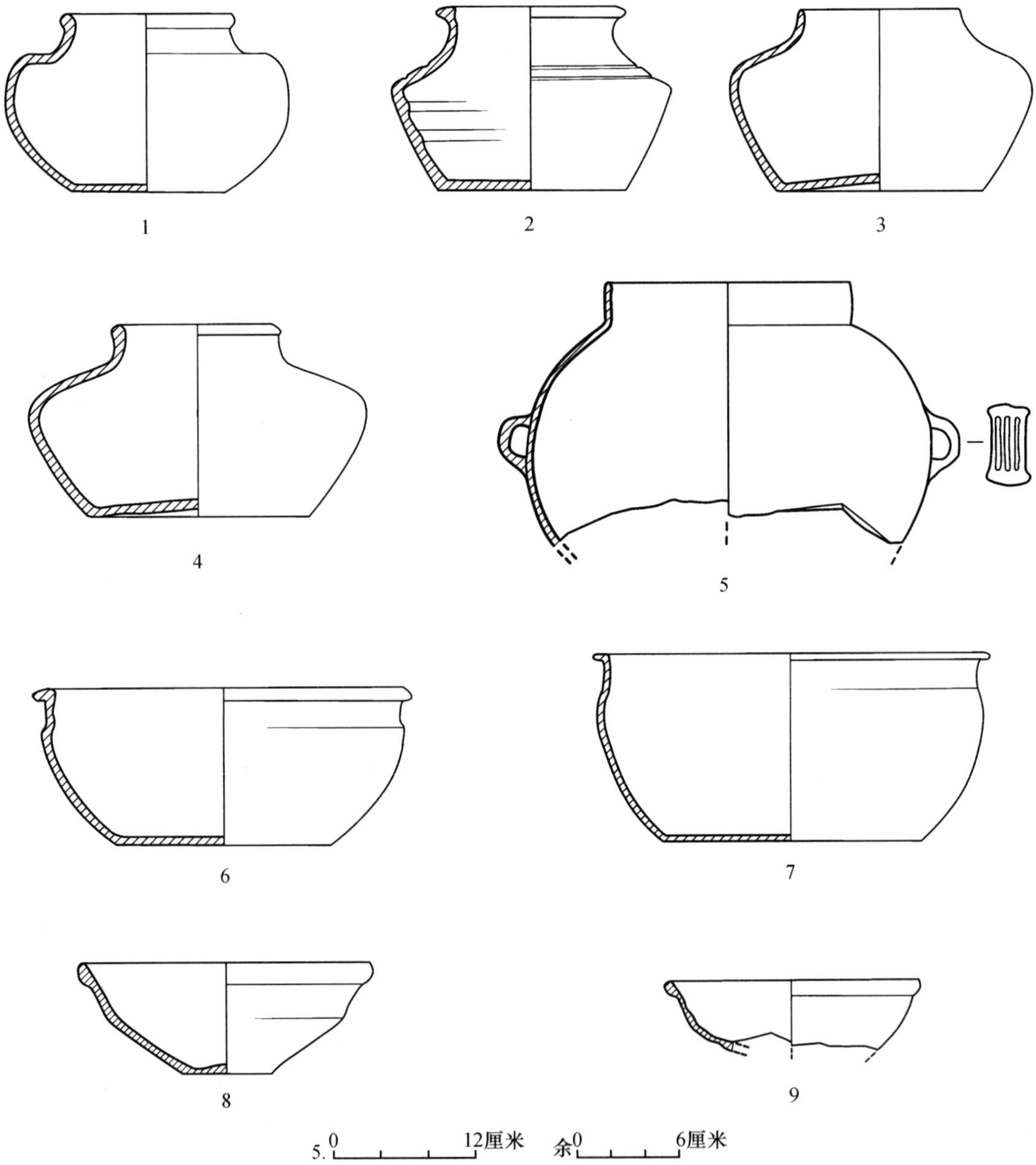

图六　M7出土陶器

1、2. 平底罐（M7：2、M7：7）3、4. 凹底罐（M7：3、M7：12）　5. 釜（M7：8）
6、7. 盆（M7：4、M7：19）　8、9. 钵（M7：1、M7：11）

陶盆　2件。M7：4，泥质褐陶。圆唇，斜沿外翻，束颈，弧腹，平底。口径22.8、底径12.8、高9.3、壁厚0.4～0.8厘米（图六，6；图版三六，1）。M7：19，泥质灰陶。圆唇，平沿，束颈，弧腹，平底。口径23.6、底径14.8、高11.2、壁厚0.4厘米（图六，7）。

陶钵　2件。M7：1，泥质灰陶。敞口，圆唇，折腹，上下腹均较斜直，平底。口径17.1、底径5、高6.3、壁厚0.3～0.6厘米（图六，8）。M7：11，泥质黄陶。敞口，圆唇，弧腹，底残。口径15、残高4、壁厚0.3厘米（图六，9）。

陶豆　1件。M7：16，泥质灰陶。豆盘为敞口，尖唇，弧腹，平底，底下接细长实柄，柄下接覆盘状圈足。口径14.3、底径12.2、通高17厘米（图七，1）。

陶井盖　1件。M7：6，泥质灰陶。井盖近方形，圆形井口，井口两侧各有一个小圆孔，圈足已残。长29、宽27、残高5.7厘米（图七，2）。

铁削刀　1件。M7：15，直柄，长条形削身，削背平直，削柄窄于削身，平刃。长15.3、宽1.7、厚0.2～1厘米（图七，3）。

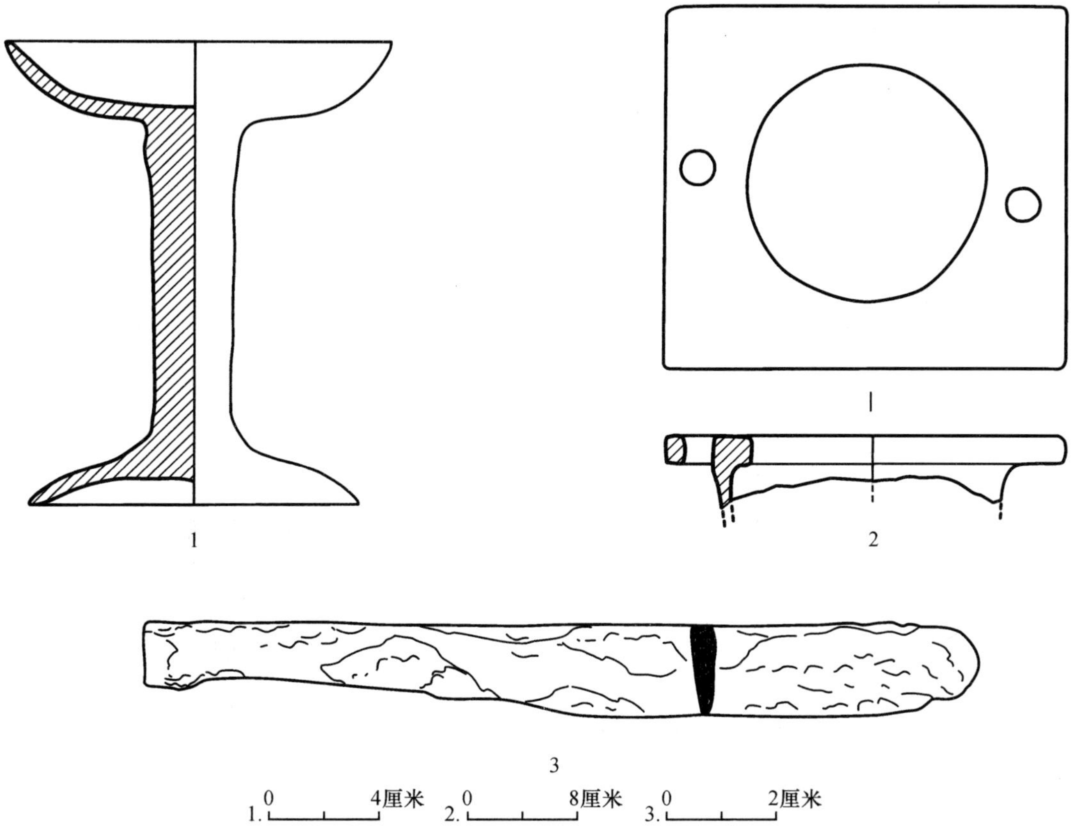

图七　M7出土陶器、铁器

1. 陶豆（M7：16）　2. 陶井盖（M7：6）　3. 铁削刀（M7：15）

3. M8

M8位于T7东北部。叠压于第2层（明清层）下，打破生土，距地表深约0.3米。墓向为195°。直角长方形竖穴土坑墓，口底同大。长4.7、宽3.7、深1.1米。未发现葬具和人骨，墓底发现红色漆皮痕，疑为棺椁漆皮。填土为灰褐色黏土，土质较疏松，被扰乱，包含有大量陶片（图八）。

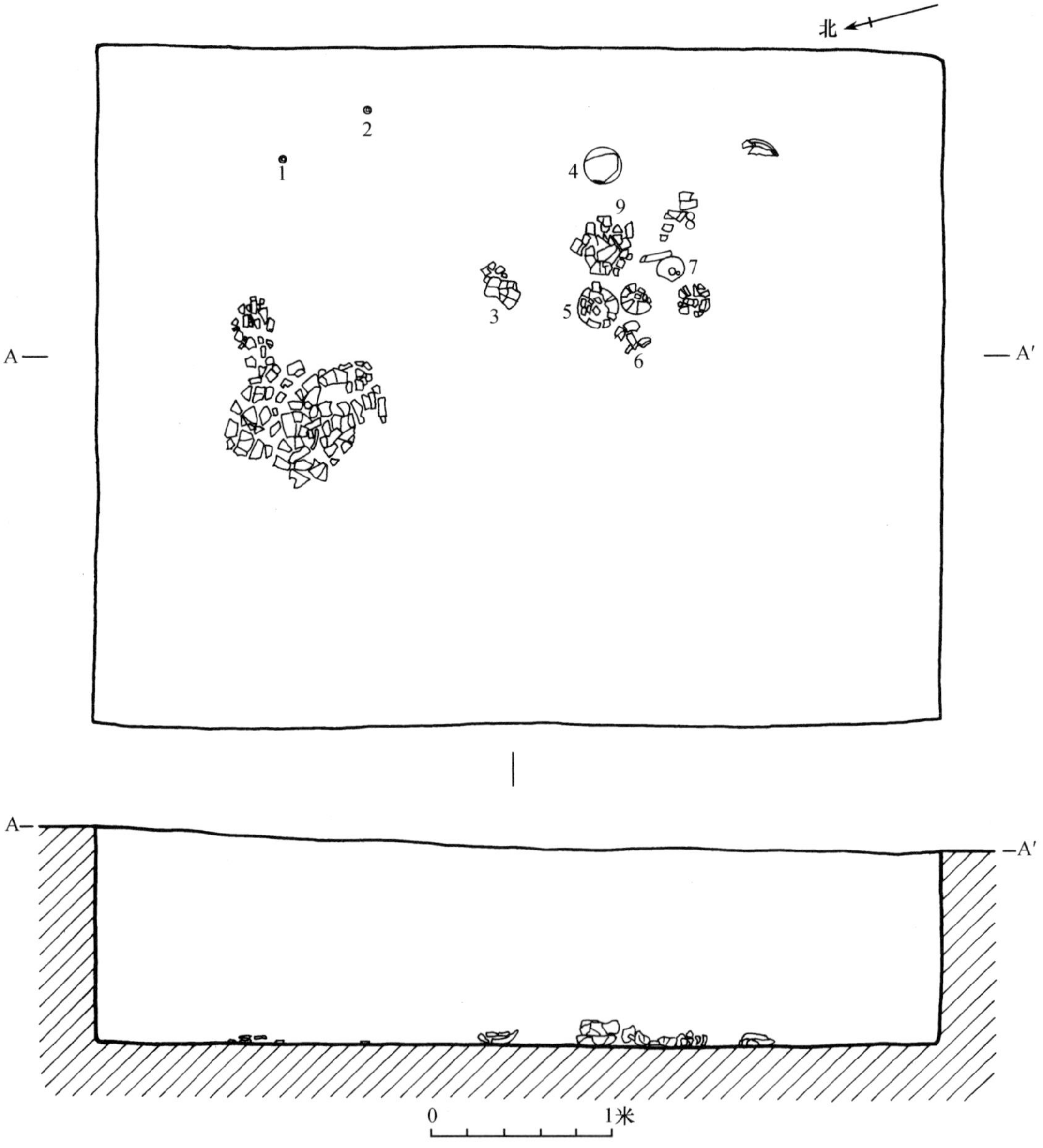

图八　M8平、剖面图

1、2. 铜钱　3、7、8. 陶钵　4、5. 陶平底罐　6. 陶豆　9. 陶盆

墓葬遭严重盗扰，仅墓底东部残存较多陶片及铜钱。陶片大多为泥质陶，另有较少的夹砂陶。泥质陶多为灰陶，另有较多的褐陶和灰褐陶；夹砂陶有红褐陶和灰褐陶。纹饰以素面为主，另有较多的绳纹。可辨器形有罐、盆、钵、豆等。铜钱均为五铢钱，部分铜钱用麻绳穿系成串。下面对已修复的器物进行介绍。

陶平底罐　2件。M8：4，泥质灰陶。直口，圆唇，耸肩，弧腹。口径9.2、底径11.8、高14、壁厚0.4～0.6厘米（图九，1）。M8：5，泥质灰陶。直口，圆唇，广肩，弧腹。口径10、底径10.4、高14.2、壁厚0.4～0.6厘米（图九，2；图版三五，4）。

陶豆　1件。M8：7，泥质红褐陶。由豆和器盖组成，豆盘为敛口，折腹，底较平，底下接短粗实柄，柄下接圈足。盖为敞口，圆唇，斜弧腹，尖顶；盖身阴刻有菱格纹。豆身口径12、底径10.2、高11.4、壁厚0.4～0.8厘米；盖口径14.8、高5.2、壁厚0.2～0.7厘米（图九，3；图版三六，2）。

五铢钱　40枚。圆形方穿。钱的边缘有郭，穿反面有郭。穿左右篆书“五铢”两

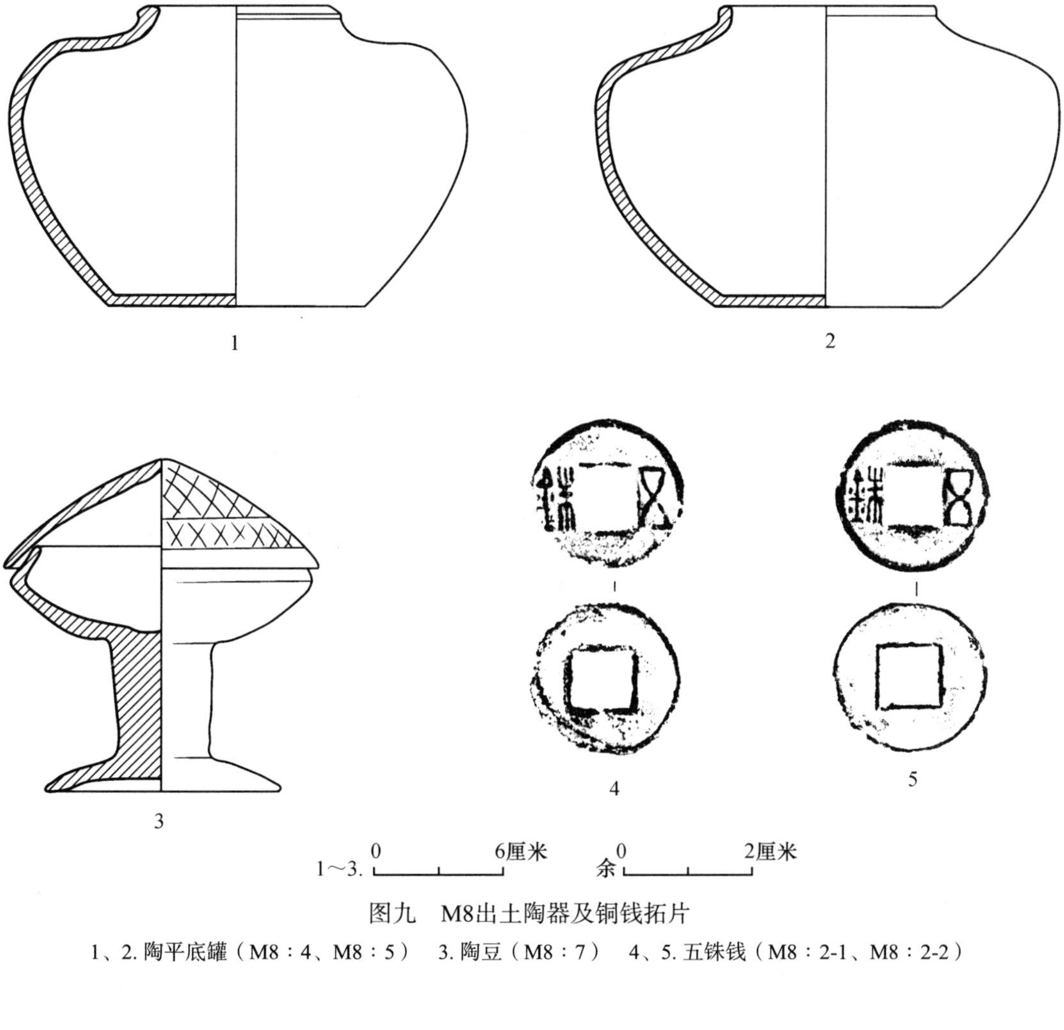

1～3. 0 6厘米　余 0 2厘米

图九　M8出土陶器及铜钱拓片

1、2. 陶平底罐（M8：4、M8：5）　3. 陶豆（M8：7）　4、5. 五铢钱（M8：2-1、M8：2-2）

字。根据钱文特点可分为二型。

A型　10枚。M8：2-1，“五”字中间两笔斜直，“铢”字的朱字头方折。外径2.5、穿边长1.1、厚0.1厘米（图九，4）。

B型。20枚。M8：2-2，“五”字中间交笔弯曲，“铢”字的朱字头方折。外径2.5、穿边长1、厚0.15厘米（图九，5）。

其余10枚字迹模糊不清。

4. M12

M12位于T11东北部，东南部紧邻M13。叠压于第2层（明清层）下，打破生土，距地表深约0.3米。墓向155°。圆角长方形竖穴土坑墓，口底同大，长2.5、宽2、深0.6米。未发现葬具和人骨。填土为灰褐色黏土，土质较致密，已遭扰乱，包含有较多陶片（图一〇）。

墓葬遭严重盗扰，墓室底部南部出土有较多陶片。陶片均为泥质陶，其中以灰陶为主，另有少量的黄陶和黄褐陶。纹饰以素面为主，少量饰绳纹。可辨器形有罐、盆、钵等。下面对已修复的器物进行介绍。

陶盆　1件。M12：1，泥质灰陶。平沿，方唇，束颈，溜肩，斜腹，平底。口径23.6、底径12、高8.3、壁厚0.4厘米（图一〇，1）。

5. M13

M13位于T11东北部，西北部紧邻M12。叠压于第2层（明清层）下，打破生土，距地表深约0.3米。墓向160°。圆角长方形竖穴土坑墓，口底同大。长2.6、宽2、深0.5～0.8米。未发现葬具和人骨。填土为灰褐色黏土，土质较疏松，已被扰乱，包含有较多陶片（图一一）。

墓葬遭严重盗扰，墓室底部残存有较多陶片及铜钱币。陶片多为泥质陶，另有较多的夹砂陶片。泥质陶中以黄陶为主，黄褐陶次之，另有少量的灰陶和褐陶。夹砂陶以灰陶为主，另有少量的红陶。纹饰以素面为主，少量饰绳纹。可辨器形有罐、钵等，无可复原器。铜钱均为五铢钱。下面对铜钱币进行介绍。

五铢钱　15枚。圆形方穿。钱的边缘有郭，穿反面有郭。穿左右有篆书“五铢”两字。可分为三型。

A型　1枚。M13：1-1，部分边郭被磨去。“五”字中间两笔较直，“铢”字的朱字头方折。外径2.3、穿边长1、厚0.1厘米（图一二，1）。

B型　7枚。M13：1-2，“五”字中间交笔弯曲，“铢”字的朱字头方折。外径2.5、穿边长1、厚1.5厘米（图一二，2）。

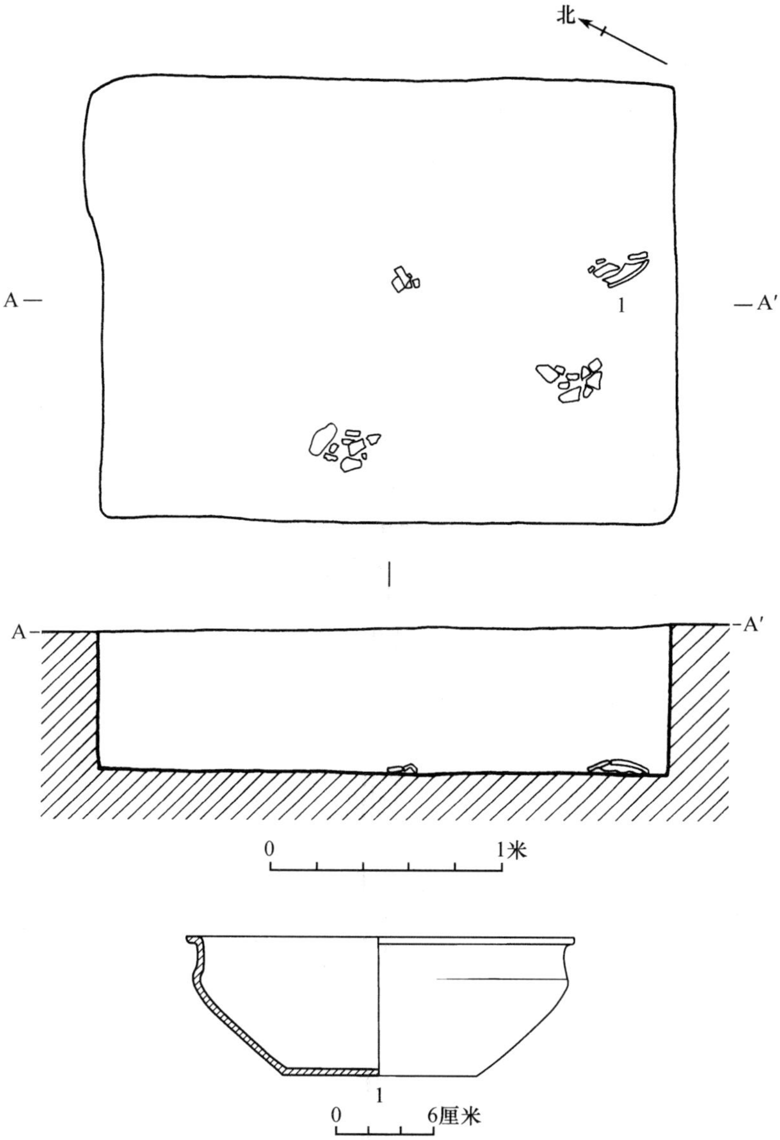

图一〇　M12平、剖面图及出土陶器
1. 陶盆（M12：1）

C型　1枚。M13：1-3，边郭被磨去。“五”字中间两笔弯曲，“铢”字的朱字头方折。外径2.3、穿径1.1、厚0.1厘米（图一二，3）。其余6枚字迹不清。

6. M14

M14位于T8南部和T14北部。叠压于耕土层下，打破生土，距地表深0.15～0.2米。

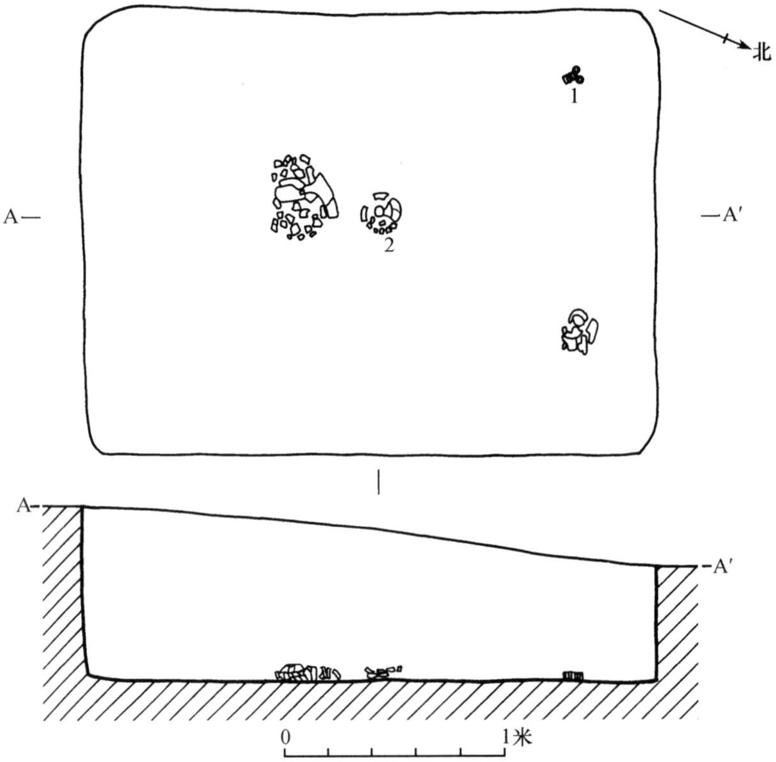

图一一　M13平、剖面图
1. 铜钱币　2. 陶钵

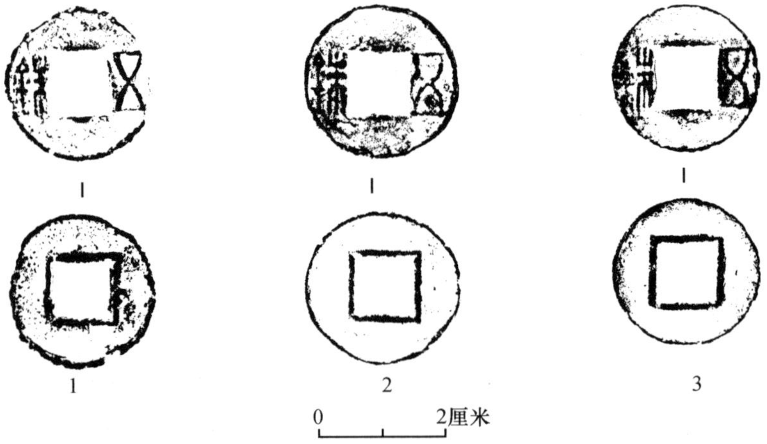

图一二　M13出土五铢钱拓片
1. A型M13：1-1　2. B型M13：1-2　3. C型M13：1-3

墓向为165°。直角长方形竖穴土坑墓，墓底四周筑有宽0.42～0.46、高0.5～0.7米的熟土二层台。墓口长4.4、宽3.1～3.4米，墓底长3.5、宽2.2米，墓深0.6～0.7米。未发现葬具和人骨，墓底残留有红色漆皮痕，疑为棺椁漆皮。填土为灰褐色黏土，已被扰乱，土质较致密，包含有较多的陶片（图一三）。

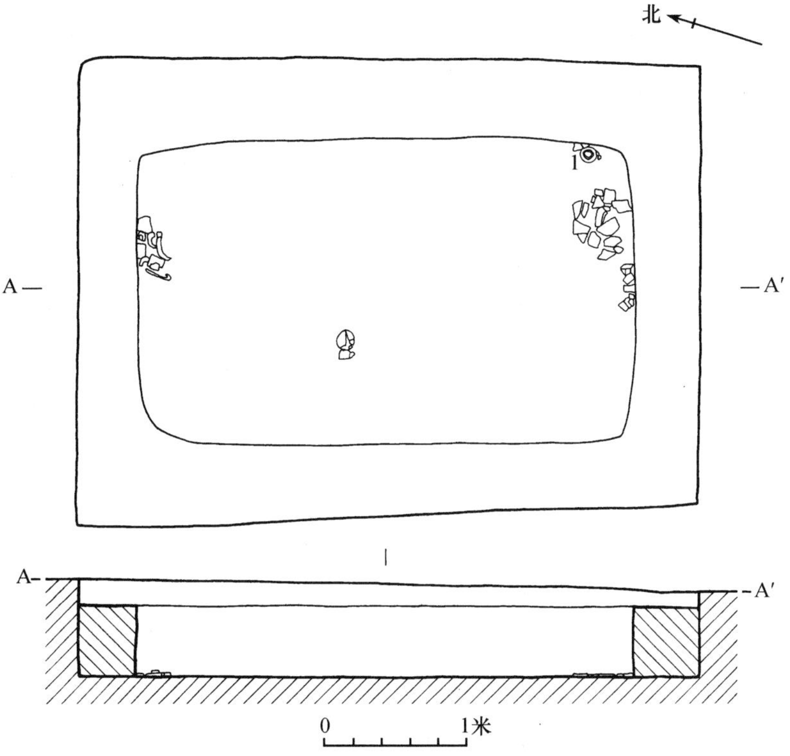

图一三　M14平、剖面图
1. 陶平底罐

墓葬遭到严重盗扰，墓底出土有大量的陶片，以泥质陶为主，另有较多的夹砂陶。泥质陶以灰陶为主，另有较多的黄褐陶和灰褐陶；夹砂陶以灰陶为主，另有较多的黄褐陶和灰褐陶。纹饰以素面为主，另有较多的绳纹。可辨器形有罐、盆、鼎、甑、井等。下面对已修复器物进行介绍。

陶盆　1件。M14：3，泥质灰陶。平沿，方唇，束颈，溜肩，斜弧腹，底部内凹。口径30、底径13、壁厚0.8～1.2、高13厘米（图一四，1）。

陶平底罐　2件。M14：1，泥质灰陶。直口，圆唇，束颈，扁鼓腹。口径6、底径6、高5、壁厚0.4厘米（图一四，2）。M14：2，泥质灰陶。直口，圆唇，束颈，圆肩，斜弧腹。肩部饰一周凹弦纹。口径10.8、底径11.2、高12、壁厚0.4厘米（图一四，3）。

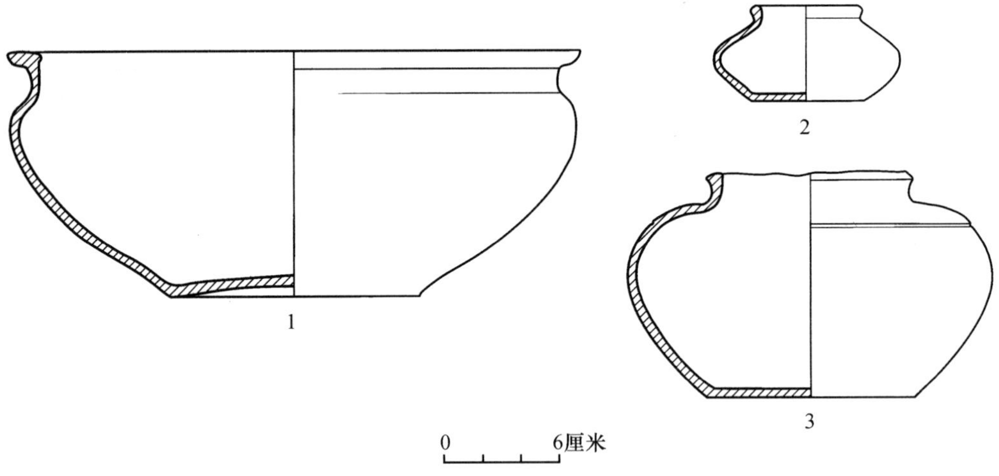

图一四　M14出土陶器
1. 盆（M14：3）　2、3. 平底罐（M14：1、M14：2）

（二）砖室墓

共发现5座，编号分别为M1、M2、M3、M4、M9，均为竖穴土圹砖室墓。多数墓葬被严重毁坏，仅M4、M9形制可辨，其平面形状分别为“凸”字形和刀把形。未发现葬具和人骨骼。出土器物大多为陶器残片，另有少量的铜钱。

1. M1

M1位于T1的西南部，其东部约5米处为M3。叠压于第2层（明清层）下，打破生土，距地表深0.3～0.4米。墓向为200°。墓葬大部分被毁，仅残存墓室的东北部。残长4.7、宽1.6、深0.7米。墓壁仅存部分北壁和东壁，各残留7层砖，以菱形纹长方形砖错缝平砌。墓底纵横平铺较规整的素面长方形砖。墓顶情况不详，发现有少量可能用于起券的菱形纹榫卯砖。墓内填红褐色黏土，土质较致密，已被扰乱，包含有较多的陶片（图一五）。

墓底出土有大量的陶片，均为泥质陶，其中以灰陶最多，灰胎黑皮陶次之，另有少量红陶、红褐陶。多数为素面，另有少量陶片饰绳纹、弦纹、乳钉纹、刻划纹及网格纹等。可辨器形有罐、盆、钵、壶、灯、耳杯、井等。下面对已修复器物进行介绍。

陶凹底罐　1件。M1：2，泥质灰陶。直口，圆唇，圆折肩，斜弧腹，底内凹。肩部饰一周凹弦纹。口径9.6、底径12.8、高11.5、壁厚0.4～0.8厘米（图一六，1）。

陶盆　4件。M1：1，泥质灰陶。斜折沿，圆唇，束颈，溜肩，斜腹，平底。口径24.8、底径13.4、高12、壁厚0.4～0.8厘米（图一六，2）。

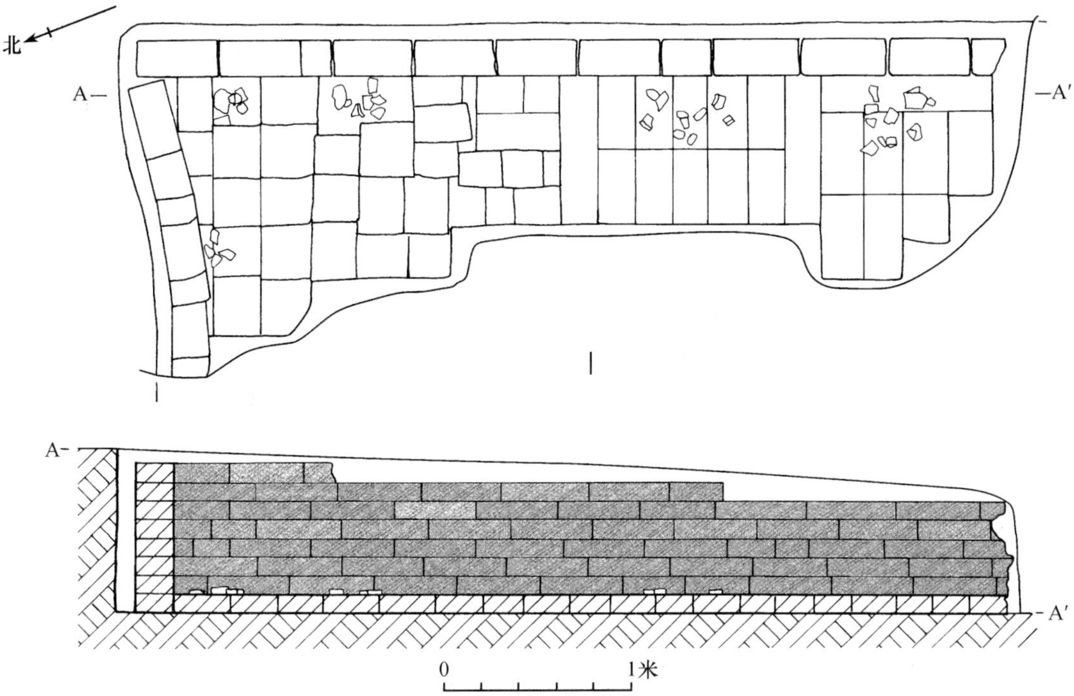

图一五 M1平、剖面图

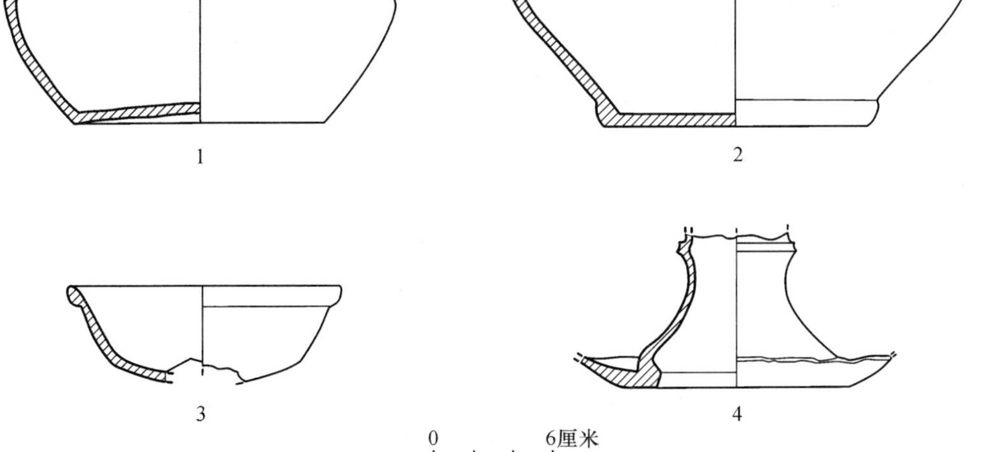

图一六 M1出土陶器

1. 凹底罐（M1：2） 2. 盆（M1：1） 3. 钵（M1：6） 4. 熏炉座（M1：4）

陶钵　1件。M1：6，泥质灰陶。敞口，圆唇，折腹，底残。口径14、残高5.1、壁厚0.2～0.4厘米（图一六，3）。

陶熏炉座　1件。M1：4，泥质红陶。底座为盘状，斜腹，平底。盘中接柄，柄中空，柄上部已残，下部内束，顶部有一周凸棱。底径15.8、残高7.8、壁厚0.2～1厘米（图一六，4）。

墓砖　有长方形砖和梯形榫卯砖两种，根据纹饰的不同可分为三型。

A型　M1：01，长方形砖，一长侧面饰有菱形纹，菱形纹中填有两重小菱形纹，小菱形纹内凸起有小乳钉。长41.6、宽22、厚10厘米（图一七，1）。

B型　M1：02，梯形榫卯砖，一窄侧面饰有菱形纹，菱形纹内饰有乳钉。长21.7、宽22～26、厚10厘米（图一七，2）。

C型　M1：03，梯形榫卯砖。一窄侧面饰有横长菱形纹，菱形纹内有小乳钉。长21、宽22～30、厚8.5厘米（图一七，3）。

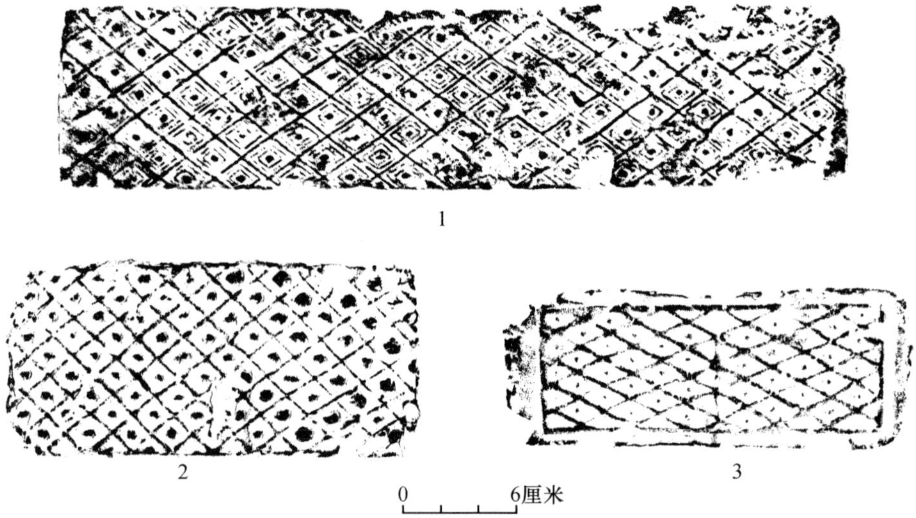

图一七　M1墓砖拓片

1. A型墓砖（M1：01）　2. B型墓砖（M1：02）　3. C型墓砖（M1：03）

2. M2

M2位于T2中部。叠压于第2层（明清层）下，打破生土，距地表深约0.4米。墓向为225°。墓葬被破坏严重，仅存墓室东北部。残长1.8、宽2.6、深0.5～0.9米。墓壁仅存东壁及部分北、南两壁，残存2～9层砖，用菱形纹长方形砖错缝平砌。墓底用素面长方形砖横向错缝平铺。顶部情况不详。墓内填黄褐色黏土，土质较致密，已被扰乱，包含有较多的陶片和绳纹瓦片（图一八）。

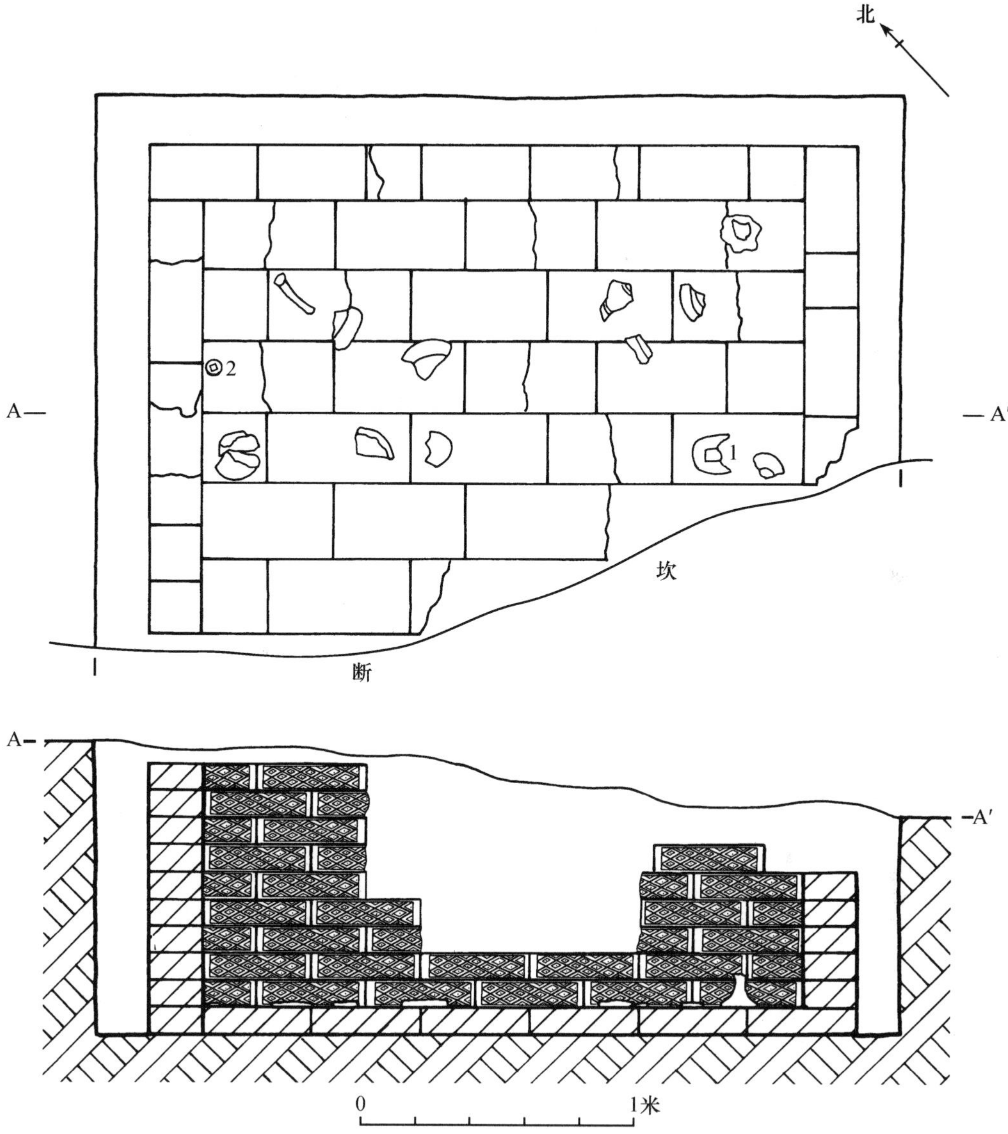

图一八　M2平、剖面图
1. 陶耳杯　2. 铜钱

墓室底部出土有较多的陶片及少量铜钱。陶片均为泥质陶，另有少量的釉陶器。以红陶为主，黄褐陶次之，另有较多的灰陶、黄陶。纹饰以素面为主，另有少量的绳纹、弦纹和戳印纹。可辨器形有罐、甑、盆、钵、壶、器盖、耳杯等。下面对已修复器进行介绍。

陶耳杯　1件。M2：1，泥质灰陶。杯身为椭圆形，斜弧腹，平底。两侧有月状耳，两耳微上翘。口长径12、口短径8、底长径7.2、底短径4.4、耳宽1.2、高3.2厘米（图一九，1；图版三五，2）。

釉陶器盖　1件。M2：3（在残片中拼对修复出，图中无这件器物），泥质红陶。

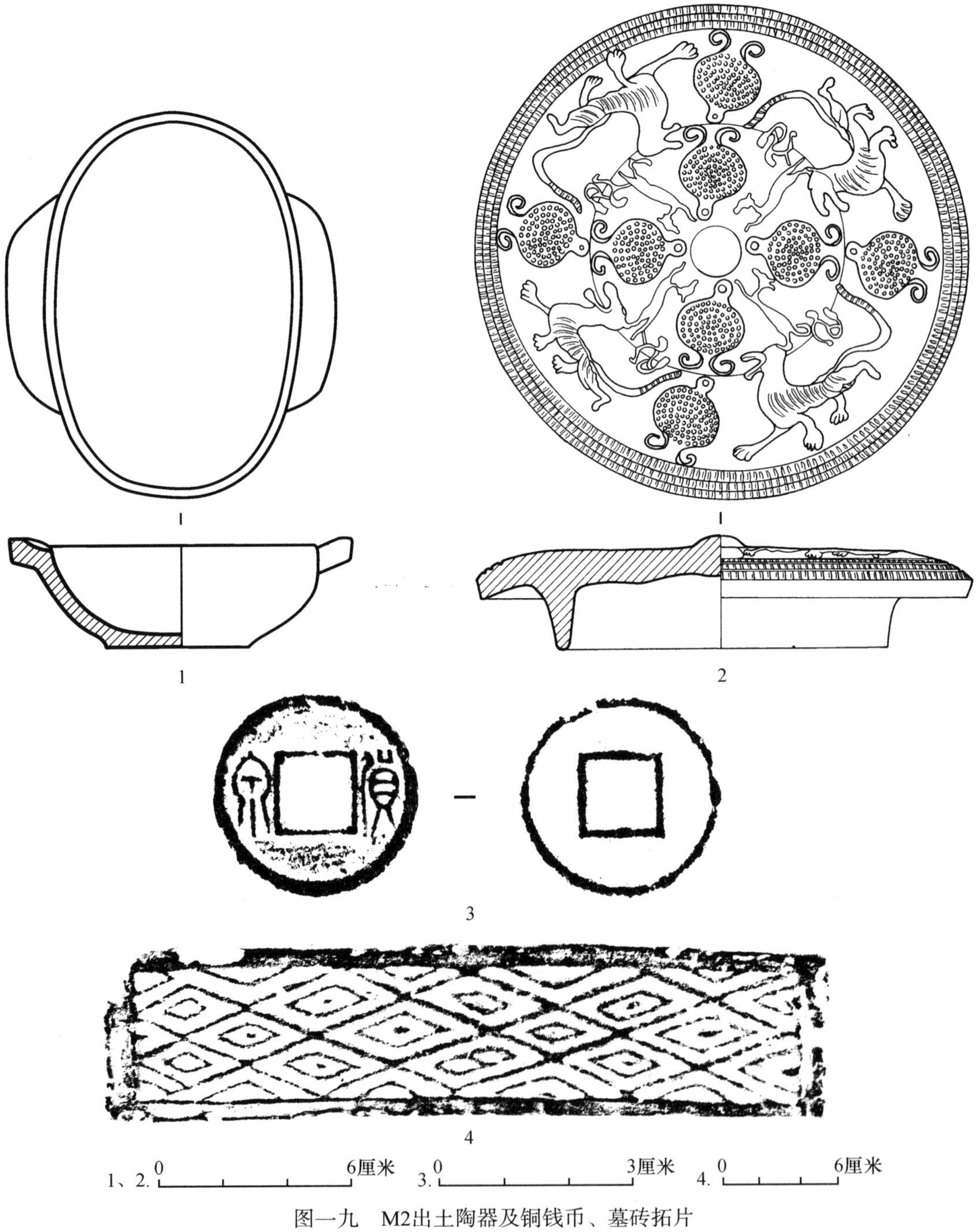

图一九　M2出土陶器及铜钱币、墓砖拓片

1. 陶耳杯（M2：1）　2. 釉陶器盖（M2：3）　3. 货泉钱（M2：2-1）　4. 墓砖（M2：01）

外施透明釉。盖身呈圆形，盖面微隆，顶部较平，顶中部有乳钉状钮，子口。盖面以钮为中心，用两个一排的四组花蕾纹将盖面四等分，每一等分内饰有一只张口行走状的虎，另有一小兽踩虎头奔向盖钮。盖面边缘饰有三周弦纹，弦纹间凸起有椭圆点纹。盖面直径15.4、底径9.8、高3.6、壁厚0.6～1.6厘米（图一九，2；图版三六，5）。

货泉钱　2枚。M2：2-1，圆形方穿。钱的边缘有郭，穿正反两面均有郭。穿左右篆书“货泉”两字。外径2.3、穿边长0.9、厚0.12厘米（图一九，3）。

墓砖　出土有一种几何纹砖。M2：01，长方形砖，一长侧面纹饰由重菱形纹和重三角纹组成，菱形纹中心凸起有小乳钉。长38、宽22、厚9厘米（图一九，4）。

3. M3

M3位于T1东南部，其西部约5米处为M1。叠压于第2层（明清层）下，打破生土，距地表深0.2～0.4米。墓葬被严重破坏，残长4.3、宽3.3、深0.1～0.2米。墓向为200°。墓壁仅剩1～2层墓砖，以菱形纹长方形砖砌筑。墓底以长方形素面砖纵横平铺。墓顶情况不明。墓内填红褐色黏土，土质较致密，包含有较多的陶片（图二〇）。

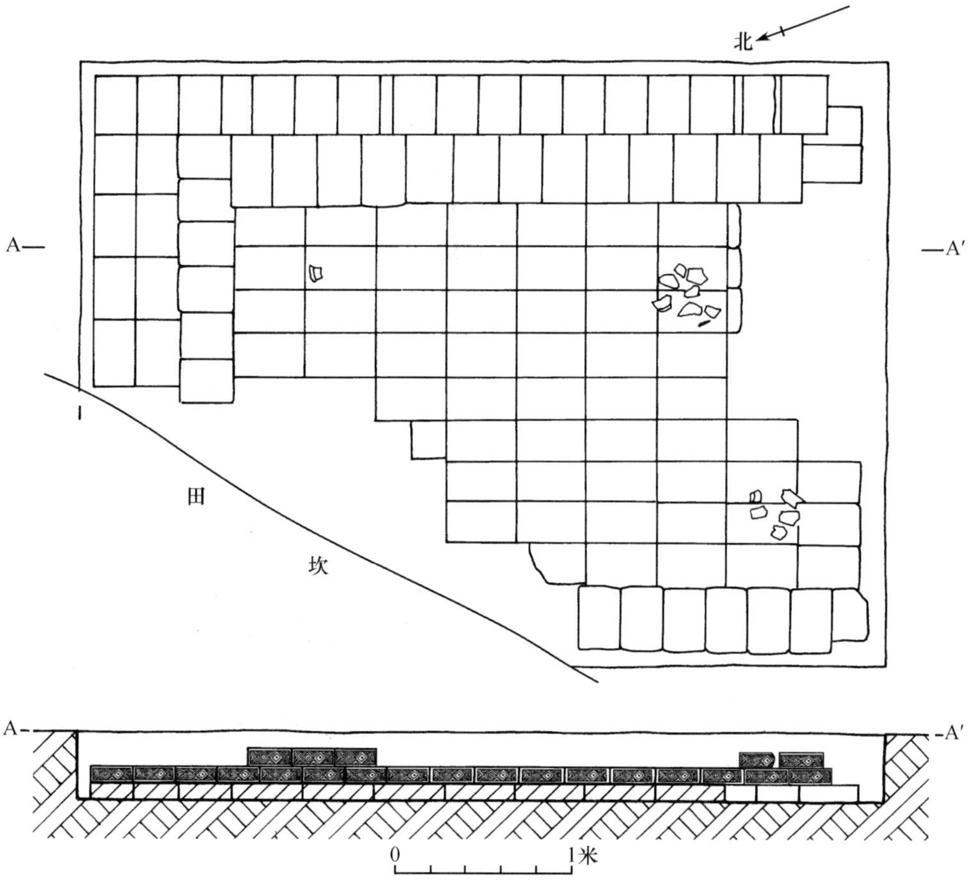

图二〇　M3平、剖面图

墓室底部出土有较多的陶片，均为泥质陶，其中以灰褐陶最多，灰陶次之，另有较多的红陶、红褐陶。纹饰以素面为主，另有较多绳纹及少量弦纹。可辨器形有罐、案、耳杯、锥形器、房屋模型等。下面对已修复的器物进行介绍。

陶耳杯　2件。泥质灰陶。杯身为椭圆形，斜弧腹，平底。两侧有月状耳，两耳微上翘。M3：1，口长径17.2、口短径10、底长径9.8、底短径6、耳宽2、高4.6厘米（图二一，1）。M3：2，口长径10、口短径7.3、底长径6.2、底短径4.2、耳宽0.8、高4厘米（图二一，2）。

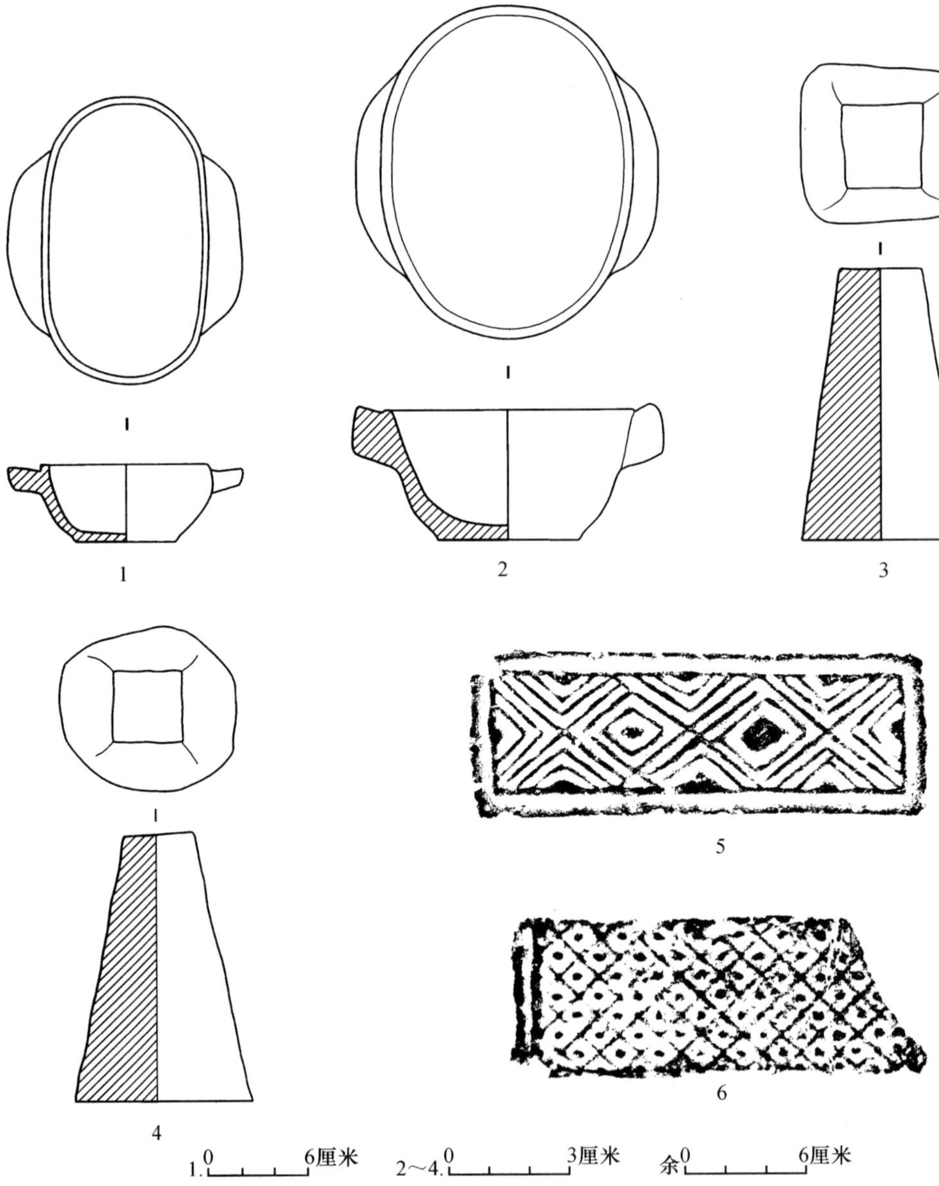

图二一　M3出土陶器及墓砖拓片

1、2. 陶耳杯（M3：1、M3：2）　3、4. 陶锥形器（M3：4、M3：5）　5、6. 墓砖（M3：01、M3：02）

陶锥形器　2件。M3：4，泥质灰陶。方锥形。顶面宽2.5、底宽5、高8.2厘米（图二一，3）。M3：5，泥质灰陶。圆锥状，顶面为方形。顶面宽2.1、底直径5.5、高8.2厘米（图二一，4）。

墓砖　有长方形砖和梯形榫卯砖两种，根据纹饰的不同可分为二型。

A型　M3：01，长方形砖。一窄侧面纹饰由三重菱形纹和三重三角纹组成，菱形纹内有凸起菱形状乳钉。长33、宽22、厚8厘米（图二一，5）。

B型　M3：02，梯形榫卯砖。一窄侧面饰有小菱形纹，菱形纹内凸起有小乳钉。长28、宽22~26、厚10厘米（图二一，6）。

4. M4

M4位于T3西南部。叠压于第2层（明清层）下，打破生土，距地表深约0.3米。墓向为65°。平面为“凸”字形，由甬道和墓室组成。通长5.5、宽1.6~2.9、深0.4~0.9米。甬道近方形，长1.6、宽1.8、深0.4米，甬道底高出墓室底0.5米。墓室呈长方形，长3.9、宽2.9、深0.9米。墓室四壁留有5~10层砖，甬道三壁残留有5层砖，以长方形菱形纹砖错缝平砌。墓底用长方形素面砖纵横错缝平铺。墓室填土中发现一圈倒塌的榫卯砖组成的券顶，推测墓室顶部为券顶。墓内填红褐色黏土，土质较致密，出土有较多的陶片（图二二；图版三四，1）。

墓室填土及墓底出土有大量的陶器残片，陶质以泥质陶为主，另有少量的夹砂陶及釉陶。泥质陶中以黄陶为主，另有较多的红陶；夹砂陶均为灰陶。纹饰以素面为主，另有少量的绳纹和弦纹。可辨器形有罐、盆、魁、钵、器盖、灯、井、等。下面对已修复的器物进行描述。

陶圜底罐　1件。M4：2，泥质灰陶。直口，平沿，尖圆唇，短颈，鼓腹，圜底近平。肩部饰三周圆窝纹，腹部饰绳纹。口径13.8、最大腹径29、高21.2、壁厚0.4~0.6厘米（图二三，1；图版三五，5）。

陶束颈罐　2件。M4：8，泥质灰陶。圆唇，圆肩，腹下部已残。口径5.6、残高4、壁厚0.2~0.3厘米（图二三，2）。

陶盆　1件。M4：10，泥质灰陶。折沿，方唇，束颈，溜肩，腹部已残。口径29、残高4.9、壁厚0.3~0.6厘米（图二三，3）。

陶钵　2件。M4：1，泥质灰陶。敞口，圆唇，弧折腹，上腹外鼓，下腹内收，平底。口径11.2、底径4.6、高4.4、壁厚0.3厘米（图二三，4；图版三五，1）。M4：5，泥质灰陶。敞口，圆唇，折腹，上腹斜直，下腹内收。口径19.2、底径6.4、高8.2、壁厚0.4~0.8厘米（图二三，5）。

釉陶灯　1件。M4：3，泥质红陶，外施透明釉。灯盘为直口，方唇，平底，底中

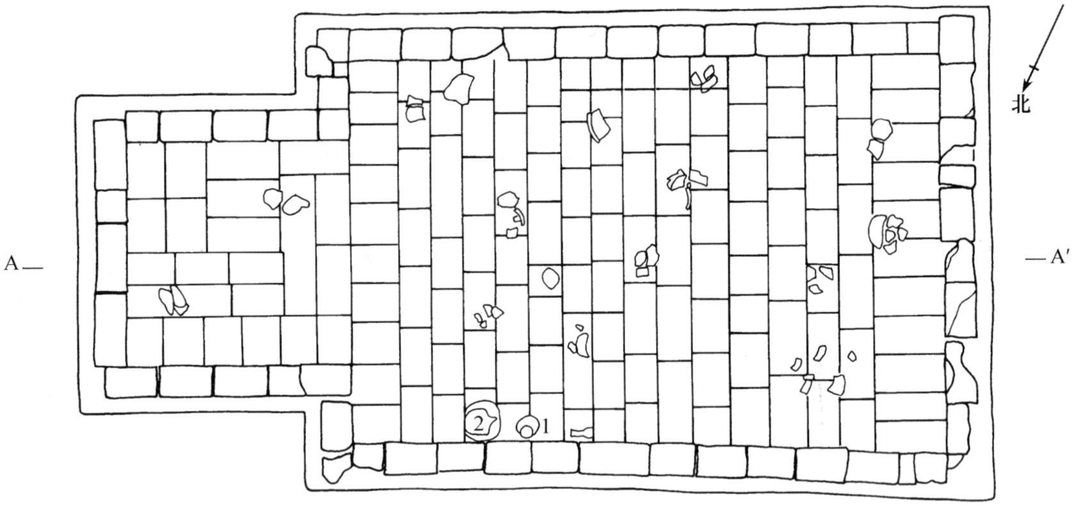

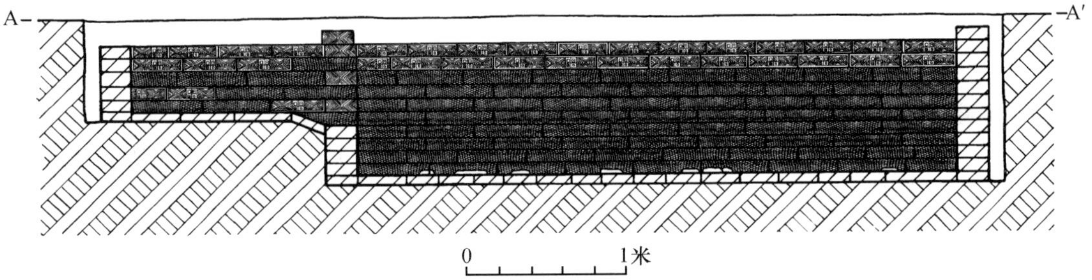

图二二　M4平、剖面图
1. 陶钵　2. 陶圜底罐

部有一乳突。盘下接喇叭状高圈足，足跟外撇。口径11.8、足径10.2、通高14.8、壁厚0.4～0.8厘米（图二三，6；图版三六，3）。

釉陶熏炉座　1件。M4：16，泥质红陶，外施透明釉。炉盘已残。底座为盘状，斜腹，平底，底中部有圆孔。盘中接柄，中空，柄中部内束。底径10、残高8.2厘米，壁厚0.2～0.8厘米（图二三，7）。

釉陶魁　1件。M4：6，泥质红陶。外施透明釉。敞口，圆唇，弧腹，圈足，鸭头状柄。口沿下有一圈弦纹。口径18.7、底径12、高8、柄长6.5、壁厚0.4厘米（图二三，8）。

釉陶器盖　1件。M4：4，泥质红陶，外施透明釉。盖身呈圆形，盖面隆起，盖顶有乳突状钮，子口。盖面被四瓣柿蒂纹四等分，每一分内饰六星连缀的星宿图（毕宿？）及云气。盖面边缘饰有三周弦纹，弦纹间凸起有椭圆点纹。盖面直径15.6、口径9、高4.2、壁厚0.4～2.2厘米（图二四，1）。

釉陶豆盘　1件。M4：22，泥质红陶，外施透明釉。敞口，尖圆唇，弧腹，底部残。口径17、残高4、壁厚0.4厘米（图二四，2）。

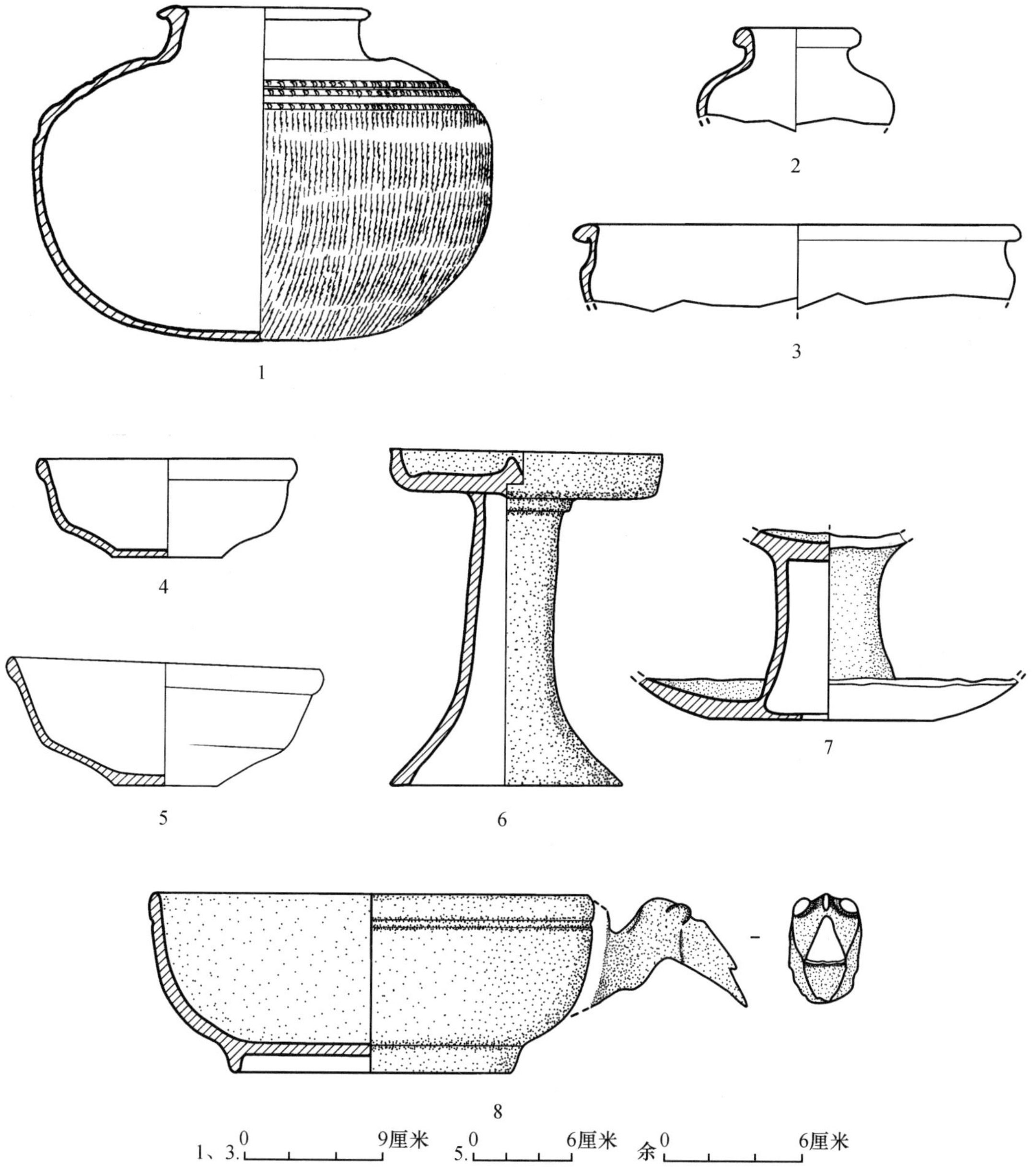

图二三　M4出土陶器

1. 陶圜底罐（M4：2）　2. 陶束颈罐（M4：8）　3. 陶盆（M4：10）　4、5. 陶钵（M4：1、M4：5）
6. 釉陶灯（M4：3）　7. 釉陶熏炉座（M4：16）　8. 釉陶魁（M4：6）

陶井架　2件。长条形，中间束腰，一端带榫，另一端开叉。M4：12，泥质灰陶。长10.4、宽1.2～3.4、厚0.8厘米（图二四，3）。M4：13，泥质灰陶。榫头已残。残长9.4、宽2.6～3.4、厚0.7厘米（图二四，4）。

墓砖　有长方形砖和梯形榫卯砖两种，根据纹饰的不同可分为六型。

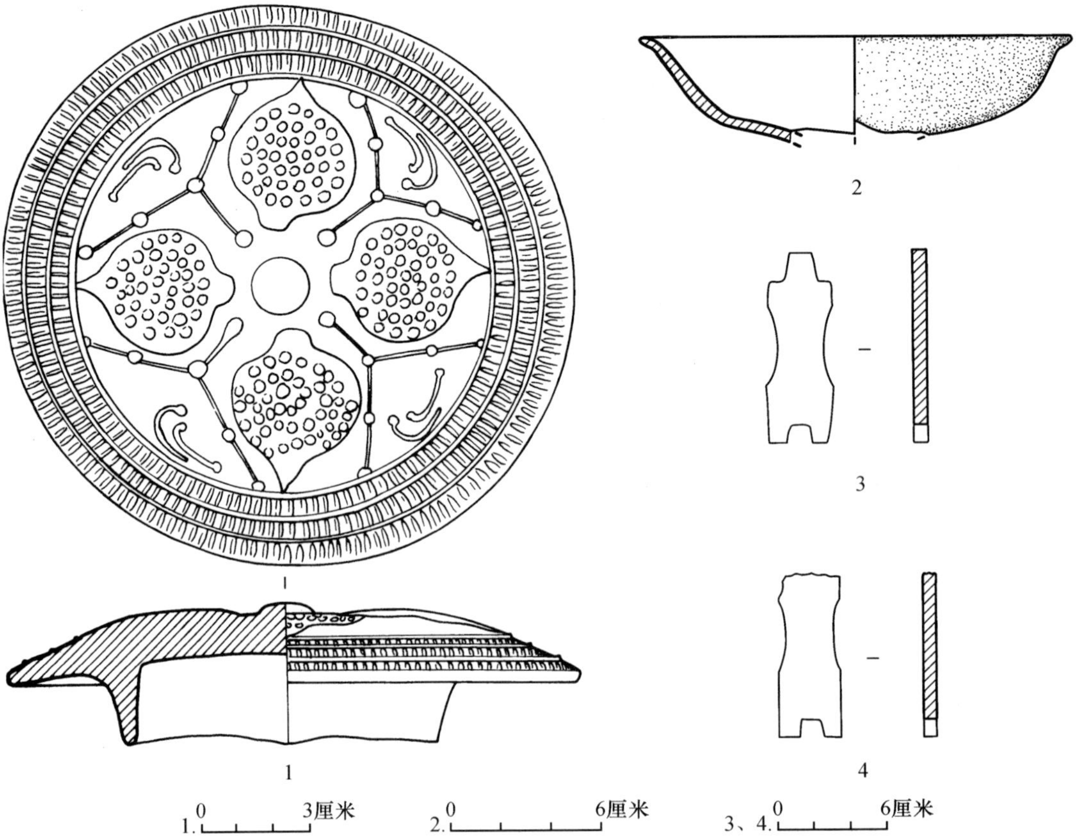

图二四　M4出土陶器

1. 釉陶器盖（M4：4）　2. 釉陶豆盘（M4：22）　3、4. 陶井架（M4：12、M4：13）

A型　M4：01，长方形砖。一长侧面饰有小菱形纹。长40.9、宽21、厚9厘米（图二五，1）。

B型　M4：02，长方形砖。中间为田字格，每个方格内填有小方格。两侧为对称的四重三角纹。长28、宽20、厚8.25厘米（图二五，2）。

C型　M4：03，长方形砖。一窄侧面对称有四组三角纹。长28、宽20、厚10厘米（图二五，3）。

D型　M4：04，梯形榫卯砖，一窄侧面饰有菱形纹，菱形纹中饰有乳钉。长29～38、宽19、厚8厘米（图二五，4）。

E型　M4：05，梯形榫卯砖，一窄侧面中间饰有四重菱形纹，左右有对称的三角纹。长28、宽21～27、厚9厘米（图二五，5）。

F型　M4：06，梯形榫卯砖，一窄侧面饰有窄长的菱形纹，菱形纹内凸起有小乳钉。长28、宽20～26、厚9厘米（图二五，6）。

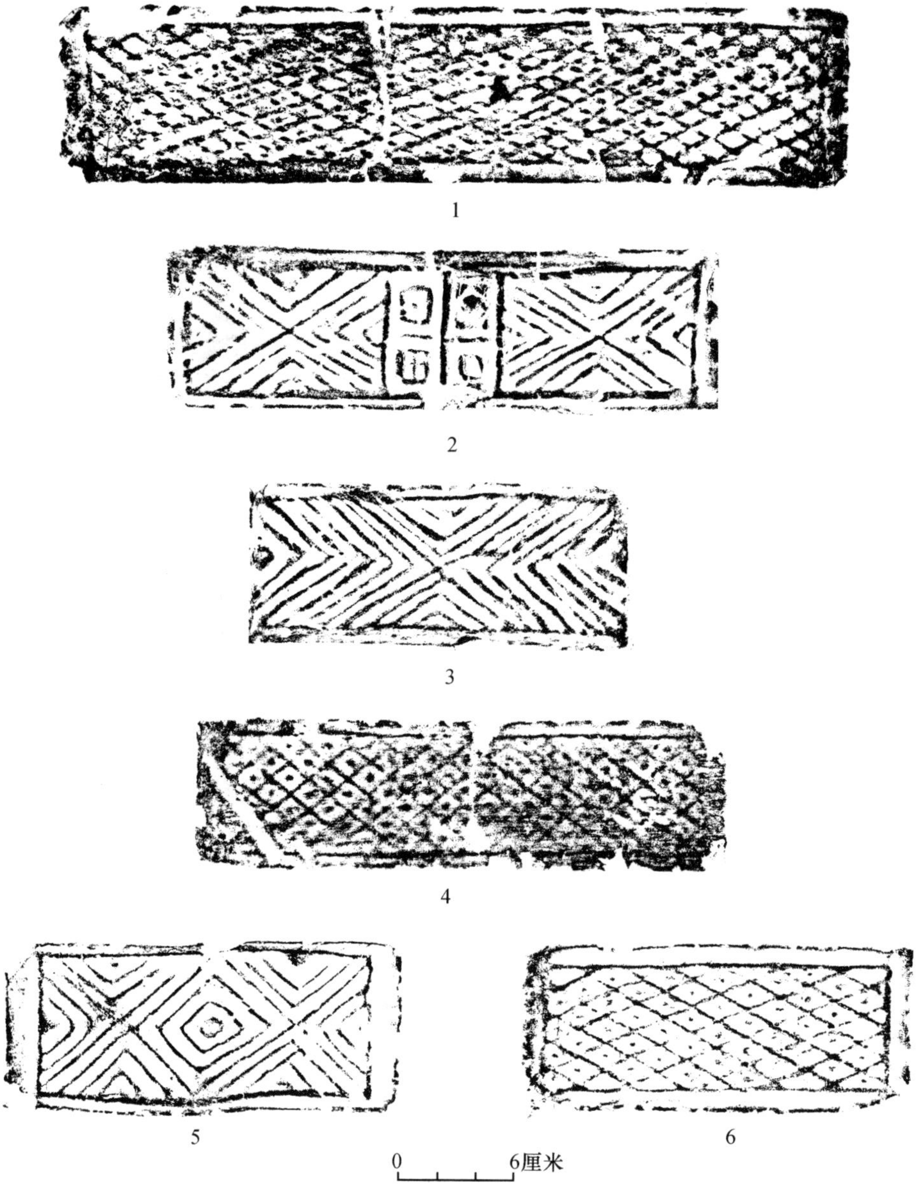

图二五　M4墓砖拓片

1. A型墓砖（M4：01）　2. B型墓砖（M4：02）　3. C型墓砖（M4：03）　4. D型墓砖（M4：04）
5. E型墓砖（M4：05）　6. F型墓砖（M4：06）

5. M9

M9位于T9内西南部。叠压于耕土层下，打破生土，墓室西部、东部及甬道被三个近代墓打破，距地表深0.2～0.3米。墓向为220°。墓葬平面呈刀形，由甬道和墓室组成。长5.7、宽0.5～2.9、残高0.3～0.5米。墓室呈长方形，长4.2、宽2.9、深0.32～0.62米。墓室南部与甬道齐平，墓室北部高于墓室南部约0.2米。甬道为长方形，偏于墓室一侧，长1.5、宽0.5、深0.3米。墓壁残存3～6层砖，由菱形纹长方形砖错缝平砌。墓室北部和甬道以长方形素面砖通缝横向平铺，墓室南部以长方形素面砖错缝横向平铺。墓顶情况不详。墓室内填土为红褐色黏土，土质较致密，已被扰乱，出土有较多的陶片（图二六）。

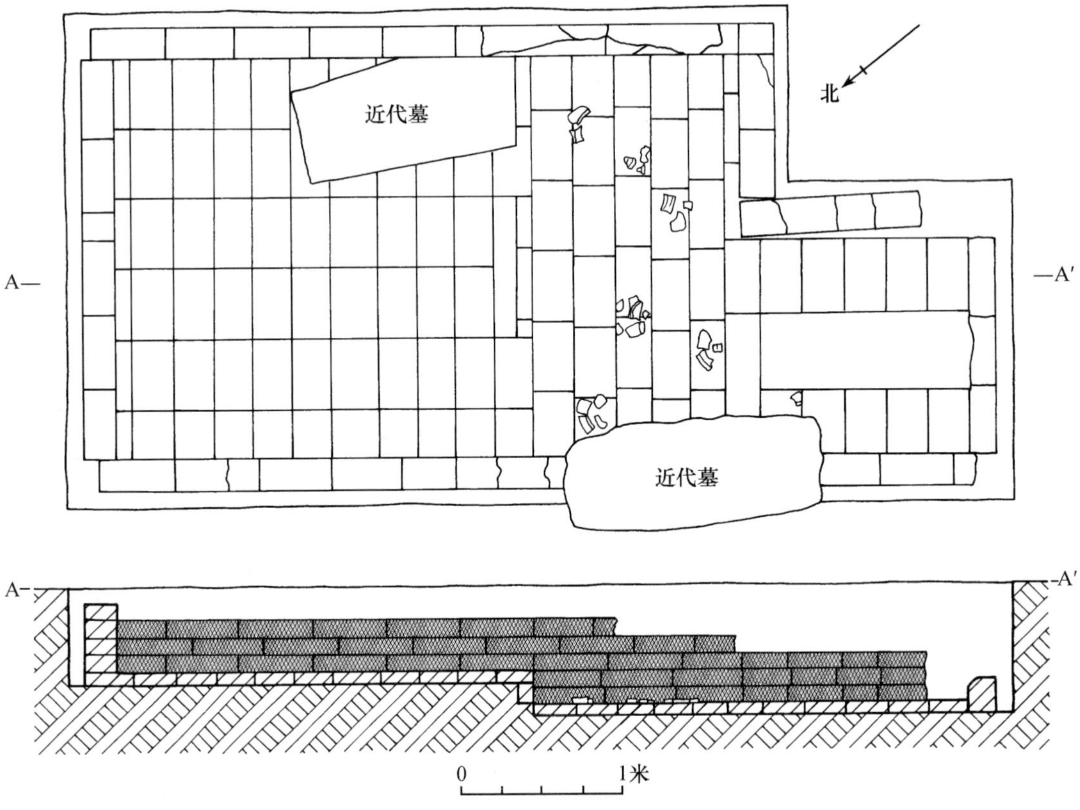

图二六　M9平、剖面图

墓葬填土及墓底出土有较多的陶器残片，陶质多为泥质，另有较多的釉陶。泥质陶中以黄褐陶为主，灰陶次之，另有较多的黑皮陶、红陶，此外还有少量的红褐陶。纹饰以素面为主，另有少量的绳纹、弦纹及附加堆纹。可辨器形有罐、盆、钵、锺、鼎、案、熏炉、耳杯、井等。下面对已修复的器物进行描述。

陶束颈罐　1件。M9：9，泥质灰陶。直口，圆唇，短颈，肩部以下残。口径9.2、残高4.8、壁厚0.2～0.6厘米（图二七，1）。

陶钵　1件。M9：1，泥质灰陶。敞口，圆唇，折腹，平底。口径12.8、底径5.2、高5.2、壁厚0.4～0.6厘米（图二七，2）。

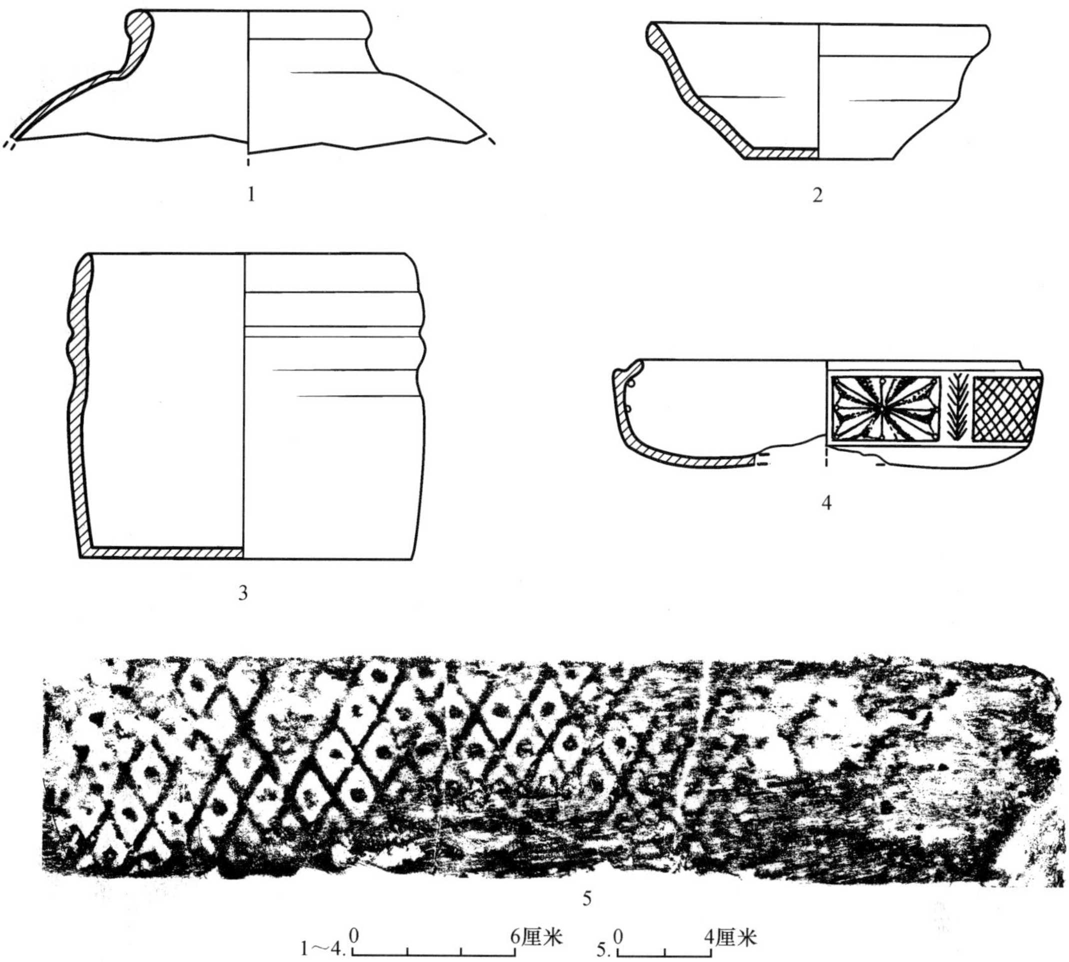

图二七　M9出土陶器及墓砖拓片

1. 陶束颈罐（M9∶9）　2. 陶钵（M9∶1）　3. 陶卮（M9∶3）　4. 陶熏炉（M9∶2）　5. 墓砖（M9∶01）

陶卮　1件。M9∶3，泥质灰胎黑皮陶。尖圆唇，直口微敛，直腹，平底。腹上部有二道凹弦纹。口径12、底径12.8、高11.5、壁厚0.4～0.8厘米（图二七，3）。

陶熏炉　1件。M9∶2，泥质灰胎黑皮陶。残留盘部，子母口，斜直腹，腹壁上有小孔，底较平，接柄处残。盘外壁阴刻有网格纹、稻谷纹及浮雕的米字纹。口径16、残高4、壁厚0.2～0.4厘米（图二七，4；图版三六，4）。

墓砖　出土有一种几何纹砖。M9∶01，长方形砖，一长侧面饰有竖长的菱形纹，菱形纹中有小乳钉。长44、宽22、厚10厘米（图二七，5）。

三、墓葬的分期与年代

本次发掘的汉墓共计11座，墓葬均被严重盗扰和破坏，随葬器物多仅剩陶器残片，可复原的器物较少，给这批墓葬的断代造成了较大的困难。下面试根据墓葬形制、出土器物对这批墓葬进行分期及年代判断。

第一期：西汉晚期至新莽时期。属于本期的墓葬有M6～M8、M12～M14。本期墓葬均为竖穴土坑墓，随葬陶器以泥质灰陶为主，器形主要有陶罐、陶盆、陶钵、陶豆、陶案等，铜钱有五铢钱、大泉五十钱及大布黄千钱。M7出土的陶罐（M7：7、M7：12）分别与丰都石宝寨墓群的陶罐（M1：9、M1：6）相似[①]，后者为西汉晚期的墓葬；M8、M13出土的B型五铢钱的铢字头方折、五字交笔弯曲，这类五铢钱多流行于西汉晚期；M6出土有新莽时期的大泉五十钱、大布黄千钱，可将此墓的年代定为新莽时期；M12、M14出土的陶盆有平沿、直口、溜肩、腹部较浅的特点，这多见于西汉晚期的陶盆上[②]，考虑到两墓的墓葬形制及出土器物与前述墓葬相似，因此两墓年代应大致不出西汉晚期至新莽时期。

第二期：东汉早期。属于本期的墓葬有M1～M4、M9。本期墓葬均为竖穴土圹砖室墓，随葬陶器多为泥质灰陶，出现有较多的红陶和釉陶器，器形主要有陶罐、陶盆、陶钵、陶耳杯、陶熏炉、釉陶灯、釉陶魁、釉陶锺等，铜钱有货泉钱。M1出土有带托盘的陶熏炉底座，这类熏炉多见于西汉中、晚期至东汉早期[③]，如云阳黄草坪墓地M4出土的陶熏炉（M4：30）[④]。重庆地区的砖室墓多出现于东汉早期，因此该墓的年代可大致判断为东汉早期；M2出土有货泉，货泉始铸于新莽天凤元年（14年），并一直沿用至东汉光武帝建武十六年（40年）。另外，M2中出土的陶耳杯两耳稍斜，这是东汉早期耳杯的特点[⑤]，因此可将该墓的年代定为东汉早期；M3从残存的形状看大致呈方形，应是单室无甬道的墓葬，这类砖室墓属于新莽至东汉早期的类型[⑥]，具有早期

① 重庆市文物考古所、丰都县文物管理所：《丰都县迎宾大道沿线古墓发掘简报》，《重庆公路考古报告集》，科学出版社，2010年。

② 蒋晓春：《三峡地区秦汉墓的分期》，《考古学报》2008年第2期。

③ 肖贵田、马书波：《重庆库区汉代博山炉的初步考察》，《“早期中国的文化交流与互动——以长江三峡库区为中心”学术研讨会论文集》，科学出版社，2012年。

④ 重庆市文物考古所、云阳县文物管理所：《云阳县江口汉墓群发掘报告》，《重庆公路考古报告集》，科学出版社，2010年。

⑤ 蒋晓春：《三峡地区秦汉墓的分期》，《考古学报》2008年第2期。

⑥ 罗二虎：《四川汉代砖室墓的初步研究》，《考古学报》2001年第4期。

阶段砖室墓的特征。另外该墓出土的陶耳杯亦有东汉早期耳杯的特点；M4出土的器盖（M4：4）与云阳马沱墓地的壶（M12：55）的器盖[①]相似，后者属于新莽时期的墓葬。M4出土的圜底罐（M4：2）与丰都汇南墓群DM13出土的圜底罐（M13：34）[②]相似，后者为东汉早期墓葬。另外该墓为“凸”字形墓，其甬道高出墓室底部，这与成都市高新区勤俭村发现的东汉早期砖室墓M1[③]形制相同，因此可将该墓的年代定为东汉早期；M9出土的陶卮与云阳走马岭M1出土的卮（M1：3）[④]相似，后者为新莽时期土坑墓，考虑到M9为砖室墓，且出土器物与前述墓葬相似，因此将此墓年代定为东汉早期。

四、结　　语

本次发掘丰富了重庆汉代考古资料，尤其是西汉晚期土坑墓的发现，填补了涪江下游地区西汉墓葬的空白，为研究涪江流域汉墓的分布与特点提供了重要的参考资料。基于本次发掘和清理的汉墓情况，我们有以下几点认识。

（1）从调查和发掘的情况来看，土坑墓均分布于下庙儿遗址东部地势平坦、海拔较高的台地上，砖室墓则分布于西部和南部的坡地上，并从涪江沿岸地势较低的缓坡上一路分布到较高的坡顶。由于土坑墓的年代较砖室墓的年代为早，该墓地的形成过程应是从东部台地逐渐往西、往南部的坡地上发展。

（2）这批墓葬均垂直于涪江而葬，位于坡地上的墓葬均顺坡而葬。但土坑墓和砖室墓在方向上存在一定差异，其中土坑墓中除M8为西北—东南走向外，其余均为东北—西南走向；砖室墓则均为西北—东南走向。砖室墓的墓门朝向上也存在两种情况，多数砖室墓的甬道应是朝向涪江一面，但也有朝向墓地背后丘陵的情况。

（3）本次发现的土坑墓分布密集，排列有规律，我们根据墓向和墓间距将这批墓葬分为甲、乙两组，M6、M7、M12～M14墓向一致，墓间距离较近，划分为甲组，它们南北纵向排列成三横排，其中M6、M7并排，M12、M13并排，M14单独一排，表现出较为紧密的关系，且时代较为接近，很可能属于同一家族；而M8墓向不同于其他墓葬，且距离甲组较远，表现出与甲组墓群的关系较为疏远，可单独划为乙组，由于墓群

① 郑州市文物考古研究所、云阳县文物保护管理所：《重庆云阳马沱墓地汉墓发掘简报》，《文物》2006年第4期。

② 四川省文物考古研究院、重庆市文化局、丰都县文物管理所：《重庆市丰都县汇南墓群2001年度发掘简报》，《四川文物》2012年第2期。

③ 成都文物考古研究所：《成都市高新区勤俭村发现汉代砖室墓》，《四川文物》2004年第4期。

④ 重庆市文物局、重庆市移民局：《云阳走马岭墓地》，科学出版社，2011年。

的东部和北部未进行发掘，不清楚其周围是否还存在墓葬，因此不排除存在多姓家族墓群的可能。

（4）本次发现的土坑墓内部还存在等级差异的现象。墓葬规模和随葬品的质与量往往反映了墓主人生前社会等级的差别，虽然本次发掘的土坑墓被严重盗扰，随葬品数量和种类不详，但从墓葬规模上看，M7、M8远大于其余几座土坑墓，因此M7、M8的墓主人应具有较其余几座土坑墓的墓主人更高的社会等级和身份。

（5）下庙儿遗址汉墓中的随葬品多为重庆地区汉墓中常见的器物，但与三峡地区相比，却不见三峡地区东汉早期墓葬中常见的陶俑，这是本区域汉墓的一大特点。三峡地区的陶俑在西汉晚期墓葬中开始出现，东汉早期时陶俑在数量和种类上都有较大的增加[①]，但川西平原在东汉早期墓葬中才新出现陶俑，且制作粗糙[②]，这显示出在汉墓随葬器物的发展中，下庙儿遗址汉墓更接近于川西平原汉墓，间接说明涪江下游地区汉墓可能受川西平原的影响更大。

（6）M4中出土的器盖（M4：4）与云阳马沱墓地的锺（M12：55）的器盖在纹饰、形制与尺寸上均较为接近，另外M4中还发现带有山川、动物等图案的陶锺肩部残片，纹样亦与M12：55的肩部纹饰一致，由于器盖和壶身的纹饰较为特殊，并未发现于其他地区，因此它们很可能属于同一作坊的产物，这也在一定程度上反映了这一时期的商品贸易情况。

附记：参加本次考古工作的人员有邹后曦、白九江、牛英彬、李浩鹏、陈俊华、张守华、蔡兆峰、章小强等。本次发掘工作得到了潼南县文物管理所的大力支持，在此谨表谢意！

领　　队：邹后曦
修　　复：陈俊华
绘　　图：张守华　师孝明
摄　　影：董小陈　牛英彬
拓　　片：李双厚　金鹏功
执　　笔：邹后曦　牛英彬

---

① 蒋晓春：《三峡地区秦汉墓的分期》，《考古学报》2008年第2期。

② 燕妮：《川西平原两汉时期墓葬类型学研究》，《“早期中国的文化交流与互动——以长江三峡库区为中心”学术研讨会论文集》，科学出版社，2012年。

附表 潼南下庙儿遗址汉墓统计表

墓号	时代	结构	平面形状	方向	尺寸（长×宽—深）/米		出土器物（含修复器及器物标本）
					甬道	墓室	
M1	东汉早期	砖室墓	不详	200°		残4.7×1.6—0.7	罐1（修复）、罐口沿4、盆1（修复）、盆口沿2、盆底1、钵口沿3、耳杯口沿1、井残件1、陶钵1、陶熏炉座1
M2	东汉早期	砖室墓	不详	225°		残2.6×（1.2～1.8）—（0.5～0.9）	罐口沿1、罐底1、盆口沿3、盆底1、甑底1、锺口沿1、釉陶器盖1（修复）、耳杯1（修复）、耳杯口沿1、器柄1、货泉2
M3	东汉早期	砖室墓	不详	200°		残4.3×3.3—（0.12～0.2）	罐口沿1、罐底5、房屋模型残件5、锥形器3、耳杯2（修复）、案残件1
M4	东汉早期	砖室墓	“凸”字形	65°	1.8×1.6—0.4	3.7×2.9—0.9	罐1（修复）、罐口沿4、罐底3、钵3（修复）、釉陶灯1（修复）、器盖1（修复）、盆口沿5、钵口沿1、钵底2、器柄2、井残件4、鼎耳1、陶盆1、釉陶熏炉座1、釉陶魁1
M6	新莽时期	竖穴土坑墓	长方形	155°		3.1×（1.6～1.9）—（0.25～0.35）	罐1（修复）、钵2（修复）、钵口沿2、钵底1、五铢钱3枚、大泉五十钱67枚、大布黄千钱1枚
M7	西汉晚期	竖穴土坑墓	长方形	155°		4.8×3.3—1.4	罐4（修复）、罐口沿17、罐底2、釜1、盆2（修复）、盆口沿1、钵1（修复）、钵口沿3、钵底5、豆1（修复）、井盖1、井底1、耳杯口沿5、耳杯底1、案残件1、铁削刀1
M8	西汉晚期	竖穴土坑墓	长方形	195°		4.7×3.7—1.1	罐2（修复）、罐口沿5、罐底2、盆口沿2、盆底2、钵口沿2、钵底2、陶豆1（修复）、灯柄1、五铢钱40枚
M9	东汉早期	砖室墓	刀形	220°	1.5×0.5—0.3	4.2×2.9—（0.32～0.62）	罐口沿3、罐底1、盆口沿3、钵1（修复）、卮1（修复）、鼎足1、锺口沿1、圈足2、耳杯口沿1、熏炉盘1、案残件1、器柄1

续表

墓号	时代	结构	平面形状	方向	尺寸（长×宽—深）/米		出土器物（含修复器及器物标本）
					甬道	墓室	
M12	西汉晚期至新莽时期	竖穴土坑墓	长方形	155°		2.5×2—0.6	罐口沿4、盆1（修复）、盆口沿2、盆底1
M13	西汉晚期	竖穴土坑墓	长方形	160°		2.6×2—（0.5～0.8）	罐口沿2、罐底2、五铢钱15枚
M14	西汉晚期至新莽时期	竖穴土坑墓	长方形	165°		4.4×（3.1～3.4）—（0.6～0.7）	罐2（修复）、罐口沿6、罐底5、盆1（修复）、盆口沿3、洗口沿1、甑底1、钵口沿1、钵底1、圈足2、鼎足4、井残件2

重庆工商大学派斯学院新校区考古发掘简报

重庆市文化遗产研究院
合川区文物管理所

2011年3月17～4月8日，重庆市文化遗产研究院（原重庆市文物考古所）、合川区文物管理所等单位对重庆工商大学派斯学院新校区征地范围内皇坟堡墓地和手把岩墓群进行了抢救性考古发掘（图一），取得了一些收获，兹将相关情况介绍如下。

一、皇坟堡墓地

皇坟堡墓地位于合川区合阳街道办事处濮湖村六社，由于建设施工等原因，墓地破坏较为严重，发掘面积共计200平方米，发现东汉石室墓1座，编号为2011HHPHM1（以下省略2011HHPH）。

位于T1中部，大部分叠压于现代垫土层下，西侧耳室顶部直接暴露于地表，打破生土。

墓葬平面呈“十”字形，由前室、后室和左（东）右（西）耳室组成，墓门位于南部，已残。墓壁均用长0.65～1.22、宽0.3～0.36、厚0.22～0.36米的条石错缝平砌而成，墓壁加工平整、壁面光滑。墓顶用楔形条石起券，由于券顶垮塌不存，券顶情况不明。墓底用厚0.15米的石板平铺而成，墓底四周有宽0.16～0.18米的排水槽。墓葬南北残长10.85、东西宽9.84米。前室残长7.77、宽2.76米，后室长3.08、宽1.94米，左右耳室大小相同，长3.1、宽2.9米，墓壁残损严重，残高0.62～2.14米。前室东西壁有对称的方形龛，边长约0.38、深0.3米；西侧耳室有并列两龛，残损严重。墓向190°（图二～图四）。

墓室内填满淤土，有灰褐、红褐、黄灰土组成，土质紧密，夹杂大量墓顶和墓壁垮塌的条石。墓内葬式、葬具不明。未发现随葬品。填土中发现泥质红陶器、剪轮五铢和画像石残块。由于泥质红陶期和剪轮五铢残损严重，这里仅对画像石残块进行介绍。可以辨明基本形制的画像石共计2方。

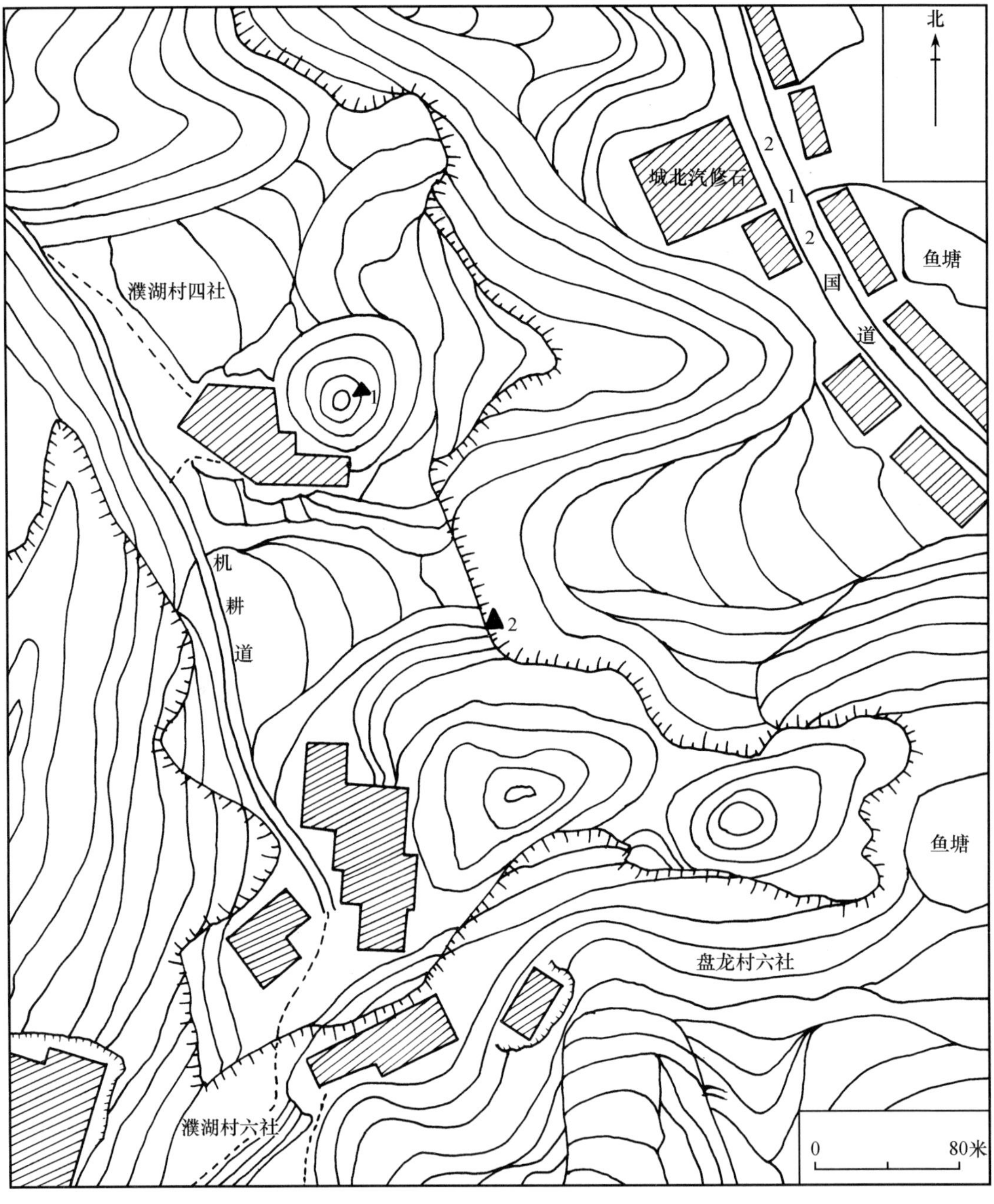

图一　重庆工商大学派斯学院新校区征地范围文物分布图

1. 皇坟堡墓地　2. 手把岩崖墓群

手纹画像石残块　浅浮雕，手纹图案。残高55、残宽26厘米（图五，1）。

龙纹画像石残块　浅浮雕，龙纹中段图案。残高40.4、残宽14～35厘米（图五，2）。

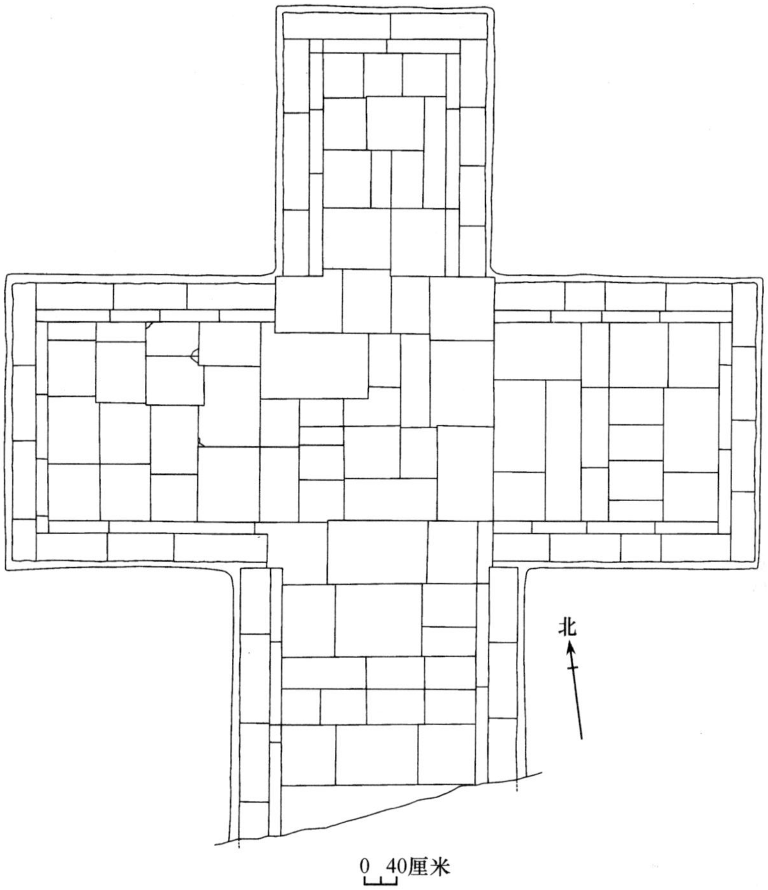

图二 M1平面图

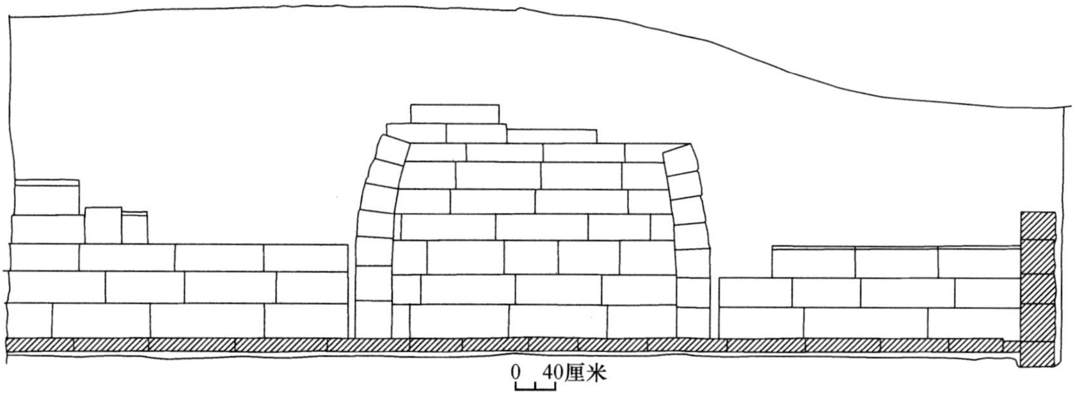

图三 M1南北剖面图

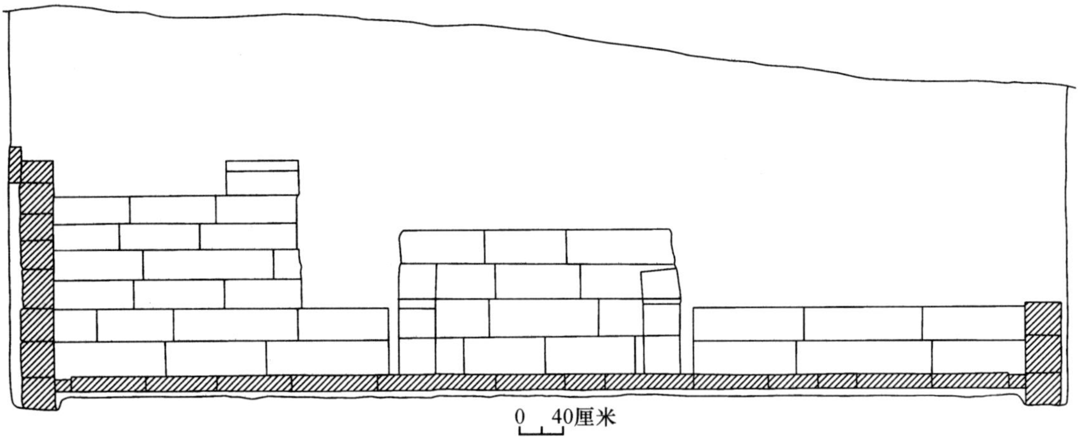

图四　M1东西剖面图

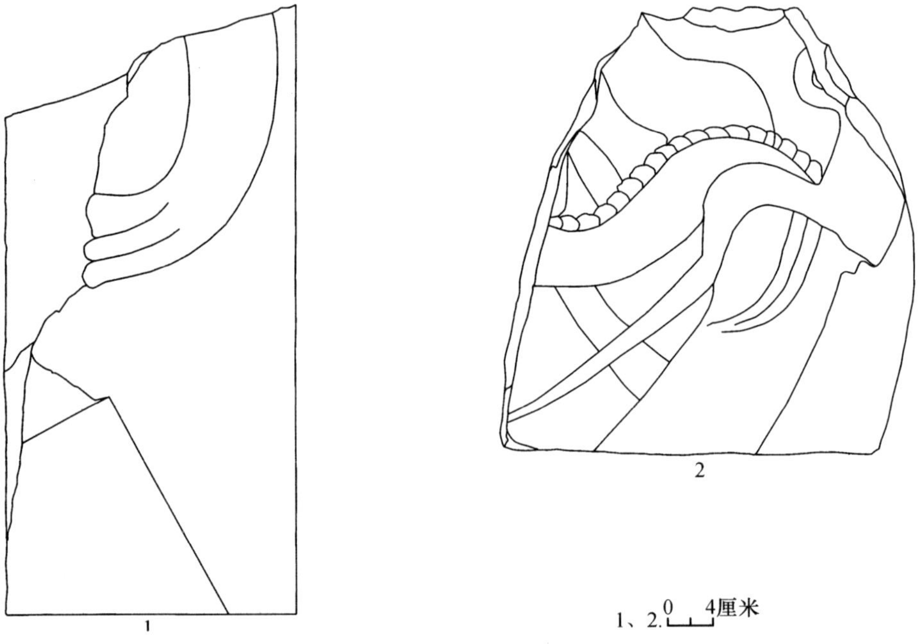

图五　画像石

1. 手纹画像石残块　2. 龙纹画像石残块

二、手把岩崖墓群

手把岩崖墓群位于合川区合阳街道办事处盘龙村六社，此次共清理崖墓5座，发掘面积共计100平方米。5座崖墓形制各异，依据墓室形状的差异，可分为三型，现简要介绍如下。

（一）A型墓

墓室平面呈纵长方形，共发现2座。

1. M1

平面形状为“凸”字形，开凿于面向东的岩壁之上，方向111°。由墓门、甬道和墓室组成。墓门敞开，平面呈长方形，高0.88、宽0.4米，三层门楣，第一层门楣宽0.08米，第二层门楣宽0.1米，第三层门楣宽0.07米。甬道平面略呈长方形，长0.68、宽0.7、高0.88米。墓室平面呈长方形，拱顶，长2.3、宽1.7、高1.4～1.5米，后部右角有一长0.58、宽0.5～0.8、高0.32米的刀把形平台。墓壁粗糙，錾痕明显且方向不一（图六）。

墓内填土为灰褐色淤土，厚约0.2米。由于早期盗扰，葬式、葬具、随葬品不详。

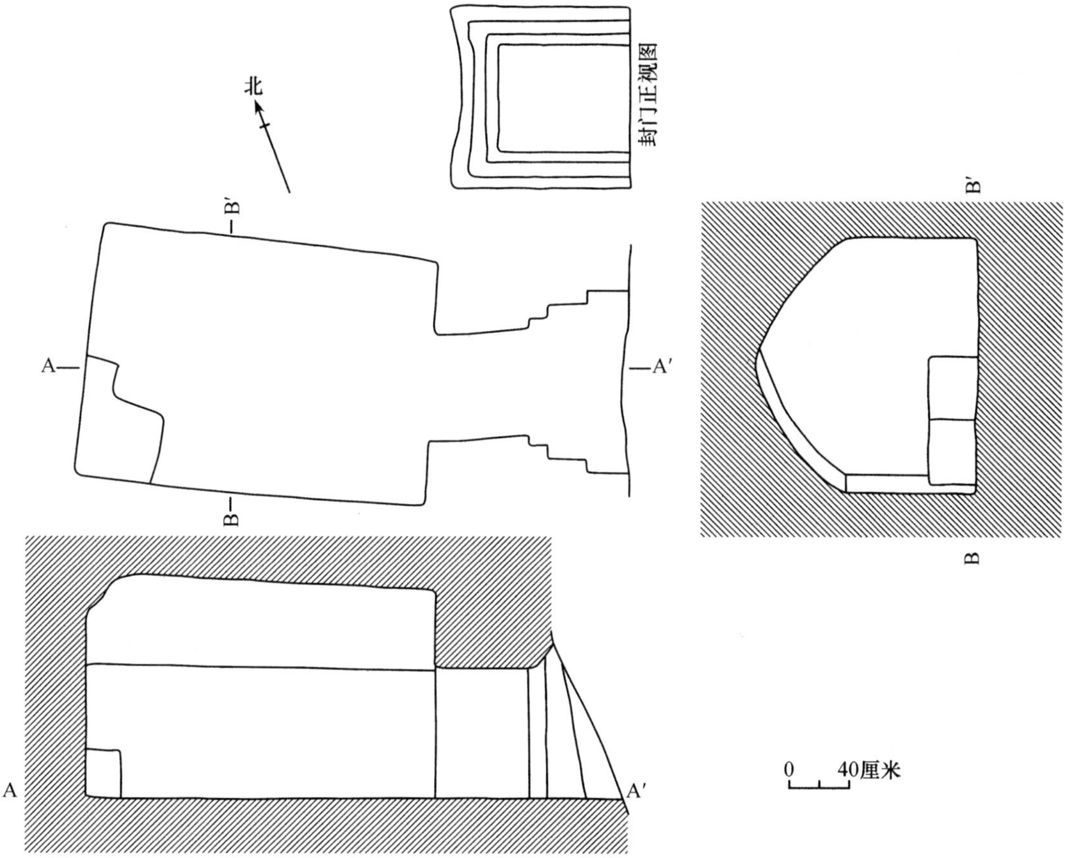

图六 M1平、剖面图

2. M2

北距M1约6米，南距M3约2米。平面呈“凸”字形。开凿于面向东的岩壁之上，方向95° 。由墓道、墓门、甬道和墓室组成。墓道平面呈长方形，长0.62、宽1.75、高1.67米，其底平面低于甬道和墓室平面约0.05米。墓门为长方形双重门楣，第一层门高1.43、宽1.18、门楣宽约0.18米，第二层门高1.23、宽0.92、门楣宽约0.13米。甬道平面呈长方形，长1、宽0.92、高1.23米。墓室平面呈纵长方形，拱形顶，长2.6、宽1.7、通高1.55、拱高0.3米（图七）。

填土为灰褐色五花土，土质较硬。由于早期盗扰，葬式、葬具、随葬品不详。

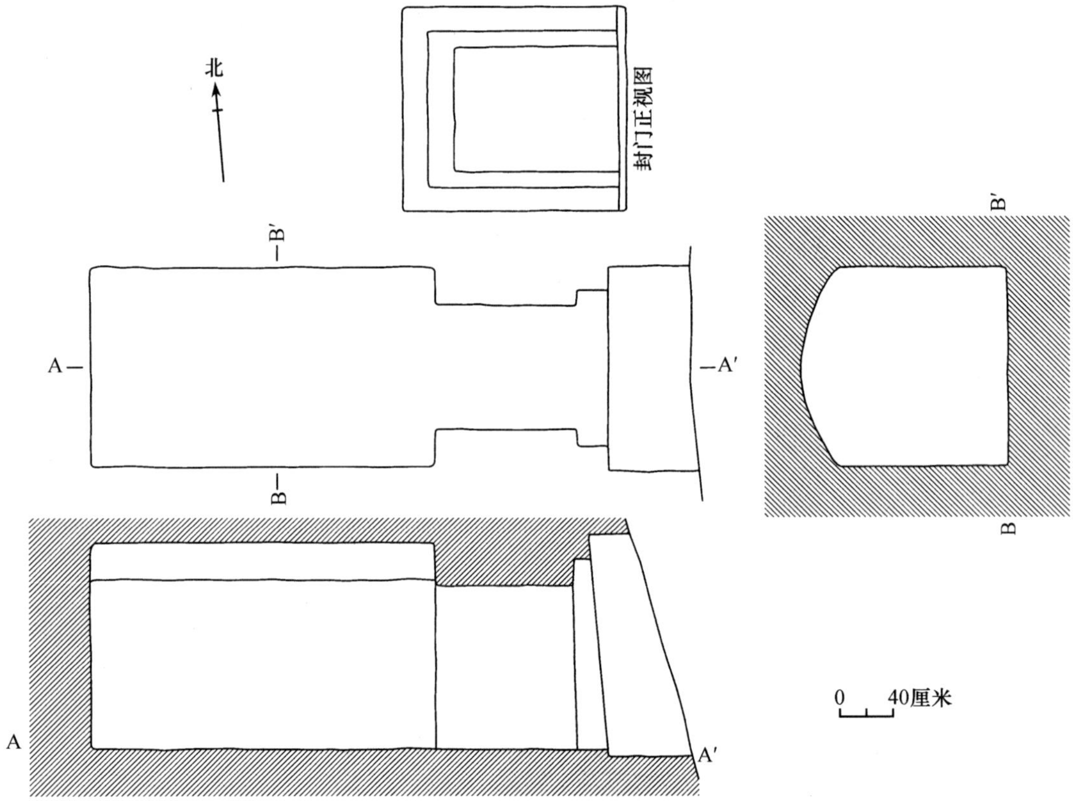

图七　M2平、剖面图

（二）B型墓

墓室平面近方形，共2座。

1. M3

平面形状为“凸”字形，开凿于面向东的岩壁之上，方向138° 。由墓门、甬道和墓室组成。墓道为长方形，长0.3～0.36、宽1.66、高1.4米，底部平面低于甬道底面约0.06米。墓门为长方形双重门楣，第一层门高1.16、宽1.18、门楣宽0.24米，第二层门高0.92、宽0.82、门楣宽0.18米。甬道平面呈长方形，长0.85、宽0.82、高0.92米。墓室平面近方形，拱形顶，长2.28、宽2.32、通高1.74米，拱高0.4米（图八）。

墓内填土为灰褐色，土质较硬。由于早期盗扰，葬式、葬具、随葬品不详。

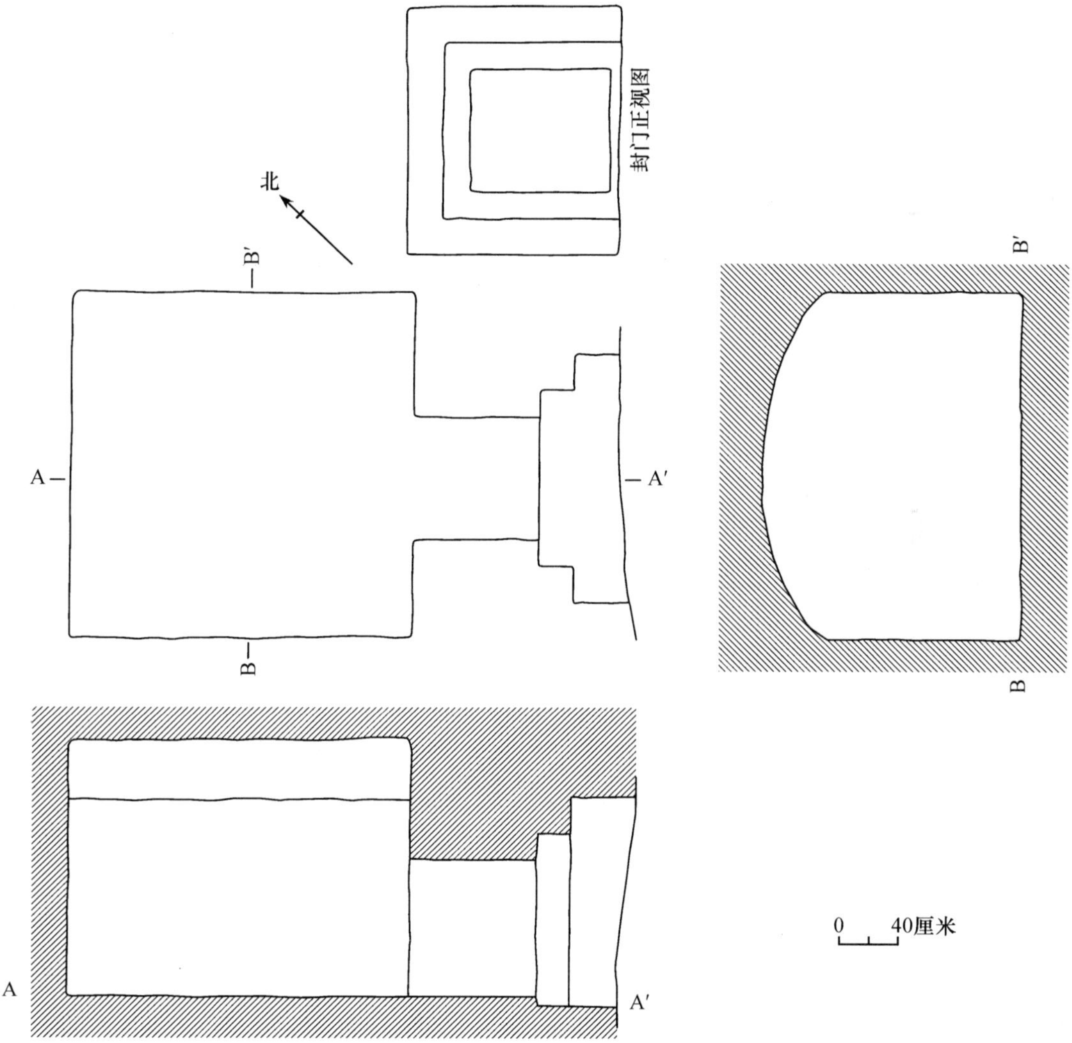

图八　M3平、剖面图

2. M5

位于M4南部，开凿于崖壁之上，墓门敞开，方向72°。由墓门、甬道和墓室组成。墓门平面近正方形，高1.34、宽1.26米。甬道呈长方形，长0.86、宽1.26、高1.34米。墓室略呈正方形，墓顶呈圆拱形，长2.4、宽2.28、高2.1米（图九）。

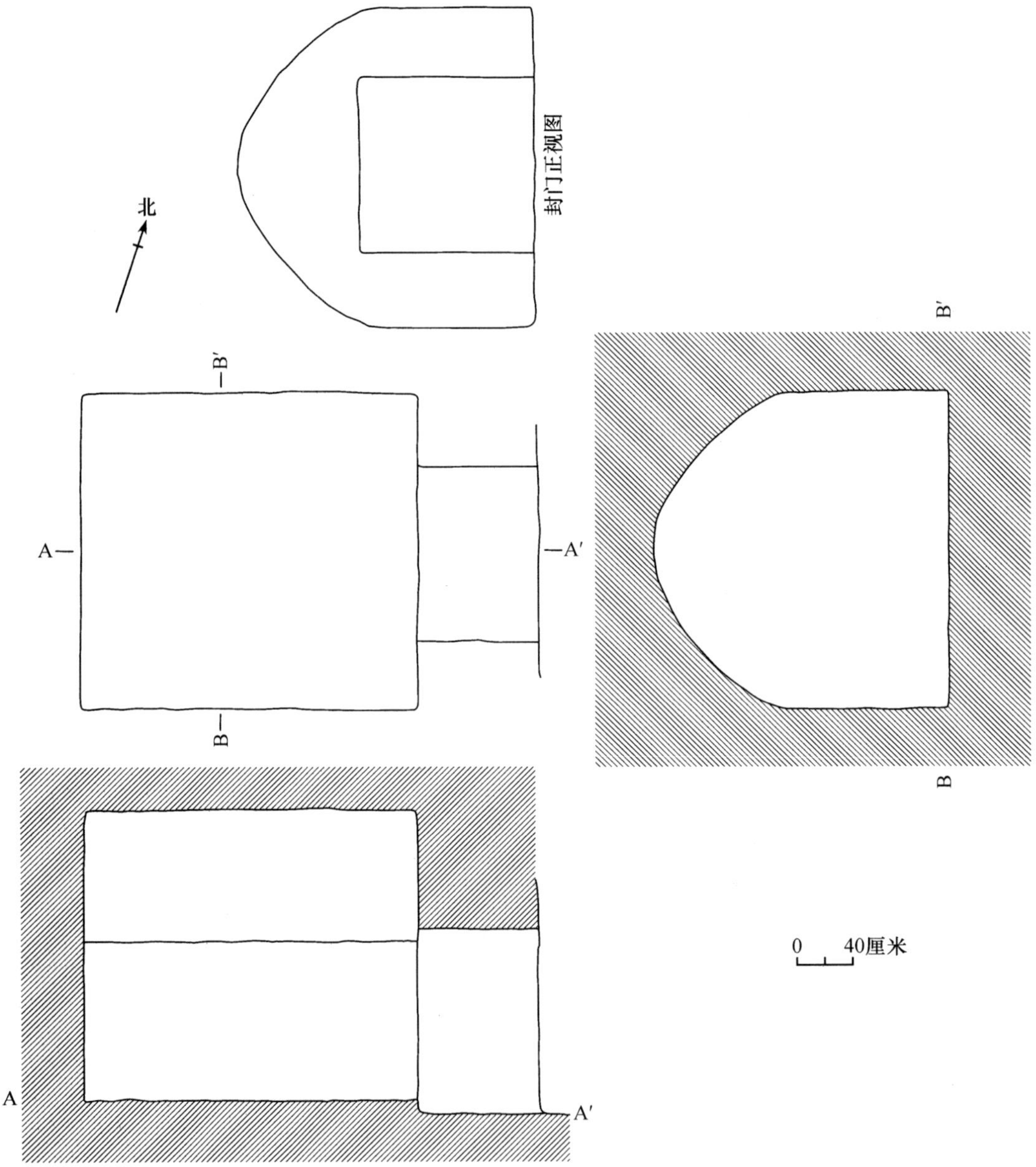

图九　M5平、剖面图

墓底有厚0.3～0.4米的黄灰色淤土，土质较硬。由于早期盗扰，葬式、葬具、随葬品不详。

（三）C型墓

墓室平面呈不规则半椭圆形，共1座。

M4

平面形状近长方形，方向65° 。墓门呈长方形，宽1.16、高0.96米。墓室平面呈不规则半椭圆形，长2.9、宽1.16、高0.96米，墓室顶部向里呈斜坡状，后部仅高0.2米，墓底较平整。墓壁粗糙，有明显錾痕（图一〇）。

墓室内有厚约0.2米的灰褐色淤土，土质较硬。由于早期盗扰，葬式、葬具、随葬品不详。

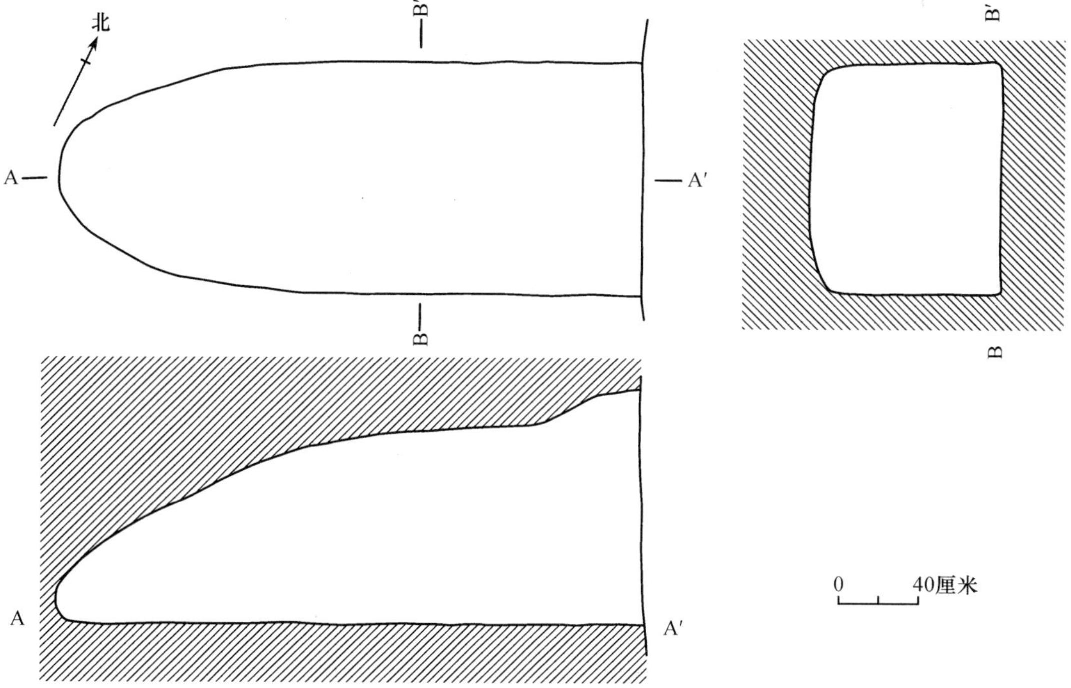

图一〇　M4平、剖面图

三、结　　语

皇坟堡墓地M1为前后墓室和两耳室组成的十字形石室墓，该类墓葬在重庆地区较少发现。根据填土中发现的画像石残块、剪轮五铢等，并结合墓葬形制推测，时代可能为东汉晚期。

手把岩崖墓群崖墓形制多样，可分为三型，A型，墓室呈纵长方形，M1、M2；B型墓室近方形，M3、M5；C型，墓室呈不规则半椭圆形。由于这批崖墓盗扰严重，没有发现随葬品，这里仅就其形制结合周边地区考古资料探讨一下其时代。罗二虎先生在《四川崖墓的初步研究》[1]一文中，对四川地区的崖墓有着较为系统的研究，手把岩崖墓群A型墓中的M2与罗二虎先生文中的Ⅰ型Ⅰ式相似，由于其为弧顶，相较于同一崖壁的M1、M3，位置最高，墓室形制简单，时代应处于东汉早期阶段或稍晚；M1界于罗二虎先生文中的Ⅰ型Ⅰ式与Ⅰ型Ⅶ式之间，从刀把形平台（可能为石棺台雏形）看应更接近Ⅰ型Ⅶ式，但比Ⅰ型Ⅶ式稍早，其年代应在东汉晚期；B形墓与罗二虎先生文中的Ⅰ型Ⅶ式接近，时代相当，其年代应在东汉晚期，但比A型墓稍晚；C型墓与罗二虎先生文中的Ⅰ型Ⅹ式接近，其年代应在南北朝前期。

通过与四川地区崖墓资料的对比，我们发现手把岩崖墓群崖墓数量虽较少，但基本贯穿了崖墓发展演变的整个历程，为研究这一地区崖墓的构筑技艺、丧葬习俗的流变提供了重要的参考资料。

附记：本次考古发掘项目领队白九江；工作人员有代玉彪、许文英、金鹏功、杨大用、罗仕杰、朱永禄。

执　　笔：代玉彪　杨大用

参考文献

[1]　罗二虎：《四川崖墓的初步研究》，《考古学报》1988年2期。

合川区地质大队墓地发掘简报

重庆市文化遗产研究院
合川区文物管理所

合川城区位于四川盆地东部，重庆市西北部，距重庆56千米，地处嘉陵江、渠江、涪江三江交汇处，属川中丘陵盆地，为平缓丘陵地型。在近年城区的基本建设过程中，不断有零星古代墓葬发现。2011年，为配合合川城区景观园林工程建设，重庆市文化遗产研究院组织考古工作人员抢救性发掘了地质大队墓地。

墓地行政地属合川区南津街道办事处白鹿山社区5组，具体位置为南江地质大队大门正前方20米处，南距涪江南岸约1000米，因景观园林工程建设需要，我们对此进行了文物调查勘探。共勘探发现砖室墓葬2座，编号为2011HNDM1、2011HNDM2（以下省略2011HND）。墓葬位于一圜形小丘中心，分布面积约为250平方米。墓葬早期被盗，后期又被高压线塔基破坏，仅M1保存较完整，M2残存墓葬前半部分。从墓葬所处地理位置看，墓地应属于南屏东汉墓葬群的一部分（图一）。

一、墓葬形制

1. M1

墓向330°。残。券顶砖结构双室竖穴土圹墓，平面略呈“凸”字形，由墓圹、短甬道、前室及后室组成。土圹全长6.64、宽2.4～2.5米，墓葬全长6.44、宽2.3米。甬道长0.64、宽1.9、高2.1米，前室长3.18、宽2.3、高2.38米，后室长2.72、宽2.3、高2～2.28米（图二）。

墓门用条形的榫卯砖错缝平砌成封门墙，甬道两侧壁通缝平砌6层砖，墓室周壁则顺砖错缝平砌，在后壁第13层外侧则错缝侧砌3层壁砖，成为双层后壁。券顶均用榫卯砖横向起券，前室侧壁从第8层起券，后室近后壁处从第5层起券2层，再从第6层起券2层，其后从第7层起券，与前室相接。墓底均为双横排错缝平铺1层铺地砖，甬道和前室

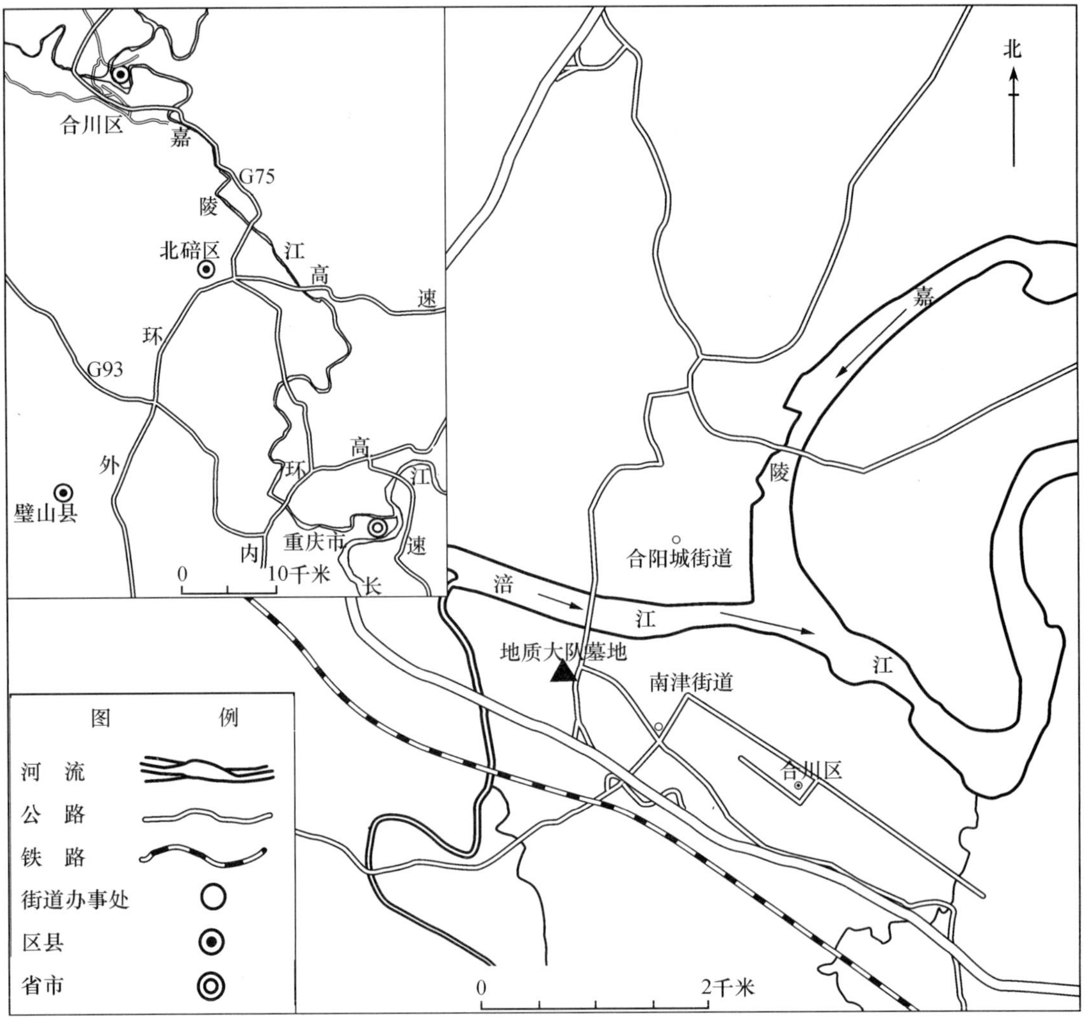

图一　合川区地质大队墓地位置示意图

等高，后室比前室高0.1米。

花纹砖长约42.2、宽约22、厚约11厘米。榫卯砖分为条形和梯形两种，长方形榫卯砖与壁砖规格相同，梯形榫卯砖长边长37、短边长33、宽21、厚11厘米。

2. M2

墓向330°。形制结构与M1相似，券顶砖结构双室竖穴土圹墓，墓室后半部残，残留部分墓圹、短甬道、前室及后室前部。土圹残长4.1、宽2.1～2.5米，墓葬残长4.2、宽2.6米。其中甬道长0.62、宽1.96、高2.02米，前室长0.9、宽2.4、高2.24～2.36米，后室残长1.1、宽2.4、高2.26米（图三）。

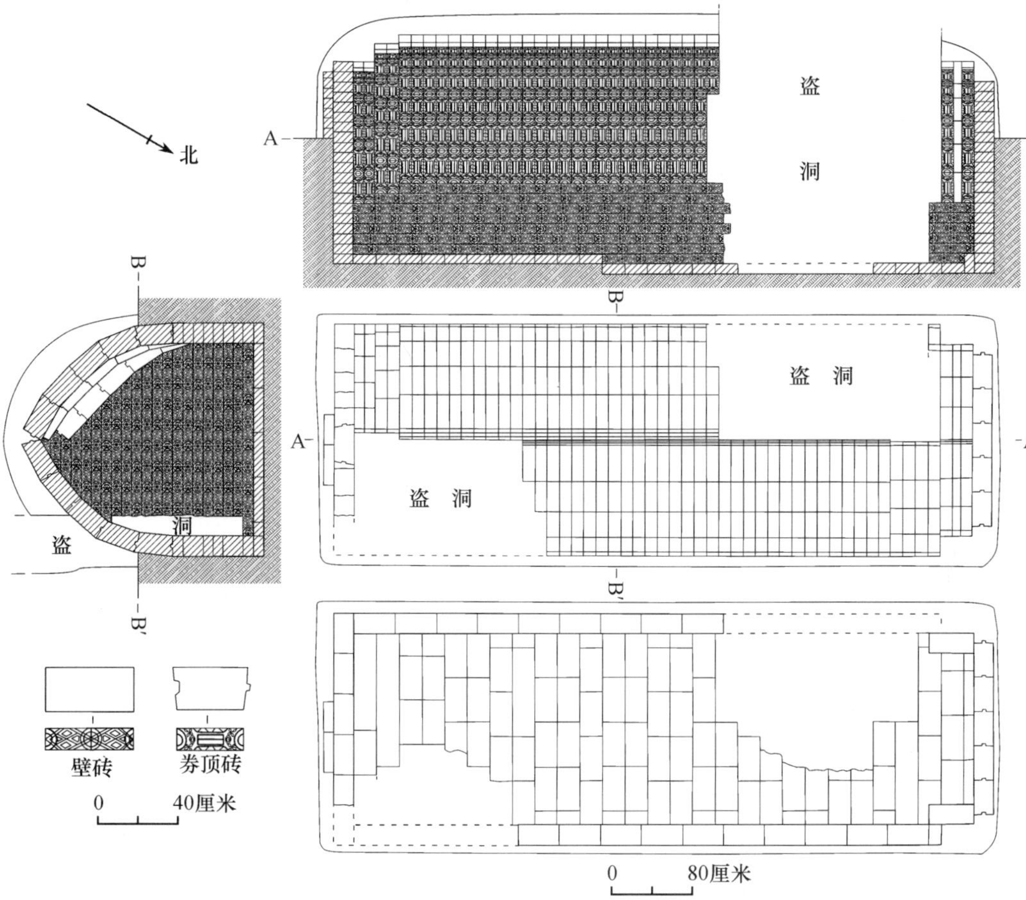

图二 合川区地质大队墓地M1平面及剖视图

墓门用条砖错缝平砌成封门墙，甬道两侧壁通缝平砌6层砖，墓室周壁则顺砖错缝平砌。券顶均用榫卯砖横向起券，前室侧壁从第7层起横向起券3层，再从第8层起券，与后室券顶平齐。后室从第7层起券，与前室相接。墓底均为双横排错缝平铺1层铺地砖，甬道和前室等高，后室比前室高0.1米。

花纹砖长约43.5、宽约22、厚约11厘米。榫卯砖为梯形，长边长37、短边长33、宽21、厚约11厘米。

二、出土遗物

2座墓葬均被盗掘和建设塔基破坏。墓内未发现遗物，主要残留花纹砖，仅在M1墓内扰土中采集到少量陶器和一些釉陶器的残片。

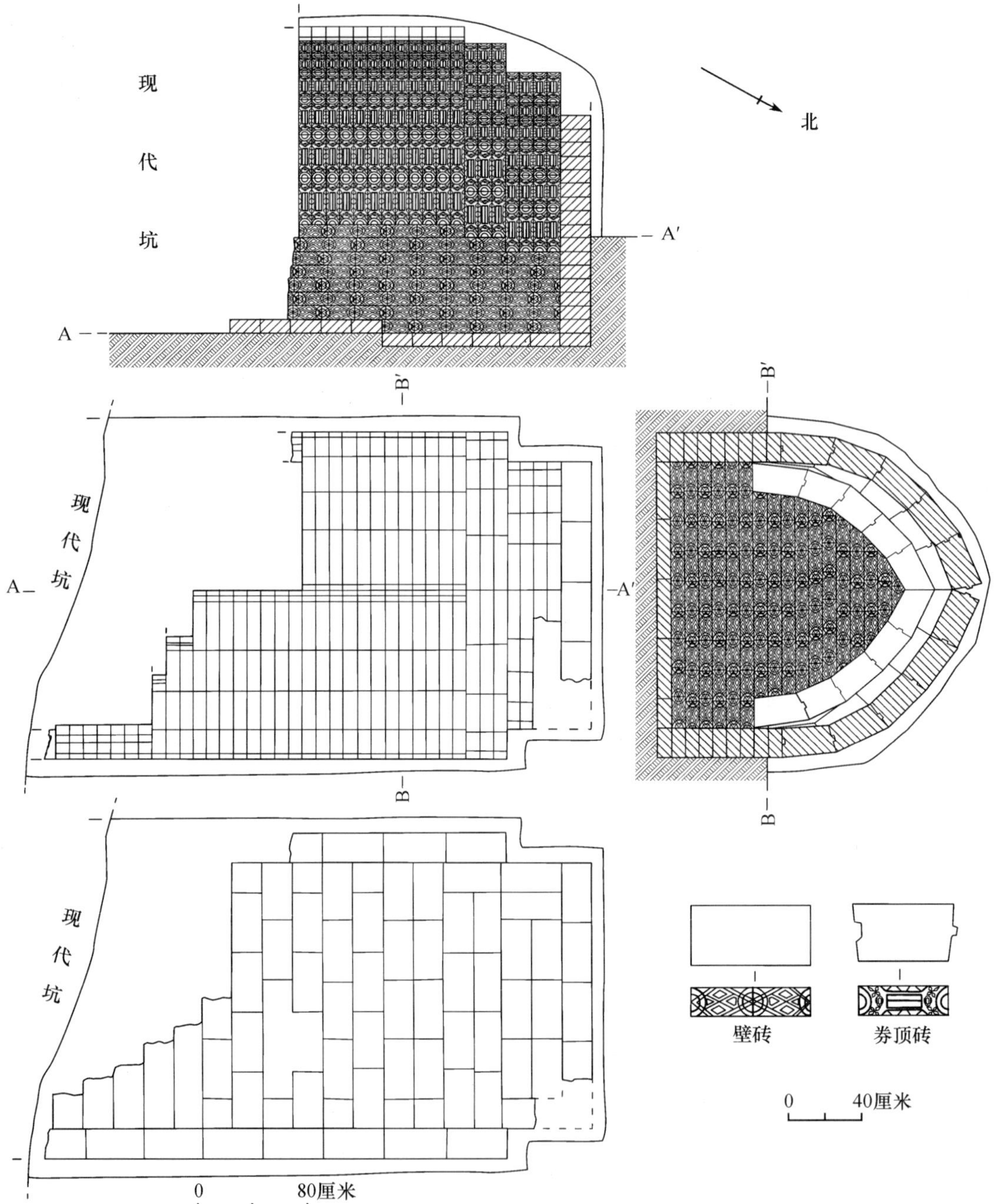

图三　合川区地质大队墓地M2平面及剖视图

1. 花纹砖

M1、M2两座墓葬的花纹砖纹饰及规格均相同，为几何纹样的花纹砖，券顶的榫卯砖墓内壁面均饰车轮叶脉元宝纹，墓壁的条砖墓内壁面均饰几何形重环乳钉纹（图四，1、2）。

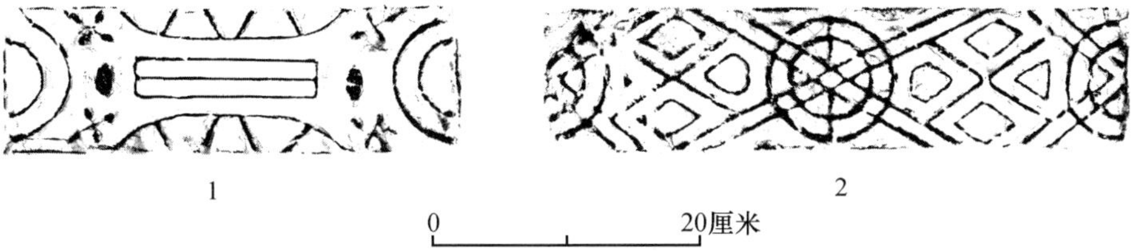

图四　合川地质大队墓地M1、M2墓砖标本拓片

1. 券顶砖标本拓片　2. 墓砖标本拓片

2. 遗物

墓葬盗扰严重，墓底未见随葬品，仅在M1墓葬填土中出土少量遗物碎片，出土遗物以红陶为主，少量器物饰弦纹，大多为素面陶，另有少量釉陶。制法上可分为轮制和模制，有日用器皿和模型明器。日用器皿可辨器形有魁、卮、罐、耳杯、勺，模型明器可辨器形有塘、仓、人物俑、动物俑。

魁　1件。M1：01，柄部残缺。与器身分制，贴塑于上腹部，器身轮制。侈口，圆唇，上腹近直，下腹弧内收，平底。施酱黄釉，内壁满釉，外壁施釉至下腹部。上腹饰四周凹弦纹。口径18、腹径17.8、底径8、通高6.15、壁厚0.4厘米（图五，1）。

卮　1件。M1：02，泥质红陶。敛口，尖唇，弧壁内收，凹底。口沿外壁饰三周凹弦纹，内壁轮制痕迹清晰可见。口径13.2、腹径14、底径11.8、壁厚0.5、通高12.9厘米（图五，2）。

圈足　1件。M1：03，泥质红陶。整体覆钵状，内外壁轮制痕迹明显。底径19.8、残高7.6、壁厚1厘米（图五，3）。

盆底　1件。M1：04，仅残留底部。泥质灰陶。下腹弧内收，凹底。底径14、残高4.2、壁厚1厘米（图五，7）。

塘　1件。M1：05，残留池塘口沿部分。泥质红陶。平折沿，斜直壁，沿面用三角形支撑与壁相连，塘底残留泥塑动植物模型。残长44.6、残宽9.6、壁厚0.8、高5厘米（图五，4）。

耳杯　2件，残留约半部。M1：06，内外壁均施青釉，内壁满釉，外壁施釉至下腹部。杯身呈船形，侈口，方唇，弧壁，浅饼底。长径两侧各贴塑一杯把。残长7.8、残宽9.8、壁厚0.4～0.8、高5.2厘米（图五，5）。M1：07，残留约四分之一。内外壁均施青釉。侈口，方唇，弧壁，浅饼底。长径侧贴塑一新月形杯把。残长6.5、残宽4、壁厚0.3～0.7、高3.4厘米（图五，6）。

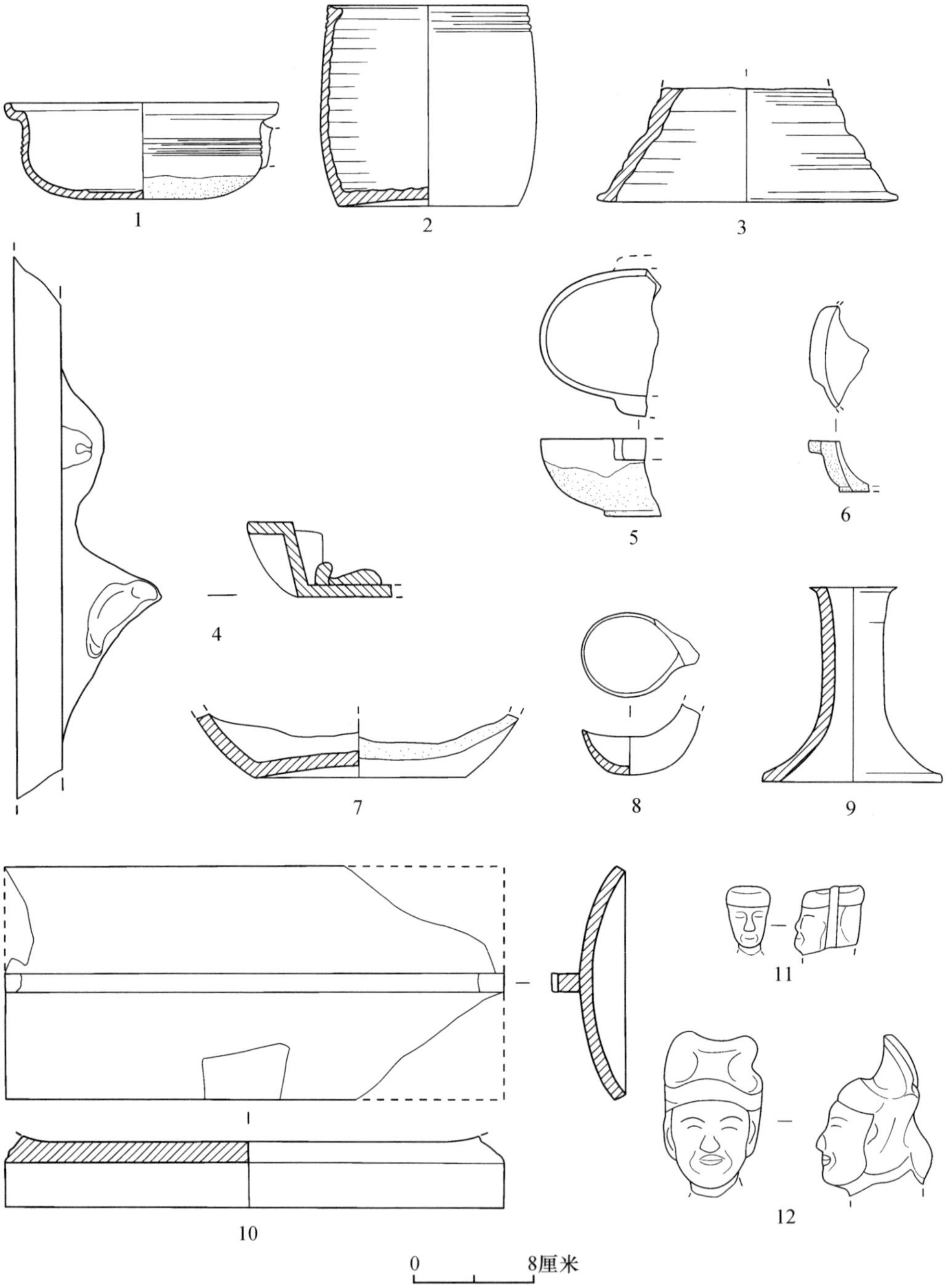

图五　合川地质大队墓地M1墓葬填土出土陶器（一）

1. 魁（M1：01）　2. 卮（M1：02）　3. 圈足（M1：03）　4. 塘（M1：05）　5、6. 耳杯（M1：06、M1：07）　7. 盆底（M1：04）　8. 勺（M1：010）　9. 灯座（M1：09）　10. 仓（M1：08）　11、12. 俑头（M1：011、M1：012）

仓　1件。M1：08，残留屋顶部分。泥质红陶。囤顶，中间施一横脊，两端微上翘。长33、宽19.4、壁厚0.8、高4.8厘米（图五，10）。

灯座　1件。M1：09，上部残缺。泥质红陶。柄部中空，覆喇叭状底。柄径5.5、底径12、壁厚0.8、残高13厘米（图五，9）。

勺　1件。M1：010，柄部残缺。泥质红陶。勺体半球状，侈口尖唇，柄部斜向上。残长7.8、壁厚0.3～0.6、残高5.5厘米（图五，8）。

俑头　2件。仅残留头部。M1：011，泥质红陶。面容较清晰，头戴平上帻。双范合模制。残宽3.4、残高3.4厘米（图五，11）。M1：012，残留头部。泥质红陶。面目清秀，面带微笑，头部束巾，脑后梳一圆髻。残宽7.7、残高11厘米（图五，12）。

侍俑　3件。M1：013，泥质红陶。双范合模制。头戴平上帻，面容清秀，身着右衽及地长袍，微露脚尖，窄口广袖，拱手站立。宽4.8、壁厚0.6～1、高17.6厘米（图六，6）。M1：014，头部残，不可修复。泥质红陶。双范合模制。外着双层右衽及地长袍，微露脚尖，窄口广袖，拱手站立。宽4.8、壁厚0.6～0.9、残高11厘米（图六，7）。M1：015，泥质红陶。双范合模制。外着双层右衽及地长袍，微露脚尖，窄口广袖，拱手站立，身体微前倾。宽4.8、残高10.8厘米（图六，8）。

庖厨俑　1件。M1：016，泥质红陶。双范合模制。面容较模糊，身着圆领内衣，外着右衽长袍。卷袖于肘部，盘腿坐于案前，案上置鱼一条，左手按鱼头，右手作剖鱼状。宽12.8、壁厚0.6～1、残高16厘米（图六，5）。

抚琴俑　1件。M1：017，部分残。泥质红陶。双范合模制。头戴介帻，面容较模

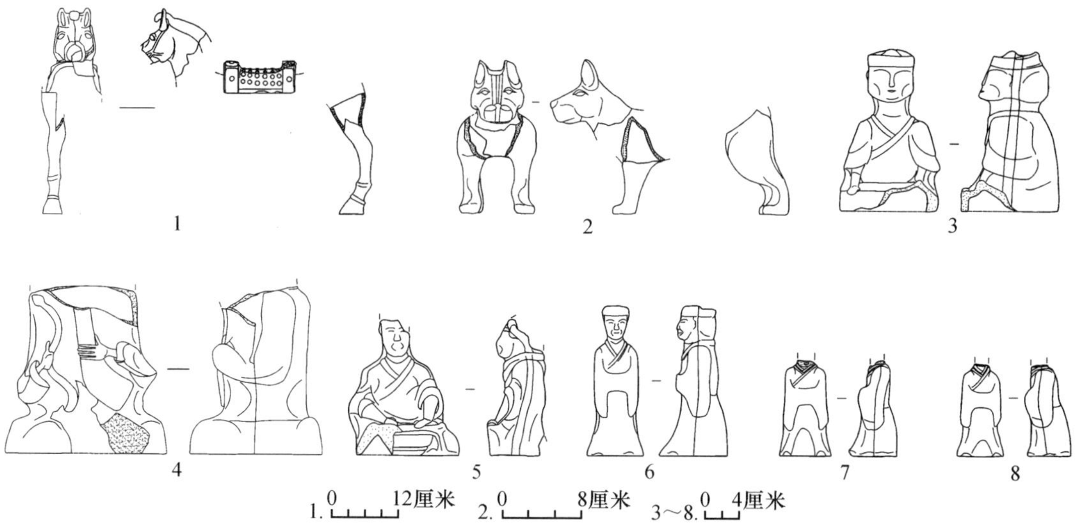

图六　合川地质大队墓地M1墓葬填土出土器物（二）

1. 陶马（M1：020）　2. 陶狗（M1：019）　3. 抚琴俑（M1：017）　4. 镇墓俑（M1：018）
5. 庖厨俑（M1：016）　6～8. 侍俑（M1：013、M1：014、M1：015）

糊，身着右衽长袍。广短袖，盘腿而坐，琴置于膝上，作抚琴状。宽11.4、壁厚0.8、残高18.8厘米（图六，3）。

镇墓俑　1件。M1：018，头部残。泥质红陶。双范合模制。身着窄袖长袍，盘腿而坐，右手执蛇，左手抚胸间。宽19.4、壁厚0.8、残高20厘米（图六，4）。

陶狗　1件。M1：019，残碎，无法修复。泥质红陶。双范合模制。头部保存较好，身体仅残存左前腿及后腿（图六，2）。

陶马　1件。M1：020，残碎，无法修复。泥质红陶。双范合模制。仅残存马头、马鞍及左后腿（图六，1）。

三、结　语

本次发掘的地质大队墓地，虽盗扰破坏较甚，但形制结构大体能够复原，在M1内扰土中出土了少量随葬品及标本残片。这种竖穴土坑墓圹起券的花纹砖室墓，在重庆地区均为汉至六朝时期。M1扰土中出土遗物多为泥质红陶，少量釉陶、泥质灰陶器。器类以人物俑、动物俑、建筑模型等明器为主，少量魁、勺等实用釉陶器，四川盆地内动物模型多见于东汉早期以后的墓葬，同时，墓葬楔形砖花纹与南屏东汉墓群的98HNWM1花纹相似[①]，其墓葬扰土中出土器物也均为红陶器、釉陶模型明器及人物动物俑，因此推断其时代应为东汉时期。

附注：本次发掘工作领队白九江，参加本次发掘工作的还有重庆市文化遗产研究院的周勇、贾晓琦，合川区文物管理所的朱永禄。发掘工作还得到了合川区文物管理所的大力支持和协作，在此一并表示感谢。

资料整理：周　勇　贾晓琦　朱永禄
绘　　图：文朝安　周　勇
电脑制图：程　涛　周　勇
执　　笔：周　勇　白九江

① 王海阔、白九江、王豫：《重庆合川市南屏东汉墓葬群发掘简报》，《重庆公路考古报告集》，科学出版社，2010年。

合川区三坨石崖墓群发掘简报

重庆市文化遗产研究院
合川区文物管理所

为配合兰渝铁路建设，2009年9～12月，重庆市文化遗产研究院对兰渝铁路重庆段沿线进行了文物调查与勘探，获取了多处古代遗存的信息。2010年7～8月，在合川区文物管理所的协助下，重庆市文化遗产研究院对兰渝铁路涉及的合川三坨石崖墓群进行了发掘。现将发掘收获简报如下。

一、地理位置及地形地貌

三坨石崖墓群位于合川区铜溪镇铁门村一社，中心地理坐标为北纬29°59′45.7″、东经106°12′56.7″，海拔244米（图一）。墓群北隔山沟与玉皇观相望，东侧为缓坡形山

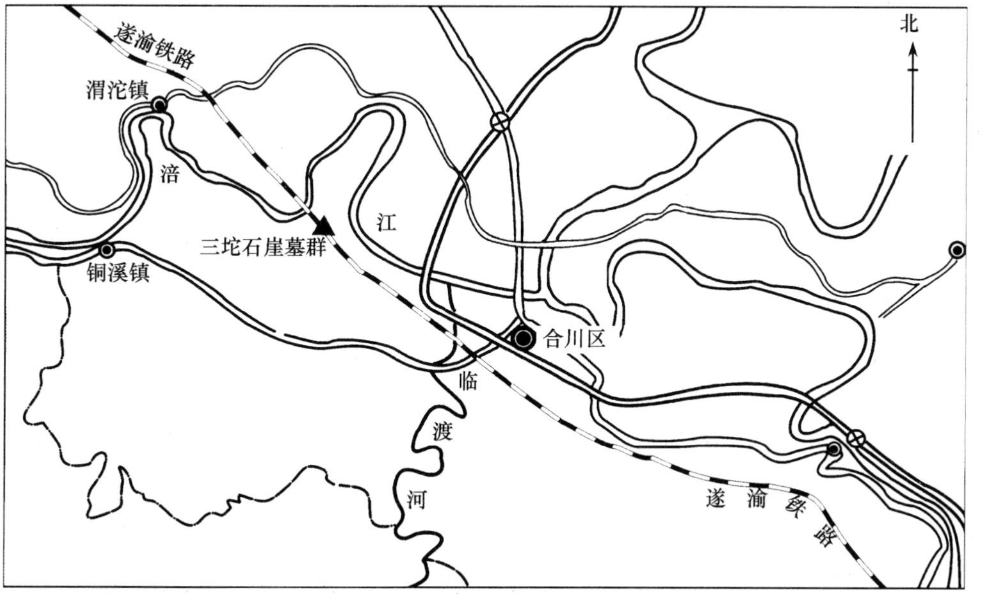

图一　三坨石崖墓群位置图

地，南侧坡下为村民房舍，西侧为一较小的山包。崖墓处于山包顶部的馒头状丘峰壁面上，峰高约11、宽10、厚3～4米。崖墓共3座，下部2座，上部1座，呈近“品”字形布局（图二）。

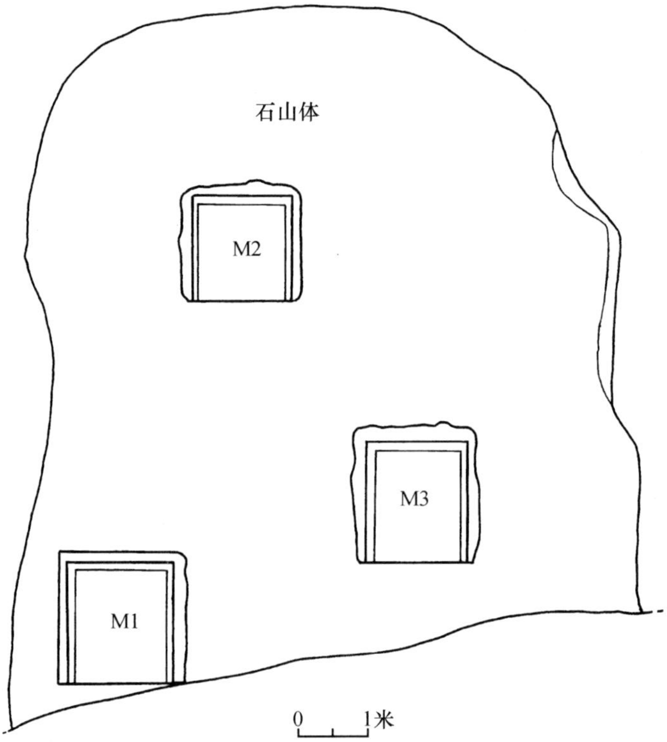

图二　三坨石崖墓群立面分布示意图

二、墓葬形制与随葬品

3座崖墓形制相近，墓内壁面加工规整，工具凿痕明显。墓葬后壁因山体坍塌而出现不同程度的豁口。墓内空间较大，附近有村民储藏的大量玉米秸秆，底部堆积有泥土。墓葬编号由西到东依次为2010HSM1～2010HSM3（以下省略2010HS）。

（一）M1

墓向130°，位于墓群的右下侧。墓葬平面呈“凸”字形，由双层门楣、甬道、墓室三部分组成。双层门楣位于甬道的外侧，封门已毁，门楣外层宽160、高150、进深12厘米；内层宽136、高136、进深12厘米。甬道位于门楣与墓室之间，底与墓室底部平齐，顶低于墓室顶，平面呈长方形，长86、宽114、高120厘米；墓室平面呈近长方形，弧形顶，长250、宽194、高154、壁高140厘米（图三）。

该墓早期被盗扰，未见随葬品。

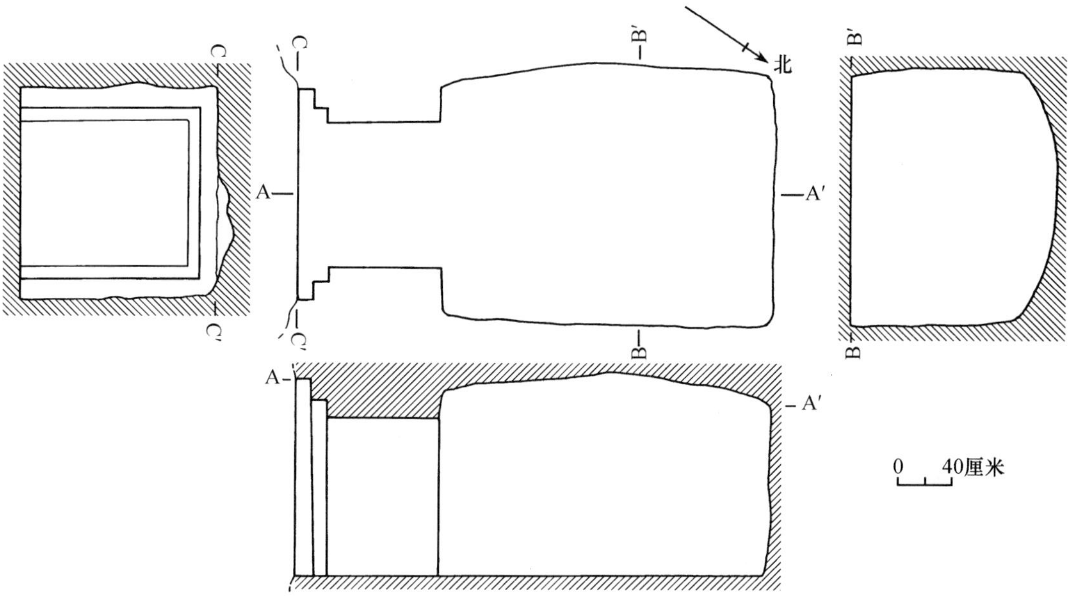

图三 M1平、剖面图

（二）M2

位于山丘上部，墓向130°。该墓平面呈“凸”字形，由双层门楣、甬道、墓室三部分组成。双层门楣位于甬道的外侧，封门已不存，外层宽168、高210、进深10厘米；内层宽132、高190、进深12厘米。甬道位于门楣与墓室之间，底与墓室底部平齐，顶低于墓室顶，平面近方形，长80、宽110、高180厘米。墓室平面呈长方形，“人”字形两面坡顶，长240、宽228、高240、壁高180厘米（图四）。

该墓早期被盗扰，未见随葬品。

（三）M3

位于底部左侧，墓向130°。该墓由墓道、门楣、甬道、墓室四部分组成。墓道位于最南端，未全面揭露，出露平面为近横长方形，右侧壁内内弧，露出部分长130、最宽150、深72～120厘米。双层门楣，封门现已不存，门楣外层宽140、高120、进深14厘米；内层宽114、高103、进深14厘米。甬道极短，位于墓室南端中间，宽90、高84、进深30厘米。墓室平面呈长方形，两侧壁微弧，拱形顶，长200、宽160、通高160、壁高120厘米（图五）。

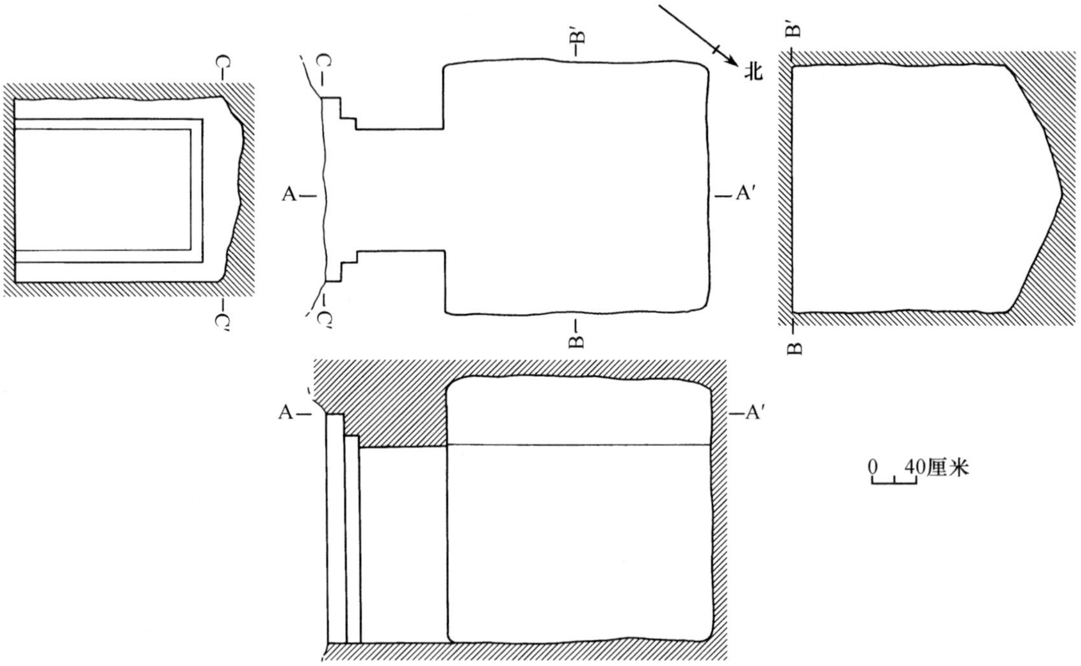

图四　M2平、剖面图

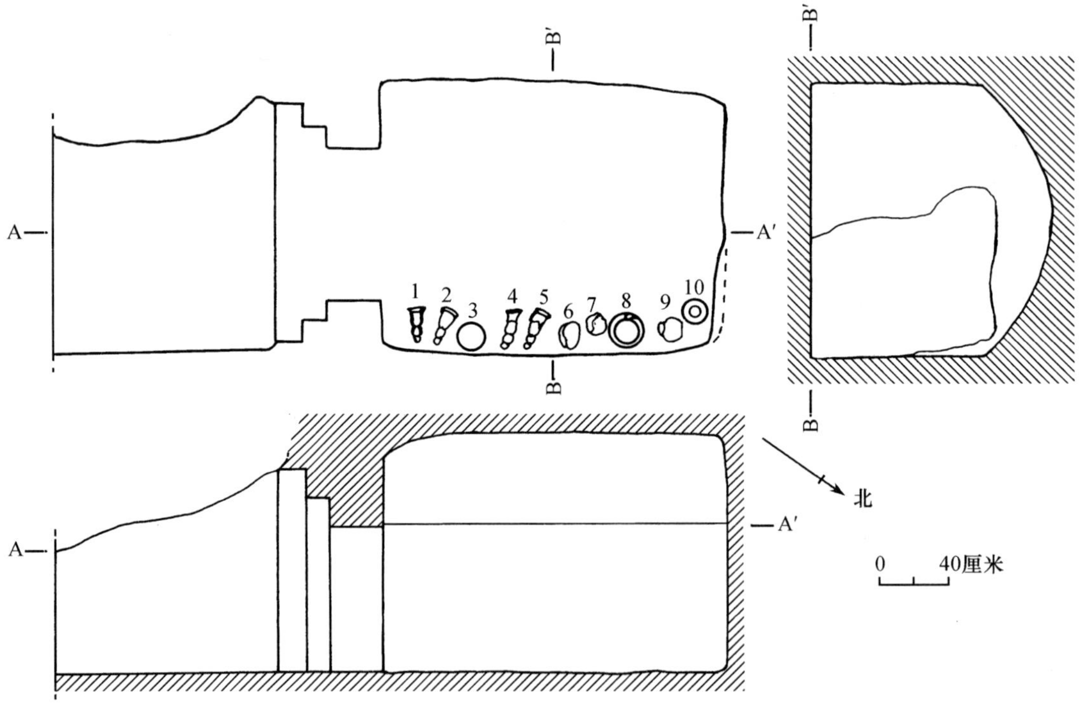

图五　M3平、剖面图

1、2、4、5. 陶侍俑　3、7. 青瓷钵　6、9、10. 陶罐　8. 铜釜

该墓内葬具痕不显，但有少量骨渣。

M3出土随葬品10件，均位于墓室左壁下，有铜釜、青瓷钵、陶罐、陶侍俑几大类。其中，陶器7件，M3：10为一釉陶罐，余均泥质灰陶，火候较高。

陶侍俑 4件。系同模所制，略有差异，侧面范痕明显。性别似为女性。整体粗短，作站立状，梳高髻裹巾，面容模糊，圆脸高鼻，着圆领广袖长袍，双手合举于前，鞋尖外露。M3：2，高23.2厘米（图六，1）。M3：5，高23.3厘米（图六，2）。M3：4，高23.5厘米（图六，3）。M3：1，高23.8厘米（图六，4）。

陶罐 3件。M3：9，敛口，圆唇，短颈下部略外张，圆肩，弧腹内收，平底。上

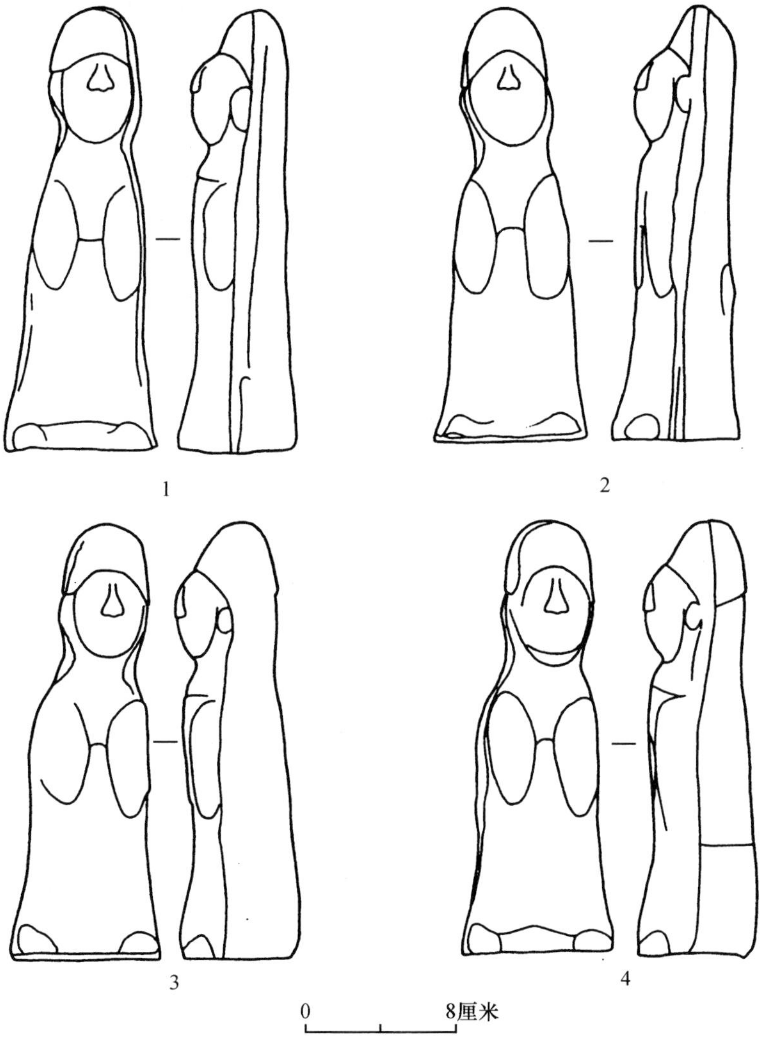

图六 M3出土陶侍俑

1. M3：2 2. M3：5 3. M3：4 4. M3：1

腹有拉坯旋痕。口径9.8、底径12、高13.8厘米（图七，1）。M3：6，侈口，圆唇，束颈，折肩略弧，上腹圆鼓。下腹内收，平底内凹。素面。口径13.6、底径9.8、高13.8厘米（图七，2）。M3：10，侈口，方唇，颈略束，圆肩，上腹鼓下腹弧内收，平底。外表施酱黄色釉，施釉不及底。口径9、底径9.4、高11.6厘米（图七，3）。

青瓷钵　2件。形制相似，灰白胎。施浅绿色青釉。M3：3，敞口，圆唇，弧腹内收，平底内凹，内底呈鸡心。外表施釉不及底，缘下饰一道凹弦纹。口径16.4、底径11.4、高6厘米（图七，5）。M3：7，敞口，圆唇，弧腹内收，平底内凹，内底平，中间略下凹。口径16.2、底径10.6、高6厘米（图七，6）。

铜釜　1件。M3：8，敛口，折宽沿，沿面凹弧，束颈，斜折肩，弧腹，平底内凹，底外缘呈玉璧形凸出。上腹饰一道凹弦纹，腹部饰一对称铺首。铜胎较厚，外表有烟炱痕。口径25.2、底径12.4、通高11.4厘米（图七，4）。

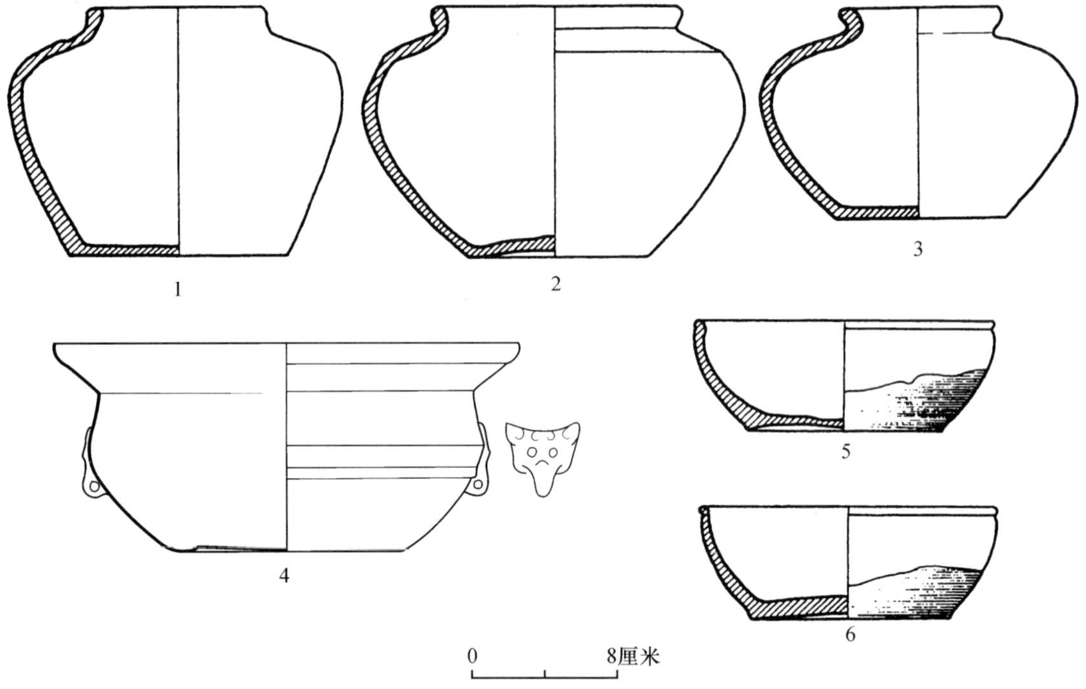

图七　M3出土陶器、瓷器、铜器

1～3. 陶罐（M3：9、M3：6、M3：10）　4. 铜釜（M3：8）　5、6. 青瓷钵（M3：3、M3：7）

三、小　　结

M3出土的青瓷钵口大、腹浅、底大而平，应当属于蜀汉至两晋时期的遗物；陶侍俑制法简单，面目不清，圆脸高鼻，在三峡地区多见于六朝墓葬。这样，可初步判断

M3大致应为六朝时期，具体或可到三国至两晋时期。

三坨石崖墓群M1、M2结构较简单，M3有墓道，结构稍显复杂。重庆地区的崖墓由于早期被毁较厉害，一般均不见随葬品，因此M3出土的10件随葬品较为珍贵，对于研究这类崖墓的时代、随葬品陈设提供了新的资料。

附记：本次发掘得到了合川区文物管理所的大力支持。参与发掘工作的有徐克诚、吕钧耀、杨大用，器物修复张光敏。

执　笔：白九江　徐克诚　刘　华

合川区银行嘴墓地画像砖墓清理简报

重庆市文化遗产研究院
合川区文物管理所

银行嘴墓地位于合川区涪江二桥南桥头西侧名为银行嘴的山包上，行政区划属合川区南津街街道办事处白鹿山社区六组。南端地理坐标为东经106° 15′ 7.1″，北纬29° 59′ 5″，海拔236米。东、南紧邻公路，西侧为冲沟，北侧为涪江，属于合川区白鹿山园林景观工程建设征地区范围（图一）。

2011年5月，为配合合川区白鹿山园林景观工程建设，重庆市文化遗产研究院（原重庆市文物考古所）、合川区文物管理所对银行嘴墓地进行了考古发掘工作，清理汉代画像砖墓1座，编号为2011HBYM1（以下简称M1），出土了陶钵、陶盆、陶狗等随葬品。现将清理情况简介如下。

一、墓葬形制

该墓遭到严重破坏，墓葬顶部和墓室部分残损，仅存墓道和部分甬道。墓向为270°。

墓葬残存部分平面呈长方形。墓道为斜坡式，长1.4、宽1.85、深0～0.74米。封门为双重砖封门，第1重封门残存9层砖，第二重封门残存8层砖。甬道部分残长1.12、宽1.8、残深0.74～0.9米，墓壁用花纹砖和画像砖顺墓平砌而成，底部铺设长条形素面砖（图二）。

葬具和葬式因扰乱严重，不详。

在甬道内发现陶钵、陶盆、陶狗等随葬品。

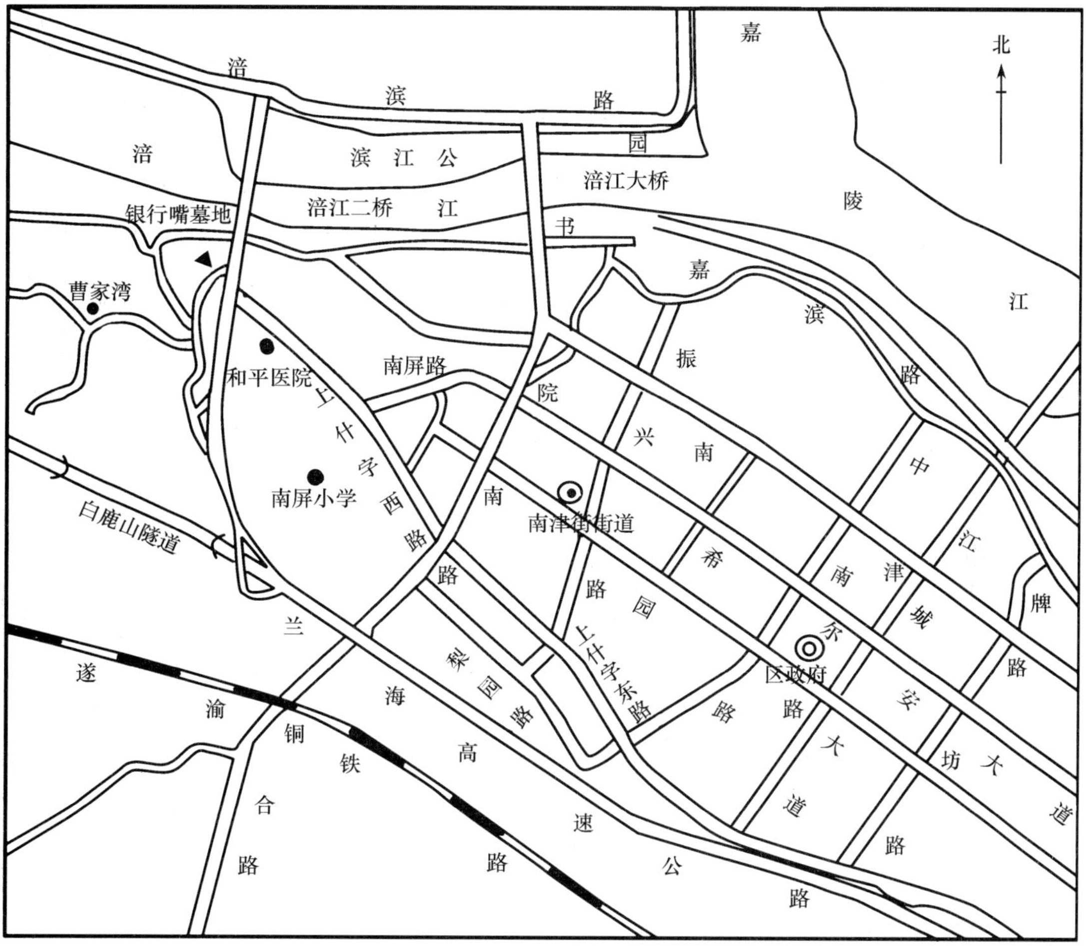

图一　合川银行嘴墓地位置示意图

二、出土遗物

M1被扰乱严重，出土遗物包括花纹砖、画像砖和少量陶器。

（一）花纹砖

墓壁和甬道封门均为长方形实心花纹砖，纹样包括了车轮折线纹（图三，1）、重环乳钉折线纹（图三，2）和十字网点折线纹（图三，3）等。

（二）画像砖

在甬道壁第5列和第6列出土了部分长方形实心画像砖，甬道左右两壁第5列各发现2

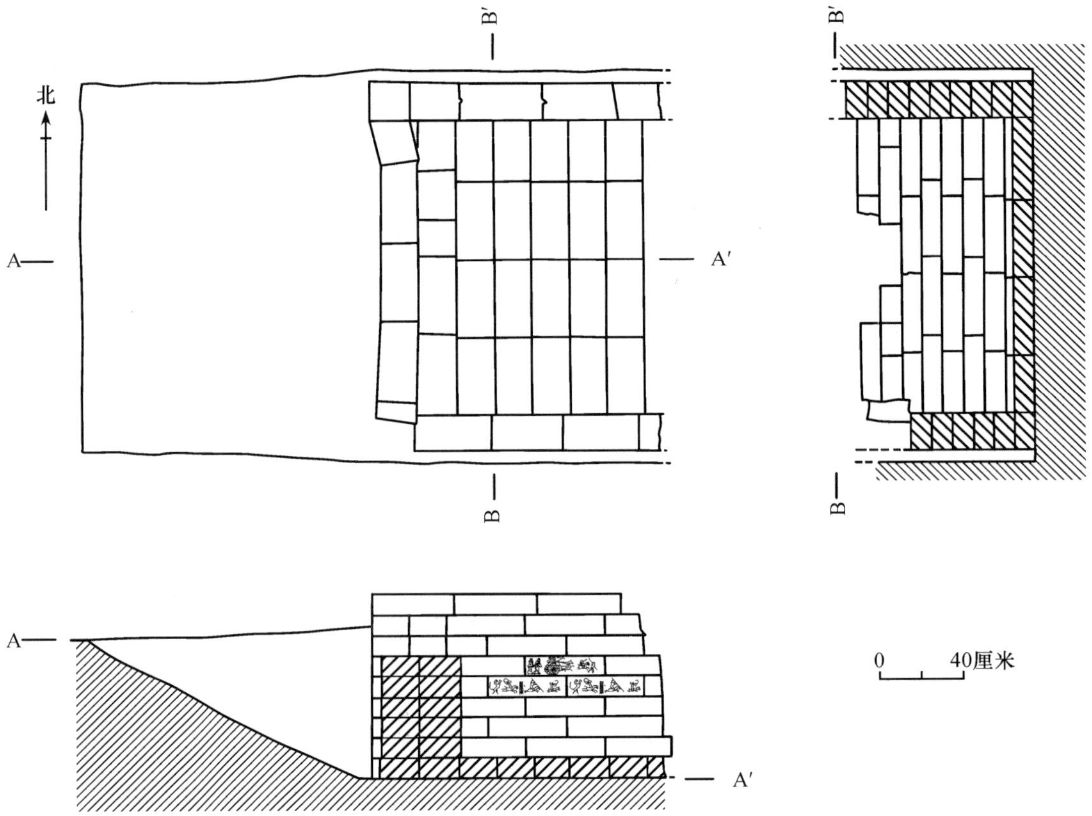

图二　M1平、剖面图

方狩猎画像砖，第6列各发现1方轺车出行画像砖。

狩猎画像砖　4方。模印阳线，砖长40、宽18、厚10厘米。画像位于较长砖侧面，表现了三个狩猎者不同的狩猎场面。画像左侧表现骑马狩猎者反转身张弓射杀老虎的形象；中间用叶脉纹间隔；近叶脉纹处表现骑马狩猎者用矛类武器刺杀猎物的情景；画像右侧展现骑马狩猎者张弓追杀猎物的场景（图四）。

轺车出行画像砖　2方。模印阳线，砖长40、宽18、厚10厘米。画像位于较长砖侧面，从右至左可分为引导、轺车、随从三部分。画像最右侧为一步行执钺引导，其后为骑马持戟引导者；画像中部为马牵引的轺车，车内乘两人，前为驭者，双手作握缰绳驾车状；后为主人，头戴进贤冠，目视前方；左侧为两侍从，均双手捧节类物品，前方侍从戴冠佩剑，应为男性，其后侍从双髻，未佩剑，应为女性侍从（图五）。

（三）陶器

在甬道内发现陶钵、陶盆、陶狗各1件。

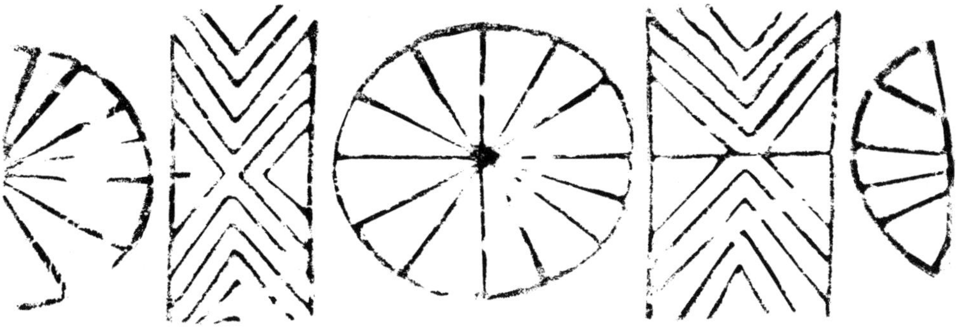

1

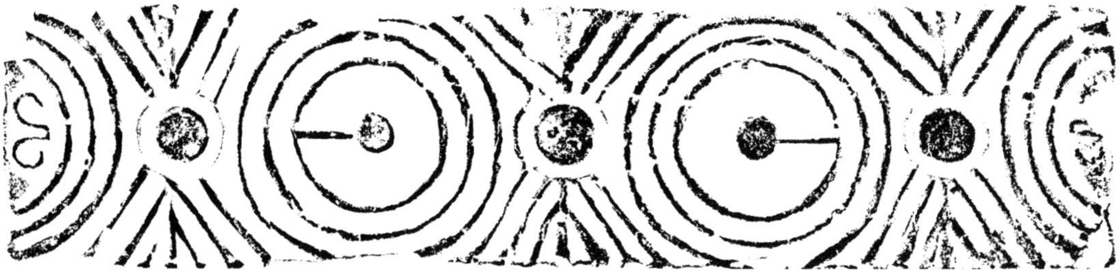

2

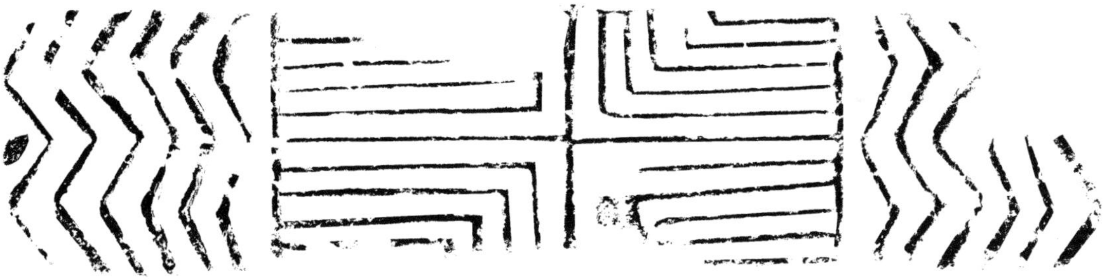

3

0 10厘米

图三 花纹砖拓片

1. 车轮+重菱纹 2. 重环乳钉+重菱纹 3. 十字网点+波折纹

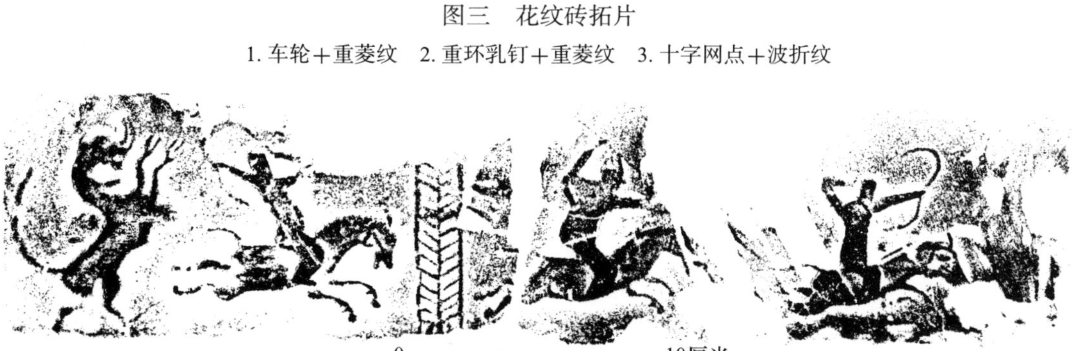

0 10厘米

图四 狩猎画像砖拓片

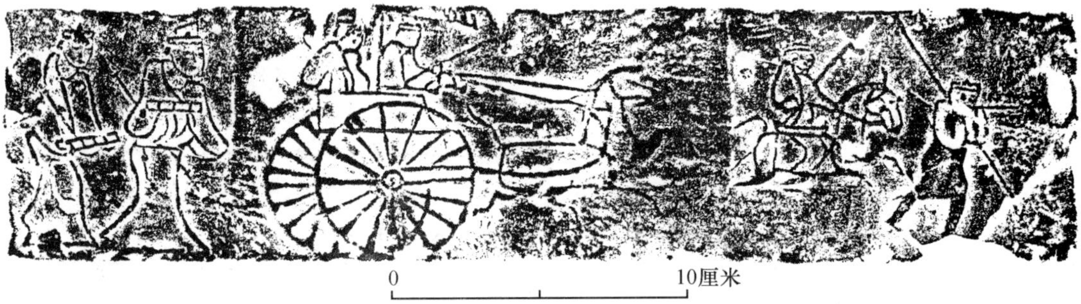

图五　车骑出行画像砖拓片

陶钵　1件。M1：1，泥质灰陶。轮制。侈口外卷，微折腹，小平底，素面。口径16、底径5、高7厘米（图六，2）。

陶盆　1件。M1：3，泥质红陶。轮制。侈口，外翻平沿，弧腹，平底，素面。口径22、底径6、高6厘米（图六，1）。

陶狗　1件。M1：2，泥质红陶，腿部稍残。模制拼合而成。站立状，立耳，眼圆睁，张嘴，颈部有带系，带系背侧有穿孔，尾巴翘起。长27、残高22厘米（图六，3）。

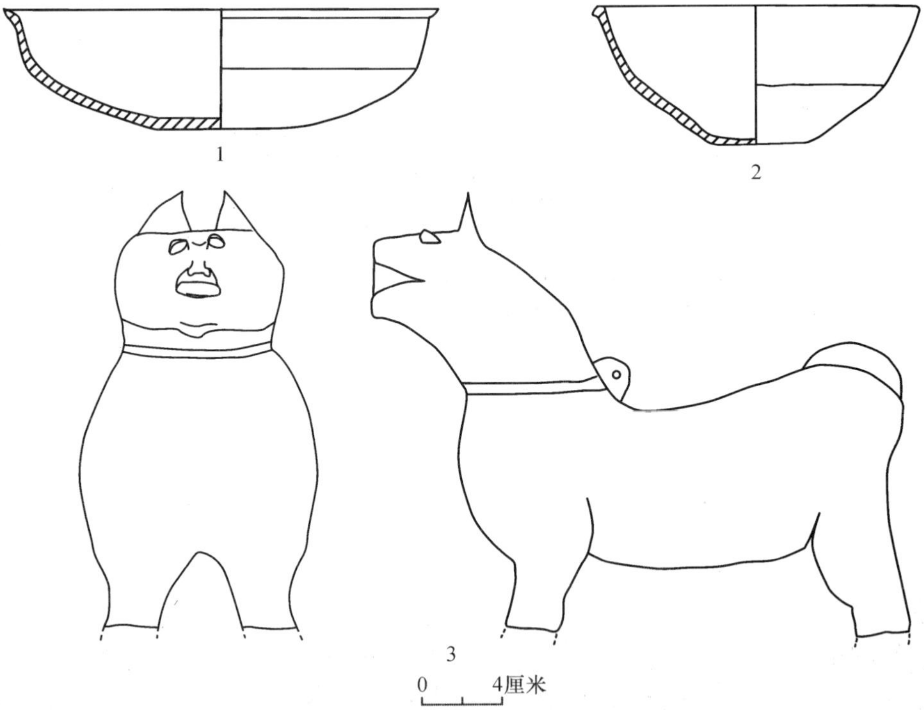

图六　出土陶器

1. 陶盆（M1：3）　2. 陶钵（M1：1）　3. 陶狗（M1：2）

三、结　　语

银行嘴墓地是合川南屏汉墓群的重要组成部分，本次发掘进一步丰富了这一地区东汉历史文化信息，为研究丧葬习俗和社会生活提供了重要参考资料。

重庆地区画像砖墓以前仅在九龙坡区陶家大竹林①有过发现，银行嘴墓地发现的画像砖数量虽较前者少，但在画像砖功用、画像位置、画像内容等方面对于重庆地区画像砖研究都有着重要的补充作用。大竹林画像砖仅起装饰作用，不承重（画像砖外侧墓壁砖承重），在砌筑承重墓壁砖时留出画像砖厚度的空位，画像位于平面上，银行嘴墓地出土画像砖既有装饰作用，同时作为墓壁也具有承重作用，画像位于较长侧面上；从画像内容上看，银行嘴墓地出土的轺车出行画像砖与大竹林出土者相似，但前者引导部分为后者所不见，前者出土的狩猎画像砖也为后者所不见。综上所述，银行嘴墓地出土的画像砖从功能及画像位置为研究重庆地区汉代画像砖相关信息提供了新的参考资料；从内容上看，轺车出行画像砖的出土进一步深化了学界对东汉贵族出行仪仗、车马服饰等方面的认识；骑射主题画像砖是了解当时狩猎场景的重要资料，填补了重庆地区汉代画像砖狩猎题材的空白。

附记：本次发掘领队为邹后曦，参与发掘人员有代玉彪、许高明、王银来、章小强，器物修复为王银来，遗迹及遗物绘图为王银来，摄影为代玉彪，合川区文物管理所的杨大用、王励和朱永禄等同志也做了大量协调工作。

执　　笔：代玉彪　邹后曦

① 重庆市文物考古所、九龙坡区文物管理所：《重庆九龙坡区陶家大竹林画像砖墓发掘简报》，《四川文物》2007年第2期。

合川区盐井瓷窑址发掘简报

重庆市文化遗产研究院
合川区文物管理所

合川盐井瓷窑址位于重庆市合川区盐井镇塘坝村。合川区位于四川盆地东部，地处川渝两省结合部，区境嘉陵江、渠江、涪江三江汇流。盐井镇，距合川城区东南7千米，地处嘉陵江右岸。辖区与北碚澄江镇、璧山八塘镇、铜梁旧县镇接壤，水陆交通便利。镇内矿产资源丰富，主要有石灰石、煤炭、碳酸锶等10余种，储量较大。其中煤炭储量达2.8亿吨。

盐井瓷窑址于2005年配合嘉陵江草街航电枢纽工程建设开展的文物调查工作中被发现。2007年，我们对窑址分布区域再次进行了复查。共发现瓷窑遗址3处，分别为炉堆子窑址、朱家堡窑址、伍家坡窑址（图一）。炉堆子窑址与朱家堡窑址均地处嘉陵江右岸一级阶地，隔一条冲沟相望。伍家坡窑址则地处炉堆子窑址与朱家堡窑址所在阶地后部的山坡上。2007年8～10月，重庆市文物考古所对受嘉陵江草街航电枢纽工程建设影响的炉堆子窑址与朱家堡窑址进行了考古发掘，发掘面积820平方米，发现、清理瓷窑炉5座（图二）。

由于资料整理的工作量较大，目前室内整理工作正在进行中。本文仅选择保存较好的部分窑炉进行介绍。分别简报如下。

一、炉堆子窑址

炉堆子窑址位于合川区盐井镇塘坝村五社。正方向布设5米×5米探方14个，5米×3米探沟1条，发掘面积380平方米，清理发掘瓷窑炉1座（图三），编号2007CHLY3（“2007CHL”为“2007年度重庆市合川区炉堆子窑址”简写，下略写为“L”）。

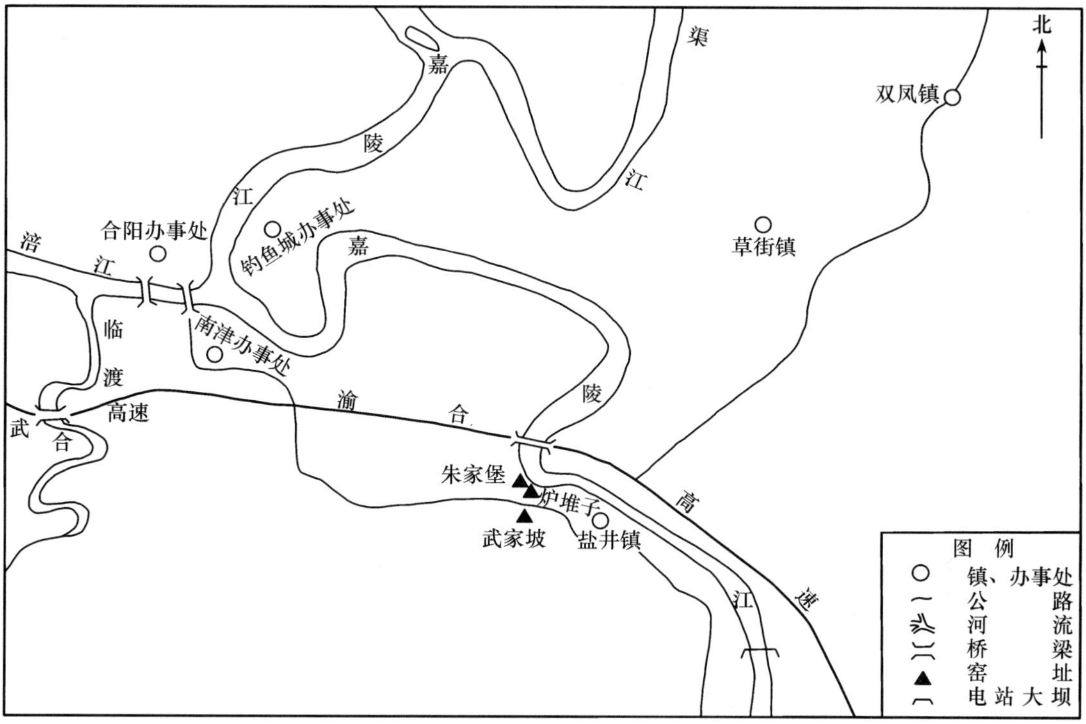

图一　窑址位置示意图

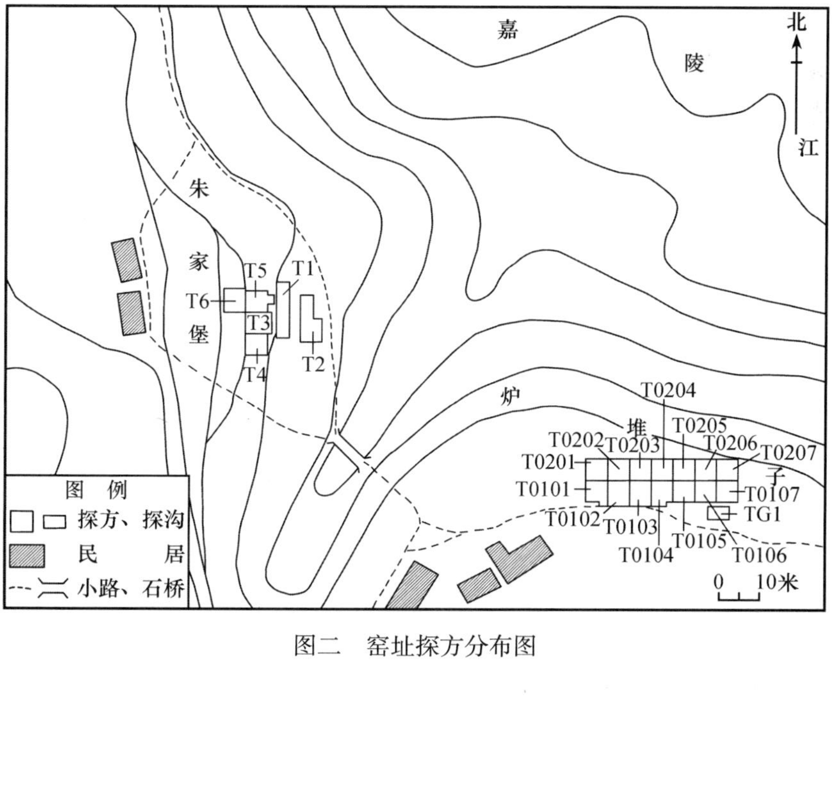

图二　窑址探方分布图

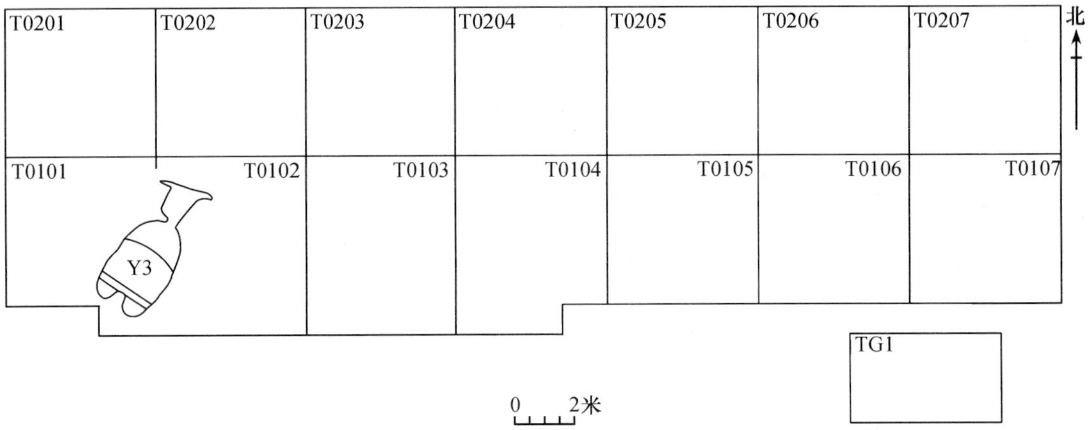

图三　炉堆子窑址总平面图

（一）窑炉

LY3位于T0102西部、T0101东部，开口于第3层下，打破生土。坐北向南，方向35°。平面呈马蹄形，窑顶坍塌。窑炉南北长4.9、东西宽2.06、残高1.42米。由操作间、窑门、火膛、窑床及烟囱五部分组成（图四）。

操作间　平面近长方形，北宽南窄，残长1.6、宽1～1.4、现存深度0.62米。底部呈南低北高的斜坡状。左右两壁用石块砌筑。操作间上部堆积中有大量红烧土块、零乱的残石块及黑白釉瓷片，少许灰烬。下部有煤炭灰，炭灰厚5～10厘米。

窑门　上部已毁，残存下部用砂岩石块砌筑。宽60、残高60厘米。窑门底部用两块条石砌筑，高于操作间20厘米，条石宽18厘米。

火膛　平面近半圆形，进深100、宽60～196厘米，距窑床面约108厘米。内壁有厚约1厘米的青色烧结面。外侧红烧土厚20～30厘米。底部较平，用条石、卵石砌筑成炉栅支柱，炉栅高16～20厘米。火膛内堆积可分为4层。

第1层：堆积中包含大量零乱残石块、淤土、红烧土。包含匣鉢残片、黑、白釉瓷片。厚20～28厘米。

第2层：堆积中包含大量匣鉢残片、黑白釉瓷片。厚10～20厘米。

第3层：堆积中包含大量煤炭渣、煤炭灰及石渣。厚30～40厘米。

第4层：堆积中包含大量匣鉢残片。厚15～20厘米。

窑床　平面为横长方形，进深150、宽206厘米。前高后低，略有坡度，高差10厘米。内壁有青色烧结面，厚1厘米。外侧红烧土厚20～30厘米。窑床面亦有青色烧结面。

烟囱　2个，并列于窑炉后部，间距44厘米，平面近圆形，上部残缺。东西宽

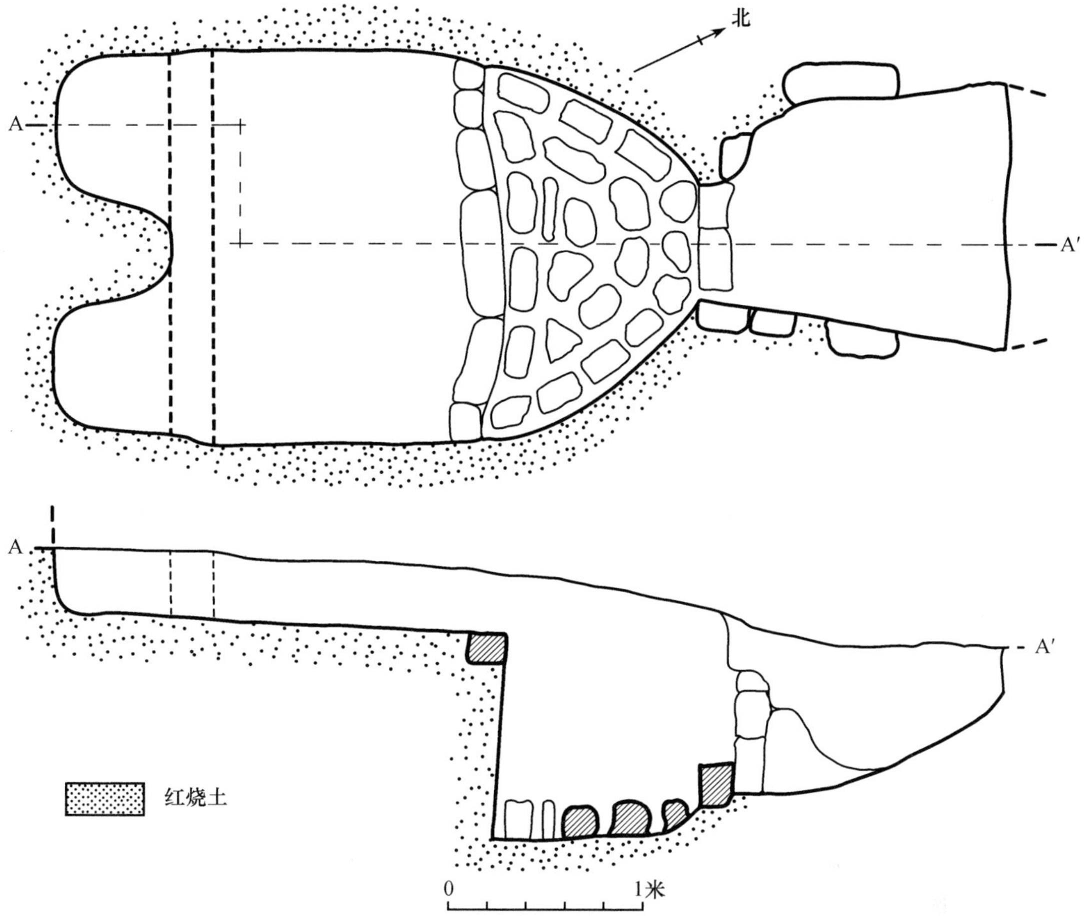

图四　LY3平、剖面图

72～78厘米，南北宽60厘米。与窑床相接处的挡火墙破毁无存。烟道内堆积红烧土块、匣钵残片、煤炭渣等。

（二）遗物

1. 瓷器

出土瓷器共计82件，按釉色分为白釉和黑釉，以白釉瓷器为主。

（1）白釉瓷。

出土白釉瓷器共计66件。器类有碗、碟、盘、钵、盆、奁及器盖等。以碗、碟为大宗，其他器类极少。白胎略泛黄，施白色化妆土。

碗　48件。内满釉，外壁多施釉不及底。器形较简单，根据口部特征分二型。

A型　敞口。36件。根据腹部特征可分二亚型。

Aa型　斜壁微弧。32件。尖圆唇，坦腹，圈足较矮。LY3：60，内底下凹，足墙直立。内壁有出筋。釉色泛黄。见石英砂圈垫烧痕。口径19.2、足径8、通高6厘米（图五，1）。LY3：83，内底下凹，足墙直立。内壁等距分布六道出筋。釉色泛黄。见石英砂圈垫烧痕。口径19.6、足径7.6、通高5.6厘米（图五，2）。LY3：37，内底下凹，足墙直立。内壁等距分布六道出筋。釉色泛黄，有流釉现象。口径18、足径7、通高6.6

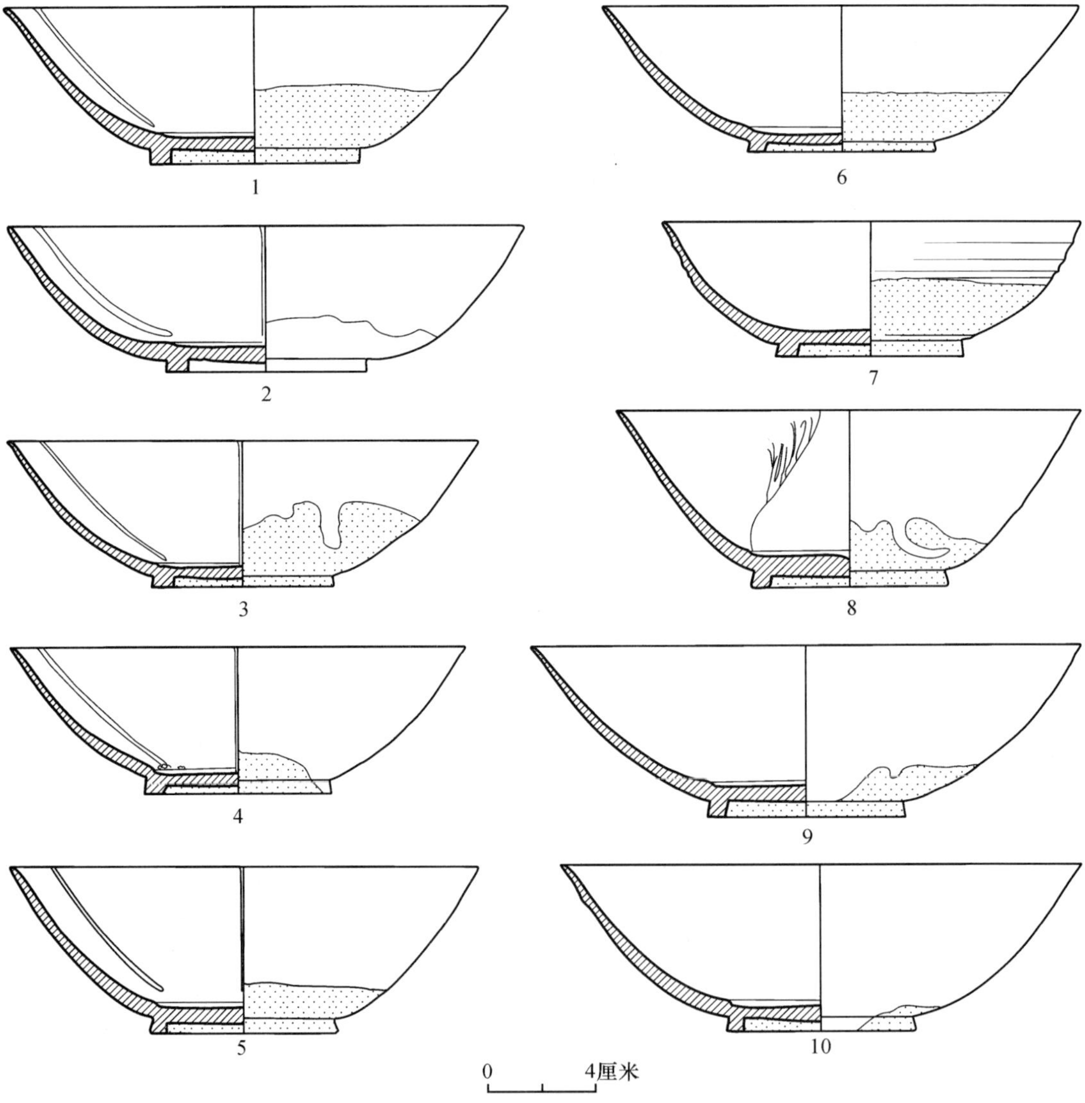

图五　LY3出土Aa型白釉碗（一）

1. LY3：60　2. LY3：83　3. LY3：37　4. LY3：38　5. LY3：33　6. LY3：63　7. LY3：44　8. LY3：34　9. LY3：43　10. LY3：65

厘米（图五，3）。LY3：38，内底下凹，足墙略外倾。内壁等距分布六道出筋。釉色泛黄。见石英砂圈垫烧痕。口径17.4、足径7.2、通高5.6厘米（图五，4）。LY3：33，内底下凹，足墙略外倾。内壁等距分布六道出筋。釉色泛黄。见石英砂圈垫烧痕。口径17.8、足径7.2、通高6.4厘米（图五，5）。LY3：63，内底下凹，足墙略外倾。白釉泛青。灰白胎。见石英砂圈垫烧痕。口径18、足径7、通高5.6厘米（图五，6）。LY3：44，足墙略外倾。腹部有旋痕。白釉泛青，釉色光亮。灰白胎。见石英砂圈垫烧痕。口径15.8、足径7、通高5.2厘米（图五，7）。LY3：34，内底下凹，足墙略外倾。内壁有草叶形刻划纹。釉色泛黄，外壁下腹未施化妆土，有流釉现象。见石英砂圈垫烧痕。口径17.6、足径7.4、通高6.8厘米（图五，8；图版三八，1）。LY3：43，内底下凹，足墙略外倾。釉色泛黄，白胎。见石英砂圈垫烧痕。口径20.6、足径7.4、通高6.6厘米（图五，9）。LY3：65，内底下凹，足墙略外倾。白釉泛青。见石英砂圈垫烧痕。口径18.6、足径7、通高6.4厘米（图五，10）。LY3：12，内底下凹，足墙直立。釉色泛黄。见石英砂圈垫烧痕。口径19.4、足径8.2、通高6.8厘米（图六，1）。LY3：36，内底下凹、心略凸起，足墙略外倾。釉色泛黄。见石英砂圈垫烧痕。口径20、足径7.4、通高6.8厘米（图六，2）。LY3：42，内底微凹，足墙略外倾。内壁等距分布六道出筋。釉色泛黄，外壁下腹未施化妆土，有流釉现象。见石英砂圈垫烧痕。口径18、足径7.4、通高6厘米（图六，3）。LY3：48，内底下凹，足墙略外倾。内壁等距分布六道出筋。釉色泛黄。见石英砂圈垫烧痕。口径17.6、足径7.4、通高6厘米（图六，4）。LY3：46，足墙略外倾。内壁等距分布六道出筋。釉色泛黄。见石英砂圈垫烧痕。口径19.6、足径7.8、通高7厘米（图六，5）。LY3：6，内底下凹，足墙略外倾。釉色泛黄。见石英砂圈垫烧痕。口径19.4、足径7、通高6厘米（图六，6）。LY3：52，内底下凹，足墙略外倾。釉色泛黄。见石英砂圈垫烧痕。口径18、足径7.4、通高5.6厘米（图六，7）。LY3：35，内底下凹、心略凸起，足墙略外倾。釉色泛黄。见石英砂圈垫烧痕。口径20.6、足径7.8、通高6.4厘米（图六，8）。LY3：39，内底下凹，外足墙略外倾，内侧足墙直立。白釉。见石英砂圈垫烧痕。口径19.8、足径7.6、通高6.8厘米（图六，9）。LY3：19，内底下凹，足墙略外倾。釉色泛黄。见石英砂堆垫烧痕迹。口径20、足径7.8、通高7厘米（图六，10）。LY3：49，足墙略外倾。腹部有旋痕。釉色泛黄。见石英砂圈垫烧痕（图七，1）。LY3：55，足墙略外倾。腹部有旋痕。灰白胎。白釉泛青，釉色光亮。见石英砂堆垫烧痕迹。口径14、足径7、通高4.2厘米（图七，2）。LY3：51，足墙直立，腹下端与足相接处见明显刮削痕迹。白釉泛青。见石英砂圈垫烧痕，外壁有细砂粘连。口径14、足径6.5、通高4.6厘米（图七，3）。LY3：23，内底下凹、心略凸起，足墙略外倾。白釉泛青，口沿处饰黑釉边一周。白胎。内底部有砂圈垫烧痕。口径14、足径6.2、通高4.5厘米（图七，4；图版

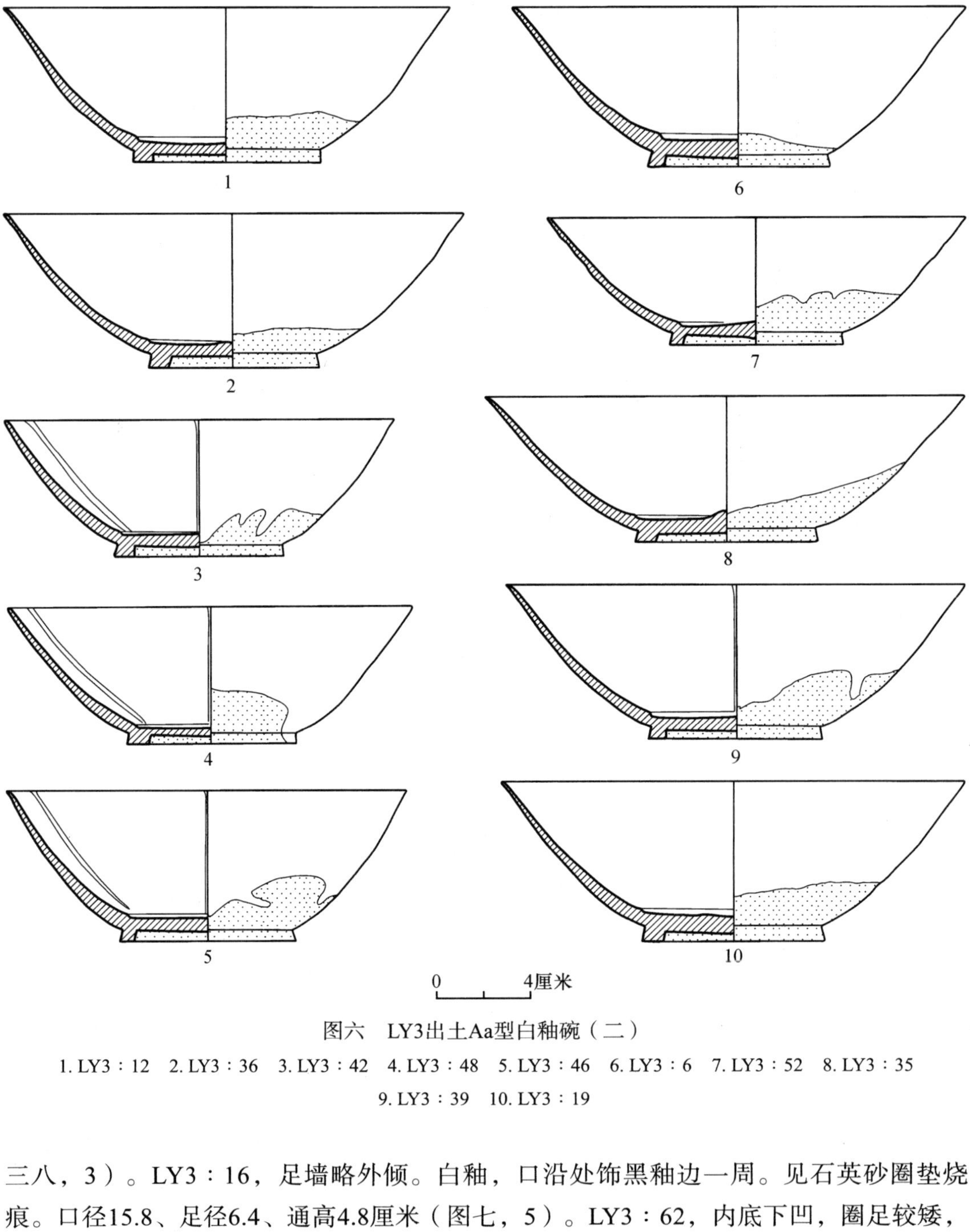

图六　LY3出土Aa型白釉碗（二）

1. LY3：12　2. LY3：36　3. LY3：42　4. LY3：48　5. LY3：46　6. LY3：6　7. LY3：52　8. LY3：35　9. LY3：39　10. LY3：19

三八，3）。LY3：16，足墙略外倾。白釉，口沿处饰黑釉边一周。见石英砂圈垫烧痕。口径15.8、足径6.4、通高4.8厘米（图七，5）。LY3：62，内底下凹，圈足较矮，足墙略外倾，足跟斜削。白釉泛青。白胎。见石英砂圈垫烧痕。口径13、足径5、通高4.2厘米（图七，6）。LY3：95，内底心微凸，足墙略外倾。釉色泛黄，口沿处饰黑釉边一周。下腹有流釉现象。见石英砂圈垫烧痕。口径13.6、足径6.2、通高4.2厘米（图七，

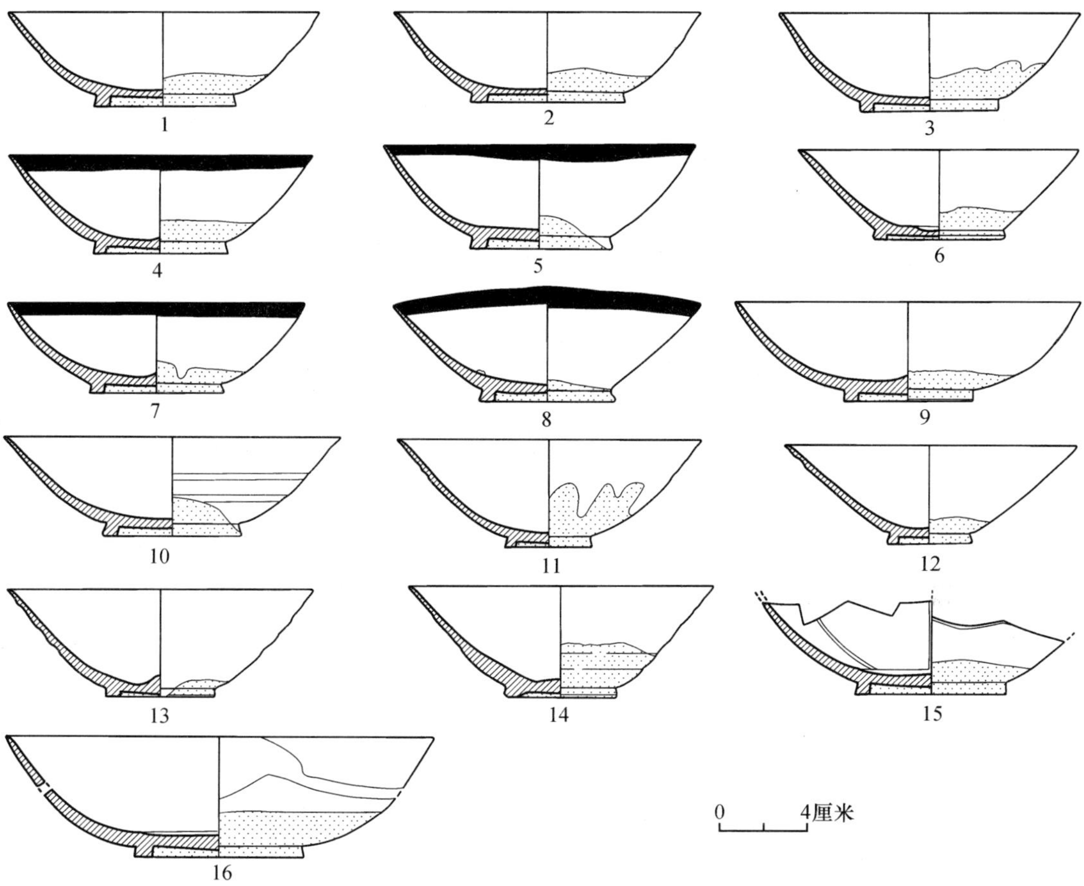

图七　LY3出土白釉碗（三）

1～10、15、16. Aa型（LY3：49、LY3：55、LY3：51、LY3：23、LY3：16、LY3：62、LY3：95、LY3：25、LY3：45、LY3：85、LY3：84、LY3：31）　11～14. Ab型（LY3：53、LY3：61、LY3：40、LY3：41）

7）。LY3：25，口部变形，内底下凹，足墙略外倾，足跟斜削。釉色泛黄，口沿处饰黑釉边一周。见石英砂圈垫烧痕。口径13.2～14、足径6.2、通高4.4～5.4厘米（图七，8）。LY3：45，内底心微凸，足墙直立。釉色泛黄。有流釉现象。见石英砂圈垫烧痕。口径16、足径6、通高4.6厘米（图七，9）。LY3：85，内底略凹，足墙直立。釉色泛黄。见石英砂圈垫烧痕。口径19.6、足径7.8、高5.6厘米（图七，10）。LY3：84，生烧器。口部残。内底略凹，足墙略外倾。内壁等距分布六道出筋。足径7、残高4.4厘米（图七，15）。LY3：31，足墙略外倾。釉色泛黄。白胎。见石英砂圈垫烧痕。口径15.4、足径6.4、通高4.6厘米（图七，16）。

Ab型　斜直壁。4件。斗笠形。敞口，浅圈足。内满釉，外壁多施釉不及底。LY3：53，足墙略外倾。腹部有旋痕。白釉。见石英砂圈垫烧痕。口径14、足径4、通高5厘米（图七，11）。LY3：61，内底下凹，足墙略外倾。白釉泛青，釉面有细小开片。见石英砂圈垫烧痕。口径13.6、足径4、通高4.6厘米（图七，12）。LY3：40，内底鸡心状凸起。足墙直立，足跟斜削。腹部有旋痕。釉色泛黄。见石英砂堆垫烧痕迹。口径14、足径5、通高5厘米（图七，13）。LY3：41，内底下凹，足墙略外倾，内侧旋削粗糙。腹部有旋痕。釉色泛黄，釉面有细小开片。见石英砂堆垫烧痕迹。口径14、足径5.6、通高5.2厘米（图七，14）。

B型　侈口。12件。基本为尖圆唇，坦腹，圈足较矮。内满釉，外壁多施釉不及底。LY3：17，内底下凹，足墙略外倾。内壁隐见篦划草叶纹。釉色泛黄。白胎。见石英砂圈垫烧痕。口径18、足径6.8、通高6.6厘米（图八，1）。LY3：47，生烧器。内底下凹，圈足较矮，足墙略外倾。口径19.4、足径7、通高6厘米（图八，2）。LY3：26，足墙略外倾。内壁等距分布六道出筋。釉色泛黄。见石英砂圈垫烧痕。口径17.8、足径7.4、通高5.8厘米（图八，3；图版三八，2）。LY3：50，内底下凹、心略凸，足墙略外倾。内壁有出筋。釉色泛黄。灰白胎。见石英砂圈垫烧痕。口径18、足径6.5、通高6厘米（图八，4）。LY3：66，内底下凹，足墙略外倾。内壁等距分布六道出筋。釉色泛黄。见石英砂圈垫烧痕。口径19.2、足径7.4、通高6.4厘米（图八，5）。LY3：68，足墙略外倾。内壁篦划草叶纹。白釉泛青。灰白胎。见石英砂圈垫烧结疤。口径16.2、足径6.6、通高6.2厘米（图八，6）。LY3：14，内底下凹，足墙略外倾。釉色泛黄。见石英砂圈垫烧痕。口径19.6、足径7.8、通高6.7厘米（图八，7）。LY3：56，内底下凹，足墙略外倾。白釉。见石英砂圈垫烧痕。口径18、足径7.6、通高6厘米（图八，8）。LY3：64，内底下凹，足墙略外倾。釉色泛黄。见石英砂圈垫烧痕。口径17.2、足径7.2、通高5.6厘米（图八，9）。LY3：13，内底下凹，足墙略外倾。内壁等距分布六道出筋。釉色泛黄。见石英砂圈垫烧痕。口径18、足径7.8、通高6厘米（图八，10）。LY3：54，内底下凹，足墙略外倾。白釉泛青。见石英砂圈垫烧痕。口径14.4、足径5、通高5.4厘米（图九，1）。LY3：57，内底下凹，外足墙略外倾，内侧足墙直立。釉色泛黄。见石英砂圈垫烧痕。口径14.4、足径4.4、通高4.6厘米（图九，2）。

盘　2件。敞口，斜壁，圈足较矮。内满釉，外施釉不及底。LY3：59，内底下凹，足墙直立。腹部有旋痕。白釉，下腹刮釉。白胎。见石英砂圈垫烧痕。口径15.2、足径7、通高4厘米（图九，5）。LY3：30，内底凸起，足墙略外倾。釉色泛黄。白胎。见石英砂圈垫烧痕。口径15.2、足径7、通高4厘米（图九，6）。

碗形钵　2件。LY3：88，残片。直口，方唇，斜壁。腹部有旋痕。未施化妆土，釉色呈青褐，釉面有细小开片。釉色光亮，玻璃质感强。口径24、残高5.7厘米（图九，7）。LY3：86，口部残。斜弧壁，圈足较矮，足墙略外倾，足跟内斜。内壁下部有明显的旋痕。未施化妆土，釉色泛黄，内满釉，外施釉不及底。白胎。内底有烧结

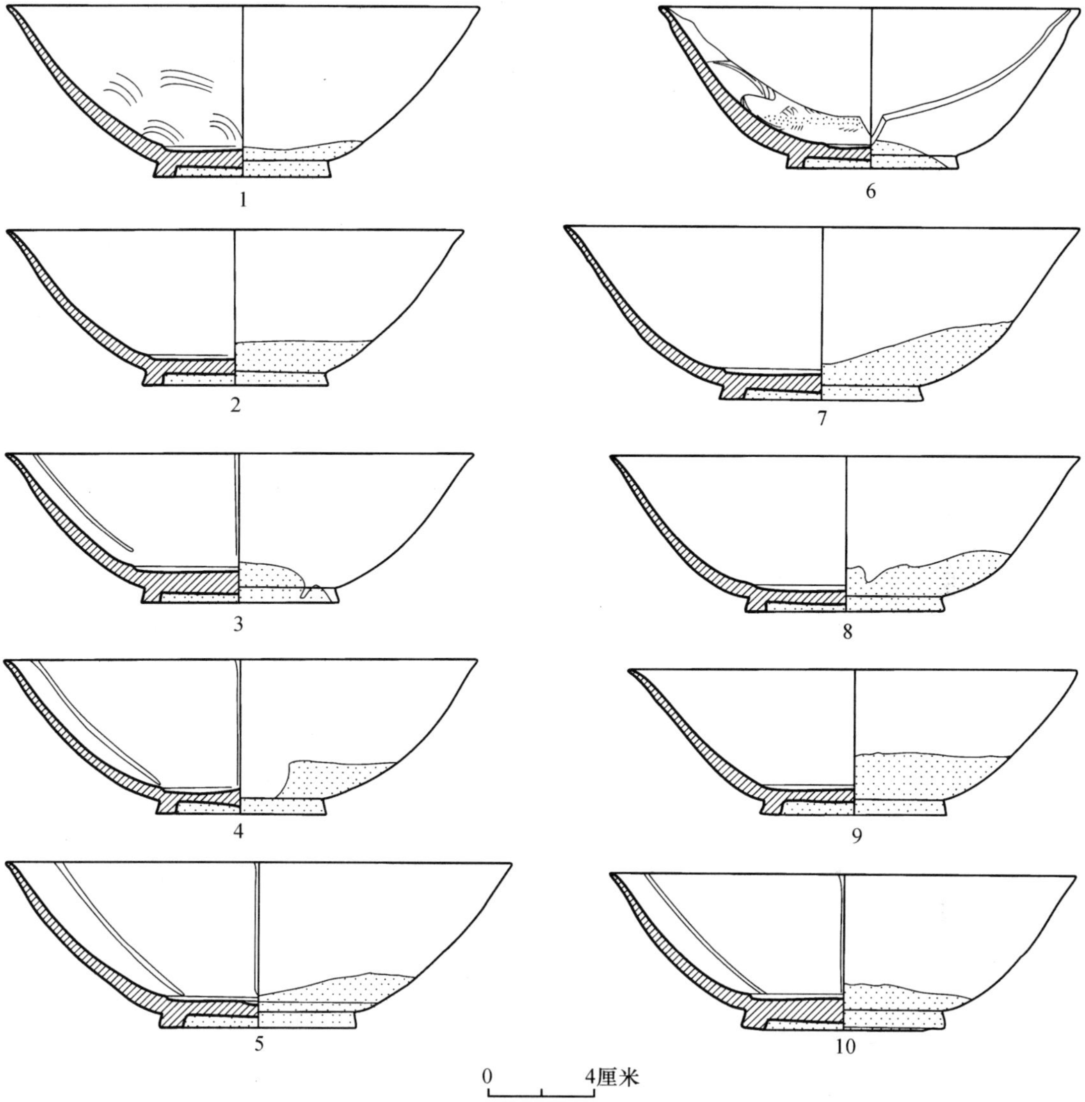

图八　LY3出土B型白釉碗

1. LY3：17　2. LY3：47　3. LY3：26　4. LY3：50　5. LY3：66　6. LY3：68　7. LY3：14　8. LY3：56　9. LY3：64　10. LY3：13

疤。足径8.6、残高4厘米（图九，9）。

盆　1件。LY3：94，挤压变形。敞口，平折沿，方唇。白釉泛青。白胎。内壁绘有酱黄色枝叶纹。口径25.8、残高5厘米（图九，8）。

奁　2件。可辨形制者1件。LY3：3，直口。足墙外倾。白釉泛青，内壁仅口沿部施釉，外施釉不及底，有流釉现象。口径8、足径5、通高4.5厘米（图九，4；图版三九，3）。

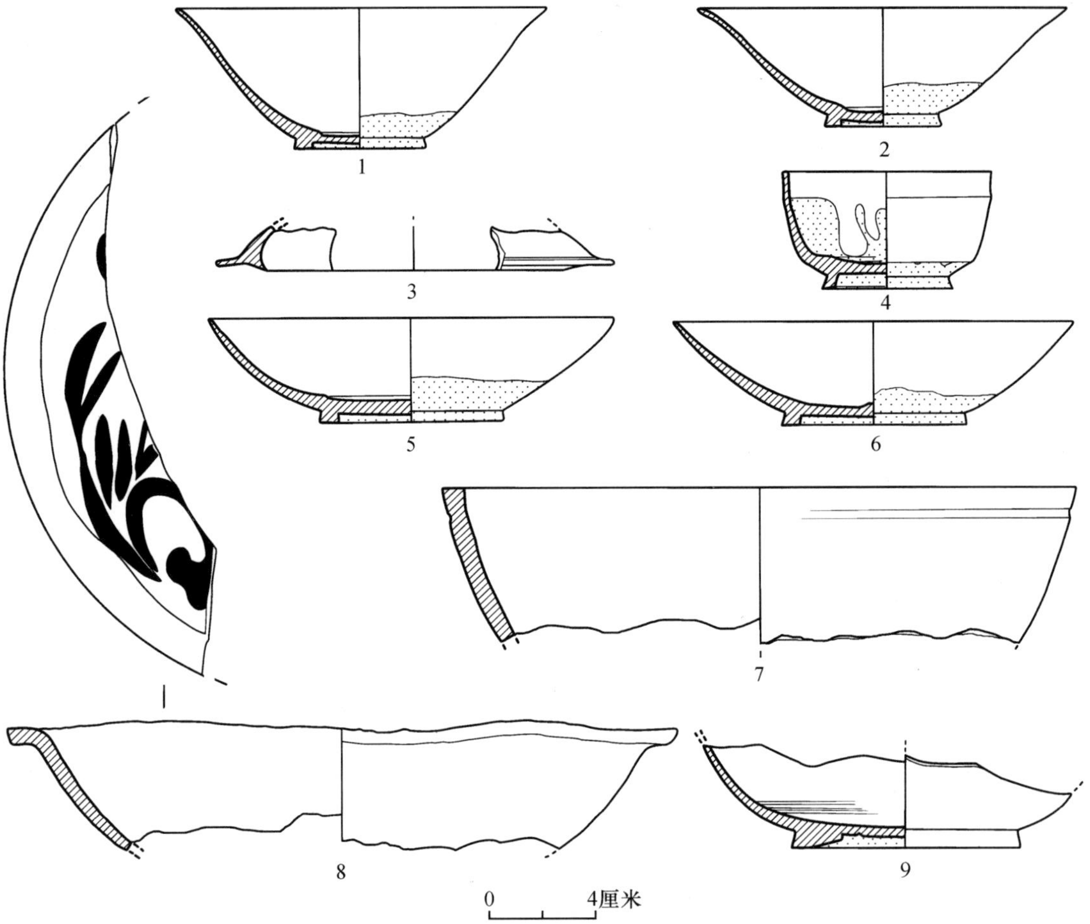

图九　LY3出土白釉碗、器盖、奁、盘、碗形钵、盆

1、2. B型碗（LY3：54、LY3：57）　3. 器盖（LY3：91）　4. 奁（LY3：3）　5、6. 盘（LY3：59、LY3：30）
7、9. 碗形钵（LY3：88、LY3：86）　8. 盆（LY3：94）

器盖　1件。LY3：91，残片。子母口，弧壁。外施白釉，釉色温润，光泽度较强，内壁无化妆土，釉色呈青褐色。灰白胎。直径15.2、残高1.8厘米（图九，3）。

碟　10件。

Aa型　敞口，尖圆唇，斜壁，平底或平底微凹。内满釉，外壁多施釉不及底。LY3：67，平底微凹。内底饰凹弦纹一周。釉色泛黄。下腹近底部刮釉。见石英砂堆垫烧痕迹。口径10.4、底径5、通高2.3厘米（图一〇，1）。LY3：70，平底微凹。内底饰凹弦纹一周。釉色泛黄。口径10.4、底径5、通高2.3厘米（图一〇，2）。LY3：69，平底微凹。内底饰凹弦纹一周。白釉泛青。黄褐胎。见石英砂堆垫烧痕迹。口径10、底径5、通高1.8厘米（图一〇，3）。LY3：11，口部略有变形，平底微凹。内底有

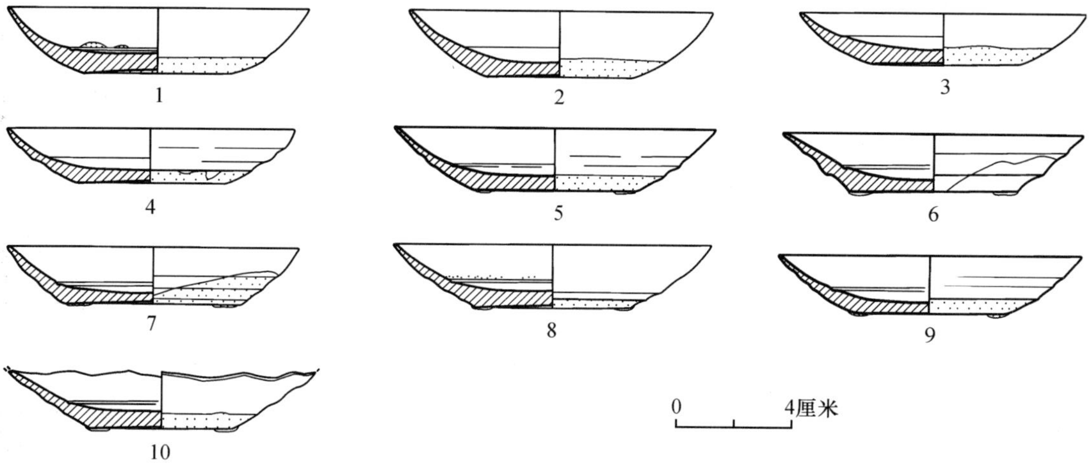

图一〇 LY3出土Aa型白釉碟

1. LY3：67 2. LY3：70 3. LY3：69 4. LY3：11 5. LY3：32 6. LY3：10 7. LY3：71 8. LY3：28 9. LY3：1 10. LY3：2

凸棱一周，腹部有旋痕。白釉泛青，有流釉现象。口径10、底径5、通高1.9厘米（图一〇，4）。LY3：32，平底。内底饰凹弦纹一周，下腹部有旋痕。釉色泛黄。外底有4个砂堆垫烧结疤。口径11、底径5.4、通高2.3厘米（图一〇，5；图版三八，6）。LY3：10，平底。腹部有旋痕。釉色泛黄。白胎。外底有4砂堆垫烧痕。口径10.6、底径6、通高2厘米（图一〇，6）。LY3：71，平底微凹。内底饰凹弦纹一周，下腹部有旋痕。白釉泛青。内外底均有砂堆垫烧痕。口径10、底径6、通高2厘米（图一〇，7）。LY3：28，平底微凹。内底饰凹弦纹一周，腹部有旋痕。釉色泛黄，下腹近底部刮釉。见石英砂圈垫烧痕，底部有4个砂堆垫烧结疤。口径11、底径5.4、通高2.2厘米（图一〇，8）。LY3：1，平底。内底饰凹弦纹一周，腹部有旋痕。釉色泛黄。白胎。底部有4个砂堆垫烧结疤。口径10.6、底径5.2、通高2厘米（图一〇，9）。LY3：2，平底微凹。内底饰凹弦纹一周，腹部有旋痕。釉色泛黄。底部有4个砂堆垫烧结疤。底径5、残高2厘米（图一〇，10）。

（2）黑釉瓷器。

出土黑釉瓷器共计16件。器类有碗、罐、碟形灯等。以碗、碗为主，其他器类极少。

碗 8件。根据口部特征可分二型。

A型 敞口。6件。斜壁，圈足较矮。内底有涩圈，外壁多施釉不及底。LY3：5，足墙略外倾，足跟斜削，足心微凸。内底饰凹弦纹一周。釉色漆黑。口径18、足径7.4、通高5.6厘米（图一一，1）。LY3：77，足墙直立。内底饰凹弦纹一周。酱黄釉。口径19.4、足径7.2、通高5.4厘米（图一一，2）。LY3：75，足墙略外倾，足跟斜削。

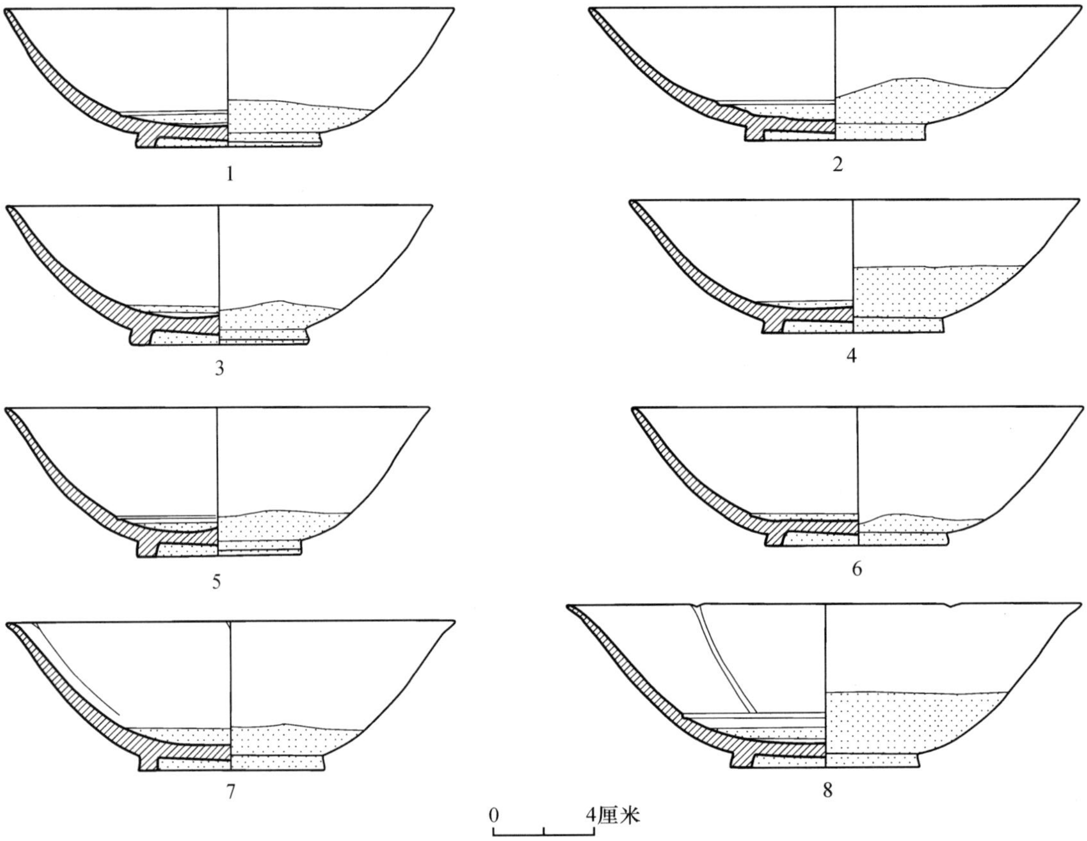

图一一　LY3出土黑釉碗

1～6. A型（LY3：5、LY3：77、LY3：75、LY3：79、LY3：81、LY3：80）　7、8. B型（LY3：82、LY3：78）

釉色漆黑光润。口径16.8、足径7、通高5.6厘米（图一一，3）。LY3：79，足墙略外倾。漆黑色釉。口径18、足径7.2、通高5.4厘米（图一一，4）。LY3：81，内底微凸，饰凹弦纹一周，足墙略外倾。黑褐釉。外壁烧结有细砂。口径17、足径6.6、通高6厘米（图一一，5）。LY3：80，挖足过肩，足墙略外倾。黑褐釉。口径18、足径7.2、通高5.6厘米（图一一，6）。

B型　侈口。2件。斜壁，圈足较矮。内底有涩圈，外壁多施釉不及底。LY3：82，足墙略外倾。内壁等距分布六道出筋。漆黑色釉，光泽度强。白胎。口径18、足径7.4、通高6厘米（图一一，7）。LY3：78，葵口，足墙略外倾。内壁有出筋及近底部饰凹弦纹一周。漆黑色釉。口径20.4、足径7.4、通高6.6厘米（图一一，8）。

碗　6件。

A型　敞口，斜壁，圈足较矮。内底有涩圈，外壁施釉不及底。LY3：72，足墙略外倾，足跟斜削。腹部有旋痕。黑褐釉。口径12、足径5、通高4厘米（图一二，1）。

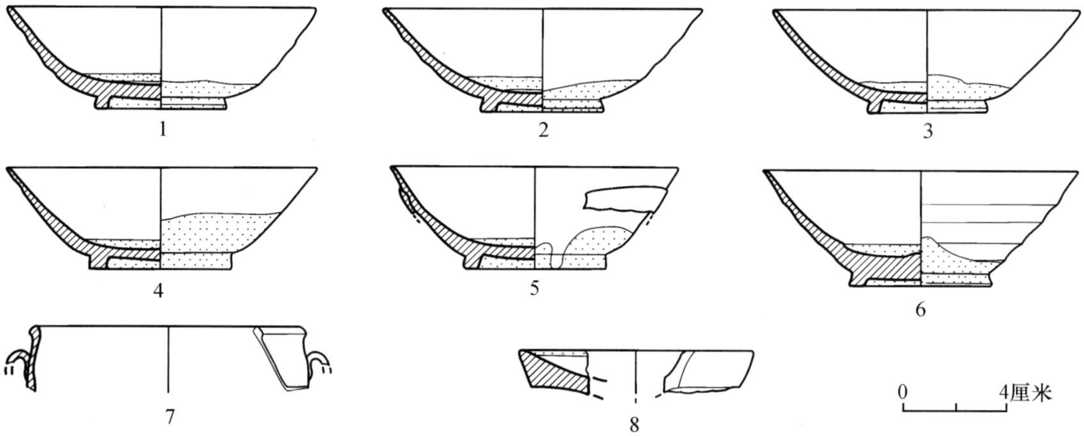

图一二　LY3出土黑釉盌、罐、碟形灯

1～6. A型盌（LY3：72、LY3：74、LY3：73、LY3：76、LY3：24、LY3：27）　7. 罐（LY3：93）
8. 碟形灯（LY3：90）

LY3：74，足墙略外倾，足跟斜削。腹部有旋痕。黑褐釉。口径12.2、足径4.6、通高4厘米（图一二，2）。LY3：73，足墙略外倾，足跟斜削。黑褐釉。口径12、足径4.6、通高4厘米（图一二，3）。LY3：76，足墙略外倾。黑褐釉。口径12、足径5.4、通高4厘米（图一二，4）。LY3：24，挖足过肩，足墙略外倾，足跟斜削。腹部有旋痕。黑褐釉，有流釉现象。外腹部有同类器粘连。口径11、足径5.4、通高5.5厘米（图一二，5）。LY3：27，足墙略外倾，足跟斜削。腹部有旋痕，下腹有刮痕。黑褐釉。口径12.6、足径5.6、通高5.9厘米（图一二，6；图版四〇，1）。

罐　1件。LY3：93，残片。口微侈，方唇，上腹略弧。上腹部附桥形耳一对。内外施黑釉，釉色温润，光泽度强。口径10.8、残高2.9厘米（图一二，7）。

碟形灯　1件。LY3：90，残片。敞口，方唇，斜壁。黑釉，口缘刮釉，外腹壁未施釉。口径9、残高2厘米（图一二，8）。

2. 窑具

窑具种类较多，均用耐火材料烧成。根据其具体用途分为装烧具、支烧具、垫烧具三类。

（1）装烧具。有筒形匣钵和碗形匣钵两类。

筒形匣钵　形制相同，数量最多。粗砂黄褐胎。厚胎，直筒，底部中空。腹壁均有数个透气孔。LY3：130，中腹偏上残存有3个透气孔。外壁有煤渣粘连。口径26.6、底径27、通高22.2厘米（图一三，1）。LY3：143，中腹部有3个透气孔。口径24.8、底径27.4、通高21.8厘米（图一三，2）。LY3：137，中腹偏上残存有3个透气孔。口径

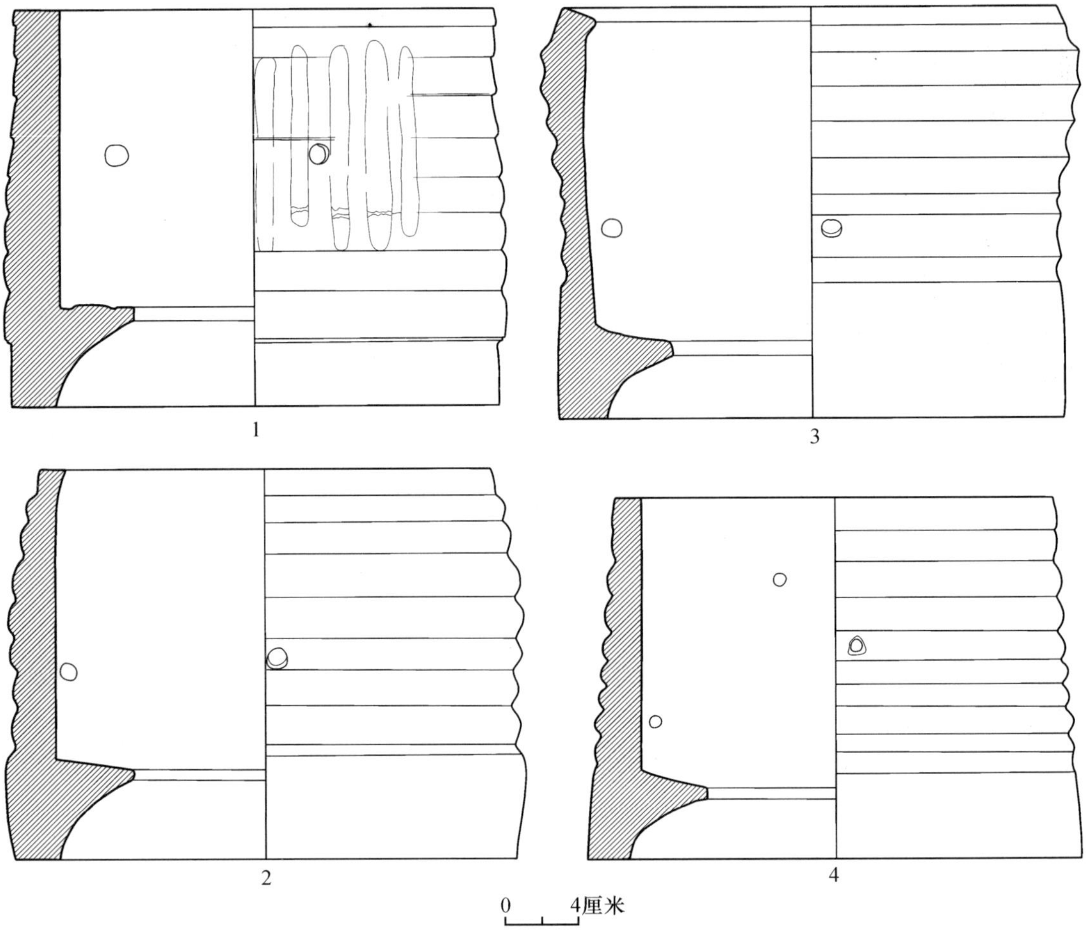

图一三　LY3出土筒形匣钵（一）

1. LY3：130　2. LY3：143　3. LY3：137　4. LY3：140

27、底径27.6、通高23厘米（图一三，3）。LY3：140，腹部有3个透气孔。有裂缝。口径24、底径25.5、通高20.2厘米（图一三，4）。LY3：141，中腹偏下有3个透气孔。有裂缝。口径22.8、底径24.4、通高24.2厘米（图一四，1）。LY3：139，中腹偏下有3个透气孔。口径24、底径26.2、通高22.2厘米（图一四，2；图版四一，3）。LY3：134，中腹偏上残存有2个透气孔。口径26.5、底径27.4、通高24.4厘米（图一四，3）。LY3：131，中腹残存有3个透气孔。口径26.5、底径26.8、通高21.1厘米（图一四，4；图版四一，4）。

碗形匣钵　数量极少。LY3：9，略残。直口微敛，方唇，折壁，平底。粗砂黄褐胎。内外壁均有釉粘痕。口径14.8、底径6.4、通高6厘米（图一六，12）。

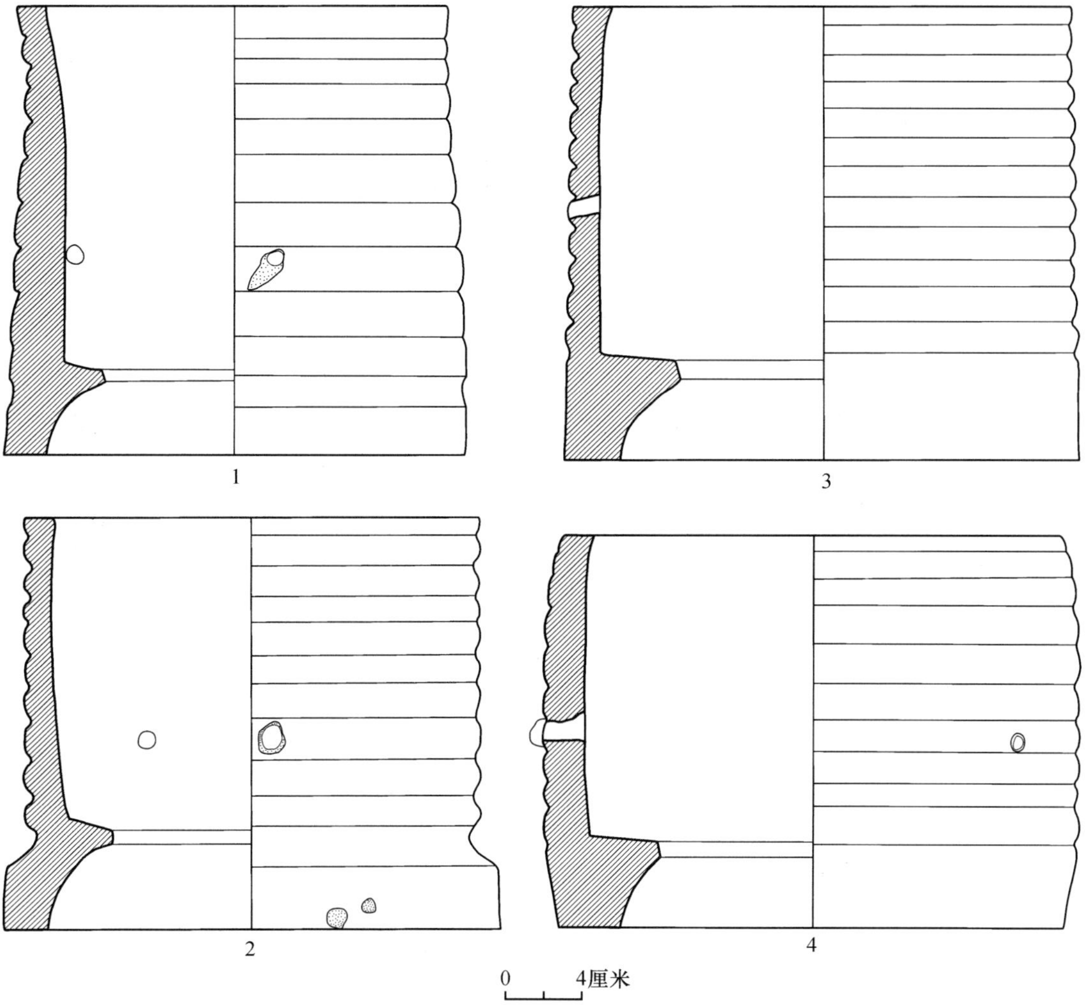

图一四　LY3出土筒形匣钵（二）
1. LY3：141　2. LY3：139　3. LY3：134　4. LY3：131

（2）支烧具。有覆钵形垫托和罐形垫托两类。

覆钵形垫托　数量多。分三型。

A型　顶部内凹，中部一圆穿。数量较多。LY3：96，略残。外壁有黑釉瓷碗残片粘连。粗砂黄褐胎。口径8.4、孔径3.6～3.8、底径20、通高7.4厘米（图一五，1；图版四一，1）。LY3：121，粗砂黄褐胎。外壁有黑釉碗口沿片粘连。口径7.6、孔径4.8、底径20、通高7.4厘米（图一五，2）。LY3：155，粗砂黄褐胎。口径7.5、孔径2.4、底径18.4、通高7.5厘米（图一五，3）。LY3：99，略残。粗砂黄褐胎。内外壁均有釉粘连。口径6.4、孔径3.3～3.4、底径15.6、通高5.4厘米（图一五，4）。LY3：120，粗砂

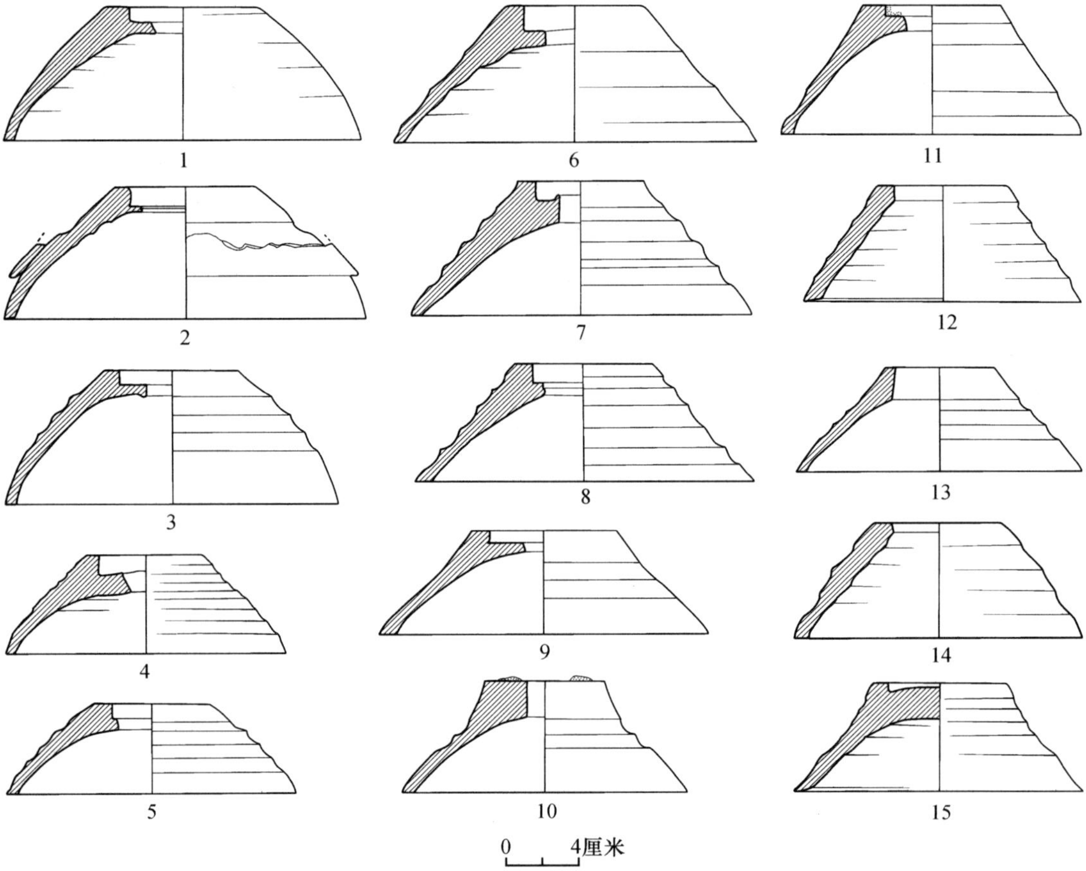

图一五　LY3出土覆钵形垫托

1～11. A型（LY3：96、LY3：121、LY3：155、LY3：99、LY3：120、LY3：103、LY3：151、LY3：150、LY3：126、LY3：154、LY3：129）　12～14. B型（LY3：98、LY3：58、LY3：89）　15. C型（LY3：15）

黄褐胎。口径6.4、孔径3.6～4.4、底径16、通高5厘米（图一五，5）。LY3：103，粗砂黄褐胎。口径7.6、孔径4～4.5、底径20、通高7.6厘米（图一五，6）。LY3：151，粗砂黄褐胎。口径6.7、孔径2.4、底径18.6、通高7.5厘米（图一五，7）。LY3：150，粗砂黄褐胎。口径7.6、孔径4.4、底径18.6、通高6.6厘米（图一五，8）。LY3：126，粗砂黄褐胎。口径8、孔径2～2.4、底径18、通高5.8厘米（图一五，9）。LY3：154，粗砂黄褐胎。口径6.6、孔径2、底径15.6、通高6.2厘米（图一五，10）。LY3：129，外壁有黑釉斑点。粗砂黄褐胎。口径7.6、孔径2.8～3.2、底径16.4、通高7.2厘米（图一五，11）。

B型　顶部中空。数量较少。LY3：98，完整。粗砂黄褐胎。口径7.2、孔径5.4、底径15.4、通高6.5厘米（图一五，12）。LY3：58，粗砂黄褐胎。口径6、孔径4.8～5.2、底径15.8、通高5.8厘米（图一五，13）。LY3：89，完整。粗砂黄褐胎。口径7.2、孔径

5.2、底径16、通高6.4厘米（图一五，14）。

C型　顶部内凹。数量极少。LY3：15，斜直壁。粗砂黄褐胎。口径7.4、底径16、通高6.6厘米（图一五，15）。

罐形垫托　底略大于口，近底部斜削。数量较多。LY3：107，略残。内底心凸起。腹壁有轮修痕迹。内外壁均有釉粘痕。粗砂黄褐胎。口径6.8、底径8.4、通高6厘米（图一六，1）。LY3：104，完整。内底心凸起。腹壁有轮修痕迹。粗砂灰白胎。口径7、底径9.2、通高6.6厘米（图一六，2；图版四○，5）。LY3：105，完整。内底心凸起。腹壁有轮修痕迹。粗砂黄褐胎。口径7、底径8.6、通高6厘米（图一六，3）。

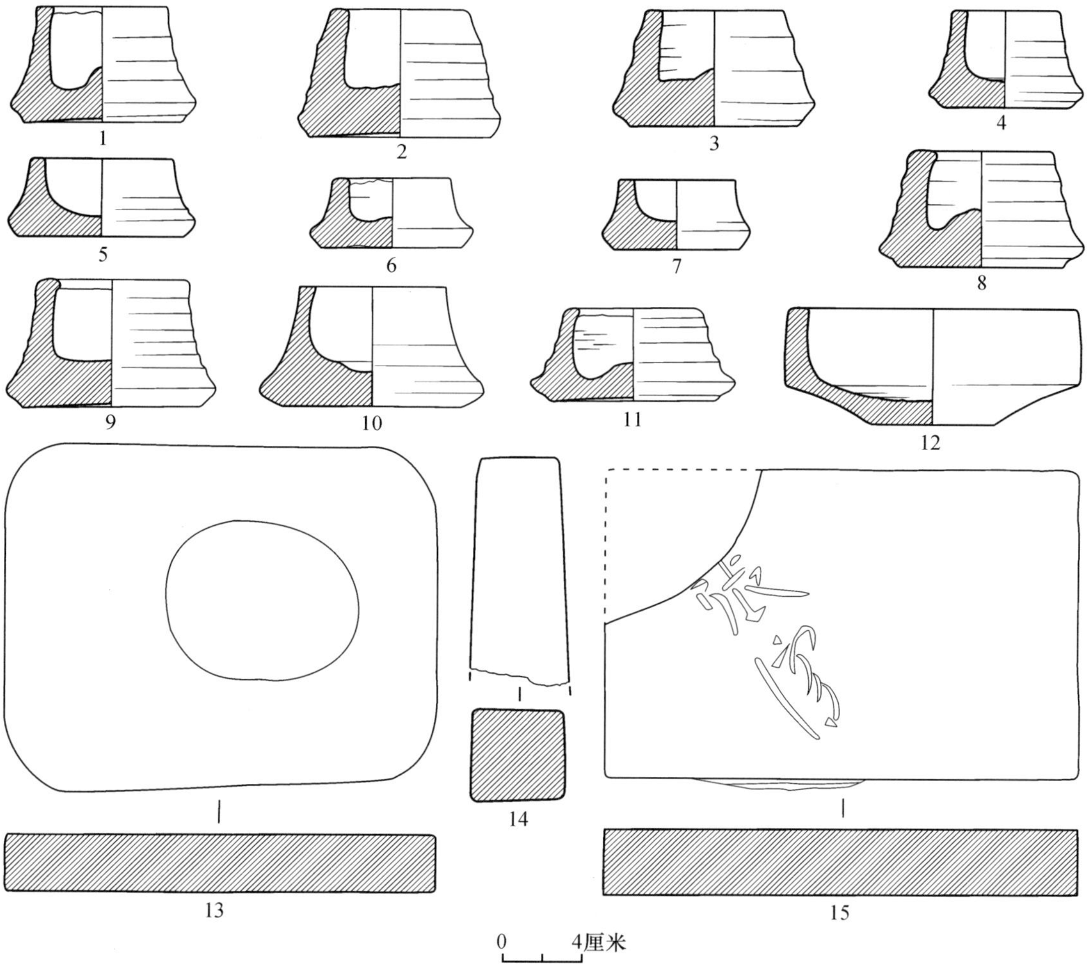

图一六　LY3出土罐形垫托、碗形匣钵、垫板和制瓷工具

1～11. 罐形垫托（LY3：107、LY3：104、LY3：105、LY3：111、LY3：7、LY3：106、LY3：109、LY3：4、LY3：22、LY3：124、LY3：108）　12. 碗形匣钵（LY3：9）　13、15. 垫板（LY3：20、LY3：18）　14. 制瓷工具（LY3：157）

LY3：111，完整。腹壁有轮修痕迹。粗砂黄褐胎。口径5.6、底径6.4、通高5厘米（图一六，4）。LY3：7，完整。腹部有旋痕，内壁有刮痕。粗砂黄褐胎。器身有釉粘痕。口径7.4、底径8.6、通高4厘米（图一六，5）。LY3：106，完整。内底心凸起。腹壁有轮修痕迹。粗砂黄褐胎。内外壁均有釉粘痕。口径6、底径7.2、通高3.6厘米（图一六，6）。LY3：109，完整。粗砂黄褐胎。内外壁均有釉粘痕。口径7.2、底径6.4、通高4.8厘米（图一六，7）。LY3：4，略残。内底心凸起。腹壁有轮修痕迹。粗砂黄褐胎。口径7.4、底径8.4、通高6厘米（图一六，8）。LY3：22，完整。腹壁有轮修痕迹。粗砂黄褐胎。内外壁均有釉粘痕。口径7.6、底径9.2、通高8.4厘米（图一六，9）。LY3：124，略残。腹壁有轮修痕迹。粗砂黄褐胎。口径7.4、底径9、通高8.4厘米（图一六，10）。LY3：108，完整。腹有轮旋形成的凹弦纹五周。内外壁均有釉粘痕。粗砂黄褐胎。口径7.2、底径8.4、通高4.8厘米（图一六，11）。

（3）垫烧具。

垫板　2件。LY3：20，略残。平面呈圆角长方形。一面隐现黑釉小碗扣烧痕迹。粗砂黄褐胎。长22、宽17～18、厚3厘米（图一六，13）。LY3：18，残。平面呈长方形。有烟熏痕迹，一面阴刻“张（家）”字样，一面粘连有青釉痕。夹砂黄褐胎。长24.4、宽16.4、厚3.5厘米（图一六，15；图版三九，5）。

（4）制瓷工具。

出土极少，具体用法不明。LY3：157，残。耐火土烧制。方形，柱状，另端残。粗砂黄褐胎。残长11.8、边长4.9厘米（图一六，14）。

（三）产品结构

出土器物以白釉瓷为大宗，约占出土瓷器的80.5%。器类以碗为主，约占其中72.7%；碟次之，约15.2%；见盘、奁、钵、盆、器盖等。黑釉瓷占出土瓷器的约19.5%。器类以碗为主，约占其中50%；碗次之，约37.5%；见碟形灯、罐等。

窑具种类较简单。匣钵基本为下底中空的筒形匣钵，碗形匣钵仅见1件。出土的支顶托以覆钵形垫托为主，见罐形垫托。石英沙圈支烧痕迹多见于碗、盘底部，占发现支烧痕迹的63.9%；石英砂堆支烧痕迹多见于碟及少量碗底部，占发现支烧痕迹的16.7%；砂圈、砂堆支烧痕迹只见于白釉瓷。黑釉瓷碗内底均有涩圈。

二、朱家堡窑址

朱家堡窑址位于嘉陵江一级台地，东南部隔一冲沟与炉堆子窑址相望，两点相距约200米。地层堆积顺地形向江面倾斜。正方向布设探沟两条，5米×5米探方4个，共完成发掘面积193.5平方米。发现、清理瓷窑炉3座（图一七）。分别编号为2007CHZY1～2007CHZY3（“2007CHZ”为“2007年度重庆市合川区朱家堡”简写，下略写为“Z”）。3座窑炉形制较相似，其中ZY3大部被ZY1打破，保存较差；ZY2操作间、火塘分布区域地标为果树及电线杆所占据，未能完全揭露，仅清理窑床及烟囱部分。下面仅就保存较好的ZY1进行介绍。

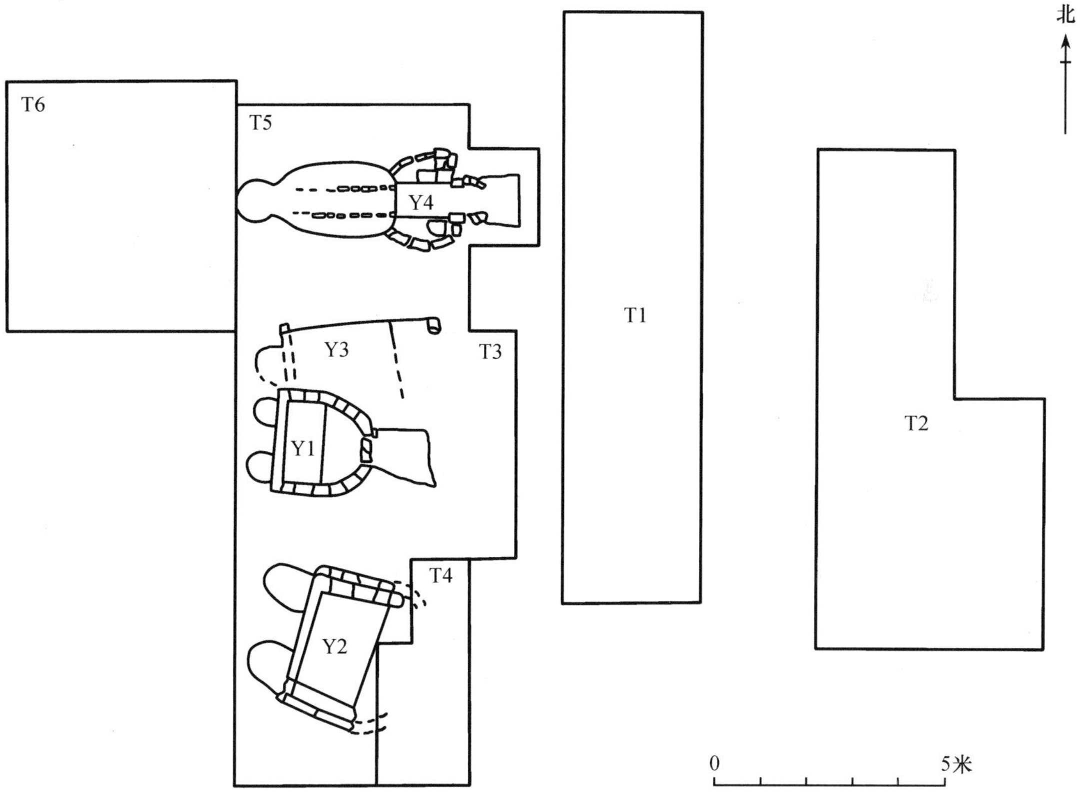

图一七 朱家堡窑址总平面图

（一）窑炉

ZY1位于T3西部偏北，开口于第4层下，打破北侧Y3及生土。距地表深55～90厘米。方向95°。窑炉平面呈马蹄形，顶部坍塌，东西残长3.9、南北宽2.2、残高2米，由操作间、窑门、火膛、窑床及烟囱五部分组成（图一八；图版三七）。

操作间 平面近长方形，东宽西窄，残长1.1～1.52、宽0.9～1.24、现存深度0.82米。斜壁，平底，底部由内至外渐高，呈斜坡状。

窑门 上部已毁，残存下部用砂岩石块砌筑，剖面呈长方形，宽0.5、残高1.08米。

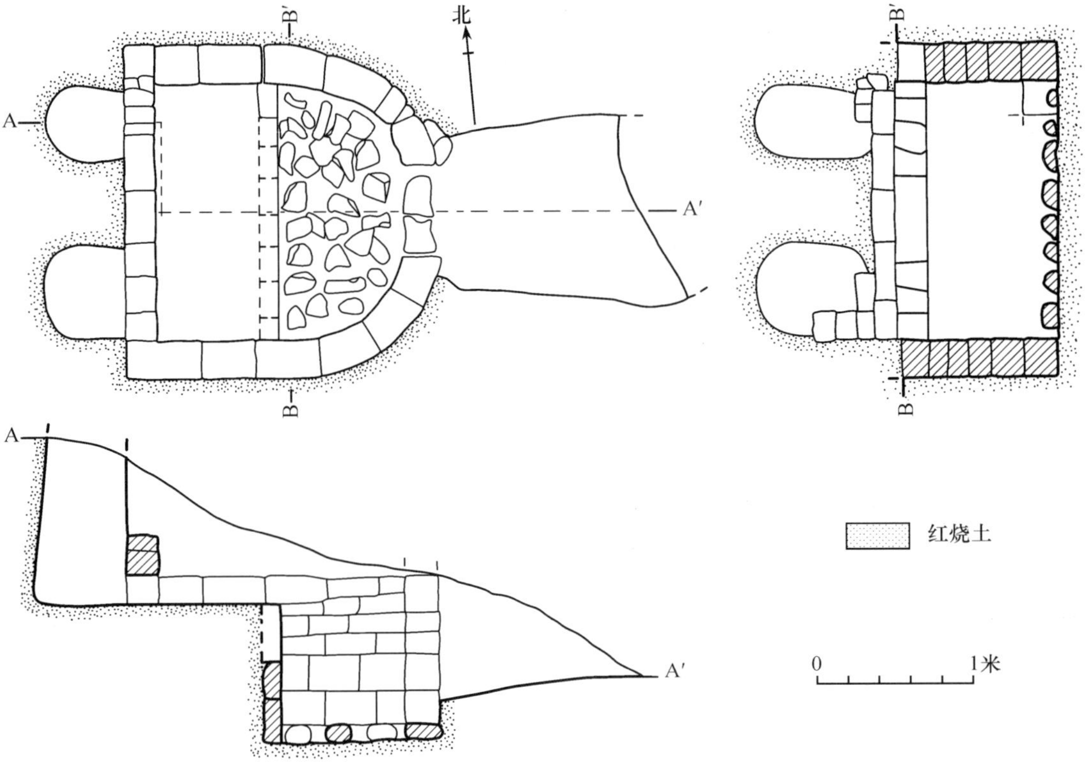

图一八　ZY1平、剖面图

火膛　平面呈半月形，进深0.82、宽1.7、残高0.92米。直壁，平底，周壁用修制规整的石条砌筑，壁厚26、石条长35～46厘米。底部放置不规则石块一层，间隙4～10厘米不等，应为炉栅。其内出土大量的窑具残片，较多白釉瓷片。可辨器类有垫圈、垫托、碗形匣钵、黑釉瓷碗、奁、白釉瓷碗及碟等。

窑床　平面呈横长方形，进深0.8、宽1.7米。距火膛底部约0.8米。窑床面铺一层2～6厘米厚的沙子做软垫层，周壁亦用修制规整的石条砌筑，北壁坍塌严重，内壁有青灰色烧结面，周壁外围有厚约10厘米的红烧土。其内出土较多白釉瓷，较少黑釉瓷及窑具。可辨器类有垫圈、碗、碟等。

烟囱　2个，平面近圆形，口小底大，口径0.5～0.6、底部直径0.62～0.72、残高1.1米。两烟囱间距0.53米，周壁有10厘米左右的烧结面。窑床与烟囱间有石砌挡火墙，下部设两个近方形排烟孔，高20、宽13～16厘米。烟囱壁有明显的加工痕。

（二）出土器物

1. 瓷器

出土瓷器可辨形制者共计232件，按釉色分为白釉与黑釉，以白釉瓷器为主。

（1）白釉瓷。

出土白釉瓷器180件。器类有碗、碟、盘、奁、碟形灯、罐、尊形钵及盆等，以碗、碟为大宗，其他器类较少。绝大多数白胎略泛黄，施白色化妆土，白釉略泛黄。

碗　97件。内满釉，外壁多施釉不及底。可辨形制者57件。根据口部特征可分三型。

A型　敞口。48件。根据腹部特征可分三亚型。

Aa型　斜弧壁。44件。大多尖圆唇，矮圈足。ZY1：69，内底微凸，足墙直立。腹下端与足相接处削成一明显的小平台。内壁篦划草叶纹。口径19.8、足径7.6、通高6厘米（图一九，1）。ZY1：110，足墙直立。上腹有明显的轮修痕，下腹见刮削痕，内壁等距分布六道出筋。白釉泛青，有流釉现象。内底有石英砂圈垫烧结疤。口径20.4、足径6.4、通高6厘米（图一九，2）。ZY1：39，内底下凹，足墙略外倾。白釉泛黄，有流釉现象。内底有石英砂圈垫烧结疤。口径16.4、足径6.2、通高5.4厘米（图一九，3）。ZY1：40，内底下凹，挖足过肩，足墙直立。腹部有明显刮削痕。白釉泛黄，有流釉现象。内底有石英砂圈垫烧结疤。口径16、足径6.4、通高6厘米（图一九，4）。ZY1：71，内底下凹，挖足过肩，足墙略外倾。腹下端与足相接处削成一明显的小平台。内壁篦划草叶纹。白釉。内底有石英砂圈垫烧结疤。口径20、足径7.8、通高7厘米（图一九，5；图版三九，1）。ZY1：74，口部残失。内底有螺旋状凸起。足墙略外倾。腹下端与足相接处削成一明显的小平台。内壁篦划草叶纹及凹弦纹一周。白胎。白釉局部泛青，有流釉现象。内底及足跟均有6个石英砂堆垫烧结疤。足径7.2、残高5厘米（图一九，6）。ZY1：97，内底下凹，足墙略外倾。腹下端与足相接处削成一明显的小平台。白釉泛黄，有流釉现象。内底有石英砂圈垫烧结疤。口径16、足径6.8、通高5.8厘米（图二〇，1）。ZY1：66，内底下凹，足墙直立。上腹隐现轮修痕，下腹有明显刮削痕。腹下端与足相接处削成一明显的小平台。白釉，有流釉现象，内底有石英砂圈垫烧结疤。口径16、足径6、通高5.6厘米（图二〇，2）。ZY1：41，生烧器。内底下凹，足墙略外倾，足心略凸。上腹部饰凹弦纹一周，下腹有刮削痕。局部有流釉、釉面剥落现象。口径16.6、足径6.4、通高6厘米（图二〇，3）。ZY1：79，生烧器。内底小圆窝，足墙略外倾。灰白胎。内底及足跟各有6个石英砂堆垫烧结疤。口径17.2、足径6.4、通高6.4厘米（图二〇，4）。ZY1：86，生烧

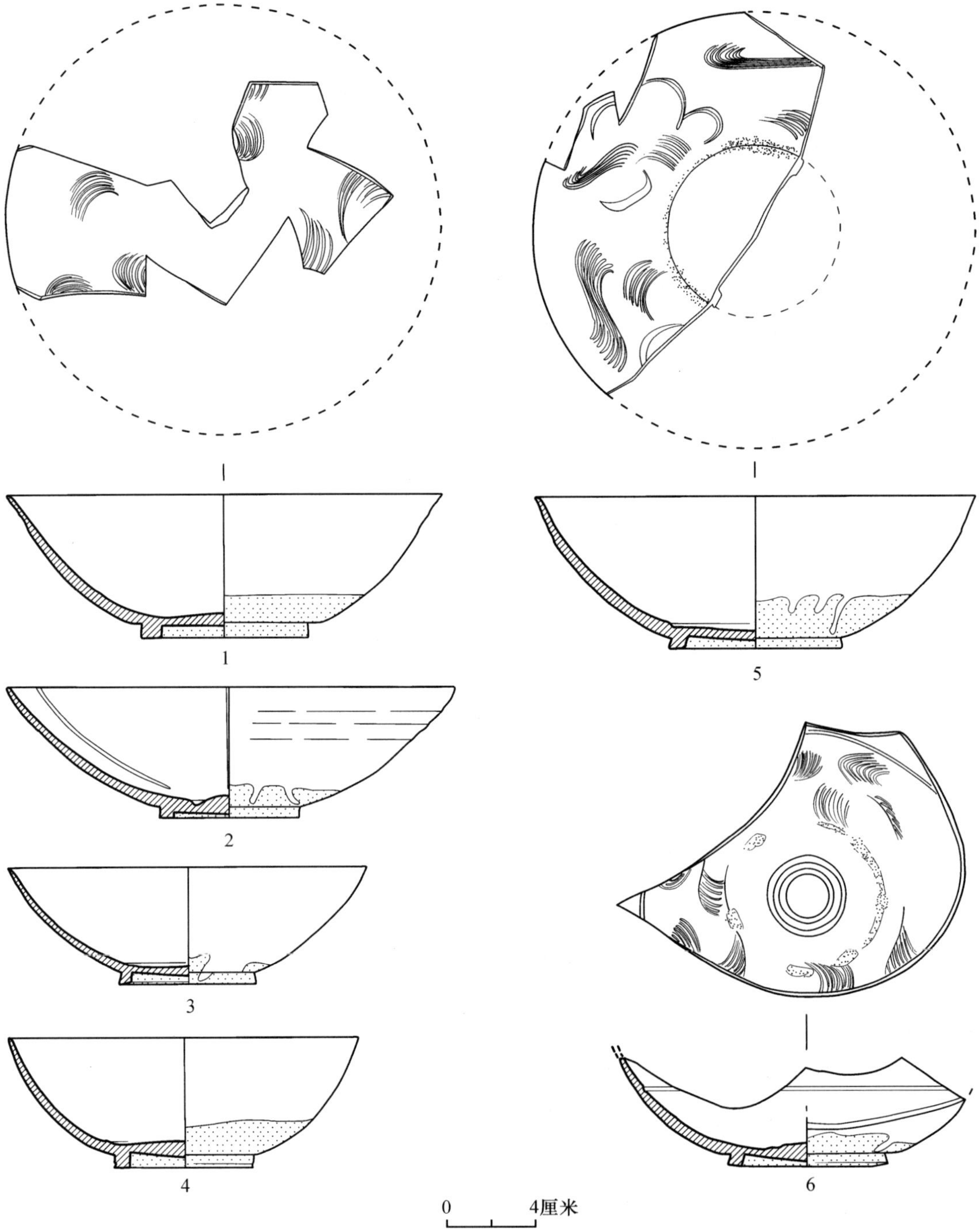

图一九　ZY1出土Aa型白釉碗（一）

1. ZY1：69　2. ZY1：110　3. ZY1：39　4. ZY1：40　5. ZY1：71　6. ZY1：74

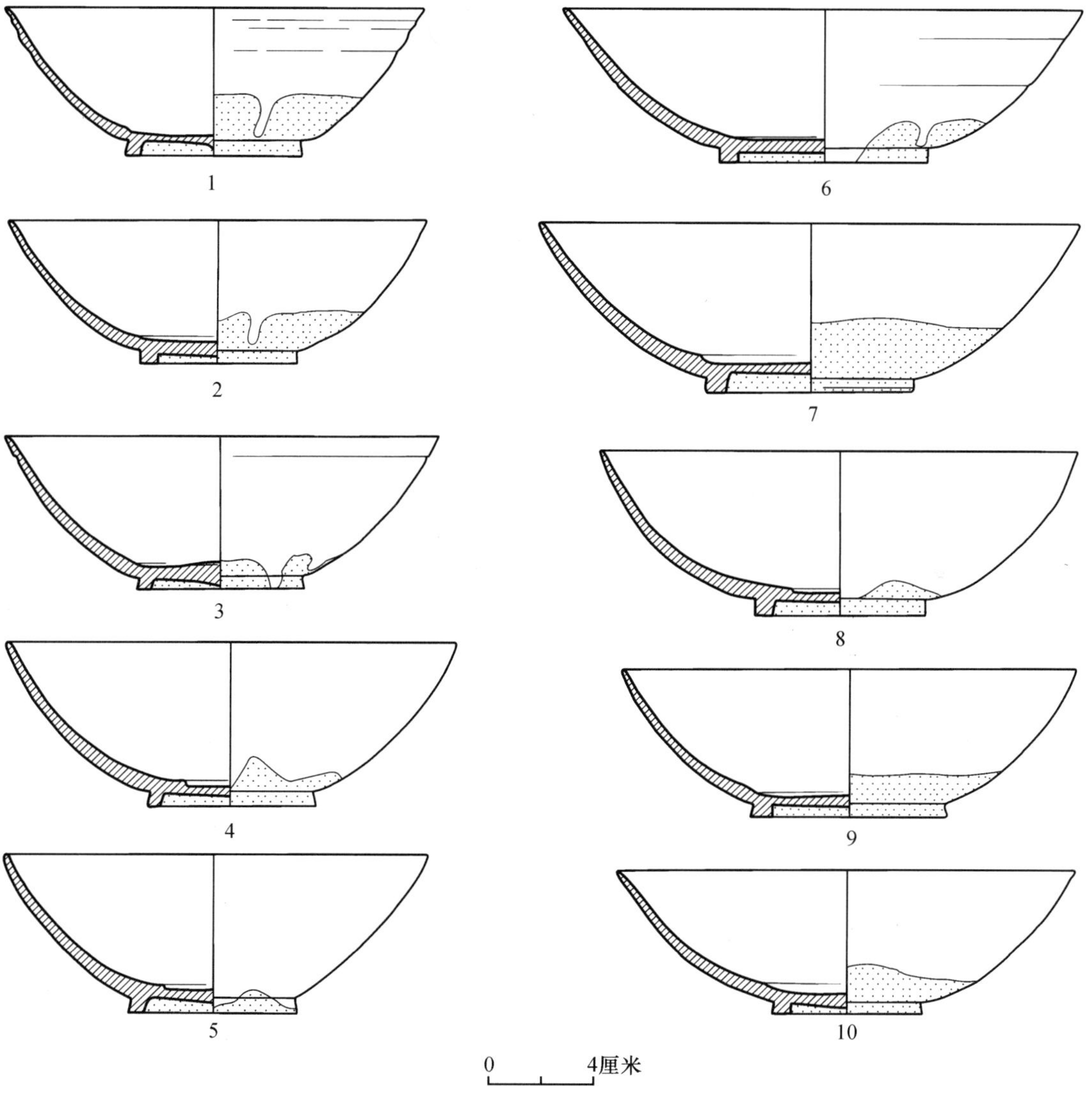

图二〇　ZY1出土Aa型白釉碗（二）

1. ZY1：97　2. ZY1：66　3. ZY1：41　4. ZY1：79　5. ZY1：86　6. ZY1：77　7. ZY1：50　8. ZY1：81　9. ZY1：68　10. ZY1：2

器。内底小圆窝，足墙略外倾，足内有同心圆状修痕。灰褐胎。内底及足跟均有6个石英砂堆垫烧结疤。口径16.4、足径6.4、通高6.2厘米（图二〇，5）。ZY1：77，足墙直立，腹下端与足相接处削成一明显的小平台。上腹饰凹弦纹两周，下腹有刮削痕。白釉泛黄，有流釉现象。内底有石英砂圈垫烧结疤。口径20、足径8、通高6厘米（图二〇，6）。ZY1：50，内底下凹，挖足过肩，外足墙直立，里足墙略外倾，足跟斜削。下腹轮旋细纹多组。内底有石英砂圈垫烧结疤。口径20.8、足径8、通高6.6厘米

（图二〇，7）。ZY1：81，生烧器。内底小圆窝，外足墙直立，里足墙外倾。灰褐胎。有流釉现象。内底及足跟均有6个石英砂堆垫烧结疤。口径18.4、足径6.6、通高6.4厘米（图二〇，8）。ZY1：68，生烧器。内底下凹，外足墙略外倾，里足墙直立。下腹有刮削痕。局部剥釉。口径17.6、足径7.7、通高6.8厘米（图二〇，9）。ZY1：2，生烧器。内底微凹，足墙直立。下腹有明显刮痕。白胎泛黄。局部剥釉。口径17.6、足径5.8、通高5.6厘米（图二〇，10）。ZY1：73，内底小圆窝，足墙略外倾。下腹近足处有刮削痕，内壁篦划草叶纹及凹弦纹一周。内底及足跟均有石英砂堆垫烧结疤。口径18.6、足径6.6、通高6厘米（图二一，1）。ZY1：75，内底下凹中凸，足墙略外倾。腹下端与足相接处削成一明显的小平台。内壁篦划草叶纹及凹弦纹一周。白釉泛黄，有流釉现象。内底及足跟均有6个石英砂堆垫烧结疤。口径20、足径7.4、通高6.6厘米（图二一，2；图版三八，5）。ZY1：111，内底下凹、中心微凸，足墙略外倾。内壁篦划草叶纹及凹弦纹一周，下腹部有刮削痕。白釉，有细碎裂纹。内底残存4个石英砂堆垫烧结疤，足跟亦有6个石英砂堆垫烧结疤。口径18.4、足径6.4、通高6厘米（图二一，3）。ZY1：88，挤压变形。内底有小圆窝，足墙略外倾。内壁篦划草叶纹及凹弦纹一周。白胎。白釉泛黄，有流釉现象。外壁黏连同类器物两件。口径18、足径6.8、通高6厘米（图二一，4）。ZY1：92，生烧器。内底小圆窝，足墙略外倾。下腹近足处有刮痕。灰褐胎。内底及足跟均有6个石英砂堆垫烧结疤。口径17、足径6.2、通高6.4厘米（图二二，1）。ZY1：93，生烧器。内底小圆窝，足墙略外倾。下腹近足处有刮痕。灰褐胎。内底及足跟均有6个石英砂堆垫烧结疤。口径17.2、足径6.2、通高7.2厘米（图二二，2）。ZY1：87，内底下凹，外足墙直立，里足墙略外倾。灰褐胎。白釉泛黄，有流釉现象。内底及足跟均有石英砂堆垫烧结疤。口径16.8、足径6.4、高6.4厘米（图二二，3）。ZY1：64，内底下凹，挖足过肩，足墙略外倾，足心微凸。下腹有明显刮削痕，腹下端与足相接处削成一明显的小平台。白釉，有流釉现象。内底有石英砂圈垫烧结疤。口径16.4、足径6.4、通高5.6厘米（图二二，4）。ZY1：98，内底下凹中凸起，足墙略外倾。腹下端与足相接处削成一明显的小平台。白胎。内底有石英砂圈垫烧结疤。口径17.6、足径7.2、通高5.4厘米（图二二，5）。ZY1：99，内底微凹，足墙略外倾。白釉泛黄，下腹局部直接在胎面施釉，釉色呈黄褐色，有流釉现象。器外有烧结黏连。口径20.8、足径7.2、通高6.4厘米（图二二，6）。ZY1：43，生烧器。内底下凹，足墙直立，足跟斜削。有流釉现象，局部剥釉。口径20、足径7.6、通高6.6厘米（图二二，7）。ZY1：101，内底下凹，足墙略外倾。腹部饰凹弦纹一周。白胎。白釉泛黄，有流釉现象，釉面有细碎裂纹。内底有石英砂圈垫烧结疤。口径18.8、足径7.2、通高5.6厘米（图二二，8）。ZY1：47，内底下凹，足墙略外倾。器壁开裂。白釉泛黄，有流釉现象。内底有石英砂圈垫烧结疤。口径19.2、足径6.4、

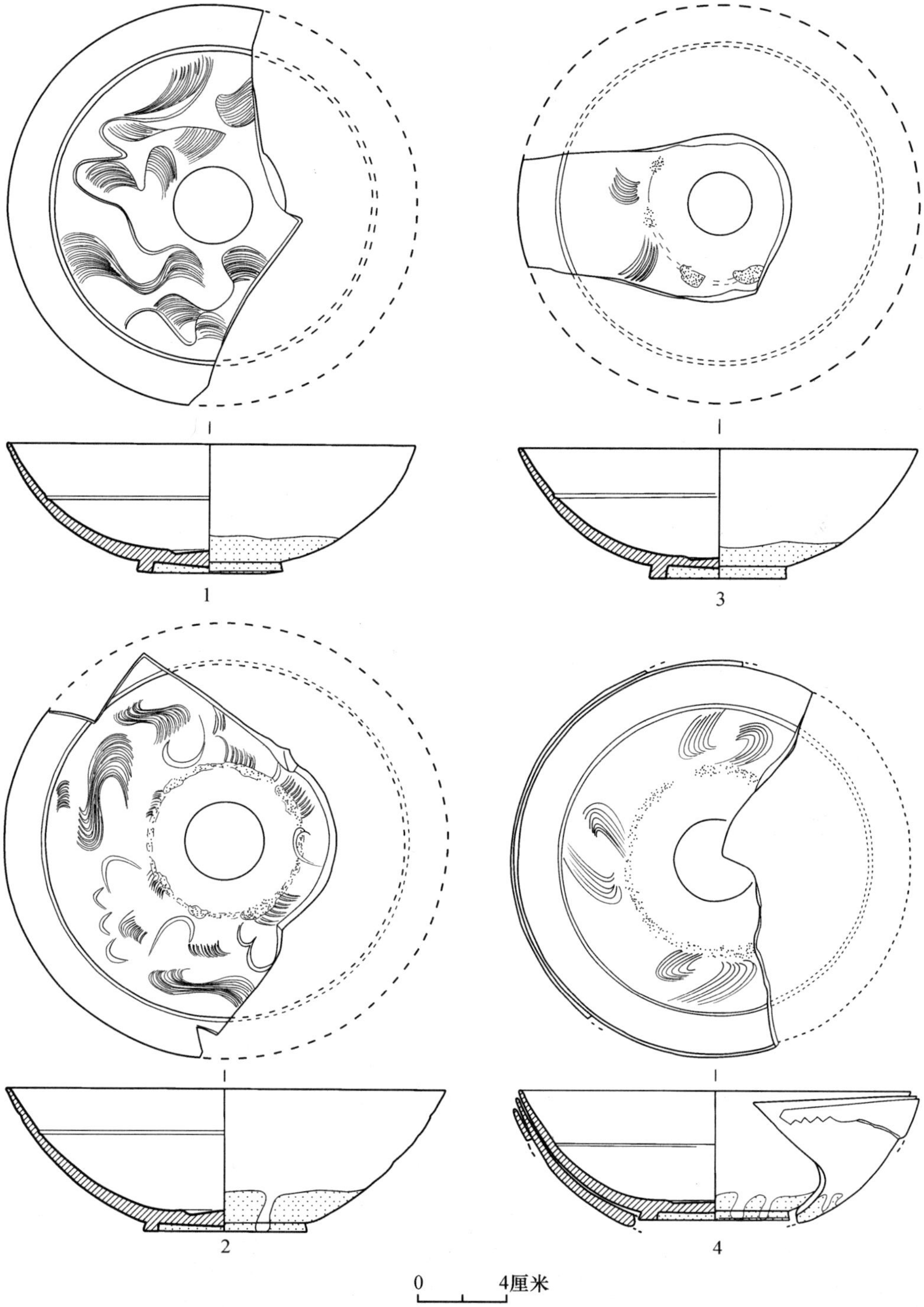

图二一 ZY1出土Aa型白釉碗（三）

1. ZY1：73 2. ZY1：75 3. ZY1：111 4. ZY1：88

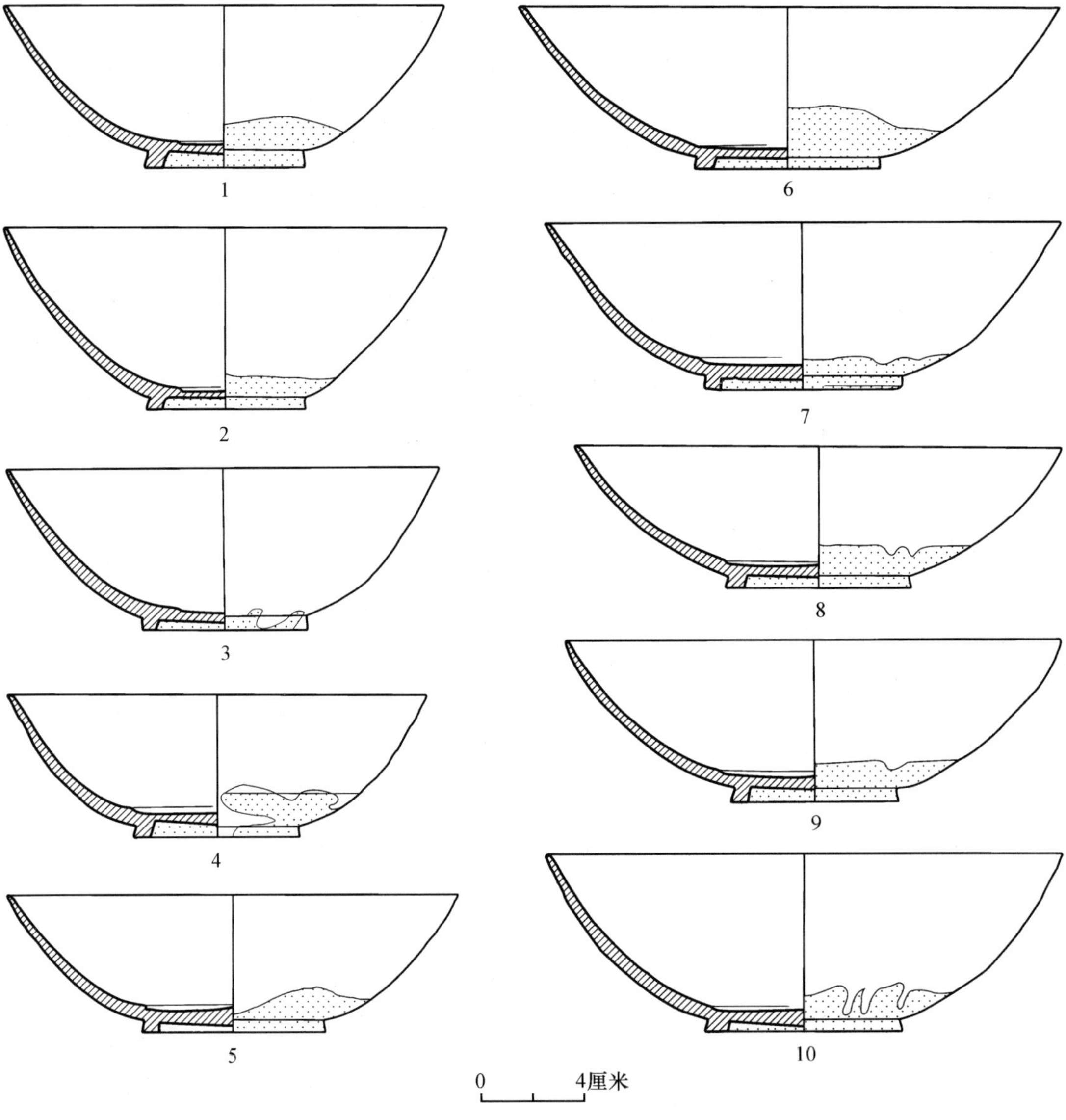

图二二　ZY1出土Aa型白釉碗（四）

1. ZY1∶92　2. ZY1∶93　3. ZY1∶87　4. ZY1∶64　5. ZY1∶98　6. ZY1∶99　7. ZY1∶43　8. ZY1∶101　9. ZY1∶47　10. ZY1∶36

通高6.4厘米（图二二，9）。ZY1∶36，内底下凹，足墙略外倾，足跟斜削。白釉泛黄，有流釉现象。口径20、足径7.6、通高7厘米（图二二，10）。ZY1∶65，生烧器。足墙略外倾。下腹有明显刮削痕。紫红胎。局部剥釉。口径16.8、足径6.8、通高5.6厘米（图二三，1）。ZY1∶102，内底微凹，足墙略外倾。腹下端与足相接处削成一明显的小平台。外口沿部黏连有细砂，内底有石英砂圈垫烧结疤。口径16.4、足径6.6、通高5.8厘米（图二三，2）。ZY1∶109，内底下凹，足墙直立。下腹近足部有明显的削痕。白釉泛青。内底有石英砂圈垫烧结疤。口径17.6、足径6.8、通高5.6厘米（图二三，3）。ZY1∶38，内底下凹，足墙略外倾。灰白胎。白釉泛青，有流釉现象。内底有石英砂圈垫烧结疤。口径15.8、足径6.2、通高5.4厘米（图二三，4）。ZY1∶26，内底微凹，足墙略外倾。腹下端与足相接处削成一明显的小平台。内底有石英砂圈垫烧结疤。口径16、足径7、通高6.2厘米（图二三，5）。ZY1∶105，内底下凹，足墙直立，足跟斜削。上腹及近足处有刮削痕。内底有石英砂圈垫烧结疤。口径17.6、足径7.2、通高6厘米（图二三，6）。ZY1∶108，内底下凹，足墙略外倾。下腹有刮削痕。白釉，局部有剥釉。内底有石英砂堆垫烧结疤。口径16.8、足径7.2、通高6.4厘米（图二三，7）。ZY1∶49，生烧器。足墙直立。腹下端与足相接处削成一明显的小平台。内底有石英砂圈垫烧结疤。口径18、足径7.2、通高5厘米（图二三，8）。ZY1∶104，尖圆唇，内底下凹，足墙直立，足跟斜削。下腹部有刮削痕。口径18、足径7.2、通高5.4厘米（图二三，9）。ZY1∶112，外足墙略外倾，里足墙直立。内壁有篦划纹及凹弦纹一周，下腹部有刮削痕。白釉泛黄，有流釉现象，内底有石英砂圈垫烧结疤。口径18.4、足径7.2、通高6厘米（图二三，10）。ZY1∶44，生烧器。内为小平底，足墙直立，足跟内斜。下腹有明显刮痕。腹下端与足相接处削成一明显的小平台。局部剥釉，露胎处见乳白色化妆土。口径13.6、足径5.2、通高4.4厘米（图二四，1）。ZY1∶63，生烧器。足墙略外倾。下腹近足处有明显刮痕。内底有石英砂圈垫烧结疤。口径12、足径4、通高3.3厘米（图二四，2）。ZY1∶94，足墙直立。白釉泛青。内底有石英砂圈垫烧结疤。口径11.2、足径3.6、通高3.6厘米（图二四，3）。ZY1∶4，七出葵口。足心鸡心点凸。足跟内缘斜削，足墙外倾。外壁有七道纵向压印细凹槽，呈七瓣花瓣。白釉泛青。内底有石英砂圈垫烧结疤。口径13、足径4.8、高5.5厘米（图二四，5）。

Ab型　斜直壁。4件。斗笠形。敞口，浅圈足。ZY1∶100，生烧器。足墙直立，内为小平底。腹下端与足相接处削成一明显的小平台。腹部有轮修痕，下腹以及圈足处有刮痕。局部剥釉。内底有垫圈痕。口径13.6、足径4.3、通高4.8厘米（图二四，7）。ZY1∶107，足墙略外倾，内为小平底。腹部有轮修痕，下腹近足处有跳刀痕。白釉泛青。内底有石英砂堆垫烧结疤。口径12.8、足径4.6、通高4.6厘米（图二四，8）。ZY1∶106，葵口，内底下凹中凸。足墙直立，足心微凸。下腹有刮痕，腹下端与足相接处削成一明显的小平台。灰白胎。白釉泛青，有流釉现象，内底有石英砂圈垫烧结疤。口径13.2、足径4、通高4.8厘米（图二四，9）。ZY1∶128，五出葵口，足墙直立。有细碎裂纹。内底有石英砂圈垫烧结疤，内外壁残留粘连同类器口沿残片。口径12.6、足径4.6、通高4.8厘米（图二四，10）。

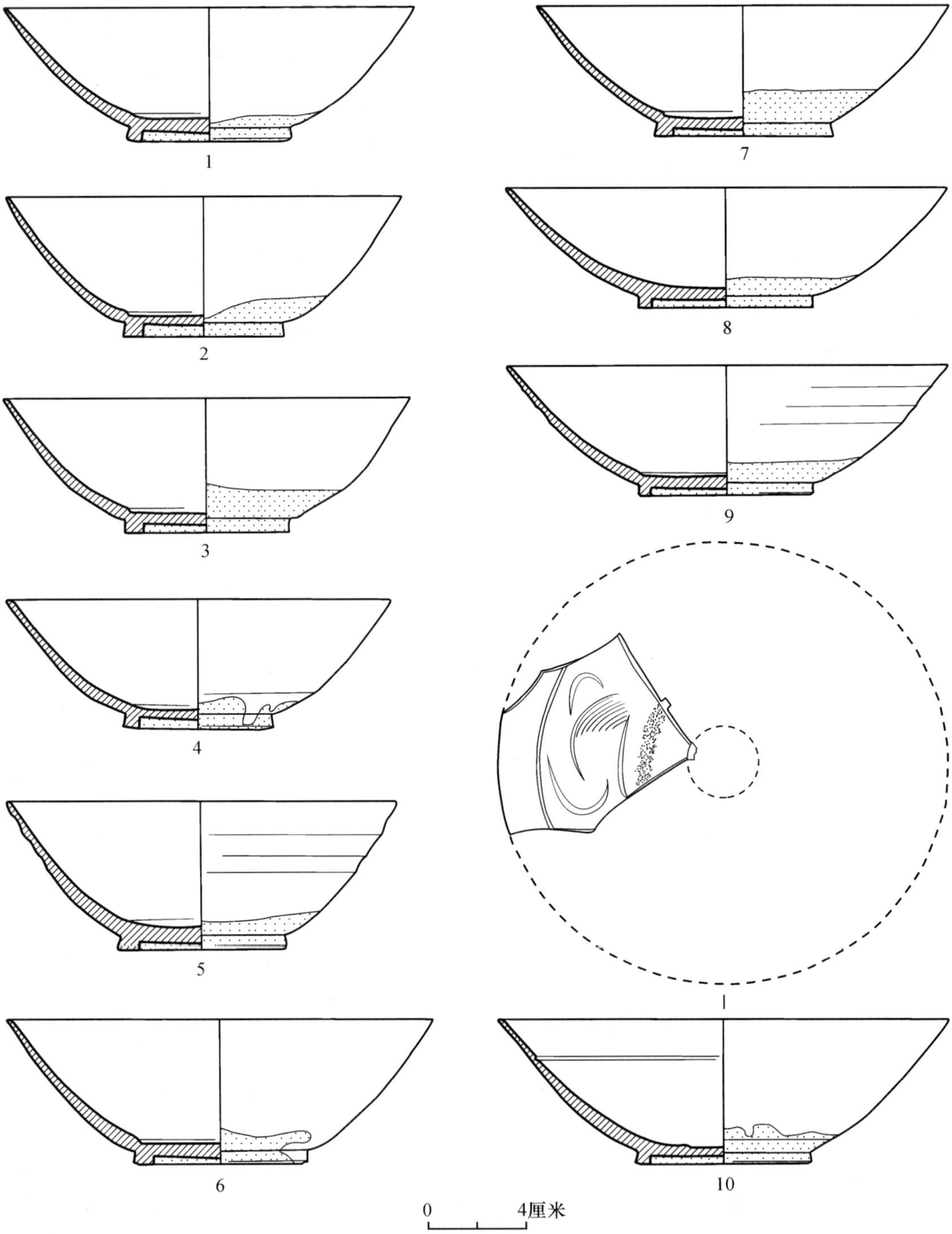

图二三　ZY1出土Aa型白釉碗（五）

1. ZY1：65　2. ZY1：102　3. ZY1：109　4. ZY1：38　5. ZY1：26　6. ZY1：105　7. ZY1：108　8. ZY1：49　9. ZY1：104　10. ZY1：112

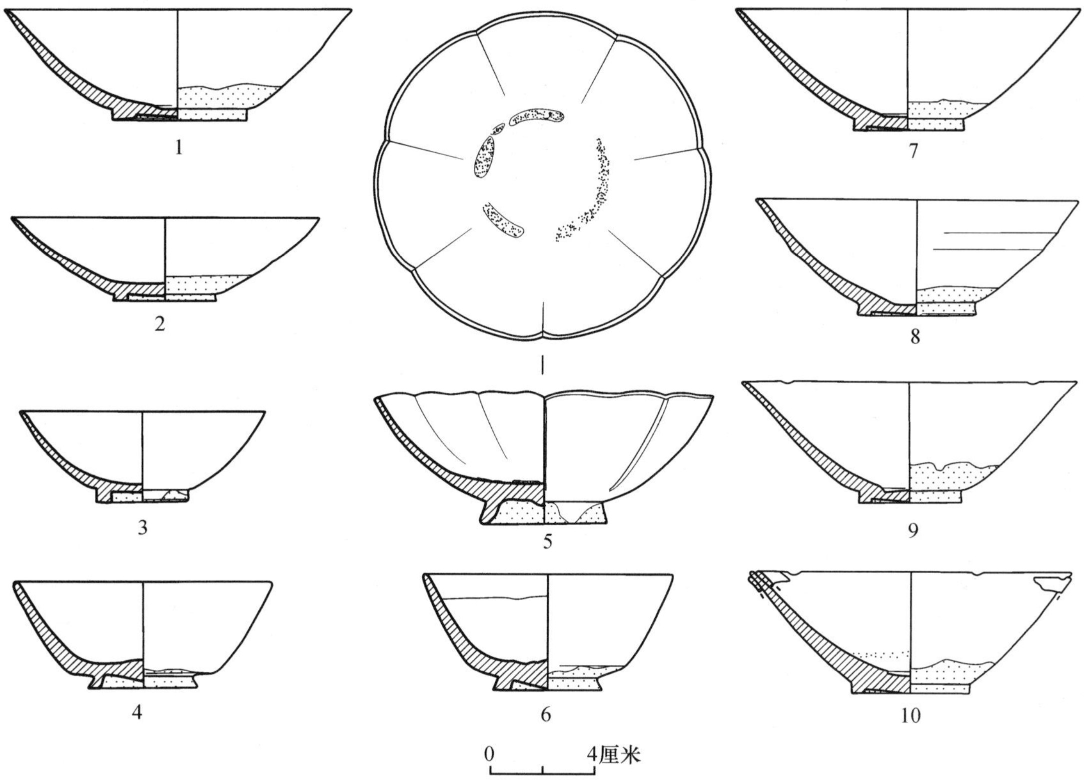

图二四　ZY1出土白釉碗（六）

1～3、5. Aa型（ZY1：44、ZY1：63、ZY1：94、ZY1：4）　4、6. Ac型（ZY1：126、ZY1：127）
7～10. Ab型（ZY1：100、ZY1：107、ZY1：106、ZY1：128）

Ac型　斜壁近底折内收。2件。ZY1：126，略残。圆唇。足墙外倾，足内有削痕，足心鸡心点。内底有螺旋状轮修痕。白胎。白釉泛青，有流釉现象，内壁仅口沿部在化妆土上施釉。口径10、足径4.2、通高4.2厘米（图二四，4）。ZY1：127，足墙外倾，足内有削痕，足心鸡心点。内底有螺旋状轮修痕。内施白色化妆土，仅口沿部施釉。口径9.6、足径4.2、通高4.6厘米（图二四，6）。

B型　侈口。7件。尖圆唇，斜壁，矮圈足。ZY1：48，内底下凹，足墙略外倾。腹下端与足相接处削成一明显的小平台。白釉泛黄，釉面有细碎开片。内底有石英砂圈垫烧结疤。口径16.4、足径6、通高6厘米（图二五，1）。ZY1：37，内底下凹，足墙略外倾，足跟斜削。灰白胎。白釉泛青，内底有石英砂圈垫烧结疤。口径19.6、足径6.6、通高6.4厘米（图二五，2）。ZY1：51，内底下凹，足墙略外倾。下腹部有刮削痕。下腹局部直接在胎面上施釉，釉色呈黄褐色，有流釉现象。内底有石英砂圈垫烧结疤。口径17.2、足径6.4、通高6厘米（图二五，3）。ZY1：67，足墙直立。上腹部有轮修

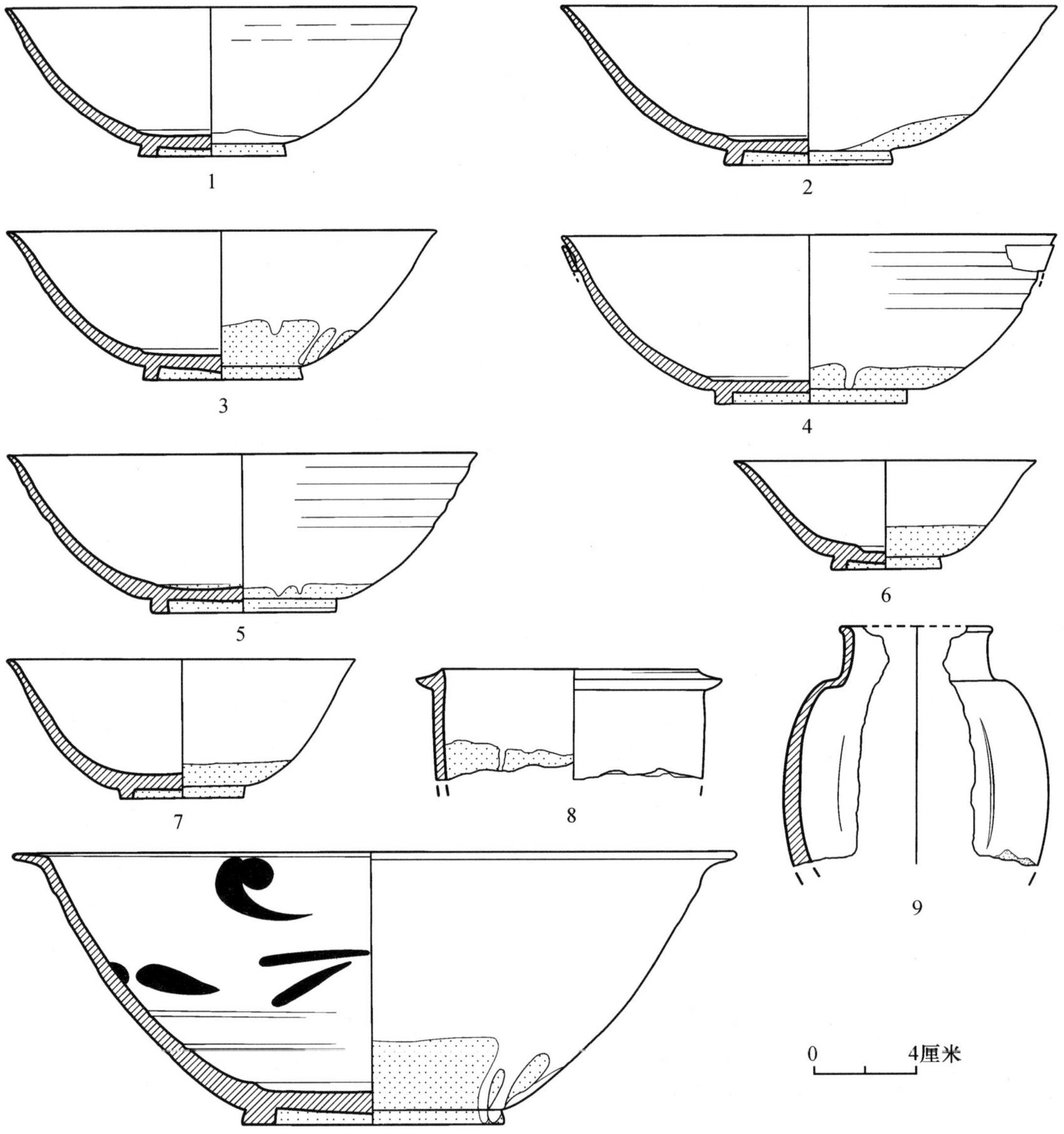

图二五　ZY1出土白釉碗、尊形钵、罐、盆

1～7. B型碗（ZY1：48、ZY1：37、ZY1：51、ZY1：67、ZY1：42、ZY1：78、ZY1：103）

8. 尊形钵（ZY1：143）　9. 罐（ZY1：117）　10. 盆（ZY1：32）

痕，腹下端与足相接处削成一明显的小平台。白釉，有流釉现象。釉面有细碎裂纹。内底有石英砂圈垫烧结疤，外壁有同类器物叠烧粘连。口径19.6、足径7.6、通高6.8厘米（图二五，4）。ZY1：42，足墙直立，足跟斜削。内壁隐现轮旋痕，上腹有明显的轮修痕，腹下端与足相接处削成一明显的小平台。白釉泛黄，局部有流釉现象。内底有石

英砂圈垫烧结疤。口径18.8、足径7.4、通高6.4厘米（图二五，5）。ZY1：78，内为小平底，足墙略外倾，足跟斜削，腹下端与足相接处削成一明显的小平台。内外壁隐现轮修痕，下腹近底处有刮痕。白胎。白釉泛青。内底有石英砂圈垫烧结疤。口径12、足径4.4、高4.4厘米（图二五，6）。ZY1：103，生烧器。外足墙略内斜，里足墙略外倾。腹下端与足相接处削成一明显的小平台。下腹有明显刮削痕。局部剥釉。口径14、足径4.8、通高5.6厘米（图二五，7）。

尊形钵　1件。ZY1：143，残。直口，折沿外斜，沿面微凹，尖唇，直腹。上腹部饰凹弦纹一周。白胎。内施半釉。口径12、残高4.4厘米（图二五，8）。

罐　1件。ZY1：117，底残。侈口，圆唇外卷，中领，溜肩，深弧腹，腹部呈四瓣瓜棱形。有明显的轮修痕。白釉，内满釉，外施釉不及地底。口径6、腹径10.4、残高9.6厘米（图二五，9）。

盆　1件。ZY1：32，敞口，平折沿，圆唇，斜壁，内底下凹，矮圈足，足墙略外倾，足跟斜削。腹壁有明显的轮修痕。釉下彩绘酱色花叶纹，内满釉，外施釉不及底。釉面有细小开片。内底有石英砂圈垫烧结疤，外壁有粘连，足跟有烧结疤痕。口径28.8、足径10.4、通高11厘米（图二五，10）。

碟　64件。可辨形制者23件。内满釉，外施釉不及底。根据口部特征可分二型。

A型　敞口。22件。根据腹部特征可分二亚型。

Aa型　斜壁。21件。尖圆唇，平底或卧足。ZY1：58，卧足。腹部有轮修痕，下腹釉面见一圈削痕。口径10、底径4.8、通高2厘米（图二六，1）。ZY1：60，平底。白釉泛青，内外底皆有石英砂堆垫烧结疤。口径10、底径5.4、通高2厘米（图二六，2）。ZY1：52，平底。白釉泛青，下腹刮釉。内外底均有4个石英砂堆垫烧结疤。口径10、底径5.6、通高2厘米（图二六，3）。ZY1：59，平底。腹部有轮修痕，内底饰凹弦纹一周。白釉泛青。内底有石英砂堆垫烧结疤。口径9、底径4.8、通高2厘米（图二六，4）。ZY1：53，平底。内底饰凹弦纹一周，腹部有轮修痕。内底有石英砂圈垫烧结疤，外底有石英砂堆垫烧结疤。口径10、底径6、通高1.8厘米（图二六，5）。ZY1：57，平底微凹。下腹有轮修痕，内底饰凹弦纹一周。内外底皆有石英砂堆垫烧结疤。口径10、底径5.6、通高1.6厘米（图二六，6）。ZY1：54，平底。腹部有轮修痕，内底饰凹弦纹一周。内底有石英砂圈垫烧结疤，外底有石英砂堆垫烧结疤。口径10.4、底径4.4、通高2厘米（图二六，7）。ZY1：5，平底微凹。腹部有明显的轮修痕。黄褐胎。白釉泛青。内外底均有石英砂堆垫烧结疤。口径9.7、足径4.6、通高2厘米（图二六，8）。ZY1：130，平底。腹部有轮修痕。内底有石英砂堆垫烧结疤，外底亦有垫烧痕。口径10.2、足径4.6、通高2.2厘米（图二六，9）。ZY1：96，平底微凹。内底饰凹弦纹一周，腹部有轮修痕。内底有石英砂堆垫烧结疤。口径11、底径5、通高2.5厘

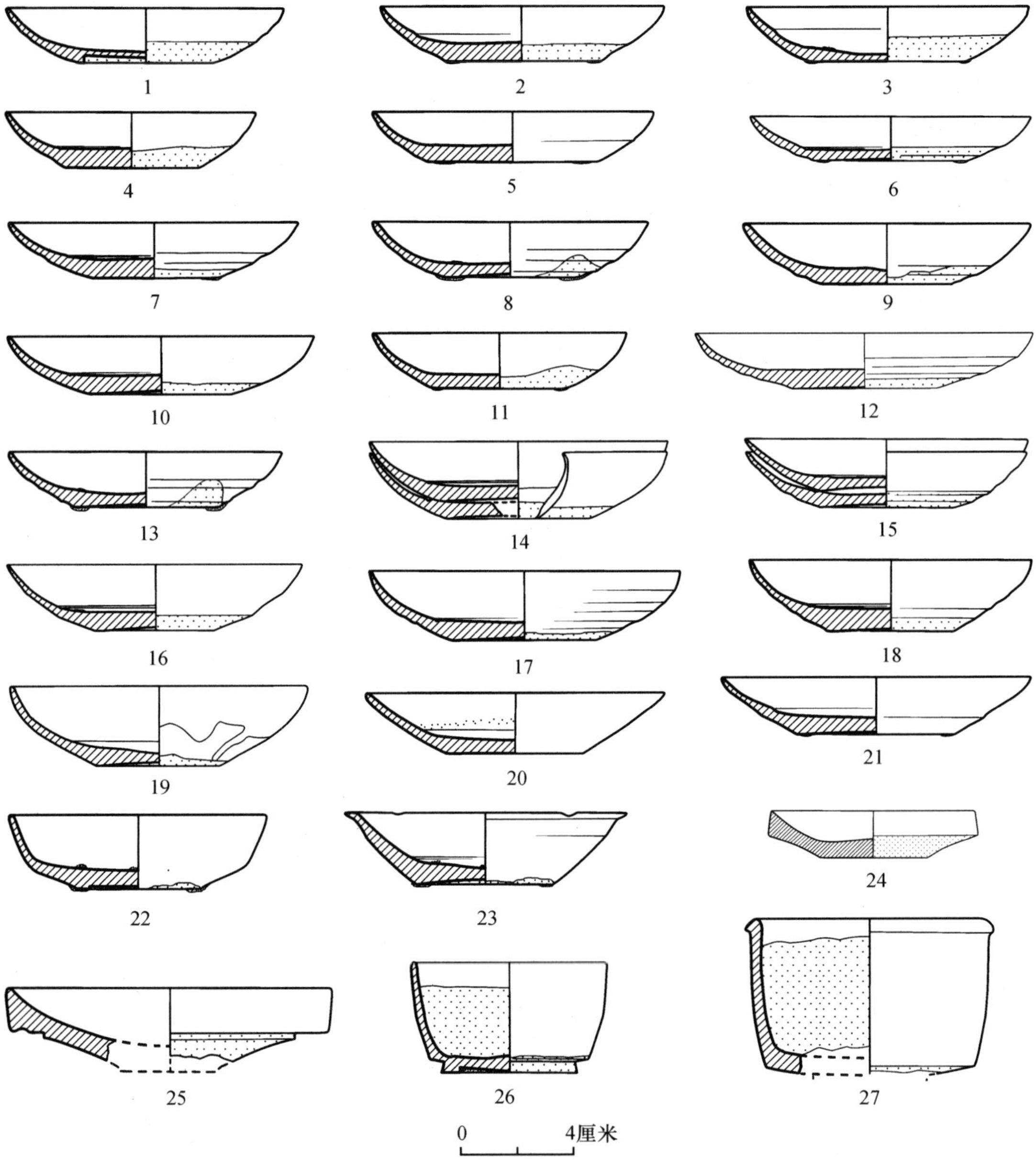

图二六　ZY1出土白釉碟、碟形灯、奁

1～21. Aa型碟（ZY1：58、ZY1：60、ZY1：52、ZY1：59、ZY1：53、ZY1：57、ZY1：54、ZY1：5、ZY1：130、ZY1：96、ZY1：55、ZY1：82、ZY1：3、ZY1：84、ZY1：62、ZY1：83、ZY1：95、ZY1：61、ZY1：129、ZY1：131、ZY1：56）　22. Ab型碟（ZY1：141）　23. B型碟（ZY1：140）　24、25. 碟形灯（ZY1：125、ZY1：136）　26、27. 奁（ZY1：23、ZY1：134）

米（图二六，10）。ZY1：55，平底。白釉泛黄，内底有石英砂圈垫烧结疤，外底有4个石英砂堆垫烧结疤。口径9、足径4.6、通高2厘米（图二六，11）。ZY1：82，平底微凹。腹部有轮修痕。白胎。白釉泛青。内外底均有石英砂堆垫烧结疤。口径12、底径5、通高2厘米（图二六，12）。ZY1：3，略残。平底微凹。腹部有明显的轮修痕。灰白胎。白釉泛青。内外底均有4个石英砂堆垫烧结疤。口径9.7、足径5.2、通高2厘米（图二六，13）。ZY1：84，两件黏连，形制相同。平底微凹。腹部有轮修痕。内底有石英砂圈垫烧结疤，外有4个石英砂堆垫烧结疤。口径10.6、底径5、通高2.2厘米（图二六，14）。ZY1：62，两碟粘连，形制相同。平底微凹。腹部有轮修痕，内底饰凹弦纹一周。白釉泛青。内外底均有石英砂堆垫烧结疤。口径10、底径4.8、通高2厘米（图二六，15）。ZY1：83，平底微凹。内底饰凹弦纹一周。腹部有轮修痕。内底有4个石英砂堆垫烧结疤。口径10.5、底径4.4、通高2.4厘米（图二六，16）。ZY1：95，平底微凹。腹部有轮修痕。内底有石英砂堆垫烧结疤。口径11、底径5、通高2.1厘米（图二六，17）。ZY1：61，平底微凹。腹部有轮修痕，内底施凹弦纹一周。内底有石英砂堆垫烧结疤，外底有4个石英砂堆垫烧痕。口径10、底径4.4、通高2.6厘米（图二六，18）。ZY1：129，平底微凹。内底饰凹弦纹一周，腹部有轮修痕。内底有石英砂堆垫烧结疤，外底亦有垫烧痕。口径10.6、足径4.4、通高2.9厘米（图二六，19）。ZY1：131，平底。下腹有轮修痕。内底饰凹弦纹一周及石英砂圈垫烧结疤。口径10.6、足径4.8、通高2.2厘米（图二六，20）。ZY1：56，平底微凹。腹部有轮修痕。白釉泛黄，内外底皆有石英砂堆垫烧结疤。口径11、底径5.6、通高2.1厘米（图二六，21）。

Ab型　折壁。1件。ZY1：141，尖圆唇，折壁，卧足。白胎。内外底均有4个石英砂堆垫烧结疤。口径9.2、足径4.4、通高2.7厘米（图二六，22）。

B型　侈口。1件。ZY1：140，残。葵口，尖圆唇，斜壁，平底微凹。内底饰凹弦纹一周。白胎。内外底均有4个石英砂堆垫烧结疤。口径10、足径4.8、通高2.6厘米（图二六，23）。

盘　10件。敞口，斜壁，矮圈足。内满釉，外施釉不及底。ZY1：90，生烧器。足墙略外倾。足内见同心圆状修痕。灰褐胎。内底及足跟各有6个石英砂堆垫烧结疤。口径16.8、足径6.4、通高4.2厘米（图二七，1）。ZY1：89，生烧器。足墙略外倾。灰褐胎。内底及足跟各有6个石英砂堆垫烧结疤。口径18、足径6.4、通高4.2厘米（图二七，2）。ZY1：80，生烧器。足墙略外倾。灰褐胎。内底及足跟各有6个石英砂堆垫烧结疤。口径16.4、足径6.4、通高4.2厘米（图二七，3）。ZY1：76，足墙直立。腹下端与足相接处削成一明显的小平台。白釉泛黄，有流釉现象。内底有石英砂圈垫烧结疤。口径18、足径7、通高4.4厘米（图二七，4）。ZY1：45，足墙直立。白釉泛黄，有细

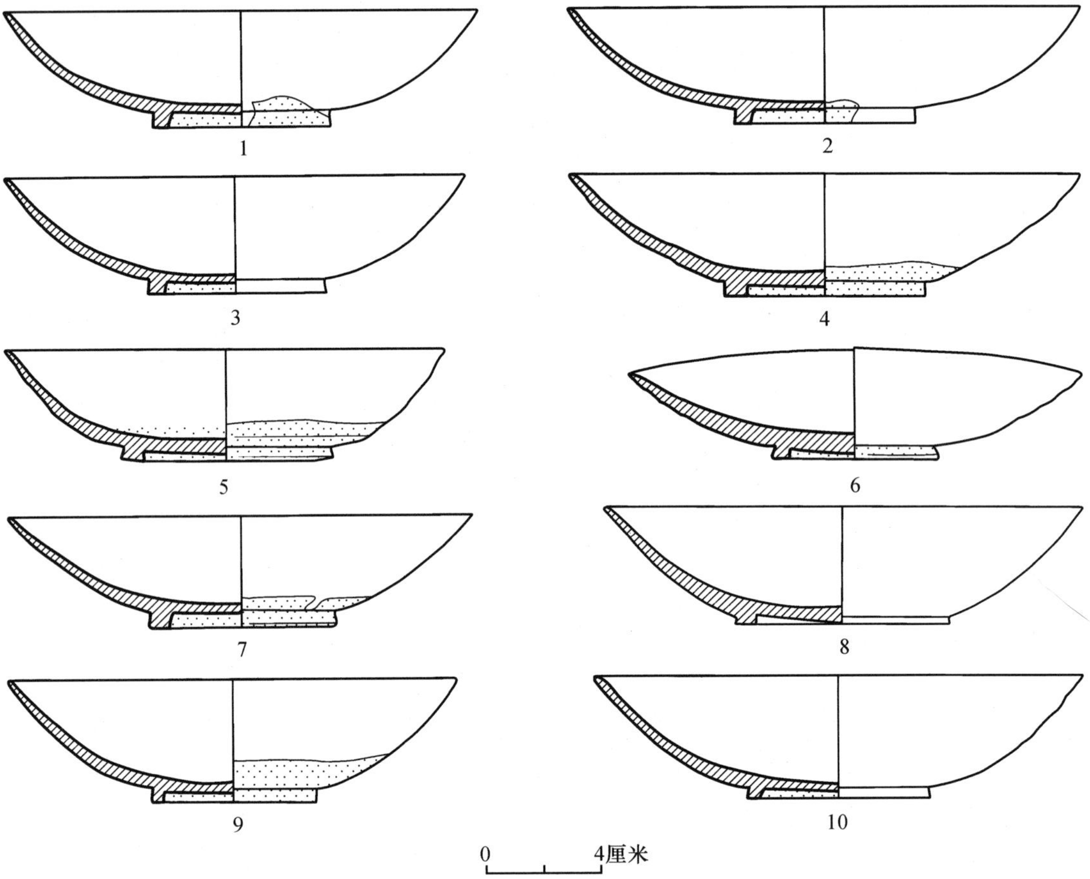

图二七　ZY1出土白釉盘

1. ZY1：90　2. ZY1：89　3. ZY1：80　4. ZY1：76　5. ZY1：45　6. ZY1：25　7. ZY1：91　8. ZY1：113　9. ZY1：46　10. ZY1：85

碎裂纹。内底有石英砂圈垫烧结疤。口径15.6、足径7.6、通高4厘米（图二七，5）。ZY1：25，略残。烧制挤压变形。足墙略外倾，足心微凸。腹部有轮修痕，腹下端与足相接处削成一明显的小平台。内底有石英砂圈垫烧结疤。口径15～16、足径5.6、通高3～4厘米（图二七，6）。ZY1：91，生烧器。足墙略外倾，足跟斜削。灰褐胎。内底及足跟各有6个石英砂堆垫烧结疤。口径16.4、足径6.6、通高4厘米（图二七，7）。ZY1：113，挖足过肩，足墙直立，足心微凸。白釉泛青。内底有石英砂圈垫烧结疤。口径16.8、足径7.4、通高4.2厘米（图二七，8）。ZY1：46，生烧器。足墙直立。口径16、足径5.8、通高4.4厘米（图二七，9）。ZY1：85，生烧器。足墙略外倾。下腹有刮痕。灰褐胎。内底及足跟各有6个石英砂堆垫烧结疤。口径17.2、足径6.4、通高4.4厘米（图二七，10）。

奁 4件。可辨形制者2件。ZY1：23，直口，圆唇，斜壁，足墙略外倾，足心微凸，内底心有乳钉状凸起。白釉，内仅口沿部施釉，釉面有细小开片。口径7、足径4.8、通高4厘米（图二六，26；图版三九，4）。ZY1：134，底残。方唇略外卷，直壁。灰白胎。白釉泛青，内壁仅口沿部施釉，外施釉不及底。口径8、残高5.6厘米（图二六，27）。

碟形灯 2件。厚胎。敞口，方唇。ZY1：125，生烧器。斜壁微曲，平底。内满釉，外仅口沿部施釉。口径7.2、底径3.8、通高1.7厘米（图二六，24）。ZY1：136，底残。斜壁。上腹有凹槽一周。白胎。白釉泛黄，内满釉，外部仅唇面施釉。口径11.6、残高2.6厘米（图二六，25）。

（2）黑釉瓷器。50件。可辨形制者25件。器类有碗、奁、罐、器盖、碟形灯、碗形钵、壶、瓷塑（羊）等。

碗 40件。可辨形制者16件。内底有涩圈，外壁多施釉不及底。根据口部特征可分二型。

A型 敞口。17件。斜壁，矮圈足。ZY1：8，足墙略外倾，足心圆凸。黑褐釉，釉色光亮。内壁有烧结疤痕。口径16.6、足径7、通高5.2厘米（图二八，1）。ZY1：123，足墙直立，足跟斜削，足心微凸。白胎。漆黑色釉，釉薄处呈酱黄色。口径16.8、足径6.8、通高5.4厘米（图二八，2）。ZY1：15，足墙略外倾，足心微凸。下腹部有削痕。黑褐釉。口径17.4、足径6.2、通高5.8厘米（图二八，3）。ZY1：120，足墙直立，足内见同心圆状削痕。腹下端与足相接处削成一明显的小平台。漆黑色釉，釉色温润，色泽度强。口径15.6、足径7.2、通高6厘米（图二八，4）。ZY1：7，足墙略外倾，足心有同心圆削痕。灰白胎。黑褐釉。釉色较灰暗。外壁黏连同类器物。口径17.2、足径6.4、通高6.2厘米（图二八，5）。ZY1：116，足墙略外撇。足内有削痕，足心微凸。漆黑色釉，釉色温润，光泽度较强。口径12、足径4、通高5.4厘米（图二九，1）。ZY1：28，足墙直立，足跟斜削。足内有削痕，足心微凸。黑褐釉，釉色较灰暗。口径12、足径5.8、通高3.8厘米（图二九，2；图版四〇，2）。ZY1：114，足墙直立。腹下端与足相接处削成一明显的小平台。黑褐釉，釉色较灰暗，光泽度差。口径12.4、足径5.6、通高4.2厘米（图二九，3）。ZY1：119，挖足过肩，足墙略外倾，足内有削痕，足心鸡心点。灰白胎。漆黑色釉。内外壁有烧结疤痕。口径12.4、足径4.8、通高5.7厘米（图二九，4）。ZY1：118，足墙直立，足内有削痕。腹下端与足相接处削成一明显的小平台。黑褐釉，有流釉现象。釉色较灰暗，光泽度差。内底有涩圈。口径12、足径5.2、通高5.6厘米（图二九，5）。ZY1：115，足墙直立，足跟斜削，足内有削痕，足心微凸。黑褐釉，釉色较灰暗，光泽度差。口径12、足径5.4、通高4厘米（图二九，6）。

B型 侈口。5件。斜壁，矮圈足，内底有涩圈，外壁多施釉不及底。ZY1：122，

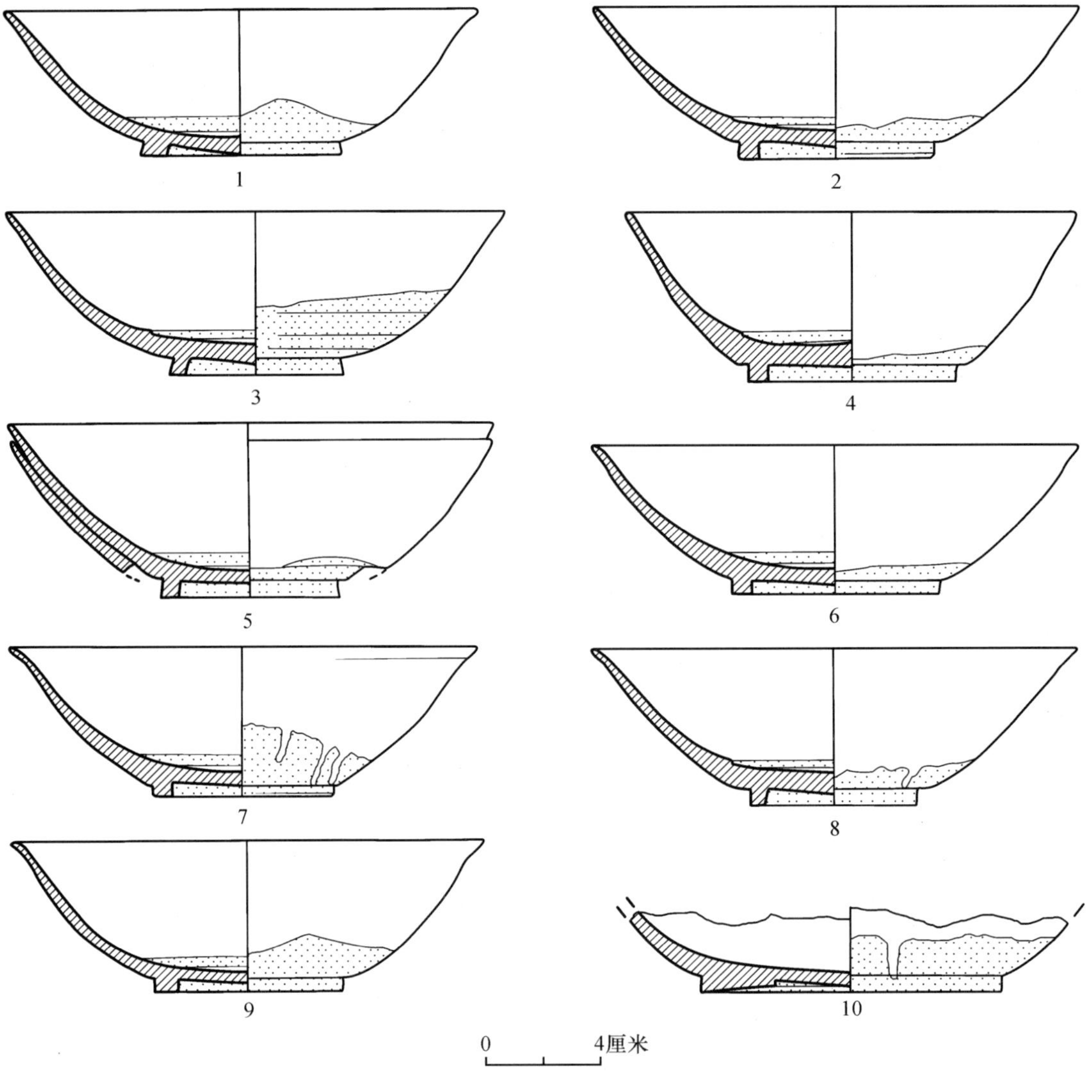

图二八　ZY1出土黑釉碗、碗形钵

1～5. A型碗（ZY1：8、ZY1：123、ZY1：15、ZY1：120、ZY1：7）　6～9. B型碗（ZY1：122、ZY1：139、ZY1：121、ZY1：6）　10. 碗形钵（ZY1：144）

足墙直立，足内有同心圆削痕。黑褐釉。釉薄处呈酱黄色。口径16.8、足径7.2、通高5.3厘米（图二八，6）。ZY1：139，挖足过肩，足墙直立，足跟斜削，足心微凸。白胎。漆黑色釉，釉色温润，色泽度较强。口径16.4、足径6.4、通高5.3厘米（图二八，7）。ZY1：121，外足墙直立，里足墙略外倾，足心微凸。黑褐釉，有流釉现象。口径16.8、足径5.8、通高5.6厘米（图二八，8）。ZY1：6，足墙直立，足内有削痕。黑褐釉，釉薄处呈酱黄色，釉色光亮。口径16.6、足径6.6、通高5.4厘米（图二八，9；图版四〇，3）。

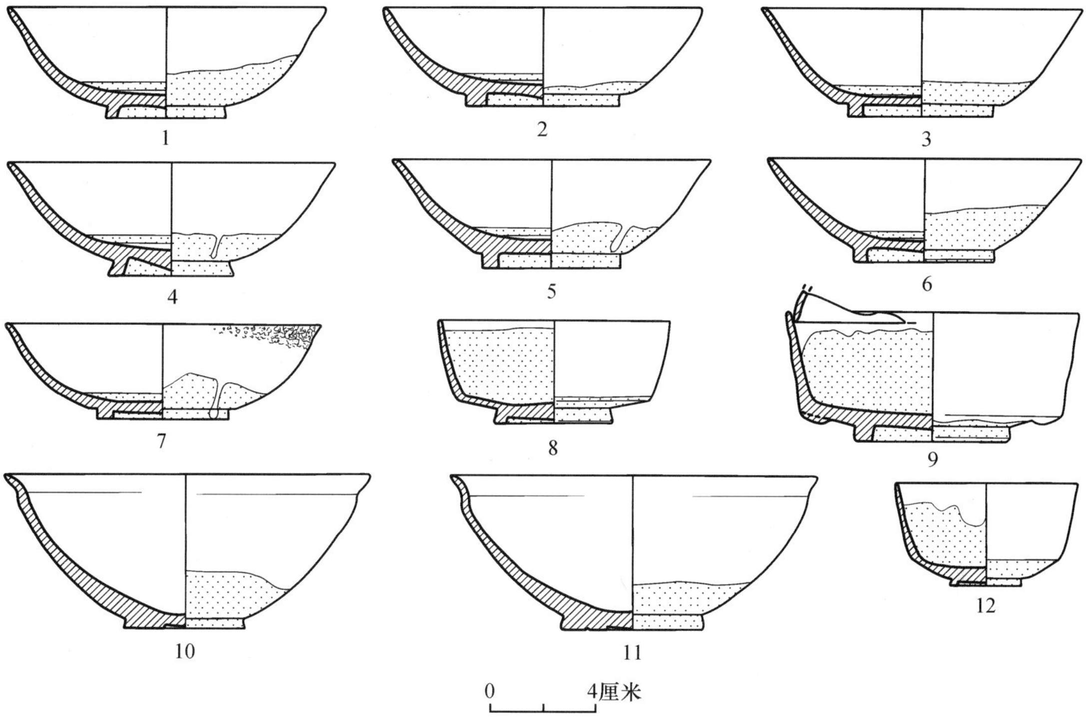

图二九　ZY1出土黑釉碗、奁和素胎盏

1～6. A型碗（ZY1：116、ZY1：28、ZY1：114、ZY1：119、ZY1：118、ZY1：115）　7. B型碗（ZY1：18）　8、9、12. 奁（ZY1：22、ZY1：133、ZY1：21）　10、11. 素胎盏（ZY1：30、ZY1：31）

ZY1：18。足墙直立。腹下端与足相接处削成一明显的小平台。黑褐釉，釉色温润，光泽度较强。有流釉现象，内底有涩圈。口沿有烧结疤痕。口径12、足径5、通高3.7厘米（图二九，7）。

奁　4件。可辨形制者3件。直口微敞，尖圆唇，斜直壁，折底，矮圈足。内壁口沿处施釉，外施釉不及底。ZY1：22，足墙略外倾，足跟斜削，足心微凸。内底有螺旋状轮修痕。白胎。黑褐釉，釉色温润，光泽度较强。外壁有蓝灰色窑变纹。口径8.8、足径5、通高4厘米（图二九，8）。ZY1：133，外足墙直立，里足墙略外倾，足跟斜削，足内见削痕，足心微凸。内底见螺旋状轮修痕。黑褐釉。釉色温润，玻璃质感强。近底部积釉较厚。口部内侧黏连一黑釉口沿残片。口径11.2、足径6、通高5厘米（图二九，9）。ZY1：21，口部变形。足墙略外倾。内底见螺旋状轮修痕。漆黑色釉，釉色温润，光泽度较强。外壁有类似兔毫纹窑变，且有流釉现象。口径7、足径2.9、通高4厘米（图二九，12）。

罐　1件。ZY1：124，残。侈口，方唇外卷，中领，溜肩，深弧腹。内壁见轮修痕。白胎。黑褐釉，内仅口沿部施釉。口径11.2、腹径14.4、残高9厘米（图三〇，5）。

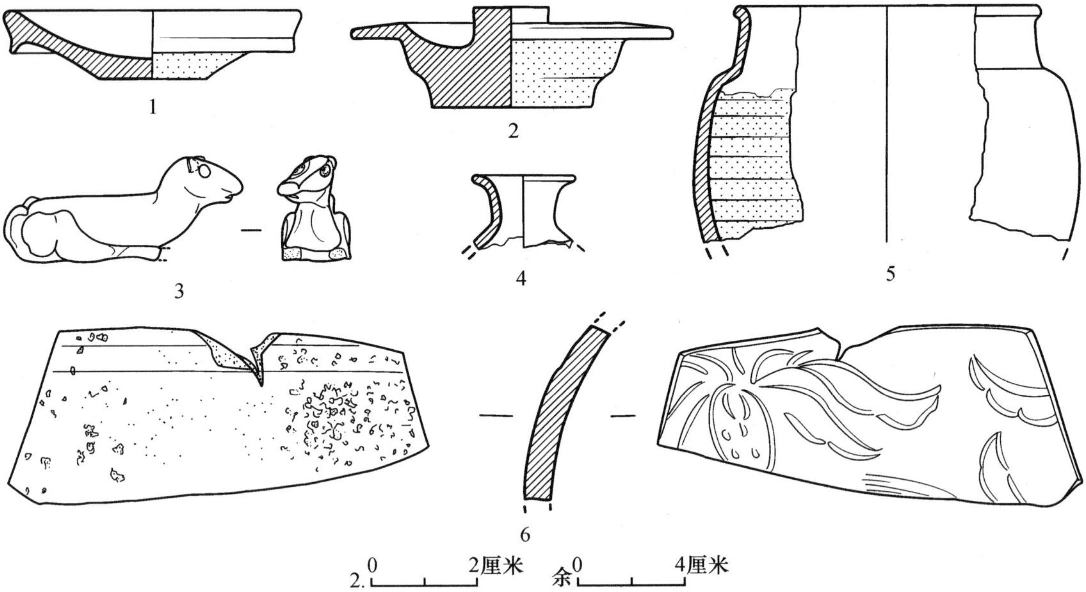

图三〇　ZY1出土黑釉碟形灯、器盖、瓷塑（羊）、壶、罐、刻花瓷片
1. 碟形灯（ZY1∶137）　2. 器盖（ZY1∶135）　3. 瓷塑（ZY1∶27）　4. 壶（ZY1∶138）　5. 罐（ZY1∶124）
6. 刻花瓷片（ZY1∶24）

器盖　1件。ZY1∶135，盖面内凹。方唇，沿下壁曲内收。圆柱状钮。白胎，盖面施黑釉。直径6、榫径3、通高1.9厘米（图三〇，2）。

碟形灯　1件。ZY1∶137，残。厚胎。敞口，方唇微凹，下缘尖垂，斜壁微曲，小平底。砖红胎。黑褐釉，内满釉，外部仅唇面施釉。口径11.2、底径4、通高2.6厘米（图三〇，1）。

碗形钵　1件。ZY1∶144，底部残片。矮圈足，足跟内斜。灰白胎。漆黑色釉。外施釉不及底且有流釉现象。足径10.4、残高2.9厘米（图二八，10）。

壶　1件。ZY1∶138，口部残片。小喇叭口，短颈，溜肩。白胎。内外皆施黑褐釉。口径3.8、残高2.8厘米（图三〇，4）。

瓷塑（羊）　1件。ZY1∶27，右耳、腿残。昂首作俯卧状，嘴微张，尾上翘。白胎。黑褐釉，羊眼及底部无釉，釉薄处呈酱色。通长9、高4厘米（图三〇，3；图版四〇，4）。

刻花瓷片　1件。ZY1∶24，灰白胎，外壁施黑褐釉，内白釉泛青。外壁饰凹弦纹两周，内壁刻划花卉纹。残高6.6厘米（图三〇，6；图版三九，2）。

2. 素胎器

盏　2件。形制相同。侈口，尖圆唇，斜壁微弧，玉璧底。施红褐色化妆土，内满，外施不及底。ZY1：30，口径14、足径4.6、通高6厘米（图二九，10）。ZY1：31，口径14、足径4.6、通高6厘米（图二九，11）。

3. 窑具

该窑出土窑具有匣钵、垫托、垫圈等。均用耐火材料烧成，可分为装烧具、支烧具、垫烧具三类及测温锥等。

（1）装烧具。仅见有筒形匣钵一类。

筒形匣钵　形制相同，数量较多。粗砂黄褐胎。厚胎，直筒，无底，近底部内壁凸起一圈，成一台面。腹壁均有数个透气孔。ZY1：145，腹中偏下残存有2个透气孔。口径21、底径22、通高20厘米（图三一，1）。ZY1：146，腹中偏下残存有2个透气孔。口径22.6、底径25、通高24.4厘米（图三一，2）。ZY1：147，腹中偏上残存有2个透气孔。口径22.4～24、底径25、通高20厘米（图三一，3）。

（2）支烧具。器形大小不一，以适应烧制不同规格的瓷器。

覆钵形垫托　数量较多。分二型，不见C型。

A型　顶部内凹，中部一圆穿。ZY1：16，略残。外壁有釉黏连。口径6.4、底径16、孔径2、通高5.4厘米（图三一，4）。

B型　顶部中空。ZY1：9，略残。器身有黑釉及黑釉瓷碗口沿黏连。口径6.4、孔径4.4、底径16.4、通高5.6厘米（图三一，5；图版四一，2）。

罐形垫托　数量较多。均用耐火材料烧成。ZY1：29，完整。平底，内底有乳钉状凸起。胎色灰白。底部刻有“十”字形印记两处。口径6.2、底径8、通高2.8厘米（图三二，1）。ZY1：34，外底略内凹。器身有釉粘痕。口径5.2、底径8、通高4.6厘米（图三二，2）。ZY1：14，略残。内底有螺旋状凸起。口部有石英砂圈垫烧结疤。口径5.4、底径6、通高5.4厘米（图三二，3）。ZY1：19，完整。内底心凸起，外底略内凹。口沿部有釉以及砂圈粘连痕。口径6.6、底径8.6、通高6厘米（图三二，4；图版四〇，6）。ZY1：35，略残。内底心凸起，外底略内凹。胎色灰白，胎质粗糙。口径7、底径9、通高6厘米（图三二，5）。ZY1：33，完整。平底。胎色灰白，胎质粗糙。口径5、底径7.5、通高5.4厘米（图三二，6）。ZY1：12，完整。平底，内底呈螺旋状凸起。有烧结疤痕。口径5.6、底径7.4、高4.7～5.2厘米（图三二，7）。ZY1：13，完整。内底呈螺旋状凸起。口部有釉滴及石英砂圈垫烧结疤。口径5.2、底径7.4、通高5.1厘米（图三二，8）。

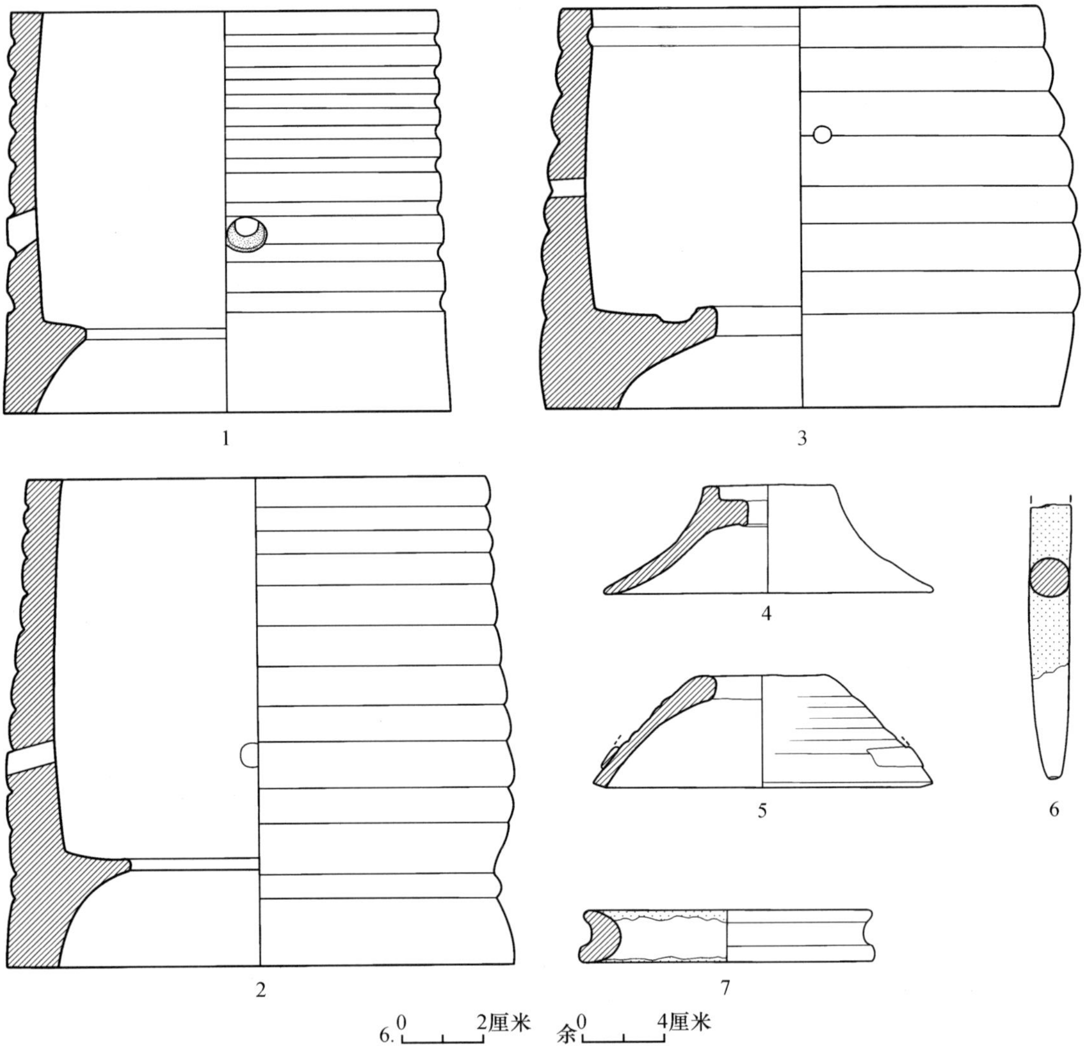

图三一　ZY1出土筒形匣钵、覆钵形垫托、测温锥和瓷箍

1～3. 筒形匣钵（ZY1：145、ZY1：146、ZY1：147）　4. A型覆钵形垫托（ZY1：16）
5. B型覆钵形垫托（ZY1：9）　6. 测温锥（ZY1：142）　7. 瓷箍（ZY1：132）

（3）垫烧具。

垫圈　数量较多。随手捏制，用瓷土条盘筑为近圆圈状。ZY1：17，完整。表面有砂圈黏连。外径7.3～8.8、内径1.8～3.4、厚0.8～1.4厘米（图三二，9）。ZY1：10，略残。外径7.7～8、内径4、厚2.4厘米（图三二，10；图版三九，6）。ZY1：20，完整。表面指压及少许砂圈粘连痕。外径7.6～7.8、内径5～5.6、厚1.2厘米（图三二，11）。ZY1：1，完整。外径5.8～6.3、内径2.7～3.2、厚0.6～1.3厘米（图三二，12）。ZY1：11，完整。边缘有白瓷片黏连。外径6～7、内径2.4～2.8、厚0.6～1.2厘米（图三二，13）。

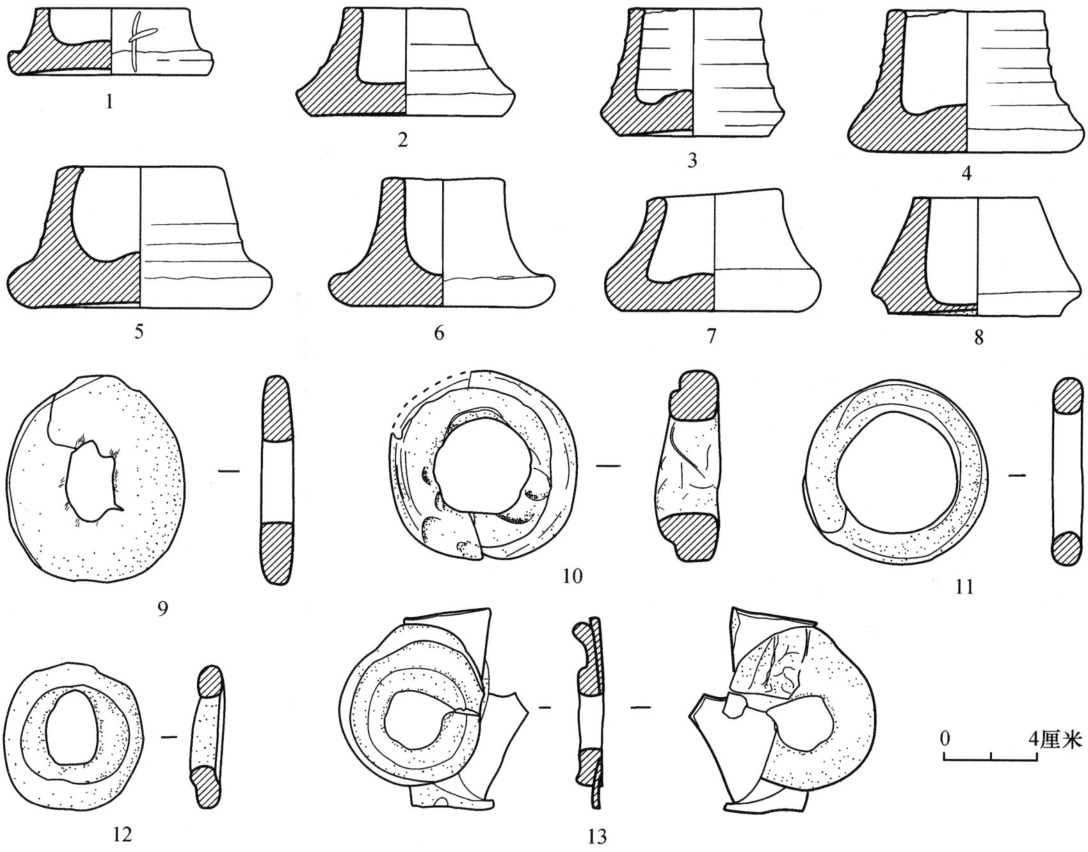

图三二　ZY1出土罐形垫托和垫圈

1～8. 罐形垫托（ZY1：29、ZY1：34、ZY1：14、ZY1：19、ZY1：35、ZY1：33、ZY1：12、ZY1：13）

9～13. 垫圈（ZY1：17、ZY1：10、ZY1：20、ZY1：1、ZY1：11）

（4）制瓷工具。

瓷箍　1件。ZY1：132，圆形，外壁束腰，内圆凸。灰白胎。内外施黑褐釉，顶、底面刮釉。直径14～14.4、通高2.6厘米（图三一，7）。

（5）其他。

测温锥　3件。ZY1：142，残。前端有黑褐釉，后端无釉。白胎。残长6.8厘米（图三一，6）。

（三）产品结构

出土器物以白釉瓷为大宗，约占出土瓷器的78%。器类以碗为主，占出土白釉瓷器53.9%；碟次之，约占35.6%；见盘、夿、罐、钵、盆、碟形灯等。黑釉瓷占出土瓷器的约22%。器类以碗为主，占出土黑釉瓷器90%；见夿、碟形灯、罐、钵、壶、器盖等。另见两件盏的素烧器。

窑具出土较少。匣钵仅见下底中空的筒形匣钵。出土的支顶托见覆钵形垫托及罐形垫托。垫烧具见垫圈。见测温锥。石英砂圈支烧痕迹多见于碗、盘底部，占发现支烧痕迹的41.4%；石英砂堆支烧痕迹多见于碟及部分碗、盘底部，占发现支烧痕迹的43.4%；砂圈、砂堆支烧痕迹只见于白釉瓷。黑釉瓷碗内底均有涩圈。

三、结　语

（一）产品特征

两座窑炉均为黑釉瓷、白釉瓷混烧，以白釉瓷为主。出土瓷器胎质较细，胎色大多为白胎泛黄；白釉瓷大部釉色略泛黄或泛青，黑釉瓷釉色漆黑，极少变化。产品结构较单一，其中碗、白釉瓷碟、黑釉瓷碗等日用器占绝大多数，器物造型较简单，胎较薄。出土瓷器中有圈足、平底、卧足等，仅朱家堡窑址Y1出土两件素胎盏，为玉璧底。除碟、碟形灯为平底或偶见卧足外，其余器类均为圈足，足墙多直立或略外倾，偶见挖足过肩。圈足较矮，多在4～6毫米。

器物少装饰，且手法简单，以素面为主。白釉瓷中多见石英砂堆或砂圈垫烧痕迹，黑釉瓷碗内底均有涩圈。

（二）时代判断

炉堆子LY3与朱家堡ZY1的产品结构及烧造工艺均较相似，其烧造时代应相去不大。

LY3、ZY1烧造的瓷器以白釉瓷为主，约占4/5，黑釉瓷仅占1/5。重庆目前发现的宋代窑场有巴南清溪窑、位于南岸黄桷垭的涂山窑、地处荣昌安富的磁窑里窑场。烧造时代主要为南宋时期。这几处窑场均黑、白釉瓷混烧，但黑釉瓷所占比例均在一半以上，白釉瓷相对较少。ZY1出土盏2件，侈口束沿造型。这一仿建盏造型的黑釉盏在巴南清溪窑、南岸涂山窑产品中均为大宗，主要流行于北宋末至南宋中前期。据此，LY3、ZY1的烧造年代应不晚于北宋末。

本次发掘LY3、ZY1出土器物以碗、碟为主，造型较简单。其中碗尤为大宗。碗、盘等器物圈足较矮；碟造型以斜弧壁、平底为主，但折腹及卧足的造型也有发现。

对比邛窑、耀州窑、磁州窑出土的同类器物，碗圈足的变化趋势为从浅逐渐变高。耀州窑出土的敞口斜腹圈足碗造型与本次发掘大量出土的Aa型瓷碗极为接近，这类碗耀州窑于北宋早期已开始大量烧造，装饰有出筋、葵口等；至中期圈足增高变窄；到晚期圈足较中期变矮，鸡心底、底足修整不如中期规整，直至南宋。本次发掘出土的碟造型主要为敞口斜壁平底或卧足的Aa型碟，该造型的碟在耀州窑中也有大量出土，主要流行于北宋中、晚期。折腹卧足的Ab碟在耀州窑也有大量发现，出现时期较前者为晚，最早大约在北宋中晚期相交前后出现，其变化趋势是，折腹逐渐明显，器腹、卧足日深。LY3、ZY1出土器物中均见大量Aa型碗及Aa型碟。但Ab型碟仅在ZY1中出土。据此，LY3烧造时间下限应不晚于北宋中期；ZY1烧造时间应较LY3为晚，应为北宋中晚期，其下限不超过北宋末。

（三）认识

根据上文，合川盐井窑场至迟创烧于北宋中期，主要烧造于北宋中晚期。产品绝大多数均为素面。瓷器胎面施白色化妆土。施釉方法以刷釉为主，釉层较薄，外壁施半釉不及底。碗、盘、碟内壁均满釉。装饰手法见胚胎装饰及釉面装饰，但数量不多。所见装饰技法有釉下装饰与胚胎装饰两种，但数量均不多，以胚胎装饰为主。绝大多数器物均为素面。

釉下装饰仅见白釉酱彩，在釉下用酱色颜料绘制简单的花草图案，覆轮碗的装饰也可归入此类。胚胎装饰见篦划花、刻花、出筋几种。以出筋装饰为主，在黑瓷与白瓷碗中均有见到，篦划花次之，刻花最少见，且篦划花与刻花仅见于白瓷。其中篦划花装饰工艺在北宋中期较为少见，至北宋中晚期逐渐增加。

附记：参加此次工作的有林必忠、陈钢、曹宽宁、李茂刚、冯硕、冯红锁、吕俊耀、邓兆旭、傅裕、方圆远等。

领　　队：林必忠
绘　　图：赵振江　李茂刚　牟　丹
摄　　影：朱寒冰　赵振江　曹宽宁
执　　笔：朱寒冰　赵振江　林必忠

铜梁县黄门窑址试掘简报

重庆市文化遗产研究院
铜梁县文物管理所

铜梁县位于重庆市西北部，四川盆地东南。黄门窑址位于铜梁县南城街道黄门村6社，北距铜梁城区约5千米（图一），地处巴岳山脚下一缓坡地段。周边有小安溪和淮远河主要河流，属嘉陵江流域。区域内矿产资源丰富，主要有煤、石灰岩、页岩、石英砂岩、陶瓷土等。

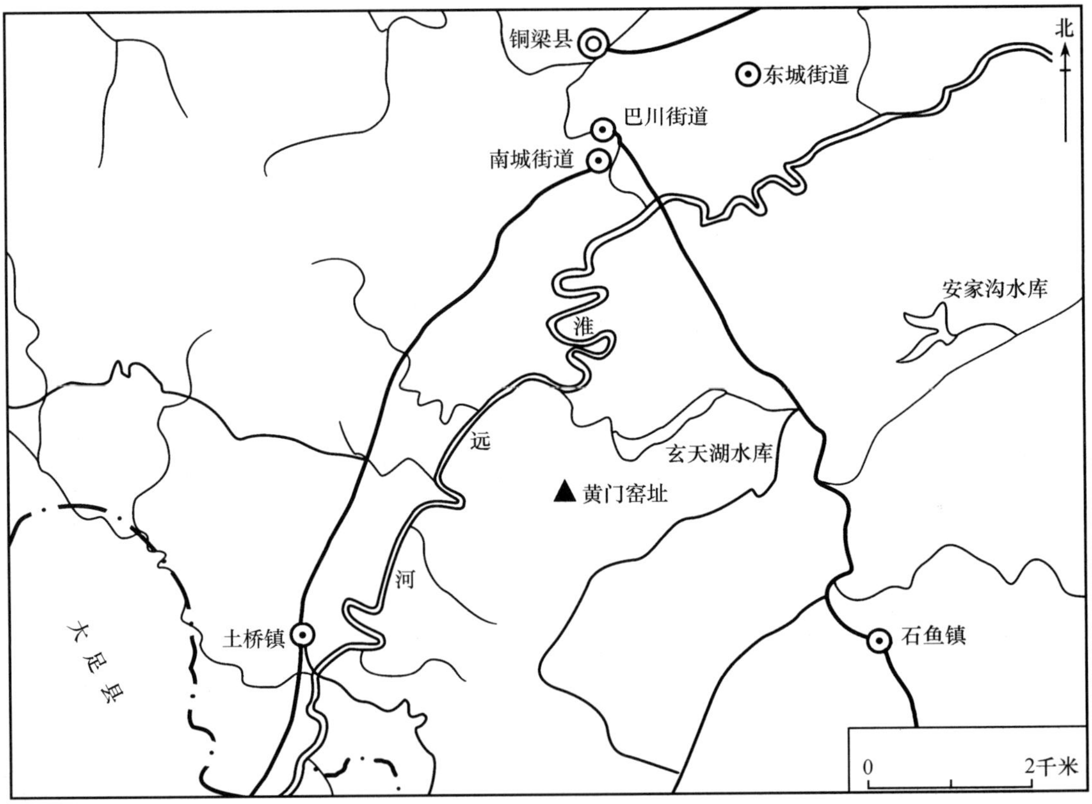

图一　窑址位置示意图

2012年修建铜梁县城至巴岳山风景区的公路，施工过程中挖出大量瓷片和窑具，得到消息后，铜梁县文物管理所向重庆市文化遗产研究院做了汇报。2013年10月，重庆市文化遗产研究院对该区域进行了勘探调查，确定是一处瓷窑址。2013年11月，重庆市文化遗产研究院对黄门窑址进行了试掘。正方向布设5米×5米探方2个，编号2013THT1、2013THT2；2米×6米、2米×5米探沟各1条，编号2013THTG1、2013THTG2。试掘面积67平方米，发现、清理瓷窑炉1座（图二），编号2013THY1（以下省略2013THT）。现将本次试掘简报如下。

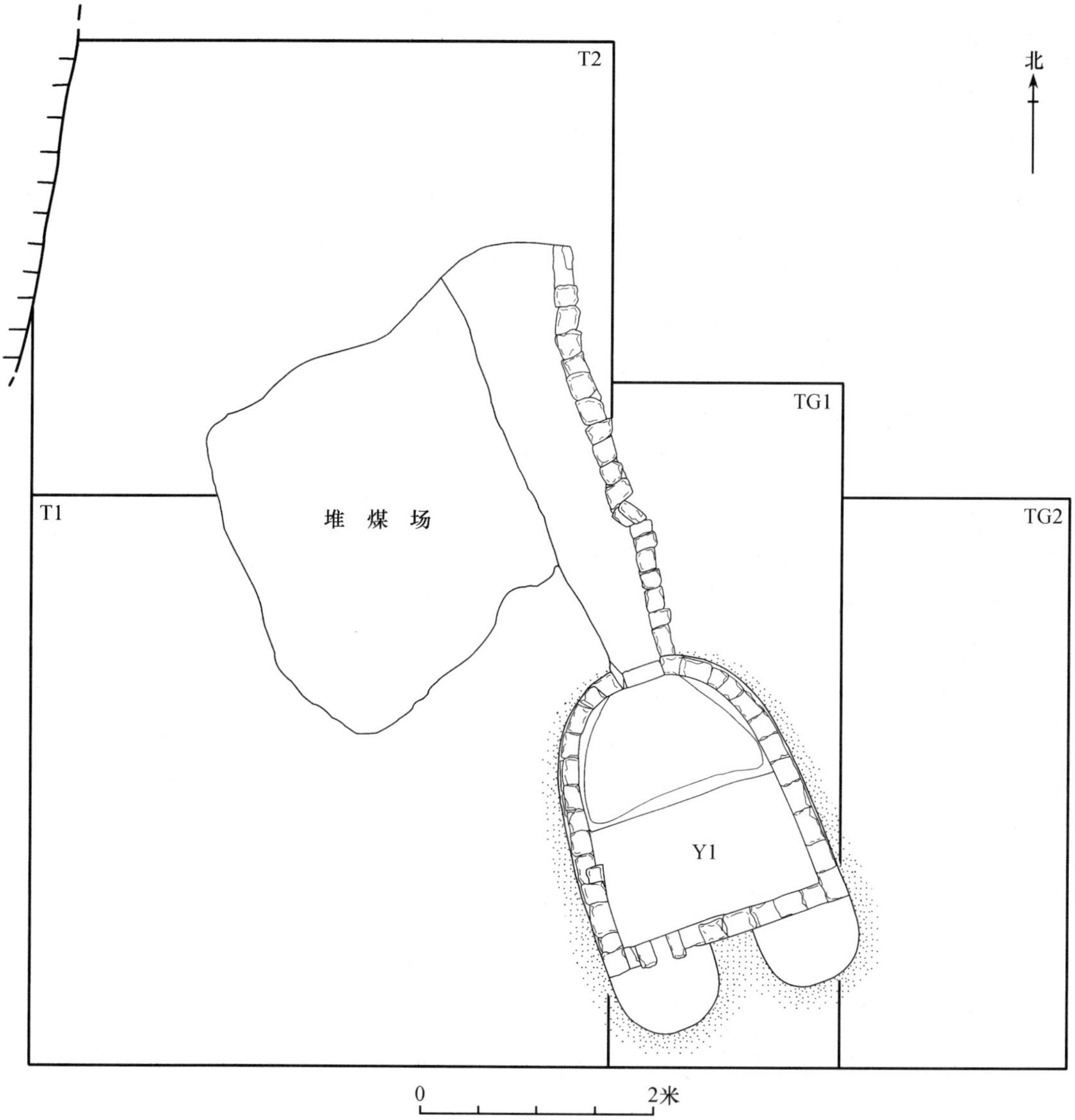

图二 试掘区总平面图

一、地层堆积与遗物

（一）地层堆积

试掘区域堆积可分为4层，以T1、T2东壁为例（图三），介绍如下。

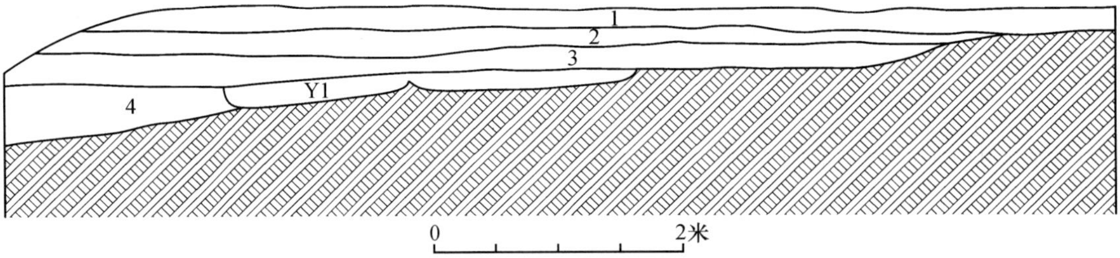

图三　T1、T2东壁剖面图

第1层：厚0～28厘米。灰色耕土层。土质疏松，结构松散。含大量植物根茎及石块等。本层在北部缺失。该层为近现代耕种层。

第2层：深0～28厘米，厚0～20厘米。土色为黄褐色，土质较硬，结构较紧。土内夹杂有较多红烧土粒及炭粒，出土有少量青花瓷片等。本层在南部缺失。该层为明清时期文化层。

第3层：深0～48厘米，厚0～20厘米。土色为灰褐色。土质较硬，结构较紧。土内夹杂有较多红烧土粒及炭粒，出土有少量青花瓷片等。本层在南部缺失。该层为明清时期文化层。Y1开口于此层下。

第4层：深0～68厘米，厚10～35厘米。为窑炉废弃堆积层。土内包含有大量煤渣，出土有较多白釉瓷片、黑釉瓷片及窑具等，可辨器类有碗、碟、罐、盏、碟形灯和匣钵、垫板、垫圈等。本层仅在T2北部分布。

（二）遗物

主要出土于窑址废弃堆积层，即第4层内，部分为采集品。就第4层及采集遗物介绍于下。

1. 瓷器

出土瓷器共计645件，按釉色分为白釉和黑釉。

（1）白釉瓷器。

出土白釉瓷器共计333件。器类有碗、碟、盘、尊形钵、奁和杯等。以碗、碟为大宗，其他器类极少。以白胎略泛黄为主，见灰白胎、红褐胎，施白色化妆土。

碗　284件，可辨形制者22件。圆唇，斜壁，圈足较矮。内满釉，外壁施釉不及底。根据口部特征分二型。

A型　敞口。18件。TG1④：21，足墙直立。白胎泛黄。釉色泛黄。口缘部饰黑覆轮。内底有石英砂圈垫烧痕。口径15.7、足径6.4、足高0.4、通高4.6厘米（图四，1）。TG1④：22，足墙略外倾。白胎泛黄。白釉，内满釉，外施釉不及底。口缘部饰黑覆轮。内底有砂圈垫烧痕。口径15.4、足径7、足高0.4、通高4.6厘米（图四，2）。TG1④：23，足墙直立。白胎泛黄。釉色泛黄。有流釉现象。口缘部饰黑覆轮。

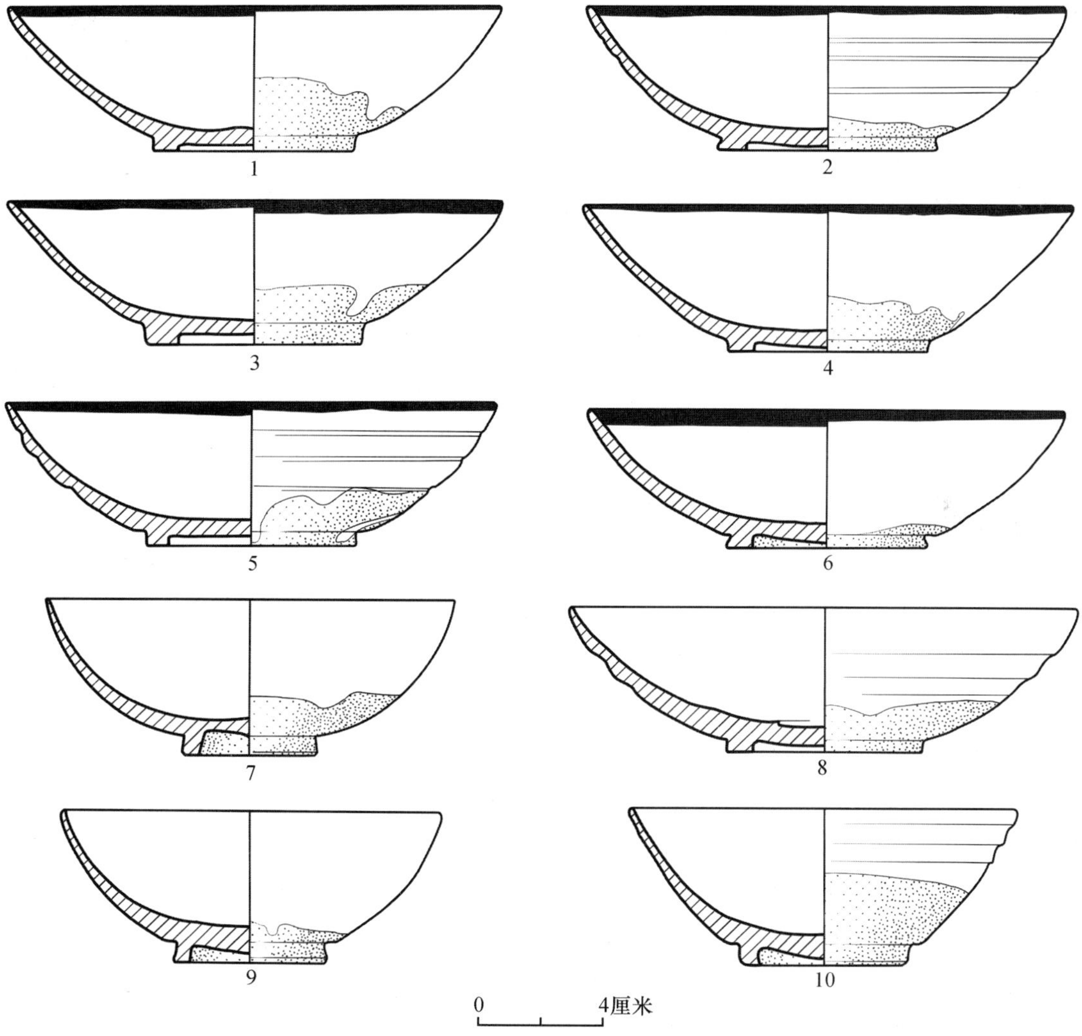

图四　第4层出土及采集白釉瓷碗（一）

1～10. A型（TG1④：21、TG1④：22、TG1④：23、TG1④：3、TG1④：24、T2④：25、采：5、T2④：26、TG1④：17、T2④：20）

内底有石英砂圈垫烧痕。口径15.6、足径6.8、足高0.6、通高4.6厘米（图四，3）。TG1④：3，足墙直立。白胎泛黄。釉色泛青，内满釉，外施釉不及底。口缘部饰黑覆轮。口径15.6、底径6.4、足高0.4、通高4.7厘米（图四，4）。TG1④：24，足墙直立。白胎泛黄。白釉。口缘部饰黑覆轮。内底有石英砂圈垫烧痕。口径15.7、足径6.6、足高0.5、通高4.6厘米（图四，5；图版四二，1）。T2④：25，足墙略外倾。口缘部饰黑覆轮。灰白胎。釉色泛黄。内底有石英砂圈垫烧痕。口径15.2、足径6.4、足高0.4、通高4.4厘米（图四，6；图版四二，3）。采：5，足墙略外倾。灰白胎。釉色泛青，内底有石英砂圈垫烧结疤。口径12.8、底径4.2、足高0.6、通高5厘米（图四，7）。T2④：26，内底有小圆窝，足墙直立。灰白胎。釉色泛黄。口径16.2、足径6.2、足高0.4、通高4.6厘米（图四，8）。TG1④：17，足墙略外倾，足跟斜削。白胎泛黄。釉色泛青。口径12、足径4.8、足高0.7、通高4.8厘米（图四，9）。T2④：20，足墙直立，足跟斜削。白胎泛黄。白釉。内底有石英砂圈垫烧痕。口径12.6、足径5.2、足高0.6、通高5厘米（图四，10）。TG1④：30，内底下凹，足墙直立。内壁等距饰六道出筋。白胎泛黄。釉色泛黄。内底见石英砂圈垫烧痕。口径17.8、足径7.2、足高0.5、通高5.6厘米（图五，1）。TG1④：33，生烧器。内底下凹，足墙直立。内壁等距饰六道出筋。红褐胎。内满釉，外施釉不及底。内底见石英砂圈垫烧痕。口径18.4、足径7.2、足高0.5、通高5.8厘米（图五，2）。TG1④：32，内底小圆窝，足墙直立。内壁等距饰六道出筋。灰白胎。釉色泛黄，有流釉现象。内底见石英砂圈垫烧痕。口径18、足径7、足高0.4、通高6厘米（图五，3）。T2④：28，生烧器。内底下凹，足墙略外倾，足跟斜削。内壁等距饰六道出筋。红褐胎。内底见石英砂圈垫烧痕。口径20.4、足径7.8、足高0.6、通高7.2厘米（图五，4）。采：8，口部残。内底有小圆窝，足墙直立。内壁篦划草叶纹。白胎泛黄。釉色泛黄。足径7.2、足高0.4、残高5.2厘米（图五，5）。采：7，残片。内壁篦划草叶纹及凹弦纹两周。灰白胎。白釉。残高6.4厘米（图五，6）。T2④：27，内底下凹，足墙直立。灰白胎。釉色泛青。内底有石英砂圈垫烧痕。口径17.2、足径6.6、足高0.4、通高5.2厘米（图五，7；图版四二，4）。TG1④：29，内底下凹，足墙直立。白胎泛黄。釉色泛青。内底见石英砂圈垫烧痕。口径17、足径7.4、足高0.4、通高5厘米（图五，8）。

B型　侈口。4件。T2④：21，足墙略外倾，足跟斜削。白胎泛黄。白釉，有流釉现象。内底有石英砂圈垫痕。口径12.6、足径5.7、足高0.6、通高5厘米（图五，9）。TG1④：28，内底小圆窝，足墙直立。白胎泛黄。釉色泛黄。内底见石英砂圈垫烧痕。口径17、足径7、足高0.4、通高5.4厘米（图五，10；图版四二，2）。TG1④：31，内底下凹，足墙直立。白胎泛黄。釉色泛黄。内底见石英砂圈垫烧痕。口径18.2、足径6.5、足高0.4、通高5.4厘米（图五，11）。TG1④：39，生烧器。内底小圆窝，足墙直

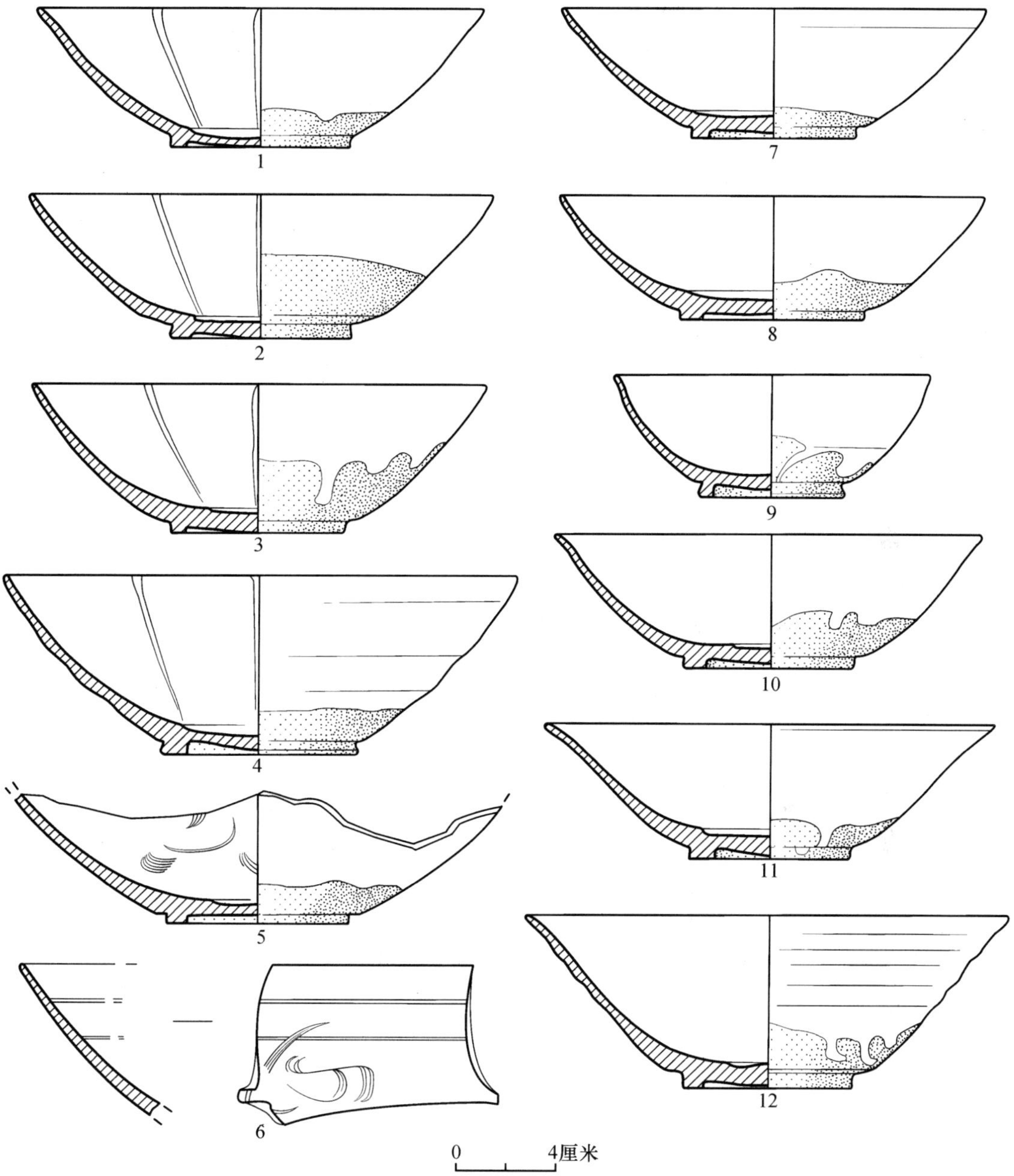

图五　第4层出土及采集白釉瓷碗（二）

1～8. A型（TG1④：30、TG1④：33、TG1④：32、T2④：28、采：8、采：7、T2④：27、TG1④：29）

9～12. B型（T2④：21、TG1④：28、TG1④：31、TG1④：39）

立。红褐胎。内底见石英砂圈垫烧痕。口径19.4、足径6.8、足高0.6、通高7厘米（图五，12）。

碟　35件，可辨形制者15件。尖圆唇，斜壁，平底或卧足。内满釉，外壁多施釉不及底。根据口部特征可分二型。

A型　敞口。14件。TG1④：49，生烧器。卧足。白胎泛黄。口径10.3、底径5、通高2.2厘米（图六，1）。TG1④：47，卧足。内底饰凹弦纹一周。白胎泛黄。釉色泛黄。口径10、底径5、通高1.8厘米（图六，2）。TG1④：50，生烧器。卧足。内底饰凹弦纹一周。红褐胎。口径10.6、底径5.2、通高2厘米（图六，3）。TG1④：48，生烧器。卧足。内底饰凹弦纹一周。白胎泛黄。口径10.4、底径5.2、通高2厘米（图六，4）。TG1④：9，过烧略变形。卧足。白胎泛黄。白釉。口径9.8、底径4.8、通高2厘米（图六，5）。TG1④：46，卧足。灰白胎。釉色泛黄。口径9.6、底径5、通高2厘米（图六，6）。TG1④：5，卧足。白胎泛黄。釉色泛青。口径9.8、底径4.8、通高2厘米（图六，7）。T2④：7，平底。白胎泛黄。釉色泛黄。外底有4个石英砂堆垫烧结疤。口径10.4、底径5、通高1.9厘米（图六，8）。T2④：6，平底。灰白胎。釉色泛青。内底有石英砂圈垫烧痕，外底有4个石英砂堆垫烧结疤。口径10、底径4.8、通高1.5厘米（图六，9）。T2④：8，平底。灰白胎。釉色泛青。内底有石英砂堆垫烧痕，外底有4个石英砂堆垫烧结疤。口径10.6、底径4.6、通高2厘米（图六，10；图版四三，4）。T2④：5，平底。灰白胎。釉色泛青。底部有4个石英砂堆垫烧结疤。口径10.2、底径5、通高2厘米（图六，11）。TG1④：51，卧足。内底饰凹弦纹一周。灰白胎。釉色泛

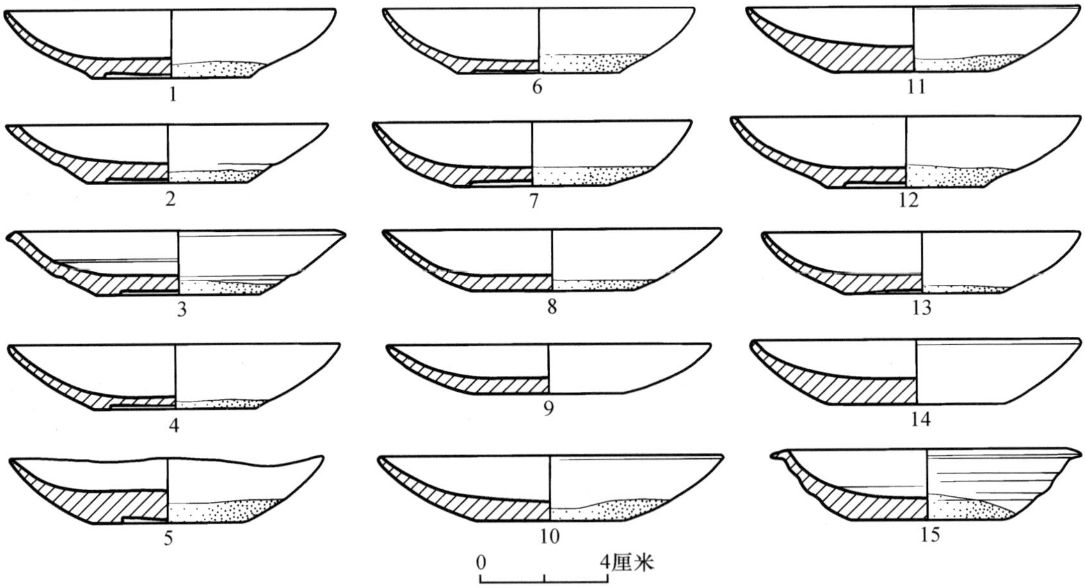

图六　第4层出土及采集白釉瓷碟

1～14. A型（TG1④：49、TG1④：47、TG1④：50、TG1④：48、TG1④：9、TG1④：46、TG1④：5、T2④：7、T2④：6，T2④：8、T2④：5、TG1④：51、TG1④：1、T2④：4）　15. B型（采：1）

黄。口径10.8、底径5、通高2.2厘米（图六，12）。TG1④：1，平底微凹。白胎泛黄。釉色泛青。口径9.8、底径4.8、通高1.9厘米（图六，13）。T2④：4，平底。内底饰凹弦纹一周。白胎泛黄。釉色泛黄，内外皆满釉。底部有4个石英砂堆垫烧结疤。口径10.2、底径5.4、通高2厘米（图六，14；图版四三，3）。

B型　侈口。1件。采：1，卧足。内底饰凹弦纹一周。白胎泛黄。釉色泛黄。内底有石英砂圈垫烧痕。口径9.8、底径4.6、通高2.4厘米（图六，15）。

盘　7件，可辨形制者5件。敞口，圆唇，圈足。内满釉，外壁施釉不及底。根据腹部特征分二型。

A型　斜壁。4件。TG1④：25，足墙直立。白胎泛黄。釉色泛青，局部缩釉并有脱落。内底见石英砂圈垫烧痕。口径16、足径6.4、足高0.4、通高3.4厘米（图七，1）。TG1④：4，足墙直立。白胎泛黄。釉色泛黄。口径15.7、底径6.4、足高0.4、通高3.8厘米（图七，2）。采：4，足墙直立。灰白胎。釉色泛青。内底见石英砂圈垫烧结疤。口径15.4、底径6.4、足高0.4、通高3.3厘米（图七，3）。TG1④：26，生烧器。足墙直立。白胎泛黄。口径17.6、足径6.8、足高0.4、通高3.8厘米（图七，4）。

B型　折壁。1件。采：6，足墙直立。灰白胎。釉色泛青。内底见石英砂圈垫烧结疤。口径15.6、底径5.6、足高0.4、通高3.4厘米（图七，5）。

尊形钵　1件。采：2，敛口，弧壁，圈足，足墙直立，足跟斜削。灰白胎。釉色泛青，内仅口部施釉，外施釉不及底。口径13.5、腹径16、底径11.8、足高1、通高14.5厘米（图七，6）。

㚕　4件，可辨形制者1件。TG1④：52，生烧器。直口，圆唇，折壁，圈足，足墙直立。红褐胎。内壁仅口沿部施釉，外施釉不及底。口径10.4、底径5.4、足高0.7、通高5.8厘米（图七，7）。

杯　2件。根据整体形态差异分为二型。

A型　敞口，斜壁，平底。1件。T2④：1，生烧器。白胎泛黄。内满釉，外施釉不及底。口径9、底径3.4、通高3.6厘米（图七，8）。

B型　直口，弧壁，圈足。1件。TG1④：11，足墙略外倾，足心鸡心凸。灰白胎。白釉，内满釉，外施釉不及底。内底有石英砂圈垫烧痕。口径10.4、底径4.8、足高0.6、通高5.1厘米（图七，9）。

（2）黑釉瓷器。

出土黑釉瓷器共计312件。器类有碗、盘、碟形灯、碟、盏、杯、盏托和香炉等。以碗为主，其他器类极少。

碗　261件，可辨形制者9件。斜壁，圈足。内底有涩圈，外壁施釉不及底。根据口部特征分二型。

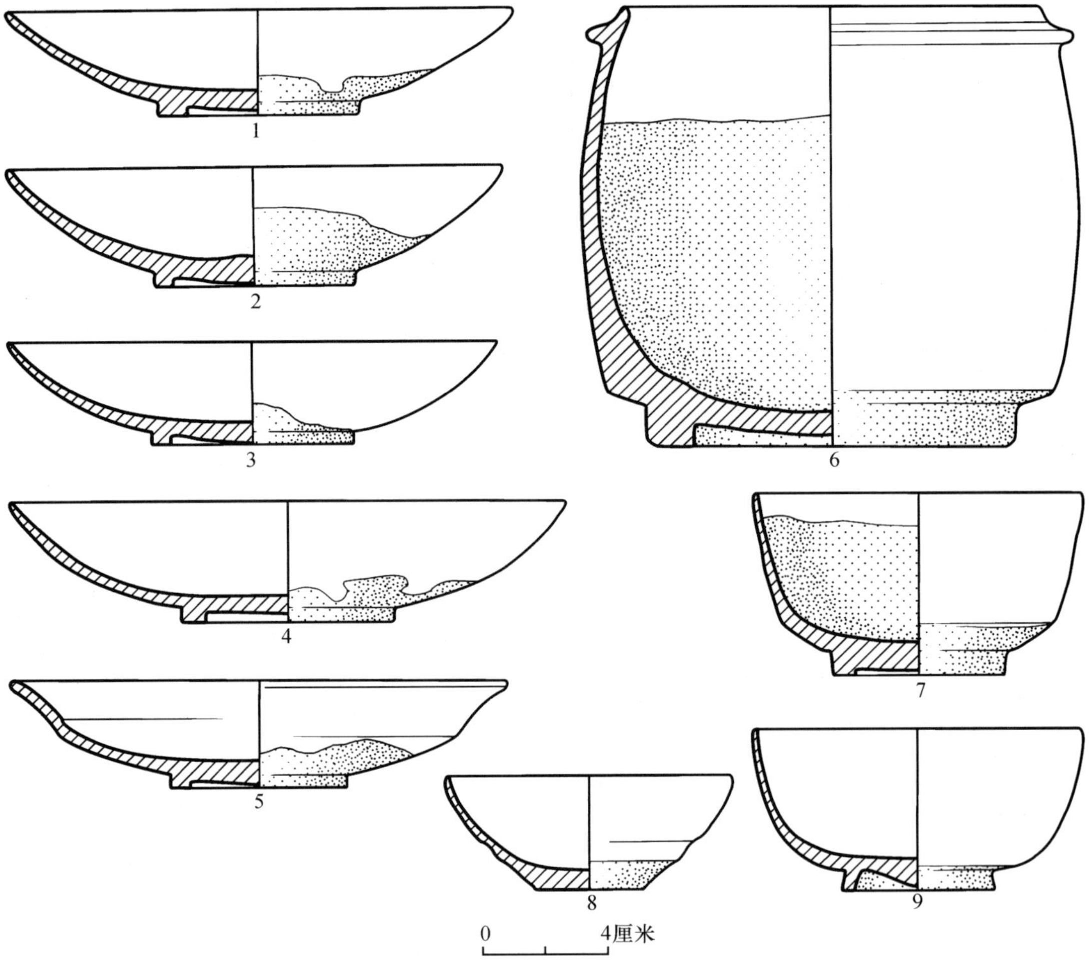

图七　第4层出土及采集白釉瓷盘、奁、钵、杯

1～4. A型盘（TG1④：25、TG1④：4、采：4、TG1④：26）　5. B型盘（采：6）　6. 尊形钵（采：2）　7. 奁（TG1④：52）　8. A型杯（T2④：1）　9. B型杯（TG1④：11）

A型　敞口。8件。TG1④：27，圆唇，足墙直立。灰白胎。黑褐釉。口径16.6、足径16.6、足高0.5、通高5厘米（图八，1）。TG1④：34，足残。灰白胎。黑褐釉。外壁有同类器口沿粘连。口径18.6、残高5.6厘米（图八，2）。TG1④：36，足墙直立，足跟斜削。灰白胎。黑褐釉。口径19、底径7.4、足高0.6、通高6厘米（图八，3）。TG1④：38，足墙直立。口缘部饰白覆轮。灰白胎。黑褐釉。口径19.4、底径7.6、足高0.6、通高6.6厘米（图八，4）。T2④：32，黑釉碗与内部白釉碗粘连。黑釉碗足墙直立，足跟斜削。灰白胎。黑褐釉。口径18.4、底径6.8、足高0.8、通高6.3厘米。白釉碗足墙直立。白胎泛黄。釉色泛黄。有流釉现象。口缘部饰黑覆轮。口径16.8、足径

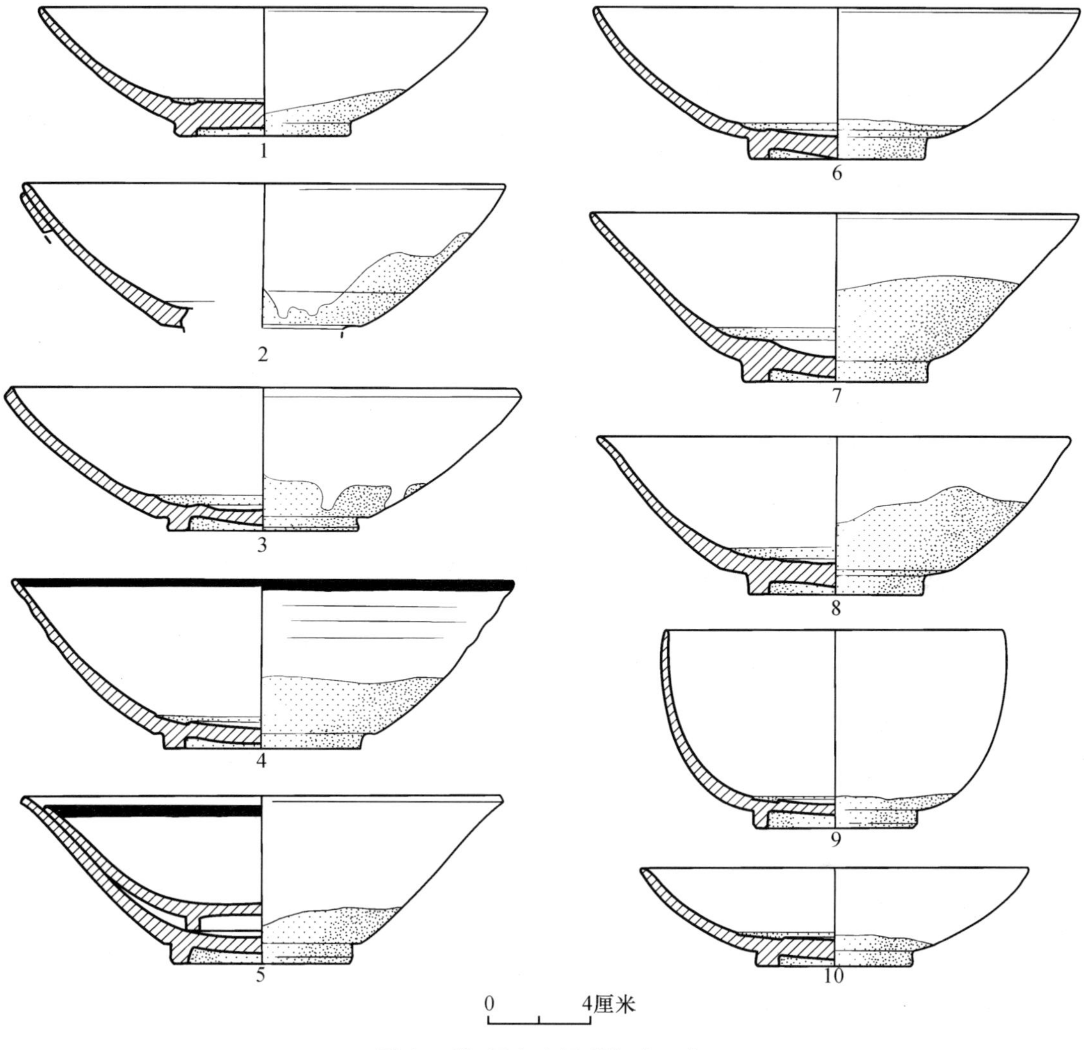

图八　第4层出土黑釉瓷碗、盘

1～8. A型碗（TG1④：27、TG1④：34、TG1④：36、TG1④：38、T2④：32、TG1④：35、TG1④：37、TG1④：40）　9. B型碗（T2④：34）　10. 盘（TG1④：7）

6、足高0.4、通高5厘米（图八，5）。TG1④：35，足墙直立。灰白胎。黑褐釉。口径19、底径6.8、足高0.7、通高5.9厘米（图八，6）。TG1④：37，足墙直立。灰白胎。黑褐釉。口径19、底径6.8、足高0.8、通高6.6厘米（图八，7）。TG1④：40，足墙直立。灰白胎。黑褐釉。口径19、底径7.2、足高0.6、通高6.6厘米（图八，8）。

B型　直口。1件。T2④：34，足墙直立，足跟斜削。灰白胎。黑褐釉。口径12.6、底径6.4、足高0.7、通高7.8厘米（图八，9；图版四二，5）。

盘　6件，可辨形制者1件。TG1④：7，生烧器。敞口，圆唇，斜壁，圈足，足墙直立。灰褐胎。内底有涩圈，外壁施釉不及底。口径15.2、足径6.2、足高0.6、通高3.8厘米（图八，10）。

碟形灯　19件，可辨形制者8件。厚胎。敞口，方唇微凹，斜壁，平底。内满釉，外部仅唇面施釉，口缘处刮釉。TG1④：15，生烧器。红褐胎。口径11、底径3.4、通高3.1厘米（图九，1）。TG1④：13，生烧器。红褐胎。口径11、底径3.4、通高3.2厘米（图九，2）。TG1④：12，生烧器。红褐胎。口径10.6、底径3.6、通高3.3厘米（图九，3）。TG1④：14，灰白胎。黑褐釉。口径10.6、底径3.2、通高3厘米（图九，4；图版四四，2）。T2④：9，灰白胎。黑褐釉。口径10.6、底径3.6、通高2.6厘米（图九，5）。T2④：24，变形。灰白胎。黑褐釉。口径11.4、底径4、通高2.8厘米（图九，6）。TG1④：53，灰白胎。黑褐釉。口径11、底径3.4、通高3.2厘米（图九，7）。TG1④：10，生烧器。红褐胎。口径7.4、底径3.2、通高2.5厘米（图九，8）。

碟　4件，可辨形制者1件。TG1④：8，敞口，圆唇，弧壁，圈足。灰白胎。黑褐釉，内满釉。内底有涩圈，外壁施釉不及底。口径10.6、底径5、足高0.3、通高2.4厘米（图九，9）。

盏　17件，可辨形制者3件。

A型　侈口。TG1④：19，斜壁，饼足。灰白胎。黑褐釉，内满釉，外壁施釉不及底。口径11.6、足径3.6、通高5.6厘米（图九，10）。TG1④：18，斜壁，饼足。灰白胎。黑褐釉，内外皆满釉。内壁有煤渣粘连。口径12、足径4.2、通高5.6厘米（图九，11）。T2④：2，斜壁，圈足，足墙直立，足跟斜削。灰白胎。黑褐釉，内满釉，外壁施釉不及底。有流釉现象。口径10、底径4.2、足高0.6、通高4.4厘米（图九，12）。

杯　1件。TG1④：2，直口，圆唇，弧壁，圈足，足墙直立。灰白胎。黑褐釉，釉层较厚，釉色温润。内满釉，外壁施釉不及底。有流釉现象。口径7.6、底径4.4、足高0.4、通高4.2厘米（图九，13）。

盏托　1件。T2④：3，生烧器。直口，尖唇，展沿，圈足。红褐胎。内满釉，外壁施半釉。口径5.2、直径8.8、底径4、足高1、通高2.8厘米（图九，14）。

香炉　1件。TG1④：42，生烧器。侈口，折沿，圆唇，弧腹，圈足，足墙直立，口沿部附对称桥形立耳。红褐胎。内外皆施釉不及底。口径12、足径5.8、足高0.7、通高5.6厘米（图九，15；图版四四，1）。

罐　2件。根据整体形态差异分为二型。

A型　小口，鼓腹。TG1④：44，生烧器。直口，圆唇，矮领。灰褐胎。口径3、残高3.8厘米（图九，16）。TG1④：45，口、耳残。圈足，足墙直立。灰白胎。黑褐釉，内满釉，外壁施釉不及底。腹径8.6、底径5.4、残高8.5厘米（图九，17）。

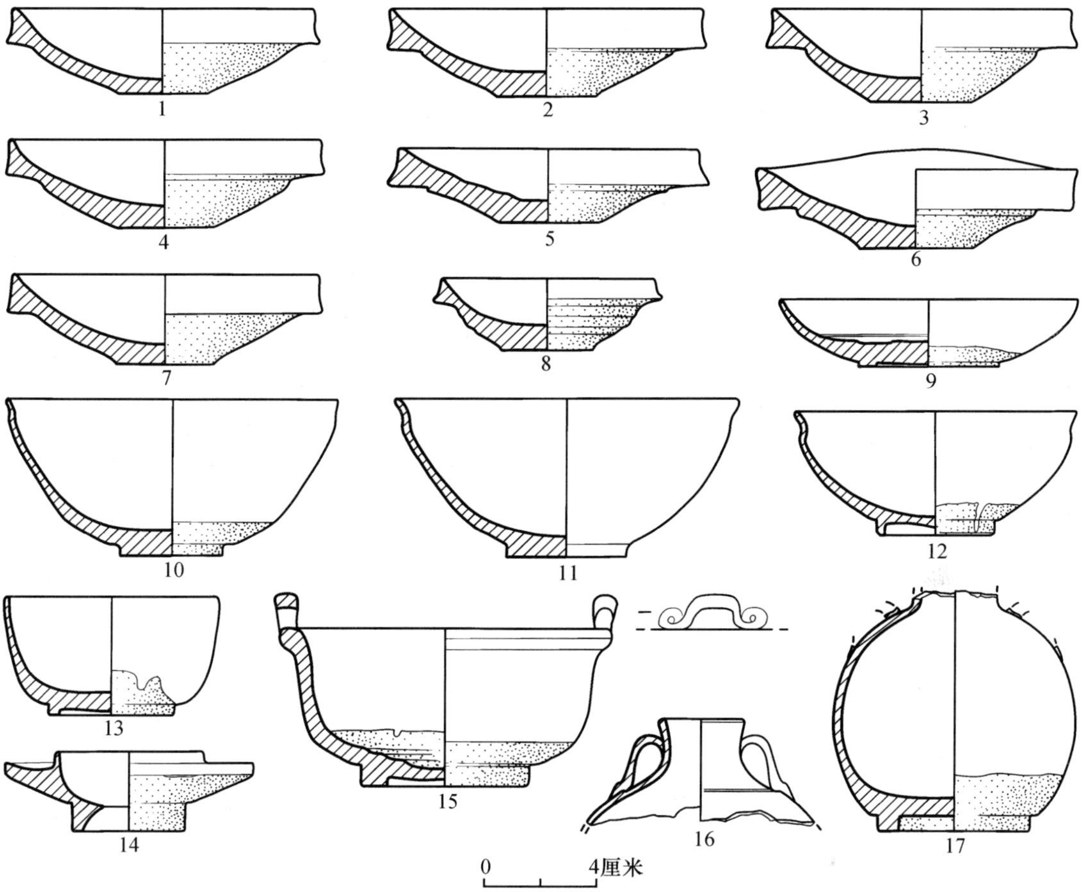

图九 第4层出土黑釉瓷碟形灯、碟、盏、杯、盏托、香炉、罐

1～8. 碟形灯（TG1④：15、TG1④：13、TG1④：12、TG1④：14、T2④：9、T2④：24、TG1④：53、TG1④：10） 9. 碟（TG1④：8） 10～12. A型盏（TG1④：19、TG1④：18、T2④：2） 13. 杯（TG1④：2） 14. 盏托（T2④：3） 15. 香炉（TG1④：42） 16、17. A型罐（TG1④：44、TG1④：45）

2. 窑具

窑具种类较多，均用耐火材料烧成。根据其具体用途分为装烧具、支烧具、垫烧具三类。

（1）装烧具。有筒形匣钵和碗形匣钵两类。

筒形匣钵 形制相同，数量较多。厚胎，直筒，底部中空。腹壁均有数个透气孔。T2④：31，粗砂黄褐胎。口径20、底径16.4、通高22厘米（图一〇，10）。

漏斗形匣钵 数量较少。TG1④：43，粗砂黄褐胎。口径14.8、底径5.2、通高8.6厘米（图一〇，1）。T2④：29，粗砂黄褐胎。口径16、底径3、通高10厘米（图一〇，2）。

（2）支烧具。有覆钵形垫托和罐形垫托两类。

覆钵形垫托　数量较多。

A型　顶部内凹，中部一圆穿。数量较多。TG1④：41，粗砂黄褐胎。顶径6、底径16、通高5.6厘米（图一〇，4；图版四四，4）。

B型　顶部中空。数量较少。T2④：11，腹壁有轮修痕迹。粗砂黄褐胎。顶径5.8、底径10.8、通高6厘米（图一〇，5）。

罐形垫托　底略大于口，近底部斜削。数量较多。T2④：18，腹壁有轮修痕迹。粗砂黄褐胎。口径7.4、底径9.2、通高6厘米（图一〇，6）。T2④：14，腹壁有轮修痕

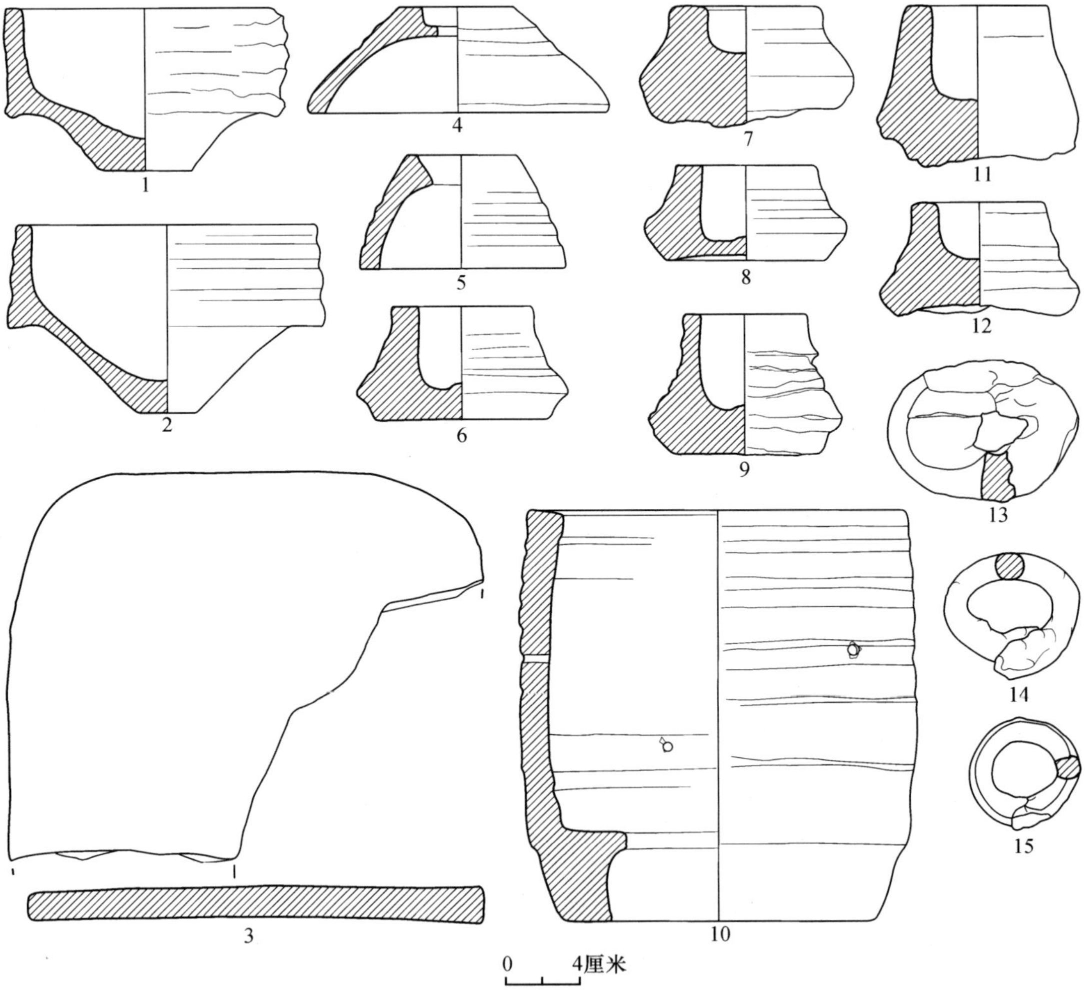

图一〇　第4层出土匣钵、垫托、垫板、垫圈

1、2. 漏斗形匣钵（TG1④：43、T2④：29）　3. 垫板（T2④：30）　4. A型覆钵形垫托（TG1④：41）　5. B型覆钵形垫托（T2④：11）　6～9、11、12. 罐形垫托（T2④：18、T2④：14、T2④：12、T2④：16、T2④：17、T2④：15）　10. 筒形匣钵（T2④：31）　13～15. 垫圈（T2④：22、TG1④：16、T2④：23）

迹。粗砂黄褐胎。口径8、底径8.4、通高6.4厘米（图一〇，7）。T2④：12，腹壁有轮修痕迹。粗砂黄褐胎。口径7.8、底径8.4、通高5厘米（图一〇，8）。T2④：16，腹壁有轮修痕迹。粗砂黄褐胎。口径6.6、底径8、通高7.5厘米（图一〇，9；图版四四，3）。T2④：17，腹壁有轮修痕迹。粗砂黄褐胎。口径7.6、底径10.4、通高8.6厘米（图一〇，11）。T2④：15，腹壁有轮修痕迹。粗砂黄褐胎。口径7、底径8.4、通高6厘米（图一〇，12）。

（3）垫烧具。

垫圈　数量较多。随手捏制，用瓷土条盘筑为近圆圈状。T2④：22，有圈足压痕。灰褐胎。内径2.1～2.5、外径7.4～10厘米（图一〇，13）。TG1④：16，黄褐胎。内径2.5～4.5、外径6～7.5厘米（图一〇，14）。T2④：23，有圈足压痕。灰褐胎。内径3.4、外径5.9厘米（图一〇，15）。

垫板　1件。T2④：30，残。黄褐胎。残长20.4、宽24.6、厚1.2～2厘米（图一〇，3）。

二、窑炉形制与遗物

（一）窑炉形制

Y1依山坡地势而建，坐南朝北，南北长7.3、东西宽2.5、壁厚0.2～0.25米，外围有10～15厘米的红烧土。方向340°。用砂岩石块砌筑，保存较好，仅顶部坍塌。为马蹄形半倒焰馒头窑，由操作间、窑门、火膛、窑床和烟囱五部分组成。在操作间西部还有堆煤场区域留存（图一一）。

操作间　平面为长条形，前宽1.14、后宽0.4、进深3.93、残高0.2～0.5米。底部内低外高呈缓坡状与火膛相连，坡度约22°。东侧用砂岩石块砌筑。

窑门　上部已坍塌，下部用砂岩石块砌筑，剖面呈长方形，宽40、残高65厘米。窑门底部用石块垒砌掏灰口。口宽34、高14厘米。

火膛　平面近半圆形，宽1.6、进深1.1、残高1.12～1.84米，与窑床高差88厘米。左右两壁上部略内倾，圜底，底部漏灰坑内炉栅不存，漏灰坑深28厘米，漏灰坑以上周壁亦用砂岩石块砌筑，壁上有厚3～5厘米的烧结面。

窑床　平面近梯形，后宽1.8、前宽1.68米，进深1.06米。底部前低后高呈缓坡状，高差约8厘米。窑壁有厚4～6厘米的烧结面，残高58～74厘米。

烟囱　2个，平面近椭圆形，直径0.64～0.9厘米，残深0.9厘米。周壁有0.1米左右的红烧土，烟囱与窑床之间用砂岩石块垒砌挡火墙，厚0.2、残高0.5米，挡火墙与两烟囱对应位置各留有3个纵长方形吸火孔，孔高10～18、宽12厘米。

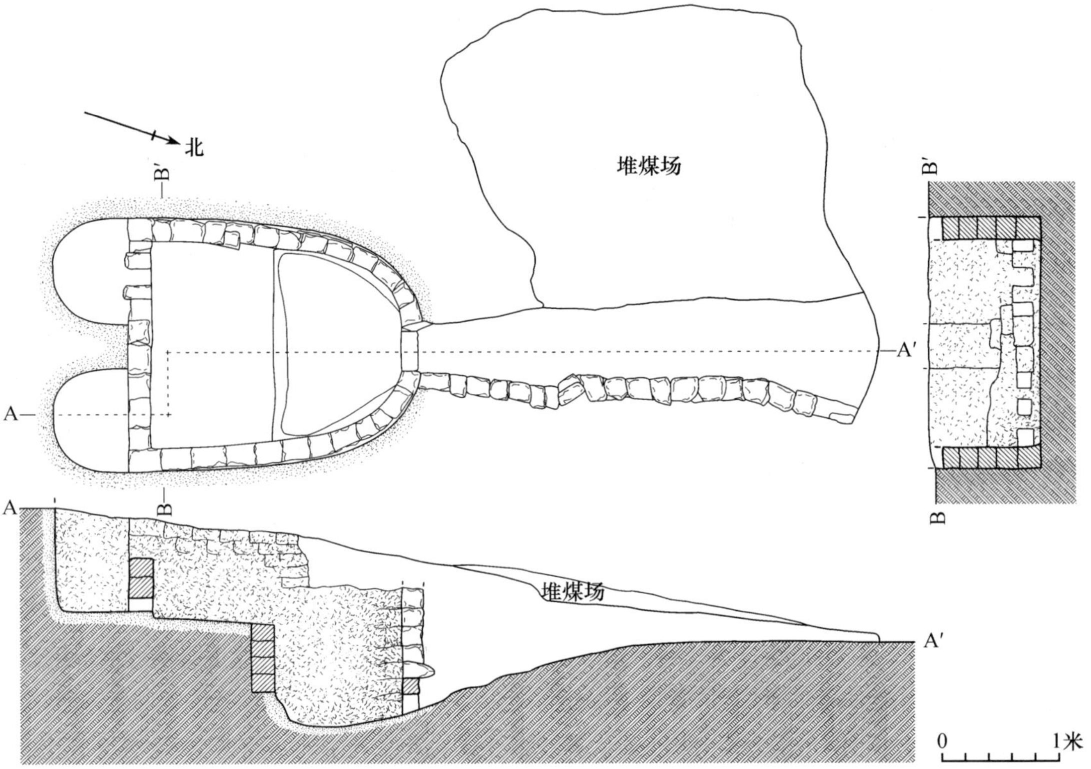

图一一　Y1平、剖面图

窑内堆积可分2层。

第1层：窑炉倒塌堆积层。厚50～90厘米。结构松散，其内包含有大量石块和少量白釉、黑釉瓷片，以及窑具匣钵、垫托等。

第2层：碳渣层。厚20～70厘米。主要分布于烟囱、火膛近底部及操作间底部。其内包含有少量白、黑釉瓷片及窑具等。可辨器类有黑釉花口瓶、碟、碟形灯，以及白釉碗、碟和垫托、匣鉢等。

（二）遗物

1. 瓷器

出土瓷器共计96件，按釉色分为白釉与黑釉。

（1）白釉瓷。

出土白釉瓷器56件，可辨形制者18件。器类有碗、盘、奁、碟、杯等，以碗为大宗，其他器类较少。绝大多数灰白胎，见白胎泛黄、红褐胎。施白色化妆土，白釉或泛黄、泛青。

碗　43件。内满釉，外壁多施釉不及底。可辨形制者10件。圆唇，斜壁，圈足较矮。内满釉，外壁施釉不及底。

A型　敞口。10件。Y1∶41，足墙略外倾，足跟斜削。灰白胎。白釉。口径13、足径6、足高0.5、通高5厘米（图一二，1）。Y1∶17，足墙直立。灰白胎。白釉。口缘部饰黑覆轮。口径15.4、足径6.4、足高0.4、通高4.5厘米（图一二，2）。Y1∶16，足墙直立。灰白胎。釉色泛青。口缘部饰黑覆轮。内壁有煤渣黏连。口径15.4、足径6.8、足高0.4、通高4.4厘米（图一二，3）。Y1∶42，足墙直立。灰白胎。釉色泛青。

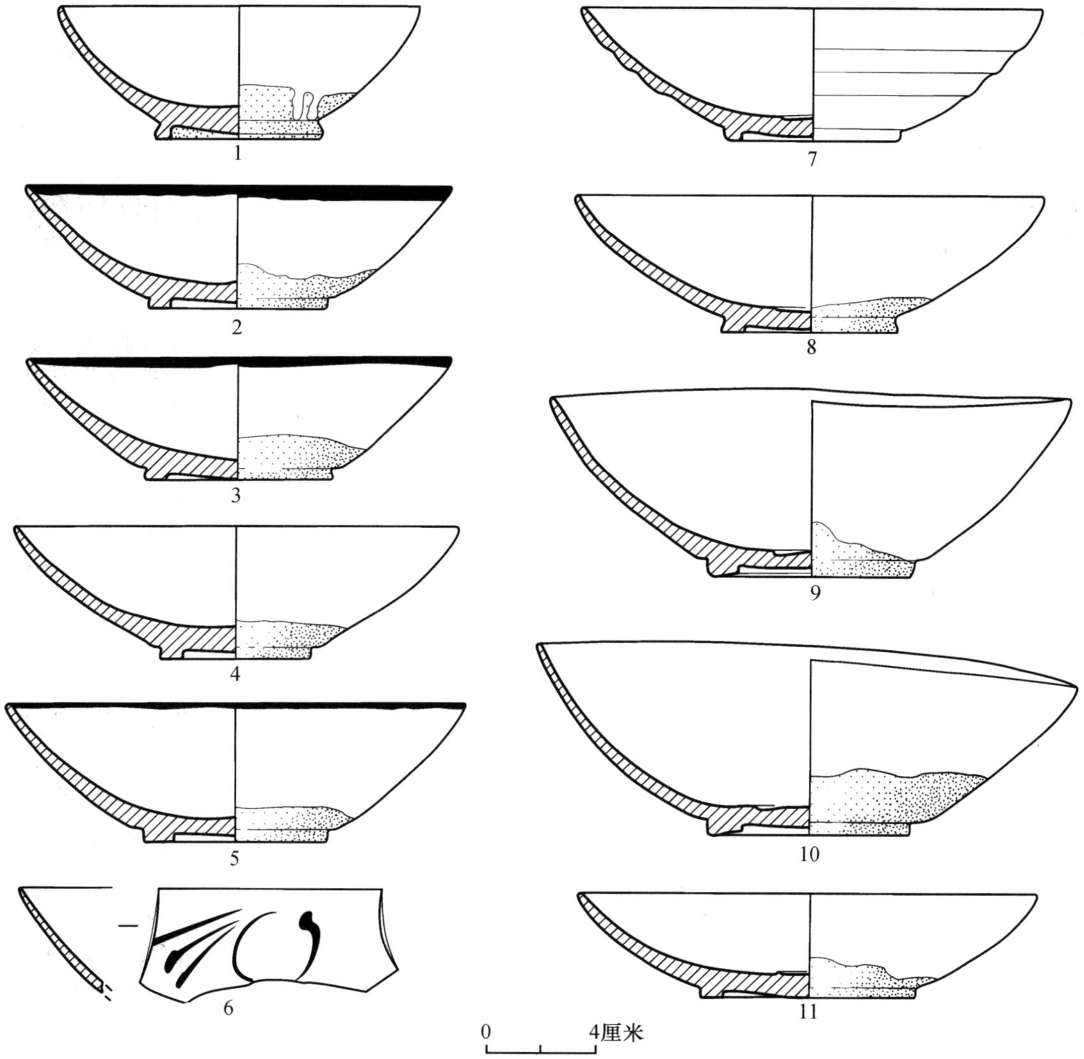

图一二　Y1出土白釉瓷碗、盘

1～10. A型碗（Y1∶41、Y1∶17、Y1∶16、Y1∶42、Y1∶15、Y1∶46、Y1∶19、Y1∶21、Y1∶26、Y1∶44）

11. 盘（Y1∶18）

口径16、足径5.4、足高0.4、通高4.8厘米（图一二，4）。Y1：15，足墙直立。灰白胎。釉色泛青。口缘部饰黑覆轮。内底有石英砂圈垫烧痕。口径16.6、足径6.6、足高0.4、通高5厘米（图一二，5）。Y1：46，生烧器。残片。内壁釉下彩绘酱色草叶纹。红褐胎。残高5.4厘米（图一二，6）。Y1：19，内底有小圆窝，足墙直立。灰白胎。釉色泛青。腹壁有轮修痕。口径16.7、足径6.2、足高0.4、通高4.8厘米（图一二，7）。Y1：21，内底有小圆窝，足墙直立。灰白胎。釉色泛青。内底有石英砂圈垫烧痕。口径17、足径6.4、足高0.5、通高5厘米（图一二，8）。Y1：26，内底有小圆窝，足墙直立。灰白胎。釉色泛青。口径18.4、足径7.4、足高0.6、通高6.4厘米（图一二，9）。Y1：44，过烧变形。内底有小圆窝，足墙直立。灰白胎。釉色泛黄。内底有石英砂圈垫烧痕。口径19.4、足径7.4、足高0.6、通高6.4厘米（图一二，10）。

盘　2件，可辨形制者1件。

A型　Y1：18，敞口，圆唇，斜壁，内底有小圆窝，圈足，足墙直立。白胎泛黄。白釉。口径16.6、足径7.8、足高0.4、通高3.8厘米（图一二，11）。

奁　3件。直口，折壁，圈足。内外皆施半釉。Y1：8，生烧器。红褐胎。口径8.4、足径4.4、足高0.5、通高3.8厘米（图一三，1；图版四三，2）。Y1：33，足墙直立。灰褐胎。釉色泛青。口径9.8、底径4.8、通高4.8厘米（图一三，2）。Y1：39，红褐胎。釉色泛黄。口部饰黑覆轮。口径11.4、足径6.4、足高0.8、通高6.8厘米（图一三，3；图版四三，1）。

碟　7件。可辨形制者3件。斜壁，平底或卧足。内满釉，外施釉不及底。

A型　敞口。Y1：31，平底。白胎泛黄。釉色泛黄。内底饰凹弦纹一周。口径10、底径4.8、通高1.6厘米（图一三，4）。Y1：3，卧足。白胎泛黄。白釉泛黄。口径9.4、底径4、通高2厘米（图一三，5）。Y1：30，卧足。白胎泛黄。釉色泛黄。内底饰凹弦纹一周。口径9.8、足径5、通高1.8厘米（图一三，6）。

杯　1件。

A型　敞口，圆唇，斜壁，平底。Y1：7，红褐胎。白釉泛黄。口径8.6、底径3、通高3.6厘米（图一三，7）。

（2）黑釉瓷器。

40件，可辨形制者21件。器类有碗、盘、盏、碟形灯、碟、罐和瓶等。

碗　17件。可辨形制者5件。

A型　敞口，斜壁，圈足，内底有涩圈，外壁多施釉不及底。Y1：24，方唇，足墙直立。红褐胎。黑褐釉。有流釉现象。口径18.6、足径6.6、足高0.7、通高6.6厘米（图一四，1）。Y1：23，方唇，足墙直立。灰白胎。黑褐釉。腹壁有明显轮修痕。口径18.4、足径6.6、足高0.8、通高6.8厘米（图一四，2；图版四二，6）。Y1：28，方唇，

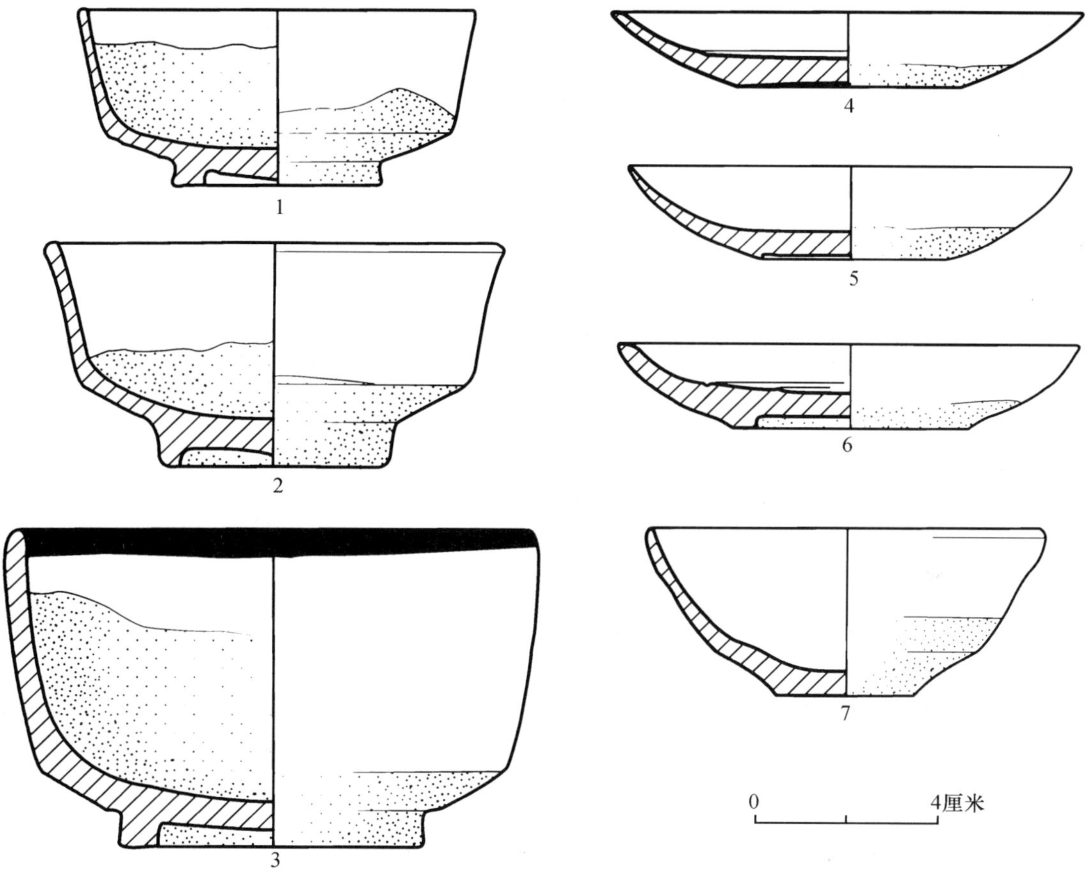

图一三　Y1出土白釉瓷奁、碟、杯

1～3. 奁（Y1：8、Y1：33、Y1：39）　4～6. A型碟（Y1：31、Y1：3、Y1：30）　7. 杯（Y1：7）

足墙略内斜。红褐胎。黑褐釉。口径18.4、底径6.4、足高0.8、通高7厘米（图一四，3）。Y1：25，方唇，足墙直立。灰白胎。黑褐釉。口径19.4、足径7.8、足高0.6、通高6厘米（图一四，4）。Y1：20，圆唇，足墙略外倾。红褐胎。黑褐釉。口径17.8、足径7、足高0.6、通高6.2厘米（图一四，5）。

盘　2件。敞口，斜壁，圈足。内底有涩圈，外壁施釉不及底。Y1：34，足墙直立。灰白胎。黑褐釉。口径15.2、足径6、足高0.4、通高3.4厘米（图一四，6）。Y1：22，足墙直立。灰白胎。黑褐釉，内满釉，外施釉不及底。内底有涩圈。有流釉现象。口径17.2、足径7、足高0.6、通高3.8厘米（图一四，7）。

盏　4件，可辨形制者3件。根据口部特征分二型。

A型　1件。侈口。Y1：36，生烧器。弧壁，饼足。红褐胎。口径12、底径3.8、通高5.6厘米（图一四，8；图版四三，5）。

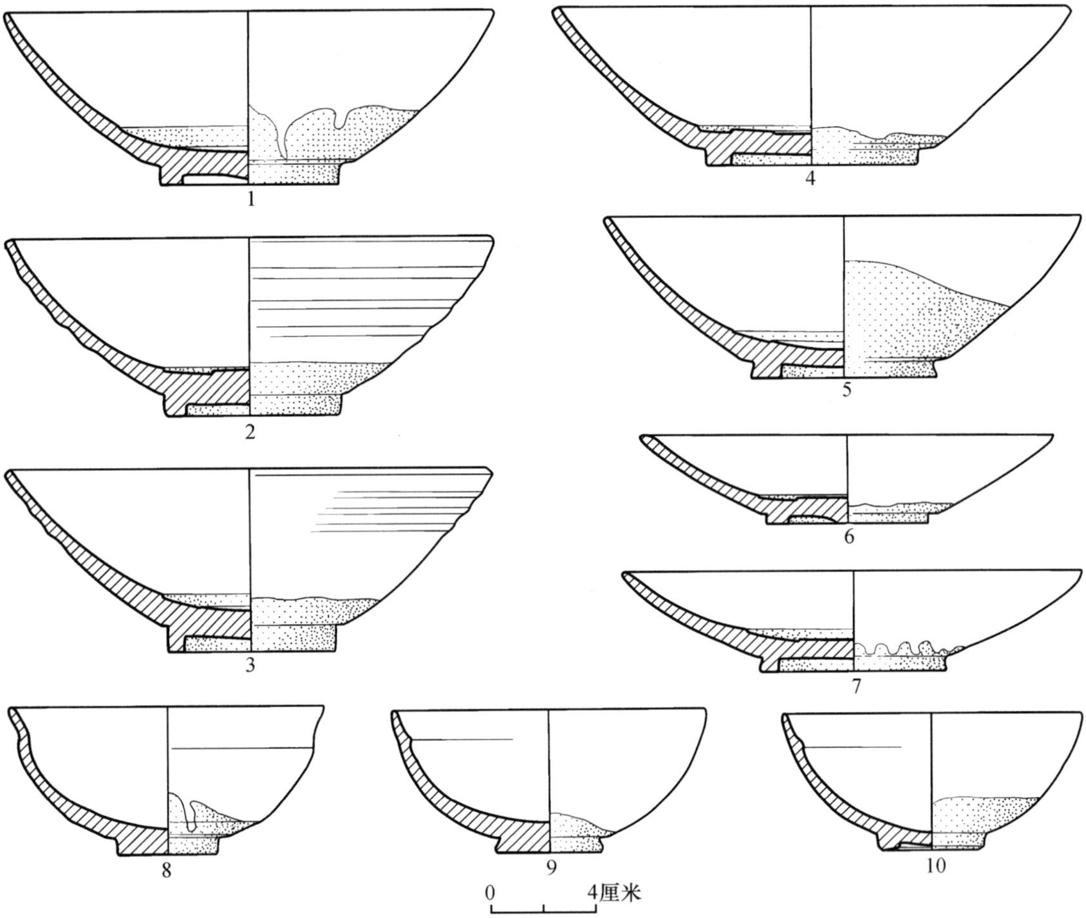

图一四　Y1出土黑釉瓷碗、盘、盏

1～5. A型碗（Y1：24、Y1：23、Y1：28、Y1：25、Y1：20）　6、7. 盘（Y1：34、Y1：22）
8. A型盏（Y1：36）　9、10. B型盏（Y1：37、Y1：35）

B型　2件。弇口。Y1：37，弇口，圆唇，弧壁，饼足。灰白胎。黑褐釉，釉层较厚，釉色温润。口径11.8、底径4、通高5.4厘米（图一四，9；图版四三，6）。Y1：35，弧壁，玉璧底。灰白胎。黑褐釉。口径11.3、底径3.8、通高5.2厘米（图一四，10）。

碟形灯　8件，可辨形制者6件。厚胎。敞口，方唇微凹，斜壁，平底。内满釉，外部仅唇面施釉，口缘处刮釉。Y1：6，生烧器。腹壁有跳刀痕。红褐胎。口径11.2、底径3.8、通高3厘米（图一五，1）。Y1：9，过烧变形。红褐胎。黑褐釉。腹壁有黏连。口径10.7、底径4.4、通高3厘米（图一五，2）。Y1：11，过烧，两件粘连。灰褐胎。黑褐釉。口径10.4、底径4.6、通高4.4厘米（图一五，3）。Y1：12，灰白胎。黑褐釉。内壁有粘连。口径11、底径4.2、通高2.8厘米（图一五，4）。Y1：43，生烧器。红褐胎。内满釉。口径11.4、底径3、通高3.4厘米（图一五，5）。Y1：10，两件粘连。灰褐胎。黑褐釉。口径10.4、底径3.8、通高3厘米（图一五，6）。

碟　2件。敞口，圆唇，斜壁，圈足。内底有涩圈，外壁施釉不及底。Y1：32，足墙直立。灰褐胎。黑褐釉。口径10.5、足径4.8、足高0.6、通高2.5厘米（图一五，7）。Y1：29，足墙直立。灰褐胎。漆黑釉。口径10、足径4.4、足高0.5、通高2厘米（图一五，8）。

罐　5件。可辨形制者1件。

B型　Y1：27，弇口，方唇，弧腹，圈足，足墙直立。灰白胎。黑褐釉，内外皆施釉不及底。口径12.5、腹径15.8、足径7.8、足高0.8、通高14.8厘米（图一五，9）。

瓶　2件。四葵口，圆唇，长颈，弧腹，圈足。内满釉，外施釉不及底。Y1：14，过烧变形，葵口由于变形不辨。腹壁有煤渣粘连。灰褐胎。黑褐釉。口径6、底径6.8、

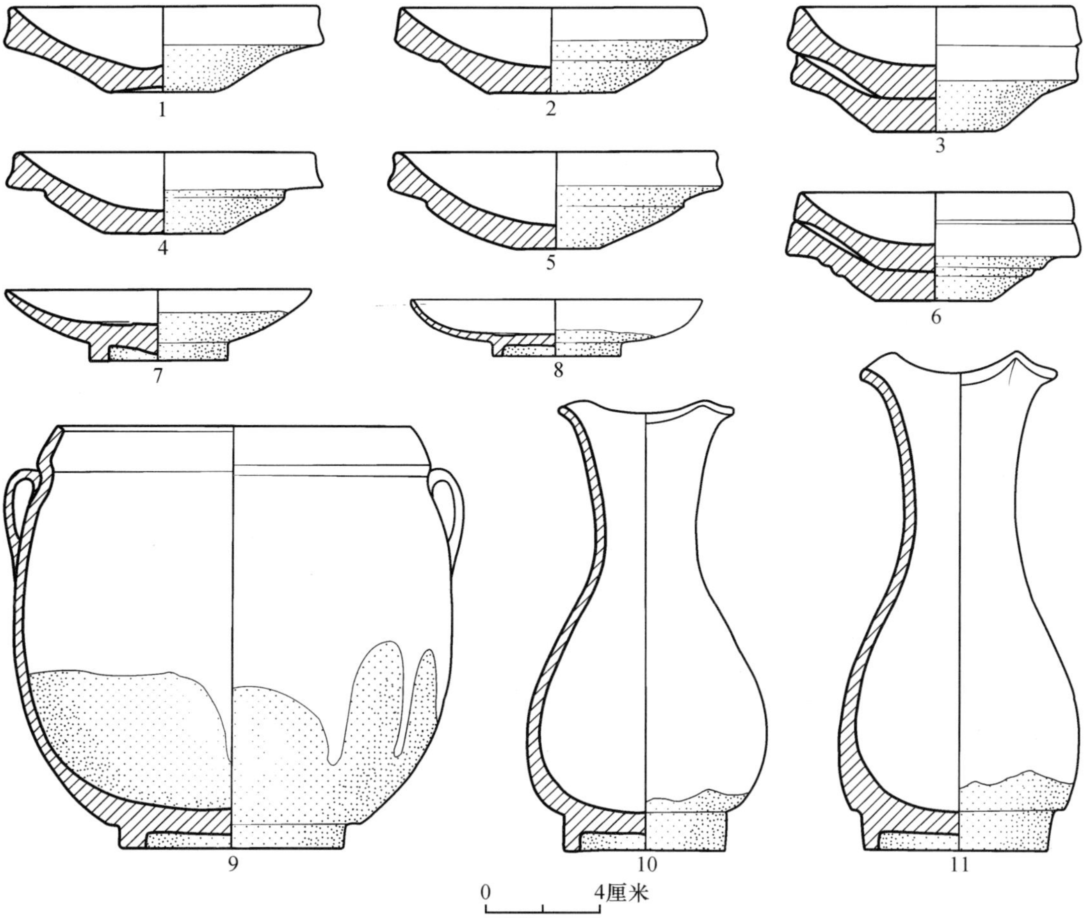

图一五　Y1出土黑釉瓷碟形灯、碟、罐、瓶

1～6. 碟形灯（Y1：6、Y1：9、Y1：11、Y1：12、Y1：43、Y1：10）　7、8. 碟（Y1：32、Y1：29）
9. B型罐（Y1：27）　10、11. 瓶（Y1：14、Y1：13）

足高1.2、通高16.4厘米（图一五，10）。Y1：13，过烧变形，腹壁有煤渣黏连。灰褐胎。黑褐釉。口径7、足径6.4、足高1.4、通高17.6厘米（图一五，11）。

2. 窑具

该窑出土窑具仅见垫托，均用耐火材料烧成，均为支烧具。另见测温锥等。

（1）支烧具。器形大小不一，以适应烧制不同规格的瓷器。

覆钵形垫托　数量较多。分二型，不见A型。

B型　顶部中空。Y1：4，粗砂黄褐胎。口径5.2、底径11、通高5.6厘米（图一六，1）。

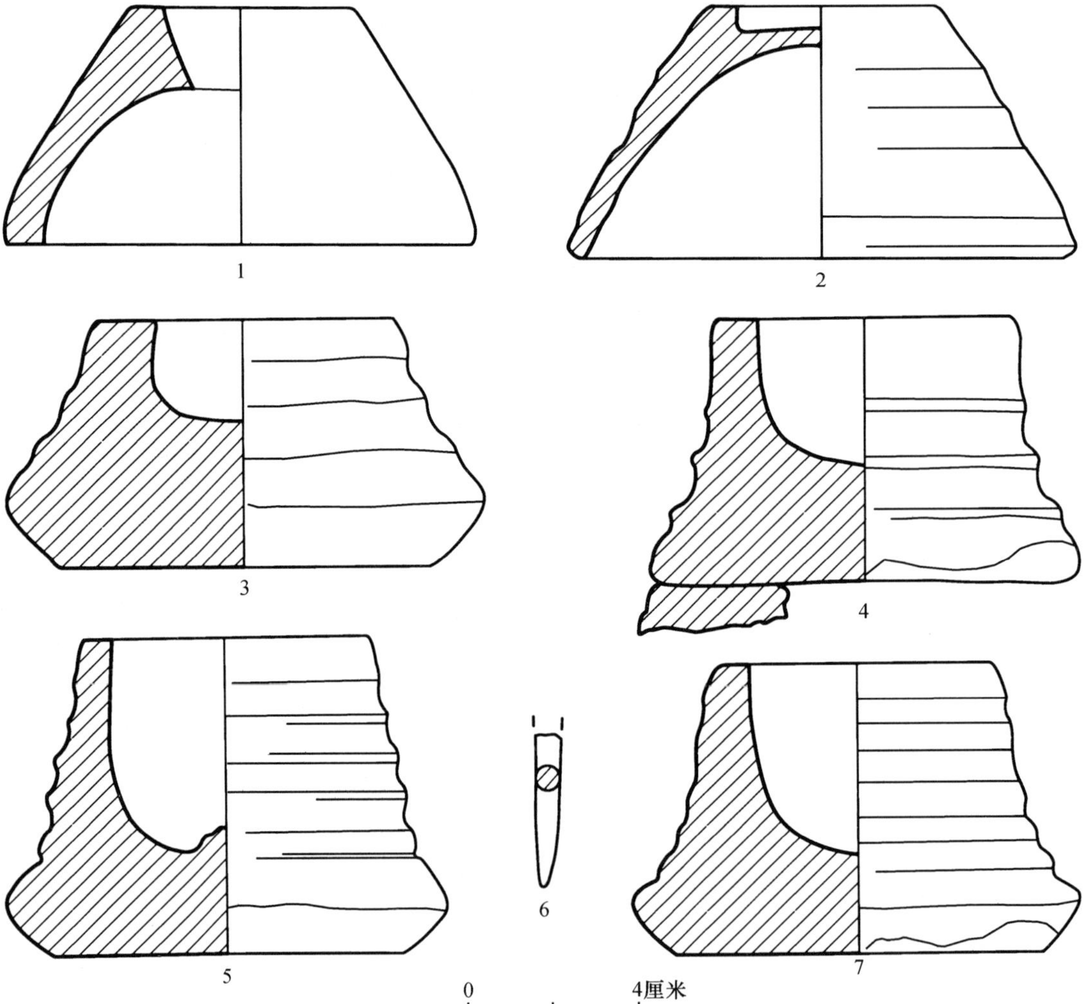

图一六　Y1出土垫托、测温锥

1. B型覆钵形垫托（Y1：4）　2. C型覆钵形垫托（Y1：38）　3～5、7. 罐形垫托（Y1：1、Y1：2、Y1：5、Y1：40）　6. 测温锥（Y1：45）

C型　顶部内凹。Y1：38，腹壁有轮修痕迹。粗砂黄褐胎。顶径5.2、底径11.5、通高5.9厘米（图一六，2）。

罐形垫托　数量较多。粗砂黄褐胎，均用耐火材料烧成。Y1：1，腹壁有轮修痕迹。口径6.2、底径8.4、通高6.8厘米（图一六，3）。Y1：2，腹壁有轮修痕迹。口径7、底径8.8、通高5.8厘米（图一六，4）。Y1：5，腹壁有轮修痕迹。底部有黏连。口径6.8、底径8.3、通高7.6厘米（图一六，5）。Y1：40，腹壁有轮修痕迹。口径6.8、底径8、通高7厘米（图一六，7）。

（2）测温锥。

3件。Y1：45，残。圆锥状。黄褐胎。残长7.2厘米（图一六，6）。

三、结　语

（一）产品结构与特征

1. 产品结构

该窑址出土器物中白釉瓷约占出土瓷器的52.5%，器类以碗为主，约占84.1%；碟次之，约占10.8%；另见盘、奁、杯、尊形钵等。黑釉瓷约占出土瓷器的47.5%。器类以碗为主，约占其中79%；碟形灯、盏各占其中的7.7%和6%；另见碟、盘、杯、盏托、香炉、罐和瓶等。

窑具种类较简单。匣钵为下底中空的筒形匣钵和漏斗形匣钵两类，前者略多。出土的支烧具以罐形垫托和覆钵形垫托两类，前者较多。垫烧具见垫圈、垫板等。石英砂圈、砂堆支烧痕迹只见于白釉瓷，砂圈支烧痕迹多见于碗、盘底部；砂堆支烧痕迹多见于碟及少量碗底部；黑釉瓷碗、盘、碟内底均有涩圈。

2. 产品特征

该窑址为黑、白釉瓷混烧，白釉瓷略多于黑釉瓷。以烧制最基本的日常生活用瓷为主，器类较单一，器物体型较小，釉色单调，装饰手法简单。

出土瓷器胎质较细，胎色大多为灰白胎或白胎泛黄；白釉瓷大部釉色略泛黄或泛青，黑釉瓷釉色以黑褐为主，极少变化。产品结构较单一，其中碗、碟、碟形灯等日用器占绝大多数，器物造型较简单。出土瓷器中有圈足、平底、卧足、玉璧底等。白釉瓷碟为平底或卧足、盏见玉璧底，其余器类均为圈足，足墙多直立，圈足较矮，多在4～6毫米。

白釉瓷胎面施白色化妆土。施釉方法以刷釉为主，釉层较薄，外壁施半釉不及底。碗、盘内壁均满釉。装饰手法见胚胎装饰及釉面装饰，但数量极少。所见装饰技法有釉下装饰与胚胎装饰两种，以胚胎装饰为主，绝大多数均为素面。釉下装饰仅见白釉酱彩，在釉下用酱色颜料绘制简单的花草图案，覆轮碗的装饰也可归入此类。胚胎装饰见篦划花、出筋、弦纹几种。以出筋装饰为主，篦划花次之，且仅见于白瓷器。

（二）时代判断

本次清理的Y1形制为马蹄形馒头窑，与重庆涂山窑等窑场发现的窑炉极其相近。出土遗物较少，为黑、白釉瓷混烧，其中白釉瓷略多于黑釉瓷。其烧造时间应为宋代。

重庆目前发现的宋代窑场有巴南清溪窑、南岸黄桷垭的涂山窑、荣昌安富的磁窑里窑场以及合川盐井窑场等。前三处窑场均以烧制黑釉瓷为主，产品结构丰富，且兼烧白釉瓷，白釉瓷烧制规模小，持续时间不长①，烧造时间主要为南宋时期。合川盐井窑场烧造的瓷器以白瓷为主，约占4/5，黑釉瓷仅占1/5，产品结构单一，烧造时间为北宋中晚期②。据此可以发现，重庆宋代瓷窑址由于烧制时间的早晚，其产品中黑釉瓷的比例在逐渐增加。铜梁黄门窑址亦为黑、白釉瓷混烧，而白釉瓷略多于黑釉瓷，产品结构较为丰富，黑釉瓷所占比例有所增加。据此，黄门窑址的烧造时间应较清溪窑、涂山窑、磁窑里等三处窑场早，而较合川盐井窑场略晚。

本次试掘出土器物以碗、碟为主，造型简单，其中以碗为大宗。碗、盘等器物圈足极矮。出土的白釉、黑釉瓷碗与合川盐井窑场炉堆子窑址出土的碗极其相似，这类碗在炉堆子窑址北宋中期已开始大量烧造，装饰有出筋、篦划花等。出土的碟造型主要为敞口、斜壁、平底或卧足的白釉瓷碟，该造型在炉堆子窑址中也有大量出土，主要流行于北宋中、晚期。出土的A型黑釉盏，这类仿建窑盏在巴南清溪窑、南岸涂山窑中均为大宗，主要流行于北宋末至南宋初期。白釉瓷中的篦划花装饰工艺在北宋中期较为少见，至北宋中晚期逐渐增加。综上所述，铜梁黄门窑址烧造时间应为北宋晚期至南宋初。

附记：参加此次工作的有林必忠、赵振江、陈俊华、吴广、周寅寅、刘前凤、杨洋，铜梁县文物管理所的张泽春、刘华钢、刘莲等。

领　队：林必忠
绘　图：朱雪莲　牟　丹
摄　影：赵振江　陈　锐
执　笔：赵振江　林必忠　张泽春

① 重庆市文物考古所：《重庆涂山窑》，科学出版社，2006年，第38页。

② 资料见本报告集。

潼南县千佛寺摩崖造像清理简报*

重庆市文化遗产研究院
潼南县文物管理所

一、地理位置与人文环境

千佛寺摩崖造像遗址位于重庆潼南县崇龛镇薛家村一社张家湾（华家沟）北部的小山包上，北纬30°09′58.6″、东经105°37′29.5″，海拔319米（图一）。遗址南面小山沟，

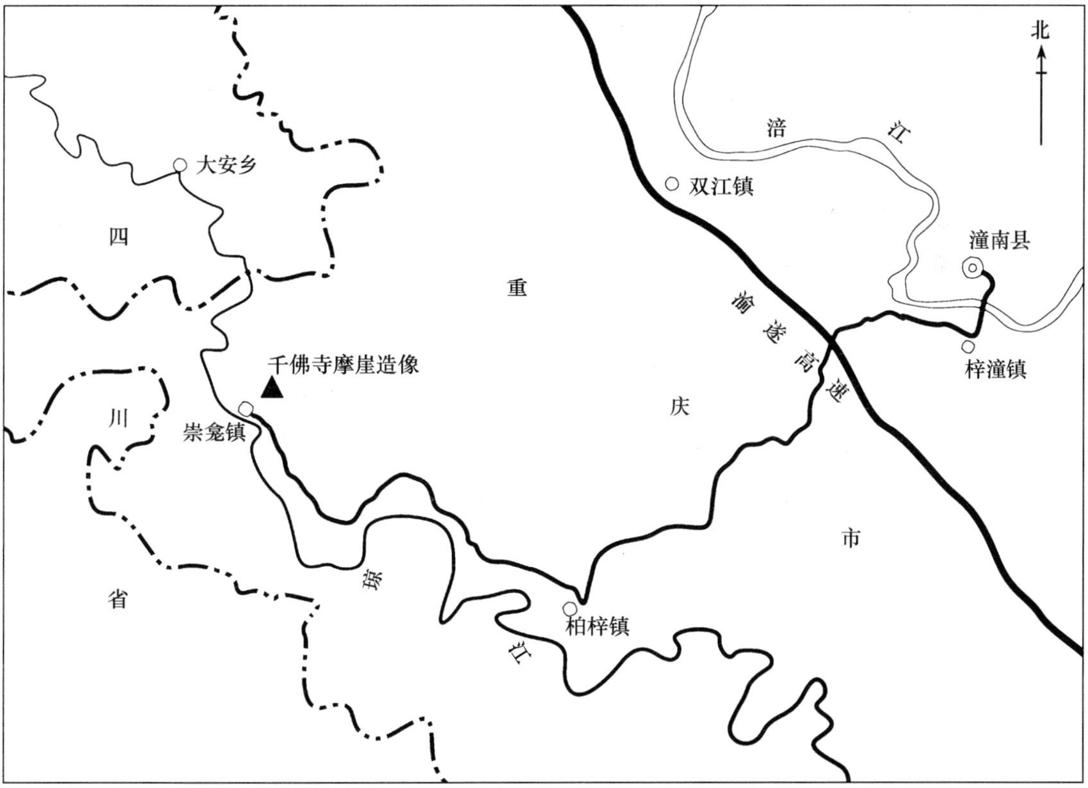

图一　千佛寺摩崖造像位置示意图

*　原文刊发于《考古》2013年第12期。

背倚小山包，山包表层为碎石、土石方堆积，土质疏松，易塌方滑坡，植被以灌木、茅草为主。

潼南县位于四川盆地中部偏东、重庆西北部、涪江中下游，东邻合川，西连安岳，南接大足、铜梁，北靠蓬溪，西北与遂宁交界。

潼南县域周秦之际属巴国和蜀国，东晋孝武帝（373～396年）时设晋兴县，县治在今玉溪乡青石坝，至北周领今潼南涪江一带。北周另置安居郡，今潼南琼江一带隶安居郡柔刚县。隋初废郡置州，柔刚县隶普州，开皇三年（583年）于今县境崇龛乡置隆龛镇。隋大业十二年（616年）升隆龛镇为隆龛县（县治在今崇龛镇瓦子堡），辖今潼南琼江一带。唐代今潼南县境为青石、遂宁、崇龛、铜梁四县辖地，治所均在潼南境内。高祖武德二年（619年）复置普州，隆龛县隶普州。玄宗先天元年（712年）避讳改隆龛县名崇龛县。玄宗开元十六年（728年）移合州铜梁县治于东流溪坝。宋代今潼南境地为青石、遂宁、安居、铜梁等县辖地，北宋太祖乾德五年（967年）降崇龛县为镇，并入安吉县（县治在今遂宁市安居坝），隶普州安岳郡。神宗熙宁六年（1073年）青石县并入遂宁县，次年，复置青石县。

崇龛镇地处潼南西部，琼江河穿境而过，东靠双江、南靠柏梓、西接四川安岳县、北临四川遂宁市。早在隋代，潼南就已经出现佛、道石窟造像，唐、五代时，四川地区，尤其川北、川西一带的石窟造像众多。而宋代及其以后，石窟和摩崖造像在川东、川南地区达到鼎盛，尤以今四川安岳和重庆大足最具代表性。潼南处于遂宁、安岳、大足、合川区域的中心，分布着大佛寺、龙多山、马龙山等众多摩崖造像。

二、工作概况

据考古队随访调查得知，1958年当地修建崇龛水库，千佛寺摩崖造像因大规模开采山石而遭到毁灭性破坏，岩体上部的造像几乎被完全截去，仅离地面1～6米岩体崖面的造像得以保存，但被开采的碎石完全掩埋。2011年8月，这些造像因当地在此挖取碎石而重现天日。

受重庆市文物局委托，重庆市文物考古所（2012年更名为“重庆市文化遗产研究院”）于2011年9月19日至12月26日对千佛寺摩崖造像进行了清理发掘，清理发掘面积500平方米。首先是对已暴露的崖面进行清理，崖壁残高约6米，石刻造像区域东西长35、残高4米，清理窟龛43个、造像283身、文字题记27则（图二）。在崖壁上发现了排列较规律的长方形榫孔，推测造像龛外曾存在檐廊之类的保护性建筑，时代可能属于宋明时期。此外，我们对崖壁前的堆积进行了小范围考古发掘，循岩体走势布正南北方向探方4个，发掘面积100平方米，发现其堆积较浅，出土大量青灰色板瓦残片和少量青花

图二　千佛寺摩崖造像窟龛分布图

瓷、青瓷片等，发现有铺地石板、房屋基石、柱础等遗迹。但由于被破坏严重，其规模和布局不明晰，从相对位置判断此处曾有摩崖造像的附属性建筑，时代晚至明清时期。

本着考古与保护相结合的理念，在整个工作期间，我们对摩崖造像进行了高精度摄影、三维扫描等数据信息采集，为下一步保护修复方案的制定做好准备。同时对潼南县境内的摩崖造像开展了专题调查。

千佛寺摩崖造像崖面陡直，近正东西向，坐北朝南，西、中部区域窟龛分布密集，造像保存较好，时代较为集中；东部造像龛分散，多数仅存窟龛轮廓，有的造像因崖壁崩落或遭现代采石损毁，开凿时代已不可考。造像龛以长方形为主，另有部分外方内圆拱形龛和零星的拱形、弧形、屋形龛等。造像时代上限可到中唐，下限可至元明，以晚唐、宋代为主。晚唐时期造像可辨题材有阿弥陀佛五十菩萨、菩提双树、菩提瑞像、人形天龙八部、飞天、观音菩萨、文殊菩萨、普贤菩萨等。常见的造像组合有一佛二菩萨的一铺三尊式及一佛二弟子二菩萨的一铺五尊式。艺术风格有浓重的盛唐遗风，佛像面部圆润饱满，有馒头形肉髻，身着袒右或通肩式袈裟，多施无畏印、降魔触地印、禅定印等，结跏趺坐于束腰仰覆莲台上。菩萨多头戴高花幔冠，饰以尖桃形头光，扭腰鼓腹，衣纹轻薄透体，璎珞精巧，天衣华丽。飞天束攒天髻，长裙曳空，帔巾飘扬，横空飞舞，四周天花飞落，姿态动感、优美。北宋时期造像的题材有双地藏、三身地藏、降龙十六罗汉等，造像面部略显长圆，体形较纤细，衣纹较厚重（图版四五，2）。

限于篇幅，本文仅介绍编号为1、3、7、9、20、29、30、33、36、39等龛。

三、主要造像龛

（一）1号龛

该龛位于造像龛群西部上层，为长方形双重龛，顶部坍塌，推测为圆拱形，平面近半圆形；外龛残高2.04、宽2.12、深1.16米；内龛残高1.76、宽1.64、深0.92米。内龛雕造一佛二弟子二菩萨像（图三；图版四五，1）。

正壁主尊佛坐像高0.87米。头光及肉髻均残，螺发，细眉弯长，双目微合，眼睑低垂，目光向下，鼻梁残损，鼻翼肥大，双唇紧闭，嘴角上扬，下颌残，双耳郭残，颈部阴刻两道蚕纹。内着袒右僧衹支，腹前束带，袈裟自身后通覆两肩，左侧衣角绕过腹前折向身后，领口低垂至腹前。左手掌心向上，托一球形物置于右足上，右手掌心向外，施降魔印。右足外露，结跏趺坐于束腰仰莲台上，束腰部呈八边形。

主尊左侧弟子像高1.14米。圆形头光上部及头顶部残，额高突，眼窝深陷，眼球圆突，直鼻方口，额头、眼尾、面颊处刻皱纹，双耳肥硕，耳垂残损，颈部青筋突起。着

图三　1号龛正视、剖面图

双领下垂式袈裟，帔帛自左肩斜披而下折向身后，一角搭于左腰间。左手掌心向上捧钵于胸前，右手掌心向内，握衣角于腹前。左腿及双足残损，左腿前伸，右腿直立，跣足立于仰覆莲台上（图版四六，1）。

主尊右侧弟子像高1.16米。圆形头光左上角及头顶、额部均残损，细眉弯长，双目微合，鼻梁残损，双唇紧闭，嘴角上扬，双耳肥硕，左耳郭及双耳垂残，颈部阴刻两道蚕纹。着袒右僧袛支，袈裟自身后通覆双肩，右侧衣角绕过腹前折向身后。双手掌心向内置于腹前。左足前伸，跣足立于仰覆莲台之上。

主尊左侧菩萨像高1.24米。尖桃形头光。头戴高花幔冠，冠正面中部残，冠上饰联珠纹和圆环组成的纹饰，冠前束一道箍，两侧宝缯垂下，双耳中部各有一发束横过，长发垂肩。颈部阴刻两道蚕纹。胸前戴由双圆环及两圈联珠纹组成的项圈，下有两串联珠纹垂饰。长璎珞自双肩垂下，呈“X”形交于腹前，交叉处饰忍冬纹，相交后分三股下垂，中间一股下坠穗形装饰，另两股沿双腿下垂至小腿部。一条帔帛自双肩垂下，于两腿前横过两道，绕臂后下垂；另一条帔帛自左肩处斜披而下，至腰右侧折向身后，一角搭于腹前。着长裙，腰间束带，裙腰外翻。左手掌心向外，拇指伸展，四指弯曲，持物垂于体侧；右手戴腕钏，屈肘持杨柳枝上扬于胸侧。左腿前伸，跣足立于仰莲台上。

主尊右侧菩萨像高1.22米。头光上部及头部均残，宝缯自头两侧垂下，长发垂肩。胸前戴项圈，饰圆环及联珠纹，下坠联珠穗形垂饰。身披“X”形璎珞，式样与左侧菩萨类似。一条帔帛自双肩垂下，绕臂后下垂；另一帔帛从左肩处斜披而下，于右腰际折向身后，一角搭于胸前。着长裙，腰束带，裙腰外翻。左手戴圆环腕钏，掌心向内，手持杨柳枝，屈肘上举于胸前；右臂戴臂钏，右手提裙角置于体侧。双腿直立，跣足立于仰莲台上。

外龛底部中央雕刻有高0.25、宽0.26米的浮雕区域，有莲叶、莲蕾等纹样。

造像残存部分绿、白、红、黑彩绘，可见部分后世修补痕迹。

（二）3号龛

该龛位于造像龛群西部，长方形龛，平顶，顶部和龛壁局部残损，右龛壁被2号龛打破，3号龛高2.07、宽3.46、深0.47米。龛内壁正中央雕一佛二弟子二菩萨，两侧各雕八身罗汉，分上下两层各四身（图四；图版四八，2）。

主尊佛像高0.64米。尖桃形头光。头及右肩部残，颈部有圆形桩眼。内着袒右僧祇支，胸前系带，袈裟自身后通覆两肩，左侧衣角经胸前及双腿绕于身后，右侧衣角从衣领处折出。左手掌心向下抚于左膝上，右手残。结跏趺坐于束腰仰覆莲台之上，束腰中部呈五边形，三面刻有缠枝花纹。

主尊左侧弟子像高0.45米。头残。袈裟自身后通覆两肩，左侧衣角绕过腹前折于身后。双手合十于胸前，指尖残。双足残，立于山形台上。

主尊右侧弟子像高0.47米。头顶略残，双眉细长，左眼微合，右眼残，鼻梁残损，双唇紧闭，嘴角上扬，双耳肥大，右耳郭残，颈部阴刻一道蚕纹。袈裟与左侧弟子相同。双手合十于胸前。双足残，立于山形台上。

主尊左侧菩萨像高0.61米。头残，发辫及宝缯垂肩，颈部存圆形桩眼。内着圆领僧祇支，帔帛自双肩垂下，于双腿前横过两道。下着长裙，裙腰外翻，腰束带，于两腿下垂及座。双手掌心向上捧圆盘于胸前。膝部饰联珠纹串，双足残损，跣足立于仰莲台上。

主尊右侧菩萨像高0.62米。头残，发辫、宝缯、帔帛及长裙与左侧菩萨相同。双手

图四　3号龛正视图

残，捧物于胸前。跣足立于仰莲台上。

佛、弟子及菩萨像下方有长方形台，正面阴刻题记，中下部严重风化，题记大多漫漶不清，台高0.96、宽0.71、厚0.24米。

左侧上层从左侧起第一身罗汉像高0.56米。额头阴刻两道皱纹，眼窝深陷，鼻梁残损，嘴角上扬，颈部青筋突起。内着交领式僧祇支，外着袈裟，衣角从左侧绕过腹，前折向身后。左手抚于左膝，右手掌心向上握衣角并捧钵，结跏趺坐于台上。台下正中方框有题记，从左至右阴刻 “第四尊者/……”，后两行字已漫漶不可识。题记右侧雕长颈弧腹壶。

第二身罗汉像高0.56米。头部残。着双领下垂式袈裟，袈裟从左侧绕过胸前折于身后。双手合十于胸前，手指残。左腿曲起，右腿盘坐于台上。台下阴刻三行题记，自左而右为“第三尊/令狐璋夫/妇同心造”。

第三身罗汉像高0.56米。头、胸前及右臂、双腿均有残损。台座下两侧各雕一身供养人相向而立；左侧者躬身向前，双手持一物；右侧者直立，双手捧一香炉。台座下正中阴刻题记两行，从左至右为“第二尊/令狐璋造”。

第四身罗汉像高0.5米。头、左肩及臂残，颈部有圆形桩眼。内着交领式僧祇支，外着袈裟。双手掌心向上相叠于腹前，左手在上。腿部残。台下中部阴刻三行题记，自左向右为“第一尊者/令狐璋夫/妇发心造”。题汇右侧雕一壶。

左侧下层从左侧起第一身罗汉像高0.47米。头残，颈部存圆形桩眼，双肩及胸前残漶。袈裟自左侧绕过腹前折向身后。左手残损，置于腹前；右手置于胸前。右腿部分残缺，结跏趺坐于台座上。座下中部阴刻三行题记，自左而右为“第十六/尊者令/狐璋造”。右侧雕刻一件长颈鼓腹壶。

第二身罗汉像高0.49米。头残，颈部有圆形桩眼。内着交领式僧祇支，外披袈裟，袈裟自左向右绕过腹前折向身后。双手掌心向上叠于腹前置于腿上，右手在上。腿部略残，结跏趺坐于台上，台残。座下中部阴刻三行题记，自左向右为“第十五尊/者令狐/璋造”。

第三身罗汉像高0.49米。头残，颈部有圆形桩眼，右肩残。内着交领式僧祇支，外着袈裟自左肩斜向绕过腹前折向身后。双手捧物置于胸前。腿略残，结跏趺坐于台座之上，台座残损。座下左右两侧各雕刻一名直立供养人像，头残，身体残损，双手作捧物状。座下中部阴刻题记，自左向右为“第十四尊/者令狐/璋造”。

第四身罗汉像高0.48米。头残，颈部有圆形桩眼，右肩残。袈裟自左肩斜向绕过腹前及于身后。左手执扇置于胸前，右手抚于右膝之上。腿残，结跏趺坐于台座上。台座右侧雕刻一名供养人像，头残，双手捧物置于胸前。座下阴刻三行题记，自左向右为“第十三/尊者/（令）狐章造”。

右侧上层从左侧起第一身罗汉像高0.55米。头残，双肩略残，颈部有圆形桩眼。内着交领式僧祇支，袈裟自左肩斜披而下，经腹折向身后。右手残，置于胸前；左手持一函状物。结跏趺坐于台上。台下中部阴刻三行题记，自左向右为“第五尊/者令狐/璋造”。座下右侧雕一身立像，面朝左侧，头微仰，右手掌心向上捧一物。

第二身罗汉像高0.55米。头残，右肩及胸部略残，颈部有圆形桩眼。内着交领式僧祇支，袈裟自左肩斜披而下，经腹部折向身后。双手执物于胸前，仅见柄部，左手在上。右膝略残，结跏趺坐于台上。台下右侧雕一身立像，头残，上身朝向左侧，右手掌心向上捧一物。台下中部阴刻三行题记，自左向右为“第六尊者/令狐璋夫/婦同心造”。

第三身罗汉像高0.56米。头残。内着交领式僧祇支，外披通肩袈裟，自右向左绕过胸腹部搭于左肩，折向身后。双手掩于袈裟内，置于腹前。膝残，结跏趺坐于台上。台下中部阴刻三行题记，自左向右为“第七尊/者令狐/璋造”。

第四身罗汉像高0.54米。细眉弯长，眉骨高突，双目平视前方，鼻梁残，双唇紧闭，额、脸颊及下颌阴刻皱纹，颈部青筋突出。内着交领式僧祇支，袈裟自左向右绕过腹部折向身后，一角自后向前搭出。左手手心向下置于腹前；右手残，执一物搭于左肩。左膝残，结跏趺坐于台上。台下中部阴刻三行题记，自左向右为“第八尊/者令狐/璋造”。

右侧下层从左侧起一身罗汉像高0.48米。头残，颈部残存圆形桩眼，左肩残。内着交领式僧祇支，外着袈裟，自左肩绕过腹前折向身后。双手掌心向内执拂尘置于腹前，右手握拂尘柄，左手握尘尾。膝部残，结跏趺坐于台座上，台座略残。造像左侧雕造一尊立像，头及肩部残损，双手拢于胸前，身着广袖长袍。台下中部原有题记，漫漶不可辨。

第二身罗汉像高0.48米。头残，颈部残存圆形桩眼。身着双领下垂式袈裟。双手合十置于胸前。双腿残，结跏趺坐于台座上。台座下方右侧雕刻一壶。台座下方中部阴刻三行题记，自左向右为"（第）十尊/者令狐/璋造"。

第三身罗汉像高0.5米。头残，颈部残存圆形桩眼。内着交领僧祇支，外着袈裟，自左肩绕过腹前折向身后。左手掌心向上握念珠，置于左膝上；右手执物置于胸前。倚坐于台座上。台座下右侧雕刻一壶。台下中部阴刻题记，内容残损难辨。

第四身罗汉像高0.48米。头、颈及胸前、左肩均有残损，身着袈裟，自左肩绕过腹前折向身后，一角搭于左腕。左手掌心向下抚左膝，右手残损举于胸前。结跏趺坐于台座上，台座略残。台下中部阴刻题记，自左向右为"第十二……"。

龛右壁下方雕刻一龙，作腾起状，清晰逼真。

龛内造像部分残损部位可见后世用白灰修补的痕迹。

（三）7号龛

该龛位于造像龛群西部，长方形，平顶及右壁残，龛高0.94、宽1.27、深0.27米。龛内雕凿三身地藏坐像（图五）。

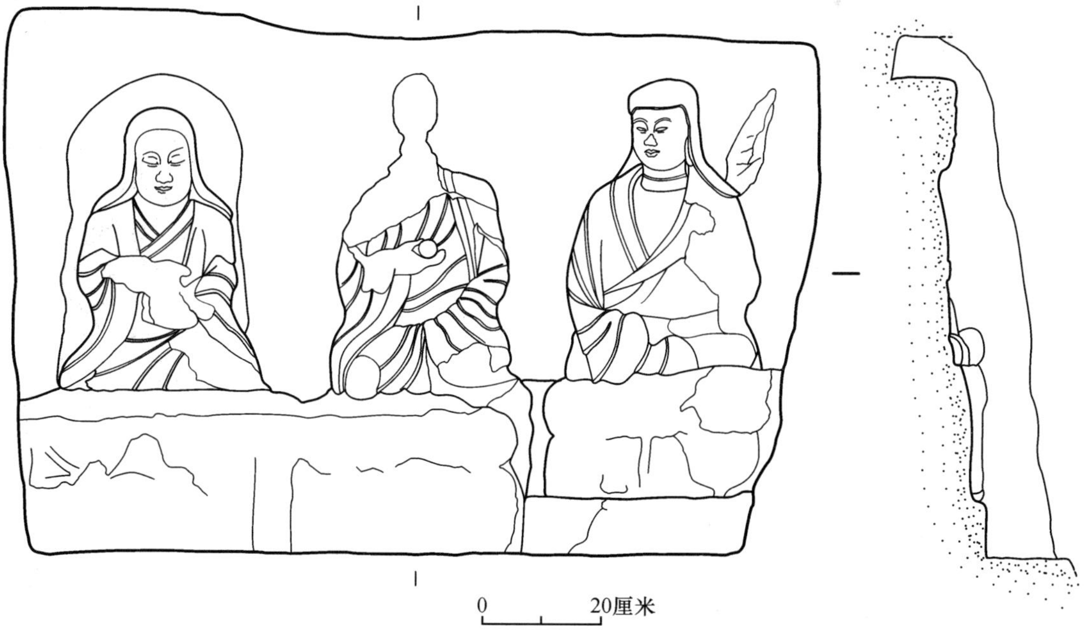

图五　7号龛正视、剖视图

左像高0.52米。披帽及肩，中部束带。面部丰圆，细眉弯长，双眼微合，鼻梁微残，双唇闭合，颈部阴刻两道蚕纹。内着圆领僧祇支，外着交领式袈裟。左肩残损，双手持物于胸前，已残。结跏趺坐于方台上，方座正面凿一壶门。

中像高0.55米。头、右肩及胸前残损。着交领式袈裟，一衣角自右腰折向身后，返搭于左肩。左手掩于袈裟内，右手掌心向上捧一球形物于胸前。结跏趺坐于台上，台残。

右像凿于一浅龛内，高0.54米。披帽及肩，面部丰圆，五官模糊。内着交领式僧祇支，外着双领下垂袈裟。双手置于胸前，右手在上，相向捧物，风化不可辨。结跏趺坐于台座之上。

正壁和左壁相交处另刻一身立像，高0.34米，残损严重，仅见轮廓。

龛左壁阴刻六行题记，自右向左题记为“供养/□□己巳朔日设斋表讃訖□/□夫婦镌造以开賨三年岁次庚/午隽地藏菩萨共两身弟子彭/環爲亡母謝氏镌造/地藏菩萨一身弟子彭彦朗”。

（四）9号龛

该龛位于造像龛群中部，竖长方形，平顶，左壁局部被10号龛打破，龛高85、宽38、深28厘米（图版四八，1）。龛内雕凿菩萨立像一身（图六；图版四六，2）。

观音立像高0.67米。尖桃形头光。头戴高花蔓冠，冠正中雕小坐佛一尊。双耳过半处各有一发辫横过，绕向脑后，宝缯自后背下垂，搭于双肩，发辫垂覆两肩。面部丰圆，细眉弯长，双眼微合，鼻梁扁平，鼻尖残损，双唇闭合，双耳丰满垂肩，颈部阴刻两道蚕纹。胸前饰联珠纹项圈。两条璎珞自双肩垂下，呈“X”形交于腹前，相交处饰联珠圆环，相交后分两股下垂，至小腿处绕至身后。一条帔帛自左肩处绕过腹部右侧折向身后，再由左侧腰际穿出，一角搭于胸前；另一条帔帛自肩垂下，于腹、膝部横过两道，绕臂下垂体侧。着长裙，裙腰外翻，腰间束带。左手下垂，掌部残；右手残损，右臂屈肘向上，似托一物。双足残，跣足立于台座上，台座残。

（五）20号龛

该龛位于造像龛群中部，为外方内圆拱形，外龛顶部及龛下部残，左侧壁上部被23号龛打破，外龛高1.17、宽1.16、深0.5米。内龛龛口边沿从内到外依次饰一周联珠纹、花瓣纹、忍冬纹，龛楣正中饰阴刻花瓣纹，其上承托一宝珠。龛内壁呈弧形，内龛高81、宽0.5、深0.32米。龛内造一天尊二胁侍二女真及天龙八部像，外龛左右两侧各雕一力士（图七；图版四九，1）。

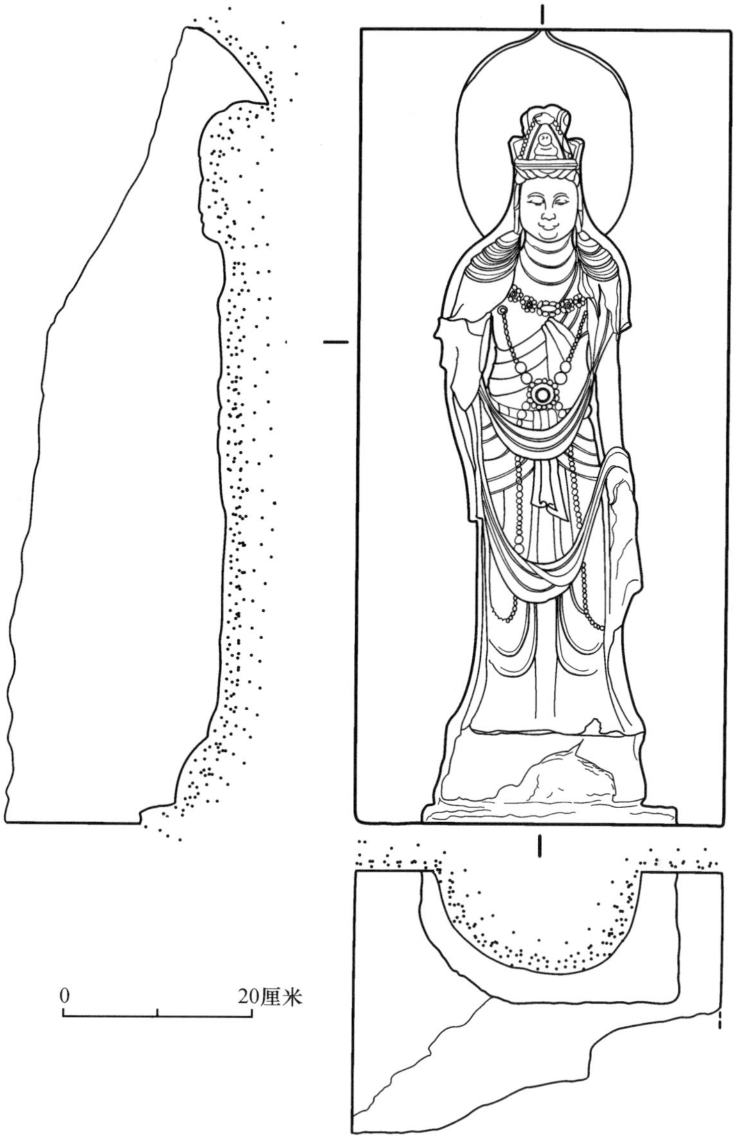

图六　9号龛正视、剖面、俯视图

正中天尊坐像高0.42米。尖桃形头光，内饰联珠纹及四朵团花纹。似戴冠，残，鼻缺，大耳，颈部刻两道蚕纹。内着交领大衣，胸前有十字形束带，外罩大衣，外衣覆右肩垂下，绕至身后，经身后绕至左臂。坐于方形台上，腿部及方台残损严重，方座下刻有三朵覆莲瓣。

天尊左侧胁侍立像高0.45米。圆形头光，内饰一周四朵团花，外雕圆环。大眼，阔耳，冠不存。着交领长袍、长裙。双手执笏于胸前。足着云头鞋，立于束腰仰覆莲台之上。

图七　20号龛正视、剖面图

天尊左侧女真立像高0.49米。尖桃形头光，内为两层莲瓣纹，外为五朵团花。戴莲花冠，冠后宝缯下垂及腰，细眉，小眼，大耳，颈部刻两道蚕纹。戴联珠纹项圈，璎珞自双肩垂下，呈“X”形相交于腹前，相交处饰团花，后分两股下垂至小腿部折向身后。内着交领大衣，外着长袍，下着长裙，帔帛通覆双肩，绕膝横过一道后绕双臂下垂及座。左手残，弯肘于胸前，右手下垂，握帔帛于体侧。足着云头鞋，立于一束腰仰覆莲台上。

天尊右侧胁侍立像高0.45米。圆形头光，内饰一周锯齿纹。冠残，大眼、阔耳，面部漫漶不清。胸部风化较严重，大致可辨其着交领长袍，双手拱于胸前，着长裙，穿云头鞋，立于束腰仰覆莲台上。

天尊右侧女真立像高0.51米。尖桃形头光，冠后头光饰为两层莲瓣，外侧为三个花瓣托宝珠。戴莲花冠，面部风化，大耳。戴联珠纹项圈。璎珞自双肩处垂下，在腹前呈“X”形相交，相交处饰团花，后下垂。内着交领大衣，外着长袍，下着长裙。帔帛通覆两肩，绕肩后横过腰及腹前，左手握帔帛垂于体侧，右手残，弯肘，持一穗状物于胸前。足部残损，立于束腰仰覆莲台上。

左侧力士像高0.38米。圆形头光。头戴宝冠，面部残，戴莲瓣纹项圈，身体表面风化。着战裙，腰束带，帛带在脑后飘扬。左手上举于体侧，右手置于内外龛相交处。跣足立于山形台上。右侧力士像高0.4米。形象同左力士。

外龛下部中央雕二尊童子，左侧者仅可见足部；右侧者坐于地上，双腿前伸，左手抚地，右手前伸。左右各雕一只蹲坐的狮子，残损严重。

龛后壁面雕天龙八部形象，左侧四身，右侧五身。左侧四身中，从左起第一身残，头戴五边形冠，怀抱一婴儿；第二身头上踞一虎，侧头张嘴，露齿，眼睛突出，双爪搭在人物胸前；第三身戴月牙形帽；第四身像立于第三身像下，戴高冠，长耳，右手抚于腹前。右侧五身中，从左侧起第一身戴宝冠，颈部缠绕一条蛇；第二身戴宝冠；第三身头朝左侧，戴宝冠；第四身为阿修罗，左手托日和一不明物，右手托月，持一棍形物，另一双手合十于胸前；第五身位于第四身下方，头戴鱼头帽，鱼头朝右。

造像残存黑、绿、蓝彩绘痕迹，有白灰修补痕迹。

（六）29号龛

该龛位于造像龛群中部，左右壁被25、32号龛打破。平面近方形，龛壁略呈弧形，高1.26、宽1.34、深0.3米。龛内中部雕一佛二菩萨（图八；图版四九，2）。

主尊坐佛像高0.44米。尖桃形头光，内饰圆角长方形，向外依次为联珠、莲瓣及五朵团花。头左侧残，螺发，方脸，弯眉细目，鼻、口部残，双耳垂肩，颈部阴刻两道蚕纹。身着通肩袈裟，胸前呈“U”形。双手置于胸前，均残，左手似捧物举于胸前。双膝残，右足外露，结跏趺坐于仰覆莲台上。

主尊左侧菩萨立像高0.47米。尖桃形头光，装饰同主尊。头部残损，宝缯及发辫及肩，方脸，双眉细长，二目微合，鼻口残损，双耳肥硕，一缕头发横过双耳中部，颈部残存两道蚕纹。戴圆环、联珠纹、莲瓣纹组成的项圈。璎珞自双肩处垂下，在腹前呈“X”形相交，相交处饰联珠纹和莲瓣纹，相交后分两股下垂至小腿处折向身后。一条帔帛自左肩斜披而下于右腰际折向身后，向左伸出一角搭于胸前；另一条帔帛自膝前横过一道，绕腕后下垂。着长裙，裙腰外翻。左手掌心向下，右手腕戴钏，提璎珞垂于体侧。跣足立于覆莲台上。

主尊右侧菩萨立像高0.47米。头光、头部、项圈、璎珞、帔帛、长裙基本与左侧菩萨相同。左手腕戴钏，手心向内握净瓶颈部垂于体侧；右手残，屈肘举于体侧。跣足立于覆莲台上。

佛与菩萨身后浮雕双树，上有联珠和吊穗垂饰。树两侧各雕一只鸟，由云彩承托，相背而飞，双翼阴线刻出羽毛。

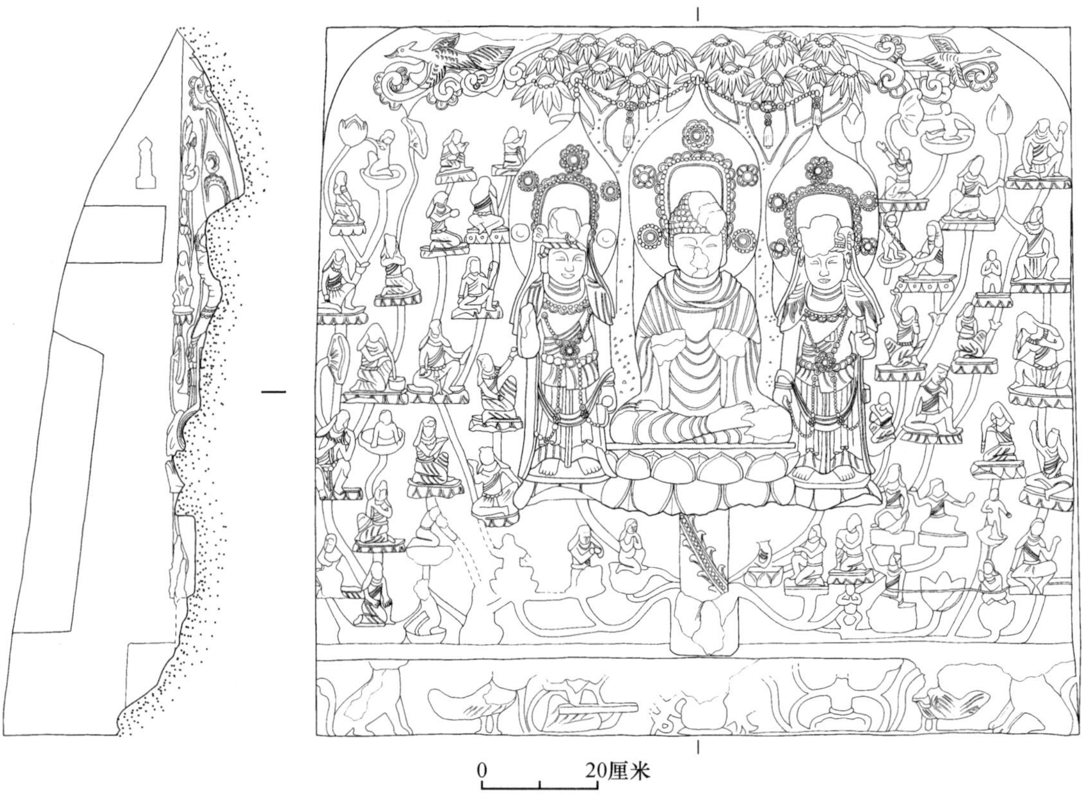

图八　29号龛正视、剖面图

佛像仰覆莲台下有粗壮的莲茎，上有花蔓。莲茎两侧各有较细的莲枝伸向主尊下部及两侧，每枝上的莲座皆承之人物。

左侧壁面的人物从上至下可分为七层。第一层自左向右依次为一菩萨、一童子、一莲叶、二莲蕾。菩萨宝缯披肩，面部已不可辨，戴圆形项圈；帔帛自左斜披而下折向身后，下着长裙，束腰带；左手上举，肘置于左膝之上，右手掌心向下置右腿上；左腿弯曲，右腿盘坐于覆莲台上。童子双手伸展，左腿弯曲，右腿伸展坐于莲叶上。

第二层为两身菩萨。左侧者头戴冠，宝缯垂肩，胸前有宽项圈；帔帛自左而右斜披而下，下着长裙，束腰带；左手扶莲茎，右手下垂；左腿弯曲，右腿弯曲坐于覆莲台上。右侧者头部残，戴圆形项圈；上身赤裸，下着长裙，左臂举至右腋处，右臂伸展指前右上方；坐姿同左侧菩萨。

第三层雕四身造像。从左侧起第一身为菩萨，头部残，颈部残存一道蚕纹，戴圆形项圈；帔帛自左肩斜披而下，上身赤裸，下着长裙；左手抚左膝，右手握右上方莲茎，倚坐于覆莲台上。第二身为童子，头部残；全身赤裸；双手合十于胸前，左腿跪地，右腿屈膝于覆莲台上。第三身为菩萨，头部残，宝缯垂肩，戴双圆环项圈；上身赤裸，下着长裙；双手相叠，抱膝坐于覆莲台上。第四身为童子，头部残，全身赤裸；双手持莲蓬于胸前；左腿前伸，右腿弯曲，立于莲叶之上。

第四层雕三身造像。从左侧起第一身为菩萨，头部残，偏向右侧，戴圆形项圈；帔帛自左向右斜披而下，下着长裙，腰束带；左手掌心向内置于胸前，右手托头；倚坐于覆莲台上。第二身头部残，宝缯垂肩，戴桃形项圈；帔帛自右肩斜披而下，上身赤裸，下着长裙，腰束带；左手略残，右手掌心向内置于腹前；左腿弯曲，右腿跪于覆莲台上。第三身为菩萨，头部残，戴圆形项圈；帔帛自左肩斜披而下，上身赤裸，下着长裙，腰束带；左手握莲茎，右手托球形物上举过头；左腿跪地，右腿弯曲，坐于覆莲台上。

第五层雕四身菩萨。从左侧起第一身头部残，宝缯垂肩，戴桃形项圈；帔帛自左而右斜披而下，下着长裙，腰束带；左手掌心向内抚于腹前，右手掌心向上托物，游戏坐于覆莲台上。第二身头部残，戴圆形项圈；帔帛从右肩处斜披而下，上身赤裸，下着长裙，腰束带；双手持棍形物于胸前，跪坐于覆莲台上。第三身头戴宝冠，宝缯垂肩，面部风化不清，颈部阴刻两道蚕纹，戴桃形项圈；帔帛自左肩处斜披而下，上身赤裸，下着长裙，腰束带；左手支颐，右手抚右膝；左腿弯曲，右腿盘起坐于覆莲台上。第四身头部残，宝缯垂肩；帔帛自左肩处斜披而下，下着长裙，腰束带；双手捧物于胸前；左腿跪地，右腿弯曲，坐于覆莲台上。

第六层雕三身造像。第一身为童子，头部残，浑身赤裸；左臂张开，右手置于胸前；立于莲叶之上。第二身为菩萨，头部残，戴桃形项圈；帔帛自左肩斜披而下，上身赤裸，下身残损；左臂残，右手托宝珠举于体侧。第三身为菩萨，戴宝冠，宝缯垂肩，面部残不可辨，戴桃形项圈；帔帛自左肩斜披而下，束腰带，下身残损；左手下垂。

第七层雕七身造像一莲叶。从左侧起第一身为菩萨，头部残，戴圆形项圈；帔帛自右肩斜披而下，上身赤裸，下着长裙，腰束带；左手托物，右手斜撑于莲座上；双腿下垂，足跟相对坐于莲台之上。第二身风化严重，似为菩萨，双手捧物于胸前，腰部以下残损。第三身为菩萨，头部残，宝缯垂肩，戴桃形项圈；帔帛自左而右斜披而下，腰束带，腰部以下残；左手似抚左膝，右手举于右前方；跪坐。第四身头部残，上身赤裸，下着长裙，腰束带；左臂横过胸前，双手捧物；左腿跪地，右腿弯曲，坐于覆莲台上。莲台下为第五身，风化严重，双手举于胸前。第六身头部残，左臂横过胸前，双手捧物，右肘置右膝上；左腿跪地，右腿弯曲。第七身残损严重，可能为一童子于仰莲台上，似双手合十于胸前。

主尊右侧壁面的人物从上至下也可分为七层。第一层有三身造像一莲叶一莲蕾。从左侧起第一身为菩萨，头部残损；上身赤裸，下着长裙，腰束带；双手弯肘于胸前，左肘搭于左膝上；左腿屈膝，右腿跪坐于莲台上。第二身为菩萨，头部残；帔帛自左而右斜披而下，下着长裙，腰束带；身姿同前一身菩萨。第三身为童子，头部残，全身赤裸；左手抚莲蕾；右腿屈膝，左腿跪坐于莲叶上。

第二层共三身造像。从左侧起第一身为菩萨，头部残，宝缯垂肩；帔帛自左肩斜披而下，下着长裙，腰束带；左手抚左腿，右手残；游戏坐于覆莲台上。第二身头部残，面朝左侧，戴圆形项圈；帔帛自左肩斜披而下，下着长裙，腰束带；右臂屈举于胸前；跪坐于覆莲台上。第三身头部残，戴圆形项圈；下着长裙，腰束带；双手抱左腿；左腿屈膝，坐于覆莲台上。

第三层雕三身菩萨。从左侧起第一身头部残，戴桃形项圈，帔帛自左肩斜披而下，下着长裙，腰束带；左手举物于体侧，右手抚右膝；游戏坐于覆莲台上。第二身头部残，帔帛自左肩斜披而下，下着长裙，腰束带；双手交于胸前；左腿弯曲，右腿跪坐于覆莲台上。第三身头部残，戴桃形项圈；帔帛自左肩斜披而下，上身赤裸，下着长裙，腰束带；左手支颐，肘搭左膝，右手掌心向下抚右膝，游戏坐于覆莲台上。

第四层雕三身菩萨一莲叶。从左侧起第一身头部残，戴桃形项圈；帔帛自左肩斜披而下，下着长裙，腰束带；左手腕戴钏，托球形物举于左前方，右手置腹前；左腿弯曲，右腿跪坐于覆莲台上。第二身头部残，戴环形项圈；帔帛自左肩斜披而下，上身赤裸，下着长裙，腰束带；左手持莲蕾搭于左膝上，右手腕戴钏，手心向下，抚于右膝之下；游戏坐于覆莲台上。第三身头部残，戴桃形项圈；帔帛自左肩斜披而下，下着长裙，腰束带；右臂横于胸前，双手持棍形物支于下方的圆形物内；左腿弯曲，右腿坐于覆莲台上。

第五层雕四身造像。从左侧起第一身为菩萨，头部残，戴圆形项圈；帔帛自左肩斜披而下，下着长裙，腰束带；左手抚左膝，右手举于头侧；游戏坐于覆莲台上。第二身头部残，戴环形项圈；帔帛自左肩斜披而下，下着长裙，腰束带；右臂横过胸前，双手捧物于右肩处；左腿弯曲，右腿跪坐于覆莲台上。第三身为童子，头部残，全身赤裸，仅雕出上半身；双手下撑莲叶。第四身为菩萨，头部残，戴圆形项圈；帔帛自左肩斜披而下，至右腰际折向身后；左手支颐，肘部搭左膝，右手置于胸前，坐于覆莲台上。

第六层雕两身造像。从左侧起第一身大部已风化，仅见双膝跪坐。第二身头部残，戴圆形项圈；帔帛自左而右斜披而下，下着长裙，腰束带；左手置于胸前，右手举于右肩；左腿跪地，右腿弯曲，坐于覆莲台上。

第七层雕七身造像。从内侧起第一身风化严重，可见双手交于胸前。第二身为菩萨，双手交于胸前，腰部以下残。第三、四、五身风化严重，仅见残迹。第六身为菩萨，头部残，戴圆形项圈；帔帛自左而右斜披而下，下着长裙；左手抚左膝，右手置于腹前；左腿弯曲，右腿跪地。第七身残损严重，仅见左手抚于胸前。

龛下部方形区域内也有雕刻，但风化严重。主尊正下方雕一瓶形物，上部残损，内有花蔓伸出。两侧各雕一身伎乐，头部残，帔帛飘扬于体侧，其中右侧者左手抚琴，右手残缺，左腿盘坐，膝上置琴，右腿弯曲。伎乐外侧各雕一身人首鸟形象，左侧从残迹看应为双头。最外侧雕两只蹲踞的狮子，头部均残。

龛内造像有绿、白、黑彩残迹。

（七）30号龛

该龛位于造像龛中部下层，为长方形，圆拱形顶残，弧形壁面上部已残，龛高1.3、宽1.04、深0.38米。龛内雕一佛二弟子二菩萨（图九；图版五〇，1）。

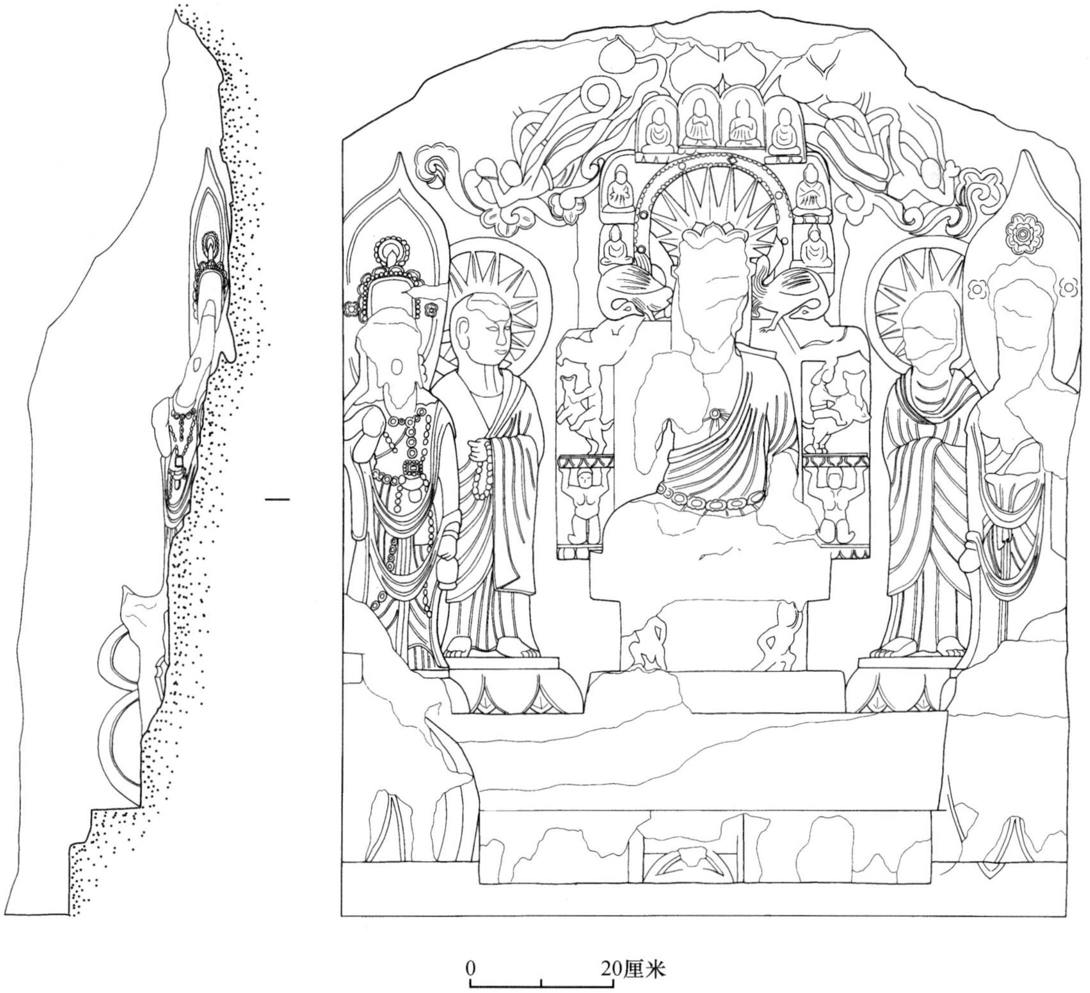

图九　第30号龛正视、剖面图

主尊佛坐像高0.48米。圆形头光，内饰一圈锯齿纹。头光周围雕八身坐佛，其中左起第一、三、六、八身施禅定印，其余四身双手拢于胸前，结跏趺坐。主尊头部残损，两侧各雕回首姿态的鸟，阴线雕刻出羽毛。主尊内着僧祇支，胸前束带，外着袒右式袈裟，腰饰一圈火焰形宝石，边缘饰联珠。双手均残，左手似抚于左膝。腰部以下残，似为结跏趺坐于束腰方座上。方座束腰部正面两侧各雕一身立像，似为力士，残损严重。左侧者左臂上举，右手叉腰，左腿弯曲；右侧者头部残，左手叉腰，右手似上举，左腿直立，右腿抬起。主尊上半身两侧各雕两身造像，为仙人骑瑞兽，瑞兽前腿腾空立于夜叉承托的覆莲台。主尊背后两侧壁面上各雕一身祥云承托的飞天，飞天下着长裙，帔帛飘扬于身后。左侧飞天左手托圆形物于头侧，右手上举于右后方。右侧飞天左臂托物于头侧，右臂为帔帛所掩。

主尊左侧弟子立像高0.53米。圆形头光，内饰一圈锯齿纹。头残，颈部残存两道蚕纹。身着通肩式袈裟，双手拱于胸前，跣足立于覆莲台上。

主尊右侧弟子立像高0.52米。圆形头光，内饰一圈锯齿纹。头顶部略残，弯眉细目，鼻、口部残，锁骨突出。着交领袈裟。左手持念珠于胸前，右手垂于体侧。跣足立于覆莲台上。

主尊左侧菩萨立像高0.55米。尖桃形头光，内饰团花纹。头、肩部残。帔帛自双肩处垂下，于腹、膝前横过两道，绕臂下垂及座；另一条帔帛自左肩处斜披而下。着长裙，腰束带，群要外翻。左手残，右手腕戴钏，持物垂于体侧。双足亦残，立于覆莲台上。

主尊右侧菩萨立像高0.51米。尖桃形头光，由内向外依次有一周近方形素面条带、联珠纹、莲瓣纹，顶饰一朵团花。头部残，宝缯及发辫下垂及肩，戴圆环项圈，中部有垂饰。璎珞自双肩处垂下，呈“X”形交于腹前，相交处饰方形宝石，相交后分两股下垂至小腿。一条帔帛从左肩处斜披而下；另一条帔帛自双肩垂下，于腹部、膝前横过两道，绕臂后自然下垂。着长裙，腰束带，裙腰外翻。左手持净瓶垂于体侧，右手持杨柳枝屈肘上扬于胸前。双足残损，跣足立于覆莲台上。

菩萨下侧原雕造像，仅见残迹；中部雕一乌龟，头已不见；龛下两侧各雕一力士立于山形台上，仅见其帔帛残迹。

造像上残留红、绿、黑等彩绘残迹。

（八）33号龛

该龛位于造像龛群西部，为外方内圆拱形龛。外龛为平顶，顶部略残，高1.4、宽1.37、深0.5米；内龛为圆拱形，平面呈圆弧形，高1.03、宽0.91、深0.34米。龛楣尖拱形。内龛龛口外由内至外依次为联珠纹、长方形宝石、花蔓及团花纹。花蔓纹内雕刻三身坐佛和两身菩萨，顶端正中坐佛有圆形头光，着通肩袈裟，双手交于胸前，结跏趺坐于覆莲台上。两侧坐佛均着通肩袈裟，胸前形成“U”形衣纹，双手交于腹前，右侧者双手捧物，结跏趺坐于覆莲台上。左侧菩萨头部残，戴圆形项圈，帔帛自右肩处斜披而下，着长裙，腰束带，左臂横过胸前，双手捧物于右肩处，右腿弯曲，左腿跪坐于覆莲台上；右侧菩萨头部残，项圈、帔帛、长裙的式样及穿着方式均同左侧菩萨，姿态与左侧菩萨相对。内龛雕一佛二弟子二菩萨（图一〇；图版五〇，2）。

图一〇 33号龛正视、剖面图

正壁主尊佛像高0.45米。双重尖桃形头光，左右边缘各雕一朵团花。高肉髻、螺发，细眉弯长，双目微合，鼻梁残损，双唇微合，双耳紧贴头侧，耳垂残，颈部阴刻两道蚕纹。内着袒右僧祇支，外着双领下垂式袈裟。左手残，右手似上举于胸前。结跏趺坐于束腰仰覆莲台之上。

主尊头部上方雕有华盖，上部装饰花蔓纹和联珠纹，并有吊穗和联珠纹组成的垂饰垂下，其下依次为联珠纹、砖纹、网格纹。华盖两侧各雕一身飞天。左侧飞天头梳髻，面部扭向外侧；胸前饰桃形项圈；披云肩，着长裙；帔帛在身后；双手握联珠串饰，下方有祥云承托。右侧飞天衣饰与左侧飞天相同，姿态相对。

主尊左侧弟子像高0.42米。圆形头光，内饰一圈锯齿纹。头顶部残损，细眉弯目，口鼻残，脸型丰圆，双耳肥硕，颈部阴刻两道蚕纹。内着袒右僧祇支，胸前束带，外着双领下垂式袈裟，袈裟右端横过腹前，搭于左臂上。左手举于左肩处，右手垂于体侧。双足残，立于台座上，座下雕刻花蔓。

右侧弟子像高0.45米。圆形头光，内饰一圈锯齿纹。头顶部略残，眉毛细长，双目圆睁，口鼻部残，额头、眼角及腮部满布皱纹，双耳垂肩。身着通肩袈裟，腹前及两腿间形成“U”形纹。双手合十于胸前。双足残，立于台座之上，台座下雕刻花蔓纹。

主尊左侧菩萨像高0.51米。尖桃形头光，内有近方形轮廓和联珠纹，外饰三朵火焰团花。头戴六珠宝冠，宝缯及发辫下垂及肩。眉毛细长，双目微合，口鼻部残，双耳垂肩，一缕头发横过双耳中部，颈部阴刻两道蚕纹。戴联珠纹、素面圆环及莲瓣纹组成的项圈。璎珞自双肩处垂下，于腹前呈“X”形相交，相交处饰团花，相交后分两股垂直小腿处折向身后。一条帔帛从左肩处斜披而下，于右腰侧折向身后，一角返搭于胸前；另一条帔帛横过膝前，绕臂后下垂及座。着长裙，腰束带，裙腰外翻。左手掌心向外置胸前，指部残损；右手腕戴钏，提净瓶垂于体侧。跣足立于束腰仰覆莲台之上。

右侧菩萨像高0.5米。头光样式与左侧菩萨同。梳高髻，戴三珠宝冠，宝缯及发辫下垂及肩。眉毛细长，双目微合，口鼻部残，双耳垂肩，其中部横过一缕头发，颈部阴刻两道蚕纹。璎珞、帔帛及长裙样式和穿着方式与左侧菩萨同。左手持净瓶垂于体侧，瓶口朝下；右手掌心向外举于体侧。腰部略扭向左侧。跣足立于束腰仰覆莲台上，束腰部刻有三个壸门。

外两侧各雕一身力士。左侧力士像高0.49米。圆形头光。头束带，方脸，双目圆睁，口鼻部均残，颈部青筋突起。胸部、腹部和双臂肌肉发达。帔帛飘扬于头后方，绕臂后下垂及座。上身赤裸，下着战裙，裙腰外翻，腰束带。左手上举于头侧，右手握帔帛于体侧。左腿直立，右足尖踮起，立于山形台上。右侧力士像高0.5米。面容、衣饰与左侧力士相同，姿态相对。

龛下部两侧各雕一只相对蹲踞的狮子，头部残损。狮子中间所雕之物已残损不可辨识。

（九）36号龛

该龛位于造像群中部下层，应该是与30号龛同时开凿的组合龛。长方形双重龛，外龛为长方形，四壁均略残，高1.4、宽1.66、深0.68米；内龛为圆拱形，平面略呈圆弧形，高1.12、宽1.17、深0.48米。外龛龛楣中部及右侧残损，右侧仅可见部分镂空及联珠纹饰。左侧饰有卷草纹，上有圆环及联珠纹组成的纹饰，左端雕刻一禽鸟，头向左侧，颈部残。内龛雕凿一佛四弟子四菩萨，弟子和菩萨分列主尊两侧，其后又浮雕天龙八部形象（图一一；图版四七）。

图一一　第36号龛正视、剖面、俯视图

主尊佛位于正壁中央，像高0.72米。尖桃形头光，两侧雕有菩提双树。头、颈部残，颈部有圆形桩眼。内着袒右僧祇支，中部束带，末端自然下垂；外着双领下垂式袈裟。左手略残，抚左膝；右手置于腰际，亦残。左足略残，跣足踏于仰莲台上，倚坐于束腰方座上。

主尊左侧弟子像高0.52米。额头饱满，面部丰圆，细眉弯长，鼻梁扁平，双耳垂肩。身着通肩式袈裟。左手横于胸前，伸出食指、中指，余三指弯曲，指向右方。跣足立于仰覆莲台之上。

主尊右侧弟子像高0.52米。形貌衣饰同于左侧弟子。双手捧经匣拢于胸前。跣足立于仰覆莲台之上。

上述弟子像外侧为菩萨像。左侧菩萨立像高0.58米。头、颈部残损，颈部有圆形桩眼，右肩处可见发辫及宝缯痕迹。胸前饰两圈联珠项圈，下刻一朵团花。璎珞自双肩处垂下，呈“X”形交叉于腹前，于小腿处折向身后。帔帛自左肩处垂下，绕过腹前于右腰际折向身后；另一帔帛呈“U”形垂于腹前，两端向上搭于双肩。左手腕戴钏，握一瓶；右手腕戴钏，托一钵形物。跣足立于仰覆莲台之上。

右侧菩萨立像高0.6米。头及面部残损，发辫及宝缯垂覆双肩，颈部阴刻两道蚕纹。戴联珠纹项圈。璎珞大部分残损难辨，仅余右腿处一小部分。内着袒右僧祇支，下着长裙。帔帛自双肩垂下，于腹前横过两道，末端搭于双臂之上。左手托一球形物于胸前；右手腕戴钏下垂。跣足立于仰覆莲台之上。

两尊菩萨外各有一身弟子像。左侧弟子像高0.53米。头及面部残损严重，仅存左耳垂及右耳郭下部。内着交领式僧祇支，外着通肩袈裟，左侧衣角从左肩处绕过腹前折向身后。双手拢于胸前，细部漫漶难辨。跣足立于仰覆莲台之上。

右侧弟子像高0.53米。面部漫漶难辨。内着袒右僧祇支，外着双领下垂式袈裟，左侧衣角绕过腹前折向身后。左手置于腰际，食指伸出，拇指平置，余四指弯曲，掌心向内；右手下垂。跣足立于仰覆莲台之上。

上述弟子像外侧又各有一身菩萨像。左侧菩萨像高0.58米。头、面及颈部残损，颈部存圆形桩眼，双肩处可见宝缯残痕，左肩及左臂亦残损，身体大部分漫漶不清。璎珞自双肩处垂下，呈“X”形交叉于腹前，于小腿处折向身后。一条帔帛自左肩处垂下，绕过腹前于右腰间折向身后；另一帔帛呈“U”形垂于腹前，两端向上搭于双肩。右手略残，自然下垂。左足残损，右足略残，跣足立于仰覆莲台之上。

右侧菩萨立像高0.59米。头部及上半身均残损严重。腹部以下可见两条璎珞垂下，帔帛横过两道。左手下垂，似握一瓶形物；右手残。跣足立于仰覆莲台之上，右足及莲台右侧已残。

主尊、弟子及菩萨像身后又雕凿有“天龙八部”形象。主尊左侧有四身像。从内侧起第一身雕于菩提树下方，头上半部残损，面部丰圆，耳郭饱满，面向右侧，口大张，左手掌心向内托一婴孩。第二、三身像上下排列。上方者头及面部残损，双肩处有纵向衣纹；双臂平伸，双手上举，左手托一球形物，右手托一半月形物。下方者头及面部残损，面向右侧，头部以下有衣纹；左手握拳置于胸前。第四身头戴冠，面部丰圆，细眉平直，鼻梁扁平；头部下方有阴刻衣纹。

主尊右侧有三身像。从内侧起第一身雕于菩提树下，头戴高冠，面目狰狞；左手执一蛇头，蛇身在其颈部缠绕两圈，蛇尾垂于胸前。第二身像头戴山形冠，冠顶伸出飞龙，龙眼圆睁，龙头朝向菩提树。冠下有披帽，面部丰圆，细眉弯长，鼻梁扁平，双唇闭合。第三身像头部残损，面朝左侧，漶散难辨，双目直视左方，鼻梁残损。

内龛之外左右两侧残存有飘带及足部痕迹，似原有力士像。外龛底部中央雕凿莲叶、莲蕾等。

造像残存黑、红、蓝彩绘残痕。

（一〇）39号龛

该龛位于造像龛群东部上层，为横长方形龛，高0.94、宽1.39、深0.3米。龛内雕凿三通碑，形制相同，碑身为长方形，碑首略呈半圆形，外缘雕刻两条尾部缠绕的龙，龙头略残，为衔叼碑身状，一爪支地，一爪后伸相交似托一物。正中雕有一圆拱形小龛，内凿一身结跏趺坐佛像，有高馒头形肉髻（图一二）。

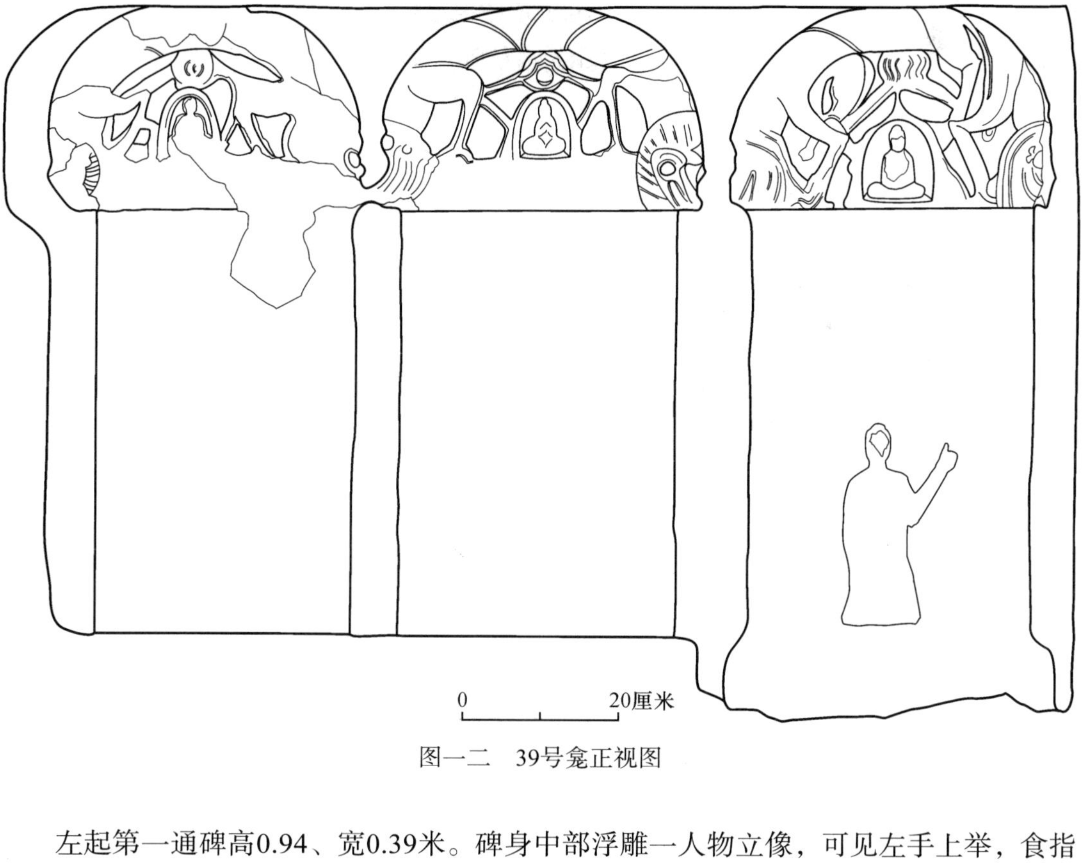

图一二　39号龛正视图

左起第一通碑高0.94、宽0.39米。碑身中部浮雕一人物立像，可见左手上举，食指竖起，余指弯曲。

第二通碑高0.87、宽0.39米。碑身中下部有题记，自右向左，自上而下曰“惟天寳拾壹□/（岁）次壬辰□□/廿五日发心□/□此龛□□/普令□□/贰□供养”。

第三通碑形制与左碑同，但雕凿略显粗糙，碑身残损严重，似未雕凿完成，高0.86、宽0.34米。

四、结　语

（一）千佛寺摩崖造像的价值及意义

千佛寺摩崖造像是渝西地区一处保存较好的佛教遗迹，题材丰富，雕刻精美，不但丰富了潼南石窟造像实物材料，也为研究川渝地区石窟寺，以及晚期佛教在渝西、川东地区传播路径提供了新的实物材料。

千佛寺摩崖造像发现了27则文字题记，从可辨识的题记中可获取一些重要信息。39号龛题记提到“天宝拾壹年”，这是千佛寺目前发现的最早的题记，表明千佛寺至迟在752年就开始开凿。7、17号龛分别有“开寳三年”“开寳四年”的纪年题记，其雕造风格具有明显的晚唐特点。而3、10、11、17号龛中均提到“令狐”氏，记载了令狐家族在千佛寺捐建造像的事迹，为研究其家族史提供了重要材料。

千佛寺摩崖造像题材丰富，其晚唐造像题材愈加多元。除常见的组合题材，还有释、道兼具的风格。20号龛内有道教的一天尊二胁侍二女真，后壁的天龙八部造像却是典型的佛教题材。川渝地区晚唐至宋崇拜对象多元化、造像风格去经典化的地域特征在四川巴中、安岳等地都有发现①。19、20、29、30、36号龛中的菩提双树、人形天龙八部及菩提瑞像属于密教因素，该类题材在初唐时两京地区佛教造像中有由显入密的过程，晚唐川渝地区造像出现的双树、八部造型也可视为受两京地区的造像风格的辐射和影响，同时，千佛寺摩崖造像中此类题材也有自身特征。北宋造像中地藏龛造像有三龛，表明当地民众对地藏信仰的重视，这与五代动乱后百姓对死后世界的惶恐与祈佑有关。

（二）相关寺院建筑

千佛寺摩崖造像遗址命名源于造像所在地小地名的称谓，而要确认是否存在与摩崖造像相关的寺院遗址，还需要进一步工作。当地老百姓说该地曾名鸿恩寺，寺庙已无

---

① 胡文和、曾德仁：《四川道教石窟造像》，《四川文物》1992年第1、2期。

存，后因崖壁造像得名千佛寺。《潼南县志》①《遂宁县志》②《大正新修大藏经》③均无相关资料，历次全国文物普查中亦无相关记录。但可以肯定的是，崖壁上分布有长方形榫孔，高度相当，而我们在对崖壁前的区域进行发掘时也发现有柱洞、基石及板瓦残片等，推测此处曾有建筑，但规模、布局暂不可考，有待进一步的考古工作和更多的文献证据。

（三）今后的工作思路

千佛寺摩崖造像是偶然发现的，由于遭到破坏及无法查阅到相关资料，其规模和性质暂时无法确定。2011年年底我们对暴露的崖面进行了清理，揭露了一定区域的石刻造像，并采取措施提取文物信息，积极推动后续保护方案的制定和实施。另外，由于造像崖壁岩体大部仍被掩埋，不能确定是否还有造像，这就需要我们在对已暴露造像进行科学保护的同时，展开对可能存在的其他石刻造像的探索。

附记：本次考古工作领队为邹后曦，执行领队为方刚，工作人员有于桂兰、刘青莉、徐鹰、陈锐，四川大学历史文化学院白彬、董华锋、谭登峰、江滔对造像遗址进行了三维扫描，照片李应东、董小陈拍摄，现场绘图刘军幸、杨晓鹏、席晨、尚小丽、胡月婷完成，墨线图由师孝明绘制，电脑制图由陈锐完成。本次工作得到了重庆市文物局的高度重视，黄克忠研究员、白彬教授、董华锋博士等给予了专业上的指导，潼南县政府、文广新局、文物管理所及崇龛镇政府为本次工作给予了大力支持和协助，谨致谢忱。

执　笔：于桂兰　方　刚　刘青莉　邹后曦

---

① 王安镇修，夏璜纂，《潼南县志》，1915年；四川省潼南县志编纂委员会：《潼南县志》，四川人民出版社，1993年。

② 《中国地方志集成·四川府县志辑·民国遂宁县志》，巴蜀书社，1992年。

③ 〔日〕高楠顺次郎、渡边海旭监修，小叶玄妙等编辑校勘，1934年印行。笔者参照的为中华电子佛典协会（Chinese Buddhist Electronic Test Association）发行的光盘版。

合川区观山坡墓群发掘简报

重庆市文化遗产研究院
合川区文物管理所

合川城区位于四川盆地东部，重庆市西北部，距重庆56千米，地处嘉陵江、渠江、涪江三江交汇处，属川中丘陵盆地，为平缓丘陵地形。在近年城区的基本建设过程中，不断地有零星古代墓葬发现。2011年，结合合川城区新盈房地产工程建设，重庆市文物考古所组织考古工作人员调查勘探发现及抢救性发掘了观山坡墓群。

墓地行政地属合川区合阳街道办事处。墓地东邻渝南路，南邻北环路，西邻派斯学院校舍区，北邻金路汽车修理厂。因城市建设需要，我们对建设范围内进行了调查勘探，共计发现宋代石结构墓葬1座，明清时期石结构墓葬7座，随后对其进行了抢救性保护发掘及资料留取。由于破坏较严重，同时期墓葬形制结构相似，仅介绍形制结构保存相对完整的4座墓葬（图一）。

一、宋代墓葬

仅1座，编号M3。

墓向85°。竖穴土圹石结构单室墓，用石板、条石以榫卯构筑。墓圹残长3.73、宽1.67、残深2.2米。墓葬直接位于平整后的紫红色页岩（俗称石谷子）上。墓葬由封门、棺床、侧龛、后龛及藻井等部分组成。封门被破坏，仅残留基底部分。整块石板平铺为棺床，棺床与两侧基座及封门之间留有排水沟。墓壁由两层条石砌筑基座，侧壁由石板构筑双侧龛，龛柱上剔地高浮雕刻青龙、白虎及男侍，后壁由石板内收构筑后龛，雕刻仿木结构的厅堂建筑及侍女等；与两侧龛对应，砌筑双藻井，藻井盖破坏不存（图二）。

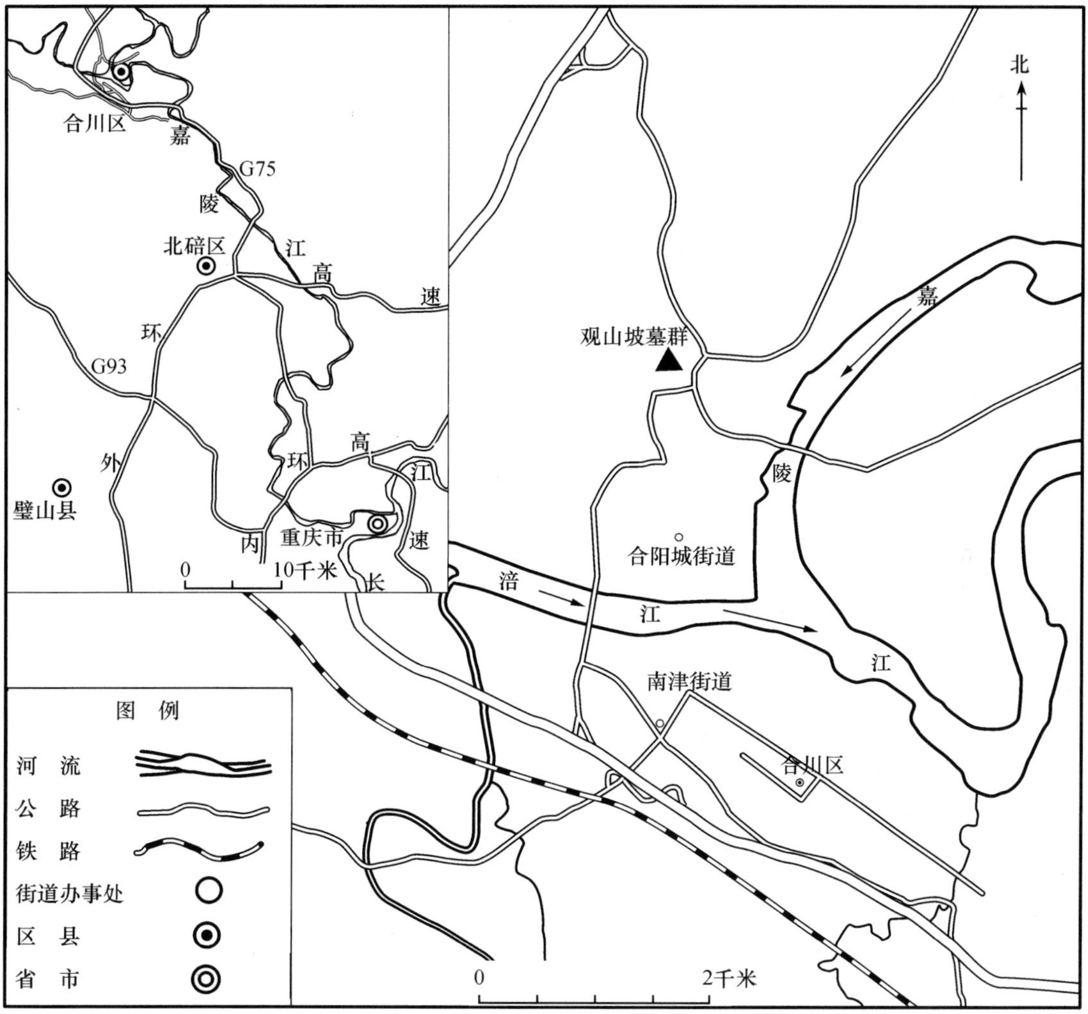

图一　合川区观山坡墓群位置示意图

1. 封门

直接建于第一层基底上，仿木门结构，仅存左侧障水板下部，散落于墓葬一旁。

2. 棺床

棺床由整块石板平铺，长2.35、宽0.7、厚0.19米，棺床与侧壁及封门的排水沟宽0.05～0.06、深0.19米。

3. 基础石

墓葬有两层基础石，第一层四面合围，第二层三面合围。封门基础石宽1.51、残

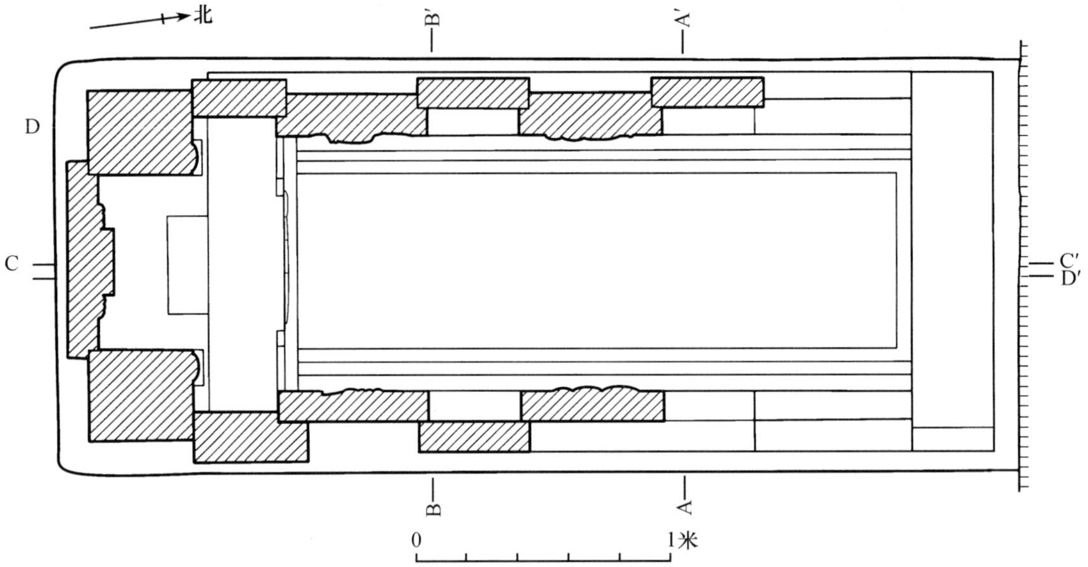

图二　合川区观山坡墓群M3平面图

高0.38、厚0.3米。两侧壁第一层基础石由两条条石砌筑，前侧条石长0.62、最高0.42、厚0.36米，后侧条石长0.18、最高0.42、厚0.36米。后壁第一层基础石宽0.14、高0.42、厚0.92米。两侧壁第二层基础石前侧部分破坏不存，后侧石条长1.8、最高0.42、厚0.24米，三等分为长方形石刻画框，画框外框长0.46、高0.26米，内框长0.4、高0.2米，框内减地高浮雕花卉，大部分模糊不清，仅右侧壁第一框内较清晰，内容为莲花；后壁第二层基础石宽1.2、高0.34、厚0.86米，剔地起突高浮雕神兽戏绣球。

4. 侧龛

左右各两个侧龛，侧龛由石板构筑，高1.02、宽0.36、深0.12米。墓室封门与前部侧龛的立柱破坏不存，侧龛之间立柱高1.02、宽0.56、厚0.2米，侧龛与后壁之间立柱高1.02、宽0.6、后0.2米。

右壁前、后侧龛之间立柱雕刻白虎，剔地起凸高浮雕，浮雕通高0.94、最宽约0.38米，起突最高约4厘米。虎目圆睁，口微张，两耳略向后倾，身细长，刻出少许简单的斑纹，虎头长鬣向后方飘起，背脊刻作鳍，头下尾上，脚踏祥云奔跑状。右壁后龛立柱雕刻男侍，剔地起突高浮雕，浮雕残高0.82、最宽约0.38米，起突最高约4厘米。头顶绾髻，浓眉大眼，国字脸，大耳垂几近肩部，身着圆领窄袖及地长袍，腰间围系腰带，右手执流苏于腰前，左手托举球形物与肩齐高，被破坏不可辨识（图三）。

墓室左壁前龛立柱雕刻青龙，剔地起突高浮雕，浮雕通高0.94、最宽约0.46米，起

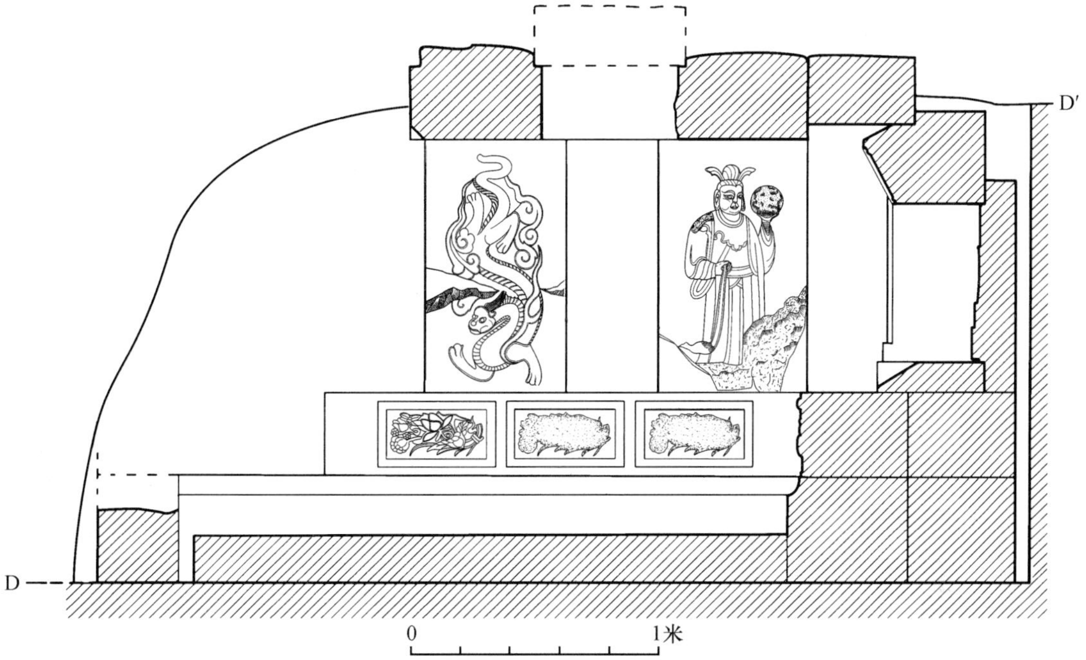

图三　合川区观山坡墓群M3纵剖视图（D–D＇）

突最高约4厘米。龙目圆睁，张口露牙，身细长、刻鳞甲，龙头长鬣向后飘起，背脊刻作鳍，头下尾上，露四足，脚踏祥云，右前足撑地，左前足握龙珠。左壁后龛立柱雕刻男侍，形象与右壁后龛立柱男侍相近，剔地起突高浮雕，与右侧男侍相对而立，风化破坏严重，通高0.9、最宽约0.38米，起突最高约4厘米。头顶绾髻，面容模糊不清，左手执流苏于腰前，右手托举球形物与肩齐高，被风化破坏不可辨识（图四、图五）。

5. 后龛

为石刻仿木结构建筑，由五块石板构筑，后龛宽0.7、高0.64、深约0.36米。方形基座长1.24、宽0.44、高0.13米，中部凿斜坡梯道，梯道长18、宽40、高10厘米。基座两侧条石对称雕刻突出一半的圆形柱础石及立柱。后龛中部雕刻一把椅子，两侧正面各雕刻一女侍，剔地起突高浮雕，右侧女侍头绾双髻，柳眉杏眼，身着右衽窄袖短袍，下身穿及地长裙，双手捧一奁盒于胸前，小腿部以下破坏不存，左侧女侍风化破坏较甚，大部分不可辨识，从残留痕迹推测与右侧女侍相近。后龛两侧立柱上雕刻横梁，横梁上等距雕刻 4 个一斗三升斗拱，斗拱上部雕刻成斜坡状房檐，两侧檐角上翘，房檐中部竖挂一匾额，雕刻“福壽”两字（图六）。

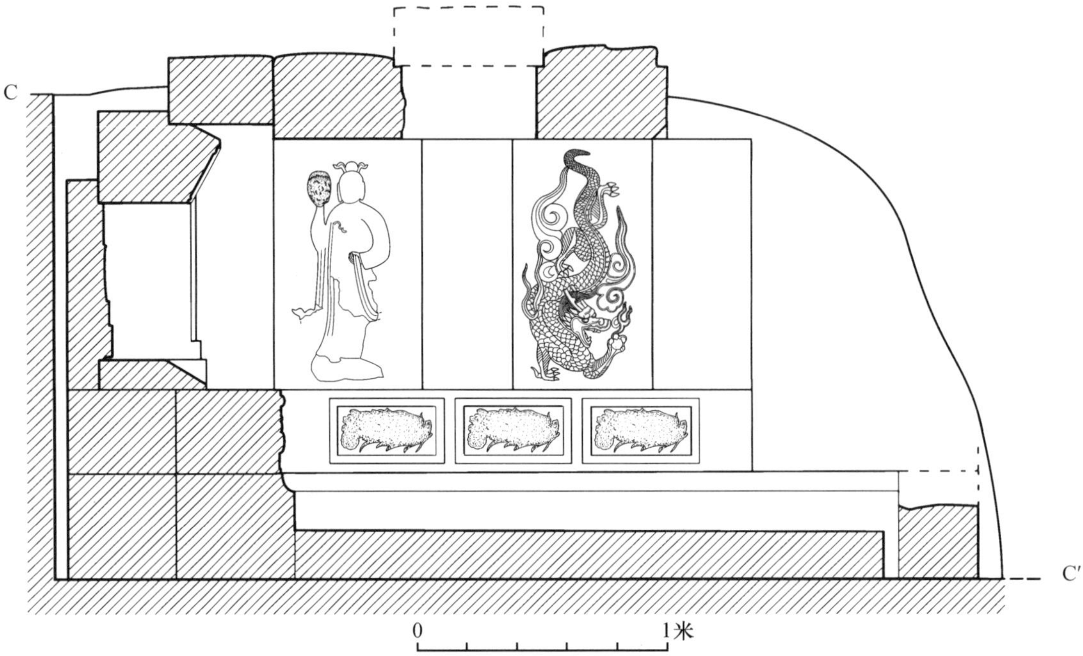

图四　合川观山坡墓群M3纵剖视图（C-C′）

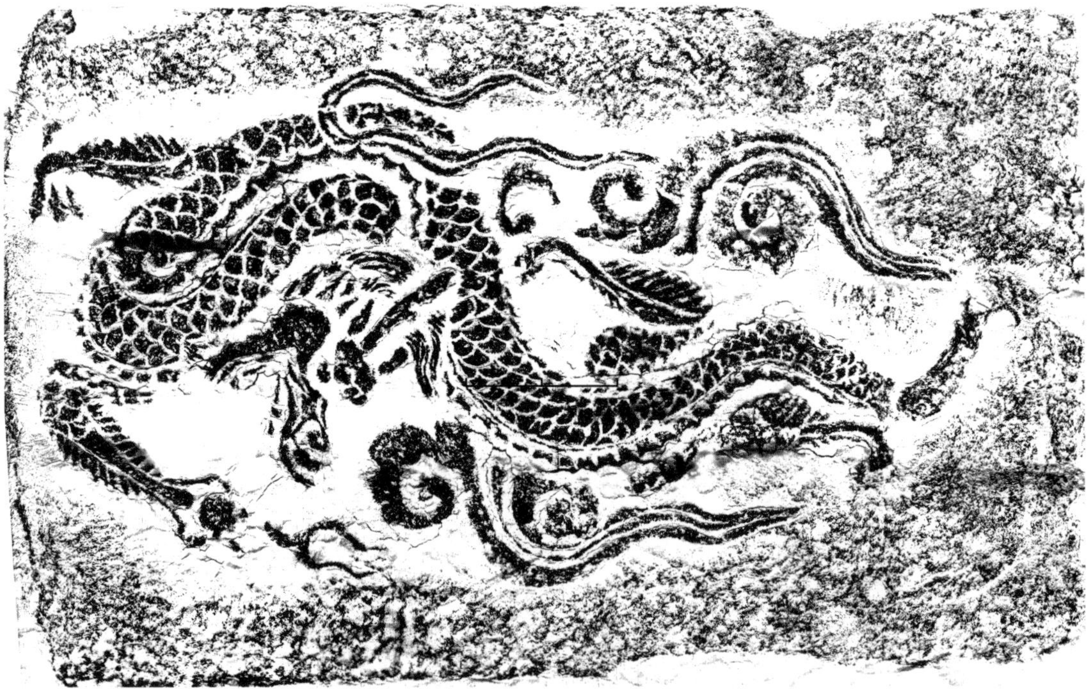

图五　合川区观山坡墓群M3侧龛青龙拓片

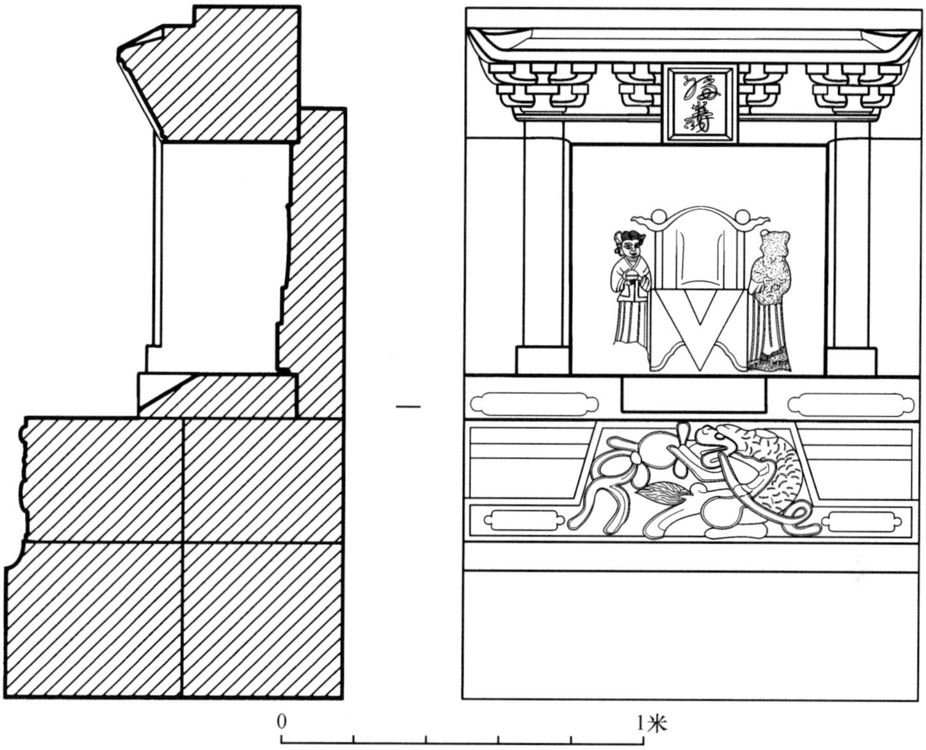

图六　合川区观山坡墓群M3后龛正、剖视图

6. 藻井

从墓葬残留形制推测墓葬应为双藻井，墓顶前部、后部藻井均由带榫卯横梁及藻井顶盖板石组成。墓顶前部藻井近封门处横梁、壁柱和藻井顶盖板石已经遗失不存，与后部藻井共用横梁，其前端为弧形拱，横梁长1.54、高0.36、厚0.5米，推测前部藻井为拱形顶。墓顶后部藻井顶盖板石遗失不存，由前部藻井共用横梁、后部横梁组成一长方形藻井，后侧横梁正面剔地起突高浮雕玄武一只，后侧横梁长1.54、高0.36、厚0.5米（图七）。

二、明代墓葬

明代墓葬7座。

（一）M1

该墓破坏较严重，封门及墓室顶部完全暴露且部分垮塌。墓葬平面呈长方形，双室，墓向134°，墓室由左及右分别命名为M1-1、M1-2。该墓为竖穴土圹石结构，墓室

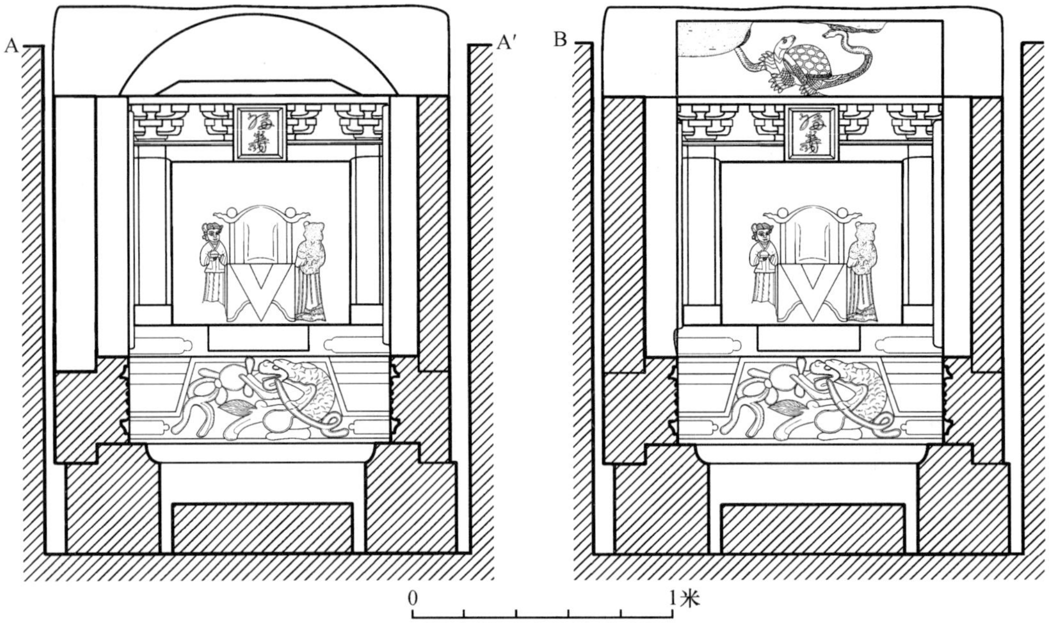

图七　合川区观山坡墓群M3横剖视图（A–A＇、B–B＇）

由石板构筑而成，平顶。土圹残长2.58、宽1.88、深0.86米。墓室通长2.66、宽1.8、高1.24米。左侧墓室M1-1室内长2.2、宽0.7、高0.79米，后龛宽0.42、高0.54、深0.2米。右侧墓室M1-2室内长2.2、宽0.62、高0.79米，后龛宽0.34、高0.54、深0.2米，残留封门，由两块石板构成，宽0.26～0.43、高0.12、厚0.12米。墓壁及顶部均用石板构筑，墓壁石板长0.2～1、高0.4～0.54、厚0.14～0.2米。墓顶石板长0.34～0.1、宽0.82～0.9、厚0.3米。墓底用5块石板铺底，石板厚0.15米，底板与壁之间有2厘米宽的排水槽（图八）。

M1盗扰严重，墓室下部淤积较厚一层泥沙，上部堆积大量近现代垃圾，仅在M1-2号墓室后龛出土1个瓷碗。

瓷碗　1件（M1：1），红褐胎。轮制。敞口，尖唇，斜腹，圈足外撇。圈足内壁有刀斜削痕迹，内外壁施酱釉，均不及底。口径15.4、底径5.4、高5.4厘米（图九，1）。

（二）M2

该墓破坏较严重，墓葬平面呈长方形，残存四个墓室，墓向134°，墓室由左及右分别命名为M2-1、M2-2、M2-3、M2-4，仅M2-1保存较完整，M2-2残存部分墓底及后壁，M2-3、M2-4均仅存后壁。该墓为竖穴土圹石结构，墓室由石板、条石构筑而成，前平顶后拱顶。土圹残长4、残宽4.4、深1.8米。墓葬分为前廊道、后墓室，通长3.9、残宽4.22、高1.7米，墓室间的廊道留门道相通。

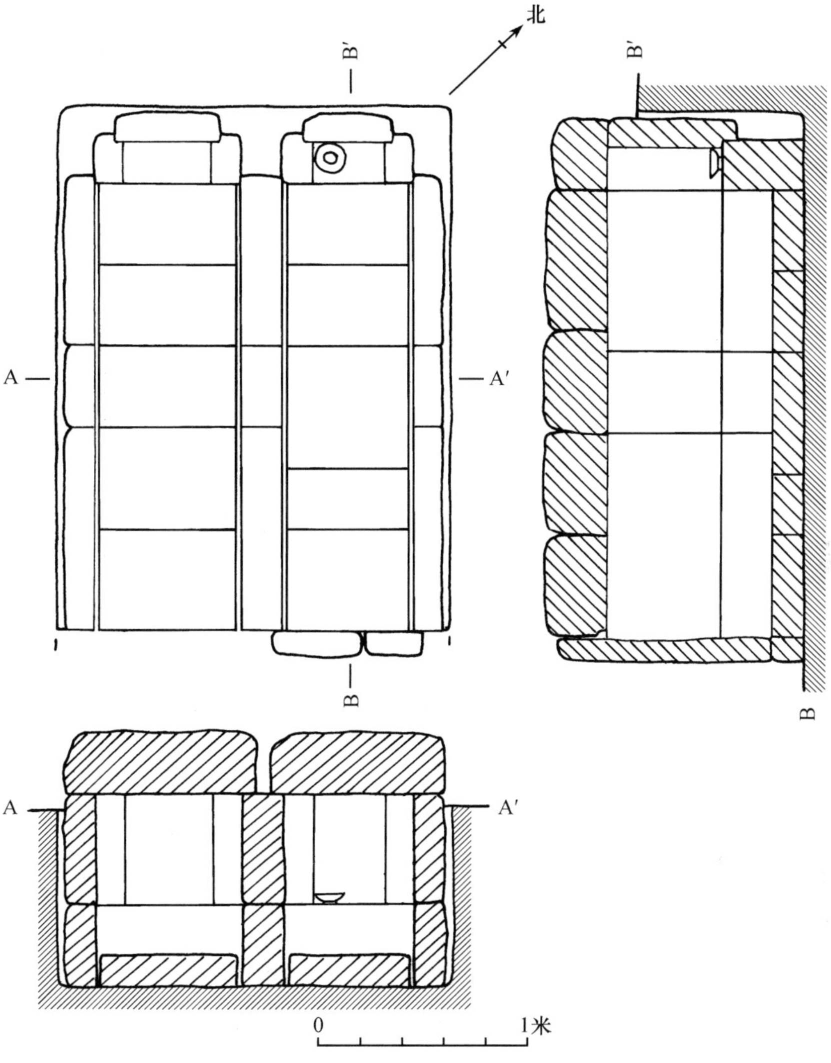

图八　合川区观山坡墓群M1平剖视图

M2-1室内长2.3、宽0.82、高1.4米，后龛宽0.42、高0.44、深0.12米。墓门为两扇素面的仿木结构格扇门构成，每扇石门宽0.47、高1.1、厚0.08米，其中格心宽0.28、高0.32米，绦环板宽0.28、高0.1米，裙板宽0.28、高0.32米。墓室前部由一块石板加工成门楣，长1.14、宽0.64、厚0.19～0.24米，其后由5块长石条纵向构筑成拱顶，前端用石块封堵，石条长约1.66米。墓壁用整块石板构筑，长2.4、高1.2、厚0.22米。墓底用3块石板铺底，石板厚0.1米，底板与墓壁之间有6厘米宽排水槽。

M2-2破坏较严重，残留部分前廊道底板、墓室底板及后龛。M2-3、M2-4仅残存后龛（图一〇）。

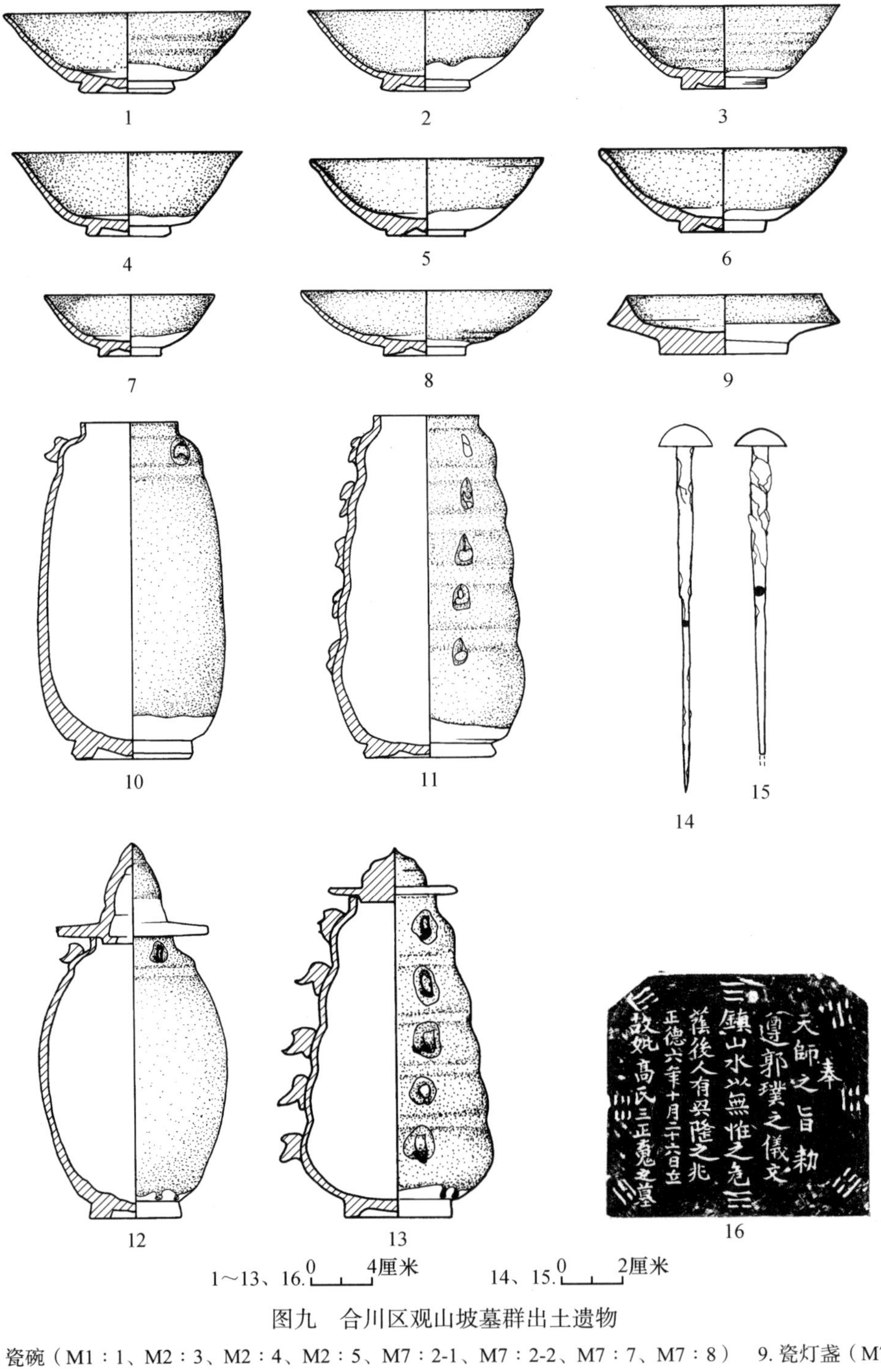

图九　合川区观山坡墓群出土遗物

1～8. 瓷碗（M1：1、M2：3、M2：4、M2：5、M7：2-1、M7：2-2、M7：7、M7：8）　9. 瓷灯盏（M7：5）
10～13. 衣禄罐（M2：1，M2：2，M7：3、4，M7：1）　14、15. 铜簪（M7：6-1、M7：6-2）
16. 石券（M2：6）

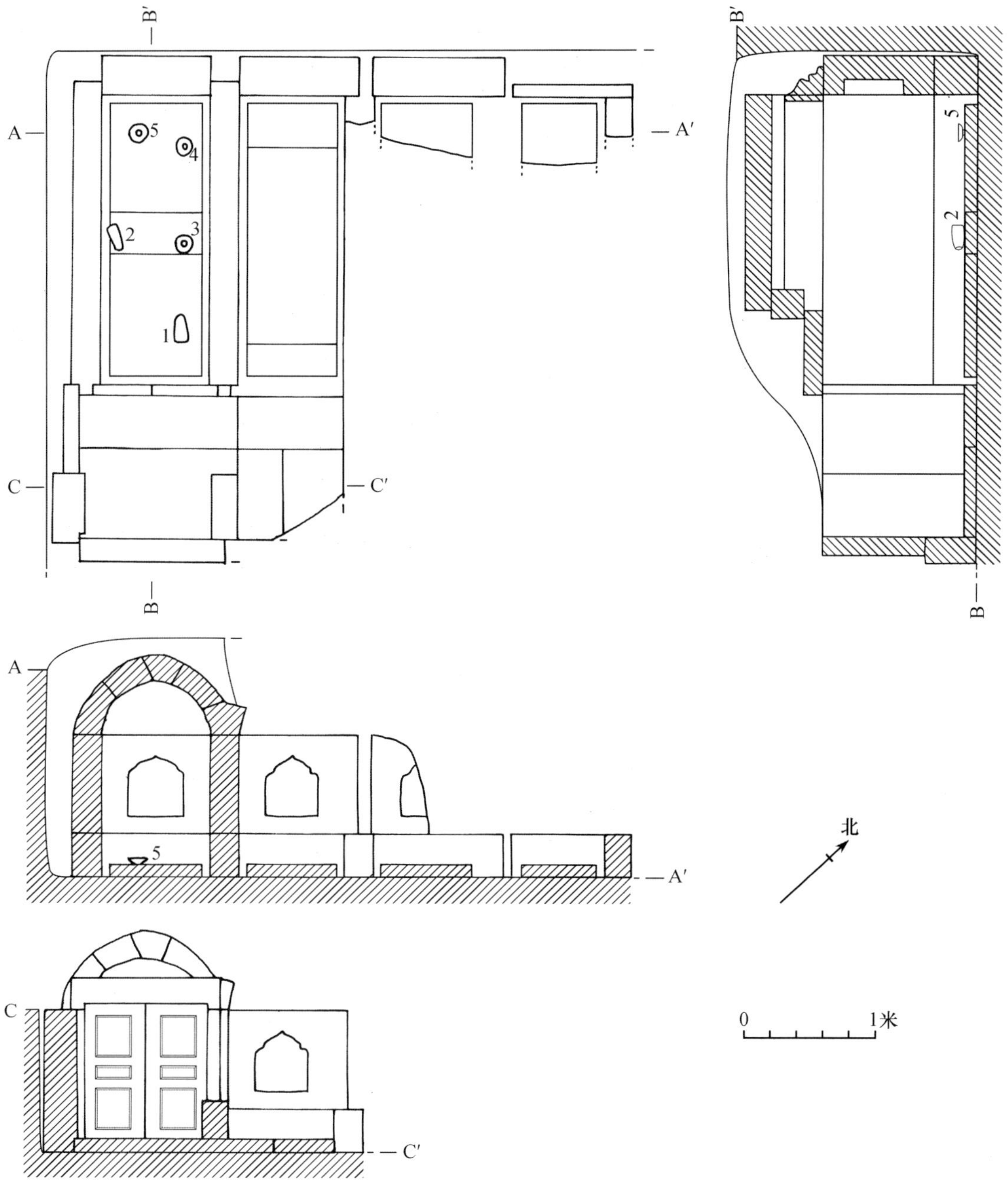

图一〇　合川区观山坡墓群M2平、剖视图

墓葬破坏较严重，在M2-1墓室内出土衣禄罐2件，粗瓷碗3件，在M2-2墓门处出土石券1件。

衣禄罐　2件。M2：1，红褐胎。轮制。口微敞，方唇，短颈，弧腹，矮圈足，足墙外撇，内外壁均斜削。肩部附加冠形3耳，肩下部饰一周凹弦纹，器底有鸡心凸，外壁施黄绿釉至下腹部。口径6.8、底径8、高22.6厘米（图九，10）。M2：2，红褐胎。轮制。直口，方唇，短颈，矮圈足，足墙外撇，内外壁均斜削。整体呈宝塔形，由下至上逐级缩小，共五级，每级均附加冠形3耳。外壁施黄绿釉至下腹部。口径6.8、底径8.4、高22.9厘米（图九，11）。

瓷碗　3件。M2：3，红褐胎。敞口，尖唇，斜腹内收，矮圈足，足墙外撇，足内壁斜削一周。内外壁皆施酱釉，不及底。口径15.4、底径5.8、高5.4厘米（图九，2）。M2：4，红褐胎。敞口，尖唇，斜腹内收，矮圈足，足墙外撇，足内壁斜削一周。内外壁皆施酱黄釉，不及底。口径15.2、底径5.6、高5.6厘米（图九，3）。M2：5，褐胎。敞口，尖唇，斜腹内收，矮圈足，足墙外撇，足内壁斜削一周。内外壁皆施酱釉，不及底。口径15.2、底径5.6、高5.6厘米（图九，4）。

石券　1件。M2：6，石质，红褐色砂岩。平面近方形，上部两角斜削，宽17.2、高16.2、厚4厘米。石券外围阴刻后天八卦图，顺时针分别为“☰”（乾）、“☵”（坎）、“☶”（艮）、“☳”（震）、“☴”（巽）、“☲”（離）、“☷”（坤）、“☱”（兑）。八卦图内阴刻“奉』天師之旨敕』遵郭璞之儀文』鎮山水以無怪之危』蔭後人有興隆之兆』正德六年十月二十六日立』故妣高氏三正魂之墓”（图九，16）。

（三）M7

该墓保存较完整，仅顶部封土被破坏，墓向140°。该墓为竖穴土圹石结构，以石板、石条构筑，墓葬结构包含土圹、挡墙、前堂及后室。土圹长4.52、最窄处约0.8、最宽处2.42、残深约2米。土圹与墓室之间空隙填满红褐色风化石花土，较致密。墓室前部由不规则石条建八字挡墙，左挡墙长约0.5，高约1.1米，右挡墙外撇较甚，长约0.8、高约1.1米。封门由整块石板封堵，宽0.74、高0.78、厚0.1米，被挤压断为上下两块。前厅由石条横向构筑成拱顶，两侧由加工近半圆的石板封堵，用一块石板铺底，悬空。墓门由两扇仿木结构石门构成，门上穿洞装饰铁环一对，侧壁对称各2个侧龛，后壁1个后龛，前部由条石纵向构筑成拱顶，两侧由加工近半圆的石板封堵，后部用1块石板构筑成平顶，墓底用2块石板铺底，厚0.1米，悬空，与侧壁及后壁留6～12厘米排水槽（图一一）。

随葬品较少，多为粗瓷器，集中在墓底后部。

衣禄罐　2件。M7：1，灰褐胎。轮制。直口，方唇，短颈，矮圈足，足墙外撇。整体呈宝塔形，由下至上逐级缩小，共五级，每级均附加冠形3耳，外壁施酱釉至下腹

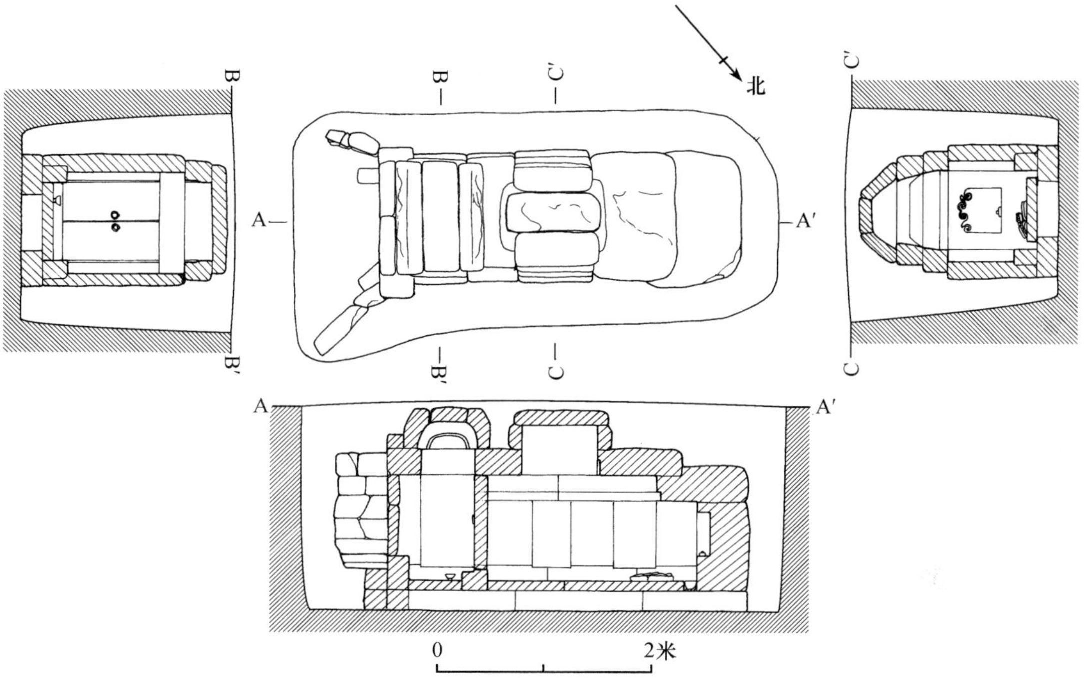

图一一　合川区观山坡墓群M7平面结构及平、剖视图

部，带盖。口径5.6、底径6.8、通高24.8厘米（图九，13）。M7：3、4（器身、器盖合为一套），灰褐胎。轮制。直口，方唇，短颈，弧腹，矮圈足，足墙外撇。肩部附加冠形3耳，肩下部饰一周凹弦纹，外壁饰黑釉至下腹部。有滴釉，带盖，盖尖扭施黑釉。口径5.6、底径6.2、通高25.2厘米（图九，12）。

瓷碗　4件。M7：2-1，红褐胎。敞口，尖唇，斜腹，圈足，足内斜削，内外壁施酱釉，均不及底。口径15.3、底径5.2、高5.2厘米（图九，5）。M7：2-2，红褐胎。敞口，尖唇，斜腹，圈足，足内斜削。内外壁施酱釉，均不及底。口径16.2、底径5.6、高5.6厘米（图九，6）。M7：7，灰胎。敞口，尖唇，斜腹，圈足，足墙外撇，足内斜削。内外壁施酱釉，均不及底。口径11.2、底径4.2、高4.1厘米（图九，7）。M7：8，褐胎。敞口，尖唇，斜腹，圈足，足内斜削。内外壁施酱釉，均不及底。口径16.2、底径5.5、高4.4厘米（图九，8）。

瓷灯盏　1件。M7：5，红褐胎。整体呈碟状。内外壁施酱釉。高4厘米（图九，9）。

铜簪　2件。M7：6-1，铜质。通长13.35厘米（图九，14）。M7：6-2，铜质。残长10.9厘米（图九，15）。

三、结　语

四川盆地宋代石室墓比较突出的一个特点就是雕刻，或繁杂或简单，如观山坡墓群M3，主要采用剔地高浮雕的手法，结合浅浮雕、圆雕、线刻等手法，雕刻的神兽生动活泼、表现手法细腻多变；仿木结构的斗拱、房檐，忠实的反映了当时的建筑技术及风貌，人物服饰图案细腻清晰，对研究古代服饰提供了直观的材料。

本次发掘的观山坡墓群M3为对称双侧龛加一后龛的单室石室墓，M3的仿木结构雕刻、花卉等雕刻，宋代风格明显，是重庆地区比较典型的宋代石室墓墓内雕刻风格，断定这座墓葬时代为宋代无疑。

观山坡墓群M2出土石券有明确的纪年“正德六年”，其出土的衣禄罐、粗瓷碗与观山坡墓群M1、M7形制相似，推断应为同时期墓葬，为明代墓葬无疑。同时M2出土的阴刻八卦图案的石券，在明代墓葬中偶有出土，在湖北、湖南、四川等地均有相似遗物出土，反映了墓主人的宗教信仰。

附记：本次发掘工作领队邹后曦，参加本次发掘工作的还有重庆市文物考古所的周勇、贾晓琦，合川区文物管理所的周俊涵。发掘工作还得到了合川区文物管理所的大力支持和协作，在此一并表示感谢。

资料整理：周　勇　贾晓琦　周俊涵
绘　　图：周　勇　贾晓琦
电脑制图：赵振江　周　勇
执　　笔：周　勇　邹后曦

合川区观山墓群宋代石室墓发掘简报

重庆市文化遗产研究院
合川区文物管理所

一、绪　　言

观山墓群位于重庆市合川区合阳街道办事处盘龙村六社，地处合川城区北部东西向山丘的南坡，合川区环城大道北侧，东面为合川汽车总站，西南为重庆工商大学派斯学院，西北为始建于唐开元年间的濮岩寺，中心地理坐标为北纬30° 00′ 34.9″，东经106° 15′ 42.3″，海拔218米，属合川区环城大道一期建设工程征地区（图一）。

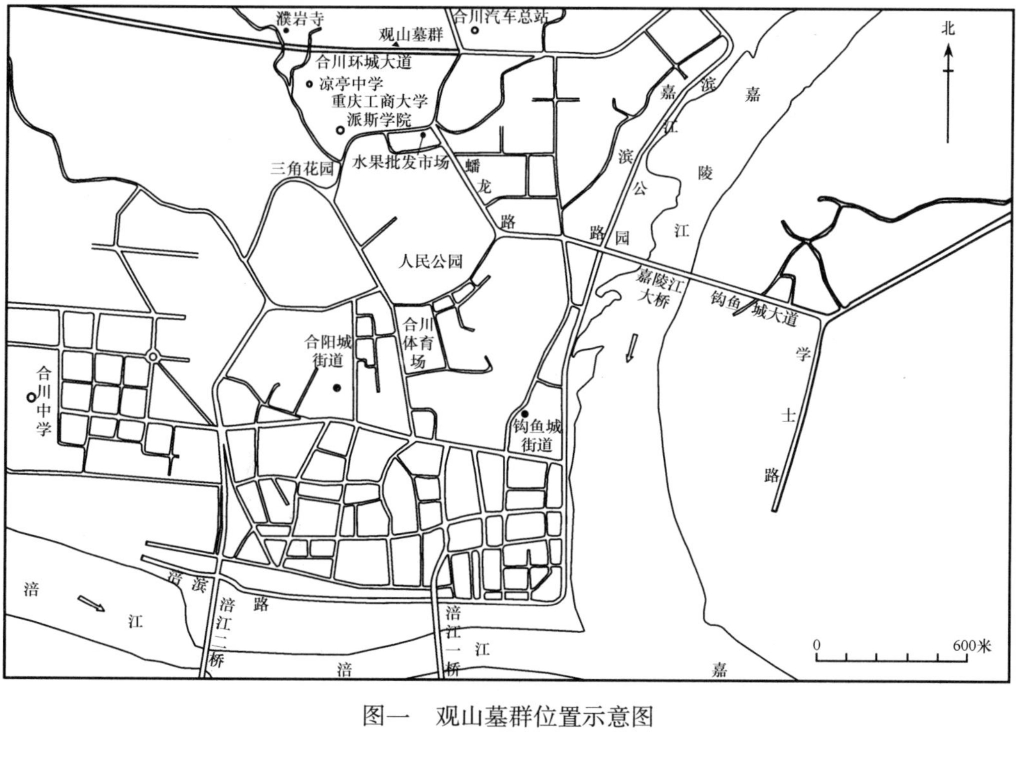

图一　观山墓群位置示意图

为配合合川区环城大道建设，重庆市文物考古所（重庆市文化遗产研究院前身）、合川区文物管理所于2011年4月20日至5月15日对该墓群进行了抢救性发掘。此次发掘面积共300平方米，发掘墓葬7座，其中宋代石室墓5座，编号为M1、M2、M5、M6、M7（图二）。现将宋代石室墓发掘情况简报如下。

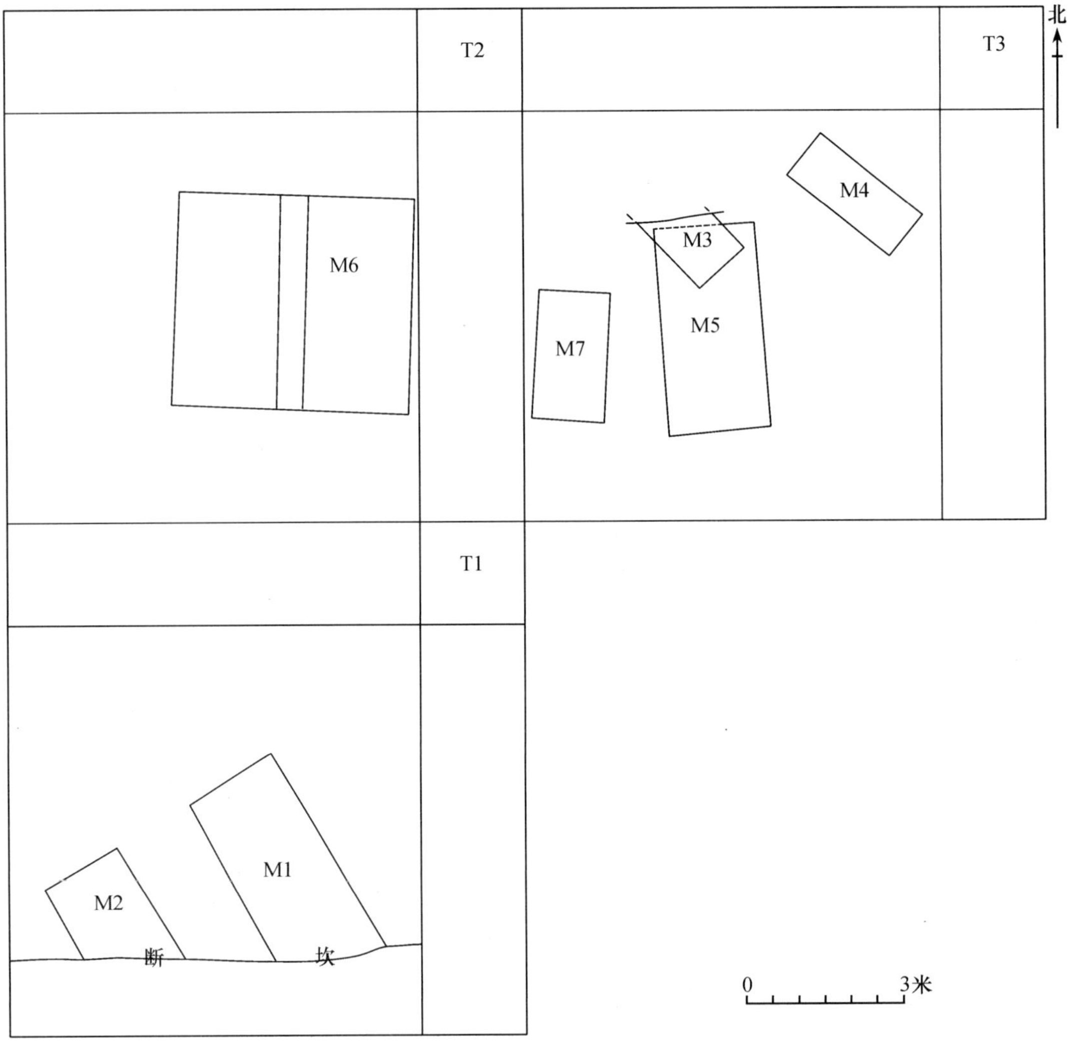

图二　墓葬分布图

二、发掘情况

宋代石室墓均叠压于耕土层下，打破侏罗纪红褐色砂岩层。从墓葬形制上看，可以分为单室墓和双室墓两类，现分别介绍如下。

（一）单室墓

单室墓共发现4座，编号分别为M1、M2、M5、M7，墓室均为仿木结构。其中M1、M2形制接近，由于M2残损较甚，这里仅对M1、M5、M7进行介绍。

1. M1

墓向150°。用青灰色细砂岩石质构件构筑。墓圹平面呈长方形，长4.36、宽1.8、深2.54米。墓葬早年遭到人为破坏。翼墙多数石条残损，墓门、墓室前部残损严重。墓室两侧壁靠近后壁处各有一龛，后壁也有一龛（图三；图版五一）。

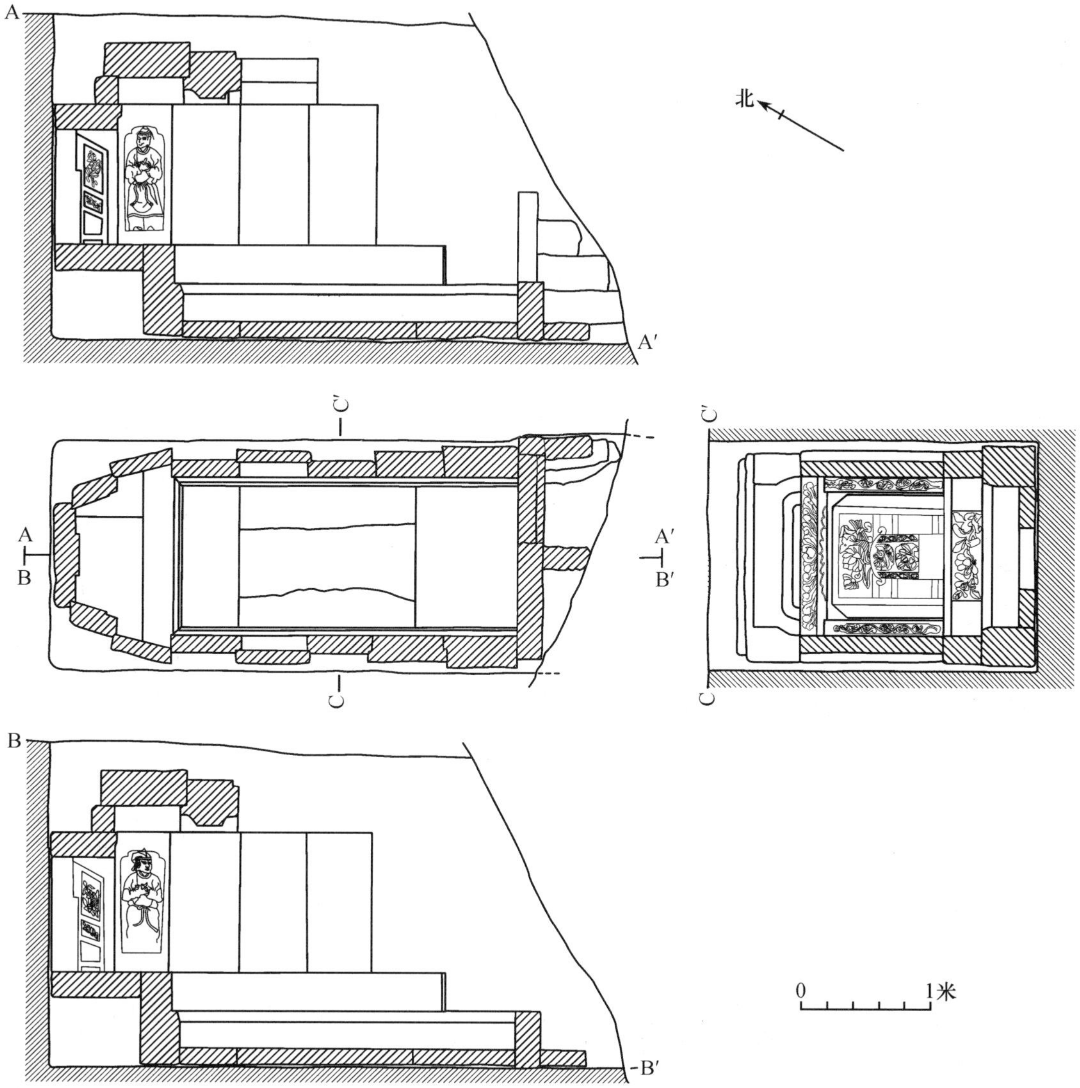

图三　M1平、剖面图

翼墙位于墓门前端，左右两侧翼墙平行，右侧翼墙仅存少许，左侧现存部分由4层条石砌成，残长0.52、残高0.8米。

墓门位于墓室南部，先于墓圹底部两侧竖向铺长方形石条作为壁基，再于壁基石顶面左右两侧各竖置一块石板作为门柱。两侧门柱上再横置一石条构筑门额。门前现存上、下两层封门石，下层封门石长0.16、高0.46、厚0.21米，上层封门石残长0.7、残高0.7、厚0.16米。

棺床，在墓圹底部铺两横向一顺墓向石板构筑而成，长2.56、宽1.1、高0.15米。顺墓向的石板中间缺失，缺失部分长1.34、宽0.48米。在棺床上顺墓向左右两侧铺设两层石条构筑壁基，下层石条长2.56、高0.28、厚0.28米，上层石条残长2.08、高0.32、厚0.23米。壁柱位于壁基上方，为前后两对左右竖置于壁基上的石板组成，宽0.52、高1.08、厚0.12米。

侧龛由台基、后壁、龛楣等石构件组成。台基为棺室壁基，两壁柱间置一后壁形成侧龛，后壁素面，宽0.51、高1.08、厚0.11米。

后龛平面近梯形，由壁基、第一重后龛、第二重后龛等部分组成。进深0.73、高1.28米。先于墓圹底部横铺一石块作为壁基，再在壁基上构筑承台。

第一重龛由台基、左右侧龛和藻井顶组成。进深0.44米。台基为一横向平铺石板，石板下为熟土二层台，台基正面为一横向纵砌石板，饰有花卉图案；台基顶面两侧布置左右侧龛，侧龛有龛台、后壁、龛楣组成，后壁龛面饰有人物图案，为行叉手礼的侍者形象（图四、图五；图版五二）。藻井顶叠涩构筑，相交于第二重后龛龛楣的两块石板，与“金玉以满华堂”条石围砌成三角形框架，顶部一石板叠压于三角形框架上形成三角形藻井。

第二重龛由台基、左右壁柱、后壁和龛楣组成。左右壁柱立面装饰有缠枝花草图案，正面有窗格装饰，窗格内有花卉图案装饰；后壁装饰双扇门扉，门扉前装饰靠背座椅，座椅靠背装饰有花卉图案，靠背上方也有花卉装饰（图六；图版五三，1）；龛楣为一横铺于壁柱的石板，装饰两层图案，第一层为火焰纹装饰，第二层为花草纹装饰。

壁柱和侧龛后壁顶部各置一拱形条石形成墓室顶部，仅存后侧壁柱上方条石，石条底部刻有“金玉以满华堂”字样（图七；图版五三，2）。

该墓后期遭严重扰乱破坏，未发现人骨、葬具和随葬品，葬式、葬具情况不详。

2. M5

（1）墓葬形制。

墓向170°。用青灰色细砂岩石质构件构筑。墓圹平面呈长方形，长4.25、宽1.92、

图四　M1第一重后龛东侧后壁人物拓片

图五　M1第一重后龛西侧后壁人物拓片

深1.98米。北部被M3叠压，早年遭到人为破坏，墓室顶部残损严重，墓室两侧壁中部各有一龛，后壁也有一龛（图八）。

墓门位于墓室南部，先于墓圹底部两侧竖向铺长方形石条作为壁基，再于壁基石顶面左右两侧各竖置一块石板作为门柱。两侧门柱上再横置一石条构筑门额（已亡佚）。

图六　M1后龛椅背拓片

门前现存两层封门，下层封门为横铺石条，长1.7、高0.19、厚0.29米，上层封门石长1.7、高1.66、厚0.21米。

棺床，在墓圹底部铺4块横向石板构筑而成，长2.76、宽0.96、高0.16米。墓圹底部顺墓向左右两侧铺设两层石条构筑壁基，下层石条长2.8、高0.29、厚0.29米，上层石条长2.8、高0.28、厚0.24米。棺床与下层壁基间有宽约0.04米的排水槽。壁柱由前后两对左右竖置于壁基的石板组成（前侧壁柱兼作门柱使用），壁柱上方用作顶部的石条已亡佚。壁柱宽0.62、高1.16、厚0.16米。

侧龛由台基、后壁、龛楣等组成。台基为墓室壁基，两壁柱间置一后壁形成侧龛，后壁素面，后壁上方用作顶部的龛楣已亡佚。后壁由两层顺墓向铺的石板组成，底层石板宽1.6、高0.54、厚0.12米，顶层石板宽1.6、高0.63、厚0.12米。

后龛由壁基、承台、龛柱、后壁等部分组成。进深0.79、高0.96米。先于墓圹底部横铺一石块作为壁基，在壁基上构筑熟土二层台，在二层台表面铺设石板构成承台。后龛有左右两对龛柱，前端龛柱顺墓向，较棺室侧壁内收，上方横置一石条与相交于后壁上的两块石条构成三角形藻井顶。后侧龛柱斜向内收。后壁前端由一石块构筑成座椅座面，后壁装饰有座椅靠背和窗格图案。

该墓后期遭严重扰乱破坏，未发现人骨和葬具，葬式、葬具情况不详。

（2）出土器物。

在棺床近后龛处发现2件瓷罐、1件瓷盏、1件铜镜和1件铁器（残损严重，器形无法辨识；图版五六，1）。

瓷罐　2件。M5：1，红褐胎。口微敛，窄平沿，矮领，溜肩，肩颈相接处有一周凸棱，肩部有对称双立耳，弧腹内收，有数道凸棱纹，外撇矮圈足。外壁上部施酱釉，下露白色化妆土。口径9.6、腹径16.8、底径10.8、足高0.6、通高18.9厘米（图九，1）。M5：3，紫红胎。侈口，窄平沿，束颈，溜肩，鼓腹，平底，外壁有轮旋痕。肩以上施酱釉，部分脱落。口径5.6、腹径11、底径6.7、通高15.6厘米（图九，2）。

瓷盏　1件。M5：4，红褐胎。敞口，宽折沿，平底。口沿及内壁施酱釉，部分脱落。口径11.2、底径4.2、通高3厘米（图九，3）。

铜镜　1件。M5：2，平面形状呈心形。长11.7～15.5、厚0.2～0.5厘米。近圆形钮，钮径1.1、钮高0.4厘米（图九，4）。

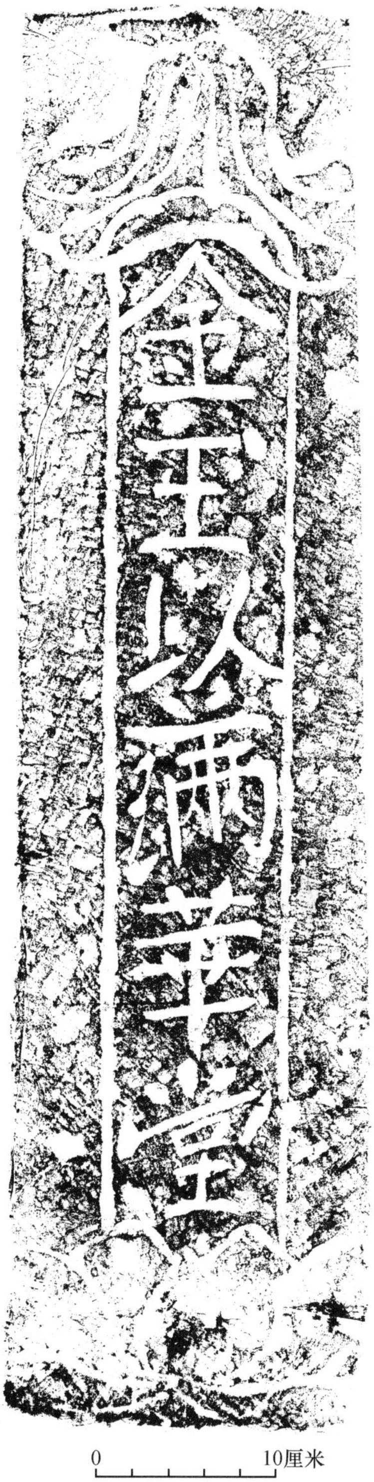

图七　M1“金玉以满华堂”拓片

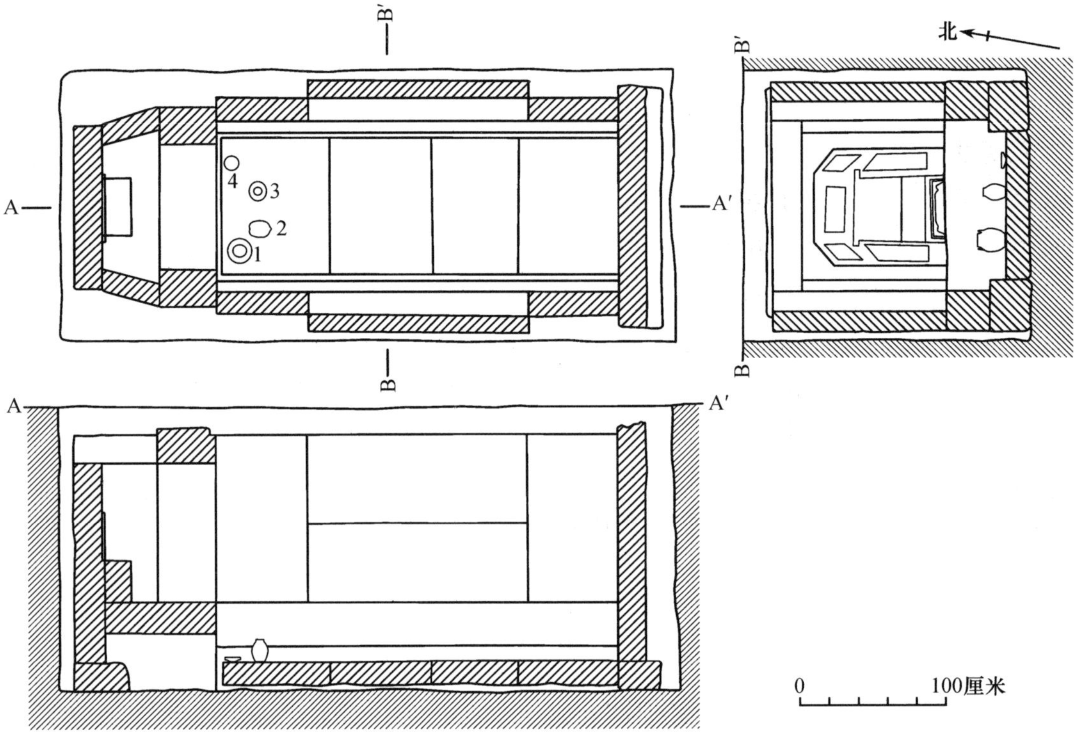

图八　M5平、剖面图
1、3. 瓷罐　2. 铜镜　4. 瓷盏

3. M7

（1）墓葬基本情况。

墓向183°。用青灰色细砂岩石质构件构筑。平面呈长方形，墓葬保存较好，墓圹长2.77、宽1.38、深1.88米。墓室两侧壁各有两侧龛，后壁也有一龛（图一〇；图版五五，1、2）。

墓门位于墓室南部，先于墓圹底部两侧竖向铺长方形石条作为壁基，再于壁基石顶面左右两侧各竖置一块石板作为门柱。两侧门柱上再横置一石板构筑门额。封门于墓圹底部横铺一长1.05、高0.19、厚0.21米的石条，石条顶面为两块竖置石板封门，封门石宽1.02、高1.08米。

棺床，在墓圹底部铺3块顺墓向石板构筑而成，长1.95、宽0.57、高0.14厘米。在墓圹底部顺墓向左右两侧铺设一层石条构筑壁基。棺床与壁基间有宽约8厘米的排水槽。壁柱由前后三对左右竖置于壁基的石板组成（前侧壁柱兼作门柱使用）。

两侧龛由壁柱与其间两石板相错布置而成，宽0.35、高0.8、进深0.104米。壁柱和

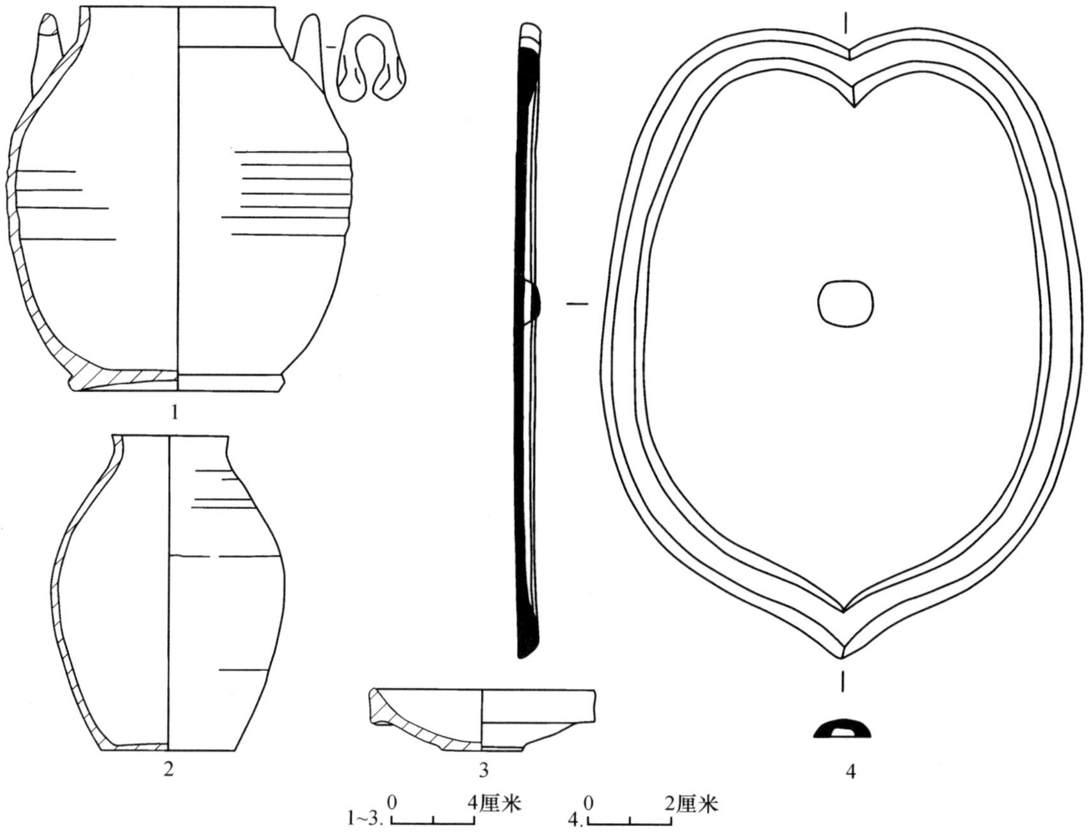

图九　M5出土器物

1、2. 瓷罐（M5：1、M5：3）　3. 瓷盏（M5：4）　4. 铜镜（M5：2）

侧龛后壁上方有两层石条，逐层叠涩内收，上铺石板形成盝顶，平面呈长方形，横剖面呈梯形。

后龛由台基、侧柱、后壁和龛楣构成，龛宽0.47、高0.49、进深0.18米。

未发现人骨和葬具，葬式、葬具不详。

（2）出土器物。

在后龛内发现1件瓷罐，在棺床最后一块石板上发现1件瓷碗、1件瓷罐、1件铜镜，在墓室东壁北侧龛处发现斜靠的石墓志1方（图版五六，2）。

瓷罐　2件。M7：1，紫红胎。侈口，窄平沿，沿面向内倾斜，束颈，溜肩，鼓腹，平底微内凹。上部施酱褐色釉，部分脱落。口径5.7、腹径11.2、底径7.1、通高16.9厘米（图一一，2）。M7：2，灰褐胎。口微敛，窄平沿，矮领，鼓肩，肩部有对称桥形耳，平底微内凹。上腹部及内壁施酱釉，部分脱落。口径9.3、腹径15.1、底径7.4、通高13.8厘米（图一一，1）。

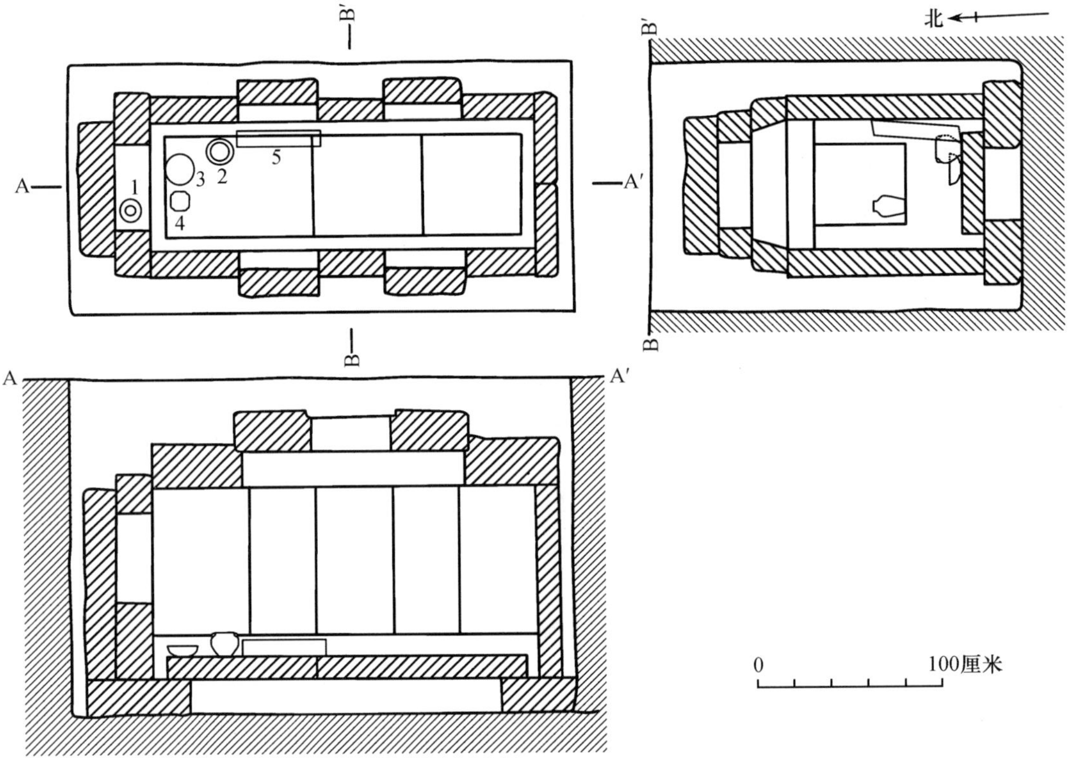

图一〇　M7平、剖面图

1、2. 瓷罐　3. 瓷碗　4. 铜镜　5. 石墓志

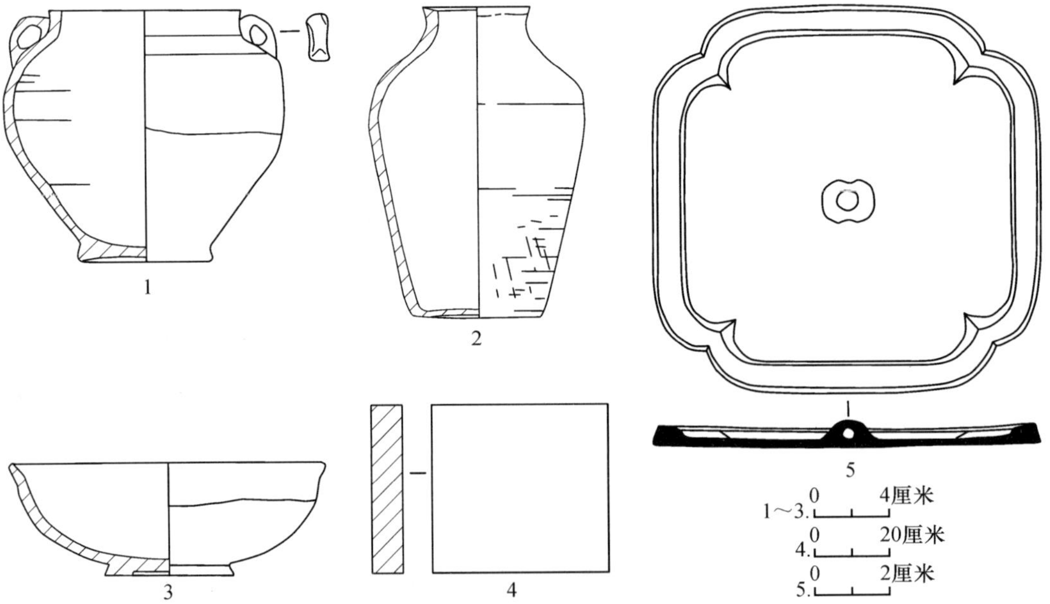

图一一　M7出土器物

1、2. 瓷罐（M7：2、M7：1）　3. 瓷碗（M7：3）　4. 石墓志（M7：5）　5. 铜镜（M7：4）

瓷碗　1件。M7：3，紫红胎。侈口，圆唇，弧腹，璧形足，足沿外撇。上腹部及内壁施釉。口径17.4、底径7.2、通高6.2厘米（图一一，3）。

铜镜　1件。M7：4，平面形状呈“亚”字形，圆形钮。边长10.5、厚0.7、钮径1.4、钮高0.5厘米（图一一，5）。

石墓志　1方。M7：5，浅灰色砂岩。长47.4、宽46、厚8.5厘米（图一一，4；图版五五，3）。志文为楷书，共计21列357字。除少部分因风化而漫漶不清外，大部分可辨识。全文如下：

宋故杜府君墓志铭

开封黄仪撰　　　济南宋兴祖书

杜之翰字符辅山东沂州费县东蒙里人曾祖/昌言隐德不仕祖晖两荐该恩不复游□父邦/杰右修职郎公少歧岁自植立不□为书生十/岁习鞍马十三精骑射侍凤州曰会□□战却/君奋然挺刃赴之亲斥之得止十四良□□□/为儿戏十五击剑抚掌有定远志欲从良家子/亲以爱弗许其行即叹曰吾不复预功名之会/矣自是落魄晦名迹不求售于时君纯良孝悌/笃于友义非学而知常从父渡江涉浪□舟将/覆公不计己之死生惟父是忧□□□□□告/曰可浮此以济舟忽舣岸若有神助父□□泸/忽报病不待裹粮徒步疾趋泸合相距且四百/里不三日而达处兄弟无间言喜乡人之急士/有困穷者投之以身率众义形于色□济□后/已绍兴庚午九月廿八日以疾不起娶秦亭正/申之经干之女二子曰杞曰林业进士女曰蔡/娘尚幼兄之才弟革卜以绍兴二十六年四月/廿六日葬于合州城北西北山父茔之侧铭曰/呜呼杜君志士欤/秀而不实有矣夫（图一二）。

（二）双室墓

双室墓仅发现1座，编号M6，为同穴异室双室仿木构石室墓。

1. 墓葬形制

墓向183°。用青灰色细砂岩石质构件构筑。由东墓室和西墓室组成。墓圹平面近长方形，长4.2、宽4.14、深2.2～2.61米。墓葬遭早期扰乱严重，棺床上方顶部已亡佚。两个墓室并列，相邻墓墙间有宽约0.2米的填土相隔，两个墓室形制相同，墓室后壁各有一龛（图一三；图版五四）。现以东侧墓室为例进行介绍。

墓门位于墓室南部，先于墓圹底部两侧竖向铺长方形石条作为壁基，再于壁基石顶面左右两侧各竖置一石条作为门柱。封门于墓圹底部横铺一长1.99、高0.3、厚0.37米的石条，石条顶面为两块竖置石板封门，封门石宽0.95、高1.5厘米。

图一二　M7出土墓志拓片

棺床，在墓圹底部铺4块横向铺设的石板构筑而成，长2.7、宽1.2、高0.2米。在墓圹底部顺墓向左右两侧铺设1层石条构筑壁基。在壁基上用条石错缝平砌构筑墓墙，从第5层石条开始起券构筑券形顶。

后龛由壁基、龛柱、承台、后壁等部分组成。进深1.02、高1.02米。在墓圹底部横铺一石块作为壁基，在壁基上构筑熟土二层台，在二层台表面铺设石板构成承台。后龛有左右两对龛柱，前端龛柱顺墓向，较棺室侧壁内收，上方横置一石条与相交于后壁上的两块石条构成三角形藻井顶。后侧龛柱斜向内收。后壁前端由一石块构筑成座椅座面，后壁装饰有座椅靠背和门扉图案，靠背装饰团花图案，靠背上方装饰花卉图案（图一四）。

该墓遭后期严重扰乱破坏，未发现人骨和葬具葬式、葬具情况不详。

2. 出土器物

在棺床近墓门处发现1件瓷洗。

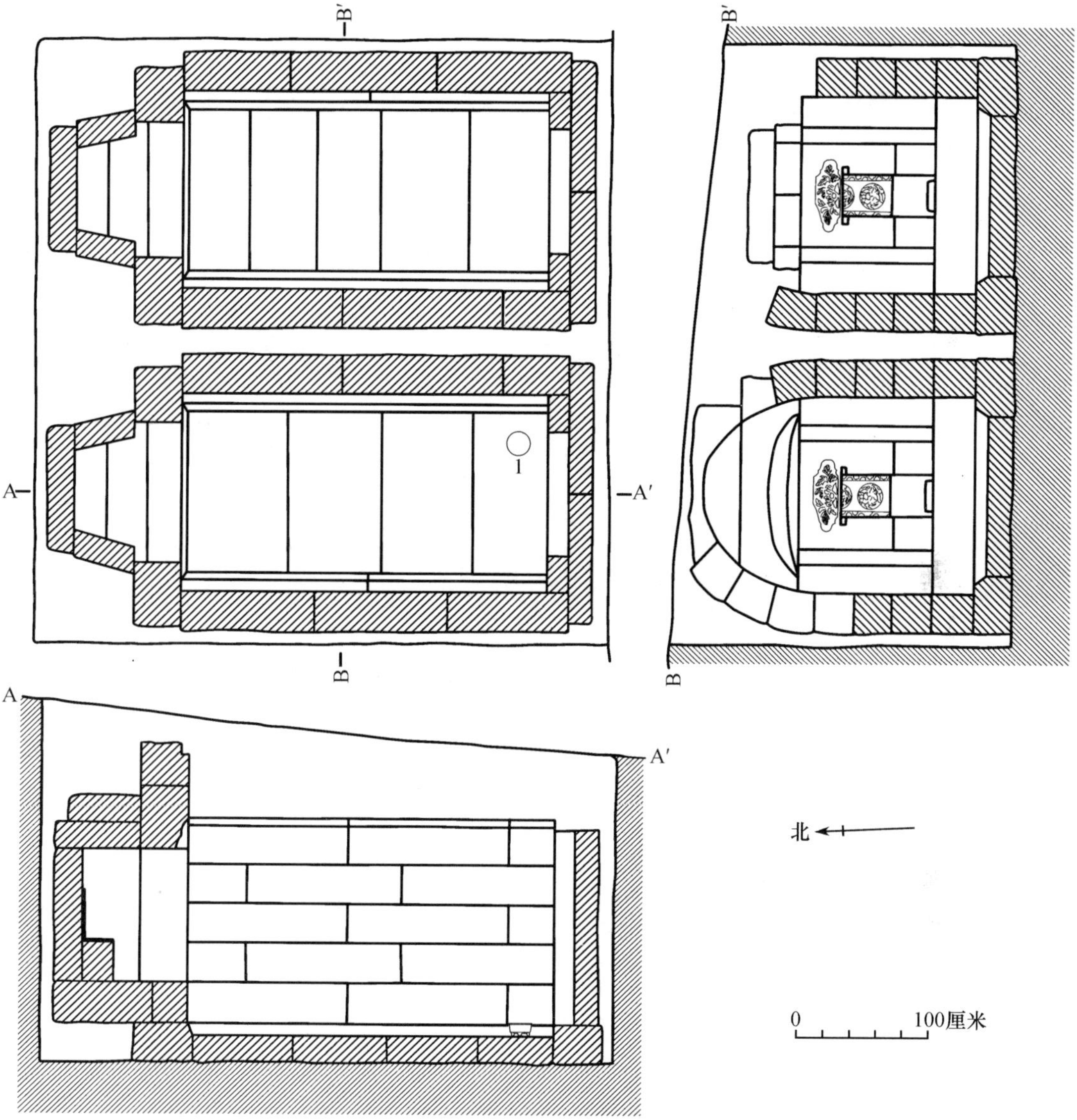

图一三　M6平、剖面图

1. 瓷洗

瓷洗　1件。M6∶1，残。紫红胎。内壁及底部施白色化妆土。口微敛，窄平沿，圆唇，直腹，腹部饰四道凹弦纹，平底，底部接三个“T”形足。外壁及足施深绿色釉。口径17.8、通高9.2厘米（图一五）。

图一四　M6东室后龛椅背拓片

三、结　语

此次发掘共清理宋代石室墓5座，出土了铜镜、瓷罐、瓷碗、瓷洗、瓷盏、石墓志、石质雕刻构件等，具有重要的研究价值。

M7出土的石墓志是合川地区首次发现，在重庆地区亦属罕见。据墓志可知，墓主人于绍兴庚午年（1150年）去世，绍兴二十六年（1156年）下葬，墓葬应修筑于1150～1156年，其墓葬形制及出土遗物具有标型作用，为宋墓及瓷器的分期断代提供了重要参考。墓志记载墓主葬于其父茔侧，结合墓葬的布局来看，该墓地应为家族墓地，对于研究宋代家族墓地的布局具有一定意义。墓主人去世时间和下葬时间间隔时间很长，从墓主人的身份看，应属于富人阶层，葬期如此之长，实属罕见，为探讨宋代葬期提供了重要资料。两件铜镜从形制上看，应为湖州镜，是探讨这一时期湖州镜的制作工艺和流通的重要资料。

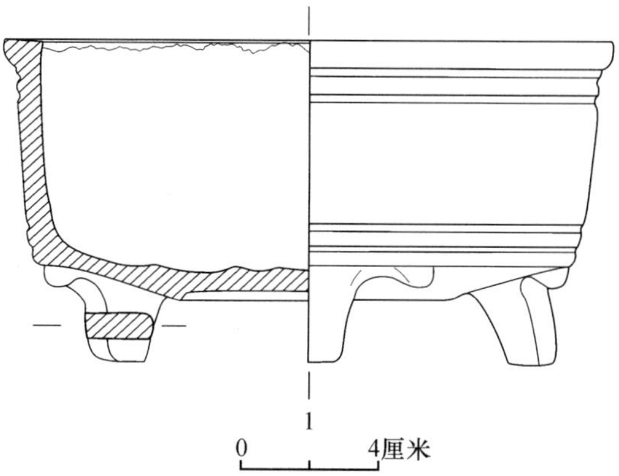

图一五　M6出土瓷洗（M6：1）

除M7外，其余4座墓葬均有雕刻，主要为简单家具陈设、座椅靠背、行叉手礼仆人等，座椅靠背最为普遍，可能为墓主人端坐形象的简化形式。行叉手礼的仆人雕刻是研究叉手礼的重要实物资料，同时为研究宋代人物形象和服饰提供了重要参考。

领　　队：白九江
发　　掘：代玉彪　许卫国　许文英
修　　复：许文英
摄　　影：代玉彪　董小陈
绘　　图：许文英
拓　　片：许卫国
执　　笔：代玉彪　白九江

合川区五显村墓群发掘简报

重庆市文化遗产研究院
合川区文物管理所

合川城区位于四川盆地东部，重庆市西北部，距重庆56千米，地处嘉陵江、渠江、涪江三江交汇处，属川中丘陵盆地，为平缓丘陵地形。在近年城区的基本建设过程中，不断有零星古代墓葬发现。2011年，结合合川城区成功工业园工程建设，重庆市文物考古所组织考古工作人员调查勘探发现及抢救性发掘了五显村墓群。

墓地行政地属合川区合阳街道办事处五显村。因工业园区建设需要，我们对园区建设范围进行了调查勘探，共计发现宋代石结构墓葬3座，明清时期石结构墓葬8座，随后对其进行了抢救性保护发掘及资料留取。由于破坏较严重，同时期墓葬形制结构相似，仅介绍形制结构保存相对完整的4座墓葬（图一）。

一、宋代墓葬

共3座。

（一）M1

墓向127°。竖穴土圹石结构单室墓葬，平面呈长方形，由石板、条石构筑，平顶。墓葬前部破坏不存，顶部残留后龛上部两块盖板石，墓室内填满灰褐色夹杂石块的五花土。墓葬残长3.62、宽1.8、深1.7米。墓室后部有1后龛，宽0.52、高0.48、深0.48米。墓室两侧对称2个侧龛，墓室前部侧龛高0.58、宽0.52、深0.1米，后部侧龛高0.58、宽0.38、深0.1米。棺床由整块石板制成，直接平铺于墓底，长1.9、宽0.76、厚0.1米。墓葬被后期盗扰，残存3件瓷盏（图二）。

瓷盏　3件。M1：1，灰胎。圆唇，斜腹，平底。内壁施青釉，釉色脱落较严重，外壁有流釉。口径8.8、底径3.1、高2.3厘米（图三，1）。M1：2，红褐胎。敞口，圆

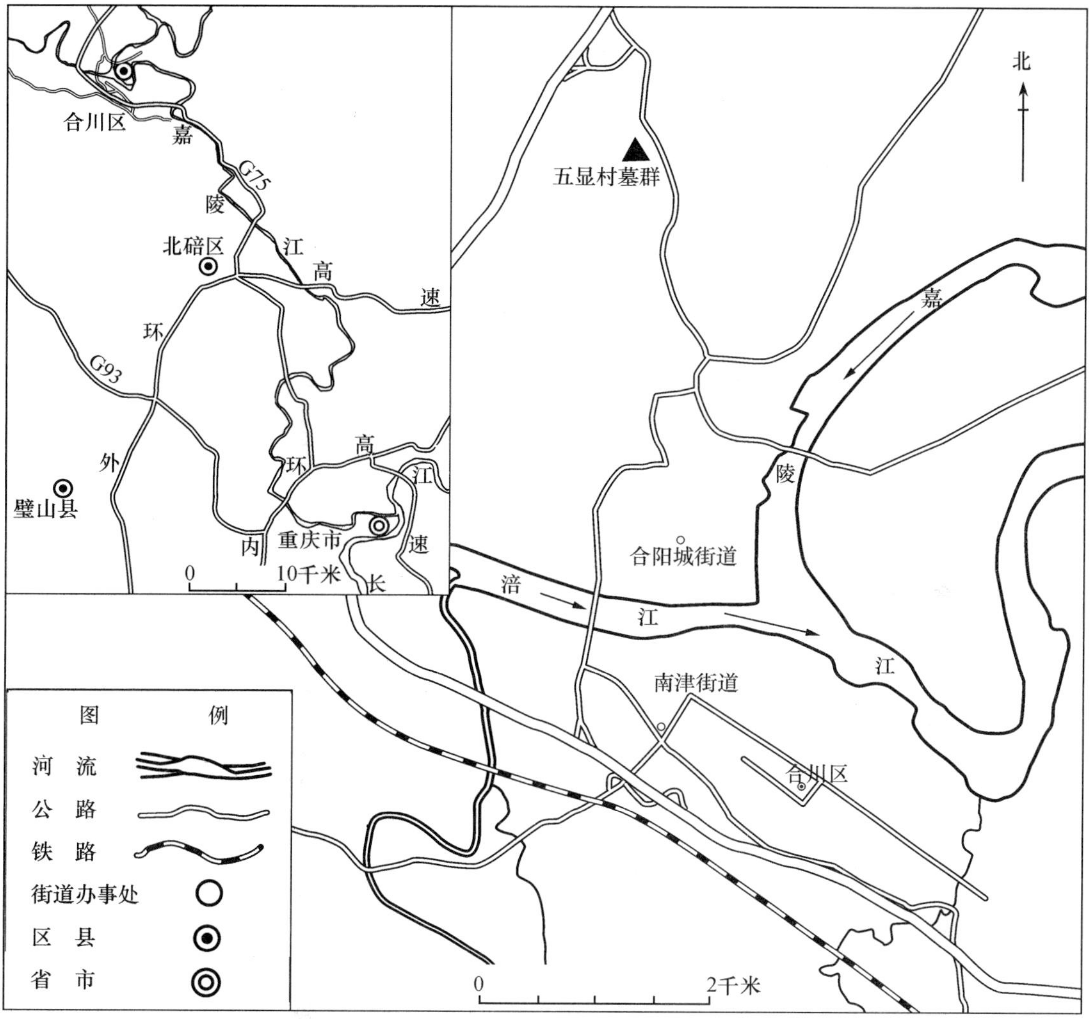

图一 合川区五显村墓群位置示意图

唇，斜腹，饼状底。内外壁均施黑釉不及底。口径12.4、底径4.4、高4厘米（图三，2）。M1：3，灰褐胎，敞口，圆唇，斜腹，饼状底。内壁施黑釉不及底，外壁流釉明显。口径12.6、底径4.3、高4.3厘米（图三，3）。

（二）M2

墓向165°。竖穴土圹石结构墓葬，平面呈长方形，由大小不一的石板、条石砌筑而成，墓葬前部破坏不存，后部残存两块盖板石，内壁微凹略呈穹隆顶，墓室内填满灰褐色夹石块的五花土。墓葬残长3.2、宽2、深2米。墓室两侧对称2个侧龛，墓室前部侧

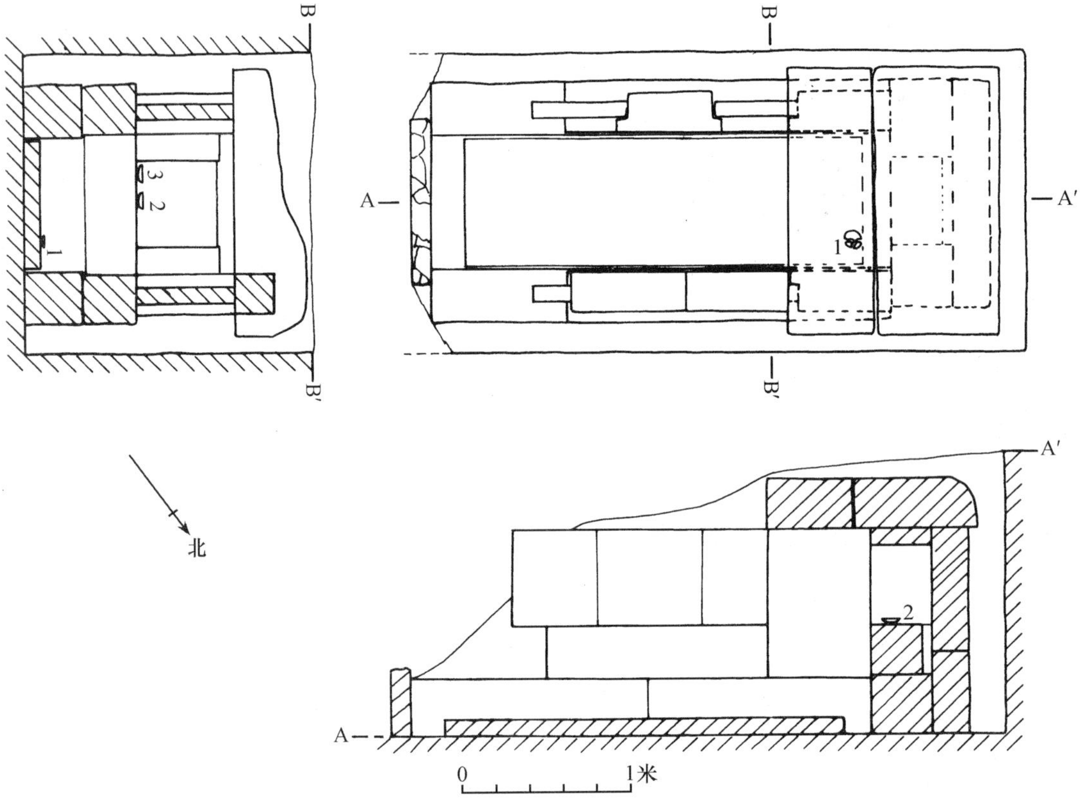

图二　合川区五显村墓群M1平、剖视图

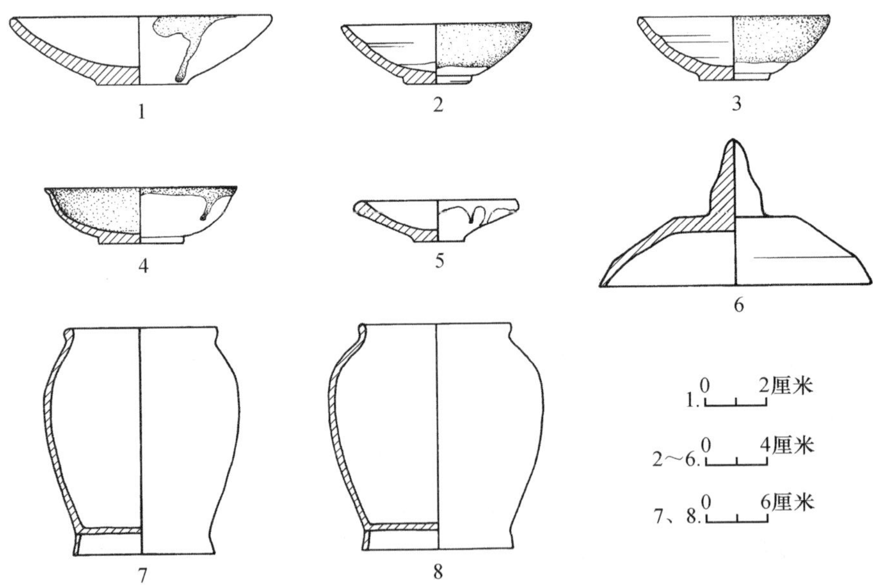

图三　合川区五显村墓群出土遗物

1～3、5. 瓷盏（M1∶1、M1∶2、M1∶3、M2∶5）　4. 瓷碗（M2∶3）　6. 陶器盖（M2∶4）
7、8. 陶罐（M2∶1、M2∶2）

龛高1.1、宽0.58、深0.18米，后部侧龛高1.1、宽0.5、深0.18米。墓底平铺一层石板，长3、宽1.2、厚0.1米，其上由规整的长方形石板平铺成棺床，长2.64、宽1、厚0.1米。墓葬盗扰严重，残存随葬品5件（图四）。

陶罐　2件。M2∶1，泥质灰陶。敞口，厚圆唇，溜肩，下腹斜内收，矮圈足。口径15.6、底径14.3、通高22.3厘米（图三，7）。M2∶2，泥质灰陶。敞口，圆唇，溜肩，下腹斜内收，矮圈足。口径15.3、底径15、通高22.8厘米（图三，8）。

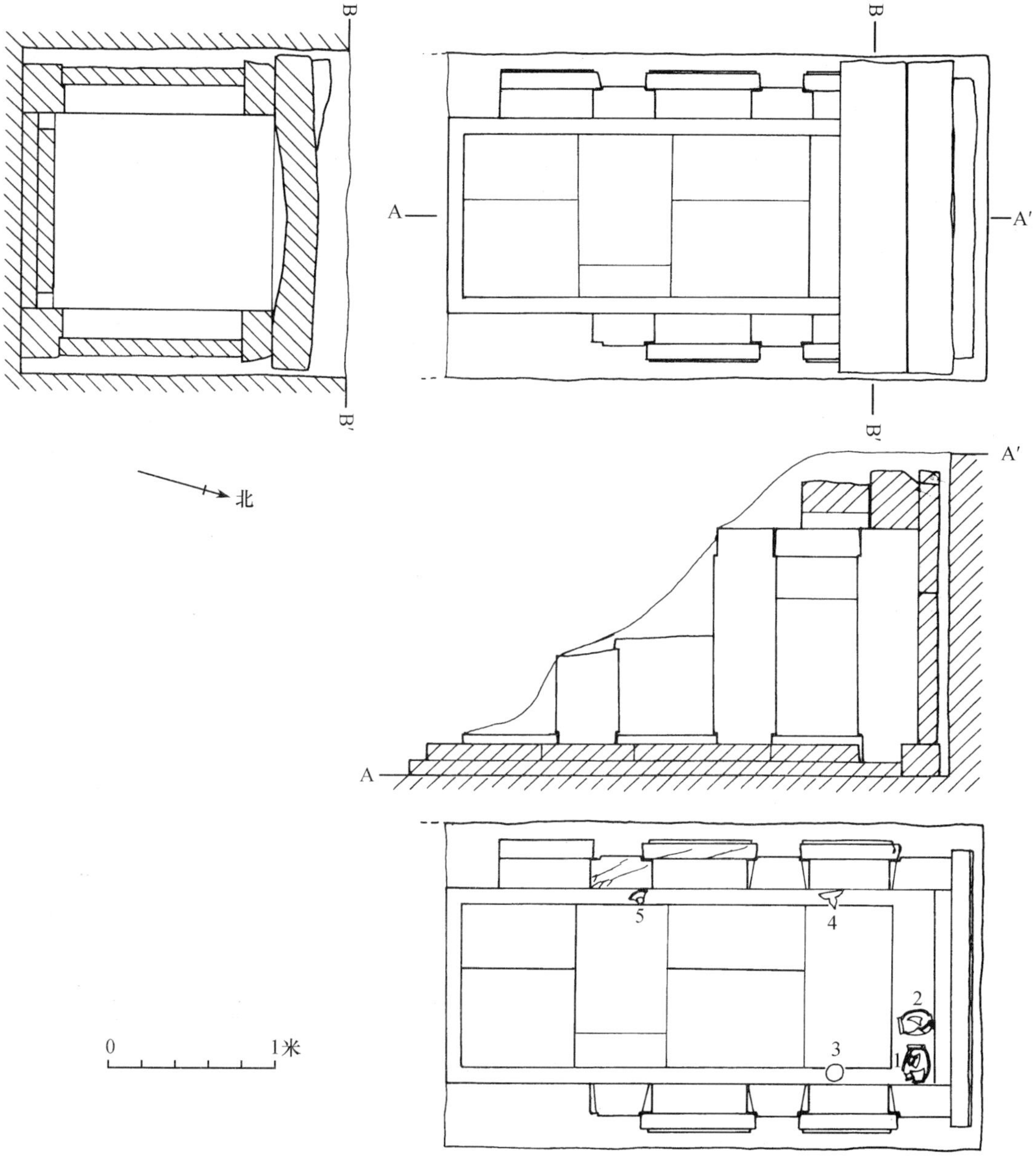

图四　合川区五显村墓群M2平、剖视图

瓷碗　2件。M2：3，红胎。敞口，尖圆唇，饼状底。内壁满施青釉，外壁口沿施青釉，有流釉。口径13.6、底径5.8、高3.8厘米（图三，4）。M2：5，红褐胎。敞口，方唇，平底。内外口沿处施黑釉，外壁有流釉。口径10.9、底径3.2、高2.8厘米（图三，5）。

陶器盖　1件。M2：4，泥质灰陶。盖口径17.6、通高9.8厘米（图三，6）。

（三）M3

墓向165°，与M2并列，相距约50厘米。竖穴土圹石结构墓葬，平面呈长方形，由大小不一的石板、条石砌筑而成，墓葬前部破坏不存，仅墓葬后部残留盖板石一块，墓内填满灰褐色夹石块的五花土。墓葬残长3.6、宽2.1、深2.1米。墓室两侧对称2个侧龛，墓室前部侧龛高0.95、宽0.5、深0.18米，墓室后部侧龛高0.95、宽0.4、深0.18米。棺床直接平铺于墓底，由厚0.1米的4块长方形石板铺砌，长3.2、宽0.2米（图五）。

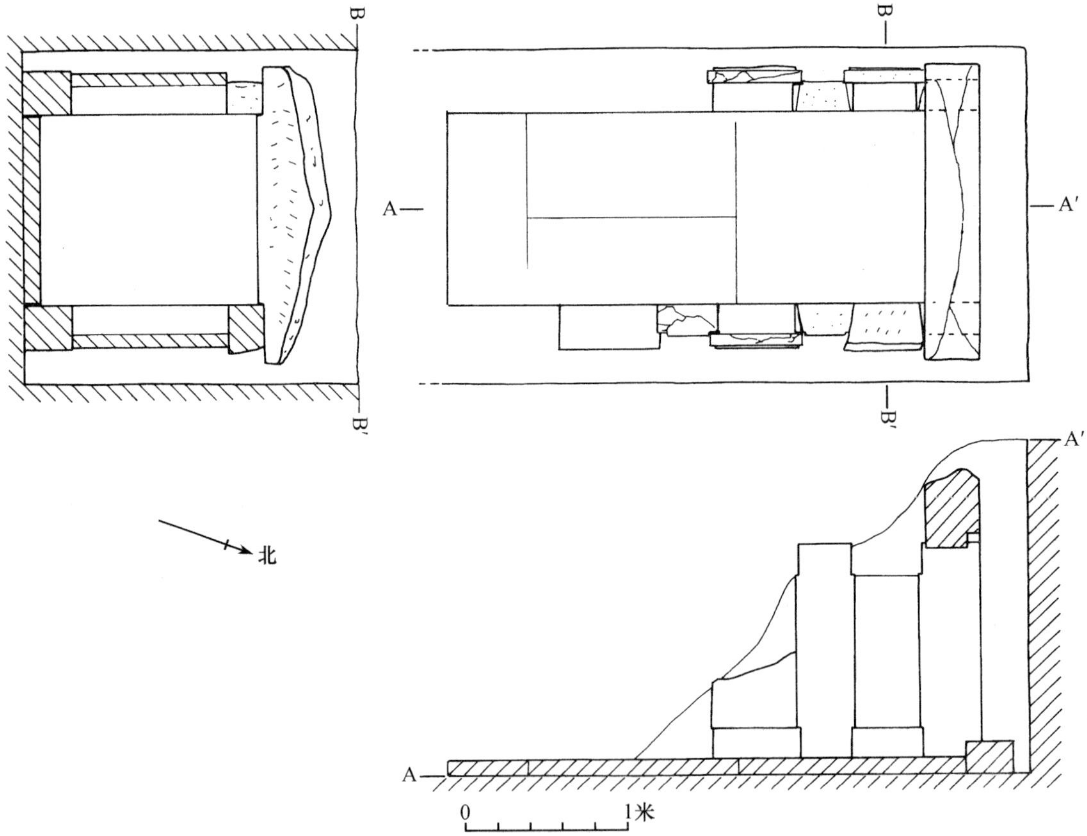

图五　合川区五显村墓群M3平、剖视图

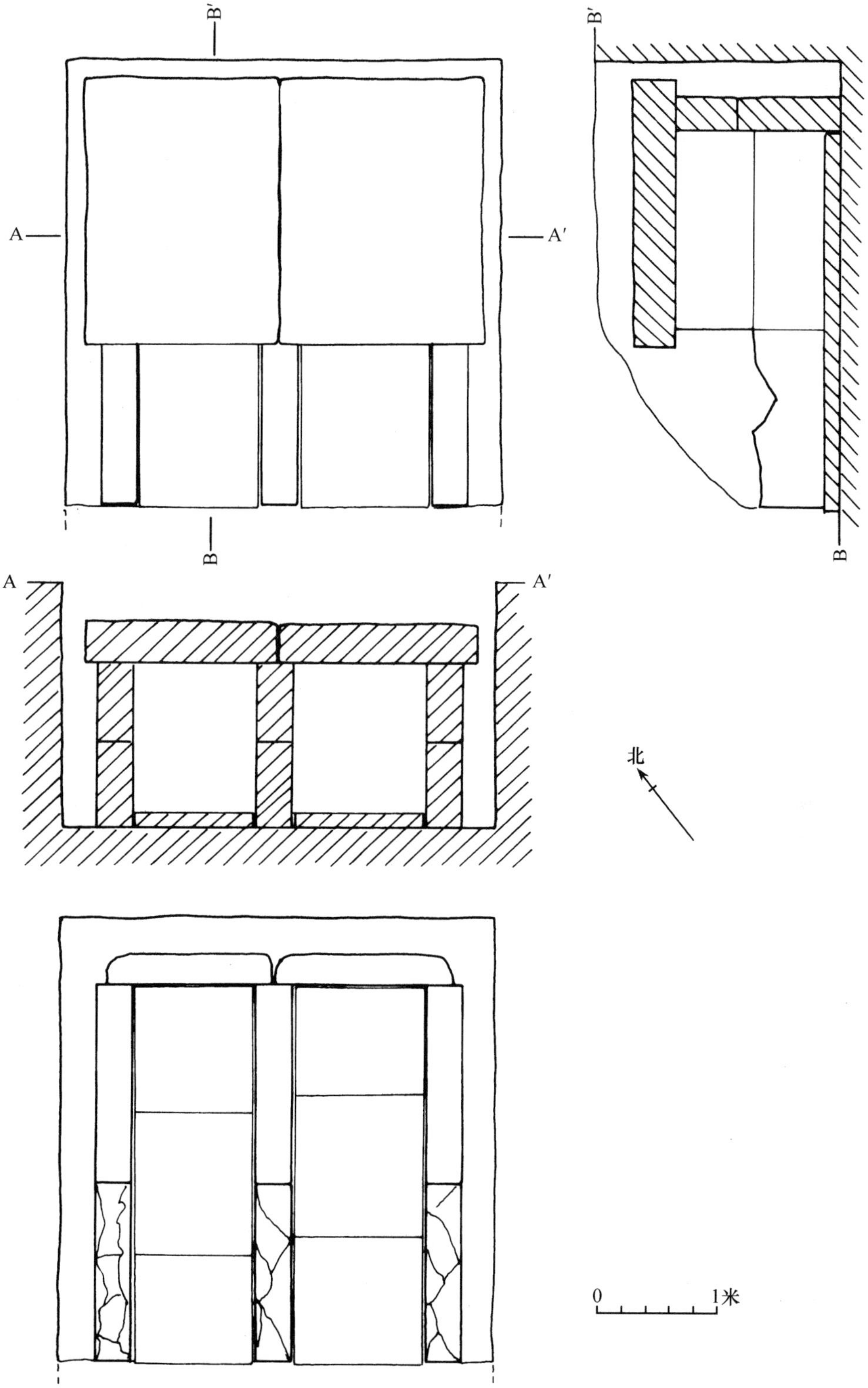

图六　合川区五显村墓群M6平、剖面视图

二、明代墓葬

共7座。

M6，墓向217°。竖穴土圹双室石结构墓，平面呈长方形，由石板、条石砌筑而成，平顶。墓葬前部破坏不存，墓室内堆积大量近现代垃圾。土圹残长2.5、宽2.4、深1.4米。墓室通长2.5、宽2.4、高1.16米。左侧墓室M6-1室内长2.14、宽0.72、高1.14米。右侧墓室M6-2室内长2.14、宽0.74、高1.14米。墓壁及顶部均用石板构筑，墓壁由4块石板构筑，统一厚度为0.2米，前侧下层石板长1、高0.48米，后侧下层石板长1.12、高0.48米，后侧上层石板长1.12、高0.44米。墓顶盖板石前侧破坏不存，仅残留墓室后部两块，分别长约1.5、宽1.08～1.12、厚0.24米。墓底各用3块石板铺底，石板厚0.08米，底板与壁之间有0.02米宽的排水槽（图六）。

三、结　　语

五显村墓群的M1～M3均为对称双侧龛加一后龛的单室石室墓，宋代风格明显，M1、M2出土的瓷碗、瓷盏等器物，均是重庆地区比较典型的宋代石室墓出土遗物，由此断定这三座墓葬时代为宋代无疑。

五显村墓群M6没有随葬品出土，从其狭长墓室、平顶等特征推断，其时代也可能为明代。

附记：本次发掘工作领队为白九江，参加本次发掘工作的有重庆市文物考古所的周勇、张守华，合川区文物管理所的朱永禄。发掘工作得到了合川区文物管理所的大力支持和协作，在此一并表示感谢。

资料整理：周　勇　张守华　牟　丹
绘　　图：张守华
电脑制图：周　勇
执　　笔：周　勇　赖　东　杨大用

北碚区莲花堡墓群发掘简报

重庆市文化遗产研究院
北碚区文物管理所

一、概　　况

莲花堡墓群位于重庆市北碚区三圣镇以北约4千米的是坪村，西南距北碚城区约30千米（图一）。莲花堡处于一座三面环抱的山湾内，该墓群在村民樊昌贵房前约10米院坝下的鱼塘。2011年11月4日，樊昌贵为鱼塘清淤时发现4座墓葬，立即上报北碚区文物保护管理所。重庆市文物考古所（重庆市文化遗产研究院前身）获悉情况后，于11月5日派员与北碚区文物管理所联合对该墓群进行了抢救性发掘，发掘工作于11月27日结束，发掘面积约150平方米，清理墓葬4座（编号为M1～M4），出土瓷碗、瓷壶、瓷盏、陶灯及石刻文物等40多件（套）。

4座墓葬分布于鱼塘的中部，南北错列两排分布（图二）。其中M1、M2后龛伸入鱼塘北侧的石坎或护坡下，M3、M4墓道为南侧围堰毁坏。由于受场地限制，清理了M1、M2全部墓室及部分墓道，只清理了M3、M4墓室部分。

4座墓葬均为竖穴式长方形土坑单体石室墓，由墓道、墓门和墓室等部分组成。清理过程中，发现有两组打破、叠压关系：

（1）M3→M4（M3封土叠压M4）。

（2）M4→M2（M4打破M2）。

二、M1

（一）墓葬形制

M1位于发掘区的东北部，方向170°。该墓由墓圹、墓道、墓门、墓室及室内壁龛等组成。

墓圹　在黄色黏土中开挖而成，坑壁表面粗糙。通长5.94、宽2.5～3.2、深2.1米。

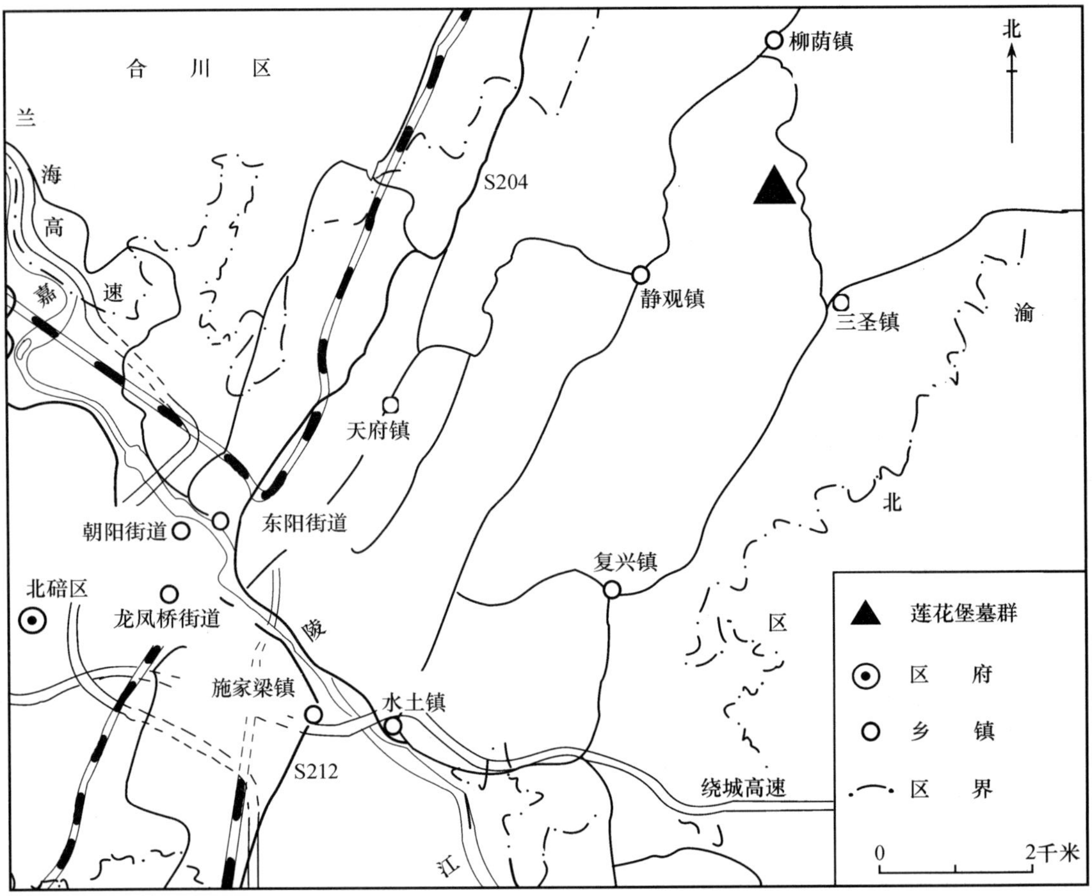

图一　莲花堡墓群位置示意图

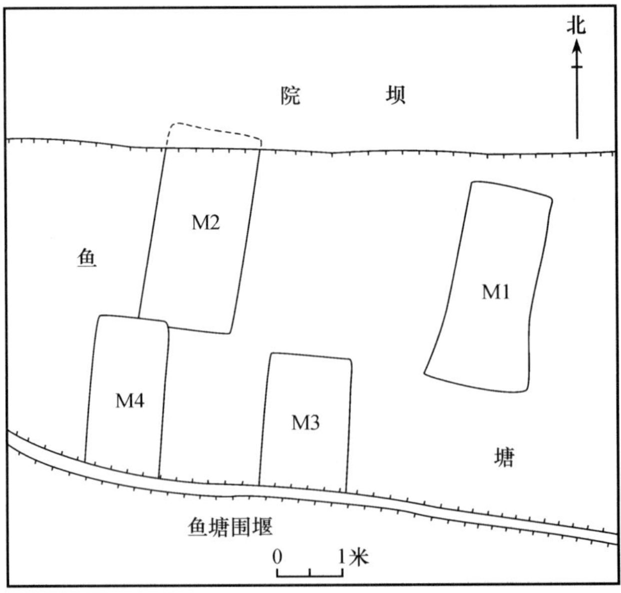

图二　莲花堡墓群墓葬分布图

墓道　平面呈梯形，墓道长1.96、宽1.98～2.28米。两侧为“八”字形石挡墙，由6层条石叠砌而成，通高2.2、厚0.2～0.4、宽约0.4米。墓道内堆积黄褐色黏土，出土瓜棱形瓷器残片1件。

墓门　位于墓道和墓室之间，框宽1.54、进深0.4、高1.9米。封门由两块石板并列构成，外侧斜置两块巨大的条形抵门石。封门宽1.4、高1.52、厚0.24～0.3米。封门右上角有一宽0.3、高0.5米的盗洞。

墓室　平面呈长条形，长2.62、宽1.24、高1.74～2.6米。

墓顶为平顶与拱顶相结合，中部拱顶凸起形成藻井。券顶部分被毁，仅左右两侧各存留一块。券顶条石呈楔形，两壁弧面中间均雕刻菱形线框，框内分别刻牡丹花叶和草蔓图案。条石长1.6、厚0.26～0.4米（图三）。

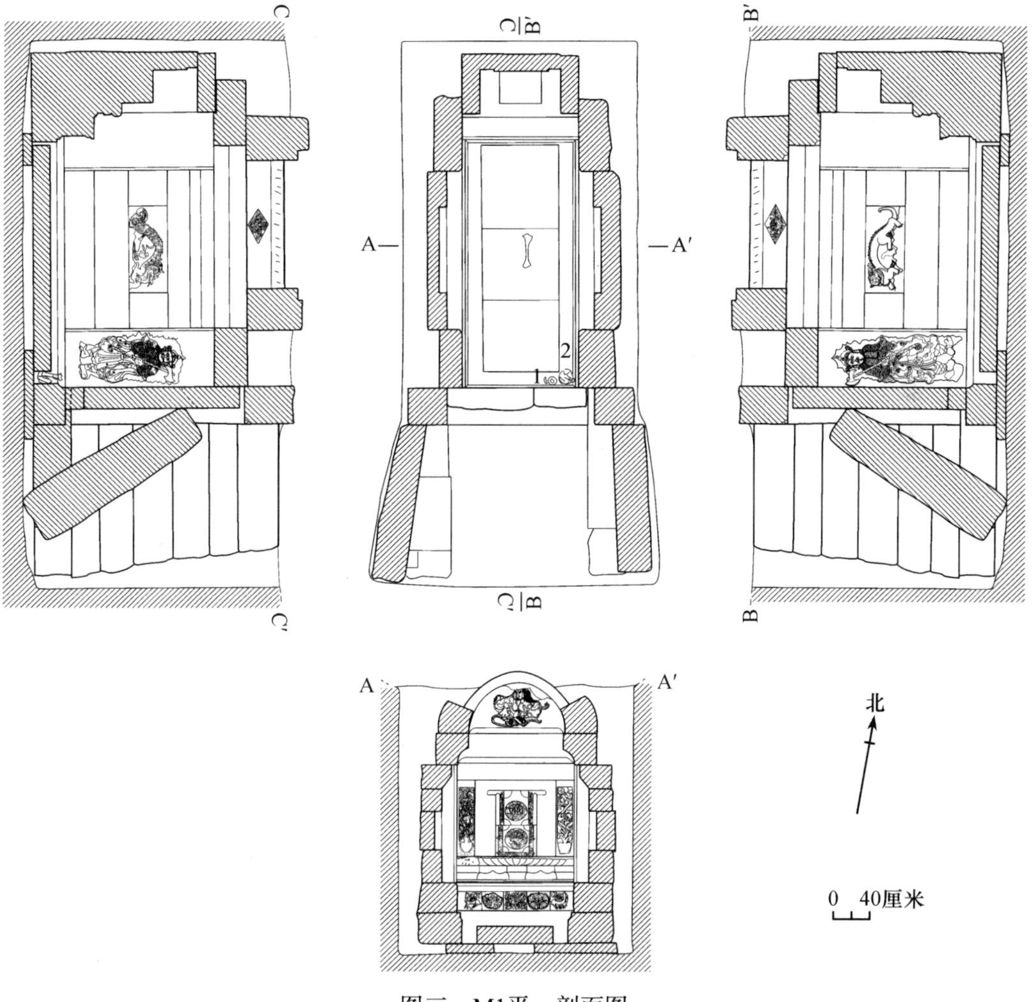

图三　M1平、剖面图

1. 釉陶盏（M1②：01）　2. 陶灯（M1②：02）

墓室前端两侧各分立壁板石，宽0.6、高1.6米。壁板上减地线雕武士图案，外围边框呈月牙状连弧形。左右两侧武士大致相似。左侧武士头戴兜鍪，鍪顶缀一束缨饰，正前饰梅花，下沿雕花边，两侧护耳上翻，颌下系带飘逸。武士竖眉、怒目圆睁，嘴微张，“八”字胡须，双耳略大，神态威猛。身披铠甲，胸甲用革带束紧。内衬战袍，袍摆至膝下，袍面缀碎花，束结腰带单条下垂。菱格纹裹腿，脚尖向外，立于墩台上。双手把持钺柄，右手在上正握，左手在下反握。钺柄斜倚右肩，钺首靠头右侧，钺刃向外。右侧武士头戴兜鍪，鍪顶缀一束缨饰，正前饰梅花，梅花上有一“人”字形装饰图案。鍪沿两侧护耳上翻，绦带系于颌下，带上有卷云状花饰，带尖飘逸。武士竖眉、怒目圆睁，嘴微张，“八”字胡须，双耳略大，神态威猛。身披铠甲，胸甲用革带束紧，内衬战袍，袍摆至膝下，袍面缀碎花，双道束结腰带下垂飘膝下。菱格纹裹腿，脚尖向外，立于莲台上。双手把持钺柄，左手偏上，右手偏下，均正握，钺柄斜倚左肩，钺首在头右侧，钺刃向外。

左右壁均设壁龛，龛宽1.7、通高1米。壁龛内减地浅浮雕青龙、白虎。左壁龛为青龙，昂首，面向墓前方，圆目，张嘴，龙角前倾，长鬣后飘，拱腰，身被鳞甲，鳍形脊，尾下弯，足三爪，踏祥云。右壁龛为白虎，呈奔走状。昂首，圆目，张嘴，露齿，长鬣后飘，虎尾上翘，足踏祥云。

后壁设后龛，具体砌法是先将座椅、壁柱、顶部盖板等石材雕刻成品后，再进行砌装。龛宽0.86、进深0.64、高0.8米。龛基座前部预留平台，外沿凸出，沿下两侧减地雕刻仙鹿、牡丹各2组，中间雕瑞草图案。基座底雕刻3根仿木结构柱子，柱顶为栌斗，斗上横额阴刻仰莲纹。龛底平面呈长方形，中间置一官帽椅，椅面、椅背铺团花巾，下垂至地，巾边饰卷草纹。龛两侧壁柱分别雕缠枝瓶花。壁柱之上置石板，其上叠涩圆弧形石墩，石墩正面雕刻玄武、神人图案。玄武龟蛇合一。神人当为人格化的玄武剑神，坐卧于龟背上，面部威严，竖眉，怒目，长发后飘，右手持剑斜插于龟侧，左手提环形套索，周边饰如意纹、飘带等。

墓内见棺木残渣，形制不明。人骨多为残渣，仅发现一段右侧股骨。

（二）随葬品

随葬品有釉陶盏、陶灯各1件，置于墓室前端左侧排水沟拐角处，在墓室盗洞的下方，当属盗窃散落遗物。

釉陶盏　1件。M1②：01，泥质红胎。敞口，厚唇，下沿低垂，斜腹略弧，平底似饼足。施酱黄釉，部分剥落，外沿局部不施釉。口径11.2、底径4.9、高3厘米（图四，2）。

陶灯　1件。M1②：02，泥质灰陶。灯盘缺损，高柄，上细下粗，上部饰一周花口

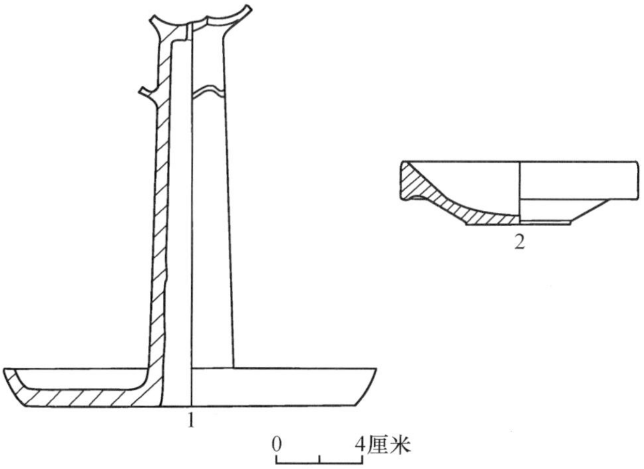

图四 M1出土器物

1. 陶灯（M1②：02） 2. 釉陶盏（M1②：01）

凸起，盘形底座。底盘敞口，方唇，弧腹平底。通高19.2、座盘高1.8、座盘直径15.5厘米（图四，1）。

三、M2

（一）墓葬形制

M2位于发掘区的西北部，南部被M4打破，方向190°。该墓由墓圹、墓道、墓门、墓室及室内壁龛等组成。

墓圹 在黄色黏土中开挖墓圹，通长6.14、宽2.8、深1.8米。

墓道 位于墓室最南侧，平面呈梯形，两侧为“八”字形石挡墙。挡墙由6层条石叠砌而成，挡墙通高2、厚0.3～0.4、条石宽约0.2米，墓道长2、宽2.18～2.36米。墓道内为黄褐色黏土堆积，内含瓦片、石块、瓷片等。

墓门 墓门位于墓道和墓室之间。墓门底部门槛上立封门，封门由两块石板组成，外侧斜置两块条形抵门石。门框宽1.58、进深0.4、高1.7米。封门宽1.42、高1.6、厚约0.2米。

墓室 平面呈长条形，平顶与拱顶结合成墓顶，中部拱顶凸起形成藻井。墓室长2.66、宽1.22、高1.72～2.6米（图五）。

墓底地袱用两块石板间隔，上沿内侧抹角，其上用一块整石板铺成棺床，棺床四周与地袱之间的空隙形成排水沟。

地袱上立壁面石，前后两端各直立2块壁板，壁板之间形成壁龛。龛口叠涩为三

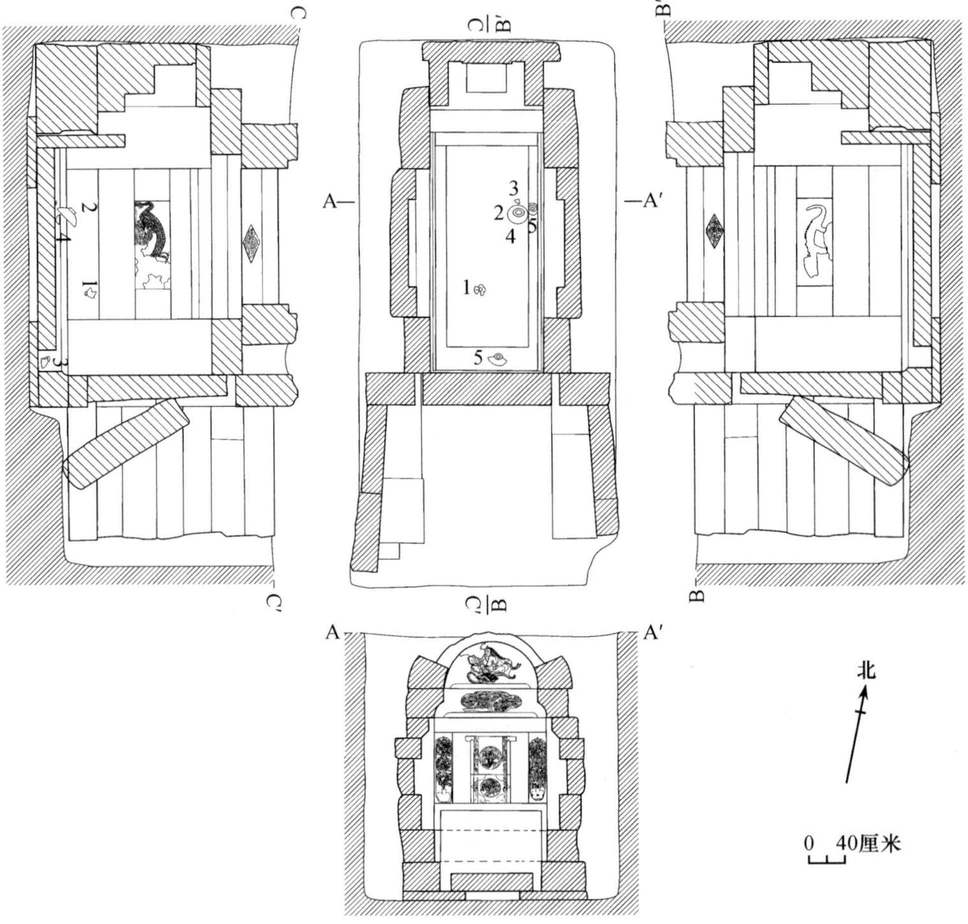

图五　M2平、剖面图

1～3. 瓷碗　4. 瓷盏　5. 瓷执壶

层，龛宽1.68、高1.25米。左壁龛减地浮雕青龙，龙昂首，面向墓室前方，圆目，龙角前倾，长鬣后飘，曲颈，拱腰，身被鳞甲，鳍形脊，尾上扬，足踏祥云，三爪。右壁龛减地浮雕白虎，昂首，面部模糊，鳍形脊，“S”形尾，足踏祥云，余漫漶不清。

后龛先将座椅、壁柱、顶部盖板等雕刻成品后，再砌筑而成。后龛宽0.82、进深0.54、高0.8米。龛口两侧壁柱各雕刻缠枝花卉及花瓶。龛底中间置官帽椅，椅上铺团花巾，下垂至地面。

墓室前后壁板之上平铺厚0.3米的石板，北端石板的外表雕刻壶门形浅龛，龛内套刻折枝花图案，石板上放置顶部圆弧形的石墩，用于支撑拱形券顶，石墩外沿叠涩伸出下层石板16厘米。北端石墩正面雕刻玄武和神人图案。玄武为龟蛇纠结缠绕合成。神人为人格化的玄武剑神，竖眉怒目，长发，右手持剑，左手执一环形套索。

券顶部分被毁，券顶条石呈楔形，两侧弧面中间均雕刻菱形线框，框内分别刻牡丹花叶和草蔓纹图案。条石长1.7、厚0.22～0.4米。

墓室内堆积分3层。

第1层：为墓室毁坏后坍塌的淤泥和杂物。

第2层：为灰褐色淤泥，含砂石块、瓦片等，出土瓷斗笠碗1件。

第3层：为灰褐色土，包含较多的炭粒、草木灰、骨头残渣等，出土瓷碗2、瓷执壶、瓷盏等。

葬具仅见棺木朽痕，形制不明。

（二）随葬品

瓷碗　3件。按腹部形态差异可分三型。

A型　1件。斜直壁，俗称斗笠碗。M2②：1，白胎。敞口，尖唇，斜直壁，小饼足。施青白釉，足底无釉。内壁刻划草叶纹。口径13、高5.5、底径3厘米（图六，1）。

B型　1件。斜壁微弧。M2③：2，灰白胎。敞口，圆唇，矮圈足，内底坦，有一圈垫沙痕。施青白釉，外壁施半釉。口径18、底径6.6、高6厘米（图六，3）。

C型　1件。弧腹。M2③：1，紫红色缸胎。火候高，质地较粗糙。直口，圆唇，圈

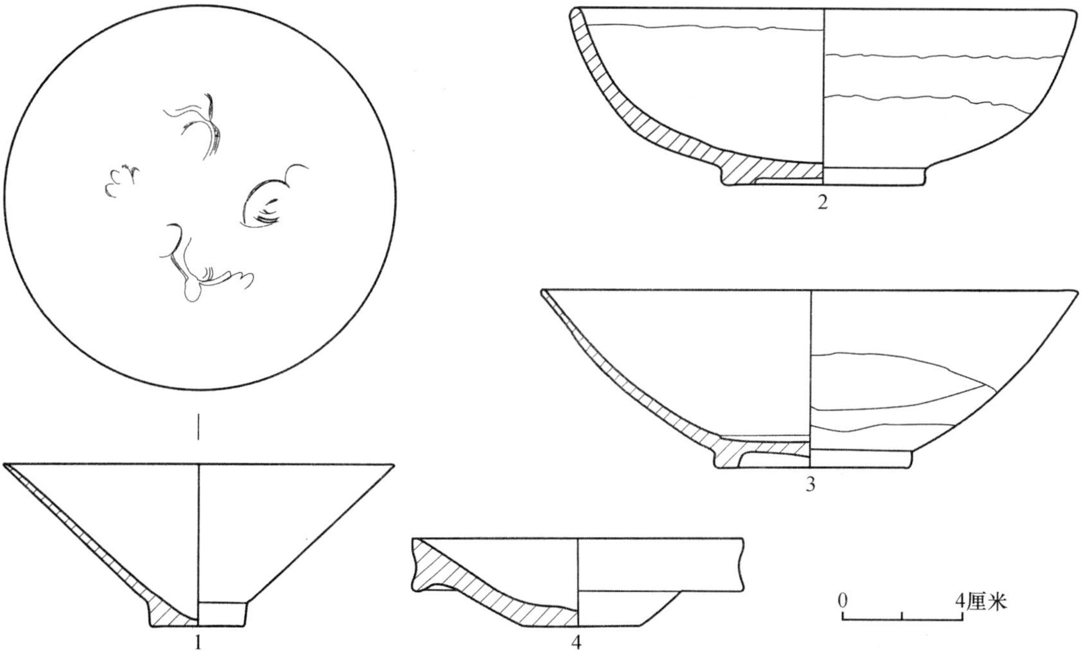

图六　M2出土器物

1. A型瓷碗（M2②：1）　2. C型瓷碗（M2③：1）　3. B型瓷碗（M2③：2）　4. 瓷盏（M2③：4）

足矮宽。内底有7个长方形支垫痕。内沿有白覆轮，施白色化妆土。外施姜黄釉，外壁半釉，局部有流釉现象，釉层大部分剥落。口径17、底径6.8、高6厘米（图六，2）。

瓷执壶　1件。M2③：3，紫红色胎，火候较高。残器，不能复原。高领，喇叭形口，圆唇，圆肩，瓜棱形腹，圈足，器鋬残，流口曲。施黑釉。

瓷盏　1件。M2③：4，暗红胎。敞口，厚方唇，下沿低垂，斜腹内收，平底，内底略凹。施酱黄釉。口径11、底径4.1、高3厘米（图六，4）。

四、M3

（一）墓葬形制

M3位于发掘区东南部，西北侧封土叠压M2和M4。方向184°。该墓墓道被鱼塘围堰损毁。

墓圹　在黄色黏土中开挖长方形墓圹，坑壁表面较粗糙。墓坑残长4、宽2.37、深2.51米。

墓门　见顶部横额石条构架。封门用3块石板叠层垒成。封门厚0.2、高1.5米。

墓室　平面呈长方形，墓顶中部后端被毁，仅存南、北端平顶和中部前段三角形藻井。每壁开2龛，设后龛，底部砌筑棺床，棺床外围有凹槽形排水沟。墓室长2.8、宽1.12、高1.6～1.8（残）米（图七）。

墓壁基于地栿之上，左右壁板石下层基石上各雕3组壶门图案，内素无纹。左右壁板中间立石柱，将壁板中部分割为2个壁龛。石柱高浮雕图案，柱础为莲座，柱顶雕仿木结构一斗三升斗拱。左侧石柱刻青龙，龙后足立于莲台上，龙身腾空缠绕于柱，双目圆凸，竖耳，张嘴，鬣须飘逸，角分叉，身被鳞甲，尾曲，足三爪。右侧石柱刻白虎，双目外凸，露齿，竖耳，鬣毛上飘，须毛下垂，长颈弯曲，前足踏于莲台祥云上，后足腾空，身体绕柱，尾曲，素面无纹。

后龛先将椅、几、顶部盖板等雕刻成品后，再砌设而成。后龛基座平台沿下雕束枝牡丹图案。龛两侧立柱及横额雕折枝花卉图案。龛内设一几一椅。几面铺巾，三角形巾角下垂，上置折枝瓶花，似为向日葵，桌高0.33、宽0.25、长0.26米。椅面及靠背披巾，下垂至地，椅高0.66、宽0.3、长0.28厘米。后龛宽0.65、进深0.34、高0.86米。

墓内堆积分3层。其中第3层出土瓷碗、瓷盏、瓷执壶、瓷盘等。葬具见已朽棺木残块，形制不明。

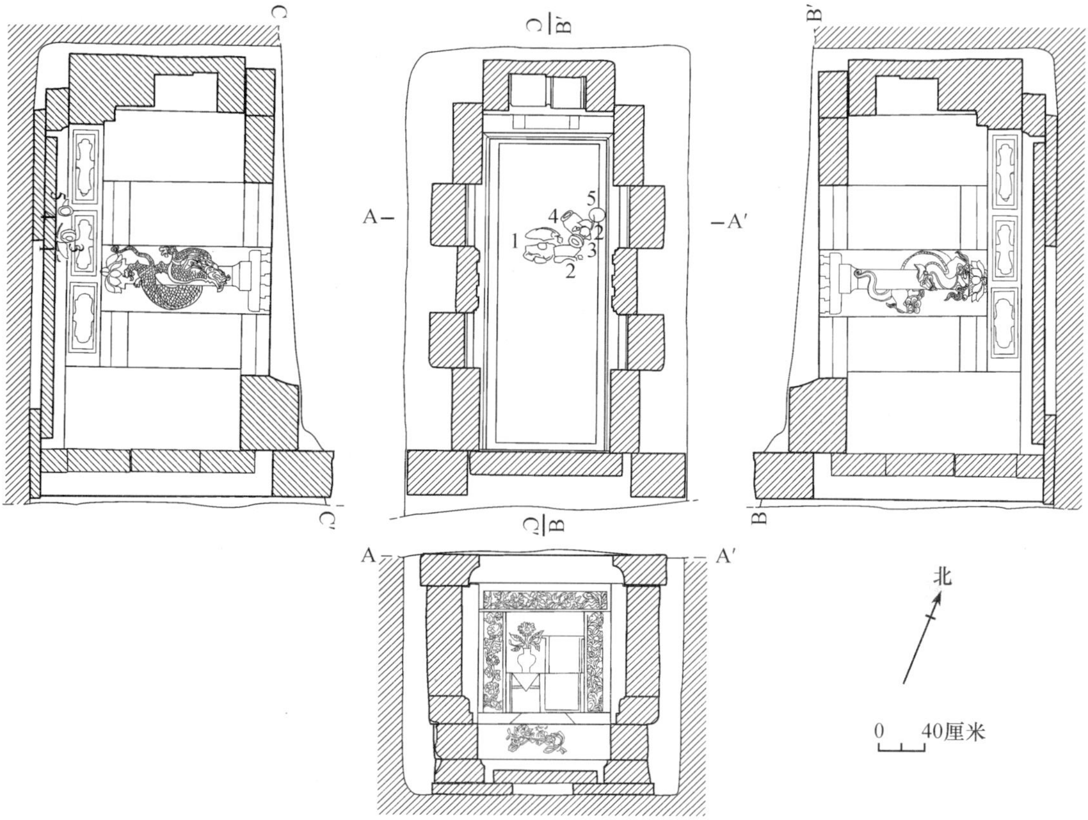

图七　M3平、剖面图

1、2. 瓷碗　3. 瓷盏　4. 瓷执壶　5. 瓷盘

（二）随葬品

共5件，均置于墓室北端左侧。

瓷碗　2件。M3③：2，灰白胎。敞口，圆唇，弧腹内收，圈足，内底坦，并有一圈垫沙痕。施青白釉，外壁半釉。口径17、底径7、高5厘米（图八，1）。

瓷盘　1件。M3③：5，灰白胎。敞口，圆唇，浅腹弧内收，圈足，内底坦，并有一圈垫沙痕。施青白釉，外壁半釉。口径15、底径7、高3厘米（图八，3）。

瓷盏　1件。M3③：3，红胎。敞口，厚方唇，唇沿面内弧，下沿低垂，腹壁弧内收，外壁近底处有折角，似饼足。施酱黄釉，部分剥落。口径11、底径4、高3.4厘米（图八，2）。

瓷执壶　1件。M3③：4，灰白胎。高领，敞口，方唇，斜折肩，腹微鼓，圈足外张，足墙外缘刮削，带形鋬手，流口弯曲。施酱黑釉，釉不及圈足。口径4.8、底径6.6、通高15.4厘米（图八，4）。

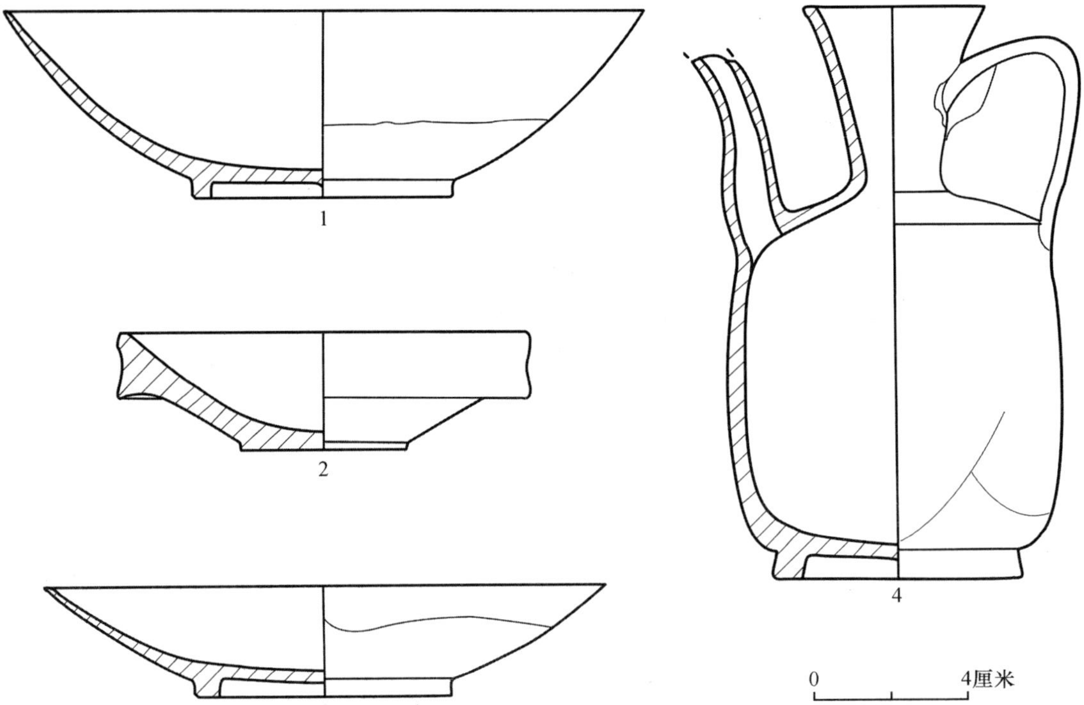

图八　M3出土器物

1. 瓷碗（M3③：2）　2. 瓷盏（M3③：3 ）　3. 瓷盘（M3③：5）　4. 瓷执壶（M3③：4）

五、M4

墓葬形制

M4位于发掘区的西南部，北端封土外围被M3叠压，打破M2。方向184°　。该墓墓道等被鱼塘围堰损毁。

墓圹　在黄色黏土中开挖长方形墓圹，坑壁表面粗糙。土坑残长4、宽2.56、深2.14米。

墓门　封门由3块石板叠层垒砌，顶层石板被扰动，其上端有0.22米高的空缺。封门石残高1.3、厚约0.3米。

墓室　平面呈长方形，墓顶中部后端被毁，仅存南、北端平顶和中部前段三角形藻井。每壁开2龛，设后龛，底部砌筑棺床，棺床外围有凹槽形排水沟。墓室长2.72、宽1.22、高1.56～1.88米（图九）。

墓壁基于地袱之上，左右壁板石下层基石上各雕3组浅框图，中间为壶门，内素无纹，左右均为方形框，内减地浮雕折枝花卉。左右壁板中间立石柱，将壁板中部分割为2个壁龛。石柱高浮雕图案，柱础为仰莲座，柱顶雕仿木结构一斗三升斗拱。左侧石柱

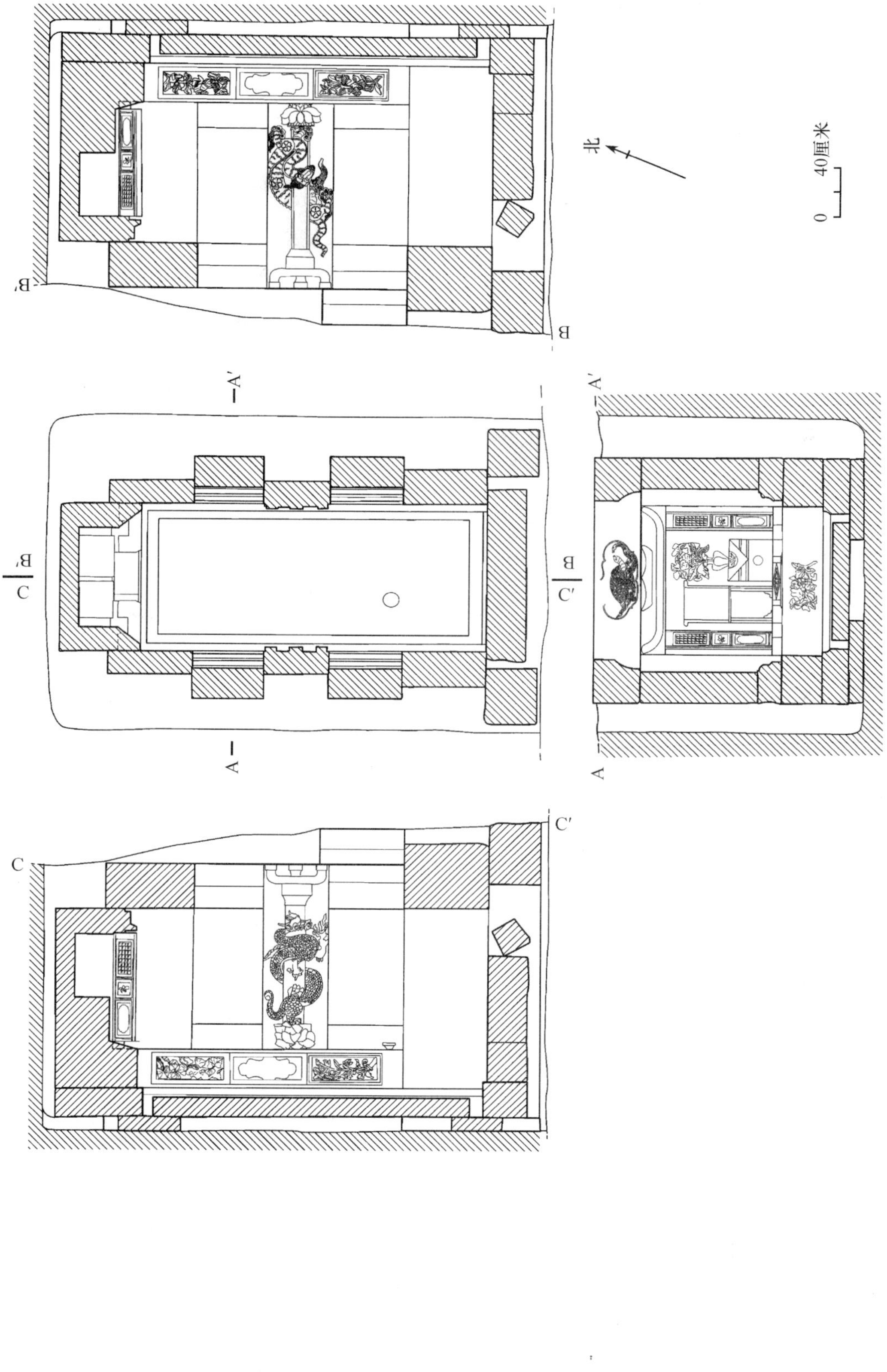

图九　M4平、剖面图

刻青龙，龙后足立于莲台上，龙身螺旋形攀爬缠绕于柱，双目圆凸，竖耳，张嘴，鬣须飘逸，角分叉，身披鳞甲，尾曲，足四爪。右侧石柱刻白虎，双目外凸，露齿，竖耳，额部刻一“王”字，鬣毛上飘，须毛下垂，长颈弯曲，前足踏于莲台祥云上，后足腾空，身体绕柱，尾曲，全身阴刻梅花纹和虎斑纹。柱宽0.52、高1.52米。

后龛龛前平台高0.32、宽1.2、进深0.18米。龛台下侧雕折枝牡丹，上侧阴刻三重十字心菱形纹。龛顶额刻仿木结构门楼，龛顶外侧为歇山式二重檐屋顶，檐角上翘。龛左右两侧大门斜开，门上雕刻仿木结构门扇，有格眼、腰花板、障水板等。格眼阴刻长方形边框，内雕球路纹棂窗；腰花板刻折枝花；障水板长方形边框内刻壸门图案。门扇底部各垫一方形门砧。龛内陈设一几一椅。方几几面铺巾，三角形巾角下垂，巾面中部似绣团花，几上置牡丹瓶花，几下有圆形绣球，几高0.35、长0.34、宽0.28米。椅靠背披巾，巾似下垂至地，椅腿外露。椅通高0.66、长0.3、宽0.28米。后龛宽0.82、进深0.28、高0.84米。

墓室后龛上的壁顶板，中部掏壸门状浅龛，龛内减地浮雕玄武图。玄武为龟蛇纠结缠绕，龟蛇两头相对。龟伸颈昂首，双目仰视，背高隆，露三足，龟背饰回形纹。蛇身从龟右侧两腿间缠绕龟背，经龟前右足下弯曲成“S”形昂首回头，与龟头对视；蛇尾从龟尾部伸出，弯曲上翘。

墓内堆积分3层。

第1层：为墓室毁坏后坍塌进的淤泥和杂物堆积，并有三角形石板一块，当为藻井的顶盖。

第2层：为灰褐色淤泥，出土釉陶盏1件。

第3层：为灰褐色，此层包含有较多的炭粒。出土棺板残快、草木灰、骨渣等。

葬具见已朽棺木残片，形制不明。

六、小　　结

（一）墓葬分组

莲花堡墓群所发现的4座石室墓葬，均为竖穴式土圹单室墓。综合多方面的情况看，这4座墓葬可分为甲、乙两组：甲组为M1、M2，乙组为M3、M4。

从排列情况看，甲组两座墓葬为一排，乙组两座墓葬又为一排。组内墓葬的横向空间距离，甲组M1、M2稍大于乙组M3、M4。

从墓葬形制看，甲组两座墓葬均由墓道、墓门、墓室组成，乙组墓葬由于其他原因，前部墓道情况不明。从墓顶部情况看，两组墓葬虽均不完整，但从架在墓顶前后两端圆弧形石墩及石墩底部两侧现存的楔形石条可推测，M1、M2当为拱券顶；而M3、M4前半部为三角形藻井（M3坍塌的泥土内发现有与藻井口相当的三角形石块），中部石梁前后有叠涩平顶台沿，当为方形藻井顶。从左右壁龛看，甲组M1、M2均为横长方形壁龛，左右1个；乙组M3、M4左右壁中部立柱，为竖长方形壁龛，且左右各有2个。

从雕刻题材看，虽然均有青龙、白虎、玄武等题材，但甲组M1的武士图案却不见于乙组，甲组的剑神图案亦不见于乙组。从题材表现形式看，甲组的青龙、白虎图案为行走式，乙组的为绕柱俯冲式。从图案组合看，甲组后壁龛内陈设均为一椅，乙组则为一几一椅。从建筑元素看，乙组后龛、壁柱均有较多的门扇、立柱、屋顶、壶门等仿木结构建筑元素，而甲组则隐而不彰。

（二）年代讨论

相对年代方面，由于存在M3封土叠压M4、M4打破M2两组地层关系，可以判断M2早于M4，M4又早于M3。结合前文分组情况分析，M3与M4之间的年代差异可以忽略不计，因而应归结为两个大的时期：甲组（M1、M2）为一期，乙组（M3、M4）为二期墓葬。

绝对年代方面，由于4座墓葬均未出土纪年物品，故难以准确地判断其年代。但是我们可以根据四川、重庆地区以前的考古发掘资料，大致推测其时代。

从M3、M4室内后龛内陈设的桌椅分析，宿白先生认为“一桌一椅是自北宋中期以来官宦家庭中的一般风习，及至南宋桌椅之类的陈设极为普遍”①。故可以大致确认M3、M4为南宋时期墓葬。此外，M3、M4为藻井型顶，陈云洪将这种单室“藻井型顶”结构的石室墓时代定在北宋晚期至南宋早期②。因此，可将M3、M4的年代初步确定在南宋早期或略晚。

M1、M2为拱券顶，陈云洪将“以石板、石条筑壁，墓顶以楔形石条砌成，或以拱形石梁放在石柱上构成”的这种单室、有雕刻的墓葬，划分为石室墓中的甲Ⅱ类Ab型，时代盛行于整个南宋时期③。结合叠压、打破关系和上文对M3、M4的年代判断，也可将M1、M2的时代确定在南宋早期。综合来看，M1、M2大致为南宋早期偏早，M3、M4年代为南宋早期偏晚，甚至可能到南宋中期。

---

① 宿白：《白沙宋墓》，文物出版社，2003年，第122页。

② 陈云洪：《四川地区宋代墓葬研究》，《南方民族考古》第七辑，科学出版社，2011年。

③ 陈云洪：《四川地区宋代墓葬研究》，《南方民族考古》第七辑，科学出版社，2011年。

（三）性质探讨

由此可见，将莲花堡墓群4座墓葬分为甲、乙两组墓葬是可行的。每组内的墓葬文化内涵十分接近，而组别之间的差异则相对要大得多。组别背后蕴含的意义可能与宋代家庭结构、丧葬习俗有关。我们知道，川渝地区宋代墓葬多为双室合葬墓，其墓穴有同穴和并穴之分。莲花堡墓群每组墓葬均为2个，可能正是这种丧葬习俗的反映；且乙组墓葬间距较甲组更近，或许暗示了由并穴合葬到同穴合葬的变化进程。

我们认为，每组墓葬可能为不同的夫妇合葬墓。以乙组墓葬为例，M3后龛为桌左椅右，M4后龛为桌右椅左，两者完全呈对称形状布局，应与夫妻关系有关。川渝地区宋代双室合葬墓的盛行，可能反映了当时家庭中以夫妇为核心的家庭结构。程朱理学兴起以后，展现出的以家族为核心的家庭价值观一直到明代才在墓葬上有所反映（多室合葬），而在宋代基层社会和家庭结构上则影响不大。

莲花堡这批墓葬内均有雕刻，图案内容有武士像、四灵像、仿木建筑雕刻、花卉、室内陈设等，雕刻工艺高超，图像精美，具有较高的历史和艺术价值，在川渝地区宋墓中有一定的代表性，对研究川渝地区宋代墓葬形制、丧葬习俗、民间工艺、文化信仰等增添了新的重要资料。

发掘人员：莫　骄　徐克诚　刘厚伟　王　珑
资料整理：徐克诚
制　　图：师孝明　杨　飞　吕俊耀　史高峰
　　　　　陈小鹏
执　　笔：白九江　莫　骄　徐克诚

铜梁县凉水井宋墓清理简报

重庆市文化遗产研究院
铜梁县文物管理所

2013年10月，重庆市合川区公安局抓获数名盗墓分子，据盗墓者交代，曾在铜梁县旧县镇龙洞村一带盗掘过古墓。得到消息后，重庆市文化遗产研究院、铜梁县文物管理所组织专业人员赶赴现场调查，发现石室墓2座，确认其中1座被盗。按照“保护为主，抢救第一”的方针，随即对该墓地进行了抢救性清理。

该墓地位于重庆市铜梁县旧县镇龙洞村16社，小地名“凉水井”，西距旧县镇约5千米，北距岚峰至九塘乡村公路约20米，南为一自然冲沟（图一），中心地理坐标北纬29° 52′ 15.22″，东经106° 15′ 1.51″。两座墓葬依次编号为M1、M2，呈东西向排列，间距3～3.5米（图二）。现将两座墓葬的清理情况简报如下。

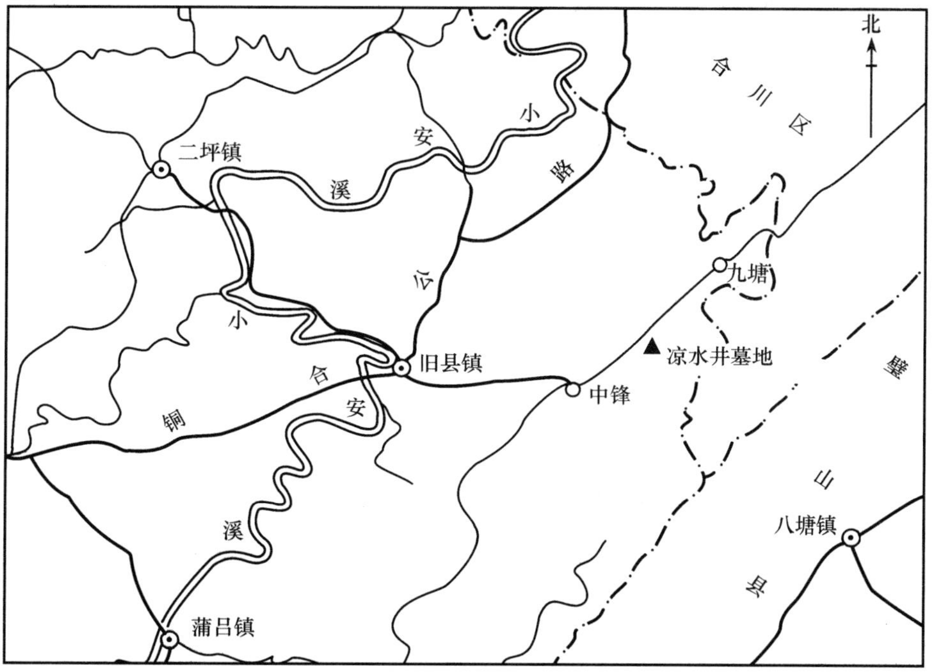

图一　墓地位置示意图

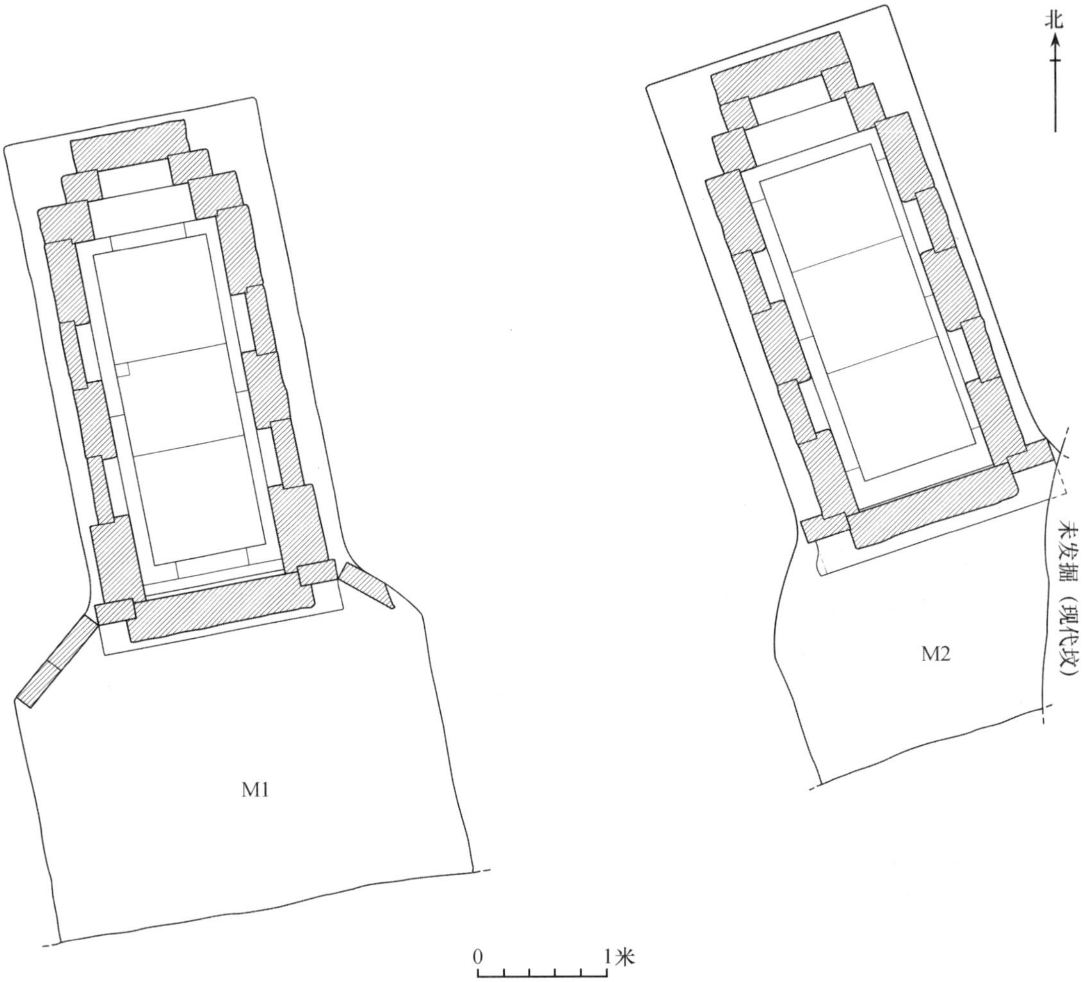

图二　墓葬总平面图

一、M1

（一）墓葬形制

M1地处一斜坡地带，在修筑之前，先挖竖穴土坑墓圹，再在墓圹内修筑墓室。该墓坐北朝南，方向169°。由墓道、墓门和墓室等部分组成（图三）。

墓道　位于墓门外，平面呈长方形。长2.14、宽3.28、深0～1.68米。墓道底部由内至外略呈缓坡状，接墓门立柱外侧用条石立砌挡墙。墓道内填土以黄褐色五花土为主。

墓门　由门柱、门楣构成。宽1.32、高1.58米，立柱高1.54、宽0.3、厚0.16米。门楣为一整块条石，下部边缘凿有卯口，与墓门同宽，便于密封墓门。立柱与门楣表面修整时的凿痕清晰可见，凿纹大致呈斜线状。

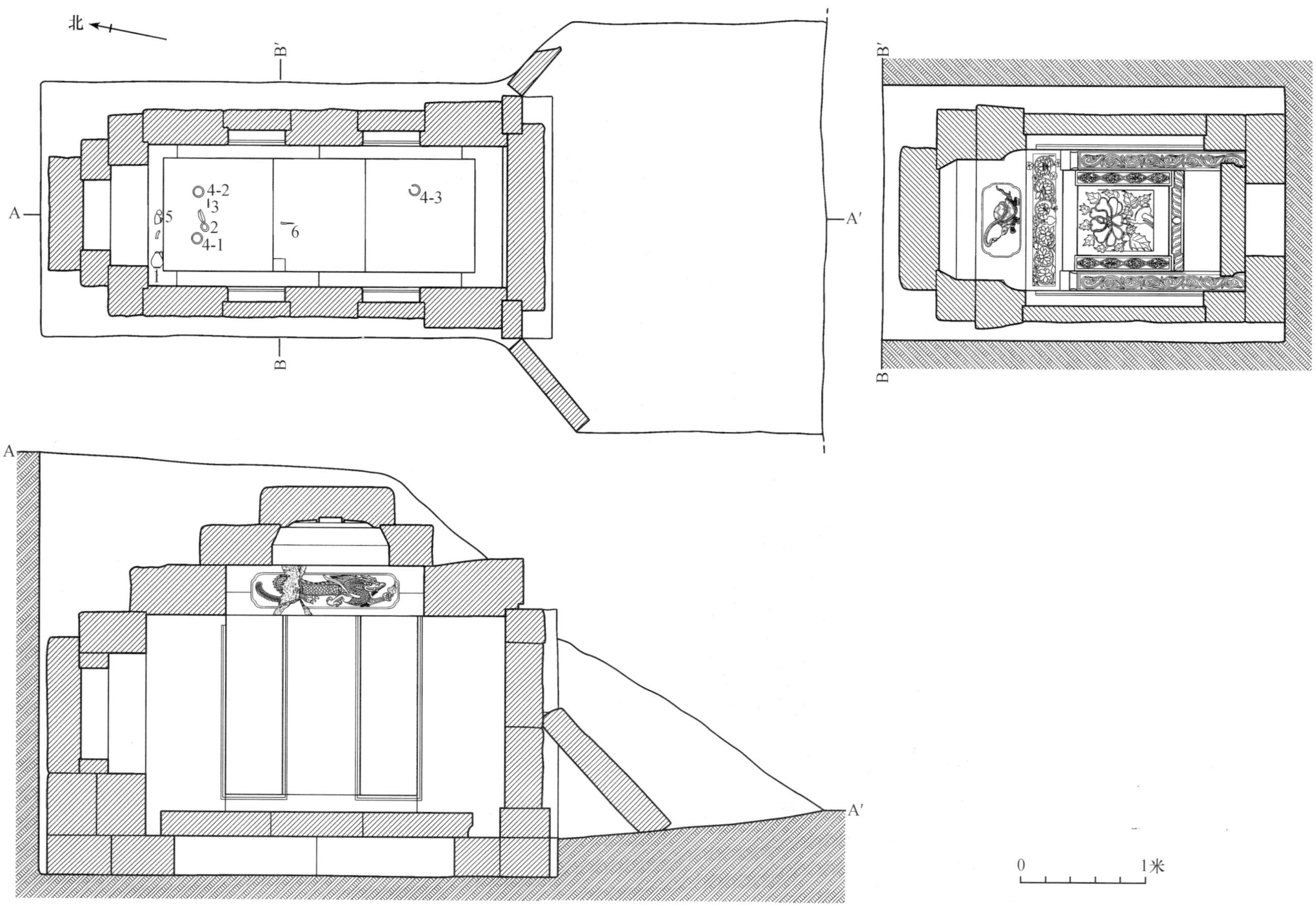

图三　M1平、剖面图

1. 瓷执壶　2. 瓷碗　3. 铁剪刀　4. 铁棺环　5. 铜簪　6. 铁棺钉

墓门外侧用石板封门，封门石由3块石板对接立砌构成，高1.58、厚约0.3米，封门外两条石斜倒成顶门柱，防止封门石向外倒塌。

墓室　长方形单室，石砌仿木结构建筑。修筑时，首先在墓圹底部周壁铺设条石做基座（中部未铺设），前后部两基座上用条石砌成门槛和后龛基石，然后再用石板修筑墓壁、侧壁龛、后龛等。墓室通长3.52、宽1.12、高2.28米。

墓底沿基座内侧铺砌三块平整的石板做棺台，通长2.5、宽0.9、厚0.2米。棺台四周与墓壁留有排水沟，沟宽8～12、深20厘米。棺台上未见葬具和人骨，仅发现数枚锈蚀严重的铁棺钉和3件铁环，其中2个铁环置于棺台后部左右两侧，另1个置于棺台前部左侧，右侧亦有铁锈痕，铁环上还残存有固定于木器之上的扣。推测棺台上应放置有木棺。

墓室顶部，在侧壁龛顶部安置纵向过梁，两侧对应的壁柱之间安置横梁（前端横梁与门楣为同一条石）。墓顶砌作方形藻井，共两重，叠涩而成。第一层长1.58、宽0.95、高0.4米，第二层长0.95、宽0.95、高0.3米。藻井平面为正方形，边长0.8米。顶部雕刻缠枝花卉纹图案，断为两截，厚0.32米（图四）。

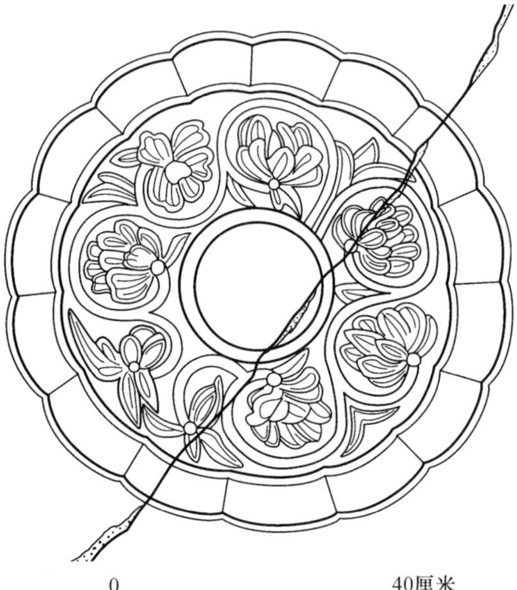

图四　M1藻井顶雕刻

左、右侧壁龛　墓室左右壁中部各建有长方形壁龛两个，每侧龛与龛之间置一立柱相隔，四龛对称，大小、形制相同。龛底高于棺台面14厘米。侧壁龛内高1.44、面阔0.46、进深0.12米。各龛外缘抹角，并阴刻双线装饰。

后龛　仿木结构。第一层底部基座高0.5米，高于棺台面0.3米，面阔0.8、高0.98、进深0.3米，左右两侧立柱，柱头上安置有栌斗。立柱正面平面线雕云纹饰，立柱宽0.16、高1.48、进深0.3米。柱头上置一横梁，横梁正面减地平钑有花瓶及缠枝花卉纹。第二层，面阔0.56、高0.74、进深0.22米。底部置一宽0.88、高0.12米条石，条石平面线雕莲花纹饰，两侧亦各置一立柱，高0.74、宽0.12、进深0.22米，立柱正面平面线雕菱形框，框内刻花卉图案。柱头上置枋，枋宽0.8、高0.12米。龛内正面减地平钑仙鹿衔花纹饰（图版五七，1）。

由于遭早期盗掘扰乱，左侧墓壁向内垮塌。墓室内有较多黄褐色淤土，少量扰土。

（二）墓内雕刻

墓室内雕刻有精美的图案，集中于后龛和顶部过梁、横梁及藻井顶上。藻井顶部和后龛雕刻以花卉和动物为主要题材，过梁和横梁上则刻有四神图案。本文仅对该墓颇具特色的四神雕刻介绍于下（下同）。

四神图案均在双线阴刻的一圆角长方形框内雕刻，均采用了减地平钑的雕刻方法。其中青龙刻在左侧的壁柱横梁上，白虎与其对称刻在右侧的壁柱横梁上。朱雀和玄武对称，分别刻在门楣内侧和壁龛顶部纵向横梁上。

青龙　断为两截，后部纹饰残缺。身长1.1米。龙头朝前（墓门方向），尾朝后，颈部及前、后身弯曲，龙尾上翘。龙身刻满鳞甲，背部刻成鱼鳍状。龙须下垂，龙角向后，头上长鬣后飘，眼圆睁，嘴紧闭露出两颗尖利的牙齿（上下各一），吻下有短须。左前足向前抬起，足掌向上，三爪握一颗火焰宝珠；右前足向后弯曲，前足肘后关节处各有一束毛；左后足前伸，右后足残缺（图五，1；图版五八，1）。

白虎　身长1.08米。虎头朝前（墓门方向），身体修长，刻满鳞甲，背部刻成鱼鳍状，尾部上卷。头上长鬣后飘，眼圆睁，耳朵刻成花叶状，嘴微张露出尖利的牙齿。右前、后足向前伸，左前、后足后蹬作行走状，肘后关节处各有一束毛，四足踏于祥云之上（图五，2；图版五八，2）。

朱雀　长0.55、宽0.32米。雀爪张开站立，双翅展开，上部羽毛呈鱼鳞状。嘴紧闭，尖啄，眼圆睁，头上有冠。足两侧刻有祥云图案（图五，3；图版五八，3）。

玄武　长0.49、宽0.28米。龟伸颈昂首，双目注视其上方的蛇头。龟背隆起，露出短尾和足。蛇身从龟背至龟腹缠绕，后段由龟尾部伸出，蛇尾上扬。蛇嘴张开，吐舌，双目圆睁与龟作对峙状（图五，4；图版五八，4）。

（三）出土遗物

该墓早期被盗扰，仅出土遗物8件。其中出土随葬品4件，包括瓷执壶、瓷碗各1件，铁剪刀1件，铜簪1件。2件瓷器散落于墓室后端排水沟内；铁剪刀和铜簪位于墓室后部。另外还出土木棺上的构件4件，包括铁棺环3件和锈蚀严重的铁棺钉1枚。

瓷执壶　1件。M1∶1，灰白胎。敛口，方唇，深弧腹，长曲流，矮圈足。黑褐釉，内半釉，外施釉不及底。口径3.8、腹径9.4、底径6.3、高12.8厘米（图六，1；图版五九，1）。

瓷碗　1件。M1∶5，白胎。口腹部残片。敞口，尖唇，斜壁。白釉泛黄。内壁残存有篦划纹和刻花纹饰。口径18.6、残高3.6厘米（图六，2）。

铜簪　1件。M1∶2，圆锥状，前端残失。残长7.5厘米（图六，5；图版五九，3）。

图五　M1四神雕刻

1. M1左侧青龙　2. M1右侧白虎　3. M1前端朱雀　4. M1后部玄武

铁剪刀　1件。M1∶3，锈蚀严重。残长19.6厘米（图六，3；图版五九，2）。

铁棺环　3件。形制相同。M1∶4，锈蚀。环上还留有固定在棺板上的扣，扣的前端残存有铁皮。直径9.2厘米（图六，4）。

铁棺钉　1件。M1∶6，锈蚀严重。锥状，横截面呈长方形。长7.5厘米（图六，6）。

二、M2

M2地处一斜坡地带，位于M1的东部。发掘前，遭近期盗掘，门楣及墓顶已被破坏。

（一）墓葬形制

该墓的形制结构与M1基本相同。墓向161° 由墓道、墓门及墓室等部分组成（图七）。

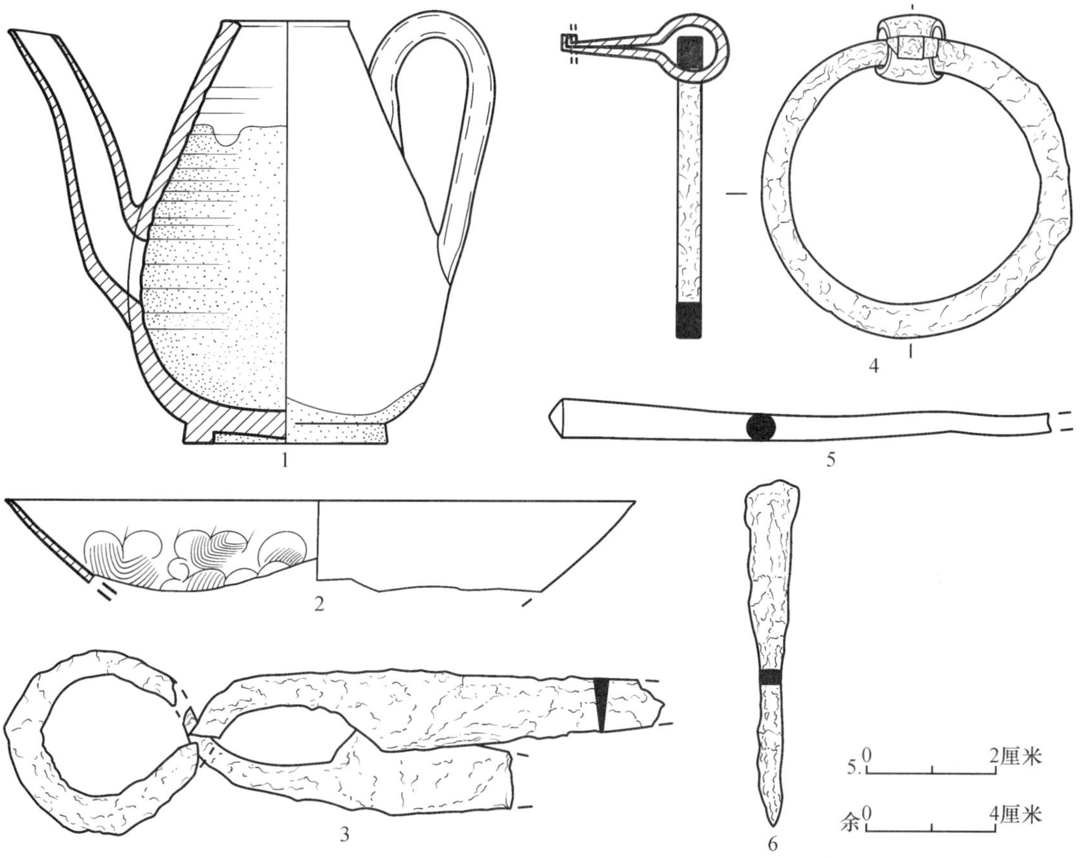

图六 M1出土遗物

1. 瓷执壶（M1：1） 2. 瓷碗（M1：5） 3. 铁剪刀（M1：3） 4. 铁棺环（M1：4） 5. 铜簪（M1：2） 6. 铁棺钉（M1：6）

墓道 位于墓门外，东部未发掘。长1.54、深0～1.18米。墓道底部由内至外略呈缓坡状。墓道内填土以黄褐色五花土为主。

墓门 由门柱、门楣构成。宽1.32、高1.6米，立柱高1.56、宽0.3米。门楣为一整块条石（现右侧破坏不存），下部边缘凿有卯口，与墓门同宽，便于密封墓门。立柱与门楣表面修整时的凿痕清晰可见，凿纹大致呈斜线状。

墓门外侧用石板封门，封门石由3块石板构成，高1.6、厚约0.26米，门外一条石斜倒成顶门柱，防止封门石向外倒塌。

墓室 长方形单室，石砌仿木结构建筑。砌筑时，先在墓底的四周铺设条石作基座（中部未铺设），然后在基座两侧立石板修筑左右墓壁和侧壁龛。墓室后端在基座上砌筑一条石作后龛底部，其上修筑后龛。墓室通长3.46、宽1.12、残高2.28米。

墓底沿基座内侧铺砌三块平整的石板作棺台，通长2.5、宽0.92、厚0.26米。棺台与

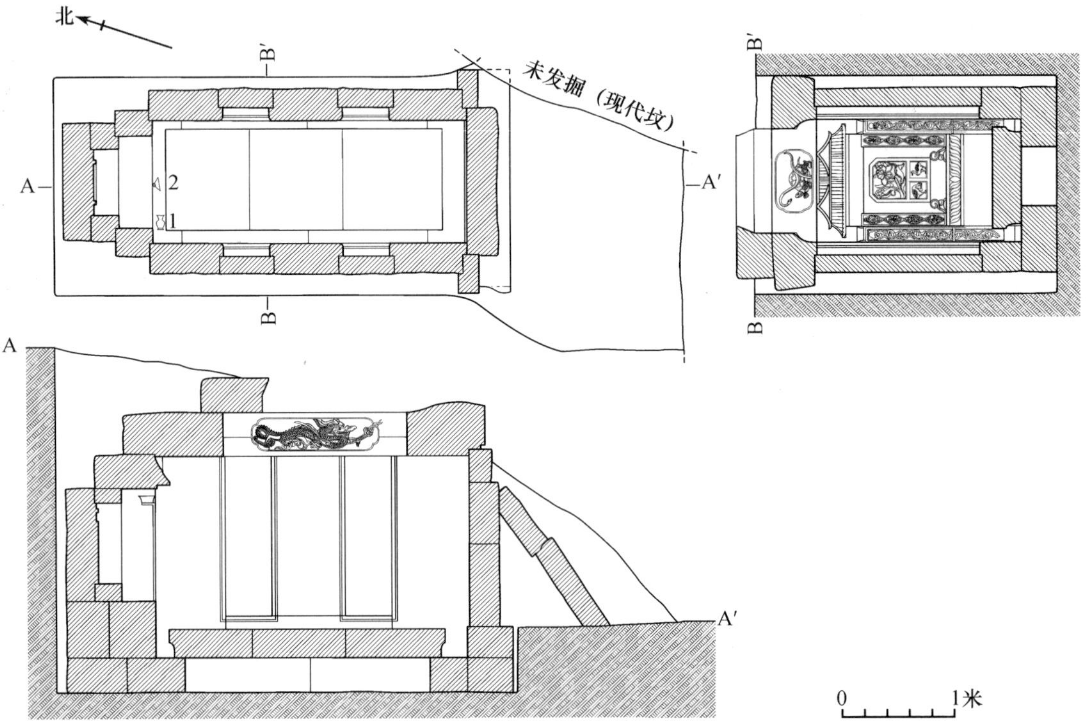

图七　M2平、剖面图

1. 瓷斗笠碗　2. 瓷花口瓶

图八　M2藻井顶雕刻

墓壁自然相隔形成排水沟，沟宽8～22、深20厘米。棺台上未见葬具和人骨，仅发现数枚锈蚀严重的铁棺钉。

墓室顶部，在壁龛顶部安置纵向过梁，两侧对应的壁柱之间安置横梁，墓顶砌作方形藻井，共两重，叠涩而成。第一层长1.65、宽0.95、高0.4米，第二层大部分遭破坏，高0.3米。藻井盖被扰乱破坏，断成数块，丢弃在外。拼对后，平面近正方形，边长0.8～0.84米，雕刻有缠枝花卉纹饰（图八）。

左、右侧壁龛　墓室左右壁中部各建有长方形壁龛两个。四龛对称，大小、形制相同。龛底高于棺台面12厘米。侧壁龛内高1.46、面阔0.42、进深0.12米。各龛外缘抹角，并阴刻双线装饰。

后龛　仿木结构。第一层底部基座高0.52米，高于棺台面0.26米，面阔0.84、高1.03、进深0.3米，左右两侧雕刻立柱，柱头上安置有栌斗，柱下为柱础，柱础高0.16米。立柱宽0.14、高1.58、进深0.3米。柱头上置一横梁，横梁外侧正面刻有仿木结构的屋檐、瓦当。第二层，面阔0.6、高0.74、进深0.22米。底部置一宽0.88、高0.16米条石，石条平面线雕莲花纹饰，两侧亦各置一平面线雕花卉图案立柱，立柱高0.74、宽0.12、进深0.22米，柱头上置枋，枋宽0.88、高0.13米。龛内正面形似屏风，其内剔地起突浅浮雕牡丹和仙鸟图案（图版五七，2）。

墓室内有较多灰褐色扰土，填充有大量石块，近墓底部有厚约20厘米的黄褐色淤土。

（二）墓内雕刻

该墓内亦雕刻有精美的图案，集中于后龛和顶部过梁、横梁及藻井顶上。后藻井顶、龛雕刻以花卉和动物为主要题材，过梁和横梁上则刻有四神图案。

四神图案均在双线阴刻的一圆角长方形框内雕刻。其中青龙刻在左侧的壁柱横梁上，白虎与其对称刻在右侧的壁柱横梁上。朱雀和玄武对称，分别刻在门楣内侧和壁龛顶部纵向横梁上。

青龙　身长1.16米，减地平钑。龙头朝前（墓门方向），颈部及前、后身弯曲，龙尾上卷，并穿过两后腿间由右侧后腿绕出。龙身刻满鳞甲，背部刻成鱼鳍状。龙须下垂，龙角向后，头上长鬣后飘，眼圆睁，嘴紧闭露出两颗尖利的牙齿（上下各一）。左前足向前抬起，足掌向上，三爪握一颗火焰宝珠，前足肘后关节处各有一束毛，右前、后足向后弯曲，左后足前伸，后足踏于云朵之上（图九，1；图版六〇，1）。

白虎　断为数截，左后腿纹饰略有残缺。身长1米，减地平钑。虎头朝前（墓门方向），身体修长，刻满鳞甲，背部刻成鱼鳍状，尾部上扬。头上长鬣后飘，眼圆睁，耳朵刻成花叶状，嘴微张露出尖利的牙齿。右前、后足向前伸，左前、后足后蹬作行走状，四足踏于祥云之上（图九，2；图版六〇，2）。

朱雀　由于盗掘扰乱，石刻断为数截丢弃在外。残长0.55、宽0.34米。为压地隐起浅浮雕。雀两腿弯曲站立，双翅展开，上部羽毛呈鱼鳞状。嘴紧闭，啄部残，眼圆睁，头上有冠。两足踏于祥云之上（图九，3；图版六〇，3）。

玄武　长0.49、宽0.3米。龟伸颈昂首，双目圆睁注视其上方的蛇头。龟背隆起，露出短尾和足。蛇身从龟背至龟腹缠绕，蛇尾上扬。蛇嘴微张，双目圆睁与龟作对峙状（图九，4；图版六〇，4）。

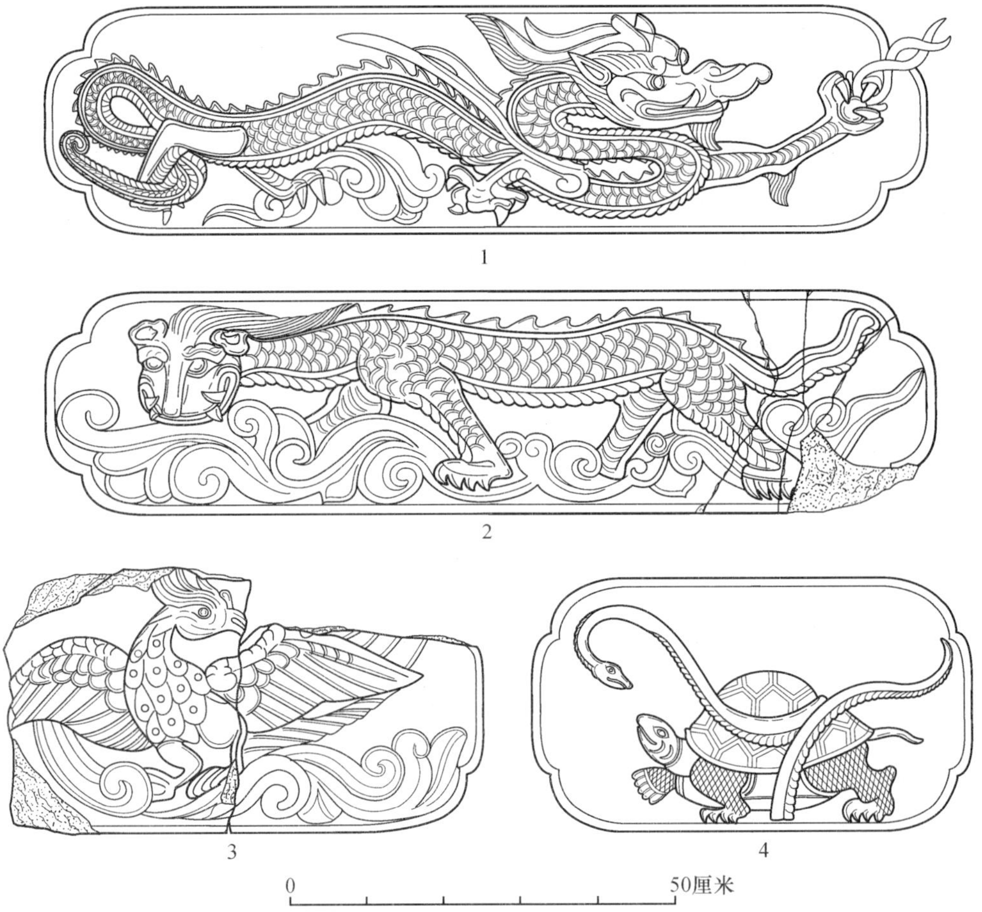

图九　M2四神雕刻

1.M2左侧青龙　2.M2右侧白虎　3.M2前端朱雀　4.M2后部玄武

（三）出土遗物

该墓因被盗掘，仅出土随葬品2件。均为瓷器，且均为影青瓷，釉色较透明。置于墓室后端排水沟内。

瓷花口瓶　1件。M2：1，器身略有变形。白胎。外满釉，内壁仅口、颈部施釉。六葵口，中领，圆肩，弧腹，圈足，足墙外撇。肩腹部刻花缠枝牡丹纹，足墙刻划莲花纹。口径6.8、腹径7、足径6、通高12.9厘米（图一〇，2；图版五九，4）。

瓷斗笠碗　1件。M2：2，器形规整。白胎。内外皆施满釉，底无釉。敞口，尖唇，斜直壁，圈足极矮。内壁饰篦点与篦划纹及划花草叶纹。口径13.3、足径3.2、高5.4厘米（图一〇，1；图版五九，5、6）。

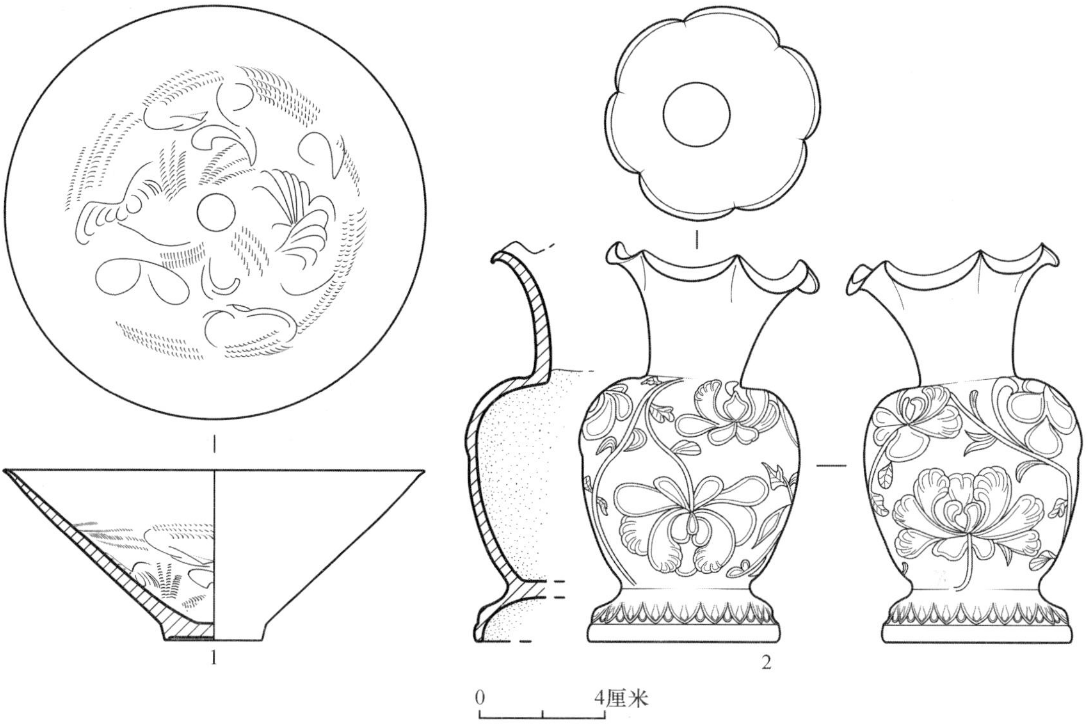

图一〇 M2出土遗物
1. 瓷斗笠碗（M2：2） 2.瓷花口瓶（M2：1）

三、结 语

本次清理的两座石室墓均为竖穴长方形单室墓，其形制结构、规模大小和雕刻内容基本相近，墓向亦在同一方向。检索以往重庆地区宋墓考古发掘材料（资料多未发表），不排除是异穴异室合葬墓的可能。从墓葬形制和墓内雕刻精美图案来看，两座墓葬与南宋时期流行于四川、重庆地区的石室墓形制及雕刻内容相关。

从出土的随葬品来看，M1中出土的瓷执壶与重庆涂山窑酱园窑址Y14中出土的南宋Ab型大壶极其相似[①]，应为本地产品；M2中出土的2件影青瓷，白胎，质细腻，采用了刻花、篦点、篦划装饰，线条流畅、灵活；釉色和纹饰互相烘托，艺术效果极佳，颇类湖田窑南宋时期产品。通过以上墓葬结构和随葬品的论述，可将本次清理的两座墓葬的时代推定为南宋时期。

墓内雕刻精美的花卉、动植物和四神图案。其构图巧妙，造型生动，主题鲜明，雕

① 重庆市文物考古所：《重庆涂山窑》，科学出版社，2006年，第59、226页。

刻技术精湛，体现了南宋时期重庆地区的整体艺术水平。这批墓葬材料的发现对我们研究宋代石雕艺术，以及社会经济、丧葬习俗等提供了宝贵的实物资料。

附记：参加此次工作的有林必忠、赵振江、周寅寅、陈俊华、李茂刚，以及铜梁县文物管理所的张泽春、刘华钢、刘莲等。

领　　队：林必忠
绘　　图：赵振江　师孝明　朱雪莲
摄　　影：周寅寅　陈晓鹏
执　　笔：赵振江　林必忠　周寅寅

遂渝铁路建设工程（重庆段）考古简报

重庆市文化遗产研究院
合川区文物管理所
北碚区文物管理所

一、概　　况

遂渝铁路是国家实施西部大开发战略的重点项目，国家一级铁路干线。该工程西起四川遂宁，东至重庆北站，途经四川省遂宁市，重庆市潼南县、合川市（现合川区，下同）、北碚区，引入重庆铁路枢纽，全长127.793千米，其中重庆市境内长96.566千米。

2003年12月至2004年3月，受成都铁路局遂渝铁路建设指挥部委托，重庆市文物考古所（重庆市文化遗产研究院前身）派出了以林必忠研究员为领队的遂渝铁路（重庆段）建设工程文物保护工作组，并抽调相关区县文保人员，对铁路沿线涉及的潼南、合川、北碚3个县、市、区的14个乡镇，开展了文物调查、勘探工作，共发现和复核文物点50处，并随后对受施工影响的马家塝遗址、许家坝院子墓群和张家湾碗椁墓进行了抢救性发掘（图一）。

以下按墓地将发掘情况报告如下。

二、马家塝遗址

马家塝遗址位于合川市渭沱镇穿井村四社，遗址西北部和南部各有一条小冲沟，东邻小山丘，遂渝铁路从遗址的东部穿过。遗址南北长约150、东西宽约60米（图二），占地面积9000平方米。在遗址内地表采集到较多的瓦片、陶片等。铁路基槽的护坡上残存墓葬4座。

据暴露在田坎上的剖面观察，遗址地层堆积可分为4层（图三）。

第1层：耕土层。厚20～25厘米。浅灰色，土质软，结构疏松，内含较多植物根茎、少量的陶片等。

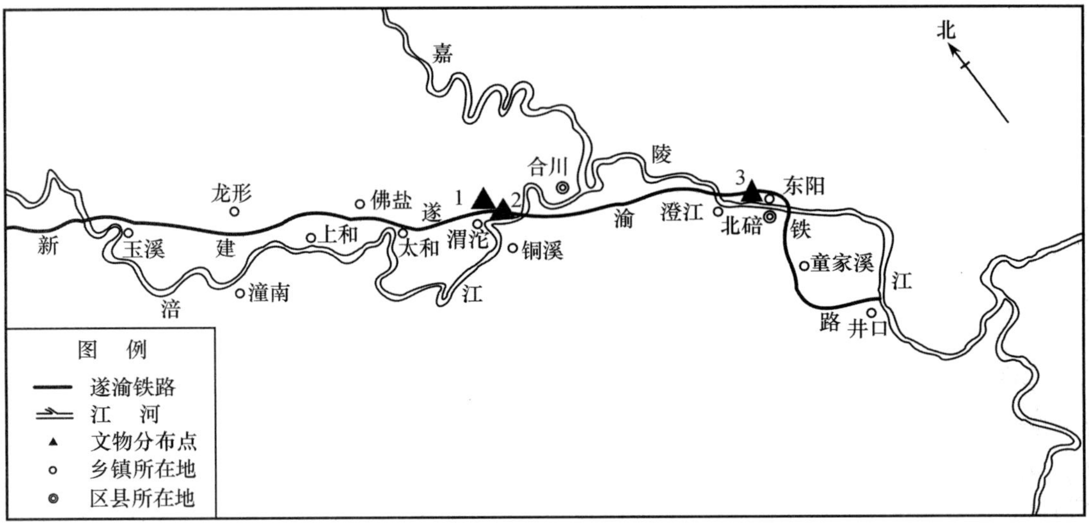

图一　遂渝铁路发掘文物点分布示意图

1. 许家坝院子墓群　2. 马家塝遗址　3. 张家湾碗椁墓

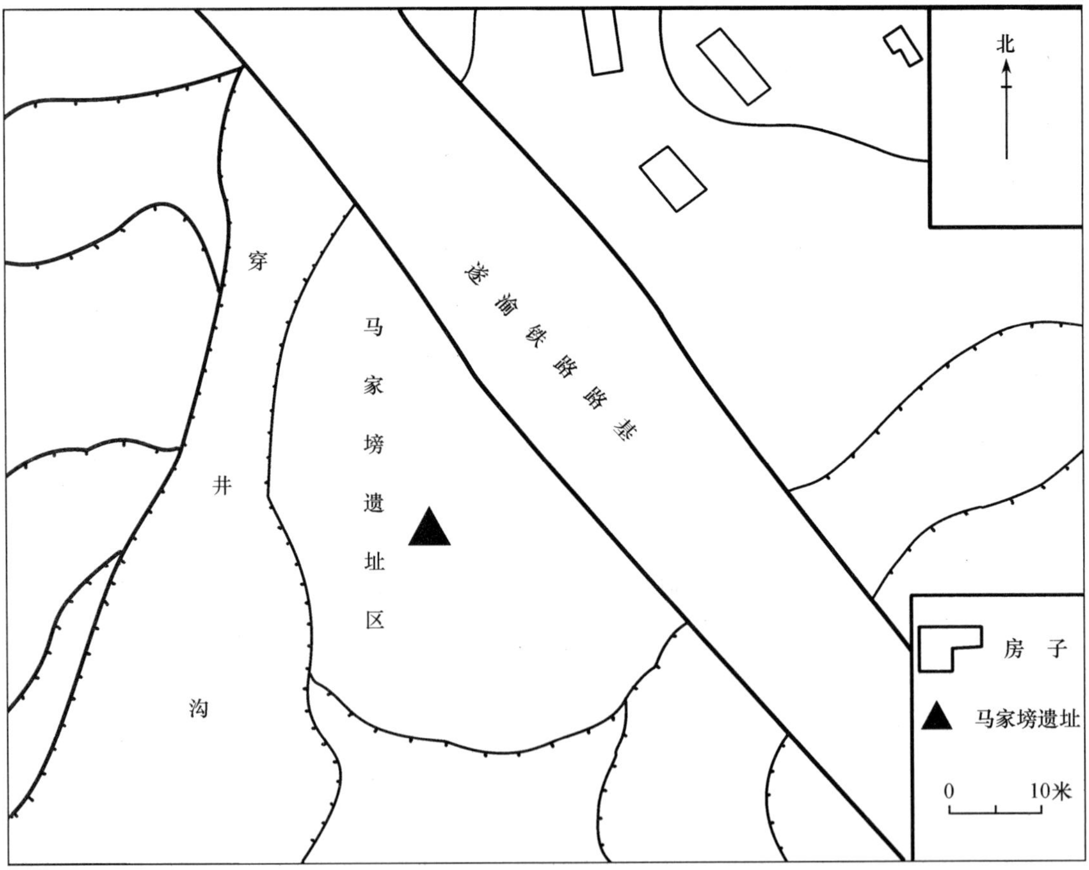

图二　马家塝遗址地形图

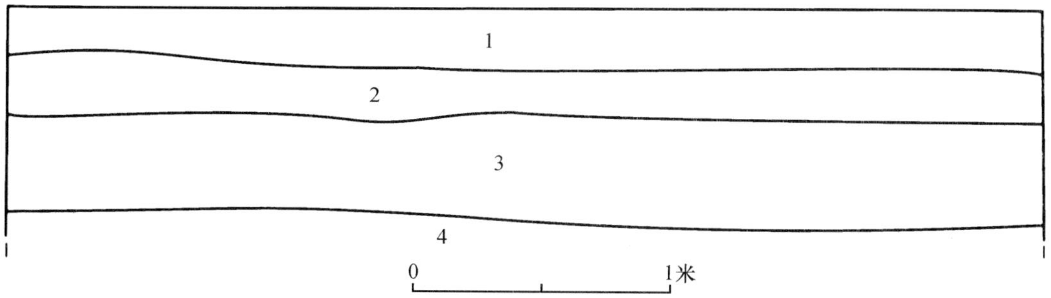

图三　马家塝遗址地层图

第2层：深20～25厘米，厚20厘米。红褐色，土质硬，结构致密，内含少量青花瓷片、瓦片等。

第3层：深40～45厘米，厚40厘米。褐色，土质硬，结构致密，含大量瓦砾，其中有一定数量的筒瓦，另有少量黑釉瓷片等，瓦片内侧均饰布纹。

第4层：黄褐色生土层。

从采集遗物判断，第1层为现代农业耕种层；第2层为明清时期文化层；第3层为唐宋时期文化层。从第3层的大量瓦砾堆积分析，该遗址当为建筑基址废弃堆积。

遗址内铁路两侧护坡上暴露墓葬4座，其中石室墓3座、砖室墓1座，均位于遗址的东部，依坡而葬。由北至南编号依次为M1～M4（图四）。发掘情况如下。

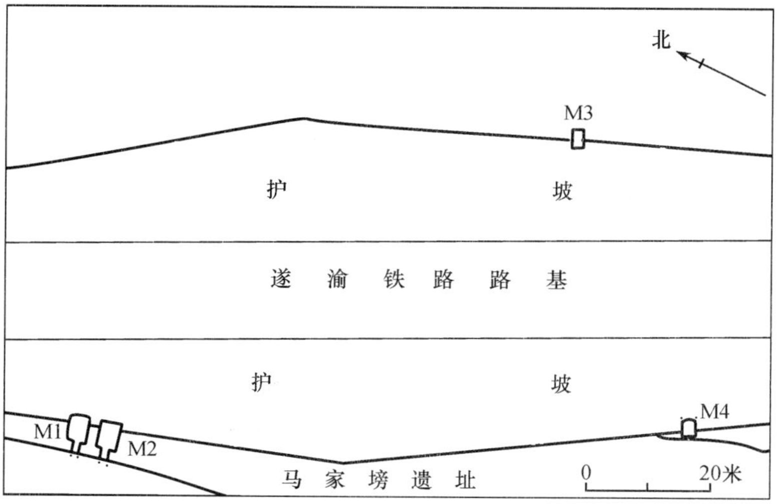

图四　马家塝遗址墓葬分布图

（一）M1

M1墓口叠压于第2层下，距地表深50厘米，打破M2的封土边缘，再下打破紫红色基岩层，墓室东端为护坡毁坏。方向234°　。该墓为竖穴土坑石室墓，土坑平面呈“凸”字形，残长4.2、宽0.84～0.34、深1.15～2.5米。墓室由墓道、墓室构成。墓室有后龛、棺床、排水沟、腰坑结构（图五）。

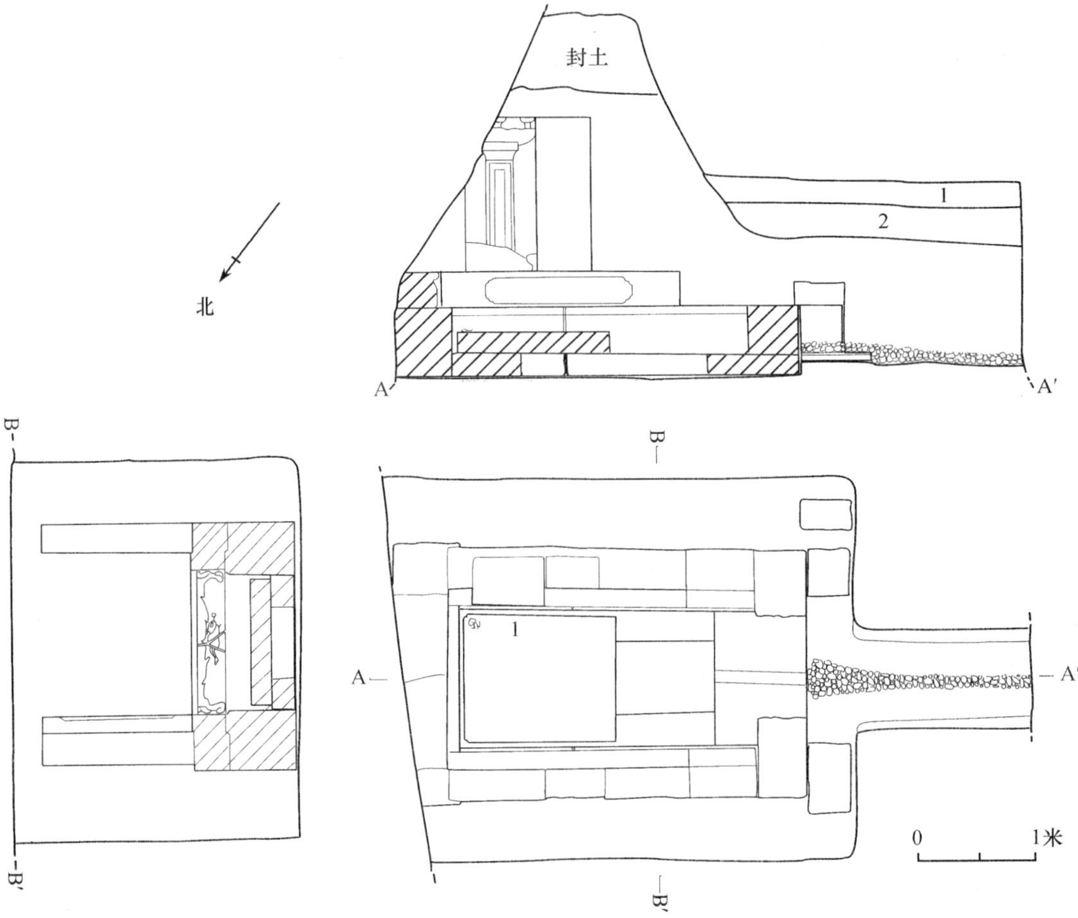

图五　M1平、剖面图

1. 瓷碗

墓室用紫红色砂岩石板砌筑，先在坑内地面平铺两道石条作为地袱石，上沿内侧抹角，每一石条长2.7、宽0.5、高0.6米。地袱东端为后龛基座，西端为门槛，门槛宽0.4、高0.6米。地袱间四周平铺0.15米厚石板，中间预留长1.2、宽0.6米的长方形腰坑，腰坑上铺抹角长方形的石棺床，棺床前部被毁，残长1.48、宽1.06、厚0.16米。棺床外围与地袱之间的空隙为排水沟，宽0.04、深0.16米。壁面石长2.1、高0.35米，上雕壶门图案。左侧壶门长1.24、宽0.22米，内浅浮雕青龙（图六，2）；右侧壶门长1.2、宽0.25米，内浅浮雕白虎（图六，1）。后壁基石上层刻供案，案下浅浮雕奔鹿，鹿口衔灵芝

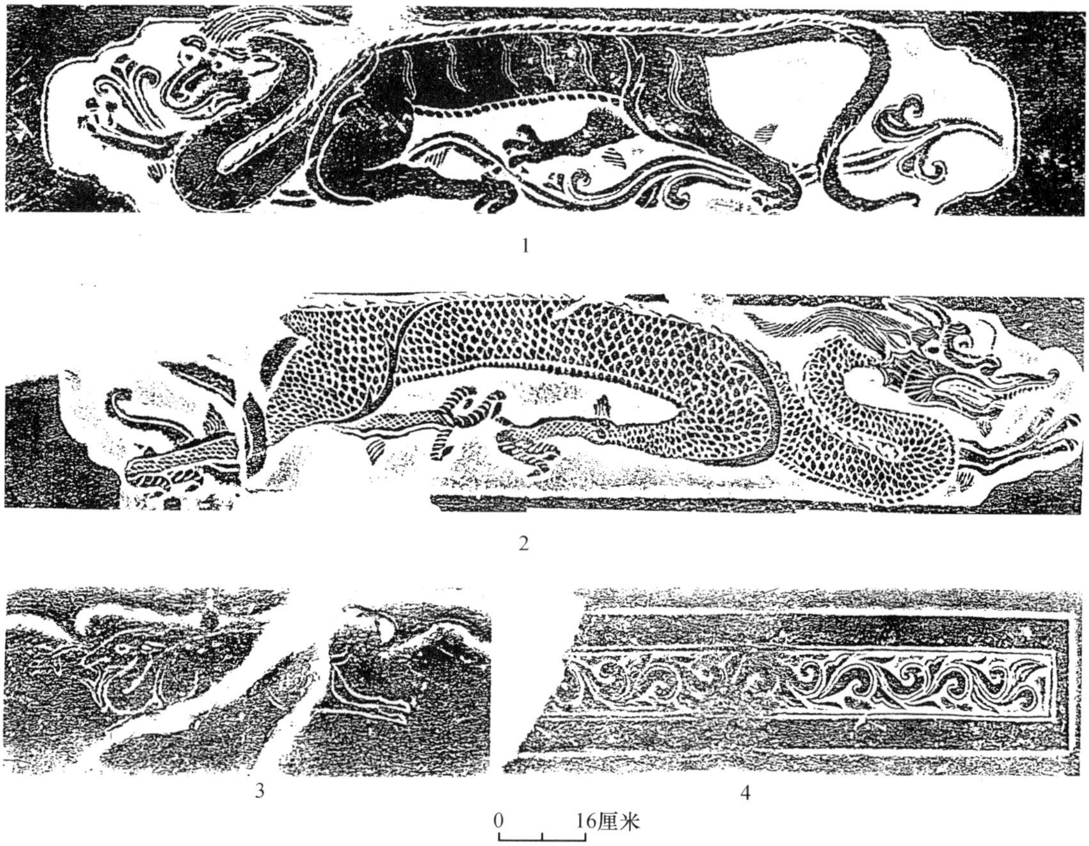

图六 M1石刻拓片

1. 白虎 2. 青龙 3. 鹿衔灵芝 4. 忍冬纹

草（图六，3）。左壁上有一龛，龛宽0.45、高1.32、进深0.12米，龛左侧石板缺失，右侧石板阳刻一立柱，柱面阴刻长方形边框，框宽0.1、高0.74米，内减地浮雕忍冬纹（图六，4），柱顶阳刻一斗三升图案。墓底棺床中间下有一长方形腰坑，长.12、宽0.6、深0.22米。

墓道平面呈长方形，口大底小，残长1.38、上口宽0.84、底宽0.74、深1.15米。墓道底部中间有一条排水沟，该沟墓室内腰坑一直通向墓道末端，在墓道内以细小鹅卵石卵堆积滤水。排水沟宽9、深2厘米。

石室外部和墓道内填黄褐花土，土质硬、结构致密，未见包含物。墓室内堆积红褐色黏土，出土1件瓷盘，还发现瓷碗、灯盏残片等。墓圹上有60厘米厚封土，未经夯打。该墓被扰严重，未见骨架与葬具。在墓室后端右侧壁下，出土影青瓷菊瓣纹小碗1件。

瓷碗　1件。M1∶1，白胎，影青釉。敞口，口沿为20瓣花边，弧腹，底坦，喇叭形圈足，足底略内凹。内壁20出棱，底部为6瓣花蕊。芒口，口沿部为银扣包边，已脱落，仅留黑色银锈斑痕。口径10、底径3.6、通高5.2厘米（图七，1）。

瓷盘　1件。M1∶01，该器出土于填土内。灰白色胎，青釉，质细腻。敞口，圆唇，浅弧腹内收，内底平，矮圈足，足壁外低内高。施乳白釉，内满釉，外釉不及底，有滴釉现象。内底有一圈垫沙痕，圈足外壁也沾有少许细沙。口径16、底径6.4、通高3.8厘米（图七，2）。

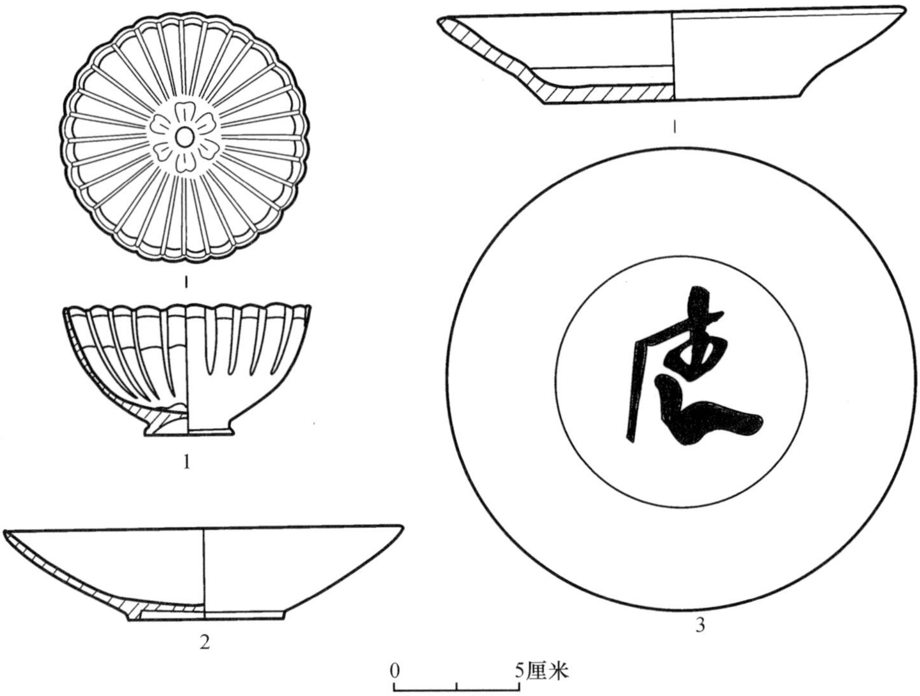

图七　马家塝遗址M1、M2出土器物

1. 瓷碗（M1∶1）　2. 瓷盘（M1∶01）　3. 瓷碟（M2∶01）

（二）M2

M2墓口叠压于第2层下，距地表深60厘米，封土边缘被M1打破，它打破紫红色基岩，墓室东端为铁路护坡毁坏。该墓为竖穴土坑，平面呈“凸” 字形，残长4.66、宽0.9～3.1、深2.4米。墓室为长方形，底部原石室已毁，未见骨架与葬具，墓室长3.8、宽1.83、高0.9～2.43米。墓道平面呈长方形，口大底小，残长1.2、上口宽0.9、底宽0.8米（图八）。

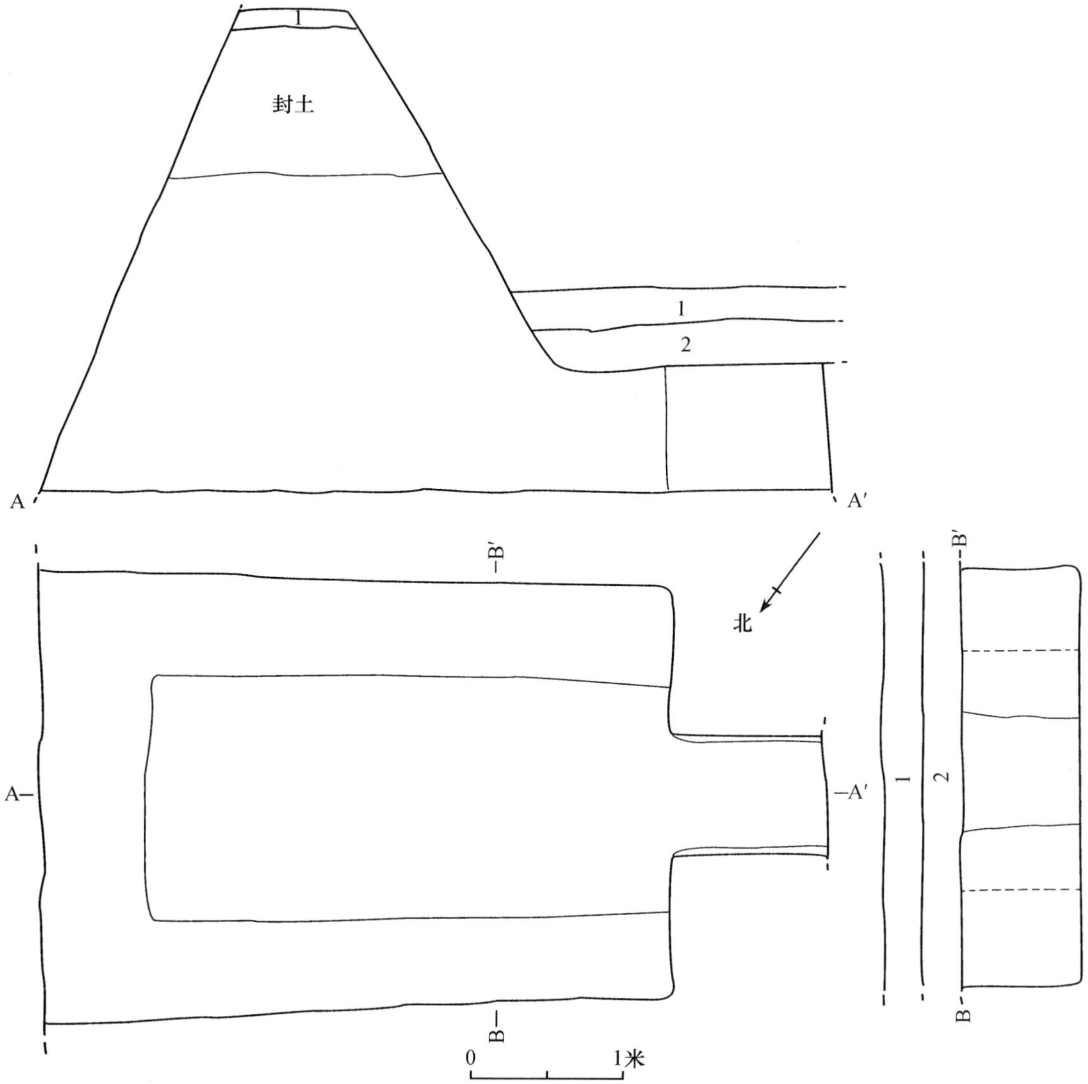

图八　M2平、剖面图

墓葬顶部有红褐色封土，未经夯打，最厚处达1.3米。墓室及墓道内填红褐色黏土，出有黑釉瓷片及可复原瓷碟1件。

瓷碟　M2：01，该器夹石英砂白胎，青釉。敞口，唇沿内方外圆，内弧壁，底腹交界处有一周凹槽，外壁曲，平底。施青白釉，有细小开片。内外底各有8处堆沙垫痕，外底无釉。口径18.8、底径10.4、高7.2厘米（图七，3）。

（三）M3

M3墓口叠压于第1层下，距地表深40厘米，打破黄色黏土层，墓室西端被铁路护坡毁坏。该墓为长方形竖穴土坑石室墓，方向253°。土坑残长1.83、宽1.02、深0.93米。石室呈长方形，墓壁用紫红色石板叠砌错缝而成，墓底平铺地板。墓室残长1.61、宽0.74、高0.74米。木棺置于墓室中间，仅东端部分残留，可见木棺大致轮廓。木棺外围与石室之间用纯白灰浆灌注。木棺残长1.55、宽0.48、高0.7、板厚0.06米。棺内有散乱的骨头，似仰身直肢葬。东端底面放置板瓦4块，未见其他随葬品（图九）。

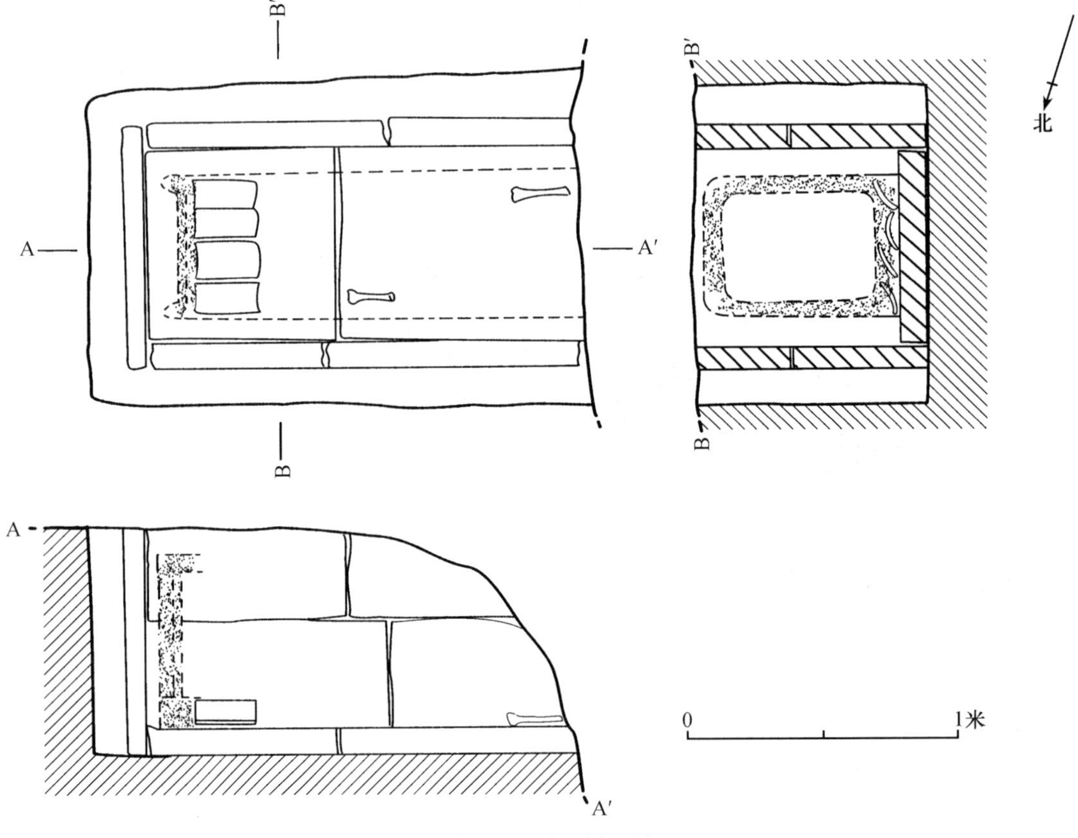

图九　M3平、剖面图

（四）M4

位于铁路西侧护坡上。双室，毁坏严重，仅剩墓室前部，左室残长14、宽74厘米。两室中间有宽24厘米的公用砖墙，右室宽62，墓壁仅剩两层砖，残高12厘米。未见葬具、骨架及随葬品。

三、许家坝院子墓群

许家坝院子墓群位于合川市渭沱镇小井村许家坝院子，在村民何金录家南约40米处铁路路基东侧护坡上。共发现3座墓葬，由北向南依次编为M1～M3，墓葬前部均遭施工毁坏（图一〇）。

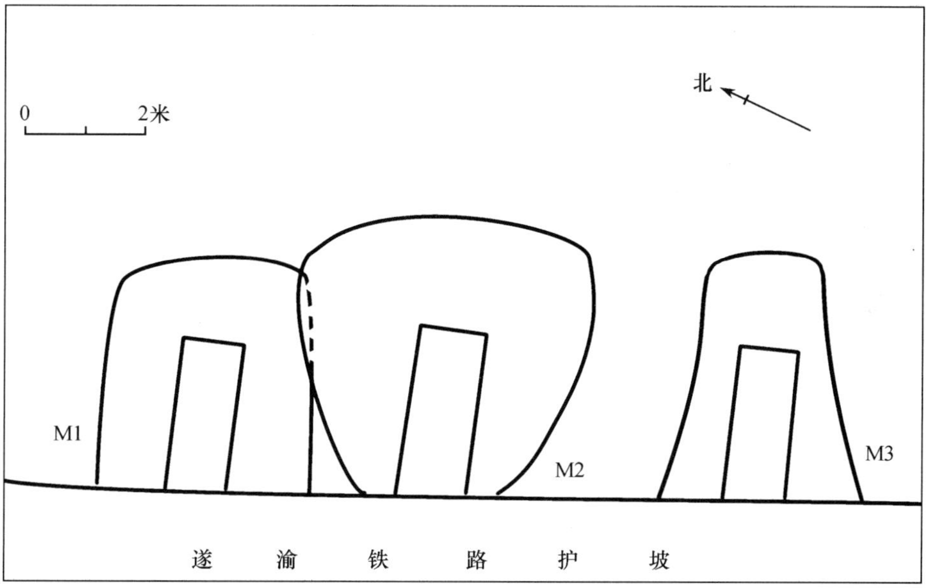

图一〇　许家坝院子墓群分布示意图

（一）M1

M1叠压于耕土层之下，被M2打破，打破唐宋层。该墓为竖穴土坑石室，墓向255°。土坑为不规则圆角长方形，口大底小，上口残长3.4、宽3.02、底长2.2、宽2.74、深1.48米。石室平面呈长方形，前半部和顶板被毁。墓底棺床由两块石板拼接而成，残长2.02、厚0.16米。墓壁面柱柱顶雕刻栌斗，上承素面须弥座，座高0.32米。后龛平面呈长方形，宽0.5、进深0.53、高0.64米。墓室残长2.4、宽0.77、残高1.18米（图一一）。

该墓早期扰乱，填土红褐色，出土较多板瓦、筒瓦、石块残片等。墓底东端和后龛内出土瓷灯盏、双耳罐、瓷盏、瓷碗5件随葬品。

瓷灯盏　1件。M1：1，红胎，质地粗糙。碟形。敞口，厚方唇，唇沿下垂，弧腹内收，外平底，内底坦。施黑褐色釉，釉泛黄斑，无光泽，大部剥落，剥落部位呈青灰色。素面，外底有拉坯时绳切的线痕。口径10.6、底径4.8、高3.2厘米（图一二，1）。

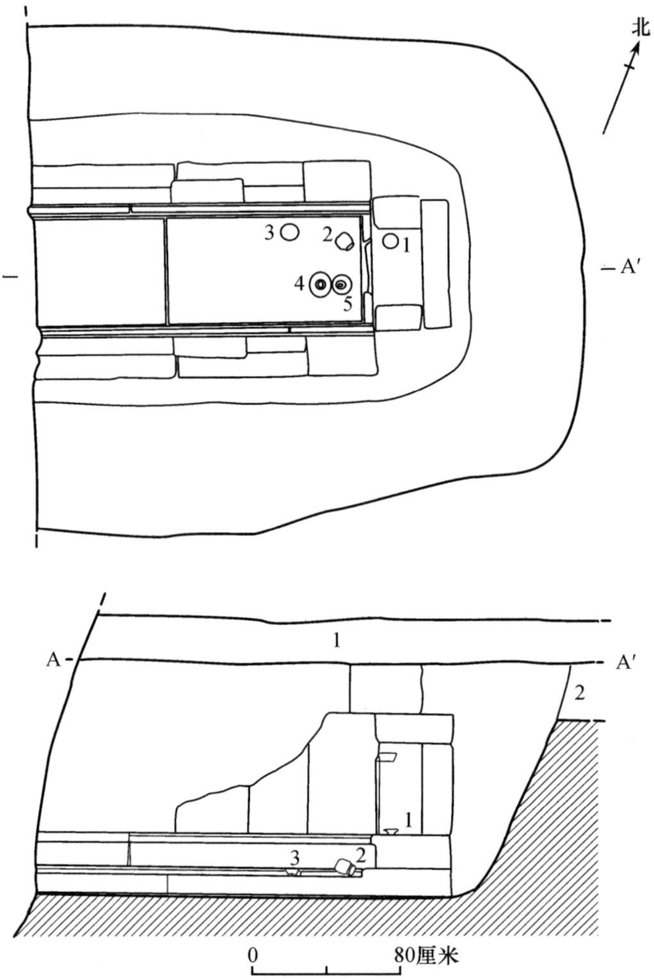

图一一　M1平、剖面图

1. 瓷灯盏　2. 瓷双耳罐　3. 瓷盏　4、5. 瓷碗

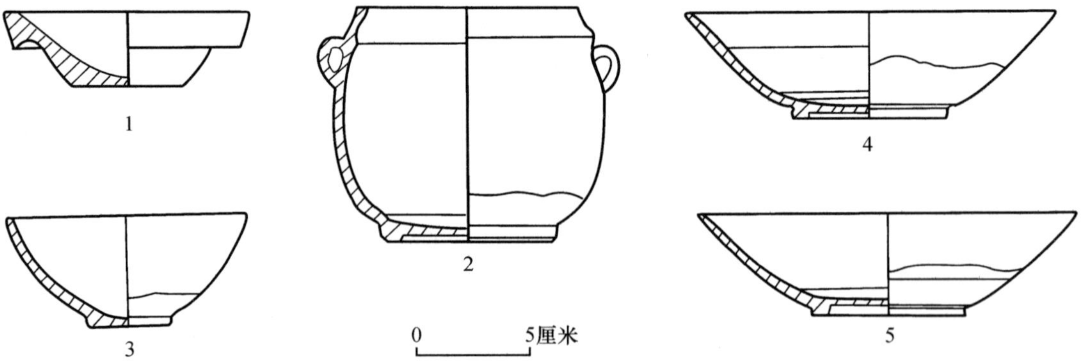

图一二　M1出土瓷器

1. 灯盏（M1：1）　2. 双耳罐（M1：2）　3. 盏（M1：3）　4、5. 碗（M1：4、M1：5）

瓷双耳罐　1件。M1：2，灰白色胎，夹石英砂。敛口方唇，斜直颈，颈下端略束，颈部附双耳，鼓腹，圈足，足外沿刮削，足壁内低外高。施酱黑釉，内满釉，外釉至下腹部，有滴釉现象。口径9.2、腹径11.6、底径7.2、通高10.4厘米（图一二，2）。

瓷盏　1件。M1：3，夹石英砂灰胎，较细腻。敞口，圆唇，弧腹，内底圆弧，外壁有刮削凸弦痕，饼足，足外沿刮削。施黑褐色釉，局部泛黄，釉较薄，无光泽，内满釉，外釉施至下腹部。口径10.4、底径3.6、通高5厘米（图一二，3）。

瓷碗　2件。M1：4，夹砂紫红色胎。敞口，圆唇，上腹近斜直，腹下端足根处刮削近平，内底坦，圈足外张。施黑褐釉，口沿呈酱色，釉面无光泽，釉底施白色化妆土，内底有涩圈，腹部有两道凹弦纹，外表施半釉，局部有滴釉现象。口径16、底径6.4、通高4.6厘米（图一二，4）。M1：5，夹砂紫红色胎。敞口外侈，圆唇，内底坦，矮圈足外张。施黑褐釉，较薄，无光泽，釉下施白色化妆土，内表施满釉，底有涩圈，圈内有一道垫沙痕。口径16.4、底径6.6、通高4.6厘米（图一二，5）

（二）M2

M2叠压于耕土层下，打破M1和其下的唐宋堆积。该墓为竖穴土坑石室墓，墓向255°。土坑为不规则的圆角长方形，口大底小，上口残长4.08、宽1.6～4.2、底残长3.67、宽1.7～2.75、深1.67米。石室平面呈长方形，前半部、墓顶及壁板大部被毁，石室的砌筑方法是先铺地袱石，其间铺设棺床石板，棺床基本完好，长1.95、宽0.72、厚0.18米。墓壁先直立石柱，其间砌石板成侧龛，后侧壁面石板雕刻仿木结构门扇，门扇由格眼、腰花板、障水板等部分组成。后龛用五块石板构筑而成，截面成梯形，龛座为仰莲须弥座，残存龛宽0.76～1.12、进深0.76、高0.38米。墓室长2.8、宽0.76、残高1.36米（图一三）。

该墓早期被扰，填土红褐色，内包含板瓦、筒瓦、黑釉瓷残片等，出有石器、陶盆、瓷碗残片等。墓底东端随葬有瓷灯盏、瓷盏、瓷碗等。

瓷碗　5件。其中4件为填土出土，1件为随葬品。M2：1，红胎，质地较细。敞口，圆唇，弧腹，外表有制坯时刮削的弦纹，圈足，其外沿刮削。黑覆轮，施黄白色釉，无光泽，内满釉，底部涩圈下凹，外表半釉，釉下施白色化妆土，有滴釉现象。口径15.6、底径6.7、通高5.1厘米（图一四，2）。M2：03，灰白色胎。敞口，方唇，唇下沿略钝。弧腹，内底坦，底腹交界处有一凹槽，饼足，底面内凹。施青灰色满釉，釉面有黑色麻点，无光泽。口径18、底径5、通高5厘米（图一四，5）。M2：05，红胎。敞口，外沿微敛，圆唇，弧腹，内底坦，高圈足外张，足底内凹呈半球形，足壁外沿刮削。施米黄色釉，较厚，因剥落几近脱光，无釉处呈黑灰色。内底涩圈。口径18、底径

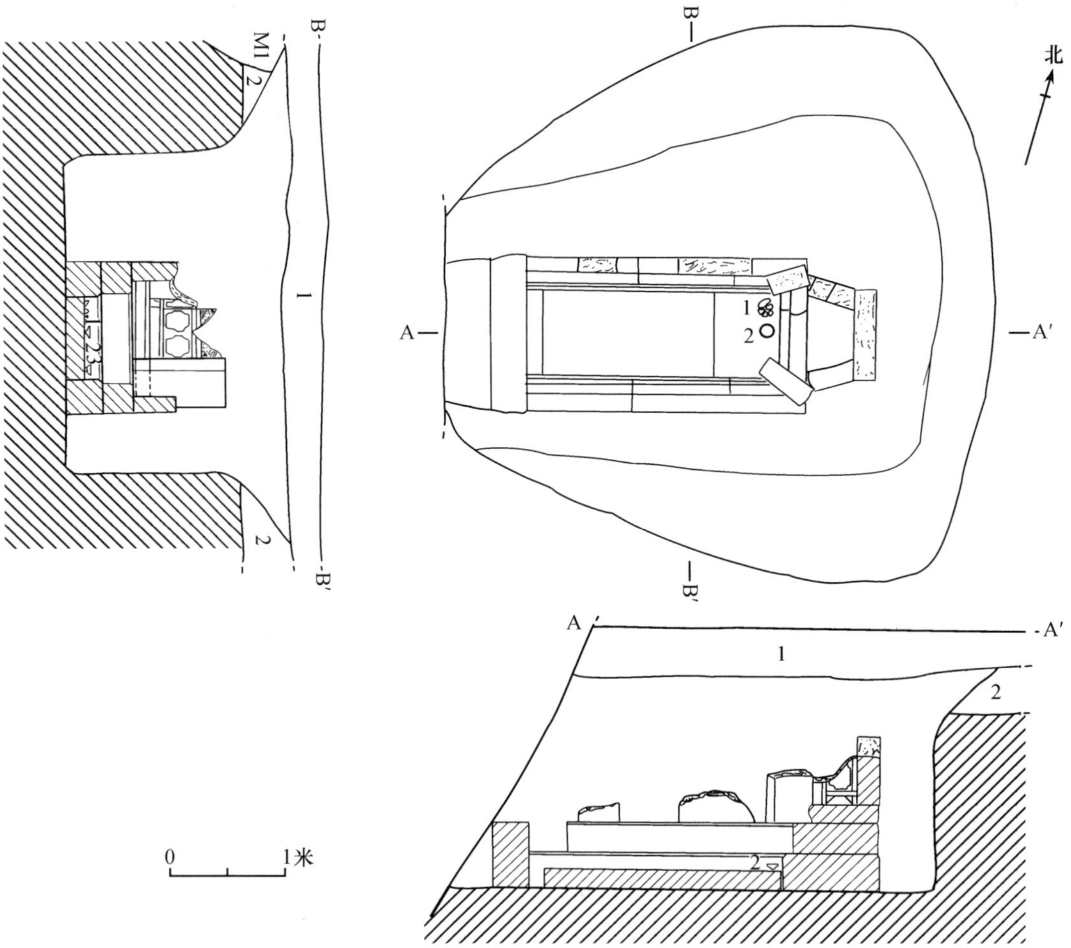

图一三　M2平、剖面图
1. 瓷碗　2. 瓷灯盏　3. 瓷盏

6.3、通高5.4厘米（图一四，6）。M2：01，白胎。敞口，圆唇，唇沿内侧刮削成母口状，弧腹，内底坦，腹底交界处有一周凹槽，外壁腹部刻划菊花瓣纹样，矮圈足。施青白釉，表面无光泽，施全釉，足底无釉。内壁上腹有一隐约可见的鱼纹墨迹，外壁有一处墨书，但无法辨识。口径18.8、底径5.8、通高7.2厘米（图一四，7）。M2：04，白胎。敞口，方唇，弧腹内收，内底坦，腹底交界处有一凹槽，圈足略外张。口部为酱色覆轮，青白釉，釉下施白色化妆土，釉面光亮，内满釉，外表半釉，有滴釉现象。口径18.8厘米，底径7.6厘米，通高7.6厘米（图一四，8）。

瓷灯盏　1件。M2：2，紫红色胎，质地较粗。敞口，厚方唇，唇沿下垂，腹壁斜内收，内底凹，外平底，底部有绳切旋痕。芒口，内壁施褐釉，夹杂黄斑点，细小开

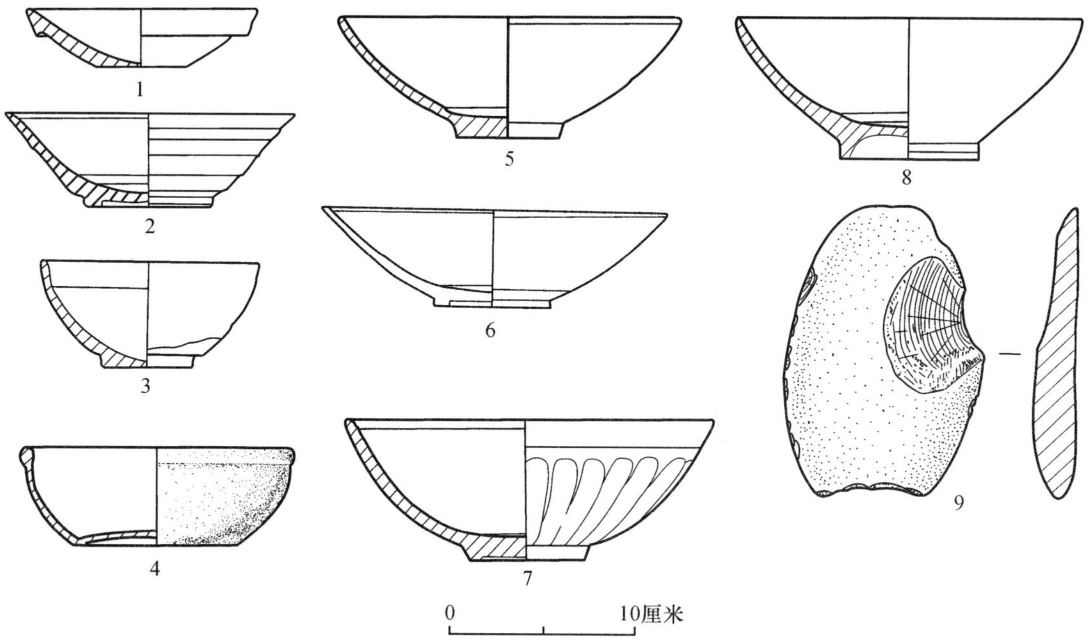

图一四　M2出土器物

1. 瓷灯盏（M2：2）　2、5～8. 瓷碗（M2：1、M2：03、M2：05、M2：01、M2：04）　3. 瓷盏（M2：3）　4. 陶盆（M2：02）　9. 石制品（M2：06）

片，局部剥落，无釉处呈灰色。口径12.3、底径4.8、通高3.2厘米（图一四，1）。

瓷盏　1件。M2：3，灰白胎。夹石英砂，质地较粗。弇口，圆唇，弧腹，内底小而凹，外壁下端足根处刮削近平，饼足，足底外沿刮削。施黑色釉，口沿部呈酱色，釉面无光泽，内满釉，釉面有滴釉形成较粗的菊花瓣纹疤痕。外表施半釉，二次施釉，里施黑釉，外施柿色釉。口径10.6、底径4.8、通高5.4厘米（图一四，3）。

陶盆　1件。M2：02，泥质灰陶。敛口，厚圆唇，弧腹内收，平底，底略内凹。口径14.3、底径8.8、通高0.54厘米（图一四，4）。

石制品　1件。M2：06，紫红色石英砂岩。选用磨圆度较好砾石，打击成扇形薄片，打击点背面对应崩疤，一端断裂。刃部较薄，局部有崩裂疤痕，因使用磨蚀光面明显。长15、宽10.5、厚2厘米（图一四，9）。

（三）M3

M3叠压于耕土层之下，打破唐宋文化层。该墓为竖穴土坑石室墓，墓向255°。土坑呈不规则圆角梯形，口大底小，上口残长4.15、宽1.81～3.56米、底残长3.93、宽0.75～2.12、深1.37米。石室平面呈长方形，前半部、墓顶及壁板大部被毁，砌筑方法与M2接近，残宽0.72、长2.63米。后龛平面呈长方形，宽0.54、进深0.27、高0.6米。墓底残存部分骨架，仰身直肢，头向东，面向南。棺木已朽，痕迹明显，残长0.44、宽0.64米。

墓室内堆积红褐色土，含大量灰陶筒瓦、板瓦、滴水瓦、灰陶盆、黑釉瓷缸、瓷碗残片，另有圆雕石俑、马的肢骨、牙齿等。随葬品有瓷灯盏1件，位于后壁龛沿中间（图一五）。

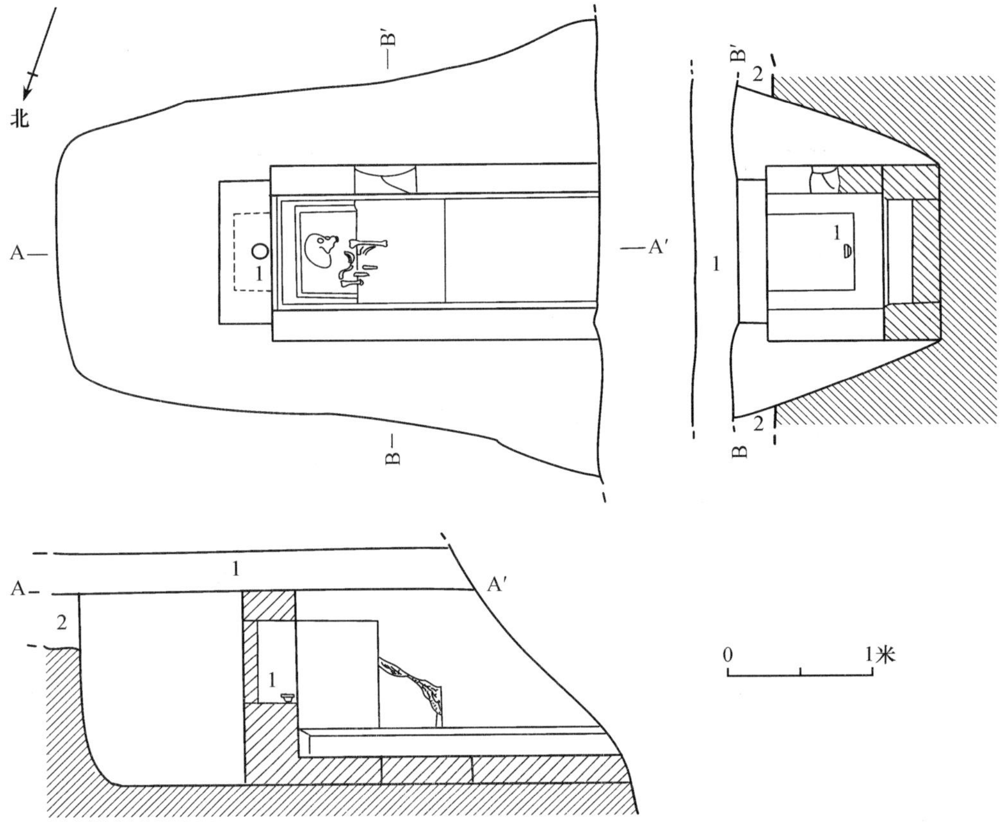

图一五　M3剖面图
1. 瓷灯盏

瓷碗　2件。M3：01，红胎。敞口外侈，圆唇，外沿下一凸棱，弧腹内收，内壁下腹有一弦纹，内底下凹，饼足，足面内凹。施黑灰色釉，内底无釉，外表半釉，无光泽。口径13.2、底径6、通高3.6厘米（图一六，5）。M3：05，红胎，夹少量石英砂。敞口，唇沿外圆内尖，二曲腹，底腹交界处有一道凹槽，外壁下腹端刮削近平，圈足略外张，底圈内呈鸡心。施褐色泛红釉，无光泽，内底有涩圈，外表半釉，有蜡泪状滴釉。口径11.0、底径4.7、通高3.4厘米（图一六，6）。

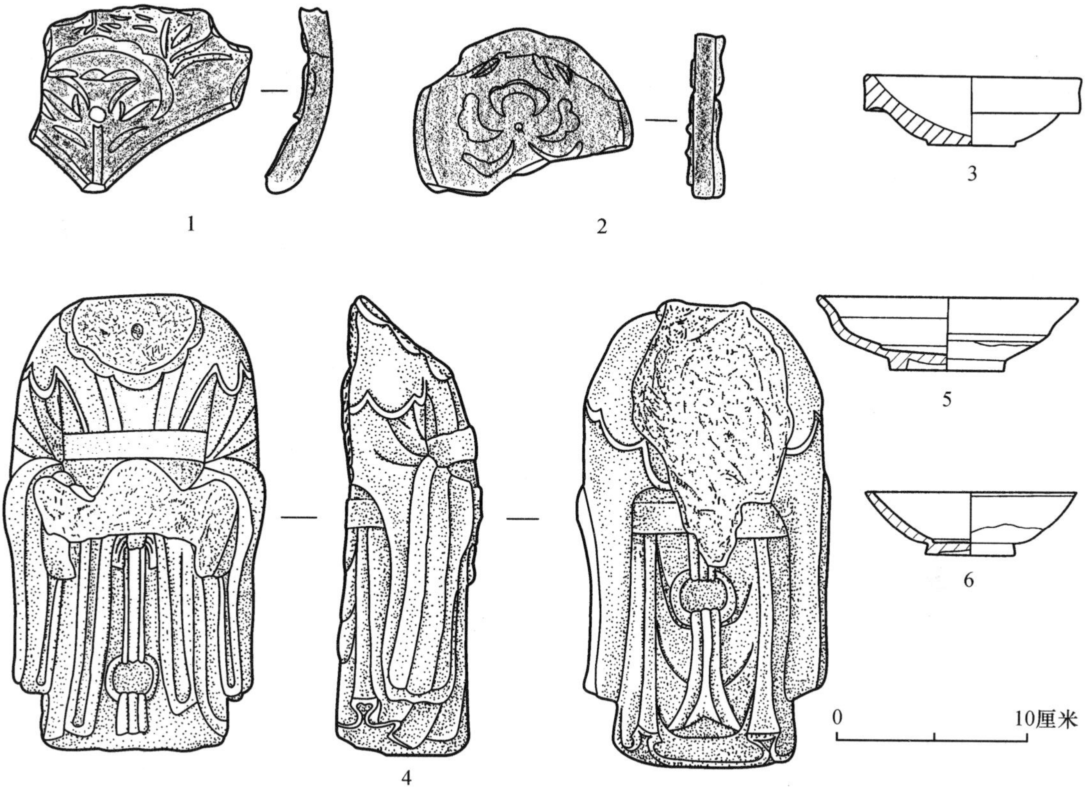

图一六　M3出土器物

1. 陶瓦滴水（M3∶03）　2. 陶瓦当（M3∶02）　3. 瓷灯盏（M3∶1）　4. 石俑（M3∶04）
5、6. 瓷碗（M3∶01、M3∶05）

瓷灯盏　1件。M3∶1，紫红色胎。敞口，厚唇直，下沿制作成低垂的锐尖，弧壁，内底小而凹，饼足，表面有绳切后的疤痕，粗糙，黑褐色釉，有黄褐色的斑点。唇沿及内表施釉，并有细小的开片，因剥落釉已剩不多，无釉处表面呈灰色。口10.8、底径4.4、通高3.4厘米（图一六，3）。

陶瓦滴水　1件。M3∶03，泥质灰陶。表面弧曲，顺弧缘有两道凸棱边框，饰牡丹花叶纹。宽10.8、高9.6厘米（图一六，1）。

陶瓦当　1件。M3∶02，泥质灰陶。圆形，外沿一道弦纹，中部模印牡丹花叶。直径10.5、厚2厘米（图一六，2）。

石俑　1件。M3∶04，紫红色砂岩质。颈以上缺失，颈部中间有一圆形小窝，直径1、深1厘米。身着广袖长袍，开襟，束腰。连花瓣形领，又着花边披肩巾，正面和背面各系一吊环飘带，袍襟皱褶明显，下端残缺。残高24.1、厚7、宽13.6厘米（图一六，4）。

四、张家湾碗椁墓

张家湾碗椁墓位于北碚区东阳镇东阳村张家湾西坡中部，四周为农田，为高速公路与铁路间的建设地带，北距遂渝高速路路基20米（图一七）。墓葬占地约50平方米，坟冢及墓碑在20世纪70年代农田改造时拆毁，只存椁室。墓葬编号为M1。

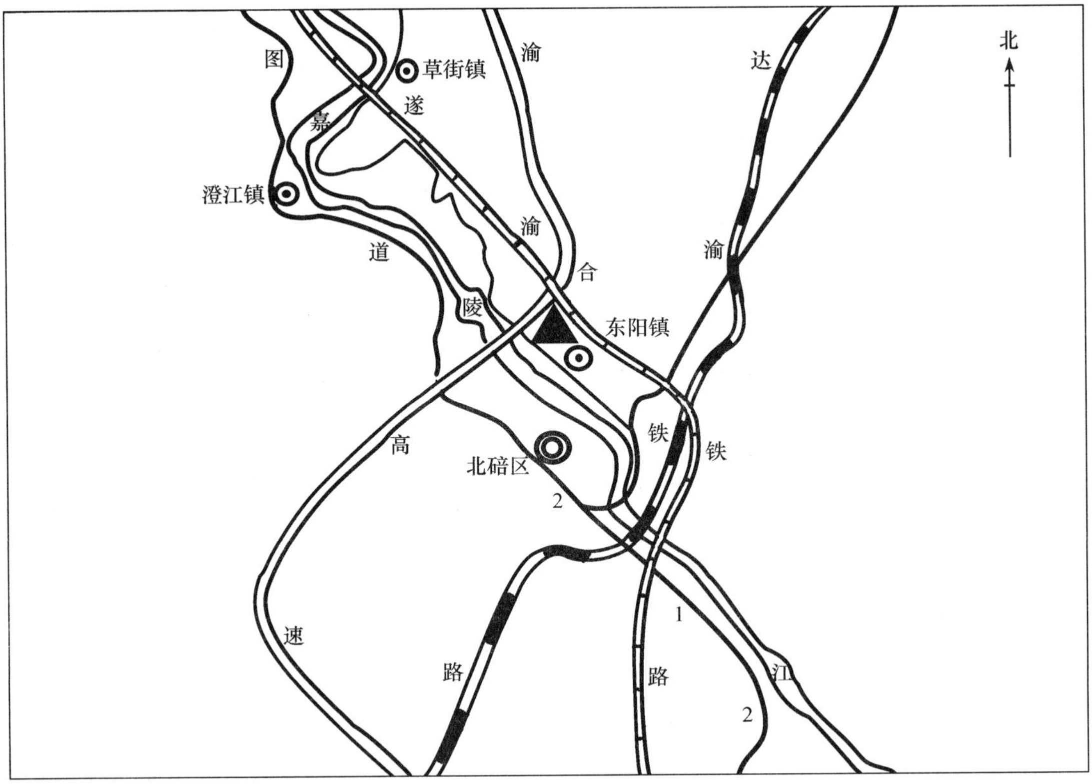

图一七　张家湾碗椁墓位置图

该墓为长方形竖穴土坑墓，墓向302°。土圹坑底前低后高，后部修成两阶台基，前部略平，长4.85、宽约3、最大深度1.4米。椁室外形如鱼背，拱形顶，用石灰、土、沙子构成（另有少量的炭屑）灰浆，填塞青花瓷碗堆积而成，俗称“碗椁墓”。碗层层错缝叠砌，碗口朝里。其中底部3层碗为两碗叠摞，上层为单碗砌筑，每壁10层碗，最后用灰浆将碗底外围填平抹光。碗椁通长4.1、高1.1、壁厚0.07～0.2米，棺长2.2、宽0.9、残高0.5米。该墓严重扰乱，尚存木棺底板和右侧壁板。发现胫骨一节，未见随葬品（图一八）。

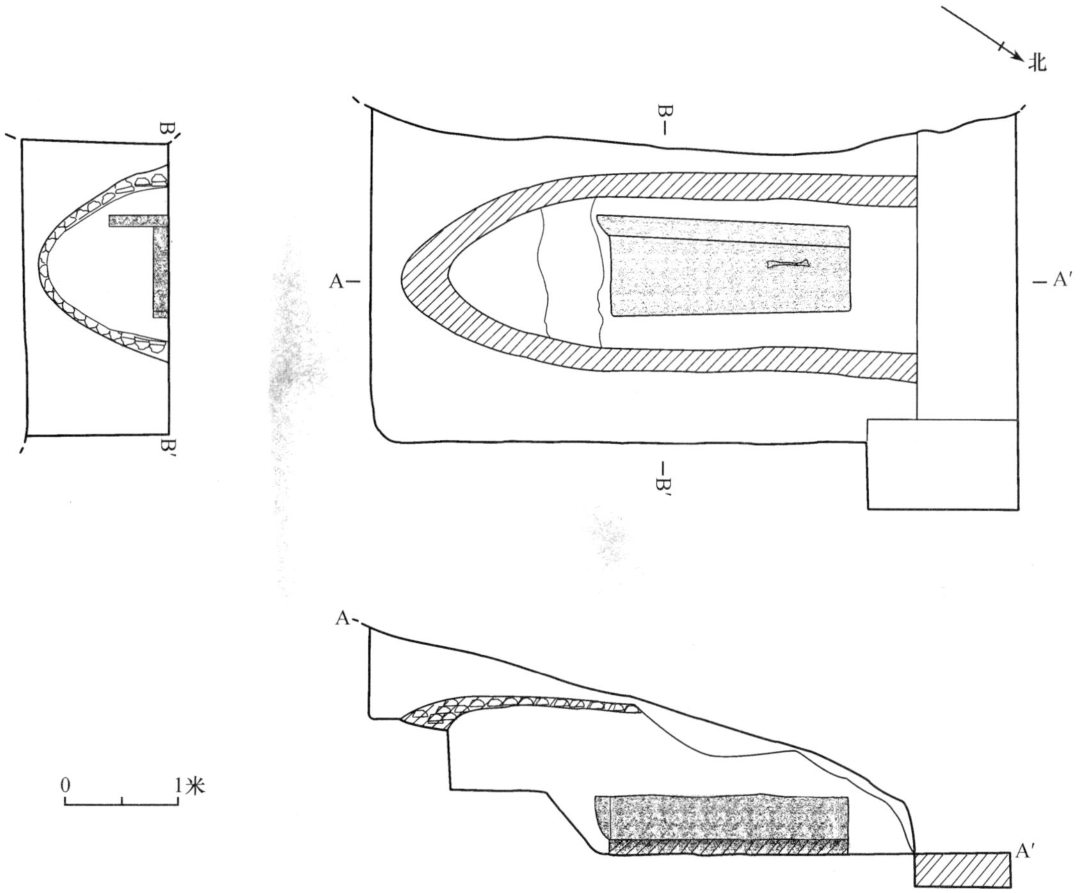

图一八　M1平、剖面图

砌筑椁室的碗为青花碗，大多数完整，形制规格相近，均为侈口，圆唇，斜弧腹，圈足，部分足底中心有鸡心凸起，内腹底有一道涩圈。施青白色釉，釉下装饰青花纹饰，灰白色胎。按照纹饰的不同可分为三型。

A型　腹壁饰“Ⅲ”形青花纹样。M1：1，内壁饰青花双弦纹。口径13.7、底径6.5、高5.5厘米（图一九，1）。M1：2，内壁饰青花双弦纹，内底饰单圈纹。口径13.5、底径6.6、高5.5厘米（图一九，2）。M1：3，内底饰单圈纹。口径13.8、底径6.8、高5.3厘米（图一九，3）。

B型　腹壁饰“寿”字青花纹样。M1：4，内壁及底分别饰青花双弦纹和单圈纹。口径14.3、底径7.1、高5.5厘米（图一九，4）。M1：5，口径13.8、底径7.1、高5.4厘米（图一九，5）。M1：8，口径13、底径7.1、高4.6厘米（图一九，6）。M1：9，口径13.4、底径6.8、高4.5厘米（图一九，7）。

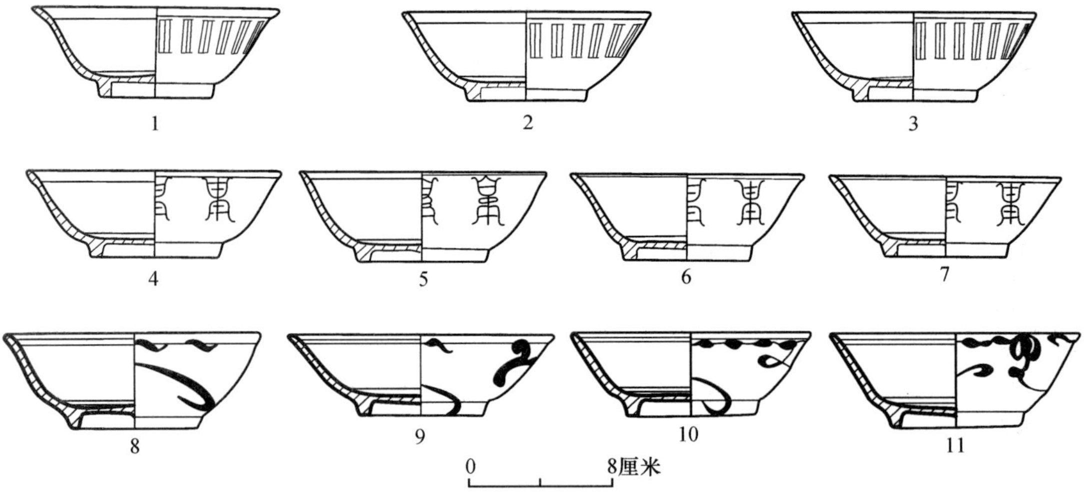

图一九　M1出土瓷碗

1～3. A型（M1：1、M1：2、M1：3）　4～7. B型（M1：4、M1：5、M1：8、M1：9）

8～11. C型（M1：10、M1：12、M1：13、M1：17）

C型　腹壁饰卷草青花纹样。M1：10，内壁饰青花单弦纹，内底饰单圈。口径14.3、底径7.1、高5.5厘米（图一九，8）。M1：12，内壁饰青花单弦纹，内底饰双圈纹。口径14.9、底径7、高5.4厘米（图一九，9）。M1：13，口径13.5、底径6.8、高4.5厘米（图一九，10）。M1：17，内壁饰青花单弦纹。口径14.7、底径7.2、高5.4厘米（图一九，11）。

五、结　　语

（一）年代

马家塝遗址M1墓口叠压于明清文化层下，与重庆荣昌沙坝子宋墓①相比，其规格稍逊，营造形制结构相似，尤其是石刻青龙和白虎，形态、雕刻技法均相近。该墓出土的青釉菊瓣纹小瓷碗应为湖田窑产品，时代约为南宋晚期。该墓填土中出土重庆涂山窑系的瓷盘，与巴南青溪窑Ⅰ式瓷盘（Y1：12）②形制、釉色相同，后者时代为南宋晚期。由此可见，M1的时代可推定为南宋晚期较为合适。

马家塝遗址M2被M1打破，无随葬品，但墓葬的形制、结构及方向与前者相近，其

① 四川省博物馆、荣昌县文化馆：《四川荣昌沙坝子宋墓》，《考古》1984年第7期。

② 重庆市博物馆、巴县文物管理所：《重庆巴县青溪宋代窑址》，《考古季刊》第13集，中国大百科全书出版社，2000年，第292页。

时代应大体相当或稍早。

马家塝遗址M3为灌浆墓，这类墓葬在重庆地区盛行于清代早中期。

马家塝遗址M4墓口叠压于耕土层之下，为砖室墓，所出墓砖为小砖，从已有的考古发现看，这类墓葬在重庆地区属于明代。

许家坝院子墓地M1、M2、M3均打破宋代文化层，其中，M2又打破M1。三座墓葬形制、结构相似，出土的灯盏大小、形制、釉色、胎色均相近，故时代相距较近。随葬的灯盏、双耳罐、盏、碗等瓷器，器形、胎质、釉色、制作方法均与重庆涂山窑小湾遗址中出土的同类瓷器相同，尤其是双耳罐（M1：2）与涂山窑Ac型双耳罐基本同形①，因而可以大体推断其时代在宋代中晚期。墓葬填土中所出的碟和碗，基本上都在底腹交界处有一凹槽，使底部形成凹坑，陈丽琼先生在《重庆巴县青溪宋代窑址》一文中认为，“这种工艺特点是元代的反映”②，因而可以推测该墓可能最晚在元代被毁。滴水、瓦当中的牡丹图案是宋代早中期的风格，它们应当是墓葬打破地层中的遗物。

张家湾M1为碗椁墓，这种葬俗由灌浆墓发展而来，明代中期以后达到极致，它最先流行的区域在我国南方的福建、广东、湖南、湖北等地，后经过明末清初的移民潮——湖广填四川历史事件，将这一埋葬习俗带入了四川、重庆等地。四川、重庆地区碗椁墓丧葬习俗传承了湖广地区埋葬传统，在清代末期，这种葬俗被人们渐渐淡忘，并退出了历史舞台③。张家湾碗椁墓的墓碑已毁，确切的年代不可考证，但从碗椁墓的历史看该墓应当在清代；从碗椁中出土的青花瓷碗分析，其型式和制作工艺与清代晚期青花瓷碗相同，故其时代当在清代晚期。

（二）几点认识

许家坝院子墓群出土的瓷器，是研究涂山窑发展及其演变途径的重要资料。虽与涂山窑器物相似，但从釉色和器形上看，仍然存在细微的差别，烧造工艺存在欠缺的现象。据此分析，可能是当地地方窑场所生产。这说明，涂山窑向周边地区发展的同时，其烧造工艺也在发生一系列的变化。这些瓷器是反映涂山窑烧造工艺变化的实物资料。为研究涂山窑向周边地区发展，以及对社会经济的作用提供了新的依据。

马家塝遗址的石刻青龙、白虎图案，雕刻技艺精湛、形神兼备、夸张有度，堪称艺术精品，对研究宋代美术史、龙虎图形的流变有一定价值。

---

① 重庆市文物考古所：《重庆涂山窑》，科学出版社，2006年。

② 重庆市博物馆、巴县文物管理所：《重庆巴县青溪宋代窑址》，《考古季刊》第13集，中国大百科全书出版社，2000年。

③ 徐克诚、莫骄：《浅析碗椁墓形成的机理》，《重庆历史与文化》2011年第2期。

灌浆墓、碗椁墓作为一种特殊的丧葬形制，在重庆地区存量较多，仅北碚东阳镇一带发现的碗椁墓就有五六处之多。对这类墓葬过去缺少研究，重视程度不够，因而本次发掘清理就显得较为重要，弥补了灌浆墓、碗椁墓葬资料的不足，为重庆地区古代葬俗及葬制的研究提供了新的参考资料。

领　　队：林必忠
发　　掘：刘春鸿　王昌文　徐克诚　许高明
　　　　　林　成　邓兆旭　罗世杰　周俊涵
拓　　片：罗世杰
绘　　图：徐克诚　邓兆旭
资料整理：徐克诚　刘春鸿
执　　笔：林必忠　白九江　徐克诚　刘春鸿

合川区李家坝遗址发掘简报

重庆市文化遗产研究院
合川区文物管理所

李家坝遗址是为配合兰渝铁路建设，重庆市文物考古所（重庆市文化遗产研究院前身）于2009年9～12月开展沿线征地区域文物考古调查勘探时发现的。2010年12月，重庆市文物考古所对李家坝遗址进行了发掘，发掘面积共500平方米，现将发掘收获报告如下。

一、遗址及发掘工作概况

李家坝遗址位于合川区铜溪镇纱帽村五社，遗址中心地理坐标为北纬30° 13′ 47.2″，东经106° 09′ 13.0″，海拔218米。李家坝遗址东北距合川城区约5千米；临渡河由南向北从其东侧穿过，向北流经1000米左右与涪江交汇；南部与遂渝铁路相望；临渡至方溪的公路从遗址中部环绕而过，公路西侧一带为李家湾村，再往西为莲花嘴，是遗址的墓葬部分。遗址地表为开阔的梯田，现夏季普遍种植水稻（图一）。

发掘区域较集中于两大块，一是位于临渡河西侧的居址部分，共布设探方2个，二是在莲花嘴墓葬区域布探方3个。发掘测点设在临渡河铁路特大桥13号桥墩南侧地面轴线点上，探方编号2011HLT1～2011HLT5（以下省略2011HL），探方面积均为10米×10米，方向为正方向（图二）。

二、居　　址

（一）地层堆积

居址地层堆积比较平缓、简单。现以T1西壁为例（图三），将堆积情况介绍如下。

第1层：厚15～20厘米。灰褐色砂土，土质疏松，内含较多的植物根茎、石块、现

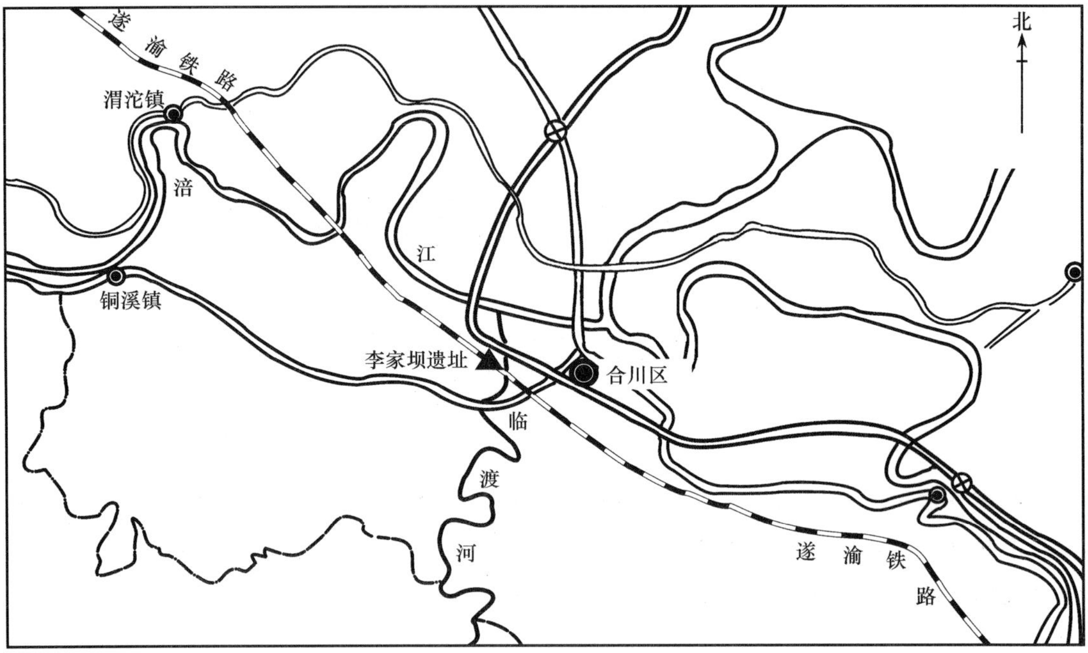

图一　遗址地理位置示意图

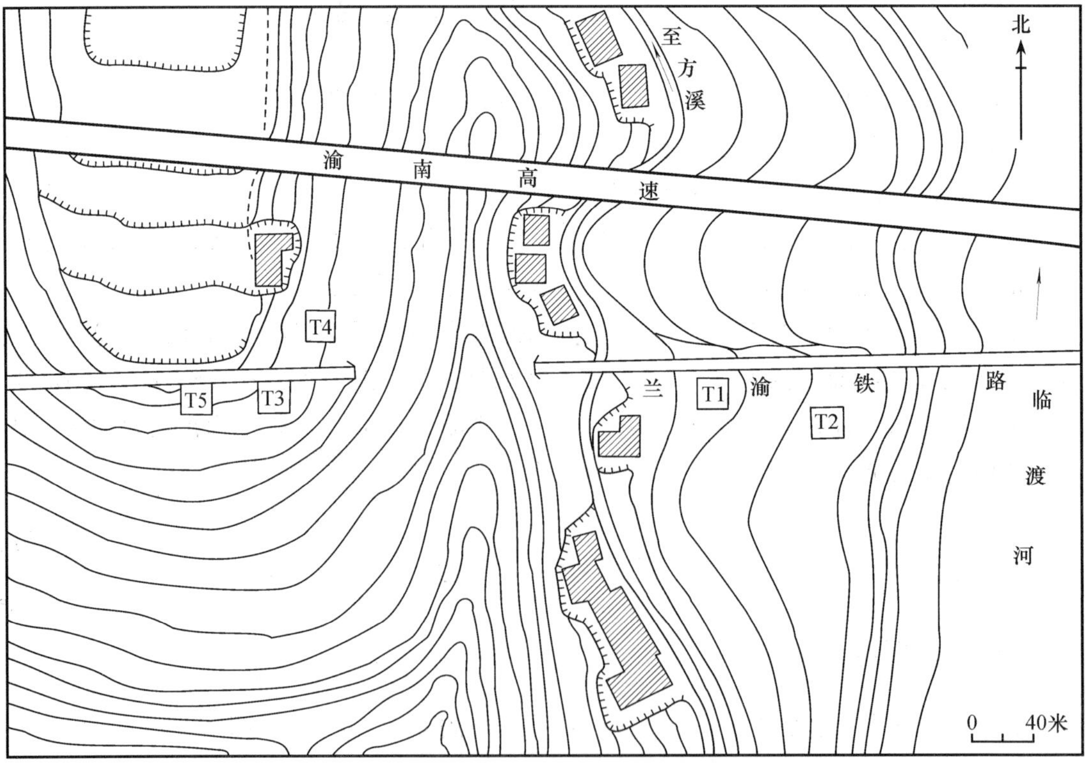

图二　遗址地形及探方分布图

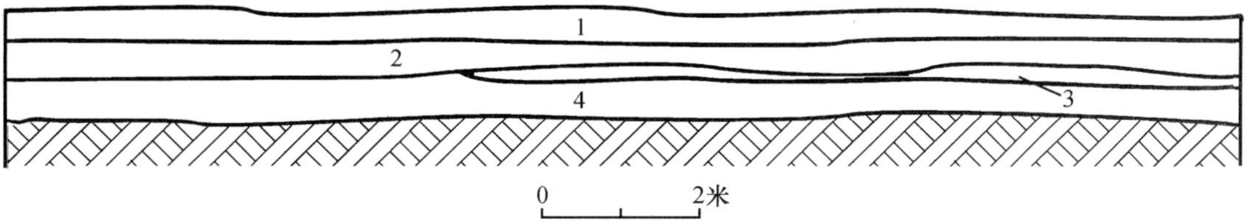

图三 T1西壁剖面图

代瓦片等。此层分布整个遗址表面，为现代农业耕作层。

第2层：厚8～22厘米。浅灰褐色砂土，土质较致密，含较多青花瓷片，少量的瓦片和炭粒等，出土物可辨器形有碗等。此层满方分布。为清代堆积。

第3层：厚0～12厘米。褐灰色黏土，土质较致密，结构细腻，包含有少量黑褐色斑点状水锈、炭粒，出土瓦片、石块等。此层为明代堆积。

第4层：厚23～30厘米。红褐色黏土，质硬，土内包含物有大量的黑褐色斑点状水锈、少量的炭粒。出土白釉、灰褐釉瓷片、陶片、砂岩石块等。可辨器形有泥质灰陶盆等。此层为明代堆积。

（二）出土物

居址部分因发掘面积较小，未见遗迹现象。出土遗物有陶、瓷两类，多为生活用品的碗、盆、罐、擂钵等。现将部分标本介绍如下。

1. 陶器

陶器出土较少，拣选标本5件，其中4件为缸胎陶器。器类有陶盆、缸胎擂钵、缸胎盆、缸胎罐。

盆 1件。T1④：3，泥质灰陶。口微敛，厚圆唇，腹以下残。残高3厘米（图四，5）。

擂钵 均为缸胎。2件。T1④：1，宽唇弧面内勾，外缘下垂，弧腹略鼓，底残缺。内腹有篦划纹，内施豆绿色、外表施黑褐色釉。灰白胎，较粗。口径10.8、残高4.4厘米（图四，3）。T2③：2，敛口，厚方唇，弧腹，底残缺。内腹有篦划纹，内外表施白色釉，局部脱落。红褐胎，较粗。口径32、残高5.2厘米（图四，2）。

缸胎盆 1件。T1④：2，敛口，弧沿下垂，弧腹，底部残缺。内外施白釉，局部脱落。红褐胎，较粗。口径28.8、残高7.1厘米（图四，1）。

罐 1件。T1④：4，侈口，厚缘唇外卷，束颈，肩以下残。外施灰白釉，局部脱落，红褐胎，较粗。口径9.2、残高3.2厘米（图四，4）

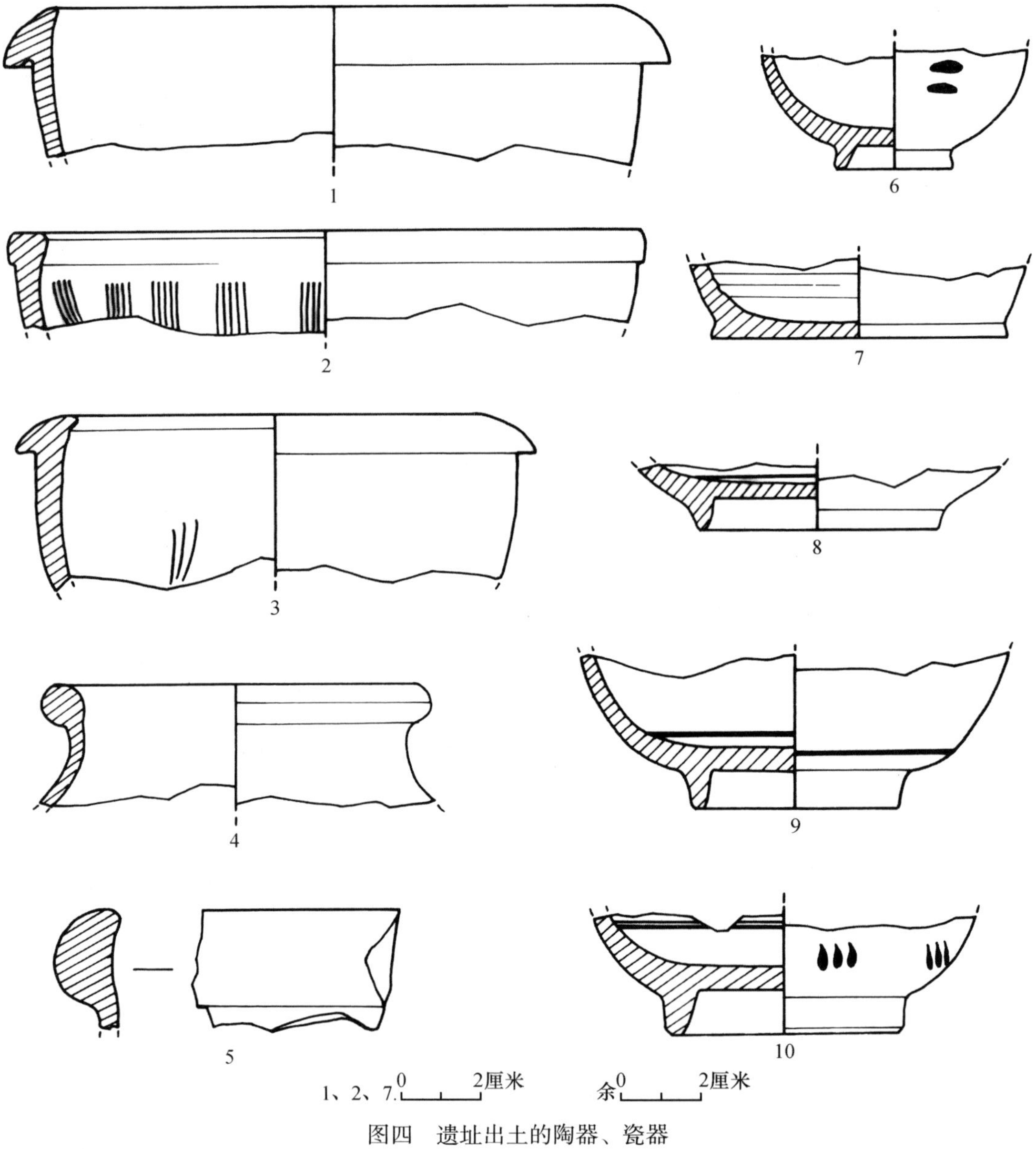

图四　遗址出土的陶器、瓷器

1. 缸胎盆（T1④：2）　2、3. 缸胎擂钵（T2③：2、T1④：1）　4. 陶罐（T1④：4）　5. 陶盆（T1④：3）

6～10. 青花碗（T2③：5、T2③：1、T2③：4、T2③：3、T2③：6）

2. 瓷器

瓷器可辨器形仅见青花碗。

碗　5件。皆为青花。T2③：5，口部残。弧腹内收，圈足，足底沿内外刮削呈尖棱状，内底坦。内外饰花草纹。灰白胎。底径3、残高3.1厘米（图四，6）。T2③：3，口沿残缺。弧腹内收，圈足，内底坦。内底饰一道彩带纹，外壁饰花草纹。灰白胎。底径5.2、残高3.9厘米（图四，9）。T2③：6，口沿残缺。弧腹内收，圈足略外张，足外缘刮削，内底坦。内底饰一道彩带纹，外壁饰花草纹。灰白胎。底径5.2、残高3.9厘米（图四，10）。T2③：4，口沿残缺。弧腹内收，圈足内敛，足内缘刮削，内底坦。底部一道环带纹内饰花草。灰白胎，表面有开片。底径6、残高1.7厘米（图四，8）。T2③：1，口沿残缺。弧腹内收，圈足外长，内底坦。外壁饰青花。灰白胎。底径14.5、残高4.4厘米（图四，7）。

三、墓　　葬

墓葬发现3座（M1～M3），分别位于T3、T4、T5内，叠压于耕土层之下，均为竖穴土圹石室墓，其中M1为4室，M2为2室，M3为3室。其建造方法是在黄色黏土上挖土圹，坑内再建造墓室，墓室用加工规整的石板、石条砌筑而成，外表均磨光，石室共用相邻壁。石室与墓圹间用土填实，夹杂较多砂岩石块和碎渣。墓上部堆填封土。墓室封门和墓道均在早年被毁，结构不明。

（一）M1

1. 墓葬结构

M1为4室土圹石结构墓，墓向北略偏东，方向15°。墓圹残存平面为宽长方形。残长3.46、宽6.96、深3.45～4.6米。

4个墓室结构相同、大小一致，平面均呈狭长方形，拱形顶，每室长2.64、宽1.14、高2.74米，石室总宽6.8、长3.2、高2.7米。每室均开左、右壁龛和后龛，底部有棺床，棺床外围有凹槽形排水沟。具体砌筑方法：首先在地面平铺一层厚10厘米的石板，石板之上纵向等距离置地袱5条，形成4个墓室的基础，地袱石上部两侧各有一瓦沟状凹槽，地袱石长2.64、宽0.44、高0.38米。地袱内以3或4块石板拼成棺床，棺床长2.52、宽0.98、厚0.14米。棺床与地袱之间的凹形空隙为排水沟，排水沟宽6.8、深1.4米。地袱上立壁面石，每壁5块，壁面石宽0.6、厚0.36、高1.12米（图五、图六）。

壁面石其中两块较薄，其间隔一厚石条形成壁龛，龛内雕刻仿木结构门扇，由格眼、腰花板、障水板等部分组成。侧壁龛门扇上部主要减地浅浮雕钟离（图七，1）、蓝采和（图七，2）、韩湘子（图七，3）、吕洞宾（图七，4）、曹国舅（图七，5）、张果老（图七，6）、何仙姑（图七，7）、铁拐李（图七，8）等传说中的道教八仙人物形象，另有5扇饰菱格纹。腰花板主要饰菱格、如意纹、忍冬图案，障水板主要饰

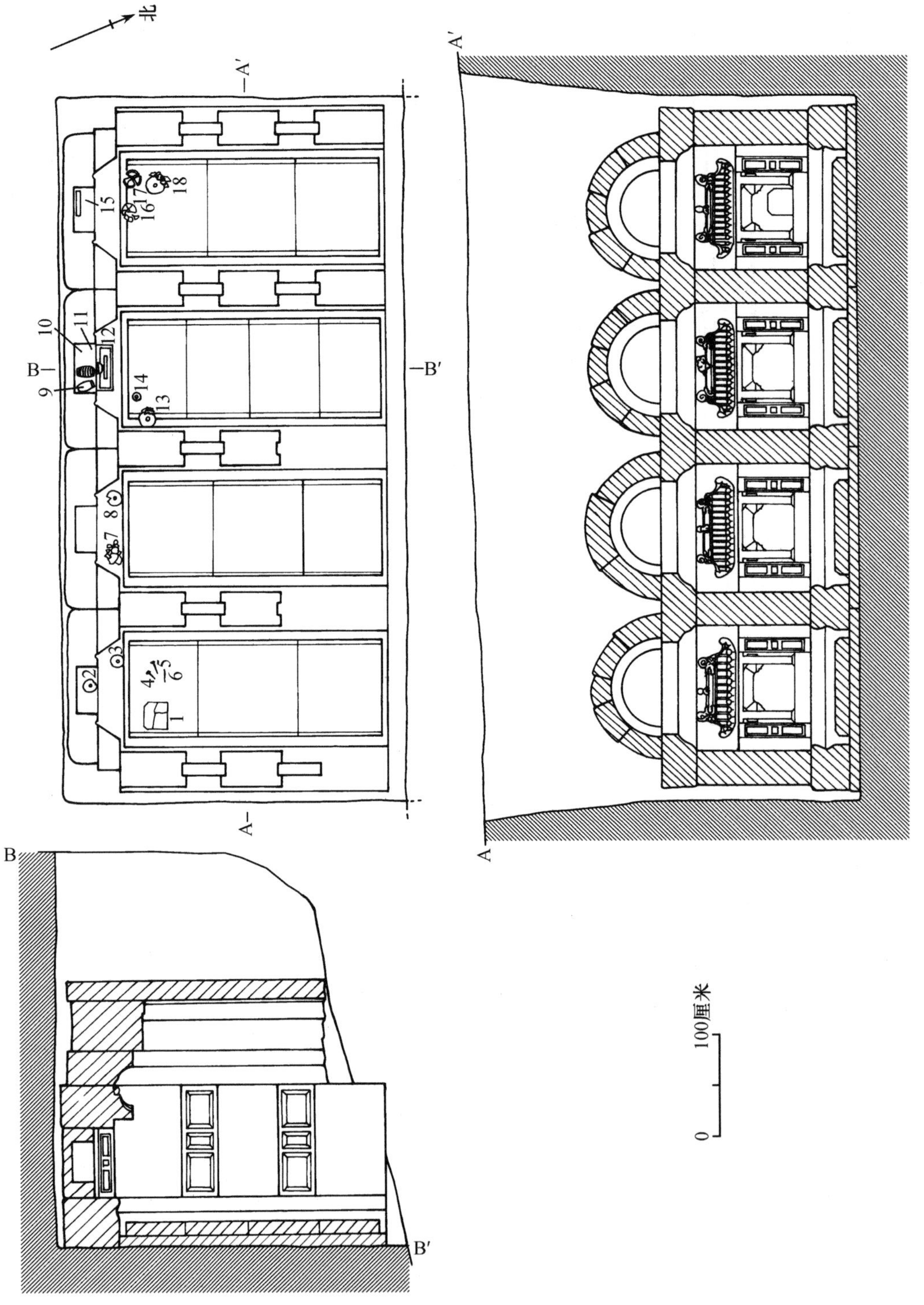

图五　M1平、剖面图

1、15.石镇墓券　2、3、7、8、11～13、16～18.瓷碗　4～6、14.铜簪　9、10.谷仓罐

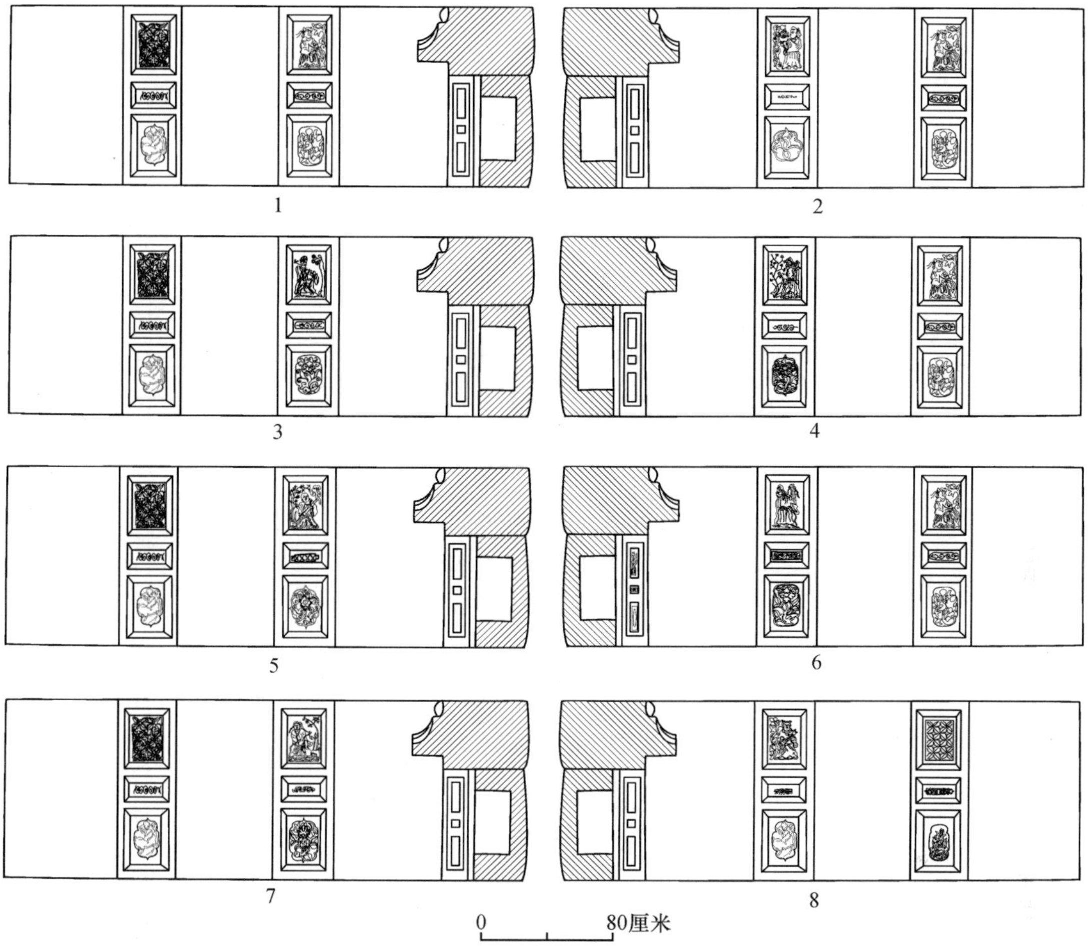

图六　M1壁龛雕刻及位置图

1. M1-1右壁　2. M1-1左壁　3. M1-2右壁　4. M1-2左壁　5. M1-3右壁　6. M1-3左壁　7. M1-4右壁　8. M1-4左壁

梅、兰、菊、荷、向日葵等花草图案及瑞兽、祥鸟图案。

后壁基座上砌筑后龛，后龛用整块石料掏空凿成，与顶部一块石料合筑，后龛雕刻仿木结构门楼。龛顶外侧为悬山式屋顶，单檐翘角，高浮雕瓦垄、当头、滴水，高瓴两端饰鸱吻（图八，5、7）。龛左右两侧立柱，穿斗式阑额下装饰雀替，门柱外侧大门外启（图八，8），门上雕刻有仪仗性的、守门的持钺武士（图八，1）、持骨朵武士（图八，3），另有侍奉的捧瓶人物（图八，2、4）等。后龛宽42、高40、进深30厘米。

墓室顶部用3或5块长条楔形石条，砌筑成半圆拱形，石条长3.1、宽0.21～0.59、厚0.2～0.25米。

墓室编号从东到西（从右到左）依次为M1-1～M1-4。室内仅见棺钉、骨头粉末，葬式不明。

图七　M1侧壁龛八仙人物门扇雕刻拓片

1. 1号室右壁龛后侧门雕刻（M1-1：20）　2. 1号室左壁龛后侧门雕刻（M1-1：21）　3. 2号室右壁龛后侧门雕刻（M1-2：21）　4. 2号室左壁龛后侧门雕刻（M1-2：22）　5. 3号室右壁龛后侧门雕刻（M1-3：22）　6. 3号室左壁龛后侧门雕刻（M1-3：23）　7. 4号室右壁龛后侧门雕刻（M1-4：23）　8. 4号室左壁龛后侧门雕刻（M1-4：25）

图八　M1后龛雕刻拓片

1. 3号室后龛右门雕刻（M1-3：30）　2. 3号室后龛左门雕刻（M1-3：29）　3. 4号室后龛右门雕刻（M1-4：31）　4. 4号室后龛右门雕刻（M1-4：32）　5. 3号室后龛屋顶雕刻（M1-3：26）　6. 4号室左壁龛前侧门雕刻（M1-4：24）　7. 4号室后龛屋顶雕刻（M1-4：27）8. 3号室后龛大门雕刻（M1-3：28）

2. 随葬品

M1随葬品共18件，放置于后龛或墓室后部，类型有瓷碗、谷仓罐、铜簪、石墓券等，按质地分有瓷器10件、高温釉陶2件、铜簪4件，石墓券2件。分述如下。

谷仓罐　2件。置于M1-3的后龛内，均为高温釉陶。M1-3：10，灰白色胎，质较粗。带盖，盖子口，盖沿较平，外缘尖唇，盖顶为圆形宝塔状柄。罐直口，圆唇，深腹，矮圈足略外张。罐体由底到口渐内收。器腹塑3列15个凸起。施酱色和褐色相间的薄釉，釉不及底。口径7.3、底径8.7、通高26.7厘米（图九，10）。M1-3：9，灰白色胎，质较粗。直口微侈，方唇，矮颈，上腹圆鼓，下腹弧内收，圈足外张。颈下贴塑箍带一周，带上有间距相近的3个凸起。外表施酱黑色釉，施釉不匀，局部显灰褐色，施釉不及底。口径7.3、底径8.1、高19.8厘米（图九，1）。

瓷碗　10件。1件完整，其余残破，但均可复原。胎近硬陶，较粗。弧腹内收，圈足，内底下凹。施灰褐色釉，釉不及圈足，有涩圈。M1-3：16，敞口，圆唇，唇外沿下起一凸棱。口径18.9、底径5.6、高6.6厘米（图九，6）。M1-3：13，敞口，圆唇，唇外沿下起一凸棱。口径18.5、底径6.4、高6.5厘米（图九，7）。M1-3：11，敞口，圆唇。口径15.6、底径4.7、高5.2厘米（图九，8）。M1-1：3，敞口，圆唇。口径15.3、底径5.1、高5.4厘米（图九，14）。M1-4：18，侈口，圆唇。口径16.5、底径6、高5.3厘米（图九，13）。M1-2：8，敞口，圆唇。口径15、底径5.2、高5.4厘米（图九，11）。M1-2：7，侈口，圆唇。口径15.4、底径5.4、高5.2厘米（图九，12）。M1-1：2侈口，圆唇。口径15.9、底径5.4、高5.3厘米（图九，16）。M1-4：17，侈口，圆唇。口径15.2、底径4.9、高5.2厘米（图九，9）。M1-3：12，侈口，圆唇。口径15.6、底径4.8、高5厘米（图九，15）。

铜簪　4件。其中3件簪身呈锥状，伞形簪首。1件呈镞状。M1-1：6，簪首顶面饰菊花。通长12、簪径0.4厘米（图九，2）。M1-1：4，簪首顶面饰菊花。通长12、簪径0.4厘米（图九，3）。M1-1：5，簪首顶面较小。通长5.5、簪径0.4厘米（图九，4）。M1-3：14，镞状，剖面为方形。通高 6.6 厘米（图九，5）。

石墓券　2件。均砂石质。

M1-1：1，出土时位于M1-1墓室棺床后端右侧上，平置。券呈长方形，上端两侧抹角，表面磨光，正面外围阴刻边框线，抹角下方横向刻一线，区隔出梯形券额，其下刻竖线，为券文的行列格线。券额从右至左阴刻“永鎮之墓”四个大字，字体为不标准隶书。券文竖刻，从右到左，共9行，每行字数不等，字径2、字距1厘米左右，字体为不正规楷书。兹录于下：

奉　天師之教旨尊』郭璞之儀文鎮山水無』異怪之形陰子孫有安』荣之

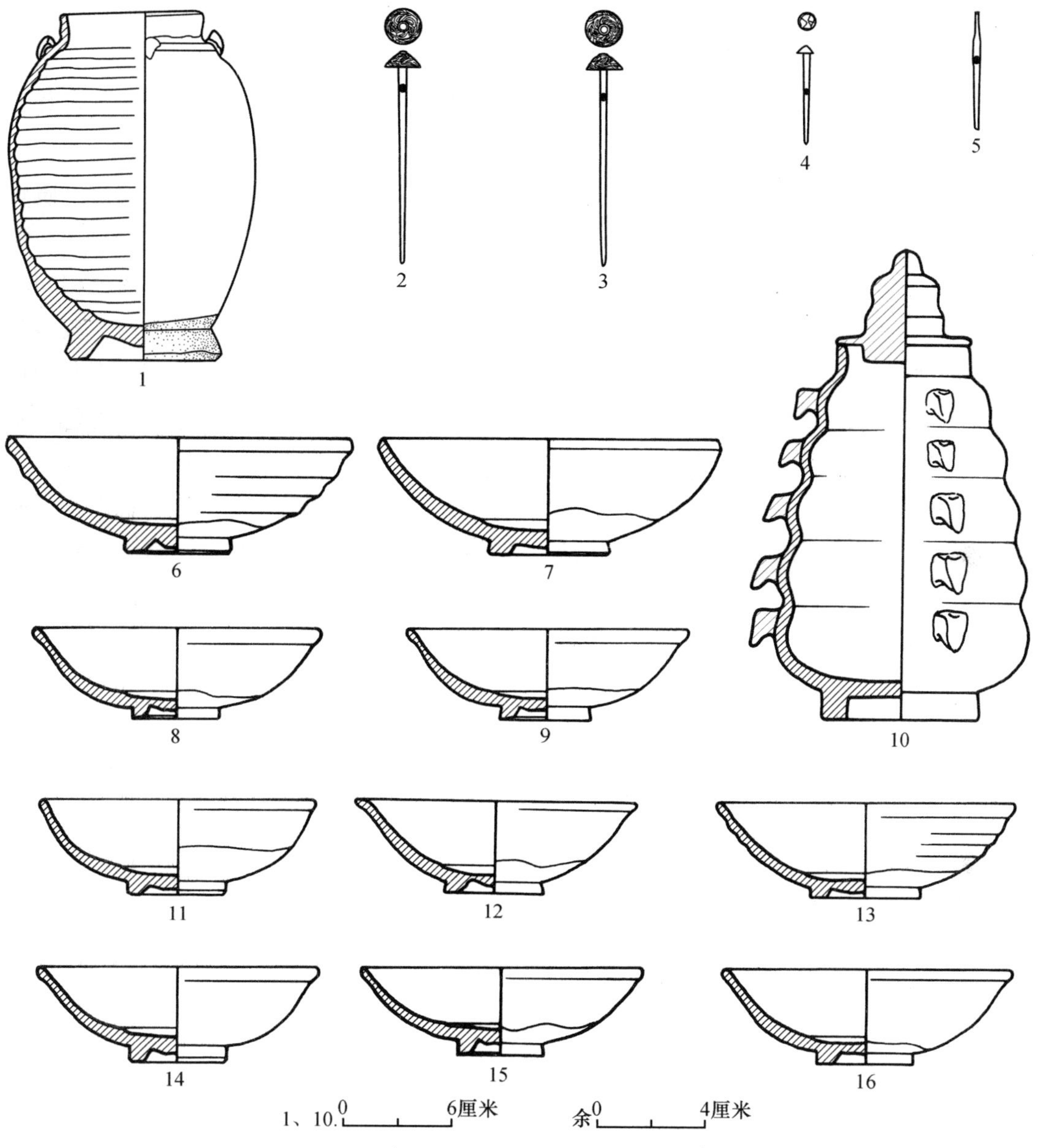

图九　M1出土器物

1、10. 谷仓罐（M1-3：9、M1-3：10） 2～5. 铜簪（M1-1：6、M1-1：4、M1-1：5、M1-3：14） 6～9、11～16. 瓷碗（M1-3：16、M1-3：13、M1-3：11、M1-4：17、M1-2：8、M1-2：7、M1-4：18、M1-1：3、M1-3：12、M1-1：2）

兆』右券給付亡人辜氏行』正魂收照』大明正德十六年歲次辛』巳十月己卯朔二十五日侯叩』金雞鳴玉犬吠十全大吉

石券背面顶额阴刻三个等距小圆圈，中间小圆圈位置略微偏高，圆圈之间用波纹线段相连。券面中间刻后天八卦图案，八卦符号排序按离南（上）、坎北（下）、震东、兑西、巽东南、艮东北、坤西南、乾西北排列。卦围外右侧竖刻“天圓地方 六律九章”，左侧竖刻“神煞到此 地券抵當”，均楷书。八卦图案中间刻“囝”字。券面宽26.8、高23.3、厚1厘米（图一〇）。

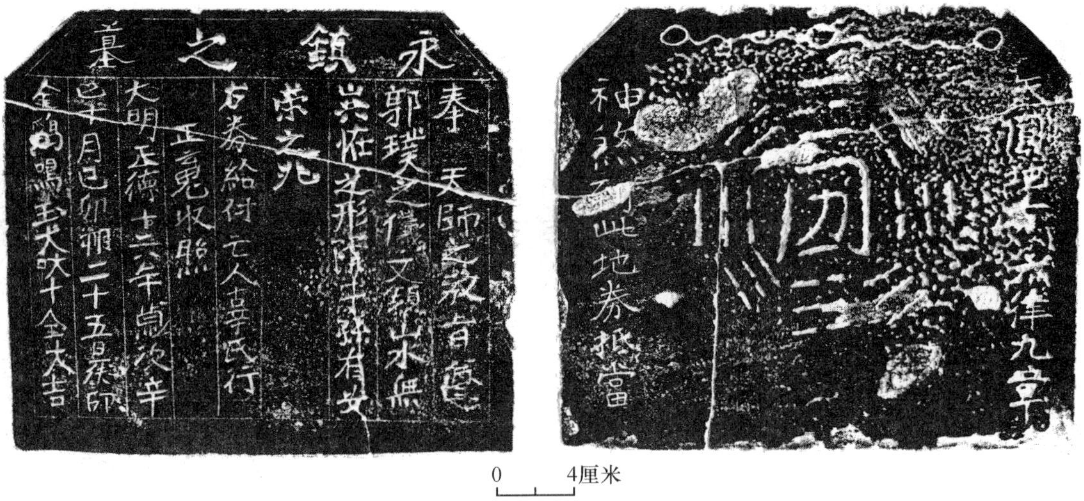

图一〇　M1-1：1镇墓券正、背面拓本

M1-4：15，放置于后龛内，斜倚龛后壁略偏左处。券呈长方形，上端两侧抹角，表面磨光。正面无字无纹，背面磨光，留有隐约可见的朱砂画书的八卦图案，但卦形不能辨识。券宽25、高24、厚2.7厘米。

（二）M2

1. 墓葬结构

M2为双室土圹石室墓，墓向南略偏西，方向195°。墓圹残存平面为长方形，残长3.25、宽3.15、深2.2～3.15米。

墓室平面呈长条形，平顶与拱顶相结合，中部拱顶凸起形成藻井。两墓室结构相同、大小一致。每壁开二壁龛，设后龛，底部砌筑棺床，棺床外围有凹槽形排水沟。墓室左右两壁结构对称。每室长2.46、宽0.9、高1.1～1.7米，石室总宽3、长3.2、高1.1～1.7米。具体砌筑方法：先平铺4道厚6厘米的石板，作为地袱和棺床的基垫，其上纵向等距离置3条地袱石，分割为2单室，地袱石条均为整块，东端封堵成为后龛基座，地袱内抹角，地袱石长2.8、宽0.38、高0.36米。地袱间石板上铺棺床，长2.3、宽0.8、厚0.16米。棺床与地袱间有排水沟，宽6、深6厘米。地袱石上立整块壁面石，宽2.8、高0.8、厚0.6米。壁面上凿2个并列的壁龛，龛内光素无纹。后龛系用石条围成，宽0.77、高0.5、进深0.23米。墓顶部前后两端用石板封盖，中部用5块楔形条石，砌筑成半圆拱形藻井，藻井长1、宽1.1、高0.54米，石条长1.2、宽0.21～0.59、厚0.2～0.25米（图一一）。

墓室编号从南至北分别为M1-1、M1-2。墓室内仅见棺钉和骨头粉末，葬式不明。

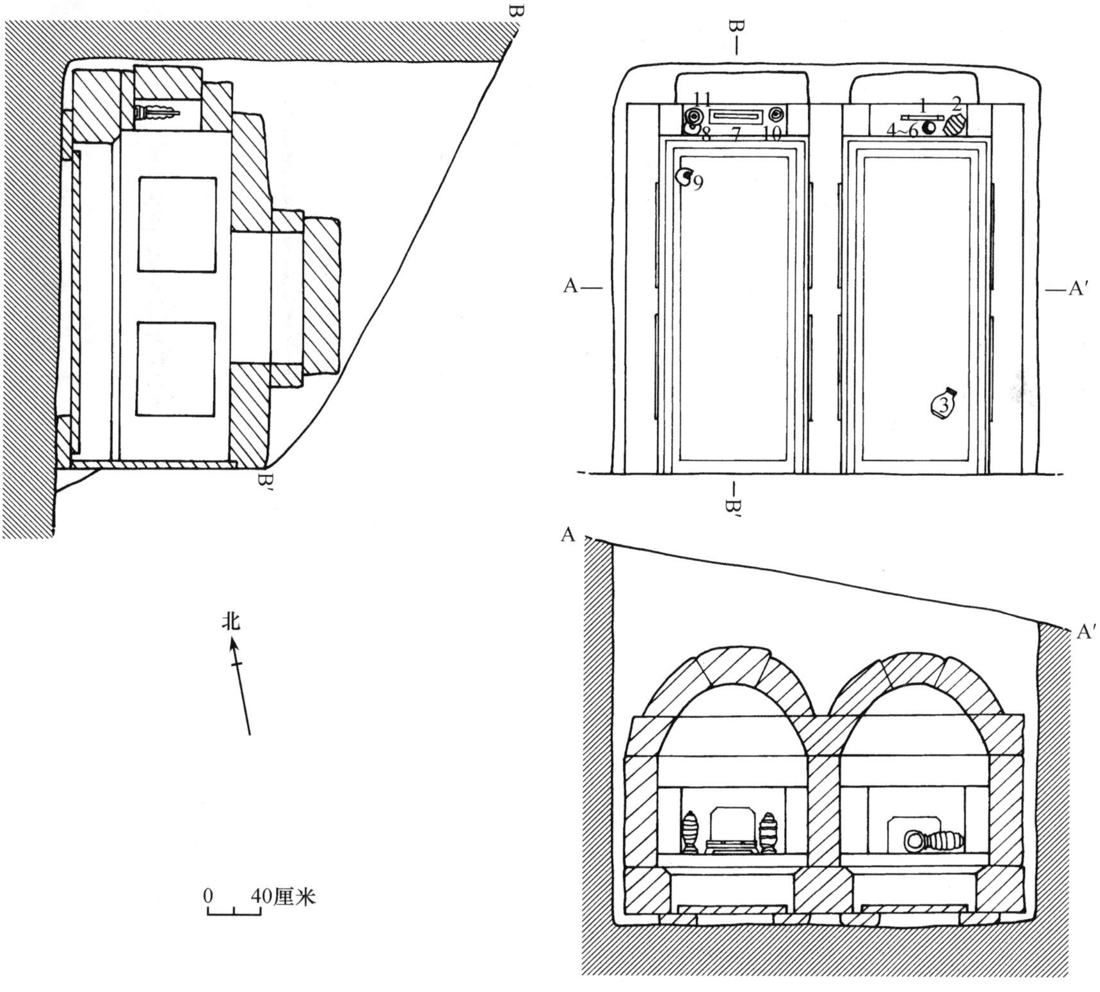

图一一　M2平、剖面图

1、7. 石墓券　2、3、10、11. 谷仓罐　4～6、8、9. 瓷碗

2. 随葬品

M2随葬品共11件。除1件在棺床一角外，余均放置于后龛内。器形有石墓券、瓷碗、谷仓罐等。分述如下。

瓷碗　5件。近缸胎，较粗。M2-2：9，侈口，圆唇，弧腹内收，圈足，内底下凹。施铁灰色釉，施釉不及圈足，内底有涩圈。口径15.4、底径5.2、高5.5厘米（图一二，7）。M2-1：5，侈口，圆唇外翻，弧壁内收，圈足，足内起鸡心，内底下凹，深腹。施酱黑色釉，施釉不及圈足，内底有涩圈。口径16、底径5.6、高6.8厘米（图一二，4）。M2-1：4，侈口，圆唇外翻，弧壁内收，深腹，圈足，外缘刮削足内起鸡心，内底坦，粗糙。施酱黑色釉，施釉不及圈足，有黑色滴釉现象。口径15.1、底径5.6、高6.5厘米（图一二，8）。M2-2：8，侈口，圆唇外翻，弧腹内收，圈足，外缘刮削，内底下凹。施灰褐色釉，施釉不及圈足，釉面有麻点状斑，局部剥落，内底有涩圈。口径15.7、底径5.4、高6.6厘米（图一二，5）。M2-1：6，侈口，圆唇，弧壁内收，浅腹，圈足，外缘刮削，内底坦。施酱褐色釉，施釉不及圈足。口径12.2、底径5.1、高3.4厘米（图一二，9）。

谷仓罐　4件。缸胎。施米黄色薄釉，施釉不及底，釉液涂施不均，局部见素胎。M2-2：10，立置于2号墓室后龛石墓券的左侧。带盖，盖子口，盖内实心，中削一小洞，盖沿略隆起，外缘圆唇，盖钮为头盔形塔式，钮中层外缘捏4处荷叶形花边。罐为直口，深腹较鼓，分5层，等距塑3列15个喙状凸起，排列规整，腹底贴塑一周莲瓣纹，覆盆状塔式底座形圈足，凸棱外缘表面均有凹弦纹。罐内装稻谷，已腐化半罐灰白色炭末。口径7.5、底径13.6、通高32.2厘米（图一二，1）。M2-2：11，立于2号室后龛之内石墓券的右侧。带盖，子母口，盖内空心，盖沿略隆起，外缘圆唇，盖顶为头盔形塔式钮，钮中间一层外缘间隔捏4处花边。罐为侈口，圆唇，颈略束，鼓腹，覆盆状塔式底座形圈足。肩部贴塑一道箍带，其上间等距离贴3个喙状凸起；腹部刻划二道粗弦纹、三道细弦纹，题记“李桂”二字；腹底贴塑一周莲瓣纹，圈足凸棱外表饰弦纹。口径8.7、底径13、通高30.2厘米（图一二，6）。M2-1：2，位于1号墓室后龛石墓券左侧，倒置。带盖，盖子口，盖沿面隆起，外缘圆唇，盖顶为圆珠形钮。罐侈口，微鼓腹，近塔形，塑4列间距相近的16个豆瓣状凸起，排列规整；下腹内收接覆盆式底座。腹底塑一周简易莲瓣纹。口径8.5、底径9.7、通高24.6厘米（图一二，2）。M2-1：3，位于1号墓室前部棺床上，倒置。带盖，子口，盖沿略隆起，外唇缘圆钝，盖顶为圆珠形钮。罐侈口，斜矮颈，上腹圆鼓，下腹斜内收，连接覆盆式底座。肩部饰一道凸弦纹，底部贴塑一周简易莲瓣纹。口径9.5、底径9.9、通高25.6厘米（图一二，3）。

石墓券　2件。均砂石质。

M2-2：7，位于2号室后龛正中，两谷仓罐之间。由墓券号底座两部分构成。底座为砂石质几案形，分上下两层，下层为兽爪形四足伏案，案上承托围栏式建筑，两端施栏栅，中部设坡道，栏板为窗棂式，坡道中段雕三级台阶。座顶部平直，其上凿横向铆沟。券面呈长方形，上端两侧抹角，下端为凸出的插榫，立于底座之上。券石正面外围

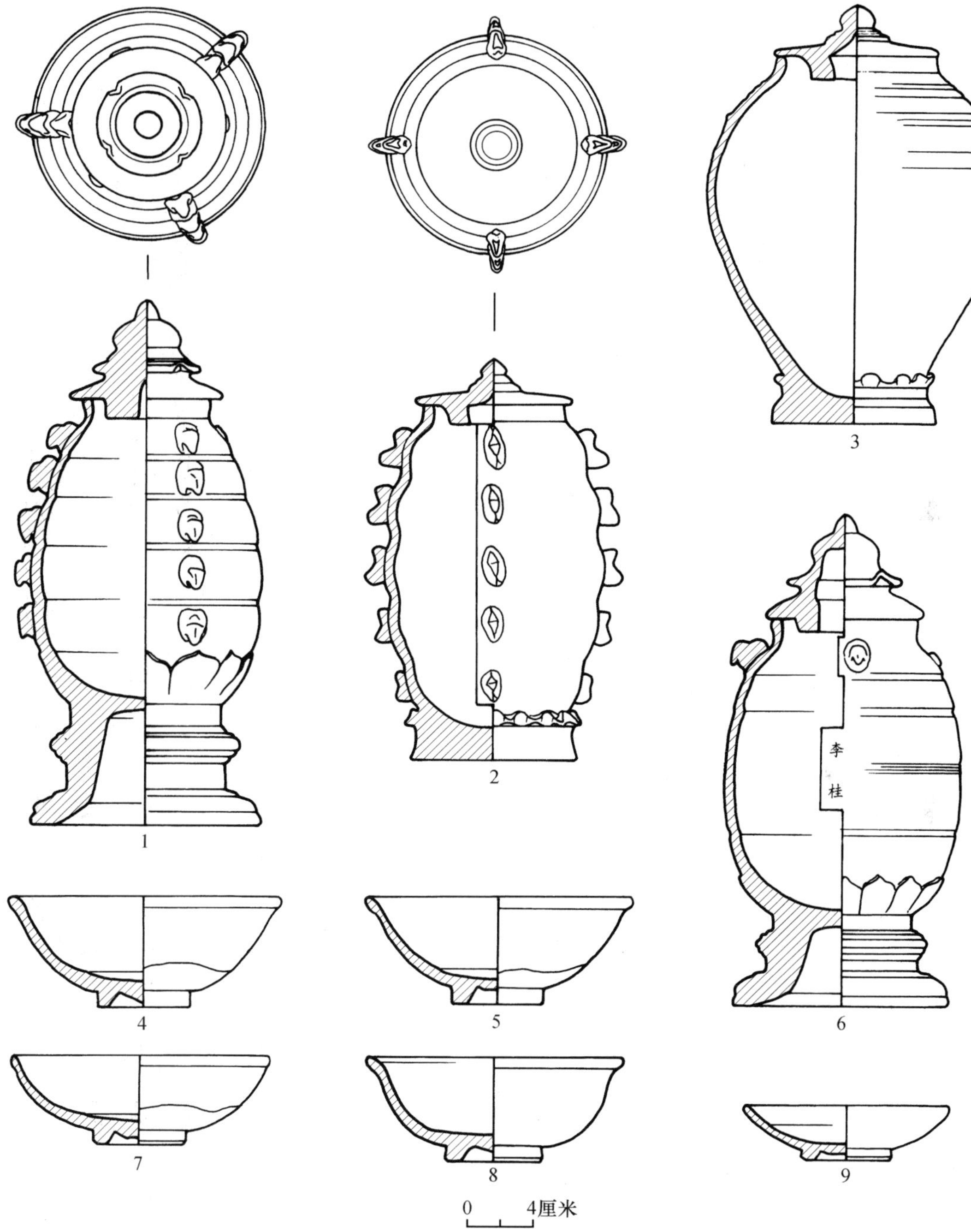

图一二　M2出土器物图

1～3、6. 谷仓罐（M2-2∶10、M2-1∶2、M2-1∶3、M2-2∶11）　4、5、7～9. 瓷碗（M2-1∶5、M2-2∶8、M2-2∶9、M2-1∶4、M2-1∶6）

阴刻边框线，抹角下方框线横向刻一连线，区隔出梯形券额，券额从右到左刻“永證之墓”四字。券额下长方形边框内，再套刻长方形内框，框中心再刻一圆环。内外边框之间，刻波纹线段连接的小圆圈，上、下、各刻1排7个圆圈，左右各刻两排圆圈，其中内侧4个，外侧7个。中间圆环内刻15个小圆圈，分三组数图，每组5个。上部一组的5个小圆圈，以中间的1个圆圈为中心，呈扇形分布，并分别以波纹线与其相连，扇形被分割为3个空间：最上部空间阴刻“天五”二字，右边阴刻“元”字，右下阴刻“亨”字，左边阴刻“利”字，左下刻“贞”字。圆环下部两组小圆圈数图呈左右分列，其间空白处竖刻“掌中”二字。两组小圆圈均呈梅花点状分布，组内小圆圈与中心小圆圈之间以短线相连。在这两组小圆圈与上部扇形之间，自右至左分刻“地”“曜”2字。圆环外围空间镌刻券文，券文竖书，从右至左共13行，行列整齐，字径1.6、行距1厘米。兹录于下：

大明國四川道……』安廂两津兴化……』存係戊子年十二月初一日辰』時生于本州東山里東津沱孫』從礼旁壽七十七歲成化二』十年二月二十』日申時告终已』用錢一百二十』貫文在于皇父后□□』社稷十二溪真處買到山□□』为安葬地穴使子孫安樂如』女青終書律令　太歲己□年』十二月二十日丁酉十全大吉

墓券背面阴刻双层边框，并区分出券额，券额处刻卷云纹，右侧框线内竖刻“天圓地方 六律九章”；左侧框线内竖刻“神煞到此　地券抵當”。中间阴刻后天八卦，按离南（上）、坎北（下）、震东、兑西、乾西北、坤西南、巽东南、艮东北排列。除巽卦外，其余卦形外围均刻不等数目的小圆圈，小圆圈之间用短直线连接，按坎、坤、震、乾、兑、艮、离的次序，小圆圈数分别为1、2、3、6、6、8（分两组）、6（分两组）个，卦围内刻5个小圆圈，并按梅花点状分布。坎卦下竖向阴刻“天一”二字，离卦上横向阴刻“天九”二字，巽卦外刻“巽地四”三字，乾卦外斜刻“地六”二字，艮卦斜刻“地八”二字，卦围内中心小圆圈的上下分别刻“天”“五”二字。券宽35、厚1.7、底座宽40、厚10.3、通高37厘米（图一三、图一四）。

M2-1：1，该墓券直立于1号室后龛正中，券面呈长方形，上端两侧抹角，表面磨光。正面除底边刻一道边框格线外，其余券额和左右两侧刻双层格线，双层格线之内，阴刻卷云纹图案。券面表层大部分剥落，未见刻有文字，也不能辨明是否书写文字。背面阴刻双重圆环，两圆环间有隐约可见的后天八卦图形，系朱砂画书，可辨认的卦形为“离”和“巽”，“离”在中上的位置，“巽”左侧方向。内环中间用朱砂画书道教符篆“囥”字。券宽36.7、高25.5、厚2.8厘米（图一五）。

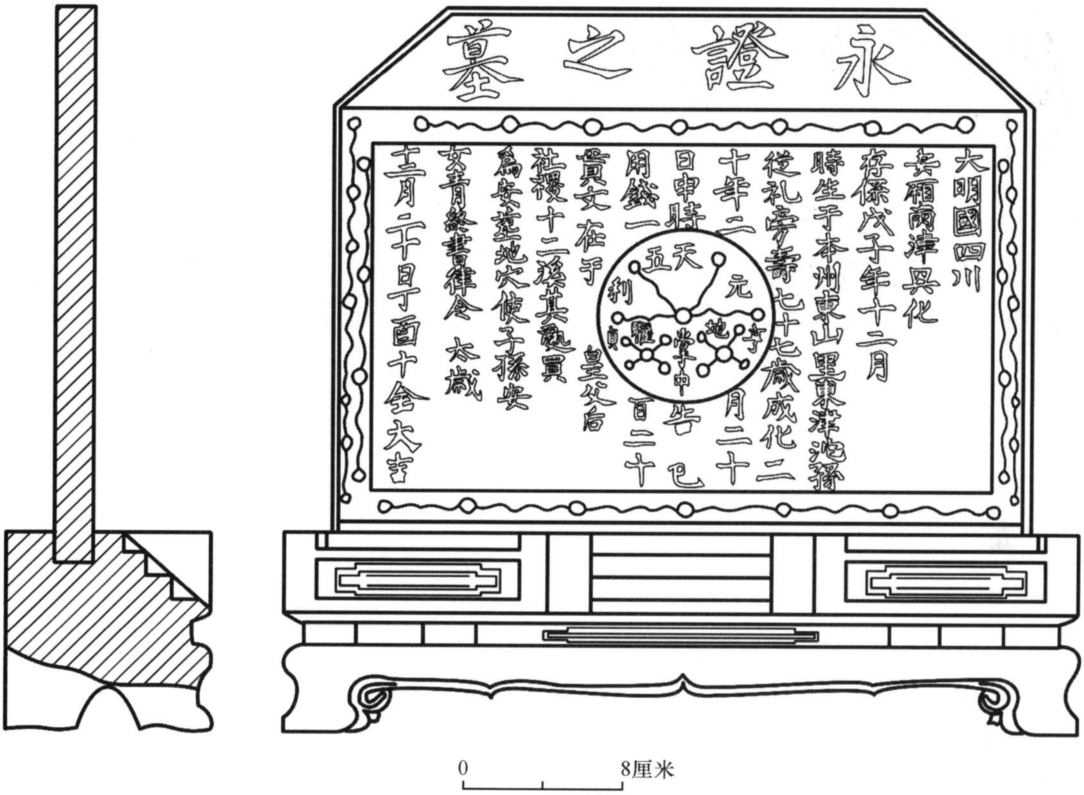

图一三　M2-2：7石墓券平、剖面图

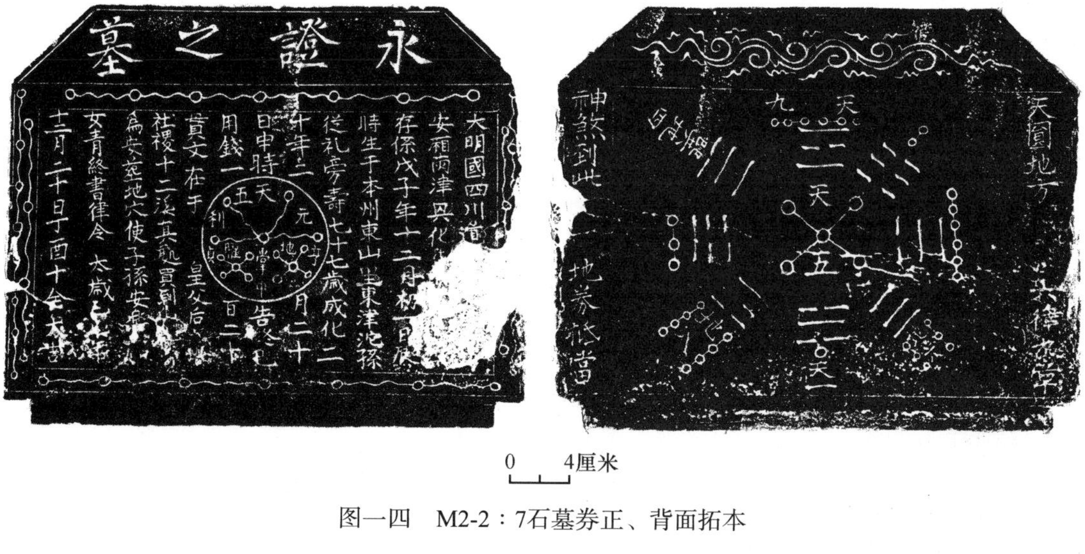

图一四　M2-2：7石墓券正、背面拓本

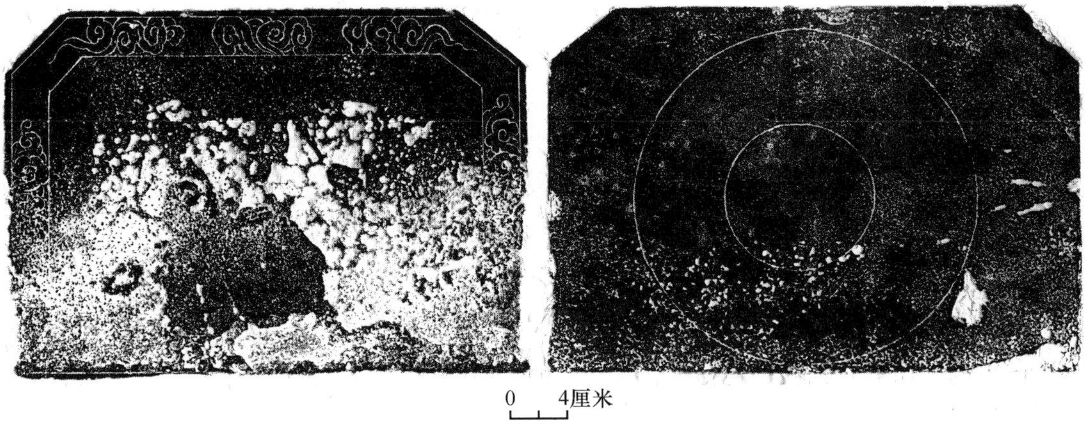

图一五　M2-1：1石墓券正背面拓本

（三）M3

1. 墓葬结构

M3为3室土圹石结构墓，墓向西南，方向35°　。墓圹平面为长方形，长2.52、宽4.16、深3米。

3墓室结构相同、大小一致。各墓室平面呈长条形、拱形顶，墓壁凿刻浅龛，设后龛，底部筑棺床，棺床外围有凹槽形排水沟。墓室左右两壁结构对称。单室长2、宽1.08、高1.54米，3室总宽4、长2.4、高2米。具体砌筑方法：先在地面铺4道地栿基石，石板之上纵向等距离置地栿石4条，南端封堵成为后龛基座，地栿抹角。地栿石长2、宽0.26～0.36、高0.3米。地栿内放置棺床，棺床由整块石板构成，长1.88、宽0.78、厚0.1米。棺床与地栿之间的凹形空隙为排水沟，沟宽6、深10厘米。地栿石上立整块壁面石，壁面凿壶门状浅龛。壁面石长2、高0.76、厚0.18米。后龛系3块石料围合而成，顶部雕仿木结构牌楼，单檐翘角，悬山式屋顶，高浮雕瓦垄、勾头、滴水，高瓴图案。后龛宽0.67、进深0.22、高0.56米。墓室顶部用5块楔形长条石料砌筑成半圆拱形，石条长2.2、宽0.32～0.4、厚0.2～0.25米（图一六）。

从东向西将墓室分别编为M1-1～M1-3，葬具仅见棺钉，人骨仅见骨头粉末，葬式不明。

2.随葬品

随葬品共计3件，分别放置于后龛和棺床里端，器形有石墓券和谷仓罐2种。

谷仓罐　1件。M3-1：2，位于1号墓室南端棺床之上，倒置。缸胎，质较粗。侈口，方唇，直颈较矮，溜肩，深腹，上腹圆鼓，下腹弧内收至底座，底座为圆形台阶式

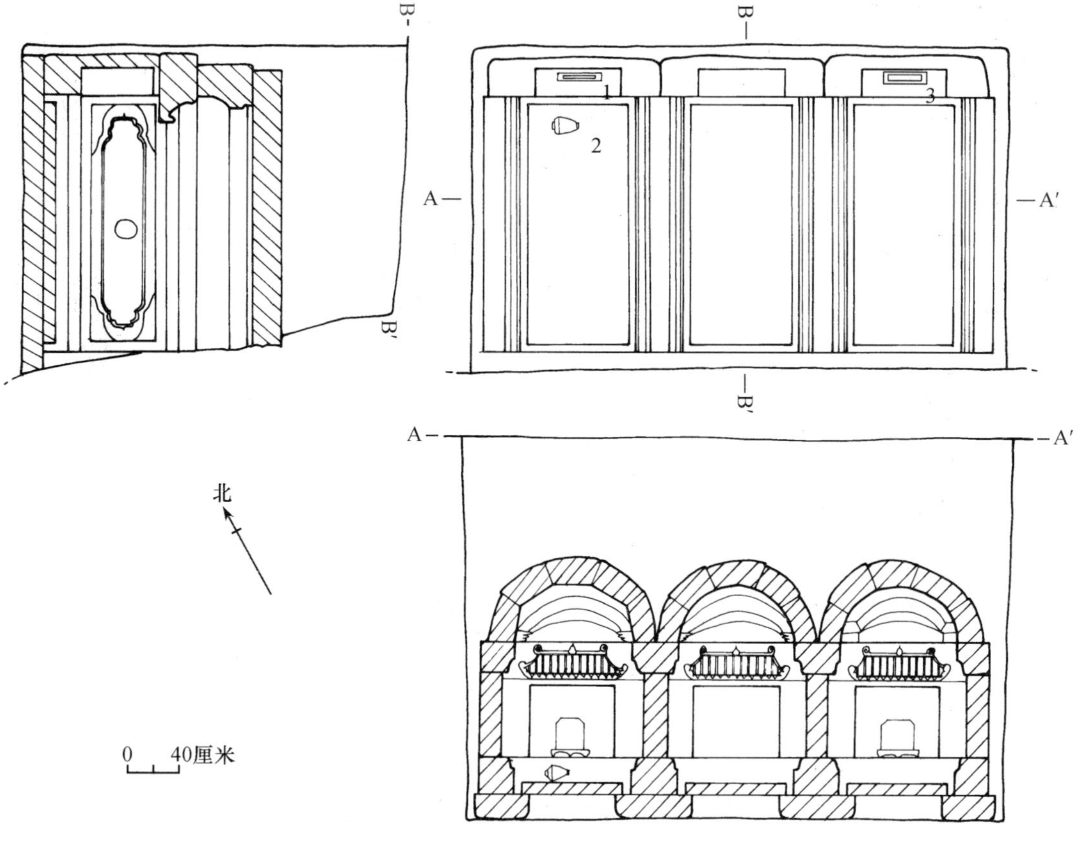

图一六 M3平、剖面图

1、3. 石墓券 2. 谷仓罐

平底，座底表面微凹。肩部有横向出棱，表面饰放射状瓦垄。罐口沿及外表施豆绿色釉，釉较薄，略有光泽。上腹有一块黏连而露胎的疤痕。口径7.6、底径7.4、高21.4厘米（图一七）。

石墓券 2件。砂岩石质。

M3-1：1，位于1号墓室后龛正中，竖置于案形基座上。券体长方形，上端两侧抹角，表面磨光，正反面阴刻券文和八卦图形。券体正面左右侧和上端边缘阴刻双边框线，底边仅有一道，券体抹角处下方框线内，横向刻一道连线，区隔出梯形券额。券额从右到左阴刻“永证之墓”4字，券文竖刻，字体为楷书，计9行，每行字数不等，字径2.2、字距1厘米左右。兹录于下：

奉』天師之教旨尊』郭璞之遺文』鎮山水無異怪之形』廕子孫有安荣之兆』券给付亡人徐添用』正魂收照』弘治九年丙辰歲正月初』二日辛巳十全大吉立

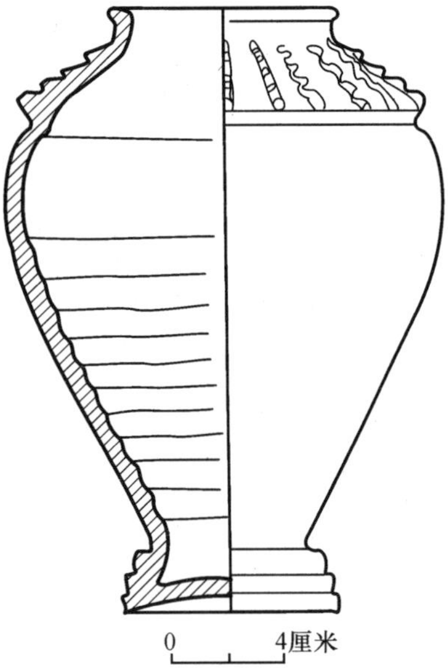

图一七　M3出土谷仓罐

石券背面顶额阴刻3个小圆圈，圆圈之间用波纹线相连，中间小圆圈位置略高于两侧圆圈；券额下方，右侧竖刻“天圓地方 律六九章”，左侧竖刻“神煞到此 地券抵當”；中间刻后天八卦符号图案，八卦符号次序按离南（上）、坎北（下）、震东、兑西、乾西北、坤西南、巽东南、艮东北排列，卦中心刻一“囜”字。券面宽30.6、高27.4、厚1.6厘米（图一八）。

M3-3：3，竖置于3号室后龛正中。长方形，上端两侧抹角，表面磨光，正面无券额，满刻券文，字体为楷书，计12行，行列排序规整，字径1.5、字距1厘米左右。兹录于下：

四川重慶府合州萬安廂長春坊住人』馮氏二妙慶奄逝未卜茔墳夙夜憂思』不遑所厝遂令日者擇此高原来去朝迎占』襲吉地属本州龍遊里何太洪苟林二旁明』山吉穴之原堪為宅兆梯已出備錢綵買到』墓地南北東西長闊一十八步伯封步界畔』道路将軍齊整阡陌致使千秋百載永無殃』咎若有互犯並令将軍亭長縛付河伯令備』牲劳酒紙共為信契財地交相各已分付令』匠修营安告巳後永保休吉知見人歲月主』代保人今日直符故無邪精不得干怯』急急如五帝使者女青律令庚申吉旦

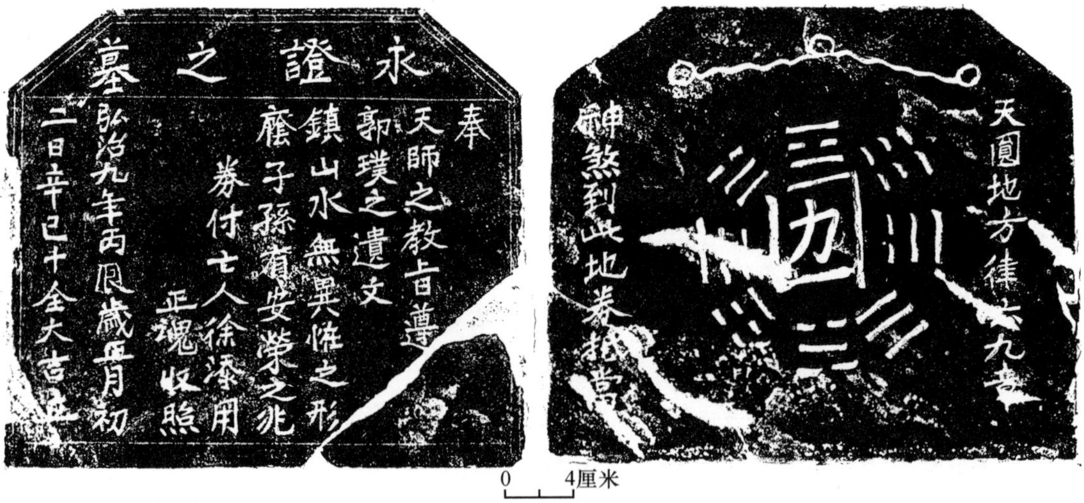

图一八　M3-1：1石墓券正、背面拓本

背面除底边外，余均阴刻较粗的框线。券面中间阴刻后天八卦图案，八卦符号次序按离南（上）、坎北（下）、震东、兑西、乾西北、坤西南、巽东南、艮东北排列，卦围中间刻画“囨”字道教符书。券面宽25、高30、厚4.8厘米（图一九）。

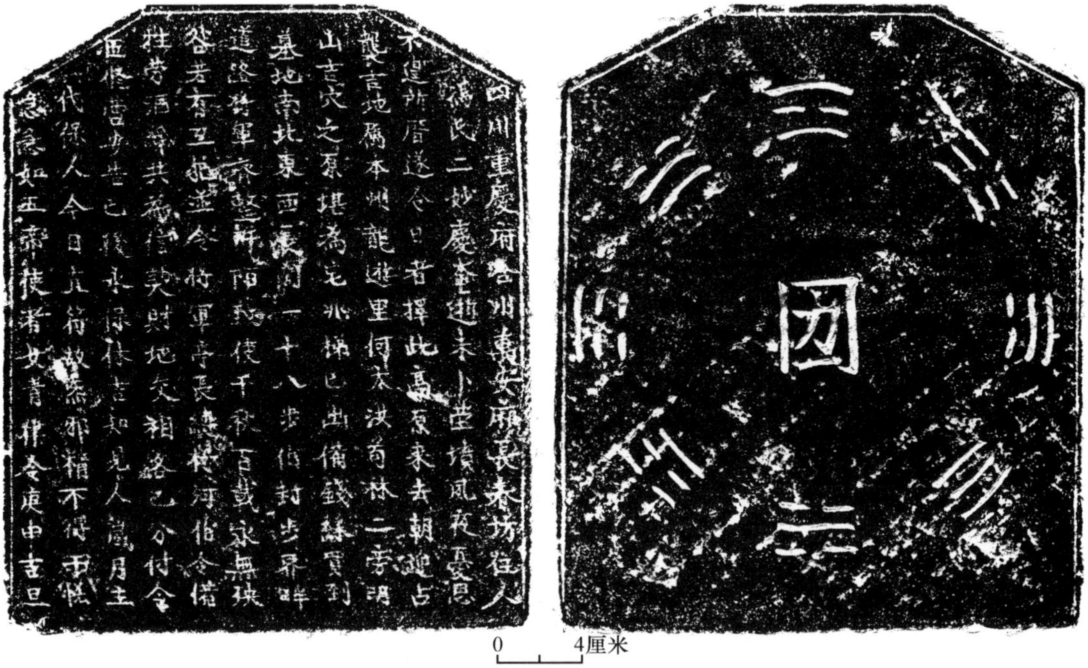

图一九　M3-3：3石墓券正、背面拓本

四、几点认识

（一）墓葬年代与墓葬形制

由于3座墓葬均出土了有纪年的墓券，故年代是比较清楚的。其中M1-1：1辜行镇墓券的“正德十六年”是1521年，M2-2：7永证之墓买地券的“成化二十年”是1484年，M3-1：1徐添用镇墓券弘治九年是1496年。总体上看，三座墓葬均属于明代中期，其中M2最早，M3其次，M1最晚。从墓葬形制看，墓葬总体上经历了由双室墓到多室墓的变化，反映了家族制度的进一步加强；M2墓顶为拱形藻井顶，M3、M1均为拱顶，也反映了墓顶结构的时代变化；从侧壁龛看，M2较简单， M3、M1则更为复杂。从出土器物看，M1的碗明显较M2的碗腹壁更坦，两者的差异明显，应具有一定的时代差异。

其中，M2的时代与潼南县崇龛梁家嘴M3①的时代相近，后者出土有成化十一年（1475年）、成化十九年（1483年）两方买地券，建造年代为“大明成化庚寅年（1470年）”，其形制为双室、藻井顶，只是藻井的顶部为平顶，可能是年代稍早的缘故，这反映了这一时代的总体特征。综上所述，可以将上述3座墓葬划分为两期，M2为第一期，M3、M1为第二期。两期均处于明代中期，墓葬形制与随葬品的器形变化，可能反映了其由明代中期向晚期的过渡。

（二）墓葬中的道教思想

李家坝遗址3座墓葬共出土6方墓券。其中朱书2方，现仅能观察到背面隐约可见的八卦图形，正文亦很可能有朱书文字，但因脱落、风化现不可见。阴刻文字的4方，其中2方（M3-3：2和M2-2：7）券文明确记述有安葬死者而买地的内容，当为买地券；其余2方（M1-1：1、M3-1：1）券文中，均未叙述土地买卖之内容，券额题“永镇之墓”“永证之墓”，当为镇墓券。

这批墓券的背面均刻有八卦图形，其他内容还有三台星的咒符、五十五数河图和四十五数洛书象数图。从墓券图文所承载的信息观察，反映的内容是后天八卦、河洛数图及道教风水堪舆等思想理论的范畴。

李家坝遗址石券背面所刻的八卦图案，卦形的排列次序5方（含M2-2：7朱书八卦，仅能辨识“离”“坤”两字）完全相同，应为“后天八卦”图式。另有两方镇墓券背面券额部位刻划3个波纹线段相连的小圆圈，应是道教“三台星”的符咒。在道教经典中，三台星在北斗七星第二魁星的附近，与北斗七星一起，是人世的主宰，而三台星管“人之生养也”，三个小圆圈之间用线段连接就是三台星的符咒。“按照道教的说法，一个人的生死寿夭，都归三台、北斗管辖，北斗与三台两者相辅而行，往往相连不分”②。

M2-2：7成化二十年永证之墓买地券背文有河图洛书图像。M2-2：7墓券正面图式当为河图，完整的排列是一至十各数总和为五十五的排列组合；其背面图式当为洛书，其完整的排列是一到九共九组数字的排列组合。但该墓券正面河图四方小圈数与河图差异甚大，或为象征性质；而背文洛书，明显缺少相应的小圆圈数目。这说明该河图洛书不规范，无论刻划者是民间工匠，还是道教法师，其体现出的对河图洛书的认知水平都存在一定偏差。

---

① 重庆市文物考古所、潼南县文物管理所：《潼南县崇龛梁家嘴墓群考古发掘简报》，《重庆公路考古报告集》，科学出版社，2010年，第222～242页。

② 张勋燎、白彬：《中国道教考古》4册，线装书局，2006年，第1028页。

M1中壁龛门雕刻有道教传说中的八仙人物，充分体现了道教得道升仙思想。该八仙人物雕刻栩栩如生，所持宝物或法器（暗八仙或八宝）清晰明了，采用浅浮雕与线刻相结合的艺术形式，具有较高的艺术价值。八仙是道教供奉的八名得道仙真，深受民众喜爱。该墓葬的雕刻正是普通人渴望得道升仙意识的反映。

（三）墓券中的历史地名

这批墓券中提到地名的共有两方。就地名的行政建制而言，有厢、坊、里三种，如“萬安廂”“長春坊”“龍遊里”“東山里”。坊、厢、里、甲是明代基层行政组织制度。明代为了编造黄册及征收赋税，在全国推行里甲制度，在农村设里，城市设坊与厢。《明史·食货志》载：“洪武十四年，诏天下府州县编赋役黄册，以一百十户为一里，推丁粮多者十户为长，余百户为十甲，甲凡十人。岁役里长一人，甲首一人，董一里一甲之事。先后以丁粮多寡为序，凡十年一周，曰排年。在城曰坊，近城曰厢，乡都曰里。”①李家坝墓地在明代处于合州城附近，墓券提到的厢、坊当与《明史》所记相合。但M3-3：3墓券所记“合州萬安廂長春坊”似又说明“坊”是比“厢”更小的基层行政单位，是为疑点。

上述几个地名的具体位置，万安厢、长春坊现已不可考。从“安厢两津”的说法看，两津或为今合川南津与东津，其地望在合川城南与城东。龙游里，万历七年版《合州志》记其 “在州西三十里”，大致位置即在今李家坝遗址一带，这与冯氏在“龙游里”买墓地地点相符。东山里，《舆地纪胜·校勘记》卷四十潼川府路合州条记有“东山”，现东山为合川城区附近的名胜，位于东津沱后背山白塔坪一带，东山里当于此处。东津沱，清光绪二年《合州志》记合州名胜“东津渔火”，东津沱作为地名，现今仍在使用，即今合川涪江嘉陵江交汇处顺流而下约2千米处。

附记：本次考古发掘领队白九江，参加发掘的人员有徐克诚、吕俊耀、许文英、杨大用、王历等。

执　　笔：白九江　徐克诚

① 《明史》卷77《食货一·户口田制》，中华书局，1987年，第1878页。

铜梁县青龙嘴墓群M1发掘简报*

重庆市文化遗产研究院
铜梁县博物馆

2012年11月，重庆三环高速公路铜梁至永川段修建过程中发现明代石室墓1座，该墓属于青龙嘴墓群的3座墓葬之一。重庆市文化遗产研究院在铜梁县博物馆的协助下对该墓葬进行了抢救性考古发掘。现将该墓葬具体情况简报如下。

一、墓葬形制及随葬情况

此次发掘的墓葬位于铜梁县土桥镇六赢村2社，小地名为青龙嘴。墓葬编号为2012TTQM1，以下简称M1。墓葬地处一山包腰部，山下四周为农田。地理坐标北纬29°48′10.8″，东经106°00′04.5″，海拔282米（图一；图版六一）。

墓葬依山势在褐色泥岩层中开凿出墓圹，墓室修筑于墓圹内，外覆封土。墓圹上口距地表0.9～1.2米。其上地层堆积可分3层。

第1层：现代人类活动扰动或山体滑坡形成的墓葬封土。

第2、3层为墓葬封土。

墓圹开口在第3层下，打破红褐色泥岩层。墓圹内填土为浅褐色砂质黏土。墓圹为长方形，长3.16、宽3.4、深1.2～1.82米。

墓葬为近方形三室石室墓，墓向25° 。墓室四壁用规整的石板构筑，石材均为灰色砂岩。石板缝隙填石灰加固。墓顶亦用规整石板封盖，其上再以长方形巨石叠压。各墓室性质结构相同，单墓室分两部分，前室近方形，长0.64、宽0.7、高1.18米。后室长2.2、宽0.76、高1.18米。墓室底部均铺垫一块长方形石板，石板长1.86、宽0.48、厚0.2米，石板四周留出宽约0.2米的排水沟。在各墓室底部均有近20厘米的淤泥。两侧墓室

* 原载于《中国国家博物馆馆刊》2015年第6期。

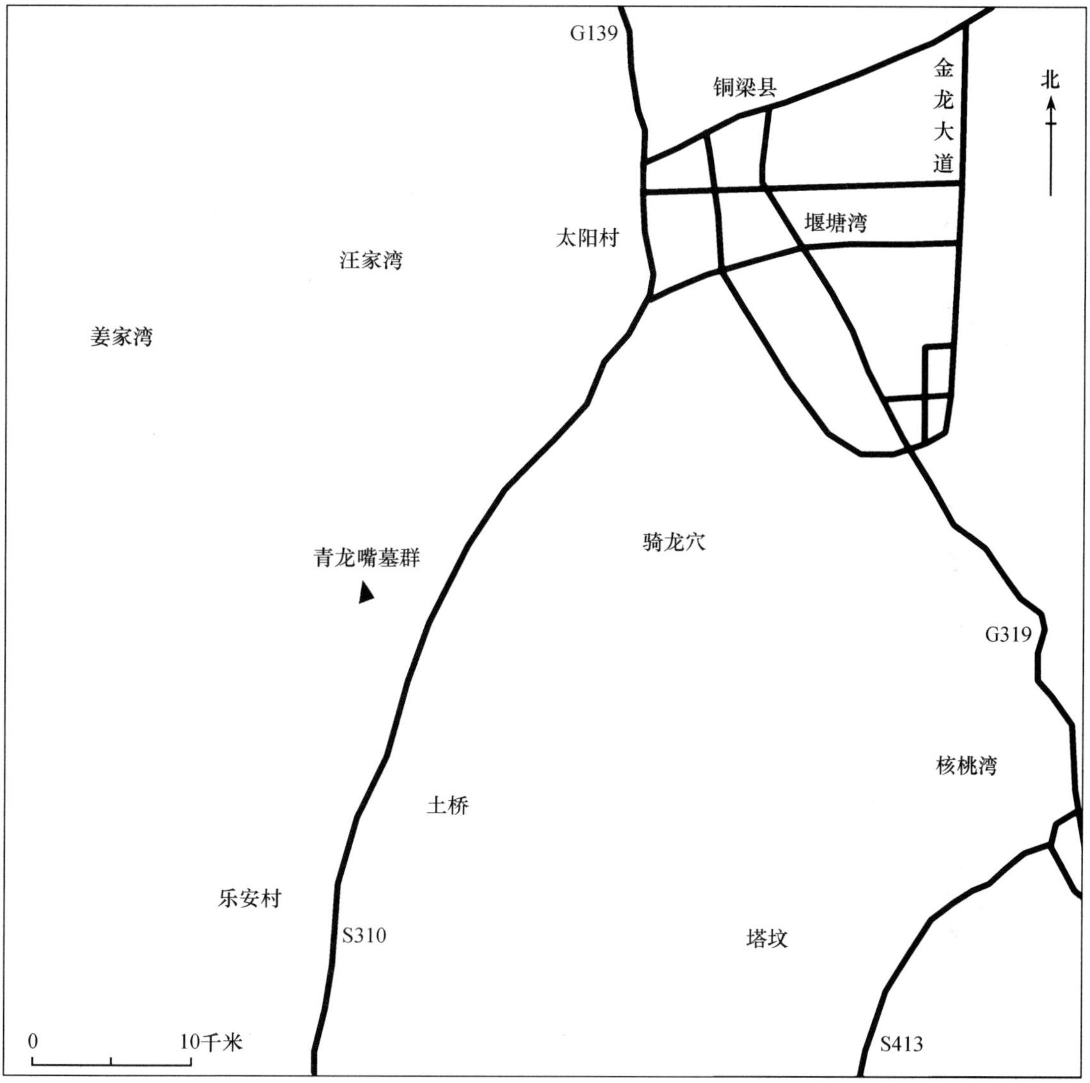

图一　青龙嘴墓群分布示意图

并未发现尸骨，对应的前室亦空无一物。仅中间墓室发现尸骨，保存相对完好。葬具为木棺，已腐朽。葬式为仰身直肢。在墓主腹部发现有水银颗粒（图二）。

二、随葬器物

该墓所见唯一随葬品为位于墓葬中部墓室（前室）所出的石质仪仗俑一套，共计17件（图版六二，图版六三，1）。

骑马前导俑　1件。M1：1，通长17.8、通高21厘米。俑头戴圆盆帽，面部模糊不

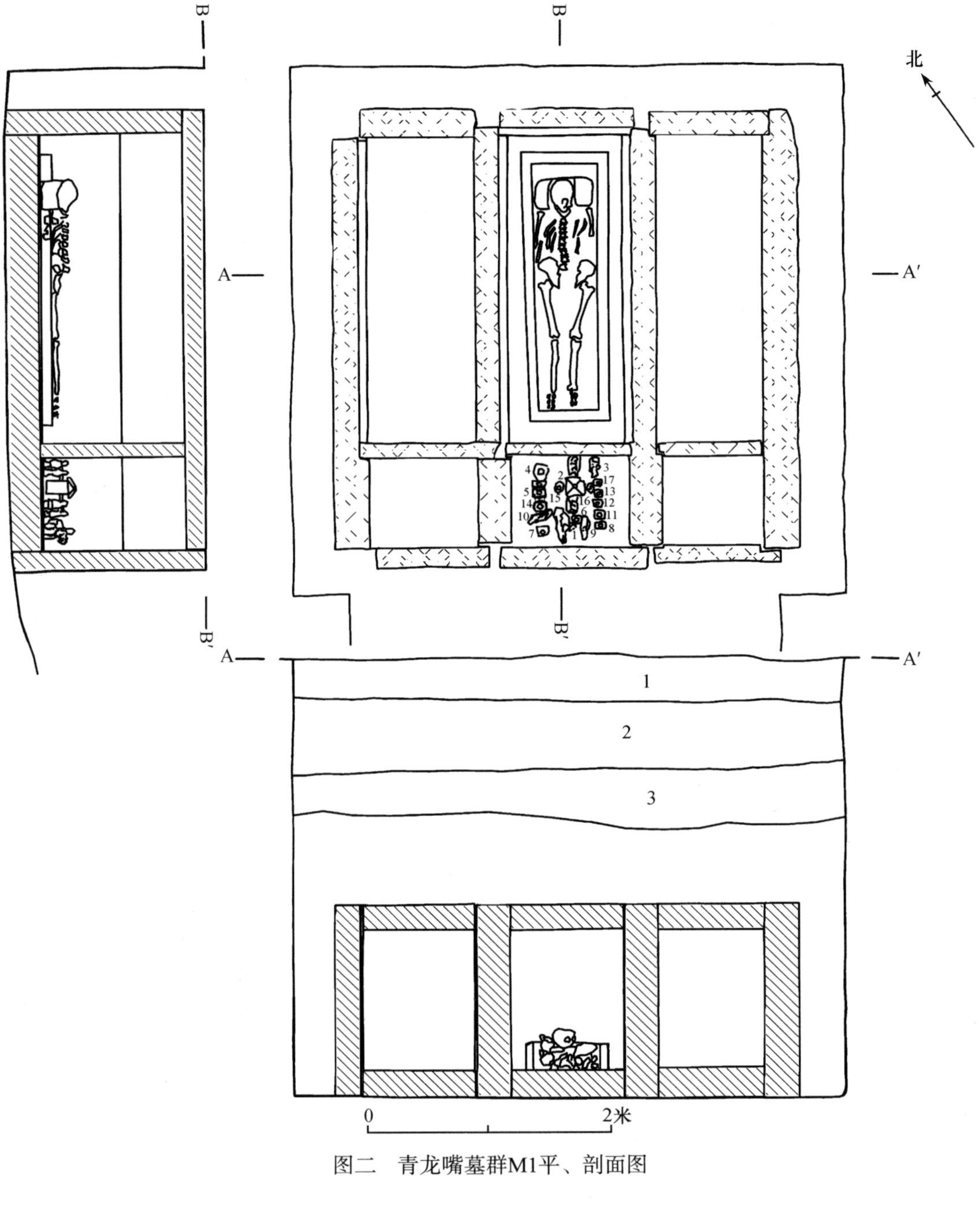

图二　青龙嘴墓群M1平、剖面图

清，身着右衽广袖长袍，上身直挺，骑坐马上，脚踩马蹬，右手持缰绳，左手垂立。马头部微低，面部轮廓、辔头清晰可见。四足站立，背披马鞍，马尾紧贴臀部，马身长17.8、高15.6厘米（图三，1；图版六三，3）。

肩舆俑　1件。M1：2，四人抬轿一乘，通长40、通高27厘米（图三，3；图版

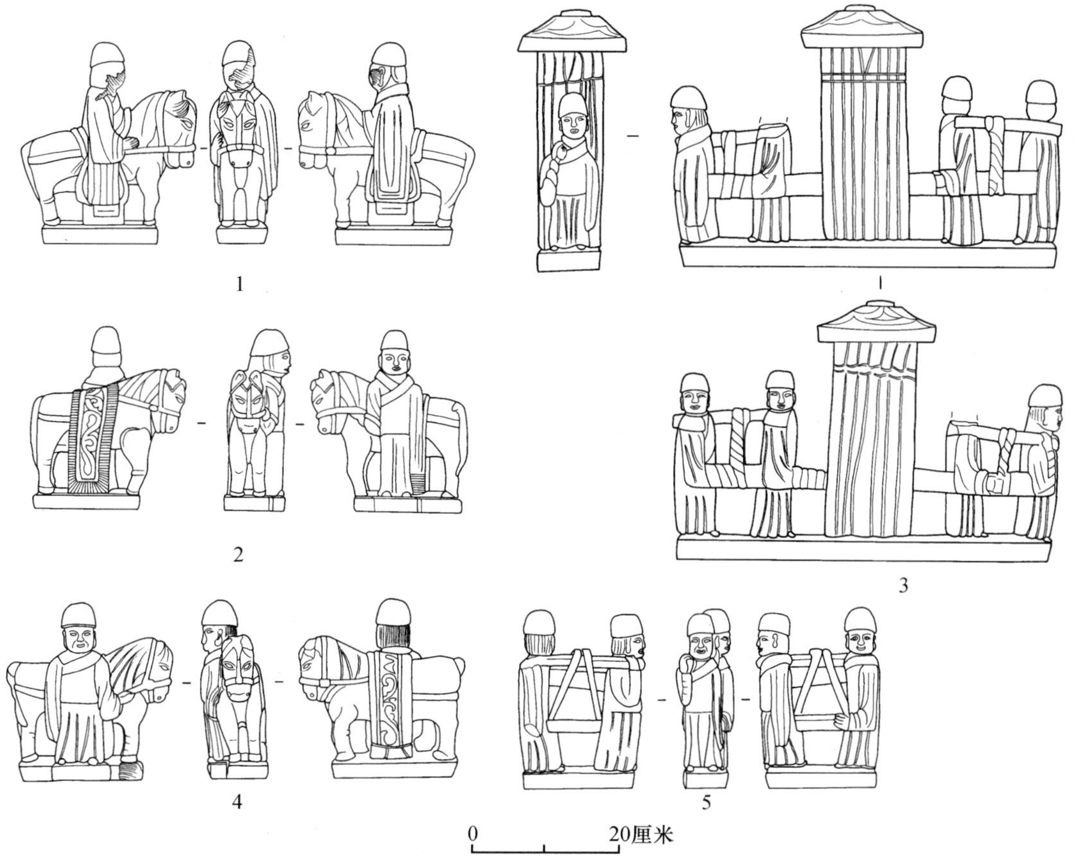

图三　青龙嘴墓群M1出土石俑（一）

1. 骑马前导俑（M1：1）　2、4. 牵马俑（M1：3、M1：4）　3. 肩舆俑（M1：2）　5. 抬箱俑（M1：5）

六三，2）。轿夫头戴圆盆帽，身着右衽广袖长袍，腰束腰带，双脚尖露出长袍外。前两名轿夫均用右肩抬轿，头直视前方，其中第二名轿夫头部已残；后两名轿夫均用左肩抬轿，头偏向右方。抬杠、绳索清晰可见。抬轿俑身高17.2～21厘米。轿身为单人密封式，四周包裹素帷，轿顶呈方形攒尖顶，系另件安装。轿高27、宽10.8厘米。轿左右各随一仆。

牵马俑　2件。马夫头戴圆盆帽，身着右衽广袖长袍。马头部微低，面部双眼轮廓、辔头清晰可见。四足站立，前足微屈，背披障泥，其上装饰有花形图案。马尾紧贴臀部。M1：3，通长16、通高19厘米。马夫右手执缰绳，左手下垂，立于马的左侧。马身长16、高15.4厘米（图三，2；图版六三，4）。M1：4，通长17、高18.6厘米。马左耳残。马夫左手执缰绳，右手下垂，立于马的右侧。马身长15.8、高15.1厘米（图三，4）。

抬箱俑　1件。M1：5，通长12.8、高18.6厘米。底座微残。俑头戴圆形平顶帽，身着右衽广袖长袍，脚尖露出长袍外，面目清晰，均用右肩抬箱，前者右手扶杠左手垂立，后者两手搂箱底，箱呈方形，抬杠所用八字形绳索清晰可见（图三，5；图版六三，5）。

吹奏俑　1件。M1∶6，高18.3厘米。俑面部模糊不清。头戴圆盆帽，身着广袖长袍，双手执乐器作吹奏状（图四，9；图版六四，1）。

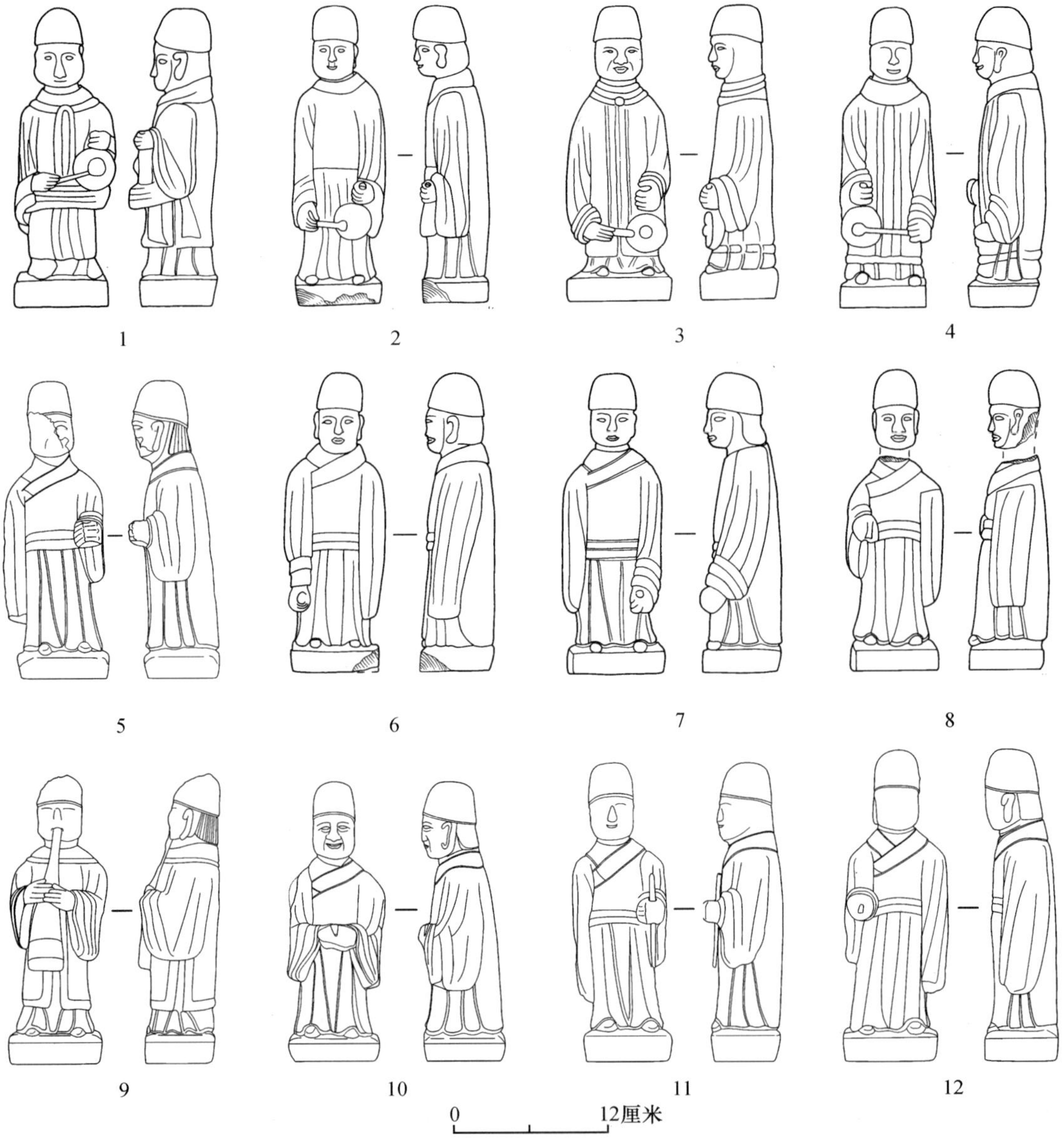

图四　青龙嘴墓群M1出土石俑（二）

1～4. 鸣锣俑（M1∶7、M1∶8、M1∶10、M1∶9）　5、12. 持物俑（M1∶15、M1∶16）
6～8、10、11. 持杖俑（M1∶14、M1∶12、M1∶13、M1∶11、M1∶17）　9. 吹奏俑（M1∶6）

鸣锣俑　4件。M1：7，高19厘米。颈部断裂已修复。头戴圆形平顶帽，面目清晰，身着圆领对襟，内衬长袍，左手提锣，右手用锤敲击（图四，1）。M1：8，高19.2厘米。头戴圆形平顶帽，面目清晰，身着右衽长袍，腰束腰带，左手提锣，右手用锤敲击（图四，2；图版六四，2）。M1：9，高19.4厘米。头戴圆盆帽，面目模糊，外着圆领对襟，内衬长袍，右手提锣，左手用锤敲击（图四，4）。M1：10，高18.2厘米。头戴圆盆帽，面目模糊不清，外着圆领对襟，内衬长袍，左手提锣，右手用锤敲击（图四，3）。

持物俑　2件。M1：15，高18.5厘米。立于轿子右侧，手部微残。头戴圆盆帽，面目清晰，身着右衽长袍，束腰带，右手拱于腰部作持物状，左手下垂（图四，5）。M1：16，高19.4厘米。立于轿子左侧，头戴圆盆帽，面目残蚀模糊不清，身着右衽长袍，束腰带，右手拱于腰部作持物状，左手下垂（图四，12；图版六四，3）。

持杖俑　5件。各俑手持片状或棍状铜杖，因腐蚀严重，铜杖均残。M1：11，高17.4厘米。手部及俑底座微残。头戴圆盆帽，身着右衽广袖长袍，双手持杖于胸前。仪仗残破，仅存铜质圆锥形顶部，铜质杖柄残碎（图四，10）。M1：12，高18.6厘米。头戴圆盆帽，身着广袖右衽长袍，束腰带，脚尖露出长袍外，左手拱于腰部持棍状铜杖，右手下垂（图四，7）。M1：13，高18厘米。颈部断裂已修复。头戴圆盆平顶帽，面目清晰，身着右衽长袍，束腰带，右手拱于腰部持片状铜杖，左手下垂（图四，8）。M1：14，高18.5厘米，头戴圆盆帽，身着广袖右衽长袍，束腰带，右手拱于腰下部持棍状铜杖，左手下垂（图四，6）。M1：17，高18厘米。俑底座微残。头戴圆盆帽，面目清晰，身着右衽长袍，束腰带，左手持棍状铜杖，右手下垂（图四，11；图版六四，4）。

三、小　　结

自1973年至今，在铜梁县境内共发现了近70座明墓，发掘出土仪仗俑500余件，在当地有“小兵马俑”之称，但发表的资料极少。根据已发表的墓葬资料①，大体可看出明代分布在铜梁县境内的几个官宦大族如李氏、陈氏、张氏等。此次发掘的墓葬为3室石室墓，但仅中间墓室埋葬有尸骨，两侧墓室并未使用。根据尸骨骨骼粗壮等特征推测墓主为男性。明代官宦或有名望的士绅一般都有正室和偏房，所以夫妻合葬墓会出现3

① 重庆市博物馆：《四川铜梁县明代石椁墓》，《文物》1983年第2期；叶作富：《铜梁县发现明代石椁墓》，《四川文物》1986年第4期；铜梁县文管所：《四川铜梁明张文锦夫妇合葬墓清理简报》，《文物》1986年第9期。

个墓室的情况，丈夫和妻妾过世后归葬一处。而此墓葬3室并未归葬一处的原因可能是因战乱或其他原因，死者家族迁徙他处而致。

该墓出土的仪仗俑神态各异，栩栩如生。这些仪仗俑身穿袍裙，头戴圆盆帽或圆形平顶帽，身材大体相当，体现了官员出行的威严。但该墓并无可以证明墓主身份的墓志铭或其他陪葬物品，墓室内亦无其他雕刻纹饰，固无法准确判断墓主身份。据了解，在该墓所在的土桥镇和巴川镇等地，此前发掘的张氏家族墓地的墓葬形制和该墓十分相似。铜梁县明代张氏家族墓地分布较广，最有名的要数明兵部尚书张佳胤父母张文锦、沈氏合葬墓①。墓葬出土了2套较完整的仪仗俑，其中张文锦墓室（简报称为M1）出土有1件四人肩舆俑，22件仪仗俑，马2匹，伞盖、书桌、交椅各1件。沈氏墓室（简报称为M2）出土的一套则有1件8人肩舆俑，57件仪仗俑，马23匹，伞盖2件，书桌、交椅各1件。两套仪仗的规格相差较大，是因为二人入葬时身份有所不同。张文锦死于嘉靖三十五年（1556年），时张佳胤任兵部职方司主事，朝廷敕赠张文锦为兵部主事，官阶为正六品。沈氏葬于万历五年（1577年），时张佳胤已官至都察院右副都御使，官阶正三品，张文锦被诰赠都察院右佥都御使，官阶为正四品，沈氏被封为太恭人，官阶亦为正四品。这两套仪仗俑，有可能是按照当时四品官和六品官的仪仗制作的②。此次发掘的墓葬墓主出行所乘为4人轿子，与张文锦墓出土的仪仗俑规格相似，墓主官阶可能为正六品。由于该墓距离张氏家族墓地中心位置不远，由此推测该墓墓主亦可能为张氏后人。

本次对青龙嘴墓群1号墓的发掘工作，丰富了铜梁地区明代石室墓考古材料，也为研究石质仪仗俑增添了一批十分重要的新材料。此次出土的仪仗俑雕刻生动形象，保存相对较好，具有非常重要的艺术价值，同时对于研究这一时期的社会经济、礼仪制度、丧葬习俗等具有重要意义。

附记：本次考古发掘领队李大地，执行领队黄伟，参加发掘的人员有许卫国、师孝明、张泽春、刘华刚等，修复蔡远福、刘华刚，绘图师孝明、陈晓鹏，资料整理黄伟、许卫国、章小强。

执　　笔：黄　伟　张泽春

---

① 铜梁县文管所：《四川铜梁明张文锦夫妇合葬墓清理简报》，《文物》1986年第9期。

② 铜梁县文管所：《四川铜梁明张文锦夫妇合葬墓清理简报》，《文物》1986年第9期。

潼南县塔湾院子墓群发掘简报

重庆市文化遗产研究院
潼南县文物管理所

一、地理位置及工作简况

塔湾院子墓群位于重庆市潼南县梓潼街道办事处石碾村11社，毗邻全国重点文物保护单位——潼南大佛寺，距潼南大佛寺新建山门不足100米。本次发掘区位于一中部高而东西较低，名为“和尚坡”的山丘东侧，中心地理坐标为东经105°48′15.8″，北纬30°11′22.5″，海拔243.4米（图一）。

因潼南大佛寺景区佛缘路景观大道（以下简称“景观大道”）建设暴露出石室墓和塔基构件，受重庆市文化广播电视局的委托，重庆市文物考古所（重庆市文化遗产研究院前身）于2009年6月26日正式开展了对塔湾院子墓群的文物保护工作，2009年7月19日顺利结束，历时24天。本次发掘遵照“保护为主、抢救第一，重点保护、重点发掘”的文物保护原则制定发掘方案，并结合地势及遗存的分布情况，共布5米×5米探方12个，分为南北向排列的三排，探方编号按从南至北、由东向西顺序编号，由于部分遗迹处于发掘区外，需要扩方发掘，实际发掘面积为310平方米（图二）。

本次发掘清理遗迹可分为墓葬和塔基两类，其中墓葬11座，墓葬的年代包括明清时期和近代，塔基8座，塔基年代属于明清时期。

二、地层堆积

塔湾院子墓群本次发掘区的地层关系比较简单，除部分探方的表土层由于景观大道的施工破坏而缺失外，整个发掘区可分为3层。这里以T8～T10北壁为例，做一简单介绍（图三）。

第1层：表土层，厚15～24厘米。土质疏松，黑灰色土，包含有大量植物根茎和现

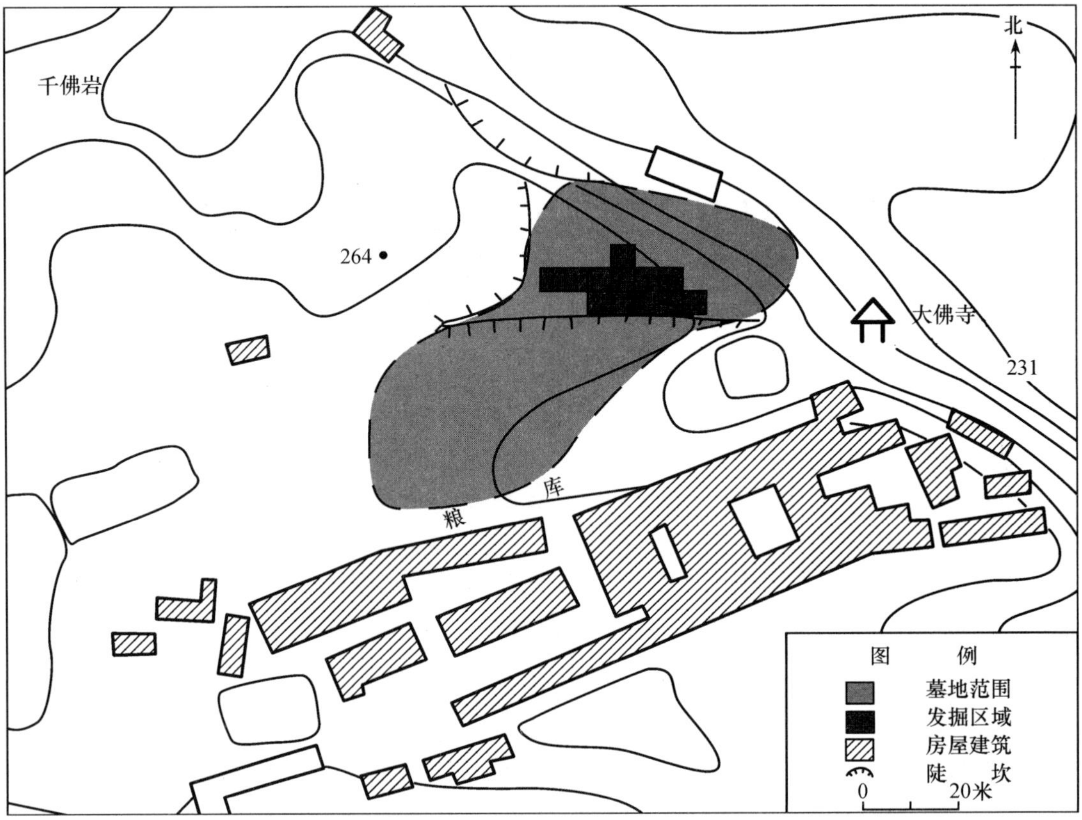

图一　塔湾院子墓群位置图

代生活垃圾。现代扰坑叠压于此层下。

第2层：明清文化堆积，厚17.5～31.5厘米，距地表深15～24厘米。土质稍硬，灰褐色土，出土少量青花瓷片、灰色素面瓦片。M11叠压于此层下。

第3层：宋元文化堆积，厚24～38厘米，距地表深43～61厘米。土质硬，黄褐色土，出土少量青、白釉瓷片，被M11打破。

第3层下为浅黄色生土。

本次发掘区内的遗迹，除M6、M8和M10叠压于第1层下外，余皆叠压于第2层下并打破第3层和生土。

三、墓　　葬

本次发掘共清理墓葬11座，其中明清时期墓葬9座，民国时期墓葬2座。

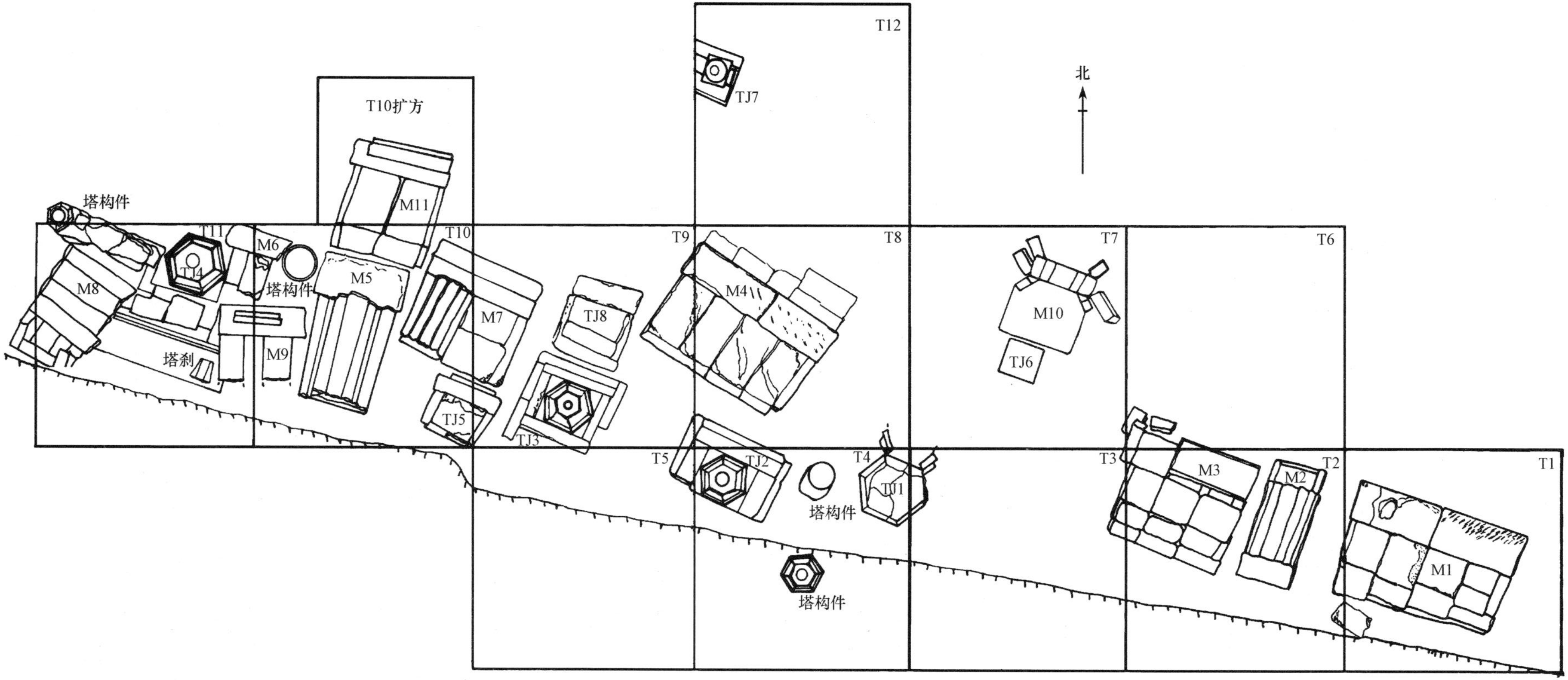

图二　塔湾院子墓群遗迹分布图

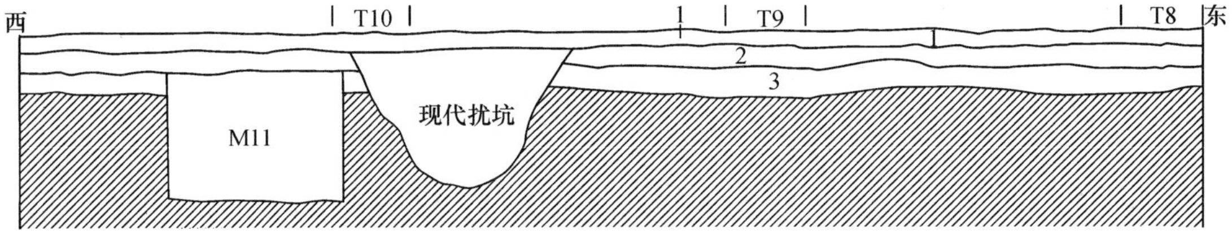

图三　T8～T10北壁剖面图

（一）明清墓葬

共发现这一时期墓葬9座。依据墓葬形制的不同，可分为四型。

A型　平顶石室墓，均为多室，共计4座，有两室、三室、四室之分，其中四室墓2座（M1、M4），三室墓1座（M3），两室墓1座（M11）。建筑方法基本相同，先挖长方形竖穴土圹，在土圹内侧围砌石板为墓墙，墓墙与土圹间用土夯实，墓墙上方平盖石板，相邻墓室之间共用隔墙。以M4、M11为例进行介绍。

M4　位于T8中部偏西，叠压于第2层下，打破第3层和生土。

长方形四室石室墓（从右至左分别编为1～4号墓室）。墓口距地表0.3、距墓底1.3、面宽3.9、进深2.24米，单室宽0.75米，隔墙宽0.2米，两边墙宽0.18米。墓周围土圹宽0.08～0.15米。方向20°。

单檐，用石板、石条砌筑，白灰粘接，石板平铺棺床，棺床与墓壁之间有8～10厘米排水槽，棺床上有铺垫石灰的痕迹，墓门前有石板平铺的拜台。在1号、2号、4号墓室檐上从右至左可识别为“寛□□塔”“榮自岫塋”“泰安後塔”的刻字，3号墓室檐上字迹风化，无法辨识（图四）。

1号墓室和4号墓室除少量淤土外，未见任何埋葬痕迹，推测该墓为一次建成，1号和4号墓室可能并未投入使用。

2号墓室和3号墓室人骨保存较差，葬式为仰身直肢葬，头下枕有3块青瓦。

从铁质棺钉和朽烂木屑推测，葬具应为木棺。

除铁质棺钉和青瓦外，未发现其他随葬品。

M11　位于T10北部，部分位于其北扩方内，叠压于第2层下，打破第3层和生土。

长方形双室石室墓。墓口距地表0.8、距墓底1.36、面宽2.2、进深2.14米，中间隔墙厚0.2、两边墙厚0.19米。方向30°。

双重檐，檐上有从右至左可辨识的“明映大塔　恒鎮山塋”的带圈刻字。墓室用石板、石条砌筑，白灰粘接。棺床为一整块石板平铺，棺床与墓壁间有0.08～0.12米的排水槽，棺床上铺有厚约2厘米的石灰。双层石板封门，墓门外有石板平铺拜台。墓前东西两侧有八字形挡墙（图五）。

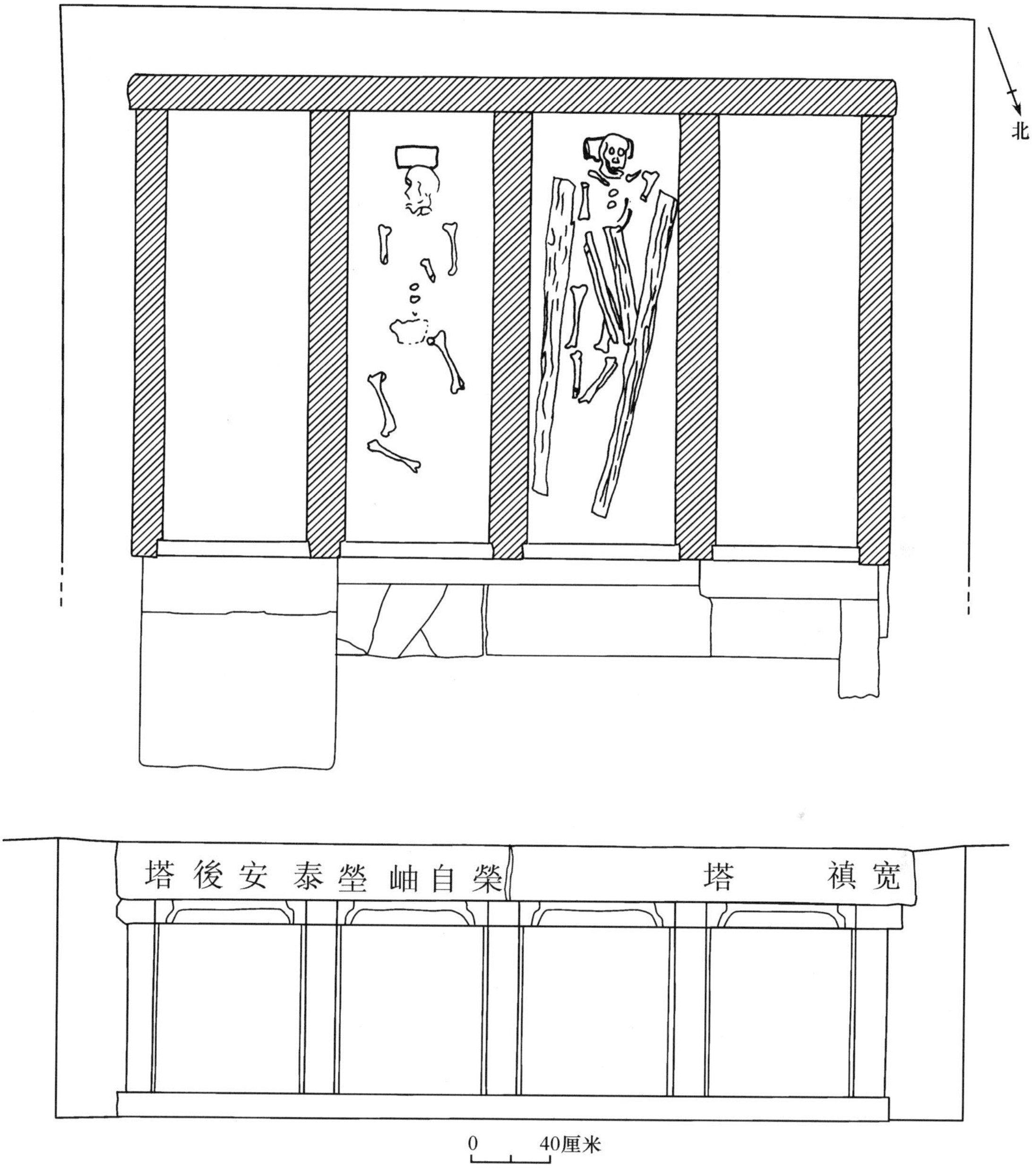

图四　M4平面和正视图

人骨保存较好，葬式为仰身直肢，头向南、面朝上，头下枕3块小青瓦，葬具为木棺。随葬品有用作墓志的器盖。

器盖　1件。M11∶1，青灰釉，红褐胎。轮制。整体形状呈塔形，口部直径32、高17.5厘米。盖面饰有三道波浪状附加堆纹，盖内面无釉，内侧有清晰的墨书文字：

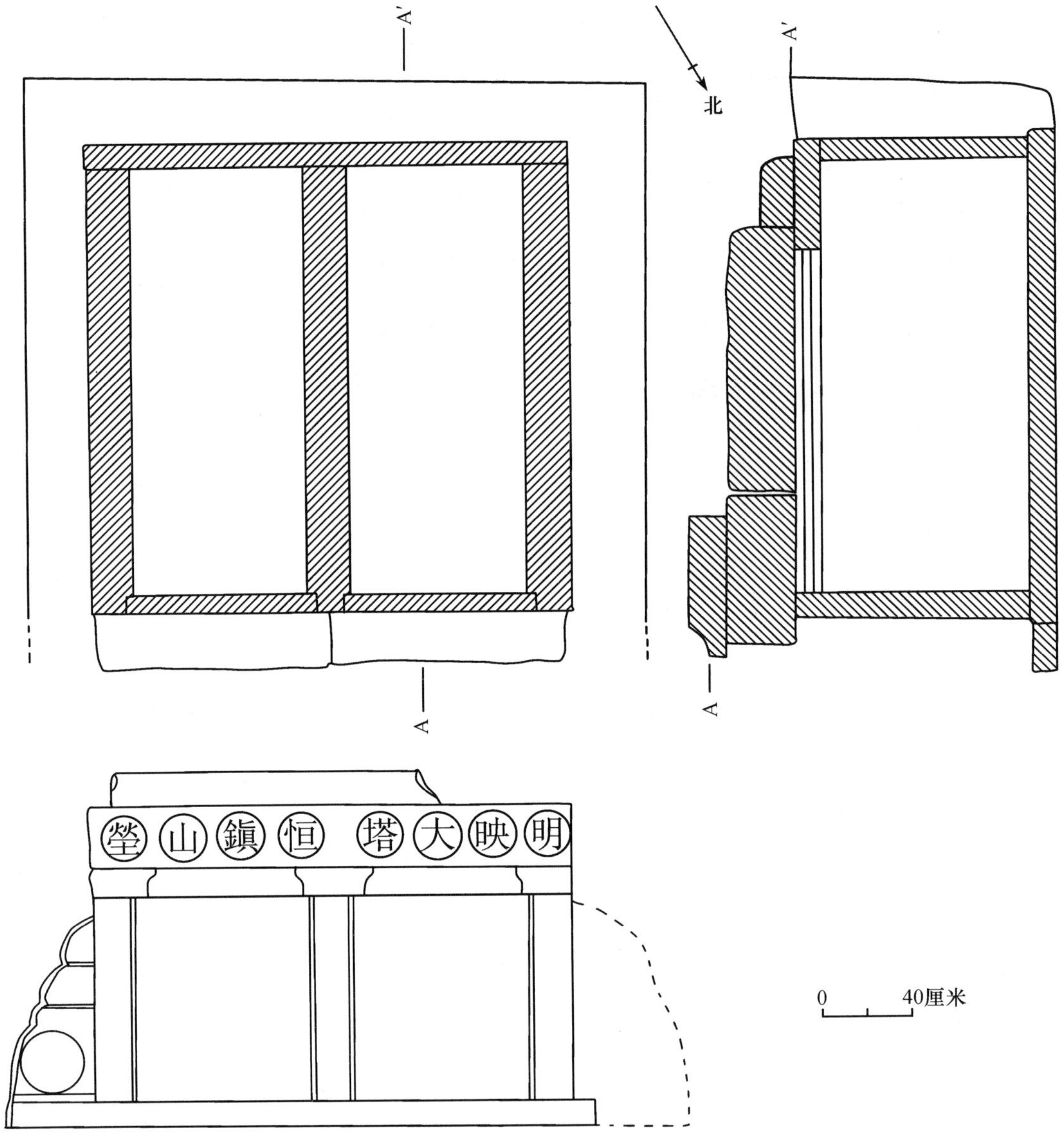

图五　M11平、剖面及正视图

“前』初七日吉旦』乾隆叁拾叁年』戊子歲仲冬月』后』康熙丁丑』年生七十二歲』遷移謝家』寄併”。从文字内容看应作为墓志使用（图六）。

B型　券顶石室墓，均为单室，共计2座（M2、M5）。

M2　位于T2偏东部，东邻M1、西邻M3。叠压于第2层下，打破第3层及生土。

长方形单室券顶墓，墓顶用石条券顶，墓室壁用石板砌筑，在券顶两端用石板平盖，在平盖板与券顶处用半月形石块封堵。外壁宽1.4、内壁宽1、墓口距地表

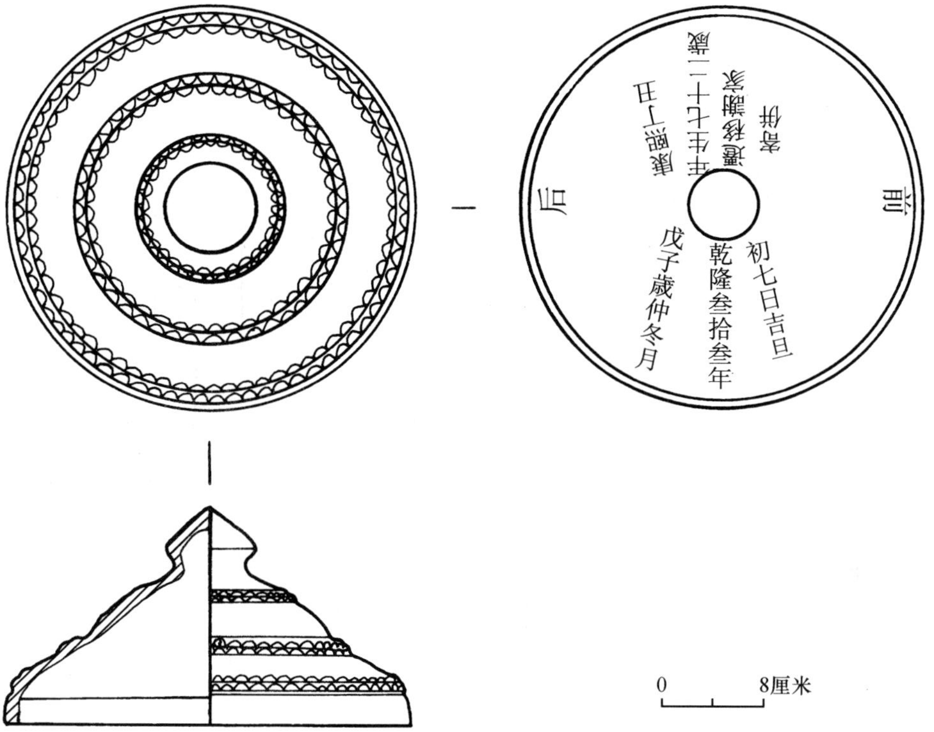

图六　M11出土器盖

0.16～0.2、墓口距地表1.66、进深2.64米。东西壁假窗宽0.36、高1.14、深0.04米，后壁龛宽0.46、高0.5、深0.08米。墓周土圹宽0.08～0.12米，内填五花土及碎石块。墓前有石板平铺的拜台。墓向18°（图七）。

骨架保存较差，葬式不详；从朽烂木屑和铁质棺钉推断，葬具应为木棺。

共发现随葬品4件，其中瓷罐1件、瓷碗2件、瓷盏1件。

瓷罐　1件。M2：1，黄釉、红褐胎。轮制。敞口、圆唇，束颈。肩部有对称的桥形双耳，溜肩，鼓腹，下腹内收，平底，近底部釉面不均，肩以下饰有数道凹弦纹。整体形制因烧制有所变形。口径10、高24.4、底径9厘米（图八，1）。

瓷碗　2件。M2：2，酱釉，红褐胎。轮制。敞口、尖唇，内外施釉不及底，内底中心微鼓、外底中央隆起，内外壁均有弦纹，矮圈足，内底有涩圈。口径16.5、高6、底径5.5厘米（图八，3）。M2：3，酱釉，红褐胎。轮制。敞口、尖唇，内外施釉不及底，内底中心微鼓、外底中央隆起，外壁有不明显的凹弦纹，矮圈足，内底有涩圈。口径16.6、高6.2、底径5.2厘米（图八，4）。

瓷盏　1件。M2：4，黑釉，灰褐胎。轮制。微敛口、尖唇，内施满釉，外釉不及底，饼足，内壁有一圈凸棱。口径6.6、高2.2、底径4.6厘米（图八，2）。

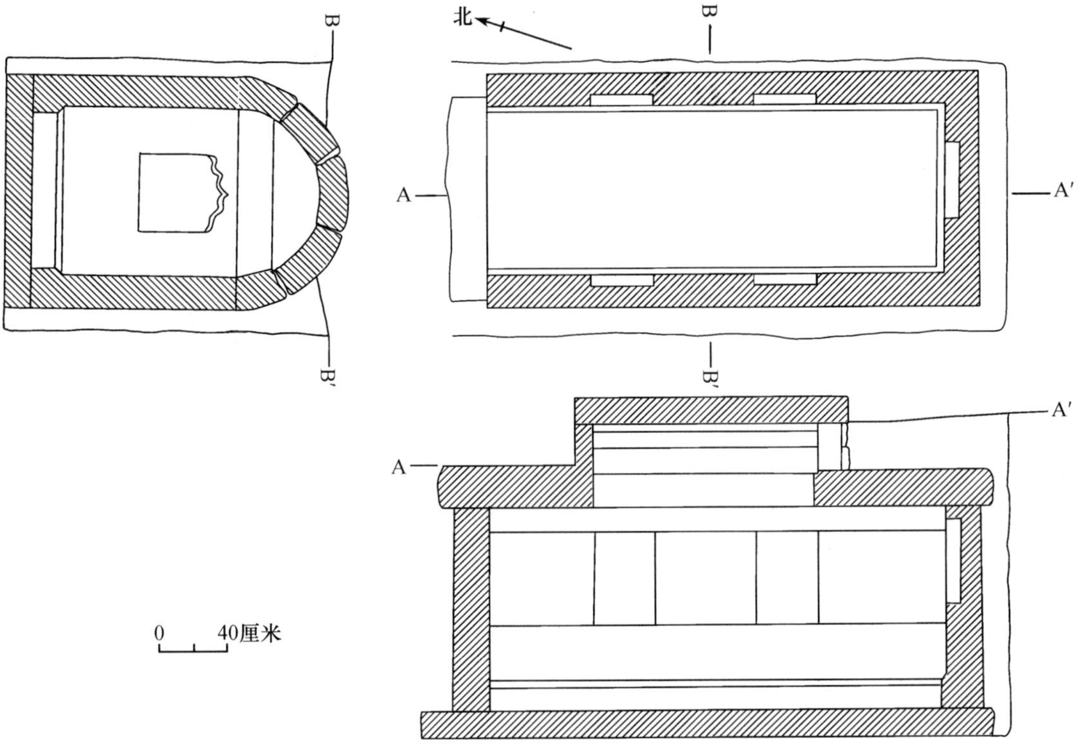

图七　M2平、剖面及正视图

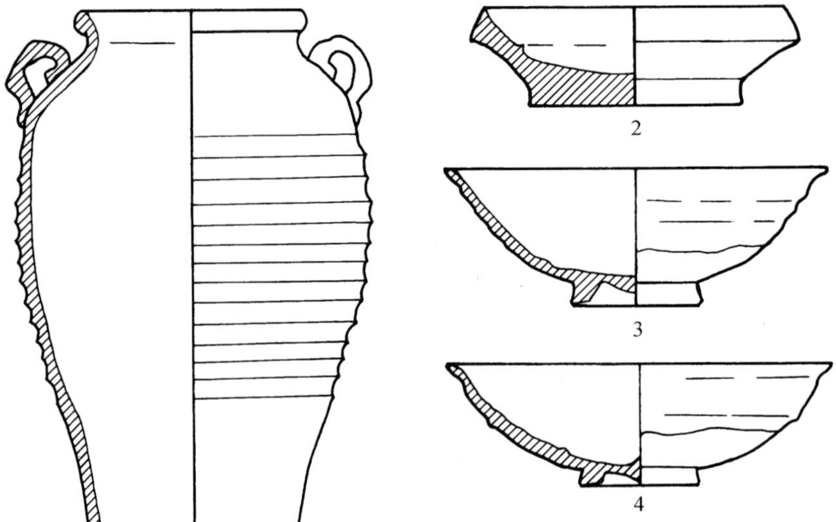

图八　M2出土器物

1. 瓷罐（M2：1）　2. 瓷盏（M2：4）　3、4. 瓷碗（M2：2、M2：3）

M5与M2形制接近，但M5较M2简化，没有两侧壁假窗和后龛，也没有随葬品出土。

C型　一室平顶、一室券顶石室墓，共1座（M7）。

M7　位于T9西北，叠压于第2层下，打破第3层和生土。

平面形状呈长方形，1号墓室为石平顶墓，2号墓室为石券顶墓，两室共用檐与隔墙。石条券顶，石板砌壁及铺底，双重檐。墓口距地表0.6米，1号墓口距墓底1.22、2号墓口距墓底1.92米。墓宽2.55、进深3米。方向28°（图九）。

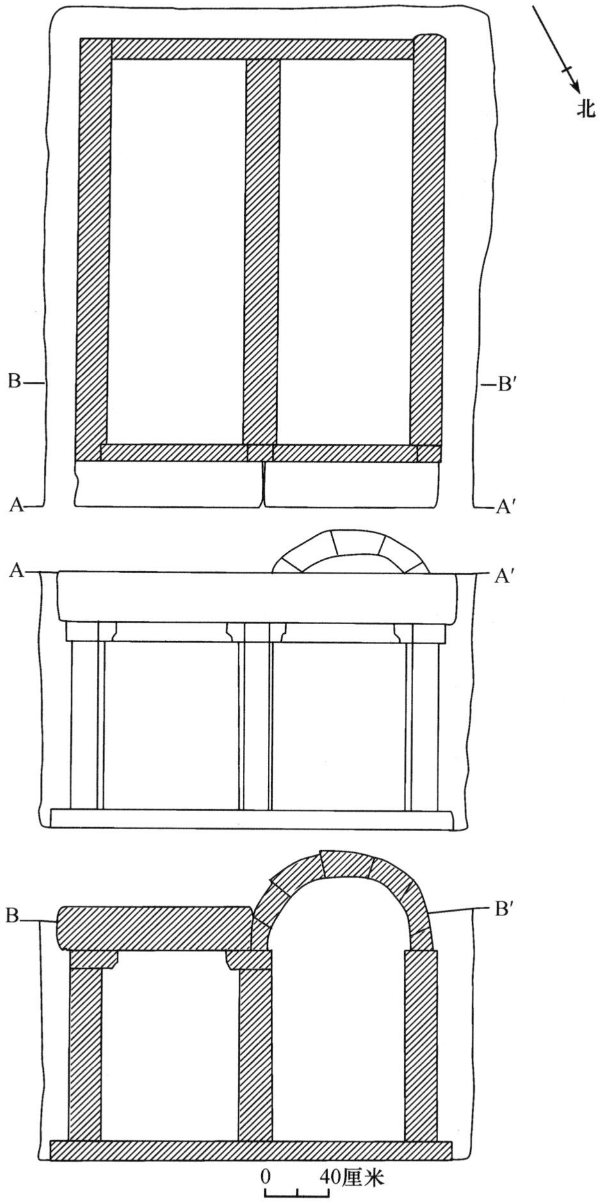

图九　M7平、剖面及立面图

人骨保存情况很差，葬式不详。

从朽烂木屑和铁质棺钉推断，葬具应为木棺。

未发现随葬品。

D型　石围土冢墓，共计2座（M9、M10）。

M10　位于T7东北部，南邻TJ6，叠压于第1层下，打破第2层、第3层及生土。方向17°。

石碑楼石围土冢墓，现存石碑楼呈圆弧形，山字形单檐，有八字形挡墙。上檐刻有万古佳城，弧顶处刻有日月二字，立柱上分别刻有“山明水秀昭千秋”“脉固穴真旺子孫”。石碑居中刻有“皇清待誥鍾母繆老孺人墓”，右侧刻有“清乾隆四十□□□□”字样，左侧刻有死者子嗣姓名，字迹模糊，无法辨识（图一〇）。

未发现葬具、人骨及随葬品。

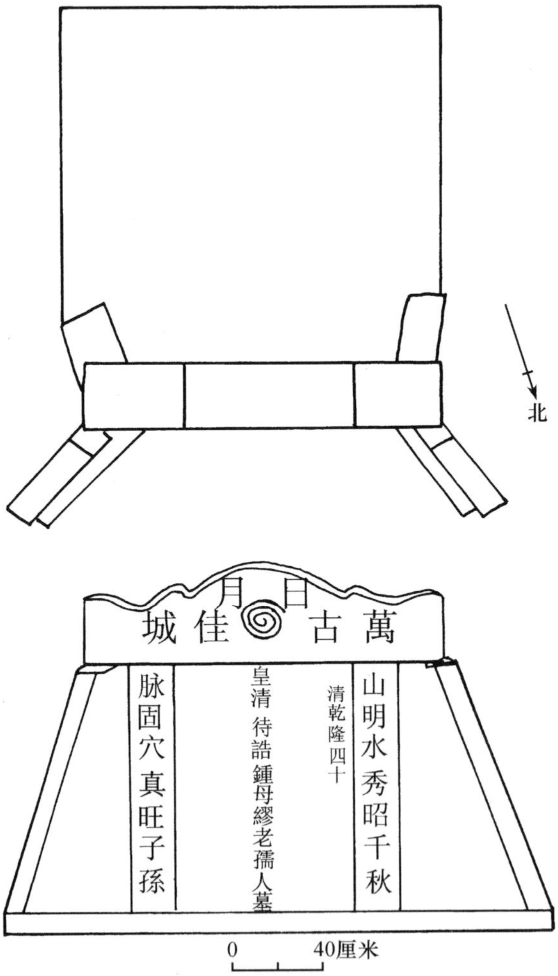

图一〇　M10平面及正视图

（二）民国墓葬

墓葬2座（M6、M8），M8破坏严重，以M6为例进行介绍。

M6　位于T10西北部，南邻M9。叠压于第1层下，打破第2层。

墓葬平面呈长方形，墓底为常明上人墓碑倒置（碑文朝下），东西侧壁为带有刻字的碑柱，刻字朝向墓葬内侧，墓葬南侧寄墙于M9北壁。墓口长1.5、宽0.8、距墓底深0.34米。方向28°。

未发现人骨、葬具和随葬品。

常明上人石碑为长方形，长0.9、宽0.72、厚0.08米，上刻楷书20行425字。书写工整，字迹清晰（图一一）。

全文如下：

常明上人號道彰系本縣野猫溪大屋埸人氏父屈公庭發母唐氏乃縣中名族也師生於咸』豐十一年冬月十二日吉時降生之際異香満室稍長則樂聞佛法見神禮拜于同治四年』投禹廟真桂老和尚膝下披剃為徒此師皈投三寶之起因也迨至光緒五年即到成都昭覺寺』通朗老和尚會下受戒住堂廿餘年遂歷任叢林各要職因而頗有蓄積於光緒二十五年即返潼購置柏』梓鎮打石山之田産八十畝不久以囤買小麥又得利潤復頂泰安鄉寶峰寺一座獲田約八十餘畝至光緒二』十八年得昭覺寺當事人之電信催到成都次年即榮任該寺方丈矣數年后退隱潼南即成立佛教會又倡辦』禹廟明德小學校嗣後復充任佛教路股辦事處處長犖犖偉績殊難枚舉正擬不問世事息影祇園誰意於民二』十三年廟遭田祿傷心之餘竟將衣鉢之資和盤拓出復又出山大興土木逾年而廟貌重新規模始備禹廟之僧衆能吃飯穿』衣得有今日此皆師之力也此刻上人積勞成疾五衰相現。宏奎由蓉返里素知師之經過持綴俚語以告來茲而紀事實』并非恭諛之談以博地人士佛教名流之嘉奬耳

潼南縣佛教會理事長釋宏奎題』圓寂恩師上常下明號道彰老和尚之墳墓』，徒（嶽靈、泰靈、續靈）、孙（通乘、通贤、通敏）、曾孙（萬鍾、萬星）』中華民國三十五年古歷十月穀旦　　　吉立

两刻字石碑柱形制接近，长0.98、宽0.27、厚0.35米，均刻有七个字，分别为“德茂功超極樂國、山環水繞娑婆境”，字迹清晰，遒劲有力。

四、塔　基

共发现8座塔基，依据形制不同可分为三型。

图一一　常明上人碑文拓片

A型　仅存地宫，未发现基座。属于此型的塔基共有4座（TJ1、TJ5、TJ6、TJ8）。

TJ1　位于T4的东北部，少部分延伸入T3内。叠压于第2层下，打破第3层和生土。

地宫上有六角形石盖板，石盖板厚约5厘米。地宫平面为六角形，直壁、口部内收，底部中央有圆形石供桌，石供桌中部堆放着经火烧的人骨碎片，石供桌边缘及地宫底部散落有木雕饰、木片和木屑，推测可能为盛放火烧人骨碎片的木质器皿朽烂后所遗。

地宫口部最大径（对角）1.75、口至底部深1.73米，圆形石供桌直径0.6、厚0.08米。地宫门位于北部，两边有八字挡石，采用一整块石板封门，门外用一块长0.7、宽0.44、厚0.18米的石条顶在封门外。封门宽0.8、高0.9米（图一二）。

TJ6　位于T7中部，M10南侧。叠压于第2层下，打破第3层和生土。

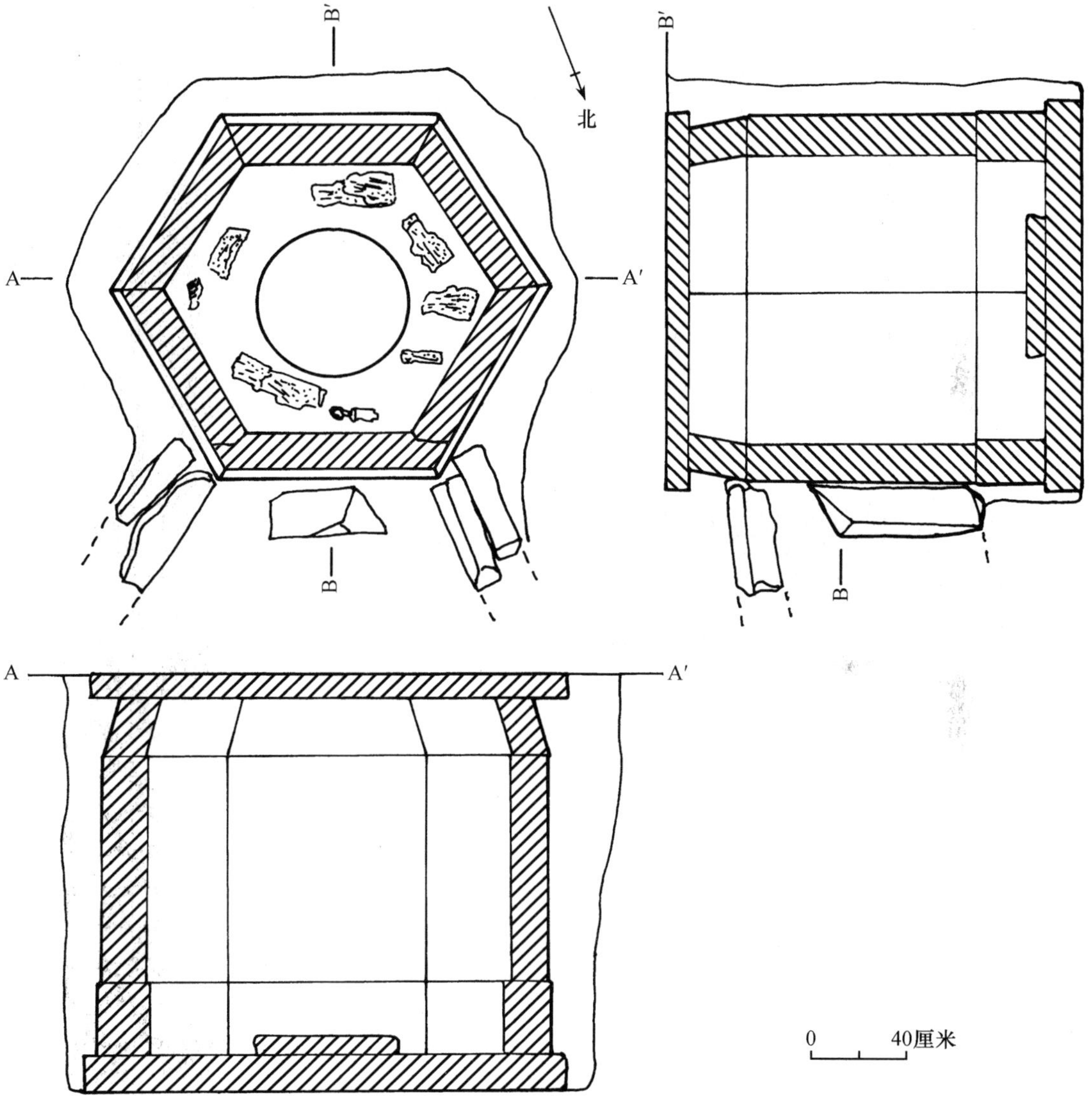

图一二　TJ1平、剖面及正视图

平面形状为正方形，边长0.7米，地宫口距底深0.9米，用石板砌筑，直壁，地宫口部平盖一厚约5厘米的方形石板，石板与地宫壁为子母扣。地宫内倾斜置放有一带盖瓷瓮，南壁近底部刻有一钱币纹饰，底部石板中部有深约6、直径21厘米与瓷瓮底部大小相当的圆形凹槽，可能为安放瓷瓮而设（图一三）。

瓷瓮　1件。青釉，红褐胎。塔状盖，器盖上饰二道水波状附加堆纹，直口、方唇，溜肩、肩部刻有“日、月”二字，圆鼓腹，肩部和腹部饰有蛇状堆纹，腹下部釉面有滴釉斑痕。平底、微内凹。盖口径33.2、高15.3厘米，罐口径32、高47.1、底径16.4厘米，通高62.4厘米。瓷瓮内盛有人头骨及部分肢骨，应被作为葬具使用（图一四）。

TJ8　位于T9中部，东邻M4、西邻M7，南邻TJ3。叠压于第2层下，打破第3层及生土。

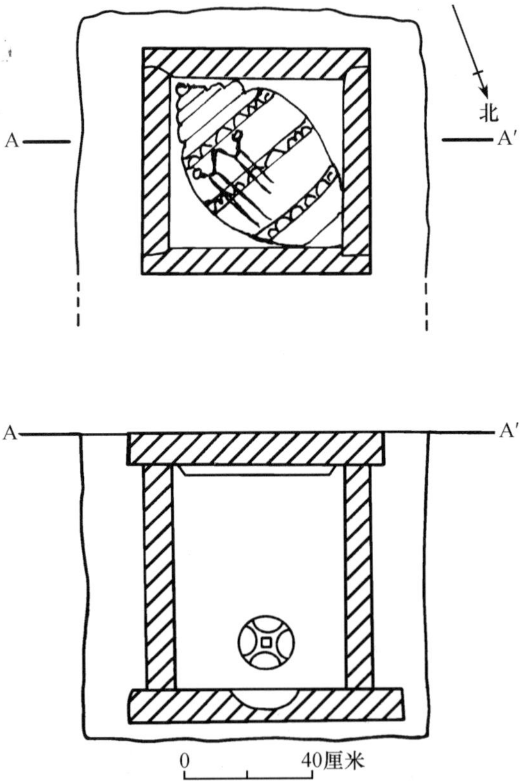

图一三　TJ6平面及正视图

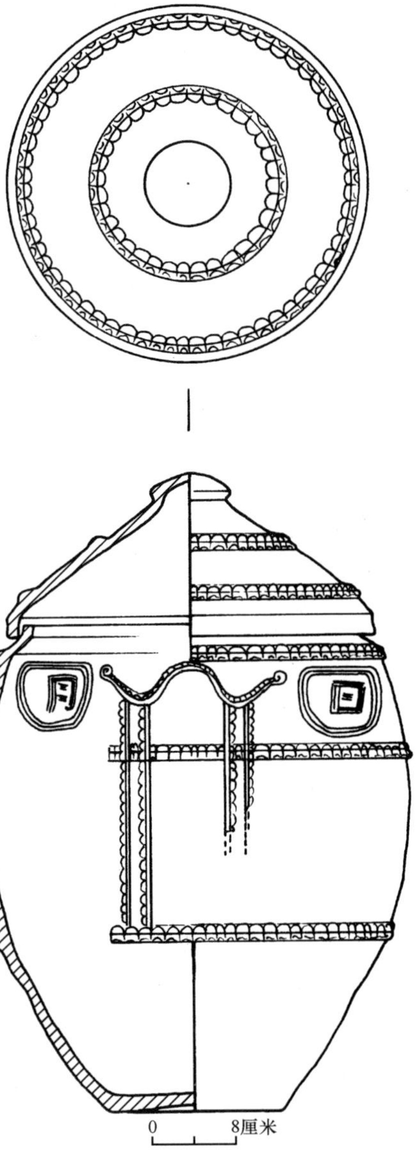

图一四　TJ6出土瓷瓮

平面形状呈长方形，外壁长2.06、宽1.2米，内壁长1.66、宽0.82米，地宫顶部盖有3块厚约0.2米的条形石块，中间石块较宽。直壁，东西壁有假龛，假龛宽0.8、高0.88、深0.09米。底部偏南有方形石供桌，边长0.5、高0.16米。石供桌中部有经火烧人骨碎片，人骨碎片周围有木质构件。在地宫壁周围有距石壁0.2～0.25米的土圹（图一五）。

出土文物为塔造型木质器物，可能为盛放骨殖的木质器皿。由于其保存情况较差和

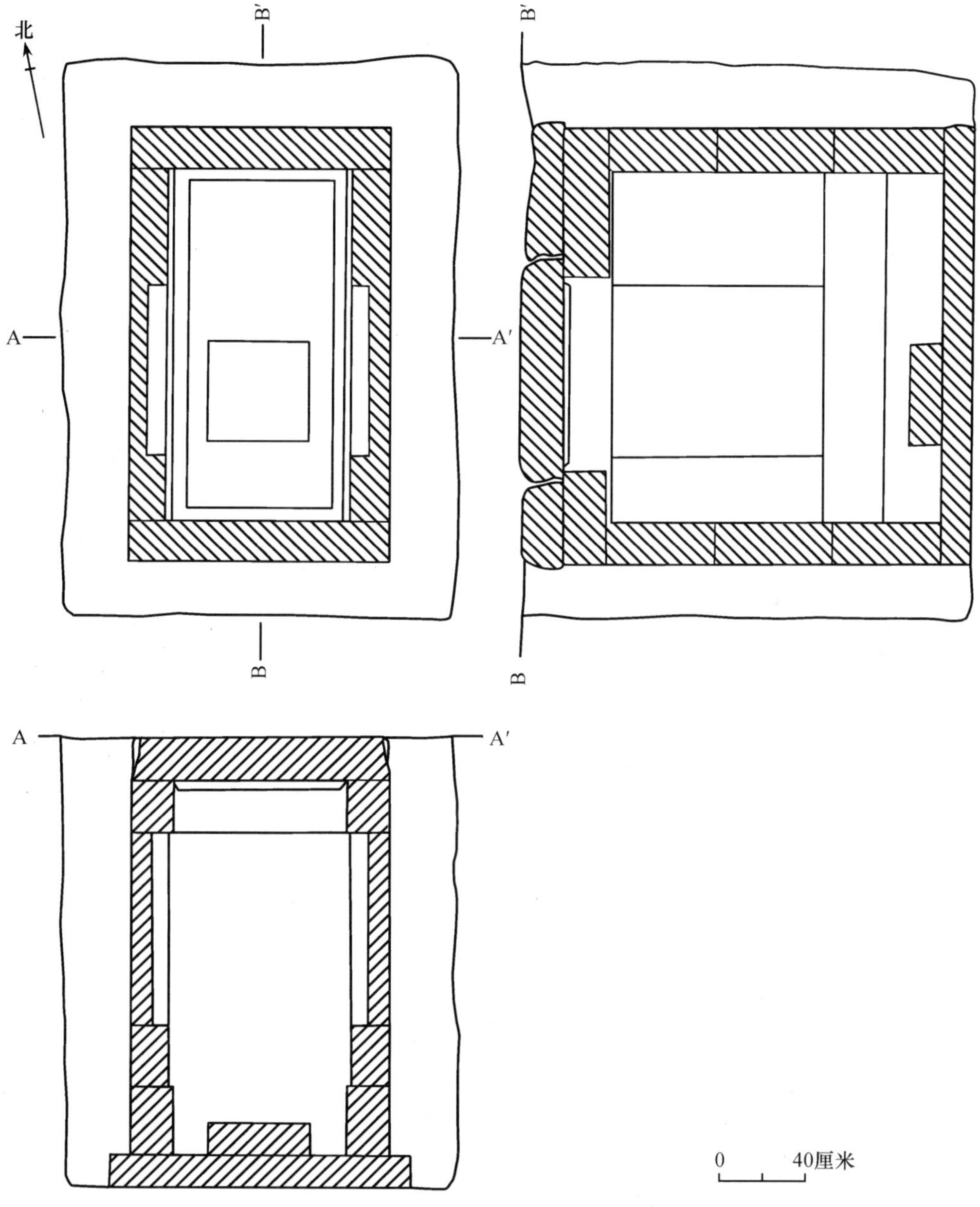

图一五　TJ8平、剖面及正视图

修复难度大，修复过程比较长，正在修复中（另文刊出）。

TJ5与TJ8形制接近，但TJ5地宫较浅，地宫底部南侧为圆形石供桌。

B型　仅发现基座，未发现地宫，共2座（TJ3、TJ4）。

TJ4　位于T11北部。叠压于第2层下，打破第3层及生土。

基座可分为两部分，上半部分呈六角形，每个角端雕刻成竹节状石柱，两角之间雕刻窗格形纹，其中间部位带有凸出的榫；下半部分亦成六角形，饰有祥云纹和小莲花纹，须弥座。须弥座下为一厚约20厘米的方形石板。方形石板周围由石条围砌，南侧有台阶状石条，东西两端被M9、M8叠压，最底层为较宽石板（图一六）。

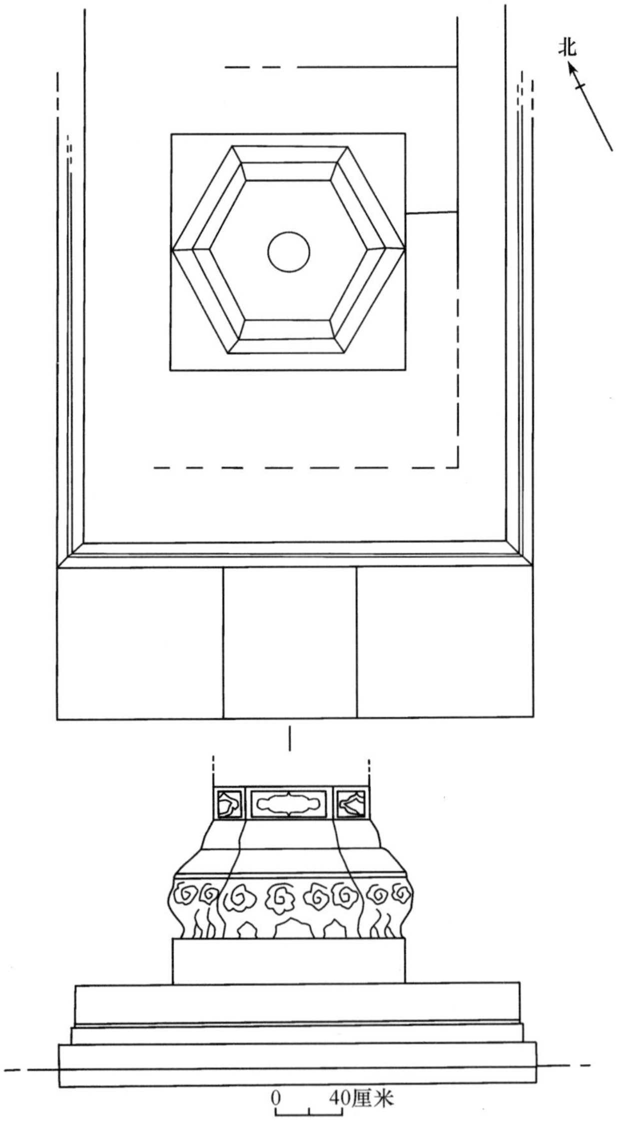

图一六　TJ4平面及正视图

TJ3形制与TJ4近似，但其南侧无台阶状石条和较宽石板。

C型 既发现基座又发现地宫，共2座（TJ2、TJ7）。

TJ2位于T4西北部，TJ1和TJ3之间，叠压于第2层下，打破第3层及生土。

塔基部分呈上小下大的六角形。基座上半部分中间有一孔，座面刻有“七”字样，转角处呈竹节状，六个侧面均雕刻有窗格纹。基座下半部分上端每面呈斜坡状，雕刻有莲花纹，下端为须弥座，其间刻有祥云纹。基座上半部分最大径为0.7米，下半部分为1米。通高0.6米。基座下方为方形石板，石板周围有上下两层石条围砌，上层石条东西长2、南北宽1.5米，下层石条东西长2.4、南北宽1.7米。方形石板下为厚约0.4米的夯土，夯土下即为地宫。地宫平面呈东西长2.9、南北宽1.44米的长方形，地宫上方有间距为0.7米的东西两个藻井，藻井盖平面呈方形，边长为0.4米，顶面稍弧，底面边缘减地与地宫扣合，中间雕刻莲花装饰。藻井的藻井盖下方也雕刻成莲花状。

地宫为东西连通的双室，两室形制相同。以东侧1号室为例，底部中央为八边形石供桌，供桌中部为经火烧人骨碎片，周缘为朽烂木屑，从附着在淤泥上的红色漆皮来看，应为漆器，东侧壁上刻纹外框中部为长方形，两端为火焰纹，内部纹饰为变体菱形纹，2号室刻纹与1号室相同，但位于西壁与1号室相对（图一七）。

TJ7基座部分较TJ2简单，单室方形地宫。

五、地层堆积中的出土物

在第2层堆积中出土了较多陶瓷片和少量散落塔构件。陶瓷片数量较多，可辨器形者很少，仅有2件陶罐、1件陶盆。

陶罐 2件。T11②：1，残。红褐色硬陶，红褐胎。侈口，圆唇，矮颈。轮制。口径13.2、残高4.4厘米（图一八，1）。T11②：2，残。红褐色硬陶，红褐胎。敛口，平沿，束颈，颈部饰有一道凸弦纹。轮制。口径13.2、残高4.6厘米（图一八，3）。

陶盆 1件。T11②：3，残。红褐胎硬陶。青釉，外釉仅施口部，内施满釉。敞口，窄平沿外卷，斜腹内收。轮制。口径36、残高15.2厘米（图一八，2）。

塔构件

地层中散落有少量石质塔构件，有基座、塔身（覆钵）和塔刹。

基座 1件。T11②：4，残。位于TJ4南侧，疑为其倒塌所遗。整体形状呈顶面和底面略小的圆台形，顶面正中有一圆形榫，近底部有一周仰莲纹。顶面直径为102厘米，基座中部最大径为143厘米，榫径为42厘米（图一九，1）。

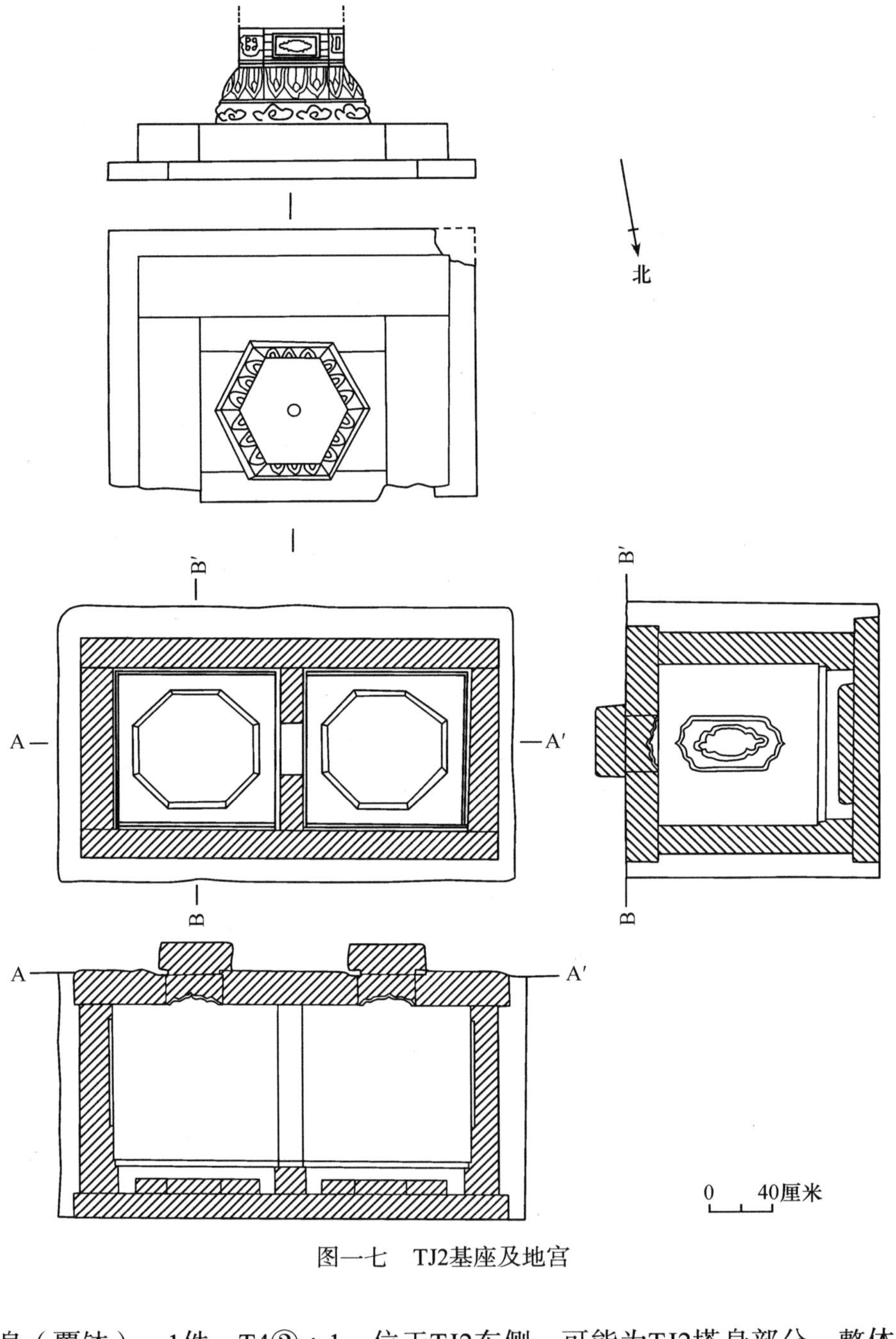

图一七　TJ2基座及地宫

塔身（覆钵）　1件。T4②：1，位于TJ2东侧，可能为TJ2塔身部分。整体形状呈两端略小的圆柱形，塔身正中刻有火焰纹装饰，火焰纹边线内有装饰性图案，装饰性图案内侧有两列文字，字迹漫漶不清，火焰纹中央有两道刻线。火焰纹下方刻有宝装莲花。顶面直径102、柱身最大径115、高110厘米（图一九，2，图二〇）。

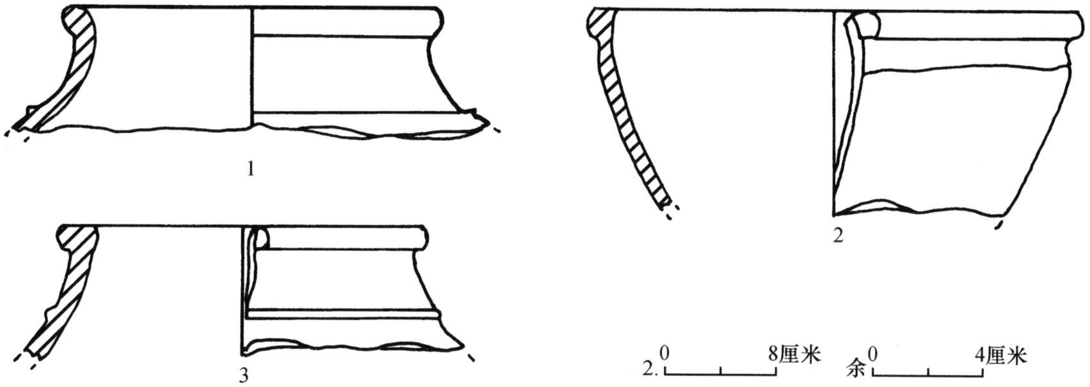

图一八　第2层出土陶器

1、3. 陶罐（T11②：1、T11②：2）　2. 陶盆（T11②：3）

塔刹　1件。T11②：5，位于TJ4南侧，可能为其倒塌所遗。整体形状呈六棱台形，顶面对边长29、底面对边长42.4、整体高38.7厘米。六面均刻有楷体文字，分别为“南無十方三世一切尊”“南無大乘妙法莲華（经）”“南無大佛頂首楞（严经）”“南無諸般若（□□□□）”“南無金刚般若（波罗蜜）”“南無大方廣佛華（严经）”（图一九，3；图二一）[①]。

六、相关遗迹年代探讨

本次发掘的遗迹有墓葬和塔基两类，除近代墓葬（M6、M8）直接叠压在第1层下外，余皆叠压在第2层下，打破第3层和生土，除近代墓葬M8叠压TJ4外，没有其他叠压打破关系。

这里结合墓葬形制和随葬品两个方面来对相关遗迹的年代进行探讨。

本次墓葬中出土随葬品的仅有M2和M11两座墓葬，M11出土器盖记录了墓主人卒于乾隆三十三年，该墓的年代应与此相去不远，至少应不早于乾隆三十三年。M2为石室券顶墓，出土随葬品有瓷罐1件、瓷碗2件、瓷盏1件。其中出土瓷罐与南京明代吴祯墓出土瓷罐形制接近[②]，据《明史·吴祯传》记载吴祯卒于洪武十二年，因此该墓的年代可能为明代早期。M5也为单室券顶石室墓，形制与M2接近，但M5两侧壁没有假龛，后壁也没有壁龛，与M7的券顶石室更为接近，年代应晚于M2。

M7的形制比较特别，为双室石室墓，一室为券顶墓，石室为平顶，可能处于券顶

① 括号中字为编者加。

② 南京市博物馆：《南京明代吴祯墓发掘简报》，《文物》1986年第9期。

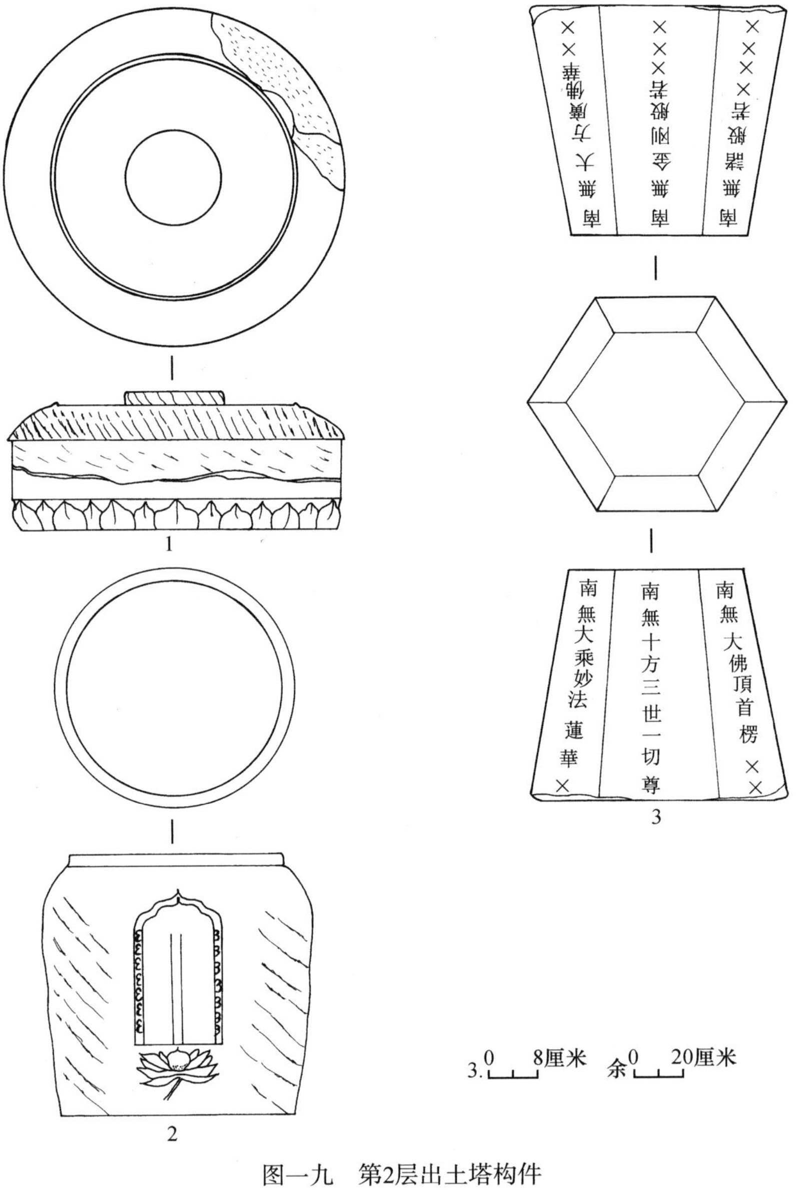

图一九　第2层出土塔构件

1. 基座（T11②：4）　2. 塔身（T4②：1）　3. 塔刹（T11②：5）

墓向石盖墓的过渡阶段。

塔基除TJ1和TJ8出土木质构件（木质构件尚未修复，无法进行年代判断）外，仅TJ6出土一瓷瓮，从瓷瓮的形制看，其器盖部分与M11：1比较接近，均饰有数道按压水波纹，仅盖顶较为平缓，二者的年代当相去不远。TJ7地宫部分形制与TJ6接近，二者的年代应相去不远，可能为康乾时期。

从基座部分看，TJ2和TJ3形制接近，由于均没有出土物，其年代只能从基座形制进

0 10厘米

图二〇 T4②：1塔身拓片

行分析。二者基座的形制与一件米色釉阿弥陀佛像基座部分相似，米色釉阿弥陀佛像有“大明万历乙卯年漳州府东溪乡”的刻铭[①]，基于此推测，TJ2、TJ3的年代应为明代万历前后。

① 张健、万金丽：《中国佛教文物精华鉴赏》，数目文献出版社，1996年。

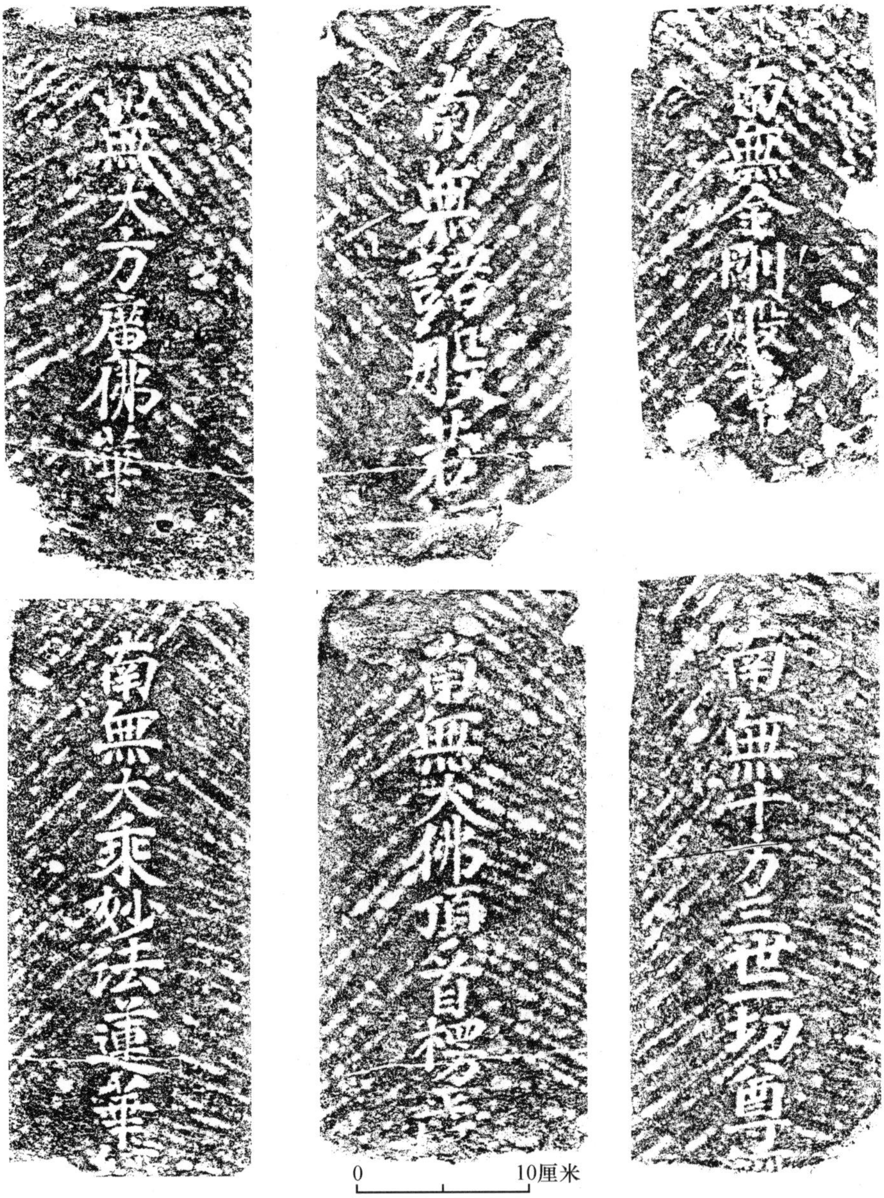

图二一　T11②：5塔刹拓片

七、结　　语

通过本次考古发掘工作和资料的初步整理，我们得出以下几点粗浅的认识。

（1）塔湾院子大规模塔林的发现表明佛教在这一地区有着深远影响。据《潼南县志》记载，佛教于南北朝梁武帝时传入潼南，明末清初，外省移民大量入川，县境内僧侣渐增，寺庙建造尤多。民国时期，县内有寺庙278座，僧侣519人，1950年尚有寺庙81座，僧侣268人[①]。直至今日，墓群附近大佛寺仍然香火旺盛，可见佛教在这一地区有着重要影响。

（2）常明上人墓碑的发现意义重大，常明上人曾担任成都昭觉寺方丈，对昭觉寺的发展，以及潼南地区甚至整个四川地区佛教事业都有着重要影响，该墓碑的发现对于研究常明上人的生平、成都昭觉寺的历史、潼南地区甚至四川地区佛教的发展都有着重要意义。此外，从一定程度上证实了《潼南县志》的可靠性，并在某些方面对其进行了补充。

（3）明代塔基和地宫的发现，表明当时僧侣阶层盛行火葬。用木塔盛放骨殖埋于地宫的丧葬仪式，为研究当时佛教的丧葬习俗提供了重要的参考资料；同时，在地宫中除发现盛装骨殖的木质器皿外，空无一物，这与佛教布衣、素食、薄葬的主张是一致的。

（4）木质塔构件的发现对于当时的木器制作工艺的研究有着重要意义，木塔的修复，对于研究当时塔的形制和建造工艺都有着积极意义。另外，在木构件上镶嵌金箔和涂抹金粉的装饰工艺显示出主人身份不一般，有较高的社会地位，对于探讨高级僧侣的社会地位提供了重要参考。

（5）该墓群并不是单纯的僧侣墓葬区，除墓塔和地宫外，还发现了一定数量的平民墓葬，除M2出土了简单的生活用具、M11出土带有墓葬性质的器盖外，几乎没有随葬品（与墓葬规模不符），这与佛教主张的薄葬思想是一致的。这些墓葬没有采用火葬的形式，这很有可能是信奉佛教的居士死后为了了却毕生心愿和得到佛祖的庇护而选择埋入这一墓群。这表明当时并没有非常严格的僧俗划分，至少信奉佛教的居士可以进入僧侣墓地，同时也显示了当时佛教的兴盛及较高的社会影响。

（6）通过对墓葬、塔基、地宫等遗迹的解剖，为当时的墓葬、塔基、地宫等遗迹的修筑工艺提供了重要的参考资料。部分塔基基座下没有地宫，而地宫位于塔基北侧的做法，为这一领域的研究提供了新的参考资料，这类信息在国内非常罕见。TJ2地宫为连通的双室，这种形制在同类遗存中非常罕见，有着非常重要的学术意义。

附记：参加重庆市塔湾院子墓群考古发掘的有白九江（领队）、代玉彪、黄伟、上官林全、曹宽宁、李浩鹏、李毅、唐文剑

摄　　影：代玉彪　黄　伟　李　毅
绘图、拓片：曹宽宁　上官林全　唐文剑　李　毅
执　　笔：代玉彪　徐　林　白九江

① 潼南县志编纂委员会：《潼南县志》，1985年。

后　　记

重庆市文化遗产研究院十分重视科研工作，规划了“重庆文物考古报告”“重庆文化遗产保护”“重庆文物考古研究”“重庆公众考古”四大系列书系，旨在全面展现文物考古、建筑遗产、科技保护、公众普及等领域内的工作与研究成果。除三峡库区文物考古成果单独发表出版外，“重庆文物考古报告系列”的成果主要以重庆地区几大流域的报告集、同类遗存的研究报告、工程建设考古报告、重要遗址的专题报告共4个方面组织整理研究，以便形成较为系统的成果体系。《嘉陵江下游考古报告集》正是以重庆嘉陵江流域若干考古新发现组合成的一部报告，对系统研究嘉陵江下游地区的古代历史文化和人类社会有重要价值。

嘉陵江是长江上游的一条支流。发源于秦岭北麓的宝鸡市凤县（或认为发源于甘肃省天水市秦州区的西汉水），穿大巴山至四川省广元市元坝区昭化镇接纳白龙江，南流经四川省南充市到重庆市注入长江，全长1119千米，流域面积近16万平方千米，是长江支流中流域面积最大，长度仅次于汉江，流量仅次于岷江的河流。嘉陵江流域涵盖陕西、甘肃、四川、重庆三省一市的大部分，流经的主要城市有宝鸡、汉中、广元、南充、重庆。传统上嘉陵江下游是指嘉陵江、涪江、渠江在重庆市合川区汇流后至重庆朝天门入长江段，本报告特指嘉陵江及其支流的重庆段。

嘉陵江流域具有串联中国西部南北文化交流的功能，是四川盆地北上的重要通道，在长江上游地区古代文化研究中十分重要。嘉陵江流域考古工作起步早、以前也有一些重要的发现，但总体上来说较为零星，古代考古学文化面貌一直难展全貌，在流域上存在大片空白。近年来，借着嘉陵江、渠江、涪江航道渠化工程的开展，以及城镇化、工业化中大量基础设施的建设，重庆市文化遗产研究院在嘉陵江下游地区做了大量考古调查、发掘工作，在旧石器文化、新石器文化、巴文化、汉至六朝考古、宋明墓葬、宋元瓷窑、宋蒙（元）战争山城遗址考古等方面取得了十分丰硕的成果，初步建立起了这一地区新石器晚期以来的古代文化序列。

为展现嘉陵江下游地区的考古成果，重庆市文化遗产研究院加快了发掘资料的整理和研究。尽管本书是由各遗址、墓地及石窟寺的发掘清理简报构成的一本报告集，我们仍要特别提到参与编撰工作的邹后曦、袁东山、方刚、白九江、林必忠、李大地、朱寒冰、于桂兰、陈东、周勇、黄伟、代玉彪、牛英彬、龚玉龙、刘青莉、赵振江、徐克诚、王胜利、许文英、许高民等，大家及时加紧整理资料，编撰发掘简报，使报告集得以统一出版付出了应有的努力。

在此还要感谢参加考古发掘的重庆市文化遗产研究院的诸位考古工作人员、长阳博物馆的龚玉龙、杨爱民、秭归博物馆的周昊等，大家的辛勤劳动终于可以在这里变成书面成果了。另外要提到董小陈、李应东、蔡远富、师孝明、金鹏功、文华平、程涛、邓兆旭、牟丹、朱雪莲、陈小鹏等，他们在修复、绘图、摄影、数字排版方面做了很多工作。

需要说明的是，程涛对报告所用线图统一编排了格式，白九江逐篇对报告文字、图表进行了校核、修改，邹后曦对全书进行了统稿和审定。

另外，要特别感谢北碚区文物管理所、合川区文物管理所、铜梁县文物管理所、潼南县文物管理所的同仁们，没有他们对考古调查发掘工作的大力支持，这一地区的地下文物保护工作不会有今天的成就。

最后，要感谢科学出版社的张亚娜女士，她细致入微的编审工作，使本书避免了不少错漏。

编　者

2014年6月

1. 河嘴屋基遗址调查照片

2. 河嘴屋基遗址遗址地貌

合川河嘴屋基址

图版二

1. 河嘴屋基遗址土样标本

2. 河嘴屋基遗址采集土样

1. 猴清庙遗址航拍远景

2. 猴清庙遗址航拍近景

合川区猴清庙遗址

图版四

1. 牛黄坝遗址远景

2. 牛黄坝遗址勘探工作照

合川区牛坝遗址

1.草树土遗址及环境（由北向南拍摄）

2. 草树土遗址远景（由南向北拍摄）

合川区草树土遗址

图版八

1. 船形杯（G2：1）

2. 圈足盘（T1⑥：15）

3. 陶拍（T9①：2）

4. 圈足豆（T9⑤：28）

5. A型尖底盏（T9⑤：78）

6. B型尖底盏（T9⑤：83）

合川河嘴屋基址出土器物

1. 圈足盘（T9⑤：82）

2. 折腹豆（H2：1）

3. C型尖底盏（T3⑤：1）

4. A型尖底杯（T9⑤：41）

5. Ba型尖底杯（T9⑤：31）

6. B型尖底杯（T9⑤：30）

合川河嘴屋基址出土器物

1. A型器座（T9⑤：36）

2. B型器座（T9⑤：26）

3. B型器盖（T9⑤：25）

4. A型器盖（T9⑤：1）

5. C型器盖（H2：2）

合川河嘴屋基址出土器物

1. 工作照

2. 工作照

合川区猴清庙遗址工作场景

图版一二

1. T1008北壁

2. T0808第5层红烧土堆积

1. 尖底盏（T0908⑤：2）

2. 小罐（T0906⑤：8）

3. 陶纺轮（T0810⑤：1）

4. 石锛(T0809⑤：1)

5. B型卷沿釜（T1409⑤：22）

6. 陶尖底杯（T1008⑤：23）

合川区猴清庙遗址出土器物

图版一六

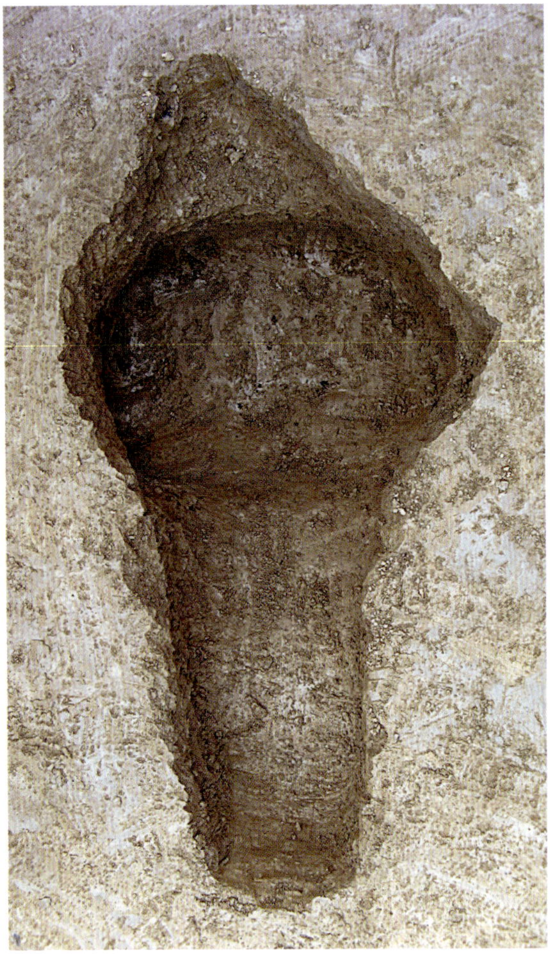

1. 灶坑（Z1）

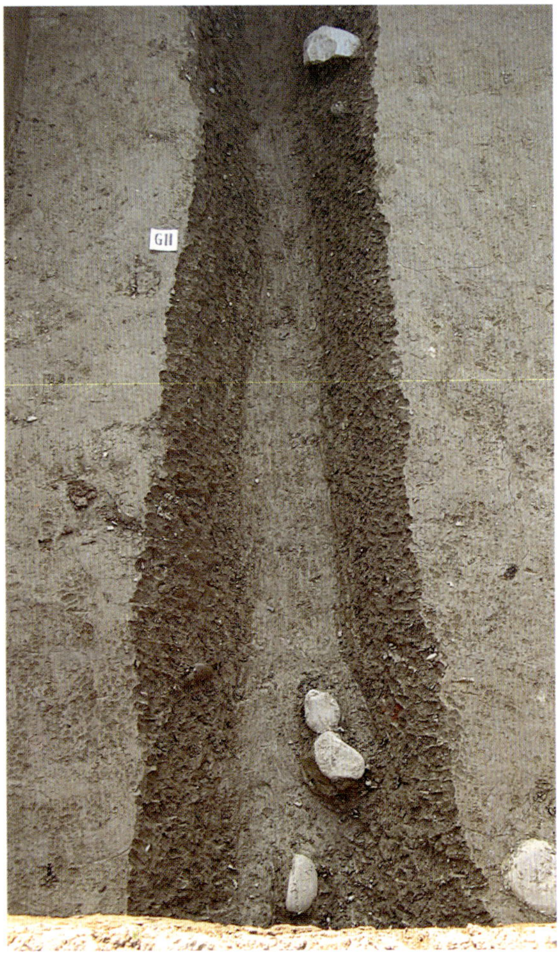

2. 沟（G11）

合川区猴清庙遗址灰坑沟

1. 陶鼎（T0903③A：7）

2. 瓷鸟食罐（T0903③A：5）

3. 尖底盏（H14：2）

4. 铜镞（T1408⑤：1）

5. 灰坑（H12、H13）

合川区猴清庙遗址出土器物及遗迹

图版一八

1. 猴清庙遗址出土瓷碗（H15①：1）

2. 猴清庙出土直领罐（T1508④：1）

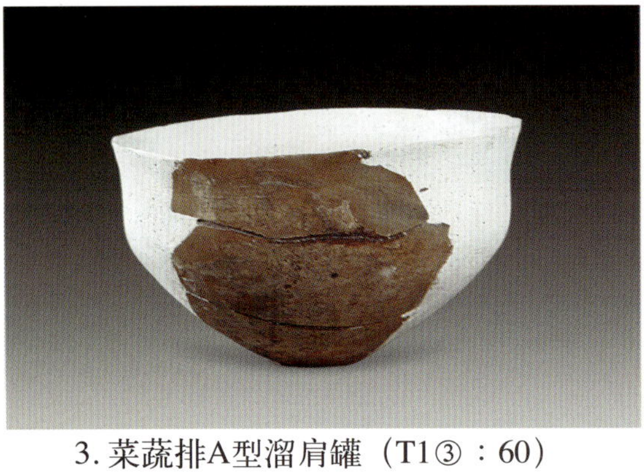

3. 菜蔬排A型溜肩罐（T1③：60）

4. 菜蔬排A型溜肩罐（T2③：6）

合川区猴清庙遗址与菜蔬排出土器物

1. 牛黄坝遗址Y1

2. 牛黄坝遗址Y1

合川区牛坝遗址Y1

图版二〇

1. 陶耸肩罐（T1③：40）

2. 陶耸肩罐（T2③：12）

3. C型陶钵（T1③：10）

4. 铜钺（T1③：4）

5. 石锄（H1：11）

6. 石锛（H1：3）

合川区菜蔬排遗址出土器物

1. 尖底盏（H1：2）

2. 尖底盏（H1：6）

3. 尖底盏（T1③：6）

4. 尖底盏（T1③：2）

5. A型钵（T1③：5）

6. B型钵（T2③：1）

合川区菜蔬排遗址出土陶器

图版二四

1. M2

2. M3

北碚区庙嘴墓地

1. M9

2. M10打破M11

北碚区庙嘴墓地

1. M13

2. M15

北碚区庙嘴墓地

1. M16

2. M17

北碚区庙嘴墓地

图版二八

1. 半两钱币（M1：3）

2. 铜削（M5：2）

3. 铜匕（M4：3）

4. 铜矛（采集：1）

5. 玉玦（采集：2）

6. 铜剑（M14：1）

北碚区庙嘴墓地出土器物

1. 陶釜（M9：3）

2. 陶鍪（M8：6）

3. 陶罐（M9：1）

4. 陶釜（M7：8）

5. 陶釜（M4：11）

6. 陶釜（M6：3）

北碚区庙嘴墓地出土器物

图版三〇

1. 陶罐（M4：4）

2. 陶罐（M4：9）

3. 陶鍪（M6：9）

4. 陶豆（M8：2）

5. 陶蒜头壶（M1：5）

6. 陶盘口壶（M1：13）

北碚区庙嘴墓地出土器物

1. F2（由北向南拍摄）

2. H1（由西向东拍摄）

图版三二

1. B型瓦当（F2：2）

2. A型瓦当（F2：9）

3. 青瓷四系罐（H1：6）

4. 筒瓦（F2：8）

5. 筒瓦（G3：1）

6. 铜弩机扳勾（H1：7）

合川区草树土汉六朝时期遗址出土器物

1. A型陶网坠（ⅡT0202⑨：1）

2. 陶俑头（ⅡT0203⑨：1）

3. 瓷盘（ⅡT0202⑨：3）

4. 陶器盖（ⅠT0102⑨：5）

5. 铜弩机拴钉（H1：3）

6. 铜簇（G3：8）

合川区草树土汉六朝时期遗址出土器物

图版三四

1. M4全景（由南往北摄）

2. M7全景（由东北往西南）

漳南县下庙儿遗址汉墓全景

1. 陶钵（M4：1）

2. 陶耳杯（M2：1）

3. 陶平底罐（M7：7）

4. 陶平底罐（M8：5）

5. 陶圜底罐（M4：2）

6. 陶圜底罐（M6：1）

潼南县下庙儿遗址汉墓出土器物

1. Aa型白釉碗（LY3：34）

2. B型白釉碗（LY3：26）

3. Aa型白釉碗（LY3：23）

4. 盆（LY3：3）

5. Aa型白釉碗（ZY1：75）

6. Aa型白釉碟（LY3：32）

合川区盐井瓷窑出土器物

1. Aa型白釉碗（ZY1：71）

2. 刻花瓷片（ZY1：24）

3. 白釉㿽（LY3：3）

4. 白釉㿽（ZY1：23）

5. 垫板（LY3：18）

6. 垫圈（ZY1：10）

合川区盐井瓷窑出土器物

图版四〇

1. A型黑釉碗（LY3：27）

2. A型黑釉碗（ZY1：28）

3. B型黑釉碗（ZY1：6）

4. 瓷塑（羊）（ZY1：27）

5. 罐形垫托（LY3：104）

6. 罐形垫托（ZY1：19）

合川区盐井瓷窑出土器物

1. A型覆钵形垫托（LY3：96）

2. B型覆钵形垫托（ZY1：9）

3. 筒形匣钵（LY3：139）

4. 筒形匣钵（LY3：131）

合川区盐井瓷窑出土器物

图版四二

1. A型白釉碗（TG1④：24）

2. B型白釉碗（TG1④：28）

3. A型白釉碗（T2④：25）

4. A型白釉碗（T2④：27）

5. B型黑釉碗（T2④：34）

6. A型黑釉碗（Y1：23）

铜梁县黄门窑址出土器物

1. 白釉奁（Y1：39）

2. 白釉奁（Y1：8）

3. A型白釉碟（T2④：4）

4. A型白釉碟（T2④：8）

5. A型黑釉盏（Y1：36）

6. B型黑釉盏（Y1：37）

铜梁县黄门窑址出土器物

图版四四

1. 黑釉香炉（TG1④：42）

2. 黑釉碟形灯（TG1④：14）

3. 罐形垫托（T2④：16）

4. A型覆钵形垫托（TG1④：41）

铜梁县黄门窑址出土器物

1. 1号龛

2. 千佛寺摩崖造像（由南往北摄）

潼南县千佛寺摩崖造像

图版四六

1. 1号龛主尊左侧菩萨

2. 9号龛菩萨

1. 36号龛龛楣局部

2. 36号龛

1. 9号龛

2. 3号龛

1. 20号龛

2. 29号龛

1. 30号龛

2. 33号龛

潼南县千佛寺摩崖造像

1. 重庆市合川区观山墓群宋代石室墓M1远景（南—北）

2. 重庆市合川区观山墓群宋代石室墓M1墓室后部（东南—西北）

图版五二

1. 重庆市合川区观山墓群宋代石室墓M1
人物雕刻1（东北—西南）

2. 重庆市合川区观山墓群宋代石室墓M1
人物雕刻2（西南—东北）

合川区观山墓群宋代石室墓

1. 重庆市合川区观山墓群宋代石室墓M1后壁(东南—西北)

2. 重庆市合川区观山墓群宋代石室墓M5“金玉以满华堂”条石（仰视）

合川区观山墓群宋代石室墓

图版五四

1. 重庆市合川区观山墓群宋代石室墓M6（南—北）

2. 重庆市合川区观山墓群宋代石室墓M6东侧墓室后龛（南—北）

合川区观山墓群宋代石室墓

1. 重庆市合川区观山墓群宋代石室墓M5后龛（南—北）

2. 重庆市合川区观山墓群宋代石室墓M7（北—南）

3. 重庆市合川区观山墓群宋代石室墓M7出土墓志

1. 重庆市合川区观山墓群宋代石室墓M5出土器物组合

2. 重庆市合川区观山墓群宋代石室墓M7出土器物组合

1. M1后龛

2. M2后龛

铜梁县凉水井宋墓M1、M2

1. M1左侧青龙

2. M1右侧白虎

3. M1前端朱雀

4. M1后部玄武

铜梁县凉水井宋墓出土物

1. 瓷执壶（M1：1）

2. 铁剪刀（M1：3）

3. 铜簪（M1：2）

4. 瓷花口瓶（M2：1）

5. 瓷斗笠碗（M2：2）俯视

6. 瓷斗笠碗（M2：2）正视

铜梁县凉水井宋墓出土器物

图版六〇

1. M2左侧青龙

2. M2右侧白虎

3. M2前端朱雀

4. M2后部玄武

铜梁县凉水井宋墓出土物

1. 墓葬发掘远景

2. 墓葬平面近景

铜梁县青龙嘴墓群

图版六二

1. 墓葬完工照

2. 出土石俑（被扰）

铜梁县青龙嘴墓群

1. 出土石俑（修复）

2. 肩舆俑（M1：2）

3. 骑马前导俑（M1：1）

4. 牵马俑（M1：3）

5. 抬箱俑（M1：5）

铜梁县青龙嘴墓群出土器物

图版六四

1. 吹奏俑（M1：6）

2. 鸣锣俑（M1：8）

3. 持物俑（M1：16）

4. 持杖俑（M1：17）

铜梁县青龙嘴墓群出土器物